U0570251

第一册

宋會要輯稿

帝系　原書第一至第五册
后妃　原書第六册
樂　原書第七至第九册
禮　原書第十至第二十二册

圖書在版編目(CIP)數據

宋會要輯稿/(清)徐松輯. -北京:中華書局,1957.11(2014.5重印)
ISBN 978-7-101-00189-1

Ⅰ.宋… Ⅱ.徐… Ⅲ.①史料-中國-兩宋時代②會要-中國-兩宋時代③典章制度-中國-兩宋時代 Ⅳ.D691.5

中國版本圖書館CIP數據核字(2005)第156074號

(本書用前北平圖書館影印本複製重印)

宋會要輯稿
(全 八 册)
〔清〕徐 松 輯
*
中 華 書 局 出 版 發 行
(北京市豐臺區太平橋西里38號 100073)
http://www.zhbc.com.cn
E-mail:zhbc@zhbc.com.cn
北京市白帆印務有限公司印刷
*
787×1092毫米 1/16·495印張
1957年11月第1版 2014年5月北京第6次印刷
印數:4001-4500册 定價:2800.00元

ISBN 978-7-101-00189-1

影印宋會要輯稿緣起

一

歷代史籍中之有斷代的會要，自唐貞元中蘇冕纂修唐會要始；迄於大中，崔鉉等又監修續會要四十卷，上之於朝。建隆初，司空平章監修國史王溥，既增益蘇崔舊本爲唐會要一百卷，又采輯五季治亂興亡之迹爲五代會要三十卷。自是以降，會要體史書與編年體之實錄，紀傳體之國史，鼎足而峙，皆足代表一代或一朝之故實。而趙宋一代會要之輯，前後共歷十次，成書凡二千二百餘卷，開歷代會要體史書未有之記錄。政府於祕書省設立會要所以專司其事，與國史實錄院日曆所互爲脣齒，規模之大，惟元修經世大典，差可比擬。若明清兩代之修會典，體制經緯，遠不及焉。永樂大典卷一萬九百四十二引宋會要云：

乾道六年十一月六日，秘書省言，本省編修國朝會要，已降指揮。自建炎元年接續修至乾道五年，續準指揮，許逐旋關用建炎以後日曆編修。緣其間多經去取，未爲詳備，欲望特降指揮，在內令六部行下所屬，在外令諸路監司行下所管州軍，將建炎元年以後至乾道五年終，應被受詔書及聖旨指揮，內百司限一月，外路州軍限一季，並錄全文，赴省送納，照用編修，所貴大典不致疏忽。從之。

據此知纂修會要時，其主要原料當是實錄與日曆，此外內而六部所屬，外而諸路監司所有檔案，無不在網羅搜集之列。所不同者，實錄與日曆月綱日緯，雜然臚陳，不以史實之內容爲準；會要則就史實之性質區別之歸納之，不啻一史的類書耳。

宋修會要，前後共歷十次。玉海山堂考索文獻通考等書，記述最詳。茲依湯愛禮先生之統計錄爲簡表如後。

書名	卷數	內容	修纂年月	修纂奏進臣名
（一）慶曆國朝會要	一百五十卷（一直齋著錄八十五卷，當是節本或殘本）	總類十五，自太祖建隆元年至仁宗慶曆三年止，凡八十四年	仁宗天聖八年七月詔修，慶曆四年四月奏上	宋綬、馮元、李淑、王舉正、王洙同修，章得象奏進
（二）元豐增修五朝會要（一作六朝國朝會要）	三百卷	總類二十一，自仁宗慶曆四年至神宗熙寧十年，係新修，餘係增益舊文，凡一百十八年	神宗熙寧三年九月詔修，元豐四年九月奏上	李德芻、陳知彥同修，王珪奏進
（三）政和重修會要	僅成吉禮一百十卷	神宗熙寧十年以後	哲宗元符三年十二月詔修，政和中奏上	王覿、曾肇、蔡攸同修
（四）乾道續四朝會要（一作續會要）	二百卷	總類二十一，斷自神宗之初迄於欽宗靖康之末，凡六十年（一云自元豐元年起）	高宗紹興九年十二月詔修，孝宗乾道六年五月奏上	汪大猷刪定，陳俊卿、虞允文等奏進
（五）乾道中興會要	二百卷	高宗一朝，凡三十六年	孝宗乾道六年詔修，九年奏上	陳騤編類，梁克家等奏進
（六）淳熙會要	三百六十八卷	孝宗一朝，凡二十七年	孝宗淳熙六年七月進第一次，十三年十一月進第二次，光宗紹熙三年進第三次	趙雄、王淮等奏進
（七）嘉泰孝宗會要	二百卷	同上	寧宗慶元六年閏二月秘丞邵文炳請修，嘉泰元年七月奏上	
（八）慶元光宗會要	一百卷	總類二十三，光宗一朝凡六年	寧宗慶元六年二月奏上	京鏜等奏進
（九）嘉泰寧宗會要	改正一百十五卷，續修一百一十卷	寧宗一朝，凡三十年	寧宗嘉泰三年八月進第一次，□定六年閏九月進第二次，十四年五月進第三次，理宗淳祐二年進第四次	陳自強、史彌遠等奏進

(十)嘉定國朝會要(一作十三朝會要)	五百八十八卷	自太祖建隆元年至孝宗淳熙十六年凡二百三十年	孝宗淳熙七年秘監趙汝愚請修寧宗嘉定三年奏上一云至理宗端平三年始成書	李心傳編類

宋時會要，除李心傳所編國朝會要總要（當即十三朝會要之節本）曾刊版於蜀中，至官修原本，宋時從未刊行。惟政府可許臣民自由傳鈔；故南渡後國史散佚，程俱申請就知桂州許中家抄政和會要，而陳振孫書錄解題中亦得著錄會要有五種之多也。（李心傳國朝會要總要即其一種。）宋時秘閣所藏北宋纂修之傳鈔本及南渡後纂修之正本，德祐之變，當盡爲元兵封入燕京，元修宋史時，即據爲修史原料之一。吾人今日所見宋史之志，實脫胎於宋會要，雖兩相比較，詳略之殊，有如霄壤，然宋會要之輪廓，宋志固全得之矣。明修永樂大典時，文淵閣所藏

之宋會要殘本二百零三册，當即元人所見之本。文淵閣藏書，明宣德間燬於火者大半，故萬曆間張萱孫能傳重編閣目時，已無其書。趙宋一代故實，至此遂掃地以盡，明以後人欲求宋會要之蹤跡，不得不訴諸宋明人所著之類書，職此故耳。

二

明初修纂永樂大典，將宋會要史事分隸於各韻。計有國朝會要，續會要，政和會要，乾道會要，中興會要，光宗會要，寧宗會要等七種，亦有泛稱宋會要而不冠以乾道中興等字樣者。知當時已十亡其三。故楊士奇所編文淵閣書目僅載二百零三册，下注闕字。焦竑國史經籍志雖列宋會要之名，然有目無書，不足深究。至菉竹堂書目所收，實即文淵閣書目之化身，葉水東時決無得見是書之理，此可斷言者也。

清嘉慶十四年，大興徐星伯（松）入全唐文館，任提調兼總纂官。時永樂大典已佚去一千餘册，然所存尚得十之八九。徐氏簽注大典時，遇有宋會要，即另紙標以全唐文三字。蓋徐氏力不能置寫官，不得不借公濟私，假託宋會要爲纂修全唐文之資料，以授寫官爲之錄副也。如是日積月累，據俞正燮宋會要輯本跋引徐氏之言，所得無慮五六百卷。帙之鉅大，可以想見。徐氏未及排比整理而卒，卒後其稿流落北平琉璃廠書肆，爲江陰繆荃孫所得。旋歸廣雅書局，時張之洞督兩廣，聘繆氏及武進屠寄任校勘，擬付剞劂，僅成職官一門而止。所有原稿，爲書局提調華陽王秉恩所藏匿。民國四年，王氏藏書散出，吳興劉翰怡先生以重金購歸。以原稿部類不明，先後雜廁，乃延儀徵劉富曾吳興費有容重加釐訂，而糾紛亦自此起矣。

劉富曾氏首將全部徐氏原稿痛加删併，成初編二百九十一卷，續編七十五卷。

帝系八卷　后妃四卷
禮九卷　樂八卷
輿服六卷　儀制十三卷
崇儒六卷　運曆二卷
瑞異三卷　職官七十九卷
選擧三十四卷　食貨六十卷
兵二十九卷　道釋二卷
方域二十一卷　蕃夷七卷

以上初編

帝系三卷　凶禮十六卷
吉禮十九卷　嘉禮十四卷
軍禮一卷　賓禮三卷
崇儒一卷　食貨十卷
刑法八卷

以上續編

自此以後，原稿面目，不可復見。劉氏又參考宋志通考玉海等書，移改舊史，實增入新資料，錄成清本，爲四百六十卷。計：

（一）帝系十二卷（卷一至卷十二）
（二）后妃六卷（卷十三至卷十八）
（三）禮七十六卷（卷十九至卷九十四）

（四）樂八卷（卷九十五至卷一百二）
（五）輿服七卷（卷一百三至卷一百九）
（六）儀制十八卷（卷一百十至卷一百二十七）
（七）崇儒九卷（卷一百二十八至卷一百三十六）
（八）運曆三卷（卷一百三十七至卷一百三十九）
（九）瑞異四卷（卷一百四十至卷一百四十三）
（十）職官九十五卷（卷一百四十四至卷二百三十八）
（十一）選舉四十卷（卷二百三十九至卷二百七十八）
（十二）道釋二卷（卷二百七十九至卷二百八十）
（十三）食貨九十八卷（卷二百八十一至卷三百七十八）
（十四）刑法二十卷（卷三百七十九至卷三百九十八）
（十五）兵二十九卷（卷三百九十九至卷四百二十七）
（十六）方域二十三卷（卷四百二十八至卷四百五十）
（十七）蕃夷十卷（卷四百五十一至卷四百六十）

如以劉氏新編之清本，與被剪裁之原稿較，吾人寧取原稿，而舍清本。蓋原稿縱有誤文誤字，乃永樂大典編者或全唐文館中寫官之過，與他人無涉。且一字一句，盡是大典原文，吾人尚可據以推定原來之次序。至所謂清本，總類子目，離合無端，雜引他書，不注所本，有竄改篋漆書之嫌，只能供讀原稿者比勘之用，不足據爲典要，是則有負劉氏一番苦心矣。

三

民國二十年，本館斥巨資四千元，從劉翰怡先生處，購歸徐氏原稿。

復假得劉富曾氏改編本，（即所稱爲清本者）以便互相比勘，俾明劉氏改編之旨趣。由本館委託陶谿葉左文先生，從事研究，結果證明，改編本分類隸事，頗多失檢。且發現有少數篇幅，確係大典原文，見於清本，而覆檢原稿，遍覓不得者。如立夏祀熒惑星一則，見清本樂六，赴任二則，見清本儀制十二；三官告一則，見清本儀制十一，淳熙九年五月二十六日條，見清本兵十二；是必劉氏剪裁後無意中隨手棄去，幸已錄入清本，故左文先生主得發其覆。由此知清本與原稿，實有合印並行之必要。然爲經費所限，不得不先印原稿，以償百餘年來史學界之宿願。如有餘力，當再謀印清本，以供得讀原稿者之參考。

民國二十二年一月，本館委員會以編印宋會要，事關流通故籍，因延請傅沅叔陳援庵章式之余季豫徐森玉趙斐雲葉左文諸先生，爲編印委員，專司其事，並推定陳援庵先生爲委員長，籌備數載，至去年秋季始以原稿委託上海大東書局印刷所代爲影印，於是全書得濟於成。茲於書成之日，略述印書緣起如右，俾覽者詳焉。

民國二十五年十月國立北平圖書館識。

影印宋會要輯稿緣起　七

宋會要輯稿目錄

宋會要輯稿目錄　十七

宋會要輯稿目錄　十八

宋會要輯稿目錄終

宋會要 帝系一

僖祖

帝號 僖祖立道肇基積德起功懿文憲武睿和至孝皇帝諱脁漢京兆尹廣漢之後生於燕薊仕唐歷永清文安幽都三縣令建隆元年三月追尊曰文獻皇帝廟號僖祖謚議翰林學士竇儼撰冊文中書舍人扈蒙撰陵曰欽陵在幽州大中祥符五年閏十月加謚曰文獻睿和冊文樞密使同中書門下平章事王欽若撰以上國朝會要謚號中立道肇基積德起功懿文憲武一十二字大觀年九月加上係續會要治平四年三月以英宗祔廟告遷神主奉藏於夾室熙寧五年十一月二十五日復奉神主爲太廟始祖大觀元年九月加令謚謚

卷一萬二千三百 一

議翰林學士薛昂撰冊文宰相蔡京撰以上續國朝會要

順祖

順祖惠元睿明皇帝諱珽僖祖子歷藩鎮從事兼御史中丞建隆元年三月追尊曰惠元皇帝廟號順祖謚議翰林學士竇儼撰冊文中書舍人趙逢撰陵曰康陵在幽州大中祥符五年閏十月加令謚冊文參知政事陳彭年撰以上國朝會要續會要云冊文樞密使陳堯叟撰熙寧五年十一月二十五日以奉僖祖爲太廟始祖告遷神主奉藏於夾室依禮不諱不忌以上續國朝會要

翼祖

翼祖簡恭睿德皇帝諱敬順祖子歷營薊涿三州刺史周顯德中贈左衛上將軍建隆元年三月追尊曰簡恭皇帝廟號翼祖謚議翰林學士竇儼撰冊文中書舍人趙逢撰陵曰靖陵在幽州本曰定陵乾興元年七月改大中祥符五年閏十月加令謚冊文參知政事王曾撰以上國朝會要續會要云冊文參知政事丁謂撰元祐元年正月以神宗祔廟告遷神主奉藏於夾室依禮不諱不忌以上續國朝會要

宣祖

宣祖昭武睿聖皇帝諱弘殷翼祖子母曰簡穆皇后劉氏仕周爲龍捷左廂都指揮使岳州防禦使顯德三年七月二十六日崩贈武清軍節度使建隆元年三月追尊曰昭武皇帝廟號宣祖謚議翰林學士竇儼撰冊文中書舍人扈蒙撰陵曰安陵在開封府開封縣奉先資福禪院即其地乾德二年改卜於河南府鞏縣景德四年析鞏偃師

一萬一千二百 二

緱氏登封縣地置縣曰永安以奉陵寢大中祥符五年閏十月加令謚冊文宰臣王旦撰以上國朝會要崇寧二年十二月以哲宗祔廟告遷神主奉藏於夾室三年十月二十九日立九廟復祀以上續國朝會要

太祖

太祖啓運立極英武睿文神德聖功至明大孝皇帝諱匡胤宣祖第二子母曰昭憲皇后杜氏後唐天成二年丁亥歲二月十六日生於西京夾馬營乾德元年詔以其日爲長春節仕周爲殿前都點檢歸德軍節度使顯德七年正月四日受周禪於崇元殿年三十四乾德元年十一月上尊號曰應天廣運仁聖文武至德冊文宰臣范質撰開寶元年十一月加號應天廣運聖文神武明道

帝系一之一

帝系一之二

明孝疑明道

至德仁孝冊文宰臣趙普撰九年十月二十日崩於萬歲殿年五十太平興國二年四月二十五日葬於永昌陵在河南府永安縣謚曰英武聖文神德廟號太祖謚議翰林學士李昉撰冊文沈義倫撰哀冊文宰臣薛居正撰大中祥符元年十一月加謚曰啓運立極英武聖文神德元功大孝謚議宰臣王旦撰冊文參知政事馮拯撰五年閏十月再加今謚冊文宰臣向敏中撰年號三建隆四年十一月十六日改乾德乾德六年十一月二十四日改開寶　帝號雜錄　太祖開寶四年八月二十六日宰臣趙普等上表請加尊號曰應天廣運興化成功聖文神武明孝至德仁孝表三上詔答不允

卷一萬二千三百　三

九年正月二十六日皇弟晉王率羣臣上表請加尊號曰應天廣運一統太平聖文神武明道至德仁孝皇帝以汾晉未平燕薊未復不欲稱一統太平詔答不允二月五日晉王等復上表請上尊號曰應天廣運立極居尊聖文神武明道至德仁孝表三上詔允所請俟郊禋畢受冊及禮成有司將奉寶冊行禮復詔止之

太宗

十朝綱要

太宗至仁應道神功聖德文武睿烈大明廣孝皇帝諱炅宣祖第三子母曰昭憲皇后杜氏晉天福四年己亥歲十月七日生于開封府浚儀縣崇德坊護聖營官舍宋朝會要開寶九年詔以其日為乾明節淳化元年改壽寧節初名匡乂建隆元年改名光義為殿前都虞候睦州防禦使八月遷太寧軍節度使二年七月加同中書門下平章事乾德二年六月加兼中書令開寶六年七月封晉王九年十月二十日即位改今諱年三十八太平興國三年十一月上尊號曰應運統天聖明文武宋朝會要冊文宰臣薛居正撰六年十一月加號應運統天睿文英武大聖至明廣孝宋朝會要冊文宰臣趙普撰

卷一萬二千三百十五

端拱二年十二月詔省去尊號淳化元年正月羣臣復上尊號曰法天崇道宋朝會要冊文宰臣呂蒙正撰三年三月二十九日崩于萬歲殿年五十九十月十八日葬于永熙陵在河南府永安縣謚曰神功聖德文武廟號太宗宋朝會要謚議翰林學士承旨宋白撰冊文參知政事李至撰哀冊文宰臣呂端撰大中祥符元年十一月加謚曰至仁應道神功聖德文武大明廣孝宋朝會要謚議宰臣王旦撰冊文參知政事趙安仁撰冊文樞密使同中書門下平章事王欽若撰年號五太平興國九雍熙五端拱三淳化六至道四宋朝會要開寶九年十二月二十二日改太平興國太平興國九年十一月二十一日改雍熙雍熙五年正月十七日改端拱端拱三年正月一日改淳化淳化六年正月一日改至道

全唐文
李埴
十朝綱要

仁宗體天法道極功全德神文聖武濬哲明孝皇帝，諱禎，真宗第六子，母曰章懿皇后李氏。大中祥符三年庚戌四月十四日生。宋朝會要：乾興元年詔以其日為乾元節。初名受益。七年三月授左衛上將軍，封慶國公。八年十二月遷特進、忠正軍節度使、檢校太尉兼侍中，封壽春郡王。天禧元年二月加中書令。二年二月遷開府儀同三司、守太保兼中書令，行江寧尹、建康節度使，進封昇王。八月立為皇太子，改今諱。乾興元年二月十九日即位。年十三。天聖二年十一月上尊號曰聖文睿武仁明孝德。宋朝會要：冊文宰臣王欽若撰。明道二年二月加號睿聖文武體天法道仁明孝德。宋朝會要：冊文宰臣呂夷簡撰。七月詔省睿聖文武字。景祐二年十一月加號景祐體天法道欽文聰武聖神孝德。宋朝會要：冊文宰臣呂夷簡撰。寶元元年十一月庚戌加號寶元體天法道欽文聰武聖神孝德。宋朝會要：冊文宰臣張士遜撰。康定元年三月詔省寶元字。嘉祐八年三月二十九日崩于福寧殿。年五十四。十月二十七日葬永昭陵，在河南府永安縣。謚曰神文聖武明孝，廟號仁宗。宋朝會要：謚議翰林學士王珪撰，冊文宰臣曾公亮撰，哀冊文宰臣韓琦撰。續宋朝會要：謚號中體天法道極功全德濬哲十字，元豐六年十一月加上。係續會要元豐六年十一月加今謚，謚議翰林學士鄧潤甫撰，冊文宰臣王珪撰。

年號九 天聖九 明道二 景祐四 寶元二 康定一 慶曆八 皇祐五 至和二 嘉祐八。宋朝會要：乾興二年正月一日改天聖，天聖十年十一月六日改明道，明道三年正月一日改景祐，景祐五年十一月十八日改寶元，寶元三年二月二十一日改康定，康定二年十一月二十日改慶曆，慶曆九年正月一日改皇祐，皇祐六年四月一日改至和，至和三年九月十三日改嘉祐。

孝宗

此條後接寫於前光宗

宋會要

孝宗高宗皇帝之子也，初藝祖皇帝六世孫秀王安僖夫人張氏以建炎元年丁未歲十月二十二日生上於秀州嘉興縣。紹興三十二年八月二十六日，以其日為會慶節。是夜赤光滿室，如日正中。高宗皇帝知其生有聖瑞，詔鞠于宮中。紹興三年二月授和州防禦使，賜名瑗。授貴州防禦使。五年五月授保慶軍節度使，封建國公。十二年二月授檢校少保，進封普安郡王。十七年六月授常德軍節度使。三十年二月立為皇子，改賜名瑋，授寧國軍節度使、開府儀同三司，進封建王。三十一年十月授鎮南軍節度使。三十二年五月立為皇太子，改今名。六月十一日受內禪即皇帝位，年三十六。淳熙十六年二月遜位於光宗皇帝，退處重華宮，上尊號曰至尊壽皇聖帝。冊文宰臣留正撰。紹熙五年六月九日崩于重華殿，年六十八。謚曰哲文神武成孝，廟號孝宗。謚冊翰林學士李獻撰，謚冊文知樞密院事趙汝愚撰，哀冊文左丞相留正撰。慶元三年六月加謚曰紹統同道冠德昭功哲文神武明聖成孝。謚議中書舍人兼知政事兼知樞密院事謝深甫撰。

此條已見前，雖複文仍須去其重複，補於前孝宗條內

接前頁孝宗後

全唐文

宋會要 帝謚

孝宗紹統同道冠德昭功哲文神武明聖成孝皇帝

能官賢才曰哲，帝德廣運曰文，應變無方曰神，保大定功曰武，持盈守滿曰成，慈惠愛親曰孝。後加上紹統同道冠德昭功明聖十字

宋會要 帝謚

光宗循道憲仁明功茂德溫文順武聖哲慈孝皇帝

初謚憲仁聖哲慈孝。聖能法天曰憲，施仁服義曰仁，通達先知曰聖，能官賢才曰哲，視民如子曰慈，繼先述事曰孝。後加上十字：華協于帝，恭己無為，循道也；恢洪祖業，潤色增光，明功也；汲汲為學，業業致孝，茂德也；小心翼翼，光被四表，溫文之謂也；保大定功，遵養時晦，順武之謂也。合憲仁聖哲慈孝之號

卷一萬三千三百五十

宋會要 太子謚

昭成太子元僖，初謚恭孝。不懈為德曰恭，慈惠愛親曰孝。乾興元年改謚昭成。明德有功曰昭，安民立政曰成。

悼獻太子祐，中身早夭曰悼，聰明睿智曰獻。

獻愍

皇太子茂，初謚沖獻，後改謚獻愍。

景獻皇太子詢，耆意大慮曰景；文賢有成曰獻。

莊文皇太子愭 謚明

太祖建隆元年二月五日有司言追尊四廟合撰帝后謚號陵名詔翰林
學士判太常寺竇儼撰進三月二十四日竇儼請上皇高祖文安府君謚
曰文獻皇帝廟號僖祖陵曰欽陵皇祖中丞府君謚曰惠元皇帝廟號順
祖陵曰康陵皇祖驍衛府君謚曰簡恭皇帝廟號翼祖陵曰定陵皇考太
尉府君謚曰昭武皇帝廟號宣祖陵曰安陵詔恭依
九月九日太常禮院言將來皇帝御崇元殿備禮册四親廟按禮文天地
宗廟之饗及出征巡狩太射養老皆博士引御御引皇帝惟追崇祖宗不
載太常博士贊引之事唐大中初追尊順宗憲宗謚號皇帝於宣政殿授
玉册遣宰臣以下持節奉册赴太廟授册日帝既御殿百僚拜訖乃降階
跪授册於太尉拜授訖禮官俟太尉奉册出宣政門然後升殿伏請自今
凡皇帝親行禮皆太常御贊導禮奏引奏可二十七日帝御崇元殿備禮
遣使奉册上四廟謚號

真宗朝

真宗大中祥符元年六月五日詔曰朕以寡昧獲奉宗祧恭膺累洽之祥洊
致小康之理軌文詔錫瑞命荐臻仰承孚佑之休上賴貽謀之慶迫於
輿誦將議升中蓋以答三靈之眷懷奉二聖之登配戒期有素講禮惟寅
且念建號施名蓋率遵於典故奉先尊祖宜罄盡於追崇考於舊史之文
仍存加謚之制即當講求茂實蹈詠鴻徽備物典章祇薦於寢廟侑神宗
祀對越於高明庶盡沖人之心以報昊天之德太祖英武聖文神德皇帝
太宗神功聖德文武皇帝宜令所司定加尊謚俟封禪禮畢擇日恭上寶
册七月八日詔宰臣王旦撰謚議參知政事馮拯撰太祖謚册文并書趙安
仁撰太宗謚册文并書拯又書謚寶文
八月一日王旦上議請加謚太祖曰啓運立極英武聖文神德玄功大孝
皇帝太宗曰至仁應道神功聖德文武大明廣孝皇帝詔恭依遣官告天
地廟社仍命配座玉册并書廟文並載新號
十一月二十七日帝於朝元殿備禮奉祖宗尊謚册寶再拜授攝太尉王
旦奉之以出安太祖册寶於玉輅太宗册寶於金輅詣太廟奉上
五年閏十月十一日詔曰偎以眇質獲紹寶圖紹念聿修居懷若厲此者
躬延真馭啓迪帝先孚祐烝元積豐功於上古保綏宗社垂鴻慶於後昆
錫羡聿昭感慰交集是敢揚祖禰之丕烈增典册之徽稱茂展孝思用
燕翼太廟六室各奉上尊謚二字擇日備禮奉册
十八日中書門下與禮官等參議請加上僖祖曰文獻睿和順祖曰惠元

仁宗朝

類

睿明翼祖曰簡恭睿德宣祖曰昭武睿聖太祖曰啓運立極英武睿文神
德聖功至明大孝太宗曰至仁應道神功聖德文武睿烈大明廣孝詔恭
依仍俟上聖祖册禮畢奉上命樞密使王欽若撰僖祖册文陳堯叟撰順
祖册文參知政事丁謂撰翼祖册文宰臣王旦撰宣祖册文向敏中撰太
祖册文王欽若撰太宗册文並并書
六年十月二日宰臣攝太尉王旦奉册寶請元德皇太后廟改上徽號曰
元德皇后升祔太宗廟室
天禧元年正月九日帝詣文德殿備禮奉寶册拜授攝太尉向敏中持節
奉册升輅以赴太廟翌日敏中奉上六室
仁宗天聖二年八月十五日詔曰先皇帝臨御八紘憂勞萬務兩巡河朔
親統戎師以備風沐雨之勤成展義省方之事繇是殊隣修好中夏偃戈
西裔稱藩三邊絶警牛馬休於林麓疆畝遂其耕耘路罕拾遺家無轉餉
烝民老幼得全其生二十年間最為隆盛而謚號之內略具威武之稱中
外之人咸有咨嗟之論斯豈朕奉揚先烈褒顯世功之意也始於前歲嘗
議增加屬奉山陵因而稽緩今者歡禋備及孝饗方伸瞻二聖之[illegible]臨觀有
追崇之茂典用昭美稱式揚無窮宜於先帝謚號內用此意重詳定加二

卷一萬七千五十五

字為八字仍令兩制與太常禮院詳定以聞二十七日翰林學士承旨李
維等請加上真宗謚號曰文明定武章聖元孝皇帝詔恭依
十一月十日帝備禮大慶殿庭奉册寶命宰臣王欽若持節上謚于廟室
慶曆四年七月二十二日詔俟南郊禮前改謚莊穆皇
后曰章穆莊獻明肅皇太后曰章獻明肅莊懿皇太后曰章懿莊惠皇太
后曰章惠八月二十五日太常禮院言故事只以册寶告廟更不改題神
主從之議與廟議協　月二十二日帝備禮大慶殿庭奉册寶授大尉上
于廟室
五年十月九日攝太尉宰臣陳執中奉册寶詣奉慈廟改上章獻明肅皇
太后徽號曰章獻明肅皇后章懿皇太后徽號曰章懿皇后升祔真宗廟
室　宋史十月文德殿奉安寶册帝服通天冠降紗袍執圭太常奏樂百官
宿廟　次日有司薦享諸廟畢時復詣正衙宰臣行事官皆奉册寶至大
慶殿庭發册出宣德門攝太尉賈昌朝陳執中受於赴奉慈廟上寶册告
遷二主皆塗太宇祔於太廟
七年七月八日詔曰先皇帝繼聖御圖右文敷化睦鄰講好封岱告成二
紀之間三代可復載惟謚號之册未殫善美之文夙夜靡遑入神觖望屬

肇修於元祀宜加上於徽名傳之無窮庶申永慕將來南郊宜增真宗皇
帝謚如先朝再上祖宗謚號之儀其令兩制太常禮院詳定以聞八月十
一日命宰臣陳執中撰加謚冊文樞密使夏竦書二十五日翰林學士張
方平請加上真宗謚號曰膺符稽古成功讓德文明武定章聖元孝皇帝
詔恭依
二十六日召近臣觀冊書真宗加謚位版于崇政殿初帝跪設位版書畢
再拜涕泣久之十一月十五日詔學士院撰加上真宗謚號樂章二十五
日帝詣大慶殿備禮奉真宗加謚冊寶拜授攝太尉陳執中持節奉冊升
輅赴太廟奉上

神宗朝

神宗元豐六年三月二十五日詔仁宗皇帝英宗皇帝尊謚宜加上至十
六年有司詳具典禮聞奏仍於大禮前擇日奉上冊寶 五月二日詔加
上仁宗皇帝英宗皇帝尊謚改作奉上徽號仍令三省官翰學士以上與
太常寺官同詳定以禮部尚書撰議文 閏六月四日詔改差翰林學士
鄧潤甫撰仁宗英宗徽號議文 二十五日宰臣王珪等請上仁宗皇帝
徽號曰體天法道極功全德神文聖武濬哲明孝皇帝
是日又上英宗皇帝徽號體乾膺歷隆功盛德憲文肅武睿神宣孝皇帝

卷一萬七千五十五

七月二十七日詔仁宗皇帝徽號冊文命宰臣王珪撰門下侍郎章惇書
英宗皇帝徽號冊文命宰臣蔡確撰中書侍郎張璪書兩朝徽號寶文命
尚書右丞王安禮書 十一月二日帝詣大慶殿備禮奉徽號二冊寶授左
僕射王珪赴太廟奉上仁宗室
又授徽號寶冊于右僕射蔡確赴太廟奉上英宗室

哲宗朝

哲宗紹聖二年正月二十一日帝謂輔臣曰祖宗謚號各加至十六字神
宗皇帝今止初謚尚未增加宜考求典故以聞宰臣章惇等對曰祖宗加
謚歲月不定真廟初加八字是天聖二年今神宗祔廟已十年故事加徽
號必在南郊前謹如聖旨討閱以聞 三月四日詔曰朕恭惟先皇帝經
德秉哲君臨萬邦十有九年若古之道考其政事功烈之茂匹休三王而謚
號所紀曾未之以究宣萬一朕嗣有大業懼德不類無以光於前人蓋
聖人之在天下也神化獨運民無能名而盛德形容書可擬象斯是追崇
之禮固存列聖之規其率舊章申加徽號用揚顯烈垂之無窮先帝謚號
具令宜增上徽號十字如祖宗故事令三省樞密院官御史中丞雜學士
已上同太常寺集議聞奏仍令禮官詳具禮以聞 二十八日命翰林學
士蔡卞撰議文 四月二十七日詔加上神宗皇帝徽號於大禮前三日

行禮如故事 五月十一日尚書禮部言增上神宗皇帝徽號係大禮前
三日皇帝初齋日大慶殿為明堂欲乞文德殿行發冊寶之禮從之 十
七日詔加上神宗皇帝徽號冊文又命宰臣章惇撰門下侍郎安燾書冊
寶中書侍郎李清臣書冊文 十八日宰臣章惇等請上神宗皇帝徽號
曰紹天法古運德建功英文烈武欽仁聖孝皇帝
七月四日宰臣章惇上所撰增上神宗皇帝徽號冊文詔恭依 九月十
六日帝詣文德殿備禮奉徽號寶冊授宰臣章惇上于太廟神宗室

徽宗朝

徽宗崇寧三年三月二十六日詔曰哲宗皇帝聰明睿知天性夙成嗣服
之初遵養淵默洎總威柄發揮彊剛黜除姦回修復法度熙豐之政燦然
再新十有六年底于至治而謚號所紀未能究宣朕自纘承因心則友凡
在典禮必極其隆仰稽追崇之文具存祖考之訓雖體道之妙莫顯於言
聲而御世之經可求於擬象載揚丕烈昭示無窮宜加上哲宗皇帝謚號
共為一十六字令省三樞密院官御史中丞雜學士太中大夫以上與太
常寺同共集議合增徽號仍令禮官詳具典禮以聞 二十八日詔曰恭
惟神宗皇帝以道在天下而以政事治之若稽唐虞三代之隆垂裕萬世
無疆之統與天地造化相為終始其功德之盛豈言之一二所能該徧而

卷一萬七千五十五

奉上徽號循用舊章必假丕揚著之典冊紹聖之詔揭意追崇當時議臣
講求弗盡失帝德廣運非運德也巍巍乎其有成功非建功也言既未安
理亦隨失殆未足以仰慰在天之神而昭示于後哲宗皇帝屢欲更定未
及脩行肆予纘承安敢輒止宜令三省樞密院官御史中丞雜學士太中
大夫以上與太常寺同共集議禮官詳具典禮以聞 五月六日命翰林
學士承旨張康國撰更定神宗皇帝增上哲宗皇帝徽號議文 六月六
日命宰臣蔡京撰神宗皇帝哲宗皇帝徽號冊文并書 七月二十三日
宰臣蔡京等上更定神宗皇帝徽號曰體元顯道帝德王功英文烈武欽
仁聖孝皇帝
是日又上增哲宗皇帝徽號曰憲元繼道顯德定功欽文睿武齊聖昭孝
皇帝
八月十一日命中書侍郎趙挺之書神宗皇帝徽號寶文尚書右丞吳居
厚書哲宗皇帝徽號寶文
十一月二十三日上詣文德殿備禮奉更定神宗皇帝徽號冊寶授宰臣
蔡京上于太廟室
是日又奉哲宗皇帝徽號冊寶授知樞密院蔡卞上于太廟室

大觀元年六月七日，內出手詔曰：尊祖奉先，孝饗為大。僖祖皇帝積功累行，肇基王迹，肇及後嗣，撫有四海，尊隆廟祏，萬世不祧，其徽號未足以顯功德。後可集官議定，於宗祀前備禮加上，以稱嚴恭之意。　十二日，有旨加上僖祖文憲睿和皇帝謚號共為一十六字，令三省、樞密院官、御史中丞、雜學士、大中大夫以上與太常寺同共集議。合增徽號仍令禮官詳具典禮以聞。　二十四日，命宰臣蔡京撰冊文并書，知樞密院事張康國書冊寶，翰林學士薛昂撰議文，又詔於宗祀大禮初致齋日行發冊寶及上徽號之禮如故事。　八月四日，宰臣蔡京等奏請上僖宗皇帝徽號曰立道肇基積德起功懿文憲武睿和至孝皇帝。

九月二十五日，上諸文德殿備禮奉徽號冊寶，授蔡京上于太廟室。

政和三年正月十一日，內出手詔：朕嗣承祖宗丕祚，懼德弗類，率時昭考，永惟熙寧、元豐盛德大業，述而明之，孚于四海。故自纘緒以來，循親睦惇叙之詔，而為之建兩京敦宗之令；遵學校養士之法，而申之以鄉舉里選之政；追董正治官之志，制名定位，訓迪文武之秩；紹均輸裕國之制，懋遷有無，阜通山海之利；隶常平羨餘以惠養鰥寡，使民養生送死無憾；嗣開拓武功，以柔遠闢畔，柯積石列為郡縣。一紀于茲，迄用有成，和足以廣樂，

卷一萬七千五十六

當足以制禮，聲名文物於是大備，荷天之休，諸福之物畢至，錫以元圭，皆成厥功。推原本始，實自我烈考施張彌綸，權輿萬事，以克用乂。亦惟我哲宗繼志述事，克為先烈。顧朕何德以堪之？朕若稽古，郊祀成湯，以衎烈祖；維清太平，以告文王。肆朕纘述緝熙先烈，共成康功。永言孝思，不敢不告，可差官冊告永裕、永泰陵。神宗尊謚比祖宗已各十六字，然不著稽古建立法度之意；哲宗遵制揚功，未能昭顯，蓋不足以慰在天之靈，垂示萬世。其令群臣參議加上神宗四字，改定哲宗舊謚以聞，俟將來冬祀饗廟，躬行奉上，以稱朕功成不居、歸美顯親之心。咨爾中外，其體至懷。　二月三日，命翰林學士張閣撰加上神宗皇帝徽號議文，翰林學士承旨白時中撰更定哲宗皇帝徽號議文。

二十八日，命太師魯國公蔡京撰神宗皇帝、哲宗皇帝徽號冊文并書，少師太宰何執中書神宗皇帝徽號寶文，門下侍郎余深書哲宗皇帝徽號寶文。　八月二十九日，太師魯國公蔡京等上加上神宗皇帝徽號曰體元顯道法古立憲帝德王功英文烈武欽仁聖孝皇帝，

是日又上更定哲宗皇帝徽號曰憲元繼道世德揚功欽文睿武齊聖昭孝皇帝。

高宗朝

十一月三日，文武侍從、六參官以上、宗室正任刺史以上、禁軍都虞候以上並服朝服，赴大慶殿立班。皇帝御殿，備禮奉神宗皇帝徽號冊寶，授于太師魯國公蔡京，奉哲宗皇帝徽號冊寶授于少師太宰何執中，京奉神宗冊寶於玉輅，執中奉哲宗冊寶於金輅，並詣太廟幄殿權奉安，以俟四日皇帝詣景靈宮行禮畢，赴太廟宿齋。五日，文武陪官各服朝祭服入就位，以俟皇帝服衮冕躬行奉上神宗皇帝冊寶于本室，

又躬行奉上哲宗皇帝冊寶于本室。

光堯皇帝紹興三年四月十五日，禮部、太常寺言：都堂請官集議昭慈獻烈皇后欲改定謚曰昭慈聖獻皇后，詔恭依。

二十四日，禮部、太常寺言：奉詔昭慈獻烈皇后改謚曰昭慈聖獻。謹按謚法曰：通達先知曰聖，克嗣徽音曰獻。詔恭用克嗣徽音曰聖，命翰林學士綦崈禮撰。　五月十二日，禮部、太常寺言：昭慈獻烈皇后謚號檢照六家謚法，係君謚、后妃謚內通用該載。今來昭慈獻烈皇后改謚昭慈聖獻皇后，先申請開具通達先知曰聖、克嗣徽音曰聖，已有詔恭用克嗣徽音曰聖，合於君謚、后妃謚目參照通用，詔宜恭以備物成器曰聖。　六月二十一日，翰林學士綦崇禮上昭慈獻烈皇后改謚曰昭慈聖獻議，詔恭依。

卷一萬七千五十六

二十四日，太常寺言：昭慈獻烈皇后改謚昭慈聖獻皇后，於溫州太廟奉上冊寶，今參酌禮例，修撰儀注。詔依。

二十九日，詔昭慈聖獻皇后改謚，命簽書樞密院事徐俯撰謚冊文，參知政事席益書謚冊文，樞密都承旨趙子晝書篆寶文，戶部員外郎徐杞奉冊寶告廟，并命使發冊寶，起居郎權中書舍人孫近讀冊文。　七月六日，樞密都承旨趙子晝言：准敕差篆昭慈聖獻皇后寶文，尋據文思院供蓋寶方二寸四分，欲以昭慈聖獻皇后之寶八字為文，分寸仍舊。從之。　九月十四日告廟，十五日皇帝御常御殿，命開府儀同三司、信安郡王孟忠厚攝太尉奉上寶于廟室。

十二月十三日，詔昭慈聖獻皇后改謚冊寶，命使發冊告遷，權安奉神御迎奉至溫州太廟，奉上冊寶景靈宮安奉神御，禮畢，禮儀使、禮官、吏等比擬除几筵例各支銀絹有差。　七年二月十九日，三省言：已議上徽宗聖文仁德顯孝皇帝尊謚，所有惠恭皇后合易舊謚，禮部、太常寺合討論。竊聞周之文母、唐之文德及東漢諸后皆同帝謚，議者以為后無外事，法不專謚，故繫於帝，以為稱謂。國朝以來，列聖諸后悉遵此制，至於昭憲皇后初謚明憲，後改曰昭，以從宣祖昭武之謚也；真宗皇帝五后初皆謚

曰莊後皆改莊曰章以從真宗章聖之謚也今徽宗皇帝已議上尊稱曰聖文仁德顯孝皇帝寧德皇后已議尊稱曰顯肅皇后伏請改惠恭皇后謚連顯字仍依故事集官議謚既而吏部尚書孫近等集議易惠恭皇后謚曰顯恭皇后詔恭依

四月六日太常少卿吳表臣言侍從官議上惠恭皇后改謚俟敕下有司合行製造冊寶檢照昨加上神宗皇帝哲宗皇帝謚號係於政和三年冬祀大禮前一日皇帝行朝饗禮前躬行奉上所以將來奉上惠恭皇后改謚冊寶合依加上神宗謚號禮例將來大禮躬行奉上詔恭依　五月二十三日命給事中胡世將撰謚議參知政事張守撰冊文知樞密院沈與求書冊文參知政事陳與義篆寶文　七月五日給事中兼直學士院胡世將上顯恭皇后謚詔恭依

九月二十一日明堂前一日奉冊寶上于廟室

十二年十一月四日詔曰朕恭惟徽宗皇帝躬神明之德有堯舜之仁紹累聖之丕基當四海之全盛儲精淵默體道穆清蓋垂拱優游於十閏之間而功德度越於百王之遠時初否弃屣若遺暨訃驛之遠來舉救天而感痛朕纘承大業遭罹百難力修鄰國之和亟致輴車之復已卜會稽之地權行陵寢之儀先遠告成升祔云畢顧徽號之莫稱在眇躬而惕然雖蔵用之神無得而名言而顯仁之迹可求於擬象矧祖宗之明訓有追崇之舊章宜揚顯功以垂來世徽宗皇帝謚號見今六字宜加十字為十六字如祖宗故事令三省樞密院侍從臺諫以上同太常寺集議仍令禮官詳具典禮以聞

卷一萬七千五十六

十二月十二日宰臣秦檜等請加上徽宗皇帝徽號曰體神合道駿烈遜功聖文仁德憲慈顯孝皇帝

同日禮部太常寺言文思院修製奉上徽宗皇帝徽號冊寶所有修製玉寶合以徽宗體神合道駿烈遜功聖文仁德憲慈顯孝皇帝之寶為文詔依　同日禮部太常寺言集議徽宗皇帝徽號訖依禮例奉上冊寶使舉行事官并百僚詣徽宗皇帝本室奏請徽號行禮候降下議文從本寺關太史局選定日辰取旨排辦行禮日皇帝前後殿不視朝百司並休務假合差讀奏請徽號議文官一員係差史官充奏告光祿卿奉禮郎太祝太官令各一員差本寺官充奉上冊寶使并行事官宿齋於太廟齋坊陪位官止至日趍赴其行事奉冊寶使奉禮郎太祝太官令並乞服祭服讀徽號議文官并應陪位百僚並服常服立班詔讀奏請徽號議文官以起居舍人程敦厚充餘並依　二十日詔命宰臣秦檜撰上徽宗皇帝加上徽號冊文　同日禮部太常寺言奉上徽宗皇帝徽號用來年正月九日皇帝御殿命使發冊寶行禮候修製冊寶畢有司前一日進呈請御書訖降出於所御殿設幄安奉令入內侍省依例差內侍三員專一掌管進呈及請御書并在幄宿衛主管所有發冊寶日係文武百僚陪立班不視事作休務假從之　同日詔簽書樞密院事兼權參知政事程克俊為奉冊讀冊中書令戶部尚書張澄為奉寶讀寶侍中大理卿周三畏大理少卿姜師中舉冊秘書少監秦熺軍器監劉才邵舉寶吏部侍郎魏良臣進接大圭禮部侍郎王賞奏中嚴外辦中書舍人張擴御前奏中嚴外辦右諫議大夫羅汝楫禮儀使前導皇帝行禮祠部員外郎段拂奏解嚴權太常少卿王師心御前奏解嚴太常博士劉嶸贊引禮儀使　二十三日禮部太常寺言奉上徽宗皇帝徽號冊寶使合用本品車及鹵簿儀仗緣今來未備欲乞服朝服騎從至太廟侍中中書令舉寶官亦服朝服騎從冊寶至太廟幄次其冊寶下官并職掌援衛親事官等依禮例並於冊寶幄之側宿衛從之　二十八日閤門言奉上徽宗皇帝徽號冊寶行禮合差閤門官二員前導皇帝一員奏中嚴等牌言以知閤門事容省四方館

卷一萬七千五十六

事兼樞密副都承旨藍公佐知閤門事兼客省四方館事鄭藻前導知閤門事兼客省四方館事宋錢孫奏中嚴等牌　同日御史臺詔奉徽宗皇帝徽號册寶畢次日皇帝詣太廟行饗禮其陪祠文臣百官合前十日受誓戒欲乞應通直郎以上及行在見任承務郎以上職事官趁赴所有太廟奏請議文并習儀奏請皇帝致齋發册寶等立班亦乞用前項已受誓戒官從之

十三年正月六日皇帝內殿致齋文武百僚赴太廟徽宗皇帝本室請敍號　九日皇帝御文德殿命宰臣秦檜上徽宗皇帝徽號册寶于太廟　十日皇帝內殿宿齋文武百僚赴太廟奉上徽宗皇帝徽號册寶

卷一萬七千五十六

孝宗朝

淳熙二年七月六日右丞相葉衡等恭請加上光堯壽聖憲天體道太上皇帝尊號曰光堯壽聖憲天體道性仁誠德經武緯文太上皇帝壽聖明慈太上皇后尊號曰壽聖齊明廣慈太上皇后詔恭依參知政事龔茂良簽書樞密院事李彥穎戶部尚書韓彥直翰林學士王淮權吏部尚書蔡洸禮部侍郎趙雄權吏部侍郎沈樞趙粹中給事中胡元質權兵部侍郎周必大權刑部侍郎閻自強祕書監兼權中書舍人莫濟太常少卿兼權戶部侍郎趙彥操起居郎王希呂侍御史范仲芑左司諫湯邦彥將作少監兼權禮部郎官吳飛英監察御史溥淇齊慶胄劉藩太常丞傅伯壽太常博士許奮鈩等議

卷一萬七千二百八十九

淳熙二年十二月一日皇帝詣大慶殿行發册寶禮畢皇帝帥文武百僚詣德壽宮行奉上光堯壽聖憲天體道性仁誠德經武緯文紹業興統明謨盛烈太上皇帝册寶　册文丞相王淮撰書册文樞密使周必大篆寶杰攸黃洽　册文曰皇帝臣慎謹稽首再拜言臣聞有大德者必得其壽必得其名蓋天人同然之應也故德參乎天以壽錫之德洽乎人則人以名歸之迹觀古初歷選列辟維堯之壽自少昊高辛氏以來莫及而聰明文思之稱冠乎二典則亦惟非心黃屋謝成功而不居大哉之德有以致之若夫躡陶唐之高躅膺天人之美報維我聖父豈其（同符）然乎然則揚鴻休登顯號以崇介萬年之丕貺曷其可已乎恭惟光堯壽聖憲天體道性仁

熙

入卦　明

誠德經武緯文太上皇帝陛下以聖神文武之資承二百中天之運興衰
撥亂再造區夏寢兵措刑躋民壽域右胄左戚量才授任大綱小紀因事
制宜儲精三紀之間致治百王之上迺以神器謄于仲人順帝則而聽康
衢之謠放政機而庭大庭之館帝堯高蹈又二十有四載矣夫在宥天下
則體乾健以時行遁迹物表則洊雷聲於淵默汗南山之頌不足以紀功
業之隆指上古之椿不足以比春秋之盛時因大慶慶上鴻名摹乾坤之
容繪日月之象略能推高矣然未滿事實也臨者咸肇元元數緜八帙薄
海內外罔不慶賴歸美之義不謀而同以為壽之得乎天者既已益隆則
夫名之得乎人者所宜寵備臣以寡昧仰承付託之恩念志莫大奉親而
物無以報德博採群議稽經詠律奉奉之誠而不容默已昔之紹大業者
在于治邑之興興聖統者在于得禹之後文王丕顯之謨所以肇造而起
斯文者在是武王丕承之烈所以執競而定爾功者在是洪惟盛德趣勲
三五合而言之衆美具備且夫入纂基圖載安九廟可謂紹業矣上接千
歲下規億載可謂與統矣是真是訓炳如日星明明之謨孰有加于此乎
除亂布治光于祖宗盛武之烈孰有大于此者乎臣不勝大願謹奉玉冊
玉寶加上尊號曰光堯壽聖憲天體道性仁誠德經武緯文紹業興統明

卷一萬七千二百八十九

謨盛烈太上皇帝伏惟陛下仰符天意俯協人心順迎丕慶誕受典冊庶
幾慰我子孫黎民以永千萬世無疆之休次詣宮中奉上壽聖齊明廣慈
備德太上皇帝冊寶冊文叅相梁克家撰書冊文叅政施師點篆寶叅政
黃洽　冊文曰皇帝臣慎謹稽首再拜言臣聞慶都佐堯是開放勲塗山
嬪夏寔肇興于啓周文臣亦有任姒徽音相繼雅什載歌永惟三五之隆
茲誠十一之過到我聖母輔翊慈極巍以天下俱蒸壽祉今所創見亶無
前聞增崇大號用伸丕慶以荅三靈之眷命以慰四海之驩心臣子之情曷
可後哉恭惟光堯壽聖憲天體道性仁誠德經武緯文紹業興統明謨盛
烈太上皇帝陛下生有長秋與天同功塵節淵默與道同妙高蹈物表玩
心帝堯方祇錫羨神筴增授方登延于八帙以進至于萬億寶惟我壽聖
齊心廣慈太上皇后殿下淑質懿範儷美匹休造舟為梁丕嗣思齊之聖
纘驚立極于昭再造之烈助成正始之化首贊揖遜之舉妃德無媿降年
偕永臣以寡昧嗣守歷服深惟付託之重允葺盈成之業欽承慈訓夙夜
匪懈念奉以尊親為大福以錫壽為先兩因歲紀三舉頌冊雖乾坤覆載
之恩非言可備而中外歸報之誠不謀而合是用先獻歲以消吉日朝未
央而藏上儀併衍鴻名益介親壽臣不勝大願謹奉玉冊金寶加上尊號

盛

曰壽聖齊明廣慈備德太上皇后伏惟殿下永承堯父作配周宗如日之
升如月之常如南山之壽宏胄我後人使丕天之大律繼自今不一舉而
足臣亦與有無窮之慶不其韙歟同日中書令進請光堯壽聖憲天體道
性仁誠德經武緯文紹業興統明謨盛烈太上皇帝冊侍中進請寶畢皇
帝稱賀曰臣慎稽首言伏惟太上皇帝陛下丕衍壽祺申崇顯號邦家大
慶華夏騰歡侍中詣太上皇帝御座前承旨宣荅曰皇帝孝親有道介壽
無疆載衍尊榮益昭親愛次皇太子奏臣愭等稽首言伏惟太上皇帝陛
下衍登鴻筭崇建尊名慶集皇家歡騰寰宇侍中詣太上皇帝御座前承
旨退詣折檻前宣有制皇太子以下太上皇帝聖旨榮增丕號中輯閟沐
永介壽祺同孚邦慶皇帝奉壽聖齊明廣慈備德太上皇后冊寶入宮內
侍讀太上皇后冊寶畢皇帝稱賀曰臣慎稽首言伏惟太上皇后殿下坤
元儲戩天瑕駢臻永奉慈庭益增丕號內侍宣旨曰太上皇后聖旨皇帝
歡奉庭闈慶登冊典載增懿號彌見勤誠其本上冊寶讀冊寶儀注詳見
前上尊號　光是詔曰朕祇承慈訓光纘瑞圖滿天下之養以尊親爰臻于
二紀兼聖人之名而得壽彌衍于萬年亘古昔以未聞盡家邦之有慶光
堯壽聖憲天體道性仁誠德經武緯文太上皇帝精微默運溥博難名攸

卷一萬七千二百八十九

繞緒系接之隆軼漢唐而立制揖遜然顯承之懿參文武以寧民修身高
八帙之期騰寶煥百王之典壽聖齊明廣慈太上皇后靜符坤載順巽皇
勤齊敬宅心穆慈忱之壼範純全迪德昭萬國之母儀叅重京室之徽音
並著康衢之嘉頌粤茲吉會展矣宏休合未央長樂之儀於上玉卮之奉
廣乾道浮照之議蕭中寶冊之陳輸誠先再篤之恭揆日協三神之既肆
頌明詔具諭羣方建顯號而施尊名庶鋪于于有奕綏多福而輯純嘏益
保佑于無疆尚乎欽愛之心共慶休明之運　三日奏事之次王淮等奏
前日冊寶禮成天色晴明中外無不忻懽上曰前日慈顏甚懽和氣洋溢
不可言壽聖諭朕以兒婦畫在前使國畫莫能就淮等奏陛下孝德奉親
甚至今日之事誠載籍所未聞上曰太上賜朕銷金背子一領太上亦自
著一領但色差淺此便是昔人斑衣來歲慶壽日更衣以往淮等奏幸旅
際會獲覩盛事　十四日詔加上尊號冊寶了畢依紹興三十二年奉上
尊號冊寶體例等第推恩第一等都大主管承受諸司官各轉兩官第二
等照管一行事務三省禮工房主管所催依照管官物使臣主管文字并
行遣使臣各轉一官減二年磨勘第三等主管所曰身行遣人并承受諸
司下行遣人檯直官剋擇官快行親從親事官各轉一官資

宋會要 太祖朝

使相三十四人 内有皇弟晉王 三司使八人 張美 薛居正 李崇矩 趙玭 沈倫 楚昭輔 呂餘慶 張澹 學士八人 陶穀 竇儀 王著 李昉 扈蒙 竇儀歐陽迥 盧多遜 舍人院十人 扈蒙 趙逢 王 王瑩 盧多遜 張澹 高錫 王著 王祐 李昉李穆 御史中丞三人 邊歸讜 劉溫叟 邊光範

太宗朝 宰相九人 薛居正 沈倫 盧多遜 趙普 宋琪 李昉 呂蒙正 張齊賢 呂端 參知政事二十三人 盧多遜 竇偁 郭贄 宋琪 李昉 李穆 呂蒙正 李至 辛仲甫 王沔 張齊賢 陳恕 賈黃中 李沆 呂端 蘇易簡 趙

昌言 寇準 向敏中 張洎 李昌齡 溫仲舒 王化基 樞密使四人 曹彬 楚昭輔 石熙載 王顯 樞密副使十二人 楚昭輔 石熙載 柴禹錫 王顯 弭德超 王沔 張宏 趙昌言 張齊賢 張遜 溫仲舒 寇準 知樞密院事三人 張遜 柴禹錫 趙鎔 同知樞密院事五人 溫仲舒 張齊賢 劉昌言 李惟明 趙鎔 向敏中 錢若水 簽書樞密院事五人 石熙載 張齊賢 王沔 楊守一 張遜 使相二十人 皇弟廷美 皇子德芳 皇子德昭 皇子元佐 皇子元僖 皇子元份 皇子元傑 趙普 石守信 錢俶 向拱 張永德

卷一萬二千三百卅五

高懷德 曹彬 李繼勳 潘美 宋偓 錢惟濬 陳洪進 趙保忠 宋朝會要相二十一人內有真宗 三司使二十二人 王仁贍 侯陟 王明 宋琪 陳從善 郝正 許仲宣 張卓 張遜 魏丕 郭贄 李惟清 徐休復 陳恕 樊知古 魏羽 李昌齡 張雍 魏庠 董儼 王延德 張鑑 學士院十七人 李昉 湯悅 徐鉉 扈蒙 李穆 宋白 賈黃中 呂蒙正 李至 蘇易簡 李沆 韓丕 畢士安 錢若水 張洎 宋湜 王禹偁 舍人院三十三人 扈蒙 李穆 張洎 王克正 郭贄 宋白 趙鄰幾 賈黃中 呂蒙正 李至 王佑

高晃　趙昌言　韓丕　徐休復　蘇易簡　宋準
范杲　宋湜　王化基　李沆　田錫　胡旦　王禹偁
向敏中　畢士安　柴成務　呂祐之　王旦
錢若水　馮起　和嶸　張東　御史中丞十一人
侯陟　滕中正　劉保勳　辛仲甫　趙昌言　張宏
李鉅源　王化基　朱昌齡　李昌齡　許驤

案宰臣惟有太祖太宗兩朝而太宗朝尤詳惜真宗以下無之闕佚多矣

此與注許驤下

大典卷之二百七十　又卷二百七十三　又六千七百六十一

大典卷三百七十　十九百七十三　又卷六千七百六十三　十一

下有滕王德字

高密郡王彝以下係魏王之子已見後

宋會要　太子諸王

曹王光濟宣祖子早薨建隆三年四月贈中書令賜名追封邕王元符三年三月贈太師兼尚書令追封曹王

魏王廷美宣祖子本名光美建隆元年四月授嘉州防禦使二年七月遷興元尹山南西道節度使乾德二年六月加同中書門下平章事開寶六年九月加檢校太尉侍中永興軍節度太平興國元年十二月加中書令開封尹封齊王班宰相上以避太宗名連字改令名三年十一月加檢校太師四年九月進封秦王七年三月出為西京留守充西京功德使四月坐事勒歸私第五月降封涪陵縣公房州安置九年正月卒追封涪王

卷三百七十三

賜謚曰悼真宗即位追復官爵遂葬汝州梁縣仁宗即位贈太師尚書令元符三年三月追封魏王

大典卷三百七十　又卷三百七十三

岐王光贊宣祖子早薨建隆三年四月贈侍中賜名追封夔王景德三年十月詔鴻臚備禮葬於河南府永安縣南訾村仁宗即位追贈中書令元符三年三月賜太師兼尚書令追封岐王

高密郡王德恭魏王廷美子太平興國四年二月以皇子授貴州防禦使七年五月秦王得罪削籍九年四月復以皇姪授峯州刺史雍熙元年四月封安定侯端拱元年二月進公累遷左神武軍大將軍真宗即位轉左龍武軍改樂平公咸平二年出判號州表留奉朝請奏可三年十月進勝州團練使景德二

年十一月進衛州防禦使三年五月卒贈保信節度使
申國公天聖二年六月贈護國軍節度使兼侍中明道
二年六月追封郡王謚曰懿惠英宗即位贈兼中書令
廣平郡王德隆魏王廷美子太平興國九年四月授
濮州刺史雍熙二年四月加左武衛大將軍封長寧侯
判沂州三年正月卒贈寧遠軍節度使臨沂郡公天禧
二年六月贈崇信軍節度使同中書門下平章事明道
二年九月追封郡王謚曰恭肅英宗即位贈兼侍中
潁川郡王德彝魏王廷美子雍熙三年正月授右千牛
衛大將軍封長寧侯判沂州端拱元年二月進公累遷
右領軍衛大將軍真宗即位轉左武衛大將軍封廣平

卷三百七十三

公召還咸平二年八月遷左神武軍大將軍判滁州三
年十年進儒州刺史景德二年十一月進永州團練使
大中祥符二年正月進邵川防禦使四年二月進桂州
觀察使七年十二月進保信軍節度觀察留後八年四
月卒贈昭德軍節度使追封信都郡王謚曰安簡仁宗
即位改令封英宗即位贈太師　廣陵郡王德雍魏王
廷美子淳化元年四月授右驍衛將軍三遷右龍武軍
真宗即位進左千牛衛大將軍大中祥符二年正月進
高州刺史七年十二月進嘉州團練使天禧二年八月
進潁州防禦使仁宗即位進曹州觀察使封咸寧郡公
天聖七年九月進天平軍節度觀察留後九年八月卒

贈宣德軍節度使同中書門下平章事明道二年八月
追封郡王謚曰康簡英宗即位贈兼侍中　勛國公德
鈞魏王廷美子淳化元年四月授左武衛將軍三遷右
神武軍真宗即位進右龍武軍景德二年十一月進右
監門衛大將軍四年正月卒贈河州觀察使安鄉侯明
道二年九月贈保平軍節度使追封國公英宗即位贈
忠正軍節度使　江國公德欽魏王廷美子淳化元年
四月授左屯衛將軍三遷右驍衛真宗即位加右神武
軍景德元年六月卒贈雲中觀察使雲中侯明道二年
九年贈忠正軍節度使進封國公英宗即位贈同中書
門下平章事　金城侯德潤魏王廷美子淳化元年四

卷三百七十三

月賜名德宗授右領軍衛將軍三遷右武衛真宗即位進
右神武軍改今名五年二月卒贈應州觀察使追封侯
英宗即位贈保康軍節度觀察留後　申王德文魏王
廷美子淳化元年三月授右監門衛將軍三遷右屯衛
真宗即位進右驍衛大中祥符七年十二月加右神武
軍大將軍八年十月進興州團練使天禧二年八月進
濮州防禦使仁宗即位進滑州觀察使封馮翊郡公天
聖七年九月進橫海軍節度觀察留後十年五月進昭
武軍節度使明道元年十一月改感德軍二年十月改
武勝軍景祐二年十一月加同中書門下平章事慶曆四
年七月封東平郡王八月改忠武軍兼侍中六年五月

同安郡王以下係燕王之子已見邊

卒贈太尉中書令進封申王謚曰恭裕英宗即位加贈太師　姑臧侯德恩魏王廷美子淳化元年四月授右千牛衛將軍三遷右領軍衛真宗即位進左武衛咸平二年閏三月卒贈涼州觀察使追封侯英宗即位贈昭化軍節度觀察留後　紀國公德存魏王廷美子淳化元年四月授右千牛衛將軍三遷右領軍衛真宗即位進右武衛大中祥符二年正月領奬州刺史四年六月卒贈洮州觀察使洮陽侯明道二年九月贈武昌軍節度追封國公英宗即位贈同中書門下平章事燕王德昭太祖子乾德二年六月授貴州防禦使開寶六年九月授山南西道節度使檢校太傅同中書門下平章事太

卷三百七十三

平興國元年十一月改永興軍節度兼侍中封武功郡王班宰相上三年十二月加檢校太尉四年八月薨贈中書令追封魏王謚曰懿真宗即位贈太傅仁宗即位贈太師明道二年十一月改封吳王英宗即位追越王元符三年三月追封燕王　秦王德芳太祖子開寶九年三月授貴州防禦使太平興國元年十一月授檢校太傅山南西道節度使同中書門下平章事三年加檢校太尉六年三月薨贈中書令追封岐王謚曰康惠真宗即位贈太保仁宗即位贈太師明道二年九月加贈尚書令英宗即位追封楚王元符三年三月追封秦王

同安郡王惟正燕王德昭子太平興國八年十月授

度

下接濮王允佐

左千牛衛將軍四遷左龍武軍真宗即位進左千牛衛大將軍大中祥符八年十一月進簡州團練使天禧二年八月進齊州防禦使仁宗即位進亳州觀察使封樂平郡公天聖七年九月進保信軍節度觀察留後十年五月進建寧軍節度使六月卒贈太傅兼侍中追封郡王謚曰僖靖　冀王惟吉燕王德昭子幼養宮中太祖視之如子與諸叔聯名德雍太平興國八年十月授右監門衛將軍端拱元年二月改令名進左驍衛大將軍至道二年二月進閬州觀察使真宗即位進武信軍節度使景德二年十一月加同中書門下平章事大中祥符元年十二月改感德軍三年五月卒贈中書令追封

卷三百七十三

南康郡王謚曰康孝仁宗即位贈太尉明道二年九月進令封　舒國公惟忠燕王德昭子初名文起太平興國八年十月賜今名授左千牛衛將軍四遷右龍武軍真宗即位改右千牛衛將軍大中祥符二年正月進叙州刺史五年十二月進昌州團練使八年閏六月卒贈鄂州觀察使江夏侯明道二年九月贈彰化軍節度使追封國公　清源郡公惟和燕王德昭子端拱元年二月授右武衛將軍三遷右神武軍真宗即位進右龍武軍大中祥符四年二月進右千牛衛大將軍六年二月卒贈汝州防禦使追封臨安侯明道二年九月贈永清軍節度觀察留後追封郡公　高平郡公惟叙秦王

德芳子端拱元年二月授右武衛將軍三遷右神武軍真宗即位進右龍武軍大中祥符四年二月加左千牛衛大將軍八月卒贈懷州刺史追封河内侯明道二年九月贈保靜軍節度觀察留後改封郡公

英國公惟憲秦王德芳子端拱元年二月授右屯衛將軍三遷左驍衛真宗即位進左神武軍大中祥符四年二月進左千牛衛大將軍八年七月進資州團練使九年五月卒贈安德軍節度使追封國公明道四年九月贈保信軍節度使兼侍中

南康郡公惟能秦王德芳子端拱元年二月授右屯衛將軍三遷右驍衛真宗即位進右神武軍大中祥符元年五月卒贈蔡州防禦使追封張掖侯

卷三百七十三

明道二年九月贈集慶軍節度觀察留後改封郡公

漢王元佐太宗子初名德崇太平興國七年七月出閤授檢校太傅同中書門下平章事封衛王八年十月改名元佐進封楚王雍熙二年被疾九月坐縱火發為庶人至道三年六月授左金吾衛上將軍檢校太尉復封楚王在宅養疾咸平五年十一月授左羽林軍上將軍景德二年十一月進檢校太師右衛上將軍大中祥符元年十二月授守太傅左衛上將軍四年四月加守太尉兼中書令五年十一月加守太師七年十二月加尚書令兼中書令八年二月加天策上將軍興元牧賜劍履上殿詔書不名天禧元年正月改雍州牧八月加兼

興元牧乾興元年三月改兼江陵牧天聖五年五月薨贈河中鳳翔牧追封齊王謚曰恭憲明道二年十一月追封路王英宗即位追封魏王元符三年三月追封漢王

商王元份太宗子初名德嚴太平興國八年二月改名元儁十月授檢校太保同中書門下平章事封冀王雍熙三年七月改今名端拱元年四月授威武軍節度使兼侍中封越王淳化四年正月兼領建寧軍節度使至道二年二月改寧海鎮東軍節度真宗即位改永興鳳翔節度檢校太尉兼中書令封雍王咸平五年十十一月加守太傅景德二年八月薨贈太師尚書令追封鄆王謚曰恭靖仁宗即位改封陳王明道二年九月

卷三百七十三

追封潤王英宗即位追封魯王元符三年三月追封商王

越王元傑太宗子初名德和太平興國八年二月改今名十月授檢校太保同中書門下平章事封益王端拱元年四月授劍南東西兩川節度兼侍中淳化五年二月改淮南鎮將軍節度徙封吳王至道二年二月改淮南忠正軍節度使真宗即位改武寧泰寧軍節度檢校太尉兼中書令改封兗王咸平五年十一月加守太保六年七月薨贈太尉尚書令追封安王謚曰文惠仁宗即位加贈太師明道二年九月追封邢王英宗即位追封陳王元符三年三月追封越王

鎮王元偓太宗子端拱元年三月授檢校太保左衛上將軍封徐國公

至道二年二月授鎭南軍節度使真宗即位加同中書門下平章事封彭城郡王咸平五年十一月加檢校太傅景德二年十一月改靜難彰化軍節度進封寧王大中祥符二年正月改護國鎭國軍節度使檢校太尉兼侍中四年改成德安國軍節度加中書令進封相王五年十一月加守太傅七年十月加守太尉八年十一月加兼中書令天禧元年二月改成德鎭寧軍節度加尚書令兼中書令進封徐王二年五月薨贈太師尚書令追封鄆王諡曰恭懿葬日真宗作挽詞賜之仁宗即位改封密王明道二年十一月追封蘇王英宗即位追封韓王元符三年三月追封燕王　楚王元偁太宗子端

卷三百七十三

拱元年二月授檢校太尉右衛上將軍封涇國公至道二年二月授武昌軍節度使真宗即位加檢校太尉同中書門下平章事封安國郡王景德二年十一月授宣德保寧軍節度使改封舒王大中祥符二年正月改平江鎭江軍節度檢校太尉侍中四年四月改鎭南寧國軍節度加兼中書令五年十一月授守太傅七年四月薨贈太尉尚書令追封曹王諡曰恭惠仁宗即位贈太師明道二年九月追封華王英宗即位追封蔡王元符三年三月追封楚王　周王元儼太宗子至道三年四月授檢校太保左衛上將軍封曹國公咸平四年五月授平海軍節度使五年十一月加同中書門下平章事

平陽郡王以下五見後　下接賜王昉

景德二年十一月加檢校太傅封廣陵郡王大中祥符二年正月授昭武安德軍節度封榮王四年四月加兼侍中改安靜武信軍節度五年十一月加檢校太尉七年十二月加兼中書令八年五月省武信軍節度降封端王十一月授鎭海安化軍節度封彭王天禧元年二月加守太保改鎭海天平軍節度八月加守太傅改永清橫海軍節度封通王三年十二月改保平定國軍節度封涇王乾興元年三月加守太尉尚書令鎭安忠武軍節度封定王賜贊拜不名天聖五年十二月賜詔書不名七年九月進封鎭王八年十二月賜劍履上殿詔書不名明道元年十一月加太師河陽三城武成等軍

卷三百七十三

節度進封孟王尋換京兆尹兼鳳翔尹永興鳳翔節度進封荆王二年十一月授雍州牧兼鳳翔牧景祐二年十二月改荆州楊州牧荆南淮南節度大使賜入朝不趨慶歷三年十二月感疾仁宗臨問如家人禮手自調藥慰撫四年正月薨贈天策上將軍兗徐二州牧燕王諡曰恭肅比葬三臨其喪英宗即位追封吳王元符三年三月追封周王　崇王元懿太宗子幼薨號十七太保至道三年六月詔賜名贈左衛將軍追封代國公英宗即位追封左衛上將軍安定郡王元符三年三月贈太師中書令兼尚書令追封崇王　平陽郡王允升魏王元佐子幼養宮中明德皇后撫視之及魏王疾方出

外第至道三年四月賜名允中授右監門衛將軍咸平三年十一月改今名四遷右羽林軍天禧二年六月進蔡州團練使仁宗即位進齊州防禦使天聖三年五月進澶州觀察使封延安郡公十年九月進武寧軍節度觀察留後十一年五月進安德軍節度使明道元年十二月改建雄軍二年十二月改安國軍景祐元年正月卒贈太尉追封郡王謚曰懿恭英宗即位贈太師　密國公允言魏王元佐子至道三年四月授右千牛衛將軍大中祥符二年三月以寢疾曠朝請降太子右衛率府率十二月復左屯衛將軍三年四月坐笞女僕過數降太子左衛率府副率勒歸私第禁止朝謁一房居都

卷三百七十三

城西南隅四年三月復太子左衛率府率依舊私第五年十一月許奉朝請天禧元年二月加右千牛衛將軍二年八月進左監門衛大將軍仁宗即位領黃州刺史天聖七年十一月卒贈明州觀察使追封奉化侯明道二年十一月贈安遠軍節度使改封國公英宗即位贈同中書門下平章事　郇國公允成魏王元佐子至道三年四月授右千牛衛將軍四遷右驍衛大中祥符七年十二月領綿州刺史天禧二年八月進汝州團練使仁宗即位進濮州防禦使天聖三年五月卒贈安化軍節度使追封國公明道二年十一月贈鎮江軍節度使兼侍中英宗即位贈兼中書令　廣平郡王允懷魯王

元份子咸平六年十二月賜名允徵授右千牛衛將軍三遷右屯衛大中祥符五年閏十月卒贈潁川防禦使汝陰侯天聖元年以名音同仁宗廟諱追改允中明道二年十一月贈昭化軍節度觀察留後景祐三年追賜令名康定元年正月追封郡王英宗即位贈兼中書令　濮王允讓魯王元份子大中祥符二年四月授右千牛衛將軍四遷右驍衛天禧二年八月進衛州刺史英宗即位進汝州防禦使天聖七年九月進華州觀察使明道二年十月進安化軍節度觀察留後景祐二年十一月進寧江軍節度使三年七月知大宗正事慶歷四年七月封汝南郡王八月加同中書門下平章事皇祐

卷三百七十三

二年改平將軍兼侍中至和二年判大宗正司嘉祐四年十一月薨贈太尉中書令追封濮王謚曰安懿　相王允弼韓王元偓子大中祥符八年十一月授右千牛衛將軍再遷右監門衛仁宗即位進蔡州團練使天聖七年九月進單州防禦使明道二年十月進貝州觀察使景祐二年十一月進安化軍節度觀察留後寶元二年七月同知大宗正事慶歷四年七月封北海郡王八月進武康軍節度使嘉祐五年十二月改武寧軍兼侍中英宗即位改護國軍兼中書令封東平郡王神宗即位加守太保鳳翔雄武軍節度使熙寧二年七月薨贈太師尚書令追封相王謚曰孝定　博平侯允熙吳王

元儼子天禧三年十月授右監門衛將軍仁宗即位進大將軍仁宗即位進大將軍領滁州刺史天聖四年五月卒贈博州防禦使追封博平侯英宗即位贈滄州觀察使　定王允良吳王元儼子天禧四年閏十二月授右千牛衛將軍仁宗皇帝即位進大將軍領舒州刺史天聖五年二月進泰州七年九月進潁州團練使明道二年十月進鄭州防禦使景祐二年十一月進安州觀察使寶元二年二月進鎮國軍節度觀察留後慶曆四年七月封華原郡王八月進安德軍節度使至和二年六月改奉寧軍同知大宗正事三年五月加同中書門下平章事嘉祐五年十二月改彰信軍兼侍中英宗即位

卷三百七十三

進兼中書令改封襄陽郡王神宗即位加守太保寧江平江軍節度使治平四年三月薨贈太師尚書令兼中書令追封定王謚曰榮易　永嘉郡王允迪吳王元儼子天禧四年閏十一月授右千牛衛將軍仁宗即位遷大將軍領和州刺史天聖五年二月改崇州七年九月進唐州團練使明道二年十月進汝州防禦使景祐二年十一月進耀州觀察使寶元二年二月進靜難軍節度觀察留後慶曆四年八月進安靜軍節度使八年三月薨贈太尉追封永嘉郡王謚曰思恪英宗即位贈太師　博平郡王允初吳王元儼子天聖二年二月賜名允宗授右千牛衛將軍明道元年十一月改左領軍衛

二年十月領光州刺史景祐元年三月改和州二年十月進汝州團練使三年正月改今名慶歷四年八月進齊州防禦使八年七月進華州觀察使皇祐二年十月進定國軍節度觀察留後至和二年五月進感德軍節度使英宗即位進寧國軍節度使同中書門下平章事治平元年七月薨贈中書令追封博平郡王謚曰安恭　楊王昉仁宗子景祐四年五月九日生是日不育慶歷元年五月賜名昉贈太傅追封褒王謚曰懷靖嘉祐四年十二月加贈太師中書令兼尚書令封魏王英宗即位追封周王元符三年三月追封楊王　雍王昕仁宗子寶元二年八月十五日生康定元年七月賜名授

卷三百七十三

檢校太尉忠正軍節度使封壽國公二年二月十九日薨贈太師尚書令封豫王謚曰悼穆嘉祐四年十二月追封越王英宗即位追封唐王元符三年三月追封雍王　荆王曦仁宗子慶歷元年八月五日生十二月授武信軍節度使檢校太尉同中書門下平章事封鄂王三年正月一日薨贈太師中書令謚曰悼懿嘉祐四年年十三月追封陳王英宗即位追封燕王元符三年三月追封荆王　吳王顥英宗子初名仲紀嘉祐八年四月自右內率府副率為和州防禦使樂安郡公八月遷明州觀察使封祁國公治平元年六月加檢校太傅同中書門下平章事保寧軍節度使封東陽郡王四年正

月加檢校太尉武昌武安等軍節度進封昌王九月徙
泰寧鎮海軍節度進封岐王元豐三年九月官制行換
開府儀同三司遷守司空進封雍王哲宗即位改成德
橫海軍遷守太保真定尹進封楊王賜贊拜不名十二
月改永興鳳翔等軍遷守太傅加京兆鳳翔尹元祐元
年四月遷守太尉雍州鳳翔牧三年八月進封徐王四
年九月賜詔書不名九年三月遷守太師進封冀王紹
聖二年九月賜入朝不趍十月改淮南荊南揚州荊州
牧進封楚王三年九月薨贈太師尚書令（兼中書令）冀州牧追封
燕王謚曰榮比葬四臨其喪元符三年三月進封吳王
潤王顏英宗子元符三年三月追賜名贈太師尚書

卷三百七十二

令追封潤王　益王頵英宗子初名仲恪嘉祐八年四
月自右內率府副率為博州防禦使大寧郡公八月遷
耀州觀察使鄠國公治平元年六月遷左衛上將軍命
給前祿四年正月加檢校太尉同中書門下平章事武
勝軍節度使封樂安郡王九月加興元尹充山南西道
節度使改封高密郡王熙寧四年二月徙保信保靜軍
節度進封嘉王元豐三年九月官制行換開府儀同三
司進封曹王哲宗即位改武昌武安等軍遷守太保進
封荊王賜贊拜不名元祐元年二月改武寧鎮海等軍
遷守太傅四月改成德荊南等軍遷守太尉真定江陵
尹三年七月薨贈太師尚書令荊州徐州牧追封魏王

下接唐王俊

馮翊侯以下已見濮議王之子

謚曰端獻比葬三臨其喪元符元年三月贈兼中書令
追封益王　馮翊侯孝純吳王顥子熙寧（四月作）四月賜名授
右驍衛將軍五月遷右屯衛大將軍六年正月卒贈同
州防禦使追封侯　永國公孝錫吳王顥子元豐八年
六月賜名授右驍衛大將軍成州刺史元祐元年五月
遷嘉州團練使二年八月卒贈感德軍節度使追封國
公　博平侯孝哲益王頵子熙寧八年十月賜名授右
驍衛將軍十年二月卒贈博州防禦使追封侯　平原
郡王孝奕益王頵子元豐二年四月賜名授右武衛將
軍八年六月遷慶州刺史元祐元年五月遷吉州團練
使三年十月遷忻州防禦使紹聖二年十月遷宿州觀

卷三百七十三

察使元符三年二月遷彰化軍節度觀察留後崇寧四
年正月薨贈司空追封郡王　廣陵郡王孝永益王頵
子元祐三年十月賜名授右武衛大將軍紹聖二年十
月遷保州刺史元符三年二月遷右金吾衛大將軍成
州團練使建中靖國元年十月遷成州團練使崇寧四
年十二月遷廉州防禦使大觀二年遷邢州觀察使三
年十一月卒贈司空追封郡王　唐王俊神宗子熙寧
六年四月一日生七年正月賜名授檢校太尉彰信軍
節度使封永國公八年十二月改彰德軍十年十月二
十三日薨贈太師尚書令兼中書令追封兗王謚曰哀
獻元符三年三月追封唐王　豫王价神宗子熙寧十

年正月十二日生元豐元年正月賜名授武勝軍節度
使封建國公十二月薨贈太師尚書令追封衛王謚曰
悼惠元符三年三月贈兼中書令追封豫王　　徐王偶
神宗子元豐元年十一月生四年五月薨追賜名贈太
師尚書令封鄆王謚曰沖惠元符三年三月贈兼中書
令追封徐王　　吳王佖神宗子元豐五年七月生六年
閏六月賜名授檢校太尉山南東道節度使封儀國公
哲宗即位加開府儀同三司進封大寧郡王紹聖二年
三月出閤改鎮安武勝等軍進封申王五年三月改保
平奉寧軍遷守司空元符三年正月徽宗即位改永興
成德等軍京兆真定尹遷守太傅進封陳王賜贊拜不

卷三百七十三

名九月改荆南淮南遷守太尉荆州揚州牧建州靖國
元年十二月賜詔書不名崇寧二年五月改河東山南
西道遷守太師太原興元牧三年十二月賜入朝不趨
五年十一月薨輟朝七日贈尚書令兼中書令徐州牧
追封燕王比葬四臨其喪仍御書御製挽詞二首賜之
大觀元年正月加贈侍中追封吳王謚曰榮穆　　儀王
偉神宗子元豐五年生次日薨元符三年三月追賜名
賜太師尚書令追封儀王　　燕王俁神宗子元豐六年
九月生七年八月賜名授檢校太尉定武軍節度使封
成國公哲宗即位加開府儀同三司進封咸寧郡王紹
聖五年三月出閤改河陽三城雄武等軍進封莘王元

下楷荆王楷

華原郡公等已見後

符二年三月改武寧鎮寧等軍遷守司空三年徽宗即
位改河東奉寧等軍遷守太保太原尹進封衛王九月
改護國山南西道等軍河中興元尹崇寧二年五月改
鎮海泰寧等軍青州兖州牧大觀元年正月改淮南安
武軍揚州冀州牧進封魏王二年正月改永興成德等
軍遷守太尉雍州真定牧進封燕王政和三年正月遷
太傅靖康元年三月改河東劍南西川遷太師太原成
都牧　　楚王似神宗子元豐六年十二月生七年十二
月賜名授檢校太尉集慶軍節度使封和國公哲宗即
位加開府儀同三司進封普寧郡王紹聖五年三月出
閤改横海鎮海等軍追封簡王元符三年徽宗即位改

卷三百七十三

武昌武成軍遷守司徒進封蔡王八月改保平鎮安等
軍遷太保九月改鳳翔雄武等軍鳳翔尹崇寧二年五
月改荆南武寧等軍荆州徐州牧五年三月薨輟朝七
日贈太師尚書令兼中書令冀州牧追封韓王比葬四
臨其喪仍御書御製挽詞二首賜之大觀元年正月追
封楚王謚曰榮憲　　華原郡公有恪吳王佖子崇寧二
年五月賜名有恪授右驍衛將軍四年正月遷茂州刺
史改今名十月卒贈感德軍節度觀察留後追封郡公
　博平侯有鄰燕王俁子政和三年十二月賜名授右
驍衛將軍四年五月卒贈博州防禦使追封侯　　文安
侯有成燕王俁子政和七年五賜名名授有驍衛將軍

六月卒八年三月贈莫州防禦使追封侯　河內侯有儀越王偲子政和元年八月賜名授右驍衛將軍月卒贈懷州防禦使追封侯　荆王楫徽宗子崇寧二年二月生五月賜名授山南東道節度使檢校太尉封楚國公三年二月改奉寧軍加開府儀同三司進封南陽郡王四月進封樂安郡王是月薨贈太師尚書令兼中書令追封荆王謚曰悼敏　邠王材徽宗子大觀元年十二月生二年三月賜名授鎮安軍節度使檢校太尉封魏國公政和三年正月正官名改授檢校太保六年十一月薨贈太師兼右弼追封邠王謚曰沖穆

遷守太尉鳳翔興元牧進封越王　鄆王楷徽宗子建中靖國元年十一月崇寧元年二月賜名煥授檢校太尉奉寧軍節度使封魏國公八月改今名十一月改鎮安軍加開府儀同三司進封高密郡王大觀二年正月改鎮東軍守司空進封嘉王政和三年正月正官名改授太保六年二月遷太傅武寧保平軍節度使徐州陝州牧八年閏九月遷荆南江寧軍節度使江陵蕞州牧進封鄆王　荆王楫徽宗子崇寧二年二月生五月賜名授山南東道節度使檢校太尉封楚國公三年二月改奉寧軍加開府儀同三司進封南陽郡王四月進封

鄆王下補　大典卷三百七十　政和三年正月正官名進授檢校太尉追封益王　大典卷六千七百六十五

七

樂安郡王　肅王樞徽宗子崇寧二年六月生九月賜名授武勝軍節度使檢校太尉封吳國公大觀二年正月改集慶軍加開府儀同三司進封建安郡王政和三年正月正官名改授檢校太保宣和元年正月改保平武寧軍遷太保進封肅王　景王杞徽宗子崇寧三年八月生十一月賜名授武安軍節度使檢校太尉封冀國公大觀二年正月改山南東道加開府儀同三司進封文安郡王政和三年正月正官名改授檢校太保重和二年正月改太保護國武昌軍進封景王　濟王栩徽宗子崇寧五月二月生五月賜名授鎮洮軍節度使檢校太尉封魯國公大觀二年正月改彰武軍加開府儀同三司進封安康郡王政和三年正月正官名改授檢

卷三百七十

校太保宣和二年十一月改荆南清海軍進封濟王　濟陽郡王棫徽宗子大觀元年正月生五月賜名授横海軍節度使檢校太尉封國國公二年正月改淮南加開府儀同三司進封濟陽郡王　祁王模徽宗子大觀元年十二月生二年三月賜名授武勝軍節度使檢校太尉封鎮國公政和三年正月正官名改授檢校太保宣和二年十一月改淮南節度使加開府儀同三司進封樂安郡王三年十二月改武勝興寧軍進封祁王　莘王植徽宗子大觀二年六月生九月賜名授定武軍節度使檢校太尉封吳國公政和三年正月正官名改

授檢校太保宣和四年二月改安遠軍加開府儀同三
司進封信都郡王十二月改寧江軍進封莘王　華原
郡王朴徽宗子大觀三年五月生八月賜名授鎮洮軍
節度使檢校太尉封雍國公政和三年正月正官名改
授檢校太保宣和五年二月改靜難軍加開府儀同三
司進封華原郡王　徐王棣徽宗子大觀三年六月生
九月賜名授鎮江軍節度使檢校太尉封徐國公政和
三年正月正官名改授檢校太保宣和五年二月改鎮
南軍加開府儀同三司進封高平郡王八月改山南東
道河陽三城進封徐王　沂王㰘徽宗子大觀四年四
月生七月賜名授横海軍節度使檢校太尉封冀國公
卷三百七十
政和三年正月正官名改授檢校太保宣和六年八月
改劍南西川加開府儀同三司進封河間郡王七年改
劍南東川威武軍還太保進封沂王　和王栻徽宗子
政和元年六月生九月賜名授靜江軍節度使檢校太
尉封廣國公三年正月正官名改授檢校太保宣和七
年二月改定武軍加開府儀同三司進封南康郡王靖
康元年四月改瀛海安化軍檢校太傅進封和王　信
王榛徽宗子政和元年八月生十一月賜名授建雄軍
節度使檢校太尉封福國公三年正月正官名改授檢
校太保宣和七年二月改安遠軍加開府儀同三司進
封平陽郡王靖康元年四月改慶陽昭化軍還檢校太
傅進封信王

十一月生　孝騫已見後

平原郡王與豫章郡王已見後

宋會要晉康郡王
晉康郡王孝騫顥之子也元豐四年四月賜名授右武
衛將軍八年六月遷端州刺史元祐元年五月遷濟州
團練使紹興二年十月遷渭州防禦使四年二月遷崇
信軍節度觀察留後元符二年降授萊州防禦使三年
二月遷涇州觀察使三月遷武安軍節度觀察留後建中
靖國元年正月遷昭化軍節度使封廣陵郡王大觀二
年正月改寧國軍加開府儀同三司改封郡王
宋會要潤王
潤王顏元符三年三月追賜名贈太師尚書令追封潤
王
卷六千七百六十二　十二
宋會要平原郡王
平原郡王孝奕顥之子也元豐二年四月賜名授右武
衛將軍八年六月遷慶州刺史元祐元年五月遷吉州
團練使三年十月遷忻州防禦使紹聖二年十月遷宿
州觀察使元符三年二月遷彰化軍節度觀察留後崇
寧四年正月薨贈司空追封郡王
宋會要豫章郡王
豫章郡王孝參顥之子也元豐二年四月賜名授右武
衛將軍八年六遷和州刺史元祐元年五月遷通州
團練使三年十月遷睦州防禦使紹聖二年十月遷廬
州觀察使元符三年二月遷保信軍節度觀察留後建

中靖國元年正月遷奉國軍節度使封信都郡王大觀三年正月改寧武軍加開府儀同三司豫章郡王政和六年六月加檢校少保靖康元年四月改武勝軍加檢校少傅

宋會要 廣陵郡王

廣陵郡王孝永顥子也元祐三年十月賜名授右武衛大將軍紹聖二年十月遷保州刺史元符三年二月遷右金吾衛大將軍成州團練使建中靖國元年十月遷成州團練使崇寧四年十二月遷康州防禦使大觀二年遷邢州觀察使三年十一月卒贈司空追封郕王

宋會要 成王

卷六千七百六十二 十二

成王俏熙寧二年十一月二十四日生閏月六日薨元符三年三月追賜名贈太師尚書令封成王大典卷六千七百六十二

宋會要 惠王

惠王僅熙寧四年五月二十一日生是月二十三日薨元符三年三月追賜名贈太師尚書令封惠王同

宋會要 豫王

豫王价熙寧十年正月十二日生元豐元年五月賜名授武勝軍節度使封建國公十二月薨贈太師尚書令追封衛王謚曰悼惠元符三年三月贈兼中書令追封豫王

卷六千七百六十三 十三

宋會要 徐王

徐王倜元豐元年十一月生四年五月薨追賜名贈太師尚書令封鄆王謚曰冲惠元符三年三月贈兼中書令追封徐王

宋會要 和義郡王

和義郡王有奕崇寧四年五月賜名授右驍衛將軍五年十二月遷右驍衛大將軍慶州刺史大觀元年正月遷明州觀察使二年二月遷定國軍節度觀察留後政和元年六月改承宣使八年正月遷保順軍節度使進封郡王靖康元年四月改武信軍加檢校少保

宋會要 儀王

儀王偉元豐五年生次日薨元符三年三月追賜名贈
太師尚書令追封儀王
宋會要永寧郡王
永寧郡王有恭崇寧五年四月賜名授右驍衛將軍大觀
元年二月遷陳州觀察使二年二月遷保信軍節度使
觀察留後政和七年六月改承宣使重和二年正月遷
慶陽軍節度使永寧郡王靖康元年四月遷定國軍節
度使加檢校少保
宋會要越王
越王偲元豐八年八月生元祐元年八月賜名授檢校
太尉武成軍節度使封祁國公八年五月加開府儀同
卷六千七百六十三　西
三司紹聖五年三月改武安軍進封永寧郡王元符二
年二月出閤五月改鎮安集慶等軍進封睦王三年徽
宗即位改清海鎮等軍遷守司徒進封定王九月改武
寧武勝等軍崇寧元年三月改成德定武等軍遷守太
保真定尹二年五月改淮南永興等軍揚州雍州牧大
觀元年正月改荊南泰寧等軍荊州兗州牧進封鄧王
三年正月改鳳翔山南西道遷守太尉鳳翔興元牧進
封越王政和三年正月遷太傅靖康元年三月改永興
成德等軍遷太師雍州真定牧
兗王檉建中靖國元年九月生次日薨崇寧三年五月

追賜名贈太師尚書令封兗王諡曰沖僖
宋會要荊王
荊王楫崇寧二年二月生五月賜名授山南東道節度
使檢校太尉封楚國公三年二月改奉寧軍加開府儀
同三司進封南陽郡王四月進樂安郡王是月薨贈太
師尚書令兼中書令追封荊王諡曰悼敏
宋會要益王
益王棫大觀元年正月生五月賜名授橫海軍節度使
檢校太尉封楊國公二年正月改淮南加開府儀同三
司進封濟陽郡王政和三年正月正官名改檢校太尉
追封益王
卷六千七百六十三　五
宋會要郇王
郇王材大觀元年十二月生二年三月賜名授鎮安軍
節度使檢校太尉封魏國公政和三年正月正官名改
授檢校太保六年十一月薨贈太師兼右衞追封郇王
諡曰沖穆
宋會要祁王
祁王模大觀元年十二月生二年三月賜名授武勝軍
節度使檢校太尉封鎮國公政和三年正月正官名改
授檢校太保宣和二年十一月改淮南節度使加開府
儀同三司進封樂安郡王三年十二月改武勝興寧軍
進封祁王

宋會要華王

華王椬大觀二年六月生九月賜名授定武軍節度使檢校太尉封吳國公政和三年正月正官名改授檢校太保宣和四年二月改安遠軍加開府儀同三司進封信都郡王十二月改寧江軍進封華王

宋會要儀王

儀王朴大觀三年五月生八月賜名授鎮洮軍節度使檢校太尉封雍國公政和三年正月正官名改授檢校太保宣和五年二月改靜難軍加開府儀同三司進封華原郡王薨追封儀王

宋會要鄆王

卷六千七百六十三

鄆王棫大觀四年十月生政和元年正月賜名授淮康軍節度使檢校太尉封定國公二年三月薨贈太師尚書令兼中書令追封鄆王謚曰沖懿

宋會要漢王

漢王椿政和二年三月生五月賜名授慶源軍節度使檢校太尉封慶國公三年正月正官名改授檢校太保閏四月薨贈太師兼右弼追封漢王謚曰沖昭

宋會要安郡王

安郡王楃政和二年九月生十二月賜名授昭信軍節度使檢校太尉封衛國公三年正月正官名改授檢校太保六年十一月改封鄆國公靖康元年六月自檢校

少傅橫海軍節度使改鎮安軍開府儀同三司封安康郡王

宋會要廣平郡王

廣平郡王楗政和二年十月生三年正月賜名授威德軍節度使檢校少保封韓國公靖康元年六月自檢校少傅安國軍節度使改保靜軍加開府儀同三司封廣平郡王

宋會要陳王

陳王機政和四年二月生五月薨追賜名贈太師兼右弼封陳王謚曰悼惠

宋會要建安郡王

卷六千七百六十三

建安郡王模政和五年六月生九月賜名授檢校少保武安軍節度使封惠國公宣和七年三月加開府儀同三司封建安郡王

宋會要唐王

唐王俁熙寧六年四月一日生七年正月賜名授檢校太尉彰信軍節度使封永國公八年十二月改彰德軍十年十月二十三日薨贈太師尚書令兼中書令追封兗王謚曰哀獻元符三年三月追封唐王

宋會要褒王

褒王伸熙寧七年五月二十一日生次日薨元符三年三月追賜名贈太師尚書令封褒王

宋會要冀王

冀王僩熙寧七年六月十九日生八年二月賜名授鎮安軍節度使封景國公是年十二月十八日薨贈太師尚書令冀王謚曰冲孝元符三年三月贈兼中書令

十七

鄆王拱徽宗子大觀四年十月生政和元年正月賜名授淮康軍節度使檢校太尉封定國公二年三月薨太（贈）師尚書令兼中書令追封鄆王謚曰冲懿

卷三百七十三

十七

漢王椿徽宗子政和二年三月生五月賜名授慶源軍節度使檢校太尉封慶國公三年正月正官名改授檢校太保閏四月薨贈太師兼右弼追封漢王謚曰冲昭　華冲穆王坦寧宗子早薨追封　申冲懿王㨗寧宗子早薨追封　順冲懷王圻寧宗子早薨追封　肅冲昭王垍寧宗子早薨追封

大中符

宋會要

曹王光濟早薨建隆三年四月贈中書令賜名追封邕王元符三年三月贈太師兼中書令追封曹王

宋會要

岐王光贊早薨建隆三年四月贈侍中賜名追封夔王景德三年十月詔鴻臚備禮葬於河南府永安縣南訾村仁宗即位追贈中書令元符三年三月贈太師兼尚書令追封岐王

宋會要

高密郡王德恭太平興國四年二月以皇子授貴州防禦使七年五月秦王得罪削籍九年四月復以皇姪授峯州刺史雍熙元年四月封安定侯端拱元年二月進公累遷左神武軍大將軍真宗即位轉左龍武軍改樂平公咸平二年出判虢州表留奉朝請奏可三年十月進勝州團練使景德二年十一月進衛州防禦使三年五月卒贈保信軍節度使申國公天聖二年六月贈護國軍節度使兼侍中明道二年六月追封郡王謚曰慈惠

卷六千七百六十一

宋會要

廣平郡王德隆太平興國九年四月授濮州刺史雍熙二年四月加左武衛大將軍封長寧侯判沂州三年正月卒贈寧遠軍節度使臨沂郡公天禧二年六月贈崇

信　軍節度使同中書門下平章事明道二年九月追封郡王謚曰恭肅

宋會要

潁川郡王德彝雍熙三年正月授右千牛衛大將軍封長寧侯判沂州端拱元年二月進公累遷右領軍衛大將軍真宗即位轉左衛大將軍封廣平公召還咸平二年八月遷左神武軍大將軍判滁州三年十月進儒州刺史景德二年十一月進永州團練使大中祥符二年正月進邵州防禦使四年二月進桂州觀察使七年十二月進保信軍節度觀留後八年四月卒贈昭德軍節度使追封信都郡王謚曰安簡

卷六千七百六十一

宋會要

廣陵郡王德雍淳化元年四月授右驍衛將軍三遷右龍武軍真宗即位進左千牛衛大將軍大中祥符二年正月進高州刺史七年十二月進嘉州團練使天禧二年八月進潁州防禦使仁宗即位進曹州觀察使封咸寧郡公天聖七年九月進天平軍節度觀察留後九年八月卒贈宣德軍節度使　同中書門下平章事明道二年八月追封郡王謚曰康簡

宋會要

申王德文淳化元年三月授右監門衛將軍三遷右屯衛真宗即位驍右衛大中祥符七年十二月加右神武軍大將軍八年十月進興州團練使天禧二年八月進濮州防禦使仁宗即位進滑州觀察使封馮翊郡公天聖七年九月進橫海軍節度觀察留後十年五月進昭武軍節度使明道元年十一月改感德軍二年十月改武勝軍景祐二年十一月加同中書門下平章事慶曆四年七月封東平郡王八月改忠武軍兼侍中六年五月卒贈太尉中書令追封申王謚曰恭裕

宋會要

太祖子

滕王德秀元符三年三月追賜名贈太師尚書令封滕王

宋會要

卷六千七百六十一

同安郡王惟正太平興國八年十月授左千牛衛將軍四遷左龍武軍真宗即位進左千牛衛大將軍四遷左龍武軍真宗即位進亳州團練使天禧二年八月進齊州防禦使仁宗即位進亳州觀察使封樂平郡公天聖七年九月進保信軍節度觀察留後十年五月進建寧軍節度使六月卒贈太傅兼侍中追封郡王謚曰僖靖

宋會要

冀王惟吉幼養宮中太祖視之如子與諸叔聯名德雍太平興國八年十月授右監門衛將軍端拱元年二月改今名進左驍衛大將軍至道二年二月進閬州觀察使真宗即位進武信軍節度使景德二年十一月加同中

祥八年十一月進簡

書門下平章事大中祥符元年十二月改感德軍三年五月卒贈中書令追封南康郡王謚曰康孝仁宗即位贈太尉明道二年九月進令封

宋會要

舒王德林元符三年三月追賜名贈太師尚書令封舒王

宋會要

平陽郡王允升幼養宮中明德皇后撫視之及魏王疾方出外第至道三年四月賜名允中授右監門衛將軍咸平三年十一月改今名四遷右羽林軍天禧二年六月進蔡州團練使仁宗即位進武寧齊州防禦使天聖三年五月進澶州觀察使封延郡公十年九月進武寧軍節度觀察留後十年五月進安德軍節度使明道元

年十二月改建雄軍二年十二月改安國軍景祐元年正月卒贈太尉追封郡王謚曰懿恭

宋會要

信安郡王允寧咸平五年十一月授千牛衛將軍四遷右武衛天禧二年六月進唐州團練使仁宗即位進潁州防禦使天聖七年九月進同州觀察使十年五月進保信軍節度觀察留後明道二年十月進武定軍節度使景祐元年十一月卒贈太尉信安郡王謚曰僖簡

宋會要

廣平郡王允懷咸平六年十二月賜名允徵授右千牛衛將軍三遷右屯衛大中祥符五年閏十月卒贈潁州

防禦使汝陰侯天聖元年以名音同仁宗廟諱追改允中明道二年十一月贈昭化軍節度觀察留後景祐三年追賜今名康定元年正月追封郡王

宋會要

相王允弼大中祥符八年十一月授右千牛衛將軍再遷右監門衛仁宗即位進蔡州團練使天聖七年九月進單州防禦使明道二年十月進具州觀察使景祐二年十一月進安化軍節度觀察留後寶元二年七月同知大宗正事慶曆四年七月封北海郡王八月進武康軍節度使嘉祐五年十二月改武寧軍兼侍中英宗即位改護國軍兼中書令封東平郡王神宗即位加守太保鳳翔雄武軍節度使熙寧二年七月薨贈太師尚書令追封相王謚曰孝定

卷六千七百六十一

宋會要

定王允良天禧四年閏十二月授右千牛衛將軍仁宗皇帝即位進大將軍領舒州刺史天聖五年二月進秦州七年九月進潁州團練使明道二年十月進鄭州防禦使景祐二年十一月進安州觀察使寶元二年二月進鎮國軍節度觀察留後慶曆四年七月封華原郡王八月進安德軍節度使至和二年六月改奉寧軍同知大宗正事三年五月加同中書門下平章事嘉祐五年十二月改彰信軍兼侍中英宗即位進兼中書令改封

襄陽郡王神宗即位加守太保寧江平江軍節度使治平四年三月薨贈太師尚書令兼中書令追封定王謚曰榮易

宋會要

永嘉郡王允迪天禧四年閏十一月授右千牛衛將軍英宗即位遷大將軍領和州刺史天聖五年二月改崇州七年九月進唐州團練使明道二年十月進汝州防禦使景祐二年十一月進耀州觀察寶元二年二月進靜難軍節度觀察留後慶曆四年八月進安靜軍節度八年三月薨贈太尉追封謚曰思格

宋會要

卷六千七百六十一

博平郡王允初天聖一年二月賜名允宗授右千牛衛將軍明道元年十一月改左領軍衛二年十月領光州刺史景祐元年三月改和州二年十月進汝州團練使三年正月改今名慶曆四年八月進齊州防禦使八年七月進華州觀察使皇祐二年十月進定國軍節度觀察留後至和二年五月進威德軍節度使英即位進寧國軍節度使同中書門下平章事治平元年七月薨贈中書令追封博平郡王謚曰安恭

宋會要

崇王元懿幼薨號十七太保至道三年六月詔賜名贈左衛將軍追封代國公英宗即位追封左衛上將軍安

真宗子

定鄆王元符三年三月贈太師中書令兼尚書令追封崇王

宋會要

温王禔元符三年三月追賜名贈太師尚書令封温王

宋會要

昌王祇元符三年三月追賜名贈太師尚書令封昌王

宋會要

信王祉元符三年三月追賜名贈太師尚書令封信王

宋會要

欽王祁元符三年三月追賜名贈太師尚書令封欽王

宋會要

卷六千七百六十一

仁宗子

楊王昉景祐四年五月九日生是日不育慶曆元年五月賜名昉贈太傅追封褒王諡曰懷靖嘉祐四年十二月加贈太師中書令兼尚書令封魏王英宗即位追封周王元符三年三月追封楊王大典卷三百七十三　又卷六千七百六十一

宋會要

雍王昕寶元二年八月十五日生康定元年七月賜名授檢校太尉忠正軍節度使封壽國公二年二月十九日贈太師尚書令封豫王諡曰悼穆嘉祐四年十二月追封越王英宗即位追封唐王元符三年五月追封雍王

宋會要

荆王曦慶曆元年八月五月生十二月授武信軍節度使檢校太尉同中書門下平章事封鄂王三年正月一日薨贈太師中書令諡曰悼懿嘉祐四年十二月追封陳王英宗即位追封燕王元符三年三月追封荆王

全唐文

宋會要　皇子諸王雜錄

太祖開寶六年九月二十一日詔曰周之
宗盟異姓爲後此先王所以睦九族而和萬邦也晉王
太宗舊名親賢莫二位望俱崇方資夾輔之勲俾先三事之
列自今宜位宰相上　八年七月二十日納右武衛上
將軍焦繼勲女爲德芳婦出閤就第　九年十月二十
八日皇子山南西道節度使同中書門下平章事德昭
加兼侍中京兆尹封武功郡王貴州防禦使德芳領山
南西道節度使興元尹同中書門下平章事德昭德芳皆太祖之子太宗不欲異其呼稱遂降制與晗處公主而下皆稱皇子皇女　十一月五日詔齊王

卷一百三十五　一

廷美武功郡王德昭朝會班宰相上　太宗太平興國
七年七月十三日皇子衛王廣平郡王同日拜同中書
門下平章事詔衛王先赴中書視事廣平郡王以次至
八年十一月三日詔曰並建子弟以藩屏王室申命
輔相以羽翼公朝藩邸之任雖殊鈞台之寄尤重事分
內外須正等威自今宰相序立宜在親王上　宰相宋
琪李昉等頓首言漢法丞相在諸侯王下請如舊制帝
曰宰相實總百揆與群官禮絕藩邸之設止奉朝請元
佐等尚幼筭畜幼欲其知謙損之道卿無固辭琪等拜
舞稱謝　雍熙二年九月九日楚王宮火帝以元佐素病心疾
意火必元佐也攝置中書遣御史按問置巨校於前元

佐恐懼對云數年已來心神迷亂因重陽禊酒夜持蘆
幕卷燭炬不令左右知覺遂起此火案具帝遣入內都
知王仁睿謂曰汝富貴極矣迺爾亮悖國家典憲我不
敢私父子之情從此斷矣元佐無詞以對陳王元僖等
泊宰相近臣號泣營救帝涕泗謂曰朕讀書見前代帝
王子孫不率教訓者尚爲之扼腕憤歎豈知我家自有
此事朕爲宗社計所不敢赦遂下制廢爲庶人送均州
安置宰相率群臣伏閤拜表乞留于京師表三上乃許
之命使者監護不通外事　元佐帝長子初甚被愛及
長漸驕恣後病恍惚煩躁或經時絕朝請自是屢爲殘
忍左右微過必加手刃僕隷過庭輒彎弓射之帝誨責

卷一百三十五　二

甚厲皆不悛是歲夏秋疾甚帝以爲憂是月以疾小愈
帝悅故爲肆赦　九日帝宴諸王而元佐以病新間不
預會至暮罷陳王等往謝之元佐謂曰汝等與至尊宴
射吾不預焉是爲君父所棄也因發憤夜閉媵妾於室
縱火帝怒遂廢之楚府諮議趙齊王遹翊善戴元自以
輔導無狀表請罪帝曰朕教之且不從況汝等邪皆釋
不問止令解職

昭成太子

继繼三〇……

此謂紀事本末而又不全

宋會要 昭成太子元僖

許王初名德明太平興國七年七月出閤授檢校太保同中書門下平章事封廣平郡王改名元佑八年十月進封陳王雍熙三年七月改今名十月為開封尹兼侍中端拱元年四月進封許王加中書令淳化三年十一月薨贈皇太子謚曰恭孝仁宗即位改謚曰昭成三年七月甲午陳王元祐改名元僖韓王元休改名元偓冀王元雋改名元份十月甲辰以陳王元僖為開封尹兼侍中戶部郎中張去華為開封府判官殿中侍御史陳載為推官並召見謂曰卿等朝之端士故茲選用其善佐吾子各賜百萬錢

卷六千七百六十七

及去華就遷左諫大夫又令樞密使王顯傳旨諭以輔成之意四年八月水部員外郎諸王府侍講邢昺獻分門禮選二十卷上採其奏得文王世子之編觀之甚悅因問入內西頭供奉官衛紹欽曰昺為諸王講說曾及此乎紹欽曰諸王常時訪昺經義昺每至發明君臣父子之道必重複陳之上益喜賜昺器幣端拱元年二月陳王元僖進封許王韓王元偓為荊南湖南每親臨庭政豈敢憚於焦勞禮接羣臣無非求於啟沃汝等勿鄙人短勿恃己長乃可永守富貴而保終吉先賢有言曰逆吾者是吾師順吾者是吾賊此不可以不察也庚戌以皇弟第六子元偓為左衛上將軍封徐國公第七子元

偁為右衛將軍涇國公御史中丞嘗劾奏開封府許王元僖元僖不平訴于上曰臣天子兒以犯中丞故被鞫願賜寬宥上曰此朝廷儀制孰敢違之朕若有過臣下尚加糾擿汝為開封尹可不奉法邪論罰於式淳化二年上嘗謂近臣曰累有人言儲貳事朕頗讀書見前代泊亂豈不在心但近世澆薄若建立太子則宮僚皆須稱臣宮僚職次與上臺等人情之間深所不安蓋諸子沖幼未有成人之惟所命僚屬悉擇良善之士至於臺隸輩朕亦自揀選不令姦巧憸佞在其左右讀書課書咸有課程待其長成自有裁制何言事者未諒此心邪於是右正言度支判官宋沆等五人伏閤上疏請立許

卷六千七百六十七

王元僖為皇太子詞意狂率上怒甚將加竄殛以懲躁妄而沆又宰相呂蒙正之妻族蒙正所擢蒙正首以援引親暱竊祿偷安罷相責宋沆為宜州團練副使三年十一月己亥開封尹許王元僖早朝方坐殿廬中覺體中不佳遂不入謁徑歸府車駕遽臨視疾已亟上呼之猶能應少選薨年二十七上哭之慟左右皆不敢仰視追贈太子謚曰恭孝元僖性仁孝姿貌雄毅沈靜寡言尹京五年政事無失上尤所鍾愛及薨追念不已或悲泣達旦不寐作思亡子詩以示近臣未幾人有言元僖為嬖妾張氏所惑專恣捶僕妾有至死者而元僖不知為張氏於都城西佛寺招魂葬其父母僭差踰制又言

元僖因誤食他物得病及其宮中私事上怒命縊殺張氏捕元僖左右親屬繫獄令皇城使王繼恩驗問悉決杖停免掘燒張氏父母塚墓親屬皆竄遠惡丙辰詔罷冊禮但以一品鹵簿葬焉及真宗即位始詔中外稱太子之號張唐英作寇準傳見上接準淳化三年已爲樞密副使元僖既死太宗哀始衰元僖無恙時固未嘗見東宮不知唐英何所據証譜特甚今不取淶刪事蓋因楚王元佐已見廢雍熙二年九月開封府判官右諫大夫呂端推官職方員外郎陳載坐裨贊無狀端左遷衛尉少卿載殿中侍御史許王府諮議工部郎中趙令圖侍講庫部員外郎閻象並坐輔導無狀免所居官仍削兩任上始追捕許王寮吏將窮竟其事左諫議大夫魏羽乘間言於上曰漢戾太子竊弄父兵當時言者以其罪啓爾今許王之過未甚於此也上嘉納之由是被劾者皆獲輕典

卷六千七百六十一

端拱元年二月二十三日封皇子元僖徐國公元偁涇國公並食邑一千戶舊制國公邑三千戶今止千有司之誤也自後皇子初封國公循此制　淳化三年十一月二十七日詔先以來月十七日故恭孝太子元僖行冊命之禮令緣儀衞逼郊祀其冊禮權停

五年二月二十七日翰林學士張洎上言準制益王元傑改封吳王行揚州潤州大都督府長史者臣謹按前史皇子封王以郡爲國置傅相及內史中尉等佐王爲理自漢魏已降所封之王如不之國朝廷命卿大夫臨郡即稱內史行郡事東晉永和泰元之際有瑯琊王會稽王臨川王故謝靈運王羲之等爲會稽臨川內史即其事也唐有天下以揚益潞幽荊五郡爲大都督非親王不授其揚益等郡或有親王遙領朝廷命大臣臨郡者皆是長史副大使知節度使如段文昌鎮揚州云淮南節度副大使知節度事管內營田觀察處置等使檢校尚書左僕射兼揚州大都督府長史李載義鎮幽州云盧龍軍節度副大使知節度事管內觀察處置押奚契丹兩藩經略等使檢校司徒平章事兼幽州大都督府長史即其例也今益王以揚潤二郡建社爲吳國王居大都督之任又已正領節度使豈宜却加長史之號乃是吳國王自爲上佐矣若或朝廷且以長史拜授其如衞內又無副大使知節度事之目儻或他日

卷一百三十五　三

別命守將俾臨本郡即不知以何名目除授也臣等草制之夕便欲上陳慮報奏往迴有妨來早宣降茲事體大實干邦國況吳王未領恩命尚可改乞付中書門下商議施行帝以制命已出不欲追改洎又再上表引典故論列中書門下言端拱初韓王改建襄王領荊湖節度江陵尹冀王改封越王領福建節度大都督府長史今益王改封吳王苟如洎言改充大都督按官品令大都督是二品五府大尹五府大都督長史是三品若然則吳王之品高於二王昆弟之閒品秩未當詒俟他日改正之洎奏遂寢　至道二年二月五日帝謂宰臣曰徐國公元偓涇國公元偁宜各除化外藩鎮宰臣等不諭

卷一百二十五　四

久之帝曰朕意非他若除化內州府詔下之日即遣諸色公人申送書狀應成煩擾宰臣奏曰親賢不當除化外但指揮本道不得差人上京可也帝允之由是命元偓為洪州都督鎮南軍節度使元偁為鄂州都督武昌軍節度使　七日以越王元份為杭州大都督兼領忠正軍節度使帝以吳越二王疏封開國當領兼鎮因軍慶命中書改正之越王以杭州大都督兼領壽春由是二王盡得所封之地削去長史之號　三年六月六日詔故涪王廷美追復西京留守檢校太師兼中書令夫人張氏追復楚國夫人魏王德昭贈太傅岐王德芳增太保仍遣中使致祭　真宗咸平元年十月十七日宰

臣張齊賢李沆表請序位於諸王下詔以先朝定制不許　二年十一月三日詔自親王領大都督府節鎮者勿兼長史　五年十一月十八日以皇子祐為左衛上將軍信國公　時宰相言故事皇子出閤當封王帝不許而有是命　十九日楚王元佐為左羽林軍上將軍　唐德宗朝六軍置統軍秩從二品左右羽林龍武神武是也十六衛置上將軍與統軍同左右衛驍衛武衛威衛領軍金吾監門千牛衛是也今楚王當為統軍而以上將軍命之又王前為金吾衛上將軍按儀制金吾在統軍上將軍之上今之改秩蓋有司失於檢閱　大中祥符八年四月二十三日夜榮王宮火延燔殿庭五

卷一百二十五　五

月三日制安靜武信等軍節度使榮王元儼降授安靜軍節度使封端王宣制於崇政殿門之外

大中祥符元年十二月十五日帝謂王旦等曰先帝每命宰臣親王降制則不御崇德殿視朝應有故事其首以命宰臣親王視帝王不專耶是日以慶行宰臣親王節度使皆有制加恩故帝詢及於此　四年六月寧王元偓等言昨奉聖恩俱膺寵命以從弟德存身亡顧有服式迎授之日合陳音樂有此未便又緣諸鎮節度各授麻制望頒朝旨先令迎授從之八年四月二十三日榮王元儼降封端王宣制於崇政殿門之外時榮王宮火延燔殿庭故也　卷六千七百三十八　十二月十七日禮儀院言皇子壽春郡王告勅望令中書進呈別擇良日閤門使押引詣內東門進納宮中給賜詔令閤門使就內東門依降麻官告例賜　二十四日閤門言儀制宣賜親王告敕閤門使稱有勅再拜口宣訖搢笏跪授俟箱過俛伏興再拜搢笏舞蹈三拜退將來宣賜壽春郡王告勅稱有勅再拜口宣廳喏跪授後擬只再拜隨拜萬歲退詔可　天禧二年二月四日樞密院言楚王加恩自來不遣使賜批詔望依例進內壽春郡王加恩合有迎授恩命詔罷迎授之禮其告勅如八年例於內東門賜王餘如所請旌節令周懷政就元符觀內安置　治平四年神宗即位未改元三月十九日皇弟東平郡王顥言蒙恩授兩鎮節度使進封昌王仍令所司擇日備禮冊命竊以臨軒冊命之禮國朝以來雖元功鉅德之臣未嘗敢有當之者伏望收寢冊命從之

乾興元年二月二十日詔曰涇王元儼朕之叔父而先朝親禮之甚厚其令中書門下別定對接之儀及諸皇親亦議優加恩命禮儀院言後漢東平王蒼光武子也章帝即位恩禮踰於前世詔沛濟南東平中山四王贊拜皆勿名又按晉武陵王睎元帝子康帝即位贊拜不名今參詳涇王欲望朝會及起居並依故事賜贊拜不名如皇帝見涇王於內中即依先帝見大長公主之儀諸皇親並準詔優與加恩　仁宗明道二年九月十六日諸王子孫各乞賜其父為皇太子詔翰林學士馮元端明殿學

士宗綎詳定而元等言周王元祐陛下長子宜追冊爲皇太子太祖二王太宗五王追卹之典理難均及止可徙封加鎮藩官而已從之十月二十三日追贈周王元祐爲皇太子詔翰林學士馮元等考詳舊典元等言王舊無宮府其告策請藏宗正寺屬籍堂而遣使焚黃于永安縣墳次從之　寶元二年十月九日端明殿學士翰林侍讀學士宗正寺修玉牒官李淑言悼獻太子名上一字犯聖祖諱請止書曰祐從之　康定元年五月十二日樞密院言皇子八月十五日生請依郡王使相例賜襲衣綵帛百匹金器百兩馬二疋金鍍銀鞍勒一副從之　七月二十五日命端明殿學士李淑修撰壽

卷一百二十五　六

國公府表章文字　慶曆元年五月十七日詔以皇故長子始生而不育將葬賜名昉贈太傅追封褒王謚曰懷靖　八月八日詔以皇第三子生遣官奏告宗廟　三年五月二十日復給荆王元儼所上公使錢　元儼領荆揚二鎮歲凡給緡錢二萬五千是時西鄙用兵宗室自刺史以上各進納本州公使錢之半以助邊費帝以元儼叔父之尊不欲裁損至是復全給之　嘉祐三年二月二十九日詔太常禮院議立周王祐之後禮官言王薨在下殤之年未有爲父之道於禮不當立後從之　英宗治平元年六月二十三日詔賜皇子顥公使錢二千貫顥一千五百貫　二年五月十七日權御史

中丞賈黯請自今皇子及宗室卑屬除檢校三師官者隨其遷序改授三公詔兩制詳議翰林學士王珪等言按官儀自魏以來以太師太傅太保是爲三師太尉司徒司空是爲三公國朝因之六典曰三師訓導之官也蓋天子所師法今皇子以師傅名官於義弗安蓋前世因循失於釐正傳不云乎必也正名乎臣以謂自今皇子及宗室卑者除官並不可帶師傅之名隨其遷序改授三公之官看詳黯言委得允當詔俟加恩改正　神宗熙寧四年九月十五日中書門下言淳化五年翰林學士張洎奏對吳王元傑帶揚州大都督長史長史是王府佐官不稱名秩尋詔他日親王有恩命落府長史

卷一百二十五　七

其後有司失於推行親王猶帶府長史今請罷去從之　八年四月二十六日岐王顥嘉王頵言蒙遣中使賜臣等方團玉帶各一及準閤門著爲朝儀臣等欲寶藏于家不敢服用帝不許又乞佩金魚以別嫌詔以玉魚賜之（親王賜玉帶佩魚自此始）　元豐二年七月二十七日詔岐王顥嘉王頵並歲賜見錢八千貫更不以一半折絹　六年五月十五日詔雍王顥荆王頵乞建外第十餘年中章數十上入侍寶慈宮非便數諭止之而確然堅請不已皇太后近亦屢以爲言宜依所乞令學士院降詔宣諭仍令有司度地以聞尚書工部言請以城北馬軍教場建第從之　閏六月二十二日詔皇子新授檢校太尉

山南東道節度使儀國公偲請給公使並依延安郡王
初除官例二千吏支給其牌印亦令改鑄仍為永例
哲宗元祐元年三月五日詔見修建揚王顥荊王頵外
第兩位各賜銀器并陳設動用等令所屬製造　二十
二日三省言揚王顥荊王頵奏乞遷外第未蒙詔可今
雖名居外而咸頻咫尺時奉朝謁固與密通宮禁無異
伏望早賜矜允從之仍令學士院降詔　先是元豐中
二王屢奏乞居外第雖已降詔許之而未果遷出至是
懇請故有是命　二十四日詔二王外第以親賢宅為
名　二十八日詔二王就第日宗室正任以上自府門
送至第仍令親王伴食入內內侍省差官管幹　四月
十二日詔二王各賜銀絹緡錢各五千歲各增公使緡
錢五千仍給見錢本府官吏賜與有差　五月六日詔
荊王頵妻嘉國夫人王氏進封潭國夫人十四日詔揚
王顥男二人荊王頵男七人並遷一官以篤幸親賢宅
特推恩也　二年六月六日詔揚王顥妻國夫人馮氏
先送瑤華宮入道宜特賜法名守沖仍賜紫衣號希真
凝寂大師　先是元豐二年以與王不協送瑤華宮至
是始有是命　三年三月四日揚王顥奏有女數人婚
嫁及期私用不足望特於左藏庫借交料錢三萬貫月
以料錢四貫除折還納從之　七年十一月二十二日
詔徐王顥增賜公使錢三千緡　先是三省言南郊禮

卷一百二十五　八

畢徐王加恩當賜劍履上殿緣虛文已刪去請易以歲
增公使緡錢太皇太后曰嘗有例耶呂大防等對曰仁
宗時荊王元儼增至五萬貫徐王昨亦增賜今纔萬三
千緡乃詔增之　八年二月八日詔皇弟大寧郡王以
下出就外學宜令於親王舊第置學舍及差官二員充
諸王說書就差逐位內侍四員充管幹官　前此太皇
太后宣諭三省曰大寧郡王以下漸長可令就學故有
是詔　三月二十三日詔皇弟諸郡王國公出就外學
各賜九經及孟荀揚子書一部令國子監印給　八月
十八日詔徐王顥許乘檐子至下馬處以顥疾故也
紹聖二年十月十三日詔曰朕嗣有令緒獲承至尊惟
先帝休德施及後世情矣共賴燕謀之錫賓藩同氣之
親頃在妙齡已就外學屬柄臣之僉議援今昔以有言
以謂年逮奉朝禮當出閤庶明班爵之義以固磐石之
宗朕稽協祖宗之猷深懷手足之愛因之廣孝曷喻至
情以義稱恩姑循故事大寧郡王佖遂寧郡王佶宜依
所請仍令有司疾速修完東宮位次俟來春出閤　時
宰臣章惇等言皇弟大寧郡王等出就外學於今三年
年及奉朝而爵號未稱禮秩未備宜及此時進爵增秩
啟真王封及大建邸第開府置屬出班外廷入侍長樂
以衍茂天支增重王室故有是詔　十一月十一日詔
瑤華宮希真凝寂太師馮守沖復封崇國夫人　初三

卷一百二十五　九

省奏冀王乞罷册禮帝因宣諭王之夫人馮氏在先帝時以其不和止令異居爾至元祐已及九年乃更施行聞所居甚敝資用不足可復其國封給賜如故仍葺其所居　三年正月十七日諸王位說書傅楫言將來諸郡王聽讀日乞依舊丘講論語孝經孟子如唐詩對句之類一切罷去從之　二月二十二日將作監上修蓋皇弟大寧郡王等（遂）寧郡王等五位外第地圖詔皇弟五位依親賢宅故魏王位從東先次修蓋　九月二十八日楚王顥言臣妻馮氏已蒙恩還復封邑欲望許令歸臣本家未報會王覺其子孝騫復以為請從之　四年二月一日詔故燕王宗國夫人請給依舊全支　以昨在瑤華宮減半支給故有是詔　十七日三省奏楚王顥遺表詔將除其子渭州防禦使孝騫為崇信軍節度觀察留後又奏孝騫與狄諮女為親詔特封齊安郡君　十八日詔申王佖端王佶每年特賜公使錢各六千五百貫內一半見錢一半折絹　元符元年二月十三日詔咸寧郡王俁普寧郡王似於三日內選日出閤權就東宮所有佖等見住位以令有司依先定圖計會騰挪擗截施行　以三省言皇弟大寧郡王佖遂寧郡王佶並許建第開府今修外第兩位旦夕畢咸寧郡王已下次當出閤故有是詔　三月三日皇弟申王佖端王佶奏臣等自忝竊恩榮開國建府託局內城附居宮禁

一日必篤三年于茲以理則早合于遷論情則難於遽請蓋陛下隆屬籍之愛厚天倫之親結戀既深懇陳莫遂而又營修邸第等多閱歲時比及告功尚需督治顧陛下察其至誠先於暇日申敕有司為臣等揀時歷吉早許就居則臣等被陛下友愛之賜曷有窮已從之仍令學士院降詔　先是兩上章懇請再降詔不允至是始得請　六日中書省言皇弟普寧郡王閤管幹所奏普寧郡王出閤欲依大寧郡王等例日於前後殿退入內奏萬福未時奏安置等從之　八日詔五王外第以懿親宅為名候申王佖端王佶入日宗室正任以上自府門送至第仍就賜御筵入內內侍省取旨差內臣二員管幹　其後莘王俁簡王似永寧郡王偲出居外第並用此例　十六日詔申王佖端王佶歲賜實給公使見錢八千緡及遷外第特各賜銀絹五千匹兩錢五千緡府官吏賜有差　其後莘王俁簡王似永寧郡王偲出居外第並用此例　二十日皇弟申王佖端王佶遷居外第　二十一日車駕幸申王府翌日幸端王府　二年二月六日莘王俁再上表乞居外第從之　三月十七日皇弟永寧郡王偲再上表乞出閤從之　十月二十二日詔睦王偲已出閤依申王例添歲賜公使錢　三年二月二十五日皇弟蔡王似三上劄子乞居外第從之　八月二十一日詔蔡王似九月三日遷外第是

日令宗室正任以上往送親王伴食及差內臣二員主治其餘外第事並如陳王佖等例　徽宗建中靖國元年七月四日皇弟蔡王似以小史坐指斥繫獄上表待罪未敢朝參詔令赴朝參如政　八月三日皇弟定王偲兩上表乞還外第從之　崇寧元年十一月十六日上宣諭輔臣曰昨日內中見蔡王來言語容止頗甚詳熟痛引前咎及再三稱謝欽成升祔恩禮隆厚亦漸向學殊可喜也已勸令勤讀蔡京進曰自古帝王於兄弟一有嫌疑至終身不能解陛下以天地之度篤兄弟之義今日宣諭喜見顏色坦然無疑過古帝王遠甚僉曰陛下至德友愛如此當書聖諭以為萬世之法　二年二月十四日詔懿親宅改名棣華宅　三年二月臣僚上言伏聞皇弟蔡王數違義訓陛下天造曲成置而不問者已踰數四前日蔡王與本位使臣等穿邸第後墻不冠帶私出宮門步歷廛市與宗室相見飲食買宗女為妾陛下篤於友愛不忍致法於王已詔有司更不根治仁不傷恩於是盡矣其出入有從行之卒垣墻有擅穿之吏飲食有請召相見之人邸第有提按監臨之官罪不可赦伏望聖慈除蔡王已得旨更不根治外本宮官吏並乞付有司推究詔依奏送開封府乃依前降指揮根勘　三月二十四日詔陳王佖昨授守太師其歲給公使未曾增定可除見給公使外特添見錢三千貫

大觀元年十一月二十八日內出手詔曰朕荷天眷祐景命有僕承家之慶是生多男年近幼學未親師友因嚴以教宜及其時京兆郡王桓高密郡王楷可於來年春擇日出就外學其輔導講讀之官宜以端亮鯁直有文學政事人充選具稱朕意又詔祥符故事記室翊善見諸王皆下拜真宗皇帝特以張士遜為王友命王答拜以示賓禮今講讀輔翼之官職在訓導亦王之友傳也可如王友例令答拜　政和元年二月二日詔依太史局選定三月二十七日令定王桓嘉王楷出就資善堂聽讀　三月二十八日詔宰臣執政官許就資善堂見定王桓嘉王楷令管幹所定儀申尚書省至日定王嘉王至堂之中門外迎揖升堂就坐二王西嚮宰臣執政官東嚮宰執退二王揖送於堂之大門內　二年九月二十九日詔皇子到堂聽讀特許講筵官時暫到堂參見時侍讀鄭居中講筵奏事嘗面被旨也　三年八月十日詔令榷貨務支錢一萬貫應副修蓋越王偲府第以偲自奏所居府第損漏故也　四年二月十二日內出手詔曰冠者禮之始所以加有成諭其志也故聖王重焉朕顧諟天之明命閑懌于先王罔敢怠遑永為萬事之統莫大於禮制以善俗冠之廢久矣眷予元子孝友肅恭出就外傳既克邁于成德以嫡以年咸加厥服式協禮經是用求日之吉正纚于朝豈惟欸時

内治假我有家作民孚先賓惟萬邦之慶顧不偉歟格
爾有衆其祇予猷告惟休皇長子桓以二月二十七日
於文德殿行冠禮　先是御製冠禮降議禮局載五禮
新儀之首至是舉而行之千載墜典煥然一新　四年
十二月十三日中書省言太史局選定皇長子出閤宜
用來年二月七日受册從之　十四日詔皇長子已擇
來年二月初出閤中旬授册次子嘉王楷可於三月初
行冠禮其冠禮儀令有司詳定以聞　嘉王冠儀陳設
如皇長子唯席於房外戶西樽東南甒元酒其詳見政
和五禮新儀　五年二月十三日詔親王免赴東宮廷
賀　十八日定王桓言臣已依詔旨於二月七日出閤

過府詣臣昨就資善堂聽讀尋常須候邇英經筵已開
方取旨定日恭惟聖學高妙羣臣莫及躬御經筵但欲
遵承祖宗故事非待儒臣講說修輔睿明如臣之愚正
當力學不可曠日豈應擬視經筵兼臣問安視膳之外
還過府第綽有餘暇況不同往日深在禁嚴出入不敢
自便今欲乞聖慈許令每日不拘早晚但稍有閒暇即
請學官赴廳講讀所貴為學日益有以副聖慈眷之意
從之　二十三日詔皇子建安郡王樞文安郡王杞今
春出資善堂講讀其管幹官比附定嘉王聽讀例施行
三月八日皇帝御文德殿觀視皇子楷冠禮　六年
正月十一日手詔朕席祖宗之休承天眷命既安斯寢

是生多男篤慶本支以綿繼序皇第三子嘉王楷令德
孝恭率履不越溫凊定省志養無違嘉其有成亦既就
傅今年踰志學禮當異宮眷茲天性之慈祇若國章之
舊可於仲春擇日出閤　二月二十二日詔皇子嘉王
可於今年四月内擇日趨朝　四月十八日詔提點御
前生活所繖修燕王俁府第以俁自陳所居府第損
漏故也　五月二十四日内出手詔比閱國史見故益
王顥與神考情義甚篤在元豐末忠言正論力排異意
功在社稷今其子孫興追奉之禮未曾褒顯非所以勸
可檢會故實取旨褒錄乃加孝參檢校少保孝穎德慶
軍節度使　十一月十九日詔嘉王楷差提舉皇城司

整肅隨駕禁衛所兼提舉内東門崇政殿等門　七年
四月十二日詔皇子安康郡王栩出就資善堂聽讀可
特依此推恩本閤祗應使臣管勾所手分各轉一官白
身人補副尉祗應人各轉一資並依舊祗應　五月十
九日内出手詔燕王俁第三子與依長子有章例賜名
授官支破請給等　八年三月十一日詔十六日嘉王
楷令赴集英殿試仍給食就東廊排設幕次什物　二
十五日詔嘉王楷依貢士唱名賜勅謝恩　二十七日
集英殿唱名詔嘉王楷有司考在第一不欲令魁多士
以第二人為榜首　是日詔嘉王楷已賜第一人上舍
及第許謁謝先聖與題名記并同年小錄所有期集並

免尋詔謝先聖亦免赴　二十八日詔嘉王府學官陸藻葛次仲張勸勸學有勞各與遷秩內張勸仍賜緋章服　五月九日詔同年小錄止用第一人皇嘉王楷守字德遠　八月二十日嘉王楷言近兩具劄子乞就蕃衍外第居止荐蒙降詔不允即令居處春坊之側仍近禁庭出入阿止甚不遑安況新修外邸已見就緒伏望早付有司擇日施行詔從之仍依太史局選定閏九月十九日出居外第　九月二十二日中書省言皇子嘉王閏九月十九日遷就外第檢會華王遷入外第日宗室正任以上自府門送至外第仍就賜御筵及賜銀絹錢五千匹兩貫本府官吏等第支賜仍差官管幹支散

卷一百二十五　十六

並依舊制　十二月十四日詔朕荷天休命慶多男子建安郡王樞文安郡王杞出就外傳亦既踰年聞禮通詩年遠志學可依故事出閤檢會前後條例施行　十九日中書省言燕王俁奏契勘本府內知客宣政大夫康州防禦使李詢仁自差到管勾職事備見勤謹欲望聖慈候本人任滿日特令再任從之　宣和元年三月二十三日駕幸蕃衍宅景王位　五月二日皇子鄆王楷奏臣自蒙恩就府第以來庶事畢備惟是未有監書可廣聞見欲望特降睿旨國子監印造頒賜從之　十一月二十六日詔皇子徐國公棣可來春擇日出就外傳　四年三月二十七日皇子肅王樞奏除授合得恩

例七人令有都監入內武功大夫康州防禦使楊端入內武功大夫貴州刺史王襃等乞改轉一官詔楊端轉一官依條回授王襃轉行遙郡一官　五月六日詔皇子祁王模已經罷頭出閤本閤官吏諸色祗應人並依昨文安郡王罷頭例各與轉一官　七月三日詔鄆王楷差將來冬祀大禮都大提舉禁衞行宮使　六年正月二十八日將作少監孟忠厚言修蓋蕃衍北宅第二位所用材植物料萬數浩瀚欲望將本監年計并抽稅到材木竹箔物料顏色外路應副起到數目並擬入本位不許官司攔截取撥抽分和買及諸路不得改易兌借若已團綱起發不得中路改撥應副他處所有在京抽

卷一百二十五　十七

稅竹木箔等亦乞據所得之數悉歸本位權行住罷應副諸官司取撥支遣候本位畢十一月依舊從之　七年七月二十五日工部尚書兼蕃衍宅翊善張勸等奏契勘皇子沂王已選日出就外第所有合用牋表等文字緣未奉指揮未敢供納詔令供納今後依此　十二月二十一日詔蕃衍北宅罷修已修者逐局拘收未修者近已遷移民舍依舊給還將來皇子出閤日可於十位內居止不須創建府第平陽郡王可以與祁王同居南康郡王可以與康王同居鄆國公可以與景王同居韓國公可以與濟王同居建安郡王可以於已廢擷景西園嘉國公同居餘三人尚襁褓第八位便可以三人

此條移後

同居溫國公可以與沂王同居　欽宗靖康元年二月七日以祕書省著作佐郎沈晦假給事中從皇弟肅王樞使斡離不軍　紹興三十二年孝宗已即位未改元九月一日詔皇子貴州團練使愭可特授雄武軍節度使開府儀同三司進封慶王食邑一千戶食實封四百戶令所司擇日備禮册命　同日閤門言皇子依儀制親王赴垂拱殿并後殿起居於大殿後入一遍合班處景靈宮行香立班合押宗室一遍常朝日參并後殿起居輪差閤門提點同提點兼祗應報引入殿知閤門官引至起居序及遇轉官朝謝殿內知閤門官引揖一麗正及和寧門外待漏垂拱殿門外內及殿門外待班景靈宮行香門外待漏殿門外待班其閤子并合在西壁與宰臣閤子相對或無設置去處即權於宰臣閤子之次釘設詔衣　孝宗乾道二年十月十四日詔皇第四子早薨可追賜名恪封邵王謚悼肅　十七日詔恪特賜淮康軍節度使開府儀同三司　七年二月八日詔皇子雄武軍節度使開府儀同三司慶王食邑四千戶食實封一千六百戶愭可依前皇子開府儀同三司特授雄武保寧軍節度使判寧國軍府事提舉學事兼管內勸農營田使追封魏王加食邑一千戶食實封四百戶令所司擇日備禮册命　二十四日中書門下省言魏王判寧國軍府置長史司馬各一人記室參軍事二人詔並以

〈卷一百二十五　十八〉

二十四日條移此

二年爲任任滿與陞擢差遣　十五日詔皇子魏王愭出鎮寧國府妻華國夫人韋氏男皇孫攄見今歷內諸般請給等與隨帶前去接續幫勘　韋氏隆興二年郊恩以信國夫人封華國夫人　十八日詔內東門司皇子魏王愭生日節序物色等並令依舊取賜　二十一日詔皇子魏王愭妻韋氏封韓魏國夫人　是日上御選德殿宰執進呈上曰舊無此例今以封可乎宰臣虞允文奏曰陛下因建儲之慶特示恩章是兩國亦無不可上曰亦須與封大國允文奏曰大國著于令者二十有八陛下財擇遂有是詔　二十三日詔皇子魏王出鎮令左藏南下庫祗備金三十兩銀一萬兩令承受取賜　二十五日詔魏王愭出鎮可依元祐五年文彥博例宴餞仍依賜宰執已下喜雪體例排辦　三月四日宰執侍從宴餞魏王于玉津園　二十八日詔今年四月二十四日皇子魏王生日特差內侍陸彥取賜牲餼　四月二十二日宰執進呈皇子魏王賜夏藥宰臣虞允文奏曰前二府用百兩銀合一具親王莫易以金否上曰金合亦好參知政事梁克家奏曰舊來前二府以下頁臘藥率遣中使宣賜後以其起動州郡令進奏院遞賜而已上曰聞中使所至州郡不無煩費允文奏曰此爲害甚久紹興之末諸路安撫制置使及諸軍主兵官始從遞給賜自乾道初載雖前二府亦皆罷遣令親

〈卷一百二十五　十九〉

王領藩恐須遣中使以示陛下恩意上曰甚好　二十
三日皇子判寧國府魏王愷奏將來天申節臣合前期
赴闕進香上壽詔依　五月三日詔入内内侍省魏王
到闕差使臣謝安道傳宣撫問賜金合茶藥　十一月八
日客省言依格簽賜宰臣親王以下正旦寒食冬至節
料在法止有宰臣執政官奉使出外取旨今皇子魏王
愷判寧國府仍令本府將合賜物色依數排辦就賜今
後準此　八年十月十八日詔會慶節皇子親王愷令
内中上壽紫宸殿赴坐

宋會要

淳熙元年五月三日詔皇子魏王府見破親事黄皁院
子輦官儀鸞翰林司厨子教駿兵級諸色人已降指揮
祗應及七年與轉一資已經轉資見接續祗應人每及
七年可特與轉行一資今後準此十二月五日詔皇子
魏王出鎮寧國府已及四年今改鎮明州其記室參軍
承受幹辦官各與減三年磨勘醫官指使宅keep司承受
官下主管文字書表司抱笏直省官御堂使臣各與減

二年磨勘親事官輦官兵級院子儀鸞司翰林司厨子
教駿梢工犒賜有差二年十一月九日詔親王府記室
依舊同在京職事官體例施行從魏王府記室參軍眹
秉請也七年二月十日宰執進呈皇子魏王遺表上救
淚曰朕向來躐次建儲者正見此子福氣頗薄耳然亦
不料如此之夭也趙雄等奏昔建儲之初天下猶未能
盡識聖意及今方曉然所謂知子莫若父知臣莫若君
上曰朕以宗廟社稷之重斷然行之趙雄等奏陛下愛
子之心初無原薄特以聖見高遠為宗廟社稷計斷然
行之而不疑然而兹事甚難雖以唐太宗之明猶且疑
惑不决此天下所以咸仰陛下之明又服陛下之斷也

卷六千七百六十三　十八

於是詔長史蘇謂司馬陳蒼舒記室元伯源梁汝永並
特與各轉一官本府一行官屬使臣諸色祗（續）應人兵給
等各先次特與轉一官資並與存留在府接應祗應其
請給按月接續幫勘文破理任酬賞並依見行指揮候
至服闋日别行取旨結局日記室二員仍與陞擢見闕
差遣同幹辦二員與添差釐務路分都監請給等依正
官例餘人願赴部者與添差釐務合入差遣一次諸色
人兵等願養老者聽特與帶行舊請在外居止候歸葬
日官屬使臣諸色人兵等各借請給三月並從遺表之
請也四月八日詔户部自今年四月為始每月支供錢
一千貫文白粳米四十石次色米一百石赴故皇子魏

王府充本府位中并支散等用侯服闋日别降指揮詔令省倉每月供納白粳米四十石次色米一百石從吉日減次色米五十石十二年五月四日詔恩平郡王府見差破親事官等已降指揮祗應及十年各轉一資見接續祗應人每及再十年可特與轉行一資今後準此五月九日詔莊文太子府魏惠憲王府官吏諸色人除已轉官資外自今並依乾道三年十二月七日指揮年勞更不推恩五月二十五日詔魏惠憲王府觀察與教授接見禮數初接見觀察冠帶教授穿束對拜兩拜就坐點茶訖侯講畢復坐點湯揖退各年節相見禮數依此其尋常上講即背子相見並觀察就主位教授分輪入講堂卯入午罷行移文字合用印記下文思院鑄造銅印一面以魏惠憲王府小學教授記一十字為文講堂令講論語讀孟子日後如有申請事件從申尚書省施行以教授黄唐等條具下禮部指定故有是命九月七日詔入內內侍省東頭供奉官梁襄特差幹辦皇孫平陽郡王府都監比附諸王府都監作上等三年替十六年六月二十四日魏惠憲王府小學言皇姪國公已行冠禮進封所有讀授周易近已終篇合接續改讀經書乞自今後免申尚書省敷奏止移牒本府依次序接續改讀如講徹一經亦乞準此魏惠憲王府小學教授欲止作魏王府教授繫銜從之

卷六千七百六十三

十九

皇孫

皇孫諶
皇孫愭 惇
皇孫挺 擴 攄 柄

宋會要 皇孫諶

本朝皇太子生子為嫡皇孫封秩比皇子

大寧郡王諶欽宗皇帝長子政和七年十月生八年正月賜名授檢校少保常德軍節度使封崇國公後辭節度使國公改授防禦使靖康元年正月自高州防禦使除少保改昭慶軍節度使進封大寧郡王三月加檢校少傅改寧國軍徽宗政和八年三月二十七日提舉太子左右春坊言皇孫近已除授官封所有諸般請給人從乞中明降下詔並依見除官差破閏九月二十一日中書省言准提舉左右太子春坊申今來十月二日皇孫諶生日緣未有支賜令格正文詔依宗室節度使令格施行

卷二千五百六十一

中興會要　皇孫愭　惇

高宗紹興十六年七月二十二日吏部言晉安郡王二子令取索補官條法取旨大宗正司具到宗室賜名授官合格體例緦麻以上親右內率府副率袒免親保義郎昨紹興五年內右千牛衛將軍安郡男賜名授官賜名居端補右內率府副率詔可賜名愉愷並補右內率府副率二十二年二月十六日詔普安郡王弟三男賜名惇依長男次男例補官二十一年六月二十一日詔普安郡王長男愉可改賜名愭二十八年正月二十二日詔普安郡王長子右內率府副率愭可特轉右監門衛大將軍榮州刺史請給等並依行在赴朝南班宗室例支破三十年正月二十八日詔普安郡王次子愷可特授右監門衛大將軍請給等並依行在赴朝南班宗室例支破四月一日詔皇子建王長子愭可特轉蘄州防禦使次男愷可特轉貴州團練使惇可特轉榮州刺史告內並帶皇孫字

乾道會要　皇孫挺擴　攄柄

孝宗乾道元年六月四日禮部太常寺言皇嫡孫降誕今依典禮合遣官擇日奏告天地宗廟社稷諸陵攢宮詔依二十七日左通議大夫參知政事兼權知樞密院事兼充德壽宮使兼權提舉編修玉牒兼修國史錢端禮率文武百僚上表言恭遇六月一日皇嫡孫降誕道昌羣生既躋仁壽之域慶流奕世遂叔冢嫡之祥廟社光輝華夷鼓舞恭惟皇帝陛下仁濟萬類澤被四遐丕治一陶德之所施者博本支百世邦其永孚于休遂開磐石之宗來應維熊之吉臣等猥叨毗倚獲與榮懷歌天保之章欲仰伸於歸報賦螽斯之什願益詠於衆多又奏帝道夙隆垂休祥於聖祚皇枝有衍貽燕翼於孫謀歡溢兩宮慶均九服臣等恭惟光堯壽聖太上皇帝陛下妙三皇之道行五帝之仁寶歷瑤圖雖同脫屣之視金枝玉葉自開綿瓞之祥爰卜有周之世年大錫文王之孫子臣等叨居近列共展慶儀喜動天顏來歡含飴之樂勢隆國體更觀磐石之封二年六月九日詔皇太子愭男皇嫡孫可賜名挺除千牛衛大將軍五年十皇子恭王惇男皇孫可賜名擴挺除福州觀察使封榮國公十一月十三日詔皇子恭王惇次男皇孫可賜名擴除右千牛衛大將軍六年十月三日詔皇子慶王愷男皇

孫可賜名擴除左千牛衛大將軍七年二月十五日詔
皇子魏王愷出鎮寧國府男皇孫擴見今曆内諸般請
給等與隨帶前去接續帮助

【卷三千五百五十二】

二

又淳熙九年
五月四日詔皇孫柄補右千牛衛大將軍十年正月十
一日皇太子宮左右春坊言皇孫英國公趂赴垂拱殿
後殿起居其侍班閤子及立班從駕行馬上下馬處乞
下閤門條具申請仍差破抱笏祗應三名書表客司各
一名請給等乞用宗室觀察使下見行禮例其親事官
及白直兵士乞下皇城司步軍司依格差撥詔侍班處
就宗室正任閤子過忌辰權免行香餘依既而閤門條
具宗室序位同者以尊卑爲次若封爵係嗣王郡王國
公郡公者序位在本官之上步前立其起居立班行馬
合在宗室觀察使郡王之次從之三月十一日詔皇孫
英國公閤書表司抱笏祗應人等請給依已降指揮支
給外每人特月支添給錢一十貫（以其隨逐指名差取各緣入內公當宿直祗應人取也）十一年七月十九日詔皇孫英國公閤差破親
事官步軍司宣効等依使臣等例每及八年與轉一資
仍自今降指揮下日爲始八月七日詔皇孫英國公擴
將來納婦應合行事件可劄下承受官取旨施行（次年三月四日始命判度租）十二年四月三日皇太子宮左右春坊言皇
孫平陽郡王近除安慶軍節度使進封平陽郡王先承
指揮請給生日支賜公使錢並與依格全支所有祿粟

【卷三千五百五十二】

欽乞依南班節度使士㟲體例依祿格全支從之五月
四日詔皇孫安慶軍節度使平陽郡王擴納婦已選定
朝奉郎新知濠州韓同卿次女為親劄付承受所取旨
施行八月二十二日詔皇孫安慶軍節度使平陽郡王
擴婦韓氏與封新安郡夫人特依宮人支破諸般請給
九月二日詔皇孫千牛衛大將軍柄與破請給依祿格
全支本色八日詔入內內侍省東頭供奉官梁冀特差
幹辦皇孫平陽郡王府都監令比附諸王府都監作上
等三年替十一日詔皇孫平陽郡王府見差破幹辦指
使宅案書表客司楷書把筋等並特與依昨來恩平郡
王府書表客司已得指揮見行幫諸般請給等則例自

卷三千五百五十一

到府供職日放行批勘餘依本府已得指揮十月十日
詔皇孫平陽郡王府同幹辦譙令雍特與改作內知客
名色十六年正月三日詔皇孫柄除權州觀察使嘉國
公十二日詔皇孫柄所生母卜氏特與封信安郡夫人

濮安懿王子二十七人孫一百二十六人曾孫五百五
十三人嗣封者共十六人　士輵　淳熙三年正月除
少傅六年十月除少師依前昭化軍節度使充醴泉觀
使七年十二月上遺表特贈太傅追封安王　士歆
仲混第十一子政和八年九月三日生宣和四年內該
遇天寧節賜名授太子右內率府副率靖康元年五月
遇欽宗皇帝覃恩轉太子右監門率府率建炎元年九
月遇高宗皇帝覃恩授右千牛衛將軍紹興十年二月
因父遺表授右監門衛大將軍是年五月轉右監門衛
大將軍榮州刺史二十年七月轉右監門衛大將軍貴

卷六千七百六十二

州團練使二十六年閏十月轉右監門衛大將軍眉州
防禦使二十七年八月轉和州防禦使三十二年六月
轉宣州觀察使乾道五年四月轉昭慶軍承宣使提舉
佑神觀是年十一月授保康軍節度使依前提舉佑神
觀淳熙八年二月襲封嗣濮王依前保康軍節度使提
舉佑神觀九年九月除開府儀同三司依前保康軍節
度使充醴泉觀使十三年正月除少保十六年三月除
少傅紹熙五年八月除少師依前保康軍節度使充醴
泉觀使慶元二年九月上遺表贈太傅追封韶王　不
袪　士㥄第三子宣和四年十一月五日生靖康元年
該遇乾龍節賜名補保義郎累轉武功郎慶元三年四

月授皇叔祖福州觀察使襲封嗣濮王五年十二月轉武安軍承宣使提舉佑神觀是月上遺表贈開府儀同三司追封蔣國公　不璺　士勸第三子宣和四年十一月二十四日生紹興四年該遇天申聖節賜名補保義郎累轉武經大夫慶元六年七月授皇叔祖利州觀察使襲封嗣濮王開禧三年六月以寧遠軍承宣使提舉佑神觀上遺表贈開府儀同三司追封安國公　不儔　士銖第四子建炎三年十一月二十六日生紹興五年該遇天申聖節賜名補保義郎累轉修武郎淳熙二月三月授皇叔太子右監門率府率四年五月轉右千牛衛將軍十年八月因父遺表授右門門衛大將軍

卷六千七百六十二　二

十二年五月轉右監門衛大將軍吉州刺史十三年二月轉右監門衛大將軍成州團練使十六年閏五月該遇寧〔光〕宗皇帝覃恩授皇叔祖右監門衛大將軍眉州防禦使慶元元年正月該遇寧宗皇帝覃恩轉和州防禦使是年六月轉隨州觀察使開禧元年七月轉安遠軍承宣使提舉佑神觀三年七月除昭慶軍節度使依前提舉佑神觀襲封嗣濮王嘉定三年六月除校檢少保十年六月上遺表贈少師追封高平郡王　不嫖　士石第二男紹興六年四月二十五日生紹興十年該遇天申聖節賜名補保義郎累轉武翼大夫嘉定十一年三月授福州觀察使襲封嗣濮王十二年六月上遺表贈

開府儀同三司追封惠國公　不淩　士穩第六男紹興十五年正月十六日生紹興十九年該遇天申聖節賜名補保義郎累轉武德郎嘉定二年七月換授皇叔祖右千牛衛將軍十三年正月授福州觀察使襲封嗣濮王十五年五月轉奉國軍承宣使十七年六月上遺表贈開府儀同三司追封惠國公

仙遊縣君英宗之母

神宗熙寧二年三月二日中書門下言皇族宗袞建仙遊縣君影堂乞役兵塡池請許之詔所差兵士若不限定日月必是居常役使無期放散可與百人令役一月　閏十

卷二百三十五　十二

一月二十八日詔祖宗之子并濮國公並令傳嫡襲封已封公者將來更不襲封　三年十二月二日詔三司令左藏庫歲特支錢五十貫充濮王宮公用本位俸錢更不尅除　先是大宗正司奏宗樸狀先奉御批令兄弟量尅料錢入濮王宮庫用為四仲月祭饗支用而近降指揮不許尅皇親俸錢故有是命　四年九月二十二日詔賜濮王予通州防禦使宗隱芳林園宅一區仍計口給屋（後宗傳宗璦宗蓋依此）　七年四月十二日詔濮安懿王子宗暉宗綽宗勝宗楚各賜芳林園宅地令將作監計口修蓋　八年七月十八日詔濮安懿王女德安縣主等六人並進封　元豐二年四月詔王第十一女第十

八女並進封郡主詔王女六人並特贈料錢月三十千
元符三年三月詔王女曹誦妻延安郡主特改封郡號
與孫一名閤門看班祗候仍添料錢及春冬衣生日禮
物等大觀元年二月詔王女永安郡主特封兩郡主賜
（宗室女門）十年十月十六日詔濮安懿王諸子襲封濮國公
主奉祠事仍候濮安懿王諸子承襲編郎傳長孫翌日
封宗誼濮國公　十一月十四日詔皇伯邕州觀察使
宗暉權奉祠濮安懿王神主　二年五月八日詔濮安
懿王子贈鎮寧軍節度使同中書門下平章事陳國公
宗治亡諸子不曾推恩長子右監門衛大將軍仲忽
可領文州刺史　十一月二十七日詔淮康軍節度使

同中書門下平章事濮國公宗暉奉濮安懿王祠事
三年四月四日詔皇伯濮國公宗暉進濮陽郡王濮安
懿王子孫皆遷一官女增俸二十千孀婦進封一等無
品可進者改大國王夫人任氏弟皇城使昌州刺使澤
遷（嘉州刺史任）四人進特轉一官　四年正月五日詔贈武寧軍節度
使兼侍中彭城郡王宗衮先帝濮邸同母長兄宜比故
宗誼例量與加等推恩妻張氏特封國夫人男三人各
轉一官　五年五月二十五日大宗正司言奉詔濮安
懿王子故楚國公（宗）蓋特與一子官其子仲江今已從吉
乞依已得指揮遷一官從之仍更與一子轉官令大宗
正司具名以聞　六年五月三日詔濮安懿王女建安

郡主夫左藏庫副使劉承緒特差帶御器械郡主土夫
人任氏所生英宗之季妹也　七年二月十一日手詔
曰朕自嘉祐中從先皇帝入居儲宮已二十餘年今日
緣奠故伯宗輔因得趨謁濮安懿王祠堂顧瞻諸伯叔
父所存者無幾皆齒髮衰遲儀形非往日之比深用惻
然其議加恩諸父命濮陽郡王宗暉爲鎮安軍節度使
進封嗣濮王餘推恩有差　三月十四日詔嗣王雖著
品令然自國初以來未嘗除授故有司不能昭其恩數
近除宗暉嗣濮王宜下御史臺閤門參定以聞　十七
日御史臺閤門言本朝舊令班儀嗣王在郡王上宗姓
又在同列之上近例郡王領使相者得吏二人前引雖

出特旨緣嗣王恩數尤宜加隆今參詳嗣王若止隨本
官立班當在本班之上使相即用雙引從之　四月三
日詔濮安懿王女吳承渥妻長樂郡主劉承緒妻建安
郡主梁鑄妻同安郡主夏大醇妻永嘉郡主可並增俸
錢三十千　九月七日詔嗣濮王宗暉主奉祠事宜比
宗姓使相郡王歲增公使錢二千貫廚料給親王例三
分之二　二十四日又詔宗暉奏乞與太子右内府率
幸女上三人與縣主　哲宗紹聖元年六月一日詔故
嗣濮王宗暉令戶部以係官屋一百間賜本位居住
二十三日大宗正司言宗暉先以濮國公主奉濮安懿
王祠事後封嗣濮王自係主奉不當更於街内稱說今

宗暉薨宗晟已封嗣濮王其主奉祠事不須街内帶行從之　十一月二十六日詔宗暉係嗣濮王遺表恩澤依宗樸例外特更與一男恩澤　二年二月二十八日紹宗暉子仲捐已至止官外仲爰仲説仲璲仲忞各轉一官令大宗正司候服闋日申中書省　三月二十八日三省奏嗣濮王宗晟乞遺表恩澤與男仲御仲聘仲儀轉官詔依宗暉例　四月十九日尚書禮部言嗣濮王宗愈乞今後仲饔依宗暉宗晟例輪男二人充攝亞終獻行禮及許以一子自隨供侍從之　八月七日尚書戸部言嗣濮王宗愈欲依故宗暉等例歲添公使錢二千貫從之　十月九日詔嗣濮王宗愈係英宗皇帝同母

弟遺表恩澤依宗暉宗晟例特加一名　十一月二十二日尚書戸部言嗣濮王宗綽乞依故宗暉例歲添公使錢二千貫從之　三年三月二十一日詔宗暉主奉濮王祠事歲久仲損特與轉小鎮留後　七月十九日詔宗綽遺表恩澤仲糜仲礜仲滙仲鎺各轉一官第十四女封長安縣主所生母竺氏封福昌縣太君第十五女封同安縣主所生母盧氏封壽昌縣太君　四年七月二十三日禮部言仲糜奏父宗綽遺表恩澤乞奉聖旨依宗晟例所有添厨物料亦合依例支破從之　八月二十六日三省言嗣濮王宗楚遺表恩澤乞將合得恩澤併回授男仲暘等推恩詔宗楚乃英宗皇帝同母

弟與五人恩澤男仲嚞特與併兩人轉兩官仲璩轉一官令大宗正司候服闋日申中書省　五年三月四日同知大宗正事仲御言叔宗祐近授嗣濮王以久病不出時遣諸子照管先祠而仲厥専用事不能致恭祭祠之禮宗祐疾甚仲厥强其父行衞昌山氣遂薨于永安縣不俟朝命舁柩登坂必有所損不孝如此望加顯黜詔宗祐遺表恩澤與以次人仲厥更不推恩　元符元年八月二十五日宗祐係英宗皇帝同母弟其子仲瑳仲玲仲慭仲黴仲覬各轉一官　徽宗崇寧三年九月十五日詔嗣濮王宗漢皇族近屬自今遇天寧節及大禮特許奏一女為正縣主　大觀元年正月十一日手

詔興德禪院乃英宗神考誕育之宮粤自熙寧營建迨兹告成親臨謁款追惟曩昔言念兹德惕然感懷孝思之報宜有褒顯其祠濮安懿王子孫可特與推恩疾速具合推恩人取旨於是嗣濮王宗漢進檢校太保改保平軍節度使諸孫仲御仲損移鎮加檢校司空進封郡王仲增仲僕仲糜仲癸皆為節度使仲憪仲樽為節度觀察留後　二年正月一日赦文國家承平日久宗室繁衍自我英祖起於濮邸入繼大統濮王之後於屬雖親於服已遠如不字之子論正服則猶是緦麻視正統則已非袒免無賜名授官之制無祿稟賜予之法比聞貧乏遺困或不能自存朕富有天下而五服内親僅同

民庶非强本之道欲盡絶親親之禮而承統之重義所不敢夙夜以思當使恩義兩得然後為稱應濮王孫士字可依仲字不字及不字之子並依士字恩數條例宗女隨其字行等第施行庶不失承統之義而曲盡人倫之親　其後因有司陳請繼有詔旨者五事一宗女及其夫當隨所陞字行恩例詔前此已出嫁者亦當依此二仲譙之女於赦恩未降之前用一代有官法出適李彥嘉今既升等當用二代有官而繫親財禮粧奩之數亦當增舊詔宗女身所請給恩例并其夫恩澤並依赦其一代有官者免改正繫親財禮粧奩更不重給三不字行宗女夫内無官之人大宗正司更不勘驗令既升

等則其夫當授三班奉職係大宗正司取會保奏若前此有違條令者欲依吏部再嫁降等法推恩詔已成親者更不降等四不字及不字之子既升與士字同則於屬為祖免然條令所載蔭補恩乃斷自緦麻以上詔不字及其子十歲以上並特賜名授官五歲以上及長子候天寧節依緦麻親例推恩五士字不字以下宗女隨字行等第則宗字行女不當用此恩例詔宗字女已係縣君特封縣主無邑號者封縣君　三年六月十三日詔去歲受寶赦恩濮王孫士字依仲字不字及不字之子並依士字恩數宗女隨其字行等第可作一時指揮

九月二十二日詔故嗣濮王宗漢許於西墳濮王園

内為塋地仍官給石門石藏故妻郭見存妻王亦許附究妻王氏增料錢一倍為六十千生日衣賜並給男四人各轉一官女二人封縣主男女所生母六人並封縣太君親事官許存占二人軍士許差十人並影前祗應王氏充代樗子親事官許差六人門下醫人與二名補助教都監内支客直省官班行充代殿侍祗應及親事官與到宮年月比擬推恩書表司客司通引官各賜錢十千營葬量給汴舟往來輦輜重存日支添廚錢永遠給賜大葬免差監護官仍不隸敦睦司統轄守墳軍士差十五人以宗漢遺表陳乞也　政和五年七月二十日潁昌府奏檢會政和令諸犯濮安懿王諱者改避今據臨潁縣潁

陽鄉北管村人民姓氏有從言從襄家犯濮安懿王諱除令迴避外乞申請改賜姓氏詔改賜姓遜　七年三月詔故宗室仲的濮安懿王孫年高官卑未嘗求進聚族百餘人無所依賴殊可矜憫其見居室宇可特撥賜本位子孫永充已業其妻滕氏可特封國夫人恩例請給並依仲綰新婦例倍給　九月十六日故太師惠王宗楚新婦濮國夫人尹氏言乞與男仲璩轉官女族姬二人各封宗姬從之以尹氏故夫宗楚曾任嗣濮王特從其請　宣和元年四月二十六日大宗正司奏右内率府副率士符狀伏念臣後濮安懿王孫素來棲心道教喜慕虛無幸遇朝廷興隆道教伏望將士符見任官

資特賜保明數奏比換披戴入道檢會仲忽劄子節文欲乞今後宗室曾經犯公罪徒私罪杖者並不許陳乞入道奉御筆依奏又忽仲劄子節文欲乞今後應宗室無妻室願入道披戴者並聽經大宗正司投狀勘會無違礙保明具奏聽旨仍許帶行見破請給以充乳藥之資其宗女孀婦願往禁宮觀披戴者准此奉御筆依所乞本司尋取會到商王宮濮王位狀勘會士符自來並無諸般過犯係見破請給之人未有妻室今來所乞別無違礙保明是實詔依所乞與換翠微郎　五年十一月十九日詔濮安懿王孫密州觀察使仲璩昨有故母濮國夫人尹氏合得遺表一十八年減年未經徼使特與仲璩轉承宣使以上續宋朝會要

卷一百二十五　二千九

高宗紹興元年九月二十六日中書門下省奏勘會嗣濮王仲湜男右監門衛大將軍榮州團練使權知濮安懿王園令士街右監門衛大將軍吉州團練使士術昨自南京扈從車駕至揚州及迎奉濮安懿王神主神貌過江理宜褒賞仲湜言乞差士街充溫州太廟神主享獻官其退下闕差士術並不添支請給其差下人別與差遣從之仍各特與轉行一官　四年五月三日詔皇叔檢校少傅靖海軍節度使開府儀同三司兼判宗正事嗣濮王仲湜第十四男士峴可特授太子右內率府率　九月二十八日右監門衛大將軍貴州團練使士輵言先祖宗樸係濮王第二男元贈太師中書令追封康王改封惠王緣濮王第二十八男宗楚已封惠王詔改封恭王　五年五月九日士輵又言濮王第八男宗暉男仲爰已封恭王詔宗樸特改封和王　七年七月二十一日詔嗣濮王仲湜免令臨安府諸寺院共聲鍾三千杵將來出殯日令行宮太常寺致祭　九年十月七日嗣大宗正事士儴奏嗣濮王初除授依神宗皇帝詔旨女止三人除正縣主男並與正率先臣仲御任使相嗣濮王日有男十五人並不曾陳乞上件恩例今止存四人臣弟士嵰士遜在四人之內乞許將上件恩例與士嵰士遜轉行一官詔依所乞士嵰特與轉正任防禦使士遜轉遙郡刺史

卷一百二十五　三二

十二月十八日檢校少師光山軍節度使開府儀同三司同封大宗正事齊安郡王士儴嗣濮王仲理自靖康之後止存男士秦見任右監門親衛大將軍乞將仲理襲封恩例於士秦於見任官上轉行詔與特轉遙郡刺史　十年六月二十一日大宗正司言濮安懿王主奉官仲偪身亡未見差人承襲主奉祠事詔令士儴主奉其承襲別聽指揮　二十一年八月二十四日大宗正司言權主奉濮安懿王祠事依近例係差見任宗官長契勘昭信軍節度使知大宗正事士大合權行主奉從之　二十三年二月二日安慶軍承宣使同知大宗正事士街奏安德軍節度使權主奉濮安懿王祠事士大身

亡見闕主奉官詔差岳陽軍節度使開府儀同三司充萬壽觀使士㮚　十月十七日詔安遠軍承宣使同知大宗正事士街差權主奉濮安懿王祠事　二十五年七月二十四日詔令禮部於大常寺討論嗣濮王典故大宗正司具合襲封官申尚書省取旨　二十八年八月二十七日詔嗣濮王襲封令有司檢舉大宗正司言元豐中濮王位最長宗暉襲封嗣濮王其後並係濮王位宗室最長之人承襲即今本位最長係皇叔建州觀察使知濮安懿王園令士輵合襲封從之　十一月十七日昭化軍節度使嗣濮王士輵奏祠堂官及臣合破馬丁抱笏祇應六人書表客司通引官七人宣備兵士三

卷一百二十五　三十一

十五人并臣出入接見諸處授下文字並依外官法伏覩宗暉初除嗣濮王日得旨男與正率士女三人與縣主今臣止有兩女乞並封縣主其踏逐祠堂主管香火官理為資任支破本等請給下所屬出給付身內知客一員依例支破茶湯錢一十五貫并抱笏祇應乞踏逐已未到部小使臣校尉副尉或白身人代充內有官人理為資任并書表客司通引官依例每月各人支破添給茶湯錢一十二貫上行官吏乞隨祠堂香火官於紹興府幫勘所有臣本身應請給舊請支賜宣借等於行在幫勘如遇臣生日乞令所屬取賜從之　同日士輵又奏濮安懿王祠堂昨因嗣濮王仲湜迎奉前去紹興

府就報恩寺西挾屋權暫安奉逐時薦享委是隘窄今本寺主奉位廳堂見今空閑乞下本府量行修葺充祠堂安奉從之　同日士輵又奏乞依前嗣濮王仲儡例趂赴朝參及依士請例在外居止令臨安府應副廨宇如每遇仲享乞依仲儡士夽已降指揮將合破親事官前去出入免見辭候回日隨班起居從之　三十年四月二十一日詔修武郎不昃係濮安懿王近屬可特依不悅等例與換文資　十二月二十五日昭化軍節度使嗣濮王士輵奏濮安懿王神主神貌下官吏兵級并臣合破內知使臣等一十四人每月請給等乞下紹興府經總制錢內按月支給從之以上中興會要

卷一百二十五　三十二

孝宗隆興元年三月五日昭化軍節度使嗣濮王士輵言臣年踰七十並無男有女夫保義郎司公度未授差遣乞降閤門祇候詔依　二年六月十五日檢校少保昭化軍節度使嗣濮王士輵言司封令襲封嗣濮王之人奏男太子右內率府副率臣止有一女欲乞將合得男恩數與女加封從之　乾道元年三月十一日士輵言臣年踰七十拜跪稍艱乞依士術例趂赴六參起居仍特免差諸處行事詔從之　十四日士輵又言濮安懿王祠堂合差破守把剩員四十人先蒙指揮下紹興府差撥後來本府節次差到十人例皆老疾相繼事故見今止存三人緣神貌四位所管供帳數目浩瀚欲望特降指揮於

四十人内更裁減十人令紹興府差撥廂軍三十人祗墳詔從之　十月四日詔皇叔祖檢校少保寧德軍節度使知大宗正事嗣濮王贈少師追封瓊王仲儡賜謚恭惠　十一月十七日士輵言濮安懿王園令士程在任恭奉神主神貌并親監督修造園廟龕室屋宇並皆如法乞士竒前任園令體例將兩次該遇園令月日每一年與減一年磨勘仍許通理轉官後歷過年月湊行收使於見今官上特與轉行詔從之　三年十月四日詔士輵已除開府儀同三司其生日支賜并使臣依已降指揮外所有應干恩數請給人從等並依居廣例施行　十七日詔岳陽軍節度使開府儀同三司充萬

卷一百二十五

三十三

壽觀使主奉濮安懿王祠事贈太師追封韶王士樽賜謚恭靖　四年三月十三日詔禮物局如將來空閑令臨安府將上件屋宇同嗣濮王見住宅子一併撥賜嗣濮王士輵永遠居住仍與量行修葺　七年十一月六日士輵言濮安懿王神主神貌見在紹興府光孝寺奉安每年四季仲享合差三獻官行禮其亞終獻依格合差子姪充已前係紹興府行司差南班官權充今來行司已併歸行在宗正司其紹興府並無南班官可差兼士輵係襲封初獻官蒙先降指揮如遇士輵忽患亦令差官權攝行事欲特降指揮遇四仲享月就差嗣濮王一位子姪或紹興府見任寄居侍闕宗室依長次序許士輵牒紹興府逐時權差行事庶得崇奉祖宗仲享不致闕誤詔依

二年七月十二日士輵言叨冒襲封每月請給止比宗室正任防禦使令先乞依祿格全支本色仍免折支及每歲生日令入内内侍省依舊全支取賜詔依

雜録

淳熙元年六月九日詔大宗正司於濮王諸位下見存不字一十七位每位各選一人能循守規矩無疾病過犯人材可為儀表者令本司選擇取旨與比換環衛官赴起朝參並不作陞等恩數每人月特支米十石候官至合請米日住支（以日參南班人數稀少故有是命）　十二月十二日吏禮部言看

卷六千七百六十二

三

詳判大宗正事嗣濮王士輵奏請選擇列濮王下十七位不字比換南班乞於舊格稍加陞擢今若依元換出格法復令換入恐請給微薄詔依宣和六年正月八日指揮與對換南班官其所換人内諸衛大將軍每月特添給錢一十貫將軍正副率各添二十貫仍依已降指揮月給米十石候轉至合請米日住支非今來十七位下選擇到人不得援例　二年四月二十二日嗣濮王士輵言將濮王位近屬不謁等已比換南班令見赴起朝參各人依官序於步軍司止差破兵士一人乞各人特與雇募五人從之　八月二十九日詔濮王位宗子宗婦每月食料依舊全與放行（以前曾住支今從嗣濮王士輵請也）　十一月二

十一日詔嗣濮王士𨍏第七男不屈所生母李氏特封
宜春郡夫人既而是年十二月十三日參知政事龔(龔)茂
良等進呈李氏依第三等緦麻宗婦文破請給上曰此
可行否茂良等奏李氏係士𨍏妾恐不可依宗婦上曰
極是請給不足較名分豈可亂也可留下文字當以此
諭之四年八月九日嗣濮王士𨍏言省部將臣少傅合
得給使減年等恩數比之少保並行減半乞依昨除少
保體例全與放行詔依樞密使見行條法放行既而刑
部言士𨍏昨除少保已依初除樞密使例全行出給減
年再除少傅亦已作轉廳例減半出給公據今再乞全
給從來樞密使即無兩次陞遷並作初除全給之例詔

卷六千七百六十二　四

依轉廳條格減半出給九月二十七日嗣濮王士𨍏言
昨該遇大禮恩數緣臣别無兒男承受遂奏補親從姪
不懯文資內安排降等補登仕郎赴春銓試中第一名
出官緣姪不懯元係中訓郎親民資序差御前軍器所
監造官其不懯父知西外宗正事士程歿於任所已降
指揮依例得遺表恩澤四名與男不迒不懯特添差不
釐務一次未曾收使今乞依士珸男不執不流例與姪
不懯初官上特換承務郎仍乞將前項二男差遣恩數
併與不懯收使依前（蓋衍前）軍器所監造官詔特依所乞十月
九日詔士歆第七男賜名不擅（時善切）六年七月五日詔
皇叔祖保康軍節度使提舉佑神觀士歆妻碩人梁氏

（八行率字下脫（十四年二月二十四日詔秉義郎前監福州都作院不慢與換率府副率））

封齊安郡夫人八年四月二十九日詔嗣濮王士歆男
忠翊郎不閡特授太子右監門率府率從士歆請也九
月二十一日大宗正司言太子右監門率府率不閡元
係忠翊郎用父士歆襲封嗣濮王恩例特換授前件官
其本身請給生日支賜入從等及添支錢米人從軟號
乞依不諤等前後已得指揮體例支破詔依所乞（初户部勘
當以來有承降指揮東口前有不許援例之人故降睿旨）十年二月二十九日詔右
千牛衛將軍不舍為伯士𨍏持服今已服闋其義可嘉
特與轉右監門衛大將軍令赴朝參（先是大宗正司言不舍為大伯少師嗣
濮王士𨍏並無男兒不舍自幼父母早亡蒙伯父鞠養乞解官持服依所乞候服闋日取旨旌異故有是命）
十一年十月十四日詔保康軍節度使開府儀同三司

卷六千七百六十二　五

充醴泉觀使嗣濮王士歆男右監門率府率不閡換授
南班已逾三載依前嗣王士𨍏姪不舍例特與轉行一
官從士歆請也十一月二十四日大宗正司言奉詔於
濮王下懷王位選擇不字宗室一員比換南班官日赴
朝參及諸般行事慎不諤身故闕本司今選擇到修武
郎新添差東南第五副將饒州駐劄不庾特身康謹無
疾病過犯見年五十歲欲填不諤闕其請給人從並乞
依不諤等已得指揮詔依與換率府副率（以昭慶軍承宣使知大宗
正事不惪言本司昨得旨於濮王下十七位各選擇不字號祖免親宗室一員比換南班日奉朝請有濮王下信
王位未曾選擇今選擇到不慢堪使充南班故有是命）十五年正月四日少保（昭慶使充醴泉觀使詔嗣濮王士歆言伏念前嗣王士𨍏歷事四朝最蒙眷遇）
保康軍節念其耄耋寵異無所不至但其身後並無兒

帝系二之五一

女每遇享祀止是姨嬸李氏奉其香火槃之人情深可
憐憫乞令大宗正司於濮邸宗室中選擇資性明粹昭
穆相當年及十五或二十以上者一人與士軥爲其後
嗣使士軥衘恩暝目於地下而臣闔族亦均被無窮之
恵大宗正司奏選擇到忠翊郎添差平江府排岸兼船
場公事不愢資性明粹舉族稱賢委是昭穆相當堪充
繼嗣從之十二月三日詔少保嗣濮王士㰖特與依士
軥例除上壽六參郊禮外其餘並免赴赴淳熙十六年
四月一日詔嗣濮王士㰖已除少傅除見令差破幹辦
使臣抱笏祗應外有應干恩數請給人從等並特依昨
除少保前後已得指揮十月三日少傅保康軍節度使
　　卷六千七百六十二　　　　　　六
充醴泉觀使嗣濮王士㰖言昨蒙聖恩憐臣衰老令臣
除上壽六參郊禮外其餘並免赴赴令來恭覩已降指
揮十月二十八日車駕幸候潮門外大閲臣猥聯近屬
恭出肺附願乞扈從隨班以後每遇車駕出城令臣準
此從之紹熙元年八月又言恭覩指揮進呈至尊壽皇聖帝玉牒日歷臣寮賜屬籍景迎条揃獲盛事乞隨班赴從之十一月二十日大宗正司言武翼郎不廷進狀
乞比換南班照得不廷係舒王位下不字宗室依昨降
指揮合比換南班諸般請給文賜人從等並乞依不謟
等已得指揮施行吏部奏不廷已降指揮於武翼郎上
比換南班令來雖無武翼郎換官條格自合就以次脩
武郎格比換兼照得昨不儳不謟並係從義郎亦無從

帝系二之五二

義郎條格並用次等秉義郎格換官了當令來不廷換
授南班合就脩武郎格比換正率從之紹熙元年五月
十八日詔士峴男不㤝可特與除右監門率府率並依
士歆男不閲昨來已得指揮施行二十二日華州觀察
使知大宗正事不黙言右監門衛大將軍撫州刺史不
黷身故委是班列蕭踈照得本位脩武郎不慮性資孝
友儀矩舒詳乞塡不黷闕比換南班趂赴朝參及應干
行事所有諸般請給生日文賜人從等並乞從一般南
班不謟等前後已得指揮施行從之二年四月二十二
日詔嗣濮王士㰖第七男不檀依元降指揮改正官封
換授正率免趂赴朝參其請給人從等並依見令一般
　　卷六千七百六十二　　　　　　七
趂朝南班宗室文破四年七月十一日詔皇叔祖故少
保昭慶軍節度使充醴泉觀使贈少師士峴特追封平
樂郡王慶元三年四月四日詔武功郎添差淮東兵馬
鈐轄趙不秥除觀察使襲封嗣濮王以大宗正司言奉
詔嗣濮王士歆薨令其合襲封人聞奏今除無士歆一
般字行外照得以次不字行宗室年甲次第挨排歲數
最長宗室不秥年七十六歲合該襲封故有是命翌日
宰執進呈侍從兩省臺諫集議今後嗣濮王乞取屬近
行尊年齒最長無過犯疾病者爲之已得旨依京鏜等
奏曰此議固是但屬近行尊而昏耄者則閲時不久又
煩朝廷推擇如近日安定子恭可㝵識面及其薨皆𠊓

要許多愚數臣等欲於集議內添不昏耄三字上曰年既昏耄必無長久之理何瞻奏如此則有可決擇不專取一人上曰可五月二十一日福州觀察使嗣濮王不祛言叨冒襲封合得諸般請給歲賜公使錢春冬衣折洗生日大禮等乞依士歆未襲封任觀察使體例支破施行從之四年二月二十五日詔嗣王濮不祛長男善輻次男善餅與授太子右監門率府率其請給生日支賜人從等依不謬體例支破從不祛請也六年四月二十四日詔武經大夫道不疉除觀察使襲封嗣濮王以大宗正司言已降指揮襲封嗣濮王臣僚集議參照濮安懿王之後屬近行尊年齒最長無過犯疾病不昏耄者為之不拘中外遴擇奉詔令具合襲封一名聞奏除照應已降指揮施行既而商王宮濮王位狀令挨排遴擇到不疉年七十九歲合該襲封故有是命二十六日宰執進呈程松劄子乞以嗣濮王所居為公廨不可占留上曰得者多是年高不能長久便認以為己有安得許多宅子與之先是右諫議大夫兼侍講程松言竊惟承襲封爵所以崇德繼世昭示不忘此國朝甚盛典禮粵自濮邸衍慶聖聖相承遍求親賢必重必敬推原本意蓋俾之奉承祭祀以仰慰祖宗在天之靈豈惟寵以高爵華以居第富貴而宴安之尊為一己私利哉從來推擇非屬近行尊德齒俱備不在此選是固無可言者

卷六千七百六十二

八

至於王之為爵品秩尊崇繼則承襲而封抑亦起躐為甚夷考國朝典故自宗暉而下至於士歆嗣濮王者凡十有六員咸以觀察使節度使或使相或郡王次第除授而後得之自庶官徑授觀察使而遂襲封者慶元三年不祛一人而已實緣相承令為定比儻議更革則咈人肯惟是所居屋宅用為私第永遠拘占理有未安紹興二十八年嗣濮王士輵奏乞令臨安府應副廨宇既稱廨宇則非私家第宅明矣因而居止奄為己有獨不思國家尊親體貌至隆極備乃不能自營室廬為身後子孫之計貪得無厭是誠可愧夫一人襲封得宅一區又一人繼之則又得之嗣王之襲封不已則有司之治宅亦無已臣非為縣官靳費毫末入言籍籍以為不可闕而況合該襲封之人率是年高且如不祛之來年已七十有六甫踰二載旋即觀郎覺背所居廨宇不復以與後人數年之後嗣王公廨將何地經營所謂襲封秖為己私其於奉祠本意安在欲乞自令嗣濮王第宅令見該襲封人居之前後相承以為公廨不許居拘占將作私第庶於事體合宜揆之公論亦為允當至是進呈從之十二月二日詔利州觀察使嗣濮王不疉長男善輶次男善瀠並與換授太子右監門率府率其請給人從等依不謬已得指揮施行從不疉請也同日詔嗣濮王不疉特與依士歆例除上壽六參郊禮外其餘並免

卷六千七百六十二

九

趨赴嘉泰元年三月二十二日利州觀察使嗣濮王不壘言竊見武德郎趙不罷老成諳練荐歷親民乞差充濮安懿王園令替趙善玭闕從之開禧三年七月詔襲封嗣濮王不儔男善輿特換皇叔祖右千牛衛將軍主管佑神觀長女特封永康縣主次女特封仁和縣主嘉定十二年八月三日臣僚言國家襲封王爵主奉祠事從獻郊廟所以崇德廣恩羽儀磐石非特示一時之恩寵而已嗣秀王屬族既近班位自高以序受封固無可議獨嗣濮安定郡王近年以來率自下僚例行承襲且多癃老疾病不能起跪至有賜襲在列竟未嘗一覲清光而趨朝謁者照得光降雖有擇年高行尊之文然高

卷六千七百六十二

宗皇帝朝儀王沖淏以德望俱隆越仲綜而遽拜武德郎士蘇次當襲爵以其官卑乃命士儀權奉祠事越十六載始正士伐之封則斟酌劑量又在宸意初不拘一定常行之例也今若專以德望為遴則又恐啓爭奪之風淑經營之路謂當參稽中制自後凡有合該封襲之人先行下寄居州軍審驗委堪拜跪即與保明申上津遣至宗司銓量繼赴都堂審察閤門引見奏事訖然後取旨除授或序當承襲本州宗司見其不能拜跪與特轉一官及一子恩澤文武隨資以華其老郤於以次入內更行遴襲庶幾尚年尊德之典並行奉先睦族之意增重從之

秀王

二十二年二月十六日詔普安郡王第三男賜名愭依長男次男例補官并第四女與比附施行紹興三十二年四月十五日吏部言普安郡王第四女欲比附宗室曾孫緦麻親任節度使女封碩人條格施行從之

宋會要

淳熙十六年十月二十五日詔皇伯伯圭已除少師所有合得應干恩數請給人從生日取賜等並依昨除少保少傅日前後已得指揮施行紹熙元年七月一日臣僚言近者陛下仰體慈皇孝愛之意特建秀邸置園立

卷六千七百六十一

廟襲爵承祀昭合彝章惟是南班一事未見舉行似為闕典竊見治平三年春追崇濮邸是秋王之子孫幾二十人皆自環衛而序遷其官以示優寵朝廷方崇秀邸以行慶源一時恩禮要當加隆而居南班者止師夔一人非所以疆本支而固磐石也前此未建秀邸欲賦以祿則不免責以吏事今秀邸已建而猶責以吏事他日或不免於吏議治之則傷恩不治則廢法揆之人情亦有所不安者莫若令換授歸之南班俾其身無吏責而享富貴之榮日奉朝謁而承兩宮之眷庶幾上合典故下當人心益闡慈皇孝愛之意詔令吏部開具申尚書省取旨十日詔秀王諸孫換班宜加優異師揆師垂與

換正任觀察使二十一日詔伯圭賜第久幹漁合就建秀王祠堂令兩浙轉運司同臨安府應辦修蓋聽從本府措畫九月二十四日詔秉義郎閤門祗候張阜為係秀王夫人姪久在殿陛應奉詳熟昨丁憂今已服闋可令依舊赴閤門供職特不作負闕請給人從並依游恭等已得指揮餘人不得引例二年十三日太保安德軍節度使充萬壽觀使嗣秀王伯圭言臣竊自念猥叨嗣封見奉朝請所有本位南班宗室欲望令臣就行主管庶幾事體歸一從之二十三日大宗正司言薦獻祖宗及諸處行事本司見只將濮王位及吳益王府南班宗室輪差所有秀王位換授南班乞朝走指揮詔嗣秀王

卷六千七百六十一

位南班宗室輪差薦獻五月二十一日詔秀王孫女縣主二人並與加封郡主請給依祿格支破本色於所在州軍經總制錢內幫支其出嫁女夫張以纘史彌鄰恩例各特與轉兩官既而臣僚論似續彌鄰恩數太過乞各轉一官從之　元年正月五日詔皇伯檢校少保興寧軍節度使提舉佑神觀師夔除開府儀同三司依前興寧軍節度使充萬壽觀使三年五月十六日吏禮部言大宗正司裁決嗣秀王乞秀安僖王龔封子孫合得恩數照得濮王位士字依正統係是祖免親該遇大觀二年所降實赦陞依仲字係作緦麻親恩數其不字係非祖免親善字係祖免外世並陞依士字各係祖免親

恩數秀安僖王位下伯字論正統祖免外一世師字二世希字三世與字四世孟字並係祖免外五世今來伯圭所乞秀安僖王下子孫與濮安懿王下子孫論正服其伯字係期親師字係大功親希字係小功親與字係緦親麻孟字係祖免服紀若比濮安懿王下子孫其孟字善字並係祖免親事體一同其餘所乞各依服屬合得恩數陞等定日各照應條制施行從之泰嘉元年五月二十七日詔秀安僖王祠堂近日居民遺火延燒令禮部太常寺討論典故議詳以聞開禧元年二月詔襲封嗣秀王師揆奉朝請七月二十一日詔崇王元賜第以居民遺火沿燒不存師揆未有居止支降度牒一百

卷六千七百六十一

道會子二萬貫依顯仁皇后等宅體例自行蓋造三年四月六日詔師揆長女特封咸寧郡主次女特封和義郡主嘉定三年五月十三日詔師揆男希德希福係孝宗皇帝近屬並除直秘閣

二十九年五月五日詔普安郡王長男愭納婦已選定直龍圖閣錢端禮長女應合行事件令主管所取旨施行

廷美實錄第四子太祖第

中書令續編　大典卷二百七十三、又卷六千六百七十二、又卷一万六千六百五十九

廷美十子　宋會要　高密郡王　德恭太平興國四年二月以王子授貴州防禦使
七年五月秦王得罪削籍九年四月復以皇姪授峯州刺史雍熙元年四
月封安定侯端拱元年二月進公累遷左神武軍大將軍　真宗即位轉
左龍武軍改樂平公咸平二年出判虢州表留奉朝請奏可三年十月進
勝州團練使景德二年十一月進衛州防禦史三年五月卒贈保信軍節
度使中國公天聖二年六月贈護國軍節度使兼侍中明道二年六月追
封郡王謚曰懿惠　英宗即位贈兼中書令　廣平郡王　德隆　太平
興國九年四月授漢州刺史雍熙二年四月加左武衛大將軍封長寧侯
判沂州三年正月卒贈寧遠軍節度使臨沂郡公天禧二年六月贈崇信
軍節度使同中書門下平章事明道二年九月追封郡王謚曰恭肅　英
宗即位贈兼侍中　潁川郡王　德彝　雍熙三年正月授右千牛衛大
將軍封長寧侯判沂州端拱元年二月進公累遷右領軍衛大將軍　真
宗即位轉左武衛大將軍封廣平公召還咸平二年八月遷左神武軍大
將軍判滁州三年十月進儒州刺史景德二年十一月進永州團練使大
中祥符二年正月進郢州防禦使四年二月進桂州觀察使七年十二月
進保信軍節度觀察留後八年四月卒贈昭德軍節度使追封信都郡王
謚曰安簡　仁宗即位改今封　英宗即位贈太師　廣陵郡王　德雍
淳化元年四月授右驍衛將軍三遷右龍武軍　真宗即位進左千牛
衛大將軍大中祥符二年正月進高州刺史七年十二月進嘉州團練使
天禧二年八月進潁州防禦使　仁宗即位進曹州觀察使封咸寧郡公
天聖七年九月進天平軍節度觀察留後九年八月卒贈宣德軍節度使
同中書門下平章事明道二年八月進封郡王謚曰康簡　英宗即位贈
兼侍中　鄅國公　德鈞　淳化元年四月授左武衛將軍三遷右神武
軍　真宗即位進右龍武軍景德二年十一月進左監門衛大將軍四年
正月卒贈河州觀察使安鄉侯明道二年九月贈保平軍節度使追封國
公英宗即位贈中正軍節度使　江國公　德欽　淳化元年四月授左
屯衛將軍三遷右驍衛真宗即位加右神武軍景德元年六月卒贈雲州觀
察使雲中侯明道二年九月贈中正軍節度使追封國公英宗即位贈同
中書門下平章事　金城侯　德潤　淳化元年四月賜名德宗授右領
軍衛將軍三遷右武衛　真宗即位進右神武軍改今名五年二月卒贈
應州觀察使追封侯　英宗即位贈保康軍節度觀察留後　申王　德

卷一萬六千六百三十九

一

德昭太祖子

文　淳化元年三月授右監門衛將軍三遷右屯衛真宗即位進右驍衛
大中祥符七年十二月加右神武軍大將軍八年十月進興州團練使天
禧二年八月進濮州防禦使仁宗即位進滑州觀察使封馮翊郡公天聖七
年九月進橫海軍觀察留後十年五月進昭武軍節度使　明道元年十
一月改咸德軍二年十月改武勝軍景祐二年十一月加同中書門下平
章事慶歷四年七月封東平郡王八月改忠武軍兼侍中六年五月卒贈太
尉中書令追封中王謚曰恭裕　英宗即位加贈太師　姑臧侯　德愿
淳化元年四月授右千牛衛將軍三遷右領軍衛　真宗即位進左武衛
咸平二年閏三月卒贈涼州觀察使追封侯　英宗即位贈彰化軍節度
觀察留後　紀國公　德存　淳化元年四月授右千牛衛將軍三遷右
領軍衛　真宗即位進右武衛大中祥符三年五月領獎州刺史四年六
月卒贈洮州觀察使洮陽侯明道二年九月贈武昌軍節度使追封國公
英宗即位贈同中書門下平章事

宋會要

德昭五子　同安郡王　惟正　太平興國八年十月授左千牛衛將軍
四遷左龍武軍　真宗即位進左千牛衛大將軍大中祥符八年十一月
進蘭州團練使天禧二年八月進齊州防禦使仁宗即位進亳州觀察使
封樂郡公天聖七年九月進保信軍節度觀察留後十年五月進建寧軍
節度使六月卒贈太傅兼侍中追封郡王謚曰僖靖　大典卷三百七十三、又卷一萬六千六百二十九

卷一萬六千六百二十九

宋會要

冀王　惟吉德昭次子幼養宮中太祖視之如子與諸叔群名德雍太平
興國八年十月授右監門衛將軍端拱元年二月改今名進左驍衛大將
軍至道二年二月進閬州觀察使　真宗即位進武信軍節度使景德二
年十一月加同中書門下平章事大中祥符二年十二月改咸德軍三年
五月卒贈中書令追封南康郡王謚曰康孝　仁宗即位贈太尉明道二
年九月進今封　大典卷三百七十、又卷一萬六千六百二十九、又卷三百七十三、又卷六千七百七十一

宋會要

左千牛衛將軍　惟固　初名文展太平興國八年四月賜名惟真授左
千牛衛將軍雍熙四年三月卒天聖元年以名音同仁宗嗣諱追改今名　大典卷一萬六千六百二十九

舒國公　惟忠德昭子初名文起太平興國八年十月賜今名授左千
牛衛將軍四遷右龍武軍真宗即位改右千牛衛大將軍大中祥符二年
正月進敘州刺史五年十二月進昌州團練使八年閏六月卒贈鄂州觀

二

察使江夏侯明道二年九月贈彰化軍節度使追封國公 大典卷三百七十三 五冊 一萬六千六百二十九

宋會要

清源郡公　惟和德昭子端拱元年二月授右武衛將軍三遷右神武軍
真宗即位進右龍武軍大中祥符四年二月進右千牛衛大將軍六年二
月卒贈汝州防禦使追封臨安侯明道二年九月贈水清軍節度觀察留
後追封郡公

宋會要

岐王　德芳太祖子開寶九年出閣授防禦使太平興國中進同平章事
六年薨　高平郡公　惟叙德芳子端拱元年二月授右武衛將軍三遷
右神武軍｜真宗即位進右龍武軍太宗祥符四年二月加右千牛衛大
將軍八月卒贈懷州刺史追封河內侯明道二年九月贈保靜軍節度觀
察留後改封郡公

宋會要

英國公　惟憲德芳子端拱元年二月授右屯衛將軍三遷左驍衛　真
宗即位進左神武軍大中祥符四年二月進左衛大將軍八年七月進資
州團練使九年五月卒贈安德軍節度使追封英國公明道四年九月贈
大典卷一萬六千六百二十九

三

保定軍節度使兼侍中

宋會要

南康郡公　惟能德芳子端拱元年二月授右屯衛將軍三遷右驍衛真
宗即位進右武軍大中祥符元年五月卒贈蔡州防禦使追封張掖侯明
道二年九月贈集慶軍節度觀察留後改封郡公

宋會要

元佐四子第三子不及名　平陽郡王　允升元佐子幼養宮中　明德
皇后撫視之及魏王疾方出第至道二年四月賜名允中授右監門衛將
軍咸平三年十一月改今名四遷右羽林軍天禧二年進蔡州團練使
仁宗即位進齊州防禦使天聖三年五月進澶州觀察使封延安郡公八
年九月進武寧軍節度觀察留後十年五月進安德軍節度使明道元年
十二月改建雄軍二年十二月改安國軍景祐元年正月卒贈太尉謚曰
懿恭　英宗即位贈太師 大典卷三百七十三 又卷一六千七百六十一 又卷一萬六千六百二十九

宋會要

密國公　允言元佐子至道三年四月授右千牛衛將軍大中祥符二年
三月坐移疾曠朝請降太子右衛率府率十二月復左屯衛將軍三年四

月坐善女僕過數降太子左衛率府副率勒歸私第禁止朝謁一房居都
城西南隅四年三月復太子左衛率府率依舊私第五年十一月許奉朝
請天禧五年二月加右千牛衛將軍二年八月進左監門衛大將軍　仁
宗即位領黃州刺史天聖七年十一月卒贈明州觀察使追封奉化侯明
道二年十一月贈安遠軍節度使改封國公

平章事　鄖國公　允成元佐子至道三年四月授右千牛衛將軍四遷
右驍衛大中祥符七年十二月領錦州刺史天禧二年八月進汝州團練
使　仁宗即位進濮州防禦使天聖三年五月卒贈安化軍節度使追封
國公明道二年十一月贈鎮江軍節度使兼侍中英宗即位贈兼中書令

宋會要

元偓二子皆不及名卒詔以允成子宗保繼其後

宋會要

元份四子第二子不支名信安郡王　允寧　咸平五年十一月授右千
牛衛將軍四遷右武軍天禧二年進唐州團練使　仁宗即位進穎州防
禦使天聖七年九月進同州觀察使十年五月進保信州節度觀察留後
明道二年十月進武定軍節度使景祐元年十一月卒贈太尉信安郡王
大典卷一萬六千六百二十九

四

謚曰僖簡　英宗即位贈太師　廣平郡王　允懷　咸平六年十二月
賜名允懷授右千牛衛將軍三遷右屯衛大中祥符五年閏十月卒贈潤
川防禦使汝陰侯天聖元年以名音同仁宗廟諱追改允中明道二年十
一月贈昭化軍節度觀察留後景祐三年追賜今名康定元年正月追封
郡王　英宗即位贈兼中書令　濮王　允讓　大中祥符二年四月授
右千牛衛將軍四遷右驍衛天禧二年八月進衛州刺史仁宗即位進汝
州防禦使天聖七年九月進華州觀察使明道二年十月進安化軍節度
觀察留後景祐二年十一月進寧江軍節度使三年七月知大宗正事慶
曆四年七月封汝南郡王八月加同中書門下平章事皇祐二年改平江
軍兼侍中至和二年判大宗正事嘉祐四年十一月薨贈太尉中書令追
封　濮王謚曰安懿

宋會要

元傑四子皆不及名卒詔以允言子宗聖繼其後

宋會要

相王允弼大中祥符八年十一月授右千牛衛將軍再遷右監門衛　仁
宗即位進蔡州團練使天聖七年九月進單州防禦使明道二年十月進

英宗即位進寧國軍節度使同中書門下平章事

貝州觀察使景祐二年十一月進安化軍節度觀察留後寶元二年七月
同知大宗正事慶曆四年七月封北海郡王八月進武康軍節度使嘉祐
五年十二月改武寧軍兼侍中　英宗即位改護國軍兼中書令封東平
郡王　神宗即位加守太保鳳翔雄武軍節度使熙寧二年七月薨贈太
師尚書令追封相王謚曰孝定

宋會要

元儼六子長子第三子不及名　博平侯　允熙　天禧三年十月授右
監門衛將軍　仁宗即位進大將軍領滁州刺史　天聖四年五月卒贈
博州防禦使追封博平侯　英宗即位贈滄州觀察使　定王　允良
天禧四年閏十二月授右千牛衛將軍　仁宗即位進大將軍領舒
州刺史天聖五年二月進秦州七年九月進潁團練使明道二年十月進
鄭州防禦使景祐二年十一月進安州觀察使寶元二年二月進鎮國軍
節度使察留後慶曆四年七月封華原郡王八月進安德軍節度使至和
二年六月改奉寧軍同知大宗正事三年五月加同中書門下平章事嘉
祐五年十二月改彰信軍兼侍中　英宗即位進兼中書令改封襄陽郡
王神宗即位加守太保寧江平江軍節度使治平四年三月薨贈太師尚

卷一萬六千六五

五

書令追封定王謚曰榮易　永嘉郡王　允迪　天禧四年閏十二月授
右千牛衛將軍　仁宗即位遷大將軍領和州刺史天聖五年二月改崇
州七月九月進唐州團練使明道二年十月進汝州防禦使景祐十二年
十一月進耀州觀察御中元二年二月進靜難軍節度觀察留後慶曆四
年八月進安靜軍節度使八年三月薨贈太尉追封永嘉郡王謚曰思恪
英宗即位贈太師　博平郡王　允初　天聖一年二月賜名允宗授右
千牛衛將軍明道元年十一月改左領軍衛二年十月領光州刺史景祐
元年三月改和州二年十月進汝州團練使三年正月改今名慶曆四年
一月進耀州觀察使寶十七月進華州觀察使皇祐二年十月進定國軍
節度觀察留後至和二年五月進感德軍節度使同中書門下平章事治
平元年七月薨贈中書令追封博平郡王謚曰安恭

宋會要

顥四子馮翊侯孝紀　熙寧四年二月賜名授右驍衛將軍五月遷右屯
衛將軍六年正月卒贈同州防禦追封侯　晉康郡王　孝騫　元豐四
年四月賜名授右武衛將軍八年六月遷端州刺史元祐元年五月遷濟州
團練使紹興二年十月遷渭州防禦使四年二月遷崇信軍節度觀察留

後元符二年降授萊州防禦使三年二月遷涇州觀察使三月遷武安軍
節度觀察留後建中靖國元年正月遷昭化軍節度使封廣陵郡王大觀
二年正月改寧國軍加開府儀同三司改封郡王　永國公　孝錫　元
豐八年六月賜名授右驍衛大將軍成州刺史元祐元年五月遷嘉州團
練使二年八月卒贈感德軍節度使追封國公

宋會要

顥十子第六子不及名　博平侯　孝哲　熙寧八年十月賜名授右驍
衛將軍十年二月卒贈博州防禦使追封侯　保寧軍節度使　孝諤
熙寧十年四月賜名授右武衛將軍元豐八年六月遷寧州刺史元祐二
年五月遷秀州團練使三年十月遷懷州防禦使紹聖二年十月遷泉州
觀察使元符三年二月遷建雄軍節度觀察留後大觀二年正月遷保寧
軍節度使　豫章郡王　孝參　元豐二年四月賜名授右武衛將軍八
年六月遷和州刺史元祐元年五月遷通州團練使三年十月遷睦州防
禦使紹興二年十月遷廬州觀察使元符三年二月遷保信軍節度觀察
留後建中靖國元年正月遷奉國軍節度使封信都郡王大觀三年正月
改寧武軍加開府儀同三司豫章郡王政和六年六月加檢校少保靖康

卷一萬六千六百三十九

六

元年四月改武勝軍加檢校少傅　平原郡王　孝奕　元豐二年四月
賜名授右武衛將軍八年六月遷慶州刺史元祐元年五月遷吉州團練
使三年十月遷忻州防禦使紹聖二年十月遷宿州觀察使元符二年二
月遷彰化軍節度觀察留後崇寧四年三月薨贈司空追封郡王　寧武
軍節度使　孝雋　元豐四年四月賜名授右武衛將軍八年六月遷榮
州刺史元祐元年五月遷衛州團練使三年十月遷全州防禦使紹聖二
年十月遷宣州觀察使元符三年二月遷寧武軍節度觀察留後大觀二
年正月遷建寧軍節度使靖康元年四月改寧武軍加檢校少保　奉寧
軍節度使　孝悅　元豐八年六月賜名授右驍衛大將軍秀州刺史元
祐元年五月遷寧州團練使三年十月遷吉州防禦使紹聖二年十月改
霸州崇寧四年十二月遷容州觀察使大觀二年二月遷武勝軍節度觀
察留後政和七年六月改承宣使重和元年十一月遷靖海軍節度使靖
康元年四月改奉寧軍加檢校少保　順昌軍節度使　孝頡　元豐八
年六月賜名授右驍衛大將軍英州刺史元祐元年五月遷慶州團練使
三年十月遷光州防禦使紹聖二年十月改忻州崇寧四年遷湖州觀察
使大觀二年二月遷奉國軍節度觀察留後政和六年六月遷德慶軍節

度使靖康元年四月改順昌軍加檢校少保　靜江軍節度使　孝愿
元豐八年六月賜名授右驍衛大將軍通州刺史元祐元年五月遷和州
團練使三年十月遷成州防禦使紹聖二年二月改全州元符三年三月
遷邠州觀察使大觀二年二月遷感德軍節度觀察留後和七年六月
改承宣使八年五月遷清遠軍節度使靖康元年四月改靜江軍加檢校
少保　廣陵郡王　孝永　元祐三年十月賜名授右武衛大將軍紹聖
二年十月遷保州刺史元符二年二月遷右金吾衛大將軍成州團練使
建中靖國元年十月遷成州團練使崇寧四年十二月遷廣州防禦使大
觀二年遷刑州觀察使三年十一月卒贈司空追封郡王上闕

宋會要

佖三子　華原郡公　有恪　崇寧二年五月賜名有恪授右驍衛將軍
四年正月遷茂州刺史改今名十月卒贈感德軍節度觀察留後追封郡
公　和義郡王　有奕　崇寧四年正月賜名授右驍衛將軍五年十二
月遷右驍衛大將軍慶州刺史大觀元年正月遷明州觀察使二年二月
遷定國軍節度觀察留後政和七年六月改承宣使八年正月遷保順軍
節度使進封郡王靖康元年四月改武信軍加檢校少保闕・寧遠軍節度

卷一萬六千六百二十九

使　有常　崇寧五年十二月賜名授右衛大將軍大觀元年正月遷忠
州刺史二年二月遷榮州團練使政和八年十月遷忻州防禦使靖康元
年四月自德慶軍承宣使遷寧遠軍節度使

宋會要

俣三子　興寧軍節度使　有章　大觀四年四月賜名授右驍衛將軍四年
四月遷右驍衛大將軍康州刺史八年四月遷忠州防禦使靖康元年四
月自集慶軍承宣使遷興寧軍節度使闕　博平侯　有鄰　政和三年十二
月賜名授右驍衛將軍四年五月卒贈博州防禦使追封侯　文安侯　有
成　政和七年五月賜名授右驍衛將軍六月卒八年三月贈莫州防禦
使追封侯

宋會要

似一子　永寧郡王　有恭　崇寧五年四月賜名授右驍衛將軍大觀元年二
月遷陳州觀察使二年二月遷保信軍節度觀察留後政和七年六月改
承宣使重和二年正月遷慶陽軍節度使永寧郡王靖康元年四月遷定
國軍節度使加檢校少保

宋會要

偲三子　河內侯　有儀　政和元年八月賜名授右驍衛將軍是月卒贈
懷州防禦使追封侯闕　遂安軍節度使　有忠　政和二年十一月賜名授
右驍衛將軍遷濮州防禦使靖康元年四月自咸武軍承宣使遷遂安軍
節度使　右驍衛將軍　有德　政和五年四月賜名授官

卷一萬六千六百二十九

宋會要

宗室追贈　贈皇太子　開封府尹兼中書令許王元僖　淳化三年十一月贈皇太子　贈太尉中書令周王祐　明道二年十月贈皇太子已上國朝會要　贈太師尚書令兼中書令鄧王茂哲宗子　元符二年閏九月薨贈太師尚書令越王三年贈兼中書令鄧王崇寧元年十二月贈皇太子以上續國朝會要　宣祖　長子贈侍中邕光濟元符三年三月贈太師兼尚書令曹王　次子贈太師尚書令浩王庭美贈魏王　次子贈侍中魏王光贊贈太師兼尚書令岐王　太祖　長子德秀未及賜名命官而薨　贈太師尚書令滕王　次子贈中書令魏王德昭贈燕王　次子德林未及賜名命官而薨　贈太師尚書令舒王　次子贈中書令岐王德芳贈秦王　太宗長子子贈鳳翔河中牧齊王元佐贈漢王　次子贈太師尚書令鄆王元份贈商王　次子贈太師尚書令安王元傑贈越王　次子贈太師尚書令曹王元解贈楚王　次子贈太師尚書令鄧王元偓贈鎮王　次子贈天策上將軍加兗徐二州牧燕王元儼贈周王　次子贈左衛上將軍安定郡王元億贈太師中書令兼尚書令崇王　真宗　長子禔未及賜名命官而薨　贈太師尚書令温王　次子祇未及賜名命官而薨　贈太師尚書令昌王　次子祉未及賜名命官而薨　贈太師尚書令信王　次子祈未及賜名命

官而薨　贈太師尚書令欽王　仁宗　長子贈太傅褒王昉贈楊王　次子贈太師中書令豫王昕贈雍王　次子贈太師中書令曦贈荆王　英宗　長子贈太師尚書令中書令冀州牧燕王顥贈吳王　次子顏未及賜名命官而薨　贈太師尚書令潤王　次子贈太師尚書令荆徐二州牧頵贈兼中書令益王　神宗　長子佾未及賜名命官而薨　贈太師尚書令成王　次子僅未及賜名命官而薨　贈太師尚書令惠王　次子贈太師尚書令兗王俊贈唐王　次子仲未及賜名命官而薨　贈太師尚書令褒王　次子贈太師尚書令冀王僩中書令依蒨冀王倜中書令依蒨冀王・次子贈太師尚書令衛王价贈兼中書令豫王　次子贈太師尚書令鄆王倜贈兼中書中徐王　次子偉未及賜名命官而薨贈太師尚書令儀王　哲宗　長子贈太師尚書令越王茂贈兼中書令鄧王　宗室諸王　皇伯天策上將軍太師尚書令兼中書令雍州牧楚王元佐天聖五年六月贈鳳翔河中牧齊王　皇叔荆南淮南節度大使守太師尚書令兼中書令行荆揚州牧荆王元儼慶歷四年正月贈天策上將軍加兗徐二州牧燕王　太尉成德荆南節度使開府儀同三司真定尹兼江陵尹荆王頵元祐三年七月贈太師尚書令荆徐二州牧魏王　淮南荆南節度使守太師開府儀同三司揚州牧

兼荆州牧楚王顥紹聖三年九月贈太師尚書令中書令冀州牧燕王　皇兄河東山南西道節度使守太師開府儀同三司太原牧兼興元牧陳王佖崇寧五年十二月贈尚書令兼中書令徐州牧燕王　皇弟武寧泰寧等軍節度使守太保兼中書令兗王元傑咸平六年七月贈太尉尚書令安王　永興鳳翔等軍節度使守太傅兼中書令雍王元份景德二年八月贈太師尚書令鄆王　鎮南寧國等軍節度使守太保兼中書令許王元偁大中祥符七年四月贈太尉尚書令等王　咸德鎮寧等軍節度使守太尉尚書令兼中書令徐王元儼天禧二年五月贈太師尚書令鄧王　太尉荆南武

〔卷一萬九千一百二十五〕　三

寧等軍節度使荆州徐州牧蔡王似崇寧五年四月贈太師尚書令兼中書令兼冀州牧韓王　皇子集慶州節度使檢校太尉同中書門下平章事鄆王曦慶曆三年正月贈太師中書令（王既病革，前一日詔學士蘇紳就宰相第草制拜官，仍賜名，不及宣制而薨。）　追封王

皇伯祖鳳翔雄武等軍節度事守太保兼中書令東平郡王允弼熙寧二年七月贈太師尚書令相王　鎮南軍節度使開府儀同三司嗣濮王宗暉紹聖元年五月贈太師懷王　武安軍節度使檢校司徒開府儀同三司判大宗正事嗣濮王宗晟三年三月贈太師昌王　叔祖寧海平江軍節度使守太保兼中書令襄陽郡王

允良治平四年閏三月贈太師尚書令定王　紹信軍節度事檢校司空開府儀同三司漢東郡王宗瑗元祐三年五月贈太師崇王　保信軍節度使檢校司空開府儀同三司安康郡王宗隱五年十二月贈太師潤王　鎮安軍節度使開府儀同三司嗣濮王宗愈紹聖二年八月贈太師襄王　河陽三城節度使嗣濮王宗綽三年二月贈太師榮王　武昌軍節度使檢校司徒開府儀同三司　王宗楚四年六月贈太師惠王　彰信軍節度使檢校司空開府儀同三司清河郡王宗景十月贈太師循王　靖海軍節度使檢校司徒開府儀同三司嗣濮王宗祐元符元年六月贈太師欽王　奉寧

〔卷一萬九千一百二十五〕　四

軍節度使檢校太尉開府儀同三司嗣濮王宗漢大觀三年九月贈太師景王　皇伯保康軍節度使安定郡王從式熙寧四年十二月贈同平章事榮王　彰德軍節度使同中書門下平章事濮陽郡王宗樸十年十月贈太師中書令康王　宗信軍節度使開府儀同三司華陽郡王宗但元豐五年二月贈太尉滕王　鎮南節度使開府儀同三司豫章郡王宗諤六月贈太尉韓王　武昌軍節度觀察留後江夏郡王知大宗正宗惠七年六月贈昭德軍節度使開府儀同三司鄭王　保靜軍節度觀察留後安定郡王世準紹興二年九月贈王府儀同三司成王　奉國軍節度觀察留後安定郡王

世開元符元年四月詔贈開府儀同三司信王　崇信軍節度使安定郡王世雄崇寧四年十一月贈少師淄王　彰信軍節度使開府儀同三司嗣濮王仲增政和五年九月贈少師簡王　皇叔中武軍節度使兼侍中東平郡王德文慶歷六年五月贈太尉兼中書令申王　檢校少傅奉國軍節度使仲御宣和四年五月贈太傅郇王　慶遠軍節度使安定郡王世福五年正月贈少師儀王　檢校少傅定武軍節度使開府儀同三司仲旻六月贈太傅恭王　崇信軍節度使開府儀同三司安化郡王仲營七年七月贈少師成王　皇兄光濟建隆三年四月贈侍中邕王　鎮東軍節度觀察留後

卷一萬九千五百二十五　五

會稽郡王世清元豐六年十月贈安化軍節度使開府儀同三司虢王　皇弟光贊建隆三年四月贈侍中夔王　皇子永興軍節度使兼侍中武功郡王德昭太平興國四年八月贈中書令魏王　山南西道節度使同中書門下平章事德芳六年三月贈中書令岐王　左衛上將軍信國公祐咸平六年四月追封周王　皇子昉康定二年五月贈太傅襄王　忠正軍節度使壽國公昕慶歷元年二月贈太師中書令豫王　鎮安軍節度使景國公曦熙寧八年十二月贈太師尚書令冀王　彰信軍節度使永國公俊十年十月贈太師尚書令兼中書令兗王　武勝軍節度使達國公□元豐元年十二月贈太師尚書令衛王　皇子僩未及賜名命官而薨四年五月追賜名贈太師尚書令鄆王　皇子茂未及賜名命官而薨元符二年閏九月追賜名贈太師尚書令越王　皇子檉未及賜名命官而薨崇寧三年五月追賜名贈大師尚書令兗王　樂安郡王楧五月贈太師尚書令兼中書令荊王　淮康軍節度使檢校太尉定國公栱政和二年二月贈太師尚書令兼中書令鄆王　檢校太保慶國（源官）節度使慶國公椿三年閏四月贈太師兼右衛漢王　皇子機未及賜名命官而薨四年五月追賜名兼右衛陳王　檢校太尉鎮安軍節度使魏國公材五年十一月贈太師兼右衛邠王　贈三公三師追封王，皇叔祖檢校少傅靖海軍節度使開府儀同三司兼判

卷一萬九千五百二十五　六

大宗正事嗣濮王仲僎紹興六年九月贈太傅追封儀王　檢校少保嚮德軍節度使知大宗正事嗣濮王仲偁九年十一月贈少保追封瓊王　贈武寧軍節度使開府儀同三司追封建王宗蓋乾道二年二月追封濟王　皇叔檢校少師光山軍節度使開府儀同三司齊安郡王士儴二十三年二月贈太傅追封循王　岳陽軍節度使開府儀同三司權主奉濮安懿王祠事士㮮二十三年八月贈太傅追封韶王　崇慶軍節度使劇濮王士俴二十七年七月贈少師追封恩王　皇兄左朝奉大夫充秘閣修撰子偁十四年六月贈太子少師三十二年六月加贈太師中書令追封秀王　皇弟四

子恪乾道二年九月追封郇王十月贈淮康軍節度使
開府儀同三司王早薨未賜名至是始詔有司討論賜
令名封繼又加贈焉 追封郡王 皇伯祖保大軍節
度使承範熙寧元年九月贈太尉遂寧郡王 感德軍
節度使秦國公承亮四年三月贈太尉樂平郡王 昭
化軍節度使承顯八年六月贈太尉樂平郡王 保大
軍節度使承選元豐元年四月贈太尉博陵郡王 寧
武軍節度使承裕三年十月贈太尉建安郡王 皇叔
祖横海軍節度觀察留後承衍熙寧四年正月贈護國
軍節度使河東郡王 武泰軍節度使宗勝元祐元年
五月贈太師北海郡王 房州觀察使宗喬七年九月

《卷一萬九千二百三十五》 七

贈司空南陽郡王 皇伯寧武軍節度觀察留後魏國
公宗立熙寧六年七月贈昭信軍節度使南康郡王
代州防禦使宗保七年十月贈靜難軍節度使新平郡
王 登州防禦使韓國公宗績十年七月贈昭信軍節
度使南康郡王 昭化軍節度使同中書門下平章事
濮國公宗誼元豐元年二月贈太師中書令廣陵郡王
鎮安軍節度觀察留後宗究三年閏九月贈武寧軍
節度使兼侍中彭城郡王 明州觀察使宗悌四年正
月贈保寧軍節度使同中書門下平章事東陽郡王
安化軍節度觀察留後魯國公宗肅五年正月贈鎮海
軍節度使北海郡王 武信軍節度使宗達六年二月

贈安化軍節度使開府儀同三司高密郡王 潞州觀
察使宗輔七年六月贈彰信軍節度使開府儀同三司
濟陰郡王 定國軍節度觀察留後仲□元祐元年七
月贈保寧軍節度使東□郡王 皇叔寧國軍節度使
同中書門下平章事允初治平元年七月贈中書令博
□郡王 建州觀察使宗翰熙寧十年十二月贈建雄
軍節度使同中書門下平章事平陽郡王 横海軍節
度觀察留後宗博元豐六年七月贈昭信軍節度使開
府儀同三司南康王 皇兄保信軍節度觀察留後廣
平郡公德彝大中祥符八年四月贈昭德軍節度使信
都郡王 建寧軍節度使樂安郡公惟王明道元年五

《卷一萬九千二百三十五》 八

月贈侍中同安郡王 安國軍節度使延安郡公允升
景祐元年正月贈太尉平陽郡王 武定軍節度使允
寧十一月贈太尉信安郡王 昭化軍節度觀察留後
廣平郡公允懷寶元二年正月追封廣平郡王 保康
軍節度使觀察留後徐國公承簡嘉祐六年閏八月贈
彰化軍節度使安定郡王 鎮南軍節度觀察留後世
永熙寧元年二月贈昭武軍節度南康郡王 右金吾
衛大將軍忻州防禦使令甘崇寧二年六月贈崇信軍
節度觀察留後漢東郡王 皇弟安靜軍節度使允迪
慶曆八年三月贈太尉永嘉郡王 邢州觀察使孝永
大觀三年十一月贈司空廣陵郡王 皇姪感德軍節

度使同中書門下平章事安定郡公惟吉大中祥符三年五月贈中書令南陽郡王　彰化軍節度觀察留後同知大宗正寺事守節寶元二年七月贈鎮江軍節度事丹陽郡王　贈三公三師追封郡王　皇叔祖建寧軍節度使提舉江州太平興國宮士劄紹興三十二年十一月贈少師追封咸安郡王　皇叔祖檢校少保安慶軍節度使同知大宗正事士錢乾道五年二月贈少師追封新安郡王　皇叔祖奉國軍節度使同知大宗正事士銖九年四月贈少師追封咸安郡王　皇叔祖檢校少保崇慶軍節度使士術十一月贈少保追封新安郡王　皇叔安德軍節度使開府儀同三司權主奉濮安懿王祠事士夽紹興二十三年二月贈少師追封通化郡王　昭信軍節度使士大二十四年三月贈少師追封安化郡王　平海軍承宣使知南外宗正事士瑶二十六年六月贈少師追封和義郡王　皇兄寧國軍節度使安時十七年七月贈少師追封清化郡王　贈三公三師　皇伯保平軍節度使安定郡王令慮十三年四月贈少師　贈三師　皇叔祖昭化軍節度使信安郡王宗粹宣和三年八月贈太保　贈節度使使相　皇伯祖太州觀察使克愉元祐元年三月贈忠正軍開府儀同三司　皇叔祖遂州觀察使承錫熙寧六年正月贈鎮寧軍節度使同中書門下平章事陳國公

卷萬九千一百二十五　九

渭州防禦使宗孺元祐三年十二月贈昭德軍節度使開府儀同三司陳國公　皇伯陳州觀察使仲郃元祐元年閏二月贈保靜軍開府儀同三司　皇叔天平軍節度觀察留後咸寧郡王德雍天聖九年八月贈宣德軍節度使同中書門下平章事　皇兄宿州觀察使和國公宗懿治平元年五月贈鎮海軍節度使同中書門下平章事魏國公　延州觀察使從吉十二月贈保靜軍節度使同中書門下平章事楚國公　贈使相追封國公　皇叔祖保成軍承宣使知南外宗正事仲潞紹興十一年九月贈開府儀同三司追封國公　宜州觀察使士周乾道元年七月贈開府儀同三司追封和國公　慶遠軍承宣使仲轄二年二月贈開府儀同三司追封榮國公　福州觀察使士芭四月贈開府儀同三司追封永國公　隨州觀察使士忞九年三月贈開府儀同三司追封永國公　皇伯利州觀察使安信三年二月贈開府儀同三司追封惠國公　皇叔光州觀察使士術十四年十月贈開封儀同三司追封永國公　廣州觀察使知西外宗正事士慷十六年二月贈開府儀同三司追封和國公　融州觀察使士筏二十年八月贈開府儀同三司追封潤國公　福州觀察使士穆二十六年贈開封儀同三司追封惠國公　清遠軍承宣使不怞七月贈開府儀同三司追封萊國公　皇兄

卷一萬九千一百二十五　十

保寧軍承宣使居閎五年十二月贈開府儀同三司追
封永國公　安德軍承宣使居厚十二月贈開府儀同
三司追封和國公　昭慶軍承宣使居仁十二月贈開
府儀同三司追封榮國公　贈使相　皇伯祖保平軍
節度觀察留後克思元祐三年三月贈開府儀同三司
昌國公　建州觀察使克柔十二月贈開府儀同三司
尹國公　亳州觀察使克諶四年二月贈開府儀同三
司華國公　澶州觀察使克懼五年正月贈開府儀同
三司追封和國公　宣州觀察使克敦五月贈開府儀
同三司和國公　建武軍節度觀察留後克繼九月贈
開府儀同三司建國公　越州觀察使克孝紹聖三年

六月贈開府儀同三司惠國公　皇叔祖永興軍節度
使克揚元符三年七月贈開府儀同三司追封吉國公（宿州觀察使克紓崇寧四年十一月贈開府儀同三司）
定武軍承宣使知南外宗正事安定郡王令德乾道
七年九月贈開府儀同三司　皇伯崇州觀察使仲雖
元符二年二月贈開府儀同三司沂國公　崇信軍節
度使觀察留後仲論三年閏十二月贈開府儀同三司
英國公　明州觀察使世堯五年六月贈開府儀同三
司潤國公　桂州觀察使世智七年十一月贈開府儀
同三司沂國公　淮康軍節度觀察留後仲淹十一月
贈開府儀同三司沂國公　利州觀察使仲纂十二月
贈開府儀同三司福國公　婺州觀察使仲彌紹聖二

年九月贈開府儀同三司永國公　福州觀察使仲翩
元符元年四月贈開府儀同三司滕國公　耀州觀察
使世逸二年三月贈開府儀同三司惠國公　青州觀
察使仲覽三月贈開府儀同三司沂國公　保信軍節
度觀察留後仲遷四月贈開府儀同三司惠國公　鄜
州觀察使仲當十二月贈開府儀同三司順國公　安
化軍節度觀察留後仲理三年五月贈開府儀同三司
信國公　金州觀察使世卓十月贈開府儀同三司榮國
公　保大軍節度使仲皋大觀元年正月贈開府儀同
三司榮國公　鎮潼軍節度觀察留後仲處三年七月
贈開府儀同三司崇國公　寧州觀察使安定郡王令

話二年八月贈開府儀同三司　寧遠軍承宣使同知
行在大宗正事安定郡王令時四年十月贈開府儀同
三司　華州觀察使安定郡王令理六年二月贈開府
儀同三司　皇叔秀州觀察使宗治熙寧五年閏七月
贈鎮寧軍節度使同中書門下平章事陳國公　通州
防禦使宗蓋元豐三年二月贈武康軍節度使同中書
門下平章事楚國公　遂州觀察使仲宊建中靖國元
年七月贈開府儀同三司榮國公　房州觀察使仲偲
崇寧三年四月贈開府儀同三司榮國公　寧國軍承
宣使世從政和六年贈開府儀同三司嘉國公　府州
觀察使叔巢六月贈開府儀同三司崇國公　鄆州觀

察使知南外宗正事仲範七年六月贈開府儀同三司
嘉國公　慶遠軍承宣使安定郡王令衿二十八年十
二月贈開府儀同三司　皇兄邕州觀察使令遶崇寧
三年九月贈開府儀同三司昌國公　建州觀察使令
鐸十一月贈開府儀同三司和國公　贈節度使追封
國公　防禦使皇伯祖克用元祐元年二月贈保寧軍
榮國公　大將軍防禦使克彙八月贈化軍昌國公
防禦使克常紹聖三年七月贈昭信軍吉國公防禦
禦使皇叔祖和州防禦使士阸紹興三十二年十月贈
安慶軍節度使追封舒國公　大將軍防禦使克勍紹
聖四年四月贈建寧軍建國公　團練使士歧乾道元
卷一萬九千四百二十五　十三
年七月贈保寧軍節度使詳見雜錄　防禦使皇伯宗
述熙寧元年正月贈奉國公（君和國）　宗懿八月贈寧國軍遂
國公　克紹六年三月贈昭信軍吉國公　克廣七年
閏七月贈建雄軍光國公　從賁九年五月贈安國軍
燕國公　克戒元豐二年正月贈保平軍成國公　克
勤九月贈鎮寧軍儀國公　觀察使克彰五年八月贈
鎮寧軍濟國公　團練使世享元祐元年二月贈保寧
軍昌國公　防禦使仲嬰七月贈奉國軍申國公　仲
綰三年二月贈武康軍崇國公　叔充二月贈崇信軍
尹國公　叔封四月贈崇信軍遂國公　世栝四月贈
建武軍嘉國公　世采四年五月贈崇信軍燕國公

世程五年正月贈崇信軍榮國公　叔豇七月贈建寧
軍建國公　仲華八月贈保寧軍婺國公　叔湔七年
六月贈昭化軍昌國公　叔毗六年九月贈奉國君華
國公　世鴻十月贈奉寧軍華國公·仲洽十月贈榮
寧軍房國公　仲防紹聖元年五月贈武康軍洋國公
叔武八月贈保康軍房國公　仲銑二年六月贈武
康軍洋國公　世強三年四月贈保康軍房國公　世
逢七月贈感德軍舒國公　仲鸞四年八月贈武康軍
洋國公　叔統元符元年九月贈保慶軍房國公　世
蒙九月贈保康軍房國公　仲登二年閏九月贈保慶
軍欽國公　叔杲十月贈武康軍溫國公　刺史叔海
卷一萬九千四百二十五　十四
三年五月贈武康軍舒國軍　防禦使仲集十月贈奉
國軍惠國公　叔玩建中靖國元年三月贈昭化軍欽
國公　叔紞崇寧元年五月贈安化軍惠國公　世胐
大觀四年二月贈建寧軍建國公　皇叔克顫元豐三
年十一月贈昭德軍祁國公　仲浹元祐五年三月贈
建寧軍建國公　仲歆七年二月贈威德軍華國公
仲汾元符二年八月贈昭化軍榮國公　仲戡　崇寧
三年三月贈保康軍房國公　仲緘大觀元年正月贈
武康軍榮國公　士灞紹興二十年八月贈寧國軍節
度使追封惠國公　士奇二十六年七月贈楚寧軍節
度使追封楚國公　皇兄樂平郡公德恭景德二年五

月贈保信軍申國公　允成天聖三年五月贈安德軍
邢國公　承炳皇祐四年十一月贈寧國軍原國公
承幹十二月贈保静軍蕭國公　承裔五年九月贈昭
化軍祁國公　承蘊嘉祐八年二月贈昭慶軍舒國公
世滋熙寧六年五月贈寧國軍昌國公　世該元豐
四年十月贈鎮國軍遂國公　仲玘五年二月贈安化
軍榮國公　仲越五月贈感德軍惠國公　仲愬七年
七月贈安化軍燕國公　令瑤元祐元年五月贈武寧
軍榮國公　令穀四年二月贈感德軍尹國公　令璀
元符三年五月贈保康軍順國公　皇弟孝錫元祐二
年八月贈感德軍永國公　皇姪顏國公守選慶歷六

卷一萬九千一百二十五　十五

年三月贈武勝軍楚國公　皇孫福州觀察使榮國公
挺九年二月贈武當軍節度使追封豫國公　團練使
皇兄承慶寶元三年七月贈武勝軍　國公　皇姪惟
憲大中祥符九年五月贈安德軍英國公　大將軍防
禦使皇姪宗顏至和二年九月贈昭信軍遂國公　榮
國公從信嘉祐七年十二月贈保寧軍楚國公　贈節
度使追封郡公　大將軍刺史皇姪判沂州長寧郡侯
德隆雍熙三年正月贈寧遠軍臨沂郡公　贈節度使
防禦使楚國公皇伯世恩元祐二年四月贈秦國公
防禦使皇叔仲江元豐八年十一月贈寧遠軍　贈
節度觀察留後追封國公　大將軍防禦使皇兄世規

熙寧六年七月贈武寧軍魯國公　贈留後追封郡公
大將軍防禦使皇伯祖克賢元祐二年四月贈奉國軍
化郡公　皇叔祖克勁紹聖三年十二月贈保康軍房
陵郡公　克鋌元符二年六月贈保康軍房陵郡公
克研三年五月贈安武軍信都郡公　克家大觀四年
「八月贈昭化軍安康郡公　皇伯宗辯熙寧元年七月
贈保寧軍東陽郡公　風厚四年九月贈武寧軍彭城
郡公　宗彥七年五月贈武寧軍彭城郡公　克淑元
豐四年十二月贈彰信軍濟陰郡公　克愊五年八月
贈武勝軍南康郡公　克寬六年閏六月贈安化軍高
密郡公　克懋九月贈武勝軍南陽郡公　仲烈八年

卷一萬九千一百二十五　十六

四月贈保寧軍東陽郡公　世儔元祐元年十月贈奉
國軍奉化郡公　世繁十一月贈安武軍信都郡公
叔泰二年正月贈安化軍高密郡公　世褒六月贈昭
化軍安康郡公　世禕三年八月贈鎮寧軍渤海郡公
叔東四年六月贈彰化軍安定郡公　世奉五年十
一月贈感德軍華原郡公　叔琥紹聖元年七月贈武
寧軍彭城郡公　世澤二年正月贈安化軍高密郡公
仲侁五年贈奉國軍奉化郡公　仲誘三年九月贈
安化軍高密郡公　叔朝元符二年六月贈安化軍高
密郡公　叔標八月贈安化軍高密郡公　叔頍九月
贈昭化軍安康郡公　叔建十月贈安化軍高密郡公

仲啟建中靖國元年四月贈安德軍閬中郡公　世
重崇寧三年七月贈保康軍房陵郡公　皇叔承亶治
平元年六月贈武勝軍南陽郡公　宗制熙寧八年八
月贈彰信軍渤海郡公　叔老紹聖元年閏四月贈安
化軍高密郡公　仲鄰三年十月贈昭化軍安康郡公
世引建中靖國元年六月贈昭化軍安康郡公　叔
峙崇寧三年八月贈安化軍高密郡公　叔納九月贈
安化軍高密郡公　叔拔十一月贈建寧軍建安郡公
仲惲政和元年正月贈保康軍房陵郡公　皇兄承
翊嘉祐五年七月贈安德軍閬平郡公　克循治平元
年八月贈安武軍高陽郡公　宗嚴二年正月贈武寧

卷萬九千一百二十五　十七

軍彭城郡公　宗藝六月贈武寧軍彭城郡公　宗回
三年二月贈崇信軍漢東郡公　叔裒熙寧五年正月
贈天平軍東平郡公　世本九年三月贈武寧軍彭城
郡公　仲濬十年二月贈保寧軍東陽郡公　仲汲九
月贈武寧軍彭城郡公　仲及十月贈定武軍博陵郡
公　叔驥元豐四年十二月贈建寧軍建安郡公　叔
愷五年五月贈武寧軍彭城郡公　世珍六年九月贈
安化軍高密郡公　叔昴七年八月贈保寧軍東陽郡
公　令儇元符三年九月贈安化軍高密郡公　令襄
四年八月贈彰化軍濟陰郡公　令笞七年五月贈武
昌軍江夏郡公　士馮五月贈鎮潼軍華陰郡公　令

超九月贈横海軍景城郡公　令議紹聖二年二月贈
武安軍信都郡公　令休五月贈保康軍房陵郡公
令優三年二月贈感德軍華原郡公　令潛二月贈奉
國軍奉化郡公　令績十月贈感德軍華原郡公　令
瓚四年二月贈崇信軍漢東郡公　士獲元符元年八
月贈崇信軍漢東郡公　令緝崇寧三年九年贈奉國
軍奉化郡公　令祛四年二月贈安國軍信化郡公
令犀大觀元年二月贈武康軍洋川郡公　皇弟承衎
皇祐三年贈武信軍遂寧郡公　承俊嘉祐七年二月
贈崇信軍樂平郡公　皇姪從審皇祐五年三月贈寧
國軍宣城郡公　清源郡公宗望嘉祐八年二月贈安

卷萬九千一百二十五　十八

化軍高密郡公　世長十月贈彰寧軍濟陽郡公　世
靜治平元年三月贈鎮海軍北海郡公　令樞元豐七
年十月贈保寧軍東陽郡公　防禦使皇伯克助元豐
元年十月贈感德軍常山郡公　叔兼元祐五年十月
贈鎮安軍淮陽郡公　皇叔叔鑄元符三年十月贈崇
信軍漢東郡公　仲杅崇寧元年五月贈崇信軍漢東
郡公　皇兄仲滂元豐元年七月贈彰信軍濟陰郡公
同上閤門使防禦使皇兄令晏元祐五年四月贈感
德軍華原郡公　大將軍團練使皇叔祖宗劼元符元
年六月贈安武軍信都郡公　大將軍皇伯祖克聰熙
寧二年三月贈保安軍東陽郡公　皇兄世符熙寧二

年十一月贈鎮海軍北海郡公　贈節度觀察留後
大將軍防禦使皇伯世復元祐三年四月贈保寧軍
皇姪穎國公從誨嘉祐二年八月贈武勝軍韓國公
大將軍刺史皇兄仲來元豐三年十二月贈安化軍
贈承宣使追封郡公　大將軍防禦使皇叔祖士富紹
興三十二年十月贈鎮東軍承宣使追封會稽郡公　士
士陪十月贈保寧軍承宣使追封東陽郡公　士夊十
月贈昭化軍承宣使追封安康郡公　士恭九年贈保
寧軍承宣使追封新安郡公　皇叔士俟十三年三月
贈昭慶軍承宣使追封長興郡公　士武十三年十月
贈保寧軍承宣使追封東陽郡公　士壼二十一年七

卷萬九千七百二十五

十九

月贈鎮東軍承宣使追封會稽郡公　皇姪居中乾道
五年十二月贈保寧軍承宣使追封東陽郡公紹興三
十一年正月卒故上辭皇姪下古脩準此　贈觀察使追
封國公　大將軍團練使皇姪從煦慶曆五年六月贈
同州齊國公　贈觀察使追封郡公　大將軍防禦使
追封郡公　大將軍防禦使皇兄令敎元祐五年四月
贈密州高密郡公　贈觀察使追封侯　防禦使皇叔
祖克告元祐五年八月贈華州華陰侯　克稟元符三
年四月贈均州武當侯　大將軍團練使皇叔祖克賢
元祐四年七月贈定州博陵侯　克愛五年六月贈真
州常山侯　克輿元符二年二月贈鄧州南陽侯　士

闡乾道五年四月贈明州觀察使追封奉化侯　皇伯克
凝熙寧八年閏四月贈虔州南康侯　克倫元豐二年
八月贈曹州濟陰侯　仲軻八年四月贈蔡州汝南侯
叔陳六月贈鄆州東平侯　世敓元祐元年三月贈
婺州東陽侯　仲盤六月贈滕州馮翊侯　世榮三年
九月贈密州高密侯　世経四年正月贈湖州吳興侯
世掌七年九月贈虔州南康侯　仲沃紹聖元年七
月贈華州華陽侯　皇叔克晛熙寧六年四月贈同州
馮翊侯　克祇元豐五年四月贈虔州南康侯　克願
六年五月贈密州高密侯　克堅十月贈遂州遂寧侯
叔訛八年四月贈鄆州東平侯　叔婼十月贈華州

卷萬九千七百二十五

二十

華陰侯　叔鮀元祐三年五月贈鄆州東平侯　叔陶
七月贈建州建安侯　仲僰八年正月贈徐州彭城侯
叔聚紹聖元年四月贈徐州彭城侯　叔蚡閏四月
贈蔡州汝南侯　大將軍團練使叔寯九月贈襄州襄
陽侯　防禦使仲廩十二月贈涇州安定侯　仲鞠元
符元年七月贈徐州彭城侯　叔座二年二月贈滄州
景城侯　仲逮五月贈婺州東陽侯　仲墳崇寧四年
二月贈青州北海侯　士蓴紹興十七年五月贈明州
觀察使追封奉化侯　士遜九月贈明州觀察使追
封奉化侯　士琯二十四年十月贈金州觀察使追封
安康侯　士荊二十六年七月贈湖州觀察使追封吳

興侯　士赫二十九年五月贈婺州觀察使追封東陽
侯　皇兄承鑒寶元二年六月贈婺州東陽侯　承雅
閏今二月贈宣州宣城侯　承遵慶曆元年二月贈青
州安樂侯　承睦十二月贈虔州南康侯　克修嘉祐
八年十二月贈同州馮翊侯　世哲治平四年四月贈
虔州南康侯　仲麗熙寧元年三月贈華州華陰侯
仲彛八月贈鄆州東平侯　世歴二年三月贈青州北
海侯　世淵四年十二月贈懷州河内侯　仲瑱七年
十月贈徐州彭城侯　世章八年八月贈同州馮翊侯
叔瀞十二月贈徐州彭城侯　世嵩九年七月贈華
州華陰侯　世覬十年正月贈同州馮翊侯　世京七
卷一萬九千百二十五　二二
月贈徐州彭城侯　仲點八月贈同州馮翊侯　世奭
十一月贈青州北海侯　仲随元豐二年八月贈曹州
濟陰侯　仲侔四年五月贈密州彭城侯　仲攡七月
贈徐州彭城侯　仲璀五年四月贈同州馮翊侯　世
統六年三月贈曹州濟陰侯　令矍元祐四年四月贈
鄆州東平侯　令巍六年十二月贈楊州廣陵侯　令
琮七年六月贈洪州豫章侯　令門紹聖元年五月贈
鄆州東平侯　令駔五年贈金州南康侯　士窮五月
贈鄆州東平侯　令涓二年二月贈鄧州南陽侯　士
會八月贈房州房陵侯　鞁之三年九月贈金州安康
侯　令鏗四年六月贈蜀州東平侯　令𧛎七月贈襄州

世岳

襄陽侯　致之十一月贈陳州淮陽侯　令櫛元符二
年正月贈鄆州東平侯　令在五月贈虔州高康侯
士穫五月贈越州會稽侯　令清三年十一月贈密州
高密侯　士搛建中靖國元年十一月贈晉州平陽侯
皇姪惴忠大中祥符八年六月贈鄂州江夏侯　守
度康定元年二月贈廬州廬江侯　從誨八月贈襄州
襄陽侯　從謹皇祐元年十一月贈宣州宣城侯　從
贇三年正月贈鄧州南陽侯　從質四年八月贈定州
博陵侯　宗道五年四月贈密州高密侯　宗訥至和
元年八月贈壽州安陸侯　從湜嘉祐五年十二月贈
遂州遂寧侯　宗儒六年十一月贈密州晉寧侯　奕
卷一萬九千百二十五　二三
治平二年五月贈虔州南康侯　璸元豐三年五月贈
鄆州東平侯　□□元年八月贈徐州彭城侯　修
乾道五年十二月贈明州觀察使追封奉化侯　團練使
皇叔祖克脊元祐元年七月贈曹州濟陰侯　皇伯世
陽元豐八年二月贈同州馮翊侯　皇叔仲遼元豐八
年四月贈婺州東陽侯　世法建中靖國元年六月贈
萊州平陽侯　皇兄令䤈元祐七年十二月贈青州北
海侯　士雋紹聖元年六月贈閬州丹陽侯　令夫元
符二年四月贈青州奉化侯　士𧦝崇寧元年五月贈
潤州丹侯　皇姪令典熙寧元年五月贈鄆州東平侯
令諤十年七月贈同州馮翊侯　皇城使團練使皇

伯仲鍭元祐二年十月贈密州高密侯　大將軍刺史
皇叔祖克逐元祐六年五月贈青州北海侯　克蔡元
符二年正月贈冀州信都侯　克惼建中靖國元年二
月贈徐州彭城侯　仲鑽九年八月贈鄧州南陽侯
皇伯克友熙寧三年五月贈華州華陰侯　克臻八年
十月贈鄆州東平侯　克觀元豐七年十二月贈蔡州
汝南侯　皇叔克偕熙寧八年七月贈博州馮翊侯
叔嬀元豐八年十月贈婺州東陽侯　世職元祐二年
閏二月贈婺州東陽侯　叔晰二月贈明州奉化侯
仲巡二年正月贈華州華陰侯　世枚七月贈深州彭
城侯　世灼三年八月贈華州華陰侯　世造四年正

卷萬九千百二十五

二十五

月贈　州濟陰侯　叔豹六月贈夔州雲安侯　叔砦
五年二月贈定州博陵侯　叔羅五月贈利州益昌侯
叔兗六年六月贈定州博陵侯　世資七年三月贈
晉州平陽侯　世劭紹聖元年四月贈同州馮翊侯
叔吳　二年六月贈金州安康侯　仲午十二月贈蔡
州汝南侯　叔邯三年三月贈陳州淮陽侯　世訳三
月贈隨州漢東侯　叔蒯十月贈耀州華原侯　叔半
四年五月贈同州馮翊侯　叔鄱五月贈宣州宣城侯
叔眪元符元年八月贈閬州丹陽侯　叔昂二年正
月贈冀州信都侯　叔轔三年五月贈襄州襄陽侯
仲汧五月贈襄州襄陽侯　叔鄭崇寧二年五月贈密

州高密侯　世珦十一年九月贈建州建安侯　仲岳
十一月贈華州華陰侯　士溉十二年二月贈洪州豫
章侯　士孺十九年七月贈楊廣陵侯　士稟二十一
年六月贈建州建安侯　士瑀二十三年三月贈婺州東陽
侯　士園五月贈泉州清源侯　士晴二十八年十一
月贈金州安康侯　皇兄允言乾興元年七月贈明州
奉化侯　允熙天聖四年五月贈滄州博平侯　承操
嘉祐三年正月贈涇州安定侯　克鬪八年八月贈陳
州淮陽侯　克臧治平元年十一月贈乾州南康侯
克仲三年四月贈安州安陸侯　世旻治平三年四月
贈同州馮翊侯　仲宬三年六月贈華州華原侯　叔

卷萬九千百二十五

材七月贈華州華陰侯　仲嘉五年四月贈鄆州東平
侯　仲嶷五月贈青州北海侯　世總五月贈同州馮
翊侯　仲嗜熙寧六年六月贈鄆州東平侯　叔蕃七
年二月贈華州華陰侯　叔藻二月贈同州馮翊侯
仲晏十二月贈同州馮翊侯　仲勤八年四月贈同州
馮翊侯　世瑞八年閏四月贈華州華陰侯　叔鞅十
年五月贈同州馮翊侯　世登元豐四年五月贈同州
馮翊侯　世穹八年二月贈安州東陽侯　令赫元祐
元年閏二月贈蔡州汝南侯　士蒍四年四月贈同州
馮翊侯　令濯五年五月贈真州常山侯　令壺十二
月贈明州奉化侯　令剸六年五月贈遂州遂寧侯

羨之紹聖元年二月贈金安康侯　士歡閏四月贈金州安康侯　士㡿閏四月贈鄧州南陽侯　士岑閏四月贈明州奉化侯　令息五月贈密州高密侯　令莘五月贈定州博陵侯　士歸十一月贈襄州襄美　令戛二年四月贈明州奉化侯　迎之三年三月贈密州高密侯　士侃六月贈徐州彭城侯　士奋元符元年五月贈冀州信都侯　燭之六月贈滄州景城侯　敎之八月贈定州博陵侯　士穮二年五月贈鄆州東平侯　令祁五月贈襄州襄陽侯　令䲰五月贈襄州襄陽侯　補之三年四月贈密州高密侯　士淨建中靖國元年二月贈定州博陵侯　况之二月贈同州馮

卷萬九千百二十五　二十五

翊侯　士究十二月贈密州高密侯　士根崇寧三年八月贈同州馮翊侯　皇姪從郁慶歷元年六月贈金州昌化侯　從讜皇祐二年二月贈同州馮翊侯　宗敏二月贈越州會稽侯　宗昆四年四月贈華州華陰侯　宗魯五年閏七月贈徐州彭城侯　宗默至和六年三月贈金州安康侯　宗師嘉祐元年十月贈密州高密侯　宗仁二年正月贈虔州安康侯　克構贈鄆州新平侯　宗詠二月贈洪州豫章侯　宗楷三年三月贈隨州漢東侯　宗迴五年四月贈婺州東陽侯　仲琳治平二年四月贈安州安陸侯　世絅六月贈虔州南康侯　令篋熙寧四年三月贈華州華陰侯　仰之

七年四月贈鄆州東平侯　令賁八年二月贈虔州南康侯□□□□年二月贈同州馮翊侯　令磋元豐七年九月贈鄧州南陽侯　深之九月贈鄧州南陽侯　公邵元祐三年六月贈果州深源侯　予春紹聖元年九月贈潁州汝陰侯　刺史皇兄捨之元祐三年閏十二月贈華州華陰侯　大將軍皇叔宗史熙寧十年三月贈同州馮翊侯　仲壤元祐五年十二月贈明州奉化侯　皇兄宗秀治平元年十二月贈華州華陰侯　旬之元祐四年八月贈莫州文安侯　令琤紹聖元年二月贈蔡州汝南侯　撫之二年二月贈徐州彭城侯　令媞三年五月贈同州馮翊侯　皇弟德鈞景德四

卷一萬九千百二十五　二十六

年正月贈河州安鄉侯　皇姪孫世茂嘉祐八年正月贈婺州東陽侯　將軍皇兄仲僊熙寧九年三月贈同州馮翊侯　皇弟德愿咸平二年閏三月贈□州姑蔵侯　德閏六年二月贈應州金城侯　德欽景德元年六月贈雲州雲中侯　德存大中祥符四年六月贈洮州兆陽侯　皇姪孫士揆治平二年六月贈安州安陸侯　贈觀察使　團練使皇叔叔冉元符三年九月贈金州　大將軍刺史皇兄令惜元祐二年三月贈明州　令逭四年十月贈徐州　士鬭紹聖元年四月贈陳州　大將軍將軍贈防禦使追封侯　大將軍皇伯克端熙寧三年五月贈登州東牟侯　皇叔叔曹元祐元

年閏二月贈洺州廣平侯　叔遂四月贈懷州河内侯
叔脊三年四月贈濟州濟陽侯　叔諳五月贈瀛州
河内侯　叔瑚紹聖元年四月贈濟州濟陽侯　叔峴
三年五月贈洺州廣平侯　仲壬九月贈博州博平侯
仲庠十二月贈洺州廣平侯　叔徇元符元年八月
贈深州饒陽侯　叔榮九月贈洺州廣平侯　仲參二
年二月贈濟州濟陽侯　叔源七月贈洺州廣平侯
仲艁三年五月贈濟州濟陽侯　士峥十二年九月贈
濟州濟陽侯　士楬三十二年二月贈眉州通義侯
皇兄叔沆熙寧元年四月贈博州博平侯　仲連三年
五月贈華州華陰侯　叔禽四年八月贈懷州河内侯

仲炎五年正月贈懷州河内侯　仲銷八年八月贈
博州博平侯　世狩九年六月贈華州華陰侯　叔頔
元豐六年五月贈博州博平侯　令翢元祐二年四月
贈博州博平侯　令眈四年二月贈懷州河内侯　令
珊四月贈博州博平侯　令亢五月贈博州博平侯
令攀五年六月贈洺州廣平侯　令賚六年五月贈登
州東牟侯　士憑紹聖元年四月贈濟州濟陽侯　士
輯九月贈眉州通義侯　士軿二年正月贈懷州河内
侯　士誑六月贈博州博平侯　俥之四年二月贈博
州博平侯　令課十月贈懷州河内侯　令燮十二月
贈萊州東萊侯　議之元符元年五月贈莫州文安侯

令盡二年六月贈登州東牟侯　令悅七月贈萊州
東萊侯　和之建中靖國元年二月贈懷州河内侯
皇弟克貴嘉祐八年九月贈懷州河内侯　克與治平
二年四月贈均州武當侯　仲瑩熙寧三年十月贈懷
州河内侯　叔駘八年閏四月贈洺州廣平侯　世係
九年三月贈懷州河内侯　仲丁十年六月贈博州博
平侯　仲佹八月贈洺州廣平侯　叔民元豐元年五
月贈懷州河内侯　叔塤六月贈洺州廣平侯　世覯
四年二月贈洺州廣平侯　叔鳳四月贈洺州廣平侯
仲鎖六月贈洺州洺陽侯　叔慈六年二月贈懷州
河内侯　仲敭八月贈登州東牟侯　仲養七年五月

贈濟州濟陽侯　仲璃六月贈博州博平侯　叔邢七
月贈懷州河内侯　皇姪克儉康定元年八月贈濟州
濟陽侯　克己慶歷三年二月贈饒州饒陽侯　克基
五年六月贈復州景陵侯　克溫皇祐五年閏七月贈
洺州廣平侯　克明至和元年七月贈懷州河内侯
克悚嘉祐三年五月贈濟州濟陽侯　克順十一月贈
瀛州河間侯　克誠四年正月贈眉州通義侯　克詢
六年閏八月贈濟州濟陽侯　叔魚治平四年四月贈
和州歷陽侯　叔奎閏五月贈博州博平侯　仲向二
年二月贈懷州河内侯　仲山四月贈鄆州富平侯　仲謙六月贈懷州河内侯
孝純熙寧六年正月贈同州馮翊侯　令譞七年二月

贈懷州河內侯　令叟八年贈博州博平侯　孝哲十年二月贈博州博平侯　令甲元豐四年正月贈同州馮翊侯　令虡五年九月贈博州博平侯　令俁十月贈博州博平侯　士執六年七月贈博州博平侯　令儔七年十月贈洺州洺陽侯　令門八年二月贈博州博平侯　子肩元祐五年三月贈蘄州蘄春侯　子賍元符三年正月贈深州饒陽侯　皇姪孫世崇皇祐五年正月贈洺州廣平侯　世儀九月贈鄆州富水侯仲翹嘉祐六年五月贈眉州通義侯　將軍皇弟承嗣慶曆元年六月贈蘄州昌化侯　皇姪惟能大中祥符元年五月贈蔡州張掖侯　允中五年十一月贈潁州汝陰侯　宗孟康定元年四月贈汝州臨汝侯　宗邈至和元年二月贈濟州濟陰侯　宗沔二月贈洺州廣平侯　有鄰政和五年五月贈博州博平侯　皇姪孫宗育大中祥符五年七月贈潁州汝陰侯　贈防禦使大將軍皇兄令夾元祐元年八月贈博州　贈團練使　皇伯右監門衛將軍宗易熙寧九年六月贈舒州皇兄承訓天聖八年四月贈深州　皇弟承偉景祐二年四月贈濮州　皇姪守約天聖五年七月贈沂州贈刺史　皇兄莊宅使承矩天聖五年八月博州南作坊使承壽七年六月贈德州　西京作坊使承拱九年七月贈濱州　皇姪西染院從恪天聖九年三月

磁州　六宅使從頵景祐二年二月贈濟州　如京使從吉七月贈懷州　贈大將軍追封國　皇弟元億至道三年六月贈左衛代國公　贈上將軍右千牛衛將軍皇叔祖克祐元符三年七月贈右監門衛上將軍贈大將軍　右千牛衛將軍皇兄令緻元祐二年十一月贈尤屯衛　皇弟世英熙寧六年四月　叔藩八年閏四月　叔藁五月　叔布十年正月　皇姪克丕嘉祐二年二月　克蕭四月　克任七月並贈右武衛克諧三年十二月贈右武衛　克沖六年四月贈右驍衛　克終六月　令講熙寧五年七月並贈右屯衛將未見元條何官　右千牛衛將軍士漮七年三月　令儲十年八月　積之八月　莊宅副使令款元豐二年七月　右千牛衛將軍令駒令每五年八月　令蕘七年七月並贈右屯衛　皇姪孫世宏寶元二年十月贈右武衛　世謚慶曆五年二月　世安皇祐二年六月並贈右驍騎　仲髦嘉祐三年十一月　世衡四年六月仲寅六月　仲緘五年六月　仲參九月　仲喜七年三月並贈右屯衛　贈將軍　率府率皇叔克慄治平四年八月　皇弟士臬政和三年三月並贈左領將軍　皇姪允莊舒王元偁長子未命官而卒大中祥符七年四月特賜名贈左千牛衛　克平慶曆二年閏九月贈左領軍衛　克莊嘉祐四年六月贈右領軍衛

士衆熙寧九年五月贈左領軍衛　令間元豐二年五月贈左領軍衛　皇姪孫世豐寶元年年十一月　仲伉慶歷四年正月　仲郢七年四月　世邁皇祐元年四月　世卿二月二月並贈右領軍領　宗室文臣寶文閣直學士左太中大夫提舉萬壽觀子櫟紹興七年贈四官　㢘猷閣學士左朝議大夫提舉江州太平觀子畫十三年五月贈四官　寶文閣直學士右通奉大夫子湞十六年二月贈右光祿大夫　右太中大夫知紹興紹府子弃十九年十月贈右宣奉大夫　敷文閣直學士左通議大夫致仕令詪乾道二年十二月贈左宣奉大夫　龍圖閣學士左通奉大夫知泉州子肅三年五月贈光祿大夫

〔卷一萬九千二百二十五〕　三十一

宋會要

宗室雜録　太宗雍熙元年正月十一日以皇姪德恭為左武衛大將軍判濟州封定安侯德隆為右武衛大將軍判沂州封長寧侯　初廷美徙房陵諸子皆從行至是並受封仍厚賜緡錢遣高品衛紹欽送之治所以起居舍人韓檢右補闕劉蒙叟通判二州諭旨令檢等專郡政焉　三年正月九日德隆卒以弟德彝為右千牛衛大將軍判沂州封長寧侯繼其任　真宗咸平二年十一月十五日以左神武軍大將軍德恭為左衛大將軍判虢州左武衛大將軍德彝為右神武軍大將軍判滁州德恭等拜章願奉朝請從之　大中祥符元年十二月二十三日詔皇親今後南班及十八年者具名取旨　時以皇弟德雍等皆領刺史德雍高州德文恩州德存奬州皇姪惟正順州惟忠（潘州）惟叙勤州惟和澄州惟憲演州允升遷右武衛將軍允言左屯衛將軍允成右屯衛將軍允寧允正並右監門衛將軍　先是真宗請王旦等曰皇親在環衛者宜第其久次者俾領州郡由是德雍而下八人在班十八年允升而下五人在班七年故有是命　二年九月二十六日召宗室觀書于龍圖閣因覽尚書圖寧王元偓曰侍講近説尚書論語聞無事即習射帝喜其勤學令講讀官日給太官膳命入內副都知張繼能主之且戒以無得輕待專經之

〔卷一百二十五〕　三十四

士　十二月二十一日右驍衛將軍允寧等言兄允言前坐稱疾不朝降率府率願復舊官帝謂宰臣曰允寧諸弟同爲拜章詞亦懇切宜聽其請以奬雍睦遂復授允言左千牛衛將軍　祥符三年七月十九日諸宮言已依詔旨子孫及年十歲以上者並就學於教授時大雅帝曰童稚就學深有資益且聰晤者讀書往往便能諷誦　二十五日勾當南宮諸院内侍高班陳文懿勾當北宅内侍高班趙知昇等各奏南宮有將軍惟忠惟叙惟和惟憲北宅有大將軍德雍已下各赴書院講讀經史有詔諸院十歲以上穿執及未穿執者日須入學誦書學書既午方得歸院　帝謂宰臣等曰朕常思太宗

誡諭惟學讀書最爲好事朕遵行之未嘗失墜令諸院能奉承先訓亦皇族盛美之事若輔導者多方以誘之即必至於善朕嘗憶太宗遣中官王仁熙主楚王宮事仁熙忠勤動由規矩王諸子微有闕失即憂形于色多方警諭之其聽授學書無一日廢闕從楚王出入早夜無少懈未嘗干以私詢於其類不可多得朕今求其可繼者未有之也　九月十二日帝作宗室坐右銘并注分賜寧王元偓等　帝謂宰臣曰判宗正趙善湘請朕親著箴誡之文以示宗室因製此銘以申誨導可付學士院降詔賜之寧王等因此亦降詔諭意分賜　十二月十六日内出南陽郡王惟吉書蹟七卷并目錄并御製序送秘閣　惟吉子守節又獻其父真草書千字文石本詔付史館而賜守節勅書帝因謂宰臣曰兖王元傑筆札甚精但所存者少朕嘗詢訪蓋多焚之　祥符四年五月十二日增皇姪已下俸月十千　先是初授官俸三十千稍加五十千再加七十千行慶之後各求領郡帝以新進秩不許故復增俸　四月十八日龍圖閣直學士陳彭年集帝在藩邸與諸王酬唱并故鄆王與畢士安酬唱故安王德潤惟正等詩來上詔並藏秘閣　九月二十八日南宮惟正等諸院移居新修西宅令内侍省選差使臣一員勾當本院公事　天禧元年二月十三日宗正寺言准詔以皇族初命授官未有定

制令參議者今請以宣祖太祖太宗孫初蔭授諸衛將軍曾孫授右侍禁元孫授右班殿直内父爵高者聽從高蔭其事緣特旨者不以爲例詔中書樞密院再參定而行之　先是帝謂宰臣曰皇族漸多而授官未有定制其令宗正寺以房院次第詳定合除授班行以聞至是上議始有是詔　仁宗天聖三年五月二十二日楚王子濮州防禦使允成卒其長兄允升日夕哀泣帝嘉其友睦仍以楚王先帝同氣寢疾彌年思有以慰其心特授允升澶州觀察使封延安郡公　五年十二月二十四日供奉官從質爲兄從謹疾刲股肉以療帝嘉以爲純孝宰臣王曾等以爲身體髮膚受之父母此雖出

於孝友，然在昔聖賢所不許，閭里小民相傚爲之，未能止絶，況在宗室，不可嘉賞。遂止給賜縑帛。明道二年十一月一日，詔：皇親諸司使已下料錢自來已支見錢，令諸司使特添見錢十貫，副使已下各於本資上依次第添一等料錢，其餘請受並依舊。景祐二年九月二十九日，詔曰：朕紹承丕構，懷撫懿親，荷廟祧錫羨之祥，致藩戚賡滋之慶，並開邸第，散處都城，念讌集之或睽，加室居之多隘，俾還爽塏，載易規摹，示列次之有倫，庶在宗之胥樂。宜以舊玉清昭應宮地修蓋潞王等宮院，仍賜名睦親宅。命三司使程琳總其事，入內內侍省內侍都知閻文應、內侍省內侍副都知張永和、引進副使王克基典領工作。十一月十五日，詔曰：三聖登侑，二廟薦誠，言念宗枝，同膺慶祉，應宗室並比類文武官優與加恩。其任諸司使以下至殿直並與換西班官，仍令後依此遷授。景祐三年正月十三日，詔：自今宗室訓名，令宗正寺與修玉牒官同共議定，勿得重疊。七月十九日，初置大宗正司，以寧江軍節度使允讓知大宗正事，彰化軍節度觀察留後守節同知大宗正事，仍賜器幣、襲衣、金帶、鞍勒馬。時宗室子孫衆多，方聚居大第，故於祖宗後各擇一人知宗正事，令敦睦之，違失則糾正焉。凡宗室奏陳不得專達，先委詳酌而後聞，小可過失並依理施行。八月三日，大宗正司言：請令皇族每

帝系四之四

卷一百三十五　三千七

日朝罷各令聽讀，出入行馬須依次序。從之。九月五日，以睦親宅成，帝臨幸，賜宗室器幣，工匠役卒緡錢有差，遂燕宗室及從官於都廳。時儒臣多爲賦頌以獻。

帝系四之五

卷一百三十五　三千八

宋會要

寶元二年七月二十一日命安化軍節度觀察留後允弼同知大宗正事　二十八日大宗正司言先朝故事宗室子孫七歲始賜名授官今在襁褓者已有恩澤請自今遇乾元節南郊聽官其一子餘須俟五歲方得陳乞從之　十一月二十五日從藹言長男不豐勵志精學不幸夭折乞追賜一進士及第詔可　慶曆二年五月十日詔自今南郊支賜皇后及宗室婦各減舊數之半　閏九月十三日詔寒食十月朔宗室遥郡刺史以上聽更往朝陵先是唯允弼守巽遞行它宗室不預乃詔更往　四年正月二十八日詔大宗正司曰朕思古之人君莫不厚親戚以輔王室始家邦而化天下近鑒前史有足觀者如漢河間王之好書東平王之樂善不亦為風教之助乎國家之興八十餘載子孫蕃衍幾數百人比命建置宗官開敞居第所以示糾合之義敦睦之愛亦嘗臨遣儒士往授經訓雖忠孝篤行人皆夙習而詩書成業罕聞來上自今帥諸宗子勵翼一心周旋六藝以廢學為恥以飭身為賢朕豈以爵賞恡之哉使四方謂朕有懿親茂族為國盤維之固誠不愧於前代也宜令睦族宅北宅諸院教授官常具聽習經典或文詞書翰功課以聞咨爾宗室體我眷懷　二月二十三日大宗正司言皇族凡有違越過失請從本司舉劾從

〈卷一百二十六〉　一

之　七月五日燕王宮火驚移靈座遣內侍押班李允文即燕王几筵告之　十六日制以武勝軍節度使同中書門下平章事馮翊郡公德文為東平郡王寧江軍節度使從讓為汝南郡王安化軍節度觀察留後允弼為北海郡王鎮國軍節度觀察留後允良為華原郡王左屯衛大將軍達州刺史從藹為潁國公左屯衛大將軍雅州刺史從煦為安國公左千牛衛大將軍宗說為祁國公昭成太子孫右千牛衛大將軍宗保為建安郡公華王孫右千牛衛將軍宗達為恩平郡公邢王孫右屯衛將軍宗望為清源郡公　自燕王薨而祖宗之後未有封王爵者議者以為自三代以來皆建宗戚用自承助於是次第封拜之八月又以宗室久不遷自德文以下三百二十一人遞進一官　八月三日封洺州團練使守巽為潁國公　初以從藹為潁國公而守巽自言冀王之後為最長故更命之　九月二十九日召宗室燕太清樓射于苑中　五年二月十七日安靜軍節度使允迪責授右監門衛大將軍　允迪居父喪命奴女日為優戲宮中其妻昭國夫人錢氏告之詔入內副都知岑守素即本宮按問允迪既責降亦度錢氏為洞真宮道士　十八日詔允良允迪允初俟服闋日移入睦親宅　四月二日左龍武軍大將軍溫州團練使從讜削除官爵仍鏁於別宅坐射殺親事官是月大宗正司言皇族

〈卷一百二十六〉　二

衆多朝參慶賀及侍燕從駕等處添展幕次排辦什物過賜會乞令管勾使臣盡料供應從之　六年六月二十六日詔自今皇族之喪皆官爲製服時諫官李京言皇叔德文卒而在宮緦麻以上親並不給服蓋因近歲減省致此甚非厚親飾哀之道遂下太常禮院議而復給　十月大宗正司言近制宗室子孫候一十五歲即令裹頭赴起居每年及者即經本司奏陳乞賜例物内降憑由付内東門司關三司施行踰時方蒙支賜欲自今年一十四歲即令本司關赴所司依例支賜且令在宮教習朝儀次年即赴起居從之　十二月九日大宗正司言校試宗彦等書藝頗進降勅奬之　十三日大宗正司言右監門衛將軍世績以真宗皇帝御製喜雪詩書石摹本來上詔奬之　七年正月八日大宗正司請自今宗室輒有面祈恩澤者罰俸一月仍停朝謁從之　九月二十二日賜北宅名曰廣親　先是以秦王宗子蕃多而所居隘狹乃命以故宰臣王欽若第增修之及成而賜名　十月二十三日以廣親宅成帝臨幸謁太祖太宗神御殿遂徧至諸院賜賚有差　八年五月二十六日以群牧司新修宗室馬廐爲宮駿坊　皇祐二年正月十七日左羽林大將軍宗望上集虞世南筆法千字文特轉資州刺史　三月十七日詔宗室子生四歲者爲給食　初詔五歲始給食而大宗正司請宜

仍舊以三歲故裁定之　四年八月二日三司言左監門衛大將軍循州刺史世清以病馬私易官馬計贓絹十六疋其罪合聽裁帝曰雖然宗室可廢國法乎特罰銅四十斤　五年六月十四日右屯衛大將軍宗諤上治原十五卷降詔奬之　八月十一日宗諤又上宗室善惡寶戒詔轉右神武大將軍　二十八日詔皇親今後赴朝不到依新定罰俸令三司於料錢内尅除　九月六日右武衛大將軍永州團練使宗懿上飛白大字十軸詔褒之　初宗懿嘗進飛白書帝賜更切進學飛白六字至是以所學書再上之　七日詔應宗室犯姦私不孝贓罪若法至除名勒停者並不得敘用仍永不許歸宮所犯不至除名勒停者並臨時取旨　十四日左屯衛大將軍世永上宋郊恩華録三卷詔書奬諭　十月五日判大宗正司允讓言宗室養子須五歲然後賜名授官毋得依長子不限年從之　至和元年八月二日大宗正司言右衛大將軍從古自陳亡子世邁嘗冒請亡孫令袒俸錢願月除已俸入官請劾罪以聞帝以其知過特釋之　九月十五日右屯衛大將軍克繼寫國子監論語石本五卷賜銀絹各五十　十二月二十七日睦州團練使宗諤上所撰太平盤維録勅奬諭之　二年五月一日以汝南郡王允讓子右領軍衛大將軍宗師爲康州刺史北海郡王允弼子右監門衛將

軍宗喬為右領軍衛大將軍　以父領大宗正久因乾
元節推恩也　六日右屯衛大將軍叔韶上書賴自試
劇郡遷領賀州刺史　十八日右神武軍大將軍睦州
團練使宗諤自陳生太宗宮中及上所藏真宗御容特
遷左龍武軍大將軍　二十一日左屯衛大將軍從湜
為右神武軍大將軍妻父王貽永為請而遷之　二十
八日以右武衛大將軍永州團練使宗懿上所撰詩賦
右屯衛大將軍克修自陳幼時嘗侍仁宗禁中特遷宗
懿領和州防禦使克修領貴州刺史　六月一日華原
郡王允良同知大宗正事　大宗正司舊只二員至是
允良以燕王遺表自陳故特添置未幾復罷　四日以

左衛大將軍郢州防禦使宗顏為衛防禦使左衛大將
軍絳州防禦使宗禮為懷州防禦使左屯衛大將軍光
州團練使弋陽郡公世永為邢國公　宗顏以其母錢
氏嘗為仁宗乳母宗禮出繼昭成太子後世永自陳其
父守節嘗知大宗正司並特遷之　八日制以允良為
奉寧軍節度使罷同知大宗正司事　御史言其起居
反晝夜特遷鎮而罷之　九月以知大宗正事允讓為
判大宗正事同知大宗正事允弼為同判大宗正事
八月二十七日詔曰先朝舊制皇族在班及十八年者
具名取旨今宜令中書密院檢會自明堂覃恩後及十
年者特以名聞當議依天僖元年二月宗正司所定房

院次第各與遷官其近因特恩遷官者須更理十年乃
遷　嘉祐元年六月一日右監門衛將軍仲軻等九人
各罰俸一月　初其父宗說廢居別第仲軻等遮宰臣
哀訴而大宗正司請懲戒之　二年八月二十六日賜
右監門衛大將軍柳州刺史克循銀絹各三百　初帝
不豫克循日夜齋戒徧為禳禬之事又鏤佛書身自禮
誦故有是賜焉　十二月十一日大宗正司言故從善
新婦張氏奏蒙宣以故仲郢男士朋充繼嗣乞依例賜
士朋依本宮行從名連令寧稱呼從之　三年四月二
十五日罷修睦親宅祖宗神御殿　初上封者言神御
非人臣私家之禮若援廣親宅例當得興置則是沿襲

非禮之事詔兩制臺諫禮官詳定乃言漢韋元成奏議
春秋之義父不祭於支庶之宅君不祭於臣僕之家王
不祭於下土諸侯其後遂罷郡國廟今睦親宅所建神
御殿不合典禮悉宜罷時帝以廣親宅置已久不欲毀
之止罷睦親所修　八月六日詔禮部貢院宗室增不
許鎖廳應舉　十一月二十四日左龍武衛大將軍深
州防禦使宗諤為沂州防禦使進封號國公　宗諤魯
王長孫濮王薨以本宮之長特封之　十二月十八日
詔大宗正司令睦親廣親宅教授官具所教宗子功課
以聞　十九日右千牛衛將軍克頠上周禮樂圖勑獎
諭之　四年十二月十五日磁州防禦使承亮上給亭

受釐頒詔獎之　五年六月二十四日詳定編勑所言皇親宮院有違禁衣服首飾器用之類及雖係所賜或父祖所置者聽百日改造之如違令本宮使臣覺察申大宗正司施行從之　十一月九日大宗正司言宗室解官未知稱謂下禮部詳定本院言自來文武官丁憂皆稱草土臣詔依　十二月十七日以右衛大將軍蘄州防禦使安國公從古權同判大宗正事　六年正月七日判大宗正事允弼請以淳王宮教授周孟陽燕王宮伴讀李田編修本司所降宣勑劄子從之　二十四日降鄆州防禦使宗懿為信州團練使初葬濮安懿王而宗懿自以本命日不臨穴故降之　二月三日詔宗室賜名授官者須年及十五乃許計年轉官　八日詔宗室上陵墳毋得以粘竿彈弓鷹犬隨行　九月七日磁州防禦使承亮為明州觀察使進封昌國公　故事皇族本宮之長封國公卒則以次受封至是安定郡王承簡卒而承亮於秦悼王後為最長故以命之　十月十二日詔曰先王糾合宗族而分職以治之所以嚴宗廟也宗廟嚴則禮俗成而天下治其事豈可輕哉皇姪右衛大將軍岳州團練使惠仁孝恭儉信純篤故遷厥位以修于宗正之官亦先王治親之意也夫士之欲施於政未有不學而能者學所以修身也身治則無不治矣朕言維服爾往懋哉可起復依前右衛大將軍泰州

防禦使知宗正寺二上表乞終父喪從之　七年正月二十三日皇姪前右衛大將軍岳州團練使復領泰州防禦使知宗正寺以濮安懿王服除也　二月四日詔大宗正司自今皇親之喪五年以上未葬者不以有無尊長新喪並擇日月葬之　初龍圖閣直學士向傳式言故事皇親係節度使以上方許承凶營葬其卑幼喪皆隨葬之自慶曆八年後積十二年未葬者僅四百餘喪官司難於卒辦致濮王薨百日不及葬請自今兩宅過有尊長之喪不以官品為限而葬之下判大宗正司同太常禮院司天監議而降是詔　三月六日大宗正司言皇姪右衛大將軍岳州團練使曙乞還泰州防禦使知宗正寺告勑不許　八月五日皇姪右衛大將軍岳州團練使曙複辭泰州防禦使知宗正寺許之　十月三日左屯衛大將軍登州防禦使荊國公世永自陳太宗與秦王之後官正任者十餘人臣太祖之嫡孫又本宮為最長而遥領使名歲久詔遷隴州防禦使　八年八月二十六日祔葬所言宗室送葬者多乞就遷官高有才者敦睦管勾令送者皆稟其約束詔以右神武大將軍全州團練使宗厚主西路右監門衛大將軍克敏主南路令所過毋得擾州縣著為定制　英宗治平元年五月六日帝問執政前代宗室富弼曰唐時名臣多出宗室吳奎曰祖宗時宗室皆近親然初授止於殿直

侍禁供奉官不如今之過也朝廷必為無窮計當有所裁損　閏五月十一日太常禮院言宗室嫡母存則所生母庶母乳母婦之所生母乳母卒請皆令治喪于外從之六月五日詔曰雖王子之親其必由學惟聖人之道故能立身稽古大猷若時至訓粤三德三行之順有四術四教之崇歷辟豙風自家刑國今一祖之後諸宗之支亦當著令于前命官以訓或兼職他郎或備位終年誘導之宜滅裂無狀蓋命不持固事遂因循特詔近臣並薦能者使成童而上講誦經書小學之居通達名數朝夕勸善日月計能固當漸漬簡編崇修志業與其趨異端而無守豈若就有道而自修居常謹思戒在中

止所謂少成若天性習慣如自然顧禮義之方須尊長之誨内有懿親之表率外有明神師之切劘懋健汝功用符朕意其子弟不率教約俾教授官本位尊長具名申大宗正司量行戒責教授官不職不能勉勵大宗正司察訪以聞初帝以宗室自率府副率以上八百餘人其奉朝請者四百餘人而教學之官六員而已因命增置凡皇族年三十已上者百十三人置講書四員年十五以上者三百九人增置教授伍員年十四已上者別置小學教授十二員并舊六員為二十七員以分教之帝謂韓琦等曰凡事之行患於漸久而怠廢況為學之道尤戒中止諸宗室之幼者仍須本位尊長常加率勵

封公者

庶不懈惰可名舍人喻此意作詔戒勉之故有是詔九日貢院言娶宗室女補官者已許其應舉從之　十三日以左神武衛大將軍寧州防禦使宗惠為懷州團練使同知大宗正司仍下詔曰夫明德以親九族正家而刑萬邦古先哲王罔不由此朕嗣守丕業率循舊章惟皇屬之敦和命宗臣而董正而累聖承繼百歲年盛隆荷宗社之慶靈茂本支而蕃衍念其性本於仁厚宜廣學以勤修顧其日益於衆多必增員而統理故外已詔於儒學否選經師而内仍擇於親賢共司屬籍庶乎協贊其職並修厥官糾乃非違先以正而為率勉夫怠惰惟其善而是從式孚于休以副予意帝既命增置宗室

學官以謂宗室數倍於前而宗正司事亦滋多乃增置同知大宗正事一員擢宗惠為之而降是詔　十五日詔建睦親廣親北宅于芳林園　初睦親宅密州觀察使宗旦等五位廣親宅原州團練使克戒等二位言子孫衆多而所居狹隘遂命度故上清宮地為七位以宗旦等五位為睦親東宅克戒等二位為廣親東宅有司方營造而天章閣待制王獵建言取睦親廣親西旁官私屋以廣兩宅既遣三司戶部副使張燾等按視而上以擾動居人頗多不許然以上清所修七位無復餘地而皇族蕃衍恐後有當遷者命別擇地遂卜宅於此園從宗旦等七位而其後有求從者又[illegible]　而從焉　二十五日大宗正司

言定到宗室聽讀賞罰規式詔從之而令本司選宗室
及宮官一人季一試其所讀仍令籍被罰姓名遇還官
日以聞　二年三月大宗正司諸皇親自三十以上聽
書者每朝罷則集講於都廳乞差翰林儀鸞司供應從
之　五月二十六日詔宗室除已襲封外今後生前封
王者方許子孫承襲襲封者並轉一官止觀察留後
三年四月五日懷州團練使宗惠降恩州刺史罷同知
宗正事止其朝參坐女僕相告訐語不順也　七月十三日詔濮王
子孫及魯王子孫各以序遷　十九日翰林學士承旨
張方平言皇族賜名其屬絕無服而異字同音或上下
一字同者皆請勿避從之　治平四年正月十七日神宗即位未改元詔東平郡王允弼襄陽郡王允良朝朔望　二
月七日以東平郡王允弼襄陽郡王允良再上表乞依
先朝五日一奉朝謁詔曰朕聞王者之臨天下非禮莫
治故尊尊親親之教必始于朝廷萬方是則今我伯祖
叔祖止朝朔望示尊親之義為立教之始而封章再上
曲形謙損非所望也宜毋固辭　七月十九日詔右龍
武軍大將軍深州團練使世準右監門衛率府率世設
並降一官停朝請右千牛衛將軍世膺降兩官右監門
衛大將軍嘉州刺史世瑞贖銅□斤先是宗室從□無
嗣詔以弟從古之子世設為嗣世設私歸本宗廼以從
藹之子世膺為嗣世膺後遁歸乃詔世準發遣而違慢

不即奉詔世瑞受匿故有是責　九月十八日詔同知
大宗正事宗旦展磨勘二年　先是宗旦妻沈氏服其
姑德妃所遺銷金衣入禁中宗旦坐罰金至是大宗正
司言宗旦改官及十二年請舉磨勘如故例上以前事
又命展年示法禁當自責始　十月二十五日大宗
正司言右羽林軍大將軍磁州防禦使仲佺等乞遇父
宗樸赴濮安懿王園廟祠事與弟仲麗仲容輪從行詔
可　神宗熙寧元年二月一日以吉州團練使宗惠權
同管勾大宗正司事候允弼服闋日依舊　八月二日
詔曰昔我藝祖皇帝之興以天發之期再造區夏大謀
偉烈被諸萬世而莫高焉朕奉承聖緒夙夜不敢康乃
顧後之子孫而有司未嘗議封爵之文豈朕所以尊大
統推親親之意哉且積厚者流必遠施大者報必豐其
令中書門下考大宗之籍以屬近而行尊者一人裂土
地而王之使常從獻于郊廟世世勿復絕以稱朕尊祖
報本之意焉　二十六日集慶軍節度使同中書門下
平章事宗諤落中書門下平章事節制如故坐以濮王
魯王宮奉給分作兩歷勘請違吏於三司請托為御史
所彈故也　九月二日以涇州觀察使舒國公從式為
彰化軍節度觀察留後進封安定郡王從式太祖之曾
孫楚王德芳之孫英國公惟憲之子於諸孫居尊行故
有是命　二十八日三司言天章閣待制王獵奏皇親

月料嫁娶生日郊禮給賜乞檢定則例編附録令有司看詳其間頗有過當及不均一欲量行裁減從之　熙寧元年十一月二十五日大宗正司言大將軍叔瀞檢之將軍克猛克勁叔憃叔劉脁之不赴太廟陪位詔各罰俸三月南郊更不賜賚　三月二十五日三省進呈宗室世清乞襲封事王安石曰宗室襲封轉官此法無理詔令自今襲封勿轉　五月十四日罷宗室正任以上借教坊樂人為博士　六月九日提舉司言裁定宗室供身驅使吏人各以官序為差從之　十六日降茂州防禦使中國公世清為左武衛大將軍郢州防禦使初世清累上書訟襲封不當帝摘其言襲封處曰恐世

卷一百二十六　十三

清以為襲越王後亞安石復摘其言有自言襲冀王處帝曰此則反覆明矣安石曰陛下方欲裁制宗室此事當必行帝曰雖群臣有如此者皆不可容蓋難見罪狀明白若是也故有是命　七月二十三日鎮潼軍節度觀察留後同知大宗正司宗旦知大宗正事吉州團練使權同管勾大宗正司公事宗惠同知大宗正司事　二十八日三司請許皇親舍屋如願自備人匠請官物料修蓋者從之　十月一日詔右羽林軍大將軍衛州團練使仲驊贖銅十斤以在朝假私乘坐車觀車駕　二日詔仲暱仲全依舊外宅居住骨肉並遣歸宮不得往還坐擅出外宅私過雜戶及相告言　二十五日制

以集慶軍節度使檢校尚書左僕射虢國公宗諤復為同中書門下平章事初帝欲復宗諤官王安石曰陛下姑遣使存問諭以恩意俟裁處宗室事定乃復帝曰善至是宗室法議定將降詔施行乃復之　十七日貴州防禦使宗懿降左武衛將軍萊州防禦使坐於親弟新婦處借錢物不還又行毆打法止贖銅衆奏特有是命　閏十一月四日太常禮院言檢詳國朝近制諸王之後皆用本宮最長一人封公繼襲今來新制既言祖宗之子皆擇其後一人為宗即與自來事體不同謹按令文諸王公侯伯子男皆子孫承嫡者傳襲若無嫡子及有罪疾立嫡孫以次立嫡子同母弟無母弟立庶子無

卷一百二十六　十四

庶子立嫡孫同母弟無母弟立庶孫曾孫已下准此本院參詳合依禮令傳嫡承襲詔令定合封公者以聞　二十八日詔祖宗之子并濮國公並令傳嫡襲封其母二月十將來即更不襲封　十二月十三日詔賜澤州防禦使宗愈睦親北宅地居止仍官為計口修蓋宗愈子孫人數未當外居詔以先帝同母弟餘人無得援例　熙寧三年正月十七日詔近制皇族非袒免已下更不賜名授官只令應舉今後其所生男女及死亡者聞報逐祖下襲公爵者置籍纂錄歲終上玉牒所其未出官者依舊入大小學祖宗袒免親外兩世貧無官合量賜田者大宗正司今後體量有如即具指實以聞祖宗

袒免男近制賜名授官與右班殿直年十五支請受裹
頭穿執逐日喫食祔葬送殯盤纏錢依舊時服南郊賞
給依外官例至赴朝參日賜馬一匹價錢祖宗袒免女
未出適日給食出適支料錢三貫祖宗袒免親新婦日
給食并夫亡無子孫食祿者料錢衣賜依舊餘請給物
皆罷祖宗袒免及非袒免男女新婦諸請給物條降勑
已前合支者依舊例　三月二十八日詔應宗室已於
在京置賃第宅居止者聽如外官與賓客往還即不得
請假出外　四月二十八日中書言宗室令晏等自陳
袒免以下親文移表奏欲乞亦如外官帝以令晏雖袒
免親止是法許外居非換官出官人不可一用外官例

卷一百二十六　十五

命中書詳度令諸事相稱毋使親疏輕重不等　六月
八日詔外居重親凡有表章許由閤門以進舊居舍屋
御宗正司均給本宮院兒女多屋宇少者居　十三日
詔宗室封爵至大國更不改封其妻封並隨夫郡國
十四日大宗正司言請併省管勾睦親廣親并提舉郡
縣主等宅所並令本司依舊例一面管勾從之　同日
封建州觀察使宗蕭為晉國公文州防禦使恩平郡公
宗達為蔡國公吉州團練使宗惠為魏國公代州防禦
使宗保為燕國公右龍武衛大將軍果州團練使齊安
郡公仲郃為陳國公右驍衛將軍泰州刺史世程為越
國公以二年十一月十一日勑祖宗之後傳襲封公故

也　同日判大常寺兼禮儀事陳薦李及之周孟陽章
衡同知禮院文同張公裕等言秦王楚王之後各無嫡子
嫡孫及同母弟亦無庶子傳至庶孫詔依令敷詳定臣等
謹按令文諸王公侯伯子男皆子孫承嫡者傳襲若無嫡
子及有罪疾立嫡孫無嫡孫以次立嫡子同母弟立庶子
無庶子立嫡孫同母弟無母弟立庶孫曾孫以下准此
竊以國朝近制諸王之後皆用本宮最長者封公繼襲
令來新制稽古改正祖宗之子並令傳嫡襲封按令文
傳襲之法莫不以嫡統為重若不幸無嫡子及有罪疾
始許立嫡子同母弟無母弟事不獲已乃立庶弟然亦不離
本統其言庶者別妾子之稱故下言嫡孫同母弟次言庶孫

卷一百二十六　十六

是別本房妾生之子與上文庶弟之義同也夫兄弟一
體同父異母不序長少繼禰與祖不離本統是重嫡之
義也若無庶孫則曾已下准此令文之明據也以禮傳
言之為後者四有正體而不傳重嫡子有罪疾是也有
傳重而非正體庶孫為後是也有體而不正庶子為後
是也有正而不體嫡孫為後是也然皆不敢捨本統而
及旁支也按晉范宣議嫡孫亡無後則次子之後乃得
傳重由此言之須嫡房已絕方許次子之後承之況嫡
房自有曾孫者耶以五服勑言之凡為後承嫡者雖曾
孫元孫與孫同則庶孫包於其中矣後總言為庶孫者
謂正服也豈可通入別房之庶孫而謂之承嫡耶若以

行尊而屬近者為當立則令文何以先母弟而後庶不以長少為序若以恩親等者為當立禮傳何以受重者不以尊服之借使本房有曾孫而立別房之庶長則是嫡統無故而廢之也於義安乎推情求理宜以本房之庶孫繼禰與祖無庶孫則下傳曾孫不離本統而襲封於禮令為是臣等今定奪到秦王楚王各無嫡子無嫡孫無嫡子同母弟無庶子無嫡孫同母弟無庶孫無嫡曾孫無嫡元孫無嫡曾孫同母弟秦王之後合立庶曾孫克繼楚王之後合立庶曾孫世逸其克繼世逸祖父皆嫡知禮院韓忠彥陳睦等奏以古者襲封之法子孫承重皆以嫡相傳令詳令文之制與古稍異若無嫡孫

卷一百二十六　十六

而有嫡曾孫則舍曾孫而立嫡子之母弟若無母弟又立庶子以此知亦許推及旁支常以親近者為先也今令文稱無嫡孫同母弟則立庶孫以禮典與五服敕言之諸子之子除嫡長外皆為庶孫既云立庶孫則當於諸房庶孫內擇其長者一人立之蓋王視庶孫恩親等也庶孫比曾孫行尊而屬近故也今若專以嫡房妻子為庶孫則別房之孫當以何親名之竊詳當時立法之意若專主嫡房妻子則必曰嫡孫庶弟不應統云庶孫也既指王而統言庶孫則通於諸房明矣今庶孫見存偶因嫡孫房兄弟皆亡遂棄庶孫不立而下傳曾孫或不幸又無曾孫只有別房庶孫豈可便作無後國除乎不惟人情未順切恐深違法令之

文況續奉旨依令敕詳定臣等謂諸房之孫合依五服敕通為庶孫既無嫡孫母弟合依令文立庶孫傳襲其秦王合以庶長孫承亮楚王合以庶長孫從式定襲封詔依忠彥等所定封感德軍節度使榮國公承亮為秦國公從式以封郡王更不改封將來後嗣即依令來條例　二十五日詔大宗正司應袒免以下親敕前授副率已上者敕後合請裹頭穿執逐日喫食送殯盤纏赴朝日支馬一匹依袒免授殿直例支給　七月三日大宗正司奏克繼承選言秦王下見封嫡庶不當乞賜詳定詔兩制官檢詳敕令皇族屬籍十日內再議合襲封者以聞乃改封寧武軍節度觀察留後宗立為魏國公

卷一百二十六　十八

左武衛大將軍郢州防禦使世清為越國公宗惠世程敕詔繳納中書　禮院元定奪官除蘇頌韓忠彥去官陳睦特罰銅三十斤外李及之章衡周孟陽文同張公裕並降一官陳薦令定該與不該去官再定奪官王珪范鎮司馬光官韓維吳充益柔蔡延慶呂大防並罰銅三十斤　九日詔宗室袒免婚與三班奉職已有官者轉官循資堂除免選及聽就文資并鎖廳進士者悉如治平二年十月五日詔　先是大宗正司奏緦麻婚有官者京朝官與轉一官職官與循資袒免婚止云與奉職乃無有官轉官循資指揮王安石議可並依緦麻親法行之曾公亮曰轉官宜有降殺安石曰與循資不可殺

則轉官亦不可且白身得一官有官者轉一官不爲過
此所以勸有官者肯與宗室爲婚亦省入官之一道也
帝是安石議故有是詔　八月五日知大宗正丞張稚
圭言宗室請受券歷令相度分擘合爲四百一十九道
乞付三司勾磨逐月止隨料錢請勘從之　二十四日
詔皇姪左羽林軍大將軍邵州團練使令晏爲左騏驥
使依舊團練使外任都監　先是詔祖免親將軍以下
聽補外令晏雖大將軍首出應詔宗正司同學官堪充
任使故特命之　十一月二日太常禮院言定到皇祖
免親出外官並著姓若降宣勅或自春及代還京師宜
復稱皇親不著姓從之　十二月二日詔三司令左藏

《卷一百二十六》　十九

庫每年特支錢五千貫充濮王宫公用支使本位皇親
俸錢更不尅除　先是大宗正司使宗樸狀先奉御批
令弟兄量尅料錢入濮王庫爲四仲月祭饗支用而近
降指揮不許尅皇親俸錢故有是命　熙寧四年正月
二十三日詔皇族自治平四年覃恩普轉後及十周年
者特具名取旨近因特恩改轉者即須候特轉及十周
年取旨　二月三日知大宗正丞事李德芻言皇親出
入並幹當使臣申大宗正司得報方出既歸復具牓子
奏知事至微瑣動煩聖覽乞將皇親應内外親族吉凶
而有合出入事編例付逐宫幹當使臣更不日申只置
歷赴本司點檢其牓子月終類聚奏聞從之　十二日

賜恩州防禦使宗晟芳林園宅地一區　十四日大宗
正司言宗悌等奏稱自嘉祐五年十二月磨勘轉官今
已十年乞依條磨勘檢會至和二年詔書即無今後指
揮近正月所降詔旨並係特恩即非定制又宗厚等引
克繼例又稱治平四年正月赦書文武職官並與轉官
合磨勘者仍不隔磨勘緣宗室即無立定磨勘年限甚
昨降勅文稱祖宗元孫磨勘至觀察使止緣自有十年
取旨指揮後宗室合轉官者亦磨勘前後授官年月及
有無過犯合展年故亦謂之磨勘即與外官不同克繼
昨所轉官乃是有司誤行詔克繼去轉官日限只以一
年更不追奪餘並從之　三月十八日左騏驥使邵州

《卷一百二十六》　二十

團練使新許州兵馬都監趙令晏乞遇國朝大禮入陪
位及依宗室例支日食等物並從之　四月二十四日
知大宗正丞事李德芻言竊詳禮法諸侯不得祖天子
今宗室邸第並有帝后神御非所以尊事嚴奉蓋緣諸
王當時供奉後來自合寢罷詔送禮院詳定禮院請如
所奏乃詔諸宫院祖宗神御令入内内侍省差使臣迎
入内藏天章閣　五月十七日又言宗室遭喪率府率
已上官持服並給全俸人馬朝廷顧待無異平時其副
率遭父母喪及嫡孫承重亦令解官持服又舊制睦親
廣親二宅寒食十月朔諸院輪差嬪嬙往永安縣及汝
州上墳内廣親宅又差使臣隨行煩費闕防不至清肅

欲乞諸院只差殿侍上墳又宗室女緦麻以上舊赴國
忌行香今宗女衆多雖使輪番多託故不赴迺為虛文
欲乞廢罷又大宗正司舊多使相已上知判爵位既崇
人從亦衆近者選用宗室不限官次人從屢經裁減月
給並無所增欲乞比附外官量定添給人從稍示旌異
詔副率持服上墳並依宗室女行香依舊知判大宗正
事各差當直兵士親事官共十五人添支錢二十千
六月十五日大宗正司言皇親及孀婦無嗣者舊制許
乞無祖父母兒孫一人充繼嗣近來多指定乞取兄弟
中官稍高者欲乞今後須年及五十已上無嗣即許陳
乞孀婦自如舊制仍須別位有兄弟三人昭穆相當見

卷一百二十六　二十一

不居喪於中聽取卑幼者從之　九月十六日詔右武
衛大將軍辰州刺史世爽為西作坊使依舊刺史河陽
都監先是世爽於大宗正司自陳本司以踰新制抑而
未奏世爽乃唐突上表猶詔審察而後命之　十七日
詔應赦前責官宗室令大宗正司具名及元犯以聞
十月五日詔赦前責降宗室近已等第叙復外其宗室
婦女曾因罪削封邑冠帔勒住請授者令大宗正司具
析以聞　十二月十四日詔茂州防禦使越國公世清
為越州觀察使封會稽郡王　先是從式以太祖後紹
封令卒以世清繼　五年四月二十六日皇伯祖昭化
軍節度使承顯等上表準閤門關報止令朔望日赴參

起居乞依舊朝參以盡臣節降詔不允　二十九日詔
左龍武軍大將軍寧州防禦使宗績為登州防禦使
御批相王允弼遺奏書乞推恩諸子以違法不行今已
終喪長子特遷一官　五月八日右監門衛大將軍仲
奚領文州刺史以學士院試大義論中等故也　十三
日中書言宗室改官欲自觀察使以上令大宗正司檢
舉保明申奏中書以例施行其正任防禦使已下止令
本司檢舉依審官東院京朝官磨勘例取旨候印畫訖
降付中書給赦告外任宗室依外任例令所屬施行從
之　七月六日詔自今宗室過失犯杖以下委宗正司
劾奏　二十七日知大宗正事宗旦言皇親趁朝者至

卷一百二十六　二十二

有顧借騶從不惟所費滋多兼出入宮禁有犯不輕使
勉力趨朝之人常負憂責詔皇親見闕當直兵士令步
軍司軍頭司將自來不合差赴宮院兵士內有罪輕之
人亦許差撥仍從全闕及闕人多者先填　十二月二
十一日詔右監門衛大將軍叔蹤右千牛衛將軍叔異
各奪一官（叔蹤生誕告其弟叔異生不稟母還繼嫁）　六年十月二十三日
詔宗室女僕嘗生子者不得再顧入有服屬位　二十
五日賜章武軍節度觀察留後承選芳林園宅地官為
營造　十一月十九日大宗正司言宗樸生日合賜禮
物乞依例者舊制宗室使相生日禮賜客省請降宣差官
押賜詔令本司諭宗室自今不須自陳　七年七月九

日詔宗室自賜名授官年十五以上理十年磨勘大宗
正司依審官院例檢舉其經覃恩改官者自覃恩後別
理　是日右監門衛大將軍叔兼言弟叔㦤昨奉詔出
繼克寬今克寬已有數子而叔㦤乃臣父克仲嫡子乞
還本宗同奉祭享從之　九月二十五日召宗室仲淹
仲戡仲絨世本試所業于學士院以宮教張詳等論薦
也　十月十八日詔宗室見補外官者皆非近制所當
出之人宜依令妟例並仍舊與南郊賜賚　熙寧八年
二月八日右驍衛大將軍秀州刺史仲軻等言父宗說
在外二十餘年今七十三歲乞納官贖父歸宮或乞許
臣并弟姪兒孫就養詔許輪子孫一人在彼供侍宗說

卷一百二十六　二十三

治平中坐內亂除名復坐阮殺無罪女使三人囚繫新城
外　十三日以皇兄仲騑仲伋仲滔仲越仲還為汝沂
解萊登等州防禦使先是仲騑等並羽林軍大將軍衛
漢昭楚賀州團練使帝以英宗昔自藩邸入居皇子位
仲騑等以宗子從逮帝嗣位未有加寵且眷其屬近故
並進官　二十五日詔大宗正司今後宗室緦麻親願
出官者係將軍以下即取旨　三月二十二日大宗正
司言左監門衛大將軍世登子令𤩽年十四誦經書精
熟賜銀絹獎之　四月十四日手詔仲鋭廉靜脩潔好
學知分比嘗名對宜特遷官乃自右監門衛大將軍領
雅州刺史　六月十一日詔宗室大將軍轉遙郡刺史

非疑月字

已上更不轉環衛　七月十一日詔外居及隨侍宗室係
環衛者轉官委大宗正司依在宮立定年限取旨　二
十七日大宗正司言令扁令戚令志令攝仲玉仲滂仲
當仲暹穎性甚敏學經已明乞特與召試詔學士院精
加考試以聞仍賜宗室正任已上詩書周禮義各一部
十一月二十七日詔右龍武軍大將軍楚州團練使
世開領洺州防禦使以大宗正司言世開學行脩潔帝
既名見手詔曰世開資性俊敏少勤於學可依仲鋭例
遷一官　十二月二十五日詔宗室坐事追官降官勒
停特勒停並須自叙理復舊官後乃理年取旨仍依條
展年未叙復間別因酬獎或因恩澤轉至舊官仍候叙

卷一百二十六　二十四

舊官仍候叙復所追降任數足亦依此取旨　九年四
月十七日詔宗室女前洞真宮道士趙道深昨以罪降
送瑤華宮近經赦已許依舊其兄隨州團練使克淑本
緣道深私禱宮官及賂吏人欲求相見罪乃尚罣吏議
法當展年磨勘宜特除落元犯罪名　五年十四日詔
知大宗正司候管幹及十年取旨　二十二日右武衛
大將軍解州防禦使克順進周易開輿圖右龍武軍大
將軍海州防禦使克孝進孝經傳降詔褒諭　七月二
日詔宗室有遺水火賊盜之類毀失敕告許所屬宮院
究保如敢虛偽即不理五服依法科罪　十一月三日
中書門下言禮房定到宗室年五十已上并嫡居宗婦

無嗣者許於本房凡弟之子陳乞為嗣從之　十年正月二十五日大宗正司言屯田郎中幹當在京步軍糧料院趙令鑠言父係祖宗元孫緦麻親乞依例許父母一房儥宅同居詔許令鑠入宮省覲帶公人等關報經由出入　二月十三日詔今後宗室除授使相者雖及十年更不取旨以宗諤擅經中書自陳乞遷官特釋其罪乃立此制　二十七日舒州團練使宗輔特展二年磨勘坐不鈐束本位遺火法當贖金特有是命　三月二十五日玉牒所言皇第六子賜名傭皇族名同并旁音相犯者並合改避詔宗室名音同更不改　四月五日詔宗室祖免親將軍以下試換官候出官日特與支

卷一百二十六　三十五

賜將軍銀絹各一百兩匹副率七十兩匹副率五十兩匹殿直三十兩匹　五月三日詔大宗正司定武軍節度使察留後承裕候所展年限及半年與磨勘承裕嘗於殿廬厲聲責大宗正司及毆姪婦更展一年半磨勘帝以其屬尊特減之　二十五日大宗正司言右千牛衛將軍令䖍等言祖母亡乞許父世亨及臣等於權殯所守宿百日令鐸等言見今外居子姪頗多乞詔士人修習儒業詔並從之世亨等仍不得出入接見賓客　六月五日詔宗室自今每二年一次許大將軍以上依科場條制五經內有通一經兼論語孟子者許投狀乞試　十九日詔右監門率府率令𢮎令畜官西院依條試換

以大宗正司保明堪任使故也　十三日詔宗室非換官者出入往還約束並依在宮法仍不得於街市下馬如出新城外雖不經宿亦稟大宗正司　十月十六日詔中書門下濮安懿王諸子襲封濮國公主奉祠事仍舊濮安懿王諸子永襲遍即傳長孫翌日封宗誼濮國公　十一月十一日詔左龍武軍大將軍筠州防禦使宗景為懷州防禦使　先是詔相王允弼皇家近屬先帝叔伯父之愛眷顧加禮逮朕纂承以行尊諸祖待之允所致恭今宗績云亡諸子尚列環衛非所以稱王昔日親膺先寵之意王之子宗景於今為長宜特遷之

裁定宗室授官　九朝長編紀事本末　熙寧元年九月丁酉詔三司裁定宗室月料嫁娶生日郊禮給賜時

卷一百二十六　三十六

京師百官月俸四萬餘緡諸軍十一萬餘緡宗室七萬餘緡其生日婚嫁喪葬及歲時補賜雜賜與四季衣不在焉二年二月壬寅樞密院言宗室乞子孫賜名授官韓絳奏曰中書密院嘗議定宗室之制已有旨候亮陰後商度令合施行上曰此事甚大須議使令可行迺便文彥博等各陳大旨皆以親疏當有等降若非立法無以為經常久遠之計上曰祖宗時皆是近親今用當時奉養賜予之例誠宜裁定若以諸王嫡長世為南班官其餘予授以三班職名可否陳升之曰須依前代繼承之法餘予殺其恩例六世親盡別為經制絳曰此事乞

縉而

專委屬臣下議論須辨親疏立法則不失陛下親親之意彥博曰自古宗族犯法恩有不聽者臣下以義固爭是也上頷之三月壬辰上問措置宗室事富弼曰此事誠當出於陛下外人謀之則為疏間親公亮曰此亦當自外裁定弼曰為之當以漸恐致紛紜安石曰此事但欲於恩義間無傷使彼可安而已不論漸不漸也今欲裁減恩澤何能免其紛紜但陛下不為邮則事可為也上又問裁定親疏之宜公亮以為當從上身為親疏上曰當以祖宗為限斷安石曰以陛下身即是以祖宗為限斷也九月上謂陳升之王安石曰今賦入非不多只是用度無節如何節用升之安石皆言兵及宗室之費

十一月庚午邇英講讀畢上留司馬光問以變更宗室法光對曰此誠當變更但宜以漸不可急耳甲戌中書樞密院言伏以祖宗受命百年皇族日加蕃衍而親疏之施未有等衰甄序其才未能如古臣等今議定方今可行之制宣祖太祖太宗之子皆擇其後一人為宗令世世封公補環衛之官以奉祭祀不以服屬盡故殺其恩禮祖宗袒免親將軍以下願出官者聽仍先令經大宗正司投狀上聞委大宗正選擇本宮尊長同大學教授結罪保明才行堪與不堪任使復委大宗正當祭闡奏就試武官者試讀律寫家狀就試文官者試說一中經或論一首將軍換諸司副使太常丞正率換內殿崇

子

班太中中允並與州郡監當一任無贓罪與親民副率換西頭供奉官大理評事監當一任滿如職事幹集操守修飾即委本州長吏及監當同罪保明與親民差遣無保明即依外官條例祖宗袒免親未賜名授官者右班殿直年十五與請受二十許出官願文資者與試銜知縣並令監當考試及任滿有無保明準上條以上出官並特與支賜願鎖廳應舉者依外官條例其袒免親更不賜名授官只許令應舉應進士者止試策論明經者止習一大經試大經試大義及策初試考退不成文理者餘令覆試取合格者以五分為限人數雖多毋過五十人累經覆試不中年長者當特推恩量材錄用以

上出官者雖在外俸錢依在京分數許依審官三班銓法指射差遣仍許不拘遠近差注授文官者與進士出身同鎖廳應進士明經舉有出身人至員外郎與遷左曹宗室不出官者祖宗元係磨勘至正觀察使止袒免親至遙郡防禦使止非袒免親至遙郡刺史止袒免親見任官合奏薦子孫者許依外官例奏薦袒免親以下見任官不出官父祖俱亡者許在京置買居第仍許願處置產業其出官者置田宅如外官之法袒免女嫁賜錢減半婿與三班奉職非袒免女即量加給賜更不與婿官婿有官者與免入遠許依審官三班院流內銓法指射差遣班行仍免短使其袒免親娶妻量加給賜以

上嫁娶官司更不勘驗會勾其非袒免親嫁娶即依庶姓之法毋得與非士族之家為婚姻袒免親以外兩世貧無官者量賜田土其孤幼無依及尤貧失所者不以世數所具名聞奏當議特加存恤今所降新制內合具條件者令所司議定聞奏於是詔曰自我祖宗惇叙邦族大則疎封於爵土次則通籍於閨臺並留京師參奉朝請然而世叙寖遠皇枝益蕃屬有親疎則恩有隆殺才有賢否則祿有重輕今而一貫於周行是亦異分於流品雖敦睦之道誠廣而德施之義未周故廷臣數言宰司繼請謂宜裁定限以等衰朕惟親戚之間經史有訓漢唐之世典故具存或以九族辨尊卑或以五宗紀

卷一百二十六　二十八

遠近或聽推恩而分予弟或許自試而較才能或宗子之賢得從科舉或諸王之女自主婚姻盡前世之所行顧當今之未備況我朝制作動法先王豈宗室等衰乃無定著因俾羣公之合議將為一代之通規載覽奏封具陳條目以謂祖宗貽穀是宜世世之封王公子孫抑有親親之殺若乃服屬之既竭洎于才藝之並優在隨器以甄揚使當官而勉懋至於任子之令通婚之儀凡曰有司之常一用外官之法僉言既久朕意何疑告於將來用頒明命宜依中書樞密所奏施行呂夷簡在仁宗時改宗室補環衛官驟增廩給其後費大而不可止至韓琦為相嘗議更之而不果及上即位遂欲改法於

是王安石為上具道措置之方上曰祖宗之後擇一人為宗或者曰若立嫡則人不服朝廷法制尚當於禮豈患不服曾公亮陳升之曰立子可也不必分嫡庶安石曰今庶長得俾封爵則嫡母私其子以害庶長者多矣毋害其子法之所難加而政之所難及若嫡子得俾爵位則庶長無禍蓋於今立嫡非但正統亦所以安庶長也上曰善十二月乙酉詔近制皇族非袒免以下更不賜名授官止令應舉自今如生子及其死亡者即關報逐祖下襲公爵者令各置籍歲終上玉牒所其有未出官者依舊入大小學三年二月丙寅詔大宗正司置丞二員以都官員外郎張稚圭知大宗正丞事詔於宗正

卷一百二十六　三十九

丞於芳林園置治所給賓俸添支錢六月癸酉宗正寺言每歲正月一日裝寫仙源積慶圖宗藩慶諸錄各一本供送龍圖天章寶文閣今祖宗非袒免親更不賜名授官一依外官之法合與不合修入圖冊詔送禮院詳定禮官言聖王之於其族上殺下殺而殫於六世所以明親疎之異也親道雖盡且記其源流百世不紊所以著世系之同也親疎異則恩禮不得不異世系同則圖籍不得不同二者並行而不相悖親親之義備矣禮四世緦麻服之窮也五世袒免殺同姓也六世親屬竭矣庶姓別於上而戚單於下婚姻可以通矣繫之以姓而弗別綴之以食而弗殊百世而婚姻不通周道然也鄭

注繫之弗別謂若今宗室屬據漢宗正歲上名籍與禮經合又户令皇宗祖廟雖毀其子孫皆於宗正寺附籍自外悉依百姓唯每年總户口帳送宗正寺此則户令之文又與古制合也以此言之遠近之恩固宜有差降而譜諜之記不可以不存況朝廷釐改皇族授官之制而袒免外親統宗襲爵進預科選遷官給俸事事優異悉不與外官匹庶同法是則屬雖踈而恩禮不絶若圖籍湮落則無以審其所從而爲遠久之證所有祖宗非袒免親欲乞依舊修寫入仙源積慶圖宗藩慶緒録在其外者委宗正寺逐年取索附籍從之十一月禮院言袒免親出任外官宜著姓名降宣勑或自上表及代還

卷一百二十六 三十一

京師即上稱皇親不著姓從之

經進總類會要

宗室雜錄　神宗元豐元年正月二十六日詔康王宗樸先帝近親其子仲容仲任服闋日各特轉一官女二人特與縣主他人不得援例　四月十九日詔拘州觀察使同知大宗正事宗悫子孫衆多可特賜芳林園睦親南宅宗綽麕地　五月七日詔宗室女隨親外任請受并食料並隨給　六月九日中書門下言諸宗室緦麻以上及袒免女聽離再嫁如已追奪前夫恩澤後夫即降一等有官者轉一官欲立條頒下從之　十八日詔饒州防禦使克懼特賜芳林園廣親北宅空地仍依條計口官為修蓋　九月十八日詔將作監於芳林園側按條官地與廣親北宅接建蓋屋賜宗室克亶如無即慶民業具所占地步以聞　二年五月六日詔右武衞大將軍湖州刺史楚國公世恩為袁州刺史右武衞大將軍封州刺史魏國公仲來為筠州刺史　以近詔大宗正司磨勘及十年者取旨改官宗室內有繼諸王後見襲封公爵者如所遷官至遙郡團練使可並與除正刺史已上比類準此世恩等始用此令　八月二十一日詔以教駿營地修宗室克亶等五位第宅徙教駿營於他所　二十六日詔宗信軍節度使同中書門下平章事大宗正司宗旦舊例添廚食料難合該後條衙革不支以其領職宗正特與支給他官雖等非職事同

者無得援以為例　二十七日濰州防禦使克諶饒州防禦使克懼各奪一官贖銅九觔勒住朝參請受以慈聖光獻皇后虞主回下宮至陵門克懼等道旁坐不起為禮儀使劾奏之　三年八月六日詔宗室袒免親授班行者料錢支見錢　閏九月三日詔宗室任外官者辭見上殿遇大禮依式支賜　十四日詔自今宗室係三班使臣者如犯罪殿罰令大宗正司牒三班院照會依例施行　十月十七日權監察御史裏行蒲中行言豫章郡王宗諤曾託處州監押黎若訥置什物將循壞者非理退還乖多受若訥饋遺取玩好女樂並不償償望付有司論以國法以為貴戚之誡詔大宗正司依價直理還　四年二月二日詔克頎先以心風毆妻致死外處鎖閉昨放歸宮全無祿食宜特給與初官俸錢　十四日詔宗信軍節度使開府儀同三司判大宗正事華陰郡王宗旦今後如遇私家出入許垂簾檐轎往還　五月一日詔右監門衞大將軍克類所居窄隘特許賃外宅居仍依例差使臣幹當　十二月十八日大宗正司言仲俞叙降初授右內率府副率朝旨更俟五期叙去年五月於法合叙為元授右內率府副率別無降等官叔叙乞特許比類降等官量支請受詔特支右內率府副率半俸　是日又言華州觀察使仲滂等乞依赦文比附外官除落過名緣宗室自來有過未有條例出

落詔比類外官年限推重立法　五年正月十七日大
宗正司言近者宗室以年高疾患許乘擔轎出入雖從
太盛頗為驕僭欲乞乘擔轎出入許出兩節踏引遇夜
用燭籠不得過兩對如有違犯從本司覺察從之　十
八日大宗正司請外任宗室毋得造酒許於舊宮院尊
長及近親處寄醞從之　是日詔鎖閉人叔跪依世融
例五日一開鎖滌除遇有疾即令醫治　叔跪世融皆
坐內亂故收閉之　二月二十一日詔贈守太尉睦王
宗旦皇家近屬自選與宗籍畏謹寡過惇睦有方其幼
子二人俟服闋可特與轉一官女二人與進封縣主王
年五月二十五日附　六月一日詔自今宗室防禦使

轉觀察使已上聽大宗正司磨勘歷任保明奏降中書
取旨其副率至防禦使即中書磨勘進狀請畫勅授
十八日大宗正司言濟州防禦使叔充乞主奉本位祭
祀太常寺看詳太祖太宗諸子及秦王下各已襲封主
祭諸宮院時饗並於見存子孫中令最長一員相承主
奉於理為順從之　九月二十三日大宗正司言乞將
元豐三年九月二十二日明堂以前宗室過犯許令投
狀中刑部定奪依赦除落從之　十一月十八日詔宗
室叔敖訟太常禮院定克愉襲封不公贖銅二十觔
十二月二日詔右武衛大將軍丹州團練使叔侯先緣
詿誤展一年磨勘令遇赦恩特與除落　二十二日詔

祠部郎中趙令鑠道遇叔祖宗晟不致恭令大理司劾
罪贖銅四觔　六年正月二十四日詔祖宗非袒免親
蔭充外官父祖俱亡年未及者於合出官年限內減半
支本官俸從內殿崇班令埤請也六年五月三日附
五月五日舒州防禦使克敦進父保靜軍節度使蕭國
公承幹文集十卷詔承幹父子世以藝文儒學著名於宗
藩在朝廷旌善與能之義宜有褒寵可加贈安定郡王
克敦仍降詔獎諭　十三日尚書吏部言睦親宅講書
見闕多日未審依舊朝廷除授為從本部差官詔尚書
吏部於教授年月最深命差泉後准此六年五月十五
日附　二十一日尚書禮部言諸王之後襲封人遇上

墳忌辰祭享先具事目及合支錢物依等第收率所用
有餘後次相兼支用不得因緣廣有收率歲終大宗正
司取索文簿如有非禮支破及侵欺入己並計贓科罪
內襲封人行畢官小者即申本祖下尊長同行收率管
幹支破從之　二十六日尚書吏部言宗正司狀右千
牛衛將軍士氷乞依條換官緣係外任又隨父外任未
有學官保明未敢依教審察詔士氷令大宗正司保明
以聞令後準此　六月十三日尚書禮部言仲集等乞
依遙郡團練使已上凡遇車駕遊幸隨從從之　二十
五日詔今後外任換授外官宗室合赴大禮陪位者與
免特恩例支賜以內殿承制救令所言差權襄陽等縣

迎檢乞候將來大禮陪位畢赴任故有是詔　六年閏六月　九月一日詔祖宗袒免親蔭在外官父祖俱亡年未及出官者除已破食外並依非袒免親蔭外官例支本官俸給　以大宗正司言宗室叔㨾等奏祖父母父母俱亡本家並無食祿之人乞依非袒免親例給本俸請給故也　二十六日知大宗正事江夏郡王宗惠言男仲巽犯法有失教訓乞罷宗正司居家待罪詔宗惠特贖銅二十觔　十月八日詔江夏郡王知大宗正事宗惠年高難於拜起應太廟祠事宜並免　十三日詔以右監門衛大將軍仝緯為朝請郎賜六品服與親民差遣以秘書省試斷書義合格　七年正月六日詔右龍武軍大將軍滔

卷一百二十七　五

州防禦使世準為金州觀察使安定郡王以宗司言會稽郡王世清既卒世準於太祖太宗之後最長當襲　二月三日右監門衛大將軍子寫奏祖世清卒大宗正司令再從叔祖世準權行主奉越王祭祀候有襲封人即依舊世準不待朝命取本宮越王并夫人繪像赴越王院今臣父令廓雖在草土已襲封越國欲乞依臣祖世清襲封主奉祭祀詔昔許迎越王及夫人繪像與冀王同處一室及依克愉例權令諸子主奉祀事從之　五月十三日尚書禮部言大宗正司奏據宗惠狀祖魏王繪像舊在魏王南宮昨緣火權於本位供養今本宮從孫士俔已封魏國公乞令士俔迎赴本家令士俔權

寓甘泉坊官宅自來無例遷就外宅供養詔士俔位特令將作監先次修蓋　八月二十三日大宗司言仲範範啓𥨊進表乞依元豐新令賞格轉官緣仲範先就試已特減七年磨勘今復僥求詔仲範特展二年磨勘　二十九日詔宗室諸王影前器物嬪媵請定等並令襲封主奉人管幹如未有襲封至奉人即權令尊長幹當　以宗室世括言祖越王繪像與冀王同處一室臣令本宮最長見與本宮五位同共管幹有令廓元非最長輒留文曆堅要獨行管幹故有是詔　九月二日以右武衛大將軍仲先為登州團練使襲封魯國公　仲先宗肅子也宗肅於先帝為蕃邸初從兄歿有是命　十月

卷一百二十七　五

二十日詔故贈滕王宗旦嘗侍仁宗潛宮講讀承典宗司日久畏法寡過除遺表奏請等已推恩外幼子右內率府副率仲璲可除右監門率府率　十二月二十一日詔宗室孀婦與子孫所請俸料從一多給予二人以上者通比　八年三月十二日樞密院言皇城使登州防禦使陳州兵馬鈐轄令晏等一十八員皆以宗室換授外官嘉祐治平年例無遺賜詔各依宗室官序支賜　四月八日詔宗室官至磨勘止法者該今年三月六日覃恩並特與轉官加恩　哲宗元祐元年四月二十二日大宗正司言宗室內殿崇班士琢奏有弟士琈士䌌士雙乞依令晏例將帶隨行指教將來授差遣日亦乞

隨行。又宗室殿直士璿言乞迎侍母劉氏，將帶弟士剛隨行赴任指教，並從之。　六月二十六日，大宗正司言右武衛大將軍康州團練使叔盎屢訾詈突留掌故，罪顯無畏憚，乞賜施行。詔叔盎特展一年磨勘。　二年正月十日，詔宗子服屬疏遠者得補外官。　四月二十六日，三省言外庭臣寮至節度使即無磨勘改轉之法，宗室節度使亦未有體例。詔宗室至節度使更不磨勘，候實及十年具名取旨。　五月二十二日，詔孤遺宗室非袒免親外，如父祖俱亡無官俸貧闕者，委大宗正司及所在官司體訪驗實以聞，仍令戶部計口支錢米，女已嫁即除之。　三年二月二日，詔袒免外兩世親除已有

計口給錢米指揮外，其間外任孤遺別無依倚者，與量破舍屋居住，或給賃錢，令禮部立法以聞。　十四日，詔宗室初參選合入監當，許添差充諸州及萬戶以上縣監當，任滿不差人，並支驛券，仍並許指射。　三月十六日，詔罷別考校祖宗袒免就試法。　四月二十六日，詔宗室嫁娶依舊制，大宗正司勘驗。　九月十七日，大宗正司言內臣出入宮掖，若與宗室聯姻非便，欲乞宗室不得與內臣之家為親，從之。　五年九月二日，戶部言請令大宗正司具合請生日支賜宗室及宗室女職位、名稱并係所生月日及合給支賜條例關太府寺，從之。

七年正月十三日，詔宗室袒免親參選，常許不拘名

次路分陳乞指名差遣；非袒免親除初參選依條添差外，更許不拘名次路分陳乞指名差遣一次，並替任滿闕。初任并與監當，須職事幹集、操守修飭，有監司或長同罪保明，與親民；內選人與錄事參軍，即別有縣令舉主二員，內一員職司，仍通注縣令；其無保明者，並依外官條例。從尚書省所請也。　五月七日，詔宗室初闕陞親民資序人注監當，其請給並視諸路監押。　六月二十四日，詔諸宗室朝陵上墳者毋得攜戲玩之具隨行。

七月二十九日，大宗正司言宗室分異自來未有著令，今相度欲乞除緦麻以上不許析居外，祖免已下親父母財產除永業田及供祭祀之物不許分割外，餘聽均分，從之。　八年五月十八日，戶部言左班殿直趙叔嶢等自陳係祖免親，為父亡解官持服，乞比附宗室換官體例支給請受。被宗室小使臣丁憂並不許解官，所以不罷俸給，今若依外官丁憂例更不支給俸錢，慮或失所，欲乞應宗室小使臣丁憂父祖俱亡者，祖免親許給俸，非祖免親許給半俸，從之。　紹聖元年四月十八日，詔右金吾衛大將軍惠州防禦使叔諄追兩官勒停，令叔諄贖銅六十斤，官屋鏁閉，差人監守，以停止逃軍、屠牛賣酒，其監門并本位使臣皆坐罪。　二十五日，禮部言諸宗室係祖免以外兩世祖父俱亡而無官，雖有官而未釐務，各貧乏者，委大宗正司及所在官司常切

體訪保明開奏支破錢米其有官男至蔭務日本房下隨行共居人口住支女至出嫁日計口除每月十口以下錢十二貫米十碩屋五間七口以下錢十貫米七碩屋四間五口以下錢七貫米五碩屋三間三口以下每口錢二貫米一碩屋二間衝改元祐四年續降全條從之元祐四年續降全條檢未獲　十一月十五日內侍省官建武軍節度使鄧國公宗楚乞差高班周華充都監緣本省三等差遣依令以等第優劣及合入資序定差不以私徇屈法詔內侍省依條定差先是熙寧中宗顒指名乞差都監自是援例陳請宗子至有公為不法相與蒙蔽陷于罪者帝察見革之　二年五月十一日尚書吏部言欲

將宗室兩犯私罪以上除依本條外候到部不許用陳乞占射及初參選添差恩例從之　以開封府言宗室有屢犯法禁者乞立法懲戒故有是命　四月五日右金吾衛大將軍澤州防禦使秦國公叔牙言本秦王之後承襲公爵遇登極覃恩轉前件官若使臣與諸袒免親一例止官竊恐未盡先帝立宗子隆本系之意欲乞以遙郡防禦使依例換正任團練使即非在正官之上僥求恩命詔特與換正任團練使餘人不得援例　六月二十一日詔元祐減定除授正任以下俸祿遞損物數不多有虧朝廷優異之禮其見行條例悉宜罷去並依元豐舊制其宗室公使并生日所賜自依元祐法元祐

房下

格尋未獲　七月二日三省言宗室袒免外兩世祖父俱亡而無官雖有官而未蔭務各貧乏者雖許支錢米其數未均欲每口月支錢二貫米一碩十二口以下給屋二間詔委大宗正司及所在官司常加體訪保明奏支錢米其有官男至蔭務日本房住支女出嫁日計口除據元年四月詔口給屋指揮與此間數絕不同疑實錄誤也　八月十五日詔宗室貧乏支錢米人口雖多錢不過二十貫米不過六碩以戶部言自來宗正司只保明男女之數更不開房下人口人口其餘內稱計口支破即毋妻子孫之婦並合計口欲申明行下故定此數　二十三日詔宗室袒免親參選常許不拘名次路分陳乞指射差遣　九月二十八

日詔袒免親授班行者出官未出官俸錢並依元豐三年支給見錢其非袒免因奏薦授官者俸錢雖在外任並依在京分數支給　十月一日右羽林軍大將軍郢州防禦使越國公令廓為合州團練使以令廓自陳頃者神考推原大本以宣祖太祖太宗之子擇一人為宗世世封公仍補環衛官不以服盡而殺令有司概以臣依它袒免親止官例恐未稱神考之意令上乞依諸王後見襲公爵之人例為正任從之　三年二月六日詔宗室授外官右選者並不注緣邊差遣令吏部於內地相度添員候任滿更不差人　五月十九日宗正寺言請太祖下子孫有服親並連無字除並連伯字太宗下子

孫連季字人數未多乞依先降朝旨止連一字用初賜不字訓名又宗正寺丞宋璟言請宗室賜名及非袒免親本家命名於本宗下有服親雖音同字異並避於本祖下無服親及別祖下有服親即音同字異許用於別祖下無服親非連名即雖本字亦許用其稱祖者以宣祖支子秦王下為一祖太祖支子越王楚王各為一祖太宗支子魏王昭成太子魯王陳王蔡王韓王吳王下各為一祖其連名者隨祖宗支子而下雖兄弟數多並以一字相連庶分祖取字稍寬不至乖舛從之　二十六日管幹親賢宅所言故魏王男孝詒等並係皇孫乞定祗應人各隨本官見任官闕所屬依條例差今後有

未赴朝參人並依孝詒等例從之　六月五日吏部言忠州防禦使仲廩右監門衛大將軍資州刺史勞之卒各曾有罪情重合與不合贈官詔各贈一官　七月十一日禮部言乞宗室袒免非袒免親授外官人若未曾參部者並依宗室例令大宗正司管轄從之　十二月五日詔宗景落開府儀同三司罷判大宗正事以三省言宗景乞與楊愿寶第二女成親按宗景貴寵將相任專宗正不能正身律下楊氏乃生子妄欺罔聖聽陛下親睦九族務盡恩意待之不疑不復更加詢考遂從其請在於聖德可為至厚且自置大宗正司以來所任主判皆一時之選所以表率宗子使之循理今宗景乃公

然自肆違犯典禮此而不懲無以肅清宗室示天下後世伏望聖斷重行削奪以明勸沮故有是命　四年正月七日右武衛大將軍興州團練使叔紺坐取城濠土及修宅侵街詔追三官勒停展五期敍　五月二日三省言今後宗室雇女使不得雇同姓違者降娶同姓妻罪一等從之　七月二日提舉修蓋皇親位次所言郎第遺火位次舊係將作監修蓋緣宗室自來不肯嚴戒火燭欲乞自今遺火並先坐尊長所犯人亦不以常法科罪仍舊將作監管幹從之　八月四日詔今後宗室換授外官令大宗正司勘驗自授官後來有無過犯增減具有無漏落於奏狀聲說　先是士琚充率府率日

以姦罰俸其後尊長宗景學官黃顗保明才行堪充任使換授外官至是吏部言難作才行換授詔士琚依已降指揮其元保明官該赦決放罪故有是詔　九月四日大宗正司言叔諄以罪鎖閉男女並無官品邑號俸給欲并所生母比附孤遺計口支錢米候叔諄復官日罷未復官間女出嫁男楚務亦計口給除從之　十八日詔宗室大使臣如該選將副許差中下州鈐轄並雙員都監如無雙員處即與添差　十月五日禮部言外任宗室應舉者所屬給假赴京廟就本路取應者亦聽引試考校解額依所應條制從之　十二月三日三省奏大宗正司言叔盎乞依令晏例換武官詔叔盎換左藏庫

使依舊康州團練使　元符元年六月四日詔非袒免
親應舉推恩有司建明寖失先帝初令之意及見今多
有貧之之人令後袒免親鎖廳應舉及非袒免親應舉
並依熙寧二年十一月指揮應給錢米者並計口支破
其紹聖二年八月指揮更不施行其應干條貫令有司
修定聞奏　七月十日右武衛大將軍開州團練使叔
急降領蜀州刺史以增草價貸軍人也　八月十一日
宗正司言叔紑妻王氏病男盈之割股與食而瘉詔特
賜絹百匹羊十口酒十瓶麪十碩　建中靖國元年六
月三日右金吾衛大將軍濠州防禦使叔重男㮮之為
父割股亦依此賜　九月二十三日三省言今後宗室
及非袒免離妻如已經開封府根治者令大宗正司並
限半月審察從之　二年九月二十一日莊宅副使仲
秉言係緦麻親換授乞比袒免非袒免親服紀分兩等
免注監當一任便入親民差遣從之今後準此　十一
月十八日同知大宗正司使言嘉國夫人劉氏乃故宗
瑗之妻亡未卒哭子仲諱忘秉買妾詔特降一官逐其
妾　二十三日詔故公者長男希孟係袒免以外三世
無官並無請俸之人特依袒免外兩世條給錢米舍屋
　十二月十六日詔宗室大將軍以下婦及宗女入內
只許帶從人一名其立班賜坐並依服屬高下以大宗
正司言宗室袒免親授外官之妻依條帶從人二人與

正任已上婦無異奏乞立法　三年二月二十五日詔
大宗正司見赴朝參遇郡已下宗室員多可均作三番
立輪趁赴　三月七日左中散大夫新知壽州趙令緯
為金吾衛大將軍均州防禦使以久換外官宜歸環衛
故也　八月日詔西南路祔葬宗室并公主等西路朝奉
大夫直龍圖閣温益主之南路某官主之　五月二十
八日詔河北河東陝西路添差宗室差遣並罷見任人
候任滿者更不差人　九月二十九日中書省言諸宗
室任外官辭見上殿如無所奏事例申閤門更不上殿
從之　徽宗建中靖國元年三月二十四日大宗正司
言宗室大將軍以上於法不許試換比來換者衆乞申
明行下從之　四月九日詔復置宗學應合行事令禮
部條具以聞　初元祐六年宗室令鑠嘗乞建宗學詔
從之及畢工以賜蔡確家至是令鑠之父知大宗正事
世雄及同知大宗正事仲爰言宗子置學本出神考之
意事既中輟論者惜之願詔有司復休初旨故有是詔
　十六日詔右金吾衛大將軍唐州防禦使叔雅降充
團練使以不能訓子為宗司所劾故也　同日詔宗室
添差闕於開封府界監當添四員京東路監當添十員
京西路親民添十員淮南路親民添二員監當添十四
員兩浙親民添二員監當添十四員湖北路親民添二
員監當添四員以吏部言河東陝西應添差宗室差遣

並罷差注不行故有是詔　七月二十二日吏部請內
郡置添差宗室闕從之　八月二十八日詔宗室戚之
祖父影像許隨外任奉祀先是諸宗宗室影像並在京
最長子孫往以戚之任外官其弟姪之白身仍不居本
官故有是詔　十月二十二日詔宗室袒免補授外官
時至大使臣已上者料錢並依宗室袒免以下換授外
官法　十二月六日太宗正司奏太廟行事宗室以官
爵高下資次預先差定三員充一年行事乞於所差行
事宗室於三獻除內預先字下添入審驗二字從之
崇寧元年正月二十一日詔故榮王宗縡孫英宗親第
其嫡孫士奐特與換授率府副率　二月三日詔前右

侍禁叔宓房下計口破錢米人並減半支給應似此之
人依此以叔宓嘗任溫州監稅贓罪除名授例支給孫
遺錢米故有是詔　五月四日詔宗室舊有立法及服
紀麄率者今格外改轉若合授班行者令換授環衛官
自今雖奉特旨令衝改舊條等指揮許三省樞密院子
細契勘若於祖宗貽訓格法實有衝改侵紊者可明具
有礙是何條法奏知更不施行以近者僉冒之徒夤緣
請謁告囑希求衝改格條泛濫陳請故降是詔　十一
月十二日手詔輔臣曰神宗嘗詔宗室卒長者推恩又
嘗詔袒免外兩世貧無官者賜田又嘗詔外任者許居
於兩京今宜遵先志　同日提舉講義司蔡京等言奉

承德音謹追考神宗詔書推原本旨稽之往昔增以當
今所可行者謹條具如左如允所請即乞付本司立法
施行一自熙寧降詔已來宗室量試之法中廢不講至
紹聖間始復講之所以預試應格之人至少亦未曾有
以年長特推恩者宗室之無官者緣此甚衆今若俟其
累試不中然後錄用緣未嘗教養一旦峻責其藝能則
推恩之文殆成虛設况非袒免親乃祖宗六世孫恩澤
所加謂宜稍厚乞將上件服屬宗室年二十五已上者
令次許於禮部投狀試經義或律義二道以文理稍通
者爲合格分爲兩等候至來春附進士榜推恩內文藝
優長者臨時取旨其不能試或試不中者並赴禮部書

家狀讀律別作一項奏名只作一時指揮不爲永法今
後俟熙寧詔書并元符試法施行一宗室有世數既
遠出仕外官者斷家而宗女隨夫之官者數亦不少或
亡歿於外任而其子孫不能歸葬或隨侍在外因而流
落或孤寡無依或道路貧病若不存恤恐無所歸今請
委所在州軍常切體量如有上件宗室仰隨所在保明
量加存恤乞奏其存恤格從本司詳議頒下若應保奏
而不保奏或保奏而不以實並杖一百聽宗室隨所在
監司陳述監司依格給訖按劾以聞一宗子雖有教授
名存實廢宗子往往不出聽讀雖設宗子學聚而爲一
則有赴學之費往來之勞其勢必不能群處今請逐宮

各置大小二學添置教授二員量立考選法月書季考取其文藝可稱不戾規矩者注于籍在外任而願入宮學者聽依熙寧詔書元符試法量試推恩其學制從本司參定（願入太學律學者亦聽）應宗子年十歲已上入小學二十以上入大學年不及而願入者聽從便若無故應入學而不入或應聽讀而不聽讀者罰俸一月再犯勒住朝參三犯移自訟齋即兩人不入學本官本位尊長罰俸半月三人以上併犯者罰一月十人以上罰兩月重者申宗正司奏裁一令雖置學立師為量試之法然所學未嘗遽使出長入治必未能守法奉令而至瘝官廢職伏請依熙寧文武官試出官法再試經義中選者許令出官若再試不中者止許在宮院使食其祿其試法從本司參定一熙寧間神宗釐正宗室乃有袒免親賜名授官非袒免親更不賜名授官只許應舉之制袒免非袒免亦各立奏補子孫之法獨緦麻親舊用國蔭自來未有蔭孫已下明文今請依外官例得補蔭孫一舊制宗室袒免親初參選常許不拘名次陳乞指占差遣非袒免親初參選依條添差外更許不拘名次陳乞指占差遣一次以後每到部如無遺闕與注一年名次今來袒免以下親出官者人數寖多侵占在部元闕不少緣職事既有條廢若不分別勤怠無以勸沮欲乞今後應宗室非袒免以下親量試出外官者並各于員闕外添

差每大郡通都屬縣不得過十人中郡不得過七人小郡不得過四人到任不簽書本職公事如有本轄長貳或監司二人保奏堪任釐務方得供職來釐務者添支驛券供給人從並減半支破並從之（蔡京保具九事內四事分入敦宗院餘並見本門內元祐宗室參呈試法檢未獲）　二十一日詔仲忩等七員各將一官以試藝業合格故也　十二月十八日樞密院言宗室諸司副使以上於條止許差充非節鎮州鈐轄其經任人固有材能可倚若一依上條無以激勸詔宗室非節鎮州鈐轄人如任內有舉主三員無過犯許審量添差節鎮大藩州鈐轄　二年二月三日中書省言大理寺立法諸以孫遺宗室錢米厤質當者徒一年孫道自質當者減一等錢主各與同罪其錢不追即因舉債及預借錢物買所請錢米而每月取利過四釐者錢主杖八十舉借錢物不追己請錢米還主許人告從之　三月二日詔宗室非袒免親試中經律義人與三班奉職書家狀讀律人與三班借職仍附特奏名進士放榜推恩　三年二月三日詔宗室免侍宴門外賜酒食令從准此　五月十五日中書省言自今宗室過犯降斷首日一就定所犯情理輕重免致重復奏煩降勅從之　九月二十九日南京留守司言準外宗正司令諸宗室不得私造酒麴許於公使庫納麴麥價錢寄造每人月不過一碩遇節倍之今已到宗室三百二十五人若

男或女十歲以下者合與不合造酒。詔五歲已下不造，十五以下減半，西京依此。　十月二十九日，詔諸州縣宗室官莊租課絲絹粟麥等，如人戶願計價納當月中等實價者聽。以管幹南京宗室莊晏寔言宗室所請錢米外諸物候官司糶貨乃撥見錢，遲緩妨用，故立法。　十一月九日，皇姪孫三班奉職善清特授右千牛衛將軍、武騎尉，仍奉漢國公奉漢王祀事。善清不僕之子，不僕卒，乃以善清襲封。　二十二日，中書省言：諸宗室女使曾生子者，更不得雇入別位，不限有無服紀。有違者許保人徒二年，知而雇者加一等，許人告，合入大宗正司勑。從之。

徽宗崇寧四年四月四日，詔仲忽已除知西京外宗正事，如敦勸有方，宗子肅戢，即與轉官。　十二日，知西京外宗正事仲忽言：無官宗室多是少孤失教，自恃贖罰之外無以加責，故犯非禮。乞所管宗室或有恣橫不遵教約者，聽比附崇寧宮學救行夏楚；若敢辟不悛及不負夏楚者，則許奏劾，押赴大宗正司，下本宮尊長羈管。從之。　七月十四日，詔世開男令酈、令弋各轉一官，以世開嘗在英宗皇帝潛邸同學故也。　八月八日，詔非袒免親之子磨勘至大將軍止，其今日以前因試藝業得減年磨勘應至止法人，並許回授有官有服親。　十六日，仲忽言：河南府偃師縣故西頭供奉官趙士磚男不器係非袒免親，為父亡，有祖母及母與姊妹，乞給

官屋。勘會士磚母楚氏係故仲璘緦麻親之婦，見今貧乏，依條並合居敦宗院，其請給等依條轉運司應副。如今後更有此類，並許來敦宗院就係居屋住。從之。　九月二十三日，詔熙寧宗室葬敕可頒降施行，如與今事名不同者，禮部貼正。今後如敢式外輒受錢一千以上，以自盜論。　十一月十五日，詔宗室公使併生日支賜並依元豐條例，其元祐條例更不施行。戶部言：元豐年別無定宗室公使錢則例，只許引用熙寧五年六月朝旨，每年支賜使相、節度使各二千貫，節度觀察留後一千五百貫，觀察使一千貫，防禦使七百五十貫，團練使五百貫，刺史二百五十貫。從之。　二十一日，仲忽言：準格，宗室非袒免以下兩世於兩京近輔沿流便郡居止者，支賜起發錢十五口以上三十千，十口已上二十千，四口已上十五千，三口以上十千。南京比西京水陸遠近不同，故貧乏之宗室願往西京者少。詔往西京居止宗室起發錢各遞增十千。　是日，中書省言：宗室諸王影前屋業房錢莊宅，行人輒為典賣，若錢主知而買者，各杖一百。其屋業及錢物委大宮院尊長同襲封人管幹，若襲封人尊長以次宗室同管。即檢察侵欺入己或非理破用，各以違制論；失覺察者減三等，仍令均備。著為敕令。從之。　十二月二日，尚書省言：檢會崇寧內外宮學令，諸宗子入學，即篤疾廢疾若無東侍曾被解送，宗正司驗實聽免

即有官在學未及一年雖及一年而犯第二等以上罰者犯等二等罰未再滿一年不在出官赴任之限若已經赴任而無舉主三人亦準此已經赴任既有舉主即不須更限員數從之　八月詔太祖皇帝應天啟運創業垂規福庇生民澤流萬世其襲封王爵安定郡王世雄身薨可令有司議當襲封者封王爵施行　十五日武庫軍節度觀察留後同知大宗正事仲爰言奉詔以昨率世雄宅澆奠宮學宗子道旁起居人數甚多可見宗子向善學官勸導有方蒙恩特轉一官回授有官有服親乞與弟右武衛大將軍秀州團練使仲詵從之　二十二日詔仲糜久患腳膝特與通六參官起居在假

卷一百七十二

更不看驗及抽欄人馬　二十五日判大宗正事宗漢言遇有公事乞依久例不限日本廳聚議如同知官欲不依日限入局商議公事者亦乞從便庶得公事不致留滯從之　大觀元年八月二十日詔皇家宗族屬有遠近禮有隆殺親親之恩義所當厚熙寧變法皆循中制而元祐紛更務從裁削失敦宗之道可依下項一熙寧法祖宗袒免非袒免親常許指射差遣仍不拘遠近差注元祐惟許指占一次致出官親屬久不得差注待次或遇歲年頗見失所可依熙寧注仍常許占射不拘遠近差注仍並替成資一熙寧法袒免非袒免親出官者雖在外俸錢依在京分數元豐法袒免親授班行者

支見錢建中靖國依外官分數給宗室既不補南班俸祿至薄今又不以見錢支給而限以外官分數頗聞貧窘不足可依熙寧元豐應袒免非袒免在京并敦宗兩院並支見錢任外官依在京分數一熙寧法常許指射不拘遠近方是時宗族尚少指射未多今蕃衍盛大深恐有妨百官差注可依紹聖法一州添差親民不得過一員一州五縣以上添差監當不得過三員餘二員一熙寧法宗室刺史以上每年公使錢絹各支一半後以瀆汙紬折以致宗室支用不足可依熙寧法唯以絹折仍三分以上一分折絹一宗室熙寧中未有遺表蔭補之法崇寧二年雖立袒免遺表許推恩子孫之文唯及

卷一百七十七

正任以上而不及餘官且外官之法諸司副使已許推恩豈宗族之恩義可薄而不及外官乎可諸司副使以上遺表推恩如外官法　二年三月八日大宗司奏右武衛大將軍通州防禦使仲琢唐突乞宮學與官宗子三經公試不中亦乞特與陞補內舍詔仲琢唐突特與放罪本司看詳宮學已有法令仲琢妄數唐突非朝廷考察行藝甄別能否之意衆上抵學校之法非有室礙而輒議改者以違制論仲琢特降兩官　九月十二日學制局奏勘會內外宗子上舍近制已令附貢士舉院別試取六分為限其不合格者依貢士法施行契勘貢士試合格下等人方升內舍其不合格人徑留辟雍充

外舍生若該升補太學內舍即與貢士同試令來宗子
試中下等人更不補內舍便合推恩其不合格人若降
充外舍即又無升補內舍便許附貢士舉試條法令相
度宗子上舍附貢士舉院試不合格者並歸本學爲內
舍生許理考察再試上舍依條保奏若三經試不與升
補或兩試不與而犯第三等已上罰者並降充外舍依
初入學法其在本學陞補內舍生者亦合依此如得允
當即乞先次施行詔宗子在舜通謂之胄子在周謂之
國子令京師置監名國子而宗室升貢試或不中不入
國子名之不正甚矣士許留辟雍而宗子遣歸本學薄
於宗親厚於庶士不可施行可許入國子學　三年正

卷一百二十七　二十三

月二十一日制以皇叔仲忽起復定國軍節度使晉安
郡王知西京宗正事　三月二十一日詔宗室並依行
第連名不得單名並須連士字之字之類其見不連名
者限十日改正　政和元年三月八日詔宗室知通兵
職官令丞不得同任一州餘官州不得過三員縣不得
過二員　二年五月十五日詔比聞孤遺宗子應給錢
米一有愆違終身遂無所給深慮置法不能自存當限
以歲月使之自新自今若犯取人財物故毆傷人杖以
下罪情理重者住給一年輕者半年或私罪徒以上罪
若贓罪二年如不再犯仍舊支給有再犯者大宗正司
量輕重再展年限　六月十九日詔令後宗室承直郎

以下罷任不住請受　二十三日詔宗室袒免已下親
男女生亡外任限三日申所屬州縣州縣限三日申大
宗正司在京限三日報本祖下襲封宗室注籍存大宗
正司請也　二十八日詔節度使仲靚特依仲槩例人
從並同外官額定人數差取如遇疾病在假緩急事故
許依元豐令乘暖轎出入餘人不得援例　三年正月
二十一日宗正寺言本寺訓撰宗室名之字子字皆從公
字子字子從伯字不字子從善字自來未有公字伯字
善字之子許連名指揮今欲乞依公字等例許撰連名
所貴有以分別宗族昭穆從之　閏四月二日詔宗室
同安郡王仲僕見陳乞男三人見係副率轉將軍女二

卷一百二十七　二十四

人轉郡主仍依出適人例支給請俸等妻張氏依故仲
綰妻王氏例破俸給餘恩例並依故仲損遺表恩澤體
例已得指揮其仲僕父宗愈爲濮英祖同母弟所乞先
次行出餘人不得援例　二十二日詔宗室諸王已追
封大國者其世襲子孫尚仍舊國甚未稱正名之任如
魯王改封商王其子尚襲魯國之類其令大宗正司改
正　二十四日制以皇伯寧遠軍節度使魯國公仲先
改封商國公　四年正月二十四日詔比覽宗籍濮王
子皆英宗昆仲之列並已淪亡而未封王爵者尚衆念
祖追往惻然興懷故宗誼等八人可追封王爵上以慰
祖考在天之靈下以昭隆親報本之意於是追封宗誼

為祁王宗詠為萊王宗師為温王宗輔為樊王宗悖為
肅王宗沔為霍王宗晝為曹王宗勝為袁王　四月一
日上御崇政殿按宗子習大樂賜獎諭曰教仲旻奇先
王本人之情性禮樂出乎法度後世樂壞不作而敗禮
者莫之能禁比詔有司頒樂宗學其從也深其入也易
而能改其所習忘其貴驕服我教養以克有成朕不愧
於古矣故誠親札其體至懷　九日手詔宗室樂成昨
日庭按登歌擊拊八音克諧朕甚嘉之因閱名籍無祿
者百有餘人惻然興歎應昨日按試有官者可並轉一
官正任大將軍及遥郡以上回授有服親無官者可並
與承信郎御宗正司申中書省施行　七月四日詔應

卷一百二十七　二十五

見今環衛遥郡正任以上官因子孫迎侍在任人候任
滿日更不許迎侍之官　十三日詔承節郎添差監秀州
在城都酒務趙宥之許令入學考選校定升補之類依
國子監生條令施行以宥之言係不釐務即無職事已
休見任宮觀嶽廟差遣及得替待闕人條法願入州學
聽讀故有是詔　十一月二十二日詔自今應宗室無
父宗婦無夫若舅亡歿仰大宗正司管勾葬事如有居
喪非理爭訟挾長取財物等及一切違犯並許糾劾以
聞其所差官吏敢有搔擾乞取收受餽遺者並以違制
論所有官給孝贈限一月內賜非袒免以下無官人遭
期以上喪於法不應給孝贈孝約度所用每位許共借

助錢一百貫仍於所破錢米內逐月尅納應有該載未
盡事仰大宗正司條析以聞　五年六月十六日詔宗
庭按雅樂所得各轉一官恩例內宗室仲軒仲虹係大
將軍止法合行回授將許與親姪士稹士稱合轉小將
軍亦係止法特令轉行餘人不許援例　六年三月七
日臣僚言乞宗室不注沿邊差遣從之　十日詔宗子
犯罪鎖閉者並釋之令尊長鈐束許以自新　十三日
吏部奏臣僚上言自來宗室惟大小使臣不許注授沿
邊至於文臣即無條法欲望特降睿旨今後宗室不注
沿邊差遣並依宗室女夫已得聖旨施行奉御筆依見
任人對移近裏一般差遣其被對人本部不見得本路

卷一百二十七　二十六

本州有無合避親嫌并合對移宗室填替等違礙因依
若伺候會問竊恐遲延本部令相度欲應有違礙人且
依今來御筆指揮對移如願放罷與不依名次路分在
外指射差遣恩例別授差遣從之　七年三月二日臣
僚言比來宗室宗婦往往僥倖陳乞多不次第經由而
直赴朝廷並有冒瀆宸嚴者伏覩本司令文諸事有條
令及無違礙非本司理斷不當而不由本司者尚有法
禁況事無條例者乎欲望降旨今後宗室以無條例事
進狀及直經朝廷或他司陳論敢有隔越者乞增立禁
止詔宗正司立法　二十五日詔自今宗室賜名令學
士院看定中書省取旨　二十七日詔故濮王孫仲的

年高官卑未嘗干託求進家貧累重聚族百餘人並無
依賴殊可矜憫其見居宅屋等可特撥賜本位子孫永
充己業其妻滕氏恩例請給並依仲縮新婦例倍給仍
封康國夫人　三十日判大宗正事仲爰等言欲令宗
正寺將保州宗子依在京三祖下宗子例編為圖錄別
為一秩歲具見存字行人數關報本司從之　四月十
九日吏部奏承節郎趙不訥子濟狀各係依政和五年
二月十四日赦文量試補授出官不訥注江州監酒稅
子濟注襄州酒稅並不釐務令來擬注作意簽書本職
公事伏乞依赦文改作不釐務差遣施行本部檢詳宗
室該出官人無闕注擬待次半年以上許添差每州不
二十七
得過三人本部看詳上件赦文內該載依崇寧法量試
未審係差注逐州人數並係崇寧法只改不釐務稱呼
唯復合依不釐務法每州不得過三人合取自朝廷指
揮詔依崇寧法人數並不釐務　二十四日詔西京敦
宗院漢王宮宗子士佩管勾本位尊長職事三年勤誘
本宮宗子入學陞補過上舍不化等一十四人士佩緣
見係同免官例勒停人雖在罪廢能改過自新不干吏
議又能以長率幼得趨庠序陞貢者衆可特與敘官以
為宗子之勸　五月十日詔宗室見任不釐務小使臣
應除乞再任並依大使臣已得指揮從吏部請也　九
月九日詔以仲爰仲忽判大宗正事各特添差兵士二

十人餘人不得援例　十日手詔宗室犯罪不以親踈
有無官爵罪犯輕重從來循例與常人同法有司承例
奏乞不候三問未承便加訊問朕席慶仙源嗣承大統
宜有恩不及於祖宗之裔乎追遠念親為之惻然自今
有犯除情理巨蠹事涉重害及已殺傷人并別被御筆
處分外餘只以衆證為定仍取伏辯並不得輒加箠楚
若徒流以上方許依條請官制勘自餘只行嚴監散禁
雖有工條承勘官司逐旋奏稟若合行庭訓者並赴大
宗正司令本位尊長以小杖依法夏楚恪意遵承立為
永法以副朕敦睦九族之意　八年正月二十二日詔
皇姪有奕特授保順軍節度使和義郡王有奕陳王子
卷一百二十七　二十八
也制曰承念泰陵之未命緬懷陳邸之懿親居長而賢
退託以疾有奕襲慶屬茲奉朝特有是命　三月十六
日故宗楚新婦濮國夫人尹氏表孫男二人朝服郎提
點彭州沖真觀士忯朝奉大夫前知滁州士虤各除乞
一有曹寺監近見闕頻要差遣詔依所乞士忯除衛尉
寺丞　九月二十日太僕卿閭丘顗言奉詔措置玉牒
祖籍緣宗正寺每修進玉牒屬籍仙源類譜宗藩慶系
錄仙源積慶圖皆以祖籍為據祖宗以來蕃衍盛大舊
籍止是二十一秩不能盡載兼本支不分世系難別今
以宣祖之後太祖太宗魏王分三祖而下依次序編纂
每朝皇子皇女并親賢　華宅及諸宮院宗室女婦分

乞除

立字行依式樣編載修至政和六年終太祖皇帝下九十九秩太宗皇帝下二百六十九秩魏王下一百四十八秩總計五百二十六秩内目錄九秩進呈乞降付宗正寺收掌遇有增修撥照施行從之　宣和元年十二月四日詔除宗室依已降指揮不注沿邊差遣外其服屬相避並依元豐法　二年五月二十九日詔宗室有文行材術名實顯著者令大宗正司具名以聞從龍圖閣學士宋康年請也於是子沂與寺監貳子晝與郡　六月二十二日知大宗正事仲湜奏方今宗室蕃衍陛下惇叙族屬教養作成于茲有年才能並出咸拭目以幸千載之遇然混於常列格於銓選有志於事業者不為不多若不特加旌别無以昭示激勸欲望聖慈特降睿旨應宗子有文行才術名實顯著許本司具名以聞斷自淵衷不次陞擢庶使人人奮勵以副陛下樂育之意從之　七月十一日詔近歲添置宗室不釐務差遣既失循名責實之義而不釐務者乃違元豐成憲拘以同任之限致使累歲不調殊失先帝惇叙本旨應宗室注不釐務差遣指揮可罷見任者依省罷法注擬同任條令並遵從元豐舊制施行　十月九日詔宗子非袒免親遇恩奏薦者許預定名申大宗正司報宗正寺參照同名者大宗正司改定　十九日臣僚上言臣伏覩皇帝陛下加惠宗子選擇師儒教導自幼學由選升舍

賜之名第號後官使之義冠珮綏武外廷咸思奮勵以赴事功甚盛舉也比年以來有司申陳文禁過密動見拘礙殆非元豐立法之意元豐法宗子服屬相避亦同庶官是時宗子補外之人少州縣可入之闕多今既不許同局又復不注沿邊至於内地知通兵職官令丞悉不得同任郡縣有一宗子吏部不容注擬雖引恩例展員數皆為虛文况宗室蕃盛人才並衆就祿之路甚艱居闕之日淹久議法之弊乃至於此臣願明詔有司詳求厥中仰副陛下紹述之意詔依元豐法差注　十一月四日吏部奏勘會宗室注擬不釐務小使臣近承指揮減罷在任者依省罷法其量試出官之人依條許注不簽書本職事及不釐務宗室内在任不僉書者所屬承受上件指揮減罷到部勘會不僉書本職事亦未有亦許省罷指揮明文本部今相度欲乞將前項量試宗室依奏補法各隨本資叙許注釐務差遣通理舊任見任者亦乞依今年七月十二日所降指揮詔宗室量試指揮更不施行見任人候罷注釐務差遣　三年三月一日知大宗正事仲湜奏臣先奏欲應宗子文行材術名實顯著者許本司具以名聞斷自淵衷不次陞擢已得旨依奏伏覩朝散郎權通判隆德府紀之學術該通操守端謹上舍試藝冠宗盟歷任以來莅職詳敏為淹郡倅未究所長欲望聖慈特賜睿旨陞擢必有殊

功以勸爲籍詔與除寺監貳官　四年六月十二日承議郎試宗正少卿趙子崧奏伏覩御筆以子崧族兄子櫟爲宗正少卿仍移異姓他官子崧一介孤外久容尸素未即汰斥天地大恩大馬糜殞無以論報仰體並用公族之意不敢以親賢〔嫌〕自列檢准元豐官制諸職事官以先後列爲序子崧侍罷司屬并書吏考難雜以私義稱紊甲令然長幼有叙愚分未安伏望詳酌施行詔依元豐官制　二十二日詔應同國姓者毋得與宗室連名相犯從宗正少卿趙子崧之請也　五年六月十四日詔今後內外宗室並不稱姓　十二月三日詔敎誘陪涉宗室雖不係敦宗院所管之人並依外宗正司條法　六年四月二十四日詔諸路應宗室並不許募押綱　七月十一日詔罷添置宗室不釐務差遣並遵元豐成憲　七年六月一日詔內外宗室依熙寧法並著姓先是宗正少卿子崧賜對上疑宗子出仕者皆著姓子崧對以熙寧法如此與異姓共事須著姓以別之若辭見謝及獨銜奏事則否上曰終是相疎可令討論奏來子崧檢會開寶中有趙令圖任宗正丞本貫濟州因申明與國同姓者不許與宗子連名故事上之徽子崧從兄子涫名對上又及之有旨宗室內外並不著姓朝廷不復攷故事而有司不以官職高下皆名別之至是子孫出守淮寧陛辭復爲上言周曰姬氏漢曰劉氏

卷一百二十七　三十一

唐曰李氏今無故去國姓恐非所宜故有是詔　七月二十五日詔承議郎詳之三經進士及第特與陞擢可除見闕在京合入差遣　八月十九日詔外官宗室不著姓自降指揮以來凡官司行移文券幫書之類雖侍從至一命皆以名別之殊失國體熙寧元豐中宗室任外官惟辭見牓子並不著姓餘依外官法此制甚明可依前降不著姓指揮改正並依熙豐舊制　高宗建炎元年五月一日赦應外官宗室未有差遣及已授三路差遣願別授者並令吏部不依名次注近闕近便差遣應宗室年幼未合出宮人並與依見今官序支破請給六月四日中書省勘會宗室先因臣僚陳請不令書姓後已改正仍舊至今往往尚有不書姓者詔令後宗室銜位不書姓名官司不得收接　十二月二十三日詔昨降指揮罷添差官訪聞諸路將宗室例罷致各失所可令已罷添差宗室各還舊任　三年三月十日詔宗室有才能者令三省擢用　六月八日詔宗室國之枝葉自艱難以來有不得已從事軍旅之人可限指揮到日應在軍中充參謀統領之類並發遣赴都堂審量與陞等差遣如不即發遣其主兵官及合發遣人並重行黜責　十一月十二日宰臣呂頤浩言乞令宗室赴吏部自陳未有添差官處指定添差監當一次仍須年及二十以上其添差員數每州不許過七員縣不過三員

卷一百二十七　三十二

並不釐務人從供給各減半從之　四年二月二十三日詔仍通注八路亦不通計已前添差員數　四年五月十一日詔國家宗枝凋零侍從之間有子櫟近已除在外宮觀令所至按月支行請給無令失所以稱朕敦睦宗族之意　六月五日尚書省言勘會宗室陳乞添差差遣於格法之外每州添七員諸縣三員令吏部不參照朝廷已差員數又復擬差致溢額者衆州縣無以應副詔今後陳乞添差宗室并已經朝廷陳狀及名保經都司審驗來曾注授之人並赴吏部投狀內已經審保人吏不名保仰本部遵依已降指揮差注不得過立定員額之數其已前朝廷添差宗室雖溢額特許赴任仍不釐務

卷一百二十七　三十三

九日詔昨在京師南班宗室留下新婦見隨大宗正司人數有子孫見食祿人外餘緦麻親新婦每月特支料錢八貫春冬衣羅大綾各二疋小綾各四疋絹各六疋冬加綿八十兩袒免親新婦每月料錢五貫春冬衣大羅大綾各一疋小綾各二疋絹各三疋冬加綿四十兩並許隨司批勘仍令大宗正司具的實合該請給南班宗室婦數目各人服屬申尚書省其逐人舊請並罷止依今來則例支破從大宗正司之請也　十五日禮部太常寺言勘會襲封節度使信都郡王孝參身亡合條孝參嫡子襲封令右監門衛大將軍忠州防禦使安時乞依孝騫等例襲封昨係朝廷特降指揮所乞難行其益王祭祀即合專差官主奉　詔安時差權主奉祭祀　七月十五日知樞密院事宣撫處置使張浚言應在外宗室不因贓私罪犯許名保官具脚色保明申繳赴本司許令赴本路參部注合入差遣未有差遣人取見告劄付身照驗與注近裏差遣如曾犯贓私罪不許注授從之　八月十九日詔故景王宗漢男仲偪力切曰特轉武功大夫忠州防禦使差主管江州太平觀使便居住從其家所乞也　九月十九日詔宗室伯瑜令不隔班上殿　上問宰執伯瑜何如參政張守對恐是士儴所薦十人之數上曰宗子果賢便須獎用不惟可以激勸亦示朕敦睦九族之意　紹興元年正月

卷一百二十七　三十五

二十三日詔曰朕念太祖皇帝創業垂統德被五世神祖詔封子孫一人為安定郡王世世勿絕乃者宣和之末以太常禮部各有所主依違不決使安定之封至今不舉朕甚憫之有司其上合襲封人名遵依故事施行先是上謂宰執曰神祖嘗詔太祖子孫一人襲封郡王自宣和末年廢此事可以討論施行太祖功德如此世襲王爵當不為過故降是詔　三月二十五日宰執進呈子砥之切規乞差遣上曰宗室有行藝者當留之朝廷有才幹者當與郡縣其不足收用者亦當存恤不可同之外人　六月三日臣僚言伏見累降德音令存恤所在宗室緣州縣支費滋廣廩給不繼遂致姦弊多端真

僞無別多有飢寒流落者乞令所在州軍選委尊屬按
月類聚劵曆照勘無僞冒保明赴州幇支從之　七月
二十九日詔皇伯右武衞大將軍信州防禦使令話可
特授寧州觀察使安定郡王。先是五月三日上促襲封
曰得一賢宗室承襲爲佳參政張守對曰降詔旨當以
屬近行尊者若曰擇賢必啟爭端誰肯以不賢自處頃
行在宗室因嘗有進狀乞推令話者既以禮部言據燕
王德昭之後則稱太祖皇帝之長子燕王爲大宗熙寧
詔書令考大宗之籍以屬近而行尊者一人裂地而王
之令令話係大宗之後當封而令庇雖長係太祖皇帝
次子小宗之後不當承襲所以中間封世清世開而從

卷一百三十七　三十五

賁世逸雖長皆不得封爲其小宗之後也據秦王德芳
之後則稱熙寧詔書所謂大宗之籍者謂大宗之屬籍
非有大宗小宗之辨所以熙寧降詔之後首封秦王之
後從式爲王及宣和禮官所定亦主用太宗正屬籍之
說封秦王之後令盪本部以令來所執大宗之說考之
禮經及見行襲封條法皆不合蓋禮所謂別子爲祖則
嫡嫡相承作大宗百世不絕在法襲封以嫡子無嫡子
及有罪疾立嫡孫無嫡孫立嫡子同母弟無母弟立庶
子無庶子立嫡孫同母弟無母弟立庶孫此見今襲封
之法古嫡嫡相承之義昨熙寧首封秦王之後從式後
來雖改封燕王後世清而下五人本部即不見得自世

清至世福五人依與不依得禮經嫡嫡相承及司封見
行襲封條制有無違戾然自封秦王後從式以來改封
燕王之後凡五人秦王之後雖有服屬第行等者皆不
得封時方國家閑暇禮文典籍具存之時不應謬誤如
此切慮上件承襲臨時出自朝廷特旨令來亦合取朝
廷指揮員外郎王居正劄子近來朝廷指揮定奪襲封
安定郡王事本部以燕王之後所執大宗之說考之禮
經及見行襲封法雖不合然不敢以謂當封秦王之後
令庇而乞取自朝廷指揮居正切謂太祖皇帝生二子
長曰燕王次曰秦王燕王立則燕王之子孫相傳世世
不絕秦王何與焉宣和之末識不及此有司執文遂封

卷一百二十七　三十六

令盪失熙寧後來捨從賁封世開之意也伏乞朝廷詳
酌特降指揮施行於是詔封令話　八月八日臣僚言
知西外宗正事士從自衡州移司溫州經由廣中有弟
士䥲隨行將帶亡命軍兵擾攘州縣至或縱火焚毀士
從謬懦不能約束乞放罷士從黜責士䥲以戒宗子之
妄作者詔士從放罷士䥲令廣南東路提刑司體究詣
實取勘具案聞奏　十七日中書門下省閞奉詔宗子
不循理者付有司鞫治當重行誡約其窮乏懦善不能
自存者令越州契勘見在員數有官者按月幇支請給
無官者逐月量給朝廷錢應副養贍如違令御史臺糾
劾仍於尊長中選其可以服衆者權行主判專務於來

在外者令有司措置以聞令欲將有官宗子請受見住
行在人令越州按月支給無官宗子宗女宗婦令越州
於上供錢內取撥錢一萬貫米三千石接續應副其行
在有官無官人錢米委添差幹辦仲蒸專一幫勘檢察
其在外有官人及孤遺錢米下諸路轉運司措置應副
從之　九月二十五日知越州陳汝錫言宗室請給已
委新添差兵馬鈐轄仲蒸專一幫勘檢察其宗子等若
在外不因請給別有違法亦就委仲蒸鈐束從之　二
十八日詔諸路宗室有官人及不釐務人請給按月支
給專委通判檢察其無官宗子宗女錢米亦委通判檢
察監視　內建炎四年十月十六日不釐務宗室請給減
卷一百二十七　三十七
半指揮不行　以三省言渡江宗室散在州縣請給不
繼故也　十四四月詔英州團練使知南外宗正事樽
奏事詳審可以表率宗子特與轉行一官　以上中興會要

帝系五之三七

經進總類會要

宗室雜錄　紹興二年三月二日臣僚言竊聞皇兄故
州觀察使安信亡歿有孤遺男女三人止是乳母張氏
提携往來寄食他舍行路之人見者憐憫其本宮尊長
安時親則伯父又職承祀實任一官之事坐視不恤乞
賜行遺詔安時特降一官其張氏並孤遺三人並給孤
遺錢米令仲蒸收管存恤　四月二十五日權主管行
在宗正司仲蒸言宗室文武官近有經諳朝廷陳乞差
遣意在僥求欲乞自合該堂除之人方得經由朝廷餘
官並合赴吏部注授從之　閏四月十三日詔皇叔祖
檢校少保武泰軍節度使追封平原郡王仲綜合得遺
卷一百二十八
表恩澤候孫女出嫁日夫特與補承信郎從其子士申
所乞也　八月十九日吏禮部太常寺言寧州觀察使
安定郡王令話亮伏見榮州防禦使權行在宗正司令
時時止切屬近行尊合依例襲封緣別無業籍檢照乞係
昨令話襲封事理集行在見任待闕寄居宗室議定取
旨施行從之　十二月一日詔故安定郡王令話親孫
女三人候出嫁日依仲綜例女夫與補承信郎以其用
遺表恩陳乞也　三年正月四日臣僚言比來宗室貧
乏不能自存官不為給曆者或已給曆而不為支俸有
該晉恩量試不為保奏或因去失告敕已給公據而有
司尚需去失以前干照者望詔有司凡宗室流寓所在

帝系六之一

其未給曆者令依累降旨揮速以給曆即令按月支俸
其該普恩量試或去失告敕若已給公據別無僞冒即
令起奏施行並不得非理阻難致有失所詔令戶部勘
當　本部言祖宗朝非袒免親蔭補外官父祖俱亡年
未該參部之人自合依條施行如年及參部若普恩量
試補授選人自合躉務日給曆起支請受罷日不住如
條補授使臣已赴吏部公參了當及參部日別無差遣
其請受文曆依前項指揮別無違礙合行出曆如未參
部及參部日已有差遣依兩件指揮未合出給曆令欲
行下逐路轉運司遵依施行從之　三十日詔宗室添
差差遣每州十縣已上不得過十員不及十縣至五縣

卷一百二十八　二

去處各隨所管縣分數目添差三縣已上五員三縣已
下三員諸縣萬戶已上三員萬戶已下二員仍並以二
年為任以吏部言檢准敕宗室添差合入差遣每州親
民監當不得過七員諸縣監當不得過三員並不躉務
蓋為優恤宗子今已添差數足不住有宗室陳乞接續
添差而元降指揮內即無令後之文亦無止添差一次
指揮本部切詳宗室守法每州縣限定員數比之外官
所入闕次絕少況目今在部宗室已是員多闕少差注
不行其諸路州軍所管縣分多寡不等難以一概作州
七員縣三員差注謂如江陰軍止管江陰一縣建昌軍
止管南城南豐二縣若與福州臨安府等縣分多處一

般差七員實為不均欲乞今後諸州軍添差不躉務宗
室每州十縣已上親民監當通不得過十員不及十縣
去處合隨所管縣分數目添差其不及五縣並不得過
五員諸縣不得過三員並從本部於去替前一年內以
先到任人使闕候見任人罷日赴上並三年為任其昨
「來止七員縣三員已添差處自合終滿令任其差注條
「法並依建炎四年六月五日已降指揮施行故有是詔
四月二十六日詔今後宗室南班官不許出謁及接見
賓客著為令　六月十八日詔令時安時士㮅仕于切士
輵古萬切月廩特免一半折錢依尚書侍郎等則例並支
本色從所乞也　二十三日知大宗正丞謝伋言奉詔

卷一百二十八　三

與令時同條畫務司事務謹具五事一曰舉賢才以強
本支夫宗室之有人邦家之光社稷之衛也望詔內外
從官各舉宗室一二人略及其才行履歷以備任使二
曰更法制以除煩苛臣嘗取大宗正司敕令閱之多有
不便於今者宗室耆老為臣言曰熙寧元豐之令綱條
至簡昨據宗正仲忽多所建白行之二十年往有峻深
之具而無恥格之風其大宗正司敕令乞下詳定所訪
尋舊令與新令參酌刪修三曰擇官師以專訓導真宗
咸平間使輔臣選醇儒教授南北宅比來選用寖輕至
或久闕正員簿書期會之吏得以攝事使宗室何觀以
為模範哉其大小學教官乞詔三省遴擇儒臣以專訓

導四曰繼封爵以謹傳襲夫宗室襲王公之爵以奉其先祀不過十數人而已艱難以來幾廢紹封比年漸復舊典仲湜嗣濮王矣令時襲安定矣而親賢之宅徒得王奉祭祀之名廣睦諸位不襲國公之號非所以隆骨肉之恩也望詔有司定次行封以傳謹敘之法五曰修圖諜以定親疎宗正之掌圖諜所以分源流之遠近定世次之戚疏比年以來雖間置卿漫不省察宣和之間有乞附屬籍而非宗室者今國是也近年以來亦有詐稱宗室而興兵者不覆是也遠慮過防必於無事之際世系遠近當使天下明知之漢律郡國歲因計上宗室名籍令宗正有寺而無官以太常兼治望詔宗正寺下州縣取索名籍編修玉牒或先為宗室系表頒之天下詔內外侍從各舉宗室一員大小學教授各選差一員襲封令吏部勘當除從之　八月二十九日嗣濮王仲湜言孤遺宗子散居州縣支請錢米乞令諸路轉運司下逐州軍委檢察尊長檢察詐冒其尊長每月添破茶湯錢三貫如有詐冒許諸色人告每名賞錢五十貫仍許逐宮宗子互相覺察亦支上賞其錢米令按月支給過朔不支許監司按劾詔自今檢察尊長滿一年無詐冒者與減三年磨勘如有不實責亦如之其勘給官司有失覺察重作行遣仍令所在月具管下宗室支過錢物數以聞餘從之　九月十八日詔仲湜士從士術

卷一百二十八　四

士籛月廩依令時等例將免一半折錢並休尚書郎官則例支破本色　十一月十日令時言乞於逐宮各選差年長可以表率宗子一員充都尊長從之　十二日江陰軍進士李韜蘇白上書言宗子分寓郡縣擾動民庶或暴人以威而鹽取其物或攘人之物而不償其直或挾以讎而肆欺或指他事而見虐稍涉觸忤則動以尺鐵箠之至死而弗之恤或挾弓帶矢飛鷹走犬縱發馬驅小人馳騁田野踏踐莊麥曾不顧藉或醞造酒貨鬻販私物百姓無所申愬郡縣不敢誰何詔令諸路帥臣監司守臣常切覺察如有似此之人仰具事因聞奏取旨重作施行　二十五日詔令從宗室添差釐務小使臣權以二年為任　四年二月一日詔南班宗室自今並赴臺參以侍御史辛炳言右監門衛大將軍忠州防禦使士㒟等一十一員於去年十一月十五日朔見訖並無故不赴臺參累牒大宗正司告報逐官回牒取到士輵等狀劄止稱自從陞換南班環衛官及今二十六年並不曾赴臺參並昨來自東京至建康府以來一般宗室趁赴朝參亦不曾臺參兼詳臺參令注即不該載南班環衛官赴臺參之文檢准本臺令諸節度觀察留後至刺史諸衛上將軍至副率到闕出使仍參辭紹興職制令諸金吾衛上將軍至諸衛將軍為衛官又本臺令諸不赴臺參者無故過十日同以見謝辭日為始殿中

卷一百二十八　五

侍御史具姓名申臺取審狀申尚書省太中大夫侍御
史以上並奏餘官非過飾非准此令契勘逐官依條令
並合赴臺參衆檢照得去年有宣州觀察使仲䵣權知
大宗正司事在任替罷到闕見朝訖依本臺條限趂赴
臺參及新授鄧州防禦使安時朝謝訖亦曾臺參令來
士𢢹等不依本臺條令趂赴臺參亦不狀取審却一向
他說顯是違本臺條法非過飾非故有是詔　五月十
三日詔撿校少保光山軍節度使同知大宗正事士㒩
瑊了第三男秉義郎不試珈加特與換文資第四男忠
翊郎不恤瑊又特換環衛官　以士㒩陳請衆未得太
后家旨遺管押張邦昌𧶘主寶詣南京未曾推恩及不

卷一百二十八　六

試昨係宗學陞補上舍故有是命　六月五日詔令應
誥旁特與轉行左太中大夫別與知州軍差遣尋有指
揮更不施行　臣僚言契勘元豐更定官制以左右諫
議為太中大夫秘書監為中大夫雖兩官相去一間然
官制既定則諫議者侍從也秘書監庶官而已故吏部
法自承務郎已上應遷官者至中大夫止若太中大夫
非侍從不得轉行謂之礙止法令令應係中大夫庶官
寄祿至此極矣而輒得轉行太中大夫則是庶官超轉
侍從於法有礙夫國家立法所以公天下也使令應得
以超越轉行太中大夫非惟名器可惜亦恐方今天下
官至中大夫者不少若具間苟得無恥之士俟日引此

為例兼令應在宗室中康聲不聞昨居福州於太守程
邁處鬪說公事不滿其意遂興詐訟近差知泉州泉人
知其貪而畏其來令又改除別郡不知果能為陛下安
養百姓乎欲望陛下將令應轉行太中大夫並知州差
遣指揮特賜寢罷有旨趙令應別與知州軍差遣指揮
更不施行令以改官命詞行下起居舍人權中書舍人
王居正奏庶官中大夫之不可轉行太中大夫則此祖
宗之法萬世不可改易以令應為賢邪則貪惏苟得衆
所共知以一太中大夫為不足惜耶則宗室之為承宣
使者不還踵求為節度使矣臣誠不敢曲從助成朝廷
之過舉陛下未敢命詞行下於是併寢　七月二十二日

卷一百二十八　七

大宗正司言洺州防禦使前知西外宗正事士從狀任
滿依格推恩合於見今官上改轉一官吏部却依外官
轉至武功大夫作止法依條同授士從係南班總麻親
依條格合轉觀察使止即與外官遷轉條法不同詔士
從特與轉行正任觀察使　五年二月二十一日詔應
在外宗室等合得請給并遺孤職米令所在州軍按月
支給如州軍應副請給之從尚有遺漏之人仰所屬具
姓名申尚書省　二十二日嗣濮王仲湜言契勘宗室
昨係本司元係奏因遣兵火有全去失告劄者名知閤
御帶管軍之類作係吏部方許給據切詳宗室若與知
閤御帶管軍素非親識雖使宗室不得從仕欲乞許全

去失告劄宗室名異姓大使臣二員并宗室無服親小
使臣一員保識同本宮尊長保明結除名編置之罪許
本司保奏從之　閏二月十三日福建路安撫使司言
眉州防禦使知西外宗正事士樽到任三年宗室無犯
徒以上罪保明乞依條施行吏部勘會宗正司稱昨士
㥄古恨反任滿於嵩州觀察使上特轉清遠軍承宣使今
來士樽與士㥄事同一同詔士樽與特轉行正任觀察
使　四月七日詔耆之與滅三年磨勘以大宗正行司
言其任紹興府鈐轄稽察宗子更無冒請乞行推賞故
有是命　六月二日大宗正司奏安定郡王令畤薨詔
皇伯武經大夫令玒古邦切可特授華州觀察使安定郡
卷一百二十八　八
王　四日詔南班宗室見居屋宇窄隘令臨安府相度
檢計申尚書省　七月上曰朕以南班宗室請給至薄
貧窶者衆昨日出內帑錢賜二百千令宗正丞沈禹卿
散給尚有親賢宅近屬以取會人數別行給賜趙鼎等
曰陛下敦睦如此盛德事也　十七日添差通判湖州
子偁言諸州宗室未有屋宇欲乞以官地蓋造拘在一
處內選差尊長一人鈐束檢察僞冒仍差監門官一員
禁止出入年未及十五歲附入州小學十五歲以上入
大學依學生月給錢米仍許依進士科舉法取應未出
官者亦許入學聽讀實及一年方許參選庶可教養成
材以副敦睦之意從之　同日尚書省言昨南班宗室

合支食料除羊肉見折支價錢外餘物依靖康元年十
一月指揮權行住支今行在物價稍貴其見在不帶遙
郡南班宗室日赴朝參每月用度不足理宜措置詔南
班不帶遙郡大將軍至率府副率特依御廚第等食折
支錢例支給其見折支羊肉錢更不支破　十一月二
十八日上曰南班宗室當此時寒不易朕前日各賜綿
絹共支過絹三千六百疋綿一萬兩趙鼎等曰陛下盡
敦睦之道可謂盛德然賜出內帑、外庭無由知之上
曰不欲令戶部支者恐傷經費故也　十二月二十五
日大宗正司言南班宗室舁隨侍共十四員內士㒟瞿通大
切痼疾處朝參人少欲於紹興府士夽魚吻切士夽它切
卷一百二十八　九
前赴行在從之　六年正月十四日詔子彥男伯玖賜
名璩除正任防禦使　九年三月七日以和州防禦使
為保大軍節度使崇國公　十四年九月二十三日詔
璩宅令臨安府張叔獻相視晉安郡王宅屋宇一體修
造　十五年正月十一日詔璩可於三月內選日出外第
應合行事並依晉安郡王例施行　二月二十二日制為
檢校少保進封安平郡王　三月一日詔璩所差官吏
并合行禮儀等並依晉安郡王體例　十七年六月二
十六日制授依前檢校少保充武康軍節度使恩平郡
王　十九年三月二日詔璩聽讀周禮終篇本府教
授官吏並各與減二年磨勘　四日詔璩府官吏等自今

後有官吏到府及兩任無過犯特與轉一官資内礙止法人特與轉行無名目人候有名目日收使白身宅業書表司指書自差到府滿七年無遺闕並特與補武進副尉出職二十四年十一月十七日制以璩從吉除舊官三十年三月二十四日制特授開府儀同三司依前武康軍節度使恩平郡王判大宗正事紹興府置司　四月九日詔親賢宅益王府開府儀同三司豫章郡王孝參兩女特依晉安郡王孝騫女和容宗姬體例放行請給米麥時有旨並權住支所乞也　六月二十五日詔左太中大夫充集英殿修撰提舉臨安府洞霄宮令應特除閬州觀察使封安定郡王　七月二十九日

卷一百二十八　十

諸王宮大小學教授蔡安疆言自艱難而來宗籍散闕立嫡以繼浸不可推在昔諸王皆祖宗之子而其後世襲封公爵如秦漢魏燕周冀商越鎮楚國公不過十人古者有子孫存不可以乏先祖之祀今諸王之祀十年不供而有司未聞有議之者願詔有司考諸王之世選屬近而行尊者各一人補環衛官襲封公爵後太常寺討論如有依條合襲封公爵之人令太宗正司擬定取旨施行外其乞行尊一節即不應襲封條令難以施行從之　十一月十八日象州防禦使士街言昨差充宗廟神主五享獻官前後五年及自溫州護從至臨安府并昨主管四朝五殿御容自建康府迎奉至洪州並無

殊慶詔特依黃正彥參仲士埒（切立）乞已推恩體例與減七年磨勘　二十四日諸王宮大小學言大學生不徹係潤王宮士奋位母病劉偁奉母所患平復不徹特與轉一官　二十八日詔知邵武軍子木到任陳獻利害深有可採特與減二年磨勘　七年正月二日吏部言閬州觀察使同知大宗正事安定郡王令應昨為集英殿修撰止於紹興六年七月八日準告特授前件官襲封依條襲封人不礙止官合該磨勘轉行詔令應與磨勘特授鎮東軍承宣使　十一月二日知南外宗正事仲偏言昨降指揮依嗣濮王仲湜申請將詐冒請錢宗子押送外宗正司鑠閑檢準宗子犯罪鑠閑條內諸殺人已殺強盜十惡故燒有人居之室各罪至死貸免或罪不至死（謂如知人強盜藏匿過致資給令偶為盜而分受所盜贓物之類）而所犯醜惡者本宮院鑠閑滿三年取旨（特旨永不放免依時旨）契勘本司見有臨安府并大宗正司牒送到冒請錢米及累作過犯宗子赴本司鑠閑緣逐人所犯不係前項該載及不係特旨永不放免之人詔見鑠閑冒請錢米宗子並放逐便

卷一百二十八　十二

八年十二月十三日知大宗正事士㒟言南班宗室自團練使以上每月各有俸米遙判以下則不合支破比固成法然在承平之時如生日郊天支賜既厚每月生料米麥亦可資助今來一切住罷所有俸錢有不足於糴者望將南班宗室遙判以下權依寺監丞近

例每月逐員特給米三石俟將來放行其他支賜日住罷詔令紹興府每歲於合發上供苗米內支撥五百石付士㒩均俵　九年七月二十六日左迪功郎善時言切見沈晦榜初罷三舍改科舉宗子分三科亦分三等推恩有官鎖應先轉兩官換文資無官取應上三人係義郎餘承節郎無官應舉補修職郎見今鎖應取應人依舊推恩善時係無官應舉沈晦後方第一牓君是補迪功郎是與庶姓進士一同別無宗室恩數詔善時特補左修職郎　九月十四日詔東京首先遠來宗子實及二十歲並特補承信郎未及令大宗正司支給錢米養贍俟年及日取旨時收復河南之地保平軍院宗

卷一百五十八　十二

子東京尊慧之自陳故有是命　十一月二十八日臣僚言契勘宗室在京日係分宮院居處自太祖下燕王院以及諸位凡十有九所崇寧年間又置兩外敦宗院拘籍非袒免已下宗室渡江以來未及定居除南班在宮隨司居住位其餘在外宗室隨所在州軍居住朝廷又於泉福州置兩外宗正司以處之依政和重修令非袒免以下孫遺之人願往敦宗院居住者聽經本司陳乞前去令行在除睦親宅居南班外其餘諸宮院孫遺宗子及女婦雖依格支破錢米養給即無拘籍宮院不免散居民間出入市井混雜細民所為自如殊無撿約欲令措置若未於宗司添置屋宇且當處分兩外或隣

近紹興府諸處居住勿令散處行在民間及僧寺處所有續自京師來者亦乞依此庶幾收集存養各得其所詔令禮部取會大宗正司祖宗典故措置申尚書省　十二月八日禮部言故嗣王仲儡男士周不欲遠遠丘墳欲乞從仲儡出殯了日止於法安寺殯所居住候至百日却歸本宮從之　十一日臣僚言恭以翼祖皇帝世子孫實在本州敦宗院自河朔失守得過江南者僅十數人陛下憫其失所乃詔宗司收係屬籍今有官者止四人至於注授差遣未得與兩京宗室併擬此雖昔時頗有等差然兩京宗室自中興之後於舊法之外已嘗推恩而保州宗子顛沛遠來亦宜稍加厚於昔時乞

卷一百五十八　十三

令合赴部之人權依兩京宗室體例注授詔保州宗子令吏部先次注授　十六日臣僚言比年宗子有官無官人初緣兵革避地遐方無資而不能歸間有家室因循安土留滯而不肯歸甚者逐什百之利為懋遷之計與商賈皂隸為伍故多有未隸宗司者欲名諸路轉運司委州縣檢括凡宗室寓居與往來者量給路費發歸所屬宗司居之有所往則給與假朝廷增廩稍以養之庶幾人人責愛知自別於流俗以稱陛下惇敘之意詔檢會　十一月二十八日臣寮上言乞措置宗室居處令禮部一就措置申尚書省　十八日臣寮言仰惟陛下惇敘九族袒免近屬合得生料米麥西南兩司皆有

孤遺錢米方其出適則用等第而給嫁資遣其送終則官品而支賻贈法令具存親睦厚矣昨因削裁遂致置之即令近屬有若孤遺宗婦孀居而或無子弟雖有子弟而未能出官宗子年未入仕宗女幼未出嫁既不支錢米又緣住罷生料平日已見貧窶一或凶變多是臨時假貸望詔有司將袒免以上宗子宗女婦逐月合得生料内米麥等依舊放行宗婦有子弟者候到官宗子年未及者候出官宗女幼小者候出嫁方令住支其餘宗婦雖孀居而子弟出官宗女雖幼小而父兄可恃宗子已參部宗女已適人不得援例所有賻贈乞依嫁資等第給賜詔令大宗正司開具申尚書省 紹興十年

卷一百二十八 十四

正月五日臣僚言知建州士謜（魚圜切）與本州添差通判士禡（嫫駕切）皆係宗室依條宗室知通不得同任其士禡合行迴避而還延在任無迴避之意乞將士禡放罷聽歸部別注差遣從之 二十九日大宗正司言修武郎士穀昨取福建路轉運司文解未嘗試欲依宗室令許子孫例換授文資詔士穀令中書後省名試時務策一道特與補右宣義郎 其後十四年五月二十四日宗室子攸進文字乞換文資上曰朕固欲宗室向學然文資豈可僥倖而得須令後省試策乃可 十一月十五日諸王宮大小學教授石延慶言仰惟神宗皇帝誕頒詔旨以祖宗之子皆擇其後一人為宗令世世封公補

環衛官以奉祭祀不以服屬故殺其恩禮爰自艱難以來屬籍散漫繼襲之宗未易推考故諸王之祀闕然弗舉上軫聖慮昨因臣僚之請嘗令大宗正寺擬定襲封累年未決詔有司趣令擬定應將未襲封宗子合居環衛官量與陞等補授仍特優其稍廪庶幾繼襲之人各修厥職詔令禮部依已降指揮疾速取索擬定申尚書省 八月十一日禮部言宗正司欲將諸王之後見在最長一名權令主奉祀事即不改換環衛添破請給將來有已襲封人來歸及見得有合襲封人即依自來法法施行檢會本司令諸祖宗之子皆擇其後一名為宗世補環衛官以奉祭祀令來所乞權令主奉祭祀事並不改換環衛添破請給別無違礙從之 同日諸王宮大小學教授范雩言伏覩祖宗舊法南班宗室大將軍以下每二年一試藝業取中選者推恩切詳立法之意以謂大將軍至副率府率官卑齒壯可以專心學問既設官以教導之又間歲以程試之選其藝業之精増以祿秩之賜故官卑者有升進之望學成者得襲寵之榮而怠惰者莫不相與激勸一舉而三利實良法也建炎二年秋試選人合行附試有司以大宗正司及南班宗室尚在京師乞候次年春秋試依舊施行因循至今未曾檢舉望詔有司遵行舊制來年春試選人復許宗室大將軍已下附試藝業取人之數推恩之法一依條格

卷一百二十八 十五

施行詔令禮部行宗正司等處疾速取索合用條法開具申尚書省　十一年九月二十九日詔宗子持之特送西外司羈閑永不放出以大宗正司言其累冒刑禁頑惡不悛故也　十月七日判大宗正事士㒟言近來行在南班宗室或有物故及換官出外其趁朝參人日益稀少乞將紹興府行司宗室正任以上並發赴行在奉朝請庶幾增益班列少壯國體從之　十二年二月六日吏部言勘會小使臣宗室經任添差一州十縣以上通縣合差伍員七縣以上四員五縣以上三員餘二員初任添差宗室大藩節鎮二員餘州諸縣各一員續承紹興八年七月十四日申請指揮為初任闕多員少將初任員闕亦許經任宗室指射如無初任人指射許差經任宗室止理為初任員數本部見遵執逐項指揮依格差注近累有經任宗室指射諸州縣初任員闕内有課利場及三萬貫以上去處依格經任有舉主無過犯較量功分高下定差緣初任宗室拘礙格法不合注授從來未經申明本部欲將諸州縣初任宗室員闕内有課利場及三萬貫以上去處許經本任室指射較量功分高下依格差注止理為初任員數從之　五月六日知大宗正事士㒟言行在趁赴朝參南班宗室元係二十七員昨緣士紆士恭士雄換授外官仲垩（余切）歲身亡今止有一十三員後雖令士街等四人赴行在趁赴

卷一百二十八　十六

朝參又緣士街士術士筏並以病免士珸（五胡切）見丁母憂令乞據見闕員數於紹興府行司南班宗室内選擇循守規矩别無疾病可以趁赴朝參之人具名申取朝廷指揮仍乞今後遇有行在睦親宅赴朝參宗室事故准此施行從之　九月十三日敕應宗女在外因夫亡親死無所依倚聽於所在自陳仰州縣當職官驗實量支盤費差廂軍或舟船津發赴宗正司責委本位尊長撫養與計口依孤遺法給錢米勿令失所　十一月三日右監門衛大將軍開州團練使士諳奏乞依行在南班舊屬令嗙士鶡士獨安時士倓月廩米麥特支一半折錢依尚書侍郎則例並支本色從之　十三年九月一日詔宗子先往軍前未回之人有遺下妻孥已依格支破俸給其間或無子孫依倚如願往父母及親兄弟之家歸寧并親女已出適之家權暫居住者聽候夫若子還日依舊如無父母親兄弟及親女或雖有而不願出外者責本位尊長主管養贍從宗正司請也　十四年十一月二十五日宰執進呈乞以軍器監子厚暫權吏部侍郎秦檜曰今日宗室所宜崇奬今聚於朝上曰宗室之賢者如曾試中科第及不生是非之人可收置行在如寺監秘書省皆可處之祖宗以來不用宗室作宰相其慮甚遠可用至侍從而止　十五年正月二十五日宰執進呈大宗正司申宗子不皦（古了切）不法等事

卷一百二十八　十七

上曰宗子不肖至於如此然其間不無清貧有守之人
前日有貧而不能娶者朕賜之千緡所以勉之也　三
月十八日詔取應宗子伯德杣切居今赴正奏名廷試先
是上諭宰執曰朕閱其程文多引詩書頗不易得故有
是命　四月二十五日詔和州防禦使知西外宗正事
士㦎身亡令福建路轉運司支給銀絹各一百疋兩
五月十三日禮部狀准敕臣僚奏國家三歲取士於宗
室特加優異蓋示親睦昨國子監申請行在宗室并赴
國子監試如授外任差遣并宮觀嶽廟並赴轉運司試
特從其便初非有內外之別其赴國子監試者有官鎖
應每七人取三人無官應舉每七人取四人無官祖免

卷一百二十八　十八

親取應文理通者為合格不限人數唯赴轉運司試者
其所取之數即與進士一同非所以獎進宗子之意望
詔有司詳酌施行國子監言欲除行在宗室依見行條
法外其諸路宗室不以有官如願赴行在應舉鎖應者
欲依熙寧舊制並許國子監請解赴省如不願即依見
行崇寧通用貢舉條法施行從之　九月九日詔誠忠
郎不嗷以倡女為妻偽冒請受追四官罰銅三十觔勒
停特除名送宗正司庭訓拘管　二十九日吏部言近
潼川府路轉運司乞將本路宗室大小使臣陳乞添差
之人不候季首使闕出榜五日許占射竊詳在法遇有
射闕宗室並會問三選并宗正司與見任宗室有無服

紀相干方許差注到任半年使闕二年為任緣四川即
無宗司可以會問今欲將見在四川宗室令逐路轉運
司遇使闕差注先令射闕人供具與見任宗室別無服
紀職事相干結罪文狀依定差外官格式繳錄申部照
應出降付身從之　十六年二月二十九日右監門衛
大將軍貴州刺史居中言昨緣父歿無依得旨令赴伯
母成寧郡夫人王氏位恩養仍不妨祭祀今來成例並義
當還本宗切見故伯安統位下無人主奉祭祀望以居
中承嗣並主奉本位祭祀以報鞠養之德從之　八月
二十九日詔故寧國軍節度使安時合德遺表恩澤依
官例與安時親男右監門衛大將軍榮州團練使居廣

卷一百二十八　十九

特行兩官千牛衛將軍居仁居中居修各轉行一官從
所乞也　十七年二月二十一日詔承節郎監澤州南
嶽廟伯廣以毆打百姓致死會赦追毀出身以來文字
除名勒停送宗正司拘管　三月九日西外宗正司言
不頗五罪切久居庠序文藝卓然衆所推譽詔與免文解
一次　九月十四日退呈安德軍節度使知大宗正事
士夻赴行在供職乞上殿奏禀職事上曰南班有分惡
紹興府者比之行在日奉朝謁勞佚不均祖宗時待遇
優卹間有服湯藥假比及合參見但令隨班起居朕念
宗子口衆食貧者多如衣衾僕馬之費時有以資助之
秦檜曰向日郊禮錫予加厚足見聖德惇叙之意　十

九年六月十五日西外宗正司言伯仁在學二年文藝
優長衆所推譽詔特免文解一次　二十年七月七日
詔右監門衛大將軍居中特降一官以權主奉益王祭
祀居廣勑其不遵禮法私出故也　十三日大府
少卿徐宗説言昨降指揮州縣寄居宗室見請孤遺錢
米文曆[歴]繳納戶部換給自降指揮累年之間尚有繳發
舊曆未到者竊慮既已住勘因致失所欲乞且令照舊
請撿旁權與按月放行仍催促供申換給詔令戶禮部
同大宗正司看詳　戶禮部大宗正司言昨換舊曆已
有紹興八年六月指揮更展一年已是出違年限若係
今來臣僚所請用舊旁放行慮別有詐冒今欲將四川

卷一百二十八　平

二廣福建湖南北路州軍再展限一年其餘隣近州軍
率年專委守臣并撿察尊長催促依紹興五年四月指
揮占保取索宗枝等所屬保明申部具繳到舊曆之人
權行給歷批勘候新曆到日追據毀抹如更違今來年
限之人令所屬具名申本司取旨如守臣并撿察尊長
容縱蓋庇許監司按劾從之　十二月四日詔宣州觀
察使士術特許用兄士術所得回授一官恩例與減三
年磨勘仍依仲溫例除在京宮觀任便居住應合得請
給支賜等並依南班舊法支破　十二日詔無官宗子
師瘖令大宗正司押赴南外宗司拘管以本司言其過
犯非一屢經庭訓不悛故也　二十二日詔知大宗正

事權主管濮安懿王祠事士夯叼不諳彌切連不睦特與
依不允例換授文資　二十一年四月十九日詔取應
宗子公文令赴正奏名廷試　二十二年二月五日安
慶軍承宣使同知大宗正事士街言行在南班宗室日
令竊官閑度不足至有士殘而無以辦棺殮者若宗室
士睛倉向切并士闒妻王氏是也欲乞行在奉朝南班宗
室應權住支請給及郊禮支賜等並乞依舊格全放施
行從之　四月二十一日詔無官宗子不居令秀州差
人押赴大宗正司庭訓乞鞭閑以夜遊殿擘右迪功郎
呂梳致死故也　五月一日詔右監門衛大將軍開州
團練使士請令大宗正行司發赴行在依舊奉朝請所

西　卷一百五十八　壬

有應住支請給人從等並依行在見令南班宗室支破
十二月二十四日詔右監門衛大將軍居中降一官特
送紹興府宗正司拘管以乘馬撞踏百姓致死故也
二十三年三月十三日詔福州觀察使前提舉江州太
平興國宮士鵝任滿特令再任請給人從等並許於經
總制錢內支破本色仍免減借　二十二日詔皇姪右
千牛衛將軍權主奉五王祭祀居端轉兩官右監門率
府率居靖轉一官以居端等言祖父撿校少保寧國軍
節度使開府儀同三司晉康郡王孝騫自靖康以來該
遇聖節并大禮共三十餘次合得奏薦恩澤乞依安時
仲曆知昆切例止於居端及居靖官上轉行故有是詔

五月四日改檢校少師光山軍節度使開府儀同三司齊安郡王士㒟男不怞言先臣曾判大宗正事兼主奉濮安懿王祠事乞依仲湜仲㣧例贈官封爵臣乞依不緻例轉行一官候服闋日差在京宮觀親弟六人乞以遺表恩澤各轉兩官曾長孫汝鷳見係白身乞補文資姑宗德縣主乞特封郡主諸妹所生母五人乞依士衮妾焦氏封號仍許踏逐功德院詔並從之　十一月一日慶州觀察使權主奉益王祭祀居廣等言祖父各任檢校少保孝詣淮康軍節度使孝悦奉寧軍節度使孝穎順昌軍節度使孝愿靜江節度使自靖康以來遇大禮并聖節合得恩澤共一百二十餘次乞附收使從之

卷一百二十八　二十三

於是以居廣特授常德軍承宣使右監門衛大將軍貴州團練使居中特授和州防禦使右監門衛大將軍貴州刺史居閎特授榮州團練使右監門衛大將軍居仁特授吉州刺史右監門衛大將軍居修特授高州刺史右千牛衛將軍居厚特授右監門衛大將軍降授右千牛衛將軍居中特降右監門衛大將軍　二十四年三月十七日詔士大上遺表可依士衮例贈官進爵弟士韶士夯班宜各特轉行一官男不諂與轉行兩官不脉不微並特與除直秘閣不騎不晳祖碼不剗晤官並特改洪等合八官并幼男二人與賜名補官仍撥賜紹興府山陰縣天衣寺充功德院　二十八日詔無官

宗子公寶令大宗正司庭訓訖押送南外宗正司鎖閉以宗正司言公寶在鎮江府山暴擾民衆犯不悛故也　二十五年十一月二十六日左朝儀大夫直秘閣福建路提點刑獄公事令詪可特授利州觀察使安定郡王　二十八日安定軍承宣使同知大宗正事士㦤言竊惟天下之才成於激昂敗於自棄況天族之貴乎陛下建宮學選師儒所以崇獎宗子委曲備至比年以來布衣韋帶與進士群試有司者甚盛也望詔令今撥得解宗子不以有官無官願與異姓舉子混同考試者聽如有中選之人乞稍加採擢如不願與異姓舉子混試者只依舊法施行庶幾人思自勵奇才輩出以彰宗

卷一百二十八　二十三

黨得人之盛從之　紹興二十六年正月二十四日詔左朝請大夫令衿除明州觀察使襲封安定郡王初令衿坐累拘管嘗詔左朝儀大夫直秘閣令詪襲封至是令詪言堂兄令衿係齒序最長偶因停降乞賜改封故有是命　二十六日樞密院編修官吳□言仰惟國家敦叙九族是故睦親有宅教宗有院又設學校尊師儒以教導之比年以來以科舉進數倍日前可謂甚盛然特精於文藝耳其於行檢庸或闕然望下內外宗正司其間宗子有能砥節礪行不同流俗恪遵士檢可為宗室表儀者上其名於大宗正司籍記姓名以俟他日登科優加擢用庶幾有激勸從之　四月七日右監門衛

大將軍昌州防禦使從擧祐神觀不職言先臣士𠆳元任開府儀同三司恩數依見任執政條例昨來身薨雖蒙恩與男三人弟二人各轉一官其致仕遺表恩澤寺並未得指揮竊見故叔士樽亦任開府儀同三司遺表恩澤男九人内八人各轉一官一男除直敷文閣添差通判一弟叔復觀察使具給使減半並皆依所乞望依故叔士樽前後已得指揮施行從之　六月二十二日故敦武郎子駿男伯璡言故父子駿曾於濟南府募兵勤王隸大元帥又於濟南勸進并護從至南京該遇登極乞補授一初補使臣名目詔伯璡補承信郎　七月十九日、知南外宗正事士劉（先活切）言善從伯邁伯仁在學文藝為衆所推詔並特免將來文解一次　十月四日上諭宰執曰往年京師宗室繁盛侍從官以至建節者甚多今如南班亦絶稀少朕甚念之或有材行文藝者選三兩人與除行在官　二十六日定江軍承宣使同知大宗正事士錢奏具到宗室正任觀察使三員正任防禦使一員遥郡防禦使四員遥郡團練使八員遥郡刺史二員右監門衛大將軍二員詔南班近屬所存無幾久不推恩可特與轉行一官承宣使者令同授　於是以皇叔均州觀察使士洪為華容軍承宣使潭州觀察使士嵰（丘檢切）為静江軍承宣使宣州觀察使士諳為清遠軍承宣使和州防禦使知濮安懿王園令士輵

卷一百二十八　二十四

為建州觀察使右監門衛大將軍和州防禦使士阹（悲桊切）為和州防禦使右監門衛大將軍和州防禦使士豢（乎串切）為蘄州防禦使右監門衛大將軍眉州防禦使士周為復州防禦使右監門衛大將軍象州防禦使士程為眉州防禦使右監門衛大將軍吉州團練使仲解（寫與切）為和州防禦使右監門衛大將軍成州團練使士錸為蘄州防禦使右監門衛大將軍成州團練使士宭（文九切）為眉州防禦使右監門衛大將軍貴州團練使士陪為感為復州防禦使右監門衛大將軍果州團練使士公（補切）徽為郢州防禦使右監門衛大將軍成州團練使士稷為和州防禦使右監門衛大將軍貴州團練使士石為蘄州防禦使右監門衛大將軍貴州團練使士歆為眉州防禦使右監門衛大將軍榮州刺史士秀為成州團練使右監門衛大將軍吉州刺史士闡為果州團練使右監門衛大將軍士訓（丘列切）為恭州刺史右監門衛大將軍士峴（户縣切）為達州刺史其所帶環衛官並依舊　十一月二十六日詔親賢宅南班宗室居廣、等九員可依士嵰等例特與轉行一官内居廣係承宣使許依條回授　於是以蘄州防禦使居中為宣州觀察使右監門衛大將軍均州防禦使居閎為和州防禦使右監門衛大將軍貴州團練使居仁為和州防禦使右監門衛大將軍貴州團練使權主奉吳王祭祀居端為復

卷一百二十八　二十五

州防禦使權主奉安王祭祀右監門衛大將軍榮州刺史居中爲成州團練使右監門衛大將軍高州刺史居脩爲貴州團練使右監門衛大將軍吉州刺史居孚爲忠州團練使右監門衛大將軍榮州刺史居靖爲果州團練使所帶環衛官並依舊　二十七年六月二十一日諸王宮大小學教授樓𦬊奏伏見紹興五年七月十七日敕諸王宗室年未十五歲附入州小學十五歲以上入大學依學生日給錢米依進士科舉法取應其有官而未出官亦許入學聽讀實及一年許參選出官敦叙之道訓迪之方可謂至矣而比年以來諸州宗子入學或止係籍而身未嘗到至於有官參選之人往往臨

卷一百二十八　二千六

時計會有司虛給公據上下相蒙寖以成俗甚非所以奉承休德乞下大宗正司嚴行約束仍敕監司郡守督所在尊長檢察勸誘痛革前弊從之　七月二十日吏部尚書陳康伯言勘會紹興令諸宗室知通與官官不得同任又令諸職事相干或統攝有親戚者並迴避尚書右選差注宗室兵官見依建炎四年五月二十九日指揮會問大宗正司與見任宗室無服紀許行差注緣尚書左選每遇差注宗室知通即會問本州如有已差宗室兵官即拘上條不以有無服紀不得同任近來諸州兵官多是添差宗室又近承指揮應通判除武臣知州高麗人使經由及元係堂除使闕外餘並令本部使

闕若不申明朝廷不惟宗室已闕陞通判資序無闕可入使本部亦差注不行今欲乞注擬宗室知通其見任已差下宗室兵官係是添差釐務者並行會問大宗正司若別無服紀即行擬差如有服紀及係正額兵官到罷月日相防並不許同任從之　二十八年二月七日詔並王府宗子居中居修各特降一官內居修送紹興府宗正司拘管以在府喧鬧不肅也　二月十七日禮部言契勘本部見在宗室職事官隨侍子弟乞依條國子監補試緣自來未有立定條法竊詳在法補入學國子生雖赴公私試即不許陞舍不差職事至發解年係別立號於十人取三人爲合格今來若令宗室職事官

卷一百二十八　二千七

隨侍有服親依國子監法補試即合依庶姓例如補試入學後亦不許陞舍不差職事至發解年即合自依宗室取解本法更不與庶姓太學國子監生混試庶幾天支之秀得與寒士均被教養從之　五月十五日宰執進呈宗正司乞將取應宗子比類府監得解人理年免舉上曰此等皆有條法且如祖宗時宗室子孫衆多朝廷費用亦廣自非分袒免非袒免親以來俸料之數稍就科格此事若可行當亦不至今日只令遵守舊制可也宰臣沈該等奏曰自神祖朝加意宗室法令周備當依聖訓同共遵守　八月二十六日知大宗正丞陳棠言切觀比年以來宗室補環衛者無幾而朝謁之員寖闕

合襲封者不舉而主祀之人或廢是皆有司失於講明
甚不稱陛下惇睦之意臣聞宗（祖宗）室時近屬並留京師參
奉朝請治平中為最盛爰自時艱環衛稀少又分處紹
興府外司者幾半頃者宗官建言遇朝參宗室闕員乞
於紹興府南班內選擇循守規矩之人具名以聞既得
請矣今睦親親賢兩宅奉朝請者不滿二十人而在他
司者未聞選擇寘之周行凡奏告薦饗攝行祀事輪差
猥并以此知朝謁之員寖闕也臣又聞祖宗之子皆擇
其後一人為宗世世封公補環衛官以奉祭祀緣襲封
公爵並須傳嫡遂難其人後因臣僚論奏乞選屬近行
尊者各一人承襲於是宗司擬定將諸王之後最長宗

卷一百二十八　二十八

室一名權令主管祀事閱時滋久逮今十國公位典祀
之人闕員甚多楚晉秦魏祭享曠然以此知主祀之人
或廢也望詔有司檢會前後已得指揮舉而行之庶幾
益壯宗子維城之勢詔令禮部宗正寺討論申尚書省
開具項下一切契勘趂赴朝參南班宗室係一十七員
目今止是一十一員今欲令大宗正司於紹興府行司
南班宗室內選擇循守規矩無疾病可以趂赴朝參之
人具名申取朝廷指揮如不足亦乞於在外居住南班
宗室內依此選擇施行一十國公位除商國公周國公
見有仲楫仲揩權行主管祀事外有冀國公漢國公越
國公雖元係子望不世不襲權行主管今來未知存亡

其秦國公昭國公楚國公鎮國公越國公五位見闕人
主管祀事今欲令大宗正司將逐位各推見在最長宗
室一名權令主管所有子望世世不襲亦令本司再行
取會諸賓令於本位下別推最長之人權令主奉施行
從之　十月十九日詔利州觀察使居間特降一官以
大宗正司言其太廟告遷祖宗神主不赴也　十一月
十七日定江軍承宣使同知大宗正事士㦷言自來宗
室文臣參選並免銓試蓋祖宗優異宗枝別於庶姓總
呈遲也近有宗室不宿跣近　于係京官參選吏部告示令
赴銓試若是本選去失指揮無可籍考自合申明通用
選人見今免試條法竊恐後來成例欲乞自今後京官

卷一百二十八　二十九

參選許通用選人免試條法施行及武臣宗室昨因臣
僚論列應任監當並不釐務亦非國家並用文武均惠
戚疏之意乞依祖宗舊例仍舊注授釐務差遣如有願
就獄廟宮觀者聽從便兼契勘宗子犯罪據所司根勘
約法定斷得旨拘管或鏁閉之人自有條法立定限取
旨放免近來遇有拘管鏁閉年限已滿之人有司又行
看詳元犯情理再行展年如此則罰責尤重於異姓欲
乞依祖宗舊制依年限取旨放免以彰陛下加惠同姓
之德詔吏刑部看詳申尚書省逐部欲以初官宗室無
出身如試不中及無免試恩例未應出官之人今比起
選人法不候年及三十如授官候滿三年年二十五許

行出官及宗室鑠閑拘管監管之人除犯謀殺强盜十
惡故燒有人居止之屋各罪至貸免或不至死所犯尤
暴或醜惡及謀殺强盜十惡放火私鑄錢强姦畧人罪
至流并殺牛馬徒以上經斷再犯者皆係情犯深重即
難以使依常法取旨放從刑部參酌具申朝廷施行其
餘罪犯欲依所請施行從之　二十三日南郊赦勘會
行在紹興府孤遺宗子宗女宗婦等所請錢米微薄不
可贍養可比附兩外司孤遺體例將見請錢米之人籍
定名字如十五歲以上每月添支錢一貫米一石十四
歲已下減半添支　十二月十六日禮部言准今年郊
禮赦應宗子三經覆試不中依條合推恩據取應宗子

善鞏吁韋切師孟師閔善徵公愿彥進叔陳並係三經覆
試不中年四十以上乞依條量材錄用詔並與補承信
郎　二十九年四月七日大宗正司言禮部宗正寺討
論令本司於紹興府行司南班宗室內選擇可赴朝參
之人緣人數稀少難以選擇令於在外南班宗室有靜
江軍承宣使士嵘清遠軍承宣使提舉祐神觀不怞可
以赴赴朝參乞先次發遣從之　六月十二日詔無官
宗子公獷古猛切特貸命令臨安府差人押赴大宗正司
庭訓訖拘管坐令百姓毆人至死故也　七月十一日
禮部言奉詔安定郡王襲封令有司檢舉太常寺檢准
神宗熙寧元年八月手詔令中書門下考太祖之後以

屬近而行尊者一人裂土地而王之使常從獻于郊廟
世世勿復絶　九月以涇州觀察使舒國公從式爲彰
化軍節度觀察留後進封安定郡王是時宗正司言從式
於諸曾孫在者爲長故命之大宗正司引集燕王院宗
室尊長保義郎伯杲等狀左太中大夫權户部侍郎兼
提領諸路鑄錢令詪係故世曆第二十八男見年六十
一歲言行最長法當襲封從之　八月十四日崇寧軍
承宣使安定郡王令詪奏前此未有自從列而襲封者
欲乞少加優異遇大禮奏薦及將來致仕遺表恩澤仍
舊依權侍郎格例於文資内安排其應干請給并大禮
生日支賜及公使折洗食料等依行在東南班官封行

舊請格例及出入接見投下文字依外官外并宣借人
數書表客司等請給欲乞並依前定安郡王令衿已得
指揮施行從之　九月十日皇叔右監門衛大將軍成
州團練使士謝言父光山軍承宣使仲湜而由切自靖康
以後遇聖節大禮恩澤三十餘次未嘗陳乞兼自宣和
三年陞朝合理磨勘至紹興十七年方使過十周年轉
行一官所有紹興十七年已前實歷過一十三年至今
未曾收使乞依復州防禦使居厚體例及已未曾收使
磨勘於見任官上特與轉行從之　十二月六日主管
親賢宅所言復州防禦使居厚母亡合解官持服其本
官身分請給依條暦内幇勘所有該遇大禮生日支賜

等乞依在京日南班宗室丁憂體例依舊放行從之　二十二日詔建寧軍節度使知內外宗正司士㒟如遇生日特依士衎例取賜　三十年八月十二日詔靜江軍承宣使士嵲赴朝參所有請給支賜等依士諳等例支破　十一月二十六日詔清遠軍承宣使提舉萬壽觀士諳可權住内外任使居住請給及郊禮生日支賜人從等只就行在勘支以病從其請也　二十九日詔華容軍節度使權主奉益王祭祀居廣合差破馬下人從及生日取賜並比附士㒟體例施行　居廣言士㒟見差破抱笏祇應六人今乞差四人書表客司通引官七人今乞差五人宣借兵士二十五人乞依例全破其抱笏祇應依例每月各添支茶湯錢一十貫書表客司各一十二貫益王影前書表客司各一人乞依例各人每月支破添給茶湯錢一十二貫文所有臣生日支賜乞依士㒟體例取賜從之　十二月二日詔和州防禦使士歆與久任宮觀任便居住請給及郊祀生日支賜人從等就行在支勘以病從其請也　九日安德軍節度使同知大宗正事士街言本司所管南班宗室除宮觀任便居住外又士諳士歆因病陳乞內外任便居住行在勘支請給支賜等了當每日趁赴朝參不及十員并每年五享三獻奏告朝拜行事委是輪差不行乞將見今在外隨侍南班宗室士穆并宮觀任便居住不

卷一百二十八

三十二

帖令所在州軍日下發遣赴朝參其請給支賜並乞依行在南班宗室各隨服屬體例所有士諳士歆請給却令在外勘支從之　紹興三十二年八月十六日孝宗即位未改元詔恭奉光堯壽聖太上皇帝聖旨右宣義郎添差權通判明州伯圭除集英殿修撰知台州母張氏特與依祿氏支破諸般請給

經進總類會要

宗室雜錄

隆興元年正月二十一日，崇慶軍承宣使、新知大宗正事、安定郡王令詪言：「宗子散居州縣，皆仰俸廩，累降指揮，令按月支給，而長吏不切奉行。欲望戒敕，無至拖積，尚或違戾，許經臺省陳訴，庶幾獲霑實惠，不至他營抵冒法禁。」詔依。　二十五日，安慶軍節度使、同知大宗正事士㦤言：「宗司行移，以官敘高下列銜，臣序位在令詪之上。緣令詪係臣二兄，乞依士㒟例，許臣列銜令詪下，庶幾臣尊卑有序，不致踰越分守。」從之。　二月一日，士㦤言：「方今邊場未寧，調度尚繁，為臣子者宜以體國為心。臣合得請給於內生日支賜、郊祀賞給銀絹，例各千數，最為優厚，各乞權行減半，候邊事寧日依舊。合破抱笏、書表、客司，乞於內權給客司一名。宣借兵士雖已經減三分，今乞於見存留七分內更減一分。」從之，仍降詔獎諭。　七日，崇慶軍節度使、提舉佑神觀士銜乞將見請郊祀、生日支賜各減半，昨任兩外知宗差破宣節兵五十三人，尚許依舊，亦乞減半施行。從之，仍降詔獎諭。　十五日，岳陽軍節度使、開府

卷一百二十八

三十五

儀同三司、權主奉益王祭祀居廣乞將諸般支賜及差破使臣並權行裁減，從之，仍降詔獎諭。十六日，崇慶軍承宣使、同知大宗正事、安定郡王令詪言：「臣生日支賜、郊祀賞給，其數太優，乞各行減半。合破客司、抱笏、祗候，於數內亦乞各減一名。」詔從之。　七月八日，右監門衛大將軍、昌州防禦使、提舉佑神觀不㣲言：「乞將所得支賜、郊賞、折洗盡行住支，逐月料錢、米麥、春冬衣絹，欲乞隨臣官品減半。」詔除月俸、春冬衣物減外，餘並從之，仍降詔獎諭。　三月五日，詔：「恭奉光堯壽聖太上皇帝聖旨，秀王夫人張氏、伯圭妻信安郡王宋氏應合得請給等，令於所在州軍合發上供及經總制錢內按月幫勘支給。」　七月二十一日，岳陽軍節度使、開府儀同三司、權主奉益王祭祀居廣言：「主奉祀事幾二十年，比多疾病，乞差次長利州觀察使居開權主祀事。」詔依，居廣除萬壽觀使、奉朝請。　九月八日，詔居廣權主奉從合奏兒女兒數，特與兩男補率府副率。　十二日，臣僚言：「宗室在法，遇大禮、聖節賜名授官，其緦麻親補率府副率，袒免親補保義郎。居廣係緦麻親，補出官補率府副率，今其二男係袒免親，亦補率府副率，雖出陛下之特恩，然恐起例者眾，誠有未安。袒免親而補環衛官，其起例一也；非大禮、非聖節而特補官，其起例二也；權主奉而得補環衛官，其起例三也。權主奉而得之，非權者又必

卷一百二十八

三十四

增加其起例四也居廣今已不主奉矣尚得恩數與時權主奉者託故而去又差權官則陳乞無窮其起例五也陛下今補二人官固不足惜與時源源而來無辭以卻之則今日之舉深為可惜故事雖有不得已於其遠屬引而使之近者濮王之後至大觀間以其服盡無賜名授官之制貧乏困匱不能自存遂降陛等指揮以盡均一之義固非特加於一二人者然猶以為未安乃續降詔止作一時指揮以杜攸援之請則作事謀始不可不謹詔依　十一日詔章恩南班宗室節度使與除檢校官仍加恩承宣觀察使加恩回授餘礙止法人並加恩回授　十一月八日詔恭奉光堯壽聖太上皇帝聖

旨秀王夫人劉子專以子孫為請陳辭懇切康聞伯圭在郡頗著政績可與轉右通直郎除敷文閣待制依舊知台州諸子有官人特與改合入官無官人並補承務郎合與宮觀差遣　吏部言伯圭子右迪功郎新太平州蕪湖縣主簿師夔合改右承務郎師龍師垂師禹師禹師皋並合補右承務郎主管台州崇道觀二年二月二十四日伯圭言諸子年齒尚幼其次猶在卝角於祖宗舊法年及二十方許出官除長子師夔次子師龍年及合行出官其餘諸子欲候將來年及支破請給方理為資任詔依　二年正月二十五日詔武德大夫榮州團練使士芑換南班特授右監門衛大將軍成州團練

使六月十四日詔轉授和州防禦使依前右監門衛大將軍　乾道元年六月二十七日詔轉授福州觀察使並依士芑兄嗣濮王士輵所請　二月廿七日詔同知大宗正事令詪知明州子潚於宗室文臣正郎武臣遙郡以上各保薦堪任宗官者二人以聞　四月十五日詔洪州觀察使居厚轉行一官居厚言實歷磨勘一十年乞依士街居中例轉行從其請也　五月二十九日詔岳州觀察使權主奉益王祭祀居間轉行一官居間言自靖康以來該遇恩澤三十餘次未曾循轉乞依居端居厚例轉行從其請也　閏十一月十一日皇帝少保靜江軍節度使判大宗正事恩平郡王璩言昨除開

府儀同三司判大宗正事指揮內依舊恩平郡王止是請給恩數依士㒟例其恩平郡王前後已得指揮即無銜改緣主管所吏不照應將元差人兵官吏等並皆裁減乞將恩平郡王前後已得指揮依舊施行并昨已得指揮依祿格支歲給錢仍乞改昨歲賜錢詔依　二十五日詔璩男賜名師淳特補武翼大夫遙郡刺史璩言臣有男年甫五歲寅緣近屬伏乞賜名從其請也　乾道元年正月一日赦勘會州縣寄居宗子等孤遺錢米累降指揮令按月支給訪聞州縣不為依期批勘致有失所未副惇睦之意仰監司常切檢察勘會行在紹興府孤遺宗子宗女宗婦等所請錢米微薄不能養贍可

比附兩外司孤遺體例，將見請錢米之人籍定名字，如十五歲以上每月添支錢一貫、米一石，十四歲以下減半添支。（乾道三年十一月二日、六年十一月九日、九年十一月九日赦同）　十三日，崇慶軍承宣使、同知大宗正事、安定郡王令詪言：依格，任宗官每一歲子孫遷郡刺史以下減二年磨勘。昨自南渡後，任宗官子孫服屬稍遠，多無任遷郡刺史以下之人。其前官令應子孫皆係文臣，已蒙依所乞收使，令令詪子孫亦係文臣，欲望特與收使。詔依令應例，特許回授。二十三日，詔令詪與換文階，特授左太中大夫、充敷文閣直學士、知紹興府。　二月二十九日，明州觀察使、提舉祐神觀、權主奉吳王祭祀居端言：伏為係英宗皇帝

卷一百二十八　三十七

三世孫，緦麻親，昨差權主奉吳王祭祀，居端害及腳膝之疾，已蒙除在京久任宮觀。近年疾勢愈增，乞降一在外久任宮觀，台州居住。其合得請給就本州幫請，生日大禮支賜依士㦤等例於行在幫支。見權主奉吳王祭祀，乞令親姪保義郎多才權行主奉。詔並依。　三月四日，洪州觀察使、同知大宗正事士錸言：宗官宣倚、英玄合差破二十三人書表客司，每月添破茶湯錢十二貫；抱笏祇應每月添破茶湯錢一十貫。其抱笏祇應闕人，許踏逐辟差。欲乞並依士街、令詪已得指揮施行。詔依。　五月一日，禮部言：安定郡王令詪已換文階，知紹興府，大宗正司引集宗室以序合襲封安定郡王，係武德郎

主管台州崇道觀令德。詔令禮部檢照典故，討論取旨。七月二日，詔故洪州觀察使居厚係近屬宗子，宜優恤其孤，可自今每月支錢五十貫、米十石，候本家有人食祿日住罷。　二年九月，故宗子居仁、三年三月故宗子居闇孤遺，詔依此。　八月十二日赦：應宗室合堂除不釐務人，令三省樞密院精加銓量，如委有材能，特與釐務差遣。（七年二月十四日赦同）　十二月九日，詔右監門衛大將軍、和州防禦使士穆特降授楚州團練使。判大宗正事、恩平郡王璩言：士穆丁憂，祥除不遵指揮回司，尚留福州，恣行兇暴，若不懲戒，切恐其餘南班遞相視傚，難以鈐束。乞將士穆先次降官，令所在州郡差使臣兵級管押

卷一百二十八　三十八

赴司，以為宗屬欺上慢下之戒。故有是詔。　二年正月二十六日，禮部言：左朝奉大夫、知南外宗正事不猷言：竊見諸州差見任宗室充尊長，謂之尊屬，司不過檢察偽冒請受而已；至於違犯法令，有莫敢誰何。乞將宗子應有負犯，除大宗正司及西南二宗司各於置司處專一鈐束外，其餘州縣並聽本州尊長量行訓治。本部今勘當，除宗子所犯情理深重，遵已降指揮取旨施行，其情罪輕者，令本州見任尊長依法訓治。詔依。　三月二十四日，臨軒唱賜進士第。汝愚初為第一，以宗室有官降居其次，仍賜第一人恩例。　四月十五日，常德軍承宣使、同知大宗正事士錸言：臣筋力不逮，乞依士䎘例

特與出入南北門免諸處行事趁赴六參起居詔依　五月十二日詔恩平郡王璩妻王氏特進封澤國夫人諸般請給生日時服等並與依慶國夫人蘄氏內東門司給曆下紹興府幇勘錢米並於經總制及湖田米內支給　六月十六日詔右監門衛大將軍和州防禦使士秀特與轉正任防禦使　判大宗正事恩平郡王璩言士秀服勤儒學恪遵禮度閨門孝友終始如一月俸常患不給而安於分義近屬之賢實鮮其比欲望特與進秩一等以為宗室之勸故有是詔　三年四月五日士秀知西外宗室事替子英亦璩所請　十一月十四日詔居廣令趁赴前後殿六參起居仍與免差諸處行

卷一百二十八　二十九

事　三年四月十三日故秀王夫人張氏言長孫右承奉郎主管台州崇道觀師夔次孫右承務郎前主管台州崇道觀師龍第三孫右承務郎主管台州崇道觀師垂欲望特與添差差遣一次親姪張宏乞於右選內安排詔恭奉光堯壽聖太上皇帝聖旨師夔除直祕閣添差台州通判仍釐務師龍添差湖州簽判師垂添差秀州簽判並不釐務張宏特與補保義郎　五月十九日詔金州觀察使濮王位檢尊尊長士詶特與轉保信軍承宣使　同知大宗正事士銖言詶實歷十年合該磨勘故有是詔　八月二十九日皇叔祖華容軍承宣使提舉隆興府玉龍觀士洪言已得指揮令久任宮觀給

興府居住儿來愈衆伏乞依舊久任宮觀任使居住請給衣賜並乞於所在州軍幇勘詔依　九月二十四日皇弟少保靜江軍節度使判大宗正事恩平郡王璩言恭遇陛下節届聖而又禮部講郊天臣職總宗盟戚預近屬欲乞隨班上聖且廟陪祠之列詔從之　四年九月十九日璩亦有請詔依　四年十一月四日詔璩除少保恩數與依昨除使相已得指揮施行　十二月六日詔恭奉太上皇帝聖旨秀王夫人長孫師夔特賜紫章服　二十六日詔右千牛衛將軍士矩特轉右監門衛大將軍　皇叔祖宣州觀察使提舉祐神觀士歆言該遇覃恩合轉一官礙止法回授與親堂弟士矩從

卷一百二十八　四十

之　五年二月二十二日詔右監門衛大將軍士矩特授蘄州防禦使右千牛衛將軍士忞特授右監門衛大將軍楚州團練使右內率府副率士恭特授右監門衛大將軍榮州刺史　吏部言已降指揮士矩士忞士恭並與換元舊南班官其任外官日歷過磨勘轉官將許以兩官儿換南班一官收使故有是詔　四月一日詔左宣教郎主管台州崇道觀師訓名赴都堂審察左承議郎提轄行在榷貨務都察場善俊左文林郎知臨安府仁和縣祐之並俟任滿名赴都堂審察從同知大宗正事士銖所請也　九月十八日詔右監門衛大將軍榮州刺史士恭特授楚州團練使士依前右監門衛大

將軍以兄武當軍承宣使知濮安懿王園令事士程該覃恩礙止法回授從其請也　十九日詔不蝸特與除直秘閣以父檢校少保安慶軍節度使同知大宗正事士𥟖遺表來上從其請也　十二月十日敷文閣直學士右承議郎知明州兼沿海制置使伯圭言長男師夔見任台州通判次男師龍見任湖州添差不釐務簽判令各相次任滿欲望許令再任一次詔恭奉太上皇帝聖旨可從所乞　六年二月二十九日光州觀察使安定郡王令德言昨經外任有歷過月日自襲封後通理十年兼依令格例合該磨勘詔特轉定武軍承宣使五月十八日皇叔祖均州防禦使士𡿺言實歷十年合

卷一百二十八　四十一

該磨勘詔特轉隨州觀察使　五月二十八日常德軍承宣使同知大宗正事士銖言安定郡王令德乞立班在臣下臣竊謂朝廷莫如爵鄉黨莫如齒臣年雖長及叨冒宗官然令德係是襲封郡王於臣分守有所未安欲望依官序令臣立班在令德下詔依令德所乞五月六日臣僚言勘會南班宗室自太子右內率府副率至正任承宣使十階並用十年磨勘轉行一官至觀察使取旨施行近來南班有礙止法者往往回授近屬作一官轉行顯是太優欲望特降指揮如有回授止與改給減十年磨勘其承受減年人若該磨勘即照應隆興二年三月二十三日指揮對用實歷改轉施行詔依

二十八日詔士銖久司屬籍特授奉國軍節度使依前同知大宗正事　六月二十八日奉國軍承宣使提舉台州崇道觀士𡿺言年老多病伏乞依士術例任便居所有合得請給依已得指揮於所至州軍經總制錢支給詔從之　九月十九日奉國軍節度使同知大宗正事士銖言保信軍承宣使濮王位檢察尊長士訫老病本房並無子孫令本位室第士𡿺第三孫欲與士訫為孫承繼契勘昨在京日有周王宮宗室允初為無嗣將濮王宮宗魯幼男仲述為孫今來士訫士𡿺係同宮本位委是昭穆相當詔依　七年正月二十七日詔歸正趙不驕特與補正承信郎添差合入差遣候本人名到

卷一百八十二　四十二

知識係官委有干照方隸玉牒　八月二十二日同知大宗正事士銖言故左朝散郎彥增妻安人元氏狀故夫兄彥堪將第二男寬夫過房與故夫彥增承繼緣彥堪及夫彥增相繼身亡未曾陳乞附籍契勘寬夫係彥堪之次子即非嫡長與彥增為嗣昭穆相當伏望許令寬夫過房彥增為後詔依　九月二十五日同知大宗正事士銖言定武軍承宣使安定郡王令德堯藝祖之後襲繼祠事不可久闕欲望下有司襲封施行詔依十月六日詔皇弟少保靜江軍節度使判大宗正事恩平郡王璩改判西外宗正事　是日詔紹興府大宗正行司可併行在大宗正司見任并已差下官屬並依省

罷法　十一月三日恩平郡王璩言已除醴泉觀使任
便居住乞依舊於紹興府居止見令差破官属諸色人
從請給恩數并生日取次等並乞依恩平郡王前後已
降指揮施行要澤國夫人王氏及見差破官屬人從諸
般請給歲賜米衣賜時服等依舊於紹興府支給詔依
十六日詔隨州觀察使知西外宗正事士秀提舉隆興
府玉隆觀任便居住其士秀并免女合破人從請給許
於所在州軍支給　二十二日詔令從宗室遂郡以下
如遇請假止令申閤門　八年五月七日詔居廣生日
支賜依士輵已得指揮—二年七月十二日嗣濮王士
竊言叨冒襲封每歲取賜生日伏乞令入内内侍省依

卷一百二十八　四十三

舊全支取賜詔依　六月三日詔武德郎主管台州崇
道觀令揑除金州觀察使襲封安定郡王。十二日詔
恭奉太上皇帝聖旨右宣教郎直秘閣知徽州師夔除
直徽猷閣　十二月十三日成忠郎權主管吳王祭祀
多才奏乞比换官吏部詔對多才元係祖免親陞作緦
麻親换官格法合比换太子右内率府副率於階銜上
帶皇姪二字詔依　九年閏五月十日知明州伯圭言
昭容周蓥又從先臣且教導臣子欲望特降指揮補文
資恩澤詔恭奉太上皇帝聖旨特與依士銖例依祿格
全支本色仍免折支　八月一日詔秀王孫右承事郎
添差權通判婺州師龍右承奉郎添差權通判平江府

師垂並除直秘閣差遣如故　十月十八日詔皇帝少
保靜江軍節度使充醴泉觀察使恩平郡王璩已賜玉
帶金魚許令繫赴朝參　十一月二十五日璩言長男
師淳特蒙錫以訓名寵以官職今來師淳年齒寖長欲
望量加寵爵及臣次男七歲乞依師淳訓名命官詔師
淳特轉忠州團練使次男賜名師瀬特補武翼大夫

卷一百二十八　四十四

紹熙宗室雜錄

淳熙十六年二月四日登極赦應宗子見入道或為僧
願歸家者聽元有官封者依舊　四月六日大宗正司
言不字南班宗室合行繫帶皇叔祖安定郡王子彤擊
帶皇伯祖士韶士峴仍舊繫帶皇叔祖從之　十七日
詔皇姪耀州觀察使嘉國公食邑五百戶食實封貳百
戶柄特授永興軍承宣使進封許國公加食邑五百戶
食實封貳百戶應諸般請給生日等可並與依祿格全
支本色　六月一日新授華州觀察使知大宗正事不
黷奏轉授之初循例合破書表客司厳侍人從并諸般
請給生日大禮歲賜公使錢等乞依見今全給將來遇

卷一百二十二　一

郊奏薦亦乞比視文臣官序施行仍乞自後準此從之
八月十三日詔無官宗子量試如給到降生公據或
見請孤遺錢米之人與免召保令本處宗室尊長保明
從州郡給據赴試　紹熙元年正月二十八日詔成忠
郎多功特與補太子右內率府副率仍繫帶皇弟二字（以多功言居字行位下各有男換授南班偏先父居比位未霑恩霈乞從例比換請給入從添給生日支賜並亦乞依則例支破故有是命）
二月五日大宗正司言無官宗子依
赦量試內有無年甲干照未曾召保入乞照紹興三十
二年指揮若引試前執到官司赴試公據許令先次引
試候試畢從禮部將合格名字具所屬州軍三代牒報
本司行下取會勘令名保別無詐冒即與放行推恩若

有虛偽詐冒依已降指揮斷罪從之　二十八日大宗
正司言為宗室增立到字行　翼祖皇帝下繼字子欲
連大字（從上連）　太祖皇帝下孟字子欲連作由字（從上連）　太
宗皇帝下良字子欲連作友字（從上連）　魏王下若字子欲
連作嗣字（從上連）　親賢宅自字子欲連作甫字（從下連）　華宅
中字子欲連作孫字（從下連）　從之　四月七日將仕郎公
撫奏乞免試參選吏部勘會公撫因捧表推恩補將仕
郎曾請到江西漕司文解乞照應奏補宗室曾經應舉
得解與免試放行參選從之　九日詔應命官同國姓
與宗室連名相犯之人令經所屬陳乞改避所有宗子
如無立名公據經所在州軍陳乞保明申所屬出給限

卷一百二十三　二

半年四川二廣限一年經所在州軍陳乞如仍前不曾
給到公據不許參選州軍並不得放行請給經由官司
去處人吏違滯從條科罪令禮部具條式下諸路州軍
遵依施行　五月二十六日詔今後宗室身故妻四鄰
依五保法報所在官司即時拘收降生文帖申州批鑿
身亡日月本州類聚季申禮部行下大宗正司兩外宗
司照會州軍奉行不虔監司覺察聞奏當議重作施行
先是三省言諸州縣間有不逞之徒收買宗子身亡降
生文帖影射作過故有是命　十月二十七日詔信王
璩長男師淳轉一官仍換南班第三男師瀹落階官第
四男師踰帶行遙刺　二年十一月二十七日郊祀赦

行在及紹興府見請孤遺錢米宗子宗女宗婦等其間
有未曾引赦添支錢米可比附兩外司孤遺體例籍定
名字將十五歲以上並依前赦例添支十四歲以下減
半給添　三年八月六日戶部言忠訓郎特添差監榷
貨務都茶場不釐務不嚼人從請給等依多述不貺例
全行支破準紹興四年指揮內外應添差官除本身料
錢衣賜外其餘添給等並減半支不嚼係添差之官竊
恐攀援不已詔除人從更不支破外餘依已得指揮
十四年宰執進呈嗣秀王伯圭言乞量復宗室添差員
數上曰諸郡員數已經減罷若行再復恐州郡費力兼
每州復得一員亦不濟事又進呈乞置宗學留正奏云

每當宗官須理會這一事他要給五十頃田卒急亦無
許多田應副上曰記得不顯亦曾理會有司相度得難
行不若已之　四年六月四日故吳王主奉多才遺表
奏弟多藝多見乞依例比換南班妻令人高氏封碩人
男二人自字行依多字恩數見破人從存留候服闋日
發遣致仕恩澤併乞施行詔並從所請男二人各為年
小候官別取指揮　以上光宗會要

八

全唐文

經進續總類會要

宗室襲封濮秀二王各見本門　慶元元年十月十六日詔忠翊郎
子恭除利州觀察使　嘉泰二年七月九日詔子覿除
金州觀察使　四年十一月十三日詔伯栩除宜州觀
察使　嘉定元年十月十四日詔伯梲除福州觀察使
八年年十一月一日詔伯澤除潭州觀察使　已上襲
封安定郡王　十二年八月三日臣僚言竊見國家襲
封王爵主奉祠事從獻郊廟所以崇德廣恩羽儀磐石
非特示一時之恩寵而已嗣秀王屬族既近班位自高
以序受封固無可議獨嗣濮安定郡王近年以來率自

下僚例行承襲且多癃老疾病不能起跪至有賜優在
列竟未嘗一覩清光而赴朝謁者縱得元降雖有擇年
高行尊之文然高宗皇帝朝儀王仲湜以德望俱隆越
仲㒟而選拜武德郎士齡次當襲爵以其官卑乃命士
儀權奉祠事越十六載始正士㒟之封則斟酌劑量又
在宸意初不拘一定常行之例也今若專以德望為選
則又恐啟爭奪之風紛經營之路謂當參稽中制自後
允嗣濮王安定郡王有合該封襲之人先行下寄居州
軍審驗委堪拜跪即與保明申上仍津遣至宗司銓量
繼赴都堂審察閤門引見奏事訖然後取旨除授或序
當承襲本州宗司見其不能拜跪與特轉一官及一子

恩澤文武隨資以華其老卻於以次人內更行選襲庶幾尚年尊德之典並行奉先睦族之意增重從之 換授

紹熙五年十月二日詔朝散大夫新知南外宗正事不邇特與換右監門衛大將軍濠州團練使權知大宗正事是年十一月不邇言蒙恩換授合破書表客司殿侍及差在募并任合得請給生日大禮歲賜等乞依不意等累降指揮依舊全給兼元係文官換授所有將來遇郊奏薦乞依已降指揮視文臣官序奏薦施行日年及六十歲於衛官欲依累政宗官例令趁赴太參詔任募依尚書格差破餘依所乞 止

閏十月三日詔師淪與換南班轉正任眉州防禦使該遇覃恩故也

慶元元年正月二十一日詔忠訓郎多謨特與換太子右內率府副率其生日支賜請給人從並依見今南班官則例支破以故皇叔太子右監門率府率多福妻徐氏奏親賢宅吳王益王府兩師南班宗室在紹興隆興以來有居廣等二十餘員皆是使相節度使小者承宣觀察使不數年間類經命侵乾道淳熙間有多不等十七八員近年以來相繼不祿今兩宅止有七八員委是宮小員闕日就零落望將郎近屬從其請也

十月一日詔忠訓郎不嗜特與換授率府率合趁赴朝參其請給生日支賜人從等依不謂等前後已得指揮施行以大宗正司言不普侍父士岘服闋從吉故有是命

十二日詔希楙候服闋年及日陳乞比換南班 先是皇叔寧遠軍承宣使提舉佑神觀師淳上遺表乞與男希楙換授右千牛衛將軍故有是命

十二月四日詔朝散郎善下特與換右監門衛大將軍遙郡刺史服闋日與本京宮宮差遣仍奉朝請

嘉泰元年三月十四日詔保義郎自牧爲係英宗皇帝近屬特與比換南班填多見身故闕其請給人從生日支賜添給等並與依見今南班則例支破

開禧二年十一月五日詔朝奉郎直秘閣新權發遣台州師岊奉議郎新添差通判衢州師彌通直郎秘閣新添差通判臨安府師貢並係崇王諸子理宜優異師岊可特換授忠州防禦使師彌換授和州防禦使師彌換授和州防禦使師貢換授均州防禦使

三年三月二十三日詔師皋次男希泜與依兄希閔例換授將軍免赴朝參應干請給等依兄希閔例支破

嘉定二年七月六日詔修武郎前特添差東南第三副將不蹇移不逷特與比換南班以不退言先父士任監門衛大將軍權主奉周王祭祀被旨差充奉使是將偶正使張子正中金得疾虜庭捧進國書並係先父任貢累嘗朝廷軫念特添差差遣今已十任竊見張孝曾因奉使回程身故累恩更特與子恩澤乞將臣所得添差恩數比附特與臣比換南班仍權令主奉周王祭祀故也

十四年五月二十二日詔不憁行尊年高中外屢更事任自爲司農卿今已十二年理宜優異可特換授保康軍承宣使提舉佑神觀仍奉朝請特賜金帶一條許令服繫不憁元係奉直大夫直寶謨閣主管建康府崇禧觀

二十八日詔不熄屬近行尊理宜優異特與換授和州防禦使提舉佑神觀仍奉朝請不熄元係奉直大夫主管華州雲臺觀

八月十一日詔伯檜善踐行尊年高中外屢更事任並特與換授觀察使在京宮觀仍奉朝請伯檜元係朝議大夫新除大理少卿除揚州觀察使善踐元係中奉大夫新除司農少卿除潭州觀察使並提舉佑神觀

同日中書門下省言太祖皇帝下燕王秦王位宗室見今趁赴朝參立班員數極少詔希循

特與換授蘄州防禦使希館特與換授右監門衛大將軍吉州刺史並令提舉佑神觀師譽希瑋與旨並特與換授右監門衛大將軍師註師賑並特與換授右千牛衛將軍仍並令奉朝請希涵元係朝奉郎吏部郎中希館元係宣教郎知大宗正丞兼權工部郎官師譽元係宣教郎大理寺丞希瑋元係宣教郎將作監丞與旨元係秉義郎師註元係忠翊郎師賑元係忠翊郎閏十月月十三日詔朝散郎希楧屢任繁難差遣曾經作縣資歷已深又係秀安僖王近屬令乞換授南班理宜優異特與換授右監門衛大將軍吉州刺史特差提舉佑神觀　二十三日都省言宗室正任見令趂赴朝參員數尚少師譽希瑋皆係進士出身曾任宰監丞理宜優異詔師譽特除文州刺史希瑋特除雅州刺史並提舉佑神觀

補官　嘉定十四年六月二十二日中書門下省言燕王優邸　十一月十八日都省言宗室正任防團見令趂赴朝參一班止有二員詔希館除成州團練使仍賜金帶一條許令服繫趂赴朝參

請給　紹熙五年七月七日登極赦文訪聞宗室見請孤遺錢米之人緣縣道闕乏多有拖欠自令赦到日並改就逐州按月幫支自後明堂郊赦並同　九月十四日明堂赦勘會行在及紹興府見請孤遺錢米宗子宗女宗婦等其間有未曾引赦添支錢米可比附兩外司孤遺體例籍定名字將十五歲以上並依前赦例添支十四歲以下減半添給自後明堂郊赦並同　嘉定五年二月十三日宗正寺

主簿陳卓言臣觀仙源圖籍宗藩慶系等錄仰窺三祖下流派枝葉之茂胪分派別日益歲增其已訓名者動以萬計而未訓名者不與焉蓋祖宗特宗室尚少率皆養之宮院逮熙寧漸至繁衍始聽外補渡江以來卒之東南訓名給據既為費力而孤幼貧乏錢米尤未易得爾者宗寺已嘗申盡訓名事宜陛下既俞其請天族均受其賜獨請給一事其弊已久考之令甲宗室祖免外兩世祖父又俱亡無官雖有官而未釐務各貧乏應計口給錢米孤幼無依倚或貧乏者不限世數又復量其歲數定為給賜之格令甲昭然而州縣艱阻抗以猾吏困以抱劵之夫大率一名之給為費數十千遷回數月僅乃得之是以雄藩巨屏拖闕不支壯邑小縣抑遏愈甚儻不嚴行戒勑將見日益月滋朘弱元氣虧損大體望賜睿旨應所在宗室合得孤遺請給即與照條幫放州縣不得阻抑及容吏胥抱劵等人乞取州委通判縣檢路委監司覺察庶幾洪行葦忠厚之實厚葛藟本根之庇從之　十年六月二十六日都省言雨澤稍愆見行祈禱訪聞州縣有宗子宗婦宗女因事被州縣長吏住閣月請孤遺錢米之人多者一二年少者三數月州縣利於減省支費不與放行有一名被閣全家狼狽者州縣不惟違戾按月支給指揮殊失朝廷親睦之恩有傷和氣合議施行詔令大宗正司及西南兩外

宗司行下州縣契勘如有住闕錢米之人日下並與施行 十六年五月四日臣僚言宗室隸于行都者月給料錢數三千視外主尊視外郡幾半其倍以皇族稍近而獨厚之彼日用所資於此取給分文以上不容有虧而管行吏給與抱請人互相欺掩幫支之際輒於逐人名下減刻五百怯懦宗子隱聲受抑而莫能與爭寠衣艱食而弗敢陳訴以公家之厚費以公家之厚費飽吏欲之營私華轂之下且猶若此散而州郡將何如乞下大宗正司索上簿歷究問所減錢數吏輩刻取重作施行自今每遇散錢並須先期逐項點對不許分文減刻仍委丞佐親往監視各令宗子正身到官照歷交付從之

恩賜 嘉定十四年七月二十日詔令後宗室節度使帶嗣郡王國公及檢校官並許佩魚 十月十八日詔瑞慶聖節集英殿賜御宴令南班宗室大將軍赴座所有上壽茶酒令後令率府副率以上並赴座 二十六日詔燕王宮冀王角位故修職郎福州永福縣尉希瓊令戶部支賜銀絹二百匹兩妻全氏封安人男與苘特補迪功郎 十一月十八日都省言宗室正任防團見令趁赴朝參一班止有二員詔希館除成州團練使仍賜金帶一條許令服繫趁赴朝參，卹孤 開禧元年五月二十三日詔英宗皇帝二世孫发郎最為近屬昨在軍前深可憐憫累該奏薦子孫恩澤可將已陞

等見主祀長孫多藝依居端等例特與轉行一官以示優卹 嘉定六年二月二十七日臣僚言竊見令甲所載孤幼財產官為檢校注云並寄常平庫所以愛護甚至隄防甚密矣民間孤幼責在州縣其家於鄉村者縣之專責態辦窘迫苟且目前罕不於此移借西南兩外宗子孤幼責在宗司宗司自行拘收吏輩既因以侵欺用度務侈遂視為公帑之儲且其在孩提之時不能自有其有而委之官須其及令而歸之謂不當局鑰之固至於執券就索以歲月久遠拒之否則婉辭以款之十或不能還一二彼其初籍之已有利之之心蓋自籍而至於給還近亦不下十載而居官不過二三年為任前者以非我給還而敢於用後者以非我移用而吝於還縣令如此甚非父母斯民之意宗司如此其亦盍以公族枝葉為念乎乞詔戶部行下州郡毋容縣道互用民間孤幼寄庫財物令後有法應檢校之家其財物並拘樁本縣常平庫西南外宗司令大宗正司行下兩司如有孤幼宗子合檢籍者移文於寓居處本州施行亦寄常平庫西南外宗司令大宗正司行下兩司如有孤幼宗子合檢籍者移文於寓居處本州施行亦寄常平庫如拘樁之物及續入地利並須簿歷分明收附月委官點檢具申大宗正司嚴幾給還以時宿弊可革從之

訓名 嘉定八年七月二十三日詔皇從弟承宣使搢

改名思正皇從姪觀察使均改名責和先是侍御史石
宗萬言竊惟先王之制禮其於名分之際至嚴也蓋尊
卑之有序上下之有等貴賤之有級截然不可紊至於
一器用之微一服飾之末猶且嚴為之主而況族屬之
親疏名稱之同異可不謹其別乎是故嫡庶之辨大宗
小宗之分聖人於此尤致意焉誠以示等衰之制防僭
擬之萌不得不然別嫌明微其意深矣恭惟藝祖皇帝
友愛天至凡諸子行之賜名俱聯德字至大宗繼統禮
禮文浸舉漸以區別諸王皆聯元字而諸姪仍聯德字
為從兄弟而不得聯名豈非以宗廟之重貴於有別歟
真宗諸王皆從示傍而諸王不惟不敢聯且皆複名以

為別自時厥後遂為典故商王楚王周王真宗之親弟
也其子悉聯允字燕王秦王真宗之從弟也其子則聯
惟字蓋親弟之子與從弟之子又有別焉神宗諸王皆
從人傍而吳益二邸實聯孝字至於諸孫則又視其戚
疏從而派別聖朝家法宏遠深長質諸三代而無愧臣
愚妄論今日竊有疑焉承宣使櫓於屬為從弟乃得與
御名俱從手字觀察使均於屬為從姪乃得與皇太子
俱以一字名恐非所以崇至尊重國本也雖陛下崇睦
親族務從過厚然祖宗成憲俱在所當遵從欲乞下臣
此章令禮部宗正寺討論以聞從之既而朝奉郎宗正
丞兼權刑部郎官吳格等討論照得櫓係是皇從姪（弟）與（均）

係是皇從姪與
皇親弟單名者事體不同兼才手偏傍尤不能無嫌臣
僚所請改正誠為允當但是檢出紹興三十年立孝廟
為皇子詔書明言係藝祖皇帝七世孫若從藝祖皇帝
之後合聯希字（與安）然在禮入繼大宗者只從所繼服屬父
既從所繼服屬則生子若孫雖不為父後亦無緣歸認
本家服屬若以此論則係太宗皇帝之後合聯崇字必
字聯立雙名自是無疑而所聯之派莫知所從此外又
更討論先朝旋姓有昭穆同而字號同者有昭穆而同
（而）字號不同者又所以殊辨親疎別嫌明微也如英廟之
（吳益與）繼仁廟亦猶孝廟之繼高廟也英廟生神廟及吳益王
之子實聯孝字孫實聯安字濮邸而下聯士字者與孝

字正同行聯不字者與安字正同行雖然同行而所聯
之字又字（自）不同今若做此別立一字庶無形跡兼有故
實可援然格等人微識淺亦未敢指以為定謹以三說
開陳於前更在斟酌施行禮部看詳臣僚欲謹名稱之
別宗寺欲致親疎之辨二議所陳理須改定蓋以今皇
從弟從姪之名乃與至尊儲禁名字偏傍相犯似非累
朝故事有失別嫌明微之義若以宗姪昭穆而論孝宗
皇帝實繼高廟正統則莊文暨魏惠憲王子孫只當從
太宗之後叙聯昭穆若連崇字必字則太示疎遠驟為
更革於義未安今來乞用吳王益王以孝字安字為名
故事酌親疎之宜權輕重之義別立名今字與宗屬之

踈者稍有差別上遵祖宗之制下示親親之義則於理
於情皆為允當詔令宗正寺擬撰字號并賜名申尚書
有至是本寺擬撰到思貴乃如延五字學士院看定故有
是命　八月十三日大宗正司言樞密院編修官趙崇
朴申請宗子年長四五十歲不曾訓名父無名籍予無
訓據乞行下諸路州縣明示年長未訓名宗子許日下
經所屬陳乞保明具申本司檢準在法宗室降生限一
日報所屬限一季陳乞立名以革僞冒之弊自後宗子
間有不遵條令過降生兒男或不照應條法陳乞或討
覓外姓男女一時扶合廂隣只經州縣出給降生及自
立私名亦不陳乞訓據遂於嘉定五年內立式申明今

卷一百二十五

十

後宗子降生男女仰具三代家狀聲說其父曾不訓名
係第幾男實排行第於何年月日在甚處廂界防巷生
長收生老娘抱育人同本家尊長共狀結罪保明召承
信郎或廸功郎保官一員所在州軍廂隣次第勘驗委
無僞冒批書保官印紙保明申司置籍出給降生文帖
如有自獲指揮之後續陳乞者亦照格式施行方與給
據行之許久頗革前弊所有宗子訓名亦照已得指揮
占偏傍避諱牒報宗正寺訓給二者並是見行遵守於
令申請明示年長未曾訓名宗子經所屬陳乞保明具
申雖見念及宗子免使因而流為外姓竊慮僞冒之人
乘時得以影射妄作年長陳乞脫漏訓名本司今措置

帝系七之二五

如有似此年及四十五十未曾訓名宗子亦照前來格
式仰同本家近親尊長重結罪名委保陳乞仍具夾細
家狀擬占偏傍避父祖名諱令召或文或武陞朝官一
員委保經所在州軍陳乞本州軍亦照見行指揮收索
降生干照委官點對如前次第勘驗委非過房討養異
姓男結立罪賞批書保官印紙記保明繳申出給訓
名如陳乞之人父祖已亡失於陳乞訓名以致宗寺不
曾該載屬籍即乞就與添注從之　十六年正月十九
日臣僚言仰惟祖宗睦族超越前代宗室之始生也有
降生以紀其實既長也有訓名以示其別分潢析派整
整有倫今日本支蕃衍視昔盡數十倍降生訓名法非

卷一百二十五

十二

不備然富者十不一二貧者不啻七八彼其經營一據
自縣保明至于州然後上之宗司道理往來費不知其
幾所以家貧無力者每不暇訓名甚而降生有據亦未
必盡由宗司陳給存亡之數在宗司且不得盡知名稱
之誤在宗寺亦安得盡革臣嘗見近日奏牘有以澤夫
為名者考其三代則父名郴夫若此舛訛往往非一矧
名既得不訓則他日應試變易冒濫豈無以一人而計
會兩降生據而冒二人之試者乎又豈無兄弟同試而
遜一得於文筆優長之人者乎蓋本名無定則虛實難
稽其勢固應爾也乞申飭大宗正司遍牒所在州軍移
文各處尊長司凡宗室不問寄居見任其未經宗司出

帝系七之二六

給降生與年及五歲而未經訓名者限以半年並無勘會著實類聚申上宗司次第出給公據所有名保狀書等事悉準舊制仍令宗司著為定令每三年一次檢舉施行庶幾振振之盛無不登名宗牒而冒濫應舉之風亦可少革從之

賜名　慶元六年十一月一日詔宗子與愿改賜名曮特除福州觀察使令就資善堂授書詳見資善堂門　嘉定十四年八月二十七日御筆皇姪右監門衛大將軍與從吉可改賜名貴從舊從成除果州團練使十五年轉邵州防禦使

承繼　嘉泰三年九月七日詔莊文太子繼嗣未立朕每以為念宗子希堪可改名㬐令為嗣補右千牛衛將軍　十七日禮部太常寺言莊文太子繼嗣照典禮合行祭告行禮官差本宮都監一員太祝一員並於前一日絕早赴莊文太子攢宮致齋行禮祝文一首下學士院修撰從之　開禧二年五月一日皇弟少傅昭慶軍節度使吳興郡王柄奏臣不善衛生浸成綿痼之疾念臣年餘三十有子不育堂有老母何以自慰而先臣香火之奉亦遂子然伏望矜念於近屬中擇昭穆相當者一人與臣為後庶幾嗣續有傳存沒不朽從之　同日詔宗子希瞿長男令繼沂王後賜名均與補右千牛衛將軍差置小學教授二員以太保沂王府為名合行禮數依昨來太保沂王和買小學體例施行每年於內藏庫請降教官以下一年請給衣賜時服等充本府支散主管文字書寫文字供檢文字等就太保沂王府請當見存留人在府接續祇應理任請給年勞酬賞等依前後已得指揮施行

嘉定八年八月五日詔皇從弟思正仍舊為莊文太子府皇從姪貴和仍舊為魏惠憲王府　十一年十月一日禮戶部言判大宗正事嗣秀王師禹奏故武經大夫浙西兵馬都監趙希古妻吳氏與本位尊長通直郎新通判太平州趙希永議乞過房同宗下宗子希瀓第三男與任為希古繼嗣逐部勘當委是昭穆相當於見行條法別無違礙從之　十四年七月一日武翼郎趙善潛言昨者先兄善樹得蒙換授南班以繼昌王之後不幸在任身故欲望陶鑄祗替名闕庶幾衆宗隆緒不致孤絕詔善潛特與授換右千牛衛將軍仍令趁赴朝參　五日禮戶部言奉議郎前權通判太平州趙希永乞本位尊長保康軍承宣使提舉佑神觀充秀安僖王園令本位檢察尊長師彌狀保明議定過房同祖下宗子希稙第二男乳名雙哥與希永為嗣逐部勘當所乞過房委是昭穆相當應得見行條法別無違礙從之

雜錄　紹熙五年七月七日登極赦應宗室犯請到文解並與推恩仰有司照應淳熙十六年體例條具取旨　同日赦應宗室無官人依淳熙十六年二月四日赦與量試推恩令有司照應已行體例條具取旨　同日赦宗子見入罪見鎖閉監管拘管人並放逐便內情重具元犯取旨　同日赦宗子見入道或為僧願歸家者聽元有官者依舊　二十九年詔皇弟許國公婦俞氏與封咸寧郡

夫人依宮人祿式支破諸般請給（慶元四年七月封安國夫人）九月
十四日明堂赦文應宗室犯罪元係情理重與減作稍
重與重減作稍輕稍輕減作重（自後明堂郊赦並同）同日赦應宗
室犯罪永鎖閑永監管拘管之人令西南兩外宗正司
具元犯輕重及有無悛改結罪保明申大宗正司具奏
取旨餘鎖閑監管拘管者可特與減一年理為放免年
限已經展年人令逐司結罪保明申大宗正司檢照元
犯合行放免（自後明堂郊赦並同）閏十月二十一日詔比來宗室
在朝者少可令兩省臺諫侍從各舉有文學器識者二
人以備選擢　嘉泰四年二月詔莊文府小學教授以
秘書省校書郎朱質軍器監簿留駿兼　開禧二年三

卷一百二十三　十四

月詔皇弟措除忠州防禦使赴朝參莊文府小學以
莊文府講堂小學為名教授銜內除落小學二字　五月十
四日皇叔祖和州防禦使新差知西外宗正事不措言
竊見文武臣僚自陞朝以上遇大禮皆得封贈父母妻
等欲乞自今後南班正率以上遇大禮並依外官法許
令封贈詔三省詳議以聞尋送吏部長貳看詳照得宗
正司專法別無立定正率許封贈母妻并所生母及父
祖條法見行皆係宣和紹興格法內該載換官格明言
正率換修武郎今外官修武郎該遇大禮皆得封贈而
正率係是修武郎一等合封贈官卻只得封贈母妻而
不及父是致不措遂有此陳乞今看詳不措所乞亦人

之子孫常情況均為宗室豈有南班而反不如宗室外
官可以榮其親欲乞朝廷許從本官奏陳事理今後南
班宗室自正率以上遇大禮並依宗室外官法許令封
贈父母妻並經大宗正司從條驗實保奏施行從之
嘉定六年正月十一日宰執進呈次上曰希懌已致仕
可念太子視希懌為伯朕已令請假七日宰臣史彌遠
伏覩御筆希懌除昭信軍節度使開府儀同三司致仕
恩禮隆厚今又蒙聖諭如此仰見陛下篤叙宗族之意
二月二十四日大宗正司言在法非袒免以下親宗子
宗女嫁娶雖依庶姓法而注文該載唯雜類與曾犯徒
刑若惡逆之家子孫亦不許成親雜類注文為舅曾為

卷一百二十三　十五

人力奴僕姑曾為娼并父祖係化外及居沿邊兩屬之
人亦不許近年以來往往姦胥猾吏多與無藉宗子偽冒
苟合蓋託門戶兜攬詞訟專事放肆把持上下莫敢誰
何事成則安受賄賂事敗則宗子出官抵拒設有罪名
不過聽贖關請而已是以村豪恃富賄賂得行者必勝
愚善貧民有冤莫伸誠為利害今欲自後宗室並不得
與胥為公吏之家為親比同雜類之法庶幾隔絕前弊
乞降指揮下本司以憑遵守從之　七年二月二十三
日大宗正司言平江府崑山縣寄居宗子希堯文身犯
法等事照對宗室為非皆是不逞惡少之黨於一時酒
食錢物之利尋訪他事故意縱吏使之出名謂之陪涉

逮至有司但令宗室招承其罪餘人悉得幸免惡少恃
此何憚而不為其陪涉之法著之令甲非不分明然冒
犯者尚多況有該載未盡者謂如宗室雕青必須針筆
之人方能文刺肢體悉是平時稔熟之輩雖明知宗室
不許雕青緣無正條萬一犯至有司不曾推究所自是
以為其引誘文刺者往往有之凡人一被文刺終身不
可洗除餘人尚有從軍之計在宗室無所容身遂至愈
更習下而況毀傷遺體有玷祖宗莫此為甚宗室不許
雕青未著令甲所有施針筆為宗室雕青之人雖有條
法欲更比附陪涉之法加一等斷罪仍許人告給賞錢
一百貫於所犯宗室名下監償其宗室見支孫遺請給

即與住支終身更不幇放或有父祖恩澤不得承受其
有同居尊長不覺察者亦作施行不唯使之知畏此實
杜絕宗室為非之一端教令所看詳在法教誘陪涉宗
室致犯罪者徒一年因而破壞資產費用錢物若為文
刺身體者各加二等並千里編管不以蔭論上條該載
已自詳備止緣宗室文身者部無斷罪正條宗令（司）今來
申請委得允當所有目前文身者合就令措置使之自
陳或置籍或給據庶使有所分別免到一例施行從之
八年六月四日吏部言四川制置大使司申右選宗
室在法釐務二考通不釐務四考聽通理關陞本司照
得四川宗室釐務闕止是作院理為釐務今來諸州作

院已行廢罷其宗室釐務差遣無闕可入若必令歷釐
務不釐務差遣共六考然後關陞委是艱阻乞將右選
宗室令歷不釐務差遣三任六考特與關陞施行本部
照得四川宗室既無可入之闕則是無緣關陞若從本
司所請則大為優濫欲與展一任二考通理八考不釐
務放行關陞庶幾酌中不廢四川宗室寸進從之　十
年三月十八日詔魏惠憲王府小學教授依莊文府教
授體例除落小學二字（以皇姪貴和趙趙朝參本府教官陳撤等中請故也）十二
年八月三日臣僚言照得大宗正司專糾合宗盟之職
所宜望實素著乃能觀聽具孚今以嗣秀王兼總深為
允當併乞今後如除授知宗須擇老成更練之人庶幾
肅示表儀同歸信厚尤稱陛下强宗之意從之

宋會要 公主

國朝沿漢唐故事皇祖姑皇姑為大長公主皇姊妹為長公主皇女為公主所封或以國名或以郡名或以美名亦有以縣為名者初封多擇美名進封乃以郡國名至特恩始有兼兩國者初降月俸百五十千遇恩慶稍增至二百千至道宗復益至三百千自是封祀行慶惟褒進崇號及易國封明道以後累增獻穆大長公主俸月至千緡後遂著例云至崇寧初燕國大長公主進封秦魏兩國始詔月給外更增二百千政和三年詔改公主為帝姬其稱大長者依舊為大長帝姬仍以美名二字易其國號內兩國者以四字建炎元年六月六日臣僚

卷一萬七百二十八

上言本朝制度多循用前代故事皇女稱公主姊妹稱長公主諸姑稱大長公主近年一例改作帝姬臣嘗思之進退無據亦有姑嫌古者婦人稱姓故周王姬猶宋子齊姜之類是也本朝實為商後非姬姓也不可以為稱明矣或者以謂非姓氏之姬乃姬侍之姬此尤不可者豈有至尊之女而下稱姬侍乎若以避忌主字因有改易曾不知字有體用義不相干天子嫁女不自主婚以同姓諸侯主之故稱公主諸侯則自主婚故漢制諸侯之女稱翁主言乃翁自主之也此主字則主簿主書之主非國主家主之主也況主字不當避忌往者凡是主字一切除去是以民間有無主之說又言姬者飢也

亦用度不足之讖自秦稱皇帝以來未嘗獨以帝為稱號惟有配謚稱帝一事而已蓋取諸禮書措之廟主之主曰帝也今以帝為稱號委合忌諱望改正依祖宗故事從之徽宗政和三年閏四月六日內出手詔曰比覽神考實錄在熙寧初有釐改公主郡縣主稱名當時羣臣不克奉承以至今日近命有司祇若先志循沿既久莫能董正稽考前世周稱王姬見於詩雅姬雖周姓考古立制宜莫如周今帝天下而以主封臣可改公主為帝姬郡主為宗姬縣主為族姬其稱大長者可並依舊為大長帝姬仍以美名二字易其國號內兩國者以四字　八月九日尚書吏部言奉手詔郡主改為宗姬縣

卷一萬七百二十八

主改為族姬緣未有大長帝姬女郡主改換名稱詔帝姬女已封郡主者並換郡夫人其恩數依舊宣和五年三月三日車駕幸賢德懿行大長帝姬宅澆奠靖康元年正月四日詔罷帝姬宅教授未見初置年月　國朝公主受封降制有冊命之文多不行禮只以綸告進內至嘉祐始備冊禮　仁宗嘉祐二年六月二十三日制福康公主進封兗國公主仍令所司備禮冊命二十八日命參知政事王堯臣充冊使樞密副使田況充副使端明殿學士翰林侍讀學士龍圖閣學士李淑撰冊文并書印七月二十三日內降兗國公主冊印宰臣率百官班文德殿行禮其儀前一日守宮設宰臣樞密使應內外文武

百僚次於朝堂所司奉公主册印先進入內是日宰臣率文武百僚並常服早入次禮官通事舍人先引中書令侍中門下侍郎及奉册印官册印案每案四人對舁捧中書門下奏差執事人等並詣垂拱殿門就次應行官並奉册印官常服應事人降衣介幘以後衛內中降册禮官通事舍人分引宰臣樞密使册印使副文武百僚入文德殿庭立班東西相向北上立定內臣二員自內中承旨降册印率執事者以捧册印出垂拱殿與捧册印官俱搢笏率執事人導中書侍郎押册其中書令後從門下侍郎押册侍中後從援衛如儀由東上閤門出至文德殿庭權置援衛人等少退立禮官通事舍人引使副就成制位立定次引侍中於使前西向稱

卷一萬七百二十八

有制興儀曰再拜贊者承傳使副應在位官皆再拜訖宣曰福康公主進封兗國公主命公等持節展禮宣訖使副再拜侍中還位門下侍郎帥主節者詣使東北主節者以節授門下侍郎門下侍郎執節授册使跪受興付主節幡隨節立於使左次引中書令侍中詣册印東北西向立中書侍郎引册案立於中書令之右中書令取册授册使跪受興置於案册文曰皇帝若曰二姓合好肇正人倫諸女舉封著於興册風化自出物采有庸惟皇慶衷稽詒故實揆吉纘降錫命是彝咨爾長女福康公主慧晤哲溫柔嘉敏達夙憑詒冀之慶祇蹈婉和之箴徽智天成韶華日茂鄉胙國邑期之壽康而闕亮

自持莊靜適格肅侍左右勤孝蓋恭承顏愿色純至非勉實緊能養乃底燕寧朕緬慕先懿參詢福耦謀及外黨得茲善逑枚卜休辰甲寵褒數益地廣魯龜蒙之疆公主主缺率由舊準令遣使戶部侍郎參知政事王堯臣副使樞密副使禮部侍郎田況持節册命爾為兗國公主爾其欽師內範繹數令猷動監圖史之規時稟紳褵之戒懋爾德慎爾止尚服祖宗之攸訓永流惠聲不其猗歟 中書令與中書侍郎退復本班又門下侍郎引印案於侍中之右侍中跪取印以授册使册使跪受興置於案侍中與門下侍郎俱退復本位立定典儀曰再拜贊者承傳册使副應在位文武官皆再拜訖禮官

卷一萬七百二十八

通事舍人引使副押册印持節者前導捧册印官捧舁援衛如式以次出朝堂門由殿西過至殿後門出由宣祐門至內東門附內臣入進有司先設册使等幕次於內東門外內命婦次於公主本位門之外公主授册印位於本位庭階下北向又設册使位於內東門副使及內給事於其南差退並東向設册印案位於册使之前南向內給事位於册使北南向自文德殿奉册印將至內東門內給事詣本位請公主服首飾褕翟册印至內東門外褥位置訖捧册官少退內臣引內命婦俱入就位禮直官引册使副等俱就東向位立定內給事進就南向位通事舍人博士引册使就內給事前東向躬稱

册使某副使某奉制授公主册印退復位内給事入詣所設受册印本位公主前言訖退與内給事進詣册使前西向册使跪以册印授内給事内給事亦跪以授内謁者册使退復位内謁者及主當内臣等特册印入内東門内給事從入詣本位庭又内給事贊公主降詣庭中北向位立定跪取册興立於公主之右少前西向又内給事立於公主之左少前東向又内給事稱有制内給事贊公主再拜訖内給事捧册跪授公主公主受以授内給事捧印授公主如捧册之儀内給事贊公主再拜前引公主升位以次内臣引内命婦賀内給事贊言禮畢内命婦退遂引公主謝皇帝后一如内中之儀禮

卷一萬七百二十八

畢羣臣進名賀其册印如貴妃有匣文曰兗國公主之印遂為定制神宗進封邠國大長公主魯國公主皆請免册禮止進内入内云

宋會要

駙馬都尉初謝選尚者必召見賜衣一襲(紅羅盤金銀綵戟銷金)玉帶一象笏一烏皮鞾一紅羅(百疋)塗金銀倒仙花鞍轡馬一(絨毛坐褥竹鞭副之)謂之繫親又賜銀萬兩令辦聘財其進財用函書玄纁五錦三五色羅綾十押函馬二羊百口酒(百瓶)紅綾絹(三匹)百花(二十朶又細花百枝)烟脂粉(二百十盒)果(二十盤)銀果(六百枝)臘面茶(二百斤)眠羊臥虎花餅(二十事)金銀勝(百合)羅畫勝(百合)銀錢(二十千重二千兩)頭𦈢紅羅(百匹)金釵釧(十雙)金纓

(二副)真珠翠毛玉釵朶(六頂)真珠琥珀玉水精瓔珞(五項)面花耳鐶(百一十副)綴珠銷金盤金線繡畫衣(二十襲)錦綺羅綾紗穀(千匹)塗金銀器(二千兩)生綾(二十匹)錢(二千貫)金合二(重三百兩)飾房用真珠琥珀水精玉七寶瓔珞瓏璁釵朶(共三百副)冠朶(六頭)金釵釧(十雙)金纓(二副)綴珠銷金貼金戚金朱色繡素衣(五十襲又散衣千三十事鞋韈三百七十緉帕二百事)真珠戎裝塗金銀勝(百九十六)雜花(六十枝)烟脂粉(千四百盒)蠟燭(三百條)乳香(百斤)小色金銀果(二十合)金器(千三百兩)銀器(萬四千兩)錦綺羅綾紗穀絹(六千疋)錢(四千貫)盤合銀垍器(二百又綵漆器二百廿物五百)緋羅繡畫銀泥帳幔圖郭仰額壁桂脉衣(二百十四)錦繡氈褥紗廚簾席(百四十七)錦繡被(五十二)樗蒲子骰子(各一副)馬(十五疋玉雲鶴撒呈鞍轡塗金銀撒呈鞍轡各一副錦韂玉鞭玳瑁鞭各一從人塗金銀鞍轡十三副又紋人粧具銀三百兩已上並有司供辦)真珠翠毛冠朶(六十)真珠琥珀水精瓔珞(六項)玉篦釧(五十三)面花(三十箱)耳環(三十隻)燕脂粉(三百盒)綴珠銷金衣(四十襲又散衣千六百七十六件)金器(百兩)銀器(千四百兩已上內降)出降日駙馬家來迎者賜衣著百匹銀器百兩(從者賜衣著五十匹傘籠簷子官七十匹)又給公主塗金銀裝簷子(一銀千兩)檐子宮(十三人)傘攏官(十二人)座車(一乘)又給方團扇八行坐鄣四花(二十枝)燭籠(二十)戴鬢釵插童子八前導就第(凡主第皆遣八作工實圖賜有圍林之賜又引金明瀝池其剗受皆閣)其日見諸親如常禮(凡駙馬兄皆寬長一襲手帊名紙衣著三百匹銀器二百兩紬寬衣一襲手帊名紙粉三盞衆豆三囊衣着百匹銀器百兩弟妹於衣着五十匹銀器五十兩本宅媄鐵已下共衣着五匹銀器五十兩軍將小底諸色人衣着百匹)又賜宰臣親王樞密參知政

卷一萬七百二十八

軍兩剌將從內職閤門祇候以上諸軍副指揮使以上金銀錢勝包子各有差

宋會要

建隆三年四月追封陳國長公主元符三年三月改封荆國大長公主政和四年十二月追封恭獻大長帝姬

秦國大長公主

元符三年三月追封申國大長公主政和四年十二月改封安惠大長帝姬　成國大長公主

元符三年三月追封成國大長公主政和四年十二月改封顯惠大長帝姬　永國大長公主

元符三年三月追封永國大長公主政和四年十二月改封宣惠大長帝姬

（卷一萬七百二十八）

魏國長公主

真宗咸平四年閏十二月六日增秦國長公主月俸廚料米麥各三十斛自王承衍卒主家供億稍闕故令增給六年十二月三日秦國大長公主為子六宅使世隆求近州刺史帝曰牧守之任繫朝廷公議不許景德五年閏十月八日帝謂宰臣曰頃聞鄭國長公主肩輿之出民有犯其前導者即捕笞之朕頃在東宮有犯第委之府縣未嘗輒自笞掠宜令開封府自今如此類未得決罰具名以聞諸宅均當使臣嚴行禁約

開寶五年七月封永慶降右衛將軍魏咸信九年十月進封號國淳化元年正月改齊國至道三年五月進封

許國長公主咸平二年四月薨賜謚貞懿乾興元年五月以舊謚上字同仁宗廟諱改謚恭惠景祐三年二月進封大長公主元符三年三月改封陳國政和四年十二月改封賢惠大長帝姬太宗七女　滕國大長公主

宋會要

滕國大長公主元符三年三月追封滕國大長公主政和四年十二月改封和慶大長帝姬　徐國大長公主

宋會要

太平興國九年正月封蔡國二月降左衛將軍吳元扆淳化元年正月改封魏國十月薨賜謚英惠至道三年六月追封燕國長公主景祐三年二月追封大長公主元符三年三月改封徐國政和四年十二月改封英惠大長帝姬

（卷一萬七百二十八）

太平興國九年二月二十五日蔡國公主出降吳元扆皇后率宮闈掌事者送至第外命婦咸從元扆兄元載任諸衛將軍奉朝請帝令公主拜之公主太宗之愛女也翌日帝謂宰臣曰前代以來皇子娶婦皇女出降國自有典禮迺為奢僭豈所宜也唐太平公主置邑司備官屬咸通同昌恩澤隆厚不可勝言懿宗惑於邪說窮奢極侈皆朕所鄙而不取者當令禮官博士參酌奢儉之宜著為永制以示後世　邠國大長公主

楊國大長公主至道三年五月封宣慈長公主咸平五

魯國大長公主 捷眞宗上

雍國大長公主

年五月進封魯國降左衛將軍柴宗慶大中祥符二年
正月改韓國四年七月改魏國六年正月改徐國天禧
三年八月改福國乾興元年二月進封鄧國大長公主
明道二年七月薨追封晉國賜謚〔一作魏國〕和靖元符三年三月
改封楊國政和四年十二月改封和靖〔一作純美〕大長帝姬眞宗
景德元年二月二十一日鎮寧軍節度使柴禹錫自陝
府召赴闕以其子宗慶尚魯國長公主特詔長公主就
第謁禹錫以舅姑之禮禹錫固辭不得請貢名馬稱謝

宋會要

至道三年五月封賢懿長公主咸平六年二月降右衛
衛將軍王貽永進封鄭國景德元年四月薨賜謚懿順

卷一萬七百二十八

景祐三年二月追封大長公主皇祐三年七月追封韓
國元符三年三月改封雍國政和四年十二月改封懿
順大長帝姬　衛國大長公主
至道三年五月封壽昌長公主大中祥符二年正月進
封陳國改封吳國號報慈正覺大師名清裕四年七月
改楚國六年正月改邠國天禧二年八月改建國乾興
元年二月封申國大長公主天聖二年五月薨賜謚慈
明元符三年三月改封衛國政和四年十二月改封慈
明大長帝姬　大中祥符二年十一月二十一日制以
皇第七姝〔妹〕陳國長公主進封吳國賜號報慈正覺大師
賜紫法名清裕令所司擇日備禮册命帝將賜主師號

福康公主

崇慶公主

及紫衣問宰相當降制否王旦等言降旨有故事但宣
於正衙則非宜帝曰進封大國因而降旨可乎旦等曰
可又賜所居院名曰崇眞資聖與師名並以四字爲稱
二十五日命入内高品二人勾當崇眞資聖院事昭宣
使劉承珪提舉并主門外事凡祗應人請給並依親王
宫例主將入院帝召而誨以居院宜先清肅内外勿受
請託勿與諸尼女冠往還等數事又手記其大要以賜
之出所記以示宰相曰諸妹出降者朕教以婦道而已
今主出家自主院事須爲備言先一日又幸其院命諸
主並送之賜會作樂宿於院中又詔諸閤黎授戒後欲
到院者遇主生日許臘高者一人到院

卷一萬七百二十八

昇國大長公主初入道明道二年十一月進封衛國長
公主號清虚靈照大師名志沖慶曆七年五月薨追封
魯國賜謚昭懷元符三年三月改封昇國大長公主政
和四年十二月改封昭懷大長帝姬　仁宗十三女
仁宗寶元二年九月十一日制皇長女封福康公主皇
次女封崇慶公主只進綸告不行册命之禮先是内降
劄子皇長女次女未有美稱令檢尋故事於美名中點
定二名令王宗道王洙檢討故事以聞宗道洙言據唐
會要凡公主封有以國名郡名有以美名惟唐明皇女
皆以美名封之若永穆常芬唐昌太華皆是唐太宗女
晉陽公主幼而太宗親加鞠養此則幼在宫中已有晉

陽之號乃下是命嘉祐二年六月二十二日太常禮院言檢詳公主禮衣合用内外命婦一品服詔依定到制度二十三日少府監言修制兗國公主出降法物内有入馬地莊舍頭口等不係修製乞下合屬去處馬二十足牛二十頭驢二頭羊二百口地五十頃莊舍三區奴婢十房給使二人食手四人太常禮院言上件名色不類當時制度欲乞更不供應詔三司（史院檢詳舊例以開史院言檢詳並）（無休例給依朝舊例不給）國五年十月五日詔兗國公主宅自今更不置都監令入内内侍省選内臣年四十以上三班院使臣年五十以上無私罪者二人為在宅勾當及選内臣十五以下者二人為入位祇應並不得與駙馬都尉

卷一萬七百二十八

接坐著為定制初臺諫官言主第内臣多而不自謹於是都監梁全一李士安等十人皆被貶逐因省其員數又言兗國公主乳母昌黎郡君韓氏出入禁中嘗因公主奏其姪婿于潤為右班殿直典主第服玩器服物而多盜歸私家請下有司推鞫之詔潤降下班殿侍韓削封邑八年五月九日中書門下言請用故事公主并長公主皆賜告罷其冊禮熙寧二年五月二十六日楚國大長公主以同天節合得霞帔乞換翰林醫官賜緋石麟章服許之今後不得為例三年正月九日楚國大長公主薨帝對輔臣涕泣曰公主事神宗至孝命謚曰莊孝仍罷上元朝謁及御樓作樂命輔臣分詣諸神御殿

燒香元豐二年六月二十日詔大長公主下降而薨故者其子往往已領遥郡惟秦國莊孝大長公主之嫁李有顯者皇城使李嗣徽為莊孝之子而能守官自立可特加榮州刺史徽宗崇寧五年四月七日詔故周國大長公主謚莊孝可特追封周陳國大長公主以公主乃欽慈皇后舊恩之家故也政和四年十一月二十七日建寧軍節度觀察留後李嗣徽言伏覩手詔改公主為帝姬其稱大長者可並依舊為大長帝姬仍以美名二字易其國號内兩國者以先妣元係秦魏兩國大長公主謚莊孝准吏部牒並用謚改稱帝姬伏覩故賢懿大長公主已蒙改封賢懿恭穆大長帝姬是以舊賢懿謚號

卷一萬七百二十八

更將國號易添恭穆二字况先妣元係秦魏兩國止蒙以元謚莊孝兩字為稱合易兩國美名四字詔莊孝大長帝姬特加謚莊孝明懿大長帝姬

徐國大長公主寶元二年九月封崇慶慶歷二年五月薨追封楚國嘉祐四年十二月追封周國治平元年五月追封唐國長公主元符三年三月改封徐國大長公主政和四年十二月改封莊和大長帝姬鄭國[illegible]

[illegible]

鄧國大長公主慶歷二年五月封安壽是月薨追封唐國嘉祐四年十二月追封漢國治平元年五月追封魏國長公主元符三年三月改封鄧國大長公主政和四

年十二月改封莊順大長帝姬

鎮國大長公主

鎮國大長公主慶歷三年封寶和，是月薨，追封越國。嘉祐四年十二月追封秦國，治平元年六月追封楚國長公主，元符三年三月改封鎮國大長公主，政和四年十二月改封莊定大長帝姬。

楚國大長公主慶歷三年八月薨，追封鄆國。嘉祐四年十二月追封魏國，治平元年六月追封吳國長公主，元符三年三月改封楚國大長公主，政和四年十二月改封莊禧大長帝姬。

商國大長公主慶歷二年八月薨，嘉祐四年十二月追封魯國，治平元年六月追封陳國長公主，元符三年三

卷一萬七百二十八

月改封商國大長公主，政和四年十二月改封莊宣大長公主

魯國大長公主

魯國大長公主慶歷四年五月賜號崇因保祐大師，名懿安，是月薨，追封隋國。嘉祐四年十二月追封吳國，治平元年六月追封燕國長公主，元符三年三月改封魯國大長公主，政和四年十二月改封莊夷大長帝姬

唐國大長公主

唐國大長公主慶歷四年十二月賜號保慈崇祐大師，名幼悟。五年四月封鄧國，是月改齊國，落師號，尋薨，追封韓國。嘉祐四年十二月追封燕國，治平元年六月追封秦國長公主，元符三年三月改封唐國大長公主，政和四年十二月改封莊慎大長帝姬張方平樂全集皇第八女追封韓國公主石記云

慶歷紀年龍集作噩孟夏二十五日辛亥皇第八女薨國公主薨出斂于部城西普濟佛舍以須即遠宸衣帷悼有詔追封于韓再不視垂供朝甲獻為擧哀今從苑舉臣叙班慰于崇政殿門之外時皇族楚國太夫人之喪歸祔潤恭靖未之兆故因東儀伏載聖朝以轄車五月丁卯葬諸永安陵園今朝之故幽也以主以於來事冬十日寶啟揚衣之慶生而明秀自然滿新舟首中建道錫鬪梵明鏡磬之音毓自悅色以故嘗依浮閣法號為保慈崇祐大師及是疾良美乃下劃改封于鄧再進大國于齊覽稟和天粹託體帝家以鐘念于淵戀故薦齎于寵數故不遐壽永享多偏早戒沂[illegible]伐蓋何哉不歸兜率之言親成受記公向迺羅之國遂積下生祓言撰大用識幽穸謹記

陳國大長公主

陳國大長公主嘉祐五年五月封福安歐陽修大集皇第九女封福安公主制　門下朕緒有周之貴章藩皇女之稱謂朕其主以同姓所以見王体之尊必也錫之美名所以彰禮命之寵載涓吉日敷告在庭皇第九女岐嶷之姿有主知之異禀柔順之質得天性之自然乃藏保傅之規以養肅雍之德俾遵舊典寵以徽章嘉乃妙齡盛哉儀服考僉言而惟允非予意之敕私焉吁隆仁德以學觀

卷一萬七百二十八

於惟教覽習圖史而循法繫乃乳成祇若訓言注齊渙渥一作命可封福安公主仍令所司擇日備禮冊命主者施行八年五月進封康國長公主，治平四年正月封鄭國大長公主，閏三月薨，追封秦國，元符三年三月封陳國，政和四年十二月改封莊齊大長帝姬張方平樂全集　秦國大長公主墓誌銘　秦國大長公主仁宗皇帝第九女也母曰淑妃苗氏嘉祐四年四月二十五日誕生嘉祐初仁宗違裕淑妃秦侍勤舉帝心蔡而憐之眷還甚遂啟至愛亦隆五年封福安公主八年英宗纂御進封康國長公主治平四年今上踐祚加號鄭國大長公主閏三月二十三日薨年八歲主雖妙齡把居尊蜀在仁宗有允女之寵於英宗處天妹之重今上當太主之責而太皇太后慈撫有念慈皇太后歎諸結之好可讃生而極感禁之致也主既終三年之制視德大行之恤性資統孝情深舉慕日課帶維問或陳譏積毀癃爵感疾遂陵二宮軫懷日東臨問親崇檠劍每狀無瘳美玉貂華聽珠婦色琅函金簡應圖課以晉來喬器景星見光橐而遙近中閣陽惕被庭哀送四月二日嚴塗于奉先資福精含上為瞰視朝五日遊禮秦國大長公主秋八月從

王安石文集至馬可一節移於徽大長帝姬後双行寫
治平四年以下皆大字

英宗皇帝龍輴歸岁船陵外城別用國簿儀物以從蓋
舊禮也宥諭近臣刊辭衆四石銘曰月渚仙纖星演帝
女周美天妹漢尊太主初解文係承禧紫房穠華鳳彰
秀色龍章素琵未工玉蕭方習韛遷愛隆實軒迴惠三
宮慈源五陵神陳逝不可留吁嗟大早　泰閣丈恭公
集集禧觀開啟福安公主襆哭道場青詞　伏以神筴
宅中疾祠峙左擺國陽之勝警嚴館御之尊容時禱仲
商暮惟愛女粤居擇盛用禱璈庭憂氣運之交乘式星
躍之臨燭特營祠熙恭致禬穰仰祈陰鷺之仁溶賜擒
全之惠仲福而壽既安且寧徽哭頓消妙氣來集

秦會國公主

豫國大長公主嘉祐六年閏八月薨追封楚國王安石文集呈

故第十三女追封楚國公主制　勑先王制禮有罕尊
疏戚之宜惟至親以致悼痛之息惟更貴得以極褒崇
之息皇故第十三女方在襁褓而其有威儀號未正奄
與物化蓋王姬之車服下后一等而不視其夫情文之
隆于是為稱則雖夭閼其彌可彌忘追爵啟封胙之全
楚以終天性之愛且慇幽穸之寵焉可　治平元年六
月追封韓國長公主元符三年十二月改封豫國大長
公主政和四年十二月改封兹徽大長帝姬英宗四女

卷一萬七百二十八

英宗四女　魏楚國大長公主

真宗二女
周陳國大長公主寶元二年封福康嘉祐二年進封兖國降駙馬都尉李瑋

宋會要

荊國大長公主至道三年五月封萬壽長公主大中祥
符元年十二月進封隋國降右龍武軍將軍李遵勗四
年七月改越國六年正月改宿國天禧三年八月改鄂
國乾興元年二月進封冀國大長公主明道元年十一
月改魏國皇祐三年六月薨追封齊國賜謚獻穆元符
三年三月改封荊國政和四年十二月改封獻穆大長
帝姬大中祥符六年正月十九日魏國長公主進封徐
國楚國長公主進封邠國越國長公主進封宿國時以
聖祖降帝謂宰相曰諸主宜推慶澤而疏封之名已遍
大國奈何王旦曰亦有以小國美名升為大國進封者
帝以為然遂命更封大中祥符八年八月五日命入內
副都知張景宗同勾當長公主宅及郡縣主諸院公事
初供備庫副使參守恩管勾至是守恩請以入內都知
兼涖其事

卷一萬七百二十八

惠國大長公主元符三年三月追封惠國大長公主政
和四年十二月改封靜一大長帝姬
嘉祐七年三月降沂國十一月復岐國韋驤代劉兵部
賀兖國公主出降出表　臣某言伏審六月日內降白
麻福康公主進封兖國出降者禮盛太平嬀奕本朝之
事勢榮下嫁光華舊戚之門築館据乎魯經附驕沿於
漢制表正人倫之大藩維帝邦之長四方聞風萬古稱

治平四年晉進楚國大長公主熙甯三年薨謚莊孝追封秦國徽宗初加周陳國政和四年十二月改封莊孝明懿大長帝姬

秦魯國按宋史仁宗國賢穆明懿大長公主以主嘉祐五年封慶壽公主治平四年五月進許國大長公主降左領軍衛大將軍錢景臻歷韓周燕國徽宗朝進秦魏和國政和三年更封令德景行大長帝姬建炎初復為秦魯國公主紹興十五年薨諡明懿三十五年加諡賢穆

慶臣某誠驩誠喜頓首頓首恭惟尊號皇帝陛下荷祖宗之業挾堯舜之心循降女之前規發慕親之至德賜公主以究國之號乃陛下慢育之深歸公主於皇舅之家蓋陛下孝恩之永延寵休於勿絶繼惟好而人新物儀所稽豐約惟古義評周什車服避至后之尊言採庶臣資送減先皇之子聖明一舉慈順兩全遠貽史冊之昭章幽致廟靈之説喜臣限以官守之在遠不獲奔走闕庭鼓舞稱賀畢情無任瞻天踴躍之至謹差某奉表以聞

神宗熙寧九年二月十二日中書門下言前詔陳國公主出降王師約更不升行及令行舅姑之禮今韓國大長公主降錢景臻其見行舅姑禮合依此帝曰大長公主朕宮中每見必拜惟皇太后亦叙姑姪之儀不可與朕諸妹等也宜止依究國公主降李瑋之禮三月一日太常禮院言皇后居父期服韓國大長公主出降日皇后行更不行至第之禮詔賢妃率宮闈掌事送至第外命婦更不從

卷一萬七百二十八

熙寧九年三月一日制　許國大長公主進韓國大長公主令所司備禮冊命三月命樞密副使尚書禮部侍王韶為冊禮使樞密直學士起居舍人僉書樞密院事曾孝寬為副使翰林學士尚書兵部郎中知制誥鄧綰撰冊文并書篆印四日中書門下言韓國大長公主受冊法物應有司趣備編作不及欲權以錦代從之十四日內降韓國大長公主冊印章臣率百官班文德殿庭行禮冊文曰皇帝若曰好合二姓人倫所先禮隆諸姑國典惟舊風化是式品章有異叅稽前猷申錫明命咨爾許國大長公主仙源流慶寶婺分輝總慧敏明天姿特異懿柔端靜嫻訓弗煩朕仰惟仁祖之慈早厚公宮之教而乃和順見乎積行教愛稟乎夙成性修而愈循言謹而無擇爰迨及笄之始載詢卜鳳之祥是用進加大國之封消選邇辰之吉君袂備物公主主儀諏循舊章參酌異數今遣使樞副使尚書禮部侍郎王韶副使樞密直學士起居舍人簽書樞密院事曾孝寬持節冊命爾為韓國大長公主於戲惟順為正式顯燕貽之謀以貴而行無忘釐隆之義永欽衆譽不具美歟

卷一萬七百二十八

元豐五年正月十日詔韓國大長公主長女錢氏特封宜春郡主　七年九月二十三日詔以韓國大長公主長男為莊宅副使賜名忱　紹聖三年閏八月八日尚書户部言周國大長公主長女宜春郡主與侍禁盧琉為親合破諸般請給乞依條施行詔依宗女已嫁郡主請給外每月更特添料錢二十貫　十二月七日周國大長公主奏長女宜春郡主與盧琉為親欲依駙馬都尉王師約王詵女郡主除請給外更支米料錢等從之

五年四月九日三省言周國大長公主奏男西染院

使錢忱年十六乞除一使額赴朝參詔特遷莊宅使文州刺史元符三年三月四日詔宗祖諸女並進封其歿而已封贈者自宣祖諸女而下並復追贈依昭穆序知長公主大長公主之號　徽宗崇寧元年九月十九日詔朕恭惟仁宗皇帝以神器大寶傳於英宗保宗社萬世安固之基為天下得人澤漸尤厚知人睿哲輝煥與前圖報忱誠不忘寤寐燕國大長公主迺仁宗皇帝愛女莊靜和懿徽柔恵恭動容周旋率由儀矩秉心淑謹迪德肅雍不有優異褒嘉何以仰酬盛德所封兩國超越與異與自子懷膺昭施報可特進封秦魏兩國大長公主　十一月十一日秦魏國大長公主奏近封秦魏

卷一萬七百二十八

兩國出於陛下親睦之厚乞依親王移鎮例推恩詔與恩澤三人　二十四日詔秦魏國大長公主第三女錢氏已與故李瑋男承徽議親特封信都郡主所有請給祗應人并添賜生料細食等并依長女宜春郡主例施行十二月二十三日詔秦魏國大長公主除見給外特增月俸二百千先是大長公主月俸千緡至是以始兼兩國增俸及春冬衣奏薦等　崇寧五年十一月二十三日詔秦魏國大長公主第五女特封安郡主第七女特封齊安郡主第八女特封建安郡主第九女特封文安郡主　高宗建炎元年六月二十六日詔仁宗皇帝長女秦魯國大長公主駙馬都尉贈太傅錢景臻忠

臣之後非緣覺逝一無陳乞今遇登極赦文可與贈太師景臻子仁宗之甥止有忱等今生闕下忱侍元任節度使恂承宣使依祖宗故事並與依舊原任官許持服　續詔錢景臻還舊官其環衛官告令吏部拘收毀抹贈太傅依舊錢忱錢愕錢恂並令檢討官討論取旨二年十月十日秦魯國大長公主奏欲朝見舉諸名山福地燒香從之　四年六月五日詔秦魯國大長公主本身請給令所至州軍於諸司錢內應副不足即許截撥上供錢其餘官吏等並依元降指揮施行仍具每月請給名色數目申尚書省內生日支賜并御料之類並權住支　紹興元年五月十七日中侍大夫宣州觀察

卷一萬七百二十八

使幹辦秦魯國大長公主宅郭永錫奏大長公主孫錢端英端禮端議并曾孫錢符並各長立乞依蔭補條格比附並於文臣內安排聚恩大長公主孫已有合補授條格外有曾孫欲乞比附孫男降等補授大長公主女之子應天府進士王博乞依蔭補條格比附於文臣內安排司封檢准大觀條特推恩大長公主子莊宅副使令係武節郎孫東頤供奉官令係從義郎女之夫右班殿直令係保義郎勘會除有大長公主子孫并女之子入條格外即無大長公主曾孫比附推恩入官條格兼自來公主遇大禮合蔭補親屬若換文資者如三代內曾任朝奉郎以上或身曾預文貢士依條聽於文資

内安排亦無比附廢補格揆文資法詔令吏部依條施
行　紹興六年五月九日秦魯國大長公主奏久遠宮
庭今自閩中至信州欲權寄家衢州止帶兒孫赴行在
朝見詔令紹興府居住仰守臣踏逐寺院安泊其朝見
一節候到紹興府具奏聽旨續有詔大長公主遠涉勞
頓可免朝見如有申請事件開具奏聞六月二十六日
秦魯國大長公主奏本宅主管事務武經郎王惻隨逐
有勞乞特令再任尚書省檢會紹興二年十月三日勑
今後除監司沿邊守臣許再任外餘不許仍令御史臺
覺察彈奏詔撿坐已降指揮與照會十一月二十四日
秦魯國長公主第五男武功大夫嘉州防禦使錢愷平

卷一萬七百二十八

已及格依條例合赴朝參詔許放參　四年八月二十
六日秦魯國大長公主奏昨於建炎之前首上表奏迎
請皇帝登位，本經陳乞推恩垂念妾有子二人歷任三
十年並自諸司副使積官至節鉞留務靖康之初槩授
環衛今已九年未還舊秩忱元任檢校少保瀘州軍節
度使充中太一宮使愐元任光山軍承宣使提舉萬壽
觀公事今來乞用前件恩與各與改正元任舊官其請
給見支節度承宣使半俸止乞依舊支破詔秦魯國大
長公主係仁廟之女忱愐特各與改正舊官餘依奏應
戚里之家不得援例如違重寘典憲　六年二月十六
日詔差錢愐往台州傳宣撫問秦魯國大長公主并賜

銀合茶藥　七年七月七日秦魯國大長公主乞令錢
忱隨侍暫赴行在所起居詔候至八月起發赴行在所
十月二十三日上諭宰臣曰秦魯國大長公主今日入
内朕以仁宗皇帝之女朕之曾祖姑待遇加禮每入内
朕必迎見先聲喏朕惟仁宗皇帝深仁厚澤涵育海宇
大長公主眉壽康彊亦仁宗盛德遺澤之所致聞十月
十九日上曰秦魯國大長公主昨日入謝錢忱除開府
義同三司朕因從容語之曰大長公主壽考如此乃仁
宗皇帝四十二年深仁厚澤天下愛戴鍾慶於長主在
家待遇諸子宜法仁宗之用心須是均一長主曰未嘗
敢不均一也上知愐愷非主所出常偏厚於忱故訓諭

卷一萬七百二十八

及之　八年閏十月十三日制檢校少保瀘州軍節度
使充中太一宮使吳興郡開國公食邑五千五百户食
實封一千五百户錢忱可特授開府儀同三司加食邑
五百户食實封三百户餘如故　先是秦魯國大長公
主奏長子錢忱歷事累朝自任節鉞逮今十有七年欲
望優賜推恩詔忱仁宗之甥近隨秦魯國大長公主入
覲理宜疏寵以慰其母心令三省樞密院進擬施行故
有是命　十二月六日詔錢端禮除直秘閣先次除授
差遣續有旨除職指揮更不施行以臣僚言仰惟陛下
敦尊祖睦族之義昨以秦魯國大長公主入覲顧屬籍
行時無先者乃疏恩其子忱進陞使鄉位親公司其儀

物禮秩固已度越彝章又又以其子端禮為直祕閣恩寵太過臣切感之端禮未有勞効非所當得儻之四方必有譏議臣嘗聞真宗皇帝謂近臣曰皇諸親為族姻求恩多過有希冀朕念羣臣戮力盡瘁或遠在邊防久歷歲時非功狀顯著未嘗進一資一級此若盡遂其請甚紊公道陳國堯叟等因言如秦國長公主為長子求刺史諸子歲改官陛下皆寢其奏中外之人知陛下推公御人不以親䟽為異臣又嘗聞神宗皇帝時知諫院楊繪請易向傳範差遣以杜外戚僥求當時執政言傳範累守郡有政績非緣外戚進上曰得諫官如此言甚善可以止異日妄求也而況今日艱難之時所以激勵

卷一萬七百二十八

多士者職名為重臣願陛下深念祖宗成訓不輕畀付所有錢端禮直祕閣之命乞賜追寢以塞輿議故有是命　十年七月十九日秦魯國大長公主奏妾恭聞皇太后將還宮闕欲與男錢忱暫赴行在起居從之　十二年十一月七日詔秦魯國大長公主男錢愷特落階官指揮更不施行以臣僚劄子奏陛下敦肺腑之愛曲徇其欲然事越舊制不可為法錢氏所引乃潘長卿粹卿之例而潘氏有請緣錢氏啟之於前今各恩及其子不為不均若又從而求之則轉相攀援寧有窮已此例復開後來者何以拒之伏望宸斷於藝祖之訓功章聖之為將錢愷落階官指揮亟賜寢罷自今尚有似此

仁宗女兗國
按宋史作邠國

不應陳乞而陳乞者令臣僚施行庶幾少塞倖門以復先朝舊制故有是詔　十五年十一月一日詔秦魯國賢穆大長公主上遺表男降授舒州團練使知閤門事兼客省四方館事錢愷與叙元官仍轉行一官已有官孫四人曾孫三人並轉一官未有官孫四人補宣義郎曾孫三人並補承奉郎女夫魏端臣補忠訓郎愷妻王氏特封感義郡夫人孫女二人並封恭人元孫榮祖補承務郎孫女夫劉度補保義郎本宗異姓白身親屬共與文武恩澤各三人　二十五年十月三日少保瀘川軍節度使充中太一宮使榮國公錢忱奏契勘大長公主孫女出適白身例封恭人女夫有官人轉一官選人循兩資今賢穆大長公主幼孫恭人錢氏已出適楊存中長男偰緣用別恩已封恭人欲乞將出適恩例并臣昨自紹興十三年至二十二年四遇大禮合得陳乞封邑兩項恩例特與加恩郡夫人楊偰依例與轉行一官從之

卷一萬七百二十八

兗國大長公主嘉祐六年三月封永壽八年五月進封榮國長公主治平四年正月進封邠國大長公主熙寧九年十一月改魯國十二月降左領軍衛大將軍曹詩元豐六年十二月薨追封荆國賜謚賢懿元符二年追封秦國元符三年二月追封兗國政和四年六月特追封賢懿恭穆大長帝姬　九年十一月二十一日制邠

國大長公主進封魯國大長公主仍令所司備禮册命
二十三日詔中書門下昨制命鄆國大長公主進封
魯國所有合備典禮界據大長公主面陳欲得免罷可
依所奏更不排辦止進誥入内 十一月二十四日詔
魯國大長公主下降德妃苗氏率宮闈執事人送至私
第外命婦更不從 元豐六年正月十九日詔特以魯
國大長公主男莊宅副使曹曄為右騏驥副使昳為如
京副使陳國長公主男宮苑副使王殊為東染院使崇
儀副使殖為六宅副使衛國長公主男如京副使張秉
淵為莊宅副使 六月五日詔韓國曹國魏國大長公
主陳國衛國長公主宅各差禁軍十八節級一人巡宿

〈卷一萬七百二十九〉

十二月二十四日詔故魯國大長公主自始染疾幹
當本院内殿崇班曹新不以閒降授兩頭供奉官特衝
替 紹聖元年八月二日詔將作監修故荆國賢懿大
長公主宅影堂毋過七十間以主第大中書省為請也

宋會要

燕舒國大長公主嘉祐六年三月封寶壽八年五月進
封順國長公主治平四年正月進封冀國大長公主元
豐五年十二月改魏國是月降開州團練使郭獻卿八
年四月進封楚國元符三年三月改吳國崇寧五年十
二月進封吳越國大觀二年二月改封秦兗國政和二
年正月薨追封燕舒國賜謚懿穆四年正月改封懿穆

英宗四女

親楚國大長公主嘉祐年五月封德寧治平三年十五月進封徐國降左衛將軍王師約四年正月進陳國六公主元豐六年薨追封燕國大長公主謚懿和元祐四年追封秦國徽宗追封魏國大觀六年六月加韓魏國改魏楚國政和四年三月改懿和大長帝姬

大長帝姬

治平三年十一月十九日徐國公主降王師約皇后及
皇子顥王東陽郡王送至第 治平四年二月詔曰朕
昔侍先帝恭聞德音以舊制士大夫之子有尚帝女者
輙皆升行以避舅姑之稱習行既久義甚無謂朕常念
此寤寐不平豈可以富貴之故屈人倫長幼之序也宜
詔有司革之以厲風俗朕聞諭之始欽仰稱嘆至于再
三不幸先帝後嬰疾疚其議中寢朕恭承遺旨敢不遂
行可中書門下議降詔有司發揚先帝盛德於是旨遺
旨為令自陳國長公主始 十三日詔曰蓋聞聖人制
禮造端乎夫婦所以正人倫先王立教莫善於孝悌所

〈卷一萬七百二十九〉

以厚風俗王姬下降舊典有儀於其舅姑當行盥饋然
歷相沿習為矜式至於亂昭穆之序廢長幼之節是為
作法於涼何以使民興行先皇帝暇日嘗以為言欲申
訓勅俾順旋屬違豫未皇著于令也朕予沖眇祇服休
命德音在耳曷敢昏遹率循太不蓋先志豈曰善繼用
彰我昭考稽古崇憲足以貽謀後世者其體茲旨令有
司按典禮奉行仍令陳國長公主行舅姑之禮王師約
更不申行公主見舅姑之禮自此始也 熙寧四年十
二月五日太常禮院言駙馬都尉王師約等奏自來長
公主凡有表章不稱臣妾竊諸典禮慮未允當恭詳出
予婦人凡上所尊稱臣妾義實相對今宗室伯叔近

此條有禮文

親悉皆稱臣則公主自大長公主而下理合稱妾況家
人之禮難以施於朝廷請自大長公主而下凡上牋表
各擬國封並稱妾從之　元豐二年四月二十二日以
龍衛廢營地賜衛國長公主地與主第相直也三年五
月二十二日詔陳國長公主子王殊王竑轉五資先是
車駕幸其第乃是有命　哲宗元祐二年六月九日詔
燕國惠和大長公主長男皇城使成州團練使王洙特
與免依格試許令朝參　六年閏八月十四日戶部言
故魏王位影前娘嬭共二十二人請給自秦國惠和越
國荆國大長公主宅例仍舊勘給詔比舊人數減半其
秦國惠和越國荆國大長公主宅亦如之若秦國莊孝

卷一萬七百二十九

秦國獻穆大長公主宅人數請給據見存者給終身候
及半勿補　紹聖三年六月五日詔公主女之子依舊
條推恩其元祐五年六月八日指揮不得行先是吏部
特推恩格公主女之夫補承奉郎元祐五年六月八日
敕公主女適夫與左班殿直願就文資者授假承事郎
其已有官人即依舊法至是三省奏以秦國惠和公主
親女永嘉郡主王氏親男初予通乞依格施行而有司
以女之子未敢用特恩格故有是詔　大觀三年六月
十八日御以英宗女魏國大長公主進封韓魏國以幾
居閑故特加恩也
魏國大長公主嘉祐八年五月封寶安治平四年正月

進封舒國長公主熙寧二年七月改蜀國降左衛將軍
王詵元豐三年五月薨進封越國賜謚賢惠元祐元年
十一月追封大長公主元符三年三月追封秦國政和
元年三月追封荆國二年閏四月追封魏國四年三月
追封賢惠大長帝姬五年正月改封明惠熙寧二年七
月十二日太常禮院言蜀國長公主出降主婚當具雁
幣玉帛等物自內東門進入中宮當依宮闈掌事者及
外命婦送至第又當依親迎同牢之禮旣之二十四日
名輔臣觀蜀國長公主下嫁妝奩於集英殿自是公主
下嫁並宣宰輔觀妝奩　孝友同風越國莊惠長公主
英宗第二女其賢聞天下方崇慶壽宮雖皇太后至

卷一萬七百二十九

尊猶為姑婦禮朝夕見奉上甘肥候問寒溫凡仁宗英
宗諸女駐車宮東門歲時朔望慶賀兩宮先後少長宗
恭序順與與如也公主長出入帝家於慈仁孝友欽閑
習識故不待傅言姆教而動止中禮賓重其夫旌其宗
族憫恤其孀嫠居嫡姑盧氏於其側給致饔餼必先擇
珍異者致之盧有疾主日至榻下自和湯劑以進聞者
驚歎諸家傳之以為法式
韓魏國大長公主嘉祐八年五月封壽康治平四年五
月進封祁國長公主熙寧三年四月改衛國五月降左
衛將軍張敦禮元豐八年四月進封冀國大長公主紹
聖二年十月改秦國元符三年二月改越國大觀元年

正月改越國大觀元年正月改楚國二月三月改魏國三年七月進封韓魏國政和三年閏四月特改封賢德懿行大長帝姬宣和五年三月薨哲宗紹聖元年閏四月三日三省言冀國大長公主言長男右騏驥副使張東淵欲赴朝參乞依李端愨恩例特與對改使額詔張東淵除右騏驥使令赴朝參免吏部試并短使差遣後遂為例 紹聖二年十一月二十三日秦國大長公主男賜名琳亦除莊宅副使 紹聖三年正月二十七日秦國大長公主女張氏特進建安郡主

舒國大長公主元符三年追封

周國長公主熙寧元年三月封延禧公主元豐元年二月薨追封燕國元符三年三月追封周國長公主賜謚淑懷政和四年十二月改封淑懷長帝姬 神宗女燕國公主仍賜謚未受封者並封小國

卷一萬七百二十九

全唐文

宋會要 公主

楚國長公主熙寧三年十二月封寶慶公主五年七月薨追封吳國元符三年三月追封楚國長公主政和四年十二月改封賢恪長帝姬

唐國長公主熙寧八年十二月封淑壽公主元豐八年四月進封溫國長公主元祐七年二月進封曹國是月降左衛將軍韓嘉彥元符三年改冀國崇寧二年五月改雍國大觀元年正月改越國二年二月改燕國政和元年十一月薨追封唐國賜謚賢穆四年十二月改封賢穆長帝姬 元祐四年十二月十八日詔溫國長公主并皇太妃親屬與五人恩澤五年四月十八日將作監言溫國長公主第已畫圖進呈並依溫國長公主第修蓋今躡逐到見住軍頭司及添展龍衛營東壁地步可以修蓋其間有侵居民税業地步乞估定價錢下戶部支還從之 七年二月四日詔溫國長公主下降日皇太妃率宮闈掌事者送至第外命婦免從 二十五日曹國長公主下降駙馬都尉韓嘉彥 紹興十年正月十二日詔韓恕係唐國大長公主長男昨兩任知閤門事通及十年罷職未曾推恩可特落階官除正任防禦使

卷一萬七百三十

潭國長公主元豐八年四月封康國長公主紹興四年

政和四年十二月改封賢育長帝姬

二月改定國閏二月降左衛將軍王遇元符三年二月改韓國崇寧二年五月進封魯國大觀元年正月改陳國二年二月改鄆國六月覺追封潭國勝謚賢孝政和四年十二月改封賢孝長帝姬紹聖四年二月十三日詔康國長公主閏二月二十四日下嫁婉儀宋氏孝宣閤掌事人送至第外命婦免從　鄭國賢穆改之

鄆國長公主元豐八年二月覺追封惠國公主元符三年二月追封鄆國長公主政和五年三月改封賢康長帝姬紹聖八年八月十八日詔故惠國華中國公主祔葬舉於奉先資福禪院依故燕國公主例修影堂屋各十間每橫闊二十五步　潭國壽穆帝姬　潞國長公主元豐元年四月覺追封華國公主元符三年二月追封潞國長公主政和四年十二月改封賢穆長帝姬、鄆國穎穆　邢國長公主元豐七年正月覺追封中國公主元符三年二月追封邢國長公主政和四年十二月改封賢令長帝姬　鄆國賢穆　邢國長公主元豐八年四月封沂國長公主十月覺追封鄆國

兗國長公主元豐八年四月封嘉國長公主元祐五年正月覺追封蔡國元符三年二月進封兗國政和四年十二月改封賢和長帝姬

徐國長公主元豐八年四月封德國長公主元符三年二月封慶國崇寧二年五月封益國三年十二月降左

蔡卷萬一百三千

二

哲宗四女

從炎和浚公主鄧改封長國秦宮即位進封秦國大長公主隆興崇壽謚康懿

左衛將軍潘意封冀國大觀元年正月封蜀國二年二月封徐國政和三年閏四月改封柔惠帝姬政和五年十一月薨追封賢靜長帝姬

豫國公主紹聖三年五月封德康公主元符三年二月追封榮國大觀二年二月封瀛國四年二月降左衛將軍石端禮封陳國政和三年閏四月改封淑和帝姬政和七年五月薨追封靖懿帝姬高宗建炎元年八月十九日詔靖懿帝姬依舊改封陳國長公主從駙馬都尉石端禮之請也

韓國公主紹聖四年六月封懿康公主元符三年二月進封嘉國大觀二年二月改慶國政和元年二月改韓降左衛將軍潘正夫三年閏四月改封淑慎帝姬　紹興二年四月十九日詔吳國長公主所過州縣據所管的確人數批支驛券其人夫器皿等量行應副不得過有搔擾仍劄與本宅使臣照會不得偽冒支請官物如違計贓重作施行　六月十七日詔吳國長公主一行請給依秦魯國大長公主自得指揮施行八月十三日詔吳國長公主俸米許諸司米內取撥如不足截撥上供米應副其都尉并一行官屬等請給令所在州軍依條勘給三年四月二十六日詔今後駙馬都尉不許出謁及接見賓客　十二月二十一日今後駙馬都尉潘正夫至所居州軍許與知通州官相見一次　四年四月五日吳國長公主奏男潘長卿粹卿係武德大夫見

永卷萬七百三十

三

帶遥郡欲乞特與除落階官端卿温卿並係武功郎乞
特與除轉大夫帶行遥郡昨遇建炎二年郊祀大禮合
奏補親屬白身恩澤欲乞回授與駙馬都尉潘正夫親
弟敦武郎閤門祗候潘堯夫於職名上轉行從之 七
月十一日吳國長公主奏與潘正夫兒男骨肉等請給
衣賜生食粮並乞依例施行詔長卿特衣粹卿支破一
分料錢 五年二月二十五日吳國長公主奏有男二
人望依男潘粹卿端卿例賜名授官支破請給吳國長
公主二男並依格與補武節郎賜名令中書舍人訓撰
十月十五日吳國長公主奏長男潘長卿次男粹卿
並昨自武節郎特轉武翼大夫遥郡刺史有男端卿温

叅一萬七百三十

四

卿二人各已係大夫乞特依例並與帶行遥郡詔潘端
卿温卿並特除遥郡刺史 七年二月五日吳國長公
主奏男武義大夫文州刺史潘温卿合赴赴朝參乞依
男長卿等例除一外任宫觀詔特差主管台州崇道觀
三月二十一日吳國長公主乞赴行朝入覲詔聽指揮
起發 紹興七年八月九日吳國長公主乞駙馬都尉
潘正夫依石保吉魏咸信柴宗慶等及見今宗室士㒟
例除開府儀同三司并將見任檢校少保除落檢校二
字詔士㒟係任宗司十年依故事除開府儀同三司劄
與本位都監照會自後不得妄有陳請 八年九月十
六日上語宰相曰吳國長公主數日前到留宫中三日

為駙馬都尉潘正夫求恩數朕語之云官爵豈可私許
人須與大臣商量況近日多事冬暇及此上又曰當此
極暑朕每日着衣服相伴飲食蓋為長主是哲宗之女
朕之姊也趙鼎曰陛下行家人禮於宫中所以待長主
之禮雖盛暑不廢至於官爵則不以私予此帝王之公
也 九月五日進呈都尉潘正夫乞加恩及援例乞使
相宰執言祖宗封石保吉等使相皆以勳榮顯著非專
為懿戚之故也正夫何功敢爾為請上曰在朕敦睦之
義不欲峻却既於國體有嫌焉得私當明諭之以絶其辭
十二日詔吳國長公主同駙馬都尉潘正夫將帶一行
見今在外從便居止所至州軍仰守臣常切應副請給

叅一萬七百三十

五

等毋令欠闕 九年十一月十六日制以檢校少保昭
化軍節度使充醴泉觀使駙馬都尉潘正夫為開府儀
同三司 二十七日詔哲宗皇帝昭慈聖獻皇后止有
孟忠厚潘正夫係近親餘人不得援例以臣僚言近日
戚里除授每加優異往往不用祖宗故事豈以比年以
來外族周踈於是深軫聖慈務極恩意此固陛下睦姻
之厚德也陛下之賜者甚寡而不以為然者天下皆是
此不可不知也前日孟忠厚以郡王出守鎮江今潘正
夫又以駙馬都尉除開府儀同三司是以歷考祖宗朝
駙馬都尉惟石保吉以履歷外任書著成効於行營乃
於晚年纔得使相自餘皆無此除如以郡王出守則未

之有也忠厚正夫償於艱難時嘗有勲勞在人耳目則越常制而寵異之其誰曰不然今徒以存撫之故而麄祖宗之法啓僥倖於後人無惟乎輿論之未孚然聞府者既已數告治廷日傳千里矣分符者又已祀郡臣亦嘗以為請㡭陛下為臣道其所以矣臣之區區固知其無及於事然執法臣之職也陛下嘗謂臣祖宗之法不可輒改臣以謂上行法則下知所從上廢法則下亦莫之守矣臣願陛下特降處分孟忠厚潘正夫差除係一時特恩後人不得援例仍自今畋授有非祖宗舊制並許給舍臺諫論駮當不憚改如此庶幾倖門杜絶而天下皆知陛下如天之無心也故有是命　十二年六月

卷一萬七百三十

六

十一日詔差潘溫卿往婺州傳宣撫問吳國長公主并賜銀合茶藥可依差錢物例立定畫一指揮施行　八月二十日吳國長公主奏伏聞皇太后還闕有期乞同潘正夫兒女官吏等詣行在入覲并前去迎接從之　十五年三月十七日詔右武大夫成州團練使帶御器械潘溫卿特授貴州防禦使以用母吳國長公主合得白身親屬恩澤陳乞也　十七年十月十六日吳國長公主奏男舒州觀察使帶御器械潘溫卿昨幹辦皇城司六年任滿并該遇親從祗配諸班直了當依條特轉兩官許令回授本家未有合回授之人欲望將溫卿兩官恩例許於見今官上轉行一官詔潘溫卿可特授武寧軍承宣使　十九年八月二十一日吳國長公主入覲為男潘長卿粹卿端卿乞推恩詔潘長卿特授泉州觀察使粹卿利州觀察使端卿閬州觀察使　二十二年十月二十六日詔右通直郎新添差權通判嚴州鄭玶特除直秘閣閤門宣贊舍人潘堯夫特轉右武郎玶係吳國長公主長女之夫堯夫長主駙馬都尉正夫之弟皆以累從長主入覲主為之請故有是命　二十三年六月八日吏部言吳國長公主奏有男合賜名授官女二人合封郡主並支破請給詔依例施行照例係令中書舍人訓撰名誥依格合補武節郎合命詞給告從之　二十七年十一月二十四日詔吳國長公主長女夫右奉議郎直秘閣

卷一萬七百三十

七

前添差婺州通判鄭玶轉兩官添差兩浙東路安撫司參議官指揮更不施行以給事中賀允中奏伏覩吳國長公主劄子乞長女夫鄭玶轉行兩官特與陞擢詔陳其請臣竊詳所奏即非用本家合得恩例陳乞即劄內擬定官職仍乞特與行下顯是過有僥求未合公議昔漢館陶公主為子求郎明帝止賜之金而不從所求蓋自古帝王謹惜名器皆如是也今吳國有請若從其所先指定特與之則予奪輕重不出於陛下而此例一開其將何以禁塞望追還已降指揮以稱陛下力行公道之意上曰命下逾兩旬已被受差遣勅乃始封駮轉官詞頭恐非故事可諭與令書讀進臣退召賀允中到堂

面諭聖旨。既而中執所見不欲中易，翌日再進呈，上曰：「雖稍後時，所論極有理，蓋慮後來援例者衆，當曲從之。」宰臣沈該等奏曰：「諫行言聽，使言者得以伺安，此盛德事也。當再諭允中以陛下嘉納諫之意。」二十八年正月二十八日，吏部言：「吳國長公主孫潘昌裔、昌佐、昌輔、昌朝依泰魯國大長公主孫錢端英等并孫昌期、昌齡等體例，並與補授文資。本部契勘昨泰魯國大長公主奏孫錢端英等并吳國長公主孫潘昌期等補官體例，係是先次依格補授從義郎，後來與依格換授文資。今欲依此施行。」從之。

七月九日，詔寧江軍承宣使、提舉台州崇道觀潘長卿昭信軍承宣使、提舉江州太平興國宮，潘端卿舒州團練使、提舉台州崇道觀，潘清卿建寧軍承宣使，特差兩浙東路馬步軍副都總管、婺州駐劄，潘粹卿並令任滿日各與再任，所有長卿、粹卿、清卿並溫卿各身分并元隨人請受，並與依已降指揮，依見今已請則例支破。從吳國長公主請也。

卷一萬七百三十

八

二十九年四月二十九日，詔吳國長公主男賜名振卿，與依格補官。

六月十七日，詔吳國長公主生日，合得度牒、紫衣各一十五道，依例係折銀三百兩，令戶部支。

三十年三月七日，吳國長公主乞女夫鄭珙見添差兩浙東路安撫司參議官，男潘溫卿見任在京宮觀，端卿、清卿各在外宮觀，粹卿添差兩浙東路馬步軍副都總管、婺州駐劄，欲後令任滿日各特與再任，粹卿身分請受與依已降指揮於上供經制錢物內支給。從之。

十月二十八日，興寧軍承宣使、駙馬都尉曾貪母普寧郡太夫人郭氏陳乞孫女夫敦武郎徐公遴添差差遣，詔令吏部添差合入差遣一次。

三十二年五月二十八日，御藥院言吳國長公主生日合取賜酒食給頒，係下駐蹕州軍應副，詔令臨安府依數支供。

紹興三十二年孝宗即位未改元八月二十六日，詔吳國長公主進封大長公主，有司擇日備禮冊命。大長公主言冊命乞賜寢罷，詔曰：「朕誦周詩唐之華，郵漢室沁園之制，維時懿主，鍾慶泰陵，屬紹服之云初，豈推尊之可後？爰布褒優之澤，亟加大長之名，諏辰將御於昕朝，備物中頒於漢冊。遽觀牘祈，寢禮儀，勉狥謙沖，良深嘉歎，所請宜允。」

卷一萬七百三十

九

二十八日，詔秦國大長公主女夫右承議郎、直秘閣鄭珙特添差兩浙東路安撫司參議官，長孫右迪直郎潘昌期添差通判嚴州，並從大長公主所請也。

隆興二年九月二十七日，詔故秦國大長公主孫潘昌光、昌輝、昌裔、昌錡並特授右宣義郎，曾孫志恕並特授右承奉郎。大長公主遺表來上，從其請也。

徽宗三十四女

公主

詳嘉禮乙條

乾道七年九月十二日詔嘉德公主長女徐公選差主管台州崇道觀

嘉德公主建中靖國元年六月封德慶
公主大觀三年二月改封嘉德政和三年閏四月改封
帝姬五年四月改封嘉德五月五日降左衛將軍曹晟
徽宗崇寧元年八月五日詔榮國嘉國二公主廩給
等並特加倍　政和五年五月一日尚書省言嘉德帝
「姬下降乞升厭翟車帷於儀仗內除去四望金根車外
「餘用皇后儀仗人數三分之二以應帝姬下皇后一等
「之義仍乘擔子至承天門外升車並從之　五日嘉德
帝姬下嫁曹貴詔用嘉禮新儀行盥饋之禮皇后率宮
闈送至第外命婦免從先是上命議五禮新儀既詔皇
奏萬七百三十
十
太子行冠禮至是復命帝姬行婚禮車服槃然中外稱
慶其儀制並詳見嘉禮門　六年二月二十六日手詔
朕荷天右序男女僅五十人以次成立建第築館指日
有期而京師民廬櫛比無地可容深廑移徙居民使以
安之眾遂棄舊業可令有司度國之南展築京城移置
官司軍營將來繕脩諸王外第與帝姬下降並不得起
移居民　紹興五年三月十二日樞密院奏興化軍承
宣使駙馬都尉致仕曹貴母普寧郡太夫人郭氏狀乞
將男曹晟昨轉蔡州觀察使合得依條恩例回授親姪
脩武郎郭珙差幹轄一次詔特差權發遣福建路兵馬
都監泉州駐劄　榮德公主　榮德公主建中靖國

元年十一月封永慶公主大觀二年二月改封榮福政
和三年閏四月改封帝姬政和六年二月改封榮德三、
月三日降左衛將軍曹晟　益國會要　益國公主
崇寧二年三月封順慶公主四年三月薨追封益國主
政和四年十二月改封順淑帝姬　安德會要　安德
公主崇寧二年三月封淑慶公主大觀二年二月改封
安福政和三年閏四月改封帝姬七年六月改封安德
十六日降左衛將軍宋邦光　茂德會要　茂德公
主崇寧二年三月封延慶公主大觀二年二月改封帝
姬重和元年十一月改封茂德十八日降宣和殿待制
蔡鞗　十一月十七日太師蔡京言今月十八日茂德
奏萬七百三十
十一
帝姬下降依新儀見舅姑行盥饋之禮乞賜寢罷詔答
曰朕以禮貌師臣眷遇元老特遣稚女使聯姻婭而稟
秉之體頻繁之奉蓋治平熙寧已行之舊是遵祖考彝
憲及有諸姬近例迺亦報施尚藹貴寵盛事可嘉卿何
辭焉況五禮新儀初頒天下法行自近始卿當勉此以
風天下所乞宜不允　十八日茂德帝姬下嫁蔡鞗淑
妃劉氏率宮闈掌事人送至第　二十九日手詔神考
治平間親灑宸翰洎降詔旨以王姬下降躬行舅姑禮
革去歷代沿習之弊以成婦道以風天下貽謀後世甚
盛之舉也於是崇寧大觀以來詔有司講求典禮繼頒
五禮新儀著為永法遍行天下近聞自降詔以來前後

帝姬下降雖有奉行新儀之名元無實迹蕉舅姑亦不
端坐及聞反有下拜之禮與失祖考本意蕉所降新儀
殆成虛文可自今後帝姬下降仰恪遵新儀並服褕服
花釵冠升車並見舅姑若帝姬沿習不肯設拜只責管
幹官司女相賛者及内謁者如違以違御筆論仍聞帝
姬都尉合鑒所服不經别無稽擬亦令禮制局討論以
聞　宣和三年六月十七日御筆庚分數内一項皇子
帝姬閤推恩合係授官頭犀留髮𥜥頭出閤五次帝姬
係上頭下降詔皇子係授官𥜥頭出閤三次帝姬係上
頭下降兩次令推恩外餘並止絶　宣和四年十一月
五日詔茂德帝姬長男蔡愉依例合奏補武節郎可特

卷一萬七百三十　十二

與文資内安排補授通直郎　豫國公主　豫國公
主崇寧三年五月封壽慶公主五年正月薨追封豫國
政和四年十二月改封壽淑帝姬　鄧國公主　鄧
國公主崇寧四年六月封惠慶公主十月薨追封鄧國
政和四年十二月改封惠淑帝姬　蜀國公主　蜀
國公主崇寧四年七月封安慶公主大觀二年二月改
封隆福三年五月薨追封蜀國政和四年十二月改封
安淑帝姬　崇德帝姬　崇德公主崇寧四年十月
封和慶公主大觀二年二月改封崇福政和三年閏四
月改封帝姬宣和元年九月降左衛將軍曹湜二年五
月封崇德三年九月薨　二十一日車駕幸崇德帝姬

宅澆奠　商國公主　商國公主崇寧五年十一月
封康慶公主大觀二年二月改封承福二年二月薨追
封商國政和四年十二月改封康淑帝姬　蔡國公主
蔡國公主大觀元年五月封榮慶公主二年二月
改封懿福四年十一月薨追封蔡國政和四年十二月
改封榮淑帝姬　魯國公主　魯國公主大觀元年
七月封保慶公主閏十月薨追封魯國政和四年十二
月改封保淑帝姬　成德公主大觀二年五月封昌福
公主政和三年閏四月改封帝姬宣和五年六月改封
成德　洵德公主大觀三年七月封衍福公主政和三
年閏四月改封帝姬宣和六年十月改封洵德　悼穆
公主　悼穆公主大觀四年正月封徽福公主政和

卷一萬七百三十　十三

三年閏四月改封帝姬政和七年十月薨追封悼穆
顯德公主　顯德帝姬初封顯德公主改號帝姬尋
改封顯德下嫁劉文彥顯德公主大觀四年七月封顯
福公主政（[illegible]）和三年閏四月改封帝姬宣和七年八月改
封顯德　華國公主　華國公主大觀四年十一月
封熙福公主政和二年四月薨追封華國四年十一月
改封熙淑帝姬　涇國公主　涇國公主政和元年
三月封壽福公主二年三月薨追封涇國四年十二月
改封敦淑帝姬　順德公主政和元年三月封順福公
主三年閏四月改封帝姬靖康元年七月改封順德以

孝宗女　嘉國公主

將下降向子康故也　柔福公主　柔福公主政和
三年四月封柔福公主閏七月改封帝姬　沖慧公主
沖慧公主政和三年七月封申福帝姬四年二月薨
追封沖慧　寧福公主　寧福公主政和四年正月
封寧福帝姬　莊懿公主　莊懿公主政和四年二
月封保福帝姬十一月薨追封莊懿　沖懿公主政和
五年九月封賢福帝姬六年十一月薨追封沖懿　順
穆公主政和六年九月封仁福帝姬八年八月薨追封
順穆　和福公主　和福公主政和七年二月封和
福帝姬　永福公主　永福公主重和元年十一月
封永福帝姬　惠福公主　惠福公主重和二年正

卷一萬七百三十　十四

月封惠福帝姬　令福公主　令福公主宣和元年
九月封令福帝姬　華福公主　華福公主宣和三
年十一月封華福帝姬　慶福公主　慶福公主宣
和三年十一月封慶福帝姬　儀福公主　儀福公
主宣和六年十一月封儀福帝姬　純福公主　純
福公主宣和七年十月封純福帝姬　隋國公主宣和
元年七月封恭福帝姬建炎三年薨封隋國
乾道二年十月十四日詔
皇長女永嘉郡主贈嘉國公主　七年九月十二日詔
嘉德公主長女夫武節郎徐公選差主管台州崇道觀

宋會要　宗女

淳熙十六年二月四日登極赦應宗女宗婦見入道或
爲尼願歸家者聽元有官封者依舊　紹熙二年十一
月二十七日郊祀赦行在及紹興府見請孤遺錢米宗
女宗婦等與間有未曾引赦添支錢米可比附兩外可
孤遺體例籍定名字將十五歲以上並依前赦例添支
十四歲以下減半添給　五年正月一日慶壽赦宗子
宗婦宗女年八十以上令大宗正司保明奏聞與轉官
加封未有官封者特與官封以上宋會要　紹熙五年九月
十四日明堂赦應宗婦宗女因事令入道已如後來能
自循省仰大宗正司保明特與放令自便不願者聽自從

卷一萬七千七百六

明堂郊赦並同　慶元四年四月五日詔今後宗女因疾願給度
牒者令禮部先次從實書填訖方得給付以中書門下
省言宗女有疾願出家者得指揮給降度牒止令自行
承受近來多有巧作名色意在轉賣故有是詔　開禧
元年九月十八日南外宗正司言泉州宗婦李氏保病
育親生第三女趙氏爲見病勢危篤割股飼母當時痊
愈本司自建炎年間移司泉州今七十餘年宗室之家
如趙氏者天資純孝不愛其身割股救母於垂死之際
效驗昭然誠爲罕見恭覩主上以孝理天下遂致在遠
宗女覩感動化有如此者不敢隱默乞優加旌賞仍乞
宣付史館不惟使宗女知勸亦足以俾天下凡爲人子

旨所有激勸從之三年五月十四日又言南王宮宗子汝評染患爲篤女年一十六歲割股救父當時痊虞其能體善行孝㫖聖朝廣睦族之愛推錫類之仁乞豪褒旌患起敬慕乞優加旌賞俾知激勸詔宣付史館以上寧宗會要

卷一萬七百八十八

全唐文

宋會要　駙馬

駙馬都尉雜錄太祖開寶三年六月五日以忠武軍節度使同中書門下平章事王審琦子内殿供奉官都知承衍爲左衛將軍駙馬都尉選尚昭慶公主　五年閏二月四日以故鎮安軍節度使中書令石守信子鄆州牙内指揮使保吉爲左衛將軍駙馬都尉選尚延慶公主賜襲衣玉帶塗金鞍勒馬自是尚主者賜率如例後又加賜絨毛暖座　七月十三日以尚書右僕射魏仁浦子東頭供奉官咸信爲右衛將軍駙馬都尉選尚承慶公主。太宗太平興國元年八月十一日以故永興節度使吳延祚次子元扆爲右衛將軍駙馬都尉選尚蔡國公主　雍熙三年十二月十三日以彰國節度使駙馬都尉王承衍知大名府咸塞軍節度使駙馬都尉石保吉知孟州慎州觀察使駙馬都尉魏咸信知澶州愛州團練使駙馬都尉吳元扆知鄆州命開封尹陳王元僖餞承僖等於城北園淳化二年二月十四日鄆州觀察使駙馬都尉吳元扆上言避所賜魏

國公主第顧盡解所居官歸守先人舊廬優詔不允

真宗咸平三年六月十九日以鎮寧軍節度使柴禹錫孫鎮寧軍都指揮使宗慶為左衛將軍駙馬都尉選尚魯國長公主宗慶禹錫之孫太子中舍宗亮之子及尚主令稱禹錫子　六年正月十一日以故太師王溥子貽永（下字本音同仁宗廟諱後改貽清再改貽永）為右衛將軍駙馬都尉選尚懿賢長公主貽永以祖為父如柴宗慶例　景德元年四月三日懿賢長公主薨既塟王貽永三上表乞守塋域真宗不許時貽永在公主喪式假有是請帝尉諭之令赴朝參　二年十二月六日命柴宗慶王貽永同於內殿別班起居　大中祥符元年十一月二十七日以故千牛衛上將軍李崇矩子遵勗為左左龍武將軍駙馬都尉選尚萬壽長公主遵勗以祖為父如王貽永例　十二月二十三日有司上言柴宗慶遇慶恩移郡不赴便殿告謝請以違制論詔罰兩月俸　二年六月七日以左龍武將軍李遵勗領澄州刺史時遵勗以疾在假真宗謂王旦等曰朕遣人視其疾狀甚危且柴宗慶列環衛不久為刺史遵勗亦當校月日以聞旦等言宗慶守授將軍始七月遇郊祀恩遂領刺史遵勗未遇恩然至今亦七月遂命領郡　四月九日左龍武將軍澄州刺史駙馬都尉李遵勗責授均州團練副使坐私主之乳母初帝以使臣所取遵勗狀示宰相王旦等曰

遵勗先曾請對意在歸過於人矯誣如此緣已經赦宥姑務恩貸及有彰露止令詢其端由而畧無畏忌朕以長公主為性至善未嘗言其失不欲深行恐傷其意於是中書樞密院同奏議正朝典故有是命　十一月二十四日封柴宗慶母穆氏為河南郡君宗慶以母為嫂故不得郡封而衛國長公主累請故特封之　五年六月十三日柴宗慶言自陝西市木至京望蠲免税筭帝曰先朝王承衍市木販易規利當時興訟不已曩者曾諭宗慶無得遣人市易何故復有此奏即諭樞密院名宗慶責之宗慶謝罪奏云年老事多偶成廢忘特詔戒約之帝因謂宰相曰衛國長公主近請市所居北鄰張氏舍以廣其居張氏即宗室婿朕語之如立券出賣則可也及詢張氏且云仰僦錢朕戒令不得强市止賜錢二百萬聽他處營置　十月六日河東路提點刑獄司柴宗慶遣人私於買馬州郡市馬十九匹不納商税詔捕劾以聞　六年三月九日衛國長公主宅內知客趙惟永宣補右班殿直主奏留在宅勾當帝曰廷臣豈可更留令樞密院名柴宗慶諭之　仁宗天聖元年十二月十七日詔駙馬都尉等自今不得與清要權勢官私第往還如有公事即赴中書樞密院啓白仍令御史臺常切覺察如有違犯糾舉以聞　四年正月二十七日柴宗慶陳乞使相宰臣王曾等奏曰將相之任非可陳乞只如

先朝石保吉等俱曾履外任行營差遣前後頗著誠効既年方與使相帝令名至亟中書誠諭　慶曆四年四月三日令入內內侍省劉從愿與三司勾當公事陳宗古檢點柴宗慶家財現數約度支給外官爲檢校以宗慶二女尚幼也(故)　七年五月三日以彰信軍節度使兼侍中李用(和)子東頭供奉官瑋爲左衛將軍駙馬都尉選尚福康公主用和章懿太后弟公主上之愛女以太后故詔瑋選尚　嘉祐二年七月五日濮州練團使駙馬都尉李瑋言特賜塗金鞍韉毛暖座及玉帶等今出降有日欲乞依例乘服趋朝詔可　八月四日燕國公主出降翼日李瑋入謝宴於禁中　五年九月十四日、降駙馬都尉安州管內觀察使李瑋爲和州防禦使仍與外任差遣瑋所生母忤公主公主夜開皇城門入禁中瑋上表自劾故責(及)之　亦六年十一月一日駙馬都尉李瑋亟言奉詔舉官爲將領而臣家有賓客之禁無由與士人相親聞柴宗慶當時得與禁近往還臣請如宗慶等例詔具凡所接賓客以聞　七年二月二十五日李瑋出知衛州詔兗國公主入內　三月四日降瑋爲建州管內觀察使落駙馬都尉以與主不相諧也　十一月三日瑋改安州觀察使復駙馬都尉主復還第　英宗治平三年五月十九日以屯田員外郎王克臣子孝莊爲左屯衛大将軍駙馬都尉賜名師約選尚德寧公

帝系八之四九

主初英宗數稱唐公主下嫁多名人及是得師約故駙馬都尉承衍曾孫而父子皆業進士令至宰相第試以詩而以其所業賦一編以進御至名見清居殿又諭以無廢學後又出經籍及紙筆硯賜之以上國朝會要

神宗熙寧元年四月十九日李瑋請以兄奉寧節度使瑋第十一子偓爲嗣詔以爲供備庫副使賜名嗣徽　二年六月七日以武勝軍節度(觀察)留後侍衛親軍馬軍副都指揮使王愷孫右侍禁詵爲左衛將軍駙馬都尉選尚舒國長公主　十一月十五日以故屯田郎中張宗雅子丕爲左衛將軍駙馬都尉賜名敦禮選尚祁國長公主　三年正月九日楚國大長公主薨上幸其第名輔臣入慟哭諭以主久疾而瑋奉主無狀即日責授瑋爲郴州團練使駙馬都尉陳州安置　八年五月十二日詔駙馬都尉今後轉官及七年取旨　九月十一日詔大長公主當出降今內外兩制以下及監司體訪世族子弟有性氣溫良儀狀秀整可備選尚者令乘馬赴闕　十二月十六日以崇信軍節度使錢惟演孫景臻爲左軍衛大將軍駙馬都尉選尚許國大長公主侍衛親軍馬軍都指揮使定國軍觀察留後曹琮孫詩爲左領軍衛大將軍駙馬都尉選尚邠國大長公主　國朝駙馬都尉未有除大將軍者以景臻等選尚大長公主故優命之　九年三月二十六日以左領軍衛大將軍

帝系八之五〇

鄆駙馬都尉錢景臻為秀州團練使以韓國大長公主下嫁推恩也　十二月十七日以右領軍衛大將軍駙馬都尉曹詩為成團練使以手詔魯國大長公主已有日歸館其駙馬都尉照例改官故有是命　元豐元年三月九日詔樞密院大長公主大禮奏薦夫之期親與判司薄尉以樞密院奏韓國大長公主奏駙馬都尉錢景臻兄景秉等恩澤與中書不同也　二年二月五日詔韓國大長公主姑少府監錢暄妻同安郡君胡氏可特進封永嘉郡夫人　十二月二十六日詔絳州團練使駙馬都尉王詵追兩官勒停以詵交結蘇軾及攜妾出城與試宴飲也　三年四月十八日詔前絳州團練使駙馬都尉王詵可特授慶州刺史許赴朝參以長公主故叙詵官以慰其心　七月十六日責駙馬都尉王詵為昭化軍節度行軍司馬均州安置手詔王詵內則朋淫縱欲無厭外則狎邪罔上不忠緣是長公憤悒成疾終至彌篤皇太后聖衷哀念累月罕御玉食撫詵之罪義不得赦　十二月二十七日駙馬都尉王師約等皇祐一司勅駙馬都尉不與清要權勢官私第往還臣等凡遇垂拱殿起居即與修起居注等同閤子雖非私第亦慮非便欲望以使相閤子二間為臣等侍班處從之　四年二月六日詔光州防禦使駙馬都尉曹詩所生母杜氏特封安康郡太君　五年三月五日以贈司

徒郭崇仁曾孫獻卿為左領軍衛大將軍選尚冀國大長公主　六年正月二十六日駙馬都尉張敦禮以男東淵選尚第六公主進封辭免帝曰東淵有可稱採盡出公議不但以長公主之故可更令進學已有成命勿復辭也　次年公主薨不及成禮　三月八日詔自今駙馬都尉及七年令尚書吏磨勘更不取旨　五月二十一日詔國子監於外舍選年四十以上素有行義學生為郭獻卿宅門客以國子監奏內舍未有年及四十者　閏六月十九日三省奏今後大長公主長公主公主下降駙馬都尉骨肉恩例令尚書省立法從之以郭獻卿選尚冀國大長公主其父乞恩例故也　十月十六日中書省奏駙馬都尉曹詩乞以南郊合得骨肉恩澤一名與門客李漢臣理選一官詔特與郊社齋郎後詔吏部毋得為例　十二月二十四日詔光州防禦使駙馬都尉曹詩責授右屯衛將軍落駙馬都尉令家居省過手詔詩不能仰稱朝廷選尚爵命恩德數以幃薄不謹況撓魯國大長公主致抱快成疾又不以時奏請醫療治終於沉痼不起故有是命　七年二月十六日尚書刑部奏責授昭化行軍司馬均州安置王詵已經三年再遇大禮赦合依先降指揮取旨詔王詵特與諸衛將軍穎州安置　十月三日駙馬都尉錢景臻對因謝父暄除寶文閣待制帝曰暄治郡有聲朝廷自以才

用又謝子恍賜名，帝曰：公主賢宜有子也，其勉以賢學。

八年四月二十三日，駙馬都尉王師約奏：燕國大長公主薨，太常侍[寺]閣本服齊衰杖期給假三十日。臣忝冒寵祿，悉緣選尚，乞令有司別議，特乞假一年。　五月六日，詔右監門衛將軍潁州安置王詵免安置，與[以]有司檢舉累經赦宥故也。　七月十四日，駙馬都尉王師約言：蒙給假一年，今來特授鎮安軍節度留後，乞入謝畢，然在假。[詔]從之，仍給俸。　哲宗元祐元年二月十六日，詔宣州防禦使駙馬都尉張敦禮為密州觀察使。以三省言：自來駙馬都尉選尚公主、長公主，並除小將軍，下降日除刺史；選尚大長公[主]，即除大將軍，下降日除團練使。敦禮元選祁國長公主，今已進冀國大長公主，故有是命。

三年三月九日，駙馬都尉王師約奏：臣父現知鄭州，欲乞御前後殿不坐日，每次給假一日，前去省覲，仍免辭見，過三日即依自來體例朝見。若非次出駕立班之[隨]類，並乞下閤門照會免赴。從之。　四年七月十二日，詔以故司徒兼侍中韓琦男宣義郎嘉彥除左衛將軍、駙馬都尉，選尚温國長公主。時嘉彥兄忠彥為尚書左丞，以嘉彥選尚為嫌，乞罷[免]，不許；再表懇請，詔不允。　六年九月二十六日，駙馬都尉錢景臻以母喪辭起復，再請乃許。　元符元年八月，郭獻卿以母喪起復，亦三上表辭，從之。　十月十二日，右朝奉郎韓端彥言：弟嘉彥尚

温國長公主，下降有期，私家進財支費甚多，欲以相州田業契書於在京四抵當所各質錢二千五百緡，依例出息。詔於抵當所特貸錢萬緡，仍限五年還納。其後韓端彥援元豐中郭獻卿例，乞除放所貸錢，從之。　十二月十七日，駙馬都尉韓嘉彥言：温國長公主下降有日，臣家世以儒進，乞換一近下文資。不報。　嘉彥引晉唐選尚公主參用文士及英宗皇帝出嫁皇女訪求儒門為言，其後紹聖間復申前請，不報。　九年正月十二日，詔文州刺史駙馬都尉韓嘉彥於長公主有虧禮不遜，擅宿私家，特降兩官，差知黃州。是日，又命勘會駙馬都尉李瑋如曾安置，即嘉彥可降兩官蘄州安置。中書斷州犯嘉彥父嫌名，十三日，詔嘉彥降左衛將軍，依前駙馬都尉，分司南京，黃州居住，仍差御史郭知章押嘉彥即日出門。時忠彥引咎乞罷，賜詔不允。　紹聖元年十月一日，詔彥嘉赴闕，十六日落分司，令赴朝參。　三年十二月二十六日，以通直郎王師古男詵為左衛將軍、駙馬都尉，選尚康國長公主。　閏九月[六日詔]駙馬都尉王詵特罰銅三十斤，以詵隱匿婦人劉氏，教令寫文字及虛作逃走跡狀，自首不實。侍御史石豫言詵自恃豪貴，抑勒僱人，不畏公法，故有是詔。係元符二年誤編于此

四年八月三日，詔降授左衛將軍駙馬都尉韓嘉彥可特授持節文州諸軍事、文州刺史。　元符元年十月二

十九日詔武勝軍節度觀察留後駙馬都尉張敦禮降授左千牛衛將軍特免安置仍勒住朝參以三省言敦禮元祐間上書言退宰臣蔡確進司馬光為上相等事故有是命　二年十二月二十四日三省戶部言駙馬都尉王昨以進財借四抵當所錢五十貫限二年半還納又於宮後門庫借錢三千貫限五年還納今乞每月尅料錢一百貫詔特與除放　三年八月九日保平軍節度觀察留後駙馬都尉王師約可特授依前官駙馬都尉充樞密院都承旨　徽宗建中靖國元年二月二十三日錢忱特授西上閤門使以燕國大長公主托體仁宗故褒其後也　崇寧元年七月十三日戶部言駙馬都尉曹詩乞於合破公使錢內先借支二萬貫辦大長公主影前供物詔禮部給空名度牒一百道　二年七月二十三日手詔朕覩前世外戚擅事終禍亂天下唯我祖考創業垂統承平百有餘年外戚之家未嘗預政厥有典則以貽子孫即政之初以駙馬都尉韓嘉兄忠彥為門下侍郎繼除宰相方朕恭默弗敢有言給事中劉拯抗疏論駁亦不果聽上違祖考成憲下虞前世禍亂之失其自今勿復援忠彥例以戚里家屬為三省執政官世世守之著為甲令　三年九月十八日以供倫庫潘孝嚴男意為左衛將軍駙馬都尉選尚益國長公主二十三日管勾益國長公工十三日出降所狀勘

楙本下疑有脫字

會授官體例施行今來潘意尚益國長公宣繫遂且閤奏聞奉御寶批依例施行　五年十月十四日詔故昭信軍節度留後駙馬都尉郭獻卿特贈武泰軍節度使男縝特授皇城副使　大觀元年正月以集慶軍節度觀察留後駙馬都尉張敦禮充建寧軍節度使以車駕幸興德禪院特推恩興德禪院英宗神宗誕育之宮敦禮所尚英宗女故也　七月二十一日以建寧軍節度使駙馬都尉張敦禮為檢校司空鄜（保信軍）度使致仕　三年六月六日詔故信保軍節度使檢校司徒致仕駙馬都尉張敦禮特贈開府儀同三司十二日車駕臨奠支賜銀絹各二千疋兩男楙特與莊宅使　七月二十七日以西京左藏庫副使石濟男端禮為左衛將軍駙馬都尉選尚瀛國長公主　政和二年九月十五日以右侍禁潘絳男進士正夫為左衛將軍駙馬都尉選尚慶國長公主　三年九月十四日詔令德景行大長帝姬長男邕州觀察使提舉萬壽觀錢忱自除正任九年並不曾推恩磨勘可特轉寧武軍節度觀察留後　四年十二月四日以故相曾公亮四世孫姪進士夤為左衛將軍駙馬都尉選尚嘉德帝姬　十三日詔曾夤特詣太師少師樞密府開府儀同三司鄭紳宅相見　五年九月十日以光祿卿曹調男晟為左衛將軍駙馬都尉選尚崇德帝姬　六年十一月十七日以故西頭供奉官

未有指揮下脫叙位二字

宋景孫邦光為左衛將軍駙馬都尉選尚安德帝姬

八年三月十六日以太師魯國公蔡京男絛為朝散郎宣和待制充駙馬都尉尚福康帝姬　二十四日中書省言檢會蔡絛已奉御筆除朝散郎宣和殿待制駙馬都尉其叙位立班未有指揮叙位立班在諸待制之上　四月六日太師蔡京言男絛已蒙宣繫選尚康福帝姬檢會崇詔書今後勿復援韓忠彥例以戚里家屬為三省執政官乞免五日一赴都堂治事詔答不允　是後以帝姬下降畢再上章乞罷不允　重和元年十二月十六日手詔蔡絛選尚茂德帝姬其父京子孫一十一人内六人白身各補初等官仍並賜紫章服　二年正月十日詔車駕幸茂德帝姬宅駙馬都尉朝奉大夫宣和待制蔡絛可特轉中大夫　宣和元年十二月二十九日詔曹誘孫湜選尚崇福帝姬授左衛將軍駙馬都尉

三年九月十六日詔駙馬都尉曹湜籠無狀素乏譽望一旦選尚自以為身出門閭素處富貴肆志宜示戒懲可先次勒停送房州安置候帝姬堂殯日出門開封府差人管押前去父曹戭有失義方不能訓子與宮觀差遣　十月五日詔成州團練使駙馬都尉宋邦光操純守正士行修潔戢肅閨門日奉朝請宜優寵渥庸示勸獎可特與代州防禦使　四年十一月二十六日詔崇州團練使責授金州別駕房州安置曹湜已經大赦可以叙復續詔曹湜免安置居賜第　六年三月四日制以檢校少傅安武軍節度使開府儀同三司佑神觀使駙馬都尉錢景臻為少師進封康國公　四月十七日詔通議大夫保和殿待制駙馬都尉提舉上清寶籙宮蔡絛自除待從選尚已六年可特與除保和殿直學士　靖康元年二月二十九日詔保和殿直學士駙馬都尉蔡絛換深州防禦使用侍御史孫覿奏也

七月二十一日詔蔡絛勒停以上續國朝會要紹興三年十二月二十四日詔今後駙馬都尉潘正夫至所居州軍許與知通州官相見一次以上國朝會要

宋會要

進馬

太祖建隆四年六月詔尚書兵部每年所補千牛進馬自今左右伏千牛每次各減兩員其應補人並須年齒合格試念書精熟如經覆試引念不合元勅其本司官員並須貶降乾德二年九月周易博士奚嶼坐校試所補進馬不實責授乾州司戶參軍庫部員外郎王貽孫責授左贊善大夫翰林學士承旨禮部尚書陶穀奪兩月俸舊制臺省六品諸司五品以上官皆得蔭補歲令兵部禮部試念書精熟者中選至是穀子戩求補殿中省進馬而所試未精嶼受穀私禱以合格聞事發按之以嶼受請求而貽孫不之覺故並黜之

帝系 齊治
詔群臣言事
優禮大臣
賜功臣字
守法
經筵
觀書
訪貢 罷貢
存先代後
錄諸國後
出宮人

全唐文

宋會要

詔羣臣言事　太宗太平興國六年九月十八日詔曰
古者振木鐸于路所以採四方之風謠設獻樽于庭所
以來羣臣之諫諍既物情之無壅則朝政以允釐朕以
眇躬獲承大寶懼不克荷罔敢遑寧乙夜觀書日旰忘
食事無細大必務躬親言有牴啎皆從採納尚慮中外
臣庶闕於咨詢朝廷政理有所堙鬱在朝及外任文武
官不以名位高卑自今或聞民間利病及時政得失並
得上書直言無有所隱為臣之道自合愛君有位之人
豈宜惜祿況朕渴聞讜議不汝瑕疵析檻龐修蓋惟素

卷三千三百九十六

志賜帛而罷誠非優典凡爾多士體茲至懷　九年六月
十三日詔曰朕恤念蒸民勤勞庶政每令詢訪以導鬱
堙尚規蔽之有聞豈卑高之是間應天下幕職州縣官
俱負吏才咸通時務其或知民俗利害政令否藏並許
於本州附傳置以聞如所言有可收採必行旌賞如無
所取亦不加罪　先是轉運司及知州通判皆得上書
言事而州縣官則否帝慮下情壅蔽故降是詔後有草
澤上書言時政引對詞甚狂勃帝不之罪慰諭以遣之
因謂宰相曰往昔帝王多以尊極自居詞氣嚴厲左右
無敢盡一言者朕雖布衣言事必溫顏以待之只如每
與卿等款曲商確時事蓋欲通上下之情無有所隱求

琪等悄首稱謝　八月十六日有布衣以皂囊封書獻
者其詞狂妄帝覽而不之罪因謂宰相曰比降詔書許
人言事近有上章者朕皆一一覽之但外人不知朝廷
要務所言多浪不切機會本欲下情上達庶事無壅故
雖狂勃亦不加罪宋琪等對曰陛下廣納言之路若百
中得一亦是國家之利　端拱元年三月七日詔內外
文武百官近以擬議之間宜用非常雖居侍從祖尚因
循殊無直氣英風但有虛詞矯飾言事者率多侵蔽拜
章者止務身謀今後諫官等各思厥職共守箴規事
有不便者即時上言民有未康者盡情條奏至于御史
臺官實號紀綱之任亦當動舉憲章靜司彈奏勉哉臣
僚咸聽朕命

卷一萬三千三百九十七

二年正月十一日詔曰頃者以燕薊之
民國家舊俗比因晉室遂陷北戎耆老沒於遐荒子孫
墜於塗炭間歲以來興秋為患凡中外臣僚文武百辟
比肩食祿冠冕在庭必有智略宏深才識英茂可以坐
清祆祲克靜烽煙各宜悉陳所見密具封章所貴盡心
無動鉗口　淳化五年八月十五日詔曰昔漢武之時
上書闕下衒鬻者以百數故枚皐徒以作賦遂拜為郎
東方朔敢肆大言亦得待詔朕甚不取也蓋自衒自媒
者士女之醜行難進易退者賢達之令猷適足長躁競
之風何以敦樸之士自今京朝幕職州縣官等不得
輒獻詩賦雜文如有時政闕失民間利害策及直言極

諫書即許投進其宏才奥學為人所稱者令於中書投獻丞相以聞别聽進旨　至道元年三月十四日詔曰在昔唐虞建官惟百今國家郡縣至廣吏員衆多自三公九卿以至九品一命逮千萬數皆懷材抱器明習利病恪居官次不求聞達非敢言之路曷導下民之情宜令諸路轉運司告諭部内幕職州縣官等應公私利害並許上言附傳置以聞委舍人院閲視其可否　三年五月四日詔曰朕聞古先哲王之御天下也懼德教之未修慮政刑之或濫必資獻替用致和平朕承二聖之靈託兆民之上側身思道恭己緇明念守位之至艱若涉川而未濟夙夜兢畏靡遑寧居且萬幾至繁四海至

卷一萬三千三百九十六

廣政令豈能盡善風謡安得盡知凡所施張寧無闕失未聞讜議朕甚懼焉況今有位之賢咸藴佐時之略所宜朝夕納誨以弼予違蹇諤盡規以輔台德苟言之弗用則過在朕躬若求之不則咎將誰執宜令御史臺告示内外文武羣臣自今人君有過時政或虧軍事否臧民間利害並許直言極諫抗疏以聞庶乎在下者不隠其情居上者獲臻于治罔或畏避以副虚懷　真宗咸平元年二月四日詔曰自昔哲王之有四海也樂聞己過忻納讜言用能致時雍熙驅民仁壽朕以寡昧始嗣基圖踰歲于兹上穹譴見斯益時事乖舛政刑鬱堙果惻天心遽垂星變夙夜循省祇懼益深敢忘責躬以荅

譴戒詢于有位對以虚懷當思極言無有所隠朕將親覽惟善是從　十月二十二日詔令後臣僚如有著述文字許詣閤門通進朕當親覽用擇材能如文理稍優仍令兩制官銓簡聞奏　二年閏三月七日詔曰朕處九五之尊託億兆之上撫臨四海倏及再朞軫宵旰之憂務奉祖宗之憲度誠不感於穹昊惠未及於黎元歲閏豐登氣尚堙鬱將歷炎蒸之（原本缺）薦成僭亢之灾緩獄恤刑雖哀矜之（原本缺）思咎彌深惕懼之懷比者累降詔書大開言路頗多叢脞不足頒行且念古先哲王纂承統緒求工瞽之諫納芻蕘之言克濟大猷以臻至治咨爾簪紳之士洎乎巖穴之倫必能辯朝政之是非察

卷一萬三千三百九十六

下民之疾苦無懷畏避當悉敷陳體予不諱之心副此惟行之命自今並宜直言極諫密疏以聞或靡尚於屬詞當直書其所見言善者必加甄賞理短者亦為優容勿習餘風復談鄙事誕告中外知朕意焉　四月四日帝謂宰相曰近覽言事封章日不下百數時亦有得郝等更詳之如文理可采者别取進旨因詔文武羣臣封事令閤門晝時進内勿致稽留　三年十一月九日詔應在京文武百官自今已後眇躬之行事過失朝廷之布政苛煩時令之有所不和人情之未能上達並宜直具條奏勿或緘藏至于在外文武臣僚皆受國家寄任未預依次轉對者[illegible]各許上章奏事國政時病吏

蠹民耶一一上言孜孜在念繄爾多士咸知朕意　四年五月二十九日帝謂王旦等曰朕以臣僚上殿者劄子不列名姓拜章言事者請留中不下是皆攻人之短發人陰私而不欲明行彈糾者若偏聽則事不可明若不宣行又遺言者之意遂命杜鎬陳彭年檢討前代臣僚上封言事故事而降詔曰朕司牧生民講求政典言念代工之理實資著位之臣咸服蟬聯並勤夙夜固傾輸於誠節悉砥礪於廉隅恪奉教條於康理道而有因循未革習以為常馳競相沿免而無耻或依司之曠廢或言事之詐欺宜須申儆之文用洽至公之化文武臣僚等各膺寵遇宜在竭誠凡所上章故當無隱倘思盡瘁奉國復何恤於人言豈必留中匿名俾有傷於公禮蓋有愛憎是狥善惡多誣但欲潛惑於聽聰不願顯行於按覆頗彰欺罔深黷政經今後所上章疏並須明具姓名不得更乞留中如事干機密朕即臨時相度自餘並付所司依理施行又每因公事上殿例有徼求徒增躁競之風何助隆平之治今後或有時政得失人民疾苦刑獄冤濫軍馬未便事涉機密即許上殿尋常細務並於閤門進狀上殿劄子即許徑述事由不必過為文飾倘或能除民弊克利公家即當旌此忠誠別加甄賞又或於外庭顯有聞見倘云擁蔽何憚明言多因對敭密形口奏別無文狀可以研窮朋比者為稱廉直者見

卷一萬三千三百九十六

謗忠良妄評贖為公既暗昧以難明人欺誣而潛肆徒使有罪獲免非辜致疑今後或親在京及外處官員政治有關公忠可舉意不掩善欲達朝廷及貪贓徇私踰違昏昧志思疾惡心欲盡規並仰明獻封章當行覆驗虛實之際賞罰攸存不得更因上殿口有陳奏中書樞密院咸司政柄共乂邦家則在公朝宜崇治體用符表率以正彝倫今後如聞內外文武臣寮使臣軍校或公勤舉職清白檢身或不守廉肆踢為踰濫並令進擬明述所因或請獎諭甄陞或請替移按驗庶叶至公之道允成康濟之功諫議大夫司諫正言宮參侍從職奉箴規既言責以在茲且忠規而是竭但懷緘默尤屬素尸自今觀朝廷過失刑政不當雖成命已行而群情未協並仰各上封章直言利病至於考績當舉舊規即不得苟為虛聲潛相朋附御史臺糾察四方肅正百辟臺閣之內無所不監王公以降皆得舉劾自今內外臣僚有灼然違犯刑獄冤濫並依舊典糾察彈奏倘能盡公忠不隳職業當加擢用以勸能官如是懷顧祿之心絕繩違之志既章匪懈必正簡書或有應糾而不糾不應糾而糾令尚書都省彈舉以聞王者稽古蓋思於俾乂先甲出令用示於必行當九有之承平乃百度之求理旌別淑慝人也其時申明紀綱行之在我咨爾搢紳之列暨于鈞軸之臣各啟乃心奉若成憲所宜遵稟無冒

卷一萬三千三百九十六

憲章中外臣僚體予深意　時太常丞李邈上言准詔
上章疏不得更乞留中切見唐憲宗朝李絳面陳願
獎勸忠藎開納規諫憲宗曰卿所陳至原本缺有裨於我今
諫官韋處厚路隨甚有疏諫言極忠盡恐卿不知以此
足見諫臣之言不泄於原本缺況羣臣多士願獻至忠或有
機微之事理須密切又陛下亦欲知天下民務觀百辟
才能此詔若行恐未免當顧令追寢以開言路帝曰邈
殊不知朕意前詔但為禁詆訐誣罔之輩爾倘軍國機
宜大事不可付外者卿不在此限所以手詔諭之又龍
圖閣待制戚綸面陳詔旨不使因此示宰臣帝曰綸意
以謂陳述之人難將面奏然自頒詔以來升殿奏事之

卷一萬二千三百九十六

人未嘗有阻朕於諸臣貴在公共不顧潛行交構慢有
中傷朕思天下至廣自惟寡昧常慮闕政豈止虛懷求
諫常亦惕然而懼前代帝主好窮兵黷武懈於機務惑
聲色事奢靡此其大過朕固不為人臣論事若衆人所
不敢言獨能言之乃可嘉尚綸性純謹有學問但未諭
詔意爾　七月九日帝謂宰臣曰比降敕不許臣僚以
無名劄子奏事近日以來奏事者殊少卿等宜因接士
大夫察問四方之事以聞　六年十二月九日詔曰朕
受命上穹為民司牧罔敢逸豫冀臻治平而大信未孚
至化猶鬱下情罕達闕政靡聞深佇讜言用寬吳席在
芻蕘而弗棄庶藥石之見投聞者實有詢求徧于中外

戒遺納中之說必期擇善而行雖每覽封章慰予所望
而抗陳得失未見其人宜令內外文武羣臣述官政之
否藏臧情生民之利病悉盡所見無為後言書曰詢謀僉
同禮云有犯無隱倘箴規之可採願賞勸而必行朕將
衆多無存傾竭仍令御史臺諸路轉運司布告天下知
朕意焉　景德元年正月六日帝謂宰臣等曰近日羣
臣罕嘗言事若有所畏避況今公朝何至如此因言唐
朝朋黨尤盛漸不可制以至王室卑弱又言其姦邪難
辯李亢以佞言似忠姦言似信盧杞蒙蔽德宗李
勉以為真姦邪是也帝曰姦邪之類雖一時難辯亦久
當自露　三年四月二十五日詔應在朝文武百官等

卷一萬二千三百九十六

候得替先具民間利害條列實封於閤門通進後方許
朝見將詢中外庶廣聰明凡爾臣僚咸悉朕意　大中
祥符八年四月二十四日詔曰朕承大寶祇懼小心曆
眷祐之無疆荷靈禧之協應少虧闊慎成有震驚雖曰
閽人數忘竟已今月二十二日榮王元儼宮不謹遺燼
遽致延燒昏夕之間撲滅靡及遲明之際士伍併臻尚
賴羣心卒同盡瘁嚴庭遠隔不免致禁宮其回環未寄
安堵春蘇藩邸自失於防微叩謝宗祊爾深於省咎亦
虞庶務未洽天和或政令匪中或物情有壅闕聞讜論
以輔眇躬應文武官並許直言當從親覽渴聞規益勿
吝傾輸　仁宗天聖十年八月二十一日詔曰朕以眇

躬纂膺鴻緒廓祖宗之累善遵方夏之大寧內奉慈顏宣揚庶務外詢髦士搢訪遠猷纖介之善必旌毫分之罰惟慎既絕畋遊之好亦無臺榭之營十載於茲群倫所患不虞昕夕遵脩震驚今月二十三日夜宮掖之間忽興遺燼蓋掖庭之內大禁非嚴而永巷之中警巡無及殿堂密接遂致延燒鐘漏未晨難於救撲向賴蒼昊垂祐臣庶協忠迨及遲明已息炎燎端門正寢禁衛群司幸免俱焚實緊衆力至于武衛各竭純誠肅奉宸居即時安堵緬思降儆遂念前規凡遇災祥必伸戒懼或者制章時政猶爽至和物態民心非無壅閼敢忘罪己庶叶飭躬惟爾具僚逮于群品有懷碩慮罔吝昌言當隱憂啓聖之晨佇畢力首公之効同歸于道庶有望焉宜令中書門下宣諭中外

卷一萬三千三百九十六

明道二年四月一日詔曰朕歷踐爲儲暨于纂紹荷祖宗之積善致寰海之隆平大行皇太后撫育眇躬恩仁至厚自膺付託佑助政機宵旰十年憂勞萬務動允遵於禮法言必合於典常莅事揆於大中奉身極於清儉乃至保大安人之術求賢御衆之方詳刑慎罰之規恤隱防微之要實賴慈誨臻于善經方祈壽康以祚邦國而昊穹降沴風不纏哀莫報飭勞但增追慕眷言涼薄荐遘愍凶念王業之惟艱非獨見之攸濟而今而後所賴中外文武群材衆臣副予肯構之心贊我保邦之業無有遠邇悉輸忠勤徇公

滅私興利除害政率先於久大聚無壞於經常威熒而治兵民剛柔以濟能否罔遺衆而從欲各罄誠而佐時庶盡所長輔予不逮用協先訓以光令猷宜令中書門下遍行宣諭

景祐五年正月十日詔曰朕紹膺景命撫育中區對天地之宏休奉祖宗之威憲常懷惕厲靡敢怠荒一志于茲十有六載兵戈偃戢方隅底寧百稼屢登億姓咸義雖未臻至化抑可謂小康而去歲以來衆異間作星文流變謫見於穹昊坤載震搖沴生於邊鄙定襄之郡爲害特深室廬墊陷以寃蕃黎氓壓覆而斯衆飛奏繼至予心惻然而又春候方初蟄戶俄振退而修省罔究端倪蓋朕體道迪勤燭理猶昧以涼德而處尊以眇質而保鴻名致此機祥敢忘戒懼爰申誥式佇讜言其或朕躬之闕遺執事之阿枉政教未臻於理刑獄靡協于中在位有壅蔽之人致官有貪冒之吏仰諫官御史搢紳百僚密疏以言悉心無隱限半月内實封進納朕當親覽靡及有司擇善而行固非虛飾咨爾多士宜體朕懷

卷一萬三千三百九十六

康定元年三月二十五日詔曰朕寅威端命撫有多方紹服前人之明勤經庶政之治居常屬異罔敢怠荒每惟青徼之來深原譴告之自虔修庶寶所以格和而乃答譴薦臻歲鳳示變若豈其節方晝而寅宸懼載懷愁焉如疢蓋朕責躬匪至求莫尚違德刑弗協于中信化未孚于下緣茲爽戾再集機祥垂

念景公退熒舍之灾成王起郊禾之偃曾不旋日念應
自天寧予渺沖靡克通感矧前詔中外率貢讜謀亦既
累旬未聞獻可宜申誕告式并條陳有能補朕闕遺究
民利病圖禦邊之方畧述在位之阿私悉心以談逞當
親覽庶擇善言之益助迎休氣之祥咨爾群倫咸知朕
旨　朕歷四年上月二十二日詔權御史中丞王拱辰
赴臺拱辰因入見諭曰言事官第自辰職勿以朝廷未
行為沮已而輒請解去以取直名自今有當言者宜力
陳無避拱辰頓首謝　七年三月二十一日詔曰朕臨
御以來于今二紀夙夜祇懼不敢康寧庶洽治平以至
嘉靖自去歲冬末時雪已愆今春大旱赤地千里百姓

卷一萬三千三百九十六

失業無所告勞朕思灾變之來不由他致蓋朕不敏於
德不明於政號令弗信聽納失中俾茲眚祥下逮黎庶
天威震動以戒朕躬大懼不能承宗廟之靈負社稷之
重苦心焦思惶悸失圖是用屏已以謝愆歸躬而上叩
不御正殿不舉常珍外求直言以荅天譴冀高穹之降
鑒閔下民之無辜與其降疾於人不若移灾於朕庶用
感格以底休成自今月十九日後只坐崇政殿仍減常
膳應中外文武臣僚並許實封言當世切務三事大夫
其協心交儆輔予不逮　八年三月十六日幸龍圖天
章閣召近臣宗室觀太宗游藝集三朝瑞物乃出手詔
賜輔臣曰朕承祖宗大業賴文武盡臣夙夜兢兢期底

於治聞者西陲禦備天下驛騷輒募兵師急調軍食雖
常賦有增而經用不給累歲于茲公私匱乏加以承平
寖久仕進多門人浮政濫員多闕少又牧宰之職以惠
綏吾民而罕聞奏最將帥之任以威制四夷而艱於稱
職豈制度未立不能變通於時邪蕳擢靡臻不能勸勵
于下邪西北多故虜態難常獻奇譎空言者多陳悠久
實效者少備豫不虞理當先務思濟此務罔知所從悉
為朕條畫之　二十五日賜翰林學士三司使知開封
府御史中丞等詔曰欲聞朕躬闕失左右朋邪中外險
詐州郡暴虐及法令非便民者悉以條陳至於朝廷幾
事或自有所見亦附于篇當不付外擇在子衷毋慮後

卷一萬三千三百九十六

患　時皆給筆札令即座以對而宰臣陳執中固辭帝
復敦諭至于三四乃聽兩府歸而上之　二十六日御
迎陽門召知制誥待制至臺諫官等又出手詔曰朕欲
聞朝政得失兵農要務邊防備預將帥能否財賦利害
錢法是非與夫讒人害政姦盜亂俗及所以防杜微漸
之策悉對于篇無有所隱如所懷未盡聽別疏以聞
皇祐二年十二月二十四日詔曰適歲子孫上天譴見
良由時事乖舛政化鬱堙累惻天心遽出星變仍自今
月五日不御正殿其尚食所供常膳亦宜減省中外臣
僚言當世切務　四年正月十九日詔昨為唐介顯涉
結附合行降黜之典亦慮言路或梗尋與敘遷尚恐言

事之臣有所顧慮令御史臺諫院務盡鯁直以箴闕失
仍令通進司或有章奏盡時進入必當親覽或只留中
十月十八日帝謂輔臣曰比日上封言政事得失者
少豈非言路壅塞所致乎其下閤門通進銀臺司登聞
理檢院進奏院自令州縣奏請及臣僚表疏毋得輒有
阻留　五年五月十六日詔曰朕循三聖之法監百王
之憲永惟唐虞之世以及文武之時上有求教之勤下
有告猷之助憂勞旰昃罔敢自安日與輔臣裁決萬務
雖極辯之不倦當退公而益彊宜即燕閒同講治道自
今中書樞密院輔臣如有軍國大政邊防重事候前殿
退別請對於後殿仍前一日先具所陳事以聞　十月
卷一萬三千三百九十六
九日詔春夏以來蝗旱於災民間利害有未達者其令
諸路轉運提點刑獄司徧諭新民官採訪以聞　至和三
年六月二十九日詔曰朕猥以眇身奉承聖業常懼政
化之爽以羞祖宗之靈日昃勤勞躬自懋勉約己以濟
物推誠而任人肅將一心殆且三紀庶蒙休應以登至
平近乃淫雨降灾大水為沴敗公私之廬舍冒西南之
城廓秋稼有淪傷之嗟貧人罹溺喪之苦彌月于此積
晦未開雨河之間決溢為患夙夜惟念悼痛于懷此皆
朕德不明天意所譴致茲災沴害及下民是亦邪治未
孚王職多闕賞罰有所不當詔令得非未便獄訟頗狂
賦役煩急既民冤失職者衆則天災緣政而生思聞讜

言以推賞罰道有消復志在更張應中外臣僚並許上
封言時政闕失凡當世之利害及制治之否臧悉心以
陳無有所諱庶幾弭塞變異名致和平洽爾股肱之臣
其交相戒敕虛心以調元化合志而營庶政輔予不逮
異其有慶　英宗治平二年八月八日詔曰蓋聞古之聖
賢在位陰陽和風雨時日月光星辰靜黎民阜蕃以底
休平朕甚慕之朕猥以眇身託于王公之上夙夜以思
惟懼弗能以承先帝鴻業而比年以來水潦為沴迺八月
庚寅大雨京師廬室墊傷被溺者衆大田之稼害于有
秋竊迹災變之來曾不虛發豈朕之不敏於德而不明
政歟將天下刑獄滯冤賦繇煩苦民有愁嘆亡聊之聲
卷一萬三千三百九十六
以奸其順氣歟不然則何天戒之甚著也今飭躬焦思
欲銷伏大異而未聞在位者之忠言進所自新厥路何
繇應中外臣寮並許上實封言時政闕失及當世之利
病可以佐元元者悉心以陳毋有所諱執政大臣皆朕
之股肱其協德交修以輔朕之不逮以上國朝會要　四
年神宗已即位未改元閏三月二十二日詔曰朕以菲
德承至尊託于公卿兆民之上惟治忽在朕躬夙夜兢
兢上思有以奉天命下念所以修政事之統愧不敏明
未燭厥理夫闢言路通上下之志欲治之主所同趣也
其布告內外文武羣臣若朕知見思慮之所未及至於
朝之闕政國之要務邊防戎事之得失郡縣民情之利

害各令直言抗疏以聞無有所隱言若適用亦以得人
觀其器能當從甄擢惟爾文武其各體朕茲令之非徒
下也　六月二十五日詔曰農天下之本也祖宗以來
務加惠養每勤勞勉屢下寬恤之令數賜蠲復之恩然
而歷年于茲未極富庶間因水旱頗致流庸深惟其故
殆州郡差役之法甚煩使吾民無敢力田積穀求致厚
產以避其擾至有遺親背義自謀安全者多矣不幸逢
其暴政骨肉或不相保愁怨亡聊之聲豈不動人理動
天地歟害農若此為斡最深上下偷安苟務因循重於
改作故農者益以匱乏末遂者安其富逸焉生生之路
至謬戾也朕甚悼焉永惟出令之慎故訪中外羣議宜

卷一萬三千三百九十六

有嘉謀宏策貢于予聞朕將親覽擇善而從順天興益
誠安敢怠命非徒下欽哉無忽其令中外臣庶限詔下
一月並許條陳差役利害實封以聞無有所隱　神宗
熙寧元年正月十四日中書樞密院先奉手詔以經冬
無雪令各述朕躬過失及時政未符天意者是日曾公
亮等同對引咎拜謝上曰日與卿等相見議政之外未
聞忠規朕非欲文飾誠冀卿等極言闕失以答天變也
公亮等惶恐頓首而退　二年四月二日詔曰朕惟理
財之臣失於因循其法遂至於大壞而天下之貨留積
而不通故特名輔臣俾之置司以講求其利病將林其
宿弊而更張之上以裨於國下以足於民而或者不察

以為專務苛碎刻剝以趨公家之急茲豈朕之意哉然
而商天下之利者必資天下之衆智而集成之則理盡
而不悖事行而不跲於是利源通而富庶之俗成朕令
內外臣僚有能知財用利害者詳具事狀聞奏其諸色
人亦具事理經制置三司條例司陳狀在外者即隨所
屬州軍投狀遞處繳申制置三司條例司夫有言不酬
不足以申勸事如可行何吝於賞如諸色人所言財利
有可採錄施用者當量其事之大小而甄賞之　二十
日詔曰傳曰近臣盡規以其榮恥休戚與上同也今在
此位者視朕過失與朝廷政事之闕默而不言乃或私
議竊嘆若以其責不在己夫豈皆習見成俗以為當然

卷一萬三千三百九十六

其亦有含章懷寶待唱而發者也今百度墮弛風俗偷墮
薄惡災異譴告不一此誠忠賢助朕憂惕以勑制改法
拔幹除患之時宜令侍從　臣　視朕過失與朝廷政
事之闕無有巨細各具封章極言無隱讜言善而不用
朕有厭咎道之而弗言爾為不恭朕將用此考察在位
所以事君之實而明黜陟焉咨爾有官勿違朕旨　七
年三月六日詔曰朕涉道日淺晻于致治政失厥中以
失陰陽之和自冬迄春旱暵為虐四海之內被災者廣
閒詔有司損常膳避正殿冀以塞責消變歷日滋久未
蒙休應嗷嗷下民大命近止中夜以興震悸靡寧永惟
其咎未知攸出意者朕之聽納不得於理歟獄訟非其

情歟賦斂失其節歟忠謀讜言鬱於上聞而阿諛壅蔽以成其私者衆歟何嘉氣之久不効也應中外文武臣僚並許實封直言朝政闕失朕將親覽考求其當以輔政理三事大夫其務悉心交儆成朕志焉。八年十月十二日詔曰朕以寡薄獲承先帝末命獲奉宗廟顧德弗類不足仰當天心比年以來災異數見山崩地震旱暵相仍今彗出東方變尤大者内惟淺昧敢不懼焉已避正殿减常膳慮未足以祗天戒應中外臣僚並許直言朝政闕失朕原本缺虛心以致庶以消天文之變焉先是手詔中書門下卿等率在庭之臣直言朕躬過失改修政之未協於民者以聞宰臣逆頌 元豐三年七月

卷一萬三千三百九十六

二十五日詔中書曰朕以寡昧獲奉宗廟夙夜祗畏不遑康寧粤或仰當天心感格和氣以敷錫於庶民而大史占言謫見乾象乃孟秋癸未彗出西方譴告之來厥有攸召夫豈朕德弗類刑政或謬於 歟吏之不良而民或失職歟永惟厥咎朕甚懼焉自今月戊子避正殿減常膳中外臣僚並許直言朝政闕失朕虛心以改庶古先格王正厥事之意焉原本缺 八年哲宗已即位未改元五月五日詔曰蓋聞爲治之要納諫爲先朕思聞讜言虛已以聽凡内外之臣有能以正論啟沃者原本缺受而已固且不受高爵重祿以獎其忠設其言不當于理不切于事雖拂心逆耳亦將欣然容之無所拒也若

乃陰有所懷犯非其分或扇搖機事之重或迎合已行之令上則觀望朝廷之意以徼倖希進下則衒惑流俗之情以干取虛譽審出於此而不懲艾必能亂俗害治然則黜罰之行是亦不得已也顧以即政之初恐群臣未能徧曉凡列位之士宜識此心務自竭盡朝政闕失當悉獻所聞以輔不逮宜令御史臺出榜朝堂 六月二十五日詔曰朕紹承燕謀獲奉宗廟初覽庶政鬱于大道夙夜祗畏不敢皇寧懼無以章先帝之休烈而安輯天下之民仰惟古之王者即政之始必明目達聰以防壅蔽數求讜言以輔不逮然後物情徧以上聞利澤得以下究詩不云乎訪予落止此成王所以求助而群臣所以進戒上下交儆以遂文武之功朕甚慕焉應中外臣僚及民庶並許實封直言朝政闕失民間疾苦在京於登聞原本缺院投進在外於所屬州軍驛置以聞朕將親覽以考求其中而施行之 以資政殿學士通議大夫司馬光言臣先於三月三十日上言乞下詔書廣開言路臣非奉聖旨入見蒙降中使以五月五日詔書賜臣看閱臣伏讀詔書其間有愚心未安者不敢不冒萬死極竭以聞切見詔書始末之言固盡善矣中間逆以六事防之臣以爲人臣惟不上言上言則皆可以六事罪之矣其所言或於群臣有所褒貶則可以謂之陰有所懷本職之外微有所涉則可以謂之犯非其分陳國

卷一萬三千三百九十六

家安危大計則可以謂之肩摇機事之重或與朝古暗合則可以謂之迎合已之令言新法之不便當改則以謂之觀望朝廷之意言民間愁苦可憫則可以謂之衒惑流俗之情然則天下之事無復可言者矣是詔書始於求諫而終於拒諫也伏望於諸詔書中删去中間一節使天下之人各盡所懷不憂黜罰故有是詔　元祐六年四月五日左諫議大夫鄭雍言冬春之交陰陽繆盭頒詔近臣條具利病明言失得者之經傳參之今古益廣聰明求治之意詔御史臺行下　紹聖四年九月二日詔曰朕以菲德奉承大業夙夜戰栗不遑康寧惟恐不足以仰當天心以羞先帝聖德乃仲秋之夕彗出

卷一萬二千三百九十六

西方推原典經茲謂大異永惟其咎未燭厥理豈非庶政之失以悖三光之明譴告之來朕實祗懼書不云乎惟先格王正厥事已避正殿損常膳罷秋宴公卿其各悉心修政輔朕不德應中外臣僚等並許直言朝廷闕失朕將親覽虛心以改庶幾以銷天文之變焉　元符三年徽宗已即位未改元三月二十四日詔曰朕以眇身始承天序任大責重罔知攸濟永惟四海之遠萬機之煩豈予一人所能徧察必賴百辟卿士下及庶民敷奏以言輔予不逮矧太史前告天將動威日有食之期在正月變異甚鉅殆不虛生夙夜以思未燭厥理將以彌綸初政消弭大菑自非藥石之規孰聞朕聽況今周

行之內人有所懷芻蕘之中言亦可採凡朕躬之闕失若左右之忠邪政令之否臧風俗之媺惡朝廷之德澤有不下究閭閻之疾苦有不上聞咸聽直言毋有忌諱朕方開讜正之路消壅蔽之風其於鯁論嘉謀唯恐不其言可用朕則有賞言而失中朕不加罪朕言惟信非事空文尚悉乃心毋悼後害應中外臣僚以至民庶各許實封言事在京於合屬處投進在外於所在州軍附遞以聞先是中書舍人曾肇言臣伏讀詩書見周成王即政之初咨嗟求助至于再三群臣進戒亦皆至誠懇惻無所諱避然考其時猶在除喪朝廟之後及康王嗣位自乙丑至癸酉纔九日而君臣更相訓告如恐不

卷一萬二千三百九十六

及豈非天位至重守之至難祗畏恐懼尤在其始今陛下踐祚之初臣願倣轉對之制下不諱之令明詔百官下及庶民使得極言時政無有所隱庶以鼓動天下敢言之氣紓發鬱湮壅塞之情當今先務無易此者惟聖明亟行之迺下此詔既而以奉議郎鄭敦義為承議郎左班殿直高士育為承務郎韶州仁化縣令鹿敏求為承事郎賜大學上舍生何大正同進士出身及開封府進士呂彥祖並為初等官大正直州司法參軍彥祖淄州司户參軍鄭敦義高士育鹿敏求仍令閤門引見上殿後又賜太學生江緯進士及第仍名對為處州縉雲縣令皆以應詔上書推賞也　五月十一日臣僚上言

伏見陛下發德音下明詔使臣直言毋有所隱諱況詔書已有其言可用朕則有賞之文則宜實其言以信天下臣伏聞治平四年神宗皇帝踐祚之初即求直言尋又下詔上書言事人所陳政事時務材識出衆者命官特加甄擢其次賜次詔書獎諭布衣則令有司召問條對有理量材錄用即當時諮謀勸誘如此其詳矣至有朝上書暮召對者是以四方萬里人人奮勵爭竭腹心唯恐在後伏願陛下明諭輔臣討尋治平四年之令舉而行之臣又伏思上書之人所言不一其泛論大體指陳邪正如此類者自可留之禁中以備觀覽至於陳述利害事干有司者即乞降付政府委官看詳有可施行旋具聞奏如此則聖詔之出不為空文施之國家固非小補詔差豐稷張舜民看詳後右司諫孫諤言差官看詳士民所上封事臣切以為未便若謂章疏繁多聰明不及周覽乃使臣下泛觀而歷採之臣恐上封言事之人縱踵趨走於看詳之門私謁者源源不已也願收還其書於燕閒之餘時取而觀之間有可採褒以爵賞則命令尊而天下勸矣詔前差豐稷張舜民看詳指揮勿行

卷一萬二千三百九十六

徽宗崇寧五年正月十二日詔朕以寡昧奉承大烈夙夜祇惕靡敢康寧冀以仰當天心感格和氣方孟春之夕星文變見稽原載籍厥謂大異豈朕德弗類政刑罔中皇天動威以示譴告永惟厥咎朕甚懼焉已避

正殿損常膳中外臣僚等並許直言朝政闕失朕將親覽虛心以改庶幾古先哲王克正厥事以銷乾象之變

十五日詔比詔求直言尚慮臣僚畏避不敢指陳闕失可詔侍從官各具所見實封聞奏朕將親覽焉

二月一日詔四方之遠視聽豈能周徧慮有民瘼壅於上聞可詔逐路監司察民間疾苦具實以聞

大觀四年五月二十二日詔曰朕以寡昧獲奉宗廟顧德弗類不足以仰當天今彗出東方茲為大異永思厥咎朕甚懼焉自五月十八日避正殿損常膳許在京任職侍從官直言朝政闕失朕虛心以改庶以迎休嘉之應焉

政和元年二月八日詔諸路臣僚陳述民間利害已付三司看詳可令左右司置籍每半年攷校內有補治功實利及民者具名取旨隨材陞擢

卷一萬二千三百九十六

四月四日臣僚言乞內外大小之臣應有富國裕民之術皆許條畫以聞詔富民之要無如節用若講究利源徒見紛紛臣僚之議可勿行

二年二月二十九日詔曰朕惟神宗皇帝上稽成周下監百代立常平免役之法以成仁民愛物之政其斂散有經其操縱有權憲禁詳密無敢侵紊不十數年家給人足國豐用裕儲峙衍溢粟腐而貫朽雖中更隳弛貴出無藝而積歲用之靡有殫竭何其盛哉朕夙寤晨興思庶幾焉永惟紹聖之纂承以迄于今緝之熙之罔或違寧今縣官之費不給而民財亦屈算計見

勑若彼其遠其故何哉豈吏奉吾詔不勤而惻怛之意不加歟抑狃於餘習而詭法以成其私者衆歟將時異事殊而奉行者未得其職歟此朕之所憫也宜令諸路提舉司推原熙豐立法之意參究方今利害之實何修何飭而可以追復前日之盛條具以聞朕將擇其中而施行之　宣和七年十二月十九日詔河北燕山邊事理宜詢訪利害選用人材許文武臣僚等經尚書省投狀自効并獻緊切利害開封府曉諭　二十二日詔曰朕獲承祖宗休德託于士民之上二紀于茲雖兢業存于中心而過咎形於天下蓋以寡昧之資藉盈成之業言路壅蔽導諛日聞恩倖持權貪饕得志搢紳賢能陷

卷一萬二千三百九十六

於賞籍政事興廢拘於紀年賦斂竭生民之財戍役困軍伍之力多作無益侈靡成風利源酤榷已盡而牟利者尚肆誅求諸郡衣粮不時而冗食者坐享富貴災異讁見而朕不悟衆庶怨懟而朕不知追惟己愆悔之何及已下信詔大革弊端仍命輔臣蠲除宿害凡茲引咎興自朕躬庶以少謝天人譴怒之心保全祖宗艱難之業慨念前此數有詔旨如下令以求直言修政以應天變行之未久奪于權臣乃復歸咎建議臣僚使號令不信士氣沮傷今日所行質諸天地後復更易何以有耶況當今急務在通下情不諱切直之言募收智勇之士思得奇策庶能解紛望四海勤王之師宣二邊禦敵之

略永念累聖仁厚之德涵養天下百年之餘豈無四方忠義之人來徇國家一日之急應天下方鎮郡邑守令各率師募衆勤王捍邊能立奇功者並優加異常不限常制草澤之中懷抱異材能為國家建大計定大事或出使疆外者並不次任使其尤異者以將相待之中外臣僚士庶並許實封直言極諫詣登聞檢院通進司投進朕當親覽雖有失當亦不加罪　欽宗靖康元年正月一日詔曰木從繩則正后從諫則聖朕獲保大器思聞盡言應朝廷之闕失政令之僻違保邦御俗之方安民禦戎之策詢于有衆咸極敷陳雖有過差必無罪謫自今中外臣庶並許實封直言得失以聞　三月一日

卷一萬二千三百九十六

詔侍從之臣雖非本職特許言事　高宗建炎元年五月一日詔應監司州縣違法賦斂涉於掊克或科配大買物色實有擾害及應干民間疾苦事件並許中外臣庶詳具利害經所屬官司陳述繳奏或詣闕投進當議者悉較正施行雖語言詆訐亦不加罪　十二月三十日詔曰朕以眇躬獲嗣大統以一心之思慮而圖四海之安危以一己之見聞而萬機之情偽非盡臣工之謀議得騰方夏之教寧肆敷朕心歷告到位自今服采在職其各悉心極言凡言動舉措之過差暨軍旅財用之闕失人情之逆順政事之否臧號令不便於民法制無益於國若將施設咸得指陳或抗章而盡辭或造膝而

入告務從簡直，以便聽覽，洽爾有位，體至意焉。二年四月十三日，詔諸路監司條具清廉以聞：凡棄城逃遁者某人，保城力守者某人，書其功罪，著其賞罰，賞太薄者厚加其賞，罰太輕者嚴正其罰，罪狀未聞者付之有司推明，使守土之臣有以懲勸。三年二月十九日，詔國步艱難，謀慮之士咸願獻陳，往往無路達于朝廷，令左右司輪官設次延接，看詳所陳，納尚書省。二十七日，詔曰：朕以菲躬，遭時多故，舉事失當，知人不明，昨以姦臣，非求任用，既久專執己見，壅塞下情，懷忠者不能自明，論事者不得盡達，以致邊備廢而莫講，鄰敵至而不知，事出倉皇，匹馬南渡，黎庶陷沒，士卒遁逃，府藏殫

〔卷一萬二千三百九十六〕

竭，井邑隳廢。深思厥咎，在予一人。既已悔過責躬，洗心改事，極盡畏以荅天譴，肆沛寬以慰人心，放斥宮嬪，既損服御，罷出宰輔，收召儒良，尚慮多方未知朕志，肆加播告，用見悃誠。自今政事闕遺，民俗利病，或有關於國體，或有益於邊防，並許中外士民直言陳奏，朕當躬覽採擇施行，旌擢其人，庶示勸獎，言之或失，朕不汝尤。咨爾萬邦，欽予至意。六月二日，詔宰執可來日召郎官以上赴都堂，宣諭朕旨，各言朕之過失、政事未當、百姓疾苦，與可以收人心、召和氣、消天變，各令實封以聞。上謂輔臣曰：太史奏久陰霖雨不止，占為陰盛下有陰謀，霖雨者〔原本缺〕所致，早晚差寒，天道不順，寒陰反節，朕

觀晉書天文志備言其詳，恐政失其當，以召天變。呂頤浩奏曰：陛下憂勤庶政，臣等輔政無狀，宰相之職燮理陰陽，在漢故事遇災異則策免三公，今日臣實任其咎。上曰：此朕不德所致，豈可咎卿。故降是詔。閏八月一日，內降詔曰：朕嗣位累年，寅奉基緒，愛育生靈，凡可以和戎息兵者，卑辭降禮，無所不至，而敵人猖獗，迫逐陵犯，未有休息之期，朕甚悼之。比命杜充提兵防淮，然大江之北，左右應接，我之所守者一，由荊襄至通泰，遠之可來者五六，兵家勝負難可豫言，議者衆多，未易偏廢，軫念旬月，莫適決擇。朕定居建康，不復移蹕，與夫右趨岳鄂，左駐吳越，山川形勢，地利人情，孰安孰危，孰利

〔卷一萬二千三百九十六〕

孰害，以至彼我之所長，步騎之所宜，何險可守，何地可戰，某路之錢帛可致，某郡之穀可漕，其各悉心以致思，明以告朕。昔漢高謀臣良將多矣，都雍之計已定，及聞婁敬一言，而入關之意立決，況吾士大夫之確論，朕豈不能虛懷而樂從之哉。三省可名應行在職事官兵將具以聞。是日，輔臣呂頤浩召百官就都堂應詔條具駐蹕事，共二十五封，至晚進入。翌日，上宣諭曰：昨晚臣僚條具事，猶未嘗觀。國家大事召百官議，蓋亦古制，如陸贄奏議是也。頤浩曰：祖宗時遇大事亦召公卿集議。王綸曰：書所謂大疑謀及卿士。上曰：但恐封事亦趣向必不一〔原本缺〕公生明，偏生闇，人能至公，議論日有見處。晉

真宗澶淵之役陳堯佐蜀人則欲幸蜀王欽若南人則
欲幸金陵唯寇準決策親征　臣若不以家謀專以國
計則無不安利矣　四年正月二十八日詔侍從官條
具金人若退當如何措置金人不退當如何措畫及斷
來何處駐蹕以聞　紹興元年二月二十六日内降手
詔曰朕以國難日深政治未洽寇虜充斥汙衊於齊魯
宋衛之郊而盜賊跳梁株連於江鄂洪撫之地闗中屢
擾淮上多虞是用大惕于朕心懼墜祖宗之業而正士大
夫可為之時也三省可令侍從臺諫各為悉意條具當
今切務所宜施行何道而可以保民何術而可以弭盜
何策而可以遏虜寇何術而可以産國財各具以聞朕

卷一萬三千三百九十六

當虚己而力行之　九月二十八日詔朕以眇末獲承
至尊伍年于茲天未悔禍日於艱危之際稱秩元祀盡
以溫清急難之念請命于皇天后土及我祖宗夙夜祇
栗以俟降監載念國家百七十年涵養豈無忠義感發
懷憤善謀之士如漢侯生者慰朕焦勞苟鑾馭之可還
詎爵章之足報應四方有為謀策能還兩宮者實封以
聞可行有効當以王爵賞之播告天下明知朕意　二
年五月二十七日手詔曰朕以紀綱壞亂之餘悼師旅
凋殘之極國用虚而費廣兵力弱而民疲苟可捄時安
避改作應内外侍從省臺寺監職事官監司守令寄居
曾任郡守郎官以下限半月各述所職及已見的確利

害凡可以省費裕國强兵息民者條具以聞中外之臣
所同濟難各陳忠義之策共成長久之利咨爾有衆咸
體朕懷　三年八月二十二日詔比者雨暘弗時幾壞
苗稼朕方寅畏怵惕之中又復地震蘇湖朕甚懼焉蓋
天下之降灾應必隨至皆朕失德不能奉順乾坤協序
陰陽故咨爾在位小大之臣有能應變弭灾輔朕不逮
者極言無隱　四年十二月二十五日詔曰朕獲承祖
宗休烈夙夜兢業寅畏天命弗敢康寧屬者强敵侵陵
屢師旅未解元元騷動咎在朕躬太史有言天著大異
乃來歲正月朔日有食之永思厥咎朕甚懼焉顧德弗
類菑害荐至繆盭之氣上累三光側身自儆未燭厥中

卷一萬三千三百九十六

公卿大夫師尹百職各悉乃心交修不逮其為朕講求
闕政察理冤獄收輯流冗詢問病苦舉遺逸徠直言凡
可消變弭菑者毋匿厥指共圖應天之實以稱朕意
六年六月十三日手詔朕以菲德奉承大統遭時艱危
虜偽相挺師旅方興賦役重困瘡痍恫矜未知攸濟迺
六月乙巳地震甚懼焉政之失中吏之無良怨讟滋彰
乖氣致沴坤厚之載搖動靡寧變不虚生緣類而應永
思厥咎在予一人凡内外臣庶有以應變輔朕之不逮
者其各悉心以言毋謂朕諱毋悼後害　七年七月二
十三日詔朕獲奉祖宗基緒若涉淵冰罔知攸濟夙夜
祇畏恐弗克勝乃夏秋之交陽亢為沴黎民愁嘆朕甚

懼焉頤德寡昧上累陰陽之和徹膳省躬未燭厥理公
卿大夫師尹御事下及庶民或聰直言無有隱諱凡朕
之過失與思慮之所不逮闕政冤獄人之疾苦吏之無
良朕樂聞之將以消弭天災導迎善氣副畏天之誠焉
應中外臣僚以至民庶各許實封言事在內於合屬去
處投進在外許於所在州軍附遞以聞布告遐邇咸知
朕意　九年四月四日詔曰昨以巡幸在遠號令不通
緬懷凋察之民如在方域之外晝方食而屢歎夜不寐
以隱憂今者境土初還版圖來上欲革煩苛之令撫以
寬大之條稽九功以厚生約三章而解撓與之更始庶
幾小康惟利之所當興順人心而施設害之所宜去求
卷一萬三千三百九十六
民瘼以蠲除乃臨政願治之所先豈明目達聰之可後
咨爾在位暨于庶民各陳切己之言用廣兼聽之益虛
心以佇擇善而從因革弛張用咸稽於衆志休息涵養
將共躋於丕平宜悉乃心靡有所隱應河南新復諸路
州軍民間利病許監司守臣條陳餘官及士庶上書經
所在州軍繳奏先是上宣諭輔臣曰河南新復諸路州
軍民間利病所欲急聞故降是詔　十年閏六月十五
日詔順昌府官吏軍民等狂虜犯境王師扼衝惟吏民
協濟軍事保捍城壘驅退寇賊眷乃忠勤宜加撫惠應
本府縣有民間利害守臣條具以聞詔書到日明告吏
民各令知悉　十五年四月八日詔曰太史奏彗出東

方朕甚懼焉已避殿減膳側躬省愆尚慮征科苛擾驚
獄淹延致傷利氣上干垂象可令逐路監司郡守條具
便民事目措置聞奏務要必行以施實德　二十五年
十二月一日上謂輔臣曰向來指揮監司守臣到任半
年令條具民間利病上之已委官看詳今數年未嘗進
呈是取宰相意旨民事不欲令朕見也於事詔除民事
外若更有已見利害並許數奏　二十六年五月七日
右朝請大夫李邦獻言切見百官及遠方登對臣僚上
殿奏陳稍久或聖語有所詢訪而近年用事之臣狠忌
陰即中傷致臣下所陳皆不切之務望中飭凡登對臣
僚盡言無隱不許依前以閑慢事棗奏從之　七月九
卷一萬三千三百九十六
日詔曰太史奏彗出東方朕甚懼焉已避殿減膳側身
省愆尚慮朝政有闕失民間有疾苦刑獄有冤濫官吏
有貪殘致傷和氣上干垂象可許令士庶實封陳言詣
登聞檢院投進仍令諸路監司郡守條具便民寬恤合
行事件聞奏是以上謂輔臣曰夜來太史奏彗出井宿
聞朕當避殿損膳以答天戒深慮朝政尚多闕失或民
情疾苦無由上達可述此意降詔許士庶實封陳言務
歷天之實故降是詔　十二月二十三日上謂輔臣曰
昨者下詔求言四方之士陳獻甚多朕一一披覽所言
利害極有可取宜擇其議論尤切當者量與推恩庶幾
有以歎勸沈該等奏曰比仰見陛下樂聞盡言天下幸

甚當令看詳官審擇具名進呈取日降旨行下　三十
年四月十五日詔比來久雨有傷蠶麥及盜賊間發雖
已措置未至詳盡可令侍從臺諫條具消弭灾異之術
防守盜賊之策各具已見以實聞奏　三十二年四月
三日詔防秋不遠事貴預備足兵足食宜有長策可令
臺諫侍從各以所見條具以聞以上中興會要　紹興
三十二年孝宗已即位未改元六月十九日詔朕欽承
聖訓嗣守丕基猥以眇身託于王公士民之上兢兢焉
懼德菲薄不敏不明未燭厥理將何以緝熙初政稱太
上付託之恩永惟古先極治之朝置鼓以延敢諫立木
以來謗言故下情不壅于上聞而治功所由興起也朕

甚冀之況今薦紳之士咸懷忠良蒭蕘之言豈無一得
朕躬有過失朝政有闕違斯民有休戚四海有利病凡
可以佐吾元元輔朕不逮者皆朕所樂聞朕方虛懷延
納容受直辭言而可行賞將汝勸弗協于理罪不汝加
悉意陳之以啟告朕毋隱毋諱毋悼後害自今時政闕
失並許中外士庶直言極諫行在詣登聞檢鼓院投進
在外於所在州軍實封附遞以聞　十二月六日有旨
令日早朝退集侍從臺諫赴都堂條具方今時務仍聽
詣音訪曰朕惟天下有弊事無弊法祖宗立法大豈不
良今日之弊在乎因仍習俗因而不化姦與法意背馳
若解而更張宮商斯在經不云乎變而通之以盡利推

而行之存乎人朕覽張燾所奏犂然有契于衷已令侍
從臺諫集于都堂令賜御筆劄宜取當今弊事悉意以
聞退各於聽治之所盡率其屬諭以朕旨使極言之毋
得隱諱朕將有考焉既而翰林學士承旨洪遵吏部侍
郎淩景夏戶部侍郎兼權知臨安府趙子瀟禮部侍郎
黃中兵部侍郎周葵給事中金安節中書舍人唐文若
中書舍人陳俊卿中書舍人張震戶部侍郎向伯奮刑
部侍郎路彬工部侍郎張闡工部侍郎王普起居郎周
必大起居舍人陳之淵御史中丞辛次膺右諫議大夫
劉度殿中侍御史胡沂右正言周操監察御史陳良翰
萬瞻劉子遵等今月六日奉聖旨赴都堂恭聽詔旨條

具方今時務切見仁宗皇帝時開天章閣御資政殿又
御迎陽門召近臣賜問目上當世之務富弼范仲淹張
方平皆係退而條具今乞用前件故事於三日內條奏
庶幾不致疏略仰稱清問下逮之意詔從之　隆興元
年三月二十九日詔霖雨為沴雖側身修行尚恐誠意
未孚可令諸路監司守令應遇災傷去處常切賑卹困
窮糾察刑禁仍各條具聞奏　七月十六日詔以秋陽
亢旱飛蝗在野星變數見朕心懼焉意者政令多有所
闕賞罰有不當朕雖側身求應以實卿等各思革正
積弊拘倚私務塞災異之原稱寅畏之意又令劄與侍
從臺諫兩省官照會仍依今月十二日已降指揮各條

具時政闕失聞奏　二年七月三十日詔政事不修灾異數見江浙水潦有害秋成朕自八月一日避殿減膳思所以應天之實可令侍從臺諫卿監郎官館職疏陳闕失并當今急務毋有所隱乾道三年十一月十三日詔比者盛冬之月雷聲震發上天譴告不虛其應惕然警戒深懼朕有失德朝有闕政民有疾苦上奸陰陽之和可令臺諫侍從兩省官指陳咎證毋有所隱　六年五月二十五日詔舊制兩省言路之官所以指陳政得失給舍則正於未然之前臺諫則救於已然之後故天下事無不理今任是官者往往於封駁章疏不頻憚於論列深未盡善自今後給舍臺諫凡封駁章疏之外雖事之至微亦毋致忽少有未當可更隨時詳具奏聞務正天下之事

卷一萬三千三百九十六

帝系九之三三

帝系 帝治觀賞 三元觀燈附

三元燈

全唐文

宋會要

三元觀燈本起於外方之説自唐以後常於正月望後開坊市門然燈宋因之上元前後各一日城中張燈大内正門結綵為山樓影燈起露臺教坊百戲天子先幸寺觀行香遂御樓或御東華門及東西角樓飲從臣四夷蕃客各依本國歌舞列於樓下東華左右掖門東西角樓城門大道大宮觀寺院悉起山棚張樂陳燈皇城雉堞亦徧設之其夕開舊城門達旦縱士民觀後增至十七十八夜太平興國二年七月中元節御東閣樓觀燈賜從臣宴飲五年十月下元節依中元例張燈三夜

卷八千六百六十六

雍熙五年上元節不觀燈躬耕籍田故也後凡遇用兵及災變諸臣之喪皆罷真宗景德元年正月十四日賜大食三佛齊蒲端諸國進奉使緡錢令觀燈宴飲大中祥符元年十一月二十五日詔天慶節聽京城然燈一晝夜六年四月十六日先天降聖節亦如之天聖二年六月罷降聖節然燈政和三年正月詔放燈五日五年十二月二十九日詔景龍門預為元夕之具實欲觀民風察時態黼飾太平增光樂國非徒以遊豫為事特賜公師宰執以下宴及御製詩四韻賜太師蔡京六年正月七日御筆令歲閏餘候晚猶未春和晷短氣寒於宴集無舒緩之樂景靈宮朝獻移十四日東宮十五日西

帝系一〇之一

上元燈

宮畢詣上清儲祥宮燒香十六日詣醴泉觀等處燒香上元節移於正月十四日為始宣和六年十二月二十四日賜太師蔡京以下應兩府赴睿謨殿宴景龍門燈續有旨宣太傅王黼赴宴七年正月十八日宴輔臣觀燈

宋會要

國朝之制每歲正月十一日車駕詣寺觀祖宗神御殿朝謁十四日始幸諸寺觀焚香是夕還御正陽門樓觀燈應從駕官僚皇帝登樓座通事舍人引宴臣已下分班橫行奏聖躬萬福再拜稱萬歲就座進酒如常儀酒三行皇帝降座臨軒觀燈宰臣以下分班侍座觀燈罷再拜退皇帝降座還內宰臣樞密以下親王以下學士知制誥待制統軍上將軍使相節度使至刺史三司副使知開封府定從至三公太子三師三少賓客僕射尚書丞郎御史大夫中丞知雜御史太常宗正卿常侍給事諫議修起居注臨時取旨宣召赴座侍衛馬步軍都指揮使至四廂都指揮使准例不座中元下元觀燈御東華門樓如上元儀

卷八千六百六十六

太祖建隆二年正月上元御明德門樓觀燈召宰相樞密宣徽三司使端明翰林樞密直學士兩省五品以上官見任前任節度觀察使飲宴江南吳越朝貢使與焉樓前結綵為山樓影燈起露臺教坊樂兩軍陳百戲四夷蕃客各以本國歌舞列於樓下賜酒食以勞之夜分而罷東華左右掖門東西角樓大道大宮觀寺院悉設山棚張樂陳龍燈其夕開舊城門達旦皇城雉堞設燈盌內庭徧設燈擎　三年正月十三日詔開封府上元夜然燈罷內前排場戲樂以昭憲皇太后喪制

故也四年亦然乾德二年孝明皇后喪亦如此乾德三年正月上元節御明德門樓觀燈召江南兩浙泉州進奉使及孟昶降將悉預會　五年正月十六日詔以朝廷無事年穀屢豐上元觀燈可更增十七十八兩夜自後每至十六日開封府以舊例奏請皆詔更放兩夜　六年正月上元節御明德樓觀燈移御東角樓東華門樓夜分而罷　七年正月十四日幸大相國寺焚香還御東華門名從臣觀燈先是常自左掖門出乘道遂燈至明德門小燈山前駐蹕觀百戲遂召從臣升樓宴飲是夜始自左掖門出因御樓至開封府燈臨坊市影戲遂至相國寺過酒戶樓宮嬪樓以駐蹕又至勾欄觀諸伎遂御東華門是年中元節又幸開寶寺　太宗太平興國二年正月上元節京城張燈幸相國寺御東華門樓名近臣宴飲夜分而罷太宗朝燈夕前又嘗幸太平興國

卷八千六百六十六

寺建隆觀寶相院啓聖院四年正月上元節不觀燈以將有事晉陽故也雍熙二年正月上元節御丹鳳樓觀燈樓前增設飛丸走索緣竿擲劍之技初夕密書降帝顧近臣命賦觀燈夜端雪滿皇州詩一章以為娛樂四年正月上元節不觀燈是月十四日為皇姪女雲陽公主發哀在輟朝五年正月上元節不觀燈是月十七日躬耕籍田故也端拱二年正月上元節不觀燈時北面用兵故也淳化二年正月上元節不觀燈以夏州用兵故也三年正月上元節觀燈特召尚書左右丞侍郎給事中諫議大夫預宴時吏部尚書宋琪左諫議大夫楊徽之皆年七十餘帝慰撫之各賜卮酒五年正月上元

節御乾元門樓觀燈時外國蕃夷酋長縱觀樓下詔賜
以酒又令太官置大截縱其飲至道元年正月上元節
觀燈名司空致仕李昉預宴至道二年正月上元節不
觀燈以十月祀南郊故也真宗咸平元年正月上元節
以諒陰罷張燈二年亦然三年正月上元節京城罷張
燈時車駕北巡駐大名故也四年正月上元節始御乾
元門名從臣觀燈五年正月上元節幸興國寺建隆觀
回御乾元樓觀燈初太祖太宗每燈夕或幸佛寺道觀
焚香還始御樓真宗以啟聖設太宗神御不欲為遊幸
之所故用然燈前行朝謁之禮至望夕乃幸佗寺遂為
定制真宗朝所幸寺觀又增上清宮崇真資聖院景德

卷八千六百六十六

元年正月十四日賜大食三佛齊蒲端諸國進奉使緡
錢令觀燈宴飲二年又賜交州占城大食國使緡錢大
中祥符元年十一月二十五日詔天慶節聽京城然燈
一晝夜皇城四面諸城門不設燈山外餘並同上元例
二年正月九日詔上元燃燈所須之物並令官給無假
於民委三司開封府糾察二年正月上元節京城張燈
帝不臨觀以明德皇后喪制故也三年亦然三年正月
上元節不觀燈賜樂工緡錢帛如例以皇娣晉國大長
公主發引在近也四年又賜交州甘州進奉使錢二萬
皆令館伴使臣引往觀燈館設之五年正月十四日以
駙馬都尉吳元扆薨十五日始御乾元樓觀燈七年正

月上元節不觀燈以十五日車駕發赴亳州也八年正
月十四日朝拜玉清昭應宮回御乾元樓觀燈自京師
四宮觀慶成之後每歲正月以十四日詣會靈觀十五
日詣玉清昭應宮朝十五日或別詣景靈宮十四日或
別詣祥源觀九年正月九日詔皇城司上元節須駕回
登樓始得放車馬檐子入正陽門前東西界門弁山棚
下觀看天禧元年正月十五日以宣讀天書十七日始
御東華門觀燈五年正月上元節觀燈十四日命臣僚
朝拜玉清昭應宮開寶寺上清宮祥源觀景靈宮會靈
觀其夕帝乘步輦出東華門御正陽門觀燈十三日帝上詣啟聖
院祭皇太子行禮前二日又命內侍八各領兵二百分為皇城四面巡檢　乾興元年正月

卷八千六百六十六

初一日禮儀院言二月一日正陽門宣制莫樓前燈山
已不排設所有諸宮觀望依去年例命皇太子至師傅
臣行禮從之十七日御東華門觀燈皇后皇太子從仁
宗天聖元年正月上元節以諒陰罷觀燈二年亦然
二年六月十六日詔罷先天降聖節然燈　三年正月
十四日詔啟聖院朝謁又幸景靈上清宮大相國寺還
御正陽門名從臣觀燈　四年正月帝以朝謁不可與
游幸同日故用十一日朝謁十四日始幸諸寺觀宴從
臣還御樓觀燈仁宗朝皆然而十四日或別詣會靈祥
源建隆萬壽觀慈孝景德開寶寶相顯聖大清瀕寺
福聖大乘戒壇院　九年正月上元節御正陽門觀燈

高麗使預焉　明道二年正月上元節罷張燈以籍田禮近也　景祐三年正月十八日罷張燈時直集賢院王堯臣言是日追復皇后郭氏出葬請輟張燈故也　四年正月上元節罷張燈以莊惠皇太后在殯故也　寶元元年正月上元節罷觀燈以荊王元儼妻晉國夫人張氏卒也　慶曆三年正月上元節罷觀燈以鄂王薨故也　四年正月上元節罷張燈仍溥作樂以燕王喪未成服故也　皇祐二年正月上元節罷張燈以歲饑也　五年正月上元節罷張燈以嶺南用兵也　至和元年正月上元節罷張燈以溫成皇后在殯也　嘉祐元年正月上元節罷張燈以帝不康故也　四年正月上元節以京城積雪罷張燈縱士庶遊觀仍不禁夜　七年正月上元節御宣德門觀燈酒行帝顧從臣曰此因歲時與萬姓同樂爾非朕獨肆遊觀也前此諫官以去年水災乞罷觀燈故特此宣諭　英宗治平元年正月上元節罷張燈以在諒陰故也　二年亦然　三年正月十四日幸集禧觀景靈宮建隆觀寶相院宴從臣回御宣德門樓觀燈　四年神宗已即位未改元正月上元節罷張燈以在諒闇故也　熙寧元年二年亦然　神宗熙寧三年正月十三日詔罷上元觀燈以楚國公主喪故也　熙寧四年正月十四日幸集禧觀宴從臣於齋殿次幸大相國寺還御宣德門樓觀燈　七年又幸中太一宮　元豐二年正月十五日詔上

卷八千六百六十六

中元燈

元節車駕登門及行幸燕所並令樞密副都承旨張誠一提舉幾察　三年上元節罷張燈以慈聖光獻皇后在殯故也　四年上元節罷觀燈以明州觀察使宗悌卒輟朝臨奠故也　七年上元節罷觀燈以曹國大長公主在殯故也　八年上元節罷觀燈以上不豫故也　先是中書省言上元節欲景靈宮萬壽觀神御殿排設張樂開諸宮觀寺院五日然燈作樂及不禁夜不御宣德門諸樂藝人賜物依舊給從之　哲宗元祐元年二年諒闇　三年正月十四日以陰雪罷上元節游幸　四年正月十四日御宣德門召從臣觀燈　紹聖元年二年宣仁聖烈皇后喪　徽宗建中靖國元年崇寧元年諒闇　崇寧五年正月十一日以彗星現于西方大赦天下避正殿減常膳元夕不御樓　大觀二年十一月十二日詔來歲上元節以行皇后園陵禮畢所有御樓觀燈可罷唯幸宮觀燒香為民祈福齋殿不作樂止宣臣僚坐賜茶開宮觀寺院不禁夜放庶士燒香許民間點照　政和三年正月十一日詔放燈五日自二十一日為始先是以秦國大長公主之喪降旨更不觀燈大宰鄭居中門下侍郎何執中奏祖宗朝曾展觀燈日數而近年因雪亦曾展日欲乞特展放燈日以盡衆庶歡欣徯望之意乃有是詔

卷八千六百六十六

宋會要

宋太祖建隆三年七月四日詔禁諸州中元張燈　六年七月中元節詔京城張燈三夜其夕帝御東華門樓名

近臣宴飲夜分而罷正門不設燈山餘如上元之制自是遂以為例開寶四年七月中元節京城張燈車駕不出臨觀五年中元節亦然太宗太平興國二年七月中元節御東角樓觀燈賜從官宴飲三年七月中元節詔有司於淮海國王府前設燈棚陳妓樂女舞是時錢俶始來朝故也四年中元節猶在師行罷張燈六年七月中元節不觀燈端拱二年七月中元節不觀燈以彗星見故也淳化元年中元下元張燈

宋會要

宋太宗太平興國五年九月十八日詔開封府下元日依中元例張燈三夜雍熙二年十月下元節張燈賜近臣宴於樞密使王顯第夜分命中使以御製詩一章賜

卷八千六百六十六

之三年下元亦然其後每燈夕皆命中書樞密分往大寺觀焚香就寺中賜會四年十月下元節不觀燈時十五日以乾明節大宴故罷之端拱元年下元亦以十日大宴罷觀燈端拱二年十月下元不觀燈以旱故也淳化元年六月三日詔罷中元下元張燈遂為故事自此始也 真宗大中祥符元年十一月二十五日詔天慶節聽京城燃燈一晝夜皇城四面諸城門不設燈山外餘並同上元例

帝系

帝治守法

卷二萬一千三百二

宋會要 守法

內降再任以不應法而止 建炎四年九月內降監御廚潘縝特令再任三省檢會縝係添差法不當再任宰臣奏如欲令再任當特旨更添差一次上曰既不合再任則不須與若更添差則人得以援例而廢法矣 不以戚里有過而廢法 紹興元年十月進呈推勘偽告身文字事連潘思永上曰思永雖戚里即有過安可廢法于是令罷閤門職事就逮秦檜退而歎曰聖哉此舉聖政

以中制法則法行 三年上謂呂頤浩曰為法不

可過有輕重然後可以必行而人不能犯太重則決不行太輕則不禁姦朕嘗語徐俯異時宮中有所禁切令之曰必行軍法而犯者不止朕深惟其理但以常法處之後更無犯者乃知先王立法貴在中制所以決可行也

六曹以例決事　四年八月權吏部侍郎胡交修等奏契勘近降細務指揮內一項六曹長貳以其事治有條者以條決之無條者以例決之無條例者酌情裁決夫以例決事吏部最為繁多因事旋行檢例深恐人吏隱匿作弊與乞司各置例冊凡勅劄批狀指揮可以為例者編之令法司收掌以待檢閱詔依之臣升之釋曰慶歷三年富弼謂近年紀綱甚紊隨事變更兩府執有便為例施于天下咸以為非而朝廷安然奉行不思劉革蓋不務謹守成憲而凡事許以援例殊損弊所由生而弼之所深慮也呂源增釋總論謂景祐親政小大之臣不能丕變朝廷命令之地刑賞之施合取進止率皆引例以決重輕往往出于堂吏之手則天子威權悉制于例非祖宗獨斷之意也由是言之守法不謹而專于用例非一日矣　紹興四年常因權吏部侍郎胡交修等奏無條例者酌情裁決謂以例決事吏部最為繁多蓋深慮人吏之隱患之弊而聖政史臣所謂稍知任人之重而救吏強之弊也九年御史中丞句龍如淵抗論謂藝祖受命之初睿斷英發動以便宜從事而法令

卷二萬一千三百二

之在天下何其簡也累聖相承講求備具凡載在官府者有嘉祐熙豐政和勅令陛下即位以來有紹興令本末相參纖悉備具凡人情有疑而事之難決者擧之于法鮮不在焉粵自艱難以來有權一時之宜而行之者有朝廷一時特達而行者有出州縣一時利害而申明者有出百司庶府一時務為人情而不恤後患者事既一行遂引為例而法令之外又雜例而行始不勝其繁矣夫例之為害有四法令已繁而復援例是非叢襍不知所出一害也其始有司所行本非得已互相攀引取若探囊而官日增費日廣賞日濫二害也吏人私自記錄隨事而售甲理會某事則曰有某例乙理會某事則曰有某例既得此例而訴之也所償或不如所欲則又持他例之不可者白之官曰某例雖可用然有某例以衡之吏強官弱賄賂公行三害也甲令所載本有定法或緣官司特行一事後來循吏置法用吏四害也欲望特降指揮將官司應干行過舊例委官摠檢並行焚毀并吏人私所紀錄者限十日許令首納盡行燒燬仍明飭有司今後一切依法令從事而訴事之人敢輒引例者官員徒一年百姓杖一百科斷庶非深有見于用例之弊不容以不革也　乾道元年五月詔告天下以青緣出入引例為弊夫刑政之中其刑部大理寺例冊令封鏁架閣更不引用矣　二年又諭執政當謹法令毋

卷二萬一千三百四

創例害法。臣以斯言推之，則當時之事必無章制十例
之患，議曰久用之例不容盡廢也，亦決不至總其出沒
變化于吏胥之手矣。　柳成里思戰士不以私恩廢公
法　六年五月，户部論潘思永添破食錢不應格法，上
曰：若于法不可，亦無如之何。謂不便民之事，不去申嚴
無益　七年十日上曰：昨日降出劉瑜論十事，皆民間
疾苦，若可擇其當行者行。于是崇等曰：所論皆善，然徒法
令已詳，盡當申嚴行下。上曰：止申嚴未必濟事，須去其
不便于民者為害　立法不貴太重而貴力行　十四
年正月，進呈楊存中乞刺本軍未刺字人，以防諸處互
相名置，仍乞嚴行約束。秦檜奏：舊有二法，一配刺軍人

卷二萬一千三百四

並行軍法，此太重難行；一立賞許人告犯人，請給計贓
坐罪，將校佐取旨，乞依此施行。上曰：甚好。立法不貴太
重，而貴必行，法必行則人莫敢犯矣。聖政史臣曰：王者
明以法示人，使人知避而不敢犯也。且人有不幸而罹
于法，王者往往有所不忍，而法遂不行焉。何也？是太重
之過也。夫欲重則必難行，欲行則不必重，設之太重而
行之不顧，此惟商鞅能之，聖人不能也。　謂法令奉行
不虔，申嚴無益　二十四年三月，進呈臣僚上言州縣
不依法，即時過割税租，有害于民，事有司供到見行條
法指揮，命申嚴行下。上曰：言法令固在，如官吏奉行不
虔，雖申嚴行下，終亦無益。為知州者須更歷民事，通曉

利病者為之。因命監司以時檢察，有不如令，按劾以聞。
用法之公　紹興三十二年八月乙丑，詔文州刺史
知閤門事孟思恭奉使受賂，可罷見任。辛未，諫議大夫
任古奏：思恭奉使受賂，而朝廷不能正其典刑，止罷見
任。夫人之有過而不能治，在國法為可廢；國之有法而
不能施，在朝廷為可羞。而道路之言，以謂其弊滋久，動
則窒礙。若其果然，願陛下澄源塞流，使斯蠹貪利敗國
之心潛銷于冥冥之中，則專對于外可以無辱命之憂。
乃降授武功大夫、吉州刺史。　給舍繳論王繼先經赦
恩法並用　九月，給事中金安節等奏：奉聖旨，福州居
住致仕王繼先已經大赦，可令任便居住。臣竊以聖人

卷二萬一千三百四

用法，常以天下為心，罪之窮之，一用公議。王繼先罪惡
稔積，舉情久憤。太上皇帝用公議逐之，天下稱快。原其
罪狀，當肆諸市，而近居闕中，為幸已大。曾幾何時，遽用
恩赦，許其從便，中外駭愕，聽欲乞寢罷令任便居住指揮。
詔王繼先依赦任便居住，不得輒至行在。聖政史臣曰：
聖人之治天下，恩與法並用，而後可以相繼于無窮。蓋
偏于法，則無以關天下自新之路；而偏于恩，則無以杜
天下僥倖之門。諸葛亮曰：吾今威之以法，法行則知恩。
二者未嘗使之偏勝而已。王繼先罪惡稔積，太上以公
議逐之，此法也。壽皇登極，引大宥之文，許之從便，此恩
也。而給舍猶以為未厭公論，于是斷之以聖斷，曰：王繼

先依故任便居住，不得輒至行在。一以開其自新之路，使之知朝廷之恩；一以杜其僥倖之門，使之不敢玩朝廷之法。御天下之道，至是無餘蘊矣。責守法懲依違

隆興元年四月，詔有司所行事件並遵依祖宗條法及紹興三十一年十二月十七日指揮，更不得引例及稱疑似取自朝廷指揮，如敢違戾，官司重作施行。先是，紹興三十一年十二月十七日，因臣僚上言，乞詔三省大臣，凡四方奏請送有司，令各以成法來上，其不以質而依違遷就者，主典科違制之罪，長吏以不職免所居官，臺諫常切覺察。得旨依奏，令三省六曹遵守。至是臣僚復論吏鋒文曲說，檢會元敕奏上，故有是命。用法不用例曉告天下

卷二萬一千三百四

乾道元年五月，詔：法令禁奸，理宜畫一。比年一來，旁緣出入，引例爲弊，殊失刑政之中。應今後犯罪者，有司並據情款直引條法定斷，更不奏裁。內刑名有疑，令刑部、大理寺看詳，指定聞奏，永爲常法。仍行下諸路遵守施行。其刑部、大理寺見引用例册，令封鏁架閣，更不引用。仰刑部遍牒諸州，大字出榜曉諭。舊無條法之事不可創

輔臣奏：昨日傳旨詞門醫官換授事，吏部供並無條法，惟有王繼先以特恩換授。上曰：「伎術官自是不許換授。」洪适等奏：「陛下欲推恩一小臣，亦須問法。」上曰：「正恐攽出又不可行。舊有條法之事，豈可創？卿等亦當如此遵守法度。」臣等豈敢輕違三尺。寶訓

諭執政毋創例以害法

二年四月，上諭執政：「卿等當謹法令，無創例以害法。如香藥熏局之類，切不可放行。」欲增宮人俸顧祿令不可而止

八月，進呈內東門司申：內人紅霞帔韓七娘得旨轉郡夫人，依外命婦支給請受。據戶部供，除紅霞帔逐月有請受外，外命婦郡夫人即無祿令。魏杞奏：「豈有加封而反無請俸者？」上曰：「祿令如此，朕不欲破例。此事且已，朕禁中自理會也。」聖政：使臣曰：壽皇聖帝欲爲一宮人增俸，顧祿令不可而止，則其重爵祿、守法令之意可以類推矣。謂言事未必盡知利害便欲更張

晚六年八月呂游問進對論祖宗成法上言事未必盡知利害便欲更張

欲定乾道新書

十月，禮部尚書劉章進對，奏：「臣聞李德林在隋開皇初與修政勑令，時有蘇威者每欲易其條，日德林請于朝，謂欲有更張者，當以軍法從事。夫法之弊也，欲修之；修之而未必皆當，與衆共議之可也。乃欲齊以軍法，其亦不仁甚矣。仰惟陛下清明遠覽，命官取新舊法并前後勑旨，編而修之，越歲書成，反覆參訂，遍以奏御，而丙夜之觀尤爲詳悉。其間有未便于人情、未安于聖心者，莫不朱黃識之，還以下諭，俾流奏以聞，稍或可疑，必加改定，然後盼行。欲望播告中外，惟新書是遵。」上曰：「朕已自看一遍。」亦異乎隋高祖之事矣。于是詔從之。聖政：使臣曰：法之未成也，議之貴乎詳；法之既成也，守之貴乎堅。故今日議法之詳，所以爲異日

守法之地也議論講明一或不審異日雖欲信而必行
之有不可得矣乾道新書卷帙而為不多而壽皇両夜
遍覽弗倦朱黃識之多所改定而後盼行議法之詳如
此所以為萬世法　祖宗法度　七年二月侍講張栻
輪對奏本朝治體忠厚仁信為本因及熙豐元符大臣
上曰祖宗法度乃是家法熙豐之後人合改變耳　改
法宜審于初　十一月虞允文奏舊法黃甲不曾到部
人在銓試下等人之上上曰可依舊法又曰改法不當
然有窒礙不如加詳審于初則免改更于後也　謹僥
倖之門自上自啟　九年宰臣梁克家奏龍窒陳師亮
添差于指揮有礙上曰卿等如此守法甚善又又曰僥

卷二萬一千五百四

倖之門蓋在上者多自啟之啟人主覬覦心講畫一之
法貴在能守寶訓　法度須是上下堅守　淳熙二年
六月進呈內降李顯忠奏陳乞女夫添差東南第四副
將趙鼎差還奉御筆再與前任差遣緣無甚恩例有礙
近降指揮上曰卿等合如此理會既礙指揮則已大凡
法度須是上下監守　謹法令明備守之自足為治
閏九月進呈淮南轉運司申濠州鍾離定遠巡檢景成
令再任上曰祖宗成法惟監司及沿邊郡守方許再任
景成雖有勞効已經再任不欲以小官差遣壞祖宗成
法因論及國家承平二百餘年法令明備講若畫一儻
能守之自足為治立天下本無事庸人擾之耳　論輔

臣遵守法度　輔臣進承諸司薦舉劉三傑緣係初改
官人進制合作縣乞與堂除一知縣上曰得卿等守
法度如此甚善間有內降朕初無心不厭卿等來理會
國家或有大事須賴謀猷平居無事且當遵守法度寶
訓　內批誤用未經任人輔臣有請而止　輔臣進呈
內批劉球數臣之後可差充諸州簽判輔臣奏球未
經內有礙堂除上曰此劉光世孫可特堂之次日中使
至龔茂良私第傳旨宣諭昨日劉球差簽判指揮更不
須行方進呈時誤認未曾經任之意反覆思之此除正
礙近制不可廢法寶訓　親定淳熙法冊　六年八月
進呈勑令所重修淳熙法冊御筆圖記戶令內驢馬

卷二萬一千三百四

舟船契書收稅上曰凡有此條並令刪去恐後世有算
及舟車之言辛丑進呈戶令內有戶絕之家繼絕者其
家財物許給三千貫如及二萬貫奏裁上曰國家財賦
取民有制今若立法於繼絕之家其財產及二萬貫者
奏裁則是有心利其財物也趙雄奏似此者欲悉刪去
上曰可悉令刪去九月丙寅進呈捕亡令諸捕盜公人
不獲盜應決而願罰錢者上曰公人捕盜不獲許令罰
錢而不加之罪是使之縱盜受財也此等條令可令刪
去丁卯進呈賞格內有監司知通納無額上供錢賞格
上曰祖宗時取于民止二稅而已今有合買及經總制
等錢又有無額上供錢既無名額則是白取于民也又

立賞以誘之使之多取于民朕誠不忍也可悉删去此
賞格趙雄等奏立賞以誘之錢愈多則賞愈厚俗吏唯
賞是圖侵漁苛斂無所不至今聖慈删去此等賞格斯
民被賞惠廣矣上曰朕不忘恢復者欲混一四海效唐
太宗為府兵之制國用既省則科歛民間諸色錢物可
悉蠲免止收二稅以寬民力耳雄等奏聖念及此天地
鬼神實臨之必有陰相以濟大業聖政史臣曰壽皇萬
機之暇無他嗜好勑局所修條令皆勤一覽去取之間
輒經御筆竄定臣嘗觀筭及舟車之訓而知聖人之遠
慮觀縱盜受財之訓而知聖人之淵識觀有心利其財
物之訓而知聖人之大義觀設賞誘多取之訓而知聖

卷二萬一千三百四

人之至仁　詳審不輕變法　七年五月進呈廣南路
經略安撫轉運提點刑獄司狀準指揮以本路奏請乞
將湖南宜章臨武兩縣割屬廣東連州再委官詢訪當
究二縣委不可割欲望特降指揮下湖南漕憲司只令
仍舊上曰不若仍舊豈可輕更易朕向來見陳献利害
聽其一時之言似乎可行輕欲更改逾年以來惟務詳
審未嘗輕變一法蓋天下之言來之欲廣而聽之在審
諭士大夫改正罪名　輔臣進呈勑令所删定官鄭
明復奏有犯入枉法自盜贓抵罪乞不許改正上曰仕
大夫陳乞改正罪名不必問其所犯輕重但委有冤枉
則雖重罪亦不可不與改正若所犯得實雖足公罪亦

難改正　法令不必申明但按劾違法者　輔臣進呈
福建提刑司奏乞下本路州縣不得存留罷役公人充
耆長上曰法令自明但州縣奉行不虔耳今更不必申
嚴可令將違法知縣按劾以聞只行遣一二人則諸路
州縣自不敢不遵法令　日守法不敢開倖門　輔臣
進呈御圭劉于門客不理選限登仕郎恩澤乞理選限
上曰干法如何趙雄等奏在法不許上曰每自守法不
敢開放若違常法以開倖門則援例干請不已將何以
阻之賞訓　違戾當行遣不降指揮　十三年八月進
呈朱綬奏乞約束州縣不得擅行苗稅折納價錢王淮
等奏莫更申嚴上曰不須得事貴簡而嚴若煩徒為文

卷二萬一千三百四

具進呈約束諸路納義倉米上曰亦不須得若有違戾
自當行遣今後更不降指揮　已上三十事兩朝嚴于
守法務在必行之　臣升之釋曰維持國家在于法守
國家之守在人國有上立法而上自不守者有前人立
法而後嗣守者有上欲守法而下不能守者有下欲守
法而上不容其守者向肯牽制則以私意敗法隨事變
更則以用例棄法命令不一則以無信玩法東吏弗嚴
則以舞文害法威斷不立則以姑息廢法甚哉守法之
不可謹也大禹謨曰儆戒無虞罔失法度盖慮遊于逸
淫樂則不能謹守憲度也旅獒曰不役耳目百度惟正
欲其內有所主不至徇外而解棄繩墨也無逸曰嚴恭

寅畏天命自度欲其一陟一降秩然有天則不可亂乎大誥曰惟十人迪知上帝命越天棐忱爾時罔敢易于法謂治定固當遵守成憲況多事之時尤不可輕易變更也詩六月之序曰魚麗廢則法度缺傷其治內治外之政不舉而綱紀文章文爲蕩然也易之雷電噬嗑日先王以明罰勅法懼其無威明不足以謹法也祈招之詩曰思我王度式如玉式如金言其法度精純愛民如金治而不竭其力也語曰謹權量審法度四方之政行焉言數聖人相繼有天下未有無法而可行者也孟子曰上無道揆下無法守朝不信道工不信度君子犯義小人犯刑蓋懼夫上不義壞度量事物而制其宜則

卷二萬一千三百四

下亦莫能以法度自守也國朝立法以洗晚唐五季之末習歷變多而慮患深持心厚而禁防簡藝祖始創之太宗增備之真宗遵承之咸平景德之際國無哲于前朝大中祥符以來稍稍斷異祖宗之制迨天聖明道十餘年間東朝垂簾姦倖始肆雖景祐親政紀綱稍肅而積習用例祖宗躬親聽斷之意浸以不復與法不除頓綱不整非所以守基圖救禍亂此當獨所以有請而三朝政要之書所由所也高宗深懲禍亂之源慨念更張之弊凡前日法度之廢者無不復謹存者無不舉當行者無不中明遵守惟恪慮夫法太重而難必行則立法貴乎中慮申嚴未必濟事則去其不便于民者慮官吏

奉行不虔則命監司檢察按劾慮法集之所不戢則謂自公卿貴戚皆當以身帥之不以特旨廢法不以私恩廢法不以戚里廢法此高宗所以爲善守法孝宗守之尤嚴嘗謂國家承平二百餘年法令明備講若畫一儻能守之自足爲治又曰大凡法度須是法度堅守又曰國家或有大事須稍謀猷平居無事且當遵守法度凡此者皆嚴于守法之意而其所以守之則有道矣蓋守法所以不堅者必自上始嘗謂每自守法不敢放開若違常法以開倖門則千請不已何以止之故雖欲增一宮人之俸額祿令不可而止欲與以未經任參判以疑近制而止欲與一宮邸低應差遣以指揮不應而止既

卷二萬一千三百四

倖門不開于上可以守法矣又慮公卿大臣之不然其堅所守也則又諭大臣曰卿等如此守法甚善公卿既相與堅守矣又慮並緣出入引例爲弊以失政刑之中則詔犯罪者有司並據刑款直引條法定斷凡例冊封鎖架閣吏不引用既已曉告天下又特命官取新舊法并前後敕旨繼而修之風覽參訂而定之觀尤爲詳悉其間有未便于人情未安于聖心者莫不未黄識之稍或可疑必加改之其謄既法冊下至戶令內驢騾馬舟船與書收說無不釐正望政史臣釋之云觀斧及舟車之訓知聖人之遠慮觀搬錢受賕之訓知聖人之關識觀有心刺其財物之訓知聖人之大度觀賞錢多收之

訓知聖人之至仁其謂明無憾可以百世共守之矣猶慮言事者之未必盡知利害而輕欲更張則曰通弁以來惟務詳審未嘗輕變一法又曰改法不當終有窒礙不如加詳審于初則免改更于後既又堅守不輕變矣而下之人猶有不相與守之者則黜責行焉于是長吏以不職免所居官主典以違制科罪違戾去處使行取問奏行不虔之州縣便許按劾　淳熙十三年十一月書因進呈陳居仁劄子上曰今之要務不過擇人才正紀綱明賞罰更精御等留意却不須多降指揮徒見繁碎又進呈司農寺分委兩倉糶米上曰此等文字便可劄下凡指揮須教人信若玩瀆何補于事當取其大者

卷二萬一千三百四

要者留意小事姑從闊略又曰少降指揮不惟事簡又且人信當時議論大抵貴信不貴輕改貴要不貴煩瀆如是而法不行未之有也故曰朝廷不必變法能以賞意守法可也士大夫不必議法勿以私意敗法可也

太祖

宋會要 宋僖祖文懿崔皇后

僖祖文懿皇后崔氏建隆元年三月追謚治平四年三月以英宗祔廟告遷神主奉藏於夾室熙寧五年十一月二十五日奉僖祖神主為太廟始祖復祀 大典卷一萬九千三百五

宋會要 順祖惠明桑皇后

順祖惠明皇后桑氏建隆元年三月追謚熙寧五年十一月二十五日以奉僖祖為太廟始告遷神主奉藏於夾室 同上

宋會要 翼祖簡穆劉皇后

翼祖簡穆皇后劉氏幽州營田使兼平州刺史正之女初追封京兆郡太夫人建隆元年三月追謚元祐元年三月以神宗祔廟告遷神主奉藏於夾室崇寧三年十月二十九日立九廟復祀紹興三十二年正月以欽宗祔廟告遷神主奉藏於夾室 同上

宋會要 太祖母昭憲杜太后

宣祖昭憲皇后杜氏贈中書令爽之女周顯德中封南陽郡太夫人太祖即位建隆元年二月尊為皇太后生曹王光濟太祖皇帝太宗皇帝岐王光贊恭憲懿二大長公主二年六月二日崩于滋德殿年六十謚曰明憲合葬安陵祔太廟宣祖室乾德二年二月改今謚崇寧二年十二月以哲宗祔廟告遷神主奉藏於夾室三年十月二十九日立九廟復祀

卷一萬九千三百五

一

宋會要 孝章宋皇后

孝章皇后宋氏左衛上將軍邢國公偓之女乾德六年立為皇后太平興國二年居西宮雍熙四年徙東宮至道元年四月二十八日崩年四十四謚曰孝章陪葬永昌陵祭別廟元豐六年七月十二日升祔太廟太祖室

宋會要 太宗淑德尹皇后

太宗淑德皇后尹氏滁州刺史廷勛之女早崩太平興國元年十一月追冊為皇后謚曰淑德陪葬安陵祭別廟元豐六年七月十二日升祔太廟太宗室

宋會要 懿德符皇后

懿德皇后符氏魏王彥卿之女國初封汝南郡夫人建隆二年九月進封楚國乾德六年改封越國開寶八年十二月十九日崩年三十四太平興國元年十一月追冊皇后謚曰懿德陪葬永安陵祔太廟太宗室

宋會要 明德李皇后

明德皇后李氏淄州刺史處耘之女太平興國二年七月入宮雍熙元年十二月立為皇后生皇子一人早世至道三年四月尊為皇太后景德元年三月十五日崩于萬安宮年四十五謚曰明德陪葬永熙陵祔太廟太宗室

章懷皇后潘氏移入此條下

宋會要 真宗母元德李太后 皇

元德皇后李氏乾州防禦使贈安國軍節度使常山郡王英之女開寶初封隴西縣君太平興國初封隴西郡夫人生漢王元佐真宗皇帝又皇子三人皇女二人皆早世二年三月十二日崩年三十四至道三年五月追封賢妃十二月追尊為皇太后咸平元年正月謚曰元德初葬普安院三年四月陪葬永熙陵祭別廟太中祥符六年七月去太字升祔太廟太宗室

真宗

宋會要 章穆郭皇后

章穆皇后郭氏宣徽南院使守文之女淳化二年歸于襄邸封魯國夫人至道二年進封秦國三年五月立為皇后生悼獻太子祐景德四年四月十六日崩於萬歲殿年三十二謚曰莊穆陪葬永熙陵祔太廟真宗室慶曆四年十一月改今謚

宋會要 章獻明肅劉皇后

卷一萬九千三百五

章獻明肅皇后劉氏虎捷都指揮使嘉州刺史贈太師尚書令兼中書令魏武懿王通之女太平興國八年入韓邸景德元年正月為美人大中祥符二年正月進修儀五年五月封德妃十二月立為皇后乾興元年二月遺制尊為皇太后軍國事權兼取處分天聖二年十一月行冊禮以郊祀畢上尊號曰應元崇德仁壽慈聖明道二年藉田朝廟禮畢加上尊號曰應元齊聖顯功崇德慈仁保壽三月二十九日崩年六十四謚曰章獻明肅陪葬永定陵祭奉慈廟慶曆四年十一月改今謚五年十月升祔太廟真宗室

二

宋會要 章惠楊太后

章惠皇后楊氏崇儀使贈忠武軍節度使兼侍中知儼之女景德元年正月為才人大中祥符二年正月進婕妤六年正月進婉儀七年六月封淑妃乾興元年二月遺制為皇太妃明道二年章獻明肅皇后崩尊為皇太后景祐元年加號保慶皇太后以所居閤為保慶殿三年十一月四日崩年五十三謚曰莊惠陪葬永定陵祭奉慈廟慶曆四年十一月改今謚熙寧二年十月奉神主瘞于陵園

宋會要 章懿李太后

移前真宗郭后前

章懿皇后李氏左班殿直贈太師開府儀同三司漢東郡王仁德之女大
中祥符九年二月爲才人天禧二年九月進婉儀乾興元年四月進順容
天聖十年三月封宸妃生仁宗皇帝明道元年二月二十六日崩年四十
六二年四月尊爲皇太后謚曰莊懿初葬洪福院十月陪葬永定陵祭
奉慈廟慶曆四年十一月改今謚

宋會要仁宗郭皇后

仁宗聖后郭氏崇儀副使贈忠武軍節度使中書令兼尚書令允恭之女
天聖二年九月立爲皇后明道二年十二月自請入道詔封淨妃玉京沖
妙仙師賜紫名清悟居長寧宮景祐元年八月出居外宅十月賜號金庭
教主沖淨元師出居安和院名曰瑤華宮二年十一月八日薨于嘉慶院
暴薨年二十四三年正月追册爲皇后葬禮用孝章皇后故事起陵臺于
奉先資福禪院

宋會要慈聖光獻曹皇后

慈聖光獻皇后曹氏樞密使檢校太師兼侍中贈魯王彬之孫尚書虞部
員外郎贈開府儀同三司太師中書令兼尚書令秦王玘之女景祐元年
九月立爲皇后十一月行册禮嘉祐八年三月尊爲皇太后四月權同聽

卷一萬九千三百六

三

政治平元年五月降手書還政二年十一月行册禮四年正月尊爲皇太
后居慶壽宮熙寧二年四月行册禮元豐二年十月二十日崩于慶壽宮
年六十二謚曰慈聖光獻三年三月陪葬永昭陵祔太廟仁宗室

宋會要溫成張皇后

溫成皇后張氏石州軍事推官贈太師開府儀同三司安定郡王堯封之女幼入宮爲
御侍慶曆元年封清河郡君進封才人修媛後忽被疾請下遷爲美人八
年十月封貴妃生莊順莊定莊憓三大長公主皇祐六年正月八日薨年
三十一追册爲皇后謚曰溫成葬奉先資福禪院立廟于園側以知制誥
歲時行禮嘉祐七年正月更廟爲祠殿遣宮臣以常饌致祭

宋會要真宗章懷潘皇后

真宗章懷皇后潘氏忠武軍節度使同中書門下平章事美之女雍熙二
年閏九月歸于襄邸五年封莒國夫人端拱二年五月三日崩年二十二
至道三年六月追册爲皇后謚曰莊懷陪葬永昌陵祭別廟慶曆四年十
十月改今謚元豐六年七月十二日升祔太廟真宗室

英宗

宋會要英宗宣仁聖烈高皇后

宣仁聖烈皇后高氏忠武軍節度使贈太師尚書令兼中書令衛王瓊之
曾孫建雄軍節度使贈尚書令康王繼勳之孫北作坊副使贈太師開府
儀同三司陳王遵甫之女慶曆七年三月歸於濮邸封京兆郡君嘉祐八
年四月立爲皇后治平二年十一月行册禮生神宗皇帝吳王顥潤王頵
益王頵惠和賢惠賢德懿行舒國四大長公主四年正月尊爲皇太后居
寶慈宮熙寧二年四月行册禮元豐八年三月一日詔應軍國事權同行
處分五日遺制尊爲太皇太后應軍國事權同行處分元祐二年九月行
册禮八年九月三日崩年六十二謚曰宣仁聖烈九年二月七日陪葬永
厚陵祔太廟英宗室大典卷一萬九千三百七

神宗

宋會要欽成朱皇后

欽成皇后朱氏贈太保士安之女初入宮爲御侍熙寧八年正月進才人
九年十二月進婕妤元豐二年九月進脩容五年八月封賢妃七年正月
進封德妃八年三月尊爲皇太妃居瑞聖宮元祐二年九月行册禮生哲
宗皇帝楚王似賢穆賢康賢孝賢宜賢靖五長公主后本姓崔父傑幼育
於任廷和家最後依朱氏紹聖中訪知其故時以后姓氏已布中外不復
歸姓唯贈傑廷和皆太師崇寧元年二月十六日崩年五十一追尊爲皇
太后謚曰欽成五月二十四日陪葬永裕陵祔太廟神宗室

卷一萬九千三百七

一

哲宗

宋會要欽慈陳皇后

欽慈皇后陳氏贈大尉守貴之女初入宮爲御侍元豐五年十一月進才
人八年四月進美人生徽宗元祐四年六月二十八日崩年三十六七月
贈充儀紹聖三年四月徽宗以遂寧郡王出閤贈貴儀元符三年正月追
號皇太妃建中靖國元年正月十七日追尊爲皇太后謚曰欽慈初葬多
慶院五月六日陪葬永裕陵祔太廟神宗室

哲宗　昭懷皇后劉氏，贈太師東平郡王安成之女。初入宫為御侍，紹聖元年四月封平昌郡君，二年五月進美人，十月進婕妤，元符二年立為皇后，行册禮。三年五月號元符皇后，崇寧二年二月進號太后，五月行册禮，居崇恩宫。政和三年二月九日崩，年三十五，謚曰昭懷，五月二十七日陪葬永泰陵，祔太廟哲宗室。大典卷一萬九千三百九

徽宗　顯恭皇后王氏，德州刺史、贈太師、榮國公藻之女。元符二年六月歸于端邸，封順國夫人，三年二月立為皇后，崇寧二年六月行册禮，生欽宗皇后、榮德公主。大觀二年九月二十六日崩，年二十五，謚曰靜和，十二月二十七日陪葬永祐陵，祭別廟。四年十二月十六日改謚曰惠恭，紹興七年六月一日改今謚。

顯肅皇后鄭氏，檢校太師、瀛海軍節度使紳之女。元符三年十二月為才人，建中靖國元年八月進美人，十月進婕妤，十二月進婉儀，崇寧元年十一月封賢妃，二年五月進封淑妃，三年二月進封貴妃，大觀四年十月立為皇后，政和元年二月行册禮，生兗王檉、嘉德、安德、壽淑、崇淑、成德公主。宣和七年十二月二十三日尊為道君太上皇后，靖康元年三月居寧德宫。二年二月從徽宗北狩，建炎四年九月五日崩，年五十二。紹興七年六月十一日謚曰顯肅，十二月十日祔太廟徽宗室，十二年八月梓宫還臨安，十月七日權欑永祐陵。

大典卷一萬九千三百九

顯仁皇后韋氏，贈太師韋安禮之女。崇寧五年封平昌郡君，大觀元年二月進才人，六月進婕妤，二年進婉容，生高宗皇帝。靖康元年十一月進位龍德宫賢妃，二年二月從徽宗北狩。建炎元年五月尊為宣和皇后，紹興七年三月尊為皇太后，十二年八月回鑾，居慈寧宫。二十九年九月二十日崩，年八十，謚曰顯仁，十一月二十六日權欑永祐陵，祔太廟徽宗室。

明達皇后劉氏　贈太師彥清之女。元符三年四月為御侍，崇寧元年十二月封壽安縣君，二年三月進才人，三年七月進美人，四年四月進婕妤，大觀元年二月進婉容，九月進婉儀，二年正月進德妃，二月進淑妃，三年四月進貴妃，生濟陽郡王棫、祈王模、秦王榛、茂德、安淑、洵德公主。政和三年七月二十二日薨，年二十七，謚曰明達懿文，葬昭先積慶院。九月二十日追册為皇后，止以明達為謚，即塋所為園陵，置祠殿，祭別廟。十月三十日詔即本家建德隆殿。

欽宗　皇后朱氏，故少傅恩平郡王伯材之女。政和六年納為皇太子妃，七月十月生嫡皇孫大寧郡王諶，宣和七年十二月立為皇后，靖康二年四月從欽宗北狩。

明節劉皇后　后，興寧軍節度使、龍德太一宫使宗元之女，十歲入宫中。政和三年閏四月自宫人為才人，八月進美人，九月進婕妤，五年六月進婉容，六年十一月進婉儀，十二月進賢妃，八年六月進淑妃，宣和二年進貴妃，生建安郡王楧、嘉國公椅、英國公㮙、和福公主。三年四月薨，年三十三。五月追册為皇后，謚曰明節，葬昭贇馬，祔明達皇后寢園之西北隅。大典卷一萬九千三百九

大典卷一萬九千三百九

皇后

紹熙五年十月二十九日改謚成穆謚議事中兼直學士院兼實錄院同修撰樓鑰撰冊文右丞相趙汝愚撰　大典卷一萬九千三百九　下接憲聖皇后

高宗懿節皇后邢氏徽猷閣待制贈少師追封嘉國公煥之女政和五年四月歸于康邸封嘉國夫人靖康二年二月侍顯仁皇后從徽宗北狩建炎元年五月四日立為皇后紹興九年六月二日崩年三十四謚曰懿節十二年七月六日祔太廟別廟八月梓宮還臨安十月七日權欑祔永祐陵

孝宗安穆皇后郭氏後改成穆慶遠軍節度使贈太師追封榮王瑊之女紹興十四年正月十九日封咸寧郡夫人生莊文太子愭魏王愷皇太子惇邵王恪二十六年六月二日崩年三十一　三十年八月十三日贈淑國夫人三十一年九月十七日加贈福國夫人三十二年六月四日追封皇太子妃八月二十六日追冊為皇后九月二十三日上謚曰恭懷十月二十八日改今謚十二月二十七日祔太廟別廟欑臨安府錢塘縣南屏山　大典卷一萬九千三百九

安恭皇后夏氏後改成恭贈太師追封信王協之女紹興三十一年二月二十日封齊安郡夫人三十二年八月二十八日進位賢妃隆興元年十月二十五日立為皇后二年正月六日行冊禮乾道三年六月二十五日崩年三十二　七月十七日上謚曰安恭閏七月二十一日祔太廟別廟欑臨安府錢塘縣南屏山侗

大典卷一萬九千三百九

惠

紹熙五年十月二十九日改謚成恭謚議事中兼直學士院兼實錄院同修撰樓鑰撰冊文右丞相趙汝愚撰　大典卷一萬九千三百十一　下接皇后謝氏

皇后謝氏贈太師追封忠王寧之女紹興三十一年二月二十日封咸安郡夫人三十二年八月二十八日進封婉容隆興二年二月十一日進位貴妃淳熙三年八月十四日立為皇后十月五日行冊禮

下接後頁冊文參政事龔茂良撰

孝宗[illegible]十月五日行冊禮上已移前此不鈔

孝宗五后

安穆皇后郭氏紹熙五年十月二十九日改成穆謚議給事中兼直學士院兼實錄院同修撰樓鑰撰冊文右丞相趙汝愚撰　安恭皇后夏氏紹熙五年十月二十九日改成恭謚議給事中兼直學士院兼實錄院同修撰樓鑰撰冊文右丞相趙汝愚撰　成肅皇后謝氏淳熙三年八月十四

大典卷一萬九千三百十一　三

日立為皇后十月五日行冊禮冊文參知政事龔茂良撰紹熙元年正月一日恭上尊號曰壽成皇后冊文參知政事王藺撰慶元二年十月三日恭上尊號曰壽成惠慈皇太后冊文知樞密院事鄭僑撰六年八月十六日加上尊號曰壽成惠慈太皇太后十月十四日禮部太常寺言依淳熙十四年禮例候三年喪畢行禮詔依嘉泰二年十二月四日加上尊號曰壽聖慈祐太皇太后冊文右丞相陳自強撰開禧三年五月十六日崩于壽慈殿八月二日上謚曰成肅吏部侍郎兼直學士院衛冊文右丞相陳自強撰欑阜陵二十九日祔太廟孝宗室

光宗李后

后李氏慶遠軍節度使贈太師追封楚王女隆興二年四月十八日封榮國夫人閏月十二日進封定國夫人乾道七年三月一日立為皇太子妃淳熙十六年二月二日立為皇后紹熙元年正月十九日行冊禮冊文同知樞密院事葛邲撰慶元二年十月三日上尊號曰壽仁太上皇后冊文參知政事何澹撰六月六日四日崩于慈儀殿八月一日上謚曰慈懿謚議起居舍人兼權中書舍人兼直學士院郎文炳撰冊文知樞密院事兼參知政事何澹撰二十日欑臨安府錢塘縣南屏山九月二日祔太廟光宗室寧宗恭淑皇后韓氏慶遠軍節度使開府儀同三司贈太師崇國公同卿之女淳熙十二年八月封新安

郡夫人。十六年五月進封崇國夫人。紹熙五年七月六日立為皇后。慶元二年十一月六日行冊禮。冊文，簽書樞密院事葉翥撰。六年十一月七日崩于坤寧殿。十二月十八日上謚曰恭淑。謚議，禮部侍郎兼直學士院陳宗召撰，冊文，知樞密院事兼參知政事何澹撰。二十日攢臨安府錢塘縣南屏山。二十八日祔太廟別廟。

恭聖仁烈皇后楊氏，故保義郎贈太師尚書令追封齊王漸之女。慶元二年三月封平樂郡夫人。三年四月進封婕妤。五年五月進封婉儀。六年二月進位貴妃。嘉泰二年十二月十三日立為皇后。三年二月六日行冊禮。冊文，知樞密院事陳自強撰。嘉定十七年閏八月三日寧宗遺制尊為皇太后。寶慶三年正月一日上尊號曰壽明皇太后。冊文，右丞相史彌遠撰。紹定元年正月一日加上尊號曰壽明慈睿皇太后。冊文，右丞相史彌遠撰。四年正月一日以聖壽七十加上尊號曰壽明仁福慈睿皇太后。冊文，知樞密院事薛極撰。五年十二月七日崩于慈明殿。六年二月二十三日上謚曰恭聖仁烈。謚議，同簽書樞密院事陳貴誼撰，冊文，知樞密院事喬行簡撰。四月二十八日附葬永茂陵。五月十三日祔太廟寧宗室。

皇太后雜錄

真宗咸平一年閏三月三日，宰臣張齊賢等言：謹按漢制，帝母稱長樂宮。又唐穆宗郭太后居興慶宮，號興慶太后；敬宗王太后居義安宮，號義安太后；文宗蕭太后居積慶宮，號積慶太后。今皇太后宮宇之制有所未備，臣等請命有司為皇太后建宮立名，以稱陛下奉承慈顏、孝治天下之志。詔曰：朕欲時奉皇太后顏色，宜近朕所居修建宮殿，實便於晨昏。仍以萬安宮為名，遂以滋德殿為宮。　三年八月三日，詔自今皇太后物皆曰恭上。先是，帝謂宰臣曰：朕覽前代帝王故事，凡獻皇太后物皆曰奉上，恐未協尊稱，故有是詔。　大中祥符二年七月八日，中書門下上言：按漢舊百官表，長信詹事掌皇太后宮，景帝更名長信少府，注云以太后所居為名也，居長信宮則曰長信少府，居長樂宮則曰長樂少府，又云長樂衛尉不常置。萬安宮本因明德皇太后特建，今明德皇太后上僊，萬安宮廢，並合依宮官之例。詔恭依漢以宮為滋德殿。宗正寺言：準制冊德妃為皇后，合編入屬籍。從之。　乾興元年六月十一日來改元。二月二十三日，禮儀院言：準遺制，軍國事兼權取皇太后處分，其所降制命，群臣上表凡文字名稱等，望下兩制與禮儀院檢討官同詳定以聞。又所降批答，欲首云覽表具之，末云所請宜許，或不許，並從之。宰臣請所御所御殿，望太后遣內侍都知張景宗宣諭曰：雖勉彊適當將來嗣君視事，當朝夕在側，與申保護，何須別御殿也，當保此意以定儀式。　二十四日，內降皇太后手書曰：先帝以嗣君之託，所以遺制之中，權令處分軍國事，務遵遺命，不敢固辭。自今中書樞密院事進呈皇帝，後並依常式進入，文書印畫亦不妨內中子細看覽，或事有未便，即當與皇帝宣召輔臣商議。若事關機要，亦許非時請對，即不限定奏事日限。蓋念先朝理命，務合至公，與於文武大臣內外百辟，推誠委仕，斷在不疑，細料忠賢，各懷感義，必能盡節，以佐冲朝，顧予孤躬，將守常制，與言及此，五內推傷。先是，中書樞密院奏請每五日一次皇太后與皇帝同御便殿，垂簾，呈公事，既依奏，已而復有此命。　三月十六日，禮儀院上言：內外命婦入見皇太后，請於內中別設容殿，唯長公主并魏王夫人許殿上起居，餘並命婦並立殿下，仍廢宮庭設次，不得交雜，注遝其班序次第及表狀文字，將要職掌之人，皆將狀接如前札，皆並奏取旨。從之。　七月十一日，中書樞密院上表，請皇太后特遵大行皇帝遺制，每五日一次與皇帝同御便殿，許中書樞密院奏事，表三上，從之。　八月八日始御

尊

承明殿宰臣率百僚詣內東門東上閤門拜表稱賀中書樞密院請軍國機宜及臣僚恩澤並進呈取旨若常事即依舊進入文字候印畫付外施行若事從別旨有未可行者即於御前納下再取指揮其日殿上垂簾皇帝座亦在簾內輔臣以次奏事畢去至右侍衛如有軍機急速即不限五日並許非時請對及宣詔閤門前一日奏裁並從之初下詔定皇太后稱予至是中書與禮儀院參議每下制令稱予便殿處分事稱吾詔並止稱吾初御承明殿馮拯等再拜舞蹈皇太后哀慟久之令內侍宣諭曰予不欲行垂簾御殿之儀卿等累請辭不獲已候皇帝春秋長即當還政拯等言皇太后臨朝蓋先朝顧命之托也　仁宗天聖五年七月二十一日皇太后手詔文武臣僚今年南郊更不得上表請加尊號　八年七月二十一日群臣請加上尊號曰應元崇德顯功隆運仁壽慈聖皇太后表三上不許　明道元年十二月九日太常禮院言皇太后赴太廟乘玉輅服褘衣花釵冠其行禮服衮衣儀天冠從之　二年四月八日太常禮院言準皇太妃楊氏為皇太后百官通奏於皇太后言牋不稱表其稱謂則曰殿下若教旨諾慈詔從之先是大行皇太后遺誥曰皇太妃與吾同事先朝備勤懿範自今制之臨御亦共贊於內謀寔闡茲長先當崇稱宜尊為皇

卷一萬五千二百十

二十

太后往者皇帝踐祚方幼沖年吾稟先帝遺言權助軍國今皇帝既臨一紀威德日新此後聽斷一依祖宗舊規如有軍國大事皇帝與皇太后內中裁旨商量是時帝久臨御威德已著中外企望親政及宣詔之際尚有裁旨商量之語往往竊議從注上閤是日令中書門下擬去遺誥內所載皇太后事不須頒告天下有司因得用咸平舊章以正其禮　景祐元年九月二十六日詔皇太后宜令宮禁上下此後並以保慶皇太后為稱并題所居殿額　嘉祐八年英宗即位未改元　四月八日詔曰朕承大行之遺命纘列聖之丕基踐祚之初哀悶極深罹疾患未獲痊和而機政之繁裁決或壅皇太后母儀天下子育朕躬輔佐先朝練達庶務因請同於聽覽冀曲賜矜從俾緩憂勤冀速康復候將來聽政日請皇太后權同處分太常禮院奏請自十一日皇帝同皇太后御內東門小殿垂簾中書樞密院合班起居以次奏事或非時召學士亦許至小殿皇太后處分稱吾其日輔臣進名起居於內東門從之　英宗治平元年五月十三日皇太后手書付中書曰日前昊天不弔先帝上賓遽揚末命之言方哉未已之痛而皇帝踐祚之始御哀過情忽傳詔於外廷請預聞於庶政載念永邦之重累申遘疚之文皇哀未回頃聽猶鬱顧人子之誠雖至然國家之

事靡安況日聽治朝躬發神明之斷出勉柔禪聚聞嬰馬之音百姓莫不駭欣三靈以之薦祉吾嘗稽前史之戒思累聖之閫將退飭於母儀備進議於君德從容房闥不亦美歟先是帝即位感疾大臣以令命無所出遂請皇太后權同聽政以安人心初議於內東門垂簾處事而帝方服藥難居柔儀殿東閤之西室皇太后居其東室輔臣日入東閤候問聖體因奏事至五月二十七日帝初御延和殿至六月二日復不出唯輔臣得入對柔儀退詣內東門小殿簾外覆奏事於皇太后至七月十三日帝始間日御前後殿視朝聽政輔臣每退朝入內東門小殿覆奏事如初皇太后再出手書還政大臣以白帝稱留之不下至是皇太后以帝躬康復故降手書遜職小殿簾帷不復處分軍國事　七月十六日詔曰頃以嗣承大統乃執初喪哀過自摧傷遂嬰疾恙皇太后尊居母道時遭家艱閔予哀荒俯徇誠請勉同聽覽用適權宜賴保護之勤致德清明而康復爰推抑慈之至靜實就事機之久煩追此謙抑存於謙讓顧寔繫於庶政難重煩於曆慈而方國多虞則共濟天下之務惟勝熙事亦宜享天下之安况民有言無德不報躋日月三辰之長未足盡於予心而形於四海之風必務先於孝治惟是事親之禮蓋存有國之規當極尊崇以稱朕意應合行儀範等

卷一萬五千二百十

三十

令中書門下樞密院參議以聞　十九日詔皇太后稱聖旨出入唯不鳴鞭他儀衛如章獻明肅太后故事有所取索本閤使臣錄聖旨付所司實封中書樞密院奏候臣具申狀皆覆奏即施行　二十一日中書門下之表伏以蓋非常之施者必獲非常之報繫極隆之典者必有極隆之名而况昭帝母之深居稱宸庭之大順宜闡徽號式表當尊恭惟皇帝陛下秉德自天承時出震大横之兆夏啟以光小毖之詩成王求助賴穹蒼之降祐復宗社之康休外則多士協於濟艱難之防內則慈闈輔治底成顧復之恩同大政以驗年順存情而復辟臣等竊謂極天下之養未足以報其二嚴禁闈之稱乃所以崇其位擬合近古尉百前規在漢之隆齊后衣樂有唐之盛亦闡義安斯皆保承承繼之昌遵尊尊親親之義下推子遺上奉坤儀臣等討近還章謹明大法入以保九重之英輝升百丈出以訓百行之源遂加於草頒開前自術完慈號臣等不勝大願請以皇太后所居為慈壽宮殿為慈壽殿詔恭依　治平四年神宗即位未改元四月四日太常禮院言參詳制太皇太后已有治平元年所定儀範外皇太后出入儀衛御龍骨朵子直都虞候都頭副都頭各一名十將長行共二十人弓箭直指揮使都頭副都頭各一名十將長行共二十八皇太后皇后

帝出止用正副金塗鍍裝白藤輿各一，上覆棕櫚屋，飾以鳳羣，與同出輿。中補華之制，咸平中萬安太后附上設行龍，制飾亦有加焉。今來皇太后出入所乘，伏請依萬安太后附輿，造所請有金銅坐，手等即於禮典不載，合依自來體例施行。並從之。後皇太后儀仗只依太后例施行。萬歲。

神宗熙寧元年三月十五日，中書門下上言：伏以太皇太后輔佐仁祖之化，參興撫之初，內協和於六宮，外救蕩於百度，武功下應，鄰之明。皇太后誕育聖躬，布宣陰教，動循法之則，允隆顯復之恩。陛下日欽慈闈，躬修色養。臣等以謂其施將書其號，庶以寶茂者其名。聞或漢尊長樂之宮，唐揭興慶之號，亦明崇威尊之際，明隆尊之名於歲時而益顯。即於宮中自而改築，質於典所，與有故常，庶以正隆母儀，育嘉風教，而本講。閱既甚長，臣等不勝大願，請命有司稽考舊典，特建太皇太后宮殿，並以慶壽為名；皇太后宮殿並以寶慈為名。詔答曰：朕聞孝莫大乎尊親，莫大乎以天下養。顧惟眇質，獲承丕緒，崇奉兩宮，雖晨昏不違於慈顏，而居室尚仍於舊貫。四時未適陰陽之和，三門慶賀之容儀物之式，有所營建，茲用練式，俾遵隆請圖改築，歷按故事，並悉量事協尊崇，理為宜稱。所請宜允。從遣就闈，令有司檢舉施行。從後慶壽宮建

卷一萬九千二百十

四

慶壽宮總二殿，寶慈宮建寶慈如慶二殿。 二年五月二十七日，太皇太后遷居慶壽宮。七月二十二日，皇太后遷居寶慈宮。 六月二十六日，詔兩宮畢工事，千前奉從緊及所管官吏各率推恩各有差。 元豐六年七月十二日，詔翰林學士承旨張璪撰祔后于太廟。後二日，詔曰：朕若稽古昔，是正禮文。承祔四后之儀，寶佐三朝之聖，載稽殺且數訂祀儀，升自閟宮，祔于太室。循禘祫四時之饗，協天地一體之大義，娛神心，輔扶祀事，宜均慶澤，以塈後昆。四后之家，宜推恩一人，已任者遷一官，未仕者與初等官。 八年三月一日，詔曰：朕嗣昊穹之眷命，纘列聖之丕圖，夙夜積勤，興居寅畏，以惟四海之廣，庶機萬機之繁。皇太后德盛坤儀，道隆坤載，聖性淵明，言達于幾深，仰惟隆仁，許同聽斷，庶尊調護，早遂康和，庶軍國事並皇太后權同處分，候康復日依舊。先是三省樞密院奏皇太后權同聽政，候康復日依舊，視肯肯既退，即移班近東垂簾。皇太后與所屬以聞，皇太后許，故有是詔。 是日遺詔尊皇太后為太皇太后，應軍國事並權同行處分。 七日，制德妃朱氏加號皇太妃，皆合行冊禮，令有司檢詳典故以聞。時朱氏已加位，未改元。 四月六日，禮部言：太皇太后、皇太后、皇太妃當行冊禮，請如故事，在三年之外。從之。 十八日，詔太皇太后母曹國夫人李氏進封韓越國太夫人。 五月二日，詔太皇太后母韓魏國太夫人凡給賜倍常儀。 六月八日，尚書禮部言：太皇太后生辰舊所供奉物於令式宜增一倍，冠朵舊用朵子九，及花五，亦各增為十二之數。皇太后生辰節序宜用皇后例。從之。 十二日，詔皇太妃出入宜乘檐子，今所屬議制度及儀衛恩數以聞。於是禮部尚書韓忠彥等言：檐子當用牙魚鳳為飾，織用青羅，命婦上殿宮人稱慈旨，升階上拜。應禮物太皇太后、皇太后於皇太妃稱賜，皇帝於皇太妃稱奉，西宮不稱臣，所有儀式表箋令所屬比附所定禮儀施行。從之。 八月二日，詔太皇太后遇大禮與龍坤成節觀屬恩澤及冠帔之數，並以臨時所得指揮取旨施行。 八日，禮部言：皇太妃冠服之屬，減皇后五分之一。詔翰林學士、給舍、禮部、太常寺同詳定。後翰林學士鄧溫伯等言：欲許皇太妃冠服儀衛，不載，亦無故事，請於所裁定其生日節序，請損皇后五分之一。詔依所定，內冠朵用子內。 十月二十二日，詔皇太妃出入上下檐子，並於內東門內會通門前皆下。 十二月十二日，禮部言：皇太妃欲依皇后例供進新曆。從之。 格

宋元祐元年正月十二日，詔太皇太后出入儀衛及從駕臣僚對御賜茶酒等儀式，並依章獻明肅皇后故事。內不可者，依慈聖光獻皇后例施行。 閏二月八日，詔皇太妃誕辰節及生日，更與管內一人恩澤。 十九日，詔賜宰臣韓縝省所上表，請建太皇太后宮殿，宮曰崇慶，殿曰崇慶壽康；皇太后宮殿，宮曰隆祐，殿曰隆祐。批徽事，共惟以詔承大統，事兩宮備六世之燕謀，綿萬方之全養。露章來上，引義甚明。謂總厚者惟隆而權武君之隆，宜闕中禁仰奉慈宸，崇其信之名，備洛書之介福，捐衆朝之號，紹大似之徽音。若稽古初，具存典冊，孝有朝夕，上食典鄉之迹，應室承顏，有歲時體門慶賀之禮。述于列聖，咸有舊章，顧惟沖人，敢忘繼序？所請宜允。候遇滿，令有司檢舉。 四月八日，尚書禮部言：太皇太后恩禮，已準章獻明肅皇后故事。今坤成節所於已增一倍，其歲時合於奉物，亦當依此，緣更不增添。 十二月六日，太皇太后詔曰：近中書省檢詳故事，將來服除，百官當於表上尊號，可依元豐三年詔書更不檢舉。 二十二日，中書省言太皇太后權同處分軍國事，合依章獻明肅皇后故事，用玉寶，方四寸九分，厚一寸二分，龍鈕。從之。 三年六月四日，三省奏：尚書吏部言，問進士出身陳沖宜狀，自三班奉職，緣應合換判司簿尉，為係太皇太后姑之子，依昭憲皇后族孫祉藻例，特與初等職官。今欲乞損恩例，與知令錄。太皇太后曰：安敢比昭憲？體例既非本宗，只令依條。 七月

卷一萬九千二百十

五

元日，太皇太后手詔：皇帝嗣位于茲四年，皇太妃以恭儉之德，輔育之恩，鞠與冊以時奉行兩情文疏，有承輝皇帝以祖考之奉尊無二上，而吾推原代之義，母以子貴，民推天下之養，以慰人子之心，宜下有司參詳典故。於是詔繖子師以龍鳳，繖用紅羅，從衛人各有加，人依其衛門，輿服度數並依皇后，正月朔旦御門，大禮合奏恩澤之類亦如之。　八月十四日，詔皇太妃宮閣依皇后所居制度，惟不設鶡尾。先是，輔臣言：禮官已議皇太妃禮儀依皇后宮閣，亦當準此，除外延不見宮禁制度。太皇太后曰：皇后所居一小殿有鶡尾，今已展修，皇太妃閣惟不設鶡尾為是，皇帝誕育之地，更不敢違。詳此詔。　十月十四日，詔皇太妃儀制已依皇后，其所居宮殿合與不合稱殿，及立殿名，并其儀制聞奏。於是禮部、太常寺言：皇帝推崇母道，皇太妃儀制當依皇后，示尊無二上，理有屈伸，參驗歷代及國朝典故，皇太妃即無稱殿及立殿名之制，請如故事。從之。是日，輔臣奏禮官所議於延和殿，太皇太后曰：既言並依皇后，應須一一如此。文彥博曰：事關有司，可盡問。昔臣下於皇后有臣妾之稱，於太妃則否，晉未聞議論，亦曰位號不繼，禮不蓋柔。太皇太后又曰：漢唐有與議者，此事亦因人有求，乃吾意處所及，於禮有關缺，與卿等商議。衆曰：漢唐非正之事，不可用於聖朝。吾稽典故，當依禮官所定。

卷一萬九千三百十

閏十二月十五日，太皇太后手詔曰：官先之道，所從來尚矣。先王所貴，尊孝子各以關計，賢至相傳。從上有以制大職之吏，則下有受器無窮之民。故命大臣考求其本，苟非裁損入流之數，無以澄清仕進之源。吾今自以躬行節儉，先天下，為臨御之始，當數有司陰補私親，請無定限，以恩緣戚，前人已語，戚寵之恩，止從母后之比。今當又損，以示之行，以先帝顧託之深，天下責望之重，苟有利於社稷，吾豈愛於髮膚？別此區區私恩，賞何足恤？忠義之士，當識此誠，各思同輔之心，共成節約之制。今後每遇聖節、大禮、生辰，合得親屬恩澤，並四分減一，皇太后、皇太妃準此。先是，太皇太后屢諭輔臣，欲減親屬恩澤，衆曰：陛下臨朝，未嘗恩澤，自當不限人數，向來止用皇太后例，已是數少，何可復減？太皇太后曰：今天下官冗，自宰執以下恩澤皆有減損，吾家亦須裁定，要自上始，所貴均一。衆曰：此盛德事，容臣等別具進呈。遂降此詔。　四年八月二十六日，太皇太后手詔：皇帝臨御，于茲五載，經筵再講，宗祀克行，君德以孚，天心顧吾，何功獲被所臨。今有司因天聖之故事，將會慶史殿禮，將俾文武僚屬于廷，吾則既其畏，日懷祇畏，豈以菲薄之德自比章獻之時？則復皇帝致賀于崇政殿，群臣奉表于閤門，依禮文施行。何求前朝舊儀？吾不敢受。將來明堂禮畢，更不受賀，百官並內東門拜表起居。禮官言：天聖中南郊禮畢，皇太后御會慶殿，皇帝於簾內恭謝，百官稱賀於外，殿賜酒輔臣，以故事奏事於延和殿，太皇太后諭止之，遂降此詔。　十一月二十二日，太皇太后復詔曰：正朔盛會，禮見群臣，令有司檢依天聖故事，行會慶稱賀之儀。顧惟菲薄，將當殿比，惟於崇政殿，來年正月一日更不御殿受賀上壽，皇帝御殿，禮畢，百官並內東門拜表如常儀。　六年十二月十四日，詔皇太后親姪女三人並封郡君。　七年二月二十六日，詔曰：比朕親奉皇太后聖諭，皇太妃保育之德，著於中外，皇帝雖已備極崇奉，而儀節之間猶有未稱。蓋傳儀雖全比皇后，而宮闕輿蓋之制及出入所由，宜有所加。可於本朝祖宗以來母后之制有所差降，則復陛之數，可施行矣。其下禮部、太常寺參詳禮儀制度，凡上牋、稱名、命婦進見等儀式奏聞。於是群臣議：皇太妃所居宮闕，建殿立名，所乘擔二度為輿，上設行龍五，出入宣德東偏門，百官上牋稱殿下，自稱姓名，命婦稱行階上拜，今改為殿下，出入儀衛準於皇帝之詔可。詔曰：昨親奉皇太后聖諭，皇太妃特與立宮殿名，宮曰聖瑞，坐於龍輿，進黃繖，出入由宣德正門。朕常思皇太妃尊奉之禮未全，固當今舉，玉冊合隆禮，卿等可與臣下稱呼等議奏聞。於是三省議：皇太妃出乘龍鳳輿，繖用紅，並開從，從皇太后出入，並用紅塵，宮中並依皇后儀制，輔臣妻、外命婦入內準此，有司供之物並稱進奉，餘依禮官所定。從之。　紹聖元年閏四月十八日，詔改睦諸宮曰慈德宮，前殿曰慈德，中殿曰仁明，後殿曰壽昌。　十月十二日，以武安軍節度觀察留後高公繪為鎮寧軍節度觀察留後，恩州團練使向宗回為相州觀察使，榮州團練使向宗良為利州觀察使，上以宗回等皇太后近屬，恭遜少過，故有是命。　十三日，詔昨議裁損中外奏薦，宣仁聖烈皇后欲以身率群下，故於親屬恩澤首行四分減一指揮，今減於本親之禮不宜一例裁損，所有皇太后、皇太妃親屬恩澤四分減一指揮宜罷。　十一月二十四日，禮部言：明年正旦朝賀，以宣仁聖烈皇后服制未除，於禮合罷，欲其日百僚詣東上閤門拜表稱賀，次詣內東門拜表賀皇太后，拜牋賀皇太妃。從之。　二年二月二日，詔皇太妃生辰所應入推恩，依皇太后條例。　五月二十一日，帝諭輔臣曰：皇太后嘗有旨，令立皇太妃宮殿名，向禮官止請建殿立名，未嘗及宮名，蓋當議之。同知樞密院事曾布曰：皇太妃宮乃陛下降誕之地，今改名聖瑞，亦宜以聖瑞名宮。從之。　十月七日，詔皇太妃合奏親屬恩數並依皇太后例，聖節、大禮亦如之。

卷一萬九千三百十

三年九月三十日詔皇后孟氏可上皇后冊寶廢居瑤華宮賜號華陽教
主玉清妙靜仙師賜紫名冲真其居處供帳服用槩給之類務從優厚稱
朕所以始終待遇之意 四年正月五日詔皇太妃昔從任氏并繼父朱
氏依禮制各以封贈近訪求適父母悉已物故朱曾明言於朝乞賜恩禮
其崔傑并李氏可擬始封品秩進呈皇太妃姓氏已布告中外更不歸宗
止續朱氏舊稱任氏雖非父母之家亦係近親存亡恩命更不追正無嫌
所得親屬恩澤並奏薦朱任二家 元符二年九月二日宰臣章惇等上
表言中宮虛位歷載於此宜有建立協修陰教望於定省兩宮之暇祇稟
慈訓發崇賢淑正位內治備舉典冊之盛俯慰中外之望詔答曰后德內
治以風四方昔之盛王茂建賢德朕若古明訓慎於東求卿等職在秉鈞
誠深體國以長秋之虛位按故實而有言當稟兩宮師頌禮命用承天祐
俯慰群情所請宜允 七日內出手詔曰朕以卿等上表請建中宮事稟
於兩宮皆以為莫宜於賢妃劉氏柔明懿淑德冠後宮誕育元良為宗廟
萬世之慶中宮特虛非斯人其誰可當所宜備舉典冊以正位號恭依慈
訓即頒禮命 三年徽宗即位未改元正月十二日上召輔臣面諭章惇
等請皇太后權同處分又頗曹布曰事初即再三告太后乞同聽政布曰

卷一萬九千三百十

八

陛下聖德謙抑乃欲如此然長君無此故事不知太后聖意如何上曰皇
太后已許方敢指揮兼適制未降可增入 十三日詔皇太后權同處分
軍國事並依嘉祐治平故事施行三省檢會嘉祐治平故事皇帝御前後
殿輔臣奏事退詣內東門簾前覆奏皇太后皇太后不御殿百司不奏事
不立生辰節名不遣使契丹詔恭依 十四日詔先皇帝皇后建宮殿並
以元符為名仍號元符皇后同日手詔朕奉皇太后聖諭曰皇帝以踐祚
之初請權同處分軍國事遺哀不遑所不忍聞皇帝仁孝再三至懇之
以泣勉從勤情皆濟艱難非久便當退處房闥除不御前後殿等事已降
指揮外尚慮有司依循故事如迴避家諱之類可並勿施行宜布告中外
使諭此意朕躬被慈訓敢不奉承仍切輔臣具天聖嘉祐元豐故事進呈天
聖元豐前御殿垂簾立誕節追北使避家諱嘉祐末則不然皇帝聞日御
前後殿輔臣奏事退詣內東門簾前覆奏而已皇太后諭輔臣曰非久即
還政宜只用嘉祐故事故有是詔 十六日制曰聖人之德無加於孝天
子之貴必有所尊朕遭家多難紹國大統恭念所生之重永懷追遠之情
故貴儀陳氏德範載於公宮徽猷著於天下輔佐先帝警戒受勤誕育沖
人劬勞顧復稽諸典禮詢于師言有親親之恩有貴貴之義念之不忘感

賚

春露之既濡然率厥常粵昊天之罔極宜追號皇太妃仍令有司擇日備
禮奉冊施行 同日詔求故皇太妃親屬 二十三日詔贈故皇太妃曾
祖贈忠州防禦使懷德為太保祖內殿承制贈榮為太傅父贈右監門衛
將軍守貴為太尉曾祖母而下皆封大國夫人 二十八日內降故皇太
后親屬姓名并宗枝關付中書以長兄右班殿直陳永成為內殿承制
閤門祇候次兄三班借職永清為東頭供奉官有班祇候姪仲暟為左侍
禁其餘親族命官有差 二月二日三省言追尊故貴儀為皇太妃緣稱
號無別請哲宗皇太妃以聖瑞徽號從之 同日輔臣詣簾前太后謂輔
臣曰皇帝聖明本不須同聽政只顧勤請不得已從之公等也知此意於
天下未能盡曉須降手詔令中外知本心非欲與政事也輔臣稱贊而退
三日上曰慈聖光獻太后家恩禮當從優異輔臣對曰仁宗擢英宗以
天下神宗先帝於慈聖家恩禮無不曲盡今聖諭首及此臣等敢不欽承
四日輔臣於簾前奏以上言欲優與向宗回等遷官皇太后曰外家豈
可遽與恩澤恐貽笑中外姑緩之 七日皇太后手書付三省曰吾德薄
不敏上同明肅宣仁而遠戒前代稱制終月之久自同聽斷夙夜靡遑本
欲候先帝殯禮畢即遂還處皇帝聖孝懇請再三仍以山陵事望為言

卷一萬九千三百十

九

政姑抑勉有懷於心止俟將來神主祔廟便遂此志吾意已決可令中外
聞之 十二日詔皇后父左班殿直王藻為德州刺史及追封三代 十
三日三省進呈聖瑞皇太妃增崇儀物除六龍輿不用依舊只進龍鳳輿
外餘請依太常寺所定從之 同日以朝奉大夫尚書主客員外郎向綡
等各轉一官太后弟姪命官者二十一人以太后聽政推恩也 二十一
日詔皇太后殿使臣等並依宣仁聖烈皇后例推恩各轉一資 二十六
日詔皇太妃特與親屬恩澤二人以上登寶位推恩故也 五月七日詔
贈皇太后三代以朝請大夫尚書右司員外郎向紃為右朝議大夫朝請
郎尚書司封員外郎向紘為朝奉大夫以皇太后復辟推恩也 九日上
宣諭翰林學士承旨蔡京曰廢后處瑤華宮太后極所矜憐今欲復其位
號召卿草制詞須平允不可過當恐彰先帝之失京曰臣曾草廢后詔今
又草復后制未敢奉詔上曰皇太后言非先帝既廢后亦有悔意嘗語與
皇太后今先帝上仙追前意與復位號於理無嫌京曰古無兩后今日若
出於皇太后慈憐理亦無妨但有復必有廢不知聖意如何上曰元符皇
后先帝所立位號已定豈可更廢京曰聖意如此天下幸甚上曰卿於制
詞中可入三省議狀不廢元符無嫌並后之意使天下曉然知之京承詔

而退　十日制曰朕紹休烈聖承訓東朝施惠行仁既誕孚於有衆念今
追往用敦叙於我家廢后孟氏頃自熙門嬪于王室得罪先帝退處道宮
建猶累年克膺祗德皇太后念仙遊之寢遐撫前事以興悲惻然深於示
不終廢中崇位叙還復宮庭乃詔輔臣具依舊儀推元符建號已正位於
中宮而不參上貫固無嫌於並后於獻原情悅義蓋示親親之恩元已慎
乎宜成婦姊之道其率衛於懿範以上答於深仁往服茂恩永膺多福可
復為元祐皇后　六月二十八日皇太后手書付三省吾憐同聽斷本非
吾志艱難之初欲上不敢違雖自兹日許一日而可得已亟不待時乃者
皇帝以哲宗山陵事重為請故候祔廟禮畢即遜退處今皇帝聖智日躋
萬務益習仁明膺斷裁決中經淵濟蒼生咸被德澤吾用慰心顧復何慮
況山陵營奉就緒引發有期或不知止則豈不殆古人所戒而失復子明
辟之義哉可不候祔廟止候靈駕發引罷同聽斷　是日輔臣以手書進
皇上曰此月之初皇太后已欲降此指揮朕中涕泣拜請至於累日皇太
后聖意堅確不回不得已勉從恭依可令學士院降詔所有增崇禮數速
議以聞　七月一日詔曰朕奉皇太后手書下候祔廟止候靈駕發引罷
同聽斷朕以眇身獲承大寶實賴聖太后仁聖救寧萬邦還奉玉音靡釐

〔大典〕卷一萬九千三百十

十一

安處深宮拜請至于累日雖盛德撝謙度越今古顧惟不類懼弗克勝聖
志莫回本知慨濟勉遵慈訓深惕于懷布告中外咸使聞知　七日以皇
太后罷同聽政姻戚移厲還秩命官者凡三十三人　一十九日詔曰朕
祇膺寶圖夙賴慈蔭方共艱難之際實先定於宸謨及臨朝淵默之初
復仰頓於共政惟明哲之自邁成功而不居亟下手書退安房闈豈惟
前世母后之罕及抑亦自昔聖賢之所難至仁大恩全德能美無以顯
非常可遵朕日至寢門躬修子道彈四海之備養得萬國之懽以大惟頁
天下之功固宜享天下之報興言典禮未稱尊崇肆命輔臣載成義制上
以尊母儀之盛下以廣孝治之風頒之有司昭示來世皇太后出入儀衛
恭依禮部太常寺增定條依治平元年五月十七日慈聖光獻皇后故事
施行　八月一日追封皇太后曾祖敏中三代　建中靖國元年二月二
十七日封皇后姊妹三人為縣君仍賜冠帔宗紹宗溪宗為右侍禁閤向
宗回等例也　十一月五日詔以欽慈皇后誕生祥符事付王棫所修
入內出從仁聖烈皇后欽聖憲肅皇后元豐八年以後事跡付輔臣參酌
降下王棫所修仁聖烈皇后當哲宗初即位遜避智知特務謹重內侍令特
左右往謁禮像素服御殿給而已雖同聽斷外家恩例每自裁減為天下

先后斎為慈聖光獻皇后所愛元祐中以推恩貲畀曹氏族姻數百欲聖
憲肅皇后當元豐末神宗疾甚后遽遣人作延安郡王祝聖壽道場或未
諭其意后曰欲所在僧持使人知皇嗣長立已能致愛神宗也哲宗聚爭
定肯乃必衣衍于見之一日偶供不速以服常服乃遜謝不已或曰母兄
于何過恭后曰子雖幼君也母雖尊以慢禮見君可乎后無玩好閑祖宗
寶錄寶訓遂通知政事族人有乃以轉官恩易閤門祗候為通事舍人又
選入改合入官者且言有特旨則后曰吾族未嘗用此例忍以私恩紊法
度乎不許哲宗選后及諸王擇婦后須戒族人勿妝家狀元祐初宣仁聖
烈皇后命有司葺舊慶壽宮俾后居之后固辭曰豈有婦居東而姑處西
貴上下之分敬國辭益仁嘉其意止以慶壽後殿為隆祐宮宣仁山陵既
發引哲甚后憂之命內侍為蔡詞以擇內侍皆辭以不能后曰聽天但以
誠實何尚文華推且當吾意可也詞成中夜焚之良久雪霽哲宗登駕輔
臣定策有異議者后聽然獨斷乃秉大義援立徽宗既同聽政凡故事所
有如避家諱立生辰節名之類皆一切不用輔臣奏事于小殿簾前毋開
有復功臣從夙爵賦息兵崇儉愛民之事則喜見容色初議候祔廟升祔
還政及山陵未發引遽欲退處上再三懇請確然不從上詔有司聽候懇

〔大典〕卷一萬九千三百十

十二

德宮所須不候奏覆后聞之曰吾子至孝以四海奉養吾豈忍以華給私
用邪一無所取欽慈皇后初生赤光發於室遠近謂陳氏大必往視之乃
知后生火顏悟若成人多所相家人不敢育於私室遂入禁中徽宗崇
寧元年五月四日詔后妃王府主第奏授骨肉合作文資 被奏入父母係
文資或自曾得解或曾補試入太學者非 武后妃王府主第臣僚奏乞醫
官充翰林太醫局丞之類者自今雖奉特旨令衛改舊條并指揮並許三
省執奏院子細契勘若於祖宗貽訓格法實有衛改使奏首可明具有礙
是何條法奏知更不施行特有違負聞之後不顧廉恥冒緣請謁者當杖
衛改格條法監陳請故降是詔　閏六月十四日詔以欽成皇后祔廟禮
畢本家親屬緦服已下三十三人推恩有差　七月八日詔
元符皇后奏請等恩數並依聖瑞皇太妃例又詔元符皇后自今應其頒
為獻之物並依聖瑞皇太妃元符三年體例以后於元符末嘗參預策聖
援立之謀也　八月六日皇后祖母廣國太夫人鄭氏皇后母衛國太夫
人呂氏等並國太夫人已比對宅魏國太夫人王氏例請消依請給從之
九日詔曰朕恭念哲宗皇帝以聖德嗣有基業推至仁無私之心乃以
神器屬予沖人而元符皇后實受遺訓啟定策之際欲與皇太后宗所付

議

沉水惟繼統承祧之重敢忘追往事居之情與蕭之初發成鄭議蘇然其
事未及襃顯近上表尊叙述大功朕思所報允其陳請供須等事已降指
揮外其出入儀衛等當議加崇以昭前人之德而稱朕友恭之意内侍樞
密院爭闕送樞密院照會指揮施行　十月二十二日詔曰元祐皇后退
處道宮始將累歲頃從並后之議實慰兩宮之心令臺臣合奏引議固爭
寧輔僉同抗章繼上可依紹聖三年九月三十日詔旨其諸恩數悉如舊
章仍加優厚以稱先帝始終待遇之意先是為鄰上書論復后非是歸為
刧持之語其後御史中丞錢遹殿中侍御史石豫左膚奏疏謂違先帝意
妄反宗廟以動上聽繼而宰臣蔡京門下侍郎許將中書侍郎温益左丞
趙挺之右丞張商英皆主臺臣之說力請不已上迫於羣議而從之　十
一月八日臣僚上言近論列元祐大臣章惇等與造邪謀欲廢元符皇后
令名位未正禮物未備儀制未允伏望聖慈亟詔有司講求典禮稽參故
實總公卿博士之議而制旨臨決焉以慰哲廟在天之靈詔令禮部太常
寺同詳議聞奏　二十一日臣僚上言臣伏以元符皇后先帝寢疾倉惶
顧命之初陛下入繼大統果危之際豈無定策之勲伏望聖慈詳酌明詔
有司儀所以尊尊之禮以遵先帝之心以東宗廟之祀詔送禮部太常寺

十二

■卷一萬九千三百十

二年二月十七日手詔朕入繼大統獲承至尊永惟哲宗皇帝不克與
子而元符皇后實與定策因心之義夙夜靡忘故鄧王已追贈為皇太子
母以子貴於古有稽而禮義以起惟事之稱宜崇位號以慰在天之靈稱
朕友恭敦報之意可進號后太除依禮部所定加崇儀制外其儀衛人數
及請俸奏薦恩澤等並依昨欽聖憲肅皇后元符三年體例依皇后禮制
施行名所居宮曰崇恩　四月二十五日詔太皇受冊寶並依皇后禮制
仍以五月二十八日御文德殿發冊　七月二十六日手詔朕恭惟欽慈
皇太后生育朕躬孝慕弗及即政之初即詔有司議尊崇之典祖宗以來
且存稽章有司覩望務從降禮使朕不得申罔極之報興言及茲慨然嗟
悼今雖悉從改正而議禮之官未正其罪如劉拯等抗論不從亦未經賞
其建定賞罰以關於是朝請郎曾攺朝奉郎尚書屯田員外郎吳綱朝奉
郎知耀州王先中朝奉郎知和州鄭居中各降一官孫傑贖銅三十斤朝
散大夫尚書吏部侍郎劉拯承議郎祕書少監鄧棐各轉一官　三年三
月二十一日詔曰思緣義起禮自情興顧復之念雖隆于貢之崇宜順躋
嚴序列祗安神靈朕惟欽成皇后佐佑神考誕生哲宗今奉安廼在欽慈
之次循思繼及義或未安内中欽成皇后神御宜居欽聖憲肅皇后之次

欽慈皇后又次之其太廟神主及景靈宮奉安並依此　五月十一日詔
以元符皇后進號太后令後大禮合用賀表答詔並更不排辦所有使臣
恩澤殘依令取賜　大觀元年六月一日手詔朕自王藩入繼大統嘗思
不任夙夜以思推原本因欽戴之德欽聖憲肅皇后受哲廟之顧託共定
臣之異心援朕沖人付畀神器靡自一人之助建茲萬世之安施等丘山
功在社稷其親屬未加顯崇報未加隆甚不足以稱等思寵及之意向宗
四可除開府儀同三司改封大郡王餘令三省吏部會合推恩事件聞奏
三年三月四日詔曰朕惟欽成皇后輔佐神考恢順懿恭誕育哲宗悉
仁顧復尊為帝母十有五年就養宮闈陰利天下而宗寧之初應庭闡事
飾終送往因循就簡每嘆私意悉損禮儀未加詰問終莫適承比閱典禮
缺以是正兩歲月遠邁既往莫追事逝永懷情深悵惻欲爾在位體朕意
焉　八月二十二日宰臣何執中言長秋虛位宜登崇賢淑以慰安四海
於是内出手詔曰覽卿所奏雖禮儀當為然皇儀久逈尚未因與祥符故
事時踰五載政府大臣方建議及此祖宗彝訓朕所率奉宮禁祥紫無制
以伸追往之儀庶盡情文以厚風化儀徽凡廷別應處分自是再請不允
四年九月十五日何執中等又以為言上弗許曰諸皇子宮中尚行禮

十三

■卷一萬九千三百十

制恐無以示四方厚風化執中等奏曰請和將及再恭往陛下望懿揆之
禮文稽之人情可謂曲盡願以宗社為重以義斷恩將御批付出已應救
尚存情所未忍姑置之執中退又三上章懇請乃出手詔曰惟為風化
所先正家室人倫之始卿等以宗社為重請建坤儀陳儀甚高深嘉誠意
勉以從之　十月二日詔曰貴妃鄭氏柔明婉淑誠懷特身位極元妃德
冠中壺有進賢逮下之志無陰誠私謁之心越自纘承祗服内職夙夜匪
懈儀御式儀屬長秋之久虛致大臣之懇請遠稽東漢近考祥符肆古參
今具存方冊宜陞位號以正坤儀可立為皇后令學士院降麻皇后制命
辭表三上詔答弗允有司請涓日受冊皇后稍固辭曰方欲有所陳請
豈敢遽受命也迺上表言妾猥居中閫家荷寵榮樞衡妾自冠元妃屢
陳悲懇願投閑散或沐優容曲襄近戚之賞宜處本無之地遂慢尋於衆
嵗尚叨榛於業贖今又出此非常恩數至歷正坤儀於宮壼卒申議於家
邦豈容遽親椒房皇仁皇賜俞允俾遂撝抑望日三省以表進呈上曰皇
后至今辭避未有拜命及還入后宮意甚堅將朕累遣敦諭歌陳經史義
不可析褒言漢唐以來后族之事固不足為聖時道然亦可不戒者首我
孫無忌於太宗為佐命元勲文德皇后尚謂不願私親據權于朝卒罷無

忌政執中等奏曰居中存西樞且幾屬稍疎上曰皇后言雖在西樞終須
國政若必欲用居中卽乞且充元妃之職執中等奏請且降詔不允上曰
皇后言理盡于此不復再表懷不復從惟不敢受命而已今大禮在近有
禮典禮終屬妨礙可除居中觀文殿學士中太一宮使是日上又出手詔
曰中宮累有陳請以居中后族不宜居臺省要職可除龍圖閣學士提舉
醴泉觀皇后乃受命上表稱謝三省進呈謝表上曰皇后自入宮操行端
修惟書讀以古善惡自鑒昨一事未嘗容易宮中內外罔不欽服自立
后朕密令採聽上下人情無不懽悅以爲得人所上章皆其自爲朕初疑
有代草者俾問之皇后曰不能文詞亦女子之常事若乃妄言則爲欺君
所不忍爲也余奏曰陛下建母儀盛德如此天下幸甚　十一月十二
日內出手詔曰皇后自降制命後依例有合陳乞推恩奏薦之類尚慮謙
沖並不陳乞可劄下本閣使臣仍依例施行　十六日執中奏事言皇后
受冊冠服當辦具者上曰此有司畫一來上內頭冠合用珠子中宮一見
輒自陳曰方今朝廷用度未豐不當以服飾之費耗邦財頭冠用珠數多
請以爲妃時所服冠命工改造增花枝三枝足矣朕嘉其能躬儉卽用亦
既許之執中奏曰此蓋陛下克勤克儉風化所及令士大夫儒素之家歲

卷一萬九千三百十

時節序尚皆競務鮮華況母儀天下又當受冊盛禮雖其費十百於此豈
患不足而能以朝廷費用爲慮躬自菲薄如此自古聖帝明王未有不由
內治而興此可爲陛下賀也尚書右丞鄭洵仁請紀以其事宣付史館從
之　政和元年正月二十五日皇后上表曰伏奏聖慈以妾將來受冊排
黃麾仗及出重翟車陳小駕鹵簿等代望特頒溫詔追寢盛儀詔小駕鹵
簿端禮門外黃麾仗紫宸殿臣寮稱賀上禮並依所乞罷其延福宮受冊
依已降指揮朝謁景靈宮止依近例命學士院降詔　二月二十三日平
海軍節度使開府儀同三司中太一宮使鄭紳等奏崇寧中欽慈皇后之
家常除教授一員近制戚里主第並下太學保明有行藝學人爲門客所
授例有請乞差命官一員充教授舉人一員充門客從之　三年八月十
九日皇后上表言妾有姪女故貴妃劉氏總總而入禁庭纔仰而覩宸扆
方幸崇昌之漸遽爲冥漠之遊願賜討論別議追崇之禮手詔追冊劉氏
爲皇后　四年三月十六日皇后言伏蒙聖慈俯許歸卒妾親至家庭翊
以私事乃知父紳與知樞密院事居中昨後姪遠妾聞之不勝恐懼竊以
居中既爲族姪略當本宗之地爲門近近臣凡所設施悉于機密而與父
紳積抵過從如觀無間使傳聞之人皆謂相術市恩一有怡機通棠必至

甚非公朝所以別嫌明疑爲天下勸也矣執政大臣等並掌機密自來不
許與后妃之家往還朝廷大政亦非戚里所當與聞欲望睿慈特降指揮
自今止絕父紳與居中弟兄子姪凡係居中族系者並不得交往稍有干
犯許御史臺奏劾以聞仍乞重加黜責庶使各嚴分守以允公議從之
五年六月七日內出手詔朕寢霜露之濡懷劬勞之慈永惟欽慈太后翔
育之恩欲報之德罔所逮及而其家族屬官不過大夫祿止食宮觀曾未
廣顯爵祿天下之公器決不以私故其家不敢干請有司亦失於建明甚
不足以稱孝思罔極之心考循舊章厥有故實仲栿可除正任防禦使
十一月八日內出手詔昔我藝祖聿懷明德戡定禍亂應天順人肇造區
宇奄宅萬國亦惟內助克相以成恭惟昭憲皇后淑哲懿敏誕育上聖深
謀遠計輔佐初潛躬主家政在社稷俾我祖宗創業垂統以成萬世之
業無及後昆其獻息恩今考杜氏之後閥閱微替其求子孫不在仕版第
宅地滌貧不自給豈所以慰在天之靈報垂裕之德乎可令有司訪其後
裔命之以官檢會明肅光獻諸后故實條具來上以稱朕意　六年十一
月三日詔中宮祖母鎮國郡夫人劉氏親姪中奉大夫劉彥賜見任尚書
省都事可充次出職與合入差遣續詔澥州　七年三月二十九日華

卷一萬九千三百十

陽教主玉清妙靜仙師奏檢會師華華陽教主玉清妙靜仙師靜應彬宮
深宜優賜以稱先朝始終待遇之意每遇大禮許奏本宗有服親一名於
班行內安排昨遇冬祀大禮合蒙恩澤乞奏所從叔進士孟師古於班行
內安排從之　四月十二日詔曰朕循名考實稽古驗今凡案稱謂之語
必協是非之正華陽教主玉清妙靜仙師孟冲真頃自紹聖退居道宮恩
數加優歲時滋久此號有司之請尚仍教主之稱理實未安義當有易處
中錫於懿號俾允迪於真風夫可言可行茲惟人治之大以靜以正庶幾
衆美之從可加賜希微元通知和妙靜仙師　八年四月二十二日徽宗
皇后親始蠶春郡夫人鄭氏等三人並特依鄭直之妻永嘉郡夫人朱氏
例支賜請受　宣和三年九月十五日詔以明節皇后追冊祔廟畢本家
親屬和州防禦使劉敦等二十二人推恩有差　七年十二月二十三日
尊道君皇后曰道君太上皇后居撫景闕　是年欽宗卽位未改元。
欽宗
靖康元年三月十日改撫景闕爲寧德宮以居太上皇后殿以壽祺爲名
五月三日罷后妃常姬邑教授官　十二月四日李若水奏事上從容
語及更張舉政曰韓宰一節日在朕心多事未及舉行以候開門便當降
詔行典禮若水答曰陛下言及於此宗廟社稷之福臣請於門下敕書中

具載此事，庶使天下遠聞。上曰：宜於載書中作第一件，卿可條具來。右丞李邴以進上，親定詔書，四曰：恭推元祐皇后遠事宣仁聖烈皇后、欽聖憲肅皇后，又曾經送哲宗皇帝山陵。元符之末，欽聖憲肅皇后垂簾，嘗降指揮，復明命為元祐皇后，可令三省檢會，恭依元降指揮，仍尊為元祐皇太后，以順天人之意。有司擇日備禮施行。　二年四月三日，元祐皇后自私第入居延福宮。時張邦昌僭位，以備詔迎奉。　十日，太后御內東門小殿垂簾聽政，群臣詣祥曦殿起居。邦昌以太宰退處資善堂。　十五日，太后告天下手書曰：比以敵國興師，都城失守，祲纏宮闕，既二帝之蒙塵，誕及宗祊，謂三靈之改卜。衆恐中原之無統，姑令舊弼以臨朝，扶九廟之傾危，免一城之慘酷。乃以衰痛之質，起於閑廢之中，逆置宮闈，進加位號，舉欽聖已還之典，成靖康欲復之心。永言運數之屯，坐視家邦之覆，撫躬獨在，流涕何從。緬惟藝祖之開基，實自高穹之眷命。歷年二百，人不知兵；傳序九君，世無失德。雖舉族有北轅之釁，而敷天同左袒之心。乃眷賢王，越居近服，已徇群臣之請，俾膺神器之歸。繇康邸之舊藩，嗣宋朝之大統。漢家之厄十世，宜光武之中興；獻公之子九人，惟重耳之尚在。茲為天意，夫豈人謀。尚期中外之協心，同定安危之至計。庶臻小愒，漸底丕平。用敷告於多方，其深明於吾志。（卷一萬九千三百十）

皇后皇太后雜錄（卷一萬九千三百十）

高宗建炎元年五月二日，上詔輔臣曰：元祐皇后家諱宜避。朕中更嘗稱武以聖德起於宮闈，乃眷朕躬，膺大歷數，不惟羣章之勸進，亦又播告於遐邇，於國有功，宜遵名號。乃下御札曰：朕惟德盛者報必隆，屬尊者禮宜備。古之彝訓，國有故常。元祐皇后制行嚴恭，宅心虛靜，爰儷極於永泰，久現道於崇華，廣長益后之文，已嘗誕告，內中復號之旨，未及布宣。比者還御宮闈，智臨朕躬，洞達事機之變，深惟宗社之安，難遠依昭敘，諭至意遠，此纘圖之日，亟頒歸政之書。功加于時，舉協於眾。是用參稽故憲，上尊稱冀成對於休辰，以永綏於壽祺。元祐皇后冊為隆祐太后，差令所司擇日奉上冊寶，應合行典禮，禮官討論以聞。　八月制：為國大人，邢氏可立為皇后。其合行典禮，令有司檢詳典故以聞。　八月十二日，尚書省言：伏見元祐皇后尊稱第一字犯祖諱，乞以所居宮稱。有旨宮名合擇令擬，令撰到宮名，詔以隆祐宮為名。　十二月九日，詔：歷考祖宗朝，后父無文臣侍從官者。朕欲遵依舊制，以復祖宗平治之時，豈可以近親遂廢典憲？邢煥可特換光州觀察使，依舊提舉亳州明道宮。初，煥除徽猷閣待制，以右諫議大夫衛膚敏言祖宗之法，后族戚里如得除文資，恐紊法而予改也，故有是命。　三年正月十八日，詔后族自令不許任侍從官着為中令顯謨閣直學士孟忠厚特與換授常德軍承宣使從臣僚之請也　三年四月二十五日詔隆祐太后上尊號為隆祐皇太后然有司未曾製造冊寶自合先次稱隆祐皇太后　七月二十六日詔曰朕屬時多艱涉道未濟念邊陲之寇擾國計之搶攘將兼總萬微則軍旅之政在所先欲尊意五兵則邦家之事不可廢蓋文武一道固無任用之殊而軍國異容宜兼經常之務必有救獎之果以為戡亂之方今則因時變通隨事參酌合三省樞庭之任總有司庶府之繁爰命通臣俾司庶職若征伐財用之大計與賞罰選任之至權悉屬行營且關朕聽既獲親於戎律亦無廢於邦經庶根大藏稍平乃璽朕已恭請隆祐皇太后率六宮往江表其行在有司非預軍旅之事者悉俾從行仍命李邴權知三省樞密院滕康同權知三省樞密院從衛前去應軍旅錢穀差除等事咸總於行營其常程有格法事務及四方刑獄奏案吏部注授差遣磨會功賞舉辟之類並隸洪州三省樞密院播告中外咸使聞知　二十八日詔從隨隆祐皇太后官屬等經過州縣並行遏禁不許於受供饋所至州縣亦不得擅行取索如違從違制科罪於受供饋多者仍取旨　二十九日上諭宰臣呂頤浩等曰有司月供皇太后錢數不過千緡太后聖性儉

卷一萬九千二百十　十七

約聞戎用度不足亦不使朕知近因見所賣本殿軍絹二千匹竟費方知尋常用度不足朕與太后與所主無異近買得衣著絹數十匹即見分以供獻飲食服用類皆如此今往洪州未有回期除已有綿當自禁中分納外可令戶部供錢及絹各二萬貫匹銀一萬兩隨從太后以備支費　四年正月二十一日上諭宰執曰近議遣使往江西隆祐皇太后處問安恐合行便宜郎官體若宜差從官然幾事不可稽留得與滕康等參決遂差中書舍人李正民充兩浙兩西湖南撫諭使到虔州及辭許於簾前奏事及道朕瞻望思慕之意俟駐蹕當遣與禮迎奉次　十月十六日詔天申節合回進隆祐皇太后度牒五千道紫衣五十道建炎三年隆祐皇太后生辰合進度牒紫衣各七十道冬節進奉并支散行門班直節料使用度牒五百道令禮部依數修寫兩浙路度牒紫衣內東門司進入　十一月二十四日詔月供隆祐皇后太洗頭錢一百八秤內人賢妃已下月料米九百八十一秤歲供隆祐皇太后八冬炭一千五百秤並一半支本色餘折支價錢　十二月十一日詔令戶部日下計會內東門司進錢一萬貫充隆祐皇太后生辰依年例進奉　二十四日詔隆祐皇太后殿遇建炎四年天申節合得骨肉恩澤四人先次將二人回授與親屬於文資合補

授名目內安排一名親弟女之夫進士魏希哲一名親弟女之夫進士晁公尚一名親妹之子從武郎趙銘之銘並令吏部依條施行　紹興元年正月十四日宰執進呈內批皇太后以聖節恩例令本殿祗應入轉官在法許以親屬恩澤回授意其已補親屬別有創行上曰必是用親屬恩澤回授爾太母恭慎於所不當得毫髮不以干朝廷性吝欲朕以越例不可啟令別擬太母寧持錢往貽未嘗有所取也　五月五日上宣諭輔臣曰太母允位於紹聖之末其後欽聖復之再廢於崇寧之初雖事出大臣然恐天下不能戶曉欲得以編議兩朝范宗尹等曰不然太母聖德人心所歸自陛下推崇位號四海莫不忻悅以為當然前後廢復由章惇蔡京人皆知之非二聖之過　六月四日太常寺狀奉聖旨朕以隆祐皇太后慈容遽遠遺族可憐可檢別本家合得恩數疾速施行勘會昨來欽聖憲肅皇后上僊後特推恩二親弟宗向宗良皆係節度使封永陽永嘉郡王親姪各轉官餘以服屬等第推恩有官人轉官無官人補官約記得除近屬外其餘子孫白身推恩者其父更不轉官內遂有白身三人以上更與一人官婦女亦以服屬等第加封邑詔太行隆祐皇太后期親姪女孫人孟氏四人與加封兩等大功親姪孟忠厚妻嘉國夫人王氏加封次國

卷一萬九千二百十　十八

夫人其餘本宗緦麻已上親並各與轉一官選人依條施行白身人依太后每歲合得恩例條格與補初品官異姓緦麻已上親並各轉一官選人比類施行內本宗異姓緦麻已上親婦人已有封號人加封一等未經封號人與封孺人無服親姪女之夫承事郎燕仰之通仕郎魏希哲各轉一官選人比類施行進士陳似與補初品文資　二年十一月三日詔皇后母福國夫人能氏昨緣皇后封冊已降指揮依例支破諸般請給於進奏三年三月內去失文曆至今並不曾請給所有積下請受更不支破可別行出給曆頭仍自十一月為始依舊勘給　二十六日魏俊鎮潼軍節度使開府儀同三司充醴泉觀使孟忠厚例子三給還昭慈獻烈皇后追受年以後收使不盡恩澤其遇端午日未給恩澤三更不施行從之　三年四月十七日禮部太常寺討論昭慈聖獻皇后大祥除凡進本家親屬合行加恩詔本宗緦麻已上親各特與轉兩官礙止法人依條回授內親姪之子孟掞夫孟子禮孟子夏各更賜緋章服白身二人從昭慈聖獻皇后每歲合得恩例條格與補初品官未有差遣人令吏部與占射差遣一次合堂除人與合入差遣異姓緦麻已上親各特與轉一官內本宗異姓緦麻已上親命婦並各加封一等　九月十二日故慶遠軍節度使贈開府

儀同三司邢煥家乞將遺表恩澤特補皇后親弟孝純孝騫京官吏部言
勘當節度使遺表恩澤若不降等依格子合補忠訓郎所乞無以此條去
詔邢孝純邢孝騫並依格降補邢孝揚特與轉兩官是日宰執進呈煥妻
福國夫人熊氏以煥物故乞賜田賜第官其子弟門客皆踰常制上覽之令
二子依格降補一子有官普進一等而已餘並不行上顧宰臣以格作
等曰祖宗待戚里皆有常法不敢逾嘗以后族故私之邪　十月二十
一日吏部言故贈開府儀同三司邢煥妻熊氏進狀本家遇皇后受冊覃
恩合該推恩欽慈皇后親姪陳仲堅具到欽慈皇后受冊恩數曾祖太保
懷敏贈祁王等八項司封供到狀宣和皇后恩例並依陳祁王宅例施行
承建炎三年七月五日敕許依例借奉使印三代依格封贈親屬并出嫁
姪女姪孫女恩澤共與承信郎三十名詔依宣和皇后恩例許借奉使印
一面應行移文字以邢開府宅為名所有本宅及異姓有服親恩澤承信
郎武五名共與二十五名令本家遇陳乞逐旋具合放之人姓名申尚書
省　十一月三日故邢煥妻國福夫人熊氏上遺表乞除皇后親弟邢孝
揚職名詔皇后母熊氏特令戶部支銀絹五百匹兩並支本色皇后弟邢
孝揚除直秘閣孝純孝騫並除閤門祗候依舊持服奴蓋氏與轉兩官姪

卷一萬九千三百十

十九

碩人加郡夫人妹并弟之婦並與轉兩等封號又奏皇后父邢煥自徽猷
閣待制換光州觀察使除慶遠軍節度使開府儀同三司身亡未被受冊
恩數望優加贈官一陳祁王宅體例合賜酒名賜造進酒又草郡王宅具
令賜王旨為名本家欲依例賜酒名為慶遠一陳祁王宅差破官船三隻
今乞差破二隻詔邢煥贈少師追封嘉國公餘從之　二十五日德慶軍
節度使充萬壽觀使韋淵奏自宣和四年十二月至今十二年未嘗磨勘
乞依秩而吏部言攢行於法無以年勞磨勘遷者上曰若宣和皇后未歸
勞之加恩外家姑留此以需母后之歸可也乃命留俟焉　四年五月五
日故贈少師嘉國公邢煥女和義郡夫人邢氏奏伏覩紹興令諸后合得
親屬恩澤回授與本位使臣者聽今來別無使臣本位之回授與本家主
管進奉等補授初等使臣名目從之　五年二月二十五日詔昭慈聖獻
皇后遺文前逐年依格合得恩澤並不曾陳乞姪忠厚宜有寵賚可令
兩浙轉運司於係官田內揀撥三十頃給賜先是孟忠厚援紹興故事太
后家合陳乞門客恩澤一名許理選限上曰昭慈頃在瑤華宮三十餘年
合得恩澤近八十員未嘗陳請忠厚受昭慈之訓不敢以私事干朝廷今
此門客恩澤既有故事宜與之朕見漢唐后家亂政累朝母后之賢非漢

唐所可擬議上又曰前日合得恩澤俟軍旅事閑給田以賜忠厚欲以
慰昭慈在天之靈故有是賜　五月三日吏部言故慶遠軍節度使邢煥
昨官任徽猷閣待制兩遇明堂大禮不曾奏補其家乞將遺表致仕恩澤
於文資內安排從之　六年二月十四日詔皇后親弟右承事郎直秘閣
邢孝揚特授武義大夫遙郡刺史提任宗宮觀觀堂弟從仕郎邢孝純右
承務郎邢孝騫並特差監潭州南嶽廟皆從所乞也　五月十八日詔昭
慈聖獻皇后親族右朝奉郎孟子夏右宣教郎孟子灌並特差主管台州
崇道觀　七年三月十一日行宮內殿進呈吏部尚書孫近等奏宣和皇
后令上尊號曰皇太后乞下有司擇日備禮冊命上曰恭依典禮至色撫
然顧謂宰臣張浚等曰宣和皇后春秋高朕朝夕思之不遑安處到此
即遣人於三山設黃籙醮祈保聖壽臣浚等曰孝悌之至通於神明陛
下聖孝如此可以格天矣　十七日詔曰推立愛之道宜本於事親昭欽
養之誠莫先於隆禮爰正母儀之位以形孝治之風宣和皇后靜順承天
柔明育德風攄慶裔克生眇沖陵裝長秋一宮化行于四海閔予小子
遭此百罹遠冒肉之至親陷父兄而將遠十年地阻陟陵岵紀風之思尚
思俟還奉上皇慈德之辭興言痛憐增慕劬勞顧奕難以何堪惟母範之

卷一萬九千三百十

二十

是特念從狩異域之野遠播徽音特進選長樂之宮永依善訓屬當在疚
亟議推崇日閑之杜坰致天下之養母臨萬寓宜極域中之尊以望慈闈
恭如懿範宣和皇后宜尊為皇太后仍令所司擇日奉上冊寶應合行典
禮令禮官討論以聞　十八日禮部太常寺言請依祖宗故事俟終制日
奉上皇太后冊寶今來正合先師詔札播告中外上曰故事如此自合遵
依　同日翰林學士朱震上言謹按唐德宗建中元年上皇太后沈氏尊
號是時沈太后遭史思明之亂莫知所在而猶設帳含元殿具冠冕出左
序立東方群臣在位帝再拜奉冊今皇太后遠處殊域聖體無恙信使相
望至言不隔豈可不舉稱前憲以蓋孝誠臣又聞三月之制惟天地社稷
越紼行事按唐德宗以大曆十四年五月即位明年正月改元建中是
時行易月之制故德宗以冕服行事今陛下雖從權宜而退朝之服盡如
禮制謂當供張別殿遣三公奉冊以伸臣子之志冊藏有司恭俟來歸陛
下孝通神明安知不兩宮重歡母子如初獲奉萬年之觴乎願下禮官講
明故事設為冠章有闕猶當禮以義起奏詔從之今檢會嘉祐治平故事
俟三年禮畢然後奉上皇太后冊寶詔恭依　九年正月十八日詔皇太
后昨從徽宗皇帝北狩日未正位號應本殿閣人使喚可令王倫等措述

使臣四人，前去辦官請給，依中節例。又詔逐奉御幄儀物禮數，可令禮部太常寺議定聞奏。　三月十四日，禮部、太常寺言：「所製冊寶，乞以皇太后寶四字為文，金塗。撰冊文官、書冊文官、篆寶文官各一員。」詔撰冊文差參知政事孫近，寫冊文、篆寶文差參知政事李光。又言：「皇太后冊寶已有旨依故事俟三年禮畢舉行，未審將來所製冊寶了畢，候合擇日行禮，惟候俟皇太后還宮擇日。」詔候迎奉皇太后歸日取旨。　十六日，上諭宰輔曰：「太后歸，一行從物務從簡朴，如器等塗金可也。朕自即位，服食器用未嘗妄費，卿等所知。」臣檜等退相謂曰：「上之儉素出於天資，雖奉太母尚或欲損，下不欲過當。漢文帝履革舃，衣弋綈，不能過也。」　二十六日，禮部、太常寺言：「上皇太后冊寶，依禮例是日皇帝服通天冠、絳紗袍，御常御殿發冊寶，行事官服朝服，侍位官服常服。皇太后受冊服首飾褘衣。」從之。　四月四日，禮部、太常寺言：「先次斟酌條具奉迎合行事：一、合差奉迎應從禮儀使、儀衛郎、太主、管官各一員。一、奉迎應從禮儀使以下初見皇太后，并日有司於行宮設幄，施簾，侍衛排立，皇太后即御坐，侍衛起居，次本殿官起居，經過州縣長吏以下出城奉迎，並如儀。」詔禮儀使差參知政事孫近，都大主管官差內侍監趙，餘並從之。　閏日，又言：「今來合修制皇太后首飾、褘衣、珠冠、珠翠等，欲差內侍黃彥節修製。」上因謂宰輔曰：「皇太后聖性恭儉，平時服用多尚簡素，今所製首飾，朕將盡東朝之歡，上喜見顏色。」臣檜等退竊歎，至上聖孝出於天性，其屬意表如此，實緣太母宜于上天悔禍，還屬事以識非常之慶也。　二十七日，禮部、太常寺言：「皇太后將回鑾，是日皇帝及百僚出城奉迎，合用御幄，并百僚幕次於御幄北，設降輦幄次，令臨安府排充幄次，就餘杭門外北郭稅務亭排辦。」詔於前路迎接。

十月二十一日，宰臣秦檜等進表，請建皇太后宮殿，以慈寧為名。上因謂輔臣曰：「行宮地步窄隘，今營建太后宮殿，只依山因地，務從儉素，至於器用供張衣衾之類，悉已畢備，皆朕一一躬親視，加指畫，仍許就改入燕。」

十年十一月一日，宰臣秦檜等言：「恭惟皇太后宮殿告成，將擇日命使奉潛合遵志，不謀間辭，謂宜申命禮官奉上冊寶，還御慈寧，以享天下之養。臣等不勝大願。」詔恭依。　九日，禮部、太常寺言：「奉上皇太后冊寶，依禮例皇帝服通天冠、絳紗袍，執大圭，發冊日詣常御殿，以冊寶授太傅，於殿前宸奉上。是日皇帝於常御殿上北向再拜，跪奉上冊寶訖，皇帝詣慈寧殿進賀皇太后，如宮中之儀。次宰臣奏端慈寧殿下，進賀皇太后畢，詣常御殿拜表稱賀，其合用表，令禮部供。是日太傅已下奉冊寶至慈寧殿下衛

卷一萬九千三百十

本殿幄殿官東西相向兩楹，冊寶付本殿執掌，皇太后還宮擇日進呈。合差奉上冊寶太傅、奉寶侍中、奉冊中書令、前導禮儀使各一員。」詔差尚書右僕射秦檜攝太傅，參知政事孫近攝侍中，參知政事王次翁攝中書令，開府儀同三司韓世忠前導禮儀使。又言奉上冊寶，合差都大主管官一員。詔差內侍梁邦彥。太史局言奉上冊寶宜用十二月廿一日。從之。　十六日，詔成州團練使、帶御器械邢孝揚賜田二十頃，令兩浙轉運司於係官田內撥撥。　十二月十二日，常御殿發皇太后冊寶，文武百寮陪位，次赴射殿行奉上冊寶禮，次詣南宮門外進賀皇太后，次赴常御殿稱賀。　二十二日，太常少卿陳桷等言：「國朝禮例，冬至、正旦皆章詣內東門拜表賀皇太后。今已奉上皇太后冊寶，欲自今遇冬至、正旦，許宰臣如故事拜表進賀，其表付本殿提點官，俟皇太后還宮日進呈。」從之。

紹興十一年七月二十一日，禮部、太常寺言：「討論皇太后生辰，欲依冬至、正旦已降指揮，稱賀禮例，拜表進賀。」詔恭依。　九月十九日，詔皇太后生辰就內中開啓祝聖壽道場。　十月九日，詔逐寧節度使、開府儀同三司、充萬壽觀使韋淵言：「皇太后既上冊寶，正徽號，所有禮儀體例，欲望依陳郡王宅比類例，以本家皇太后父已累封為王，母蔡越國夫人，外曾祖並已追封王爵。高祖以下以親屬恩數，并由宅影堂月錢、酒庫、功德院使臣兵級，並乞依陳郡王體例。」詔有司具體例申尚書省取旨。　十二月四日，詔奉迎扈從皇太后參知政事王次翁為禮儀使，內侍益為都大主管官，兼江東轉運副使王煥為提舉應奉排辦一行事務。　二十四日，禮部、太常寺言：「奉迎皇太后還宮，合拜表稱賀，乞俟還宮之次日，皇帝詣慈寧殿賀皇太后，如宮中之儀。宰臣率文武百寮詣常御殿門外拜表賀皇太后，次詣常御殿下拜表賀皇帝，其外路監司、郡守亦合奉表稱賀。」從之。又言：「皇太后還宮日，欲比附大慶禮例，擇日差官奏告天地、宗廟社稷、諸陵。」從之。　五月二十一日，太常寺言：「今討論到將來皇太后經過逐處統兵官率副將以上於城外奉迎，立班如常儀，內將佐充起。」從之。　六月七日，詔淮南宮受還民等：「朕嗣守丕圖，躬行要道，益將教孝夫當一廟民，部惟母后向鑾復御天下之養，已命有司備禮，唯貢外府之餘，取具一時，雜勞百姓，慮州縣闇於體意，致里閭騷動，因於徵求，吏而不良，緣為奸，倚公來。皇太后一行應從路州縣，合供辦陳設什物之類，並令戶部計撥，的確係官錢物應副，不得少有科斂擾。如違，許民戶越訴，臨司失於檢察，並一等科罪。」　閏日，禮部、太常寺言：「奉迎皇太后，是日皇帝及百僚出城奉迎，百官供

卷一萬九千三百十

皇帝將至並迎駕起居訖降輦入幄退歸幕次從之　十八日諸王宮大
小學教授石延慶言恭聞皇太后鑾輿還闕陛下方將肅陳仗衛恭迎于
郊次衣裳儀帝每年歲首世也盛典而儀衛常濟鏘為闕文乞詔二三大
臣撰禮官見樂注應依須舊會慶典之中常行儀衛而取中制詔侍
見正萬乘尊嚴之分以亦振朝綱紀詔車駕儀仗要莫所從製造　十
九日皇帝表曰伏以蹕警既闢晝言旋於北道鑾迎彩仗獲就於東向
臣誠歡誠抃頓首頓首恭惟皇太后殿下位尊母儀德隆坤載六飛在御
萬民長樂之顧四海均歡於慈恩錫之化隆遣在中大夫參知政事奉迎
起居禮儀使王次翁謹奉表起居以聞　八月十六日詔普安郡王某宇將
官從駕前去奉迎　二十二日車駕至臨平奉迎皇太后皇帝入幄朝見
宰臣文武百官班幄外起居如禮官所定儀上初睹慈容喜極感極
龍翔衛衛士歡呼聲動天地久之車駕將從道擁觀以手加額咸歎曰不
圖復見聖祖母子之聖歡如此也　二十三日車駕還自臨平皇太后還慈
寧宮宰臣文武百官表賀　是日詔皇太后曾祖並追封王爵　二十五日
詔昭慶軍節度使開府儀同三司充萬壽觀使韋淵進封樂平郡王先是
皇太后宅提舉官張去為被旨令淵起發前去迎奉皇太后故有是詔

卷一萬九千二百四十

二十三

同日尚書省奏大金已差使副扈從皇太后一行前來詔擬良臣乞授仲
使監公繼副之　六月七日詔差迪功郎張本為皇太后宅教授以太
后宅提舉陳祁王則陳乞故也　八月二十二日詔皇太后提舉官與補忠
翊郎閤門祇候姪孫廷與補保義郎　九月七日詔扈從皇太后官屬第
一等六人轉五官資第二等四人轉四資第三等三人轉三資　十一月
九日詔皇太后本宗及異姓親屬轉官減年有差　十二月五日慈寧宮
主管事務藍珪乞今後應干頒授恩例等並聽慈寧宮施行從之　十三
年四月二十七日詔慈寧宮官吏等到宮合行推恩並特與轉一官資內
礙止法人特與轉行白身人與補進武副尉　九日詔皇太后俸錢月一
萬貫冬年寒食生辰各二萬貫生辰加絹一萬匹春冬端午絹各三千匹
冬加綿五千兩綾羅各一千匹　十二月詔懿節皇后上仙臣本家合得
恩數可令有司討論申尚書省　十四日詔懿節皇后親弟榮州防禦使
帶御器械邢孝揚除保信軍承宣使右承務郎邢孝肅等見並除直秘閣以
其家自陳皇后受冊命十六年不曾加恩故也　十月九日禮部言十月
二十五日皇太后生辰是日皇帝詣慈寧殿稱賀皇太后加宮中之儀用
樂上壽從之　十九日內東門司言臨安府每月供奉皇太后法酒一石

左十法糯酒一石計二十五瓶奉皇太后醞每日供一瓶詔今臨安府
每月特添法酒五瓶通作三十瓶　十二年四月二十日制賢妃吳氏可立
為皇后仍令所司擇日備禮冊命上謂宰執曰數日來皇后催行冊命中
宮已儀朕乞太后降一指揮令所司且免行太后再三不允云我但知家事
既可審易降指揮於外廷耶太后知國體凡事皆謹如此秦檜等奏曰太
后有此命陛下奉行可也　六日翰林司狀依例每年自五月二十六
日起供御前并皇太后時菓日各一合至八月六日止詔御前權罷皇
太后依例供進　五月二十七日詔皇后冊禮已成親屬合行推恩皇后
弟右武郎帶御器械吳益除正任團練使武翼郎兼閤門宣贊舍人吳蓋
除正任刺史親屬恩澤與二十五人　七月十二日宰執進呈蓋以皇后
受冊陳乞合得恩數文字上曰可令檢例有例即行皇后甚嚴無例事必
不敢陳乞皇后之意見欲除蓋等在內宮觀令出入凡殿門讀書朕
以謂書不惟男子不可不讀雖婦女亦不可不讀讀書則知自古興衰亦
有所鑒誡　十月十四日詔懿節皇后親弟右承奉郎直秘閣添差僉書
平江軍節度判官廳公事邢孝蕭右承奉郎直秘閣添差僉書保寧軍節
度判官廳公事邢孝肅親叔武義大夫兼閤門宣贊舍人邢蕃傷親姪右

卷一萬九千二百四十

二十四

承務郎邢鏘邢鏞邢鉊邢鉄邢鍼並各與轉三官親姪右武功大夫文州
刺史邢溫卿與遙郡上轉行一官親姑晉寧郡夫人邢氏與封慶國夫人
親姊和義郡夫人邢氏與封永康郡夫人親妹宜人邢氏與封令人親姪
女四人並封安人　十四年四月九日詔皇后歸謁家廟本家官吏等並
依顯仁皇后歸寧例推恩　九月七日詔皇后宅置教授一員上宣諭
宰執曰可擇人充之子弟雖未能向學且令不習他事　十月八日皇太
后詣家廟宗族推恩有差皇太后兄故贈武功大夫齊州刺史韋宗閔
特贈崇慶軍節度使故贈武功大夫貴州刺史韋宗顏特贈安國軍節度
使姪故贈希元宣淨保真大師惠崇特贈二字師號姪普寧郡夫人燕氏
特封榮國夫人姪右武郎韋淵除右武大夫依前帶御器械武經郎兼閤
門宣贊舍人韋謨韋訊並除右武郎武功郎兼閤門宣贊舍人韋誼特與
轉武翼大夫貴州刺史秉義郎韋訢特與轉兩官姪女令人韋氏特封永
嘉郡夫人次孺人特封高平郡夫人次安人封和義郡夫人次特封咸寧
郡夫人次特封感義郡夫人次孺人特封恩平郡夫人次永寧郡夫人特
封福國夫人韋謙妻安人韓氏韋諶妻孺人張氏韋訊妻孺人張氏並與
依格加封姪孫保義郎韋廷除閤門祇候韋琟與依格補官姪女夫右朝

請大夫直祕閣添差通判嚴州楊持與轉行一官成忠郎趙煒從義郎劉瀚並除閤門祗候脩武郎趙大猷特轉兩官右從事郎王過特改右承務郎姨之女孺人張氏加封一等夫范彥通與轉一官　十五年十月十五日詔皇太后育母故崇國夫人許氏可特贈崇國恭嘉明淑勤恭慈惠育聖夫人　十七年正月二十七日上曰孟享詣景靈宮及皇太后皇后成時出入禁衛從人自有合支錢米不須臨安府應副恐擾及市民　十八年十一月十四日上諭宰執曰來歲正旦皇太后慶七十可令禮官檢會國朝典故以聞　十九年三月二日詔皇太后慶壽親屬各與轉一官慈寧殿官吏等並與推恩　四月十一日詔皇后姪女人和州防禦使居廣特與轉行一官　二十一年四月十五日詔皇后乳母建國夫人蔡氏姊楚國夫人吳氏越國夫人吳氏與依張説等真見請祿式則例支破諸般請給　七月九日詔皇太后親物微恙召行在醫官并草澤醫治有効者有官人轉五官支賜錢二萬貫白身人賜錢外比類補官又詔令諸路州縣多方搜訪能醫治之人優支路費疾速津發赴行在　二十二年十月十五日尚書省檢會紹興二十一年已降指揮皇太后親物微恙召行在醫官草澤醫治有効者有官人轉五官支賜錢一萬貫白身人賜錢外

卷一萬九千三百十

二十五

比類補官有旨令諸路州縣多方搜訪能醫治之人優支路費疾速津發赴行在如醫治有効與依已降指揮推恩仍多出文榜曉諭　二十五年三月二日詔皇后閣宦吏并諸色人到閤及十年祗應有勞依舊例合行推恩可各與轉一官擬立法人特與轉行願回授者聽寄資者依舊寄資其餘見在閤官吏諸色祗應人未及十年者可自到閤月日理及十年令本閤保明申尚書省依今降指揮推恩今後准此　四月十七日詔皇后親弟吳益男琳璵璇珣吳蓋男琛玠瑾璨並依例補忠訓郎皇弟吳世隆男璡補成忠郎吳益女三人吳蓋女三人並特與封恭人　二十六年十月十八日上御垂拱殿尚書左僕射禮儀使沈該右僕射提舉編錄院万俟卨率本院官進呈皇太后回鑾事實先是臣僚言乞令從臣編錄回鑾本末宣付史館事既進呈欲望日進讀訖從臣以官校讎大主管官依儀進呈皇太后於慈寧殿宮率內中合行儀注令都大主管官一面取旨副本藏之祕閣上曰母后事蹟如法可下有司討論尚因臣編觀書中所載皇太后服用一日有司供進金唾壺盂太后令止用塗金以此見盛德以儉約為先上曰太后盛德自古所無雖一錢不嘗妄用聞歲飲酒用伶官三兩人支與錢不過三數千賜予亦不過酒食之屬每歲以

服亦止進得數萬弄常供金銀錢帛並積在庫住住盈滿張綱曰可謂恭儉節用服澣濯之衣此等事皆外庭不能盡知也至是書成詔依聖統例推恩宰執參聖統例轉一官更減三年磨勘太傅上曰今為奉皇太后事大體重固當優也　二十七年十月十三日宰執進呈昭慈皇后姪孫杜子善杜潛杜演狀繳到政和五年十一月八日手詔昭慈皇后淑哲懿敏誕育二聖深謀遠計輔佐初潛勤勞王家勳在社稷今考杜氏之後門閥微替可令有司訪其後裔係見存上乞依前項指揮將本家未仕子孫逐月計口支給米道錢米王曰此雖不多緣有徽宗皇帝御筆指揮可特與依舊格宗室袒免外兩世逐月計口支略朕平日於此等事未嘗輒戚盡從擾則皆啟若例一開不可復閉宰臣沈該等奏曰聖意高遠非臣等所及　二十八年正月八日詔皇后親姨張氏可特封樂平郡夫人姨之夫周師古特補忠翊郎　十二月五日宰臣沈該等奏恭推皇太后新歲八十兩奉聖訓以正月旦日於宮中行慶賀之禮乞依建隆故事率百寮詣文德殿拜表稱賀次率百寮拜皇太后賤表稱慶許臣等備上壽福物於元日詣內東門拜牋表投進伏相亦許進奉從之　二十一日太學武學生臨安府父老各欲拜表稱賀從之　二十九年正月一日宰臣

二十六

卷一萬九千三百十

率百寮拜表稱賀次拜表稱慶皇太后是日皇帝於慈寧殿賀皇太后如宮中之儀制曰朕恢崇孝治綏迪民彝尊立教之經親實觀而為大禮慶恩之逮耆老以及人方奉東朝之尊以光南面之顧躬酌至行日對慈顏侍膳問安靡違於溫凊備物隆施明展於愛歡當歲籥之肇新於萬算之方永祝徽元吉祗闈慶儀介壽稱觴修萬年之景祝六民錫類洽四表之歡心宜酌舊條式敷恩澤皇太后仁德天施聖壽無疆新歲八十朕於宮中行慶賀之禮當與普天同慶應陞朝官以上父母並與加封一次京官選人并使臣父母年八十以上特與官封已有官封者承務郎以上與賜章服婦人與冠帔曾得解進士父母年八十以上士庶男子婦人年九十以上與幼品官婦人與封號以上並經所屬自陳勘會詣實保明聞奏宗子宗婦宗女年八十以上令太宗正司保明聞奏與轉官加封命官并得解進士恩及嘗年父母而永民祖父母文武陞朝官恩及致仕者而未及年八十以上未致仕者與命官并得解進士祖父母年八十以上士庶祖父母年九十以上並將與官封宗朝官年八十以上皆與致仕官職選人使臣年八十以上願致仕者於合致仕官上與轉一官士庶男子婦人年八十以上給賜粟帛應人戶有祖父母父母年八十以上[illegible]

名身丁錢物臨安府送駕起居父老年格合得封賜外與倍賜束帛文武致仕陞朝官以上年八十以上並與依格支賜羊酒粟帛內曾任太中大夫觀察使以上仍與誥賜長史致禮聽給賜物並令長史差官賫行就賜不得呼集煩勞徒為文具文臣致仕官將承大夫以上者與賜紫章服僧尼道士女冠年八十以上並與紫衣已有紫衣者與師號仍令州縣尊禮高年常加存恤以示優老之義使為子者同樂以致其養居鄉者尚齒而遜於尊文母思齊遠及古人之無斁當君燕喜亦惟庶世之盛宜諭多方體予至意　二十九年二月四日詔皇太后慶壽八十親屬推恩有差以右中大夫直秘閣添差江南西路安撫司參議官楊持特除直敷文閣通州刺史新特改添差兩浙東路馬步軍副都總管不釐務軍訊為忠州團練使忠州刺史單頎為貴州團練使榮州刺史單所為成州團練使右承直郎韋璞塔並為右承事郎忠訓郎閤門祗候璹琛並為秉義郎忠訓郎瑛為秉義郎武經郎趙煒為武德郎武經郎劉淵為武節郎右宣教郎特添差兩浙東路安撫司幹辦公事王過為右通直郎忠訓郎吳環為秉義郎本殿官武翼大夫劉應為榮州刺史武翼大夫榮州刺史鄭珞械李緯為武顯大夫保義郎閤門祗候李思文為成忠郎延福宮使安德軍承宣使入內內侍省押班張去為轉一官依條回授幹辦人船主管文字寧殘卷儀鸞司筆官厨子翰林司親事官雜役兵士各與轉一官賫應特官資礙止法人特與轉行無資可轉人依並題司立定轉資格法特補充御前忠佐依本等格支賜請受與充禮壘幹辦人船主管文字掌牋奏內白身人與補進武副尉有官人特與理為資任並依舊祗應　同日詔慈寧殿夫人尚儀王氏可特封永嘉郡夫人依祿式支請受　三十年四月九日詔顯仁皇后祔廟親屬並與依例推恩以姪韋玑詮圻各與轉行三官姪孫璞璿璹琛瑛珪各與轉兩官璪玠瑚各與補承節郎姪女夫楊持劉淵王過裴良宗吳環各與轉一官內楊持依條回授姪婦會稽郡夫人韓氏政和郡夫人張氏恭人張氏張氏趙氏各加封二等姪女福國夫人韋氏與加封一等永嘉郡夫人韋氏高平郡夫人韋氏和義郡夫人韋氏咸寧郡夫人韋氏感義郡夫人韋氏恩平郡夫人韋氏各加封二等孫女五人並與封安人　二十日顯仁皇后門客揚縝特補將仕郎　五月二十九日詔寧武軍節度使提舉佑神觀吳蓋係吳后之弟係顯仁皇后親屬恭奉遺訓今與遷轉今來升祔禮畢親屬並推恩可依例與轉行一官特授太尉　八月二十三日詔故武翼郎杜脩妻孺人李氏并男

卷一萬九千三百十

塗等依杖演等例支破錢米以自陳邢邕皇太后姪孫也　十一月二十三日詔武德大夫高州刺史鄭興宗差權發遣平江府兵馬鈐轄以自陳顯肅皇后姪孫也　紹興三十二年八月二十六日孝宗已即位未改元詔皇后父右朝散郎充秘閣修撰郭瑊特授寧州觀察使提舉萬壽觀　孝宗隆興元年三月二十六日詔郭瑊除昭慶軍承宣使依前提舉萬壽觀奉朝請以趙氏特封咸國夫人　五月九日瑊奏伏自追冊安穆皇后本家未曾陳乞恩澤欲望並依懿節皇后體例推恩施行吏禮部檢具懿節皇后受冊推親屬恩數承信郎恩澤二十五人親弟邦孝爾孝友親叔蓋臣親姪鐸璫鉊鍊錢並各與轉三官親妹夫滿溫鄉與通郎上轉行一官親姑普寧郡夫人與封次國夫人親姊和義郡夫人與封大郡夫人親妹宜人與加封令人親姪女四人並與封安人詔依檢具到體例推恩施行　十月十一日詔夏執中特與依格補承信郎二十四日執中除閤門祗候　十八日宰執進呈光堯壽聖太上皇帝詔立賢妃夏氏為皇后宰臣陳康伯奏故事宰百官三上表太上皇帝既有聖旨臣等更不敢拜表止擇日降制供發冊止四用二十五日　二十四日中書門下省言三省行首司首記在京日遇差除拜麻院係門下侍郎押麻若事體重大係宰相押麻將來冊皇后降麻事體至重合依舊例宰相押麻詔依　十一月一日詔皇后冊寶所過路監司州軍並免進獻　是日宰執進呈皇后冊寶禮例上曰諸州有進奉宰臣陳康伯奏舊例有之上曰可先期降指揮並不須進奉免致於民故有是詔　五日宰執進呈皇后受冊依例於有司排辦到禮物金五千兩銀五萬兩上曰太多宰臣陳康伯奏係舊例上曰合減作二千兩銀三萬兩　先是宰執進呈侍御史周操言伏見陛下遵太上皇帝詔旨建立長秋之宮冊儀天下甚副四海之望然而既建其法必行其禮禮儀之間按之故事冊寶法物之費用與夫錫賚之舊費為不貲竊以謂不可不正者禮也所可痛節者繁文之浮費也方今軍旅未寧歲事荒歉尤宜撙思伏望詔諭大臣行下有司應禮物繁文內外錫賚行賦節十減七八如此則長秋一建而陛下節省之詔下陰教之修傳播中外流聞響答于以慰悅天人昭格和氣豈不盛哉上曰朕宮中已痛加節省卿等見一切器皿浮費　二年五月二十一日詔宰執使相以下進皇后生辰香既可並權免　二十六日詔皇后弟承信郎閤門祗候夏執中除右武郎閤門宣贊舍人皇后親屬恩澤依格二十五人　二月九日執中除閤門宣贊舍人特改差主管佑神觀免奉朝請三

卷一萬九千三百十

月三日詔懿節皇后親叔右朝散郎邢孝閔依所乞添差權通判臨安府
十九日詔中宮恩澤可減七人安穆皇后宅差破宜借兵士可減二十
人是日臣僚言近觀閤牒中宮頒屬恩澤二十五人已依吏部所申皇后
母儀天下親屬盡獲推恩所在理固當然陛下若以多事之時則向來大
節爲作法以示天下豈不爲盛德事至於安穆皇后宅特破差破宜借兵
士五十人似亦在可節之日故有是詔　七月二日詔顯仁皇后親姪右
奉議郎韋璞右通直郎韋晞特各與減磨勘　五年二月詔右承議郎
直秘閣特添差權通判平江府韋璞特令再任六年三月除璞直敷文閣
十月一日詔居攢選下宅子令臨安府量行脩葺繕賜皇后作外宅
十二月二十日詔懿節皇后親姪右奉議郎邢鉎依所乞添差權通判嚴
州　乾道元年五月八日詔皇后家廟令兩浙轉運司隨宜修蓋　六月
二十七日詔皇后姑之子駱備與特與一任依格補迪功郎從姪夏允長
依格補成忠郎　二年三月一日宰執進呈吏部狀安穆皇后堂姪女夫
沈嶽補官方十二歲年未及格又趙氏乙補使故夫郎職恩數與康汝濟
等嶽廟差遣宰臣洪适奏曰補官法須年及十五沈嶽年方十二於法有
礙郭瑊初除觀察使合降減一年半磨勘恩例陳乙嶽廟於法不妨此二

卷一萬九千二百十

事爲係陛下戚戚故吏部不敢不申朝廷亦不欲使不與所以進呈上曰
補官只爭三年無甚利害可特與及恩例既不合得嶽廟只可依除适奏
曰陛下以至公存心雖親戚不爲少回況臣等豈得開私意耶　四月十
二日詔遷州刺史帶御器械幹辦皇城司夏執中妻安人謙氏特封宜人
皇后歸謁家廟推恩也　九月十六日詔皇后親姪夏氏與封縉雲郡夫
人特依宮人支破請給奏告進入　三年正月二十四日詔皇后親
叔夏悅屢應鄉舉可特補承務郎堂弟夏居中守中行中三人並補成忠
郎　閏七月十九日詔安恭皇后弟夏執中特與轉熙州觀察使衛帶宮
人謝氏與加封令人門客鄭伯濟特與補將仕郎　九月四日詔安恭皇
后親姪女婿雲郎夫人夏氏特加封和國夫人堂姪女夏氏特封宜人　四年
七月十九日詔特將夏執中已除容州觀察使告命依草記管州賜所有
執中元帶見請職錢新例請給人從等自授告命日令所屬照見請條例
批請　安恭皇后宅并家廟影堂等處屋宇令兩浙轉運司專委檢計修整
去處如法修整管家廟影堂宜借人并潛火軍兵等並與分擘逐人身
分當役請受隨本宅幹辦官等一曆批勘　九月十日詔慈聖光獻皇后
親姪孫武翼郎曹漪添差明州兵馬都監　十二月十三日詔太尉保信

軍節度使充萬壽觀使鄭藻賜紀羅公服許令著赴朝參　九年十一月
二十四日詔趙源令趂赴旦望并從駕上壽餘並免　五年二月一
日詔宣仁聖烈皇后親屬保義郎前黃州兵馬監押兼在城巡檢高世榮
特令再任　九年六月一日詔成忠郎特添差充東南第三將嚴州駐劄
高宗榮除閤門祗候差遣如故　九月一日詔高世榮特添差江南東路
兵馬副都監嚴州駐劄請給人從依正官例　二十七日詔昭慈皇后親
姪審璋孫邱榮昨自淪地來歸可特補承信郎　三月十八日詔顯仁
皇后親姪昭化軍承宣使提舉佑神觀韋謙依所乞候今任滿日特令再
任一次仍令親請請給人從等並依舊撥赴帶勘施行　六年十一月二
日詔安穆皇后妹婿閤門大人趙氏特與依舊國夫人王氏見請則例支破
諸般請給　八年十一月十六日詔應戚里總麻親不以出嫁降等並與
放行添差

卷一萬九千二百十

后妃雜錄
壽聖太后皇后雜錄乾道以上合編淳熙以下係分編今仍其舊

續宋會要 皇太后雜錄

孝宗淳熙元年四月二十七日，詔壽聖明慈太上皇后親屬訓武郎閤門祗候潘師尹特添差幹辦御前忠佐軍頭引見司，請給酬賞人從等並依正官例。 三年十月十四日，詔壽聖齊明廣慈太上皇后親姪宣義郎吳瑊特添差通判秀州不釐務，請給人從依正官例。 十一月三十日，詔壽聖齊明廣慈太上皇后仲孫承信郎王惟忠特除閤門宣贊舍人。 四年七月十三日，詔壽聖齊明廣慈太上皇后親姪宣義郎吳琰可令服緋。 六年六月十五日，詔壽聖齊明廣慈太上皇后親傍沈揀特添差兩浙東路提刑司幹辦公事不釐務，請給人從等並依正官例。 七年三月四日，詔壽聖齊明廣慈太上皇后親姪宣義郎直祕閣吳琰特添差通判臨安府，承事郎直祕閣吳璲特添差通判平江府，並釐務。宣義郎吳瑊特除直祕閣添差通判臨安府不釐務，請給人從等依正官例，任滿更不差人。 九月十四日，詔壽聖齊明廣慈太上皇后親姪右武郎權知閤門事兼客省四方館事吳環可特解罷帶御器械，恩例特轉右武大夫。 十一月十七日，詔壽聖齊明廣慈太上皇后親姪閤門宣贊舍人吳璉可除帶御器械。 八年正月八日，詔壽聖齊明廣慈太上皇后親姪承節郎直祕閣特添差權通判平江府不釐務。吳璲可特除直敷文閣，賜紫章服，差遣仍舊。 四月九日，詔壽聖齊明廣慈太上皇后親妹子脩武郎閤門祗候特差兩浙西路兵馬鈐轄臨安府駐劄韓俊胄特除閤門宣贊舍人，差遣如故。 六月二十四日，詔壽聖齊明廣慈太上皇后妹子武翼大夫閤門宣贊舍人潘師尹特添差幹辦御前忠佐軍頭引見司，請給理任酬賞人從等與正官同，依吳璉例與釐務。 九年四月二日，詔壽聖齊明廣慈太上皇后親姪脩武郎吳珣除閤門宣贊舍人，特添差兩浙西路兵馬鈐轄臨安府駐劄；宣教郎吳琯添差兩浙路轉運司幹辦公事；秉義郎吳璟特添差京畿第二副將臨安府駐劄，並不釐務，請給人從等依正官例。 十二月四日，詔壽聖齊明廣慈太上皇后親妹子張鷹累該赦宥，特與落勒停，叙武功郎。事因詳見叙用。 十八日，詔壽聖齊明廣慈太上皇后親姪承奉郎直敷文閣特添差兩浙路轉運司主管文字，賜緋魚袋，不釐務。吳璟依今任滿日時令再任，請給等並依正官例，仍賜紫章服。閤門宣贊舍人吳璨可特添差權發遣兩浙西路馬步軍副總管湖州駐劄，不釐務，二年滿日罷，任滿更不差人，請給等並依正官例。 十年正月二十六日，詔壽聖齊明廣慈太上皇后親姪宣義郎吳琦特除直祕閣添差兩浙

卷一萬九千三百十二

西路安撫司主管機宜文字，不釐務，請給人從等依正官例。 四月二十九日，詔壽聖齊明廣慈太上皇后親姪宣教郎吳琰與轉一官，再添差兩浙西路安撫司參議官，依舊釐務。 閏十一月十一日，詔壽聖齊明廣慈太上皇后親姊孫閤門宣贊舍人王惟忠可特添差權發遣兩浙西路兵馬鈐轄臨安府駐劄，不釐務，請給依正官例。 同日，詔壽聖齊明廣慈太上皇后妹子閤門宣贊舍人特添差權發遣兩浙西路馬步軍副總管臨安府駐劄不釐務韓佗胄，今任滿日特令再任。 十二月二十二日，壽聖齊明廣慈太上皇后慶壽七十，姊晉陳國夫人吳氏改封秦漢國夫人，姪吳環爲吉州刺史，依前官；吳琰、吳璣、吳職、吳璜並特與進一職；吳琯直祕閣；吳珪轉右武大夫；吳琳轉右武郎；姪孫一十四人，內吳鈞係長姪孫，特與添差兩浙東路安撫司主管機宜文字，不釐務，請給等並依正官例，餘有官人並與轉一官，內白身人及姪孫女夫朦並特與初補文資。內安郡姪女五人並加封，恭人韋謨妻陳氏加封淑人，趙邦彥妻潘氏碩人，乃緻妻趙氏、宜姪女吳氏並與封安人，姪婦八人已經封贈更與加封一等，未曾經封並與封安人，白身吳淇特補承信郎，吳思誤有名目，特作一官資收使，吳國佐服止從承節郎，四校潘師尹、潘師旦並特與轉遙郡刺史，潘師旦候磨勘日下日特行。張莊特與陞官上轉右武大夫，其本職官吏諸色人各特一官資，推恩有差。 十一年五月三十日，詔壽聖齊明廣慈太上皇后親姪宣義郎直徽猷閣賜紫金魚袋吳瑊特添差通判臨安府，仍釐務，請給人從等並依正官例。 七月八日，詔壽聖齊明廣慈太上皇后親姪武翼郎前添差兩浙西路兵馬鈐轄吳珣特添差兩浙西路馬步軍副總管臨安府駐劄，不釐務，請給等依正官例。 十二年正月六日，詔壽聖齊明廣慈太上皇后親姪右武郎吳璟特差權發遣江南東路馬步軍副總管建康府駐劄，承奉郎直徽猷閣吳琯添差通判明州，仍釐務。 二月二十一日，詔壽聖齊明廣慈太上皇后親姪右武郎吉州刺史權知閤門事兼客省四方館事吳環，其請給依龍學已降指揮依祿格全支本色，日後遷轉準此。 十三年二月二十六日，詔壽聖齊明廣慈備德太上皇后親姊之孫武經郎王惟忠特添差權發遣兩浙西路兵馬鈐轄臨安府駐劄，不釐務，請給依正官例。 六月二十九日，詔壽聖齊明廣慈備德太上皇后親姪帶御器械吳璉服勤陞應奉日久，其請給依見執中等已得指揮，特與依祿格全支本色，日後遷轉準此。 十一月六日，詔壽聖齊明廣慈備德太上皇后親姪宣教郎直祕閣添差充兩浙西路安撫

卷一萬九千三百十二

差丘

司主管機宜文字不釐務，賜緋魚袋，異時候任滿日特令再任，仍釐務。請給人從等並依已降指揮施行。　十二月二十七日，詔壽聖齊明廣慈備德太上皇后親妹之子武節郎閤門宣贊舍人添差幹辦御前忠佐軍頭引見司潘師禹，今任滿日特令再任，請給人從、酬賞並依前任已降指揮，仍與釐務。　十四年二月四日，詔壽聖齊明廣慈備德太上皇后親姪承奉郎直徽猷閣特添差通判明州吳瓘，候今任滿日特令再任，仍釐務，請給等並依已降指揮。　淳熙十四年十二月八日，詔皇太后親姪司農少卿淮東總領吳琚職事修舉，陞敷文閣待制，提舉佑神觀，仍奉朝請。　十五年四月十一日，詔朕所請皇太后遷內，皆數四，未蒙俞允，今卑恒伸懇切之請，恭奉皇太后聖旨：先帝享天下之養，僅將二十餘年，非此宮何忍遽然遷去，今此遂又復奉安于此，欲還內宮，似於制百官宜敬忍皇太后聖意。　九月一日，詔會慶節皇太后合得親屬恩澤，可依天申節例。　十月二十一日，詔皇太后弟太師永王吳益舊府從恩澤作紹本家辭解使臣共五員，各候今任滿日，可特與再任一次，理任請給等並特依前後已降指揮施行。　十一月五日，上謂皇太子曰：恩數不可太濫，昨見皇太后慶八十與朕慶七十相近，皆是恩例太泛，添多了，如皇太后受壽之時推本殿宮屬方是。又謂宰執周必大等曰：此事前朝未合在卿等。　同日，詔封樁庫支會子一十萬貫，奉皇太后充修蓋家廟使用也。是日詔仰滑而可修蓋，既又提台允，依指揮更不施行。　十二月一日，詔皇太后姪左武大夫浙州防禦使知閤門事吳某，各有四方館事樞密都承旨吳、武德郎前忠佐軍頭引見司兼權點製造御前軍器所吳侯，身在數職，頗難以勤，可特與落階官，正任和州防禦使。　二十一日，詔直龍圖閣權知臨安府趙不流、德壽宮提點張宗尹各特轉一官，修內司懷待思永特轉兩官，修內司官吏依昨監作兵匠等分三等特轉官，推賞恩有差，以修葺慈福宮了畢推恩故也。　十六年正月五日，詔正月十五日皇太后遷慈福宮合用起居表文，令學士院撰文進入。　十五日，皇太后遷御慈福宮，皇帝詣起居，表文曰：臣某言：伏以正壽母之儀，父仰尊養；謀宮闈之制，式闢常居。曆吉既孚，問安敢後。恭惟皇太后殿下翼輿父運，體厚坤元，恩鄉以長大任，備膺緻祺，得道而持，久廣然履祥，仰禮容，氏燕於東朝，聖巽方高於南極。遹收大安之舊，就經長樂之新。章建飛跂翼之南，成算夕膳晨羞之盛。遹光門之貴，化一本於慈協，用範之紀倫，大來厥福。率慈德錄，揭以鴻名，用永奉於朝顏，益休於宸宇。清寧是相，與止仮宜。臣誠懽欽職術逮有

卷一萬九千三十二百七

所為孝，台孫增四海之光，益與斯元，更上萬年之壽。　孝執帥文武百官賀皇帝表文曰：伏以王業肇興，率本母儀之靜；宸宇之盛，昭揭隆名之美。一人盡教，百辟傾心。恭惟皇帝陛下德配乾坤，行高今古，紹夷行遠，南深繼志之思，如舜帝親為躬奉之養，乃郎宸朝之制，載崇長樂之規。奉老代之慈，寵其崢之五福，以稱載增崇萬，惠吉日以孝成，頌春暢而於鄉，懇極人倫之至，宜為孝道之先。臣等叨與厥行，觀伸善頌，風移四海，知聖治之餘慶，兩宮祝壽禧之儀。　二十二日，提點官詔官詔武大夫江州觀察使入內內侍省押班張宗尹。　二十八日，詔德福宮提點給官物在宮名下。　淳熙十六年七月三日，詔皇太后生辰奉銀三萬兩，錢五百兩，令依左藏兩上庫依例排辦投進。　十二月九日，詔皇太后曾祖吳文顯、祖從早文追並特追封秦王，曾祖母王氏、祖母劉氏、母張氏並特贈秦楚國夫人，以皇帝登極恩故也。　光宗紹熙元年四月十九日，詔壽聖皇太后姪吳琚妻令人郝氏特封淑人，姪孫女吳氏特封孺人。　七月八日，詔壽聖皇太后生辰，令左藏兩上庫排辦銀三萬兩，錢三千萬，令右兩投進，並依前例也。　八月二十一日，壽聖皇太后生辰，皇帝詣慈福宮上壽，並歲如之。　二年三月四日，詔皇太后親姪朝散大夫充幹辦閤門行御知客臨安府吳某，欲作從班順常進，奉可依師愛例，與從本宗貴在京宮觀參朝請。　八月五日，臣僚言：每月一日、八日、十五日、二十二日車駕詣重華宮起居，此乃至尊壽皇聖帝詣德壽宮之例也。壽皇所請止免德壽一宮，緣下詣重華宮必詣慈福宮，禮既無行之，宜並載之。閤門令後月報遇車駕詣重華宮起居，亦令兼詣慈福宮，使天下昭然知聖朝尊事兩宮禮之盛。從之。　十一月壽聖皇太后生辰，前皇帝詣宮進奉如之。　四年十一月十九日，車駕上壽聖隆慈備福皇太后尊號冊寶，二萬兩，令封樁庫撥進。　二十日，詔撥封樁庫二萬兩，銀五萬兩，錢一十萬貫，絹二萬匹，度牒五十道，供進壽聖隆慈備福皇太后為慶元元年宮中上壽用。　五年五月二十一日，詔壽聖隆慈備福皇太后親姪女咸安郡夫人吳氏特與依宮人被戒大破諸般請給。　紹熙五年閏十月二十三日，詔武功大夫幹辦皇城司潘師禮為係師之子孫，又係太皇太后親姪之子，可除正任武衛將軍，順知閤依前兼幹辦皇城司。　十二月十三日，詔恭奉太皇太后聖旨，諸姪並已易武，有吳璹、吳琯猶依吳職，吳璹例，吳璹特授永州防禦使，吳琯特授忠州防禦使，吳從舉佑神觀。　寧宗慶元二年六月十一日，詔特進職，孝宗皇帝已是畢重

卷一萬九千三十二百七

華宮改為慈福宮皇太后卻還于壽慈宮其兩宮官吏諸色人等到宮實及二年并實及五年之人依紹熙二年九月五年八月已降指揮推恩施行內有歷過重華宮月日仍與通理推賞　二十七日禮部太常寺言已降指揮重華宮改為慈福宮皇太后卻還于慈福宮以壽慈為名今來太皇太后皇太后過宮依禮例宰執文武百寮進表稱賀緣孝宗皇帝未大祥上稱進表起居從之　三年十一月七日詔慈福宮并本殿官吏諸色人梱鋪軍兵等並依舊存留宿衛祗奉候繳几筵畢將本殿人各行發遣其本宮一行人並別聽候指揮　四年八月十八日詔已降指揮憲聖慈烈皇后上僊慈福宮并本殿官吏諸色人等各轉一官資內提舉官王公昌特與於階官上轉行提點官王毅楊紹先幹辦事務王渙謝忠並特與於遙郡上轉行劉世寧特與帶行遙郡內有白身人候將來到部更與占射添差一次將校兵級轉不行人令戶部等第折支犒設

卷一萬九千三百十一

皇后雜錄

淳熙元年四月五日詔安撫皇后親弟武功大夫忠州團練使主管佑神觀郭師元特改添差兩浙西路兵馬鈐轄臨安府駐劄請給人從並依正官例　七年八月二日均州防禦使帶御器械郭師元忠州防禦使帶御器械幹辦皇城司郭師禹特與轉行宗思例各轉行一官　九年十月六日詔師元師禹並永在京宮觀仍奉朝請　十一年九月十四日臨州觀察使提舉佑神觀郭師元保州觀察使提舉佑神觀郭師禹並候今任滿日特各與再任所有請給等並依已降指揮　十三年二月二十日詔郭師元除安國軍承宣使郭師禹除昭慶軍承宣使　十六年正月十四日詔師禹換武臣及三十年可除保大軍節度使依舊提舉萬壽觀仍奉朝請

卷一萬九千三百十一

二年九月十八日詔翟貴妃親姪趙氏立為皇后夫人

三年九月十日內東門司言已降制賢妃謝氏立為皇后合取請給雜物等欲乞依紹興十三年閏四月二十五日已降指揮並所至州軍伏數給行取索本色供納從之自受冊日為始請受錢物紙酒權月併節送納　十三日詔進呈中宮受冊寶合設儀仗等事上曰皇后自言欲候冊禮畢辭免合得恩數雖依良序例願奏逆等都門奏事內殿曹穀宣諭凡近年貴戚恩澤之弊既已減放參議都增臨軍之費今皇后上體聖意肯及此事天下幸甚上曰中宮內勝日供一等索兩次為請言傳旨物命心所不思亦不用請制茂良奏皇后恭儉之德著聞中

外令又好生如此仁慈謙抑真可母儀天下詩人言文王所以聖而及於大姒之賢蓋自家刑國乃風化之本也上曰殺生一事朕所深戒如舊來御膳中進鵪之屬今皆以肉代之正不欲多殺耳彥穎奏云臣聞仁宗皇帝一日諭輔臣以夜來覺饑欲食燒羊已而中輟羣臣言何不令供進仁宗云若數有司知他倉卒間殺了幾羊方得嘗肉以進今陛下至仁與祖宗同符上再三嘆云仁宗之所以為仁其聖德皆如此　十七日詔皇后生辰并節序等物色並依例排辦大禮茶酒等前期取旨　二十五日執政謝外蒙恩宣示中宮禕衣臣等寒遂書生獲覩儀物之盛實為榮遇今諸事悉已辦集且極精緻上曰珠玉之屬乃就用禁中舊物不然安得如此之速所費不及五萬緡奏云若不因宣諭臣等無由又得支用如此不多上曰朕安肯於此妄有所費所不可闕者德壽宮合進禮物耳因宣諭近來風俗如何莫大段奢靡否彥穎奏云輦轂之下近年似稍侈四方未必如此龔茂良奏云此等習俗皆由貴近之家做傚宮禁以致流傳民間如鬻簪珥者動必言內樣然此可見也彼若知聖意崇尚敦朴亦必觀感而化上曰今有兩宮外間人安得不以此藉口若要革弊當自宮禁始奏云臣竊聞仁宗皇帝嘗以南海沒入蕃商大珠賜溫成皇后后時為

卷一萬九千三百十一　七

貴妃以充首飾戚里靡然效之京城珠價至數十倍仁宗聞其事因禁中內宴望見貴妃首飾不復回顧云滿頭白紛紛殊無忌諱貴妃皇恐易之仁宗大喜命剪杜丹偏賜妃嬪不數日聞京城珠價頓減又之貴儒仁行上喜曰此事誠當始於宮禁茂良等奏古人謂動民以行不以言又云從其行不從其令今陛下深究治道之原中宮又以儉德著聞躬行于上何患染俗不革上曰然　十月九日詔皇后閣令來合破人船篙梢等權免差破　十日皇后謝氏奏御廚見供本閣內膳雖有常儀載在有司每自揣過分安敢叨踰傷生害性尤所弗忍欲推行寢罷上以廣陛下好生恭儉之德下以遂妾知分廉退之心從之於是執政等奏周官膳夫掌后之膳羞歲終不會蓋自昔帝后所奉未始有所限約國朝之制日進一羊其視成周已為抑損今中宮乃有進辭避下至兵和之屬皆故事所當飾備者亦復祈免具謙恭仁儉之德於言有光雖中宮天禀純懿出於自然寶陛下脩身齊家之所致臣等比因奏事親聞聖訓謂皇后躬服澣濯之衣至有經數年不易者自膺制冊即欲辭免庶得恩數如前所謂內膳羊之類凡數事臣等各已備錄聖語付之史官請以皇后奏牘并聖訓所及宣示中外仍飭有司申嚴奢僭踰度之禁從之　二十五日詔皇后弟承

信郎閤門祇候謝澄與除右武郎閤門宣贊舍人妻趙氏與封安人既而四年十二月二十四日歸謁家廟澄特與轉右武大夫依舊幹辦皇城司妻安人趙氏封恭人本閤官吏等依紹興十四年并乾道二年例各特與陪官上轉行一官七年五月二十七日澄特授吉州刺史帶御器械餘如故請受等特依祿格全支十二月七日澄特授成州團練使餘如故以幹辦皇城司任滿特有是命　十二月十七日皇后奏親屬恩澤依格二十五人因臣僚奏請裁減七人外尚餘一十八人而妾親屬至鮮欲更賜裁減望依所乞更減八人　四年四月四日詔兩浙轉運司以豐和倉卒內宅子一所脩作皇后外宅　五月一日詔安穆皇后母秦國太夫人蔡氏特與封秦越國夫人依祿格支破請給　同日禮部太常寺言皇后家廟制度兼照禮制一堂及旁兩翼增置前兩廡及門東廡以藏祭器西廡以藏家譜祊在中門之右省牲展饌滌濯在中門之左庖廚在其東南其外門再重西折而南出一廟在門內之左如狹隘聽於私第之側方所不及仍許隨宜四孟月擇日享廟差本宅親賢充行事官及庭合用酒齊禮料等照乾道元年脩製家廟已降指揮禮例祭器令工部下所屬依例製造給賜從之　六月十四日詔皇后該遇大禮天申聖節生辰各合得親

卷一萬九千三百十一　八

屬恩澤二名可令有司依條格放行　九月十日詔皇后親妹謝氏特與封永嘉郡夫人　十月四日太常寺言得旨將來皇后歸謁令有司檢照禮例施行照得皇后歸謁止合依家禮從之　六日幹辦皇城司謝澄言該遇皇后受冊已賜田三十頃令兩浙轉運司於平江府諸縣上等係官田揀撥如不足於湖州管下撥數除苗稅外與免諸般科敷并差幹辦官二員與理為資任任滿無遺闕減二年磨勘依五年法比附副知一名立為年界無遺闕白身補進武副尉有名目人與轉一官資宅案司二名書表司一人出職年限並比附親王府體例滿七年與補進武副尉願者留省錄及差破篙梢并官船二隻詔依所乞照例施行　八年四月五日詔秉義郎帶班祇候夏允言除閤門祇候闕外供職以安恭皇后親姪故也　九年八月一日詔皇后親弟謝淵特與轉武翼郎既而十二月二十日淵除帶御器械　十二年正月六日淵特差幹辦御前忠佐軍頭引見司仍特與出給料錢文曆　十四年正月二十一日淵妻劉氏特封恭人　二日詔皇后親屬茹氏鄭氏周氏樂氏並特封恭人親妹故夫王仲安特贈武翼郎　十年十月七日詔皇后閤官吏諸色人應奉有勞可特與理到閤實及七年年勞各與轉一官資白身人特補進武副尉令本閤開具實歷

月日保明申尚書省自今每及七年準此既而臣僚上言予奪在人主不應併有準此之命無使橫恩遂為例從之　十一年九月十六日詔皇后親屬太令人樂氏與封太碩人　十一月三日詔皇后親妹榮國夫人謝氏改封嘉國夫人　十二年九月十二日詔皇后親妹之子王燾特補保義郎王炳補承節郎　十三年五月二十三日詔賢仁皇后宅親屬各已析居分為五位所有家廟祭祀及本宅應干事務向來太上皇帝聖旨令韋新韋璞通行主管今韋新并故可令韋璞專一主管其餘不得干預　十五年九月十八日詔皇后每遇會慶節合得親屬恩澤合依天申節例陳乞　淳熙十六年二月二十五日三省樞密院奏事上曰皇后合得恩澤可並減半蓋惜名器僥倖周必大等奏此陛下盛德事臣等恭承聖諭不任歎仰　五月七日詔安穆皇后宅可賜家廟令有司條具以聞禮部太常寺言家廟制度禮例一堂五室兩翼增置前兩廡及門東廡以藏祭器西廡以藏家譜衣物在中門之右省牲展滌濯在中門之左廚在其東南其門外再重西折而南出一廟在門內之左如狹隘聽於私第之側力所不及仍許隨宜四孟月擇日饗廟若本宅親賓充行事官應合用酒齋禮料等照應安恭皇后宅禮例施行從之令工部行下所屬製造給

卷一萬九千三百十一

九一

賜從之尋詔安穆皇后宅已賜家廟緣地段窄狹可將墙所屬親兵營寨既賜都令別行踏逐營寨仍令將逐司臨安府蓋造及添修兩位屋宇　紹熙元年正月九日宰執奏皇后冊寶用正月十九日欲令在藏封椿庫依例支銀三萬兩金二千兩從之　十九日皇后李氏奏鄉例合供本閤內膳望權行寢罷上以廣帝德之好生下以示宮闈之節用從之　二月十五日詔皇后受冊合得親屬恩澤可令有司照應淳熙三年以前條例施行仍照應前體例取會親屬李孝友保明指實取旨無令泛濫　十月十三日詔皇后姊一人親姪孫女一人堂姪孫女一人妹之女張氏一人並特封孺人以皇后受冊推恩故也　同日詔皇后受冊本閤官吏等提舉官各轉兩官餘人各轉一官資其已經壽聖皇太后加上尊號冊寶轉官資人更不推恩　十二月三日詔皇后親姊淑人李氏三人並特與封郡夫人　四日詔白身將珎為係皇后親屬特與補承信郎　二十八日詔見建皇后家廟展從市街韓五房廊賃戶已般家與三十貫文既而臣僚言其中有於元賃之地添造間架多者照以給之似覺太輕乞命臨安守臣再行審核與添給從之於是添造樓屋者加給七千平屋者加給五千　二年正月二十五日詔朝議大夫新除煥章閣待制在京

宮觀韋璞特授明州觀察使提舉佑神觀仍奉朝請璞先任司農卿以父任嫌行罷經任使為係賢仁皇后親姪孫特除煥章閣待制既而臣僚繳奏后族勿任侍從官當為令上曰與換觀察使　四月十三日詔皇后家廟制度令有司檢照禮例施行制度同安穆皇后祭廟行事酒齋禮料等照應壽成皇后　十二月二十九日詔皇后三代令來該遇郊祀大禮並贈一等王大國夫人　三年八月三日閤門宣贊舍人李孝友言昨遇皇后受冊合賜功德院欲以褒忠顯德賜田三十頃乞依紹興十三年乾道元年則例施行并乞差幹辦官二員於得旨待闕大小使臣校副尉內踏逐指名差取埋為資任願再任者聽　副知一名七年為界不滿無遺闕白身人補進武副尉有名目人轉一官資　宅祭司二名書表司一名出職年限並比附親王府體例滿七年補進武副尉官船二隻篙梢隨船差破並從本家踏逐於所屬官司指差如省管影堂等使使或有事故依元差撥處差填詔特依所乞　十一月二十九日詔李孝純為係皇后親姪可與除閤門宣贊舍人依舊幹辦軍頭引見司　十二月二十六日臣僚言皇后受冊恩數今昔欲援引前例則乾道二年推恩體例九十三人淳熙四年一百三十三人今來計一百七十二人數目之多則前例所無也乾道

卷一萬九千三百十一

十一

二年惟陳璉一人轉兩官淳熙四年本閤官止轉一官今陽舜卿於逐郡轉兩官則為觀察使陸彥端張彥臣亦轉兩官則任轉團練使史以兩代之重而以恩賞超遷亦前例所無也其表有請給文曆人特令戶部出給此又前例所無也乞下樞密院條具合推恩人數酌量裁定詔本閤提舉官楊舜卿陸彥端張彥臣特與依指揮轉行然為其間有製造頒冊未曾推恩之人餘人不得援例外其餘礙止法人特與回授白身人候有名目日特與作一官資收使未有料錢文曆人更不出給餘依已降指揮　四年正月九日詔皇后歸謁親姪李孝純與轉右武郎李孝友與轉右武郎依舊帶御器械幹辦皇城司　十七日臣僚言皇后歸謁家廟一行推恩如李孝純李孝友轉行右武郎臣亦不復論列命婦加封親屬特官恐當書行推恩門客將李曾白身補將仕郎親屬眾多特一霍濂白身補承信郎求之故事既無此例前此止以李氏子孫親屬眾多特旨放行恩澤八名張景既霍淵霍濂既是親屬即合於所添八名恩澤內補官歲況又於十八名之外別添三人及過安恭皇后之例乞令親屬三人於所添八名內奏補仍追寢將李曾補將仕郎指揮止與免文解一次實為允當從之既而又言乾道二年安恭皇后歸謁家廟親屬推恩共計一十一人

淳熙四年壽成皇后歸謁家廟親屬推恩共只計七人今來推恩計二十六人乙㬚照　三月一日詔皇后歸謁親姪婦故任忠訓郎贈文州刺史李孝斌妻安人潘氏右武郎帶御器械幹辦皇城司李孝友妻安氏趙氏親姪女安人李氏並特封恭人姪孫女孺人李氏特封安人　四月十三日詔兩浙轉運司差取五百料座船三隻逐船合用綫帆簾索銅羅實裝幕帟之屬幾充皇后閤乘用令本閤續次踏逐差取篙梢三人請給本司依舊批勘外有船兵六十人候本閤招募數足於本司封記令本閤解發前去平江府順判如日後有闕依此差填　六月十九日詔安恭皇后宅家廟日常花果旦望供養四時祭饗等令臨安府依安穆皇后宅例每月支錢三百貫文　二十三日詔杜士實爲係貽憲皇后姪孫可特與補承信郎　八月二日詔皇后祖先墳塋饗亭屋舍可令湖北路轉運司應辦脩造聽候擇日興工其故贈福王李道合立神道碑令有司照應行狀撰述　九日宰執等奏恭遇皇后生辰左藏封樁庫投進金三千兩詔免投進　十一月十六日詔皇后親屬莊氏路氏錢氏張氏並與依宮人祿式則例支破紅霞帔請給　紹熙五年九月十八日詔皇后三代依典故與封贈　閏十月八日詔皇后母紅霞帔夫人莊氏特封安國夫人慶元二年七月加封秦齊國夫人

卷一萬九千三百十一

十一

十六日詔皇后父朝奉大夫權知泰州韓同卿特換授揚州觀察使提舉佑神觀慶元元年六月特補遂軍承宣使二年七月授慶遠軍節度使十一月授太尉　十一月七日詔安恭皇后親弟夏執中長男閤門宣贊舍人允言應奉日久特除帶御器械候服闋日先令顯外供職次男允功允衡並除閤門祗候女夏氏特封安人從姪日新親屬張大本女夫楊源並特轉一官　二十六日詔皇后叔祖母信安郡夫人陳氏特封陳國夫人　慶元元年正月二十五日詔皇后叔祖姑碩人韓氏特封新安郡夫人　二年七月二十一日詔皇嗣誕生皇后殿官吏諸色人各特與轉一官資內提舉官與轉兩官已係橫行人特與轉行礙止法人依條回授白身人候有名目日作一官資收使六年二月亦如之　八月二日右丞相京鏜等奏恭遇皇后生辰左藏封樁庫投進金三千兩伏取聖裁詔免投進自後每歲並免投進　九月二日右丞相京鏜等奏皇后冊寶用十月六日欽令左藏封樁庫依例奉銀三萬兩金二十兩從之　十月九日皇后韓氏奏御廚見供本閤內膳雖有典具載司存望權行寢免從之　二十八日詔皇后每遇大禮聖節生辰各合得薦補恩澤令有司依條施行　十一月十一日詔成穆皇后親弟故

太保永寧郡王郭師禹可比附吳益夏執中體例長男授特除閤門宣贊舍人次男拓棣見係文資特與帶貼職並候出官祇授親姪倫揚女夫張沆從姪倫操挨及皇后親甥之子趙彥㥘並特與轉行一官內選人比類施行　十六日詔皇后冊寶禮畢親兄宣教郎韓俟特除直寶文閣賜紫章服六年閏二月除換觀察使　三年三月二十六日詔故賜王德謙屋宅改賜故嗣濮王士歆家爲后宅令脩內司拘收脩蓋皇后家廟令所屬條具聞奏　四月一日詔皇后受冊祖姑太令人韓氏特封齊安郡夫人太令人韓氏特封咸寧郡夫人韓氏特封宜人　九月三日詔皇后受冊了畢應合得親屬恩澤令有司依條例施行　四年八月二十三日仁懷皇后親姪前文林郎朱輗特與換元官朝議大夫添差浙西路安撫司參議官朱輗特轉行兩官親姪孫朱德年髙年體年長年鼐年康年斯年穆年進年泰年各轉一官選人比類施行白身大年齊年禧年並特補進武校尉許令呈試參部以樹廟畢故也　十二月四日詔臨安府轉運司見脩蓋皇后家廟神蓋屋宇不得過壽仁太上皇后家廟閒架之數　五年七月二十二日詔皇后祖姑宜人韓氏特封和政郡夫人　六年三月十一日詔皇后每遇生辰恩例承節官係格聽奏補進武副尉一名自紹

卷一萬九千三百廿一

十二

熙五年八月以後合得生辰恩例令有司照條格並特與放行　七月十二日宰執進呈皇后生辰宰執合進香號謝深甫等奏慶元二年壽皇服制之內得旨免進奉上曰可依例免進　嘉泰元年五月二十七日詔顯仁皇后成恭皇后慈懿皇后家廟近日居民遺火延燒令禮部太常寺討論典故詳議以聞　九月十二日詔恭淑皇后殿昨慶元府招刺崇節第二十八指揮廂軍滿勝等六十九人充本殿船兵將來撤几筵畢日與帶行慶元府糧請特並改撥充脩內司指揮指揮軍兵收管缺役填昨來於逐州差取已行裁減從人數見闕居逐人脩內司請給並與則例支破仍令兩浙轉運司行下慶元府施行　三年四月十二日知樞密院事兼參知政事陳自強等奏恭遇皇后生辰左藏封樁庫投進金三千兩詔令依數投進以初冊命故也　七月七日詔皇后家廟令脩內司同臨安府兩浙轉運司日下脩蓋先是皇后外宅與張循王銀鎗親兵寨屋并張宗尹屋地相連既而宗尹以地投獻於是展拓改造　開禧元年四月二十六日臣僚言伏見皇后歸謁家廟親屬及本閤官屬推恩兩項指揮其間濟官并通郡上及帶遙刺內礙止法人並特與轉行并白身人陳元忠三名補承信郎照得祖宗格法凡恩賞轉官礙止法人例合回授雖特旨放行

臣等竊見陳邦彥進上聖行政紀類蓋非有以示後不可以為例
得者至於內中前官尤不可以起例恭聞壽慈太皇太后嘗日初受冊寶
親屬恩數止十人補官總數皇后受冊一事成恭夫人所降指揮其間人
數多寡則東殿等之進施蓋亦不同下教權數其職止去人及白身補
使之人所當論奏今將慈懿皇后所承體例參酌施行庶幾少之不
為過愛之不為吝職止法入內白身補授入內本閣從軍等續賜例恩
轉官并恩數依皇后歸謁體例指揮餘並依淳熙元年三月二十八
日已降指揮施行　嘉定元年四月八日宰執進呈皇后乞減俸助國用
錢象祖奏此等可見陛下齊家有道中宮節儉有古賢后之風上曰
此出自中宮之意象祖奏臣等昨日見付出劄子所與歎羨中宮盛德但
於事體恐不應減削至此欲乞擬罷批不允臣等退而書之以
備史臣記述無彰聖範詒之永世　十九日臣僚奏稱惟自聖帝明王
有不守家法而可以致天下於治安者書曰有典有則貽厥子孫又曰
監于先王成憲其永無愆所守家法之謂也然詩三百篇王道備人事盡
而獨首於關雎太王之詩蓋非修家致治之道基於此歟國家受天明命
列聖相傳內而修身齊家外而立政出事無一不可為後世法者載之於

卷一萬九千二百十一　十三

書國史實錄之外則有寶訓有聖政錄陛下日御講學之筵動詢於前理
亂安危之所由甚蓋已洞達而無疑惟臣所不敢以失竊謂本朝治教之
盛所以度越前古者非獨帝道之隆有內助焉惟是彤史既廢內言不出
外廷罕有紀述見於書者不過本傳之所載其或紀錄於他書人散失而
無考何不命修史之官博加搜錄凡太后之崇孝敬躬節儉尚慈愛與夫齊
內庭待外族及關於政者以類相從萃成書陛下留之禁中以為內則
在外則守祖宗之成規在內則遵九后之遺範內外交修家法具舉而天
下不治者未之有也從之　十一月十日皇太子詹事倪思奏陛下表
正坤儀內家齊國皇后恭儉儀形躬佐宏闡臣私切慶幸得以子職日親
慈範詩書所載未之前聞然外廷不得而知史官不得而述誠今日之闕
典也臣載惟陛下致養重闈所行通制而皇后日幼家恩慈聖之旨無遺
以昭孝敬宮闈孟饋侍以奉視疾而親嘗藥餌事經而動合禮經有以
贊陛下之孝陛下菲食惡衣足躬尊而皇后膳羞有節雖疏茹而亦共
澣濯為常雖絁布而不厭以至減常俸以上神郊周恤賜予而不私外家
有以贊陛下之儉陛下厲恭畏天旱惶於處親問蠲恤備極精純而皇后
夙夜齋戒致虔憂勞閱歲不待宵旰憂民之意其後飛懸屑之霄澤應祈

之致中興有以質陛下之德陛下仁慈愛人恤念兩北流遷東雖至微賤皆
躬先賑救就和糴而皇后首出宮費多年不可輕用以賑濟於本事之
先其後深爛所謂節儉力致安繼帥有以贊陛下之斷凡此數條皆國
家安危所繫之大者自前代以來易得言若夫躬行儉德思勤儀書衣不
嚴則教戒必親以至日暫課程不修舊制每令覽講必躬相攜不惟字畫
詳審尤加而命且以前言往行俾知禁戒恭惟父天母地盛德難名是宜
大為特書以詔萬世欲望聖慈以臣今來所陳宣付史館用彰聖朝言盛
之盛名宜付史館纂而皇后揚代其稿忍呈太子參管奏陛下年將誠斷
事實付之史臣五事付史館學者不勝戴恤代念臣長本無從而所懷事辰
經唯宮中之務不敢不謹然初慶聖慈所賀聖明令召之內外心觀之
頒條照制節將次頒載諸史冊惟陛下盛德大美固當所書有加表引
顧何然宜從坐輒刪所有宣太子參列載聖慈宮付史家政事分
得以次安陛所請不允　十二月二十六日皇后楊氏奏乞將本係所請
會子五萬貫下臨安府添助收贖從之以撫恤孝保僑措前代之令效也
三年三月四日皇后楊氏家成永聖言誕育華年恩澤令本閣求覓陳
乞四從宣指揮後子仍乞贈一典禮遇隆今古異數復嫌

卷一萬九千二百二十二　十四

甲戌日嚴宮聖奏覆免詔誕育恩澤乞遷轉邦補有典常令后從之中閣禮
宣與敬顧頒成命勿復瀆辭所請不允　八年八月七日臣僚言皇后
殿主管進奉閣內本殿大摑當郎生辰恩澤補官郎以有陳乞陞轉武翼
郎吏部以為係史職出官日許轉至訓武郎止及不許注授京局差遣令
吏部作例照有士子先應無日未許嚴眾郎並更職消陞不同轉官如止訓
武郎其差遣及應眾合謀施行詔皇后殿主管奉閣本殿大摑當郎止
後思等補官之人許令注授京局差遣所請以令應擊林郎官令止訓
武郎

太宗貴妃臧氏

方貴妃下據沈貴妃並刪

宋史仁宗貴妃張氏

宋會要　貴妃

太宗
貴妃孫氏左金吾衛大將軍守斌之女太平興國二年
七月入宮三年為才人又賜號貴妃八年九月卒貴妃
臧氏江南李煜宮人煜卒入宮中太平興國八年九月
自御侍為縣君端拱二年四月為美人至道三年七月
進昭容大中祥符六年三月進順儀天禧二年九月進
淑儀乾興元年四月進貴儀卒年月缺明道二年十二
月贈婕妤慶曆四年九月贈貴妃生舒王元偁晉國中
國大長公主大典一千二百二十五

定本

定本

宋會要

真宗
貴妃杜氏初事藩邸後於洞真入道為法正都監號悟
真大師名瓊真明道二年十一月為婕妤寶元元年十

卷一千二百二十五

一月進充媛慶曆元年十二月進充容四年進婕儀尋
為賢妃六年八月卒贈貴妃生衛國大長公主　貴妃
方氏初封新安郡君天禧二年九月為美人乾興元年
四月進婕妤五月卒天聖三年五月贈昭媛明道二年
十二月贈太儀慶曆二年三月贈淑妃四年九月贈貴
妃生魏國大長公主

定本太宗貴妃方氏

宋會要

慶曆八年十月十八日制以美人張氏為貴妃令所司
擇日備禮冊命國朝以來命妃未嘗行冊禮然故事須
詔旨方以告勑授之又凡降制皆從學士院待詔書告

詞送中書經三省御官告院用印然後進入時宣制畢
學士宋祁止就院寫告直取官告院印用之遂封以進
方妃寵盛欲行冊命之禮得告怒擲地不肯受祁坐落
職知許州二十一日命參知政事龐籍為貴妃冊禮使
樞密副使高若訥副之翰林學士李淑撰冊文并書冊
印後淑侍奉命觀文殿學士丁度代二十二日太常禮
院言參詳令文及歷代典故脩撰貴妃冊禮儀注冊竹
簡長一尺一寸闊一寸約文多少用一十四枚以錦裝
褾用天下樂錦印用金方一寸其文曰貴妃之印龜鈕紫綬
服以褕翟之衣青質羅為之衣畫實繡作為翟文編次於衣及裳重為九等素紗
中單黼領朱褾襈黼用為雉文繡為黼文蔽膝隨裳色並用青以緅為緣赤繡翟文

卷一千二百六十五

重為二等大帶以青加革帶青韈青舃舃以白飾加繡次文玉佩錦綬
首飾用花釵九株寶鈿準花之數施二博鬢從之二十
三日司天監言選定十二月三日行冊命禮告詔可十
一月三日太常禮院言據文思院供到貴妃冊匣印盝
各件減定制度黑漆冊匣一長六尺闊一尺三寸底盖
共高八寸渾金鍍銀起突鈒花草暈鳳葉段裝手把屈
戍總券鏁鑰茜大綾托裹茜絲條全黑漆冊床一身裹
六尺五寸罩長一丈八尺闊三尺五寸高二尺一寸渾
金鍍銀起突鈒花草暈鳳葉段裝釘分鍇獸面等銀裹
鐵魚鉤茜絲鰷拂線金茜羅繡肩褥八片帶全并行馬
黑漆印匣兩重並渾金鍍銀起突鈒花草暈鳳葉段裝

手把屈子戀攀屈戌等并茜大綾托內可底茜羅繡褥
茜絲鏁條第一重印匣一方二尺二寸高二尺六寸第
二重印匣一方一尺六寸高二尺二寸鞠束事件全黑
漆腰穿一方二尺九寸并竿長一丈五尺連脚高二尺
渾金鍍銀釵花草暈鳳襆段裝釘分鍃等金銀裹鐵魚
鈎茜絲魚鈎條可腰穿面茜羅繡褥全并肩褥子八片
金鍍銀分鍃獸面螭頭全并行馬全茜羅繡花草暈鳳
蓋印匣夾帕二裹印夾帕一蓋冊夾帕一襯冊文夾帕
一冊內褥子一冊床上褥子一茜絲條拂頭線全舉印
匣板條二綾絡條二絆冊圖條二蓋冊匣印茜絹夾油
帕二黑漆印床一金鍍銀釵花草暈鳳裝茜繡褥子黑

卷一千二百六十五

漆香案一茜繡案衣一千暈鳳上用閒金鍍銀香爐匙合
從之仍差內侍盧昭序同少府監文思院製造十二月
三日宰臣率百官班文德殿庭內臣二員自內中承旨
降冊印率主當者以奉冊印出垂拱殿其捧冊官俱搢
笏率主當捧冊印執事人等以次捧舉禮直官導中書
侍郎押冊通事舍人博士導中書令後從次禮直官導
禮部郎中押印通事舍人博士導禮部侍郎後從授衛
如儀由東上閤門至文德殿庭西向褥位權置擬衛人等以
退立通事舍人博士引冊使副就承制位北向立定制
次禮直官引宣徽使於冊使前西向稱有制典儀曰再
拜贊者承傳冊使副應在位官皆再拜訖宣曰美人張

氏特進封貴妃命公等持節展禮宣訖冊使副再拜宣
徽使還位門下侍郎師主節者詣冊使東北主節者以
節授門下侍郎主節者退立於後門下侍郎執節授冊使跪受
興付主節門下侍郎歸本班幡隨節立於使左次引中
書令詣冊使東北西向立中書侍郎引冊案立於中書
令之左中書令取冊授冊使跪受興冊文曰皇帝若曰
天上窓星極協四妃數陰教之列登長秋之位正始王
化御于家邦咨于淑哲是謂疇內治備于典冊是謂隆
徽數誕而行之古今通誼美人張氏淵敏居質醇和賦
性生紱冕之令族禀圖史之懿戒柔明維則克茂嬪風
婉嫕含章詎煩姆訓肆予涼薄恭大丕構樂得邦媛參

卷一千二百六十五

紋宮職始明慎于選納見勤勞于輔佐矧爵貴秩愈勵
沖誠宜有褒嘉聿申崇拜揆茲穀旦膺此渙恩質予師
僉孚我德舉褕翟緎其服禮莫大焉彤管貽其範體莫
重焉粹衣示儉婦道于以從訓樛木逮下風人于以流
詠寵命既輯爾實宜之今遣使左諫議大夫參知政事
龐籍副使右諫議大夫高若訥持節冊命爾為貴妃於
戲體順承以勤道服法度以脩己祇率九御贊于壼則
惟勞謙以處貴惟肅雍以成美永啟休譽不其盛
歟中書令中書侍郎各還本班次引禮部侍郎詣冊使
東北西向立禮部郎中引印案立於禮部侍郎之右禮
部侍郎取印授冊使冊使跪受興禮部侍郎禮部郎中

各還本班，其冊印並東向置於案（舉案者進立於後）。立定，典儀曰再拜，贊者承傳，冊使副應在位文武百僚皆再拜訖，通事舍人、博士引冊使副押冊印，持節前導，援衛如式，以次出朝堂門。文武百僚班退，由右昇龍門入大慶門，由殿西過至殿後門，出由宣祐門至內東門，權置冊印於貴妃本位門之外。設受冊印位於庭階下，北向，又設冊使位於內東門外，副使及內給事又於其南，差退，並東向，北上。設冊印案位於冊使之前，南向，又設內給事位於冊使北，南向。其日自文德殿奉冊印將欲至內東門，內給事請本位請貴妃首飾褕翟衣（衣服所司供入），冊印至內東門外，將位置訖（掾冊官主當者少退），內臣引內外命婦諸親俱入就位，立如儀。禮直官引冊使副等俱就東向位，通事舍人、博士（[illegible]內侍省[illegible]就[illegible]位）引冊使就內給事前，東向躬稱：冊使麗籍副使高若訥奉制授貴妃冊印。訖，退復位。內給事入詣所受冊印本位貴妃前，躬言訖，退。內給事進詣冊使前，西。冊使跪以冊印授內給事，內給事跪受，付內謁者。冊使退，復位。內謁者及主當內臣等持冊印入內東門，內給事從之（冊使副并行事官班退）。以次入詣本位庭，又內給事贊貴妃降詣庭中，北向位立定。內給事跪取冊，興，立於貴妃之右，少前，西向。又內給事一員立於貴妃之左，少前，東向。又內給事稱有制，內給事贊貴妃再拜訖，內給事奉冊授貴妃，貴妃受以授內給事，內給事奉印授貴

卷一千二百六十五

妃，貴妃受以授內給事，如奉冊之儀。內給事贊貴妃再拜訖，內給事前引貴妃升位，以次內臣引內外命婦諸親賀如常儀。內給事贊言禮畢，內外命婦諸親退。內給事引貴妃謝皇帝、皇后一周，內中儀百官上表稱賀。

宋會要

仁宗貴妃張氏

貴妃張氏，熙寧九年十一月詔：魯國大長公主養母仁宗後宮延安郡君張氏可特進美人，元豐八年四月進婕妤，元符三年正月進充儀，崇寧二年三月進賢妃，三年十月薨。車駕臨奠，特贈貴妃，賜謚昭節。

宋史真宗貴妃沈氏

貴妃沈氏，故相倫之孫，光祿少卿繼宗之女。大中祥符二年四月為才人，六年正月進美人，天禧二年九月進婕妤，乾興元年四月進充媛，明道二年十一月進昭容，寶元元年十一月進昭儀，慶曆元年十二月進婉容，四年九月進賢妃，尋加德妃。為人淑儉不華，帝亦以妃家世故待之異衆。長秋虛位，帝欲立之，有從中沮之者，不果。嘉祐七年十二月進貴妃，熙寧九年十一月卒，賜謚昭靜。

卷一千二百六十五

宋會要

嘉祐七年十二月二十三日，太常禮院言：准詔詳定貴妃冊禮合與不合奏告天地、宮觀、宗廟、社稷、諸陵。檢詳即無奏告之禮。八年八月二日，以參知政事歐陽脩為貴妃冊禮使，樞密副使胡宿副之，翰林學士王珪撰冊文并書冊印。冊文曰：皇帝若曰：夫國風之始，以厚天下

之大倫陰教之脩以助王者之正道顧予涼昧奉若基圖眷言別掖之英逮事先帝之室維年德之並茂且名秩之未稱稽求往冊之適登冠列妃之華咨爾德妃沈氏淵粹愿閑柔明端靚幼蹈儀矩不待姆師之訓初被選納蓋出公相之族鳴玉節動陳詩戒盈展如邦之良媛宜然天與遐福朕仰欽聖烈之餘俛懷宮籍之舊維爾有輔佐之力早經於大謨維爾有澣濯之工下式于群御茲庸表迪懿實敷錫徽猷並於軒龍之象不謂不崇衣以褕翟之衣不謂不寵備物既涯蠲辰既良咨合僉謀誕揚顯命今遣使禮部侍郎參知政事歐陽脩副使樞密副使左諫議大夫胡宿持節冊命爾為貴妃於戲內治起化外姻戒權相祭祀以時則有周家之禮在乎儉謁之行則有漢史之論明當職思禮之來以綏賢令之祉遂永終譽不其美歟

卷一千二百六十五

宋會要

宋史仁宗貴妃周氏

貴妃周氏嘉祐四年六月自御侍安定郡君為美人五年七月進婕妤八年三月進婉容熙寧九年三月進賢妃元豐五年十二月進德妃八年四月進淑妃元符三年正月進貴妃生令德景行大長公主懿穆大長公主

宋會要

仁宗貴妃董氏

貴妃董氏嘉祐四年自御侍縣君為貴人五年進美人固辭請回授其父一官許之六年七月進婕妤九月進

充媛是月卒贈淑妃元符三年四月贈貴妃生莊謹大長公主莊齊大長公主賢懿恭穆大長公主

神宗貴妃邢氏

神宗貴妃邢氏初為御侍熙寧二年四月封永嘉郡君四年六月進美人七年七月進充容十年二月進婉儀元豐元年十二月進賢妃八年四月進淑妃元符三年正月進貴妃崇寧三年十月薨車駕臨奠賜謚曰懿穆生惠王僅冀王倜豫王价徐王倜賢和長公主

神宗貴妃宋氏

貴妃宋氏熙寧二年十一月為才人六年四月進婕妤元豐二年進充媛八年四月進婉儀紹聖四年二月進賢妃元符三年正月進德妃大觀二年二月進淑妃政和三年三月進貴妃七年六月薨生咸王俏唐王俊賢孝長公主

卷一千二百六十五

崇寧八年內出手詔曰神考嬪御貴妃宋氏自熙寧初誕育皇嗣年德彌邵譽謁掖庭遽爾淪謝列用陽側可依例賜二字謚并依貴妃苗氏合得恩澤七人外更添三人以稱朕思覩眷舊之意宣和五年以岳陽節度使王黼臣乞致仕手詔獎諭王貴妃

宋史神宗貴妃林氏

貴妃林氏初為御侍元豐五年八月封永嘉郡君六年十月為美人八年四月進婕妤元祐五年正月卒贈婉儀元符三年四月贈賢妃政和三年四月贈貴妃生燕王俣越王偲賢令長公主

宋會要

宋史神宗貴妃武氏

貴妃武氏初為御侍元豐五年八月進才人八年四月

宋史徽宗貴妃王氏

進美人紹聖三年進婕妤元符三年正月進昭儀建中靖國元年十二月進賢妃大觀元年六月薨七月車駕臨奠贈貴妃謚曰惠穆

徽宗貴妃王氏

徽宗貴妃王氏初封壽昌郡君建中靖國元年十月進美人崇寧二年三月進婉容三年七月進德妃四年八月進淑妃大觀元年四月進貴妃生鄆王楷荆王楫肅王樞徐王　相國公梴崇德公主保淑公主熙淑公主

宋史徽宗貴妃喬氏

貴妃王氏崇寧三年九月封平昌郡君四年閏二月進才人三月進美人是月進婕妤五年八月進修容大觀二年進婉容七月進賢妃政和元年七月進德妃三年二月進淑妃四年三月進貴妃七年九百薨謚曰懿肅生莘王植陳王機惠淑公主康淑公主柔福公主沖懿公主

徽宗貴妃崔氏

貴妃喬氏初為御侍崇寧二年五月封宜春郡君二年九月進美人四年閏二月進婕妤五年二月進婉容大觀元年十二月進賢妃二年二月進德妃三年五月進貴妃生景王杞濟王栩祁王材華原郡王朴鄆王栱鄆國公椲瀛國公樾

宋會要

貴妃崔氏初為御侍大觀三年正月封平昌郡君十月進才人四年七月進美人十二月進婕妤政和元年二月進婉容二年二月進賢妃三年十一月進德妃六年七月進貴妃生漢王椿悼穆公主敦淑公主寧福公主順穆公主永福公主宣和四年七月降為庶人

孝宗貴妃張氏

宋續會要

淳熙十四年三月二日詔婉容張氏進封貴妃制曰朕董擇柔儀宣明內治奉慈闈之養上焉祇事於兩宮佐中壺之徽下以翼齊於九御克艱厥選茲得其人申制綍以誕敷亶廷紳而絢聽婉容張氏性資嫺肅矩度淵英德感睢鳩擅彤管三章之美禮崇褕翟應良家八月之求自虞侍於邃清即寖蒙於渥恩隆而志愈巽位峻而身益恭蘭行桃姿茂迪嬪嬙之化瑤環瑜珥動循珩佩之猷亹亹不替於憂勤琴瑟日章於窈窕靖言懿範妙簡深衷是用稽參往策之文登晉列妃之冠寖班一品有嚴玉瑱之華天極四星於赫珠躔之貫昭其命數匪我私親於戲雞鳴興賢女之思久賴陳詩之飛魚貫利宮人之寵更圖觀象之孚勉輯芳猷永綏多祜

孝宗貴妃黃氏

宋續會要

淳熙十六年五月十八日詔和義郡夫人黃氏進封貴妃制曰周以三夫人佐后視外朝三事之崇唐以四美號建妃體圓極四星之序朕若稽古訓遴擇婦官延登邦媛之良協輔坤儀之重載差吉旦敷告昕廷之典和義郡夫人黃氏履行肅雍稟姿和粹動必循於圖史言自合於箴規被選良家已謹佩璜之節承恩儲禁益流藻荇之芳攀鱗適際於天飛秉德有光於內則當朕纂承之始寔資警戒之成相予夙夜之憂勤助我庭闈之

寧宗貴妃楊氏

孝養肆曠懿範升備元始志在進賢贊徽音於中壼坐而論禮等峻秩於上公以基王化之風以厚人倫之本於戲正家而刑萬國朕方取法於關雎率職以倡九嬪爾尚匹休於彤管欽承異渥適𦙍令猷可特進封貴妃貴妃不受冊禮

宋續會要

慶元六年二月二十八日詔婉儀楊氏進封貴妃制曰朕飭內治以化民風因王春而修古制弓韣謹禖祠之奉應中壼以開祥種稑佐耕事之共命六宮而來獻將協成於國典必肇建於妃聯諏辰既良出綍誕告婉儀楊氏性鍾純懿躬迪惠和誦德象紛宛之篇動聞以禮卷一千二百六十五宜副笄委蛇之飾行稱其容蚤推邦媛之英入侍掖庭之邃夙宵彌乎謹毖槼範著乎柔賢雖陰教是裨可緬九御之列然婦官未峻僅處六儀之間顧余纘圖法古崇儉凡良家八月之選皆於時而靡遑睎圜極四星之文亦取象之猶缺茲會逢於邦慶疇叶輔於坤闈肆旌婉則之芳特侈貴名之懿褕衣闕翟交輝命服之華盈紐金章外等公台之秩豈特坐嚴於論禮蓋將共飭於齊家於戲朕問安而至寢門爾備贊而宮之甘旨后服澣而化天下爾宜帥內職之儉勤無險詖私謁之心全明章婦順之道斯有光於彤史庸永對於鴻休

按此門由太宗貴妃方氏太宗淑妃王氏係據藁本內定本（原稿內與有另鈔數頁繕寫清晰叙述整齊今據為定本）又查宋史諸王及公主傳王淑妃生荊王元儼方貴妃生魏國大長公主亦合第原藁內俱與真宗妃嬪連敘俟考

宋史真宗淑妃楊氏　仁宗淑妃董氏　神宗淑妃張氏　宋史高宗淑妃張氏　太宗德妃朱氏

淑妃

宋會要

真宗景德七年封婉儀楊氏為淑妃帝不欲蕃臣貢賀故不降制外廷止命學士草制付中書翼日宰臣言宮掖加恩朝廷慶事臣下不可缺禮望令客省依例受貢帝勉從之　大中祥符七年六月十八日制以婉儀楊氏為淑妃后妃降制皆學士院草詞宣於正衙近臣牧伯皇親諸親皆備儀禮為賀至是真宗不欲令藩臣貢賀故不降制外廷止命學士草詞付中書　淑妃王氏初封金城郡君天禧二年九月進為美人乾興元年四月進婕妤天聖九年十一月進昭媛卒年月缺明道元年十月贈大儀二年十一月贈德妃慶曆四年九月贈淑妃生荊王元儼卷一千二百六十六　元豐五年十一月詔故淑妃董氏與恩澤四人令本家具名以聞以逮事仁宗生莊夷大長公主故也　淑妃張氏初為御侍熙寧二年四月封仁壽縣君三年正月進才人元豐八年四月進婕妤元符三年正月進婉容崇寧五年九月卒贈淑妃謚曰懿靜生賢懌長公主　淳熙七年十二月十三日詔德壽宮婉儀張氏進封太上皇帝淑妃本位親屬官吏等推恩有差

德妃宋會要

德妃朱氏淳化二年七月自御侍為縣君四年十一月為才人至道三年三月於太和宮入道為脩容大中祥

真宗德妃劉氏　真宗德妃沈氏　仁宗德妃俞氏　宋史仁宗德妃楊氏　宋史仁宗德妃苗氏

符六年進昭容賜號明真大師名正惠七年進昭儀天
禧二年九月進淑容乾興元年四月進淑儀改名沖惠
明道二年十一月進太儀是月進賢妃景祐二年二月
薨慶歷四年九月贈德妃同上又大典卷一千七百二十三

宋會要

真宗大中祥符五年五月十一日制以脩儀劉氏為德
妃令所司擇日備禮冊命　仁宗慶歷四年九月三日
制以真宗婉容沈氏為賢妃六日復進封沈氏為德妃
德妃俞氏景祐五年三月自御侍延安郡君為才人
九月進美人寶元二年六月進婕妤皇祐二年十月進
充儀嘉祐八年三月進昭儀卒年月闕治平元年六月

卷一千二百六十六

贈賢妃元符三年四月自賢妃贈德妃　德妃生楊王昉莊和
大長公主　德妃楊氏初入宮為美人景祐元年八月
出於別宅安置十月聽入道賜名宗妙居瑤華宮皇祐
二年十月為婕妤嘉祐八年三月進脩儀熙寧五年十
二月卒贈賢妃元符三年四月贈德妃　嘉祐七年十
二月二十一日賢妃苗氏為德妃令所司備禮冊命
嘉祐七年十二月二十三日參知政事趙槩為德妃冊
禮使樞密副使吳奎副之翰林學士賈黯撰冊文并書
冊印冊文曰皇帝若曰天文列星次妃亞軒龍之象周
官分職夫人擬公台之任朕奉若典訓率繇禮序故登
建嬪嬡必先令淑助德理內其在茲乎咨爾賢妃苗氏

太宗賢妃高氏　太宗賢妃邵氏　真宗賢妃曹氏

性資柔嘉體懿靜婉居循圖史之戒動顧珩璜之節頃
自魯館降嬪淑封進位而能飭躬綱約率德罔違曾微
私誠之謁益茂肅雍之美流徽壼則增光彤史宜及吉
時顯膺恩冊令遣使尚書禮部侍郎參知政事趙槩副
使樞密副使左諫議大夫吳奎持節冊命爾為德妃於
戲惟謙畏所以杜奢盈之源惟柔順所以得輔佐之義
惟奉上以禮惟逮下以和克念有終則罔攸悔往欽休
哉不其慎歟　元豐元年詔賜德妃苗氏乞遇同天節
比類婕妤等親屬霞帔故有是詔

賢妃宋會要

賢妃高氏太平興國二年三月入宮三年三月為才人

卷一千二百六十六

至道三年七月為脩容進昭容大中祥符六年進昭儀
天禧二年九月進淑容乾興元年四月進淑儀卒年月
缺明道二年十月贈太儀慶歷四年九月贈賢妃　賢
妃邵氏初事藩邸及帝即位授司衣轉陵縣君遷御侍
押班郡夫人再遷尚書宮冀國夫人知大內事真宗初徙
封鄭國夫人大中祥符二年遷宮正安國夫人六年為
司宮令楚國夫人八年十一月加號順容九年二月卒
明道二年十二月贈太儀慶歷四年九月贈賢妃　賢
妃曹氏樞密院使檢校太師兼侍中贈魯王彬之女大
中祥符中為美人六年正月進婕妤天禧二年九月進
充媛乾興元年四月進脩媛天聖四年六月卒明道二

定本太宗　定本太宗

真宗賢妃陳氏

年十二月贈淑儀慶曆四年九月贈貴儀皇祐元年十月贈賢妃　賢妃陳氏初事藩邸為司衣至道二年卒於東宮趾沙臺寺咸平三年十月改葬普安院追號美人大中祥符八年正月贈昭儀乾興元年四月贈順容明道二年十二月贈淑容又贈太儀慶曆四年九月贈賢妃

仁宗賢妃杜氏

仁宗慶曆四年九月六日進封杜氏為賢妃中書門下言近例封妃劉送學士院撰制詞更不鏁甯不付閤門宣讀便寫告進入從之

宋史仁宗賢妃苗氏

嘉祐二年六月二十三日制淑妃苗氏為賢妃令所司備禮冊命妃生福康公主以主將出降李瑋故加妃命後免行禮

宋會要

卷一千二百六十六

神宗賢妃周氏

神宗熙寧九年三月一日制婉容周氏進封賢妃令有司備禮冊命三日命參知政事王珪為賢妃冊使元絳副使翰林學士楊繪撰冊文并書冊印十四日內降賢妃周氏冊印章臣率百官班文德殿庭行禮冊文曰皇帝若曰家邦風化之原必先內職之正嬪御典司之秩無尚列妃之華上稽乾文特法四星之次外視官品蓋比三公之崇必推其人迺命以位眷言禁掖之媛逮事祖先之庭懿範有聞勤誠無斁粵受顯冊厥惟舊章咨爾婉容周氏早膺法相之求入踐宮闈之列材資淑哲性質溫和動循環珮之音雅出衣冠之冑奉承陰教遵訓誨於保阿蹈襲閨儀服箴規於圖史外言罔入內則

彌彰昔生帝女之賢今位皇姑之貴肆加徽數庸示褒恩遂擇日辰之良昭陳禮物之備今遣使禮部侍郎參知政事王珪副使工部侍郎參知政事元絳持節冊命爾為賢妃於戲周南戒飾於險詖漢史稱揚於肅雍惟善慶足以降福祥惟恭謙足以長富貴式永終譽不其美歟　元豐元年詔賜賢妃周氏乞遇同天節比類婕妤舉親屬恩澤故有是詔

宋會要

神宗賢妃邢氏

元豐元年十二月三十日制以婉儀邢氏進封賢妃免冊命上進告自是免行冊禮者並不書

宋會要

卷一千二百六十六

神宗賢妃張氏

賢妃張氏初封安定郡君元豐八年四月為才人元符三年正月進美人崇寧五年七月卒贈脩容繼贈貴儀政和四年三月贈賢妃

徽宗賢妃楊氏

賢妃楊氏崇寧元年二月封永嘉郡君三年九月進才人大觀二年二月進美人政和元年七月進脩容五年十二月卒贈賢妃生和王栻順淑公主

徽宗賢妃王氏

賢妃王氏大觀元年閏十月封平昌郡君二年正月進才人二月進美人四年五月進脩容政和三年閏四月進婉容重和元年十一月進賢妃生沂王樗沖惠公主

宋會要

宋史高宗賢妃潘氏

高宗建炎元年詔潘氏進封賢妃四年詔月供賢妃以

下月料炭九百八十秤一手文本色餘折支價錢十二
年婉儀張氏卒詔特贈賢妃

卷一千二百六十六

全唐文

宋會要　昭儀

昭儀鮑氏初封永嘉郡君元豐八年四月為才人元符
三年正月進美人崇寧元年十一月卒贈昭儀　昭儀
勾氏初封仁壽郡君元豐八年四月為才人元符三年
正月進美人大觀二年二月進倢伃政和六年贈昭儀
昭儀夏氏初為典闈建中靖國元年十二月封安定
郡君政和三年六月進才人五年十一月卒贈昭儀

宋會要　淑儀

淑儀李氏淳化初為尚宮久在宮掖事無巨細悉主之 定本太宗
四年卒贈昭儀明道二年十二月贈淑容慶曆四年九
月贈淑儀

卷一千三百四

淑儀吳氏右屯衛將軍延保之女太平興 定本太宗
國四年二月入宮五年為美人真宗初進昭容景德四
年卒明道二年十二月贈淑容慶曆四年九月贈淑儀

宋會要　充儀

充儀尚氏初為美人景祐元年八月於洞真宮入道皇
祐二年九月卒贈充儀治平以後無加封　充儀朱氏
初封沛國郡君元豐八年四月為才人紹聖二年七月
卒贈充儀

宋會要　貴儀

貴儀張氏初封仁壽郡君元豐八年四月為才人元符
三年正月進婕妤大觀二年二月進修容政和元年十

月卒贈貴儀

卷一千三百四

全唐文婉儀

婉儀慕容氏

中興會要

紹興十四年十一月九日内降制曰朕紹隆基緒撫御家邦有如淑女之賢夙幸泰陵之遇相典刑之猶在況年德之俱尊進位視恩揚庭孚號婉儀慕容氏稟資謙慎植志靜專訓靡待於姆儀動必遵於圖史蚤預紫庭之選益昭彤管之輝藻鑑精明獨前知於聖母蘭心芳潔令娛侍於東朝雖眷禮之每加尚名秩之未稱是循彝制庸舉褒章積自九嬪之聯陞處四星之次增光壼則歸厚民風於戲思孝奉先實廣因心之愛追親貴老益推錫類之仁祇服寵榮永綏壽祉可特進位貴妃仍令所司擇日備禮册命

卷一千二百六十五

全唐文

宋會要　美人

吴美人太宗右屯衛將軍延保之女太平興國四年二月入宫五年爲美人　臧美人江南李煜宫人煜卒八宫中太平興國八年九月自御侍爲縣君端拱二年四月爲美人　曹美人樞密院使檢校太師兼侍中贈魯王彬之女大中祥符中爲美人　陳美人初事藩邸爲司衣至道二年卒於東宫葬沙臺寺咸平三年十月改葬普安院追號美人　徐美人大中祥符元年自蘭陵郡夫人知尚書内省事時被疾帝以其在禁中及其未亟進封滕國夫人尋卒明道二年十二月贈才人慶歷

卷二千九百七十二　一

四年贈美人　方美人初封新安郡君天禧二年九月爲美人　王美人初封金城郡君天禧二年九月進爲美人　俞美人仁宗景祐五年三月自御侍延安郡君爲才人九月進美人　周美人仁宗嘉祐四年六月自御侍安定郡君爲美人

宋會要　美人

張美人熙寧九年十一月詔魯國大長公主養母仁宗後宫延安郡君張氏可特進美人　連美人初封馮翊郡君元豐二年二月贈美人　林美人初爲御侍元豐五年八月封永嘉郡君六年十月爲美人　武美人初爲御侍元豐五年八月進才人八年四月進美人　勾美人初封仁壽郡君元豐八年四月爲才人元符三年正月進美人　鮑美人初封永嘉郡君元豐八年四月爲才人元符三年正月進美人　楊美人初封原武郡君元豐八年四月爲才人元符三年正月進美人　張美人初封安定郡君元豐八年四月爲才人元符三年正月進

卷二千九百七十二

美人　錢美人初封廣平郡君元豐八年四月進美人出居瑶華宫入道賜名格非元符元年十月辛建中靖國元正月追復美人朱美人初封南陽郡君元祐七年三月卒贈美人　王美人初封壽昌郡君建中靖國元年十月進美人　張美人初爲御侍崇寧元年正月封文安郡君三年十一月進美人　王美人崇寧三年九月封平昌郡君四年閏二月進才人三月進美人　慕美人初爲御侍崇寧元年正月進才人大觀二年二月進美人　魏美人初爲御侍崇寧元年正月封安定郡君大觀元年五月進才人二年二月進美人　王美人大觀元年閏十月封平昌郡君二年正月進才人二月

進美人　高美人初為御侍崇寧元年正月封信安郡君大觀二年二月進才人政和二年十月卒贈美人　胡美人初為御侍崇寧元年正月進才人大觀二年二月進美人　韓美人初為御侍元符二年閏九月封仁壽郡君十一月進才人大觀二年二月進美人　李美人崇寧三年九月封永嘉郡君大觀二年二月進才人五年八月進美人　楊美人崇寧元年二月封永嘉郡君三年九月進才人大觀二年三月進美人　陳美人大觀元年五月封仁壽郡君八月進才人三年二月進美人　崔美人初為御侍大觀三年正月封平昌郡君十月進才人四年十一月進美人　韓美人政和二年五月封壽昌郡君十月進美人　劉美人宣和三年五月封美人　馮美人紹興十六年五月詔典籍馮氏進封美人

卷二千九百十三

宋會要　才人

孫才人左金吾衛大將軍守斌之女太平興國二年七月入宮三年為才人　高才人太平興國二年三月入宮三年三月為才人　朱才人淳化二年七月自御侍為縣君四年十一月為才人　沈才人真宗故相綸之孫光祿少卿繼宗之女大中祥符二年四月為才人　陳才人明道二年十二月自御侍追贈才人　苗才人景祐五年三月自御侍仁壽郡君為才人　朱才人初封沛國郡君元豐八年四月為才人　張才人初封平昌郡君元豐八年四月為才人　張才人初封仁壽郡君元豐八年四月為才人　宋才人熙寧二年十一月為才人六年四月進婕妤　張才人神宗初為御侍熙寧二年四月封仁壽縣君三年正月進才人　馮才人初封治平郡君元豐八年四月為才人元符二年六月進婕妤　郭才人初封淮陽郡君元符三年正月為才人　劉才人初為御侍崇寧元年正月封晉安郡君大觀二年二月進才人　夏才人初為典闈建中靖國元年封安定郡君政和三年六月進才人　喬才人大觀三年七月封永嘉郡君四年四月進才人生顯福公主　李才人政和四年二月封才人　王才人政和四年六月封才人　韓才人紹興十三年六月九日詔宮正韓氏進封才人　吳才人紹興二十二年五月十八日

卷二千九百十三

詔新興郡夫人吴氏進封才人

卷二千九百七十二

戴順容

宋會要　順容

戴貴人真宗順容也定武軍節度使興之女入宫爲貴人慶歷四年九月贈順容

卷二千九百七十二

全唐文

宋會要

太祖置司簿司賓並封縣君太宗置尚宮及大監並知內省事光內宣徽南院使兼承旨與司簿或封國夫人郡夫人

宋會要　郡夫人

熙寧十年十月詔昌平郡夫人周氏先朝選置東宮保視朕躬凡十餘年勤謹小心久而不懈今以壽終可贈楚國夫人元祐元年五月詔典寶夫人龐氏特授司贊夫人蓋以英宗皇帝隨龍保養荊王有勞故有是命八月詔內人張氏特授典贊夫人以侍哲宗讀書於藩邸勤

卷三千九百六十八

謹不懈故也八年詔聽宣胡氏童氏等並特授掌簿夫人管幹尚書內有公事以直筆累年謹恪無闕故也紹聖元年九月詔東陽郡夫人柳氏特追贈崇國夫人以入侍宮掖服勤累朝故也　詔典言李氏追封華原郡夫人以李氏入宮七十餘年給事章懿太后洎仁宗誕生而供奉之勤著聞宮掖故也　詔咸寧郡夫人任氏特授京兆郡夫人任氏以神宗皇帝隨龍李氏常在藩邸日侍從太皇太后故也建中靖國元年詔咸安郡夫人李氏特授溫國夫人仁壽郡夫人王氏特授溫國夫人仁壽郡夫人王氏特授成國夫人並以隨龍初遇大禮推恩故也崇寧元年五月詔以尚服張氏為景國夫人以昔在哲宗朝侍御服勤今徽几筵故加恩獎也三年正月詔衛國夫人步氏特授吳國榮壽夫人安定郡夫人董氏特授懿國夫人並以欽聖獻肅太后宮人執事服勤因大祥推恩政和元年六月詔同安郡君張氏封安康郡夫人皆隨龍人以正婦官換封故也　詔隨龍宮人故濟陽郡夫人王氏可特贈國夫人乾道元年十月詔隨龍平樂郡夫人張氏加封信國夫人皆隨龍被恩者也六年正月詔崇國夫人王從恭加封崇國柔明淑美和懿順穆夫人儀國夫人朱從仁加封儀國柔惠嘉淑靜懿夫人王從恭年八十七朱從仁年八十九並掌文字有勞故有是詔八月詔德壽和國夫人張氏

卷三千九百六十八

加封和國柔嘉夫人御前隨龍信國夫人張氏加封信國明順夫人九年六月詔主管大內公事知尚書內省事慶國夫人李從信兼提舉十閤分事知尚書內省事齊安郡夫人張從先善主管大內公事加封惠國夫人

全唐文

宋會要　乳母

太宗陳國夫人耿氏始封鉅鹿郡夫人太平興國二年八月封陳國夫人八年正月卒　太宗至道三年八月十七日封乳母齊國夫人劉氏爲秦國延壽保聖夫人先是帝以漢唐封乳母爲夫人邑君故事付中書省問宰臣呂端等曰斯禮可行否端等曰前代舊規斯可行也或加以大國或益之美名事出宸衷禮無定制故有是命。真宗齊曾國夫人劉氏初封齊國夫人至道三年八月封秦國加號延壽保聖咸平元年九月卒進號成聖繼明天聖四年改號秦國肅明賢順至和二年追

卷一萬八百十一　一

封齊曾國夫人真宗荆楊國肅明賢順夫人劉氏元符三年三月改封荆楊國　真宗咸平元年九月三日秦國延壽保聖夫人劉氏薨先是帝謂宰相曰朕有乳母奉之如母近深疾堅請就外將理故令就高懷德舊宅安泊如有不諱朕將親臨可乎咸言於禮無嫌及薨帝臨喪廢朝三日命入內副都知秦翰護喪事遣諸親及東宮舊給使輦以次奠哭十一日帝制服哀於苑中群臣奉慰十月二十四日葬于奉先寺前一日車駕臨奠葬日輟朝給鹵簿鼓吹時將發哀人以太宗喪始期頗疑其事令有司詳定禮官參議曰書稱高宗諒陰三年不言孔安國曰既卒哭即位除縗麻聽於冢宰以終三

年至漢文帝即位乃革三年之制以日易月二十七日除服心喪終制開寶通禮云先遣重喪後遣輕喪皆爲制服往則服其輕反則服其重又云皇帝爲乳母緦麻三月按喪葬令皇帝爲緦麻一舉哀而止服伏以秦國夫人保傅聖躬綿歷星紀遽兹淪謝宜備哀榮況太宗上仙已終易月之制而聖躬念往當用舉哀之文酌於人情允符典禮遂從之寶元二年四月九日六宅使象州團練使郭承祐奏自宣魏國夫人入內以永聖保壽賜名今魏國即已即世諸事當悉如舊晉國夫人陳氏內外傳言特繼永聖之例乞宣諭大臣自今後依先朝舊式更不添創名職永爲定制帝曰宮中之事自有皇

卷一萬八百十一　二

后餘局各有主者美人亦不令見人蓋不欲別生頭項對曰皇后母儀天下規範六宮如此正合其理某中自然肅靜帝曰承祐之奏並依例與入內侍省　至和二年八月二十二日秦晉國肅恭賢正夫人沐氏卒帝成服於苑中輟視朝三日宰臣率百官奉慰　仁宗燕國夫人錢氏天禧二年九月封爲安吉縣君進封榮國夫人至和二年追封燕國夫人　仁宗秦晉國夫人林氏天禧五年四月始封福昌縣君乾興元年四月進封南康郡夫人天聖六年十月進蔣國徙晉國加號慈壽福聖慶歷元年十二月進韓國賢和祐聖益秦晉二國更號永壽祐聖又號肅恭賢正至和二年八月卒贈秦晉

同上元符三年三月改封吳越國　大典卷二千九百六十九

右寫肅聖夫人

國祐賢肅聖夫人　仁宗吳越國夫人許氏先出嫁苗
繼宗天聖二年四月邀車駕自陳詔封臨穎縣君補繼
宗右班殿直尋封高陽郡夫人景祐元年十一月進崇
國四年六月進齊國五年二月加永聖保壽之號肅月
進魏國寶元二年三月卒詔輟視朝三日帝為制服發
哀追改號肅成賢穆至和二年二月贈吳越國夫人同上元符三年三月改封燕翼國　大典二千九百六十九
崇國夫人戴氏嘉祐二年五月自尚服追封燕翼國肅
成賢穆夫人許氏元符三年改封燕翼國宋補通鑑長編孔母許氏
先為宮人所譴出嫁苗繼宗及是自陳復入宮　英宗徐國仁良懿恪夫人賈
氏治平四年三月封韓國夫人元符三年三月追封徐
國夫人仍賜謚仁良懿恪　神宗燕曾陳國兩朝佑聖

卷一萬八百十一

三

安仁保慶崇壽體慈履順太夫人張氏初封永康縣君
治平四年三月追封崇國夫人熙寧八年二月封魏國
加號安仁保佑元豐八年四月封秦晉國安仁保佑夫
人元祐二年六月封吳越國加號安仁賢壽元符三年
正月封韓魏國加號保聖贊慈安仁賢壽惠和建中靖
國元年四月封兩朝佑聖太夫人品秩視貴妃崇寧二
年二月改封兩朝佑聖安仁保慶崇壽太夫人五年十
二月薨大觀元年正月贈燕曾陳國太夫人增體慈履
順四字謚曰恭懿　神宗元豐三年九月八日詔魏國
安仁保佑夫人張氏自今遇大禮增奏親屬恩澤一人
仍歲加賜冠帔三道　哲宗元祐二年六月二日詔神

宗皇帝乳母秦晉國安仁保佑夫人張氏守陵回特封
吳楚國安仁賢壽夫人八月五日詔以奉先寺後空營
地半賜安仁賢壽夫人張氏為壽堂其制度悉放仁宗
皇帝乳母林氏之制詔後許張氏買壽堂北民間地二
段及賜官地一段仍詔張氏本閤許置房緡為壽堂費
用四年十一月六日詔慶國夫人竇氏今遇明堂可依
例許封贈三代十八日詔慶國夫人竇氏每遇明堂大
禮特許奏有服親一名恩澤紹聖二年十一月八日魏
國福康惠佑夫人竇氏奏蒙恩進封欲乞與姪竇歸古
等推恩詔竇歸古特與三班借職三年六月十一日魏
國福康惠佑夫人竇氏言本位單官張遇等四人到位

卷一萬八百十一

四

歲久備見勤勞乞依吳楚國安仁保佑賢壽夫人張氏
例各與轉官一等仍舊祇應從之元符三年徽宗即位
詔神宗乳母進封韓魏國保聖贊慈安仁賢壽惠和夫
人建中靖國元年四年詔曰錫名十字號地兩邦曾未
足以稱萬一而厭予志也是用度越舊章發揚徽號峻
超列品增畀大名寵膺縟禮之隆益介壽祺之永遂以
為兩朝佑聖太夫人品秩視貴妃　哲宗韓燕國婉德
保順勤惠肅穆夫人竇氏元豐八年四月封安康郡夫
人元祐四年三月封慶國夫人紹聖二年十月封魏國
加號福康惠佑元符三年正月詔以先帝寢疾彌留尚
隱蔽不以聞降扶風郡夫人建中靖國元年五月復魏

國夫人崇寧元年正月封楚越國加號翊德保順四年
三月辛贈韓燕國加勤惠肅穆四字安平縣君王氏紹
興元年九月自陳元豐二年蒙取入皇太妃閤常有乳
抱之勤元豐三年放出望封一縣君詔特封安平縣君
月給錢五十　徽宗燕越國安仁順懿靜和恭恪夫人
劉氏元符三年二月封安康郡夫人建中靖國元年三
月封榮國夫人十二月封秦國夫加號安和順懿大觀
二年二月封燕國加號安和順懿恭恪政和六年十二
月進封越國加號安和順懿靜和恭恪七年正月改安
和字為安仁　邠充國康靜恭懿惠穆夫人王氏元符
三年二月封和義郡君四月封安定郡夫人建中靖國

卷一萬八百十一

五

元年三月封嘉國夫人十二月封楚國號康靖惠恭大
觀二年二月封魯國加康靖惠恭懿穆政和元年五月
封魯國加康靖順和懿穆三年五月辛贈邠充國易令
號　徽宗崇寧四年七月五日詔初供奉御乳入管氏
特封縣君月支料錢五貫以管氏自陳先於欽慈皇太
后殿備月權乳還皇帝降生首進御乳故也八月七日
又詔管氏每月添料錢一十五貫文以管氏陳乞依神
宗朝司飾劉氏等例入内衹應故有是詔　五年十二
月兩朝佑聖安仁保慶榮壽太夫人張氏薨詔許特于
苑中治具車駕臨奠輟朝三日大觀元年正月以鹵簿
鼓吹葬是日車駕為出郊駐蹕于崇福隆壽禪院贈燕

陳國太夫人謚恭懿崇寧中即壽堂建院賜金額　高
宗紹興五年五月十一日詔壽國柔惠淑婉夫人王氏
特授壽國柔惠淑婉育聖夫人慶國柔懿淑美夫人吳
氏特授慶國柔懿淑美保慈夫人並依祿式支破諸般
請給九年八月六日詔故慶國柔懿淑美保慈夫人吳
氏特贈慶國柔懿淑美靖肅保慈夫人九月二十四日
詔壽國柔惠淑婉育聖夫人王氏特授壽國柔惠淑婉
和懿慈穆育聖夫人依祿式支破諸般請給二十年二
月二日詔壽國柔惠淑婉和懿慈穆育聖王夫人位官
吏諸色衹應人自到位未曾陳乞推恩各特轉一官資
六月十五日詔故壽國柔惠淑婉和懿慈穆育聖夫人

卷一萬八百十一

六

王氏特贈福壽國柔惠淑婉和懿慈穆育聖夫人仍賜
絹二千匹錢一萬貫充斂葬使用七月十四日詔故壽
國柔惠淑婉和懿慈穆育聖夫人王氏本位官吏可特
轉兩官資　三十二年（孝宗即位，未改元。）八月二十七日詔隨
龍妳周氏特崇國夫人依祿式支破諸般請給十一月
十五日加封崇國慈良保佑賢壽夫人十二月十四日
薨乾道二年九月二十一日贈崇國慈良保佑賢壽柔
嘉靜莊夫人　孝宗乾道二年九月二十一日詔故乳
母紅霞帔孫氏特贈柔靖夫人　淳熙十六年三月九
日詔隨龍乳母張氏特封吉國柔明慈惠夫人依祿式
支破諸般請給紹熙三年三月二十四日加封吉國柔

明愍惠淑謹和順端懿夫人十一月十日詔故乳母新安郡夫人徐氏特贈寧國夫人

卷一萬八百十一

婉容原本如此

內外命婦

宋會要　內職

宋朝承舊制皇后之下有貴妃淑妃德妃賢妃昭儀昭容昭媛修儀修容修媛充儀充容充媛婕妤美人才人舊有寶林御女采女國朝不置太祖置司簿司賓並封縣君樂使並賜裙帔太宗置尚宮及大監並知內省事充內宣徽南院使兼承旨與司簿武封國夫人郡夫人賓省尚食封縣君司寶司儀司給封郡君縣君樂使之下增副使改內省為尚書內省令尚宮大監並號尚書改祇候人為御侍衣服為司衣梳篦為司飾枕為司寢湯藥為司藥樂使副使為仙韶使副使弟子呼供奉置直筆書省主事改茶器為翰林局掌御閣為直閣掌宮

卷三萬四百七十八

門為直門掌燈火為掌燈掌從物為置仗針線院為裁縫院令司簿兼掌寶司言兼監班司儀兼承宣掌寶司儀及仙韶使副使封縣君司記知尚書內省公事皆賜以君帔真宗置宮正司籍司樂司贊司珍司膳典寶典言典贊尚儀尚功尚服尚食尚寢司闈司仗司醞司饎司正司設司輿司苑司製司綵樂長引客御侍行首押班殿直散直行首都行首擊頭知書省之名景德二年增置太儀大中祥符二年特置貴人六年增置淑儀淑容順儀順容婉儀婉容在昭儀之上司宮令一員在尚宮之上仁宗乾興元年置貴儀在淑儀之上凡內命婦品貴妃淑妃德妃賢妃夫人正一品太儀貴儀淑儀淑

宮人女官職員

容順儀順容婉儀婉容昭儀昭容昭媛修儀修容修媛充儀充容充媛嬪正二品婕妤正三品美人正四品才人正五品貴人無視品宮人女官品六尚書正五品二十四司司正彤史正七品二十四掌正八品女史流外勲品凡宮人女官職員尚宮二人掌導引皇后管司記司言司簿司闈仍總知五尚須物出納等事司記二人掌在內諸司文書入出目録為記審訖付行監印等事其佐有典記掌記各二人女史六人司言二人掌宣傳啓奏事其佐有典言掌言各二人女史六人司簿二人掌宮人名簿廩賜之事其佐有典簿掌簿各二人女史六人司闈六人掌宮闈管籥之事其佐有典闈掌闈各六人女史四人尚儀二人掌禮儀起居管司籍司樂司賓司贊事司籍二人掌經籍教學紙筆几案之類其佐有典籍掌籍各二人女史十人司樂四人掌音樂之事其佐有典樂掌樂各四人女史二人司賓二人掌賓客參見朝會引導之事其佐有典賓掌賓女史各二人司贊二人掌禮儀班序設版贊拜之事其佐有典贊掌贊女史彤史各二人尚服二人掌司寶司衣司飾司仗之事司寶二人掌珍寶符契圖籍之事其佐有典寶掌寶各二人女史共四人司衣二人掌御衣服首飾之事其佐有典衣掌衣各二人女史四人司飾二人掌膏沐巾櫛服玩之事其佐有典飾掌飾女史各二人司仗二人掌仗衛

卷二萬四百七十八

兵器之事其佐有典仗掌仗女史各二人尚食二人掌知御膳進食先嘗管司膳司醞司藥司饎事司膳二人掌膳羞器皿之事其佐有典膳掌膳女史各四人司醞二人掌酒醴之事其佐有典醞掌醞女史各二人司藥二人掌醫藥之事其佐有典藥掌藥各二人女史四人司饎二人掌宮人食及柴炭之事其佐有典饎掌饎各二人女史四人尚寢二人管司設司輿司苑司燈事司設二人掌帷帳牀褥枕席洒掃鋪設之事其佐有典設掌設各二人女史四人司輿二人掌輿繖扇羽儀之事其佐有典輿掌輿女史各二人司苑二人掌園苑種植蔬果之事其佐有典苑掌苑女史各二人司燈二人掌燈油火燭之事其佐有典燈掌燈女史各二人尚功二人掌女工管司制司珍司綵司計事司製二人掌裁縫衣服纂組之事其佐有典製掌製各二人女史四人司珍二人掌金玉珠寶財貨之事其佐有典珍掌珍各二人女史六人司綵二人掌錦文縑綵絲枲之事其佐有典綵掌綵各二人女史六人司記二人掌支度衣服飲食柴炭雜物之事其佐有典計掌計各二人女史共四人宮正一人掌總知宮內格式糾正推罰之事司正二人掌同宮正其佐有典正女史各四人內職雜録真宗景德二年七月三日以雍王元份疾帝親視之問以母氏早亡得無永感元份頓首泣謝翌日詔置太儀以贈

卷二萬四百七十八

王份母任氏爲舊制親王母爲太妃公主母爲太儀時不欲有妃號故也　大中祥符六年正月二十八日詔曰朕以祇嗣慶基交修茂則眷言壼教實繫國風辨彤管之等威既存於舊制益紫庭之位號亦著於前聞爰考典章用新班秩垂茲憲度屬在隆平令增置淑儀淑容順儀順容婉儀婉容並從一品在昭儀之上可著之甲令以爲永式時將加恩太宗高昭儀臧昭儀故也

二月一日詔曰朕以宮壼之間各分事任班序之際夙著等威爰按舊章肇新明制增其常秩創以佳名所冀彤管承榮聿彰於茂渥紫庭並職彌振於宏綱令特置司宮令一員正四品班在尚宮之上著于令式以爲永規時以宮正邵氏久在宮掖掌事故特增置於加恩也

卷二萬四百七十八

七年六月十八日封婉儀楊氏爲淑妃帝不欲藩臣貢賀故不降制外庭止命學士草制付中書翌日宰臣言宮掖加恩朝廷慶事臣下不可闕禮望令客省依例受貢賀帝勉從之　乾興元年仁宗即位未改元四月三日詔曰朕仰紹鴻基均覃渙號眷惟宮掖建事先朝茂渥方行徽章溥及其有恭勤顯著位秩已崇所宜別建嘉名用旌懿行今增置貴儀在淑儀之上時以加恩太宗臧淑儀故也　景祐元年八月十五日詔曰朕祇紹慶基務敦靜治每遵勤儉用洽沖寧至於宮掖之中嬪侍之列雖僅充於儀職而靡厚於寵私頃以中闈有

虧善道降處次妃之位仍從別館之居尚通禁宸未叶彝制郭氏宜於外宅居止更不入內美人尚氏昨由下陳列於近侍素非令善但肆驕矜特寘刑章令於洞真宮披戴永不入內美人楊氏自居左右靡踰箴規宜令出內別宅安置長秋之重陰教是宜顧厥位以難虛必惟賢而是擇當求德閥以稱坤儀屬於戚勳之家兼咨冠甲之族將行聘納式助烝嘗曩者母后垂簾廣示慈愛遂有臣僚戚屬進獻女口入宮留處掖庭頗彰物論宜並放出朕常思恬素動守端莊固於聲色之間絕無溺惑之意每觀古籍備鑒前修上或恣於耽荒下必爭於寵幸虧德敗度莫甚於茲固深念於防閑弗暫忘於規戒自此八月之羨無事於訪求九御之班庶臻於簡肅咨爾宰府克[illegible]輔嘉猷

卷二萬四百七十八

皇祐二年十月十九日昭容苗氏特授淑儀　舊例內命婦官告並稱宜特進封至是中書門下議改稱特授後遂著例　神宗熙寧四年六月十八日岐國賢壽夫人朱氏奏昨以老病恩許於開聖尼寺養病今得安痊復見宮省本位使臣祇應人等乞賜推恩從之上語密院曰此真宗皇帝子周王乳母也百歲而耳目聰明宮中無先之者可特聽許宮人有疾甚者出之比丘尼寺十七八九上閔其然之著爲條約使太醫治病歲終計其全失而誅賞之是所全活者多矣朱氏乃其一也　七年四月三日詔婕妤

宋氏遇同天節賜親屬霞帔三道自今為例　八年四月二十九日詔妃嬪每三歲許奏乞同宗或異姓有服親合入差遣一次先是妃嬪陳乞無定法故立此制　九年九月十六日詔喬氏特封掌綵劉氏特封掌設以給侍太皇太后四十餘年最為勤舊故有是詔　十年六月一日詔典言李氏追封華原郡夫人　以李氏入宮七十餘年給事章懿太后洎仁宗誕生而供奉之勤著閨宮掖故也　十月十二日詔平昌郡夫人周氏先朝選置東宮保視朕躬几十餘年勤謹小心久而不懈今以壽終贈楚國夫人　元豐元年五月十五日詔賜婕妤賢妃親屬霞帔各五道美人二道仍著為例先是得妃苗氏賢妃周氏美人張氏乞遇同天節比類婕妤等親屬霞帔故有是詔　四年五月十七日詔洞真宮女道士楊易行特補充本宮法正仍賜號志靜大師以元係仁宗皇帝嬪御故也　十二月二十五日詔司設吳氏特授尚宮以景祐初承事章惠皇太后繼事太皇太后垂五十年故有是命　五年正月九日詔典贊吳氏典記李氏典綵張氏各特進位一等以給事太皇太后歲久故也　十一月十一日詔故淑妃董氏與恩澤四人令本家具名以聞以逮事仁宗生莊夷大長公主故也　八年四月十二日詔咸寧郡夫人任氏特授京兆郡夫人典寶李氏特授司記任氏以神宗皇帝隨龍

卷二萬四百七十八

十四日詔東郡夫人柳氏特追贈崇國夫人以入侍宮掖服勤勞累朝故也　○十月　右添十二日之上

李氏嘗在藩邸日侍從太皇太后故也　哲宗元祐元年五月九日詔典寶夫人龐氏特授司贊夫人龐氏以英宗皇帝隨龍保養荊王有勞故有是命　八月十七日詔內人張氏特授典贊夫人以伴哲宗讀書于藩邸勤謹不懈故也　三年九月十一日詔聽宣胡氏董氏並特授掌簿夫人管幹尚書內省公事以宜筆累年謹密無闕故也　七年五月二十三日詔聽宣夫人李氏特授掌簿夫人以管幹內庫有勞故也　紹聖元年九月十二日詔皇太后殿典賓朱氏為司寶掌闈董氏為司正掌籍閻氏為典言掌設丁氏為典寶聽宣李氏為掌飾宮人薛氏為掌珍李氏為掌膳吳氏為掌醞皇太妃殿宮人畢氏為掌賓張氏為掌製以御抗兩殿宮人久在左右可特與遷補故也　二年四月十九日詔今後諸妃嬪陳乞本位使臣申入內侍省契勘保明申尚書省

今後依條施行先是三省言妃嬪三年許陳乞有服親差遣　右添一次之上

先是吏部請妃嬪陳乞有服親差遣者委本位使臣申朝廷下內侍省再行保明方得施行故有是詔　三年四月三日詔美人武氏追封婕妤充儀陳氏追贈貴儀以大寧郡王及上出閣故也　五年三月二日詔才人引用妃嬪條陳乞有服親差遣一次吏部已用近例施行天聖內命婦品職令才人不在妃嬪品內合行改正故有是詔　元符二年五月二日詔宮人景氏等特與遷補景氏掌言裴氏掌贊張氏掌設勾氏籍吳氏掌

卷二萬四百七十八

絲蕭氏掌樂劉氏掌輿皆以久侍皇太后故特命之　二十九日詔華王俁睦王偲幼喪所生母才人馮氏乃王之所養母實自襁褓悉心撫養逦以並建王爵出奉外朝例令改封少報勤劬可特進封婕妤　三年正月二十四日降哲宗皇帝乳母魏國福康惠祐夫人竇氏為扶風郡夫人樂安郡夫人李氏為隴西郡君永嘉郡夫人陳氏為潁川郡君司闈馬氏為掌闈司正白氏為典正司贊王氏為典贊才人韓氏為紅霞帔以哲宗皇帝彌留侍疾無狀及蔽匿不以聞故也　四月一日贈仁宗司正曹氏為華原郡夫人神宗尚宮楊氏為榮國夫人京兆郡夫人任氏為咸國夫人　十二月二十七

卷二萬四百七十八

日詔內命婦降生皇子許依大禮奏有服親三品以上三人著為令　徽宗建中靖國元年四月八日詔宮人孫氏特授掌闈王氏特授掌賓　六月八日詔尚儀楊氏特授安康郡夫人掌設張氏特授典賓任氏特授掌記郭氏特授掌言並以隨龍推恩　十二月二日詔咸安郡夫人李氏特授溫國夫人仁壽郡夫人王氏特授成國夫人典闈夏氏特授安定郡君掌賓王氏特授典言掌闈孫氏特授典記宮人王氏特授掌賓崔氏特授掌贊並以隨龍初遇大禮推恩　崇寧元年五月十三日詔以尚服張氏為景國夫人司正白氏為尚儀司記孟氏為尚服典闈馬氏為尚功隨龍曹氏為掌設花氏

為掌珍王氏為掌綵張氏為文安郡君魏氏為安定郡君高氏為信安郡君劉氏為壽安郡君紅霞帔張氏為永嘉郡君張氏為仁壽郡君以昔在哲宗朝翊贊保護侍御服勤令儆几筵故加恩獎　二年正月十四日詔魏國夫人步氏特授吳國榮壽夫人安定郡夫人董氏特授儀國夫人司言閻氏特授司宮典飾李氏特授司贊典言景氏特授司飾並以欽聖憲肅太后宮人執事服勤因大祥推恩　三年三月十七日詔宮人王氏特授掌籍　九月五日詔宮人孫氏特授仁壽郡君　二十三日詔掌賓王氏特授永嘉郡夫人郭氏特授掌言　二十四日詔聽宣劉氏特授典記　十一月十八日

卷二萬四百七十八

詔典記劉氏特授尚儀並以隨龍推恩　四年八月詔楊氏追贈賢妃以及事禧陵潛藩故也　政和元年二月十六日詔以司言張氏為尚儀典記徐氏為尚服典籍王氏為司簿典賓王氏為司飾宮人劉氏為掌闈喬氏為掌製李氏為掌言張氏為掌贊楊氏為掌賓王氏為掌記陳氏為掌樂郭氏為掌輿任氏為掌饎皆以皇后受冊禮畢推恩本閤宮人故也　四月二十五日詔才人喬氏進封合得親屬恩澤可特與親兄白身進士昇補三班借職　五月二十詔宮人魯國安人惠和夫人李氏昨遇冬祀大禮特與依魏國惠和康祐夫人薛氏例封贈三代　十五日詔隨龍宮人故濟陽郡夫

人王氏可特贈國夫人　六月二十四日詔安定郡君
夏氏封才人同安郡君張氏封安康郡夫人皆隨龍人
以正婦官換封故也　七月十六日詔美人楊氏以降
誕皇子特進封修容　十一月十日詔婕妤韓氏以誕
育帝姬可封修容其親屬及本位使臣諸色人推恩有
差　二十六日詔婕妤勾氏美人魏氏昨遇冬祀大禮
合得親屬恩澤並回授逐位使臣　二年二月十九日
詔婉容崔氏降誕皇子其親屬並祇應使臣等推恩有
差　四月五日詔修容楊氏昨遇冬祀大禮合得親屬
恩澤依所乞回授與本位使臣　十月二十八日詔壽
昌郡君韓氏以降誕皇子可進封為美人　三年四月
卷二萬四百七十八
三日詔宮人典贊劉氏為司言以哲宗隨龍宮人故也
五月二十八日手詔曰先王之政自家刑國自內及
外惟我祖考董正治官分建百職總核萬事然秉五代
之亂循襲舊制名不稱實惟我神考外設六聯分職三
省各有常守而宮閫內官尚或沿襲有所未暇朝夕惟
念內外家國理當一體則有條而不紊機政之暇因考
古釐改俾各遵承永為定制尚書內省內宰二人副宰
四人總王六司使率其屬以聽內治掌外省六曹所上
之事都事六人主事六人錄事十二人令史十二人書
令史二十四人書史二十四人內省六司司治視吏部
職事官內史一人治中一人吏令史二人書令史四人

書史六人司教視戶部職事官內史一人治中一人吏
令史二人書令史四人書史六人司儀視禮部職事官
內史一人治中一人吏令史二人書令史四人書史六
人司政視兵部職事官內史一人治中一人吏令史二
人書令史四人書史六人司憲視刑部職事官內史一
人治中一人吏令史二人書令史四人書史六人司膳
視工部職事官內史一人治中一人吏令史二人書令
史四人書史六人　四年正月四日詔依礼制局擬定
諸妃告身綾紙四妃用雲龍貴儀至婉容用葛嘉鸎瞎
儀至充媛用蘭燕婕妤至美人用荇魚內命婦告身
綾紙內宰副宰用遍地雲鳳宮正尚宮內史郡夫人治
卷二萬四百七十八
中用雲鸞鳳国夫人用遍地雲鶴寶林至掌樂管幹仙
詔公事用鸞　七月四日詔於宮城西北隅創建館宇
專充掖庭宮人養疾之所以保壽粹和為名仍差同知
入內內侍省事李穀提舉所有差置官屬胥徒選醫治
療典掌湯劑並考覈殿最之格核存亡勸沮之法並仰
提舉所條具聞奏先是宮人疾患例於妙法廣福之寺
醫治見至鮮有生者蓋凡徒上下畢其物故喪葬賻贈
及其私財上知其弊故有是詔　九月二十六日手詔
創建保壽粹和館已設官置吏肇新條式可自今年十
月一日施行新法更不往廣福妙法等院其見在逐院
者仰一面結絕不候覆奏十一月七日手詔比者創修

保壽粹和館充被庭宮人養疾之所建宮設屬一新條
法革去尼寺宿弊又選擇良醫治其沉痾仍置典掌劑
療人以供藥餌庶無夭枉之患尚以管幹養病使臣未
能革心利於必死覬有厚利未副仁政之本意可自今
第六等已下差養病使臣若病人亡歿即時申入內內侍
省并提舉保壽粹和館所別差官管幹殯葬　五年五
月一日詔修容韓氏父武節郎中立特依初遇大禮例
贈右武衛將軍　六月十三日婕妤劉氏以降誕皇
子其父及親屬推恩有差　六年三月十六日詔宮人
魯国安仁惠和夫人李氏乞歸道宇修養可依所請　特
賜悟真冲道先生法名見素　八月四日婕妤勾氏特贈
卷二萬四百七十六
昭儀以熙豐嬪御故也　七年三月四日詔隨龍宮人
楚国仁壽夫人王氏加號仁壽惠和夫人　八年六月
二十八日內出手詔曰神考嬪御貴妃宋氏自熙寧初
誕育皇嗣年德彌邵譽藹被庭遽爾淪謝殊用傷惻可
依例賜二字謚并依貴妃苗氏合得恩澤七人外更添
三人以稱朕思親眷舊之意　宣和五年十二月二十
九日以岳陽軍節度使王舜臣乞致仕手詔獎諭王貴
妃　七年八月四日詔婕妤王氏降誕親屬可依下項
推恩親叔起復朝散大夫試殿中監王義叔親娣之夫
武節郎閑德府兵馬鈐轄士濆承節郎鄢陵縣巡檢郝誦
各與轉行一官親叔迪功郎新授守大理司直王義叟

迪功郎新授滑州司儀曹事義佐親兄從事郎監登聞
撿院琯迪功郎沂州司刑曹事璘親弟從事郎汝州司
刑曹事球並與改合入官親弟白身瑗琚璹並與補迪
功郎　十二月二十一日保壽粹和館官吏並罷宮人
依舊法往尼寺養病地歸軍器所　欽宗靖康元年六
月一日詔道君皇帝妃嬪並以龍德宮妃嬪為稱　高
宗建炎元年六月詔潘氏可進封賢妃　九月四日詔
榮国柔惠夫人郭氏永嘉郡夫人王氏宜春郡夫人孫
氏位祗侯使臣諸色祗應人等依和国王夫人例支破
身分驛劵諸般請給以扈從隆祐皇太后故也　四年
六月二十九日詔才人張氏可封婕妤　十一月二十
卷二萬四百七十八
四日詔月供賢妃以下月料炭九百八十秤一半支本
色餘折支價錢　十二月十六日詔永嘉郡夫人王氏
可特賜名從恭咸安郡夫人蘇氏賜名從溫並轉國夫
人除知尚書內省事諸般請給依祿式支破　同日紅
霞帔李氏馬氏與轉掌字殿直王氏文氏邢氏吳氏李
氏王氏並與轉聽宣魏氏趙氏張氏王氏解氏李氏董
氏王氏並與殿直　紹興二年八月二十七日主管大
內公事知尚書內省兼提舉十閤分嘉國懿康惠徽夫
人朱氏遺表乞依例推恩官吏并諸色人詔各特與轉
一官資內白身人候有名目收使　二年四月二十一
日詔哲宗皇帝房院美人慕氏魏氏並特轉婕妤依祿

式夫破諸般請給以昭憲聖獻皇后祥除故有此詔典
飾郭氏特轉尚字典寶蘇氏典衣宋氏並轉司字紅霞
帔朱氏轉掌字紫霞帔張氏王氏並轉紅霞帔張氏特
與紅霞帔曾氏與轉殿直五年閏二月五日詔主管大
內公事知尚書內省兼提舉十閤分潤國莊淑惠徽夫
人張從義與轉兩字主管大內公事知尚書內省兼提
舉十閤分崇國夫人王從恭與轉四字依祿式支破諸
般請給同日司飾張氏與轉宮字典寶馬氏與轉尚字
紅霞帔楊氏與轉典字紫霞帔王氏紅霞帔趙氏李氏
並與轉掌字司設何氏與轉尚字紫霞帔宋氏與轉紅
帔　五月二十六日詔主管大內公事知尚書內省事

卷二萬四百七十八

宜春郡夫人朱從仁可特授儀國夫人依前主管大內
公事知尚書內省事　同日紅霞帔李氏特授典籍司
賓張氏特授宮正　十五年五月十九日詔紅霞帔李
氏特轉掌字十六年二月二十三日詔紅霞帔黃氏轉
掌字紅霞帔黃氏郭氏特轉典字五月二十八日詔[illegible]
紅霞帔唐氏特轉典字紅霞帔王氏轉掌字十七年十
二月二十一日詔紅霞帔陳氏特與封永嘉郡夫人千
八年七月三日詔紅霞帔鄭氏李氏並轉典字　九月
十三日詔典寶袁氏與轉尚儀紅霞帔王氏與轉典[illegible]
賓紅霞帔趙氏與掌衣　十二月二日詔張氏與轉掌
字九日詔掌記黃氏特授典樂掌衣李氏特授典醞紅

霞帔張氏特授典綵十九[illegible]年二月二十七日詔典飾
[illegible]唐氏特與轉尚儀紅霞帔李氏特與轉掌珎　二十
年二月十五日詔司記朱氏特與轉宮記典籍郭氏與
轉司籍掌綵王氏與轉典綵掌言李氏與轉典言尚衣
王氏與轉典衣紅霞帔劉氏與轉典綵紅霞帔周氏與
轉典輿　七月十八日詔典寶王氏與轉尚儀紅霞帔
張氏與轉典記王氏與轉典寶　二十一年六月二十
三日詔典賓[illegible]張氏與轉宮字　二十二年九月十一
日詔紅霞帔崔氏特轉典製張氏特轉典珍四日詔典
字黃氏特轉司記紅霞帔楊氏特轉典寶馮氏特轉典
簿鄭氏特轉典闈王氏特轉典籍董氏特轉典樂紫霞

卷二萬四百七十八

帔王氏特轉掌贊張氏特轉掌言　三十二年詔書省
張氏特與轉聽宣　十年十二月三十日詔婕妤張氏
可轉婉儀　十二年二月六日卒十五日詔特贈賢妃
十七日詔本位官可特各轉兩官內部郡趙轍梁璋並
階官遥郡上各轉行一官張去為馮觀並遥郡上轉行
黎琦階官上轉行陳誠之莫鉞各轉兩官內合寄資者
依舊寄資親弟張莘與轉三官姪張子晋張子習各補
承信郎主管文字使臣并諸色祗應人各與轉兩官資
擬止法之人依條支賜令戶部支本色　十三年六月
九日詔宮正韓氏進封才人　九年三月二十五日為
紅霞帔十年九月二十七日轉宮正　十四年九月七

詔先降指揮封才人可更不施行　十四年十一月九日制婉儀暮（慕）容氏可特進賢妃仍令所司擇日備禮冊命先是上宣諭[illegible]輔臣曰婉儀慕容氏頗有賢德年餘七十見娱侍太后可進位賢妃故降制爲辭不[illegible]受冊　二十二年九月一日詔特贈貴妃　十六年五月十一日詔典籍馮氏進封美人　十二年正月二十六日爲紅霞帔十三年六月九日轉典籍二十八年七月十四日詔可令歸家自便本閣官吏等並發遣歸合屬去處官告令有司毀抹　十八年三月二十四日詔知尚書内省事安康郡夫人李氏從謹與轉國夫人直筆宮正何氏賜名從信除知尚書内省事與轉郡夫人　閏八

卷二萬四百七十八

月七日詔直筆尚儀楊氏特授信安郡夫人知尚書内省事賜名從義　十二月二日詔何從信除主管大内公事知尚書内省事與轉國夫人王氏除知尚書内省事與轉郡夫人賜名從敏　二十六年十一月十九日詔知尚書内省事信安郡夫人楊從義除主管大内公事與轉國夫人直筆司字呂氏除知尚書省事與轉郡夫人賜名從禮　三十二年閏二月二十七日詔知尚書内省事南昌郡夫人王從敏除主管大内公事與轉國夫人典字李氏除知尚書内省事與轉郡夫人賜名從貞　十九年二月二十七日詔尚儀袁氏可特授宜春郡夫人　二十二年五月十八日詔新興郡夫人吴氏

進封才人　十年九月二十七日爲紫霞帔十三年六月九日轉紅霞帔十九年十二月二十日封新興郡夫人二十八年七月十四日詔可令歸家逐便本閣官吏等並發遣歸合屬去處　十一月二十九日吏部言賢妃慕容氏上遺表姪孫宗興乞與使臣内安排依格合補承信郎從之　十二月三日詔才人刘氏祖母耿氏特封郡夫人同日詔才人吴氏母裴氏特封齊安国夫人　二十三年九月四日詔婉容劉氏母故永嘉郡夫人李氏特贈榮国夫人　二十四年正月二十四日制婉容劉氏進封貴妃仍令所司擇日備禮冊命辭不受冊十年九月二十七日爲紅霞帔十三年六月九日轉

卷二萬四百七十八

司記十六年五月十日封才人十七年二月十五日進封婕妤二十二年五月十八日進封親屬　二十四年二月二十四日詔進封親屬幷本位官吏依例合行推恩叔保義郎閤門祗候懃與轉兩官忠翊郎願特除閤門祗候僧悟[illegible]正與補左街僧録弟允升特於遥郡上轉行兩官候服闋日牧使堂弟承節郎允中承信郎允恭各與轉兩官允迪與補承信郎堂妹夫張文中與補承信郎本位官吏等兩經進封各特與轉兩官資合寄資者依碍止法人特與轉行　二十五年十二月十二日詔該遇大禮依格合得蔭補恩澤二人自紹興二十五年爲始特與放行　六月二十日詔自今後宮人陞

誤

轉掌字至宮正更不命詞給告止除宣命　二十七年二月六日詔才人劉氏弟舜卿晉卿堂叔伋僖偁並特與補承信郎　二十八　年九月二十三日詔宮正張氏與轉郡夫人依祿式支破諸般請給　十二月二十一日詔才人劉氏進封婕妤　十七年二月十八日轉紅霞帔十九年十二月二十日轉宜春郡夫人二十二年五月十八日封才人三十一年八月詔可令歸家遂便　二十九年二月六日詔慈寧殿夫人尚儀王氏與轉郡夫人依祿式支破諸般請給　十二月二十日詔直筆典衣王氏除知尚書內省事與轉郡夫人賜名從謹依祿式支破諸般請給　二十二年五月十八日詔

卷二萬四百七十八

吳氏可封才人　六月十五日（是月孝宗即位未改元）詔主管大內公事知尚書內省事兼提舉十閤分事崇國柔明淑美（元犯御名改作美）字和懿夫人王從恭知尚書內省事永嘉郡夫人李從信（元犯御名改作信字）並令改正別出告命　八月七日詔司字齊氏知內庫封宜春郡夫人賜名從美　二十七日詔張氏封平樂郡夫人依祿式支破諸般請給　十一月二十八日詔張氏封平樂郡夫人依祿式支破諸般請給　十一月二十八日詔和國夫人郭氏加封和國淑懿靖順夫人　乾道二年十月七日詔贈和國淑懿靖順端恪惠和雍穆夫人　乾道元年七月九日詔壽聖太上皇后殿

永嘉郡夫人張氏加封和國夫人典字馮氏封信安郡夫人並各依祿式支破諸般請給十月十二日詔隨龍平樂郡夫人張氏加封信國夫人　二年五月十二日詔紅霞帔夫人韓氏封宜春郡夫人　九月九日詔知尚書內省事和義郡夫人王從謹加封和國夫人兼主管大內公事司字直筆王氏宜春郡夫人知尚書內省事賜名從義各依祿式支破諸般請給　三年十一月十七日詔紅霞帔陳氏封信安郡夫人蔡氏封和義郡夫人鄭氏與轉宮字　六年正月八日詔崇國柔明淑美和懿夫人王從恭加封崇國柔明淑美和懿順穆夫人儀國柔惠夫人朱從仁加封儀國柔惠嘉淑靜懿夫人

卷二萬四百七十八

並依祿式支破諸般請給　王從恭年八十七歲朱從仁年八十九歲並掌文字有勞故有是詔　閏五月十一日詔主管大內公事知尚書內省事榮國夫人王從敏加封榮國惠和夫人兼提舉十閤分事知尚書內省事永嘉郡夫人李從信加封慶國夫人主管大內公事直筆尚字張氏知尚書內省事封齊安郡夫人賜名從善　八月四日詔宮字鄭氏封新定郡夫人依祿式支破諸般請給　二十八日詔永嘉郡夫人張氏侍奉太上皇帝日久特封婉儀　九月八日詔本位官吏等各特與轉一官礙止法人特與轉行合寄資人依舊寄資碩回授者聽白身人特與補進武副尉諸色供御輦官

厨子翰林司供内儀鸞入内院子各特與轉一資碇止法人特與轉行　三十日詔德壽宮和国夫人張氏加封和国柔嘉夫人御前隨龍信国夫人張氏加封信国明順夫人並各依禄式支破諸般請給　七年十一月九日詔德壽宮典字趙氏封信安郡夫人並依禄式支破諸般請給八年七月二十七日詔主管大内公事知尚書内省事和国夫人王從謹加封和国恭順夫人提舉十閤分事知尚書内省事宜春郡夫人王從義加封恵国夫人主管大内公事直筆尚字王氏封永嘉郡夫人知尚書内省事賜名從誠並各依禄式支破諸般請給　十二月十四日詔隨龍尚字于氏封新興郡夫人

卷二萬四百七十八

隨龍尚字張氏封順政郡夫人　九年六月三十日詔主管大内公事知尚書内省事慶国夫人李從信兼提舉十閤分事知尚書内省事齊安郡夫人張從善主管大内公事加封恵国夫人尚字直筆劉氏知尚書内省事封安城郡夫人賜名從恵並依禄式支破諸般請給内李從信止係遷職兼領合授宣命十月一日詔紅霞帔魏氏知内庫特與封新安郡夫人賜名從正依禄式支破諸般請給以上乾道會要　淳熙元年正月十二日詔隨龍信国明順夫人張氏特與轉信国明順柔靚淑貞夫人　四月二日詔和国柔嘉夫人張氏轉和国柔嘉肅懿夫人四年十一月二十八日特加贈和国柔嘉

肅懿雍穆莊靚順正夫人　二年二月二十四日詔主管大内公事知尚書内省事兼提舉十閤分事慶國夫人李從信特加封淑懿夫人三年正月四日以失照檢加恩鐀院降授慶国夫人是年五月復慶国淑懿夫人依前主管大内公事知尚書内省事兼提舉十閤分事五年五月二十四日上遣表乞將本位官吏祗應人等依故恵国夫人張氏遺表例各與轉一官資碇止法人特與轉行内白身人特與補進武副尉臣僚繳駁乞將碇止法人依條回授其白身人例轉一官將有名目日收使從之十二月二十八日詔德壽宮内人蘭氏特封咸寧郡夫人　三年正月四日詔直筆司字吴氏差誤加

卷二萬四百七十八

恩鐀院降紫霞帔　十一月十九日詔和義郡夫人蔡氏可進封婉容十年十月八日進封貴妃親屬並官吏推恩有差十二月四日詔内人李氏封同安郡夫人劉氏封永寧郡夫人典字李氏封通義郡夫人　四年四月七日詔故宮字徐氏特贈新安郡夫人以皇太子乳母故也十一月二十八日詔故信安郡夫人馮氏特贈嘉国夫人　五年正月二十三日詔德壽宮内人王氏特封平樂郡夫人郭氏特封咸寧郡夫人　五月二十一日詔知尚書内省事新興郡夫人房從柔除主管太内公事知尚書内省事轉崇国夫人　同日詔直筆司字梁氏除知尚書内省事轉永嘉郡夫人賜名從温十

年閏十一月十五日轉儀国夫人主管大内公事知尚書内省事六年六月二十九日詔内人吴從善除主管大内公事轉信國夫人直筆司字王氏除知尚書内省事轉咸安郡夫人賜名從順　十月二十四日詔德寿宮内人陳氏特封新興郡夫人張氏特高平郡夫人李氏特封齊安郡夫人黄氏特封和義郡夫人　二十五日詔内人黄氏特封新平郡夫人　七年十二月二日詔通義郡夫人李氏同安郡夫人張氏並進封婕妤本位親屬官吏推恩有差九年二月二十七日詔主管大内公事知尚書内省事兼提舉十閤分事嘉国夫人王從誠特授嘉国惠淑夫人主管大内公事知尚書内省

卷二萬四百七十八

事兼提舉十閤分事成国夫人劉從惠特授咸国柔穆夫人　四月十六日詔壽聖齊明廣慈太上皇后殿内人姜氏特轉咸寧郡夫人　七月三日詔隨龍榮国夫人張氏特轉榮国婉靚夫人　十年八月二日詔婕妤李氏贈貴妃八日上遺表乞親屬並官吏依故崇国夫人周氏遺表例從之九月十五日詔恭奉太上皇后聖旨齊安郡夫人李氏侍奉太上皇帝日以有勞特封才人親屬推恩有差十月八日詔婕妤張氏進封婉容親屬并本位官吏推恩有差閏十一月十五日詔直筆司字朱氏轉宜春郡夫人賜名從謙知尚書内省事　十二月二十六日詔壽聖齊明廣慈太上皇后殿内人平

樂郡夫人王氏封成国夫人咸安郡夫人郭氏封崇国夫人徐氏封信安郡夫人黄氏封咸寧郡夫人鞏氏封和義郡夫人　十一年正月八日詔德壽宮内人孫氏封高平郡夫人蔡氏封縉雲郡夫人王氏封順政郡夫人張氏封南平郡夫人張氏封齊安郡夫人　二月三日詔隨龍榮国婉靚夫人張氏特轉榮國婉靚柔惠夫人　二十四日詔主管大内公事知尚書内省事兼提舉十閤分事崇国夫人房從柔特轉崇國和惠夫人十五年十一月十七日轉崇国和惠懿敏肅夫人九月二十八日詔内人関氏轉南平郡夫人王氏轉永陽郡夫人　十二年十月二十二日詔新平郡夫人陳氏特

卷二萬四百七十八

與封美夫人十四年三月一日進封婉容親屬并官吏推恩有差十二月二十二日詔主管大内公事信国夫人吴從善除兼提舉十閤分事知尚書内省事十四年六月六日轉信国順懿夫人十五年十一月十七日轉信国順懿賢惠夫人同日詔咸安郡夫人王從順除主管大内公事知尚書内省事轉寧国夫人直筆司字朱氏除知尚書内省事轉永嘉郡夫人賜名從禮　十三年正月十九日詔德壽宮内人紅霞帔李氏轉安定郡夫人　三月二日詔内人臧氏特封南陽郡夫人黄氏封平原郡夫人　十四年正月二十日詔嘉国夫人謝氏轉嘉国淑惠夫人永嘉郡夫人劉氏轉崇国夫人

八日，詔知尚書内省事宜春郡夫人朱從謙除主管大内公事，知尚書内省事轉潤国夫人，直筆司字陳氏除知尚書内省事，轉順政郡夫人，賜名從信。五月二十二日，詔德壽宮順政郡夫人王氏特封才人，親屬推恩有差。十五年八月一日，詔皇太后殿内人成国夫人王氏轉成国靚穆夫人。十六年二月一日，詔司字吴氏轉縉雲郡夫人。以上孝宗會要

淳熙十六年五月十八日，詔紅霞帔張氏進封婉儀。六月十七日，詔知尚書内省事永嘉郡夫人朱從禮除主管大内公事，轉和國夫人；典字直筆馮巧巧除知尚書内省事，轉齊安郡夫人，賜名從順。十一月二十一日，臣僚言：「淳熙十四年九月十九日指揮，国郡夫人各減代手分充主管文字一名，合省減人數，且令依舊，候離司或事故，更不作闕。近鄭夫人、馮夫人位各差主管文字并代手分充主管文字及手分三人，緣逐位各已承降指揮，蒙朝廷給降付身了當，不敢申請裁損。竊慮日後更有国郡夫人指例從舊差破三人，難以阻遏。乞檢會已降裁減代手分充主管文字一名施行。」詔令照應已降裁減指揮，將增置人並罷。

卷二萬四百七十八

紹熙元年二月十五日，詔成国靚穆夫人王氏特授成国靚穆柔正夫人，信安郡夫人徐氏特授信国夫人，鄜氏特授清河郡夫人，方氏特授安化郡夫人，高氏特授彭原郡夫人。三十日，詔重華宮内人梁氏封新安郡夫人。三月十日，詔壽成殿内人崇国夫人劉氏封崇国柔惠夫人，劉氏特封感義郡夫人，並依祿式支破諸般請給。十二月日，詔宮人潘氏封新興郡夫人，朱氏、趙氏並與破宮字請給。五月二十三日，詔重華宮内人宋氏特與封高平郡夫人。八月十二日，詔壽成殿内人張氏特與轉永嘉郡夫人。九月二十三日，詔重華宮内人傅氏特封信安郡夫人，吴氏特封新安郡夫人，韓氏封齊安郡夫人，吴氏特封咸安郡夫人。同日，詔至尊壽皇聖帝隨龍人吴氏、郭氏並封淑人。十二月十五日，詔壽皇聖帝隨龍人信安郡夫人胡氏特與依宮人祿格支破諸般請給。二年正月十二日，詔重華宮内人朱氏特與縉雲郡夫人。四月二十八日，詔隨龍内人張氏封高平郡夫人，依祿格支破請給。三月改封永嘉郡夫人。二十一日，詔重華宮内人張氏特與破典字，依祿式則例支破諸般請給。三年九月二十二日，詔張氏可特封郡夫人，請給特與依宮人祿式支破。十二月二十五日，詔大内女道吴仲修特與補左街鑒義。四年十二月十五日，詔宮人符氏與轉永寧郡夫人，李氏與轉通義郡夫人。五年二月二十一日，詔同安郡夫人武氏進封才人。三月十二日，詔宮人張氏與封同安郡夫人。以上光宗會要

卷二萬四百七十八

慶元元年正月七日，詔宮人劉氏特封国夫人，袁氏、錢氏

特封郡夫人並依祿式支破諸般請給　二年二月十四日詔壽康宮内人鍾氏朱氏並特封郡夫人依祿式支破諸般請給　三月十五日詔宮人王氏特封郡夫人依祿式支破諸般請給　七月二十一日詔隨龍信國淑明慈懿夫人秦氏特轉信國淑明慈懿端靖夫人溫國柔惠莊順夫人成氏特轉溫國柔惠莊順雍穆夫人並依祿式支破諸般請給（三年四月秦氏封信國淑明慈懿端靖柔嘉顯肅夫人成氏加封溫國柔惠莊穆雍穆和懿英淑夫人）　八月十三日詔知尚書内省事平樂郡夫人楊從慧除主管大内公事知尚書内省事轉崇國夫人直筆尚字衛氏除知尚書内省事轉感義郡夫

卷二萬四百七十八

人賜名從正　三年二月十二日詔宮人劉氏特封郡夫人新安郡夫人張氏特轉國夫人　三月二十八日詔主管大内公事知尚書内省事兼提舉十閤分事潤國和順夫人朱從謙特轉潤國和順端肅夫人主管大内公事知尚書内省事兼提舉十閤分事和國夫人朱從禮特轉和國順懿夫人並依祿式支破諸般請給　九月六日詔壽康宮宜春郡夫人宋氏新興郡夫人潘氏並特轉國夫人宮字陶氏特轉郡夫人並依祿式支破諸般請給　四年二月二十七日詔壽康宮小殿直孫氏特轉齊安郡夫人于氏特轉新定郡夫人吳氏特轉感義郡夫人請給等並依祿式支破　十二月十二

日詔壽康宮隨龍信安郡夫人陶氏特轉和國夫人宮字趙氏特封寧國夫人依祿格支破諸般請給　十三日詔壽慈皇太后殿内人崇國柔惠夫人劉氏特轉崇國柔惠端肅夫人感義郡夫人劉氏特轉信國夫人宮字俞氏特封新安郡夫人朱氏特封齊安郡夫人並依祿式支破諸般請給　五年四月二十九日詔恭奉聖安壽仁太上皇帝聖旨壽康宮宮人劉氏特封滎陽郡夫人依祿式支破諸般請給　五月十三日詔婕妤楊氏進封婉儀　同日詔宮人李氏特封新安郡夫人（是月改封新定郡夫人六年二月改封和國夫人）　八月二十六日詔壽康宮内人安國夫人鍾氏特轉安國柔嘉恭

卷二萬四百七十八

懿夫人冉氏特封新安郡夫人並依祿式支破諸般請給　九月二十一日詔壽康宮宮人尚字張氏特封清河郡夫人尚字周氏特封高平郡夫人尚字馬氏特封安化郡夫人並依祿式支破諸般請給　十二月二日詔壽康宮内人紅霞帔孫氏特轉郡夫人依祿式支破諸般請給　六年二月十三日詔恭奉聖安壽仁太上皇帝聖旨壽康宮宮人永寧郡夫人符氏進封婕妤二十日詔宮人齊安郡夫人王氏特封吉國夫人通義郡夫人曹氏特封滎國夫人司字李氏特封通義郡夫人典字潘氏特封通化郡夫人曹氏特封永嘉郡夫人黃氏特封順政郡夫人紅霞帔周氏特封新興郡夫人

宮人駱氏特封宜春郡夫人周氏特封和義郡夫人童
氏特封縉雲郡夫人　四月一日詔恭奉聖安壽仁太
上皇帝聖旨壽康宮宮人感義郡夫人吳氏特封美人
五月二十三日詔恭奉聖安壽仁太上皇帝聖旨壽康
宮才人武氏進封婉容　七月七日詔宮人曹氏特封
和政郡夫人紅霞帔俞氏特轉咸寧郡夫人並依祿式
支破諸般請給　九月二十七日詔宮人掌字賈氏紅
霞帔李氏並轉郡夫人依祿式支破諸般請給　嘉泰
元年三月九日詔宮人通義郡夫人李氏特轉成國夫
人紅霞帔王氏特封新定郡夫人並依祿式支破諸般
請給　二年六月十三日詔知內庫新安郡夫人魏從
卷二萬四百七十八
正特與轉和國夫人請給等並依祿式則例支破　三
年三月三日詔美人曹氏進封婕妤高平郡夫人閻氏
封美人　四月二十七日詔皇后閤榮國夫人曹氏與
陞兩字國夫人咸寧郡夫人俞氏新興郡夫人周氏宜
春郡夫人駱氏和義郡夫人周氏司字李氏典字蔡氏
各特與陞轉國夫人典字徐氏紅霞帔鄧氏董氏張氏
各特與陞轉郡夫人並依祿式支破請給　同日詔崇
國夫人韓氏可陞兩國夫人　嘉定元年正月十四日
詔主管大內公事知尚書內省事兼提舉十閤分事惠
國莊順夫人馮從順與轉四字主管大內公事知尚書
內省事崇國夫人楊從慧除兼提舉十閤分事與轉兩

字知尚書內省事咸義郡夫人衛從正除主管大內公
事與轉國夫人直筆尚字何氏知尚書內省事與轉郡
夫人賜名從謹　五年八月十五日詔宮人楊氏除知
內庫轉信安郡夫人賜名從簡包氏與轉紅霞帔並依
祿式支破諸般請給　九年閏七月三日詔知尚書內
省事咸寧郡夫人王從義除主管大內公事轉潤國夫
人直筆尚字呂氏除知尚書內省事轉永嘉郡夫人賜
名從智直筆司字王氏與轉尚字賈紫典字張氏與轉
司字書省紅霞帔李氏馮氏並與轉掌字聽宣王氏未
出請受官身王氏張氏內藏庫識字王氏並與轉紫霞
帔未出請受官身楊氏張氏史氏並與轉聽宣寶閤紫
卷二萬四百七十八
霞帔張氏管殿紫霞帔王氏未出請受官身田氏並與
轉紅霞帔並依祿式支破請給　十年九月十二日詔
宮人吳氏可封新安郡夫人依祿式支破請給　十二
年十月二十七日詔知尚書內省事新安郡夫人何從
謹除主管大內公事轉吉國夫人直筆尚字王氏除知
尚書內省事轉宜春郡夫人賜名從信並依祿式支破
諸般請給　十五年三月十五日詔宮人吳氏可特與
封咸寧郡夫人依祿式支破諸般請給　十六年正月
五日詔宮人紅霞帔楊氏特與封咸安郡夫人依祿式
支破諸般請給　以上寧宗會要
大典卷二萬四千二百八十六

宋會要　律呂

宋太祖皇帝乾德四年十一月冬至御乾元殿受朝賀畢群臣詣大明殿行上壽之禮始用雅樂登歌二舞先是帝每謂雅樂聲高近於哀思不合中和又念王朴竇儼素名知樂皆已淪沒因詔和峴討論其理峴奏議曰十二月聲合在寂默古聖設法演而出之立尺寸作為律呂三分損益上下相生取合真音謂之形器但以尺寸長短非書可傳故累秬黍永為準的後代試之或不符會西京銅望臬可校古法今司天臺影表上有銅臬下有石尺是也今以朴尺比量短於影表上尺四分方知今樂聲之高皆由於此況影表測於天地則律管可以準繩帝乃令依古法別造新尺并黃鍾九寸管令工人共校其聲果下於朴管一律尋又內出上黨羊頭山秬黍累尺校律亦相符合乃下尚書集官議定遂重造十二律管取聲自此雅音和暢自國初以來御正殿受朝賀用宮縣次御別殿群臣上壽舉教坊樂是歲始備用焉

王應麟玉海初周世宗顯德六年正月樞密使王朴依周法以秬黍校定尺度長九寸虛徑三分為黃鍾之管黃鍾之律長九寸物以三生三三九以上下相生之法推之得十二律管乃作律準十三絃用七聲為均均有七調聲有十二均合八十四調張昭等議朴收京房之準法練梁武之通音考鄭譯竇常之七均校孝孫

卷二萬九百十六

一

大收之九變積粲黍以審其度聽聲詩以測其情音律和諧不相凌越學士竇儼編古今樂事為正樂皇朝受命儼仍秉太常建隆元年詔儼專其事儼乃改周樂文舞崇德之舞為文德之舞武舞象德之舞為武功之舞改樂章十二順為十二安蓋取治世之音安以樂之義七宗固陰陽之序請命博通之士上自五帝迄於聖朝凡樂章沿革總次編錄凡竇儼上疏三正生天地之美三絃之通七絃之琴十三絃之箏二十絃之離二十五絃之瑟三漏之籥六漏之喬七漏之笛八漏之篪十三管之和十七管之笙十九管之巢二十管之簫皆列譜記編於歷代樂錄之後永為定式名曰正樂儼判太常乃校鍾磬筦籥之數辨清濁上下之節復舉律呂旋相之法迄今遵用

卷二萬九百十六

二

至道

太宗至道二年正月十九日太常寺言音律官田琮以帝新增九絃琴五絃阮均配十二律旋相為宮隔八相生並已協律冠于雅樂以旋宮相生之法畫為圖以獻遂請廢拱宸管帝覽之喜詔本寺即與琮遷職以賞之

咸平

真宗咸平四年二月甲子雅樂正王繼昌上言祭享郊廟止奏黃鍾宮一調未嘗隨月轉律其樂工二百餘人無藝者甚衆乃命侍讀學士夏侯嶠判太常郭贄及令選大樂雲韶班中官一人明雅樂京朝官三數人較試

景祐

仁宗景祐元年八月二十三日判太常寺燕肅等言本寺編鍾磬年歲深遠累經采飾用銅

縧膠墨塗染填腎字號及有破壘合無聲韻者今雖將元定律準及鐘磬三料堪充祗應欲乞選差臣僚與判寺官員集本局通知音律者將律準同共考擊按試定奪聲韻所有鐘磬聲損壘損不堪者欲迄遂作添修抽換詔宋祁與內殿崇班李隨同本寺按試人令祠部員外郎集賢校理李照參其事九月帝御觀文殿詔取王朴律準觀視御筆篆寫律準字於其底復付太常秘藏本寺模勒刻石于廳事博士直史館宋祁為之贊曰在周有臣嗣古成器縮寫搶音桂分律位俾接攸司謹傳來世上聖稽古規庭閱視嘉御正聲親銘寶字金鈎鳥芒河龍獻執樂府增榮乾華府育用協成韶永和天

（贊）卷二萬九百十六

地景祐二年二月四日燕肅等以考定樂工樂器畢詔於延福宮進呈按試作御製天地宗廟樂曲樂章凡五十一曲帝問李照此樂如何照對高古樂五律遂命照詳陳其事照上言臣始到太常寺時已磨琢鐘磬成就窃聽八音之作雖與王朴所造律準品格符合其於聲調則乃太高比之古樂約高五律比之胡部亦高二律若聲黃鐘則必齊於仲呂若聲夾鐘則必齊於夷則乃是冬行夏令春召秋風此皆王朴所造律準經五代亂離之後雅樂廢壞鑿空創意不合古法臣又觀編鐘鎛鐘大小輕重厚薄長短並無差降倫序之法加以銅錫不精聲韻失美大者則陵小者則抑非中度之器也雖

在鑄造年代文字本寺相傳云是唐來舊鐘亦有周朝所製驗其率易必在倉卒之時也且唐室遺鼓物於末代累經衰亂之世王朴造律準於本朝莫覩福應之驗以茲為美未見其可臣聞昔者軒轅氏令倫截竹為律復令神瞽協其中聲然後聲應鳳鳴而管之參差亦如鳳翅是以大樂著美世稱其善傳之實古不刊之法也望令臣特依神瞽律法試鑄編鐘一架則大小輕重長短厚薄必令合法復使度量權衡無不協和可以助歌薰之美畢擊壤之樂來儀率舞未易可量帝令照於錫慶院試作編鐘既成奏御照遂欲改大樂又令內侍禮賓副使鄧保言叅其事照并引司封員外郎集賢校理

（贊）卷二萬九百十六

聶冠卿為檢討雅樂制度故實官因更定尺律別創樂器其形制詭異多非經說時詔馮元宋祁等修撰樂書冠卿照亦預編修四月八日李照言製造鐘律度量見用黍粒差小伏見太府寺石記云官尺每寸十黍臣以今黍十二方盈得一寸欲望更造官尺律管一副相兼候氣仍下河北路尋訪大黑秬黍每十粒充得太府官尺一寸者及河內為葭莩為灰一百斤進納以憑驗定尺律從之十二日詔宰臣呂夷簡以下同共管勾士造大樂十七日詔應文武臣僚幕職州縣官及州里儒學草澤博聞之士如有能曉達古今雅樂制作法度或考正鐘律音調歸侯灰琯測候次第並許稱薦或自經官

司陳狀所在郎時以聞於是杭州鄭向言鎮江軍節度推官阮逸自撰琴準用末律管相生之聲圖時應律雜不符合又制律管十二枚著樂論十二篇律管說一篇蘇州范仲淹言進士胡瑗能明律曆之學及通知古樂管絃鍾磬制度有所著雅樂文字隨州言進士蘇齊有舊歡樂書應天旋宮臨廣集十三卷并樂圖入草澤安宋上樂本圖并奏議一卷何文廣上古今樂纂一卷樂纂進律一卷樂府七秘訣一卷樂府雜錄一卷司天靈臺郎丁謂上新術律管筭草三卷詔逸瑗赴闕並取其書就有司考議之二十五日李照上造成今古權量律度式凡新尺律龠合升斗秤共七物尺準太府寺尺以起分寸為方龠廣九分長一寸高七分積六百三十分算黃鍾律管橫實七分高實九十分亦計六百三十分以黃鍾管受水平滿注龠中亦平滿合於算法若依古法千二百黍而為一龠者則於算法如減不成樂合方寸四分高一寸受水三分龠樂升廣二寸八分長三寸高二寸七分受水十二樂合樂升所受如太府升制樂斗廣六寸長七寸高五寸四分受水十升總計三百六十方龠以應乾坤二策之數樂秤以一合水之重為一兩一升水之重為一斤一斗水之重為一秤又造漢舊升合二枚漢合廣寸八分長二寸五分高與廣等受水十方龠比合分寸之數舊無其說今以算法推究知之

卷二萬九百十六

漢升廣四寸五分長五寸高二寸八分受水十漢合準今太府升九二升則餘二十八龠又造周禮升豆二枚周豆方寸與黃鍾新律管法不合周升方三寸受水一十七豆準今太府寺升九大七龠有畸臣以新律龠合升斗比較周漢舊制並據今新律龠立法但小大不同若取虞書同律度量衡則此法量與律合而周禮用豆起升以方寸立法則律量不同矣今制律定樂聲以諧和其龠合升斗亦合更造用存永制今欲以塗金熟銅鑄造新定律龠合升斗及別以木造周漢升合豆升四等各三副以備程覧從之　初照答帝問輒云今樂高五律其實無所準據既造鍾磬因率意整行均展舊度殆至太府常用布帛尺取符五律之言然而樂聲重濁甚矣又遂以太府尺寸為本作量法木式四等而所容受不合累黍之數又以太府尺寸作周漢量法木式各二寸欲通己說亦不能合且漢志云合龠為合乃黃鍾二龠之實而照誤云十龠為合蓋出於流俗之本故識者皆譏其妄六月十三日李照言編磬之數自來不有定制今若止用十二其聲已具於律呂其變已動於七均頗合天然造化之法臣考詳舊典今編鍾十六枚者按周禮小胥正樂縣之位凡縣鍾磬半為堵全為肆鄭康成注云鍾磬者編縣之二八十六枚而在一虡謂之堵鍾一堵磬一堵謂之肆疏引左氏義云縣者天

億　卷二萬九百十六

子用八諸侯七大夫四士二夫舞所以節八音而行八風此以八為數樂縣之法取數於此又倍之為十六是以淮南子亦云樂生以風亦是取數於八風之義臣今詳天子用八諸侯用六之文乃直言舞數之法非鍾磬之義也必若以鍾體於五數則天子用八倍之為十六可也諸侯用六倍之為十二可也大夫用四倍之為八士用二倍之為四則彼八鍾豈堪考擊而調曲奏非法也此則未達鍾律之旨耳夫十二月律與八風相均善正一律之法具三十日一風之法具四十五八風十二得各具三百六十之數風律相周是故正北之風則叶黃鍾東北之風則叶大呂大簇正東之風則叶夾鍾東

卷二萬九百十六　七

南之風則叶姑洗仲呂正南之風則叶蕤賓西南之風則叶林鍾夷則正西之風則叶南呂西北之風則叶無射應鍾故八風之法周於十有二律豈可以八律之數而行八風之氣哉夫自黃鍾右旋至于林鍾此八鍾者但是五風之半實非八風之象也夫十六鍾之設出於武琴且舜琴五絃以歌鍾律則具七音六律十二鍾之用若文琴六絃則其九音七律十四鍾之用武琴七絃則具十音八律十六鍾之用也然十二鍾之外其餘四鍾皆是清聲非中聲乃鄭衛之樂也本以武琴七絃以為之法但加靡靡之音而無邪正之節皆假清鍾以成焦殺若或去彼四清之鍾則哀思邪僻之聲無由而起

是故古之大樂明言五降之後不容彈矣此則正謂大樂之法止用十二鍾聲而已古之鄭衛之樂亦用歌鍾今胡部中方響十六乃是鄭衛編縣之數然方響十六亦有為也夫胡部有單策相傳自之為梁桂言單策之聲於諸器中最得其實不可增減其聲其曲法用十字已極盡人手指之力過此不可能也以此十字能應方響去清聲四版簞策中去五六二字則胡部不可成曲矣而於大樂都無所妨則知清聲四鍾大樂本自不用而鄭衛之聲無此不可令於編縣之內但留十二中聲去四清鍾於事則無所害又古有編縣十九枚皆按周禮鍾縣疏引服虔注云六律七音七律為七器音十二

卷二萬九百十六　八

鍾當一月十二月十二辰加七律之鍾則十九鍾臣今詳服虔所說甚為迂闊此但術數之家積閏餘之法其於大樂都無所謂又古有編縣十四枚及二十一枚者按後魏志去云漢成帝時犍為人於水濱得古磬十六枚漢以為瑞復依禮圖編縣十六云正始中徐州薛城送玉磬十六枚亦是一縣之器而云大樂所用鍾磬法七正七倍合為十四蓋準變宮變徵凡為七聲有正有倍而為十四也又引尚書大傳七始注云謂黃鍾林鍾太簇南宮呂姑洗應鍾蕤賓也然據一均變宮商角徵羽為正變宮變徵為和加倍而有十四焉又梁武帝加以濁倍三七二十一而同為一架雖取繁會聲不合

古臣今詳十四之磬乃是文琴之法殘之相傳若言十正七倍於鍾律中事法乖戾亦與八風取義不殊其二十一縣則尤無旨意也又古有編鍾一十四枚者校唐書志云古制雅樂宮縣編鍾十六口近代用二十四口正聲十二倍聲十二臣今詳二十四鍾其清聲十二不是中聲神瞽昔所不用管律不能諧之其聲一例皆石非合法之器也又金有編縣十二枚者按樂府雜錄云雅樂部律呂臣今詳編鍾十二律呂具備可為不易之法今引正經四議證之一周禮云凡為樂器以十有二律為之數度以十有二聲為之齊鍾此一義也二左氏傳晏子云為七音六律以奏五聲失七音六律出於十

二鍾若用十六鍾則有九音八律矣此二義也三左氏傳吳季子觀樂於魯美韶樂曰五音和八風平節有度守有序盛德之所同也夫言五聲和者則舜琴五絃七七音六律十二管之義也夫五絃之中自具七音數用十二管五聲各一蓋無偏重之音如此則五聲和矣若武琴七絃則是九音八律十六管之義宮商變宮三位重複如此則五聲不和矣八風平者五絃既具十二管則與八風自相均等此乃平也若武琴七絃當具十六管則有十一風正北東北正東之風偏重此皆不平也節有度者惟正(止)七音而為節也守有序者惟止八風而為序也若過七音八風則是無節守也四國語云王將

鑄無射問律於泠州鳩對曰律所以立均出度也古之神瞽考其中聲而量之以制度律均鍾百官軌儀紀之以三平之以六成於十二天之道也此乃量王將鑄無射倍聲泠州鳩患其過多故言成於十二天之道也夫律所以立均出度者此言月律十二而為均度之法不可增減者也者考其中聲量之以制者謂除其減倍之聲惟存正中之聲也夫黃鍾之律凡九十黍自九十一黍已上皆屬三倍黃鍾之法唯自四十六黍已下至九十黍名為中聲自具十二律故曰考其中聲量之以制者也又夫度律均鍾者謂以十二律之聲均調十二鍾者也又夫百官軌儀者此言樂為天子之職但貴其鍾

律諧和使人聞之欣然而感不知手舞足蹈而官司設法立制發號施令民亦悅隨如聞鍾律之和是故謂之百官軌儀此乃三皇五帝至治之盛也又夫紀之以三者謂度量衡法紀其聲律而成鍾也平之以六者此言造鍾之法不可過於六律則平和之理也成於十二者此言六律之變極於十二之數不可越也天之道者言天然造化之法必以十二而為體也詔馮元宋祁等更議其事元等議曰竊惟大樂之本金石為先虞制相沿典策具在蓋前聖善制取法非一故有十三管之和十九管之策巢二十六簧之竽二十五絃之瑟十三絃之箏九絃七絃之琴十六枚之鍾磬各自取義寧有一槩

之於律呂專為十二之數也且鍾磬八音之首絲竹以下受而為均故聖人尤所用心焉春秋號樂總言金奏詩頌稱美實依磬聲諒茲二器非可輕改今照欲損為十二不得其法於古臣等以為有不可者四甚不可者一傳曰天子用八者誠羽舞之列也然鍾磬亦取用八之義故先儒引以為言夫八音生於八風是制樂之本鍾磬得倍其數者由統率衆器使無遺聲十六之與其議在此若止於十二是虧天子用八之義且不得盡衆器之聲一不可也後王相尚亦時改作諸儒偏見或存異說蓋嘗有十九鍾二十一種者也十四鍾二十四鍾者矣雖暫施樂府槩見篇籍及鉅儒名臣討論至當併

卷二萬九百十六

克行遠終歸十六今欲隳至當行遠之法二不可也漢成帝時犍為郡水濱得古磬十六枚漢家因是議明堂辟雍以立制度驗此一事蓋非近物故班固之立漢志康成之註周官杜預之釋傳文阮氏之圖三禮而十六之數初無異論且前儒名學各有師承脫無全文常慎疑闕非如世之儒師心獨得便為可行也唐家稽古禮樂最為詳明今其所存者正史通禮會（樂）要今式六典通典義纂義羅之類究尋鍾磬之數咸云十六惟有樂府雜錄乃唐人段安節所著於雅樂部有編鍾十二之說臣等詳覽其書舛駁特甚且其文曰雅樂部十二律鍾依月律排之每面石磬及編磬各一架每架各編鍾

十二亦依律呂以上三十三字是樂府雜錄正文欽事之體誠有工拙至於鋪陳名物要須有次今於編鍾各一架之下便云每架各編鍾十二且鍾架尚未有說鍾數何緣先見漏略顛倒判其非文人安節當僖昭喪亂之餘唐家備樂既已殘缺而安節但率所見筆之於書所傳之事故多失實今若捨周官漢瑞之明據背班固康成之名學斥唐家正典之法遵後人失傳之議此三不可也而照引正經四義為編鍾十二之據其一引周禮凡為樂器以十有二律為之度數以十有二聲為之齊量臣等謂為之度數者[illegible]若者鍾之鍾則以黃鍾九寸倍而更半之其長二尺二寸五分之類也為之齊量

卷二萬九百十六

者乃是十有二聲之鍾取其所容以為聲之齊量非論編鍾之數也其二引春秋晏子之言為七音六律以奉五聲臣等謂七音七均六律兼六呂而言之也以奉五聲者而為之主也此蓋普說樂意非如照指擬定鍾體鍾配十二也其三引季子觀樂美韶樂曰五聲和八風平節有度守有序盛德之所同也照解之曰五聲和者則舜琴五絃七音六律十二管之義也夫五絃之中自具七音數用十二管五聲各一蓋無偏重則五聲和矣若武琴七絃則九音八律十六管之義宮商變宮三位重複則五聲不和矣八風平者五絃之中具十二管則與八風自相均等此乃八風平也若武琴七絃當具十六

管則有十一風正北正東之風偏重則八風不平也臣等檢勘春秋魯襄公二十九年吳公子札聘於魯請觀周樂爲之歌頌頌者今詩之周魯商頌也季子曰至矣哉五聲和八風平盛德之所同也則季子之言美三頌之盛德非爲韶樂而發也夫周家之樂自用七絃之琴既用七絃亦得五聲和八風平節有度守有序則照之前言不惟誤引經傳兼亦自相矛楯其四引國語王將鑄無射問律於泠州鳩對曰律所以立均出度也照爲月律十二而爲均度之法不可增減又曰考其中聲量之以制照謂除去減倍聲唯存中正之聲也又曰度律均鍾照謂以十二律聲均調十二鍾也紀之以上照謂度量衡法以成鍾也平之照謂造鍾之法不可過於六律成於十二照謂六度之變極十二之數此天然造化之法必十二爲體也臣等按立均出度者謂先以律呂立爲均器以均鍾音乃出大小清濁之度考其中聲者直謂中和之聲以爲樂制度律均鍾者調度律呂之長短以平其鍾紀以三者謂天神地祇人鬼紀聲合樂也平之以六謂六律也成於十二謂律呂相配也天地之道不過十二故以律呂之數配之且州鳩本以景王鑄爲大鍾不合雅樂故極言律呂之本欲使樂鍾必依於律非爲論編鍾之數以爲十二也且昔黃帝命伶倫與營援鑄十二鍾以調月律今之鑄鍾是也而照遂執月

鍾之數欲施編縣指正聲之清者謂之鄭聲以雅爲鄭此不可四也臣等又編問大樂諸工鍾磬十六若損爲十二聲何所闕理何所害工對言每朝饗祭祀但傳舊法只用正聲十二其四清聲多不能考擊惟無射爲宮之時黃鍾爲商舊傳黃鍾律之尊不可爲臣故用黃鍾之清又曰琴有二十五絃而有清聲若去鍾磬之四清聲則不能盡琴之調也臣等深求其旨蓋樂工但見其一未見其二何則聖人以金石有一定之調故於鍾磬寄其法度焉既已十二律各配一鍾又設黃鍾夾鍾四清聲以附正聲之次原其四清之意蓋爲夷則至應鍾四宮而設也夫五音宮爲君商爲臣角爲民徵爲事羽爲物不相凌謂之正迭相凌謂之慢百王之不易也聲重大者爲尊輕清者爲卑卑者不可加於尊古今之所同也故列聲之尊卑者事與物不與爲何則事爲君治物爲君用不能尊於君故也惟君臣民三者則自有上下之分不得相越故四清聲之設正謂君民相避以爲尊卑也今粗舉一宮則三宮可見且以無射爲宮則黃鍾爲商太簇爲角無射君也君管長四寸九分黃鍾臣也乃長九寸太簇民也亦長八寸若用正聲則民與臣聲皆尊而君聲獨卑上下交戾安得和協故必須用黃鍾四寸五分太簇四寸之清以答無射之律則君尊於上臣卑於下民役其令矣今若止用十二鍾旋相考擊

至夷則以下四管為宮之時臣民相越上下交戾則懘
淩犯之音作矣此甚不可一也不可者四甚不可者一
而欲輕變舊貫法將何賴且照為十六之數出於文武
二琴又曰鄭衛之樂本以五琴七絃以為之法但加靡
靡之音而無雅正之節夫周監二代仲尼從之觀武而
嘆稱其盡美文武可謂三代之盛王也使後聖有作亦
不過之故國朝太宗皇帝因七絃之法又加九絃易俗
移風義實有寄寔可謂九絃之設皆為鄭聲也況照於
樂律非不極慮然推論今古恐有未通其鐘磬十六望
望上采周漢諸儒及唐家典法今且如舊制至於十二
之說惟照獨見未可施行其夷則以下至應鐘四宮用

管之法言之難了謹列十二律圖并封上進詔試十二
枚為編以通照學

十二律圖　子　黃鍾子之氣十一月建焉辰合星紀
律合大呂在乾為初九下生林鍾之初下謂之娶妻其
律數八十一其管長九寸其生數一其日壬癸其宿虛
其次須女其候冬至　丑　大呂丑之氣十二月建焉
辰合玄枵律合黃鍾在坤為六四下生夷則之九五謂
之生子其律數七十六其管長八寸二百四十三分寸
之一百四其倍黃鍾之數三其宿牽牛其次建星其候
大寒　寅　太簇寅之氣正月建焉辰合娵訾律合應
鍾在乾為九二下生南呂之六二謂之娶妻其律數七

十二其管長八寸其倍大呂之數九其宿箕其次尾其
節啟蟄　卯　夾鍾卯之氣二月建焉辰合降婁律合
無射在坤為六五下生無射之上九謂之生子其律數
六十七其管長七寸二千一百八十七分寸之千七十
五其倍太簇之數二十七其日甲乙其宿心其次房其
候春分　辰　姑洗辰之氣三月建焉辰合大梁律合
南呂在乾為九三下生應鍾之六三謂之娶妻其律數
六十四其管長七寸九分寸之一其倍夾鍾之數八十
一其宿氐其次角亢其候清明　巳　仲呂巳之氣四
月建焉辰合實沈律合夷則在坤為上六五下六上是
謂一終其律數六十其管長六寸萬九千六百八十三寸

寸分之萬二千九百七十四其倍姑洗之數二百四十
三其宿軫其次翼其候小滿　午　蕤賓午之氣五月
建焉辰合鶉首律合林鍾在乾為九四上生大呂之六
四謂之娶妻其律數五十七其管長八寸八十一分寸
之二十六其倍仲呂之數七百二十九其日丙丁其宿
張其次星注其候夏至　未　林鍾未之氣六月建焉
辰合鶉火律合蕤賓在坤為初六上生太簇之九二謂
之生子其律數五十四其管長六寸其倍蕤賓之數二
千一百八十其日戊己其宿孤其次狼其候大暑　申
夷則申之氣七月建焉辰合鶉尾律合仲呂在乾為九
五上生夾鍾之六五謂之娶妻其律數五十一其管長

五寸七百二十九分寸之四百五十一其倍林鍾之數
數六千五百六十一其宿代其次參其候處暑　酉
南呂酉之氣八月建馬辰合壽星律合姑洗在坤為六
二上生姑洗之九三謂之生子其律數四十八其管長
五寸三分寸之一其倍夷則之數萬九千六百八十三
其日庚辛其宿濁其次留其候秋分　戌　無射戌之
氣九月建馬辰合大火律合夾鍾在乾為上九上生仲
呂之上六謂之娶妻其律數四十五其管長四寸六千
五百六十一分寸之六千五百六十四其倍南呂之數
五萬九千四十有九其宿胃其次婁奎其候霜降　亥
應鍾亥之氣十月建馬辰合析木律合太簇在坤為

六三上生蕤賓之九四謂之生子其律數四十三其管
長四寸二十七分寸之二十其倍無射之數十七萬七
千一百四十七其宿壁其次室危其候小雪　黄鍾子
黄者中之色君之服也鍾種也天之中數五五為聲聲
土上言五聲莫大焉地之數六六為律律有形有色色
上黄五色莫盛焉故陽氣施種於黄泉孳萌萬物為六
氣元也或曰冬至德氣為土土色黄故曰黄鍾又曰陽
氣鍾於黄泉而出亦曰鍾動也言陽氣動於黄泉以養
萬物也子孳也十一月陽氣動萬物滋入以為稱或曰
陽氣至此更孳生也故曰孳萌於子　大呂丑　呂旅
也言陰大旅助黄鍾宣氣而牙物也或曰呂距也言陽

氣欲出陰氣不許旅距難之也丑紐也言陽氣在上未
降萬物紐未敢出也或曰十二月萬物動用事文象手
形又曰居終始之際以紐結為名故曰紐牙於丑　太
簇寅　簇奏也言陽氣大奏地而達物也寅髕也正月
陽氣動去黄泉欲上出陰尚强不達而髕寅於下或曰
萬物資生螾然也又曰寅津也言生物之津途也故曰
引達於寅　夾鍾卯　夾助也時物未盡出陰乃夾助
太簇宣四方之氣而出種物也或曰陰陽之氣相夾廁
也又曰夾者孚甲也言萬物孚甲種類分也卯冒也二
月萬物冒地而出其文象開門之形故二月為天門或
曰茂也言陽氣生而滋茂故曰冒茆於卯（茆莫保切叢

生也）　姑洗辰　姑必也洗潔也言陽氣洗物必潔之
也或曰姑枯也言物生新潔洗濯其枯也又曰枯故也
洗鮮也物皆去故就新莫不鮮明也辰震也三月陽
氣動雷電震民農時也辰房星天時也或曰謂時物盡
宸動而長也故曰振美於辰　仲呂巳　言微陰始起
未成著於其中旅助姑洗宣氣齊物也或曰陽氣將極
故復中難之也又曰言萬物盡旅而西行也巳已也四
月陽氣已出陰氣已藏萬物見成文章故文為蛇象或
曰已起也物至此時畢盡而起故曰已盛於巳　蕤賓
午　蕤繼也賓導也言陽始導陰氣使繼養物也或曰
蕤甤下垂貌賓謹也言陽下陰生相賓謹也亦曰陰氣

幼少故曰蕤陽不用事故曰賓午梧也五月陰氣干陽冒冒地而出或曰長也大也言物皆長大故曰咢布於午林鍾未　林君也言陰氣受任助蕤賓君主種物使長大楙盛也或曰林茂也謂時物茂盛於野又曰萬物將就衰氣林林然亦曰林衆也鍾種也萬物成熟種類衆多也未味也六夷則申　夷傷也則法也言陽氣正法度而使陰氣夷當傷之物也或曰夷平也萬物將成平均皆有法則也又曰陰陽之賊萬物也申神也七月陰氣成體自申束也或曰身也言萬物身體皆成就也故曰申堅於申　南宮酉　南任也言陰氣旅助夷則任成萬物也或曰謂時物皆秀有懷任之象又曰陽氣

尚有任生薺麥也酉就也八月黍成可為酎酒或曰緧也謂時物皆猶縮也故曰留孰於酉　無射戌　射厭也言陽氣究物而使陰氣畢剝落之終而復始無厭已也或曰陰氣盛用事陽氣無餘也又曰射出也言陽氣上升萬物收藏無復出也戌滅也九月陽氣微萬物畢成下入地或曰取時皆衰滅也故曰畢入於戌　應鍾亥　言陰氣應無射該藏萬物而雜陽閡胡待切外閡曰閡種也或曰藏功皆成應和陽功收聚之也又曰鍾動也萬物應陽而動以下藏也亥荄也十月微起接盛陰也或曰劾也言時陰氣劾殺萬物故曰該閡於亥

臣棠古者伶倫制十二筩以聽鳳鳴其雄鳴為六雌鳴

亦六以此黃鍾之管始為律本於是步天成辰候地得氣導人為聲三才者備而天下之能事興矣為之度以檢長短量以齊多少衡以權輕重樂以管清濁聖人所以治天下者同律度謹權衡虞舜是已仲尼是已陽六為律律者法也以統氣類物陰六為呂呂者助也以旅陽宣氣因黃鍾之律九寸為宮或損或益始而左旋八八為耦陽常唱陰常和三其實而進一謂之上生陽主息也三其實而去一謂之下生陰主減也上生者自牛而左下生者自子而右夫兩陽必爭二陰不奪自然之理也故六律具而六間隨焉又以乾坤九六互為之配同位者為夫婦異位者為母子故黃鍾於仲呂為子母

於林鍾為夫婦於太簇為父子於南呂為子婦由是第之人道該焉故曰紀之以三平之以六成於十二天之道也所以宣養六氣九德命曰黃鍾所以協金奏贊陽出滯命曰太簇所以修潔百物考神納賓命曰姑洗所以安靖神人獻酬交酢命曰蕤賓所以詠歌九則平民無貳命曰夷則所以宣布令德示民軌儀命曰無射此之謂六律以立均出度也所以助陽宣物歸功於上命曰大呂所以出四隙之細命曰夾鍾所以宣陽中氣命曰仲呂所以和展百事莫不任肅命曰林鍾所以贊陽發秀命曰南呂所以均利器用咸使應律命曰應鍾此之謂六閒以陽洗伏黜散越也始自黃鍾周於仲呂五

下六上乃一終焉仲呂不日上生黃鍾者以黃鍾爲諸律之先似若無所稟生然蓋尊之也或謂蕤賓於大呂當言下生其說曰黃鍾爲律之本陽數興焉蕤賓生呂之元陰數興焉夫陽益數而下生陰陰損數而上生陽令去益不同上下無異爲陰數興也而言律者因一上一下相生之說遂不取焉黃鍾之數一一以三乘之終於應鍾得十七萬七千一百四十七數之實也述夫至治之世天地之氣合以生天〔風〕下之風氣正十二律定然則播五聲叩八音列四時而陰陽莫不咸遂萬物該咸成而條鬯〔也〕蓋尋文難曉案象易知臣今取歷代之言律呂楊摭大槩著十二律圖則盈虛消長指掌而知矣

卷二萬九百十六　二十一

七月五日李照言鑄造鑄鍾大小法度　謹按國語制鍾大不出鈞重不過石注云鈞所以配音之法也以木長七尺有絃繫之以爲鈞法百二十斤爲石臣參詳注文蓋亦差誤夫言輕重之法皆屬權衡方圓之法皆屬規矩大小之法則屬器量遠近長短厚薄之法則屬尺度高下之法則屬於圭表此文既言大不出鈞理當以器量之義釋之不當木表之法以爲解且若鑄鍾形高七尺則銅錫千餘斤未能充就豈有重不過石之說邪据諸書皆言三十斤爲鈞此文所云大不出鈞者乃是三十斤之量爾若以三十斤金土之重準其量則量大小若以三十斤黍穀之重準其量則量太大唯漢志云以水準其槩者乃得大小輕重酌中之法可以爲準矣今秤水三斗則重三十斤以爲鑄鍾之量頗協聲韻鑄造成鍾之後其最重者亦不過百二十斤蓋據事見法有此顯驗臣所以取之除此法度之外止有周禮疏云假設二尺二寸半爲廣長圓徑注之此亦太大若用百二十斤銅錫鑄之必不可成就也其太常寺〔舊〕鍾太小輕重並無古今制度欲望依以國語鈞石之說爲法以鑄鍾從之王應麟玉海八月己巳御崇政殿觀新樂上出雙鳳管下太常肄習其制合二管以足律聲管端刻飾雙鳳施兩簧焉九月壬寅御崇政殿按新樂景祐三年二月丙辰詔翰學馮元禮省副使劉保信與阮逸

卷二萬九百十六　二十二

胡瑗較定新舊鍾律三月乙未御崇政殿召輔臣觀新定鍾律丙申馮元等上柜泰新定詔別爲鍾磬各一架

六月九日，左司諫姚仲孫言：伏聞議者欲改制雅樂，俾協純音，謂舊律太高，裁之就下，以高形下，人固知之。洪惟制作之來，得其精微之必，罕其度。臣蓋不知其得於何道，而輒變更。聞其所為，率多詭異，至如練白石以為磬，範中金以作鐘，又欲以三辰五靈二十四聲為樂器之飾，臣雖愚昧，竊有所疑。自祖宗以來，考正雅樂，薦之郊廟垂八十年。洪惟先朝備行正禮，蹈祭岱嶽，至汾脽，振前王久墜之風，舉歷代難行之典，罄事之際，斯樂具陳，固以格神明，昭景貺。先儒審議，曾靡間言。若一旦輕用新規，全黜舊制，臣竊以為不可。望特詔罷之，止用舊樂。時帝既許照制器，業以為之，且欲究其術之是非，故仲孫之章不下有司焉。典卷二萬一千一百廿九

大典卷[illegible]九百六十六

律呂

景祐三年六月九日，馮元等上言：奉詔修撰樂書，望特降書名。詔以景祐廣樂記為名。七月十三日，馮元等上景祐廣樂記八十一卷，因草篇敘國朝制作云：元年秋九月，太常燕肅建言金石不調，願以周世王朴律準更加考按。有詔許之，又命李照、宋祁及中人李隨共領其事。明年正月，金石一部成，帝御延福宮臨閱焉。因問李照：樂果和否？照對：金石之音與王朴律準已協，然朴準比古樂差高五律，比禁坊樂差高二律，臣願制管以度調。帝曰：試為之。乃取京縣秬黍累尺成律，鑄鐘審之，其

聲猶高更用太府布帛尺為法乃下太常四律別詔潞州取羊頭山秬黍上送於官照乃自為律管之法以九十黍之量為四百二十星率一星占九抄一黍之量得四星六抄九十黍得四百二十量以為十二管定法於是詔內東頭供奉官鄧保信與照監視群工改作金石命聶冠卿檢閱典實佐其興作入內內侍省都知閻文應董其事丞相府總領焉凡所改制皆關相府詳定以聞別詔臣元臣冠卿臣祁討論樂理為一代之典乃詔天下有深知鍾律者以自言在所亟以名上照乃鑄銅立龠龠合升斗四物以興鍾鑄聲量法龠之率六百三十黍黍為黃鍾之容合三倍於龠升十二倍於合斗十倍於

卷二萬九百十六

升乃改造諸器以定其法餞又以鑄之容受差大更增六龠為合十合為升十升為斗銘曰樂斗後數月潞州上秬黍照等擇大黍縱累之檢考長短尺成與太府尺合法乃堅定先時太常鍾磬每十六枚為一虡而四清聲相承不擊照因是上言十二律聲已備願去四清聲于時諸臣議駁帝令權用十二枚為一格且詔曰俟有知音者能考四鍾協調清濁有司別議以聞

旅蕤改為龍云乃遣使採四濆浮石千餘段以為縣磬

鍾舊飾

先是臣祁建言縣設建鼓初不考擊又無三鼗且舊用諸鼓率多陋敝於是敕臣元等詳求典故臣等上言建鼓四今樂局皆具而不擊別設四散鼓於縣明擊之以代建鼓乾德四年秋書監尹拙上言散鼓不詳所置之由且於古無文去之便時雖可之而散鼓于今仍在又雷鼓靈鼓路鼓雖擊之皆不成聲故常預散鼓以為樂節而雷鼗靈鼗路鼗闕而未製今既修正雅樂謂宜申飭大匠作諸鼓使擊考有聲及創為三鼗如古之制使先播之以通三鼓罷四散鼓如乾德詔書詔從之時有上言者以為雷鼓八面前世用以迎神不載考擊之法而太樂見鼓以柱貫中故擊之無聲更令改造山趺上

卷五千四百六十四

出雲以承鼓刻龍以飾柱面各一工擊鼓一工左執鼗以先引凡圜丘降神六變初八面皆三擊推而左旋三步則止三者取陽數也又載擊以為節率以此法至六成靈鼓路鼓亦如之建鼓植縣四隅皆有左鞞右應乾隅左鞞應鍾亥之位也中鼓黃鍾子之位也右應大呂丑之位也艮隅左鞞大簇寅之位也中鼓夾鍾卯之位也右應姑洗辰之位也巽隅右應中呂巳之位也中鼓蕤賓午之位也左鞞林鍾未之位也坤隅右應夷則申之位也中鼓南呂酉之位也左鞞無射戌之位也宜隨月建依律呂之均擊之詔可其奏後照等更以殿庭備奏四隅建鼓既隨月協均顧無以節樂而周官鼓人以

晉鼓鼓金奏應以施用帝曰可依周官舊法制焉於是縣内始有晉鼓矣古者鎛鍾擊爲節檢而無合曲之義大射有二鎛皆亂擊焉後周以十二鎛相生擊之景德中李宗諤領太常總考十二鎛鍾而樂工相承殿庭習用三調六曲三調者黄鍾大簇蕤賓也六曲者調别有隆安正安二曲郊廟之縣則環而擊之宗諤上言曰金部之中鎛鍾爲難如一聲不及則宫商失序使十二鎛工皆精習則遲速有倫隨月用律諸曲無不通矣真宗因詔黄鍾大簇二宫更增文舞武舞福酒三曲至是詔臣元等詢考擊之法臣等奏言後周嘗以相生之法擊之音韻克諧國朝亦用隨均合曲然但施殿庭未及郊

卷五千四百六十四

廟謂宜使十二鍾依辰列位隨均爲節便於合樂仍得并施郊廟若軒縣以下則不用此制所以重備樂尊王制也詔從焉隋制内宫縣二十虡以大磬代鎛[鍾]而去建鼓唐武太后稱制更改用鍾因而莫革於是乃詔訪臣元等曰大磬應何法考擊何禮應用臣等具言古者特磬以代鎛鍾本施内宫遂及祭祀隋唐之代繼有因改先皇帝禪梁甫西瘞汾壤並仍舊章陳於縣奏若其所由吉禮則中宫之縣祀禮則皇地祇神州地祇先蠶今之后廟奉慈廟皆應陳設宫縣則三十六虡去四隅建鼓如古便若考擊之法謂宜同於鎛鍾此緣詔旨不俾循環互擊而立依均令曲之制則特磬故應不出本均

與編磬相應爲之樂節也詔可其年冬帝躬款奉慈廟樂縣罷建鼓始以磬代鎛鍾太樂局損舊以漆飾敕令黄其色以其土音云或奏言柷舊以方畫木爲之外圖以時卉則可矣而中設一色非稱也先儒之説曰有柄連底桐之鄭康成以爲投椎其中撞之今當創法垂久用明制作之意有所本焉柷之東方圖以青隱而爲青龍南方圖以赤隱而爲丹鳳西方圖以白隱而爲騶虞北方圖以墨隱而爲靈龜中央圖以黄隱而爲神螾撞擊之法宜用康成詔曰可又以新製雙鳳管詔付太樂局其制合二管以足聲律管端刻而爲雙鳳之飾施兩簧焉照因自造葦籥清管簫管清笛雅笛大笙大竽宫

卷五千四百六十四

琴宫瑟大阮大嵇凡十一種求備雅器詔許以大竽大笙二鍾下大樂用之餘悉罷不用時又出兩儀琴及十二絃琴二種以備雅樂兩儀琴者施兩絃十二柱十二絃琴者如常琴之制增其絃習以象律吕之數又敕更造七絃九絃琴皆令圓其首者以祀天方其首者以祀地帝乃親製樂曲以夾鍾之宫黄鍾之角大簇之徵姑洗之羽作景安之曲以祀昊天更以高安祀五帝日月作太安以饗景靈宫罷舊真安之曲以黄鍾之宫大吕之角大簇之徵應鍾之羽作興安以獻宗廟罷舊理安之曲景安興安惟乘羽親行則用之以姑洗之角林鍾之徵黄鍾之宫大簇之角南吕之羽作祐安之曲以酌

獻五帝以林鍾之宮大簇之角姑洗之徵南呂之羽作寧安之曲以祭地以太社太稷罷舊靖安之曲于時制詔有司太祖太宗真宗三聖並配僃上帝於以黄鍾之宮作廣安之曲以奠幣彰安之曲以酌獻又詔躬詣奉慈廟莊獻明肅皇太后之室作達安之曲以奠瓉厚安以酌獻莊懿皇太后之室作報安之曲以奠瓉衍安以酌獻皇帝八出作乾安罷舊隆安之曲常祀至日圜丘祀昊天太祖配以黄鍾之宮作定安以奠幣英安以酌獻孟春祀感生帝宣祖配以太簇之宮作廣安以奠幣肅安以酌獻祈穀祀昊天太宗配作仁安以奠幣紹安以酌獻孟夏雩上帝太宗配以仲呂之宮作獻安以奠

卷五千四百六十四

幣感安以酌獻夏至祭皇地祇太祖配以蕤賓之宮作恭安以奠幣英安以酌獻季秋大饗明堂祀昊天真宗配以無射之宮作誠安以奠幣德安以酌獻孟冬祭神州地祇太宗配以無應鍾之宮作化安以奠幣韶安以酌獻又造冲安之曲以七均演之爲八十四皆作聲譜以授有司冲安之曲獨未施行親製郊廟樂章二十一曲財成頌體告于神明詔丞相呂夷簡等分造樂章參施群祀又爲景祐樂髓新經凡六篇第一釋十二均第二明所主事第三辨音聲第四圖律呂相生并祭天地宗廟用律及陰陽數配第五十二管長短第六歷代度量衡皆本之於陰陽配之於四時建之於日辰通之於觀

竺演之壬式遁甲之法以受樂府以考正聲以賜群臣焉于時又詔奉慈廟準春秋獻羽之義止用文舞以陰事貴静云初照等改造金石所用員程凡七百一十四攻金之工二百五十三攻木之工二百一十六攻皮之工四十九刮摩之工九十一摶埴之工十六設色之工百八十九起五月止九月成金石具七縣焉至於鼓吹及十二案悉修飾之令臣冠卿等作景祐大樂圖二十篇以載鎔金鑄石之法歷世八音諸器異同之狀新舊律管之差是月與新樂并獻於崇政殿詔中書門下樞密院大臣與觀焉考聲展器靡不如素帝悅於是頒賞自監董而下至工徒進秩賞賜各有差其年十一月有

卷五千四百六十四

事于南郊悉以新樂并聖製及諸臣樂章用之觀者歎異焉大樂舊器皆藏之四庫以備因革之法此篇頗注李照異制故詳錄之

二十

一日詔翰林學士丁度知制誥胥偃直史館高若訥直集賢院韓琦取鄧保信阮逸胡瑗等鍾律定奪得失可施行與否以聞保信奏議引隋志云用上黨羊頭山烏團秬黍其黍有異他鄉其色至烏其形圓重臣於上黨

秬黍中揀圓者用一黍之長累百成尺則與蔡邕銅龠尺符合據隋律歷志有諸代十五等尺各有長短之說據尺裁龠各有增損則容黍不同故聲有高下今於十五等尺內取容黍數同者則合於蔡邕銅龠尺據書所載從上相承有銅龠一以銀錯題其銘曰龠黄鍾之宫長九寸圍九分容秬黍千二百粒稱重十二銖兩之爲合三分損益轉生十二律臣今用此定尺知與蔡邕銅龠尺符合比李照尺短[illegible]分比阮逸胡瑗用一黍之廣尺長九分五厘又據尺裁定律管黄鍾龠度九十黍之長空徑三分空圍九分秬黍千六百粒又爲一減黄鍾以四十五黍之長裁龠容六百粒二減黄鍾以二十黍

五厘之長裁龠如上容三百粒三減黄鍾以十一黍二釐半之長裁龠如上容百十五粒其空徑皆三分空圍皆九分用龠容黍皆合蔡邕銀錯題龠之數其律管聲比新定大呂相近比太常舊樂約下一律半臣又據漢志衡權法起於黄鍾二龠容千二百黍重十二銖兩之爲兩凡二十四銖爲一兩十六兩爲斤三十斤爲鈞四鈞爲石今依黄鍾龠容黍千二百重十二銖每百黍重一銖造稱止用銖兩斤準古之輕重第三毫先稱銖起在衡裏旁其第一星準定空平然後稱物移之一星稱黍百粒其重一銖至十二銖星計千二百黍是一龠之實重古之一小兩也至星盡所爲二龠合重二十四銖

第二毫起衡之中第一星重二小兩移一星重一銖至星盡計古之八小兩九十六銖第一毫起衡外旁第一星重古之八小兩移一星重六銖至星盡計古之二小斤計三百八十四銖臣又據漢志量者龠合升斗斛所以量多少也本起於黄鍾之龠容以黍千二百實其龠以井水準其概合龠爲合十合爲升十升爲斗十斗爲斛今依漢志造龠合升十參校古之多少具容受之數各以水準其概皆平爲龠一徑闊九分徑七分二釐容黄鍾一龠黍千二百乃平合一徑闊九分深寸三分八釐容黄鍾二龠黍二千四百乃平升一徑潤二寸六分九釐深寸六分二釐容黍十合乃平斗一徑潤五寸三

分一釐深四寸八釐容黍十升乃平凡四量皆以水準如其龠數亦平臣又以五物校定黄鍾龠空徑法則爲鉄堅三分一片所謂三分於黍尺上取之木長圓數三分圍數九分一條於鉄三分上取之納龠中端直無旁麻紙圍方緊九分卷而納之龠中以校空圍九分之數實也黄鍾龠尺一條長九十黍一減黄鍾龠尺一條長四十五黍阮逸胡瑗鍾律奏議三卷并所造黄鍾律管銅龠一木龠一各受黍千二百粒其數法取空圍內容九方分以積之又木嘉量斛斛式各一編鍾編磬各一銅尺一木黍尺一銅律管十二銅合升豆斗區各一銅鈞稱一初馮元等奏令司天秋官正楚衍靈臺郎朱吉

筭定逸瑗律管九方分之法云黄鍾管長九寸徑三分按九章之法求積分以徑三分自乘得九分又以管長寸通之為九十分乘之得八百十分為方積之數容黍一千二百今求管長九寸圍臧千百黍實徑之數準禮記筭投壺法求其徑置八百一十分分作九十重每重得九分按圓田術三分益得十二以開方法除之得三分四釐六毫強為實徑之數強為所不盡二毫八絲四忽者今求圓積之數以徑三分四厘六毫自乘得十一分九釐七毫一絲六忽加以開方不盡之數二毫八絲四忽得十二分以管長九十分乘之得千八十分為方積之數以三去之得八百一十為圓積之數容黍千二

卷二萬九百十六 二十六

百即黄鍾管長九寸徑三分四釐六毫強容黍一龠之數又筭舊法黄鍾管長九寸徑三分圍九分之法按九章圓田術圍九分自乘得八十一分又以管長九寸乘之得七十二百九十分以十二而一只得六百七分半是為分今此積方分八百一十容黍千二百以九章今有術置黍十二百以圓積六百七分半乘之得七十二萬九千却以積多分百一十條(除)之只容九百黍又筭周禮斛法方一尺高尺有六寸二分為一斛之容今以高高百截之得方一尺高一分六厘二毫為一升之容又以四升為豆豆方一尺高六分四釐八毫四豆為區區方一尺高二寸五分九釐二毫區十六升四區鬴鬴方一

一尺高一尺三分六厘八毫與逸瑗等律鬴之法正同至是度等又奏冬官正張奎覆衍吉所定及鄧保信龠合升斗數奎言据阮逸胡瑗律法求九(方)分徑三分四厘六毫強得圍之數按九章抄廣第四圓田求外周術置九分以十二乘之得一百八分以開平方術開之得一寸三厘九毫二絲三忽不盡一忽七十二抄法滿萬為忽與衍吉元等並同又筭鄧保信龠合升斗其龠量一徑潤九分深七分二厘容董(黄)鍾一龠受黍千二百粒按九章抄廣第求積方術以潤九分自乘之得八十二分以深七分二厘乘之得五百八十三分二厘為龠之積今二龠成合得千一百六十六分四釐為一合之積以

卷二萬九百十六 二十七

十之得萬一千六百六十四分為一升之積又以十之得十一萬六千六百四十分為一斗之積又合量一徑潤九分深一寸三分八厘容黄鍾二龠受黍二千四百按九章積方分術以潤九分自乘得八十一分又以深一寸三分八厘乘之得千一百一十七分八厘為一合之積今詳若以黄鍾二龠為合則當用千一百六十六分四厘為積今此龠法少四十八分六厘不合得前來龠法若以黄鍾法十之得萬一千一百七十八分為升之積又十一萬一千七百八十分為斗之積又升量一徑潤二寸六分九厘深一寸六分二釐黍十合按九章積方術以潤二寸六分九厘自乘之得七百二十三分

六厘一毫又以深一寸六分二厘乘之得一萬一千七百一十二分四厘八毫二絲爲一升之積今詳升法龠法相比即升多五十分四厘八毫二絲又比合法亦多五百四十四分四厘八毫二絲其升又以十之得十一萬七千二十四分八厘二毫爲一斗之積又斗量一徑濶五寸三分一厘深四寸八厘容黍十升按九章積方術以濶五寸三分一厘自乘得二千八百一十九分六厘一毫又以深四寸八厘乘之得十一萬五千四十分八毫八絲爲一斗之積今看詳若比龠法少五百九十九分九厘一毫二絲若比合法又多三千二百六十分八毫八絲若比升法又少二千一百八十四分一厘三毫二絲

卷二萬九百十六

二一八

此龠合升斗皆不相合亦不合周禮斛法度等又以王朴律準尺比校鄧保信舊尺大一寸七分强阮逸胡瑗等舊尺大七分强景表石尺大四分太府寺鐵尺大三寸三分强又校鄧保信一升凡二升六分强當太府宮量一升　九月十一日阮逸言臣等所造鍾磬其檢詳典故皆稟於馮元宋祁其方分定律又出於胡瑗筭術而臣獨執周禮嘉量聲中黄鍾之法及國語鈞鍾絃準之制皆抑而不用臣前蒙召對親承天問言王朴律高而李照鍾下竊覩御製樂髓新經歷代度量衡篇言隋書依漢志黍尺制管或不容千二百或不啻九寸之長此則明班志已後歷代無聞符合者惟蔡邕銅龠本得於周禮遺範故明堂月令章句云鍾以容受斤兩輕重爲法管以大小長短爲法此蓋皆率千二百黍以爲本也邕自知音所以只傳銅龠積成嘉量則是身中黄鍾而律本定矣謂管有大小長短者蓋嘉量既成即以量聲定尺明矣御製新編又引禮記布手爲尺白虎通八寸爲尺許慎說文八寸爲咫同尺等法臣仰遵聖作無不盡究前古之法度而立一朝之盛美也今議者但爭漢志黍尺無準之法殊不知鍾有鈞石量衡之制況周禮國語姬代聖經翻謂無憑執有稽古有唐張文收定樂亦鑄銅甌此是驗周之嘉量以聲定律明矣臣所謂獨執周禮鑄嘉量者以其方尺深尺則度可見也其容一鬴

卷二萬九百十六

二一九

則量可見也其重均則衡可見也聲中黄鍾之宮則律可見也既律度量衡如此符合則制管歌聲其中必矣臣昧死欲乞將臣見鑄成銅甌再限半月内更鑄嘉量以其聲中黄鍾之宮乃取李照新鍾就加修整務合周制鍾量法度文字已編寫次未敢便具進呈詔送度等并定以聞　十月四日丁度等奏詔敢鄧保信阮逸胡瑗等鍾律定奪聞奏并續準中書送下安朱何文廣所進樂本圖樂纂祕訣等一處詳定今取到鄧保信等奏議及所造黍尺律管權量鍾磬等并崇文院檢到歷代鍾律典故與差到天官再筭管龠法度仍取保信逸瑗元實黄鍾管排黍再令尺匠別造到黍尺

各二條參校備見得失據鄧保信律法其黍尺一條稱
用上黨秬黍圓者一黍之長累百成尺與蔡邕銅籥符
合臣等檢詳典故前代累黍造尺皆以一黍之廣為分
唯後魏公孫崇以一黍之長累為尺法尋太常卿劉芳
受詔修樂以秬黍中者一黍之廣者為一分而中尉元
匡以一黍之廣度黍二縫以取一分三家紛競久不能
決太和十九年高祖詔以一黍之廣用成分體與修金
石及隨志云從上相承有銅籥一以銀錯題其名黃鍾
之宮長九寸空圍九分容秬黍千二百粒祖孝孫云相承
傳是蔡邕銅籥本志中即不明言用黍長廣累尺臣等
今將保信送到黃鍾管內秬黍二百粒令匠人石素等

卷二萬九百十六

三十

以黍長為分再累到尺二條比保信元將到尺一條長
五黍一條長七黍蓋保信元尺用圓黍累尺及首尾有
相銜處到有差異又律管黃鍾籥黍校稱據尺裁九十
黍之長空徑三分空圍九分容秬黍千二百粒臣等用
保信元送到黍尺斛量分寸畧同復將保信實籥秬黍
再累者尺校之即長廣分寸不同又秤一量稱止是銖
兩斤之數臣等比保信元將到實籥黍校之即同又籥
合升斗等籥徑九分深七分二厘合徑九分深寸有三
分八厘升徑二寸六分九厘深一寸六分二厘斗徑五
寸三分一厘深四寸八厘臣等詳保信籥法稱徑闊九
分即當深一寸四厘今保信合法稱徑闊九分深一寸

三分八厘自已差舛其升斗之數亦皆類此兼據楚衍
樹等狀筭到籥合升斗皆不相合亦不合周漢量法又
据阮逸胡瑗鍾律法黍尺一條稱以上黨羊頭山秬黍
中者累廣求尺於黃鍾之聲臣等詳逸等尺以大黍百
粒累廣成之復令尺匠石素等將逸等送到黃鍾管內
秬黍二百粒以黍廣為分再累到尺二條比逸等元尺
一條短七黍一條短三黍半蓋逸等元尺並用一等大
黍累成其實管之黍大小不均致有差異又銅律管十
二枚臣等將黃鍾一管據楚衍等筭到圍九分分之法
校之黃鍾管長九寸徑三分四厘六毫強圍一寸三厘
九毫二絲強如用逸等元將到黍尺校之畧同若將逸

卷二萬九百十六

三十一

等實籥秬黍再累者尺校之即長廣分寸不同又銅稱
二量稱以兩黃鍾之籥合為一兩十六兩為斤自銖至
斤作銖稱一又以斤至鈞作鈞稱一鈞稱之制衡修三
尺六寸權重七十二兩權行圜而環之內倍好臣等以
逸等元將到實籥黍校之即同又籥合升斗斛豆區鬴
等籥方一寸深八分一厘合方一寸深一寸六分二厘
升方三寸深一寸八分斗方六寸深四寸五分斛方一
尺深一尺六寸二分豆方四寸深四寸五釐容四斗區
方六寸深七寸一分容一斗六升鬴方一尺深一尺三
分七厘釜容六斗四升據楚衍等再筭逸等所製量若
深寸如用逸等元累黍尺校之即合量法若將逸等實

區

龠秬黍再累者尺絫校即有差異又鍾聲各一架臣等看詳雖形制有合典故又緣絫尺已差難爲定奪臣等檢詳鍾律典故自晉至隋累黍之法但求尺裁管不以權量互相酬校故歷代黄鍾之管容黍之數不同惟後周因掘地得古玉斗據斗造律兼制權量亦不同周漢制度然虞書所載協時月正日同律度量衡司馬遷亦云王者制事立法物度軌則一稟於六律爲萬事根本焉故漢志有備數和聲審度嘉量權衡之説悉起於黄鍾之數今若欲器之制參互無失則班志積分之法爲近其逸瑗所進鍾律法奏議管龠權量積分之數前志中雖不明述方分今據秋官正楚衍等再以九章等術

卷二萬九百十六

三十二

及禮記投壺法推究開方求所合班志逸等以大黍累尺小黍實龠即於本法自相違戾所以鄧保信黍尺以長爲分雖合後魏公孫崇所説然當時已不施用况保信今尺以圓黍累之及首尾相銜處又與實龠之黍再累對大不同其量器分寸既不合則權衡之法不可獨用所有安宋何文廣元進樂本圖及樂纂録秘訣於鍾律制度别無可采詔悉罷之　十九日詔丁度等將大府寺四等尺比較詳定可以行用者聞奏度等言伏以尺度之興其來尚矣周官璧羨以起度度徑八寸袤一尺禮記大夫布手爲尺淮南子十二粟爲寸孫子十釐爲分十分爲寸雖存異説莫可適從漢志元始中召天

下通知鍾律者百餘人使劉歆典領之是時周滅二百餘年古之律度當有存者以歆之博貫藝文曉達歷筭有所制作宜不凡近其審度之法云一黍之廣爲分十分爲寸十寸爲尺先儒訓解經籍率多引以爲義歷世祖襲著之定令然而歲有豐儉地有磽肥就令一歲之中一境之内取黍較驗亦復不齊是蓋天地之生理難均一古之立法存其大槩耳故前代制尺非特累黍必求古雅之器以參校爲晉泰始十年荀氏校定尺度以調鍾律是爲晉之前尺以古物七品勘之一曰姑洗玉律二曰小吕玉律三曰西京銅望臬四曰金錯望臬五曰銅斛六曰古錢七曰建武銅尺當時以荀尺揆古器

卷二萬九百十六

三十三

與本銘尺寸無差前史稱其用意精密焉隋志所載諸代尺度十有五等然以晉之前尺爲本以其與姬周之尺劉歆銅斛尺建武銅尺相合臣等竊惟周漢二代饗年永久聖賢制作可取則焉而隋鑄毁金石典正之物罕復有者臣等以爲古物之有分寸明著史籍可以酬驗者惟有錢法而已周之圜法歷載曠遠莫得而詳秦之半兩實重八銖漢初四銖其文亦曰半兩孝武之世始行五銖下暨隋朝多以五銖爲號既歷代尺度屢改大小輕重鮮有同者惟劉歆制銅斛之世所鑄錯刀并大泉五十王莽天鳳五年改鑄貨布貨泉之類不聞後世有鑄者臣等檢詳漢法通典唐六典云大泉五十重

十二銖徑一寸二分錯刀環如大泉身形如刀長二寸
貨布重二十五銖長二寸五分廣一寸首長八分有奇廣
八分足枝長八分間廣二分圓好徑二分半貨泉重五
銖徑一寸臣等今以上件大泉錯刀貨布貨泉四物互
相參校分寸正同或有大小輕重與本志微差者蓋當
時盜鑄既多不必皆中法度但當校其首足肉好長廣
分寸皆合正史者用之則銅斗之尺從而可知矣伏況
經籍制度皆起周世劉歆術業之傳祖沖算數之妙晉
荀氏之詳密既合𥳑周之尺則最為可法者馮兼詳隋
牛里仁等議稱後周太祖令蘇綽所造鐵尺與宋尺符
同即以鐘調律并用均田度地按隋志後周鐵尺及宋

卷二萬九百十六

三四

尺皆晉前尺長六分四釐唐祖孝孫云隋平陳之後廢
周玉尺用此鐵尺律然則此晉前尺並長六分四釐今
司天監景表尺和峴所謂西京銅望臬者蓋以其洛都
舊物也晉荀氏所謂西京銅望臬者蓋西漢之物和峴
謂洛陽西京乃唐東都耳五代兵亂不聞改制測景之
事計即是唐尺今以貨布錯刀貨泉大泉等校之則景
表尺長六分有奇略合宋氏周隋之尺由此論之則銅
斛與貨布等尺寸昭然可知矣有唐享國三百年其制
作法度雖未及乎周漢然亦可謂治安之世今朝廷必
求尺度之中當依漢錢分寸若以為太祖皇帝膺圖受
禪創制垂法嘗詔和峴等用景表尺典修金石七十年

間薦之郊廟稽合唐制以示詒謀則可且依景表舊尺
俟天下有妙達鍾律之學者俾考正之以從周漢之制
其王朴律準尺比漢錢尺寸長二分有奇比景表尺短
四分既前代不曾施用復經太祖朝更改其阮逸胡瑗
鄧保信并李照所用太府寺等尺其制彌長去古彌遠
及阮逸狀進周禮度量法議欲先鑄嘉量然後取尺度
權衡其說疎舛不可依用臣等輒率愚慮蓋守舊文至
於音律皆非素習承詔自竭伏用惶恐謹再量造到景
表尺一條及以漢錢校定造到尺二條并大泉錯刀貨
布貨泉共十七枚上進乞自聖監裁處詔度等將錢尺
景表尺各造律管比驗阮逸胡瑗并太常新舊鍾磬較

卷二萬九百十六

三五

音高下聞奏度等言前承詔定奪太府寺四尺中可用
尺度止是檢詳前代典故及將漢志古錢分寸比量參
校得司天監景表石尺略合宋周隋之尺兼太祖朝嘗
詔和峴用以改修金石乞依景表舊尺施用今被旨令
造律管比驗音韻高下伏緣臣等不閑音藝累已陳述
若止令太常教坊樂工一而考正又慮難以憑實欲望
特降聖旨別選差通曉音律臣僚一兩員領較定庶得
精審既而詔罷其事　景祐五年五月十九日右司諫
直集賢院韓琦言臣先奉詔詳定鍾律嘗覽景祐廣樂
記伏覩李照所造樂不依古法率意妄行別為律度朝
廷因而施用識者久以為非今來南郊在近不可重以

違古之樂上薦天地宗廟臣竊聞太常舊樂見今存在伏乞將來郊廟大禮復用舊樂詔三司使晏殊次政殿大學士宋綬與兩制詳定以聞綬等言參詳李照新樂比舊樂減下三律衆論以為無所依據欲望將來郊廟行禮且用和峴所定舊樂兼得大樂令單仲辛等狀稱舊樂鍾磬內不經李照鎔磨者見存餘七架將來郊廟殿庭可以互換抵應並從之康定元年三月十八日太子中允阮逸上鍾律制議并圖三卷詔送秘閣皇祐二年四月二十八日太常言五郊迎氣各用本音之樂上辛祀感生赤帝即隨月用律今明堂祀上帝宜隨月用律以無射為宮五天帝用迎氣所奏五音青以姑洗為角赤以林鍾為祉黃以黃鍾為宮白以太蔟為商黑以南宮為羽詔禮官議定五月十一日上言隨月用律九月以無射為均五天帝各用本音之樂如太常所定詔可二十三日御製明堂樂曲及二舞名六月四日御撰明堂樂八曲以君臣民事物配屬五音凡二十聲為一曲用宮變徵變者天地人四時為七音凡音三十聲為一曲以子母相生凡二十八聲為一曲皆黃鍾為均又以明堂月律五十七聲為二曲皆無射為均又以二十聲二十八聲三十聲為三曲亦無射為均皆自黃鍾宮轉入無射或當用四十八或五十七聲則如前譜次第成曲其徵聲自同本律又製鼓吹驚嚴曲合宮歌一闋

卷二萬九百十六

三十六

丁卯御撰黃鍾五音五曲凡五十七聲下太常肄習之十一日翰林學士承旨王堯臣等言奉詔與太常寺參議阮逸所上編鍾四聲清譜法請用之於明堂者竊以律呂旋宮之法既定以管又十二鍾準為十二正聲以律計自倍半說者云半者準正聲之半以為十二子聲之鍾故有正聲子聲各十二子聲即清聲也其正管長者為均自用正聲正管短者為均則通用子聲而成五音然求聲之法本之於鍾故國語所謂度律均鍾者也其編縣之法則歷代不同或以十九為一虡者蓋取十鍾當一月之辰又加七律焉或二十一為虡者以一均聲更加濁倍或以十六為一虡者以均清正為十四宮商各置一副是謂縣八用七也或以二十四為一虡則清正之聲備故唐制以十六數為小架二十四為大架天地宗廟廟會等各有所施今太常鍾縣十六者舊傳正聲之外有黃鍾至夾鍾四清聲雖於圖典未明所出然考之實有義趣蓋夷則至應鍾四律為均之時若盡用正聲則宮輕而商重緣宮聲以下不容更有濁聲一均之中宮弱商強是謂陵替故雖用子聲乃得長短相敘自角而下亦循茲法故夷則為宮則黃鍾為角南呂為宮則大呂為角無射為宮則黃鍾為商又太蔟為角應鍾為宮則大呂為商夾鍾為角蓋黃鍾大呂太蔟夾鍾正律俱長並當用清聲如此則音律相諧而無所抗

卷二萬九百十六

三十七

此四清聲可用之驗也至他律為宮其長短尊卑自序者不當更以清聲間之自唐末多故樂文墜缺考擊之法久以不傳今若使匏土絲竹諸器盡求清聲即未見其法又據大樂諸工所陳自磬簫琴和巢生五器本有清聲塤篪竽筑瑟五器本無清聲五絃阮九絃琴則有太宗皇帝聖製譜法至歌工引音極唱止及黃鐘清聲臣等參議其清正二聲既有典據理當施用自今大樂奏夷則以下四均正律為宮之時商角依次並用清聲自餘八均盡如常法至於絲竹等清器舊有清聲者令隨鍾石教習本無清聲者未可創意求法但當如舊惟歌者本無中聲故夏禹以聲為律明人皆可及若強所

卷二萬九百六　三十八

未至足累至和請止以正聲作歌應合諸器亦自是一音別無差戾其阮逸所上聲譜以清濁相應先後互擊取音靡曼似近鄭聲不可用從之十二月以御製黃鍾五音五曲凡五十七聲付太常教習施行七月三日內出御製明堂無射宮樂曲譜三皆五十七字五音一曲奉俎用之二變七律一曲飲福用之七律相生一曲退文舞迎武舞及亞獻三獻徹豆用之八月二十二日上封者言明堂酌獻五帝精安之曲並用黃鍾一均聲此常祀五時迎氣所用若親饗則未安且明堂五室之位皆用五行本始所王之次獻神之樂當用五行本始之月律各從其音以為曲精安五曲宜以無射之均太簇

為角以獻青帝仲呂為祉以獻赤帝林鍾為宮以獻黃帝夷則為商以獻白帝應鍾為羽以獻黑帝王堯臣言閒賓通禮用周制祭天以夾鍾降神則奏黃鍾歌大呂宗廟以黃鍾饗神則奏無射歌夾鍾祈穀明堂盡用祀天之樂先帝東封西祀以前皆遵用後有司稍失傳孫奭崇祀錄五方帝降神之樂與昊天同酌獻則各奏本方之音皆隨月用律為均又云聖朝定禮隨月用律如十一月則升降奠獻皆以黃鍾為均詔俟大禮畢別加詳定

皇祐三年十二月二十七日益州進士房庶為祕書省校書郎命上律呂旋相圖庶成都人宋祁嘗上其所著樂書補亡三卷曰況自蜀還亦言其知音既召赴

卷二萬九百十六　三十九

闕真言太常樂比古樂高五律古以黃鍾起尺而今累黍為尺以製律非是馬端臨文獻通考宋祁田況薦益州進士房庶曉音祁上其樂書補亡三卷召詣闕庶自言常得古今漢志云度起於黃鍾之長以子穀秬黍中者一黍之起積一千二百黍之廣度之九十分黃鍾之長一為一分今文脫之起積一千二百黍八字故自前世以來累黍為赤以製律是律生於尺尺非起於黃鍾也且漢志云一為一分者蓋九十分之一後儒誤以一黍為一分其法非是當以秬黍中者一千二百實管中黍盡得九十分黃鍾之長九寸加一以為赤則律定矣直祕閣范鎮是之乃為言曰照依縱黍累赤管空徑三

分容黍十七百三十璎以横黍累赤管容黍一千二百而空径三分四釐六毫是皆以入生律不合古法今庶所言實千二百黍於管以爲黄鍾之長就取三分以爲空徑則無容受不合之差校前二說爲是盖累黍爲赤始失之於隋書當時議者以其容受不合弃而不用及隋平陳得古樂器高祖聞而嘆曰華夏舊聲也遂傳用之至唐祖孝孫張文收號稱知音不能更造赤律止沿隋之古樂制定聲器朝廷久以鍾律未正屢下詔書博訪群議莫有所獲今庶所言以律生赤誠衆論所不及請如其法試造赤律更以古器參攷當得其真乃令直秘閣范鎮同於修制大樂所依其所說而制造之是上

卷二萬九百十六　四十

律尺龠三物律徑三分圍九分長九十分龠徑九分深一寸尺起黄鍾之長加十分而律容受千二百黍皆合其聲才下三律盖用今黍而非古所謂一稃二米黍也又言古有五音而今無正徵音又言尚書同律度量衡所以齊一風俗今太常教坊鈞容及天下州縣各自爲律非尚書同律之義且古者帝王巡狩方岳必考禮樂同異以行誅賞自今宜自京師及天下州縣頒格律不令有異如有擅高下者乞依古加罪帝因召輔臣觀庶所進律及尺龠又令庶自陳其事帝因問旋相爲宫事令撰圖以進其說五行相生以黄鍾爲宫林鍾爲閏宫太簇爲商土生金也南吕爲羽金生水也姑洗爲閏羽應

鍾爲角水生木也蕤賓爲徵木生火也而世以林鍾爲變徵應鍾爲宫以旋相之法推之則五行相戾非是繼上其圖而胡瑗阮逸制樂已有定議止以圖送詳定所推恩而遣之其後直秘閣范鎮上書言陛下制樂以事天地宗廟以揚祖宗之休茲盛德之事也然自下詔以來及今三年有司之論紛然未决盖由不議其本而爭其末也竊惟樂者和氣也發和氣者聲音也聲音之生生於無形故古人以有形之物傳其法俾後人參考之然後無形之聲音得而和氣可道也有形者何秬黍也律也尺也龠也鬴也斛也算數也權衡也鍾也磬也是十者必相合而不相戾然後爲得也今皆相戾而不相

卷二萬九百十六　四十一

合則爲非是矣有形之物非是而欲求無形之聲音和安可得哉臣謹條十者非是之驗列于左惟陛下裁擇爲按詩誕降嘉種維秬維秠誕降者天降之也許慎云秬一稃二米又云一秠二米後漢任城縣産秬黍三斛八斗實皆二米史官載之以爲嘉瑞又古人以秬黍爲酒者謂之秬鬯宗廟降神惟用二尊諸侯有功惟賜二尊以明天降之物世不常有而貴一也今秬黍取之民間間者動至數斛秠皆一米河東之米謂之黒黍設有真黍以取數至多不敢送官比秬黍爲非是一也又按先儒皆言律空徑三分圍九分長九十分容千二百黍積實八百一十分今律空徑三分四釐六毫圍十分三釐

八毫是圍九分外大其一分三厘八毫而後容千二百黍除其圍廣則長止七十二分六厘矣說者謂四厘六毫為方分古者以竹為律竹形本圓而今以方分置筭此律之為非是二也又按漢書分寸尺丈引本起黃鍾之長又云九十分黃鍾之長者据千二百黍而言千二百黍之施於量則曰黃鍾之龠施於權衡則曰黃鍾之重施於尺則曰黃鍾之長今遺千二百黍之數而以百黍為尺又不起於黃鍾此尺之為非是三也又按漢書言龠其狀以爵爵謂爵琖其體正圓故龠當圓徑九分深十分容千百黍積實八百一十分與律分正同龠乃方一寸深八分一厘容千二百黍是亦以方分置筭也

此龠之非是四也又按周禮鬴法方尺圓其外深尺容容六斗四升方尺者八寸之尺也深尺者十寸之尺也何以知尺有八寸十寸之別按周禮璧羨度尺好三寸以為尺璧羨之制長十寸廣八寸同謂之度尺以為尺則八寸十寸俱為尺矣又王制云古者以周尺八寸為步今以周尺六尺四寸為步八尺者八寸之尺也六尺四寸者十寸之尺也同謂之周尺者是周用八寸十寸尺明矣故知以八寸尺為鬴之方十寸尺為鬴之深而容六斗四升千二百八十龠也積實一百二萬六千八百分今鬴方尺積十寸此鬴之非是五也又按秦書斛法方尺圓其外容十斗旁有庣焉當隨時漢斛尚在故

隋書載其銘曰律嘉量斛方尺圓其外庣旁九厘五毫冪百六十二寸深尺容一斛今斛方尺深一尺六寸二分此斛之法非是六也又按筭法圍分謂之徑圍方分謂之方斜所謂徑三圍九方五斜七是也今圓分而以方法筭之此筭數非是七也又按權衡者起千二百黍而立法也周之鬴其重一鈞聲中黃鍾漢之斛其重二鈞聲中黃鍾鬴斛之制有容受有尺寸又取其輕重者欲見薄厚之法以考其聲也今黍之輕重未真此權衡為非是八也又按凫氏為鍾大鍾十分其彭閒以其一為之厚小鍾十分其鉦閒以其一為之厚今無大小厚薄而一以黃鍾為率此鍾之非是九也又按磬氏為磬

股句一短有半其博為一股為二鼓為三蓋各以其律之長短為法也今亦以黃鍾為率而無長短薄厚之別此磬之非是十也前此者皆有形之物也易見者也使其一不合則未可以為法況十者之皆相戾乎臣固知其無形之聲音不可得而和也請以臣章下有司問黍之二米與一米孰是律之空圍三分與四厘六毫孰是律之凖尺而尺之起律孰是龠之圓制與方制孰是鬴之方尺圓其外深尺與方尺孰是斛之方尺圓其外庣旁九厘五毫與方尺深尺十二分孰是筭數之以圓分與方分孰是權衡之重以二米秬黍與一米孰是鍾磬依古法有大小輕重厚薄長短而中律與不依古法而

中律孰是不是定然後制龠合升斗鬴斛以較其容受容受合然後下詔以求真黍真黍至然後可以為量為鍾磬量與鍾磬合於律然律可以為樂也今夫律本未未定而詳定修制二局工作之費無慮千萬計矣此議者所云云也然議者不言有司論議依違不決而顧謂陛下作樂為過舉又言當今宜先政令而禮樂非所急此臣之所尤惑也儻使有司合禮樂之論是其所是非其所非陛下親臨決之顧於政令不已大乎昔漢儒議鹽鐵後世傳鹽鐵論今陛下定雅樂以求廢墜之法而有司論議不著盛德之事後世將何考焉顧陛下令有司人各以經史論議條上合為一書則孰敢不自竭

卷二萬九百十六

四四

盡以副陛下之意如以臣議為然伏請權罷詳定修制二局候真黍至然後為樂則必得至當而無事於移費也詔送詳定大樂所 皇祐五年九月十九日御崇政殿召近臣宗室臺諫官省府推判官觀新樂及新作晉鼓三牲鼎鸞刀先是鍾磬之音未合古法詔中書門下集兩制及太常禮官與知鍾律者定其當然議者各安已習久而不決乃命諸家各作鍾律考獻親臨視之然古者黃鍾為律事根本故尺量權衡皆起於黃鍾至晉隋間累黍為尺而以制律容受卒不能合及平陳得古樂遂用之唐興因其聲以制樂其器雖無法而其聲猶不失於古五代之亂大樂淪散王朴始用尺定律而聲

與器皆失之故太祖患其聲高特減一律至是又減半律然太常樂比唐之聲猶高五律比今燕樂高二律帝雖勤勞於制作而未能得其當者有司失之於以尺而生律也又新作鼓鼎刀以補禮器之缺以光祿寺丞國子監直講胡瑗為大理寺丞復勒停人阮逸為尚書屯田員外郎內侍省內侍押班左騏驥使英州團練使鄧保信為榮州防禦使入內東頭供奉官賈宣吉為內殿承制並以上所定鍾律特遷之 王應麟玉海劉敞獻律鍾鼎鸞刀之銘四章表曰陛下數有司宿儒據周漢舊典及魏晉以來百家之說參覈是非以立鍾律前後二十餘年及得其真至詳至謹無以加矣律初獻以載尺

卷二萬九百十六

四五

寸與司天景表正合可謂得天及以鑄鍾考其聲下王朴一律如太祖之意又因以興神鼎鸞刀奉事郊廟出於聖慮稽合典訓律銘曰律之長以立度以軌天下律之實以為量以稼四方律之重以起權萬物適焉律之數以治歷四時不忒律之聲以和樂以詔述作上儀之天陽晷既同下揆之地八風攸從天地是符而況於人乎況於鬼神乎 哲宗元祐元年閏十二月楊傑言元豐中嘗詔范鎮劉几與臣詳議郊廟大樂既成而奏稱其和協近見鎮有元祐新定樂法頗與樂局所議不同竊緣其樂先經仁宗製作後經神考睿斷奏之郊廟朝廷蓋已久矣不可用鎮一家之說而遽改之遂撰成元祐

樂議七篇其議樂章曰國朝大樂所立曲名各有成憲不相淆雜所以重正名也故廟堂之樂皆以大名之如大喜大仁大英之類是也今以大明文曲進獻祖廟以成安之曲進呈皇帝以萬歲之曲進呈太皇太后其名未正恐難以施於宗廟朝廷議秬秠曰按爾雅曰秬黑黍又曰秠一稃二米法律有用秬黍之文即無用秬之說詩云維秬維秠者蓋秬是黑黍秠乃一稃二米之黍其種相異鎮以為必得秠然後製律臣未之前聞也議量曰臣元豐議樂時常見鎮所造銅量斛在上斗在下左耳為升右耳為合下為龠上三下二與漢制符矣漢制曰量升中黃鍾始於黃鍾而反覆為孟康曰反斛聲中黃鍾覆斛亦中黃鍾之宮是時嘗叩鍾所造銅量其聲不與黃鍾相合鎮言後來所制量斛上用舊法臣審知其不與漢制符也若更其制則臣不知也但以鎮所造黃鍾之鍾參考量聲則可知其聲之中否議鍾曰鎮言今太常鍾無大小無厚薄無金齊一以黃鍾為率而摩以取律之合故黃鍾最薄而輕自大呂以降迭加重厚是以卑陵尊以小加大其可得乎議聲器曰鎮論聲器之失以為國朝李照以縱黍累尺胡瑗以橫黍累尺皆失之於以尺而生律也房庶之法以律而生尺得古之制鎮用太府尺以為樂尺下今樂一律有奇以為得其理謹按皇帝命伶倫斷竹節兩間聽鳳之鳴以為律

呂此造律之本也初無用黍之法至漢律曆志則曰度本起黃鍾之長以子穀秬黍中者一黍之廣度之九十分黃鍾之長一為一分又曰量起於黃鍾之龠用度數審其容以子穀秬黍中者千有二百實其龠乃有用黍之制矣鎮以謂世無真黍乃用太府尺以為樂尺蓋出於鎮一家之言而又下一律有奇其實下舊樂三律矣然則管籥之類比舊差長簫比舊差大而短未知久長而可用之乎鎮樂律卒不行徽宗崇寧三年正月二十九日中書門下省尚書省送到魏漢津劄子臣聞通二十四氣行七十二候和天地役鬼神莫善於樂伏犧以一寸之器名為含微其樂曰扶桑女媧以二寸之器名為葦籥其樂曰充樂黃帝以三寸之器名為咸池其樂曰大卷三三而九乃為黃鍾之律後世因之至唐虞未嘗易洪水之變樂器漂蕩禹效黃帝之法以聲為律以身為度用左手中指三節三寸謂之君指裁為宮聲之管又用第四指三節三寸謂之臣指裁為商聲之管又用第五指三節三寸謂之物指裁為羽聲之管第二指為民為角大指為事為徵民與事君臣治之以物養之故不用為裁管之法得三指合之為九寸即黃鍾之律定矣黃鍾定餘律從而生焉又中指之徑圍乃容盛也則度量權衡皆自是出而合矣商周以來皆用此法因秦火樂之法度盡廢漢諸儒張蒼班固之徒惟用累黍

容斂之法遂至差誤晉永嘉之亂累黍之法廢隋時牛洪用萬寶常水尺至唐室田疇及後周王朴並有水尺之法本朝為王朴樂聲太高令竇儼等裁損方得聲律諧和聲雖諧和即非古法漢律又曰有大聲有少聲大者清聲陽也天道也少者濁聲陰也地道也中聲人道也今欲請聖人三指為法謂中指第四指第五指各三節先鑄九鼎次鑄帝座大鍾次鍾四韻清聲鍾次鑄二十四氣鍾然後均絃裁管為一代之樂從之

《卷二萬九百十六》

四七

標題旨宋史移注本條下後做此

標題旨樂志互勘

俾來者有考焉為樂志

宋會要　詳定樂律

國朝雅樂登歌用工員三十一歌四塤篪巢笙和笛各二編鍾編磬各一箏阮咸九絃琴七絃琴筑瑟簫各二節鼓一太樂令一員押樂樂正一員節奏應奉協律郎一員押麾挾伏色一人主麾舉偃親祠郊廟及上壽並同此制歲時常祠中祠以上用登歌樂亦如之而無協律郎挾伏色及麾南郊壇宮縣用工員二百六十五歌三十篪十六塤十七巢笙笛十六編鍾編磬鎛鍾各十二箏阮咸九絃琴七絃琴筑瑟簫各十六竽笙十四建鼓四柷敔各一雷鼓二太樂令丞各一員押樂樂正各

《卷二萬一千六百五十九》

二員節奏應奉協律郎一員押麾挾伏色一人主麾舉偃引樂官二人押引二舞引武舞樂工十八人執鼗雙頭鼙鐸各二持金錞四奏金錞二鐃雅相各二部轄二舞一人教二人舞師一人引二舞頭二人引文舞執纛引武舞並執旌舞郎六十四人文舞執翟籥武舞執干戚初文舞畢退改服入就武舞景靈宮太廟並同廟改雷鼓用路鼓奉慈廟不設鎛鍾以特懸磬一二代之又無武舞大朝會御樓宣制冊並不設登樓二舞及無路鼓其宮縣樂工增歌四篪塤各一巢笙笛箏阮咸九絃七絃筑瑟簫各二餘同郊壇

其冠服同引舞之制

按玉海爲乾德四年

教習下注宋史其冠服同引舞之制以下小字疑爲每條之雙注

十月一日，詔太常寺置熊羆十二案及文武舞羽〔籥〕、干戚樂工之數。本寺上言：文舞六十六人，內二人執纛前引，其舞人並服進賢冠、黃紗袍、白紗中單、皂領褾、白布大口袴、緑𧜟襠、革帶、烏皮履、白布韈，左手執籥，右手執翟。武舞六十六人，內二人執旌，其舞人並服武弁、平口幘、金支緋絲布大袖、白布豹文大口袴、紫𧜟襠、緋絲布兩襠、甲金飾、錦騰虵、起梁帶、烏皮鞾，左手執干，右手執鍼。引舞十八人，內二人執鼗，二人執鐸，六人執金錞，二人執鐃，二人執相，四人執雅。其引舞人並服武弁冠、朱褠衣、白絹袴、革帶、烏皮履、白布襪、紅抹額、黃臂韝。以上二舞郎并引舞共一百五十人，準例下教坊抽差年十五以上、二十以下容貌端正者充，如不足，即下開封府

〈卷二萬一千六百七十九〉

選伶官子弟添填。其鼓吹十二案，設氈牀十二，爲熊羆騰倚之狀，以承其下。每案上大鼓一、羽葆鼓一、金錞一、歌二人、簫二人、笳二人，十二案共一百八人。鼓吹二人並服武弁冠、朱褠衣、白絹袴、革帶、烏皮履、白布襪、紅抹額、黃臂韝，亦不教坊、開封府選充。其案合用鈎闌、氈二十四、蘭簾百、錦額十二、鼓𩋝二十四、纛旌、鼗鼓、金鐃、雅相各二、籥翟干戈各六十四、熊羆三十六、梯十二。並詔少府監修製熊羆案，令八作司造二舞合用樂章四首，詔翰林學士陶穀、竇儀分撰，付本寺教習。一事具律歷志。

峴奏議曰：十二月聲，含在寂默，古聖設法，演而出之，立尺寸作爲律呂，三分損益，上下相生，取合真音，謂之形器。但以尺寸長短非書可傳，故累秬黍，永爲準的，後代試之，或不符會。西京銅望臬可校古法，今司天臺影表上有銅臬，下有石尺，是也。今以朴尺比量，短於影表上尺四分，方知今樂聲之高，皆由於此。況影表測於天地，則律管可以準繩。帝乃令依古法別造新尺，并黃鍾九寸管，令二人共校其聲，果下於朴管一律。尋又中出上黨羊頭山秬黍，累尺校律，亦相符合。迺下尚書集官議定，遂重造十二律管。

餘依前制。

〈卷二萬一千六百七十九〉

真宗咸平二年五月十三日，命翰林學士承旨宋白撰元德皇太后廟登歌樂章。

自是樂府制度頗有倫理。

帝謂王旦等曰：鼓吹局現用樂曲詞制非雅，及郊祀五時饗廟歌詞，冬正御殿合用歌曲，可並令兩制分撰，預遣教習。

六變、八變，如通禮所載。

先是，帝以祀皇帝祇不用樂，及應大祠合與不合用樂

下太常禮院令具禮例聞奏本院稱按禮文並合用樂故有是詔　四年閏五月八日太常禮院言大行皇后神主附別廟準禮合用登歌酌獻舞名詔翰林學士李宗諤撰進宗諤請作治安之舞并上樂章

更不設熊羆十二案從之

六月九日太常寺言大樂工先發泰山車駕離京後欲權停大祠樂從之　二十三日詳定所言準手詔東封大禮只用舊日樂章若取封禪之義而易其名用明制作以彰典禮可否更商量者臣等參酌以酌獻昊天上

禪安雅　卷二萬一千六百七十九

帝禧安之樂爲豐安之樂酌獻皇地祇禧安之樂爲禪安之樂　皇帝飲福酒禧安之樂爲祺安之樂詔曰雅樂之設允洽於同和名制有常非可以輒易惟封禪之大祭與郊祀之異名饗天地以聚誠嚴祖宗而配侑式彰茂烈恭達至誠庶協徽章特更美號其所定樂曲名宜依俟封禪禮畢仍舊

於是特詔亞終獻並用登歌

十一月七日判太常寺李宗諤上加上　太祖太宗尊謚冊寶顯安曲謝太廟奠獻圜臺登歌亞獻終獻樂章

十二月二十三日詔曰朕祗受元符率遵令典式備禋燔之禮俾揚金石之音宜令太常寺別製天書樂章

俟親饗圜丘日以泰禋祀服天書降及議封禪以來祥瑞尤異者別撰樂曲樂章以備朝會宴饗於是太常寺請郊祀配獻天書用瑞安曲天書升降用靈文曲朝饗用醴泉神芝慶雲靈鶴瑞木五曲詔近臣撰詞　三年八月十七日詔祀汾陰酌獻后土地祇樂曲以博安爲名奠獻飲福登歌宮架并后土廟降神請安酌獻博安樂章令學士院撰　十月十九日翰林學士晁迥上汾陰后土躬謝太廟顯安曲樂章　四年七月八日詳定所言皇帝臨軒冊五嶽系詳冊入無作樂之儀帝曰凡大朝會公卿出入尚作樂且禮緣人情宜令有司別撰樂章王旦曰冊案當於門外設次俟之則樂作從之

卷二萬一千六百七十九

神宗以大英之曲尊英宗

五年閏十月五日判太常寺李宗諤上太廟奠獻登歌瑞安曲樂章帝親製薦饗玉皇聖祖及太祖太宗樂章總十六篇先是詳定所言恭謝玉皇當用樂章按唐郊祀錄太清宮樂章並御製帝始謙挹宰臣以爲盛德之事所不可辭　十二月八日詔太常寺改文舞元德升聞之舞爲盛德升聞之舞　六年四月十九日詔以太宗所製曲名三百九十及九絃琴五絃阮譜字變絃法并調弄操引名共三百二十六付史館及太樂局並以太宗製萬國朝天樂曲同和之舞平晉樂曲定功之舞及二曲樂章令郊廟祭饗悉用之　九月二十五日禮

儀院謁太清宮薦獻飲福請用大安之樂其降聖以下並同朝元殿恭謝之曲詔可　七年正月九日學士院上奉老君寶冊真安太安樂章二首應天府瑞安樂章一首　六月七日詔曰朕欽奉真猷載嚴恭館每講求於茂實冀昭答於上靈雖朝饗之儀亟加於申飭而奠虡之數尚闕於討論爰命禮官博詳典故庶以郊廟之制備盈鍾磬之容儼金石之九成庶諧雅奏竦熊羆之四列永煥明禋式罄精衷以延丕祚自今玉清昭應宮景靈宮朕親行禮其宮架樂並用三十六虡　先是詔崇文院檢討自魏晉至唐所用宮架不定其數太常寺準乾德四年敕添成三十六架景靈宮以庭狹止用二十虡

卷二萬一千六百七十九

天聖五年十月十六日翰林侍講學士孫奭言太常雅樂近年制度因循闕漏皇帝酌獻祇用登歌不作文舞亞獻不作武舞但奏書安詔兩制官詳定翰林學士承旨劉均等言按禮云樂以象功歌以詠德用之於廟以盡孝心周人奏清廟以祀文王秦執競以祀武王漢祖克秦之暴以安天下作武德之舞至文帝躬行節儉澤施四海制昭德之舞又唐朝肅事于太廟每至酌獻各用本廟之舞伏緣太廟逐室功德名異須至各陳舞容以歌盛美檢會儀注國初咸平以前教文並云僖祖室奠爵大善之舞作以次諸室各奏本室之舞即明是宮架奏樂文郎作舞自後儀注乃云大善之曲作逐只奏登歌更不奏宮架所以文郎雖在列而不舞今依孫奭所請復用　真宗咸平以前舊儀皇帝酌獻太廟逐宮室架各奏逐室舞曲文郎作舞所有武舞按儀注皇帝還版位文舞退武舞入亞獻酌醴齊訖舞作三獻酌奠訖還位武舞止其近儀引亞獻之次方退文舞進武舞所以亞獻酌奠用舞不及今參詳亞獻以下並舞正安之曲所有郊祀按開寶正禮咸平以前舊儀皇帝酌汎齊訖止言禧安之樂作惟郊祀錄及周正樂凡奠獻之禮初獻皆作文舞又緣迎神已奏文舞尊禮天地即與太廟逐室稱頌功業稍異初獻之時難更再奏文舞所有亞獻三獻武舞亦訖一依正禮及舊儀進

卷二萬一千六百七十九

退庶協禮節其玉清昭應宮景靈宮緣與奉天神之禮同其進退請如郊壇所有登歌宮架上按儀注降神降真詣罍洗解劍還版位迎俎迎饌退文舞亞獻三獻送真就望燎位還大次出廟門並宮架樂作　皇帝升降壇殿奉玉幣祼瓚酌獻郊壇二宮飲福撤饌並奏歌樂作詔可九年四月二十一日資政殿學士晏殊上奉詔撰皇太后御殿樂章十四首詔付有司其德合無疆之舞宜改曰厚德無疆之舞二十九日承明殿垂簾設太常樂器鼓吹兩宮臨觀賜樂工衣帶錢帛先是太常上言本寺雅樂自景德三年真宗躬臨按閱自後增製樂章比舊甚多而未參聖覽故臨觀焉

以屬太常

九月帝御觀文殿詔取王朴律準觀視御筆篆寫律準字於其底復付太常秘藏本寺模勒刻石于廳事博士直史館宋祁爲之贊在局有臣嗣古成器絃寫宫音柱分律位俾授攸司謹傳來世上聖稽古規庭閲視嘉御正聲覩銘賫字奎鈎奮范河龍獻勢樂府增榮乾華俯賁用協咸韶永和天地　十月十九日内出御製雅樂十曲令太常寺按習行用仍宣付史館　十一月二十五日詔御製祀天地景安曲祀宗廟興安曲樂章惟親祀乃用臣僚攝事樂章令近臣别撰進　二十七日詔曰正樂之作所以諧五降之節導三靈之和傳于禮文

以上卷二萬一千六百七十九

著在祠典頃羅多故遂失舊章肆先聖之重熙復治音於大祀然而祈耕向籍舍采學宫製曲之名具存誦功之奏猶闕屬因考肆思振墜遺紹稼穡八政之先文武二柄之本咸有丕烈被于蒸黎雖牲具有差而聲歆無廢式循前矩庶格至誠今後每遇饗先農釋奠文宣武成王並用樂

景祐二年六月十九日御崇政殿名輔臣觀按試大樂　七月十二日八月十八日九月二十三日三臨觀宋史詔中書門下樞密院大臣與觀焉　十三

以上卷二萬一千六百七十九

日修撰樂書馮元等言得大樂局丞貫文顯等狀太樂宫縣鎛鐘每遇皇帝行禮即依衆樂隨月用律臣等按李宗諤太常樂纂云大樂局十二鎛鐘各依月律考擊自來傳習三調六曲所謂三調黄鍾宫太簇宫蕤賓宫是也六曲者三調中各有隆安正安兩曲是也近因揀試樂工編令考擊别以編鍾一架應之旋相應爲宫備諸律呂然全奏之中鎛鍾爲難如一聲稍緩則宫商失序苟十二鍾工人皆能精習所業考擊之際疾遲有倫變宫變徵隨月用律雅樂諸曲無所凝不通矣又奉詔於黄鍾太簇二宫添習文舞武福福酒三曲與弁據同村員外郎集賢院校理聶冠卿檢詳典故云鎛鍾周禮鍾

鍾師掌金奏擊金以為奏樂之節金謂鍾及鎛鎛師掌金奏之鼓主擊晉鼓以奏其鍾鎛賈公彥曰鎛師不自擊鎛使視瞭擊之但擊金奏之鼓耳又曰金即鎛鍾按視瞭職直云作擊編鍾不言鎛鍾與鎛同鎛大小異耳既擊鍾明亦擊鎛又儀禮大射樂人宿縣于阼階東笙磬西面其笙鍾其南鎛皆南陳東方鍾磬謂之笙鎛如鍾而大奏樂以鼓鎛為節尚書大傳天子將出撞黃鍾右五鍾皆應黃鍾在陽陽氣動以動告靜靜者皆和之入則撞蕤賓左五鍾皆應蕤賓在陰衆五鍾在陽君將入故以靜告動動者皆和之北史魏永安末元孚表依十二月為十二律呂各準辰次當位設縣月聲既備隨

卷二萬一千六百七十九

月擊奏則會還相為宮之義又得律呂相生之體隋音樂志古者鎛鍾據儀禮擊為節檢而無合曲之義大射有二鎛皆亂擊焉乃無成曲之理依後周以十二鎛相生擊之聲韻克諧太樂曲制天子宮縣之樂鎛鍾十二編鍾十二編磬十二凡三十六虡宗廟與殿庭同郊邱社則十虡面列去編鍾磬各十二虡周顯德五年樞密使王朴奏曰唐末及季晉漢未及暇於禮樂雖有樂器殊無相應之和以至十二鎛鍾不問聲律宮商但循環而擊臣等今奉聖旨與李照同詳定當合如何考擊行用臣等參詳鎛鍾典故雖有為節之文而無擊奏之法後周以相生之法擊之音韻克諧國朝亦用隨均合曲

但施殿庭未及郊廟況十二鎛鍾依辰列位隨均為節便於合樂欲望自今并施郊廟若軒縣以下即不用此亦所以重備樂而尊王制也從之　八月十八日太常寺言準降到樂器一管閱習詳定據留色樂工徐惟德閱習到黃鍾宮大呂宮十二均並合聲韻又合今來新樂以雙鳳管為名　九月四日詔笳管以牙骨為用之仍並染紅骨　二十九日直史館宋祁上大樂圖義弁雜論七篇詔送兩制詳定翰林學士承旨章得象言按祁所論其一論武舞所執九器各有所用臣等參考禮與蓋是音官因循致使前後不倫有乖古儀今請並如祁奏凡武舞始入執旌最前鼗次之鐸鐃次之錞又次之

卷二萬一千六百七十九

相又次之

分左右及舞成則鳴鐃築雅以出雅亦分左右總九器其入也鐃雅不作其出也鼗鐸錞等亦不作其二乞別撰郊廟歌曲述祖宗積累之業臣等竊詳太常今用樂章皆咸平以後選官綴撰又有太宗真宗聖製朝天平晉二曲及聖祖樂章鋪宣德美播在樂府今祁請陛下取三聖實錄撫其武功文德作為歌詩別詔近臣畧依生民公劉將那長發之比裁爲頌聲此則繫自聖慮非外廷敢議其三論太樂所設雷鼓靈鼓路鼓備而不擊及無三鼗其四論有舂牘之名而無舂牘其五論竽及巢笙其七論以尺定律以上四者臣等切聞朝廷昨命李照考定鍾律多已釐正欲望以祁今議送馮元令與

照等參議如命修改別稟處分其六請精選太常樂工
及募知音者備太常官屬竊見昨降詔書已行搜訪所
請備置官屬精擇樂工事繫朝廷行之為允祁所撰圖
義訂正今古研究樂事辭約義暢深見該洽今馮元等
方纂樂事欲望以祁此書付元如可參用即取綴附
入仍委脩樂書所別寫一本進上秘府編入部類庶當
制樂之日益宜稽古之能從之　十月十三日有司撰
太廟真宗室酌獻太明樂章令太常行用舊樂章更不
施行　十四日詔問奉慈廟一室應進奉文舞不作武
舞太常禮院上言謹按春秋隱公三年考仲子之宮初
獻六羽何休范甯咸謂不言佾者明佾則干舞在中婦
卷二萬一千六百七十九
人無武广獨奏文樂也江左宋建平王宏據以為說故
章獻太后廟獨用文舞唐垂拱以來中宮之縣始用鎛
鐘後葉相承因而莫改坤儀等廟備鐘石之樂獻武舞
焉失禮之甚不可為法朝廷謹於稽古篤於奉先詔書
議奉慈之樂有司執據舊典請以特磬代鎛鐘取陰數
尚柔以靜為體有詔垂可令樂去大鐘而舞進干盾事
體相戾經義無從請止用文德之舞詔恭依

阮逸上鍾律制議并圖三卷　詔送秘閣
景祐元
十九日太常寺言奉慈廟莊惠皇太后一室見闕樂章
曲名詔以翕安昌安為名　慶曆三年八月二十七日
太常禮院言四時薦饗太廟后廟奉慈廟有司攝事酌
獻并降送室各有樂章惟送神通用乞別撰后廟奉慈
廟送神樂章一首詔可　五年十一月二十一日翰林
侍讀學士宋祁言先與馮元等同修樂書其時李照用
箕黍累尺改作鍾磬尋知照新樂不協停廢卻用舊樂
卷二萬一千六百八十
緣樂書是一朝大典欲乞降樂書舊本付臣刪去李照
樂書一節未備事跡就加添正詔翰林學士張方平與
宋祁同共看詳刪潤　七年十一月十五日詔學士院
撰加上真宗謚號樂章
詔同定鍾磬制度
先詔改作鎛鐘特磬而太常言瑗素曉音律而名之
稱朕意焉
八日太常寺言得大樂局狀準勑依兩制所定自夷則
以下四均用清聲其餘樂器有清聲者依鍾律教習無
者據舊竊見笛色有四清聲可以教習其七絃琴古法
以中指按中徽定取黄鍾以下十二均聲今依阮逸法

移手仰按取四清聲恐不依古法難以行用本寺已令樂工將笛中清聲隨鍾律學習其七絃琴本無清聲止依舊法詔笛七絃琴太常依前降指揮按習清聲　九月鄧保信言準敕兩制官與太常寺奏定九絃琴五絃阮二器則有太宗皇帝聖製譜法又據音工所陳磬簴琴和巢笙本有清聲塤篪竽筑琴本無清聲唯歌者止以正聲作歌應合諸器亦是一音別無差戾音臣等已依詳按譜教習所有九絃琴五絃阮今寺無譜欲下國子監御書閣取本傳寫以憑按譜學習臣等又據塤篪竽筑瑟五器求古法並有清聲按樂書雅塤土音重濁而有頌塤小而其聲皆清篪似塤多濁然本竹音互吹之則亦有清聲竽古法三十六簧正倍清聲各十二瑟二十五絃中聲清聲各十二更有極清一絃如琴第一徽已上五器與鍾磬清濁互相同和又據歌工止用正聲應合諸器即令鎛鍾一擊編鍾磬三擊先後互應清濁相均既有定規果無差戾今來諸器考按並得諧和望下太常令太樂令丞諸工等習學各職去法從之

卷二萬一千六百八十

特遷之

先是鍾磬之音未合古法　詔中書門下集兩制及太常禮官與知鍾律考定其當然議者各安已習久而不決乃命諸家各作鍾律以獻親臨視之然古者黃鍾為萬世根本故尺量權衡皆起於黃鍾至晉隋間累黍為

音

尺而以制律容受辛不能合及乎陳衍古樂遂用之唐興因其聲以制樂其器雖無法而其聲猶不失於古五代之亂大樂淪散王朴始用尺定律而聲與器皆失之故太祖患其聲高特減一律至是又減半律然太常樂比唐之聲猶高五律比今燕樂高三律　帝雖勤勞於制作而未能得其當者有司失之於以尺而生律也又新作鼓鼎刀以補禮器之缺以光祿寺丞國子監直講胡瑗為大理寺丞復勒停人阮逸為尚書屯田員外郎內侍省內侍押班左騏驥使英州團練使鄧保信為榮州防禦使入內東頭供奉官賈宣吉為內殿承制並以上所定鍾律特遷之

原校 大典此門均係分注九朝紀事本末之下今將此標題注各文下

宋會要 宋樂

九朝紀事本末 詔宰臣富弼等撰大樂曲調廿八

至和元年十月八日，內出太廟禘饗樂章并接神曲下太常肄習之。十一月五日，內出太廟禘祫時饗及溫成皇后廟祭饗樂章樂曲下太常肄習之。嘉祐元年八月十五日，內出御製恭謝樂章下太常肄習之。二十八日，詔太常寺恭謝日用舊樂。六年十二月二十一日，太常寺言：「準詔翰林學士范鎮與本寺官同定奪馮致祥奏議，伏見元會日登歌宮架之樂，其鍾磬絲聲隨逐歌管有聲至五七聲者，煩手奪倫無甚于此。蓋緣五代亂離之後，工人亡散，國初只以坊市細民為樂工，因循未能釐正。尋令依譜每字止擊一聲，隨逐歌管，實甚和諧。欲乞御殿日臨試。」詔令太常寺教習，于二十四日進呈。

卷二萬一千六百八十一

二十六日，翰林學士范鎮等言：「昨進呈大樂鍾磬絲竹依譜每字隨歌管止擊一聲，已得齊整，比舊疊聲不至煩手，甚得奏樂之理。乞御殿日及將來諸處祠祭並依此施用。」詔且令依舊考擊，候過御殿更于細講求以聞。

「係請本去樂譜」

八年英宗已即位，未改元。八月十五日，學士院言：「歌者所以發德，舞者所以明功，祖宗功德著于萬世，永永無極者，繇此道也。伏惟仁宗皇帝恭儉遵業，憂勤致理，先民後己，尚德緩刑，仁恩所被，無思不服，故能饗國長久

四十餘年，方內安寧，靡有兵革，耆老得以壽終，幼弱得以遂長，功德茂盛，非羣下所能勝識，天欲取之，強名節以大善，章明休烈，加崇稱號。伏請仁宗廟室酌獻所用之舞名曰大仁之舞，並上樂章。」詔恭依。

治平二年九月十七日，祕閣校理李育言：「伏覩南郊儀注，郊廟逐處文武二舞共六十八人。又問太樂局正等，皆云文舞即罷，捨羽籥，執干戚，就為武舞，所以二舞共此人數。欲乞將來南郊、太廟逐處二舞郎依元會儀各用六十四人，以備帝王之禮樂，以明祖宗之功德。」詔太常寺、禮院同共詳定。既而請併省所請各用六十四人，詔可。

卷二萬一千六百八十一

仍依例于教坊抽差預閱習。

本朝宗廟之禮多從周講先灌而後作樂

治平四年神宗即位，未改元。八月十九日，學士院言：「伏以自昔繼體之君，必存承先王之德而不敢專其美，然則豐功茂烈，非當時歌舞之則，何以流聲于萬世哉！洪惟英宗皇帝繼天遵業，丕有睿聞，聰明造神而無所遺，憂勤經務而不敢逸，固已軼百王之上，襲四聖之閎休者矣。今厚陵復土，祔廟有期，竊迹六代以來皆有樂舞之名，以象其功德。請上英宗皇帝廟室所用舞曰大英之舞，并上樂章。」詔恭依。九月十五日，學士院上大享明堂英宗皇帝配座奠幣用誠安、酌獻用德安樂章，詔付太

原校：此條元豐二年詳定朝會樂第一條，凡十條

常寺教習應奉熙寧九年五月十六日同知太常禮院王仲修言伏以王者作樂所以導天地之和樂之和在乎有節故圜丘之樂六變方澤之樂八變宗廟之樂九變變者繞乎節其聲不可相續而無序也書曰合止柷敔所以為樂之始終也臣為禮官嘗奉祀太廟聽興安之曲舉柷而聲已過舉敔而聲不止臣未見其所以為始終之節其何以感格天地宗廟之靈乎願詔樂工凡祠祭用樂一奏將終則戛敔而聲須少止聽擊柷則樂復作如此乃盡合止之義庶乎不悖於經也詔太常禮院定奪以聞既而禮官言臣等赴太常寺設樂按試令樂工奏六變九變降神之樂將作即擊柷樂作一奏既

卷二萬一千六百八十一

終即戛敔止樂再擊柷樂復作顯見節奏明白請依仲修所請下太常寺今後凡祀天地宗廟等處用樂依此舉節詔可

七月十二日詳定朝會儀注所言太常樂節樂器并文武二舞未應典禮按鄉飲酒及君饗燕樂有四節一升歌二笙三間歌四合樂升歌示德且貴人聲故為先下管示事且貴人氣故為次間歌德事互見合樂八音相錯且主歡心故為後歌者席於堂西階之上與搏拊琴瑟相和謂之升歌歌闋笙者立于階間以笙播詩謂之笙堂上一歌階間一笙更代而作謂之間歌堂上堂下

原校：此條朝會樂第五條

眾樂俱作謂之合樂

又按大射儀建鼓在阼階西南鼓應鼙在其東南鼓西階之西一建鼓在其東南鼓朔鼙在其北說者曰朔始也奏樂先擊西鼙樂為賓所由來也應鼙應朔鼙也先擊朔鼙應之鼙小鼓也在東便其先擊小後擊大也記曰廟堂之下應鼓在東說者以大射儀為解曰朔鼙應鼙皆在大鼓之旁先擊朔鼙次擊應鼙乃擊大鼓即事有漸也周禮大師下管播樂器令奏鼓引鄭司農云引小鼓也小鼓為大鼓先引唐建建鼓高六尺六寸中植以柱旁挾二小鼓左曰鼙右曰應三禮圖曰商人加左

卷二萬一千六百八十一

鼙右應以為眾樂之節

設晉鼓以鼓金奏

考工記韗人為皋陶長六尺有六寸左右端廣六寸中厚三寸穹者三之一上三正鄭氏曰此鼓兩面以六鼓差之晉鼓大而短近晉鼓也今其置與存伏請樂架內去散鼓設晉鼓以鼓金奏又按大射儀鼗倚於頌磬西紘禮記王制天子賜伯子男樂則以鼗將之說者曰鼗所以節一唱之終

原校：此朝會樂第七條

六月九日同判太常寺王存言近詔秘書監劉几赴詳定郊廟禮文所議樂伏見禮部侍郎致仕范鎮論辨雅

樂乞召鎮與几參考得失從之二十一日命知太常禮院秘書丞楊傑赴詳定禮文所同議大樂從秘書監致仕劉几請也二十八日秘書監致仕劉几言祀明堂樂章字與樂曲聲數多少不同殊失虞書歌永言之法乞選用御撰樂章委本局依律呂太均之法隨樂章字數審定音律以一聲歌一言八音隨之又古編鍾磬其數皆十六盖十二律之外有黄鍾大呂大簇夾鍾四清聲也今聖朝大樂舊鍾磬皆十六自李照議樂以來不復考擊全失古法況周禮鄭氏注編鍾盡具十六之數李照不曉四清聲助成四律宣導陰陽之和今若不用即憎唱和之理乞依古法具四清聲詔太常禮院按試後

卷二萬一千六百八十一

如几所議七月二十七日户部侍郎致仕范鎮言乞下京東京西河東河北陝西轉運司量力賞格求訪真黍以審音樂從之　十八日權發遣司農都丞太常博士吴雍檢正中書户房公事秘書監致仕議樂劉几等言太常大樂鍾聲凡三等王朴樂一也李照樂二也胡瑗阮逸樂三也王朴之樂其聲大高此太祖皇帝所嘗言不俟論而後明仁宗皇帝景祐中命李照定樂乃下律法以取黄鍾之聲是時人習舊聽疑其太重李照之樂由是不用至皇祐中胡瑗阮逸再定大樂比王朴樂微下而聲律相近及鑄大鍾成或議其聲弇鬱因亦不用於是郊廟依舊用王朴樂樂工等自陳若用王朴樂鍾磬

即清聲難依如改製下律鍾磬清聲乃不用益驗王朴鍾磬太高難盡用矣今以三等鍾磬參校其聲則王朴阮逸之樂黄鍾正與李照樂之大簇相當王朴阮逸之樂編鍾編磬各十六雖有四清聲而實差黄鍾大呂之正聲也李照之樂編鍾編磬各十二雖有黄鍾大呂而全闕四清聲非古制也聖人作樂以紀中和之聲所以導中和之氣清不可太重高不可太下使八音協諧歌者從容而能永其言乃中和之謂也臣等因請擇李照編鍾編磬十二參於律者增以王朴無射應鍾及黄鍾大呂清聲以為黄鍾大呂太簇夾鍾之四清聲俾衆樂隨之歌工衆清聲以詠之其音清不太高重不太下中

卷二萬一千六百八十一

和之聲可以考矣欲請下王朴樂二律以定中和之聲就太常鍾磬擇其可用者用之其不可修者則別製從之　二十六日太常寺言近乞留王朴鍾磬今修大樂所已集工匠面備爐炭恐即銷變磨鑢況大樂法度之氣其度量聲律杪忽精微已修之後或陛下躬臨按聽有如未協即無舊器考驗本寺每大禮見用王朴樂外見李照胡瑗所作樂器及石磬材不少自可別製新樂以驗議者之術詔許借王朴樂終為清聲毋得銷毀磨鑢　初劉几楊傑欲銷王朴舊鍾意新樂成雖不善更無舊聲可較執政至太常寺按試前一夕傑乃陳朴鍾已敝者一縣樂工皆不平夜易之而傑弗之知明日執

政至傑屬聲云朴鍾甚不諧美使樂工叩之音韻更佳傑大慙沮　九月二十六日罷議修樂局其范鎮令降敕獎諭仍賜銀絹各一百匹兩楊傑五十匹兩劉几許特用明堂恩奏子若孫一人　四年十一月二十一日詳定禮文所言歌者在上匏竹在下貴人聲也匏竹在前鍾鼓在後貴人氣也書曰搏拊琴瑟以詠此堂上之樂又曰下管鼗鼓合止柷敔笙鏞以間此堂下之樂堂上之樂以象朝廷之治堂下之樂以象萬物之治後世有司失其傳歌者在堂兼設鍾磬宮架在庭兼設琴瑟堂下匏竹寘之于牀並非其序矣伏請每遇親祀郊廟及有司攝事歌者在堂更不兼設鍾磬宮架在庭更不兼設琴瑟堂下匏竹更不置之於牀又言謹按周禮小

卷二萬一千六百八十一

胥之職曰王宮架諸侯軒架卿大夫判架士特架說者曰宮架四面軒架三面判架二面特架一面又曰凡架鍾磬半為堵全為肆說者曰鍾一虡謂之四諸侯之卿大夫西一虡鍾東一虡磬士磬一虡而已又按禮儀大射儀曰笙磬西面其南笙鍾其南鑮皆南陳頌磬東面其南鍾其南鑮一建鼓在西階之東南面說者曰此諸侯之制也諸侯而西面一磬一磬一鑮則三面鍾磬鑮九而已諸侯鍾磬鑮九則天子鍾磬鑮十二虡為宮架明矣故或以為配十二辰或以為配十二次則亦無過十二虡也自先王之制廢學者不能考其數至有謂宮

架當十二虡甚者又以為二十六虡此隋唐以來論不一也方唐之盛日有司攝事樂並用宮架至德後太常聲音之工散亡凡郊廟有登歌而無宮架後世因仍不改所有郊廟有司攝事樂伏請改用宮架十二虡從之

五年正月二十五日太常寺言開封縣氏葉防言太常寺大樂鼓吹兩局樂舞節奏不應古法送前同議樂楊傑看詳據傑定所言二事可行防言金奏不用晉鼓為節非是乞以晉鼓節金奏於經有據又言簨虡之制不合禮經乞因大禮稚飾更加詳考改正從之

雜以純常廟朝廷

而添用宮架之說不行

元符元年四月十八日協律郎用注言玉璽霊光翔鶴之瑞乞詔詞臣撰樂章付太常寺應奉朝會之用詔學士院撰到詔按用學士院撰到詔按用十一月十五日詳定重修大禮敕令所言元豐四年十一月詔親祠宗廟歌者在堂更不兼設鍾磬宮架在庭更不兼設琴瑟堂下匏竹更不寘之於牀詔登歌鍾磬並依元豐四年詔旨二年正月二十七日詔前信州司法參軍吳良輔太常寺按核雅樂　三月二十二日試太常少卿劉拯

奏令大樂局前後詞臣所撰樂章詞采淺陋援引謬誤
有辭與事異而通用有禮文所無而嗟詠之者乞别撰
降付有司施行詔令學士院取索看詳其合删改者修
定以聞十二月大樂正葉防言周禮樂師及徹師學士
而歌徹鄭司農謂將徹之時自有樂故帥學士而歌徹
三家者以雍徹説者謂天子祭宗廟用此以徹祭饋俎
入奏貽夏徹真奏雍唐祀天唐以黄鍾為宫地祇以太
簇為宫人鬼以無射為宫又以徹豆令祭祀天神宗廟
無徹豆之曲請考古以製樂章從之 其辭闕

以太常少卿張商英爲其知樂故也

徽宗建中靖國元年十一月十四日大樂局言南郊見

卷二萬一千六百八十二

用樂章自景祐以來通用其詞及於地祇令合祭既罷
則當改撰於是内出御製親祀南郊樂章降神送神各
一首付禮部 其詞闕 崇寧元年八月十六日翰林學士
張商英言信州司理參軍吴良輔善鼓琴知古樂臣為
太常少卿日嘗薦為協按音律官使改造琴瑟教習登
歌旋以冗官罷令乞還良輔舊職從之

宋樂之始

十月九日翰林學士承旨知制誥兼侍講張康國奉敕
撰景鍾銘其序略曰皇帝踐位之五年崇寧甲申考協
鍾律保和太合以成一代之樂有魏漢津者年過九十
誦其師説以謂令之所作乃宋樂也不當稽用前王之

法宜以皇帝身為度自度而為權量以數乘之則聲諧
而樂成無所沿襲其法始於鼎以量容九斛為鼎之大
數斛之八加斗之一則鼎變而為景鍾景鍾大也九九
之數兆於此有萬不同之所宗也度高九尺植以龍虡
其聲則為黄鍾之正而律呂由是以生焉大祭祀大朝
會大享燕惟天子親御則用之以肅群臣其下則寶鍾
于以承繼也其因則四甬之鍾磬真方隅以拱衛也平
時弗考風至則鳴實天籟而本自然也鍾成於秋七月
癸丑

崇寧[illegible]樂章

五年九月二十六日詔大樂新成將薦祖考其神宗本

卷二萬一千六百八十二

室與配位樂章朕當親製以伸孝思追述之志可令大
晟府先考定譜調聲以進 其辭闕

先降三京四輔次帥府

八月二十三日中書省提舉製造大樂局所奏奉詔製
造頒降三京四府二十八帥府等處大樂官吏作匠等
及結絶罷局有勞可等第推恩内初府使臣免呈試參
部提舉官承受主管製造等官轉兩官有資者轉兩資
内提舉承受官並回授無資可轉者與將一官改賜章
服一官許回授有服親主管文字主管雜務各轉一官
有資者轉一資各更減二年磨勘前提舉官及主管官
主管雜務主管文字監轄造作點檢文字各特轉一官

有賫者轉一資待詔與改换服色
十日臣僚上言大觀之初有詔令大晟府樂工教習
太學辟廱諸生每月習學三日其已習者曰登歌逐色
名數十有八其未習者曰宮架逐色名數三十近降國
子生教習文武二舞以備詞祀先聖未及施行有詔令
罷以為士子肄業上庠頗聞恥習樂舞與樂工為伍坐
作優雜從事於伎藝之末臣愚以謂既罷二舞無由更
習宮架若止習登歌即非全樂似乎無所用之所有樂
工教習諸生去處如合減罷伏望更賜詳酌施行
卿宜爲朕與司之　　卷二萬一千六百八十二

大觀二年八月新樂成詔令大晟府置閣頒降
十新樂頒降從辟京限兩季在外限三季川廣福建又
展一季其更樂更不得作所有舊來樂器不合行用者
如委是前代古器免申納外餘並納所在官司諿訖申
禮部即限滿用舊樂并聽之者並徒一年舊樂器應納
不納者依此一應教坊鈞簭及中外不依今樂輒高下
其聲或別為他聲或移改增損樂器者徒二年許人告
賞錢一百貫　一人戶有造到新樂器仰赴州呈驗用
所頒樂按協一次聲同不異即聽行用　一諸路州軍
習樂人如願赴大晟府按協習學或賫樂器赴府開聲
或願收買者並聽從便　一舊來淫哇之聲如打斷哨
笛呀鼓十般舞之類悉行禁止違者杖一百聽之者加

二等許人告賞錢五十貫文其淫哇曲名令開封府便
行取索申尚書省當訖頒下禁止　一天下如有善音
律人能翻樂譜廣其聲律許以所撰譜中州州為繳申
禮部令大晟府按協可用聽行用其議譜撰詞人大晟
府看詳委是精熟給春馬各赴府按試中尚書省取旨
一應監司候樂到舉行督責於限內出按許以新頒樂
與逐處所造樂與逐州官按試如聲音不異協比不差
具保明聞奏其奉行如法無濫具三五州申尚書省取
旨推恩如施行弛慢違失禁止舊樂不盡仰按劾奏聞
詔第七項十般舞字下添入小鼓腔小笛五字賞錢改
作一百貫六月二十八日中書省言大晟府新燕樂進
卷二萬一千六百八十二
訖詔提舉官劉炳特轉兩官旦官轉行一官回授有服
親屬楊戩落通仕大夫除正任觀察留後黃冕陪官上
轉一官馬貴等五人各轉行一官王昭等三人各轉一
官減一年磨勘張苑轉一官七月十三日開封府尹王
詔奏伏蒙頒降到新樂二副臣今教習到本府衙前樂
[illegible]塤篪笙石磬之類於大
晟府按試並已精熟臣等謹奉表稱賀以聞詔王詔轉
一官餘各減二年磨勘並改賜章服八月九日尚書省言
大晟府燕樂已撥歸教坊所有諸路從來習學之人元
降指揮令就大晟府教習今當並就教坊習學從之二
十三日大晟府奏以雅樂中聲播於燕樂舊闕徵角二

調及土石匏三音，今樂並已增入。崇政殿按試八音克諧，詔頒降天下。二十六日，詔燕樂新成，頒行内外。輔臣蔡京二子儵、修可並除集賢院修撰，攸提舉宮觀，京依轉官例支賜，何執中、進步師、鄭居中轉一官，各回授與五服内親屬，依轉官例支賜。余深、劉正夫、侯蒙、薛昂各進官一等，依例加恩。二十八日，詔平江府進士曹棐撰到徵調堯韶新曲，文理可采，特補將仕郎，充大晟府制撰。九月九日，提舉大晟府言：諸州差到買新燕樂人，例多村野，其賣樂人並各將舊話材管作今來新格樂器出賣，乞令賣樂器人並於樂器上各鐫大晟新律某人造，如敢偽冒，立罪賞許人告。從之。十八日，資政殿大學士中太一宮使兼侍讀鄭洵武言：陛下以大晟樂頒於太學辟廱，使諸生肄業，伏望特行按試，其有訓道之速、肄業之精者，優加獎勸，以勵四方。詔輔臣按試，乞取旨。諸生習樂所服冠以弁，袍以素紗，皂緣紳帶佩玉。

卷二萬一千六百八十三

此條分注宋史下凡標題皆宋史

宋會要　樂器　樂舞

依月律改定

大觀四年正月十三日，禮部奏教坊樂春夏用商聲孟秋用季律甚失四時之序，乞以大晟府十有二月所定聲律令教坊閱習。從之，仍令秘書省撰詞。四月二十三日，成都府路轉運副使周燾奏擬成都府學中本學所降大晟樂器兩繒次擇與依用，今來在學諸生並已習熟，欲乞推試施行。仍乞令諸府學春秋釋奠許用學生所習雅樂。詔依奏，諸路州軍更有似此精熟去處依此。二十八日，詔將來夏祭用宗子學生舞樂指揮更不施行，只用大晟樂工，直候冬祀始用。五年九月十六日，新差權知廬州朱維奏：臣伏覩大晟府以雅樂頒降天下州軍，姑有其器而已，未必能作之，乞詔大晟府將合頒降雅樂之一圖繪形制，逐件以譜釋標記，朔如編鍾於逐鍾、編磬于逐磬，須麗笛于逐穴、步笙簫于逐管上各標題貫大次天字之類。不可譜釋者，逐色總說如何考擊，諸如柷敔則舉說凡擊柷作先以木捷于柷左右擊柷底共擊九下，敔則擊說凡樂止以䌔于敔背上劃三遍之類。發器亦各開排流說，及將合用樂章譜并歌調一處鏤板行下。如外州樂工願赴大晟府習學者亦聽，仍每日量支與食錢，候精熟日發遣。仍乞川廣福建限一年，餘路限半年，習學限滿，委監司分詣按試，每路具習學精熟及推行不如法各三兩處奏聞，以賞罰隨之，則雅樂何患不行。從之。

卷二萬一千六百八十二

六年正月十三日，大晟府言：神宗皇帝嘗命儒臣肄進玉磬，藏之樂府，久不施用，乞令略加磨礱，俾與律合，并造金鐘，專用于明堂。從之。閏正月九日，臣僚言：大晟雅樂頃歲已命儒臣著樂書，獨燕樂未有紀述，乞著古聲器所起，斷以方今制作之原，各附以圖，為燕樂新書。詔大晟府編集燕樂八十四調并圖譜，令劉昺撰文。劉昺舊名炳，後賜今名。

又乞敕已頒中聲樂在天下者

宋會要

八年四月二十五日，詔禮制局所鑄景鍾玉陽神應鐘了當，應副管幹詳議官、管幹官、書篆官、製造官、雜務官、催促物料、造作受給，各轉行一官；應副管幹七鐘以上各減三年磨勘，應副管幹六鐘以下各減二年磨勘；人吏各轉一官資，無官資人補進義副尉。二十六日，依又奏所有已頒中聲樂，欲乞令逐處在京限一月、外路限一季並行送納。從之。九月二十日，宣和殿大學士、上清寶籙宮使兼神霄玉清萬壽宮副使兼侍讀、編修蔡攸言：昨奉詔教坊鈞容衙前及天下州縣燕樂舊行一十七調大小曲譜聲韻各有不同，令編修燕樂書所審按校定，依月律次序添入新補撰諸調曲譜，令有司頒降，令揆校均度，正其過差，合于正聲，悉皆諧協。時燕樂一十七調看詳到大小曲三百二十三首，各依月律次序，謹以進呈，如得允當，欲望大晟府鏤板頒行。從之。重和元年十二月十九日，詔：太少二音調樂藏遺佚之適乎，不行于世遂數百年，近命官討論定律鑄就，既成不假利削，自合宮音，太少正聲相與為一。已降指揮置登歌宮架用于明堂。所有樂局檢閱文字官三員各轉一官，並充修樂大樂局管幹官、手分、貼書、書奏、書寫人、逐引官、定聲都作頭共十五人各轉一官資，無官資人候有官日收使；工匠等共七十四人共支絹三百匹，等第支散。宣和元年三月十九日，淮康軍節度使蔡攸奏：提舉同官段翁師翁章之職掌鑄羽籥翁以奉祭饗，以迎寒暑，蓋律呂于是乎生；而鼓鍾之詩「以雅以南，以籥不僭」，則衆樂人待是而為之節也。竊見大晟制籥祇為舞器，執而不吹，方今大晟樂備之時，獨此為闕。近據百姓張重、楊教坊樂工張從賓獻到古籥一管，自陳世習其藝，按之以聲，悉協鈞律。臣欲爾雅大籥為產，其中為仲，其小為箹，欲乞制造太少正聲籥之律呂咸備，乞頒降施行。從之。

明堂布政閏月體式鐘陽鍾竹庚九為呂七矣

卷二萬一千六百八十三

宋會要　景陽鍾竹庚九為呂己矣

二年二月六日，大晟府奏燕樂依月律撰詞八十四調，已頒行。從之。四年六月九日，臣僚上言：一歲之間凡一百一十八祀，作樂者六十二，所司樂章總五百六十九首，當時儒館分類撰以與之，未嘗擇而授也，故其所作多有失義類者。詔令尚書省措置選官改定添通，永為已罷館職外，餘並送吏部與合入差遣。十月二十一日，洪州奏：豫章下豐城縣中大哨鄉人戶范羌因斸地掘得古鐘大小九具，狀貌奇異，與今時式樣不同，各有篆文，驗之考工記，其制正與古合，尋令樂工歎擊，其聲中律之無射，繪畫圖狀申納。詔令申發投進。

而禮樂之事從以興矣

高宗皇帝紹興四年四月十六日，禮部、太常寺言：大禮依儀合設宮架之樂，切慮無諳曉音樂人匠可以製造，欲權令登歌之樂通作宮架之曲，史不該工色既籥減，押樂太常卿、舉麾協律郎各一員，祭服二舞樂工三百一人。豹情從之，以臣僚言明堂大禮除禮礼賞軍外，其他事先寔務在所減耶故也。紹興七年五月二十八日，翰林學士朱震言：奉詔撰明堂大禮新撰太廟酌獻徽宗皇帝室樂曲，請名以承元。詔恭依。

以八月一日教習于是興兩浙集

宋會要

十年八月二十三日太常博士周林言竊見堂上堂下樂工拊搏琴瑟坐
簫塤箎柷敔等皆是就地坐而作樂唯有鐘磬樂工設木杌并文床作坐
具恐未允當今大禮席地鋪設神位無係親行酌獻深慮不應有此樂工
坐物難憑前記備習之例有礙義理欲令教習鐘磬樂工立地考擊從之
十二年六月十五日太常寺言懿節皇后祔廟乞止用登歌通作宮架之
曲及已後五饗并祫享合用樂章等曲名撰祝書有製送本寺按譜教
習並從之十三年二月二十七日太常寺言昨來皇后受冊寶依儀御殿
降增受命于殿下設宮架之樂係女工人傳報節次作樂詔不用女工令
太常寺于殿門外設樂三月六日太常寺言將來郊祀大禮合設大樂見
闕鎛鐘特磬外少七星九曜閏餘匏笙各四把編鐘五架編磬五架一絃
琴六面三絃琴十面五絃琴十面七絃琴十二面九絃琴十三面巢笙十
四把簫十四面箎十八管塤十二枚笛二十管竽笙十把和笙六把瑟六
面搏拊鼓六面柷敔三副乞下二廣荊湖南北兩浙江西福建路州軍除
柷敔樂架外應有大樂劄刷發納

卷二萬一千六百八十三

旨論而不作云

宋會要

十六年四月十三日上謂輔臣曰禮器局鑄造鎛鐘須是聲和應律乃可
用令禮官詳審若聲未和協未可以奉祭祀五月十八日給事中段拂等
言禮局準降下景鐘制度御前降到大晟樂書并金字牙尺二十八量及
太常少卿李周等所立碑刻大樂尺國本付局參照今詳禮部太常寺討
論黃鐘之律九寸故景鐘之高九尺而九九之數寓于其間又降到樂書
所載景鐘垂則為鐘仰則為鼎鼎之中大于九斛中聲所極九數退藏則
八斛有一為及將降到金字牙尺數內用皇祐二年製造大樂中黍尺點
量太常寺見管黃鐘律編鐘一顆得高九寸相合所有退藏斛數既鐘高
九尺若約度金分厚薄取應鐘律退藏可容二十斛數即不應八斛有一
若就退藏八斛有一鑄造緣九尺之高則金分太厚委寔難以取應聲律
欲乞依樂書制度以皇祐二年太樂中黍尺為準取高九尺厚薄適宜鑄
造從之先是太常寺討論到景鐘制度按大晟樂書黃帝有五鐘一曰景
鐘景大也鐘西方之聲以象厥成惟功大者其鐘特大蓋黃鐘者樂之所
自出而景鐘者又黃鐘之本也故景鐘為樂之祖而不常用惟天子親郊

上帝則立于宮架之中以為君圍自齋宮詣壇以聲之以召至陽之氣既
至聲聞眾樂乃作祀事既畢升輦又擊之至齋宮而止蓋天者群物之祖
今以樂之祖感之則天之百神皆可得而禮矣黃鐘之律九寸故景鐘之
高九尺而九九之數寓于其間製煉玉屑以入銅齊取其精純音韻清越
拱以九龍其下則寶鐘清聲于以承繼也其周則四清之鐘磬與方隅以
拱衛也龍虞鳴球間以風琴平時帝考風至則鳴肅天籟而本自然也聲
氣之和以降瑞露唯積累功德和氣薰蒸光明盛大之業格于上下始可
作為景鐘郊見上帝九九相生其數無窮寔為受命無疆之應肅皇帝以
指為寸大禹以身為度其制請以聖上君指三節為三寸三三為九以起
律度徽宗皇帝崇寧四年命鑄景鐘具載製作詔可付禮器局此製造
至是本局參考制度來上從其請也七月二十八日宰臣秦檜奉詔書撰
景鐘銘進呈上曰詞翰俱美無可改者檜曰天子銘德諸侯計功臣淺陋
豈能形容盛德臣切惟文德武功猶漢陽之時而虞舜周文之用心世莫
之識蓋較勝則踏顯無懷則度宏不可使後世無傳也先是有司言所鑄
景鐘合用鐘銘典禮係翰林學士撰宰臣書有詔令秦檜一就撰書銘之
金石以為萬世不朽之傳至是秦檜撰書上焉八月十三日秦檜進呈禮

卷二萬一千六百八十三

器局申見造景鐘等併禮器俱畢乞一併進呈上曰鐘磬音律其餘皆和
惟黃鐘大呂未甚應律更宜詳加考究十月二日上御射殿召宰執侍從
臺諫南班宗室卿監省官禮官館閣及武臣刺史以上主班觀閱新造景
鐘禮器其日皇帝御殿視事畢再坐宣宰臣以下繫鞋起居畢升殿侍立
及監視制造禮器官亦升殿執樂請立御前以俟顧問皇帝起觀看訖宰
臣侍從正任刺史以上并觀宰執從觀看訖皇帝復御坐宣合赴坐官宣
坐賜茶是日作朝會樂三曲節次候唱撫主時撞景鐘俟皇帝即御坐引
起居班絕止次作宮架之樂俟降座再撞景鐘至還內止既而詔太師尚
書左僕射秦檜以書撰景鐘之銘可特一官許回授依例加恩仍與長孫
進職一等餘造禮器官屬並推恩有差二十五年八月十七日刑部員外
郎許興古言八音者休祥協應望之生于廟堂端表秀于留都新太平之盛
德萬年無疆惟休之符也臣竊宜如漢齋房之歌製為樂章登歌郊廟于
以恭揚神貺詔學士院將今來郊祀大禮圜壇景靈宮太廟所奏樂章內
添入修製二十八年七月二十日詔宰執學士院兩省官所修潤郊祀大
禮樂章七十九首下太常肄習之二十四日內出御製郊祀大禮天地宗
廟樂章十三首下太常寺肄習之紹興三十二年孝宗乙卯位未改元大

月二十日礼部太常寺言今來皇帝登寶位車駕詣太廟別廟親行朝饗之礼依儀合用登歌宮架樂舞鼓吹等内鼓吹係備而不作令具下項一所有太樂樂章乞從本寺申學士院製撰修潤降付本寺教習一合用登歌金玉大樂及彩畫宮架樂舞係用節奏樂正六人登歌樂工四十八人別廟登歌樂工三十六人宮架樂工一百九人二舞九十人内登歌樂工前十日受誓戒合服着衫幘等乞下祇候庫并文思院應副使用更不請放號止乞令所屬照驗頭冠法衣放令入出祇候一今來親行朝享例行製撰修潤樂曲每遇大礼樂舞係教習一百餘日今係作樂教習四十餘曲委是繁難止乞教習一十曲一合用般運大樂軍兵一百五十人及逐設樂架油幕座乞依例下所屬差撥紋縛施行一契勘別廟殿基窄隘難以鋪設大樂祭器欲乞令臨安府依大礼景靈宮例幫築增基搭蓋那座安設施行一合用鼓吹係在儀仗内排設備而不作導引祇應合用鼓吹二百二十六人除本寺見管令丞三人外其餘人乞下殿前馬步三司差撥雜攢樂人所有合用服着執色樂器乞下祇候庫揀選使用詔依八月十日礼部太常寺言將來奉上太上皇帝太上皇后尊號冊寶依禮例合設宮架樂于大慶殿及德壽宮並備而不作今條具合申請事件一大慶殿并德壽宮合設宮架大樂二料並合前期逐處排設合差般運大樂軍兵乞依例下殿前步馬三司借差軍兵二百人候礼畢般運訖發遣歸司至日樂正樂工等自大慶殿齎前赴德壽宮應奉其樂架候次日搬擡出殿内德壽宮合設樂架依今來修立儀注于中門之外北向隨地之宜安設礼畢即時搬發乞關報皇城司德壽宮閤借牌號放令出入所有逐處逐設宮架油幕席座乞依例令儀鸞司紋縛内油帕蘆席椽木等依下臨安府應付所有宮架大樂係差樂正四人樂工一百九十人亦合前期點習乞從本寺關具姓名前期報皇城司關借放號礼畢拘收送納詔從之乾道七年正月加上冊寶亦如此制十一月十八日礼部太常寺言將來皇后神主祔廟乞依顯仁皇后神主祔廟體例一合用鼓吹導引祠曲及添撰追冊皇后祔廟合用鼓吹導引酌獻樂章乞從本寺申學士院修撰降下本寺教習一合設登歌宮架樂舞昨顯仁皇后祔廟係用節奏樂正六人登歌樂工七十二人宮架樂工九十九人二舞九十人教習十日今乞依數差人止教習七日其合用般運大樂軍兵八十人乞行下步軍司差撥施行及合用逐殿宮架油幕席座依例係儀鸞司紋縛臨安府油幕椽座蘆席等詔從之十二月三日臣僚上言古之祭者室事交乎户堂事交

卷二萬一千七百八十三

乎階自始行事至于礼成蓋不甚久故有強力之容肅敬之心皆不至于倦怠也開寶通礼時享太廟十有一室并與同時而祭亞獻復位而文舞始退武舞立定而終獻詣洗所用時刻頗多有司侍祠不勝其久非特既倚仍立有願仆者其為不敬大矣欲乞將來安穆皇后祔廟及太廟別廟逐時祭享並做開寶通礼文舞用于亞獻以前武舞用于亞獻以後仍于亞獻既入太室即引終獻相繼行事其間如隋祭之與合樂肺祭之與奉俎來羊之與徹豆皆可以並行而不相悖若然幾百辟卿士各盡虔恭以稱主上嚴奉宗廟之意詔從之五日太常寺言勘會來年正月十日上辛祈穀礼上帝同日祀感生帝並依大礼令具下項一兩壇合設登歌宮架樂[illegible]儀用樂工二舞四百五十人依昨紹興十八年已降指揮逐年行礼遇闕二舞樂工于殿前司借差雜攢樂人湊數充拱祇應今來殿前司申降指揮稱差出軍兵住差借緣見今除見管樂工二舞外見闕一百六十三人別無可差去處乞下殿前司將見在諸軍依年例借差分作兩壇湊數充拱樂舞行礼庶免闕誤礼畢即便發遣一契勘每遇大礼合用樂舞去處係差般運大樂軍兵八十八人大樂用登歌樂去處係差撥般運大樂軍兵一十人係殿前馬步三司借差迎來殿前馬軍師各有申請免差指揮並係步軍司差撥今來若止差步軍司應付諸處差使數多其般運人多差不足緣今來見排辦臘祭太社太稷四蠟百神薦享太廟別廟樂舞上辛祈穀礼上帝同日祀感生帝逐處合用樂舞各用大樂二十五百餘件闕人般運排辦竊慮不前其所差撥運軍兵係祠前差到畫別般運至晚各歸營寨礼畢即便發遣即非久占差身役今來若止差步軍司兵委是人力不勝乞依自來例下殿前馬步軍司均差所貴辦集不誤祠事詔從之十三日礼部侍郎黃中等言檢准國朝故事神主祔廟係用儀仗鼓吹導引主太廟供時用樂舞行事今來追冊皇后祔廟緣在欽宗皇帝服制之内即與昨來景靈宮奉安顯仁皇后神御專畢不同雖宗廟薦享已用樂舞然鼓吹施于道路情所未安其將來追冊皇后祔享太廟合依見今薦享別廟懿節皇后礼例用樂行事外所有導引儀仗内鼓吹欲乞備而不作有旨依續臣僚上書竊惟薦享宗廟為祖宗也故以大已小雖別廟無嫌于用樂今祔廟之礼專為安穆皇后也豈可與薦享同日而語哉竊見礼官申請尚有未盡欲乞將來穆皇后神主至太廟祔謁諸室用樂舞行事外所有別廟奉安之際則乞備而不作蓋用于前殿是不以欽宗之服而廢祖宗之礼也停于別廟是懿節皇后安穆皇后為欽宗服

卷二萬一千七百八十三

制未畢而少屈也如此則于禮爲順于義爲允詔從之二十二日詔安穆皇后祔廟日以欽宗皇帝服未除前後殿樂皆備而不作　先是安穆皇后冊寶既成祔廟有日于用樂一事以欽宗之服未除臣下意有所嫌禮部奏欲去鼓吹既而可之給舍又言廟中之樂于祖宗前殿當用于安穆別廟不當用亦可之至是臣僚上言給舍之議固爲得矣而猶未盡也祖宗前殿與安穆無二上其于用樂無復有嫌然用之于其他行禮之日則可用之于安穆祔廟之日則似不可何者今日之事是爲安穆設也其所用樂是爲安穆用樂也雖于別廟不用然而爲安穆用樂之名猶在也罔若無間前後殿皆備而不作爲盡善盡美無一毫可議哉于是有旨從之隆興二年五月六日詔郊祀樂工令肄習一月依例肄習九十八日至是太常少卿兼權禮部侍郎洪遵奏伏惟陛下踐阼以來務崇儉德始講郊卿之禮尊以誠意交神此外樽節浮費臣職在太常不容箝嘿竊謂古今不相沿樂金石八音不入時俗之耳故適閏無習其藝者而聽之則倦且寐獨以古樂用之郊廟爾音著竽工鼓員不應經去者孔光何武蓋嘗奏罷于漢代前史是之今所用鼓吹警場諸工凡一千一百五十有九人有司已三分減一獨是肄習踈例尚存九十八日夫驗存于之人撥金擊石不當律

卷二萬一千六百八十三

令聞亦安能使鳳儀而獸舞而所用日給之緡爲緡一萬六千三百有奇誠爲虛費欲望祇今肄習一日亦可以成聲中節不至闕事詔從之一十六日禮部太常寺言郊祀大禮遞應合用樂章乞從本寺將紹興二十八年郊祀大禮樂章關具申學士院看詳修潤降下修習一遍次郊祀大禮係用鼓奏樂舞工五人登歌樂工四十八人宮架樂工二百七人引舞二舞九十人並著籍逐處祇應並分詣九宮貴神太社太稷登歌樂工一百十四人共四百六十四人今來別廟懿節皇后一室係親饗行禮合用登歌樂正樂工令欲將分詣太社太稷樂止樂工內差撥祇應其分詣別廟安穆皇后一室依逐次大禮例差來祇應更不添置人額今來本寺見管樂工二舞係祇應歲中常祀除逃亡事故之人大段闕人教習大禮逐處祭享舞儀樂曲及前期事務今大禮五使肄習至期受誓戒並逐處行禮祇應除登歌三十六人有請給外其餘樂工二舞並是無請給之人止是允中下等行役今來樂工二舞除見管外見闕一百六十餘人教習九十餘日今准近降指揮止肄習一月若行書數名募新人窃慮難以教習兼合係御前應奉其見闕人欲乞將收曾經應奉慣熟之人赴寺應辦教習行禮不許辭避如不足乞行名募有行止之人充填其支破食糧于本寺應

內抵致更敵詔從之九月五日太常少卿兼權禮部侍郎洪遵言勘會今歲郊祀大禮依近次典故用儀仗鼓吹內鼓吹已赴警場振作所有禮畢車駕回鑾導引振作亦合用軍樂端門肆赦所設宮架係合用雅樂並與燕樂不同難以一例不用從之以欽宗服未除故也十九日太常少卿兼權禮部侍郎洪遵奏伏覩紹興二十八年郊祀用儀仗一萬五千五十人鼓吹警場一千一百五十九人八音二舞樂工四百五十九人近降指揮儀仗人減半臣有寄中請鼓吹警場人已三分減一倚例樂人及鼓吹警場人肄習九十八日入具奏減作一月所有樂工凡二百六十人太常有籍三十六人有月給錢糧所闕一百六十六人旋行招補肄習緣係名籍中可以規免臨安府行鋪故名不無計嘱之弊再行研考除登歌壇上樂四十八人二舞九十人不可減外壇下宮架二百七人今欲減省六十七人凡琴二十人十人可減瑟十二人六人可減笙二十人四人可減簫十人六人可減笛二十人八人可減篪十二人六人可減塤十人四人可減歌二十四人鍾磬四十八架十六架可減分詣九宮貴神太社太稷給祠一百十四人四十五人可減既減員得以省費而于事神之禮初無所闕有旨令量減人數本寺今將壇下宮架鍾磬依舊排設四十八架所有樂

卷二萬一千六百八十三

工于宮架二百七人內量減闕慢樂色二十人并詣九宮貴神太社太稷一百一十四人內量減三十人可以事神排設祇應不致闕事詔從之十二月十日國子博士兼權太常博士高輝言勘會今來郊祀大禮其合用樂曲太廟行禮欽宗皇帝酌獻一曲係御製并其餘樂章鼓吹詞曲今來既用行禮所係不同亦合修潤乞從本寺具申學士院修潤降下教習從之　乾道三年七月二十五日禮部太常寺言勘會將來安穆皇后神主祔廟依禮例合用鼓吹導引至太廟排設樂舞行禮其鼓吹詞曲并樂章依例本寺申學士院修撰內鼓吹樂舞支破教習食錢今乞依見今例三分內減一分支破從之四年十月二十九日戶部禮部言太常少卿王淪奏樂之有舞所以形容功德施之天地宗廟之祭歲十有二工師之衆必皆整肅然後可以仰稱皇上敬祭重祀之意今二舞所用舞師舊例並係招募百姓殊不愨潔乞許每遇祠祭合用二舞樂工依正月上辛祀上帝例借差殿前司雜攢樂人四十八人部轄都管轄一名在外充撥二舞于受誓戒前一日差撥赴寺禮畢交納法衣訖即便發遣歸司其教習食錢依上年借差例支破每祭逐人止支食錢三百文于本寺大慮內幫助戶禮部看詳欲依所乞詔從之

全唐文

宋會要

郊祀樂

太祖建隆元年二月五日有司上言王王異代不相襲禮五帝殊時不相沿樂請改一代樂名并太廟四室酌獻迎俎送神樂章

詔恭依典禮宜令權判太常寺事竇儼撰進　四月四日竇儼上新定二舞十二樂曲名并樂章文舞為文德之舞武舞為武功之舞祭天用高安之曲祭地用靖安之曲祭宗廟用理安之曲祭天地宗廟登歌用嘉安之曲皇帝臨軒用隆安之曲王公出入用正安之曲皇帝食飲用和安之曲皇帝受朝皇后入宮用順安之曲皇太子軒縣出入用良安之曲正冬朝會登歌用永安之曲郊廟俎入用豐安之曲祭饗酌獻飲福受胙用禧安之曲

宋會要　卷五千四百六十四

閏十二月二十七日翰林學士承旨陶穀上祀感生帝樂章曲名降神用大安太尉行用保安奠玉幣用慶安司徒奉俎用咸安酌獻用崇安飲福用廣安亞獻終獻用文安送神用普安　四年六月判太常寺和峴言舊制宮縣三十六設於庭登歌兩架設於殿上請詔重造仍令徐州採泗濱之石以為縣磬從之

十月十九日判太常寺和峴言樂器中有抄手笛臣曾令樂工調勘得太樂局令賈峻等狀稱與雅樂正聲清濁相應謹按唐樂志呂才歌白雪之琴馬滔進太一之樂皆於當日得預宮縣況抄手笛可以旋十二宮可以通八十四調其制如雅笛而小其長九寸與黃鍾之管等其竅有六左四右二樂工執持之時兩手相交有拱揖之狀請改為拱宸管於十二案上及十二編磬并登歌兩架下各一仍望編於令式又言郊廟殿庭通用文德

武功之舞然其綴兆未稱文德武功之形容又依古義以揖遜得天下者先奏文舞以征伐得天下者先奏武舞陛下以揖讓受禪宜先奏文舞按尚書舜受堯禪玄德聲聞乃命以位請改殿庭所用文舞為玄德聲聞之舞其舞人約唐太宗舞圖用百二十八人以倍八佾之數分為八行行十六人皆著履執紼服袴褶冠進賢冠引舞二人各執五采纛其舞狀文容變數聊更增改舊制又陛下以神武平一字內即當奏武舞按尚書周武王一戎衣而天下大定請改武舞為天下大定之舞人數行列悉同文舞其人皆被金甲持戟引舞二人各執五采旗其舞六變一變象六師初舉二變象上黨克

卷五千四百六十四

平三變象維揚底定四變象荆湖歸復五變象邛蜀納款六變象兵還振旅仍別撰舞曲樂章其鐃鐸雅相金錞鼗鼓并引二舞等工人冠服即依樂令而文德武功之舞請於郊廟仍舊通用又按唐正觀十四年景雲見河水清張文收採古朱鴈天馬之義制景雲河清歌名曰讌樂元會第二奏者是也伏見今年荆南進甘露京兆果州進嘉禾黃州進紫芝和州進緑毛龜黃州進白兎欲依月律撰神龜甘露紫芝嘉禾玉兎五瑞各一曲每朝會登歌首奏之詔二舞人數衣冠悉仍舊制拱宸管樂章如所請　六年十月二十七日和峴言漢朝獲天馬赤鴈神鼎白麟之瑞並為郊歌國朝合州進瑞木

成文馴象由南方自至秦州獲白馬黄州獲白雀並合摛在瓮絃薦于郊廟又按開元禮郊祀車駕還宮入嘉德門奏采茨之樂入太極門奏太和之樂今郊祀禮畢登樓肆赦然後還宮宮縣但用隆安不用采茨其隆安樂章本是御殿之辭伏詳禮意隆安之樂自内而出采茨之樂自外而入若不並用有失舊曲今太樂局丞王光裕誦得唐日采茨曲望依月律別撰其辭每郊祀畢車駕初入奏之御樓禮畢還宮即奏隆安之樂詔峴作瑞文馴象玉烏皓雀四瑞樂章以備登歌餘從之　二十八日太常寺言準令宗廟殿庭宮縣三十簴郊社二十簴殿庭加鼓吹十二案開寶四年郊祀誤用宗廟之數今歲親郊欲用舊禮詔圜丘增十六簴餘依前制　太

卷五千四百六十四

宗淳化三年元日朝賀畢再御朝元殿羣臣上壽復用宮縣二舞登歌五瑞曲䝉又請取今朝祥瑞之殊尤者作爲四瑞樂章備郊廟奠獻以代舊曲詔從之有司雖承詔而不能奉行故今闕其曲　至道元年十二月十二日帝以新增九絃琴五絃阮宣示近臣因謂之曰古樂之用與鄭衛不同朕近因内治心術外觀時政求古人之意有未盡者增琴爲九絃曰君臣文武禮樂正民心阮爲五絃曰金木水火土別造新譜凡三十七卷俾太常樂工肄習之以備登薦　凡造九絃琴宮調鳳吟商調角調徵調羽調龍仙羽調側蜀調黄鍾無射商調瑟調變絃法各一制

宮調鶴唳天弄鳳吟商調鳳儀朱儀弄龍仙羽調入仙操凡三曲又以新聲被舊曲者宮調四十三曲商調十三曲角調二十三曲徵調十四曲羽調二十六曲側蜀調四曲黄鍾調十九曲無射商調七曲造五絃阮宮調商調鳳吟商調角調徵調羽調黄鍾調無射商調瑟調碧玉調慢角調金羽調變絃法各一製宮調鶴唳天弄鳳吟商調鳳朱儀弄凡二曲又以新聲被舊曲者調四十曲商調十三曲角調十一曲徵調十曲羽調十曲黄鍾調十九曲無射商調七曲瑟調七曲碧玉調廾四曲慢角調十曲金羽調三曲

四年二月雅樂工王繼昌言祭饗郊廟止奏黄鍾宮一調未嘗隨月轉律其樂工二百餘人無藝者甚衆乃命翰林侍讀學士夏侯嶠刑部侍郎判太常寺郭贄及令選雲韶班中官一人明雅樂京朝官三數人較試　景德二年八月一日殿中侍御史艾仲儒言太常樂器多損音律不調嚴禋在近望遣使修飾帝以典樂之任宜得其人乃命翰林學士李宗諤權判太常寺及令内臣監修樂

器後復以龍圖閣待制戚綸同判寺乃命太樂鼓吹兩局工較其優劣黜去濫吹者五十餘人宗諤因編録律呂法度樂物名數目曰樂纂又裁定兩局工人試補條式及肄習程課明年八月四日引太常工於崇政殿設宮縣作新教雅樂帝召親王輔臣列侍以觀宗諤執樂譜立御前承旨先以鍾磬按律準次令登歌鍾磬塤篪琴阮簫笛等各兩色合奏箏瑟筑三色合奏迭為一曲復擊鎛鍾為六變九變之樂又為朝正御殿上壽之樂及文武二舞鼓吹為警夜六周之曲舊制巢笙和笙每變宮之際必換義管然難於遽易樂工單仲辛遂改為一定之制不復旋易與諸宮調皆協又令仲辛誦唱八

卷五千四百六十四

十四調頗為精習自是樂府制度頓有倫理既畢帝謂王旦等曰鼓吹局見用樂曲詞制非雅及郊祀五時饗廟歌詞冬正御殿合用歌曲可並令兩制分撰預遣教習　三年八月一日詔曰致恭明神邦國之重事升為備樂方策之彝章況乃大祠所宜嚴奉爰舉行於舊典用昭格於靈祇夏至祭皇地祇孟冬祭神州地祇二月八月社日及臘祭太社太稷春秋二仲月祀九宮貴神春分朝日秋分夕月季冬臘日蜡百神立春日祀青帝立夏日祀赤帝季夏土王日祀黃帝立秋日祀白帝立冬日祀黑帝等十四祭宜並用樂先是帝以祀皇帝祇不用樂及應大祠合與不合用樂下太常禮院令具禮例

聞奏本院稱按禮文並合用樂故有是詔　大中祥符元年正月四日判太常寺李宗諤上皇帝奉迎天書酌獻瑞文樂章有詔嘉獎時學士晁迥知貢舉楊億被病參知政事趙安仁草詔焉

仁宗天聖四年二月十七日帝謂宰臣曰祠祭或遇大忌如何王曾對曰祀事如禮惟樂縣設而不作帝因問古樂與今樂何故不同曾曰古之樂所以饗宗廟格神祇法陰陽來福祉者蓋雅正之音與天地同和也今之樂則不然蕩情性惑視聽開嗜慾之源萌禍亂之本無益於至治也帝曰朕不好樂至於內外宴設不可闕者勉强耳居常多恬然默坐至於聲妓蕩心之物固不屑意張知白曰聖心如此但外人不知抑茲盛美實先史冊令呂夷簡等見修時政記比事不可闕載也　景祐

(景祐五年)八月五日太常寺言得大樂局狀李照所造大竽大笙雙鳳管兩儀琴十二絃琴並先準朝旨閲習行用又舊樂宮縣内用龍鳳散鼓四面以應樂節李照樂廢散鼓不用止以晋鼓一面應節文舊鼓建鼓四架并左鞞右應共十二面設於宮縣四隅備而不擊李照樂以四隅建鼓與鎛鍾相應考擊又舊樂雷鼓兩架各八面止用一人考擊李照樂別造雷鼓每面各用一人椎鼓順天左旋三步一止各用一人考擊又令二人摇鞉以應之今既復用舊樂未委李照所作樂器制度改與不改詔依舊樂制度其李照所作更不行用

卷五千四百六十四

皇祐二年五月二十三日内出御製明堂樂曲及二舞名降神曰誠安皇帝升降行止曰儀安昊天上帝皇帝祇神州地祇位奠玉幣曰鎮安酌獻曰慶安太祖太宗真宗位奠幣曰信安酌獻曰孝安司徒奉俎曰饎安五天帝位奠玉幣亦曰鎮安酌獻曰精安皇帝飲福曰胙安退文舞迎武舞曰穆安亞獻三獻皆曰穆安徹豆曰歆安送神曰誠安歸大次曰憩安文舞曰右文化俗武舞曰威功睿德又出御製樂章鎮安慶安信安孝安四曲餘所用樂章仍詔輔臣分撰

二十四日詔御製樂曲名與常祀同者並更之於是更常所用圜丘寓祭明堂誠安曰宗安祀感生帝慶安曰光安奉慈廟信安曰慈安

十一日翰林學士承旨王堯臣等言奉詔與太常寺參議阮逸所上編鍾四清聲譜法請用之於明堂者竊以律呂旋宮之法既定以管又十二鍾準為十二正聲以律計自倍倍半說者云半者準正聲之半以為十二子聲之鍾故有正聲子聲各十二子聲即清聲也其正管長者為均自用正聲正管短者為均則通用子聲而成五音然求聲之法本之於鍾故國語所謂度律均鍾者也其編縣之法則歷代不同或以十九為一簴者蓋取十二鍾當一月之辰又加七律焉或以二十一為一簴者以一均聲更加濁倍或以十六為一簴者以均清正為四宮商各置一副是謂縣八用七也或以二十四為一簴則清正之聲備故唐制以十六數為小架二十四為大架天地宗廟朝會等各有所施今太常鍾縣十六者舊傳正聲之外有黄鍾至夾鍾四清聲雖於圖

卷五千四百六十四

典未明所出，然考之實有義趣。蓋自夷則至應鍾四律爲均之特，若盡用正聲，則宮輕而商重，緣宮聲以下不容更有濁聲。一均之中，宮弱商强，是謂陵僭，故須用子聲，乃得長短相叙。自角而下，亦循兹法。故夷則爲宮，則黄鍾爲角；南吕爲宮，則大吕爲角；無射爲宮，則黄鍾爲商，大簇爲角；應鍾爲宮，則大吕爲商，夾鍾爲角。蓋黄鍾、大吕、大簇、夾鍾正律俱長，並當用清聲，如此則音律相諧而無所抗，此四清鍾可用之驗也。至他律爲宮，其長短尊卑自序者，不當更以清聲間之。自唐末多故，樂墜缺，考擊之法久以不傳，令若使匏、土、絲、竹諸器盡求清聲，即未見其法。又據大樂諸工所陳，自磬、簫、琴、和、巢

卷五千四百六十四

笙五器本有清聲，塤、篪、竽、筑、瑟五器本無清聲。五絃阮、九絃琴則有太宗皇帝聖製譜法。至歌工引音極唱，止及黄鍾清聲。臣等參議，其清、正二聲既有典據，理當施用。自今大樂奏夷則以下四均正律爲宮之時，商角作次並用清聲，自餘八均盡如常法。至於絲竹等諸器舊有清聲者，令隨鍾石教習；本無清聲者，未有創意求法，且當如舊。惟歌者本用中聲，故夏禹以聲爲律，明人旨可及。若强所未至，足累至和。請止以正聲作歌，應合諸器，亦自是一音，别無差累。其阮逸所上聲譜，以清濁相應，先後互擊，取音靡曼，似近鄭聲，不可用。從之。　十二日，以御製黄鍾五音五曲凡五十七聲付太常教習施

用

五月二十二日，上封者言：明堂酌獻五帝精安

之曲並用黃鍾一均聲此為國朝常祀五時迎氣所用舊法若於親行大饗即所奉安旦明堂五室之位木室在寅火室在巳金室在申水室在亥蓋木火金水之始也土室在西南蓋土王之次也既皆用五行本始所王之次則獻神之樂亦當用五行本始之月律各從其音以為曲其精安五曲宜以無射之均大簇為角以獻青帝仲呂為徵以獻赤帝林鍾為宮以獻黃帝夷則為商以獻白帝應鍾為羽以獻黑帝詔兩制與太常寺詳定以聞　九月三日帝服靴袍御崇政殿召近臣宗室館閣臺諫官閱雅樂自宮縣登歌舞佾之奏凡九十一曲編作之因出太宗皇帝琴阮譜及御撰明堂樂曲音譜

卷五千四百六十四

并按習大樂新錄賜羣臣又出新製頌塤篪笙洞簫仍令登歌以八音諸器各奏一曲遂召鼓吹局按警場賜大樂鼓吹令丞至樂工徒吏緡錢有差帝自景祐初詔所司博訪通古知音之士討論雅樂制度與歷代沿革考正音器作為新書成一朝之典至是謂輔臣曰作樂崇德薦之上帝以配祖考今將有事于明堂世鮮知音其令太常益加講求於是內出改制樂曲名及譜法樂章令肆習之　五日詔鑄鍾特磬未協音律令鄧保信阮逸盧昉序同太常寺檢詳典禮別行鑄造　十一月二日名太子中舍致仕胡瑗赴大樂所同定鍾磬制度先詔改作鎛鍾特磬而太常言瑗素曉音律而名之

閏十一月十二日內出手詔曰朕聞古者作樂本以薦上帝配祖考三五之盛不相沿襲然必太平始克明備周武受命至成王時始合大樂漢初亦沿舊樂至武帝時始定泰一后土樂詩光武中興至明帝時始改太子之名唐高祖造邦至太宗時孝孫文收始定鍾律明皇方成唐樂是知經啓善述禮樂重事須三四世聲文乃定國初亦循用王朴竇儼所定周樂太祖患其聲高遂令和峴減下一律真宗始議隨月律之法屢加按覆然念樂經久墜學者罕傳歷古研覃亦未究緒頃雖博加訪求終未有知聲知經可信之人嘗為改更未適茲意宜委中書門下集兩制及太常禮樂官以天地五方神

卷五千四百六十四

州日月宗廟社蜡祭饗所用登歌宮縣審更定奪聲律是非按古今調諧中和使經久可用以發揚祖宗之功德朕何憚改為但審聲驗書上學鮮並互詆胸臆無所援據概然希古靡忘于懷　十四日詔中書門下集兩制及太常官置局於秘閣詳定大樂　十七日翰林學士承旨王堯臣等言天章閣待制兼侍講趙師民博通今古望令同詳定大樂及乞借參知政事高若訥所校古尺十五等並從之

全唐文

宋會要　郊祀樂

皇祐三年十月九日翰林學士承旨王堯臣等言按太常天地宗廟四時祠祀樂章凡八十九曲自景安而下七十五章率以安名曲豈特本道德政教嘉靖之美亦緣神靈祖考安樂之故臣等謹上議國朝樂宜名曰大安其祀感生帝降神大安曲請更為元安詔曰朕惟古先哲王隨代立樂亦既制作必有稱謂緣名以討義繇義以知德蓋名者德之所載而行遠垂久之致焉故韶以紹堯夏以承舜濩以救民武以象伐傳之不朽用此道也國朝紹膺顯序表裏禔福興墜正失典章交備獨斯體大而有司莫敢易言之朕憫然念茲大懼列聖之休未能昭揭於天下之聽是用申敕執事遠求博講而考定其衷今禮官學士迨三事之臣同寅一辭以大安之議參復且以謂藝祖之戡暴亂也安天下之未安其功大二宗之致太平也安天下之既安其德盛洎朕之承聖烈也安祖宗之已安其仁厚祇覽所議熟復於懷恭惟神德之造基神功之戢武章聖板清淨之治沖人蒙成定之業雖因世之迹各異而靖民之道同歸以之播鐘球羽籥用諸郊廟告於神明曰大且安誠安其正恭依

四年十月二日殿中丞致仕胡瑗落致仕為光祿寺丞國子監直講同議大樂十二月二十一日呂兩府及侍臣觀新樂于紫宸殿凡鑄鍾十二黃鍾高二尺二寸半干廣一尺二寸鼓六鉦四舞六角衡并旋蟲共高八寸四分隧徑二寸二分深一寸三釐篆帶每面縱者四橫者四枚景俠鼓與舞四處各有九每

卷五千四百六十五

面重三十六兩欒間一尺四寸容九斗九升五合重一百六斤大呂以下十一鍾並與黃鍾同制而兩欒間遞減半分至黃鍾一尺三寸四分半容受遞減至應鍾容九斗三升五合而其重加至應鍾重一百四十八斤並中新律本律特磬十二黃鍾大呂股長二尺博一尺鼓三尺博六寸九分之六絃三尺七寸五分太蔟以下股長尺八寸博九寸鼓二尺七寸博六寸絃三尺三寸七分半其聲各中本律黃鍾厚二寸一分大呂以下遞加其厚至應鍾厚三寸五分詔以其圖送中書按周禮大鍾十分其鼓間以其一為之厚小鍾十分其鉦間以其一為之厚則是大鍾宜厚小鍾宜薄今大鍾重一百六

千斤小鍾乃重一百四十八斤則小鍾厚非也又磬氏為磬倨句一矩有半博為一股為二鼓為三參分其股博去其一以為鼓博三分其鼓博以其一為之厚今磬無博厚無長短亦非也五年四月二十六日知制誥王洙言黃鍾為宮最尊者但聲有尊卑耳不必在其形體也言鍾磬依呂數為小大之制者經典無正文惟鄭康成立意言之亦自假之法孔穎達等作疏因而述之據歷代史籍亦無鍾磬依律數大小之說其康成穎達等即非身曾制作樂器至如言磬前長三律二尺七寸後長二律一尺八寸是磬有大小之制者据此黃鍾為律臣曾依此法造黃鍾特磬者止得林鍾律聲若隨律長

卷五千四百六十五

短為鍾磬大小之制則黃鍾長二尺二寸半減至應鍾則形制大小比黃鍾則才四分之一又九月十月以無射應鍾為宮即黃鍾大呂反為商聲宮小而商大是君弱臣強之象也今參酌其鑄鍾特磬制度欲且各依律數筭定逐鍾磬長短大小容受數仍以皇祐中黍尺為法鑄大呂應鍾鍾磬各一即見形制聲韻所歸從之時知諫院李兌等言去歲十二月二十一日紫宸殿按試太常新樂時議者以鍾之形制未中律度斥而不用復詔近侍詳定竊聞今月一日崇文院聚議而王拱辰欲更前史文義王洙不從言語往復殆生諠譁夫樂之道廣大微妙非知音入神豈可輕議西漢去聖尚近有制

氏世典大樂但能紀其鏗鏘而不能言其義況今又千餘年而欲求三代之奇不亦難乎且阮逸罪廢之人安能通聖明述作之事務為異說欲規恩賞朝廷制樂數年于茲當國財匱乏之時煩費甚廣器既成矣又欲改為雖命兩府大臣監總論議然未能裁定其當請以新成鍾聲與祖宗舊樂參校其聲取諧和近雅者合而用之翰林學士承旨王拱辰言奉詔詳定大樂比臣至局鍾磬已成竊緣律有長短聲有大小黃鍾九寸最長其氣陽其象土其正聲為宮為諸律之首蓋君德之象不可並也今十二鍾聲一以黃鍾為率與古為異臣亦嘗詢問阮逸胡瑗等皆言依律大小則其聲恐不能諧和臣

卷五千四百六十五

竊有疑請下定大樂所更稽尋古義而參定之六月七日御紫宸殿奏太常寺新定大安樂召宰臣至省府館閣官預觀之仍觀宗廟祭器賜詳定官器幣有差八月十九日詔南郊且用舊樂其新定大安之樂常祀及朝會用之

至和元年四月二十四日，殿中侍御史裏行吳中復對于延和殿，帝謂曰：比來上封者多言陰陽未和，蓋由大樂未定，且樂之不合於古久矣。朕以謂旱之來，繫時政之得失，非樂之所召也。

卷五千四百六十五

嘉祐七年八月一日，翰林學士王珪等言：準詔詳定太常禮院所議祕閣校理裴昱奏：大祠天地日月社稷，其行禮日與國忌同者，自慶曆至嘉祐凡八祠，皆援太常新禮天禧二年六月十七日秋祀白帝，以文懿皇后忌，同樂備而不作。伏緣忌日必哀，志有所至，其有不樂，宜也。然樂所以降格神祇，非以適一己之私也，在禮固不可輟。謹按開元中禮部建言忌日饗廟應用樂，裴寬自以情立議，廟尊忌卑則作樂，廟卑忌尊則備而不奏。中書令張說以寬議為是。宗廟如此，則天地日月社稷之祠用樂明矣。臣以為凡大祠天地日月社稷與忌日同者伏請用樂其在廟則如寬之議所冀畧輕存重不失其稱太常禮院據禮云君子有終身之憂而無一日之患謂忌日也忌日不樂謂不舉吉事也然而禮令即無忌日饗廟廢樂之文至唐始有祭與忌日同則縣而不樂裴寬建議廟尊忌卑則作樂廟卑忌尊則備而不奏當時雖從寬議然亦無所據禮家之說祭天以燔為歆神之始以血為陳饌之始祭地以埋為歆神之始以血為陳饌之始宗廟以灌為歆神之始以腥為陳饌之始然則天地宗廟皆以樂為致神之始故曰太祭有三始謂此也天地之間虛豁而不見其形者陽也鬼神居天地之間不可以人道接也聲屬於

卷五千四百六十五

陽故樂之歆聲號呼召於天地之間庶幾神明聞之因而來格故祭必求諸陽商人之祭先奏樂以求神先求於陽也次灌地求神於陰達于淵泉也周人尚臭四時之祭先灌地以求神先求諸陰也然則天神地祇人鬼之祀不可去樂明矣今七廟連室難分廟忌之尊卑欲依唐舊制及國朝故事廟祭與忌同日並縣而不作其與別廟諸后忌同者作之若祠天地日月九宮太一及蜡百神並請作樂社稷以下諸祠既卑於廟則樂不可為如此則雖純用三代之禮亦可廣孝思之至臣珪等議社稷國之所尊其祠日若與別廟諸后忌同者伏請亦不去樂餘並如禮官所議詔恭依四日翰林學士王

珪言昔之作樂以五聲播於八音調和諧合而與治道通先王用於天地宗廟社稷事于山川鬼神使鳥獸盡感況於人心乎然則樂雖盛而音虧未知其所以為樂也今郊廟升歌之樂有金絲竹土革而無木音夫所謂柷敔者聖人用以著樂之始終豈顧容有缺邪亦嘗竊迹國朝以來議樂之文蓋莫究其所失之因且樂莫隆於韶書曰戛擊鳴球搏拊琴瑟又曰下管鞉鼓合止柷敔孔安國以戛擊是柷敔之用既云下管鞉鼓知鳴球與琴瑟之在堂故傳曰堂上堂下各有柷敔也今陛下躬祠明堂去並侑之瀆又將以薦至樂之和願詔有司考古而增定之下太常寺詳定既而本寺言乞依所請堂上增置柷敔以合尚書八音之數仍乞下有司依

卷五千四百六十五

法製造其節鼓本出於江左清樂至唐雅樂升歌用之其事非古欲乞停罷復用搏拊以備草音從之

宋會要

熙寧元年四月二十八日，太常禮院上言：「檢詳景德二年七月詔書，南郊用鹵簿儀仗、冠冕車輅、宮架登歌鼓吹等，並依常行郊禮，別無增減。今請一依景德故事施行。并據當年八月宰臣畢士安等三上表請聽樂，批答以為大禮展禮，八音降格於神祇；清廟奉先，二舞形容於德業。同和之奏，誠難闕焉。朕今勉徇輿情，審思中道，除郊天之庶事，資禮樂以相成，暫舉簫韶，以盡明祭。候嚴禋之告畢，守舊制以如初。看詳當時詔意，樂舞之類似止施於郊廟。今欲乞除郊廟及景靈宮禮神用樂外，所有鹵簿鼓吹及樓前宮架諸軍音樂皆備而不作，其逐處警場止鳴金鉦鼓角。」從之。

卷五千四百六十五

熙寧九年五月十六日，同知太常禮院王仲脩言：「伏以王者作樂，所以尊天地之和；樂之和，在乎有節。故圜丘之樂六變，方澤之樂八變，宗廟之樂九變。變者統乎節，其聲不可相續而無序也。書曰：『合止柷敔。』所以為樂之始終也。臣為禮官，常奉祠太廟，聽興安之曲，舉柷而聲已過，舉敔而聲不止，臣未見其所以為始終之節，其何以感格天地宗廟之靈乎？願詔樂工凡祠祭用樂，一奏將終，則戛敔而聲須少止，聽擊柷則樂復作。如此乃盡合止之義，庶乎不悖於經也。」詔太常禮院定奪以聞。既而禮官言：「臣等赴太常寺設樂按試，令樂工奏六變、九變降神之樂，將作即擊柷樂作，一奏既終，即戛敔止樂，擊柷樂復作，顯見節奏明白。請依仲脩所請，下太常寺，今後凡祀天地宗廟等處用樂依此舉節。」詔可。元豐元年十月二日，詳定郊廟禮文所言：「郊禮遇雨，朝服望祭，不設樂。按禮記曰：『大夫冕而祭於公，弁而祭於己。』則是臣子助祭不以朝服也。又曰：『年穀不登，祭事不懸。』則是於祭之時，既行吉禮，樂不當撤也。本朝祠祭遇雨則望祀，不為違禮，然而服公服，人不設樂，則非所以稱奉神之意。伏請遇雨望祀服祭服，仍設樂。」從之。　三年五月六日，詔秘書監致仕劉几乘驛赴詳定禮文所議樂。　六月九日，同判太常寺王存言：「近詔秘書監劉几赴詳定郊廟禮文所議樂，伏見禮部侍郎致仕范鎮論辨雅樂，乞召鎮與几參考得失。」從之。二十一日，命知太常禮院、秘書丞楊傑赴詳定禮文所同議大樂，從秘書監致仕劉几請也。七月二十七日，戶部侍郎致仕范鎮言：「乞下京東、京西、河北、陝西轉運司量立賞格，求訪真黍，以省音樂。」從之。八月五日，詳定郊廟禮文所言：「劉几請依景祐中例，擇近上使臣脩製大樂器。」從之。十五日，秘書丞、同知太常禮院楊傑言：「先於去年八月上大樂十二均圖，未蒙付外施行。」又言：「金聲舂容，失之則重；石聲溫潤，失之則輕；土聲函胡，失之則下；竹聲清越，失之則高；絲聲纖微，失之則細；革聲隆大，失之則洪；匏聲叢聚，失之則長；木聲無餘，失之

卷五千四百六十五

則短惟人稟中和之氣而有中和之聲足以權量八音使律呂皆以人聲爲度以一聲歌一言言雖永不可以逾其聲今夫歌者或詠一言而濫及數律或章句已闋而樂音未終茲所謂歌不永言也伏請節裁煩聲一聲歌一言遵用永言之法先儒云依人音而制樂託樂器以寫音樂本效人非人效樂也今祭祀樂章並隨同律聲不依詠以詠依聲律不和聲以聲和律非古制也伏請詳定大樂以歌爲本聲必依詠律必和聲又言虞書曰簫韶九成鳳凰來儀蓋以簫爲主也商頌曰既和且平依我磬聲蓋以磬聲爲依也周官鍾師以鍾鼓奏九夏蓋以金爲首也是鍾磬簫者衆樂之所宗聖帝明王

卷五千四百六十五

之所貴數十有六其所由來尚矣漢得古磬十六於犍爲郡鄭氏注周禮編鍾編磬及大周正樂三禮圖編鍾編磬簫並以十六爲數示天子之樂用八鍾磬簫爲衆樂之本又倍之爲十六矣且十二者律之本聲也四者律之應聲也本身重大應聲輕清本聲爲君父應聲爲臣子故其四聲或曰清聲又曰子聲自景祐中李照議樂以來鍾磬簫始不用四聲是有本而無應有倡而無和八音何從而諧邪今巢笙和笙其管皆十有九以十二管發律呂之本聲以七管爲律呂之應聲用之已久而聲至和協伏請參考古制依巢笙和笙例用編鍾編磬簫以諧八音今大樂作琴瑟塤篪笛簫笙阮箏筑奏

一聲則鎛鍾特磬編鍾編磬連擊三聲於衆樂中聲最煩數伏請詳鎛鍾特磬編鍾編磬並依器節奏不可連擊所貴八音無相奪倫本朝郊廟之樂先奏文舞次奏武舞武舞容節六變一變象六師初舉所向宜北二變象上黨克平所向宜北三變象維揚底定所向宜東南四變象荆湖來歸所向宜南五變象邛蜀納款所向宜西六變象丘還振旋所向宜北而南今舞者非止發揚奮厲進退俯仰不稱成功盛德差失所向又文武容節殊無法度乞定二舞容節及改所向以稱成功盛德又乞依周禮奏律歌呂合陰陽之聲又曰今雅樂古器非不存太常律古非不備而學士大夫置而不講考擊奏

卷五千四百六十五

作委之賤工如之何不使雅鄭之雜邪伏請審調太常鍾琯依典禮用十二律還宮均法令上下曉知十二律音則鄭聲無由亂雅矣詔送議樂所劉几等言傑所請皆可施行從之

二十六日罷議樂修樂局其范鎮令降勑獎諭仍賜金絹各一百疋兩楊傑五十疋兩劉几許持用明堂恩奏子若孫一人　四年十月六日詳定郊廟奉祀禮文所言天地之德至大故用文舞以祀周禮曰舞雲門以祀天神雲門之舞冬至日於地上之圜丘奏之雲門則黃帝樂所謂文舞也於天之德用此以求稱近世南郊樂舞兼用武舞即記所謂干戚之舞非備樂也既非古制又不足以稱天地之德請南郊樂舞純用羽籥庶合禮意從之　十一日又言歌者在上匏竹在下貴人聲也匏

卷五千四百六十五

竹在前鍾鼓在後貴人氣也書曰搏拊琴瑟以詠此堂上之樂又曰下管鼗鼓合止柷敔笙鏞以間此堂下之樂堂上之樂以象朝廷之治堂下之樂以象萬物之治後世有司失其傳歌者在堂兼設鍾磬宮架在庭兼設琴瑟堂下匏柷置之於床並失其序伏請每遇親祠郊廟及有司攝事歌者在堂更不兼設鍾磬宮架在庭更不兼設琴瑟堂下匏竹更不置之於床又言謹按周禮小胥之職曰王宮架諸侯軒架卿大夫判架士特架說者曰宮架四面軒架三面判架二面特架一面又曰凡架鍾磬半為堵全為肆說者曰鍾一虡磬一虡謂之肆諸侯之卿大夫西一虡鍾東一虡磬士磬一虡而已又按儀禮

大射儀曰笙磬西面其南笙鍾其南鑮皆南陳頌磬東面其南鍾其南鑮一建鼓在西階之東南面說者曰此諸侯之制也諸侯而西面一磬一鍾一鑮則三面鍾磬鑮九而已諸侯鍾磬鑮九則天子鍾磬鑮十二虡為宮架明矣故或以為配十二次則亦無過十二虡也自先王之制廢學者不能考其數至有謂宮架當二十虡甚者又以為三十六虡此隋唐以來論不一也有唐之盛日有司攝事樂並用宮架至德後太常聲音之工散亡凡郊廟有登歌而無宮架後世因仍不改所有郊廟有司攝事樂伏請改用宮架十二虡從之

卷五千四百六十九

五年正月二十五日太常寺言開封縣民葉防言太常寺大樂鼓吹兩局樂舞奏節不應古法送前同議樂楊傑看詳據傑定所言二事可行防言金奏不用晋鼓為節非是乞以晋鼓節金奏於理有據又言宮縣之制不合禮經乞因大禮雅飾又知詳為改正從之以葉防為樂正　六年二月二十六日太常寺言郊廟用樂二十虡若遇雨雪則覆以幕臨祭恐不能應聲今如望祭即設於殿上從之　三月六日禮部奏有司攝事祀昊天伏請初獻曰帝臨嘉至之舞亞終獻曰神娛錫羨之舞太廟初獻曰孝熙昭德之舞亞終獻曰禮洽儲祥之舞從之

按已見前律呂

宋會要

七年正月十九日，詔奉宸庫選玉造磬，就差太常博士楊傑審定玉磬音律，提轄主管從協律郎榮咨道請也。

六月六日，禮部又言：「親郊之歲，夏至祀皇地祇於方丘，遣冢宰攝事，禮容樂舞請宜加常祀。而其樂虡二十，樂工百五十有二，舞者六十有四，與常歲南北郊上公攝事無異，殆未足以稱明詔欽崇之意。乞自今親郊之歲，方丘所用樂舞如親祠：二十六虡，工人三百有六，舞人百三十有四。」從之。

哲宗元祐三年閏十二月二日，京西北路都監楊安道管押范鎮所定鑄成律十二、編鍾十二、鎛鍾一、尺一、斛一、響石為編磬十二、特磬一、簫、篪、塤、麗、巢笙、和笙各二，較景祐中李照所定又下一律有奇，并書及圖法上進。詔送太常寺，樂法有可行事，令尚書禮部、太常寺參定以聞；仍令尚書、侍郎、學士、兩省、御史臺、館職、秘書省官赴太常寺觀。翌日，賜詔獎諭。又詔與鎮一子有官人陞一任差遣，製造人等第支賜。

卷五千四百六十五

閏十二月，楊傑言不可用鎮一家之學，遂撰樂議七篇。其議樂章、議量、議鍾

議宮架加磬曰：鎮言國朝祀天地、宗廟及大朝會，宮架內止設鎛鍾，惟后廟乃用特磬，非也。今已升后廟特磬，遂為無用之樂。欲乞凡宮架內於鎛鍾後各加特磬，貴乎金石之聲大小相應。謹按唐六典曰：「天子宮架之樂，鎛鍾十二，編鍾十二，編磬十二，凡三十有六虡，宗廟與殿庭同。凡中宮之樂則以大磬代鍾，餘如宮架之制。」即無鎛鍾、特磬並設之，則為四十八架，於古無法，恐非所宜。是以皇帝將出，宮架撞黃鍾之鍾，右五鍾皆應；皇帝興，宮架撞蕤賓之鍾，左五鍾皆應。未聞皇帝出入以特磬為節。禮曰「金聲鏗鏘以立號」，此之謂也。

卷五千四百六十五

議十六鍾磬曰：鎮以謂清聲者不見於經，惟小胥注云：「鍾磬者，編次之，二八十六枚而在一虡，謂之堵。」至唐又有十二清聲，其聲愈高，尤為非是。國朝舊有四聲，置而不用，至劉几用之，與鄭無異。謹按編鍾、編磬十六，其來遠矣，豈獨見於周禮小胥之注哉？漢成帝時，犍為郡於水濱得古磬十六枚，帝因是陳禮樂雅頌之聲，以風化天下。其事載於禮樂志，不為不詳，豈因劉几

然後用哉且漢承秦秦未嘗制作禮樂其稱古磬十六者乃二帝三王之遺法也其王朴內編鍾編磬以其聲律太高歌者難逐故四清聲置而不用及神宗朝用仁宗皇帝時下二律鍾則四清聲皆用而諧協矣周禮曰鳧氏為鍾薄厚之所震動清濁之所由出則清聲豈不見於經哉今鎮以簫笛塤篪巢笙和獻於朝廷簫必十六管是四清聲在其間矣自古無十二管之簫豈簫韶九成之樂已有鄭衛之聲乎禮部太常寺亦言鎮樂法自係一家之學與見行樂制不同難以擯取於見行樂內相參增損遂置不同而樂仍舊制　四年正月十三日詔講筵官許依秘書省職官例觀新樂

宋會要　卷五千四百六十五

元符二年正月二十七日詔前信州司法參軍吳良輔太常寺按協雅樂三月二十二日試太常少卿劉拯奏今大樂局前後詞臣所撰樂章辭采淺陋援引謬誤有辭與事異而通用有禮文所無而嗟詠之者乞別撰降付有司施行詔令學士院取索看詳其合刪改者修定以聞十二月大樂正葉防言周禮樂師及徹帥學士而歌徹鄭司農謂將徹之時自有樂故帥學士而歌徹三家者以雍徹說者謂天子祭宗廟用此以徹祭隨俎入奏詔夏徹奠奏雍唐祀天神以黃鍾為宮地祇以太簇為宮人鬼以無射為宮又以徹豆今祭祀天地宗廟無

徹豆之曲請考古以製樂章從之其辭闕

徽宗建中靖國二年九月六日吏部尚書何執中等奏近禮部員外郎陳暘所撰樂書二百卷送臣等看詳臣等欲乞特加優獎所有暘欲考定音律以正中聲更乞送講議司令知音律之人相度施行詔陳暘轉一官餘依奏

宋會要　卷五千四百六十五

三年正月二十九日中書門下省尚書省送到魏漢津劄子臣聞通二十四氣七十二候和天地役鬼神莫善於樂伏羲以一寸之器名為含微其樂曰扶桑女媧以二寸之器名為葦籥其樂曰光樂黃帝以三寸之器名為咸池其樂曰大卷三三而九乃為黃鍾之律後世因之至唐虞未嘗易洪水之變樂器漂蕩禹效黃帝之法以聲為律以身為度用左手中指三節三寸謂之君指裁為宮聲之管又用第四指三節三寸謂之臣指裁為商聲之管又用第五指三節三寸謂之物指裁為羽聲

之管第二指為民為角大指為事為徵民與事君臣治之以物養之故不用為裁管之法得三指合之為九寸即黄鍾之律矣黄鍾定餘律從而生焉商周以來皆用此法因秦火樂之法度盡廢漢諸儒張蒼班固之徒惟用累黍容盛之法遂至差誤晋永嘉之亂累黍之法廢隋時牛洪用萬寶常水尺至唐室田疇及後周王朴並用水尺之法本廟為王朴樂聲太高令竇儼等裁損方得聲律諧和聲雖諧和即非古法漢津今欲請聖人三指為法謂中指第四指第五指各三節先鑄九鼎次鑄帝坐大鍾次鑄四韻清聲鍾次鑄二十四氣鍾然後均絃裁管為一代之樂從之十月九日翰林學士承旨知（卷五千四百六十五）制誥兼侍郎張康國奉勑撰景鍾銘其序畧曰皇帝踐位之五年崇寧甲申改協鍾律保合太和以成一代之樂有魏漢津者年過九十誦其詩說以謂今之所作乃宋樂也不當稽用前王之法宜以皇帝身為度自度而為權量以數乘之則聲諧而樂成無所沿襲其法始於鼎以量容九斛為鼒之大取斛之八加斗之一則鼒變而為景鍾景大也九九之數兆於此有萬不同之所宗也度高九尺植以龍虡其聲則為黄鍾之正而律呂由是生焉大祭祀大朝會大享燕惟天子親御則用之以肅群臣其下則寳鍾子以承繼也其用則四清之鍾磬奠方隅以拱衛也平時弗考風至則鳴黄天籟而本自

然也鍾成於秋七月癸丑

宋會要

四年八月二十四日大司樂劉炳奏乞改定二舞各分九成每三成為一變執籥秉翟揚戈持盾威儀之節取象治功從之二十七日詔曰迺者得隱逸之士於草茅之賤獲英莖之器於受命之邦（時端州上古銅器有樂鍾驗狀識乃宋成公時）適時之宜以身為度鑄鼒以起律因律以制器按協於庭八音克諧宜賜名曰大晟其舊樂可更不行用　大觀元年五月九日詔樂作已久方薦郊廟施於朝廷而未及頒之天下宜令大晟府議頒新樂使雅正之聲被於四海先降三京四輔次帥府十一月五日大司成強（卷五千四百六十五）淵明等奏伏覩陛下已降睿旨編修樂書乞俟書成日頒之庠序使承學之士得以推求義訓從之　二年三月三十日詔樂久不作自唐以來正聲全失世無徵角之音五聲不備豈足以適和而化俗哉劉詵所上徵聲可令大晟府同教坊依譜按習仍增徵角二譜候習熟取旨進呈先是進士彭几進樂書論五音云本朝以火德王而羽音不禁徵調尚闕時禮部員外郎吴時善其說建言乞召几至樂府朝廷從之至是劉詵亦上徵聲

三年八月二十三日中書省提舉製造大樂局所奏奉詔製造頒降三京四輔二十八帥府等處大樂官吏作匠等及結絶罷局有勞可等第推恩內初補使臣免

呈試參部提舉官承受主管製造等官轉兩官有資者轉兩資內提舉承受官並回授無資可轉者與將一官改賜章服一官許回授有服親主管文字主管雜務各轉一官有資者轉一資各更減二年磨勘前提舉官及主管官雜務主管文字監轄造作點檢文字各特轉一官有資者轉一資待詔與改換服色　四年八月一日

御製大晟樂記　政和三年四月二十九日議禮局上親祠登歌之制金鍾一在東玉磬一在西俱北向柷一在金鍾北稍西敔一在玉磬北稍東搏拊二一在柷北一在敔北東西相向一絃三絃五絃七絃九絃琴各一瑟四在金鍾之南西上玉磬之南亦如之東上又於午

卷五千四百六十五

階之東設笛二箎一巢笙二和笙二為一列西上塤一在笛南閏餘匏一簫一各在巢笙南又於午階之西設笛二箎一巢笙二和笙二為一列東上塤一在笛南七星匏一九星匏一在巢笙南簫一在九星匏西鍾磬柷敔搏拊琴瑟工各坐於壇上塤箎笙笛簫匏工並立於午階之東西樂正二人在鍾磬南歌工四人在敔東俱東西相向執麾挾仗色掌事一名在樂虡之西東向樂正紫公服樂工介幘執麾人平巾幘並緋繡鸞衫白絹夾褲抹帶又上親祠宮架之制四方各設編磬三編鍾三東方編鍾起北編磬間之東向西方編磬間之俱北向設十二鎛鍾特磬於編架內各依月律四方各鎛鍾

三特磬三東方鎛鍾起北特磬間之東向西方特磬起北鎛鍾間之西向南方特磬起西鎛鍾間之北方鎛鍾起西特磬間之皆北向植建鼓鞞鼓應鼓於四隅建鼓在中鞞鼓在左應鼓在右設柷敔於北架內柷一在道東敔一在道西設瑟五十二列為四行二行在柷東二行在敔西次一絃琴七左四右三次三絃琴一十有八次五絃琴一十有八並分左右次七絃琴二十有三次九絃琴二十有三並左各十有二右各十有一次巢笙二十有八分左右次匏笙三在巢笙之間左二右一次簫二十有八次竽二十次箎二十有八次塤一十有八並分左右雷鼓雷鼗各一在左又雷鼓雷鼗各一在右地祇靈鼓靈鼗各二並在三絃五絃琴之間東西相向晉鼓一在

卷五千四百六十五

匏笙間少南北向副樂正二人在柷敔之前北向歌工三十有二次柷敔東西相向列為四行左右各二行樂師四人在歌工之南北東西相向運譜二人在晉鼓之左右北向執麾挾仗色掌事一名在樂虡之右東向副樂正同樂正服樂師緋公服運譜綠公服樂工執麾人並同登歌執麾人服詔並頒行同日又上親祠文武二舞之制文舞六十四人執籥翟武舞六十四人執干戚俱為八佾文舞分立於表之左右各四佾引文舞二人執纛在前東西相向舞色長二人在執纛之前分東西若武舞則在執旌之前引武舞執旌二人鼗二人雙鐸二人單鐸

二人鐃二人特金錞四人奏金錞二人鉦二人相二人雅二人分立於宮架之東西北向北上武舞在其後舞色長幞頭抹額紫繡袍引二舞頭及二舞郎並紫平冕皂繡鸞衫金銅革帶烏皮履武舞人武弁緋繡鸞衫抹額紅錦臂韝白絹袴金銅革帶烏皮履詔頒行同日又上大中祠登歌之制編鐘一在東編磬一在西俱北向柷一在編鐘之北稍西敔一在編磬之北稍東搏拊二一在柷北一在敔北俱東西相向一絃三絃五絃七絃九絃琴各一瑟一在編鐘之南西上編磬之南亦如之東上壎下午階之東設笛一篪一塤一爲一列西上和笙一在笛南巢笙一在篪南簫一在塤南午階之西亦

卷五千四百六十五

如之東上鐘磬柷敔搏拊琴瑟工各坐於壇上塤篪笛笙簫工並立於午階之東西樂正二人在鐘磬南歌工四人在敔東俱東西相向執麾挾仗色掌事一名在樂虡之西東向樂正公服執麾挾仗色掌事平巾幘樂工黑介幘並緋繡鸞衫白絹抹帶詔頒行同日又上大祠宮架二舞之制四方各設鎛鐘三各依月律編鐘一編磬一北方應鐘起西編鐘次之黃鐘次之編磬次之大呂次之皆北向東方太簇起北編鐘次之夾鐘次之編磬次之姑洗次之皆東向南方仲呂起東編鐘次之蕤賓次之編磬次之林鐘次之皆北向西方夷則起南編鐘次之南呂次之編磬次之無射次之皆西向十二特磬

各在鎛鐘之内植建鼓鞞鼓應鼓於四隅設柷敔於北架内柷在左敔在右雷鼓雷鼗各二（地祇以靈鼓靈鼗）分東西在歌工之南瑟二在柷東次一絃琴次三絃琴次五絃琴次七絃琴次九絃琴各二各爲一列敔西亦如之巢笙簫竽篪塤笛各四爲四列在雷鼓之後（若地祇即晉鼓在靈鼓後）晉鼓一在笛之後俱北向副樂正二人在敔柷之北歌工八人左右各四在柷敔之南東西相向執麾挾仗色掌事一名在宮架西北東向副樂正本色公服執麾挾仗色掌事及樂正平巾幘服同登歌樂正（凡軒架之樂三面其制去宮架之南面判架之樂二面其制去軒架之北面特架之樂一面其制闕）文武二舞並同親祠惟二舞郎並紫平冕皂繡袍銀褐裙白絹抹帶與親

卷五千四百六十五

祠稍異詔頒行七月二十八日詔平江府進士曹棐撰到徵調舞詔新曲文理可采特補將仕郎充大晟東府制撰　四年四月二十八日詔將來夏祭用宗子學生舞樂指揮更不施行只用大晟樂工直候冬祀始用　七年三月一日議禮局奏先王之制樂舞文則用羽籥武則用干戚而又有小大焉周官樂師教國子小舞則舞有小大可知矣文舞之大用羽籥文舞之小則有羽無籥謂之羽舞武舞之大用干戚武舞之小則有干無戚謂之干舞禮記文王世子曰春夏學干戈秋冬學羽籥又曰小學正學干籥師學戈則武舞又有戈舞焉而戈不用於大舞近世武舞以戈配干未嘗用戚乞武舞

以戚配干置戈不用應協古制又奏考周禮春官有鍾師鎛師國語伶州鳩曰大鈞有鎛無鍾鳴其細也細鈞有鍾無鎛昭其大也然則鍾大器也鎛小鍾也以宮商為鈞則謂之大鈞其聲大故用鎛以鳴其細而不用鍾以角徵羽為鈞則謂之小鈞其聲細故用鍾以昭其大而不用鎛然後細大不踰聲應相保和平出焉是鎛鍾兩器其用不同故周人各其立官後世之鎛鍾非特不分小大又混為一器復於樂架編鍾編磬之外設鎛鍾十二配十二辰皆非是蓋鎛鍾猶之特磬與編鍾編磬相須為用者也編鍾編磬其陽聲六以應律其陰聲六以應呂既應十二辰矣復為鎛鍾十二以配之則於義重復乞宮架樂去十二鎛鍾止設一大鍾為鍾一小鍾為鎛一大磬為特磬以為衆聲所依從之四月十八日禮制局言尊祖配天者郊祀也嚴父配帝者明堂也郊祀以遠人而尊故尊祖以配天明堂以近人而親故嚴父以配帝所以來天神而禮之其義一也則明堂宜同郊祀用禮天神六變之樂從之　八年四月二十五日詔禮制局所鑄景虛玉陽神應鍾了當應副管幹詳議官管幹官書篆官製造官雜務官催促物料造作受給各轉行一官應副管幹七鍾以上各減三年磨勘應副管幹六鍾以下各減二年磨勘人吏各轉一官資無官資人補進義副尉宣和四年六月九日臣僚上言一歲

卷五千四百六十五

之間凡一百一十八祀作樂者六十二所用樂章總五百六十九首當時儒館分領樂以興之未嘗擇而授也故其所作多有失義類者詔令尚書省措置選官改定除趙永裔已罷館職外餘並送吏部與合入差遣

卷五千四百六十五

詩樂

詩樂虞庭言樂以詩為本孔門禮樂之教自興於詩始記曰十有三年學樂誦詩詠歌以養其性情舞蹈以養其血脉此古之成材所以為易也宋朝湖學之興老師宿儒痛正音之寂寥嘗擇取二南小雅數十篇寓之塤籥使學者朝夕詠歌自爾聲詩之學為儒者稍知所尚張載嘗慨然思欲講明作之朝廷被諸郊廟矣朱熹述為詩篇彙于學禮將使後之學者學焉 小雅歌凡六篇 朱熹曰傳曰大學始教宵雅肄三謂習小雅鹿鳴四牡皇皇者華之三詩也此皆君臣宴勞之詩始學者習之所以取其上下相和厚也古鄉飲酒及燕禮皆歌此三詩及笙入六笙間歌魚麗南有嘉魚南山有臺六笙詩本無辭其遺聲亦不復傳矣小雅為諸侯之樂大雅頌為天子之樂 二國風歌凡六篇 朱熹曰周南召南正始之道王化之基故用之鄉人焉用之邦國焉鄉飲酒及鄉射禮合樂周南關雎葛覃卷耳召南鵲巢采蘩采蘋燕禮

卷二萬一千六百九十一

十五

云遂歌鄉樂即此六篇也合樂謂歌舞與衆聲皆作周南召南古房中之樂歌也關雎言后妃之志鵲巢言國君夫人之德采蘩言夫人之不失職采蘋言卿大夫妻能循法度夫婦之道生民之本王化之端此六篇者其教之原也故國君與其臣下及四方之賓燕用之合樂也 小雅詩譜鹿鳴四牡皇皇者華魚麗南有嘉魚南山有臺皆用黄鍾清宮俗呼為正宮調 二南國風詩譜關雎葛覃卷耳鵲巢采蘩采蘋皆用無射清商俗呼為越調 朱熹曰大戴禮言雅二十六篇其八可歌其八廢不可歌本文頗有闕誤漢末杜夔傳舊雅樂四曲一曰鹿鳴二曰騶虞三曰伐檀又加文王詩皆古聲辭其後新辭作而舊曲遂廢唐開元鄉飲酒禮乃有此十二篇之目而其聲亦莫得聞此譜相傳即開元遺聲也古聲亡滅已久不知當時工師何所考而為此竊疑古樂有唱有嘆唱者發歌句也和者繼其聲也詩詞之外應更有疊字散聲以歎發其趣故漢晋閒舊曲既失其傳則其詞雖存而世莫能補如此譜直以一聲協一字則古詩篇篇可歌又其以清聲為調似亦非古法然古聲既不考姑存以此見詩歌之彷彿俟知樂者考焉

卷二萬一千六百九十一

十六

宋會要

教坊樂 典職官教坊互見

隊舞之制，其名各十。小兒隊凡七十二人：一曰柘枝隊，衣五色繡羅寬袍，戴胡帽，繫銀帶。二曰劍器隊，衣五色繡羅襦，裹交脚幞頭，紅羅繡抹額，帶器仗。三曰婆羅門隊，紫羅僧衣，緋掛子，執錫鐶柱杖。四曰醉鬍騰隊，衣紅錦襦，繫銀䩛鞢，帶氊帽。五曰諢臣萬歲樂隊，衣紫緋綠羅寬衫，諢裹簇花幞頭。六曰兒童感聖樂隊，衣青羅生色衫，繫勒帛，總兩角。七曰玉兎渾

脫隊，四色繡羅襦，繫銀帶，冠玉兎冠。八曰異域朝天隊，衣錦襖，繫銀束帶，冠夷冠，執寶盤。九曰兒童解紅隊，衣紫緋繡襦，繫銀束帶，冠花砌鳳冠，綬帶。十曰射鵰回鶻隊，衣盤雕錦襦，繫銀䩛鞢，射雕盤。女弟子隊凡一百五十三人：一曰菩薩蠻隊，衣緋生色窄砌衣，冠卷雲冠。二曰感化樂隊，衣青羅生色通衣，背梳髻，繫綬帶。三曰抛毬樂隊，衣四色繡羅寬衫，繫銀帶，奉繡毬。四曰佳人剪牡丹隊，衣紅生色砌衣，帶金冠，剪牡丹花。五曰拂霓裳隊，衣紅仙砌衣，碧霞帔，戴仙冠，紅繡抹額。六曰採蓮隊，衣紅羅生色綽子，繫暈裙，戴雲鬟髻，乘綵船，執蓮花。七曰鳳迎樂隊，衣紅仙砌衣，戴雲鬟鳳髻。八曰菩薩獻香花

卷二萬一千六百九十二

四

隊，衣生色窄砌衣，戴寶冠，執香花盤。九曰綵雲仙隊，衣黃生色道衣，紫霞帔，冠仙冠，執旌節鶴羽。十曰打毬樂隊，衣四色窄繡羅襦，繫銀帶，裹順風脚簇花幞頭，執毬杖。大抵若此，而復從宜變易。百戲有蹴毬、踏蹻、藏擫、雜旋、獅子、弄鎗、鈴瓶、茶盌、氊㲪、碎劒、踏索、上竿、筋斗、擎戴、拗腰、透劒門、打彈丸之類。錫慶院宴會、諸王賜食及宰相筵設時賜樂者，第四部充。建隆中，教坊都知李德昇作長春樂曲。乾德元年，又作萬歲升平樂曲。明年，教坊高班都知郭延美又作紫雲長壽樂鼓吹曲，以奏御焉。太宗洞曉音律，前後親制大小曲及因舊曲創新聲者，總三百九十。凡制大曲十八：正宮平戎破陣樂，南呂宮

平晉普天樂中呂宮大宋朝歡樂黃鍾宮宇宙荷皇恩道調宮垂衣定八方仙呂宮甘露降龍庭小石調金枝玉葉春林鍾商大惠帝恩寬歇指調大定景中樂雙調惠化樂堯風越調萬國朝天樂大石調嘉禾生九穗南呂宮調文興禮樂歡仙呂調齊天長壽樂般涉調君臣宴會樂中呂調一斛夜明珠黃鍾羽降聖萬年春平調金觴祝壽春曲破二十九正宮宴鈞臺南呂宮七盤樂仙呂宮王母桃高宮靜三邊黃鍾宮採蓮回中呂宮杏春園獻玉杯道調宮折枝花林鍾商宴朝簪歇指調九穗禾高大石調轉春鶯小石調舞霓裳越調九霞觴雙調朝八蠻大石調清夜遊林鍾角慶雲見越角露如珠

卷二萬一千六百九十二　五

小石角龍池柳高角陽臺雲歇指角金步摇大石角念邊功雙角宴新春南呂調鳳城春仙呂調夢均天中呂調採明珠平調萬年枝黃鍾羽賀回鸞般涉調鬱金香高般涉調會天仙琵琶獨彈曲破十五鳳鸞商慶成功應鍾調九曲清金石角鳳來儀芙蓉調藥宮春蕤賓調連理枝正仙呂調朝天樂蘭陵角奉宸歡孤雁調賀昌時大石調寰海清玉仙商玉芙蓉林鍾角泛仙槎無射宮調帝臺春龍仙羽宴蓬萊聖德商美時清仙呂調壽星見小曲二百七十正宮十一陽生玉蕙寒念邊成玉如意瓊樹鶻鸛袞寒鴻飛漏丁丁息鼙鼓歡流霞南呂宮十一仙盤露冰盤果芙蓉園林下風風雨調開月幌

鳳來賓落梁塵望陽臺慶年豐青驄馬中呂宮十三上林春春波綠百樹花壽無疆萬年春繫珊瑚柳垂絲醉紅樓折紅杏一園花花下醉遊春歸千樹柳仙呂宮九折紅蕖鵲填河紫蘭香喜堯時倚蘭殿步瑶階千秋樂百和香佩珊珊黃鍾宮十二菊花杯翠幕新四塞清滿簾霜畫屏風折茱萸望春雲苑中鶴賜征袍望回戈稻稼成泛金英高宮九嘉順成安邊塞獵騎還遊兔園錦步帳博山鑪暖寒杯雲紛紜待春來道調宮九會燮龍泛仙杯披風襟孔雀扇百尺樓金尊滿奏明庭拾落花聲聲好越調八翡翠帷玉照臺香旖旎紅樓夜朱頂鶴得賢臣蘭堂燭金鏑流雙調十六宴瓊林泛龍舟汀洲

卷二萬一千六百九十三　六

綠登高樓麥隴雉郷如煙楊花飛玉澤新玳瑁簪玉階曉喜清和人歡樂征成回。一院香一片雲千萬年小石調七滿庭香七寶冠玉唾盂辟塵犀喜新晴慶雲飛太平時林鍾商十採秋蘭紫絲囊留征騎塞鴻度回鶻朝汀州雁風入松蓼花紅曳珠佩遵渚鴻歇指調九榆塞清聽秋風紫玉簫碧池魚鶴盤旋湛恩新聽秋蟬月中歸千家月高大石調九花下宴甘雨足畫秋千夾竹桃攀露桃燕初來踏青回抛繡毬潑火雨大石調八賀元正待花開採紅蓮出谷鶯遊月宮望卓回塞雲平東燭遊小石調九月宮春折仙枝春日遲綺筵春登春臺紫桃花一林紅喜春雨泛春池雙角九鳳樓燈九門開落梅香春氷折萬年安催花發降真香迎新春望蓬島高角九日南至帝道昌文風盛琥珀杯雪花飛皂貂裘征馬斯射飛鴈雪飄飄大石角九紅爐火翠雲裘慶成功冬夜長金雞鶗玉樓寒鳳戲雛一爐香雲中鴈歌指角九玉壺氷卷珠箔隨風簾樹青葱紫桂叢五色雲玉樓宴蘭堂宴千千歲越角九望明堂華池露貯香囊秋氣清照秋池曉風度晴邊塵聞新鴈吟風蟬林鍾角慶時康上林果晝簾垂水精簟夏木繁暑氣清風中琴轉輕車清風來仙呂調十五喜清和芰荷新清世歡玉鉤欄金步搖金錯落燕引雛草芊芊步玉砌整華裾海山青旋絮綿風中帆青絲騎喜聞聲南呂調七春景麗牡丹開

卷二萬一千六百九十二

七

展芳茵紅桃露轉林鶯滿林花風飛花中呂調九宴嘉賓會羣仙集百祥凭朱欄香煙細仙洞開上馬杯拂長袂羽觴飛高般涉調九喜秋成戲馬臺汎秋菊芝殿樂鸂鶒杯玉芙蓉偃干戈聽秋砧秋雲飛般涉調十玉樹花望星斗金錢花玉窻深萬民康瑶林風隨陽鴈倒金壘鴈來賓看秋月黄鍾羽七宴鄒枚雲中樹燎金爐潤底松嶺頭梅玉鑪香瑞雪飛平調十萬國朝獻春盤魚上氷紅梅花洞中春春雪飛飜羅袖落梅花夜遊樂鬭春雞因舊曲造新聲者五十八正宫南呂宫道調宫越調南呂調並傾杯樂三臺仙呂宫高宫小石調大石調高大石調小石角雙角高角大石角歇指角林鍾角高

般涉調黄鍾羽平調並傾杯樂中呂傾杯樂斂器感皇化三臺黄鍾宫傾杯樂朝中措三臺雙調傾杯樂攤破抛毬樂醉花間小重山三臺林鍾商傾杯樂洞中仙望行宫三臺歇指調傾杯樂洞仙歌三臺仙呂調傾杯樂月宫仙戴仙花三臺中呂調傾杯樂菩薩蠻瑞鷓鴣三臺般涉調傾杯樂望征人嘉宴樂引駕回拜新月三臺若宇宙賀皇恩降聖萬年春之類皆藩邸所作以述太祖美德諸曲多祕而平晋普天樂者又明年製每宴享常用之然帝勤求治道未嘗自逸故舉樂有度雍熙初教坊使郭守中求外任止賜束帛真宗不喜鄭聲而或為雜詞未嘗宣布于外太平興國中伶官蔚茂多侍大

卷二萬一千六百九十二

八

宴聞鷄唱殿前都虞候崔翰问之曰此可被管絃乎茂多即法其聲製曲曰鷄叫子又民間作新声者甚衆而教坊不用也太宗所製曲乾興以來通用之凡新奏十七調總四十八曲黄鍾道調仙呂中呂南呂正宫小石歇指高平般涉大石中呂仙呂雙越調黄鍾其急慢諸曲幾千數又法曲龜茲鼓笛三部凡二十有四曲仁宗洞曉音律每禁中度曲以賜教坊或命教坊使撰進凡五十四曲朝廷多用之天聖中常嘗問輔臣以古今樂之異同王曾對曰古樂祀天地宗廟社稷山川鬼神而聽者莫不和悦今樂則不然徒虞人耳目而蕩人心志自昔人君流連荒亡者莫不由此帝曰朕於聲技固未

嘗留意內外宴遊皆勉強耳張知白曰陛下盛德外人豈知之願備書時政記世歸太常為雅樂而未嘗施于宴享豈以正聲為不美聽哉夫樂者樂也其道雖微妙難知至於奏之而使人悅豫和平則不待知音而後能也今太常樂縣鍾磬塤箎搏拊之器與夫舞綴羽籥干戚之制類皆倣古逮振作之則聽者不知為樂而觀者厭焉古樂豈真若此哉孔子曰惡鄭聲恐其亂雅亂之云者似是而非也孟子亦曰今樂猶古樂而太常乃與教坊殊也何哉昔李照胡瑗阮逸改鑄鍾磬處士徐復笑之曰聖人寓器以聲不先求其聲而更其器其可用乎照瑗逸制作久之卒無所成蜀人房庶亦深訂其非

卷二萬一千六百九十二　九

是因著書論古樂與今樂本末不遠其大畧以謂上古世質器與聲朴後世稍變焉金石鍾磬也後世易之為方響絲竹琴簫也後世變之為箏笛匏笙也攢之以斗塤土也變而為甌革麻料也擊而為鼓木柷敔也貫之為板此八音者於世甚便而不達者指廟樂鎛鍾鎛磬宮軒為正聲而槩謂夷部鹵部為淫聲殊不知大輅起于椎輪龍艘生于落葉其變則然也古者食以俎豆後世易以杯盂簟席以為安世後更以榻按使聖人復生不能舍杯盂榻按而復俎豆簟席之質也八音之器豈異此哉孔子曰鄭聲淫者豈以其器不若古哉亦疾其聲之爾變試使知樂者由今之器寄古之聲去惉懘靡

曼而歸之中和雅正則感人心導和氣不曰治世之音乎然則世所謂雅者未必如古而教坊所奏豈盡為淫聲哉當數子紛紛銳意改制之後庶之論指意獨如此故存其語以俟知者教坊本隸宣徽院有使副使判官都色長色長高班大小都知天聖五年以內侍二人為鈐轄嘉祐中詔樂工每色額止二人教頭止三人有闕即填異時或傳詔增置許有司論奏使副歲閱雜劇把色人分三等遇三殿應奉人闕即以次補諸部應奏及二十年年五十已上許補廟令或鎮將官制行以隸太常寺同天節寶慈慶壽宮生辰皇子公主生凡國之慶事皆進歌樂詞熙寧九年教坊副使花日新言樂聲高

卷二萬一千六百九十二　十

歌者難繼方響部器不中度絲竹從之宜去噍殺之急歸嘽緩之易請下一律改造方響以為樂準絲竹悉從其聲則音律諧協以導中和之氣詔從之十一月奏新樂于化成殿帝諭近臣曰樂聲第降一律已得寬和之節矣增賜方響為架三十命太常下法駕鹵部樂一律如教坊云初熙寧二年五月罷宗室正任以上借教坊樂人至八年復之許教樂政和三年五月詔比以大晟樂播之教坊嘉與天下共之可以所進樂頒之天下八月尚書省言大晟府宴樂已撥歸教坊所有諸府從來習學之人元降指揮令就大晟府教習今當並就教坊習學從之四年正月礼部奏教坊樂春或用商聲孟或

雲韶部一段無職官重文

用事律甚失四時之序乞以大晟府十二月所定聲律
令教坊閱習仍令祕書省撰詞高宗建炎初省教坊紹
興十四年復置凡樂工四百六十人以內侍充鈐轄紹
興末復省孝宗隆興二年天申節將用樂上壽上曰一
歲之間只兩宮誕日外餘無所用不知作何名色大臣
皆言臨時點集不必置教坊上曰善乾道後北使每歲
兩至亦用樂但呼市人使之不置教坊止令修內司先
兩旬教習舊例用樂人三百人百戲軍百人百禽鳴二
人小兒隊七十一人女童隊百三十七人築毬軍三十
二人起立門行人三十二人旗鼓四十人以上並臨安
府差相撲等子二十一人御前忠佐司差命罷小兒及
女童隊餘用之　卷二萬一千六百九十二　十一

雲韶部者黃門樂也開寶中平嶺表
擇廣州內臣之聰警者得八十人令于教坊習樂藝賜
名簫韶部雍熙初改曰雲韶每上元觀灯上巳端午觀
水嬉皆命作樂于宮中遇南至元正清明春秋分社之
節親王內中宴射則亦用之奏大曲十三一曰中呂宮
萬年歡二曰黃鍾宮中和樂三曰南呂宮普天獻壽此
曲亦太宗所製四曰正宮梁州五曰林鍾商汎清波六
曰雙調大定樂七曰小石調喜新春八曰越調胡渭州
九曰大石調清平樂十曰般涉調長壽仙十一曰高平
調罷金鉦十二曰中呂調綠腰十三曰仙呂調綵雲歸
樂用琵琶箏笙觱栗笛方響杖鼓羯鼓大鼓拍板雜劇

所當援祖宗故典照舊選入教雖當從其請紹興三十二年有詔教坊並即日上

用傀儡後不復補　鈞容直亦軍樂也太平興國三年
詔籍軍中之善樂者命曰引龍直每巡省遊幸則騎導
車駕而奏樂若御樓觀灯賜酺則載第一山車端拱二
年又選奉日天武拱聖軍曉暢音律者增多其數以中
使監視藩臣以樂工上貢者亦隸之淳化四年改名鈞
容直取鈞天之義初用樂工同雲韶部大中祥符五年
因鼓工溫用之請增龜茲部如教坊其奉天書及四宮
觀皆用之有指揮使一人都知二人副都知二人押班
三人應奉文字一人監領內侍二人嘉祐元年係籍三
百八十三人六年增置四百三十四人詔以爲額闕即
補之七年詔隸班及二十四年年五十以上者聽補軍
卷二萬一千六百九十二　十二
職隸軍頭司其樂舊奏十六調凡三十六大曲鼓笛二
十一曲并他曲甚衆嘉祐二年無領內侍言鈞容直與
教坊樂並奏聲不諧詔罷鈞容舊十六調取教坊十七
調肄習之雖聞有損益然其大曲曲破并急慢諸曲與
教坊頗同矣紹興中鈞容直舊管四百人楊存中請復
收補權以舊管之半爲額尋聞其名募換優降詔止之
及其以應奉有勞進呈推賞又申諭止于支賜一次庶
杜其日後希望紹興三十年復詔鈞容班可蠲省令殿
司比擬一等班直收[illegible]內老弱癃疾者放停教坊即日
蠲罷各令自便　東西班樂亦太平興國中選東西班
習樂者樂器獨用銀字觱栗小笛小笙每騎從車駕而

奏樂或巡方則夜奏于行宮殿庭　諸軍皆有音樂者每車駕親祀回則衣緋綠衣自青城至朱雀門列於御道之左右奏樂迎奉其聲相屬聞十數里或軍宴設亦奏之　棹刀鎗牌翻歌等不常置　清衛軍習樂者令鈞容直教之內侍主其事園苑賜會及館待契丹使人又有親從親事樂及開封府衙前樂園苑又分用諸軍樂諸州皆有衙前樂　四夷樂者元豐六年五月召見米脂砦所降戎樂四十二人奏樂于崇政殿以三班借職王恩等六人差監在京閑慢庫務門及舊城門敢勇三十六人與茶酒新任殿侍大晟樂書曰前此宮架之外列熊羆案所奏皆夷樂也豈容淆雜大樂

卷二萬一千六百九十二　十三

乃奏罷之然古鞮鞻氏掌四夷樂韎師旄人各有所掌以承祭祀以供宴享蓋中天下而立得四海之歡心使鼓舞焉先王之所不廢也漢律曰每大朝會宜設於殿門之外天子御樓則宮架之外列於道側豈可施於廣庭與大樂並奏哉

宋會要　郊社羣祀樂歌

南郊親祀　降神用景安（仁宗御製四曲）無為靡遠深厚廣圻祭神如在升冕衮衣粢盛豐美惟德馨香以祥以祐非眇專祈　奠幣用廣安　千靈啓運三后在天嘉壇羞侑億萬斯年　酌獻用彰安　皇基締搆帝系靈長躬薦鬱鬯子孫保昌　送神用景安　聲遹八樽器空三薦至祝至虔寫祇既祉　降神用高安（建隆元年竇儼撰八曲）在國南方時惟就陽以祈帝祉式致民康豆籩鳴俎金石絲簧禮行樂奏皇祚無疆　皇帝行用隆安　步武舒遲升壇肅祇其容允若于禮攸宜　奠玉幣用嘉安　嘉玉制幣以通神明神不饗于克誠　奉俎用豐安　牷

卷五千四百七十

鏞備樂薦粢陳牲乃迎芳俎以薦高明　酌獻用禧安丹雲之爵金龍之杓挹於樽罍是白清酌　飲福用禧安　潔蠲五齊酌彼六樽致誠斯至率禮彌敦以介景福永隆後昆重熙累洽帝道攸尊　亞獻終獻用正安謂天蓋高其聽孔卑闓樂歆德介以繁禧　送神用高安　倏兮而來忽兮而回雲馭杳邈天門洞開　降神（咸平五年諸臣撰八曲，曲名同建隆元年）圜丘何方在國之陽禮神合祭運啓無疆祖考來格籩豆成行其儀肅肅降福穰穰　皇帝行禮備樂成乾健天行帝容有穆佩玉鏘鳴　奠玉幣定位燔祀告于神明嘉玉量幣饗于克誠　奉俎有牲斯純有俎斯陳進于上帝昭報深仁　酌獻　大報于帝盛德升聞體齋良潔粢盛苾芬　飲福　祀帝圜丘九州獻力禮行于郊百神受職靈祇格思饗我明德天鑒孔彰玄祉昭錫　亞獻終獻　羽籥云罷干戚載揚接神有恪錫羨無疆　送神　神駕來思風舉雲飛神馭歸止天空露晞　皇帝行用乾安景祐元年中書門下撰　神靈擁衛景從雲隨玉色温粹天步舒遲周旋陟降皇心肅祇千靈是保百福攸宜

郊祀大禮前二日朝獻嘉定五年八年十一年十四年並同此　皇帝入門用乾安之曲　閟幄邃深雲景杳冥天清日晬展容玉庭締基發祥希夷降靈神其來燕是享是聽　皇帝升殿用乾安之曲　帝居瑤圃璇題玉京日月經振列宿上熒桂籃飶芬瑚器華晶黄承祀典用戒昭明　降聖用太安之曲發祥流慶之舞六變圜鍾為宮三奏　四靈晨耀五緯夕明風雲晏和天地粹清靈兮來迎靈兮來寧啟我子孫饗于純精　降聖黃鍾為角一奏　芬枝楊烈錎朱叶陶闓珍闡符展詩舞稍神哉來下神哉來翔肅若有承靈心昭格　降聖太簇為徵一奏　龍車既奏鳳馭載翔帝幄佇靈天衢騰芳神繫留俞神來饗驤禮卷樂明奏假孔將　降聖姑洗為羽一奏　虹旌蜺旄鸞旗翠蓋星樞扶輪月御叶衛靈至陰陰靈般裔裔來假　禮來饗福流萬世　皇帝盥洗宮架奏用乾安之曲　禮文有徹祀事孔明將以潔告亶惟齋精自盥而往聿觀厥成靈監下臨天德其清　皇帝詣聖祖位登歌作用乾安之曲　維宋肖德欽天顧右於皇道祖丕𥌅靈祐葛藟殖纍瓜瓞孕茂克昌厥後世世孝奏　皇帝還位登歌作用乾安之曲　桂宮𥇖𥇖藻儀穆穆天回衮承

卷二百四十八

風韶璜玉盛英宣亮容典炳煜假我上靈景命有僕

尚書奉饌宮架奏用吉安之曲　我簋斯盈我簠斯實或烈或烹或燔或炙有殽既將為俎孔碩禮儀卒度永錫爾極

皇帝再盥洗宮架奏用乾安之曲　觴濬初旬禮戒重盥假廟以萃取象于觀清明外暢精齋中貫我儀圖之三靈幽贊　皇帝再詣聖祖位登歌作同乾安之曲　肇基駿命眷右鴻業鼎玉龜符畫圖萬葉靈既益甄神光載燁暉𠊱無疆規重矩疊　皇帝還位登歌作用乾安之曲　皇帝瑞慶長發其祥纂係悠遠朔源靈長德之克明休有烈光配天作極孝饗是將　文舞退武舞進宮架奏用正安之曲　待翠成象秉朱就列旄秉整

溢鳳儀諧節揮舒皇文歌蹈先烈合好效攉福流有截
亞獻宮架奏用冲安之曲　降貞觀德之舞　光隕紫
幄神留玉房秉文侑儀嘉虞貳觴震澹酔喜放悆廸審
璇源之休地久天長終獻宮架奏用冲安之曲　降聖覲
德之舞　靈與醬驤畢觴宣筵貳饗允穆祼將克踐丕
恩儲祉錫羨永年將以慶成燕及皇天　皇帝詣飲福
位登歌作用乾安之曲　若木靈英清雲流瑕蔓蔓芝
秀馮馮桂華綿瑞無疆產嘏孔嗇皇則受之肇我帝家
皇帝飲福酒登歌作用報安之曲　旨酒惟蘭勺槳
惟椒福流瓚斝光燭琨瑤拜貺清宮凝暉廣霄神其如
在徘徊招搖　皇帝還位登歌作用乾安之曲　烝哉
我皇繼天毓聖通靈元都對越靈慶如天斯久如日斯
盛瑶圖濬邈永隆天命　尚書徹饌登歌作用吉安之
曲　房鋓陳列室簋登奉告饗具歆展徹唯拱祥光奕
奕嘉氣幪幪受嘏不係言燕天寵　送眞宮架奏用大
安之曲一成　雲車鳳馬靈其（來）游天門詄蕩神其莫留遺
慶陰陰祉發祥流康我有宋與天匹休　皇帝降殿登
歌作用（繇）乾安之曲　璇庭爛景紫殿流光禮合乾回福應
日昌聖係龐鴻景命溥將德茂功成率祀無疆　皇帝
詣望燎位宮架奏用乾安之曲　厥初生民淵濬惟
祖芳薦既輟明燎具舉德馨升聞靈貺蕃詡懷濡上靈
俢周之祜　皇帝還大次宮架奏用乾安之曲　帝假

卷二百四十八

于宮彝承清祀天燀臨幄宸衛森峙行蹤太室旋趯紫
時率禮不違式敷靈祉

宋會要　圜丘

冬至圜丘仁宗御製二曲　太祖配座奠幣用定安　翕受駿命
宸疊羣方侑配上帝德厚流光　酌獻用英安　誕受
靈符肇基丕業配饗潔樽永隆萬葉　送神用景安哲宗
勑先宮饌上辛雩祀常祀明堂宮同用此　帝臨中壇肅恭禋祀靈景舒光秋
龍旋軼送樂有章神心具醉輔德佑仁永錫元祉

卷五千四百七十

宋會要　方丘

方丘樂歌　迎神鎮寧之曲　林鍾宮再奏太簇角再
奏姑洗徵再奏南呂羽再奏詞同　至哉坤儀萬彙資
生稱物平施流謙變盈禮修泰折祭極精誠皇皇靈睠
奠寰瀛　初獻盥洗太簇宮肅寧之曲　禮有五經
無先祭禮即時伸虔惟時盥洗品物吉蠲威儀濟濟錫
之純嘏來歆愷悌　初獻升壇應鍾宮肅寧之曲　無
疆之德至哉坤元沉潛剛克資生實蓄方丘之儀惟敬
無文神其來思昕歆薦般初獻奠玉幣太簇宮億寧之
曲　禮行方澤文物備舉惟皇地祇昭格來下奠瘞玉
帛純誠內着神保是享陟降斯祐　司徒捧俎太簇宮
豐寧之曲　四階秩儀壇於方澤昭事皇祇即陰以擴
絜肆於柄孔嘉且碩神其福之如幾如式　正位酌獻
太簇宮濟寧之曲　蕩蕩坤德物無不載柔順利貞含
弘光大籩豆既陳金石斯在四海永寧福祿攸介　配
位酌獻配太宗也　太簇宮保寧之曲詞闕　亞終獻升壇太簇宮
咸寧之曲　卑彼嘉壇奠玉方澤百辟祇肅八音純繹
祀事承明柔祇感格　徹豆應鍾宮豐寧之曲　修理方
丘吉蠲是宜籩豆靜嘉登於有司芬芬馨香來享來儀
郊儀將終聲歌徹之　送神林鍾宮鎮寧之曲　因地
方丘濟濟多儀樂成八變靈祇格思鸞驂徹豆神馭昭

垂億萬斯年永祐丕基　詣望燎位太簇宮肅寧之曲詞同升壇

宋會要 祈穀

孟春祈穀〈仁宗御製二曲〉 太宗配座奠幣用仁安 天作以人，開文德來遠。祈穀日辛，侑農禮展。 酌獻用紹安 於穆神宗，惟皇永命。薦醴六罇，聲歌千詠。 降神〈紹興中分絡職〉〈擬三曲降樂曲同冬祀圜丘日三陽文泰〉 盥洗〈樂曲同圜丘〉 升壇〈樂曲同圜丘內止易第三句則〉 上帝位奠玉幣〈樂曲同圜丘〉 太宗位奠幣用宗安 於穆思文，克配上帝。涓選休成，遵揚嚴衛。祇薦忱誠，肅陳量幣。享兹吉蠲，申錫孝裔。 還位〈樂曲同圜丘〉 奉俎〈樂曲同圜丘〉 上帝位奠獻用嘉安 三陽肇新，萬物資始。精誠祈天，其聽斯通。顧均雨暘，田疇之喜。如坻如京，以備百禮。 太宗位酌獻用德安 天錫勇智，

卷五千四百七十

允為太宗。功隆德盛，與帝比崇。禮嚴陟配，誠達精衷。尚其錫祉，歲以屢豐。 文舞退武舞進〈樂曲同圜丘〉 亞終獻〈樂曲同圜丘〉 徹豆〈樂曲同圜丘〉 送神〈樂曲同圜丘〉 望燎〈樂曲同圜丘〉

雩祀

孟夏雩祀〈仁宗御製二首〉 太祖配座奠幣獻安 昊天蓋高，祀事為大。嚴配皇靈，德萬來介。 酌獻感安 龍見而雩，神之來格。犧尊精良，感靈赫奕。 降神〈樂曲同圜丘〉 盥洗〈樂曲全圜丘〉 升壇〈樂曲同圜丘內止易第三句則曰合龍之光〉 上帝位奠玉幣〈樂曲全圜丘〉 太宗位奠幣〈樂曲全圜丘〉 還位〈樂曲全圜丘〉 奉俎〈樂曲全圜丘〉 紹興雩祀一首 上帝位酌獻嘉安 蒼蒼昊穹，臨覆下土。維威事民，所依怙羨。陽精發禮，曲斯舉有渾。以時介我稷黍。 祭生孟春孟夏季秋四祀上公攝事七首 降神景安 二章 天何言哉，至消而彼，默定幽贊。降祥福甚，風設圜壇。粢陳嘉薦，有馭下臨。儲休錫羨，生物之祖，默益之宗。于國之陽，以禋昊穹。六變降神，於論鼓鐘。親德享道，錫羨無窮。 太尉行正安 祀經之重，祭典為宗。上公攝事，奉薦祠蔡。茂品豐潔，命儀肅徹。百神萃止，惟吉之從。 司徒奉俎豐安 禮崇禋祀，神驗禮明。牲牷博腯，以烈以熏。馨香蠲潔，品物惟精。錫以純嘏，享兹至誠。

卷一萬一千六百十四

飲福嘏安 薑薦既陳，言蠲登薦。洗心防邪，齋祓祭典。陟降惟寅，豐亞有儀。百福感宜，淳耀丕顯。 亞終獻文安 秩秩禮文，肅肅嚴祀。仰洽神休，立協氏既。崔獻有容，欽其祖盡。明德推誠，以介丕祉。 送神景安 帝臨中壇，衛蔡禮祀。豐菁舒光，飛龍旋軌。述神有章，神心具醉。輔德惟仁，永錫光祉。

宋會要 五方帝

降神以景安〈祈宋副試昔攝上公攝事四祀上帝惟明堂以南郊齋生祭祀奉化而五帝用有感以國之可與祀其不協遠改定〉 以後社五方帝十六首 青帝降神〈開寶〉安 四序伊始，三陽肇啟。迎東郊贊戶，咸嘉功宜。協順澤惟燕民，祝史正辭。昭事惟寅。 奠玉幣酌獻奠用嘉安 降風惟至，獻德在木。斗柄東作，禋獻達牷。律應青陽，氣和玉屬。也此惟人，介以景福。 送神嘉安 協物效用，蒸義明神。禮成舉樂，充饗及禋。 酌獻祐安 條風斯應，候應惟新。湯和啟蟄，品物留春。發舊協以，蔽來情意。豐潔紊福攸臻。

宋會要

祐仁祖安宗仁一年明堂文宣德樂 帝宅震方，在德惟木。宣仁賦和，大生

有祀法有虔皇情允肅神之格思報以介福　酌獻用精安　右祐二年明堂前樂曲歌　太微垂德若有五精本仁與益降氣施生純粹有碩音同斯清穆齊壽旅既壽治平　奉帝　降神禹安　長嬴府序飭正南訛均道鳥有氣應清和罔窒宿一樂播合歡神具來享偉稱祀多　奠玉幣酌獻嘉安　景祐用祥安不同　象合離位德酌天精崇用物律化被含生百嘉茂育時順為明神歆常事享于克誠　送神禹安　蕙乙有矣承禮惟習祀終不亂神睇有實

宋會要

明堂用嘉安　元祐元年宗祀　惟聖惟歆神祗其集德平秋高凱百嘉允殖盛情格望顧我矣應降帶迎郊帝　奠幣　酌獻用精安　元祐二年明堂宗祀樂　惟帝樂離司欣先祖惟所得與嫁我天德既虔斯迓乃答所穆對越慶飲介祉無恨　酌獻用精安　嘉祐七年明堂祭祀　聖考配饗宗祀毗成駿然惟帝於皇執衡茂育元運降祚至孚我清斷酌肅登隋祖　奠幣　降神高安　神燕序式奠紫元吉皇中居正合帝德留分王四序宣功辟夫有以祈生有嵌六律　奠玉幣酌獻嘉安　宗祐用禧安祥于明堂　中天我德惟厚德懷斷五行成王四時方均正瑞以道道斷休為民祈福肅宇明淫　送神高安　禮嶽告中古典既成迓以送神式佇祀事

永樂大典卷一萬一千八百

宋會要

既獻用祐安　慶歷元年冬至郊祀　四序均氣五色典方元標極紐位正中央至誠齊潔率土卓康神其降止晏祚穰長　酌獻用隋安　慶歷二年明堂皇祐樂　戊德居序合章有歡惟嘉惟信田黃田中禮誠存達嵌福嘉選承廷承平九數既豐　酌獻用精安　嘉祐七年明堂祭祀　帝乘中央沉報西象經緯四方物性遂豐金石之存象德以亨神錫嘉慶介祉無疆　白帝　降神高安　西顥騰晶天地始肅成德在金百寶年登備登射性祭場登歆明堂格思揚秉珍腐　奠玉幣酌獻嘉安　景祐用祐安祥未不同　傳碩肥腯以黑以黑嘉栗旨酒有癖斷盈載載惟旅新肅蒸烝吉蠲倫物享于克誠　送神高安　總輪慶止景燭重宛金奏繹如白露降淫

宋會要

酌獻用祐安　皇祐元年明堂親祀　五瑞均和金風淒氣神其格思豈樂潔齊九奏順成群物茂遂降福無疆德澤光被　酌獻用精安　皇祐二年

宗犧原本作宗戲

明堂高宗御擬　白帝方肅合宮禮頎琥以象象神惟答德理祀有序虔於恭無敦降福穰穰永安邦國　酌獻用隋安　嘉祐七年明堂祭祀　於鑠路報肆通有序粵若西顥其神紀以薦帝王氏保萬益神其來格思之大之始　玄帝　降神高安　陰冬威序歲既順成一人有慶萬福攸寧有奇所酒有碩斯牲報功崇德正直聰明　奠玉幣酌獻嘉安　景祐用祐安祥字不同　大儀祥運星紀環周三時不害本稷高時允誠致饗品物咸羞禮成弄受錫祚昭休　送神高安　皆懿武和禮既斯畢要取言旋神降之吉　酌獻用祐安　景祐元年宗擬　水官修職星昴居方執權含寶萬物伏藏天明為祚臨下皇皇田寧時若神降之康　酌獻用精安　皇祐二年明堂景通擬　今月季秋穀日辛亥路寢合宮親修嚴配北方之神五室來會肅然是將屢號攸介　酌獻用精安　嘉祐七年明堂祭祀擬　太宰清明室以方色沛武實群路宗幽明崇配尊親惟齊惟靈神無舊五通冒四極　奠幣嘉安　九宮貴神朝日夕月祈太社太稷神州地祇高謀祀帝同用此宋朝蓋宮擬　禮經之重祀典惟明命官拜事陟降以誠既升座品亦奉二精錫貺福祉遂用至平　紹熙以後祀五方帝六十首　青帝降神高安　圜鍾為宮三奏　于神何司而德于木肅然顧歆明我斯福我禮禮時我心載祇避我之私神來不來　黃鍾為角二奏　神當為居神在震方仁以為宅眾大之陽神之來矣道衛以阻望神太蔟使我心苦　太蔟為徵一奏　神在途矣習習以風百君後之版一不恭於逸病後除焉山頎矯下方道逐徙容　姑洗為羽一奏　溫然仁矣然然泰矣龍負帝服邊將臨矣我酒宿矣我載蕭矣我樂備矣我即顧矣　升殿正安　在國之東有位當盛祥以和樂我降我戚我佩服繆琳鏘鳴遞壇斯為安原壇　青帝位奠玉幣嘉安　物之熙熙胡為其然羞神之休通典報謝有邱斯佳有豐斯幣于以奠之格此精慈　太昊氏位奠幣嘉安　卜歲之初我迎春祗執充有享曰吉蠲於皇從儀萬世之德其祥福有款定斯璧　祥祖豐安　奠爵安淄煙燎既升百禮其牲有俎斯承選牲則碩我德惟馨酸爵安歌聲戲是聽　青帝位酌獻祐安　百末柳蘭我酒伊旨酌以龍鸞治我百禮帝居青陽碩予嘉鑒右我天子宜君宜王　太昊氏位酌獻祐安　五德之王誰究始之功參造化與天無斷酌我清酤盤獻載飾神具孔昭天子之德　亞終獻文安二位並用此章　武觴具舉承神嘉虞神具醉止春為此都我藏方新我啟伊殖時暘時雨兆神之力　送神高安　忽而來今格神沖休思而往萬

永樂大典卷一萬一千六百八十四

神不予留神在天兮福我壽我千萬春兮萬靈下墮 赤帝 降神高安
圜鍾爲宮 雖明御正德協于火有感其生維帝是何帝國炎炎貽福
饗我登于安虔萬靈下墮 黃鍾爲角 赤精之君位于炎明既有萬彙
既其長嚴我報我成我錫我誠神其下來雲車是承 太簇爲徵 八卦
相盪一氣散施隆熾坎台職司尺之肅肅聽御神來于天於昭神休天子
萬年 姑洗爲羽 煒煒其光炳炳其靈旨其如谷欲其如聲肅以醮風
尊以來薦我德匪類神其安留 升殿正安 除地國南其基崇崇載潔
載降式虔式恭烽煙既揚歆晃斯答神如在焉肆于幽通 赤帝位奠玉
幣嘉安 太簇呈將美德光彰佑我基命格于明昌一純二精有嚴典礼
于以奠之于价縈祉 神農氏位奠幣嘉安 練以純黃有嚴將之將璧
斯答有神昭之惟神于氏寔始貨食繼德踐功歆急玉國 捧俎豐安
有牲在滌從以騂壯式肆式將有濯其俎神嗜飲食配侑苾奠曠于永
神具醉歆 赤帝位酌獻用祐安 四月維夏兆于稟離帝執其衡物無
疵厲於呈常功思樂旨酒與爵既成豐福則有 神農氏位酌獻用祐
將歆光農肇殖黍稷既植既播有此粒食矩鬯潔淸嘉薦流羨均我烝
嘗莫報嘉靖 亞終獻文安 二位並用此章 豐齊莫篚載虔載恭遂登

卷二萬一千六百八十四

靜嘉於樂鼓鐘孔諧三獻神具醉止孰顯神德揚光紛委 送神高安
神來何從駿駿靈風神去何之杳然無蹤伊神去來靄散雲蒸獨遺休祥
山宗川瀆 黃帝 降神高安 圜鐘爲宮 維帝奠位乃武于時執主
張是兩極紐之鼓我殷我壯予于兒吉我稱佩進其妻媲 黃鐘爲角
孫兢不在日與我居孰不可來將寘斯須衮服龍駕淵淵鼓鼙旅不淡多
多女竟子 太簇爲徵 樂哉帝君游留無常國信我宅瀛中我御乃春
熙土於赫王靈下來去未遑安 姑洗爲羽 濃兮無鼓嗷兮吹笙神
之未來肅揭以聽咦紛羽毛後服在中神既來止亦有儕容 升殿正安
氏土地中物作食息興我周於莫匪尊極猶縣來海寧岱南山徂徠如
河圖升降開 黃帝位奠玉幣嘉安 萬福之肖一純之紘享之有一滙
爲此維歸之以神神如何爲不寧之功萬世四鎮 有熊氏位奠幣嘉安
維有熊氏以土勝王其德肇治粢德用壯潮報幅焉衮衣是創崇之元纁
刌此昭見 捧俎豐安 五曰欽哉無妄斯牲谷我之祀丌有旨豐以將
以享我創我業大夫之道天子之誠 黃帝位酌獻祐安 泰以爲翁醴
以爲婦以衛元功以酌大斗伊誰獻之皇皇帝后伊誰嘏之天子萬壽
有熊氏位酌獻祐安 旨在稀遲有人公孫登政極辰正用民動所焉既

大所行宜遠載其範樽從以蕭管 亞終獻文安 二位並用此章 羽觴更
陳厥味淸涼飲之不煩又有椒漿夜來又止明星浮浮駘言安靈靈兮逝
面 送神高安 靈不肯留沛兮將歸玉節欽遊翠旌並馳顧瞻佇立悵
焉佳期 塞十萬年無斁人斯 白帝 降神高安 圜鐘爲宮 白藏啓
序庶彙向成有嚴禋祀用答幽靈風馬雲車來燕來寧洋洋在上休福是
承 黃鍾爲角 素精肇節金行司藏氣沖炎伏明河翻霜功收有年礼
薦有常祇越吵渼鴻基永昌 太簇爲徵 昊天之氣肇啟萬彙消日潔
齋有嚴厥祀有牲雖肥有酒維旨神之燕娭錫茲福祉 姑洗爲羽
雉司允叟維素靈炎既錯休爲寶以成享于西郊奠玉陳牲俏以雅樂 執
歆克誠 升殿正安 素焱諧律西顥隆靈降復元祀晨蹕肅淸下上齊
陰嘉薦芳馨以御蕃祉介我西成 白帝位奠玉幣嘉安 惟時素秋肇
舉元祀礼備樂作降登有數洋洋在上神既來止神之格思錫我繁祉
少昊氏位奠幣嘉安 西顥肅淸群生茂遂有嚴報典孔明祀事狂帶居
處神靈無吾番我豐年以錫繁祉 捧俎豐安 洽礼既陳新音是舉有
滌斯牲孔碩爲俎豐時居歆介我稷黍樂我有秩蠁神之佑 白帝位酌
獻祐安 俎肴肇祀靈蓋孔享黍稷嘉虞甘泆矩鬯盈此醇旨靈其安留

卷二萬一千六百八十四

曠惠下民匪靈之休 少昊氏位酌獻用祐安 沉陽西顥功載萬世東
金冗倩我明祀嘉觴布蘭鈁玉潔精神之燕虞肅用有成 亞終獻文
安 二位並用此章 肅成萬物沉寥其秋豐蓋孔事庶止靈娛酌獻具舉
典礼是來冀福斯民黍稷既嘉 送神高安 沉碭白藏順成萬寶有來
德馨於昭神安露舉晨晞颷御聿還介我豐歲澤均嗝賁 黑帝 降神
高安 圜鐘爲宮 吉日壬癸律中應鐘國有鼓常北郊是迎方藏祀事
必祇必恭明然雖異感而遂通 黃鍾爲角 良月盛徽四氣推遷帝于
是時寅司其權高靈下墮降止臨甸神之德之祀事周遂 太簇爲徵
北方之神執權司冬三時務畢于焉告功礼修樂作歸功于神風馬來游
永錫斯民 姑洗爲羽 天地閉塞盛德在水黑精之君降福洊祉洋洋
在上昔此見之齊莊承祀其歆歎思 升殿正安 昧爽昭事煌煌燎光
滌洗蠲潔衮儀肅莊牲肥酒旨薦此苾芳降降有序礼無越常 黑帝位
奠玉幣嘉安 辰曦未升大宇肅穆祇若元祀將以幣玉神之格思三獻
茅縮明靈懌豫下土是福 高陽氏位奠幣嘉安 颷馭雲蓋神之顧歆
於昭礼容發揚樂音祀事既舉御當神心申以嘉幣式薦誠諶 捧俎豐
安 辰牲孔碩奉牲以告秘祝非常豐年宜報星意昭徹交于神明降福

感生帝

樂六之一四

幰樣用燕群生　黑帝位酌獻祐安　赫赫神游，周流八極。德馨上聞，于爲來格。不腆酒醴，用伸悃愊。神其歆之，民用篤德。　篤陽氏位酌獻祐安　十月納禾，民務藏蓋。不有神休，民罔攸賴。孟冬之吉，禮行不昧。神降百祥，祐若蒼祭。　亞終獻祐安（二作並用此章）　萬彙擎斂，時惟冬序。蠢蠢黎祇，入此窐處。酌獻告神，禮以時舉。精此陰陽，民有所怙。　送神高安　神之慶止，天門夜開。禮備告成，靈駢至回。媞露烜霭，萬靈喧啓。獨遺祉福，用濟九垓。

乾德以後祀感生帝十首

降神用大安　和均玉琯，鼓協璿衡。四序資始，萬物含生。皇獻允洽，至德維明。爲民祈福，克效精誠。　太尉行用保安　衣冠儼若，步武有容。公卿濟濟，率禮惟恭。　盥洗正安　昊天降康，云何以報。斯謀斯惟，雍雍灌鬯。自之潔，分神斯來，上神之享。今民斯福矣。　奠玉帛廣安　蹇主有蹤，玉帛斯陳。神無常饗，饗于脩純。　奉俎咸安　俎豆具列，明德惟馨。肅容祇薦，神其降靈。　酌獻崇安　樂調風律，酒挹犧罇。至靈斯御，盛德保歆。　飲福廣安　三陽咸候，萬彙騰精。既蘇昆蟄，畢達句萌。具陳儀象，式薦誠明。錫以蕃祉，永保民平。　亞獻終獻文安　大君有命，祀典咸修。薦獻式序，妣媐優柔。　徹豆肅安（以下二首以和中製）　奉承明祀，維羊維牛。卬盛于豆，備陳庶羞。鐘鼓喤喤，神具醉止，其徹嘉籩。永綏福祉。　送神普安　既臨下土，復歸于天。神之報況，受福無邊。

景祐祀感生帝二首

宣祖配座奠幣皇安　濬發長源，毖惟始祖。丕運協圖，萬靈來護。　酌獻肅安　龍德而深，源流明長。宜于德祀，昭假彌昌。

元符祀感生帝五首

降神大安六變　二儀交泰，七政順行。四序資始，萬物含生。皇朝創業，盛德致平。爲民祈福，潔此精誠。　初獻升降保安　克踐儼若，步武有容。公卿濟濟，駘蕩邕邕。　帝位酌獻　樂和風律，酒奠犧罇。神明斯享，禮成雍諭。　亞終獻文安　大君有命，顒卬咸倚，帝歆明祀，祐聖千秋。　送神普安　倏臨下土，回復上天。鶴類丙長，荷福無邊。　帝位奠玉帛同前慶安　僖祖奠幣同景祐皇安　酌獻同景祐宣祖肅安　奉俎同熙寧咸安

紹興以後祀感生帝十六首

降神大安　圜鐘爲宮　炎精之神，飛軿鸞駕，以浮雲斿。蕭茲禮備，還立樂諧簫勺。神其醉止，佑我景鑠。　黃鍾爲角　宋德惟火，神寔司之。上儀申嚴，迎方重離。瑤席告潔，秀華金支。啾啾神龍，來介繁禧。　太簇爲徵　于物司火，於方峙南。璇寶來下，羽衛毿毿。祠官祝殽，聯佩合簪。本支有衍，則百斯男。　姑洗爲羽　惟神之安，有斛羽墨。赤旂霞馭，從以炎官。居歆嘉薦，脟登靈壇。神之格矣，民祉多盤。　盥洗保安　衛于斯鳴，肅容再精其

樂六之一五

神之義罔歆，盛誠設洗。于昨水惟清，盥以致潔，感通神明。　升殿保安　三陽交泰，日率維良。大建厥祀，就報興王。禮嚴防降，德薦馨香。懷嘉虞降，福穰穰。　感生帝位奠玉帛光安　肅肅嚴祀，神幽必聞。騁駕臨享，將歆飶芬。嘉玉陳幣，欽恭無文。永綏多祐，國祚何垠。　僖祖位奠幣皇安　於穆文獻，景炎發祥。啓茲皇運，垂慶無疆。迺幣有陳，式昭肅莊。神之格思，如在洋洋。　捧俎咸安　邃豆大房，秩秩在列。奉牲以告，既全且潔。樂均無奏，牲體攸設。神兮燕娭，電旌孑孑。　感生帝位酌獻崇安　感德在火，相我炎祚。典祀有常，牲玉維具。風馬雲車，翩翩來顧。式蕃帝祉，後昆有裕。　僖祖位酌獻肅安　皇矣文獻，開國有先。德配感生，對越在天。陳日得享，來止靈壇。神其錫羨，瑞應猗蘭。　文舞退武舞進正安　苾苾芬芬，神具醉止。至登鏗鏘，干旄綺旎。駿奔無言，神靈懽喜。申錫蕃釐，燕我孫子。　亞終獻文安　偉炎厥初，緣感而昭。慶衍武崇，昭融有奕。樂均既備，獻斯綏歆，類不遐，克昌百世。　徹豆用肅安　籩陳斯備，昭格惟禋。神歆以飫，草徹具遂。清歌振晚，叶氣流春。永錫祚胤，以答蒸民。　送神大安　靈祀大歆，肅來自天。蘭尊既徹，飆馭歡旋。驂鸞縹緲，聆樂流連。惟邈惟荊，降福綿綿。　望燎普安　禮文既洽，熏燎革升。嘉氣四塞，丹誠上騰。惟錫之之應，惟福之興。永織天統，德載無承。

（永二萬一千六百八十四）

景祐大享明堂二首

真宗配位奠幣誠安　思文聖考，對越在天。循神作主，奉幣伸虔。　酌獻德安　偃革興文，封巒考瑞。盛烈巍巍，允膺宗祀。

宋會要　祠祭朝獻

祠祭樂章　明堂大禮前二日朝獻嘉定二年餘用舊詞　皇帝入
門宮架奏用乾安之曲　維皇齋居承明厥初有穆其
容龍步雲趨華光爛如精神之符注茲酌茲神人用孚
皇帝升殿登歌作用乾安之曲帝既臨饗馨茲精意
陟降左右維天是契齋明乃心祗肅在位於萬斯年百
福來備　降聖宮架奏用文安之曲六變發祥流慶之
舞圜鐘為宮三奏　惟德馨香升聞彼蒼緊神臨之來
從帝鄉萬靈景衛有燁其光監我精純錫福穰穰　降
聖黃鐘為角一奏降聖太簇為徵一奏降聖姑洗為羽
一奏並同上　皇帝盥洗宮架奏用乾安之曲　合宮

卷二百四十八

之享報本奉先欽惟道祖濬發璿源駕言謁款其盥惟
虔尚監精衷錫祚綿綿　太廟　皇帝入門宮架奏用
乾安之曲　於皇我后祇戒專精假于有廟祖宗是承
趨進維肅僾思維誠神之聽之來燕來寧　皇帝升殿
登歌作用乾安之曲　皇皇太宮不顯於穆休德昭清
元氣回復延葉蔓茂桂華馮翼孝孫假斯受茲介福詣室
還位同　皇帝盥洗宮架奏用乾安之曲　維皇齋精殿假
于廟觀盥之功惟以絜告衎承祖宗恤祀昭孝誠心有
孚介福斯報　迎神宮架奏同興安之曲九變文德之
舞　秬鬯既將黃鐘具奏肅若真存祇栗以竢於皇列聖
在帝左右監觀于茲雲車來下大呂為角二奏太簇為徵二奏應鐘為羽二奏

詞同上　奉祖宮架奏用豐安之曲　有碩其牲登于大房
肅展以饗庶迪宵匪腯是告我民其康保艾爾後垂休
無疆　皇帝再盥洗宮架奏用乾安之曲　盥至于再潔
誠愈孚帝用祗薦靈威嘉虞騰歌臚歡會于軒朱觀欣
顧若受福之符　皇帝詣太祖室酌獻宮架奏用皇武
之樂舞為民請命皇祖赫臨天地並貺億萬同心造邦
以德介福宜深施彼惟吉真存居歆　皇帝詣太宗室
酌獻宮架奏用太定之樂舞皇矣太宗嗣服平戎益奮
神旅再征不庭文武秉德仁孝克明以聖傳聖對越紫
清　皇帝詣真宗室酌獻宮架奏用熙文之樂舞　思
文真宗體道之崇擔戎赫靈遵制揚功珍符鼎來告成

卷二百四十八

登封盛德百世於昭無窮　皇帝詣仁宗室酌獻宮架
奏用美成之樂舞　仁德如天溥福無偏功濟九有恩
涵八埏齊民受福朝野晏然擊壤歌謠四十二年　皇
帝詣英宗室酌獻宮架奏用治隆之樂舞穆穆英宗持
盈守成世德作求是纘是成齊家睦族偃武修文於薦
清酤酌之欣欣　皇帝詣神宗室酌獻宮駕架奏用大明
之樂舞　烝哉惟后繼明體神稽古行道文物一新潤色
洪業垂裕後人靈存沛然來燕來寧　皇帝詣哲宗室
酌獻宮架奏用重光之樂舞　明哲煌煌照臨無疆紹
述先志寔宣重光詒謀燕翼率由舊章懿芬孝祀降福
穰穰　皇帝詣徽宗室酌獻宮架奏用承元之樂舞

明明徽祖撫世昇平制禮作樂發政施仁聖靈在天德
澤在明億萬斯年保佑後人　皇帝詣欽宗室酌獻宮
架奏用瑞慶之樂舞　於皇欽宗道備德容允恭允儉
克艱克明孝遵前烈仁詷函生歆茲肆祀永燕宗祊
皇帝詣高宗室酌獻宮架奏用大德之樂舞　昊天有
命中興復古治定功成修文偃武德隆商宗業閎漢祖
付託得人系堯之緒　皇帝詣孝宗室酌獻宮架奏用
大倫之樂舞　藝祖有孫聰叡神武紹興受禪歸尊于
父行道襲爵百度修舉聖德曰孝光于千古　皇帝詣
光宗室酌獻宮架奏用大和之樂舞　維宋洽熙帝繼
于理萬姓厚生二辰順軌對時天休以燕翼子肅唱和
卷二百四十八
聲神其有喜　皇帝升殿登歌作用乾安之曲　明德
惟馨進止回復裼襲恭安儼若齋肅誠意昭融羣工秩
屬成此祲容荷天百祿　皇帝入小次宮架奏用乾安
之曲　於皇我后祇戒專精鴻儀繹陳文思聰明雍容
戾止玉立明庭神聽如在福祿來寧　文舞退武舞進
宮架用正安之曲　八音諧律綴兆充庭進旅退旅肅
恭和平盛薦祖宗靈鑒昭升象功崇德遹觀厥成　亞
獻宮架奏用正安之曲武功之舞　威神在天享于克
誠申以貳觴式昭德馨籩豆孔嘉樂舞具陳庶幾是聽
福祿來成　終獻宮架奏用正安之曲武功之舞　冪
巾三舉誠意一純執陪于祀公族振振神具醉止宴娭

窈冥於萬斯年綏我思成　皇帝飲福登歌作用禧安
之曲　赫赫明明維祖維宗監于文孫維德之同日靖
四方亦同其功億萬斯年以承家邦　皇帝還位登歌
作用乾安之曲　帝既臨饗步武鳴鑾陟降規矩顒昂
周旋登歌一再典禮莫愆神之聽之祉福綿綿　徹豆
登歌作用豐安之曲　熙事既成嘉籩告徹洋洋來臨
藹藹布列配帝其功在天對越允集叢釐萬邦和悅
送神宮架奏用興安之曲一成　神之來斿風馬雲車
奄留放懸顧瞻歆歔神之還歸鈞天帝居監觀於下何
福不除　皇帝降殿登歌作用乾安之曲　大摶合宮
於禮莫盛入太室祼徧于列聖陟降有儀一主啍敬祀
卷二百四十八
事孔明邦家之慶　皇帝還大次宮架奏用乾安之曲
禮既行矣樂既成矣維祖維妣安且寧矣皇舉玉趾
珮鏘鳴矣拜貺總章于厥明矣

明堂前朝獻

理宗明堂前朝獻景靈宮二
首（餘用舊辭）升殿登歌乾安　我享我將登茲精意陟降左
右維天與契齋明乃心祇肅在位於萬斯年百福來降
亞獻宮架沖安　慶雲郁郁鳴璆琅琅澹其容與申
薦貳觴奉承若有神其樂康錫以多祉源深流長

二百四十八

宋會要　皇地祇
祀皇地祇　太祖配座奠幣用恭安（仁宗御製二曲）
赫矣淳燿俶載帝基一戎以定萬國來儀寅恭潔祀博
厚皇祇威靈攸在福祿如茨　酌獻用英安　丕命惟
皇萬物咸覩卜年邁周崇功冠禹有華炎精大昌聖祚
酌鬯祈豐永錫繁祜　迎神用精安（景祐三年諸臣撰三曲）　至
哉厚德陟配天長況潛剛克廣大無疆資生萬物神獨
含章同和八變神靈效祥　奠玉幣酌獻用嘉安　於
昭祀典致饗坤儀備物咸秩柔祇格思功宣利用日益
鴻禧持載品彙率土攸宜　送神用靜安　妙用無方
倏來忽逝蠲潔寅恭式終禋瘞　迎神用寧安（景祐元年呂夷
簡撰二曲八變）　坤元之德光大無疆一氣交感百物

卷五千四百七十一

阜昌吉蠲致饗精明是將介茲景福靈祚長　送神
用寧安　物備百嘉樂周八變克誠是饗明德斯薦神
鑒孔昭蕃禧錫羡回馭飄然邈不可見
宋會要
紹興祀皇地祇　迎神用寧安（紹興中分館臟撰一十五曲）　函鍾
為宮　至哉厚德生物是資直方維則翕闢攸宜於昭
祀典致享坤儀禮罔不答神之格思　大簇為角藏事
方丘舊典時式至誠感神馨非黍稷肹蠁來臨鑒茲明
德永錫坤珍時萬時億　姑洗為徵　至哉坤元乃順
承天厚德載物含洪八埏日兆多暑祀儀吉蠲式昭母

事敢告蕤虔　南呂為羽　藏事方丘備文孔時名山
大澤備祭無遺牲陳黝犢樂備咸池柔祇皆出介我繁
禧　盥洗用正安　於穆盛禮肅雍在庭藏事有初直
于東榮滌濯是謹惟寅惟清祇薦柔嘉享茲克誠　升
殿用正安　景風應序聿嚴崇祀用祀方丘鏘鏘濟濟
登降有節三獻成禮神其格思錫我繁祉　皇地祇位
奠玉幣用嘉安　神元博厚對越天明展事方澤亶惟
顧歆嘉玉量幣祇精純錫我繁以燕及含生　太祖位
奠幣用定安　崇祀泰折柔祇是承於赫藝祖道格三
靈式嚴配侑厚德惟寧照薦量幣享于克誠　捧俎用
豐安　丕答靈貺藏事方丘豆登在列鳥俎斯儔牲牷

卷五千四百七十一

告具寅畏彌周柔祇昭格飆至雲流　皇地祇位酌獻
用光安　祇事坤元飭躬敢懌爰潔粢盛載嚴圭瓚清
明內融喜音外發介我繁釐時億時萬　太祖位酌獻
用英安　皇矣藝祖九圍是式至哉累祇萬靈允殖保
茲嘉邦介我黍稷酌鬯告虔作配無極　文舞退武舞
進用正安　於穆媼神媲德比天我脩縟祀以奠不虔
肆陳時夏干羽相宣靈其來游降福綿綿　亞終獻用
文安　二位同用此章　禮有祈報國惟典常籩豆豐潔
降升齋莊備物致志式薦累觴來格來享自天降康
徹豆用娛安　承天效法其道貴誠牲羞黃犢薦德之
馨芳俎告畢禮備樂盈既靜既安庶物露生　送神用

寧安　至厚至深其動也剛精誠默通或出其藏神之
言歸化期有光相我炎圖萬世無疆　神州地祇　太
宗配座奠用化安　仁宗御製二曲　削平偽拜嗣興鴻業禮
樂交修仁德誕洽柔祇薦饗量幣攸攝侑坐延靈神休
允答　酌獻用化安　有煒彌文克隆丕搆詒此燕謀
具臚多祐聯律吹葦奠樽奠酒佐乃沈潛永祈豐楙
降神用靜安　景德三年諸臣撰三曲　膴膴郊原芒芒寓縣盡野
分疆禹功疏奠靈祇是臻豆籩祇薦幽贊皇圖視之不
見　奠玉幣酌獻用嘉安　肹蠁儲靈肅恭用幣鏘洋
導和洪休允契嘉氣雲蒸浹于華裔式薦坤珍聿符明
世　送神用靜安　獻奠云畢純嘏祁祁威靈藏用變

卷五千四百七十一

矣何之　迎神用寧安　景祐元年呂夷撰二曲八變　膴膴浚邦皇
王是宅必有幽贊聰明正直布列籩豆考擊金石中外
謐寧繄之力　送神用寧安　都邑浩穰民物富盛主
以靈祇昭乃丕應玉帛牲牷鼓鍾莞磬祇薦攸歆歸于
至靜　迎神用寧安　紹興中分館職撰十十六曲　函鍾為宮
芒芒下土恢恢方儀富媼純禧滑運八維爰稱元祐告備
吉時揭蕤虔恭儉其格思　太簇為角　洪惟坤元道
著品物上配紫昊厚載其德良民肇歲祭器布列必先
皇祇以迓景福　姑洗為徵　坱圠無垠磅礴岡洞山
盈川沖自生自殖其報維何率禮靡忒億萬斯年功被
無極　南呂為羽　翕闢以時叶氣陶蒸播之金石鏘

厥和聲寔寔晰晰孔享純誠是聽是娛邦其永寧　盥
洗用正安　晨炳致禋孝然四施飄飄風馬攸悠來斯
祀事惟清沃之盥之載滑載肅罔有愧辭　升殿用正
安　崇崇其壇芘美層級佩約步趨降登中節左瞻右
睨祥風藹集旂旆羽紛腷監翊翊　神州地祇位奠玉
幣用嘉安　璿璣諧序蕃斂薦嘉昭答柔祇迭奏雅歌
幣琮以備儀典氣和靈其博臨容與燕如　太宗位奠
幣用嘉安　穆穆令聞溥溥有容澤被萬宇靡不率從
恭陳量幣明薦其衷禮亦宜之享德攸同　捧俎用豐
安　藹藹嘉承唯德其物工祝以告繄民之力神哉廣
生孔蕃且碩奠于嘉豆吐之則弗　神州地祇位酌獻
用嘉安　恭承明祀嘉薦令芳亦有桂酒誠慈是將瑟

卷五千四百七十一

瓚以酌效歡厥饎厥享燕享永懷不忘　太宗位酌獻
用化安　宗德含洪方祇可擬闢土開疆八埏同軌是
用作配有永無紀謀獻以享茂格蕃祉　文舞退武舞
進用文安　奕奕綴兆咸池孔章丕闡文德靡忘發揚
進退有節乃容之常樂備爾奏煒煒榮光　亞獻終用
文安　縮酌以課既旨且多三獻有序情文愈加商祇
臨饗錫以休和廓慈靈祲覃及遐邇　徹豆用成安
展牲告全乃登于俎竣事而徹宥以樂語奉釐宣室胙
我神主飲戩應民並受其祜　送神用寧安　雲馭洋
洋既歆既顧悠然聿歸爲求厥路欽想殯堂跂立以慕

祀汾陰

眷我將饗莫不懌豫　望瘞用正安　神罔怨恫豈其
有吝藏事告成是修瘞禮樂闋儀備休氣四起尚慎不
愆念終如始　諸大祠有司攝事　太尉行用大安
禮經之重祭典爲宗上公攝事登降彌恭庶品豐潔令
儀肅恭百祥萃止惟吾之從　司徒捧俎用豐安　禮
崇禋祀神鑒孔明牲牷博碩以炰以烹馨香飶潔品物
惟精錫以純嘏饗茲至誠　退文舞迎武舞用咸安
進旅退旅載揚干揚不愆于儀容服有章式綏式祐神
保是聽鼓之舞之　神永安寧　飲福酒用廣安　簋
簋既陳吉蠲登薦洗心防邪肅祇祭典陟降惟寅籩豆
有踐百福咸宜淳釐丕顯　亞獻終獻用文安　秩秩

卷五千四百七十一

禮文肅肅嚴祀仰洽神休式協民紀灌獻有容序其俎
簋明德惟馨以介丕祉　祀汾陰　后土迎神用靜安
大中祥符三年諸臣撰十曲　茫茫坤載粤惟太寧資生光大品物
流形騰言汾曲允宅神靈聖皇恭饗明德惟馨　奠玉
幣用嘉安　至誠旁達柔祇格思奉以琮幣示誠其藎
奉俎用豐安　溥碩者牲載純其色體薦登俎聿肅
坤德　酌獻用博安　東陰成德毓粹宣功應變審諦
神用無窮沈潛剛克流謙示沖潔茲真獻妙物元通
太祖配酌獻用博安　坤元茂育植物成形於穆聖祖
功濟三靈嚴恭配侑厚德攸寧永懷錫羨歆此惟馨
太宗配酌獻用博安　報功厚載祀事惟明思文烈考

道濟羣生侑神定位協德安平馨潔並薦享于克誠
飲福用博安　宣威保命明祀惟虔協神備物罔不吉
蠲后祇格思靈飇肅然誕受景祐遐哉億年　亞獻終
獻用正安　至哉坤祇資生蕃錫滌濯靜嘉寅恭夕惕
金奏純如萬舞有奕作我烝民莫匪爾極　后土廟迎
神用靜安　博厚流形秉陰成德柔順利正直方維則
明祀格思素汾之側祇載吉蠲宸心翼翼　酌獻用博
平　至哉物祖設象隆雕動靜之德翕闢攸宜嘉栗以
薦犧犧洪釐茂宣陰眠五穀蕃滋

全唐文。廟祀並各與禮樂歌

宋會要太廟樂章

祫饗太廟　僖祖室用大基嘉祐四年補臣撰十五曲　將我僖祖德譜所克展之所基自茂以崇施及後嗣天命有融廟歌載之播于無窮　順祖室用大祚　皇矣烈祖次于僖宮無昭先德德遠而隆尊於緝穆合食億豐孝孫奠爵福綏來同　翼祖室用大熙　清廟有嚴觀德惟祖裕與時修親尊並應以裸以獻禮文樂舉靈其醉止萬載純禧　宣祖室用大光　洪緒載德誠際隆儀精崇祫事恭展孝思昭鑾錫羨齊莊受釐摘興誓想無既本支　太祖室用大統　景炎啓旦寶系開基登祖如在錫乞有儀明靈昭格嘉饗肅祇福承綿瓞饗宇鈞禧　太宗室用大昌　明明聖宗大定區宇永懷奉先闡禮盛舉惟德是饗翼格我祖萬嗣其昌儼神之禧　真宗室用大治　皇皇在宥品物由庚文教純被武功告成流頌樂府纘休崇祐奉裸瓚欽哉孝誠　皇帝升降用肅安　赫赫閟宮肇觀合食玉步洞闡大安嚴翼洗奠交舉靈除並節禮賓無遺神其昭格　翼瓚用穆安　琰彼良玉薦于明靈宸儀竭虔嚴祭芬馨牲牢在俎金石在庭真重者裸感緻來寧　奉俎用充安　嘉牲在俎廣樂在庭其所將者

卷一萬七千六十五

曰縣曰誠神其來歆以安以寧以錫壽禖惟皇是膺　飲福用禧安　鋪昭典禮誠合神靈饗通純孝治臧至馨薦香既裸璽酒斯寧膺茲福祿萬壽在齡　亞獻終獻用祐安　禮治樂成祖考來格有嚴有翼天子孝德臣工在庭國不祇備玉爵之華孰如弗充　退文舞進武舞用顯安　樂統大安舞昭盛德合奏先諧孔容有翼秉翟言暇總干是力籥勺之仁參和萬國　徹豆用充安　靈其頤思降福來華天子受之儀爾在位神既享矣福既均矣豆斯徹矣禮之成矣　皇帝歸次用定安　帝還于次佩玉其徐帝色不渝國雖如初凡百府司各祇乃位敢不肅恭以訖爾事章獻明肅皇太后恭謝太廟明道元年　迎神用成安　於穆來廟肇允基廟文母來獻國祚咸寧永言昭格式薦惟馨亦既降止聿炳神靈　皇太后升降用徽安　九奏允諧皇靈來暨熾物承馨昭達精意升降有儀肇臣序位享于克誠萬福攸至　奠瓚用神蔡樂遵曲　總彼靈克在宮之淑芳蓮是託千歲奇安祼將清廟播于聲詩神降之吉永保壽祺　司徒奉俎用熙安　潔爾犧牲既甬且騂玉俎奉將式表純精祖宗斯享崇祀以成福祿來降邦祚隆平　酌獻第一室用大善　太宮肅肅烈祖巍巍上炳淳耀下流德擇貽謀燕翼奄宅邦畿子孫千億悉敬同歸　第二室

大寧　乃祖應聖綿瓞其昌源流濬遠統祚悠長如聞肅佼有欲脩香盛覲秉祐萬葉斯祥　第三室大順　奕奕清廟巍巍帝基詒謀積德累洽重熙潔盛豐潔禮容肅祇儲歆明薦永錫蕃禧　第四室大慶　赤符啓祚長發其祥靈源自遠帝運重光載潔蒿並恭為令芳致我翼翼降福穰穰　第五室大安　奕奕藝祖出震承乾握圖撫運卜祚延年衣冠在廟威靈在天永錫無疆子孫保焉　第六室大寧　赫赫皇祖禹邦之君功業煌華德盛興文聖謨鑒遠垂教蠲子孫百世祇薦苾芬　第七室大明　巍巍新廟穆穆真皇德侔二聖仁洽萬方陟典咸秩鴻儀用彰盛靈如在時思不忘　飲福用壽和　苾芬既薦溥碩咸陳禮備樂舉先後有倫以奉七室齊潔惟寅皇靈斯享福祥存臻　亞獻終獻用欽安　齋祗既陳干戚是陳德業昭著用和神人　徹豆用熙安　牲牷腯肥粢盛豐潔三獻用行萬舞復列禮儀克成樂奏將闋神保聿歸玉豆斯徹　送神用成安　九奏合兮儀然來百禮成兮歆禰四想肅叔兮望天關八音明兮心悠哉大典卷一萬七千六十五

宋會要 御樣

郊祀回升樓 乘輿至樓前用《采茨》 高煙升太一明祀達乾坤天仗回繞闕皇輿入應門鸞裳如霧集車騎若雲屯兆庶皆翹首巍巍萬乘尊 升座用《隆安》 祀畢圜丘嘉辰慶澤流天儀臨觀魏盛禮藹風猷洋溢歡聲動氛氳瑞氣浮上穹乘春祐邦國擁洪休

卷五千四百七十二

降座用《隆安》 華纓就列左袵來王帝儀炳煥大樂鏗鏘禮成峣闕言旋來央一人有慶萬壽無疆 采茨咸平五年楊億撰四曲[illegible][illegible]府隆安 禮成于郊迨日之至時乘六龍天旋衆覩端門九重虎賁萬騎四夷來王 羣后輯瑞袞扇 應門有翼羽衛斯陳山龍黼冕律度聲身戢戢奉璋肅肅九賓清明在躬志氣如神 升座 圜丘顯上帝六變降天神禋燎云畢部夏樂僾陳天顏晬穆

民王澤熙陽春玉帛臻禹會動植霑堯仁 降座 肆告云畢淳熙溥將雷雨麗澤雲物効祥禮容濟濟天威煌煌大賚四海富壽無疆

永光秘刻下會要白皇帝初舉酒用甘露之曲大聖六十譜區撰三曲○湛湛露斯其甘如飴膺寧鑒德和氣應之神受播滋水玉凝姿是爲仁瑞萬壽維祺再舉酒用瑞木成文之曲○爰有嘉禾含章自天輝域洛書探若臺縱珍符顯著靈意昭宣永告成業時萬鴻斯年

三舉酒用嘉禾之曲○地效珍物時維嘉禾秀摘同穎祥搖並柯嘉生絕擬善名爲多兆齒圖謀宣用發歌以樂志引

宋會要　御樓　大字皆樂志

皇帝還内用采茨　紹興二十八年中書舍人洪遵撰

三曲　五輅鳴鸞八神警蹕天官肅從莫不祇栗祇威

盛容昭哉祖述祚我無疆叶氣充溢　皇帝升御座用

乾安　拜既于郊皇哉唐哉熙事休成六騑此來天閶

以決地垠隤祉發祥如登春臺　皇帝降御座用乾安

鴻霈普洽言歸端門蕩蕩巍巍旋乾轉坤穆然宣室

儲思垂恩於萬斯年數錫羣元　咸平籍田回仗御樓二

首采茨　農皇既祀禮畢躬耕商輅旋軫周頌騰聲

巍巍將陟服御爰更輿人瞻仰如日之明　升座隆安

應門斯御雉扇爰開人瞻月日澤動雲雷同風三代

卷二萬一千六百九　一

均禧九垓歡心允洽時詠康哉

宋會要

采茨　明道元年有司撰三曲　肖壇帝籍在國之東方

遵執耜率禮和容鳴鸞回蹕瑞氣凝空萬々瞻仰百順

來同　升座　重城春滿雙闕雲浮將披雉扇載儼珠

旒叶風應律之德懷柔溥天率土惠澤旣周　降座恩

覃春煦令布風馳聲名昭晰文物葳蕤重泰宥肆將降

端闈永光國典翕受天祺　祫饗回升樓　乗輿式樓前

用采茨　嘉祐四年有司撰三曲　饗饗于宗祧維聖之

孝騤騰素虬還歸自廟端闈百常鞏環七校萬邦傾瞻

天若覆燾　升座用聖安　端闈壯麗羽衛駢騰天儀畢

畢如日之昇千官景從萬宇仰承輝光四允介福其膺

降座用聖安　渙號爰發皇數至仁潛隱盡達洪德

日新國容肅穆天宇晏溫惠洽四遠富壽無垠　乾興御

樓二首　升座隆安　夾鍾紀月初吉在辰青奕流慶

布德推仁采章震耀典禮具陳茂昭丕貺永庇斯民

降座隆安　皇衢赫敞黼座穹崇華纓在列嚴令發中

王制鉅麗寶瑞豐融均禧綿宇曼壽無窮　紹興登

門肆赦二首　升座乾安　拜況于郊皇哉唐哉熙事

休成六騑爰來天閶以決地垠以開隤祉發祥如登春

臺　降座乾安　鴻霈普洽言歸端門蕩蕩巍巍旋乾

轉坤穆然宣室儲思垂恩於萬斯年數錫羣元　寧宗

卷二萬一千六百九　二

祭門肆赦二首　升座乾安　帝饗于郊荷天之休五福

敷錫皇明燭幽雲行雨施仁翔德游聖人多男歌頌九

州　降座乾安　天日清晏朝野靖安三靈答祉萬國

騰歡帝命不遑王業艱難天子萬年永迪監觀　皇帝

上尊號　冊寶入門正安　於穆元后天臨紫宸飛

纓星拱建羽林芬徽冊是奉鴻名愈新荷茲介祉永永

無垠

宋會要

冊寶入門用正安　治平四年有司撰一曲　在宋五世

天子神明羣公奉冊乃揚鴻名僉書煌煌通昭厥成思

皇多祜與天同聲　明道元年章獻明肅皇太后朝會十

五旬　皇太后升座聖安　聖母有子重光類禋聖皇
事母感極天人百辟在庭九儀具陳禮容之盛萬國咸
賓　公卿入門禮安　帝率四海承顏盡恭端闈肅設
羣后來同玉佩鏘鳴衣冠有容英韶節步磬管雍雍
皇帝上壽酒崇安　天子之德形于四方尊親立愛化
洽風揚聖母褘衣明君黼裳因時獻壽克盛朝章上壽
福安　盛禮煌煌六衣有光千官在位百福稱觴坤德
慈仁邦期淑祥如山之壽佑聖無疆　皇太后初舉酒
芝　燁燁靈芝生于殿闈照映華拱紛敷玉莖感召元
和光符聖期祥篇協吉百福咸宜　再舉酒壽星現
彼南極昭然瑞文騰光丙位薦壽中宸太史騈奏升歌

卷二萬一千六百八十九　三

有開軒宮就養億萬斯春　三舉酒奇木連理　王化
無外坤珍效靈旁枝兩附貞幹來并羣分非一祺祥紛
登至誠攸感海縣斯寧　羣臣酒行禮安肅肅臨下有
威有容循循事上惟信惟忠盛禮興樂示慈訓恭君臣
協吉惟道之從　湛湛靈露晞于載陽我有旨酒羣臣
樂康既飲以德亦圖爾良永言修輔用協天常　禮均
孝慈樂合韶武至德光矣鴻恩亦溥上下和濟華夷樂
湑醆笄三行盛儀斯舉　酒一行單作厚德無疆之
舞　堯母之聖勛為子同心協謀柔遠能邇以德康
裕以文興治斯焉象功罔不昭濟　至矣坤元道符惟
聖就養宸極助隆啚政翟裔分舉笙鏞叶應翔翔有容

表德之盛　酒再行四海會同之舞　七德之舞四朝
用康有如姬姒以助胥用邦威克厥愛居安不忘風旋山
立濟濟煌煌　左秉朱干右揮玉戚以象武綴以明皇
德天子榮養羣臣述職四夷賓附罔不承式　降座聖
安　長樂居尊盛容有煒文王事親萬國歸美朝會之
則邦家之紀受福于天克昭隆禮

宋會要

皇帝初舉酒用靈芝之曲　治平四年諸臣撰三曲華滋
凝氣靈粹發祥紫蓋輪囷金跗煒煌陽寶三秀甘泉九
房瑞圖休證君王壽昌　再舉酒用嘉禾之曲　太平
之符昭發眾瑞爰有嘉禾異壠合德大田如雲既穫既
刈野人愉愉不亦有穀　三舉酒用慶雲之曲　毓粹
乾坤儲休陰陽氤氳馥郁紛煒煌煌耿為和氣發為祥
光瑞牒昭紀萬壽無疆　治平皇太后皇后冊寶三首
皇帝升座乾安　王化之始治繇內序時庸作命玉簡
金書鑾管在庭其縱縟如天臨法度禮與誠俱　太尉
奉冊寶入正安　睟儀臨拱丕命明敭鸞回寶勢虹貫
瑤光禮成樂備德裕名芳肇基王化永懋天祥　皇帝
降坐乾安　袞衣繡裳嚴恭肅莊八音具張簨虡龍驤
玉簡瑤章金書煌煌壽千萬年與天比長　熙寧皇太
后冊寶三首　出入正安　煌煌寶字玉氣冠延天門
崛岉飛驂後先龍翼四合奏鼓龢龢母儀天下御于萬

卷二萬一千六百八十九　四

年　升座乾安　巍巍黼扆旋珮以登如彼杲日夌天
而升玉邑下照疊疊繩繩猗歟大孝四海其承　降座
乾安　皇帝降席流雲四開堯趨舜步下躡天階恭授
寶冊翠旌裴徊明明純孝鴻釐天來　哲宗上太皇太
后冊寶五首　皇帝升座乾安　大矣孝熙師民以躬
奉承寶冊欽明兩宮萬樂具備一人肅雍化繇上始四
海來同　降座乾安　皇帝仁孝總臨萬方襃顯其親
日嚴以莊龍袞翼翼玉書煌煌傳之億世休有烈光
太皇太后升座乾安　總戢庶政擁佑嗣皇金書玉簡
爛其文章衆樂鏗作莞磬將[illegible]保安四極降福無疆
降座乾安　塗山之德渭涘之祥圖徽寶冊玉色金箱

管絃燀煌鐘鼓喤喤天之所啟既壽而昌　太尉等奉
冊寶出入門正安　王車臨御鳳蓋輦麗奉承寶冊彌
文盛儀抗聲極律助我孝熙天之所祐萬壽無期　紹
興十一年發皇太后冊寶八首　皇帝隨冊寶降殿聖
安　景祚有開符坤娀昊誕毓聖神是崇位號星拱天
隨祇嚴冊寶還御慈寧增光舜道　中書令奉冊詣皇
帝褥位禮安　聲樂備陳禮容同式相繼上公虔奉玉
冊皇則受之慕形於色既壽且康與天無極　侍中奉
寶詣皇帝褥位禮安　祖啟揺光誕生明聖尊極母儀
帝膺作命寶章煌煌導以笙磬還燕慈寧邦家僾慶
太傅奉冊寶出門聖安　肅肅東朝帝隆孝治猗歟丕

稱寶冊斯備皇扉四闢導迎慶瑞德邁太任有周卜世
太傅奉冊寶入門聖安　靜順坤儀聖神是育懿鑠
昭陳鏤文華玉樂奏既備禮儀不瀆導迎善祥翟車歸
寧　太傅奉冊授提點官禮安　孝奉天儀信維休德
發越徽音禮文靡忒永保嘉祥時萬時億歸于東朝含
飴燕息　太傅奉冊授提點官禮安　肅雍長樂克篤
其慶河洲茂德沙麓啟聖是生睿哲灸隆丕運欽稱洪
寶永膺是命　冊寶升慈寧殿幄聖安　禮行東朝樂
奏大呂羽衛森陳簪紳式序雲幄邃嚴宏典是舉天子
萬年母儀寰宇　乾道七年恭上太上皇帝太上皇后
尊號十一首　冊寶降殿正安元祀介福孰縱孰將歸

于尊親　孝哉君王載鏤斯牒載琢斯章得名得壽如虞
紹唐　中書令侍中奉冊寶詣殿下正安　宗祊既成
交舉典冊汝輔汝弼威儀是力陳于廣庭迨此上日巍
巍煌煌烏覩在昔　皇帝奉太上皇帝寶授太傅禮安
奉太上皇后同　儀物陳矣禮樂明矣天子戾止詣爾臣
矣陟降維明恭且勤矣茫茫四海德敎形矣　冊寶出
門正安　天門九重蕩蕩開徹金支秀華垂紳佩玦或
導或陪率履不越注民耳目四表胥悅　冊寶入德壽宮
門正安　禮神頌祇福祿來下不有榮名孰紆伊嘏于
乘萬騎魚魚雅雅皇扉洞開鞠躬如也　太上皇帝升
御座乾安　降同穆穆聖顏安安天步有綽者儀以莫不

舉天人和同恩德洋普億載萬年爲衆父父　太傅奉
太上皇帝册寶升殿聖安　大哉堯乎蕩蕩無費君哉
舜也拜而奉觴繁藉光華鼓鍾鏗鏘三事稽首宋德無
疆　太傅奉太上皇后册寶升殿聖安　乾元資始坤
元資生允也聖德同實異名春王三朝典册並行咨爾
上公相儀以登　皇帝從太上皇后册寶詣宮中正安
維册伊何鏤玉垂鴻維寶伊何範金鈕龍翊以奮御
閫以筆鏞誰敢不恭天子實從　太上皇后出閤升御
座坤安降同帝膺永福功靡專有既尊聖父亦燕壽母
怡怡在宮大典時受彤管紀之天長地久　內侍官舉
太上皇后册詣讀册位聖安　斂福于郊建時之泰揭

卷二萬一千六百八九

七

名日月侔德覆載自我作古域中有大永言保之眉壽
無害　淳熙二年發太上皇帝太上皇后册寶十一首
册寶降殿正安　高明者乾博厚者坤以清以寧實
始資生壽胡可度德胡可評願言從欲誕受强名　中
書令侍中奉册寶詣殿下正安　受命既長福禄既康
如日之升如月之常追琢其章金玉其相君子萬年保
其家邦　皇帝奉太上皇帝册寶授太傅禮安　奉太上
皇后同　翠華之旗靈鼉之鼓陳于廣宇相我盛舉來汝
公傅肅乃儀矩毋愆于素以篤多祜　册寶出門正安
蚴蟉青龍婉嬗象輿其載伊何煌煌金書乃由端門
乃行康衢于以榮親振古所無　册寶入德壽宮門正

安　惟天惟大其德曰誠惟堯則之其性曰仁迺文迺
武得壽得名於萬斯年以莫不增　太上皇帝升御座
乾安　降同　天行惟健天步惟安聖子中立臣工四環民
無能名威不違顏宋德宜頌漢儀可删　太傅奉太上
皇帝册寶升殿聖安　奉寶同　天畀遐福允彰丕懿
維昔曠典我能舉之徐爾陟降敬爾威儀申錫無疆於
言保之　太傅奉太上皇后册寶升殿聖安　乾健坤
從陽剛陰緝追茲受祉允也並況虛業在下儀物在上
咨時三公執事無曠　皇帝從太上皇后册寶詣宮中
用正安　丕顯文王之德之純亦有太姒式揚徽音維
册維寶迺玉迺金伊誰從之一人奉親　太上皇后出

卷二萬一千六百八九

八

閤升御坐坤安　降同　重翟出房褘衣被躬委委佗佗河
潤山容聖皇臨軒聖母在宮並受鴻名與天無窮　內
侍官舉太上皇后册詣讀册位用聖安　舉寶同　珉玉琢
絲衮蹄精良既刻厥文亦鑄之章象德維何至靜而方
輔我光堯萬壽無疆　淳熙十二年加上太上皇帝太
上皇后尊號十一首　大慶殿發册寶降殿正安　維
天蓋高維地克承父尊母親天地難名强名實大建號
安榮衍登壽巖闕縹緲皇明　中書令侍中奉太上皇帝
册寶太上皇后册寶詣殿下正安　二儀同尊兩曜齊
光巍巍煌煌不顯亦彰寶茂號榮玉振金相於萬斯年
既壽且康　皇帝奉太上皇帝册寶授太傅　太上皇后

冊寶同我尊我親承天之祉壽名兼美家國咸喜公傅
秉禮寶冊有煒惟千萬祀令聞不已　冊寶出門正安
羽衛有嚴寶書有輝昭衍尊名鋪張上儀出其端門
由于康逵比屋延瞻歌之舞之　德壽宮冊寶入殿門
正安　南山之舉皇壽無窮太極之尊皇名是崇奉茲
寶冊于皇之宮皇則受之於昭盛容　太上皇帝出宮
升御坐乾安降坐同　聖明太上天子有尊玉坐高拱穆
顏睟溫震業嘉承朝昇盼分盛禮縟典遂古未聞　太
傅中書令侍中奉太上皇帝冊寶升殿聖安　天錫伊
蝦地效其珍誕作寶典奉于尊親爾公爾相爾恭爾寅
協舉令儀適臻厥成　太傅中書令侍中奉太上皇后

冊寶升殿用聖安　坤載有元乾行是順施生萬彙厥
德彌盛翼翼毋道贊我皇訓相維辟公奉典斯敬　皇
帝從太上皇后冊寶詣宮中用正安　大矣母慈德備
且純思古齊敬佐我皇文明章茂典金玉其音帝親奉
之以翼以欽　太上皇后出閤升御坐用坤安降坐同
天相慈皇慶臻壺闈徽柔內修壽與天齊既承皇歡載
覲母儀懿典鴻名永綏多祺　內侍舉太上皇后冊寶
詣讀冊寶位用聖安　有美英瑤於昭祥金為策為章
並著徽音德聖而尊備舉彌文億載萬年永輔堯勛
紹熙元年恭上壽聖皇太后至尊壽聖皇帝壽成皇后
尊號冊寶十四首　大慶殿發冊寶降殿正安　帝受

內禪紀元紹熙欽崇慈親孝心肅祇洒運顯號通藏丕
儀發冊廣庭聲歌侑之　中書令侍中奉三宮冊寶詣
東階下用禮安　鍾鼓交作文物咸備彤庭玉階天子
是蒞咨爾輔臣展采錯事輔臣稽首敢不率禮　冊寶
出門正安　巍巍天宮洞開閶闔旗常葳蕤翔佩雜沓
寶冊啟行法駕既發鏘哉盛典快覩胥悅　冊寶入東
華宮正安　仰止皇居九門載闢麗日重光非煙五色
雷動萬乘雲從百辟咫尺重霄鞠躬屏息　至尊壽聖
皇帝升坐乾安降同　玉璽瑤編禮容畢具穆穆至尊華
殿是御德配有虞紹唐授禹於萬斯年受天之祜　大
傅中書令奉至尊壽聖皇帝冊升殿用聖安慈皇天臨
睟表怡怡欽哉聖子親奉玉卮龍杯萬呼歡洽華英通

臣拜冊是恪是祇　太傅侍中奉至尊壽聖皇帝冊寶
升殿用聖安　瑟彼華玉篆魚紐龍輿冊並登咨爾上
公詠以歌詩協之鼓鍾是陟是降靡有弗恭　太傅中
書令侍中奉壽聖太后冊寶升殿用聖安　天祐皇家
慶集重闈寶芳揚名冊芳流徽金支秀華盛容儀威昭
我近獮相禮不違　太傅中書令侍中奉壽成皇后冊
寶升殿用聖安　大哉乾元既極形容坤元至德實與
比隆寶冊並登勤崇垂鴻相我縟儀藹藹雍雍　皇帝
從壽聖皇太后冊寶詣慈福宮用正安　涓辰協吉時
維春元上冊三殿曠古無前思齋重闈積慶有源是尊

是崇帝心載虔　壽聖皇太后出閤升坐坤安降同丕
赫有宋三聖授受誰其助之繄我太母東朝受冊欽此
春酒聖子神孫寮侍左右　內侍官舉壽聖皇太后冊
寶詣讀冊寶位用聖安　坤德益崇天壽平格慶流萬
世子孫千億刻玉範金鏞張赫奕惟昔姜任則莫我匹
皇帝詣壽成殿壽成皇后出閤升座坤安　降同鞠育
保護母道備矣密贊親傳德其至矣緜服來朝慈容有
喜既受鴻名又多受祉　內侍官舉壽成皇后冊寶詣
讀冊寶位用聖安　仰瞻慈闈登進寶冊惟時暫御祇
率厥職曰壽曰名母兮燕得儼我尊父德載無極　紹
熙四年加上壽聖皇太后尊號八首　大慶殿發冊寶

卷二萬一千六百八十九　十一

降殿正安　德厚重闈沖澹粹穆何以名之惟慈惟福
寶鏤精鏐冊鐫華玉物盛禮崇丕貽聿目　中書令侍
中奉壽聖皇太后冊寶詣東階下禮安　於皇帝室休
運貽孫重熙疊慶祇進號榮爰授慈冊必躬必親天子
聖孝萬邦儀刑　冊寶出門正安　煌煌冊寶天子受
之言徐其行肅展洒儀其儀維何劍佩黃麾鸞駕清蹕
聳瞻九達　冊寶入慈福宮殿門正安　熙辰禮備濟
濟雍雍言奉斯冊重親之宮宮帷既啟協氣感通皇儀
親展壽祉無窮　太傅中書令侍中奉壽聖皇太后冊
寶升殿聖安　既肅琨庭載升金陛洒導洒陪威儀濟
濟天步繼臨孝誠備矣聲容孔昭中外悅喜　冊寶詣

宮中正安　珊輿彩仗祇詣慈宮寶冊前奉龍扶雲從言
備茲禮于宮之中惟天子孝於禮昭容　壽聖皇太后
出閤升御座坤安　降同　懿典大冊陳儀邃深怡怡愉愉
寶坐是臨重緣儼侍冞展肅心三宮協慶永播徽音
內侍官舉壽聖皇太后冊寶詣讀冊寶位用聖安　寶
冊既奉祇誦洒言仁深慶衍益顯益尊和聲協氣充溢
乾坤並受伊嚴聖子神孫　慶元二年恭上太皇太后
皇太后太上皇帝太上皇后尊號二十四首　冊寶降
殿　天擁帝家澤流子孫三宮燕胥四海崇尊聲詣韶
濩輝燭瑤琨維皇緝熙耀德乾坤　冊寶授太傅奉詣
東階下　祖后重壽親闈並崇駢慶聯休申景鋪鴻疊

卷二萬一千六百八十九　十二

璧交輝多儀煥叢德萬斯年福祿攸同　冊寶出門
太任媚姜塗山翼禹慈祥曼衍鴻儀送舉寶章奕奕禮
宮保保帝用將之于彼宮所　慈福宮寶冊入門東朝
層邃端闈靖深列仗鄉鑾鏤玉繩金麥奉來崇載祇載
欽曾孫之慶世世徽音　冊寶升殿　純佑我宋母儀
四朝擁翼孫謀如虞象堯仁覃函夏燕浮慶需福祿萬
年金玉孔昭　冊寶詣宮中　神人和懌天日淑清王
母來燕必壽而昌琨庭璈音五雲佩聲勉勉我皇遹貽
殿咸　太皇太后出閤升坐　曾孫致養五福駢臻太
極所運兩儀三辰輝光日新啟右後人永翼瑤圖億萬
堯春　冊寶詣讀冊寶位　徽光宣華仁聲流文曠儀

合沓泰和絪縕慈顏有喜祚我聖君珠宮含飴坐閱來
雲　太皇太后降坐歸閤嬀儀既登寶冊既膺喜洽祥
流雲叅川增天子萬年鳴玉慈庭惠我無疆詵詵繩繩
壽慈宮冊寶入門　新庭靖安祖后燕怡有開聖謨
累崇天基典章文明聲容崴蕤御于邦家曰壽曰慈冊
寶升殿　三禮崇容八鑾警衛有來辰儀闡徽嬀汭璇
宮肅雍藻景澄霽文子文孫本支百世　冊寶詣宮門
充門疊瑞姒幄齊種重坤靖象麗冊華徽天子仁聖文
禮文弗違福壽康寧同典層闈　皇太后出閤升坐
母受壽載錫之光纚集瑞命宜君宜王惠以仁顯慈以
德彰保祐子孫受福無疆　冊寶詣讀冊寶位　華鑾
卷二萬一千六百八十九　十三
端玉文螭滾金頌德儀英揚徽嗣音紫幄天開翠華日
臨歲歲年年如周太任　皇太后降坐歸閤　宋有明
德天保佑之以壽繼壽以慈廣慈聲文宣昭福祉茂綏
神孫之休燕及華夷　壽康宮冊寶入門正安　大安
耽耽興壽崇崇維皇之尊與天比隆非心閒燕文命延
鴻欲報之恩禮縟儀豐　太上皇帝升御坐乾安　上
帝有赫百靈效祥儲祉垂恩錫年降康皇儀睟溫帝射
肅莊三宮齊懽地久天長　太上皇帝冊寶升殿聖安
夏典稽瑞禹玉含淳追琢有章溫潤孔純聖底于安
壽綿于仁太上立德自天其中　太上皇后冊寶升殿
聖安　文尊母親天涵地育燕我翼子景命有僕得名

得壽如金如玉子孫千億成其厚福　太上皇帝降御
坐乾安　天地清寧二月華光歸尊慈極萬呼來突慶
函百嘉壽躋八荒上皇萬壽俾熾俾昌　冊寶詣宮中
正安　晨趨慈幄佳氣蔚葱受帝之祉配天其崇璧華
金精禮數樂充天子是若懽聲融融　太上皇后出閤
升坐坤安　文物流彩鑾輅靖陳龜瑞薦祉坤儀效珍
比皇之壽翼帝以仁和氣致祥與物為春　讀冊寶聖
安　黼黻其文金玉其相永壽於萬合德無疆福緒祥
源厥後克昌天維格斯祚我聖皇　太上皇后降坐歸
閤坤安　榮懷之慶莫盛於斯三宮四冊五葉一時德
阜而豐福大而滋子子孫孫于時保之　嘉泰二年恭
卷二萬一千六百八十九　十四
上太皇太后尊號八首　冊寶降殿　思齊太任嬪于
周京至哉坤元萬物資生不可儀測翊可強名鏤玉繩
金昭哉號榮　冊寶詣東階　鼓鍾喤喤儀物載陳儀
物陳矣爛其瑤琨洛爾上公相予文孫勿亟勿徐奉我
重親　冊寶出門　蕩蕩天門金鋪玉戶采旄翠旌流
蘇葆羽千官影從迺導迺輔都人縱觀填道呼舞　壽
慈宮冊寶入門　煌煌寶書玉篆金鏤昌為來哉自天
子所以燕文母婉嬗祥雲日正當午　冊寶升殿　文
物備矣三事其承崇才高張樂充宮庭耽耽廣殿左墄
右平欽爾威儀攝齊以登　冊寶詣宮中　維壽伊何
聖德日新維慈伊何祐于後人迺范斯金迺鏤斯珉皇

舉玉趾從于堯門　太皇太后升御坐，降同。侍中版奏辦外嚴中出自玉房褘褕被躬我龍受之祿威盛容皇帝聖孝其樂融融　冊寶詣讀冊寶位　虔麟趾褭蹄我寶斯刻碝碱采纖載備斯冊眉壽萬年詒謀燕翼於赫湯孫克綽永福　紹定三年壽明仁福慈睿皇太后冊寶九首　文德殿冊寶降殿　思齊聖母嬈于周任體乾履坤博厚洪深乙褒既啟萬壽自今昕庭發號式昭德音　冊寶詣東階　煌煌儀物繹繹鼓鍾奉慈寶冊至于階東上公相儀列辟盡恭拜手慈宸福如華嵩　冊寶出門　帝闕肅開天階坦履霓旌羽蓋導儀讃衛匪誇雕琢匪矜藻麗茲謂盛儀億載千歲　慈明殿冊

卷二萬一千六百八十

十五

寶入門　金堅玉純文郁禮縟來從帝所作瑞正國天開地闢日照春煥茲謂盛事永燕菲祿　冊寶升殿　皇儀有煒綠昇次升沈沈邃巖穆穆天庭坤德深隆皇圖永寧賚爾廷臣攝齊以登　冊寶詣宮中　壽為福光明燭物表仁洽動植福齊穹昊曰慈與睿並崇丕號辨必恭乃御褘褕升于殿中慈顔雍穆和氣沖融芳流演而中之萬世永保　皇太后升御坐　通臣跪奏嚴清史傳之無窮　冊寶詣讀冊寶位　徽音孔昭寶傳斯刻金昭玉粹有煒斯冊載祈載祝以燕以翼寶之萬年與宋無極　皇太后降御坐　皇文既舉慶禮告虞肇自宮闈格于幅員子稱母壽母謂子賢降陞在茲隆

名際天　哲宗發皇后冊寶三首　皇帝升座以乾安既登乃依如日之升有嚴有翼丕顯丕承天作之合家邦其興來茀斯皇子孫繩繩　降座以乾安　我禮嘉成我駕言旋降座而蹕奏鼓淵淵景命有慶保祐自天永錫祚胤何千萬年　太尉等奉冊寶出入以正安宣哲維公就位肅莊冊寶具舉丕顯其光出于宸闈鼓鍾喤喤母儀天下萬壽無疆　紹興十三年發皇后冊寶十三首　皇帝升御座乾安　天地奠位乾坤以分夫婦有別父子相親聖王之治禮重婚姻端冕從事是正大倫　使副入門用正安　天子當陽群公就列冊寶既陳鍾鼓備設工公奉事容莊心協克相盛禮光

卷二萬一千六百八十

十六

臨玉牒　冊寶出門正安　穆穆睟容如天之臨赫赫明命如玉之音虔恭出門禮用兢兢塗山生啟夏道以興　皇帝降御座乾安　朝陽已升薰風習至樂奏既成禮容亦備玉佩鏘鸞帝徐舉趾壼政穆宣以聽內治　皇后出閤用坤安　猗歟賢后德本性成承天致順流日為明作配紫極正化以行萬有千歲奉祀宗祊冊寶入門用宜安　欽承祇事時維肅雍琬奉冊寶陳于法宮以術以御有儀有容明神介之福祿來崇　皇后降殿用永安　溫恵之德褘翟之衣行中采齊禮無或違降于丹陛有容有儀委委佗佗誰其似之　皇后受冊寶用成安　鐫蒼玉兮盛德載揚鏤南金兮永鎮懋

居度受賜兮有煒其光宜室家兮沐芾斯皇　皇后升
座用和安　禮既行兮厥位孔安母儀正兮容止可觀
奉東朝兮常得其歡永淑女兮豈樂多儀　內命婦入
門用惠安　素月澄輝衆星顯列炳爲天文各有攸別
椒房既正陰教斯設闕雎麟趾應如響捷　外命婦入
門用咸安　窈窕其容淑慎其姿爛其如雲瞻我母儀
曰天之妹作合惟宜纍然舞拊疇不肅祗　皇后降座
用徽安　寶字煌煌冊書粲粲副笄加飾褘褕有爛祗
若帝休委遹樂衎億萬斯年永膺宸翰　皇后歸閤用
泰安　太任徽音太姒是嗣百男之祥周室以熾天子
萬年受茲女士如姒嗣任從以孫子　淳熙三年發皇

卷二萬一千六百八十九

七七

后冊寶十三首　皇帝升坐乾安　赫赫惟皇如日之
光肅肅惟后如月之常禮行一時明照無疆天子莅止
疇敢不莊　冊寶入門正安　卜月惟良練辰斯臧臣
工在庭劍佩瑲瑲來汝疑丞明命是將有淑其儀無或
怠遑　冊寶出門正安　刻簡以珉鑄寶以金持節伊
誰時維四鄰自我文德達之穆清委蛇委蛇往迄于成
皇帝降坐乾安　冊行何歸于門東偏禮備樂成合
扇鳴鞭皇舉玉趾如天之旋燕及家邦億萬斯年　皇
后出閤坤安　椒塗蘭馭河潤山容副笄在首褘衣被躬
靜女其姝寶冀寶從自彼西閤聿來殿中　冊寶入門
宜安　德隆位尊禮厚文縟乃篆斯金乃鏤斯玉羣公

及門執事有肅願言保之永鎮坤軸　皇后降殿承安
規殿沉沉叶氣攸攸明章婦順表正人倫躡是左墄
暨于中庭尚宮顯相閨有弗欽　皇后受冊寶成安
備物典冊樂之鼓鍾邦而受之極其肅雍司言司寶各
以職從行地有慶與天無窮　皇后升坐和安　容典
既膺壹儀既正羽衛外列揚顏中映如帝如天以莊以
靚六宮承式二南流詠　內命婦入門惠安　葛覃節
用樛木逮下形爲嬪則風已心化茲臨長秋遂正諸夏
以慶以祈百祥來迓　外命婦入門咸安　碩人其頎
公侯之妻翟茀以朝象服是宜如星之芒遡月之輝母
儀既瞻羣心則夷　皇后降坐徽安窈窕淑女備六服

卷二萬一千六百八十九

七八

兮陟降多儀聳羣目兮內治允備陰教肅兮宜君宜王
綏有福兮　皇后歸閤泰安　天監有周是生太任亦
有太姒嗣其徽音孰如兩宮慈愛相承思齊之盛復見
于今　淳熙十六年皇后冊寶十三首　皇帝升坐乾
安　乾位既正坤斯順承日麗于天月斯遡明惟帝受
命惟帝並登黼扆尊臨典冊是行　冊寶入門正安
迺協良辰維春之宜迺詔近弼來汝相儀九門洞開文
物華輝聲詩載歌于以侑之　冊寶出門正安　有璽
範金有冊鏤瓊汝使汝介持節以行禮始文德達于穆
清是恪是虔依我和聲　皇帝降坐乾安　鼓鍾喤喤
磬筦鏘鏘劍佩充庭濟濟洋洋禮典告備皇心樂康於

萬斯年受福無疆　穆清殿受冊寶皇后出閤坤安
懿範柔容如月斯輝篤厥翟輅被以褘衣九御從之如
雲祁祁典冊是承心焉肅祗　冊寶入門宜安　華榱
璧璫有馨椒殿備物來陳多儀式煥曰冊曰寶是刻是
琢並舉以行皇矣懿典　皇后降殿承安　褘褕盛服
有恪其容是陟是降相以尚宮金殿玉階聿來于中展
詩歷律載詠肅雍　皇后受冊寶成安　帝有顯命禀
于親慈后德克承拜而受之人倫既正王化是基億載
萬年永祚坤儀　皇后升坐和安　帝慶三宮膺受寶
冊御于中閨載欣載惕迺寧陰教迺明內則翼翼魚貫
罔不祗式　內命婦入門懋安　椒庭頒官于位有四

卷二萬千六百六十九　十九

嘒彼小星撫以德惠熙焉如春育焉如地慶禮聿成靡
弗咸喜　外命婦入門咸安　魚軒昌未象服是宜班
于內庭率禮惟祗化以婦道時維母儀是慶是類于胥
樂兮　皇后降坐徽安　正位長秋容典備矣王假有
家人倫至矣儷極俔天多受祉矣蟄蟄螽斯宜孫子矣
　皇后歸閤泰安　維天佑宋盛事相仍崇號三宮甫
茲洪辰肇正中閨縟禮載陳邦家之慶曠古無倫　皇
帝升坐乾安　乾健坤順群生育育日常月升四時叶
熙帝嗣天歷后崇母儀翩翩承暉王化是基　使副入
門正安　煬閣蟬娟璧門雲龍烈文維軸翊奉有容典
章煒明彝度肅雍蕆時縟儀登于瑤宮　冊寶出門正

安　金晶麗輝璧葉含春贊夏之翼纘虞之嬪樂序韶
亮禮文藻新辟公相成物采彬彬　皇帝降坐乾安
帝旒雲舒金秀充庭璇衡鑾華脩佩垂緌皇容熙備柔
儀順承三宮齊懽萬福駢膺　皇后出閤坤安　騶翟
宗容褘鞠陳衣庋止蘭殿風興椒闈淑正宣華粹明騰
煇欽若有承嗣音之徽　冊寶入門宜安　褘奕流光
泱祥增衍編玉鏤德織金溢篆粹猷藻黻徽文華顯二
南聲詩于時昭闡　皇后降殿承安　翬珩煥采趨節
風韶陟降墀陛率將英瑤辟道承薰嬪儀楊翹是敬是
祇德音孔昭　皇后受冊寶成安　帝奉太室后儀成
之帝養三宮后志承之德如樹雖盛如螽斯宜慈宜王

卷二萬一千六百八十九　二十

百世本支　皇后升坐和安　肅肅壼儀雍雍陰教險
誠自防警戒是儆中閨端委列御胥咨其思輔順承翼
帝壽　內命婦入門恩安　天子九嬪王宮六寢有煒
令儀載秩華品福履綏將節用躬儉矢其德音十以來
諗　外命婦入門咸安　象服之宜鶡鷟之風化以婦
道覲于內宮采蘋瀾濱采藻澗中夙夜在公貢彼眾功
　皇后降坐和安　光佑景寧惠慈燕喜壽仁丕崇家邦
均祉懿文交舉壼冊嗣美鋪億萬年受祿惟似　皇后
歸閤泰安　天心仁佑坤德世昭灼有熙乾蔚于眾朝
儉以贊虞勤以承嘉莫用則徽其勵夙宵　嘉泰三年
皇后冊寶十三日皇帝升坐乾安　茂建坤極容典聿

基疑當作臺

新天命所贊慈訓是遵肅涓穀旦躬御紫宸鴻禧累福
駢蕃翕臻　使副入門正安　端門曉闢瑞氣雲凝有
儼良輔踵武造廷肅肅王命是將是承登冊穆清萬歲
承曆　冊寶出門正安　瑤冊玉寶爛然瑞輝勞翼絳
節上承紫微璆鳴朝佩徐出歡扉登進坤極益彰典徽
皇帝降坐乾安　天臨黼扆雲集弁纓金石迭奏典
禮備成玉趾緩步龍駕翼行言瞰北極永燕西清　皇
后出閤坤安　日薰椒屋雲靄璧門有華瑞節來自帝
閽統天惟乾合德者坤我龍受之福祿永繁　冊寶入
門宜安　虹輝爍爛雲篆綢繆絳節前導瑞光上浮瑤
階玉扉既集長秋欽承天寵永荷帝休　皇后降殿承
卷二萬一千六百八十九　二十一
安　瑤殿清閟玉墄坦夷褘衣副珈陟降不遲寶冊聿
至載肅祗禮儀昭備福履永綏　皇后受冊寶成安[illegible]
日月臨燭乾坤覆持明並二曜德合兩儀光媲宸極共
恢化基膺受茂典億載永宜　皇后升坐和安　寶璽
瑤冊既祇既承繡裀藻席載躋載升柔儀肅穆瑞命端
凝永膺多福如川方增　內命婦入門惠安　服煥威
儀班分華纖九嬪婦職六寢內治參差荇菜未勤寤寐
烝然來思相禮胥祭　外命婦入門咸安　婦榮於室
通籍禁中班列有次車服有容佐我關雎鵲巢之風被
之僮僮爲不肅雍　皇后降坐徽安　金石具舉典禮
茂明淑慎其止適觀厥成瓊琚織動鳳輦翼行儀光媲

極德邁嬪京　皇后歸閤泰安　寶坐既興鳳輿戒行
奏解嚴蹕歸燕邃清閟安壽慈奉盈宗枋彌千萬年內
助聖明　嘉定十五年皇帝受恭膺天命之寶三首
恭膺天命之曲太蔟宮　我祖受命恭膺于天步作王
寶載祇載虔中錫無疆神聖有傳昭茲興運於萬斯年
舊疆來歸之曲太蔟宮　於穆我皇之德之純涵濡
群生矧我遺民連齊跨晉輸貢效珍土宇日闢一視同
仁　永清四海之曲太蔟宮　我祖我宗德厚澤深於
皇繼序益單厥心天人協扶一統有臨乾坤清夷振古
斯今　至道元年冊皇太子二首　出入用正安　主
鬯之重允屬賢明承華肇啟上嗣騰英禮修樂舉毓德
卷二萬一千六百八十九　二十二
聞榮一有元良萬邦以寧　群臣稱賀用正安　皇儲
既建聖祚無疆鸞旌列敘鵷戟分行前星有爛瑞日重
光繼天接聖溫文允臧　天禧三年冊皇太子一首
太子出入用明安　明離之象少陽之位國安爲本體
天作貳儀範克溫禮章斯備丕宣令猷恭守宗器　乾
道元年冊皇太子四首　皇帝升坐乾安　宋受天命
聖緒無疆惟懷永圖乃登元良涓選休辰冊書是將黼
坐天臨穆穆皇皇　太子入門明安　於維皇儲玉潤
金聲體震之游重離之明冊寶具舉環佩鏘鳴守器承
祧惟邦之榮　太子出門明安　樂備既奏和聲沖融
玉簡金書翔鸞戲鴻和拜登受旋于青宮儀辰作貳垂

休無窮　皇帝降坐乾安　我禮備成我駕言旋降坐
而蹕奏鼓淵淵國本既定保佑自天克昌厥後何千萬
年　乾道七年冊皇太子四首　皇帝升座乾安　建
儲以賢闢宮于東典冊既備筮占既從濟濟卿士將將
鼓鍾天子戾止盛哉禮容　太子入門明安　瑀瑲瑳
纂金煌煌對揚于庭是承是將山重其暉日重其光觀
瞻以懌國有元良　太子出門明安　淵沖象德玉裕
凝姿進退周旋有肅其儀既定國本益降慶基燕及兩
宮福祿如茨　皇帝降座乾安儲副豫定器之公兮冊
授孔時禮之隆兮天步遲遲旋九重兮壽祉萬年德無
窮兮　嘉定二年冊皇太子四首　皇帝升坐　於皇

卷二萬一千六百八十九　二五

我宋受命于天升儲主鬯衍慶卜年典冊告備庭工載
虔萬乘涖止端冕邃延　太子入門受冊寶　太極端御
少陽肅祗珉簡斯鏤袞服孔宜式奏備樂迺陳盛儀下
拜登受永言保之　太子受冊寶出門　明兩承曜作
貳宣猷茂德金昭令譽川洗豫定厥本永貽迺謀三朝
致養問寢龍樓　皇帝降坐震游體象我儲明兮渙揚
顯冊我禮成兮大駕言旋警蹕鳴兮燕社無疆邦之榮
兮　寶祐二年皇子冠二十首　皇帝將出文德殿隆
安　於皇帝德乃聖乃神本支百世立受帷觀欽共冠
事以明人倫承天右序休命用中　賓贊入門祗安
豐芑詒謀建爾元子揆禮儀年筮賓敬事八音克諧嘉

賓至止于以冠之成其福履　賓贊出門祗安　禮國
之本冠禮之始賓升自西維賓之位于著於阼維子之
義厥惟欽哉敬以從事　皇帝降坐隆安　路寢闢門
黼坐恭己羣公在庭所重維禮正心齊家以燕翼子於
萬斯年玉心載喜　皇子初行　有來振振月重輪兮
瑜玉在佩綦組明兮左徵右羽德皓旌兮步中采薺矩
矱循兮　賓贊入門　我育嘉賓在大以方亦既至止
厥德用光冠而字之厥義孔彰表裏純備黄耉無疆
皇子詣受制位　吉圭休成其日南至天子有詔冠爾
皇嗣為國之本隆邦之禮拜而受之式共敬止　皇子
升東階　茲惟阼階厥義有在歷階而升敬謹將冠經

卷二萬一千六百八十九　二六

訓昭昭邦儀粲粲正纚賓筵壽考未艾　皇子升筵
秩秩賓筵籩豆孔嘉帝子至止衿纓振華周旋陟降禮
行三加成人有德匪驕匪奢　初加　帝子惟賢懋昭
厥德跪冠于房元冠有特鼓鍾喤喤威儀抑抑百禮既
洽祚我王國　初醮　有賓在筵有尊在戶馨管將將
醮禮時舉跪觴祝辭以永燕譽寶祚萬年磐石鞏固
再加　復文肇祥震維標德乃共皮弁其儀不忒體正
色齊維民之則璇霄春佑國壽箕翼　再醮　冠醮之
義匪酬匪酌于戶之西數共以恪金石相宣冠醮相錯
帝祉之受施及家國　三加　善頌善禱三加彌尊爵
弁峩峩介珪溫溫陽德方長成德欲存燕及君親厥祉

三十

鄉飲酒

乳蕃 席于賓階禮義以興受爵執爵多福以膺匪惟
服加德加俞升匪惟德加壽加愈滑 皇子降 命服
煌煌跬步中度慶輯皇闈化行海宇禮具樂成愓若戒
懼寶璐厥躬有秩斯祜 朝謁皇帝將出 皇王烝哉
令聞不已燕翼有謀冠醮有禮百僚在庭通相厥事頌
聲所同嘉受帝祉 皇子再拜 青社分封前星啟皎
繁弱綏章厥光莫掩容稱其德蓄學之驗芳譽數華大
圭無玷 皇子退 元衮黼裳垂徽永世勉勉咸德是
在元子胙土南賓厥旨孔懿充一忠字作百無愧 皇
帝降坐 受始於親聖盡倫兮元子冠字邦禮咸兮天
步舒徐皇心寧兮家人之吉億萬春兮 淳化鄉飲酒

卷二萬一千六百八十九

三十五 鄉飲

三十三章 鹿鳴呦呦命侶與儔宴樂嘉賓既獻且酬
獻酬有序休祉無疆展矣君子邦家之光 鹿鳴呦呦
在彼中林宴樂嘉賓式貽德音德音愔愔既樂且湛允
矣君子實慰我心 鹿鳴呦呦在彼高岡宴樂嘉賓吹
笙鼓簧幣帛戔戔禮儀鏘鏘樂只君子利用賓王 鹿
鳴相呼聚澤之蒲我樂嘉賓鼓瑟吹竽我命旨酒以燕
以娛何以贈之元纁縈如 鹿鳴相邀聚場之苗我美
嘉賓令名孔昭我命旨酒以謌以謠何以置之大君之
朝鹿鳴相應聚山之荆我燕嘉賓鼓簧吹笙我命旨酒
以逢以迎何以薦之揚于王庭 右鹿鳴六章章八句
瞻彼南陔時物嘉良有泉清泚有蘭馨香晨飲是汲

妻經靡之都 都芳蘭佩服 珍之溫溫恭人 詩稿原上

夕膳是嘗慈顔未悅我心靡遑 嬉嬉南陔眷眷慈顔
和氣怡色奉甘與鮮事親爾宜事君爾思虔勉忠孝邦
家之肥 右南陔二章章八句 洋洋嘉魚伃以美眾
君子有道嘉賓式燕以娛 洋洋嘉魚伺以芳餌君子
有德嘉賓式歌且舞 我有宮沼龜龍擾之君子有禮
嘉賓式貴表之 我有郊藪麟鳳來思君子有樂嘉賓
式慰懃思 相彼嘉魚爰縱之壑我有旨酒嘉賓式燕
以樂 相彼嘉魚在漢之梁我有旨酒嘉賓式燕以康
森森喬木美蔓縈之我有旨酒嘉賓式燕宜之 喈
喈黃鳥載飛載止我有旨酒嘉賓式燕且喜 右嘉魚
八章章四句 崇丘峩峩動植斯屬高既自遂大亦自

卷二萬一千六百八十九

三十六 鄉

足和風斯扇膏斯沐我仁如天以亭以育 崇丘巍巍
動植其依高大之性各極爾宜王道坦坦皇猷熙熙仁
壽之域烝民允躋 右崇丘二章章八句 關雎于飛
洲渚之湄自家刑國樂且有節 郁郁芳蘭幽人擷之
溫溫恭人哲后求之 求之無斁寤寐所屬馨爾一心
受天百祿 郁郁芳蘭雨露滋之溫溫恭人福履綏之
關雎蹌蹌集水之央好求賢輔同揚德光 蘋蘩芳
滋同誰擬之願言賢德靡日不思 偶其賢德輔成己
職永配王音服之無斁 潔其粢盛中心匪寧薦於宗
廟助君德馨賢淑來思人之表儀風化天下何樂如之
右關雎十章章四句 彼鵲成巢爾類攸處之子有

歸瓊瑶是祖　彼鵲成巢爾類攸匹之子有行錦繡是飾　彼鵲成巢爾類攸共之子有從蘭蓀是奉　伊鵲成巢珍禽戾止婉彼佳人配于君子　伊鵲營巢珍禽攸處内助賢侯弼于明主　伊鵲營巢珍禽輯睦均養衆雛致于蕃育　右鵲巢六章章四句

册寳紹興

中興會要

皇帝發皇太后册寳紹興十年學士院撰八曲　皇帝隨册寳降殿用聖安　景祚有開符姚[坤]昊誕毓聖神是宗位號星拱天隨祇嚴册寳還御慈寧增光舜道　中書令奉册詣皇帝褥位用禮安聲樂備陳禮容周戚相維上公虔奉玉册皇則受慕形於色既奇且康與天無極　侍中奉寳詣皇帝褥位曲名與奉册同　祖啓瑶光誕生明聖尊極母儀帝庸作命寳章煌煌道以筐篚還燕慈寧邦家後慶　太傅奉册寳用出門用聖安　齊齊衆朝帝隆孝治猗歟丕稱寳册斯備皇扉四開導迎慶瑞德邁太任有周卜世　太傅奉册寳入門曲名與出門同　靜順坤儀聖神是育懿貽鑠昭陳鏤文華玉樂奏既備禮儀丕濟導迎善祥翟車歸翌　太傅奉册授提官曲名與前奉册同　孝奏天儀信維休德發越徽旨禮文雕成永保嘉祥時萬時億賜于衆朝念飴燕息　太傅奉册寳授提點官曲名與前奉册同　肅雍長樂克篤其慶河洲茂德沙麓啓聖是生睿哲資隆丕運欽頌洪寳永膺是命　册寳升慈寧殿幄曲名與出門同　禮行朝樂奏大呂羽衛森陳簪紳式序雲幄邃嚴容典是擧天子萬年母儀表宇

一萬七千二百九十三

鼓吹導引樂歌

南郊鼓
吹歌曲　導引建隆二年三曲　氣和玉燭睿化著鴻明緹管
一陽生郊盛、禮燔柴畢旂軨鳳凰城森羅儀衛振華纓

卷五千四百七十一

載路溢歡聲皇圖大業超前古垂象泰階平和聲歲時
豐衍九土樂升平當環海澄清道高堯垂衣治日月並
文明嘉禾甘露登歌薦雲物煥祥經兢兢夕惕持謙德
未許禪云亭　六州　嚴夜警銅吏漏遲遲清禁肅森
陛戟羽衛儼皇闈屬鉦鼓攸宜管城雅奏逐吹逶迤薦
蒼璧郊祀神祇屬景運純熙京坻豐衍群材樂育諸侯
述職盛德服蠻夷和聲殊祥萃九包丹鳳來儀膏露降
和氣洽三秀煥靈芝鳴獻攜史冊相輝張四維卜世永
固丕基敷元化蕩蕩無為合堯舜文思混并寰宇放牛
歸馬銷金偃革踏詠慶昌期　十二時　承寶運馴致
隆平鴻慶被寰瀛時清俗阜治定功成遐邇詠庚嚴郊

祀文物聲明會天正星拱奉嚴蹕布羽儀簪纓宸心虔
潔明德播惟馨動蒼冥神降饗精誠和聲燔柴半萬乘
移天仗肅鑾輅旋衡千官雲擁群后輸誠玉帛旅明庭
部護薦金春歡聲集佇亨皇澤黎庶普率治恩榮回車
正五神聖貫三靈萬邦寧景貺福千齡　導引天禧三年三曲
皇穹錫瑞帝業愈蕃昌會萬玉來王名山珍館神遊
接寶信降雲房卜茲顯位嚴壇墠奕奕觀輝光精爽昭
格靈心荅天曆保無疆和聲皇家立極炎德赫中逼歟
契應蘿圖文章煥爛垂星斗威略纖定方隅丹扆翠巘錫
靈符瑞物紀神輸紫壇大報陳昭配福慶降清都　六
州　齊天萬四海洽淳風接寶胄垂真檢景祚無窮成

卷五千四百七十一

玉牒日觀歸功冀野升方鼎脽上由崇歆檜升雲蹕巡
東國本震為宮乾文煥炳真祠曲容重祥疊瑞瓊蘊降
高穹和聲膺丕烈虔心建垂鴻詢吉土郊兆執玉薦東
鍾律應雲物迎空樂和輪囷嘉氣蔥蔥天神來降發沖
融玉燭四時道星回金輅雷雨作鮮昆岐被惠億載帝
基隆　十二時　雕戈偃玉塞清明道德洽和平廱嚋
鳳柙騰寶飛英岱畎讓功成汾水上寅輅鑾聲薦精誠
仙宇玉為京圭潔奉高明瑤山銀牓固國本丕闡詔公
卿縣遍狥輿情和聲稽陽位報本郊壇時助祭儼簪纓
祖宗配侑粢燎晶熒百禮備豐盈荅天地用厚懷生泰
黎氓千鑑先潤澤萬寶盡開禁龍沙日寢文軌承來并

保嘉享史冊煥鴻名　導引 天聖二年三曲　真人臨
御寶瑞集豐融萬國仰天顒嘉禋盛禮文章煥齋潔致
清衷至鏞六變三神格喜備盛儀容乾穹上達昭靈饗
慶緒蕃丕隆陽郊報本禮意彌勤禋太一下盛神天臨
兩觀推三赦慶祉被臣民徽名薦冊縟儀陳盛節煥書
筠塗歌邑誦揚徽懿昭命協惟新　六州　承皇統天
地洽清寧熙帝載建民極百度推明崇講肄博考儒經
游豫騰謠誦星躔天行留絲宇順拜金庭兆庶動歡聲
靈心上達卿雲成蓋祥風襲物瑞日耀圜清 和聲 列聖
孝德被寰瀛就陽位協吉周正儼簪纓交對越羣靈皇
威赫奕盛儀成徽冊受鴻名鶴竿肆赦鶯行均慶翔飛

卷五千四百七十一

浸澤 助萬保升平　十二時　嘉享運璿曆均調光烈
邁唐堯琺圖緣錯無錫乾霄封岱順東杓修合吝萬玉
來朝瑞丕昭構宇結瑛瑶虛氣下仙蹕欽崇道祖輿駕
動臨譙整鑾鑣郊報厚黎苗 和聲 均紱眂滲漉咸滋液
能事播歡謠繼明纘緒緩賦輕傜京庾比豐饒勸中县
採善詢蕘五風飄授人時吏正休馬橐兵銷良肱隆棟
助化率皇猷德聲遥懿鑠簡書標　導引 治平二年四曲
治平天子景至肇嚴禋華玉禮咸神六龍齊捧鑾輿
動來伏轉鈎陳歸來瑞氣滿清晨金石奏韶新樓前山
鶴銜書下天地已為春　六州　垂炎運真主嗣瑶圖
海波晏卿雲爛日月麗皇都年豐稔萬寶山儲庾莫風

生律一氣潛噓陳法駕翠羽葆輿清蹕下天衢金鞀六
變歡然靈顧來車風馬拜睨紫壇初 和聲 奉神娛嘉邉
薦美玉奠照熒煉星彩動霜華薄禁閣漏聲疎田龍馭
寶瑞紛敷衆心愉鈞天別奏簫竽仙人樓上捧赦書舞
鶴更躊躕丹徼北窮沙漠涵皇澤盛德邁唐虞　十二
時　千年運五葉升平法宸坐中楹天高高潤雷動風
行三萬里聲明靈臺偃伯仆邊兵事農耕一氣重滋萌
萬寶迄登成天生嘉穀博碩又芳馨盛齋精謁款謝嘉
生 和聲 神明地當陽定天位來助見人情璧珪薦璪金
石鏗鋐儀禮盛西京靈祇喜福祿來盈詠康庚幔城班
上筠鑾路趣還衢觚稜雙闕赭案切三清動歡聲恩澤

卷五千四百七十一

遍寰瀛　奉禋歌　皇天眷命集珍符上聖膺朔起天
衢環繁極鴻樞此時朝野歡娛樂于于似任華胥和氣
至嘉生遂豆實正芬數禮與誠俱風飄洒靈來下喜怡
愉斗隨車轉月上壇觚奉禋初至誠乎如山岳福委祥
儲車旋軌雲閒雙闕峙百尺朱繩到地兩行雉扇排虛
仙鶴銜書珍袍上筠相趨共歡呼號令崇朝徧滿寰區
陽動春噓躬盛事受多祉千萬祀天長地久皇圖　皇
帝歸青城用降仙臺 熙寧十年南郊增一曲　清都未曉萬乘董
駕煌煌擁天行祥風散瑞藹紫蓋聳旂常建耀曾城四
列兵衛權火映金龍銜平衆樂警作充宮庭職繹成 和
紺幄褰裳聚冕色鮮明壇陛霄昇振璜珩神格至誠雲

車下冥冥儲祥錫嘏莫可名御端闕肹敷號渙澤翔施溥茂祉均被羣生

卷五千四百七十一

高宗郊祀大禮　紹興十三年學士院撰

五曲　聖皇巡守清蹕駐三河十世嗣瑶圖還城不動干戈戢文溥天敷灰飛緹室氣潛噓郊見紫壇初歸來赦令樓前下喜氣溢寰區　六州　雙鳳落佳氣藹龍山澄江左清淛右日夜海潮翻因吉地卜蔡園壇宏基隆陛級神位周環邊陲靜掛起櫜鞬奠枕海隅安三年親祀一陽初動虔修大報高處紫煙燔看鳴鑾鈞陳肅天仗轉朔風寒孤竹管雲和瑟樂奏徹天關嘉薦玉奠璵璠奉神歡九霄瑞起祥煙來如風馬歘然還留福已滋繁回龍馭升丹闕布星澤春色滿人間　十三時日將旦陰曀潛消天宇肅祥飈邊陲靜謐夜烟鳴刁文教普旁昭興大學多士舒翹奉宗祧新廟榜神毫配侑

卷一萬一千一百八十六

享於郊薦亭萬壽四海仰東朝男女正中壺孜夭桃年屢稔漕舟艫尾聯高廩接盈饒廟堂自有擎天一柱功比漢庭蕭多少群工同德俊義旁招吉祥諸福集燮理四時調三年郊見六變奏咸韶望雲霄福降與唐堯

奉禋歌　蒼蒼天色是還非視下應疑亦若斯統元氣覆無私四時寒暑推移物蓄滋造化有誰知嚴大報反本始禮重祀神祇律管灰飛黃宮動陽來復景長時東秉法駕仗列黃麾帝心祇紫霄霧霜華薄星爛明燕祥烟起紛敷浮袞冕六變笙鏞迭奏一誠幣玉交持宮涵藪暹千官顒相多儀百神嬉風馬雲車來止來綏誕降純禧受神策萬年無極歌訟昊天成命周詩　降仙臺

升煙既罷良夜未曉天步下神丘鏘鏘鳴玉佩煒煒照
金蓮杳靄雲裘絲仗初轉回龍馭斾旌悠悠星影疏動
輿天流漏盡五更籌大明昇東海頭杲杲靈曜倒景射
旗旒輦路且修葱鬱瑞光浮歸來雙闕肴御樓有仙鶴
啣書赦囚萬方喜氣均祉福播謠謳

咸
宋史作神

駛朱燎焜燻薪積讙欣皇歷萬斯春　真宗封禪四
首　導引　民康俗阜萬國樂升平慶海晏河清唐堯
虞舜垂衣化詎比我皇明九天寶命垂丕貺雲物効祥
英星羅羽衛登喬嶽親告禪云亭 汾陰云星羅羽衛臨
汾曲親饗荅資生 我皇垂拱惠化洽文明盛禮慶重行
登封降禪燔柴畢 汾陰云告受脽上皇儀畢 天仗入咸
京雲雷布澤徧寰瀛遐邇振歡聲巍巍聖壽南山拱千
載賀承平　六州　良夜永玉漏正遲遲丹禁肅周盧
列羽衛遶皇闈嚴鼓動畫角聲齊金管飄雅韻逐輕飈
薦嘉玉躬祀神祇祈福為黔黎升中盛禮增高益厚登
封檢玉時邁合周詩 汾陰云方丘盛禮精嚴越古陳牲
檢玉時邁展鴻儀 元文錫卿雲五色相隨甘露降醴泉

卷一萬一千六百九十

三九、一

濩 汾陰云嘉禾合 三秀發靈芝皇猷播史冊光輝受鴻
禧萬年永固丕基吾君德蕩蕩巍巍邁堯舜文思從今
寰宇休牛歸馬耕田鑿井鼓腹樂昌期　十二時　聖
明代海縣澄清惠化洽寰瀛時康歲稔治定功成遐邇
賀昇平嘉壇上昭事神靈薦明誠報本禪云亭 汾陰云
蠲潔荅鴻寧 俎豆列犧牲宸心蠲潔明德薦惟馨紀鴻
名千古振天聲　燔柴畢 汾陰云親祠畢 雲罕回仙仗
慶鑾輅還京八神扈蹕四隩來庭嘉氣覆重城殊常禮
曠古難行遇文明仁恩蘇品彙霈澤被簪纓祥符錫祚
武庫永銷兵育羣生景運保千齡　告廟導引　明明

誕宋史作延

我后至德合高穹祇翼勵精衷上真紫駮回飈馭示聖胄誕鴻躬承寶訓表欽崇慶澤布寰中告虔備物朝清廟荷景福來同

奉祀太清宮三首

導引

穹昊錫祐盛德日章明見地平天成垂衣恭己干戈偃億載祐黎甿羽旄飾駕當春佚敍謁居殊庭精衷昭感膺多福夷夏保咸寧　聖君御宇祇翼奉三靈已偃革休兵區中海外鴻禧浹恭館勵虔誠九斿七萃蕃聲明徯后徇興情丕圖寶緒永繫社率土仰隆平

六州

千載運寶業正遐昌欽至道崇明祀盛禮邁前玉鑾輅動萬騎騰驤馳道紛綵仗瑞日煌煌奉秘檢玉羽羣翔非霧滿康莊躬朝真館齋心繹思順風俯拜奠酒爇蕭薌　精

卷三萬一千六百九十　四十

東達飈輪降格昭彰回羽旆駐琱輦舊地訪睢陽饗清廟孝德輝光居靈場星羅萬國珪璋陳牲幣金石鏘洋景福降穰穰垂衣法座恩覃羣品慶均海寓聖壽保無疆

十二時

乾坤泰帝祚遐昌寓宙喜平康真遊降格寶誨昭彰宸蹕造仙鄉崇妙典敷意齋莊疑靈場潔豆薦苾芳備樂奏鏗鏘猶龍垂裕千古播休光極褒揚明號洽徽章　朝修展春豫諧民望觀文物煌煌言旋羽衛夙設壇場報達蕭薌申嚴配禮備烝嘗荅穹蒼純禧需品彙慶賚浹窮荒封人獻壽德化掩陶唐保緜長錫佑永無疆

亳州迴詣玉清昭應宮一首

導引

祕文鏤玉金闕奉安時旌蓋儼仙儀珠旒俯拜陳章奏精意達希夷卿雲郁郁耀祥曦玉羽拂華枝靈心報況垂繁祚寶祚永隆熙

親享太廟一首

導引

躬朝太室列聖大功宣綵仗耀甘泉秘文升輅空歌發一路靄祥烟珠旒薦獻極精虔列侍儼貂蟬穰穰降福均寰宇垂拱萬斯年

南郊恭謝三首

導引

重熙累盛睿化暢真風尊祖奉高穹林芬綵仗明初日瑞氣滿晴空玉鑾徐動出環宮虔輦罄宸衷禮成均慶人神悅聖壽保無窮

六州

承天統聖主應昌辰寶籙降飈游至瑞命惟新崇大號仰奉高真獻歲當初吉天下皆春謁祕宇藻衛星陳薌靄極紛綸焜燿仙衣綷縩垂旒俯拜薦獻禮惟寅　苾芳備精衷上達穹昊尊演祖饗清

卷二萬一千六百九十　四十二

廟助祭萬方臻升泰時縟典獨文侍羣臣漢庭儒雅彬彬烟飛火舉畢嚴禋天地降氤氳高臨華闕恩覃動植慶延宗社聖壽比靈椿

十二時

穹嘉會萬寓歡康聖化邁陶唐元符錫命天鑒昭章徽號奉琳房陳縟禮獻歲惟良耀旗章翠輦駐仙鄉睿意極齋莊仙衣濯彩玉冊共熒煌薦苾芳飈馭降靈場　回雲罕尊祖趨仙宇金石韻鏘洋聿朝清廟躬奠瑤觴報本國之陽執籩豆列侍貂璫對穹蒼洪恩霈夷夏大慶浹家邦垂衣紫極聖壽保遐昌集祺祥地久與天長

宋會要

恭謝導引嘉祐元年四曲

龍馳駕玉輅儼宸威天

伏下端闈華旌翠羽龍黃道款奕照晨暉大哉仁孝蹌
堯舜圭瓚盤處祇神靈肹蠁來歆答萬壽保純禧　合
宮歌　泰階平勳業偶全盛盱昃焦勞訪道躋三朝仁
政七庭蕆事款上靈暇冕執圭侑饗尊累聖豆籩奕奕
嘉靖神光四照百禮成回御天門講丕藥數大慶蒙被
草木萬國仰聲明　和聲　六州　嚴太寢容禮繹前經仰
蒼粹欽厚順式報生成至信洽上格神靈太和凝氣象
霄宇澄清圭幣列鼓鍾鏗羣品薦豐盈熙事既備大儀
交舉百嘉允集萬福來迎　和聲　十二時　金徒前曉漏
延長霄極爛星芒珠旒絢采黼袞文章宸表寢永晷上
交合眞忠流香燎揚光神錫以百祥壽延于無疆　三時
告祕萬億滿倉箱思邊防蠻貊盡來王　和聲　天書導引

卷二萬一千六百九十　四十二

七首　詣泰山　我皇纘位覆燾合穹旻祕籙示靈文
齋居紫殿膺元貺降寶命氤氳奉符讓德事嚴禋檢玉
陟天孫垂鴻紀號光前古邁八九爲君　汾陰云后祇坤
德宅河汾瘞玉考前聞垂休紀績越唐漢光盛格鴻熙
靈臺偃武書軌慶同文奄六合居尊圖穹錫命垂眞籙
清曉降金門升中報本禪云云　汾陰云方丘報本務精
勤嚴祀事惟寅無爲致治臻清淨見反朴還淳　詣太
清宮　寶圖熙盛登格聖功全瑞命集靈篇欽修祀典
成明察道祖降雲軿賴鄉珍館宅眞仙朝謁帝心虔尊
崇敎父膺鴻福綿亘萬斯年　猶龍勝境眞宇儼靈姿

肅謁展皇儀寶符先路嘉祥應雲物煥金枝紛紜紫節
駟黃麾藻衛極葳蕤高穹報貺延休祉仁壽協昌期
詣玉清昭應宮　紫霄金闕重疊降元符億兆祚皇圖雲
章焜燿傳溫玉寶閣起清都奉迎綵仗溢天衢觀者競
歡呼明君欽翼承鴻蔭億載御中區　寶符錫祚慶壽
命惟新儀降格飈輪巍巍帝德增虔奉懿號薦穹旻精
齋祕館奉嚴禋文物耀昌辰升烟太一修郊報鴻福介
蒸民　詣南郊　聖神纘緒赫奕帝圖昌寶籙降穹蒼
宸心勵翼修郊報綵仗列康莊祥煙瑞靄雜天香管磬
發聲長升壇禮畢膺繁祉睿算保無疆　建安君迎奉
聖像導引四首　玉皇大帝　太霄玉帝總御冠靈眞

卷二萬一千六百九十　四十三

威德聳天人寶文瑞命符皇運緜遠慶惟新洞開霞館
法虛晨八景降飈輪含生普洽平鴻福聖壽比仙椿
聖祖天尊　至眞降鑒飈馭下皇闈清漏正依依範金
肖像中嚴奉仙館壯翬飛禹靈拱衛瑞烟披岸柳映黃
麾九清祚聖鴻基永堯德更巍巍　太祖皇帝　元符
錫命祇受罄誠明恭館法三清開基盛烈垂無極金像
儼天成奉迎霞布甘泉仗簫鼓振和聲靈辰協吉鴻儀
畢萬國保隆平　太宗皇帝　膺乾撫運垂慶洽重熙
元聖嗣鴻基發揮寶緒靈仙降感吉夢先期良金璀璨
範眞儀精意答蕃釐閟宮神館崇嚴配禱萬祀並巍
聖像赴玉清昭應宮導引四首　玉皇大帝　先天氣

祖睍寶御中宸列位冠高真緣符錫瑞昭元聖寶歷亘千春琳宮壯麗術嚴閟旋碧照龍津珍金鑄像靈儀睟集福庇蒸民　聖祖天尊　僊宗靈祖御氣降中宸孚佑慶惟新國工鎔範成金像儀炳動威神玉虛勝境絕纖塵歡抃洽羣倫導迎雲駕歸琳館恭肅奉高真　太祖皇帝　石文應瑞真主御寰瀛慈儉撫羣生巍巍盛德超千古大業保盈成神皋福地開恭館靈睍日昭明鑄金九牧天儀睟紺殿矗千楹　太宗皇帝　乘雲英聖千歲仰黃靈垂法鵠朝經禹金鎔範肖儀形日角煥珠庭琳宮翠殿鳳文屏迎奉慶安寧孝思瞻謁薦惟馨誠懇貫青冥　奉寶冊導引三首　玉清昭應宮　太

卷二萬一千六百九十

四五四

霄垂祐綵寓洽祺祥祕檢煥雲章宸心虔奉崇徽號茂典邁前王霞明藻衛列通莊寶冊奉靈房都人震抃騰謳頌億載保歡康　景靈宮　明明道祖金闕冠仙真清蹕降飈輪遂源始悟垂鴻慶億兆聳羣倫虔崇徽號盛儀陳寶冊奉良辰邦家億載蒙繁祉聖壽保無垠　太廟　祖宗垂祐享會協重熙德澤被蒸黎虔崇尊謚陳徽冊藻衛列葳蕤宸心致孝極孜孜展禮詒台司祥煙瑞靄浮清廟綵寓被純禧　治平四年英宗祔廟導引一首　壽原初掩歸蹕九虞終僊馭更無蹤思皇攀慕追來孝作廟繼三宗旌旗居外擁千重延望想威容寶輿迎引歸新殿奏饗被欽崇　熙寧二年仁宗英宗

女宋史作去

御容赴西京會聖宮應天禪院奉安導引一首　九清三境飈馭杳難追功烈並巍巍洛都不及西巡到猶識睟容歸三條馳道隱金椎仙仗共逶迤琳宮紺宇中嚴奉億載固皇基　章惠皇太后神主赴西京導引一首　祥符盛際二鄗正休兵瑞應滿寰瀛東封西祀鳴鸞輅從幸見升平仙遊一女上三清廟食享隆名寢園松栢秋風起蕭吹想平生　中太一宮奉安神像導引一首　九霄仙馭四紀樂西清游衍遍黃庭雲軿萬里歸真室上應太階平金輿玉像下瑤京綵仗擁霓旌天人感會千年運福祚永昌明　四年英宗御容附景靈宮奉安導引一首　鼎湖龍去仙仗隔蓬萊輦路已蒼苔漢家原廟臨清渭還泣玉衣來鳳簫鸞扇共徘徊帳殿倚雲開春風不迥天晚動空繞翠輿回

卷一萬一千六百九十

四五五

元豐二年慈聖光獻皇后發引四首　儀仗内導引一首　駕斑龍忽催金母轉仙仗去瑤宮絳闕深沉杳無蹤漸壓空絲綢瓊林花似怨東風嘯紅猶想舊春中獻萬壽寶船空　鑾場内三曲　六州　九龍輿記

春暮幸蓬壺瓊圃敞繡伏趁年華與逝水俱瑤京遠信
息斷無寶津池面落花鋪愁晚容車來禁塗鳳簫鸞髮
西指昭陵去舊賞蟠桃熟又見瀛海枯應共璽真母曳
霞裾　宴清都　恨滿山闕春城翠柏藏烏扃戶劍照燈
魚人間一夢覺餘泉宮窈窕鑠夜龍銀江澄澹浴仙凫
烟冷金爐玉殿虛緑苔新長雕輦曾行處夜夜東朝月
似舊照鑾蹤侍女盈盈淚珠　十二時　治平時暫垂
薰佐聖子解危疑坐安天下踰歲厭避萬機退處宸闈
殿開慶養志入希夷扶皓日浴咸池看神孫撫御千載
重雍累熙四方欽仰洪慈陰德遠仁功積徽養鼇九域
禮無違事難期乘霞去乍覲升仙誥下九闈泣血漣如

卷二萬一千六百九十　四十六

更駕車動春晚霧暗翠旂路指嵩伊薤歌鳳吹悠颺逐
風悲珠殿悄網塵棄空坐凝同極吾皇孝思鏤玉寫音
徽彤管煒青緗紀筭更羨周雅播聲詩　祔陵歌　真
人地瑞應待聖時肇原西滎河會澗洛與瀍伊衆水縈
回嵩高峽抱鐵疊屏幃秀嶺參差遶山靡獻隨共瞻陵
寢浮佳氣非烟朝暮飛龜筮告前期奠收玉斝薦蒼時
衣鑾輅曉駕載龍旂路逶遲鈴歌怨畫翣引華芝露薄
風徽真將遠閟寶閣金扉侍女悲啼玉階春華滋露桃
結子靈椿翠青車何日歸銜恨望西鐵便一房鑠夜臺
曉無期　虞主回京四首　儀仗內導引一曲　龍輿
春晚曉日轉三川鼓吹慘寒烟清明過後落花天望池

館依然東風百寶泛樓船共薦壽當年如今又到苑西
邊但魂斷香軿　警場內三曲　六州　慶深恩寶曆
正乾坤前帝子後聖孫授立兩儀軒西宮大母朝寢門
望椒闈常溫芳時媚景有三千宮女相將奉玉輦金根
上林紅英繁縹緲鈞天奏梨園望絕瑤池影斷桃源恨
難論開禁闥春風丹旐翩翩飛翠蓋駕瑚轀容衛入西
原管簫動地清喧陵上柏烟昏殘霞弄影孤蟾浮天外
行人觸目是消魂問蒼天壓世光陰去如奔河洛孱湲
與恨長存　十二時　望嵩印永昭陵畔王氣壓龍岡
輦路靈光鬱鬱起嘉祥虛綵帝轎哀仗閟幽臺歎仙鄉
路長景霞飛松上珠襦宵掩細扇晨歸崑閬茫茫滿目

卷二萬一千六百九十　四十七

東郊好紅藥闘芳韶景空駘蕩對春色倍淒凉最情傷
從輦嬪嬙指瑤津路淚雨注千門翠珥璫曾億薦瓊觴
春又至人何往事難忘向斜陽斷腸聽鈞天嘹亮清都
風細朱欄花滿誰奏清商紫幄重簾外時飄寶香環佩
珊珊響問何日反瑪房　虞主歌　轉紫芝指東都帝
畿愁霧裹簫聲苑轉輦路遠遠郊堪見郊原芳菲日遲
遲對列鳳翣龍旂輕陰黯四垂樓臺綠瓦池琉璃仙仗
歸壽原清夜寒月掩揄禕翠幰瑚輪空反靈蟠翅長岐
嵩峯遶伊川瀰瀰此時還帶黑旒旛上下葆羽歲魁天
街迴垂楊依依過端闈閶闔正闢金扉觚稜射暖暉廣
神寶篆散輕絲空滯淺望陵宮女噎物是人非萬古千

秋烟慘風悲虞主祔廟儀仗内導引一首　輕輿小輦冒宴玉欄秋慶賣殿宸遊傷心處獸香散盡一夜入丹丘翠簾人静月光浮但半掩銀鈎誰知道桂華今夜卻照鵲臺幽

卷二萬一千六百九十

四八

宋會要

明堂導引　皇祐二年四曲　膺乾興運辰大正心居宗祀繼文王典容帝閑成昭備彬郁豐暉光因心崇孝申郊侑内外壂齋莊神靈蘿嘉昌餘祐受福介無疆

合宮歌　纘重明端拱保凝命廣大孝休德永錫四海有慶紘壇寓禮正典名幔室帷奏綵仗崇制定五位敞古甚盛蕭宮光荷辰星高秋嘉時款芎靈交眾聖上下來顧寅畏歆純誠三階平金氣肅轉和景翠葆御變觀異風光澤布令脂荼劉蕩墨索清遠邇鶯附動植咸遂性表裏悅穆成政醇醲熙然胥庭唐堯華封祝如南山壽永頤令廣懷寧延昌基扃

六州　崇嚴配衛室饗

卷二萬一千六百九十一

中宸尋漢禮崇唐典髹䠶情文方寶輅羽衛星陳藻繡塤馳路昭爛如雲靈顧誤德升聞嬪瑞集紛綸豕平嘉靖妝成和熟萬方歌舞喜氣滿青昊成熙事宣和興物惟新宸宮寢穀廟室饗帝極尊親登宸慮四海騤騤肅登紳齋明際浹人神乾元盛則屬茲辰皇業協華勳扐心正位端居報政三年美薦廣孝福吾民

十二時　族皇統宵旰勤致正朔豐同覲留談經幄來諫書帷稽古極文思尊耀睨寶秩神祇禮從宜顯相協欽祇穎氣結華滋西成獻瑞百穀滿京坻化無為斯萬卜年期隆昌運大報同姬成文武紹重熙歷朝跌典自我親祠容采炳盛縱嘉能事夸錯多儀太和時清風涵溥惠浩露

浹深蕤犀方昭泰保定宅華夷擁靈禧萬葉累鴻基導引　嘉祐七年四曲　帝皇盛烈教孝謹民常嚴父位明堂管絲金石含天韻籩豆薦芬芳肅然音響靈來下容與動祥光四方內外交欣喜飲福萬年觴　合宮歌　太平時寶殿垂衣治馭左右賢俊萬國執玉助祭涼秋九月霜華飛感發純孝五室配上帝紫漢入夜凝齋房心下泛華芝大田棲粮歲功成農歌沸稷道躬拜肅迎神禧漏聲遲玉磬響遍清吹嘉薦升雕俎柘漿慶酌幾醉雲扶靈駕欻若歸天意留顧萬福如山委便御丹闕布爲皇澤與民熙熙遠覲唐虞未有如茲盛禮顧常遇鳴鑾三歲親祠　六州　承景運天子奉明堂玉

卷二萬一千六百九十一　二

燭應金飈動萬寶盈箱嚴法駕天路龍驤采仗迎祥日已動扶桑款清廟我誠將回御八鸞鏘於皇仁孝祖宗來顧熙于四極今問載無疆躬嚴配奎鏞奏鳳來翔瑞煙起浮帝袞玉步間天香升重宇璧玉華光桂流觴神虞夕照煩黄九霄鳴珮下清廟齋拱太微傍犀心同顧長臨路寢三年講禮顯祀文王　十二時　承平世嘉祐壬寅九月上旬辛酒醪香旨穀寶豐珍宗祀徹中宸賓延上帝五方神以嚴親誠心通杳杳文物盛彬彬金聲玉色和奏翕鏗純蕩無垠天地一洪鈞明天子至化深仁壹意奉精禋感時怵惕即事恭寅用孝教斯民多儀舉大恩淪福來臻清風動閶闔皓氣下天津懌誠玉

乾道發太上皇帝太上皇后冊寶導引一首　重華眞主晨夕奉庭闈禮祀慶成時乾元坤載同歸美寶冊兩光輝班衣何以稱黄衣此事古今稀都人歡樂嵩呼震聖壽總天齊　淳熙發太上皇帝太上皇后冊寶導引一首　新陽初應樂事起彤庭和氣滿吳京帝家來慶東皇壽西母共長生金玉篆榮龍文前導沸懽聲儕齡無極名無盡一歲一回增　加上太上皇帝太上帝后冊寶導引一首　皇家多慶親壽與天長德業播輝光焜煌寶冊來清禁玉篆映金相庭闈尊奉會明昌佳氣溢康莊洪禧申錫名增衍億載頌無疆　恭上壽聖皇太后至尊壽皇聖帝

卷二萬一千六百九十一　三

壽成皇后尊號冊寶導引一首　皇家盛事三殿慶重重聖主極推崇瑤編寶列相輝映歸美意何窮鈞韶九奏度春風彩仗煥儀容懽聲和氣彌寰宇皇壽與天同　加上壽聖皇太后尊號冊寶導引一首　重親萬壽八帙衍新元禮典備文孫温温和氣迎長日寶冊煥瑤琨徽音顯號自堯門德行已該存更期昌算齊箕翼愈久愈崇尊　嘉泰二年加上壽成太皇太后冊寶導引一首　思齊文母盛德比姜任擁佑極恩深湯孫歸美熙鴻號鏤玉更繩金虞廷萬辟萃華簪法仗儼天臨層闈慶典年年舉千古播徽音　親耕藉田四首　導引春馳日暖四野瑞煙浮椰苑更桑柔土膏脉起條風

扇宿雪潤田疇金銀穀轉如雷動羽衛擁貔貅扶攜老稚康衢滿延跂望凝旒斗移星轉一炁又環周六府要時修務農重穀人胥勸耕籍禮殊尤壇遺嶽峙文明地黛耜駕青牛雍容南畝三推了玉趾更遲留　六州
昭聖武不戰屈人兵干戈戢烽燧息海宇清寧民豐業歌詠昇平願咸歸畎畝力穡為甿經界正東作西成農務軫皇情躬親耒耜相勸深耕人心咸悅擊壤沸歡聲乘鸞輅羽旗采仗鮮明傳清蹕傳道緹騎出重城仰瞻日表映朱紘環佩更鏘鳴百執公卿不辭染屨意專精準擬奉粢盛田多稼風行遐邇家家給足胥慶三登
十二時　臨寰宇莽已岀廊廟意在耕桑愛民利物德

卷二萬一千六百九十一　四

邁陶唐躋俗盡敦龐開千畝帝籍神倉舉爰章祇祓壇場為農事祈祥消底行禮節物值春陽齋莊明德薦馨香宮禁邃嬪妃并御侍穜稑獻君王中闈表率陰教適光帳殿蔼娟黃梐枑設翠幕高張慶雲翔樽罍陳酒醴金石奏鏗鏘神靈感格歲倉箱慶明昌行旅不齎糧
奉禋歌　吾皇端立太平基奉祀肅容格神祇撫御耦降嘉種何辭手攬洪縻命太史視日祇告前期驗亨豕天田入望更光輝掌禮陳儀蒐鉅典迎春令頒宣溫詔遍九圍人盡熙熙仰明時儼垂衣佳氣氤氳表庬禧豐年屢大田生異粟含滋吐秀九種傳圖畫來丹闕瑞應昌時享運正當攝提佇見詠京坻肜稼穡重耘耔盛禮

瓏原本如此

貌原本如此

興行先百姓敦本業憂勤如禹稷播在聲詩

宋會要

籍田導引　明道二年四曲　綿區泱寓三萬里封疆肜稼穡重光神宗昔舉殊尤禮今復覩吾皇先農祀罷東郊曉玉趾染游場三推初畢公卿徧從此萬斯箱稽農教本自古屬明王方冊布彝章吾皇睿聖躬千畝將欲積神倉去年宿雪田膏極黛耜應農祥堯郊擊壤迎歸輅解雨遍遐荒　六州　寰宇定四海奉文思書軌混梯航湊共戴昌期稽古典方詠京坻耕籍豐民稼敦本農時陳羽衛日月旌旂袞冕次壇壝帷宮宿設梐枑相差稽清蹕拱星畢照眾愚和聲良宵永為民廣洽庬

卷二萬一千六百九十一　五

旒奏行漏昭庭燎鐃吹鼓曾飈百神擁衛斗東移明發儼皇儀手攬洪縻豐年萬億與千斯德澤遍華夷回旋輅天臨雙闕四方在宥永保鴻基　十二時　君天下萬國來王玉帛湊梯航五風十雨品物蕃昌穰穰有餘粮躬千畝天步龍翔化重光舉祖彝章驗晨正農祥東郊如砥黛耜御游場薦芬芳稼穡佇豐穰和聲成禱禮三事并卿尹執耒有經常此儀曠絕行自吾皇玉帳復金相靚九邑流行倉箱洽歡康蟲魚皆茂育弋殺永韜藏兩闈至聖輔以股肱良祚延長壽嶽保無疆　奉禋歌　六龍承馭紫壇平瑞藹蔥蘢擁神都肅環衛眾貔虎鷄人行漏傳呼靈景霽星斗臨帝居曠天宇澂風來

翠幄逺相爲對越方初笳鼓震繞簫羣陽律繞動協氣
舒氣祓交祛和聲物昭蘇撫瑶圖紫麯精誠當契唐虞
思前古泰平承多祐包戈偃草柔遠詠皇謨稱文武四
表覆盂端冕出從路車兵師謹備胥唯奏凱樂康衢翺
野歡娛歌帝烈揚威節圜丘禮大洽需澤綿區　顯仁皇
后上仙發引三首　導引　長樂晚綵戲萊衣奄忽夢
報僊期帝鄉渺渺乘鸞去啼紅嬪御不勝悲蒼梧煙水
杳難追腸斷處過江時銀濤千萬疊不知何處是瑶池
六州　中興運孝治正格昇平迴騑馭弭鳳駕册寶
初上鴻名龍樓問寢候鷄名更翻萊戲綵衣輕坤躔夜
照老人星金觴上壽長願燕慈寧乘鸞何處去愁斷紫
卷二萬一千六百九十一　六州
簫聲追思金殿椒壁丹楹又誰知勤儉仁明風行化被
宮庭佑聖主底明時陰功暗及生靈離宮晚花卉娉婷
甲觀高潮海崢嶸往事回頭忽飄零空留嬪御掩泣望
霓旌會稽山翠永祐陵高而今便是蓬瀛　十二時
炎圖景運正延鴻文思坐深宮慈寧大養樂事時奏宸
聰望齡永恩霈下遍寰中君王垂綵服嬪御工瑶鍾年
年誕節就盈吉月交慶流虹幢洽萬方濃不覺仙遊渺
邈但號泣蒼穹追慕念音容詩書慈儉配古追蹤躬行
四德誰知繼二南風彩眄俄空寶鑑脂澤塵封清都遠
帝鄉還杳難通想雲軿還上蓬瀛稽山何在當年禹宅
萬古蔥蔥最難堪潮頭定海波融　顯仁皇后神主祔

恭一作穆

太廟導引一首　迩虞長樂猶是憶賓天何事駕龍軿
簫笳儀衛辭宮闕移仗入雲煙於皇清廟敞華筵昭穆
謹承先千秋長奉烝嘗孝永享中興年　欽宗皇帝導
引一首　鼎湖龍遠九祭畢嘉觴遥望白雲鄉簫笳淒
咽離天闕千仗儼成行聖神昭穆盛重光寶室萬年藏
皇心追慕思無極孝享奉烝嘗　安穆皇后導引一首
鳳簫聲斷縹緲返丹丘猶是憶河洲熒煌寶册來天
上何處訪仙遊蔥蔥鬱鬱瑞光浮嘉酌侑芳羞琱輿繡
仗歸新廟百世與千秋　景靈宮奉安神御三首　徽
宗皇帝導引　中興復古孝治日昭鴻原廟飾瑰宮金
璧千門礡萬礎楹桷競穹崇亭童芝蓋擁班龍列聖儼
卷二萬一千六百九十一
相容天錫神孫千萬壽龜鼎亘衡嵩　顯仁皇后導引
一首　坤儀厚載遺德滿寰中歸御廣寒宮玉容如在
颩輿遠長樂起悲風霓旌降節下層空雲闕曉曈曨真
遊千載安原廟聖孝與天通　欽宗皇帝導引一首
深仁厚德流澤自無窮仙馭倏賓空衣冠來返蒼梧遠
遥望鼎湖龍雲闇髣髴認天容縹緲五雲中帝城猶有
遺民在垂涙向西風　安恭皇后上僊發引一首　金
殿晚愁坤寧天下母忽仙昇雲山浩浩歸何處但閬空
際綵鸞聲紫簫斷後無蹤跡烟霭霭夜澄澄曉夢到瑶
城當時花木正冥冥

宋會要

六州　娟娟月初未缺忽沉西桂枝殘寒兔下惟見露
脚斂飛六合歌笑奉瑤墀一朝寂寞掩幃衣夜星不動
玉鸞嘶沉沉何處愁霧鎖金扉羣仙驂道苑肅駕到蓬
池紫清逸響飛雷奔馳又誰知一世柔儀椒塗玉鈕金
螭贊聖主膺天命功勤曾佐雍熙瑤天隔玉闕低迷五
雲高絳府參差往事如今好尋思留得香殘鋟管寫新
詩但看芳猷美實册傳徽隆名萬古貽垂　十二時
皇家景運合無疆天子坐明堂豐年多稔四方爭報時
康酒常清花易好壽君王天宮見玉女大笑億千場不
知何事椒塗暗淡瑤殿淒涼寶鏡玉臺光可奈畫眉人
去脂澤散餘芳極目望瀟湘波遙草遠只見殘陽南山

卷二萬一千六百九十一

八

古阜松柏茂蔚蒼蒼杳靄宮商風過金殿琳琅導歌繁
嚴鼓近慘悲湯水凝愁山攢恨烟淡雲黄神仙何在嬙
桃已遠弱水何長最難堪回躍稚返鸞風问芙蓉别殿
護焚香　高宗梓宮發引三首　導引　寒日短草露朝
晞仙鶴下夢雲歸大椿亭畔蒼蒼柳恨無由挽住天衣
昭陽深暝禍飛愁帶前戀恩橋笳簫三疊奏都人悲淚
袂成帷　六州　堯傳舜盛事千古難并回龍馭辭鳳
掖北内別有蓬瀛為天子父册鴻名萬年千歲福康寧
春秋不説楚真靈萊衣綵戲漢殿玉卮輕宸遊今不見
煙外落霞明前回丁未霧塞神京正同符光武中興擎
天獨力扶傾定宗廟保河山乾坤整頓庚庚功成了脱

屣遺榮訪崆峒容與丹庭笑挹塵寰不留行吾皇哀戀
泣血濛神旌騰斷濤江渡明日稽山暮雲東望元陵
十二時　璧門雙闕轉蒼龍德壽儼祇宮軒屏正坐天
子親拜天公儀紳笏羅鵷鷺粲庭中仙家歡不盡人世
壽無窮誰知雲路玉京成就催返璇穹轉手萬緣空見
説煙霄好處不與下方同塵合霧迷濛笙簫寥亮樓閣
玲瓏中興大業巍巍稽古成功事去孤鴻忽聽宵柝晨
鍾靈鑾駕素幃依杳龐[illegible]浙江潮萬神護川后滋恭因
山祇事崔嵬禹穴此日重逢柏城封愁長夜起悲風歌
清廟千古誦高宗　虞主赴德壽宮導引一首　上皇
天大華旦煥堯文鴻福浩無垠羽龍儀駕靈輴去空鏁

卷二萬一千六百九十二

九

禹湖雲稽山翠擁浙江濆歸旆捲繽紛倦游指日嚴升
祔萬載頌高勳　祔廟導引一首　虞觴奉主僊馭返
皇宮禮典極欽崇雲旗前導開清廟龍管咽薰風巍巍
堯父告神功追慕孝誠通千秋萬載中興統宗祀與天
同　淳熙十六年高宗神御奉安導引一首　中興揖
遜功德仰兼隆仁澤被華戎禹湖儀痛遺弓墜如日想
威容柔儀懿典堯同飈馭儼相從靈宮真館偕來燕垂
裕永無窮　紹熙五年孝宗皇帝虞主還宮導引一首
孝宗純孝前聖更何加高蹈處重華丹成仙去龍輴
遠越岸暮山遐波臣先為捲寒沙来往護靈槎九虞禮
舉神祇樂萬世佑皇家　祔廟導引一首　吾皇盡孝

愈原本如此

宗廟務崇尊鉅典彌脩文巍巍東向開基主七世祔神
孫追思九潤盤乾坤寰宇慕洪恩從今丕顯高宗室千
載事如存　慶元六年光宗皇帝發引一首　紹鼓發
雲慘寒空丹旐去捲悲風憂勤六載親幾務有巍巍聖
德仁功褒崇尊處大安宮荊罼就遙遺弓僊遊攀不及
臣民號慟訴蒼穹　神御奉安導引一首　龜書畀以
歷數在至躬揖遜仰高風鼎湖龍去遺弓蹟冠劍鎖深
宮塗山齊德翊成功僊晛發層空珍臺閒館棲神地獻
饗永無窮　寧宗皇帝發引一首　導引　三弄曉雲
驚天低攀六引轉悲懷儉慈孝哲鍾天性深仁厚澤徧
羣黎東西南北僕商霓功甫就別宸闈臣民千古恨幾

卷二萬一千六百九十二　十

時羽衛帶潮歸　六州　明天子昔日丕纂鴻圖躬道
德崇學問稽古訓訪群儒日親廣廈論唐虞講求政治
想都俞君臣一德志交孚外夷效順猶自選車徒仁恩
霑四國固結滿寰區千年宗社萬歲規摹重新天命出
乾符老癃策杖相扶願觀德化徧方隅幸無死須臾謂
宜聖壽等嵩呼遙登雲輿上龍湖宸居幽寂紫雲孫宸
章寶畫但與日星俱龍雕鳳篆已載塗悲聽笳鼓嗟吁
十二時　弋綈革舄最仁賢儉德自躬全憂勤廢政
三十餘年金風肅秋漸老禱調愆忱恂徧摩祀號泣訴
旻天綴衣將出神凝玉几一夜登僊弓墜鼎蒼煙七月
有來同軌引紼動靈輇悽愴淚潛然行號巷哭薤露聲

侍東城去路驚壽忍見江船憔悴山川不禁簫鼓咽山
陰處茂林脩竹芊芊望陵宮應弗遠金粟堆前人徒慕
戀百神翳侍盤翥驅先戴鴻恩空痛慕淚珠連千秋歲
功德哥華編　神主祔廟導引一首　中興四葉休德
繼昭清玉度日熙平氣調玉燭侖穰應八表頌聲騰中
原圖籍入宸廷列聖歷真靈袞龍廟廟遊仙闕億萬載
尊承　寶慶三年奉上寧宗徽號導引一首　中興五
葉天子。聲明禮一德格高旻寧皇至聖功超古萬國慕
深仁徽稱顯號又還新功德篆雕珉乾坤繪畫終難盡
遺澤在斯民　莊文太子薨導引一首　秋月冷秋碣
無聲清禁曉動皇情玉笙忽斷今何在不知誰報玉樓

卷二萬一千六百九十一　十一

成七星授轡驂鸞種人不見恨難平何以迓霓旌一天
風露苦淒清　景獻太子薨導引一首　霜月苦宮鼓
鼕鼕霓旐啓鶴闈空洞簫聲斷知何處海山依約五雲
東玉符龍節參神閟昭聖眷慘天容千古恨無窮徧山
松柏憾悲風

宋會要

章獻明肅皇后章懿皇后升祔　導引／慶曆五年二
曲　一受遺仍月首扆擁文明勤翼助持盈徽音不獨流
笙管青冊更崢嶸羽輧上漢玉衣輕隙駟去無程宸心
追遠嚴成配德世饗粢盛　受天明命作漢發靈長龍
日夢休祥真人承體應圖籙慶祚啓無疆望舒未滿殆

清光彛慕極昊蒼禰宮崇祔中追養禘祫復蒸嘗　三
聖御容赴南京鴻慶宮　導引　慶歷七年　炎精鑿
乾正統膺瑶歷萬宇歸神德以聖繼聖三后光聲明揚
典則天清日潤瑩玉澤華殿輝金碧宸心思孝仙馭三
靈休綏萬億　真宗加上謚號册寶　導引　慶歷七
年　聖眞下武淳烈緝丕隆絕瑞與天通封山育穀聲
名舉仙馭邈龍騰金篆玉題成功業業承垂鴻惟皇
孝述光前志保祐福來同　三聖御容萬壽觀奉安
導引　皇祐五年　萬靈昭瑞天地讚昌期脊運協開
基巍巍列聖無疆德神化洽重熙慶思出駕鑾彰施歲
春儀神冝雲與迎奉依珍館塞外煥朝儀　三聖御容

卷二萬一千六百九十一　十二

赴滁并澶州奉安　導引　皇祐五年　穆清冲境金
闕祕寥陽二后侍虛皇眞人恭默欽先烈肖象啓琳房
歸然神物護靈光玉色粹彰虎旌龍節輝前後館御
鎮巖疆　太祖孝明皇后御容赴太平興國寺開先殿
奉安　導引　至和二年　剗除覇軌穆穆照皇明大
統一家瀛宥湖絕塞人安業武庫遂銷兵仙遊昔日上
三清極望紫雲平珠宮寶坐嚴崇奉聖祚永綏寧　太
宗元德皇后御容赴啓聖院奉安　導引　至和二年
齊閣全盛端拱信巍巍聲教暨華戎辰髦盡入英雄
彀齊萊太平基仙輿前指玉霄歸夾道九鸞飛眞宮祕
殿嚴崇奉聖治永無為　宣祖昭憲皇后御容赴奉先

禪院奉安　導引　嘉祐五年　於皇祖烈大宋啓鴻
名駿命膺炎靈閟宮厚德太陰精重華誕聖明軒臺百
世護基扃龍駕在清冥漢家原廟崇新飾觴業永安寧
明德章德皇后御容赴普安禪院奉安　導引　嘉
祐六年　母儀天寓形史藹遺芳紆餘慶氣固靈長基
祚寢明昌重華大孝奉蒸嘗原廟閟靈光采章褕翟嚴
新飾歆顧福穰穰　眞宗御容赴壽星觀奉安　導引
嘉祐七年　億玉清景繁盛極當時千古事難追漢
家別廟秋風起空出奉宸衣三山曉海日暉暉羽蓋共
雲飛靈宮舊是棲眞處還望玉輿歸　仁宗神主祔廟
導引　嘉祐八年　九虞初畢黼座掩瑶觴羽衛盛

卷二萬一千六百九十一　十三

煌煌數聲清蹕來天上想像赭袍光新成清廟晶雲堂
孝饗奉蒸嘗子孫千載承丕緒景福介無疆　仁宗御
容赴景宮靈奉安　導引　治平二年　彤霞縹緲海
上隱三山仙去杳能攀琳宮本是神靈宅飈馭此來還
雲邊天日望威顏不似在人間當時齊鼎鳴鸞處稽首
淚潺湲　祫享太廟　導引　嘉祐四年四曲　天儀
安豫洽無為九域被雍熙鸞刀親割升圭瓚清廟展孝
思蕭韶九變皇靈格嘏告顯深慈精誠動感歸能饗福
祚衍金枝　奉禋歌　皇澤均普群生遂萬宇和附講
天津合祭聖宗神祖八音鈞奏諧節堂工薦鳴球琴瑟
擊越布濩霜空靜月華凝光景藹藹紛紛曉霞披和鈴

作鸞輿迴天人共觀慶無疆祚崇明祀五輅駕騰黃純
駟旂常㐌蹕嚴環衛公卿奉引盧徐馳道祲容蘢靡葱
葱鬱鬱祥飆瑞靄發天光旖旎錫羨豐融漏泉該浹上
恩遐被羣心豫頌聲作皇德至洋乾貺浩浩霈　六州
深仁化穹厚裕成平徇識慮抗皇統萬宇光亨申孝
致虔饗宗祊金駕徐徐動容禮輝明躬道祖謁款殊庭
列聖固純誠靈心底豫休祥充塞端闈郅青受日燦然
明和聲十二時　明昌世乾統彌文皇德揆華勛三辰
順晷慶霄輪囷潛寶耀冲珍躬裕饗肅薦犧尊孝儀申
助祭儼纓紳大樂奏韶鈞陽開陰閉幽顯盡欣欣慶霄
文思結在黎民　和聲薦獻明肅皇后恭謝太廟　導引

卷二萬一千六百九十二

十四

明道二年三曲　母儀天下聖祚保延長聲教被遐
方嚴恭孝饗來清廟鸞輅歷康莊簫韶九奏鳳來翔禕
翟煥祥光惟馨粢醴奠瑤觴萬壽永無疆親承先頎保
祐助吾皇億載正乾綱宗文祖武尊邦社天下錫蕃昌
六宮扈從來重翟清廟薦蘋藻禮行樂備神祇饗四海
永來王　六州　炎靈永長樂助文明居靖懿敷皇化
四海升平應是寶萬物懷生耀德不觀兵大治歡聲金
輅飾縧衛天行春色滿皇京登歌清廟神祇顧饗瑄玉
純精億萬載持盈和聲膺天況尤祥紛委來呈木連芝
三秀玉燭協和平仲春月萬萼初紫蓋羽衛葱衖親款
神明九韶疊奏磬簫笙上以繼咸英黃流玉瓚殊庭肸

蠁宸儀回復景祐遍寰瀛　十二時　母儀天下國祚和
平玉帛奏寰瀛尤祥極瑞茂寶英聲兩耀比星明昭孝
饗躬存精誠祥并保佑洽由庚和樂遍懷生柔遠能邇
海寓水澄清須曾臧寶冊受鴻名和聲餘龍媮十治同
齊聖至治播叙聲止戈為武頌綱搜英發萬物人情揖
服御不尚珠瓊俗懷生動脩文考制顯法上天明地不
愛寶人不愛其誠帝圖宏壽嶽永屹崢

郊祀

全唐文

宋會要　郊祀儀注　職事

親郊其五使已載別門餘執事官謂都大主管排連提點轄捧日奉宸隊法駕鹵簿儀仗兵隊幹辦排連法駕鹵簿儀仗兵隊都大提舉主管并一行應奉兼主監散賣給都大主管大內公事行宮使輦輅前編排引駕臣寮及御營四面巡檢青城內至郊壇巡檢城裏都巡檢使金玉輅前後經略提點編排捧日奉宸兵隊執儀仗等亡舊書雖名稱畧異而所差官亦以武臣內侍充與元豐官制之前頗同更不重見

宋會要

卷五千四百八十五

一

乾德六年十一月四日詔行事官令太常禮院以諸道前資寄幕州縣京官黃衣諸司守選人充仍須以逐人出身歷任文書准勅格分明磨勘委無違礙引驗正身方得差補如數內曾有殿犯及除除名免官勒停人未經恩洗雪者不在差補之限有已取到文解選人不得更赴行事開寶九年二月詔南郊諸司寺監准例合差行事官宜令逐州點檢除先受西川廣南官不赴任應自前准勅延遣不赴闕者并曾經引見揀落及不與官人等並不得差補如行事畢後參選日銓曹磨勘却有違礙其元差補官吏勘罪奏裁　太宗太平興國三年十月十日詔應諸司奉郊祀行事官等並以前資官吏

部黃衣選人充曾犯除名及免所居官得任未經恩宥人等並無得差補　六年十月二十一日詔自今奉郊廟行事文武官致齋日並須洗沐澣濯衣服務於虔肅違者以不恭論令御史臺糾察　淳化元年正月判宗正寺趙昂言宗朝祀祭差攝行事官多稱稱疾不赴饗祭之時員多通攝欲望自今如實患者具名以聞遣使司醫官驗視如涉虛詐請行降黜詔從之仍令監察使常切告諭　三年八月十六日中書門下言昊天四祭太廟五饗望依舊以宰臣攝太尉行事自餘大祀並差給舍已上攝中小祠諸司四品以下攝從之　真宗咸平二年二月詔自今祠祭行事官遇急速差遣即聽申

卷五千四百八十五

二

書門下委實疾患蠲祭使牒醫官院看驗依淳化元年詔書施行內有主判帶職者無得託故陳狀如有規避令御史臺太常寺糾察以聞　景德二年九月三日詔南郊行事官並須依壇上下等級官資次第定差不得差老幼疾患者禮有不肅命御史臺覺察彈奏十一月六日詔京官年未十五願赴南郊陪位者並聽　時秘書省正字晏殊上章願觀大禮帝憐其意許之因有是詔　景德三年八月二日命知樞密院事陳堯叟為祀汾陰經度制置使權判河中府翰林學士李宗諤副之仍權同知府事河北轉運使李士衡三司鹽鐵副使林特計度度糧草提舉京西陝西轉運司事樞密直學士

戚綸昭宣使劉承珪計度發運綸知杭州以龍圖閣待
制王曉代客省使曹利用西京左藏庫使張景宗供備
庫使藍繼宗相度行宮道路內供奉官李懷岊殿頭郝
昭信句當修造及省廚內供奉官史崇貴高品趙履信
同管行宮橋梁道路並取陳堯叟等指揮仍迭入奏事
二十四日上封事者言郊兵部及諸寺監太常禮院差
前資幕職州縣官并在京百司人吏行事冊定員數多
是身不在京許人投狀剳給公驗減選欲望自今先定
合用員數申中書以無違礙官差並須親赴行事方得
出給公驗如違委御史臺禮院覺舉以聞從之十二月
二十四日又置車駕前後行宮四面都巡檢三人同巡

卷五千四百六十五　三

檢三人欄前收後巡檢三人車駕左右廂巡檢四人都
大提點排頓三人整肅行在禁衛一人編排導駕官二
人東京舊城內都巡檢使一人同巡檢使一人新城內
都內巡檢使二人舊城內都同巡檢鈐轄三人新城內
巡檢二人管內皇城大內公事一人同管勾大內公事
一人大內西面巡檢四人並以閤門諸司使副管軍樞
密承旨內侍押班都知充　四年正月十三日詳定所
上從至壇上及奉祀官從人數入內內侍省都知二人
內臣五人內侍省都知一人內臣五人閤門使一人通
事舍人二人帶御器械二人親王內臣一人知客一人
中書門下臣直省官樞密院知客押衙各一人幕次所

留從人親王青樞密院四人三司使學士尚書丞郎上
將軍觀察使已上三人給諫知制誥龍圖閣待制大卿
監三司副使知雜御史大將軍樞密都承旨防團刺史
閤門使已上二人餘並一人仍不得至壇下升壇執掌
人數中書省十人舁冊門下省二人捧寶太常寺六人
捧俎二十二人登歌禮院三人引贊行事少府監三人
供祭玉酒爵光祿寺二人酌酒過俎司天監二人設神
位太府寺一人供幣將作監一人掌香火從之大中祥
符元年四月二十四日殿中侍御史崔憲言近差行事
官或初登仕路或久在外官不習祠祭禮儀望自今並
先赴齋宮習儀從之　九月二十二日詔群臣有春喪

卷五千四百八十五　四

未滿餘服未卒哭者不得預祭赦有隱匿遇赦不原自是大祀皆用此制
五年九月三日詔大禮朝會據儀制東宮並赴
陪位自今不至者令御史彈奏　六年三月六日詔應
祠祀行事官並須早入致齋遇大禮行事官並午前集
朝堂　先是饗　先農太祝馮綬致齋後至爲監祭使
所糾故申明之　七年二月八日詔行事官諸司職掌
祀行事懈慢者委御史臺糾察重加其罪遇赦不原
八月二十七日詔齋郎室長每年預五大饗行事無遺
闕於一選一年內全不到者殿一選預一兩次者勤守
本出身選仍給曆子歲終具逐人行事度數開奏定爲
永式　八年七月二十七日中書門下言舊制祀昊天

上帝及饗太廟並宰臣參知政事攝事近歲多遣他官處非嚴重自今望依舊制從之　十月九日太常禮院言諸祠祀獻官數少處虧恭恪冬至祀昊上帝舊司天監一員今請添分獻官一員夏至祭皇地祇舊司天監一員今請添分獻官一員䄍百神舊司天監二員今請添分獻官二員准禮兼祀史齋郎助奠從之　天禧元年正月七日有司言冬至祀圜丘舊命獻官十四員伏緣神位甚多未盡恭恪望量增七員雩祀大饗並增一員夏至方丘䄍祭百神並增二員從之　四年閏十二月太常寺言管太祝奉禮除授差遣及年小在外止有十一員四季祠祭共使百二十餘員詔令本寺牒御史

卷五千四百八十五

五

臺取索秘書郎至寺監主簿官位姓名以十七歲以上堪差攝祇應者與見在寺太祝奉禮共三十人爲額自今差攝行事官應奉及五年無遺闕公過者牒送審官院磨勘引見内有遺闕曾因祀事犯私罪一兩次已上即更差攝行事一年亦送審官院　仁宗景祐二年二月十五日詔每歲大祠故事以宰臣攝事者自今以參知政事尚書丞郎學士奉祠　八月十一日太常禮院言南郊壇第一龕五方帝大明神州地祇天皇太常北極並只差司天監保章正等官行禮五帝以下官屬尊神官秩苟卑饗接非稱今參詳壇第一龕欲差少卿監或正郎充獻官每位各一員其第二第三龕並差員外

郎以下每龕一員神位多處量加員數如官闕即差已次官内壝外衆星並乞量位數差京官與保章正等官分拜詔可　康定二年十一月十五日詔南郊行事鴻臚寺禮賓院蕃客並於宣德門景靈宮門外及南郊壇立班不赴太廟　慶歷七年八月九日集賢校理同知禮院邵必言准敕郊禮行事除有父母服不得入太廟奉慈廟其景靈宮南郊壇即聽入臣竊以南郊太廟俱爲重祀奉承之意無容異禮今居父母喪者既不得入太廟而得與郊祀郊愈爲重能無妨乎如聞今非與祀之官但緣祀事闕職有父母服者雖不入神門行禮然皆得至齋宮其南郊雖至壝所亦無禁止吉凶相瀆莫

卷五千四百八十五

六

此爲甚且常祀行事官出入尚先期清道不得見諸凶穢今天子親祠郊廟而返容喪者執從其間尤所不可臣欲乞今後郊廟行禮應臣僚有居父母喪而被起者並不許赴若以慶澤之行例須霑錫亦在朝廷恩旨所及爾不必屈禮而回容也詔禮官定議以聞太常禮院言郊祀大禮國之重事百司聯職僅取濟集若居喪被起之官悉不豫事則或有妨闕但不以慘麤之容接於祭次則亦可行按太常新禮自今宗室及文武百官有遭喪被起及卒哭赴朝參者遇大朝會聽不入若緣郊祀大禮惟不入宗廟外其郊壇景靈宮得權從吉服陪位或差攝行事著祭服無嫌伏緣今來遭喪被起者悉

有職事難以盡廢欲令後大祭祀應有父母喪被起者
依舊不得入宗廟外其郊壇所聽權從吉服行本職事
唯不得入壝門庶協禮意又不廢官守詔可　神宗熙
寧三年十一月八日詔應係祠祭合差分獻官只令審
官東院准例差攝　五年正月十九日詔自今奉祠大
廟命宗室使相以上攝事先是侍御史知雜事鄧綰言
伏見著令郊廟太祖常以宰臣攝太尉受誓戒致齋動
經累日中書政事多所廢滯祭祀之禮於古則專以宗
伯治神於唐則宰相之外兼用尚書嗣王郡王下至三
品以上職事官通攝而本朝親行大禮亞獻終獻亦有
以親王及宗室近親攝事者方陛下講修百度政府大

卷五千四百八十五　七

臣翊贊萬機而又使之奉郊廟四時獻享之禮實恐滯
廢事務欲乞明詔有司凡四時獻享郊廟大祀專使宗
室近親兼使相者攝上公行事故有是詔　八年十一
月二十二日詔每歲昊天四祭差兩省以上官攝司徒
行事　十年正月二十九日侍御史周尹言令後宗室
使相已上赴太廟大祠行事者不得臨時託疾避免如
違請委大宗正司勘劾取旨如使相已上員數不多祠
事差攝頻數即乞自節使已上相兼差攝從之

　宋會要

元豐三年六月二十八日詳定郊廟奉祀禮文所言先
王事祖考致其力而又致天下之力所以盡誠孝也周

禮大宗伯職大祭祀王后不與則攝而薦豆籩徹以比
見當祀必躬親之蓋致其力也禮記曰武王奠牧室率
天下諸侯執豆籩駿奔走又曰有事於太廟群昭群穆
咸在此致天下力也後世苟簡有侍祠而無助祭故沈
約謂侍祠非舊典言其無所事也本朝親祠郊廟執事
之官皆一切臨時取充位而已宗室及陪祠官則無預
於職事與夫用力忘勞同事神明之意伏請親祀南郊
薦徹籩豆簠簋俎饌以朝臣充太廟以宗廟室遥郡刺
史已上充從之仍令審官東院大宗正司選差無過犯
堪執之人是日又言唐六典中書侍郎掌貳令之職凡
臨軒冊命大臣令為之使則持冊書以授之若自內冊

卷五千四百八十五　八

則以冊書授使者又曰漢置中書掌密詔周官內史掌
王之八柄掌書王命蓋中書之任也古者爵有德而祿
有功必賜爵祿於太廟故命內史讀冊洛誥曰戊辰王
在新邑烝祭歲文王騂牛一武王騂牛一王命作冊逸
祝冊惟告周公其後釋者曰褒德賞功必於祭日示不
敢專也讀冊告神謂之祝逸冊者使史逸讀冊書也周
禮內史凡命諸侯及孤卿大夫則冊命之祭統所謂祭
之日一獻君降立于阼階之南南鄉所命北面史由君
右執冊命之是也然則古者褒德賞功于太廟乃命內
史讀冊開寶禮及郊廟明堂儀注告神之冊而使中書
侍郎讀之殊為舛誤蓋贊詞授神者莫如祝故郊特牲

曰祝將命也周禮大祝下大夫二人上士四人掌六祝之辭以事鬼神示儀禮少牢饋食禮記說室中陰厭饗神之節云主人西面祝在左主人再拜稽首祝曰孝孫某敢用柔毛剛鬣嘉薦普淖用薦歲事于皇祖伯某以某妃配某氏尚饗主人又再拜稽首此則讀冊之任也開元禮郊廟明堂讀祝並命太祝最為近古伏請郊廟明堂讀冊既命太祝從之仍差史官攝八月十五日大「宗正司言奉詔親祠南郊薦徹籩豆簠簋俎饌以朝臣「充太廟以宗室遙郡刺史以上充今勘會宗室自郡王使相以下至遙郡刺史數等官位欲自遙郡防禦使以下至遙郡刺史以上選充從之二十七日詔有司攝事依

卷五千四百八十五

屬於尚書省受誓十一月又言禮文所詳定到祭齋一日司尊彝其屬以法陳祭器於堂東僕射禮部尚書視滌濯告潔祭之旦光祿卿帥其屬取籩豆簠簋實之禮部尚書帥其屬薦籩豆簠簋戶部兵部工部尚書薦三牲之體俎又薦熟俎與禮部尚書徹籩豆及親祀太廟以宮闈令圜丘以郊社令掃除從之又言皇帝親祠使官並差命官選人乞下太常寺於投狀願行事官內選差知閑報所屬差仍令於習儀前半月每日赴太常寺教習剝拜從之十二月又言奉詔五方嶽鎮海瀆共為一壇係中祠以五時迎氣日祭之舊例中祠審官東院差行事官等乞今後逐大例牒審官東院差攝從之

四年四月十三日詔親祠北郊依南郊儀如不親祠上公攝事仰太常禮院條具以聞十月二十一日詳定郊廟奉祀禮文所言親祠儀注皇帝至罍洗侍中跪取匜沃水又侍中跪取盤承水皇帝搢圭盥手門下侍郎跪取巾於篚興進謹按周禮小臣上士四人大祭祀沃王盥御僕下士十有二人大祭祀相盥而登鄭氏注云相盥者謂奉槃授巾則是周以上士沃盥下士相盥也唐開元中蕭嵩奏敍舊封禪禮八條其畧以謂盥手洗爵人君將致潔而尊神故使小臣為之今侍中大臣也而沃盥於人君太祝小臣也乃詔祝於天神非禮也今侍中名則吉官非復漢魏執虎子之班漢禮侍中行之

卷五千四百八十五

則可今以侍中為之非也門下侍郎在漢與侍中俱領門下衆事郊廟則一人執蓋臨軒朝會則一人執麾其官給事於黃闥之內故曰黃門侍郎今之所受皆是執政官非昔執麾蓋之任而使之進巾是又循名而不察其實也伏請親祠以御藥院內臣一員沃盥一員授巾從之二十七日又言古者神民不雜禮刑易制治禮之官常得以治禮事神之官常得以事神故周官王與后不親祭事則宗伯攝自漢以來官不得其職太尉常郊祀亞獻光祿掌三獻太尉掌兵今則為三公光祿本掌宮殿門戶皆非祠官之任伏請祠祭應攝太尉並以禮部尚書充如正官闕則南北郊以中書臣僚攝太廟以

宗室攝其餘及亞獻太常卿並以太常禮院主判官攝其光祿御並罷終獻仍以太常卿行禮又博士之官掌贊相祭祀本朝始有監禮之名今若俾之攝行祠事正合古意緣已有御史監祭合罷監禮詔自今南北郊差執政官為初獻禮部尚書侍郎為亞獻太常卿少為終獻諸祠祭禮部尚書侍郎太常卿為初獻太常少卿禮部祠部郎中員外郎為亞獻太常博士為終獻宗廟親王宗室使相節度使為初獻宗室正任已上為亞獻終獻已上如闕即遞差以次官充仍罷監禮是日又言周官太史之職正歲年以序事頒告朔于邦國自漢以來皆以司天特日星災祥之事至唐改為司天臺職任如舊惟置諸生掌布諸壇神位本朝大中祥符中增司天監為二員分獻昊天上帝壇第一陛五方帝以下九位自後又命他官攝司天監行事夫日官既非習禮事神之司又假其官名以行禮殆非禮意伏請應以司天監分獻者改差禮官從之

卷五千四百八十五

十一

宋會要

七月秘書少監孫覺言今後遇闕監祭令預牒太常博士如有妨闕即申尚書吏部差曾任臺諫并館職清資官又闕差知州資序人其太祝並差進士出身人從之

十月十三日南郊禮儀使言將來南郊行禮當差行事官詔更不用武差攝止以見任兩省御史并六曹侍郎

侍制以上仍不限員數今後准此其儀仗內六引開封收令闕差知府知縣太常卿闕差少卿司徒闕差戶部尚書又闕差侍郎御史大夫闕差中丞兵部尚書闕差中丞兵部尚書闕差侍郎其僚佐即依條差官七年十月詳定郊廟奉祀禮文所言唐六典大朝會大祭祀則侍中版奏中嚴外辦以為出入之節輿駕還宮則請解嚴告禮成也竊詳侍中之職掌出納帝命凡軍國之務與中書令參總焉唐以來謂之真宰相非復秦之丞相史（通典曰秦為才本丞相史）侍漢魏掌御物之任而使之奏中嚴外辦及請解嚴殊不應禮周官小宗伯大祭祀告時于王告備于王肆師凡祭祀禮成則告事畢小宗伯春官之貳則令禮部侍郎之比肆師春官之屬則令禮部郎中之比也伏請奏中嚴外辦以禮部侍郎解嚴以禮部郎中掌之又言周禮大宰之職祀五帝之日贊玉幣爵之事祀大神示亦如之享先王亦如之贊玉几玉爵又小宰之職凡祭祀贊玉幣爵之事凡受爵之事凡受幣之事國朝郊廟明堂禮以郊社令設玉幣太祝取玉幣以授侍中進皇帝門下侍郎取爵進皇帝奠爵皆未合禮伏請郊廟明堂命吏部尚書一員奉玉幣吏部侍郎一員奉爵以次從皇帝至神坐前左僕射（闕則右僕射）以玉幣進皇帝奠於地及酌獻尚書左丞（闕則右丞）以爵授僕射進爵皇帝酌獻訖侍郎爵以贊飲福及禁燎外宗廟仍尚

卷五千四百八十五

十二

書設王几從之十二月二日尚書禮部言太官令遇祠祭行禮合先以常服升壇殿陳設畢改服本品祭服同奉禮太祝立於罇罍之次從之

宋會要

哲宗元祐元年六月十六日中書省言向者祠官御史每奉祠已事之日雖城內例各歸休更不赴朝謁等所以祭日前三刻設位具籩豆祭前一刻監祭點閱畢然後行事與夫辨色而朝二者不可得而兼也昨因御史揚畏申請自後城內祠事畢仍赴起居拜表行香赴蔡入局由此恭君事神之道常畧其一欲辨色而朝則須中夜而起先時而祭是恭於君而畧於神也欲祭前三

卷五千四百八十五　十三

刻奉祀則辨色之趍固不逮矣夫齋心一意以奉祠祀猶恐未盡其至誠今休迫從事憂其不逮恐非以齋戒之道欲應今後城內祠事畢行事官並免赴起居拜表行香赴蔡止令入局所貴恭事之心情文兩盡從之六年七月二十七日太常寺言本寺祀儀祀天地宗廟登歌節奏協律郎舉麾其餘大中小祠並不與竊以諸壇祠祀歌詞樂器之類與夫御奏務要整齊協律郎若不與祭無由檢察自來同日數祭闕行事官並申尚書吏部差待次官充攝欲乞今後祠祭用樂處若不與享祀天地宗廟同日其祠祭闕官即輪協律郎充攝因使審聽樂曲餘闕御申吏部差官從之　七年正月二十

二日太常寺言本朝因唐之舊以御史為監察使輪知太常禮院官監禮近年以博士為獻官遂罷監禮惟御史專視祀事然御史多闕員博士雖可權攝監祭又或不赴遂以他官攝事無所督察乞每祠以博士監禮如故從之崇寧三年復專以御史監祭遂罷監禮　八年正月十九日詔應大祠差禮部尚書侍郎太常卿為初獻已受誓戒而有故不赴若禮部郎官為亞獻自可攝初獻外餘官即令本祭內官高者通攝謂如職事郎官奉俎而博士或吏部差到官為亞獻即令奉俎職事官攝初獻之類　元符元年六月太常寺言請光祿寺官今後每遇祠祭已受誓戒後及中小祠散齋日於其約束事體並從祀儀禁

卷五千四百八十五　十四

止郊社令亦乞依此從之　徽宗崇寧元年四月七日太常寺言諸祀天地宰臣執政官已受誓戒有故不赴以本祭內職事官高者攝亞獻以禮部尚書侍郎有故或闕伏次輪差五曹長貳又闕即輪給舍諫議終獻官以太常卿少禮祠部郎官有故或闕即差比司官又闕依次輪差五曹郎官其奉俎以戶部工部長貳有故或闕即戶兵工部通差又闕以逐部郎官攝應行事官雖本職獨員並不許免內六曹官如遇本曹四部止有一員者聽免仍申本曹關吏部從之　大觀元年二月六日監察御史王寘言伏覩神宗皇帝稱情立文著為一代成憲祠祭格令所委行事官以大中小祠定其職位

令捧俎官有用戶兵工部郎官以上至於獻官或闕則吏部所差多是班秩在郎官之下輕重先後情文不稱望下有司講究於是太常寺言請自今行事官依格差及逐差以次官外若闕初獻聽輒秘書省以長貳充亞獻終獻禮官闕以太常丞闕以秘書丞以下充又闕本省直報尚書吏部仍報太常寺監祭御史闕聽輪博士又闕報尚書吏部其吏部差官攝初獻光祿卿少以朝奉大夫以上充戶部兵部工部郎官監察御史亞獻以朝奉郎以上內監祭御史以親民人充終獻禮官以通直郎以上仍著為令從之 政和二年四月二十日詔祀為國之大事苟失其儀何以享神比聞祠祀類多簡惰執事之人

卷五千四百八十五

十五

代名者十有七八加之容止全無莊肅牲牢不依祀料失嚴奉神祇祖考之意自今大祠御前不得差官諸祠檢察不如禮令具實以聞尚敢弗虔重置于法 三年五月十五日臣僚言奉祠之官祇赴祠事多於受誓點饌之後方至蓋是吏部所差外官攝行既無人從又太常寺贊者不肯前期指說緣此後時遂至闕誤詔自今差在京釐務官 四年八月十二日太常寺言祠事監祭監察御史不足以太常博士又不足則吏部差官不請糾察之職今後太常博士闕乞輪六曹郎官或秘書省官充攝監祭從之 六年十月二十八日冬祀大禮使司言太廟行禮樽罍酌酒十室止差宗室一員往來

交錯不至肅靜及奏奉神主并禮畢奏納自來止差太常寺吏人御前躬奏殊失嚴奉之體詔酌酒每室差一員奉納神主等改差侍從官一員令本寺吏人引贊 八年正月二十四日內出手詔古者祭必擇士所以致其恭且嚴者如此今太常歲祠因仍舊例差吏部侍次官攝事老疾罷癃謾不簡擇非致恭之意也自今輪差宗學及書局官吏部差官並罷 宣和七年八月五日中書省言勘會冬祀夏祭大禮依例詔致仕宮觀前宰臣執政官赴闕陪位前宰臣提舉西京嵩山崇福宮余深前執政大名尹徐處仁河南尹王襄提舉西京嵩山崇福宮薛昂提舉亳州明道宮范致虛詔並令赴闕陪

卷五千四百八十五

十六

位 高宗紹興八年十二月七日前同知大宗正事安定郡王令懬言恭覩詔書太祖皇帝之後擇屬近而行尊者列土而王嘗令從獻於郊廟世世勿絕臣忝冒襲封緣衰老多病拜跪艱難如遇大禮乞免從獻止乞陪位從之 紹興十三年八月十九日禮部太常寺言紹興十年明堂大禮前一日朝饗太廟除薦籩豆官吏不差官外其薦牛羊豕俎官吏不逐室差官係差南班宗室三員詣諸室薦牛羊豕俎行事其籩豆簠簋先次設置更不差官薦奠內依議合徹籩豆係薦牛俎官兼徹籩豆行事今來郊祀大禮前一日朝饗太廟欲乞依上件禮例施行 詔依後皆依此 紹興十三年八月二十五日禮

部太常寺言今來郊祀大禮并朝獻景靈宮朝饗太廟
合差贊者一百二十四人并同日分祭太社太稷合差
贊者八人并同日分命九宮貴神合差贊者七人共合
用贊者一百三十九人所有今來郊祀大禮除見管贊
者二十五人外其餘見闕贊者一百一十四人今措置
於下項去處差借正名貼司已上不居父母服制之人
於大禮前四十日當官封贊保明正身發遣赴太常寺
教習吏部七司三十五人戶部五司三十五人兵部四
司一十五人太府司農寺國子監官告院各五人軍器
將作監太宗正司各三人詔依自後做此二十六日吏部言
將來郊祀大禮據太常寺狀今來景靈宮諸殿太廟別

卷五千四百八十五　十七

廟圜壇分詣九宮貴神社稷合差捧執籩豆簠簋執事
等官一百餘員兵部又差儀仗內合用攝殿中侍御史
二十四員共及一百三十員並令本部差撥竊緣尚書
左選在部官員數不多今相度欲乞候將來差官日如
京朝官闕少即差選人或大小使臣若不足更於臨安
府并管下縣鎮見任及寄居待闕文武官內那差候事
畢日歸還本處如又無官可差仍乞於三省行首司已
參堂官內差撥其所差官並不許辭避所有在部承務
郎以上并大小使臣及參堂官乞自今年九月一日權
住給假出外並選人亦不許歸鄉指射如已授差遣官
除見闕合赴任官外餘不許朝辭詔除臨安府并管下

見任寄居待闕參堂官准備朝廷差撥外餘同日禮部
太常寺言紹興十年明堂大禮前一日朝饗太廟薦香
燈官一十一員係令大宗正司依自來例差南班宗室
充所有今來郊祀大禮前一日朝饗太廟合差薦香燈
官欲乞依禮例施行詔依後皆倣此二十八日禮部太常寺
言紹興十年明堂大禮并前二日朝獻景靈宮前一日
朝饗太廟所差行事官係太常寺具行事官窠目申中
書省差官所有今來郊祀大禮所差行事官欲乞依禮
例施行詔依後皆倣此二十九日禮部太常寺言今具下項
一將來郊祀大禮壇上正配四位合差捧執籩豆俎
官二十四員舉鼎官一十六員欲乞依禮例從太常寺

卷五千四百八十五　十八

具窠目申吏部差官並前一月趣赴習儀　一將來郊
祀大禮前一日朝饗太廟依儀合差捧俎官六十六員
今欲乞依禮例於所差圜壇捧執籩豆等官四十員并
圜壇奉禮郎一員就充太廟捧俎官行事外見闕一十
六員乞從太常寺申吏部差官　一在京過冬祀大禮
隨所差分獻官員數合差奉禮郎一員并龠壇木爵官
一員並係吏部差官所有今來郊祀大禮除第一龠合
差奉禮郎一十員乞依例令吏部差官前一月趣赴教
習外所有其餘合差奉禮郎并龠壇木爵官乞從逐次
明堂禮例更不差官令執事人充代　一將來郊祀大
禮合差供亞終獻匏爵及盥洗栰爵巾官并分詣別廟

九月二十五日、二十六日、四日三條移此

九宮貴神太社太稷較門奉禮郎等官乞從本寺具窠目申吏部差官施行詔依　九月二十日内侍省言據點班中與勤將叅郊祀大禮本省依令格合差使臣共七十九員雖隨宜裁減并依例送入内省差人外其餘窠目又令兼併主管每員不下三兩處尚合使三十一員緣即今本省止有使臣三人寄班祗候一十二人委是差撥不足伏望數奏於吏部見任得替寄居待闕已未到部日前曾任寄班祗候大小使臣内踏逐指差一十員如不足於小使臣内指差不許辭避並前一月到省與使臣寄班祗同排備幹辦應奉郊祀大禮事務差遣事畢無遺闕接續歸部詔依同日禮部太常寺言今

卷五千四百八十五

來郊祀大禮前一日朝饗太廟依議設七祀并配饗功臣位於殿下昨紹興十年明堂大禮前一日朝饗太廟祀七祀并配饗功臣合差獻官二員係朝廷降敕差官其七祀太祝一員係吏部差官所有今來郊祀大禮欲乞依禮例差官施行詔依（後皆倣此）四日禮部太常寺言今具下項　一自來大禮前一日朝饗太廟合差舉冊官四員係南班宗室充昨紹興十年明堂大禮前一日朝饗太廟舉冊官當時所差宗室員數不足止就差明堂舉冊文臣四員通攝行事所有今來郊祀大禮前一日朝饗太廟舉冊官欲乞依禮例施行　一將來郊祀大禮神位係七百七十一位今來除正配四位外有從祀

此下三條移前

神位七百六十七位依禮例合差分獻官一百員乞從太常寺具窠目申中書省差官詔依（後皆倣此）同日禮部太常寺言檢會國朝故事大中祥符五年詳定所言恭謝玉皇禮例應郡官并應奉人如有期周以上服及付餘服制未經卒哭不得升獻預視事所有今來郊祀大禮應郡官并應奉人如有服制乞依上件禮例施行詔依（後倣此。隆興二年七月二十二日禮部太常寺言檢會[illegible]節等言檢會大中祥符五年恭謝玉皇大帝詳定所言應郡官有期以上服及餘服未卒哭不得升獻預視事從之人檢會大觀[illegible]年禮院奏乞令後依唐貞元詔書百官有[illegible]衰以下總以上[illegible]除者聽赴宗廟之祭司祭勤大中祥符指揮[illegible]服即該總麻以上其奉並服三月而除限以卒哭於理未盡應有令來明堂大禮及朝獻景靈宮朝饗太廟行事執事應奉官並乞依天聖五年典故施行契勘今來郊祀大禮及朝獻景靈宮朝饗太廟行事執事應奉官並乞依天聖五年典故已降指揮施行詔依）同日禮部太常寺言今具下項　一紹興十年明堂大禮前一日朝饗太廟進幣爵酒官係差撥所有今來郊祀大禮前一日朝饗太廟欲依禮例施行　一自來大禮并前二日朝獻景靈宮依儀合差刑部尚書實鑊水刑部侍郎增沃鑊水內前一日朝饗太廟係差南班宗室充實鑊水增沃鑊水官所有今來郊祀大禮欲乞依禮例具窠目申中書省差官詔依（後皆倣此）十三日吏部言據兵部關到差儀仗監門并太常寺徼巡燭及齋香儀鸞司三頭部役小使臣除依條將見在部合著短使人差撥外緣即目合著短使人止有三二十員不住據諸官司報到差撥

卷五千四百八十五

禮一之一九

禮一之二〇

視對面并管押川陝告勑祠部度牒等官文字分往尚書左選闕到將來太常寺等處闕申差官目如京朝官闕少即差選人或大小使臣其諸門管鑰使臣亦未曾差撥及緩急事故之人令相度如無官司闕報到差官文字到部除依條先差合着短使人外如不足將見在部待次住程人並從下差撥其所差官若授任程差遣付身及以過滿及官司踏逐指差等不許辭免並候過將來大禮依舊今後如每遇大禮乞依此施行詔依十四日禮部太常寺言自來大禮前二日朝獻景靈宮俟皇帝詣聖祖天尊大帝位行禮畢合差侍從官詣神御殿分詣行禮所有今來郊祀大禮前二日朝獻景靈宮

卷五千四百八十五

欲乞差侍從官三員內一員詣中殿祖宗諸帝神御前行禮二員詣元天大聖后并諸后神御前行禮詔依（從皆做此）同日禮部太常寺言檢會紹興十年明堂大禮其所差南班宗室如內有見在紹興府官指揮大宗正司令逐官於正習儀前十日到行在所有今來郊祀大禮其所差南班宗室如內有見在紹興府官欲乞依上件指揮施行詔依（從皆做此）二十三日樞密院言入內內侍省申准御寶批下本省奏據點班申契勘昨明堂大禮除相數窠目外實使臣五十五人即日外務并見祇候使臣除年小外見管一十八人并近借到在外差遣等使臣六人通共止有二十四人若依明堂大禮窠目差人尚

闕三十一人緣今來郊祀大禮比之明堂大禮增添窠目人數未定今欲乞所借使臣並不許占留數內合差供祠執事使臣乞依紹興十年例止差八人宮闈令止差六人內除就差太廟幹辦官二人外餘合貼差四人或更有添差人數從徹祇候相度差撥詔依　十月十日太常寺言勘會今來郊祀大禮已降指揮所差行事官令太常寺具窠目申中書省差官所有郊祀大禮前日朝獻景靈宮前一日朝饗太廟合差亞獻終獻各一員詔亞獻差安德軍節度使知大宗正事士㒟終獻差揚州觀察使同知大宗正事士㒟（紹興十六年至二十八年亞獻普安郡王瑗通九年郇王愭三年六年慶王愷九年淳熙三年皇太子淳紹興十六年至二十八年終獻恩平郡王璩內二十二年知大宗正事士㒟乾道元年慶王愷三年六年恭王惇九年淳熙三年少保武勝軍節度使永陽郡王居廣）二十六日尚書省言吏部差到待次官充郊祀大禮

卷五千四百八十五

執事官等其習儀宿齋依已降指揮支破喫食折半錢入歷批請緣內有不曾將到請受文歷及未有文歷之人有妨批勘兼無當直人從理宜措置詔令臨安府每員各支折食錢十貫文係省錢內支撥仍令本府日下於見管將兵或廂軍內每員差撥兵士二人隨逐祗應（從皆做此）二十八日禮部太常寺言據修武郎程宗亮等八十五員狀各蒙吏部發遣前來太常寺充捧執籩豆簠簋等官係赴圜壇太廟景靈宮行事緣各係是在部官即無轎馬竊慮臨時趁赴不前欲乞備申朝廷下所屬

權行各闕借馬一匹兵士二人令契勘伏乞朝廷指揮於殿前司權行每員差借馬一匹鞍轡全並控馬兵士二人及乞支破逐官每員到幕次勅號二道詔依從此

紹興十三年十一月十六日詔郊祀大禮應行事執事官等務在嚴肅如有懈怠不恭令閤門取旨送御史臺自是每遇親郊並降此詔

宋會要

紹興十九年十一月二十一日詔監贍軍東酒庫杜欽雲臨安府錄事參軍馬亮以郊祀行事失儀各降一官為御史所劾也

卷五千四百八十五

三三

宋會要

紹興二十七年十一月三日禮部侍郎周方崇言上辛祈穀孟夏雩祀夏日至祭皇地祇季祀上帝冬日至祀昊天上帝皆嚴配以祖宗縟典祲容與親祠等是以政和新禮初獻之官必以執政頃權臣憚於齋戒凡此五祀但遣侍從循習既久遂為故事冬日至與高禖之祠既已分命宰臣獨上辛夏秋四祀未還舊制望申詔有司自來歲始以宰執將事詔依祖宗典故

紹興二十八年十一月二十六日監察御史任古等言郊祀大禮圜壇行事一皇帝第三次升壇時其樞密都承旨陳正同不赴前導詔罰銅十斤　二十九年十月二十一日部太常寺言冬日至祀昊天上帝係大祀數內差初獻一員以宰執充於受誓戒以後散齋內有告廟奉謚冊寶奉慰竊慮宰執職事相妨若依舊例差侍從官充攝初獻行事即無妨礙從之時奉上顯仁皇后謚冊故也　三十年三月十三日御史臺檢法官攝監察御史張闡言三月九日出火祀大辰監察行事有吏部差右宣教郎攝太官令施興祖飲酒至醉祝祖監視宰殺喧鬧不肅詔時降一官仍依衛替人例　七月二十六日禮部員外郎洪邁言每歲大祀五十五中祀四小祀十四自獻官之外必用奉禮授幣太祝奠祝太官令酌酒而大祠又有于工部官光祿卿丞太社令至於

卷五千四百八十六

天地高禖感生帝　用執政將禮該八佾之舞鍾磬備樂則又太常卿丞宮架登歌兩協律郎歲所差官亡慮數百比年以來為兵工權組以本部長貳官行事而光祿御丞博以太常權領其他率於兩銓在選者取之除受替散齋外當於何所致齋二日南至郊壇西至惠照院北至九宮壇皆與城市隔絕士大夫逆旅相去或至數十里一遇行事則告敕囊槖頹謀寄寓州縣遠人不閑俎豆儀範粳野不中法式既褻且慢豈復有齋栗之心交於神明望令後祠祭令禮部具合差官關報吏部許於寺監學官編修刪定學官教授六曹架閣六院釐務官內輪行差攝吏禮部太常寺看詳欲依本官所乞

卷五千四百八十六　二

事理每歲中大中小祀令太常寺具合差官窠目申禮部備關吏部籍定輪差職位下太常寺照會如遇差官不足令吏部帖京局釐務官充攝行事並不許辭避從之

乾道三年閏七月七日宰執以禮官定郊廟祠祭事進呈上曰訪聞致齋處多飲酒喧笑者可令監察御史須候祠祭一切了畢方許退先是月行近心大星宰執次日奏對上憂懼天戒形於玉色因言近將祭祀全不嚴肅何以感格天地可令禮官條具措置約束既而進呈乃有是命

乾道四年九月十一日臣僚言國家每歲祀天地并高

禖以宰執為初獻餘大祀以侍從御史為之自紹興三十一年冬祀宰執以職事有妨從並差侍從官行禮餘大祀或以館職代之今年雩祀雖已差宰臣為初獻立夏立秋祀太一差中書舍人然未能盡如舊制乞自今祭祀並依禮儀差官從之　六年十月二日嗣濮王士輵言今來郊祀日近緣年踰七十筋力稍退乞免差行事止令陪位從之九年亦依所請免差

七年十一月六日士輵言濮安懿王神主神貌在紹興府光孝寺奉安每年四仲享差三獻官依格以子侄為亞終獻舊條紹興府行司差南班官權充今行司已併歸行在宗司乞每遇四仲饗月就差本位子姪或紹興府見任寄居待闕宗室以長幼次序許牒紹興府權差行事從之

卷五千四百八十六　三

十月十六日臣僚言比歲有司差行事官或臨期稱疾則令以次官遞攝浸無檢柬淳化中臣僚有請應祀事稱疾者遣使同醫官驗視虛偽即行降黜乞詔有司申嚴法禁庶幾郊祀每歲小大協恭從之

光宗紹熙二年九月二十七日詔郊祀大禮差鄭興裔李裕文蕭奎吳楷李孝友充都大主管大內公事趙師夔楊皓鄧從訓夏執中蕭鵬巳張子仁謝淵充行宮使是日詔章穎差充郊祀大禮主管大內公事　二十八日詔郊祀大禮車駕自太廟詣青城輅上執綏官差權禮部尚書兼直學士院

兼權吏部尚書李巘　寧宗慶元三年八月二十七日詔郊祀大禮霍汝翼、甘昺、李孝純、李孝友、張卓充行宮使，潘師稷充都大主管大内公事，郭揚充輦輅前編排引駕臣僚及御營四面巡檢

卷五千四百八十六

四

饗獻

宋會要　郊祀儀注　太祖乾德元年十一月祀南郊，以皇弟開封尹匡義為亞獻，興元尹光美為終獻。開寶六年十一月七日詔以開封尹匡義、興元尹光美充郊廟亞獻、三獻。九年三月二十三日中書門下言：「四月四日有事于南郊，請其日升壇奠玉幣訖不降壇，便奠爵及讀冊文。」詔依。　太宗至道二年正月十日親郊，以皇太子為郊廟亞獻，越王元份為終獻。及次齋宮，禮儀使宋白言：「伏詳儀注，朝饗太廟，皇帝先詣罍洗奠瓚，祀昊天上帝即未詣罍洗，先奠玉幣，先後之際，恐為未允。請先詣罍洗，後奠玉幣。」帝遽召宰相問前代祀上帝未詣罍洗而先奠玉幣于禮可乎，呂端等對曰：「王者親執玉帛以事上帝，玉帛者接神之物也，于禮尤宜蠲潔。若沃盥而後奠獻，亦足以表虔潔之意。」白曰：「如允所陳，止一次升壇。」帝慨然改容而言曰：「朕親行郊祀，蓋為蒼生祈福，若變禮為允，固當依卿所奏。如合遵舊典，雖百次登降，亦不以為勞。」端等言：「禮官所陳得禮之中，遂從白議。」

卷五千四百九十

宋會要

咸平二年八月二十八日，禮儀使言：「南郊親祀舊儀，先升壇奠玉幣訖，降壇方詣罍洗，再升壇行禮。至道二年先詣罍洗，後奠玉幣，即是一時新禮。」詔如舊儀。　五年十一月一日詔南郊引駕中書樞密院行在兩餘並依

天祐當是天禧之誤

官次十一日親郊前三日帝齋于乾元殿尚書進奏膳以雍王元份為郊廟亞獻兗王元傑為終獻　天祐三年十一月十九日奉天書升壇合祭天地以皇太子為郊廟亞獻通王元儼為終獻禮畢皇太子賀于殿上文武百官賀于庭中

宋會要

天聖二年十一月十三日親郊皇兄亳州觀察使樂安郡公惟正攝左武衛上將軍祁國公為郊廟亞獻濟州防禦使允升攝左領軍衛上將軍萊國公為終獻故事獻官攝上將軍國公自是事如儀　五年十一月十七日親郊以樂安郡公惟正為郊廟亞獻皇兄潁州防禦使允寧為終獻

卷五千四百九十

八年十一月十九日親郊保信軍節度使觀察留後惟正為郊廟亞獻同州觀察使允寧為終獻　景祐二年十一月十四日合祭天地于圜丘以安化軍節度使觀察留後允讓為郊廟亞獻明州觀察使允弼為終獻　寶元元年十一月十八日親郊以遂江軍節度使濮安懿王為郊廟亞獻安化軍節度觀察留後允弼為終獻　慶曆元年十一月二十日親郊以寧江軍節度使允讓為郊廟亞獻安化節度使觀察留後允弼為終獻　四年十一月親郊以寧江軍節度使同中書門下平章事汝南郡王允讓為郊廟亞獻武康軍節度使北海郡王允弼為終獻　七年十一月二十八日親郊以汝南

郡王允讓為郊廟亞獻北海郡王允弼為終獻　皇祐五年十一月四日親郊以汝南郡王允讓為郊廟亞獻北海郡王允弼為終獻　英宗治平二年十一月十六日親郊皇子潁王為郊廟亞獻皇兄涇州觀察使舒國公從式為終獻　初命東平郡王允弼為三獻辭以疾改差襄陽郡王允良又以疾辭故命從式故事親祠皇帝將就位祠官皆回班獨帝須就位乃復侍臣跪讀冊至御名則興至是始詔以尊奉祠事云　神宗熙寧元年十一月合祭天地于南郊以皇弟泰寧鎮海軍節度使同中書門下平章事岐王顥為郊廟亞獻皇伯彰德節度使同中書門下平章事濮國公宗樸為終獻

卷五千四百九十

七年九月四日詔岐王顥為南郊亞獻嘉王頵為終獻　十一月以岐王顥為郊廟亞獻嘉王頵為終獻　十年九月四日詔岐王顥為南郊亞獻嘉王頵為終獻　十一月二十七日親郊以岐王顥為郊廟亞獻嘉王頵為終獻

宋會要　元豐元年

十一月五日詳定禮文所言臣等看詳南郊儀注分獻之官于内壝東門之外公卿之後重行西向北上立皇帝至位再拜並隨拜降神樂止又隨拜皇帝將奠配帝之幣禮生各引分獻官奉玉幣升壇奠于上下諸神之位訖各引復位初獻亞獻將升壇禮生分引諸位獻官

俱
飲詣罍洗各由其陛酌奠訖俱還位今則獻官在外不
拜不盥手先期升壇就位而立禮生更不贊升降之節
唯贊上香捧幣奠爵而已伏乞自今分獻官行事並如
儀注　宋會要元豐四年
四年十月十一日詳定郊廟奉祀禮文又言周禮太宰
之職祀五帝之日贊玉幣爵之事祀大神示亦如之享
先王亦如之贊玉几玉爵又小宰之職凡祭祀贊玉幣
爵之事凡受幣之事凡受爵之事國朝郊廟明堂禮以
郊社令設玉幣太祝取玉幣以授侍中進皇帝門下侍
郎取爵進皇帝奠爵皆未合禮伏請郊廟明堂令吏部

卷五千四百九十

尚書一員奉玉幣吏部侍郎一員奉爵以次從皇帝至
神坐前左僕射（闕即右僕射）以玉幣進皇帝奠于地及酌獻
尚書左丞（闕則右丞）以爵受僕射進爵皇帝酌獻訖侍郎受
幣受爵以贊飲福及焚燎外宗廟仍尚書設玉几從之
宋會要元豐年間
六年九月二十七日禮部言親祠南郊舊儀皇帝進詣
昊天上帝神座前奠玉幣訖還位又再升壇進熟一獻
禮畢即飲福受胙昨被旨候亞獻終獻禮成然後飲福
則皇帝須再拜升壇欲乞候終獻復位皇帝于壇下當
午陛前北嚮飲福乞于儀注內修正又言周禮凡祭祀
王出入則奏王夏明入廟門已用樂矣今既移祼在作

樂之前皇帝詣罍洗奏乾安曲則入景靈宮門及南郊
壝門亦當奏乾安曲庶合古制從之　同日詔親祀南
郊候三獻畢升壇飲福以尚書禮部言太常寺狀親祀
南郊舊儀、皇帝進詣昊天上帝神座前奠玉幣訖還位
又再升壇進熟一獻禮畢即飲福受胙詔候亞獻終獻
禮成然後飲福已修入儀注緣此舊儀添此飲福陟降
一節今親祀南郊儀內候終獻禮畢飲福須臾升壇欲
乞候終獻復位皇帝于壇下當午陛前北嚮飲福乞于
儀注內修正并太常少卿葉均等言皇帝冬至祀圜丘
內皇帝詣飲福位一節依禮文所申請朝旨並候亞獻
終獻行禮畢後皇帝飲福受胙今看詳自來祭祀即無

卷五千四百九十

初獻已畢尚猶立侍亞獻行禮之儀今來皇帝既已一
獻更須退俟于何處欲乞且依舊儀皇帝酌獻畢即飲
福降壇就位如常儀其景靈宮太廟亦當依此常意在
虔恭故有是詔　十月十八日太常博士何洵直言郊
祀不陳寶瑞恐未應禮乞于冬至祀圜丘儀增入所司
陳異寶及嘉瑞等于樂架之北東西詔從之
宋會要
哲宗元祐七年十一月十四日祀昊天上帝于圜丘以
皇叔祖感德軍節度使宗景為亞獻皇伯祖安定郡王
世準為終獻
宋會要

元符元年八月六日，三省言：南郊請依元豐三年，俟終獻禮畢，皇帝再升飲福，仍著為定例。從之。　十月十七日，以皇弟端王佶為亞獻，莘王俁為終獻。　二年二月二十三日，禮部、太常寺言：今後南郊大禮，乞令獻官、祝官、贊者並立于遂龜陛之下。從之。先是，南郊大禮，郊壇分獻官、祝官、贊者並立于小次之後，去龜陛稍遠，外壝行事迫于壇上，禮畢奔走，不遠不能盡虔恭之禮，故有是詔。　四年五月十二日，皇帝親祭地于方澤，以皇弟燕王俁為亞獻，越王偲為終獻。前期，皇帝散齋二日於別殿，致齋七日于內殿，一日于齋宮。舊儀，侍從官設次青城內，齋殿草場。今聽于青城附近宮舍設次，日給食錢，更不具食。祭前一日，奏告太祖皇帝室。

殿中監設大次于外壝西門之內道北，南向；小次于第二成子階之西，東向。設皇帝褥位于小次前，東向。設文武侍臣次于大次前，陪祀、行事官、宗室及有司次于外壝南門之外。設饌幔于內壝東西門之外。開瘞坎于壇子階之北壬地。光祿牽牲詣祀所。大晟陳登歌之樂于壇上，稍北，南向；設宮架于壇北內壝之外，立舞表于酇綴之間。祭前一日，太史設皇地祇位于壇上南方，北向，席以藁秸；太祖皇帝位于壇上西方，東向，席以蒲越；神州地祇位于第二成午階，席以藁秸；五官、神嶽、鎮、海、瀆各以其方設位于第二成；山林、川澤、丘陵、墳衍、原隰各以其方設位于壇下內壝之內，皆席以莞，內向。奉禮郎

禮直官設皇帝位版于第二成子階之西，東向；飲福位于壇上皇地祇神位東北，南向；望瘞位于瘞坎之南，北向。設爟火于望瘞位之西北。向司尊彝帥其屬設玉幣篚于酌尊所，次設籩豆簠簋之位。正配位皆左十有一籩，右十有一豆，俱為三行；俎一在籩前，二在豆右，為二重；登一在籩豆間；血盤一在登之前；簠一簋一在籩豆外，簠在左，簋在右。又設尊罍之位，每位太尊三、著尊二、犧尊、象尊、壺尊、山尊各一，尊皆有罍，以東為上，尊南罍北。又設篚一于第二成子階之側，實以柴。匜巾爵坫二于正配位尊罍之次。又設內侍供奉皇帝盥帨位于皇帝版位之前。又設象尊二、壺尊二在壇下子階之西，俱南向，東上。皆加勺冪，並實水。又設第二成從祀每位皆左十籩，右十豆，俱為三行；俎二在籩豆前；登一，槃一，神州地祇、五官神用。在籩豆間；簠一簋一在籩豆外，簠在左，簋在右；爵一置于俎上。內壝神位每位皆左二籩，右二豆，俎一在神位前，爵一次之，簠一簋一在爵之前，簠在左，簋在右，登一在籩豆之間。又設尊罍之位。二成每方各犧尊二、山尊二；壇下每方設蜃尊二、散尊二，在神位之左，蜃尊、散尊外，餘皆有罍副之。凡尊罍皆加勺冪。又設正配位籩豆簠簋俎斗鼎各一于饌幔之內。大府卿、少府監帥其屬陳玉幣于篚：皇地祇玉以黃琮，幣以黃；配帝幣亦如之；神州地祇玉以兩圭有邸，幣以黑；五行、五官、五方嶽鎮

海瀆諸神幣各從其方色禮神之玉各置于神位前瘞玉加于幣（先是郊祀尊彝籩豆簠簋之類皆用前代制所考正上遠稽三代作郊廟禮祀之器至是舉而用之儼然大備于郊具觀祀圜壇門）前期一日尚輦奉御進輿于垂拱殿皇帝服通天冠絳紗袍乘輿以出稱警蹕如常儀乘黃令進玉輅于宣德門外左輔奏請降輿升輅至齋宮明禮殿前迴輅南向左輔奏請降輅乘輿入齋殿侍衛如常儀祭日皇帝服通天冠絳紗袍乘輿至大次禮儀使等分立大次前有司奏請行事皇帝服袞冕以出禮儀使等前導至中壝門外殿中監跪進大圭皇帝執以入宮架儀安之樂作至午階樂止登歌樂作至第二成版位東向立樂止禮儀使奏請有司謹具請行事宮架

卷五千四百九十

作寧安之樂廣生儲祐之舞八成止皇帝再拜禮儀使奏請搢大圭盥手登歌樂作帨手訖執大圭至壇樂止登歌嘉安之樂作殿中監進鎮圭皇帝搢大圭執鎮圭詣皇地祇神位前南嚮跪奠鎮圭于繅藉執大圭俛伏興搢圭禮儀使奏請受玉幣奠訖俛伏興再拜樂止恭安樂作詣太祖皇帝神位前西向奠圭幣如前儀禮儀使前導皇帝還版位登歌樂作至位東向立樂止禮部戶部尚書以下奉饌俎宮架豐安之樂作奉奠訖樂止皇帝再詣罍洗搢大圭盥手登歌樂作帨手洗爵拭爵訖執大圭至壇上樂止登歌光安之樂作詣皇地祇神位前搢大圭跪執爵祭酒三奠爵訖執圭俛伏興樂止

太祝請冊皇帝再拜訖登歌英安之樂作詣太祖神位前如前儀皇帝還版位登歌樂作至位樂止皇帝還小次登歌樂作殿中監跪受大圭簾降樂止文舞退武舞進宮架文安之樂作舞者立定樂止亞獻盥帨訖作隆安之樂厚載凝福之舞禮畢樂止終獻行禮如前儀皇帝詣飲福位登歌樂作至位樂止禧安之樂作皇帝再拜搢圭跪受爵祭酒三啐酒奠爵受俎奠俎受摶黍豆既奠再受爵飲福訖奠爵執圭俛伏興再拜樂止皇帝還版位如前儀禮部戶部尚書撤俎豆登歌成安之樂作卒徹樂止禮部尚書等降復位禮直官曰賜胙行事陪祀官再拜宮架寧安之樂作一成止皇帝詣望瘞位

卷五千四百九十

登歌樂作降自午階樂作宮架樂作至位北向立樂止禮直官曰可瘞舉燎火瘞半坎禮儀使跪奏禮畢宮架樂作皇帝出中壝門殿中監受大圭皇帝至大次樂止有司奏解嚴皇帝常服乘大輦還齋宮鼓吹振作皇帝升御座百官稱賀皇帝降座鳴鞭殿上侍立官以次退所司放仗還內如常儀　徽宗建中靖國元年十月十七日詔南郊以皇弟衛王佖為亞獻蔡王似為終獻（崇寧三年親祀同）

宋會要

大觀四年十一月三日冬至祀天于圜壇以皇弟燕王俁為亞獻越王偲為終獻　政和三年十一月五日帝

躬上神宗皇帝哲宗皇帝徽號册寶于太廟，越翌日祀昊天上帝于圜丘，以皇弟燕王俁爲亞獻，越王偲爲終獻。六年十一月八日朝獻景靈宫，九日朝享太廟，翌日祀昊天上帝于圜壇，皇弟燕王俁爲亞獻，越王偲爲終獻。

卷五千四百九十

全唐文　宋會要

郊祀儀注

高宗紹興二年，太常寺：每歲常祀夏日致祭皇地祇，係于行在錢湖門外惠照院望祭齋宫設位行禮，以太祖皇帝配。三獻官依儀，初獻係差宰執，亞獻禮部尚書、侍郎，有故或闕，次輪刑曹長貳，次給舍、諫議；終獻太常少卿、禮部郎官，有故或闕，差北司官，次輪刑曹郎官

卷五千四百九十五

此當入郊祀接祀感生帝後

宋會要

孝宗乾道元年正月一日親郊以皇子鄧王愭為亞獻恭王惇為終獻　六年十一月六日親郊以皇子慶王愷為亞獻恭王惇為終獻　九年十月九日親郊以皇太子為亞獻皇兄永陽郡王為終獻　淳熙三年十一月十二日親郊於圜壇以皇太子惇為亞獻永陽郡王

全唐文

居廣為終獻　十二年九月十四日詔親郊以皇太子惇為亞獻嗣濮王士歆為終獻别廟以恩平郡王璩為初獻榮陽王伯圭為亞獻昭慶軍節度使提舉佑神觀士岘為終獻　同日詔親郊皇帝安慶軍節度使平陽郡王擴令陪祠

紹聖三年以下為北郊

全唐文

宋會要　郊祀壇殿北郊齋宮 上

聖朝自太祖以來每行郊禮皆營構青城幄殿即周禮之大次也又於東壝門外設更衣殿即周禮之小次也

哲宗元祐九年正月詔重修黑壇齋宮　紹聖三年五月三日工部侍郎王宗望等言瑞聖園寘殿偏在南北隅逼近街道不唯將來陳列儀衛喧𡍼輿輅出入由懸正門難以迂曲其殿庭西廊外至園牆上闊四十步若修蓋望祭殿委是窄狹今比類南郊青城殿移近東充齋殿直本園南北門修蓋從之　六月乙酉詔立北郊齋宮於瑞聖園　六月二十七日權尚書禮部侍郎

全唐文

黄裳等言臣等相視北郊瑞聖園與南郊青城皆方三百步若以瑞聖園為帷宮最是近便其宴殿可以為齋宫即殿之西北為望祭殿以備陰雨詔入内内侍省選差使臣與工部同繪圖聞奏　四年九月二十一日營幹修蓋北郊帷宮所言元詔别立望祭殿今來帷宮之東見建登成殿可以充望祭之所乞下禮官審議禮部太常寺言登成殿係車駕觀穀遊幸之處若遇親祠北郊權充望祭所恐非朝廷專為祠神之意詔候將來禮畢令有司申請　元符元年六月將作監言被詔修建南郊青城齋宮今已繪圖進稟緣大禮日逼望且先次修建寢殿等餘候禮畢與修宮外城圍亦預計工力從

之十一日工畢凡為屋九百一十三間　帝幸瑞聖園
觀新城北郊齋宮故事郊宮悉設以幕帝其費不貲上
命繕營不日而成三歲一郊次舍之費縑帛三十餘萬
工又倍之易以屋室一勞永逸所省多矣　徽宗崇慶
二年六月八日試給事中詳定編修大禮勅令鄧洵仁
等言昨修建南北郊齋宿宮殿南郊曰齋宮北郊曰帷
宮事體如一而名稱不同今欲並稱齋宮　十五日編
修大禮勅令所言將來北郊若依南郊例百官並宿青
城竊恐盛夏幕次逼窄今有廢草場地與青城及方丘
相近請宰執親王使相執政侍從官六曹尚書侍郎並
設次青城內餘就草場設次從之　政和四年四月十
九日詔夏祭齋宮大內門曰廣禋東偏門曰東秩西偏
門曰西平正東門曰合光正西門曰咸亨正北門曰至
順南門裏大殿曰厚德東曰左景華西曰右景華正殿
曰厚德便殿曰受福曰坤珍曰道光亭曰承休

中興禮書

高宗紹興二年二月五日太常少卿程瑀等言已降指
揮令臨安府於城外東南已地踏逐祀天去處本府見
踏逐城外東南妙覺院屋四間城內天寧觀屋五間今
相視得妙覺院屋係面東兼出城遥遠不可用城外東
南别無寺院若令創行修建有礙近降權住修造指揮
若止就城內天寧觀望祭又近降指揮合於城外東南

望祭今來合取自朝廷指揮詔權於天寧觀望祭　六
年正月十五日禮部言準都省批下太常少卿何慤尋
劄子近準省劄勘會圜丘方澤社稷之祭見於臨安府
天慶觀小屋三楹卑陋湫隘軍民雜居喧怒雜亂深屬
不便劄付寺同臨安府於城內外空閑去處别行踏逐
申尚書省今同共踏逐到城外惠照院見今空閑堪充
望祭齋宮其屋宇與見今齋宮類同除廊門屋三間欲
還寺僧依舊居止及别撥屋兩間安頓佛像外其餘堪
充齋宮屋宇去處合行修葺擗截門窗籬壁之類乞下
臨安府施行更合取自朝廷指揮後批送禮部本部相
度欲依所乞施行詔依　十三年正月十九日禮部太
常寺言准紹興十二年十二月十一日勅節文來歲大
禮乞用南郊冬祀之儀庶幾壇陛日時克符衆類上應
祖宗之故事遠合古昔之彝典詔令禮部太常寺討論
禮制申尚書省今討論國朝禮制圜壇在國之東南壇
之側建青城齋宮以備車駕出郊宿齋今欲令臨安府
詳前項禮制於行宮東南城外先次踏逐可以修建圜
壇并青城齋宮去處申處朝廷指揮候降下逐旋討論
其餘合行禮制詔依討論到事理施行　二月十四日
詔將來郊祀齋宮更不修蓋止令計置幕殿　三月八
日權禮部侍郎王賞等言檢會在京青城宮殿大內門
曰泰禋東偏門曰承和西偏門曰迎禧正東門曰祥曦

正西門曰景耀，後門曰拱極，大殿門曰端誠，大殿曰端誠，便殿曰熙成。所有將來郊祀大禮，如車駕前一日赴青城宿齋，欲乞令儀鸞司同臨安府預先於已踏逐地步內，體倣前項青城制度，隨宜絞縛。所有行事執事陪祀官宿齋幕次，亦乞令臨安府同儀鸞司預先踏逐側近寺院貼占釘設排辦。詔依，令隨宜絞縛，不得侈大。三十九日詔令有司遵守施行，仍不得建造瓦屋。同日，王賞等又言：「勘會將來郊祀大禮，依禮例合修蓋望祭殿。契勘在京圜壇望祭殿係五間，周圍重廊等。今欲乞從太常寺具合用間例畫圖，報臨安府預先修蓋施行。」詔並令絞縛幕屋。同日，王賞等又言：「勘會國朝禮例，每遇冬祀大禮，依儀皇帝

宿齋三日，內一日於大慶殿，一日於太廟，一日於青城。所以將來郊祀大禮宿齋，未審依前項禮儀，唯復依紹興十年明堂大禮禮例，並於前殿宿齋。」詔依祖宗禮例施行，不得創造齋殿。十九日，禮部、太常寺言：「少保、保成軍節度使兼領殿前都指揮使職事楊存中等劄子，踏逐到龍華寺西空地一段，東西長二百二十步，南北長一百八十步，修築圜壇。除壇及內壝丈尺依制度使用地步九十步外，其中壝、外壝欲乞隨地之宜，用二十五步分作兩壝，外有四十步。若依前項地步修築，車輅儀仗禁衛可以排列。所有龍華寺側近地步修青城并望祭殿，委是圓備。小帖子開說：圜壇丈尺係冬祀大禮

昊天上帝壇，緣將來行郊祀大禮，係合祭昊天上帝、皇地祇，并從祀共七百七十一位。詔依，尋令合干人打量合用丈尺，相視今來圜壇，依倣舊制，及郊祀所設神位，鋪設祭器、登歌樂架、酒尊、前導路及皇帝飲福位等，共合用第一成縱橫七丈，第二成縱廣一十二丈，第三成縱廣一十七丈，第四成縱廣二十二丈，分一十二陛，每陛七十二級。三壝：第一壝去壇二十五步，中壝去第一壝一十二步半，外壝去中壝一十二步半。并燎壇之制，方一丈，高一丈二尺，開上南出戶，方六尺，三出陛，在壇內二十步丙地修建。今契勘所建圜壇并燎壇，即未審合令是何官司管認修建。」詔令臨安府同殿前司修建。

閏七月二十三日庚時興工，至十月二十二日畢工。宋會要：其後畢工，監修官屬並特一官，選人比類施行。

六月十二日，權禮部侍郎王賞等言：「勘會將來郊祀大禮，已降指揮，前一日於太廟宿齋。緣今來太廟止有大次瓦屋五小間，外未曾建置齋殿。若行申明，就大次後修蓋齋殿，有礙近降不得創建齋殿指揮；若不申明，又恐將來車駕至太廟未有宿齋殿宇。伏望更賜取旨施行。」詔令儀鸞司絞縛幕次。十三日，皇城司言：「知臨安府王晚劄子，照會將來郊祀大禮，所有青城齋宮合用絞縛物料，係本府應辦，即未見得的實合起蓋屋宇間架深濶丈尺數目，及皇城四壁地步去處。欲望劄下禁衛所、皇城司等處，將合起齋宮屋宇間架丈尺數目

并皇城四壁分明標遷地步關報儀鸞司同本府前去檢計實用物料以憑預行計置施行本司隨宜相度到下項　一熙成殿前東西兩廊各設廊屋五間殿後貯廊并兩廊各設三間及後擁舍並係充十閤分事務等　一端誠殿并端誠殿門係受賀殿宇所有殿前合設班位本司即不見得立班員數竊慮至時妨闕乞下閤門等處相度施行　一端誠殿門外東西壁附近寢殿處致喧鬧並合攔截不通過往并端誠殿門外合設宮門及宮門外合設皇城門其面南門内中道門係御路東西兩偏門放行事百官等并應奉人入出其周圍並係皇城即不見得皇城内置局應奉官司及宿齋臣僚幕次本司即難以標遷廣闊丈尺乞下所屬相度施行　一皇城裹合差親事官擺鋪除攔截不通過往更不差人外合設二十鋪每鋪六人各合用自方八尺鋪屋一間並乞以本司兵幕充詔依　七月十三日禮部太常寺言勘會今來郊祀大禮依議設小次於壇午階下之東西向乞令儀鸞司依禮例絞縛釘設排辦詔依後皆倣此　八月七日禮部太常寺言勘會依議設小次於圓壇外壝東門之内道北南向所有今來郊祀大禮合設大次欲乞令儀鸞司同臨安府預行計置絞縛釘設詔依後皆倣此　十日禮部太常寺言將來郊祀大禮前二日朝獻景靈宮欲乞依在京禮例就齋殿設大次乞下儀鸞

司預先相度前期釘設排辦詔依後皆倣此　十三日禮部太常寺言今續條具到事件下項　一勘會將來郊祀大禮依儀於壇之東南修築燎壇於壇之西北開瘞坎今來除燎壇已降指揮令殿前司臨安府修築外所有瘞坎亦乞令殿前司臨安府計會一就開撅　一勘會將來郊祀大禮前二日朝獻景靈宮依儀於殿之東南修築燎壇乞依自來大禮例令修内司計會隨地之宜修築詔依　二十三日禮部太常寺言勘會已降指揮令臨安府同殿前司修築圓壇并令儀鸞司臨安府絞縛青城并望祭齋宮今欲乞候逐處修築絞縛了日從禮部依自來大禮例定日同太常寺官將帶禮直官等及應奉官司詣逐處按視詔依　二十四日禮部太常寺言勘會今來所建圓壇并壝墻燎壇並合用紅灰泥飾及十二階陛并望祭殿内合用十二時立牌各一十二面共二十四面下馬牌六面其牌欲乞行下文思院計會太常寺指說製造所有合用紅灰令修建官司一就計料泥飾施行劄付工部施行　九月十七日尚書省言勘會將來郊祀大禮太廟齋居逼近廟室致有喧雜詔令禮部太常寺同臨安府相度地步增展上日太廟窄隘宿齋與神御殿逼近人跡喧雜行禮不肅可令展套地步添蓋宿齋處所若要規摸宏壯依舊日則不可至於崇奉之意須當依舊也　二十一日禮部侍郎王賞等言已降指揮太廟齋居逼近廟室致有喧雜令禮部太常寺同

臨安府相度地步增展尋相度到太廟齋廳後隔墻南省倉內有敖四間及傍有空地若拆去敖屋其地南北九丈東西一十丈可以將見今絞縛齋廳移那向後兼北墻與別廟後墻一齊詔依　二十九日禮部太常寺狀勘會昨在京日圜壇并望祭齋宮省記得依條例合差宮壇戶各六人歲終打併掃洒照管除治草莽係下開封縣差取更不支破請給止與免戶下科配差使專一在壇祗應兼契勘今來圜壇應奉將來郊祀大禮畢其歲終常祀非泛奏告並合赴圜壇行禮務要清潔今相度不敢依在京條例差破壇戶止乞令臨安府責委錢塘縣巡檢司差人兵一十人專一在壇照管打併除

全唐文

治草莽每季一替（壇壝有損測倒塌去處即令臨安府差人仔細修葺裝飾施行）劄下臨安府依所申　十月九日禮部太常寺言郊祀大禮前一日朝饗太廟依例合自櫺星門絞縛露屋曲尺接至大次前貯廊及大次上綵結鵰鴒並乞下儀鸞司同臨安府依例施行詔依（後皆倣此）

十月十三日禮部太常寺言修立郊禮儀注前祀三日儀鸞司帥其屬設大次於外壝東門之內道北南向小次於午階之東西向又設文武侍臣次於大次前隨地之宜行事陪祠官宗室及有司次於外壝東門之外設東方南方客使次於文官之後西方北方客使次於武官之後設饌幔於內壝東門之外隨地之宜　紹興十四年八月十七日禮部太常寺言勘會望祭殿并端誠

殿兩廊等臨安府並行去拆了當將來十一月冬至祀昊天上帝若遍行設從祀神位其望祭殿却合修蓋今檢準紹興元年二月五日勅節文每歲祀祭天地止乞設正配位詔依勘會將來冬至祀昊天上帝依儀合於圜壇設正配位行事所有從祀神位緣望祭殿并齋宮未曾修蓋欲乞權依紹興元年二月五日指揮施行詔依　十五年五月十四日詔祀天去處令臨安府措置務要嚴潔　十六年三月十一日詔圜壇令臨安府相度增葺　六月三日禮部太常寺言勘會將來車駕前一日赴青城合用齋殿等紹興十三年並係臨安府及儀鸞司承指揮絞縛排辦了當數內望祭殿當時係

全唐文

太常寺具合用間數畫圖報臨安府絞縛幕屋所有今來大禮合用望祭殿乞依十三年體例令太常寺具合用間數畫圖報臨安府如法絞縛幕屋其青殿齋殿等亦乞依例令臨安府同儀鸞司絞縛施行詔就齋殿後量造瓦屋餘並絞縛幕屋　十九年五月三日禮部太常寺言太廟奉安所申乞修蓋將來大禮齋殿等尋委太常寺主簿林大鼐相視得初獻廳後元搭蓋齋殿地步其齋殿若遇大禮旋行絞縛其木植甓塼物料等所用浩瀚今來若行修蓋別無妨礙責得永久應奉車駕宿齋嚴潔免致逐番費擾今欲依本宮相視到事理并齋殿兩壁合用屋宇乞下兩浙轉運　修蓋詔依　七

月十二日，禮部太常寺言大社令韓彥直公文乞每月遍詣諸壇壝齋宮檢視遇有修整去處本局申太常寺報臨安府修整施行今省記在京大社令每月詣諸壇壝齋宮檢視如有修整去處申太常寺報將作監行下所屬修整竊慮見今將作監別無所轄修造去處兼即今應修飾壇壝等並係臨安府應副今來欲乞依例下臨安府修飾施行詔依　十九年八月十九日禮部言臣僚上言臣近差祠皇地祇竊見齋宮在城外惠照院殿宇卑陋廊廡湫隘祭器樂舞之類皆隨宜安頓省牲視饌之處殆不容周旋仍逈近營寨諠譁弗蠲甚非國家嚴恭事神之意臣竊按在京祠事郊外各有壇壝齋

全唐文

宮今恐未能悉如舊制亦合於城外寬敞去處別創見齋宮所貴嚴潔不致褻慢況孟夏雩祀季秋時饗皆係祭祀上帝以配祖宗豈宜因陋就簡一切闕略伏望令有司措置施行　詔令禮部太常寺同臨安府措置本府申相度得惠照寺望祭齋宮見今行路與營寨一處通行欲於西向築墻截斷於南向河内填築土橋一道通徹舊齋宮門出入所有殿宇今欲去拆攙簷及兩廊脫換損爛去處重行修整取令明典及於西壁創建齋宮一所廳屋五間挾屋七間兩廊屋十八間充行事宿齋省牲視饌幕次所有營寨墻屋逈近欲乞朝廷劄付殿前司行下本軍量行展入一丈免致喧譁外今措置下項　一見今望祭殿東西廊係準備值雨行事往來升降及東廊係巡牲點饌并入就位升降立班其西廊依舊充大樂禮器庫　一欲乞將今來創建宿齋屋東廊從南第一間蓋盱廊通接齋宮西廊作角子門通過其常日乞令大社封鎖望祭殿門其鑰匙貴納太常寺官收掌遇行事令合干人請鑰匙開門放令祗應人鋪設　一初獻廳後更行修蓋龜頭屋充聚廳習讀祝文位次詔依　二十五年十月太常寺言大禮所用幕次係臨安府應副排辦乞專委知府提調從之　孝宗隆興二年三月二十六日禮部太常寺言准以（正）月一日詔令歲冬至日當郊見上帝可令有司除事神儀物諸軍

全唐文

賞給依舊制外其乘輿服御及中外支費並從省約仍條具以聞今條具下項　一勘會今來大禮朝獻景靈宮合用燎壇并朝饗太廟別廟殿室内合用神帳法物祭器神廚什物名件門戟并小次及七祀配饗功臣位次等并圜壇龕陛壝墻燎壇望祭齋殿大小次幄帷神廚什物等並係祀神儀物欲乞依逐次大禮體例關報臨安府等處修飾絞縛排辦施行外其端誠殿并青城及待班屋等乞令兵部同臨安府等處照應今降省約指揮條具申請施行　一太廟別廟廊廡神廚齋殿齋坊屋宇依逐次大禮例係兩浙轉運司臨安府檢計修飾今來太廟別廟殿宇欲乞依例修飾外所有齋殿并

其餘屋宇亦合省約乞差官檢計量行修飾施行後皆做此
乾道三年二月十一日權發遣臨安府王炎劄子今月
初一日内殿奏事面奉聖旨宣諭今歲郊禮務欲節省
如寢齋在易安齋相去稍遠更不欲去只端誠殿後旋
安排一寢殿可以省造露屋之類炎已奏恭領聖旨外
緣本府見今計置合行事件欲望朝廷特賜覆奏行下
以憑恭依施行詔依已得指揮　五年九月十一日太
常少卿林栗丞陳損傅士龔滂主簿馮仲夷言竊惟祀
帝於郊在國之南就陽位也古今議禮者惟差參不齊
然就陽之義未之有改伏見國家舉行典禮歲中祀上
帝者四春祈夏雩秋饗冬報其二在南郊圜壇其二在
全唐文
城西惠照院望祭齋宮蓋緣在京日孟夏大雩别建雩
壇於郊丘之左季秋大饗有司設事就南郊齋宮端誠
殿今來行在未建雩壇及端誠殿遂權就城西望祭齋
宮然於就陽之義因天事天無所依據謹按唐武德貞
觀開元國朝開寶興國祥符之間孟夏大雩季秋大饗
皆即南郊圜丘行事皇祐二年始即大慶殿為明堂躬
行嚴配之禮至每歲有司設事仍寓圜丘元豐五年始
建雩壇於郊丘之左前此皆在圜丘欲望朝廷詳酌除
三歲親祠自有典故外其有司攝事歲中四祭並即圜
壇以遵舊制詔依　二十七日權禮部侍郎鄭聞員外
郎范成大等言近准録黃林栗等劄子為季秋祀上帝

乞於郊丘行事得旨已依所乞然尚有當議者蓋國初
沿襲唐制一歲四祭　昊天上帝於郊丘謂祈穀大雩
饗明堂祀圜丘也唯是明堂當從屋祭因循未正至元
祐六年太常博士趙叡建言本朝親饗之禮自明道以
來御大慶殿以為明堂蓋得聖人之意至於有司攝事
之初乃尚寓於圜丘竊見南郊齋宮有望祭殿其間屋
宇頗寬乞將來季秋大饗明堂有司攝事只就南郊齋
宮行禮至元符元年又寓於齋宮端誠殿以此考之蓋
既曰明堂當從屋祭故也前日寓祭於城西惠照齋宮
以方位為非是今既改就南郊於禮為合但明堂當從
屋祭不當在壇臣等竊見今郊丘之隅有淨明寺每祠
全唐文
事遇雨望祭於此欲乞遇明堂親饗則遵依紹興三十
一年已行典禮如常歲有司攝事則當依元祐臣僚所
陳權寓淨明寺行禮庶合明堂之義詔依
中興禮書　郊祀禮殿大十四
淳熙十二年八月五日郊祀大禮提點一行事務所言
皇孫進封平陽郡王趣赴起居等與宗室正任同幕次
今來郊祀大禮除景靈宮幕次從已降指揮外所有太
廟青城宿齋幕次乞施行詔令別行排辦　二十五日
御史臺言勘會今來郊祀大禮前一日朝饗太廟至日
圜壇行禮所有皇太子皇孫平陽郡王合用幕次皇太
子前二日太廟宿齋今貼占齋殿前西壁四間前一日

圓壇宿齋令貼占龍華寺，皇孫平陽郡王前二日太廟宿齋令貼占齋殿前皇太子幕次南壁四間，前一日圓壇宿齋令貼占龍華寺東廊堂屋三間。詔依。　十月二十六日，權發遣臨安府張均劄子奏：伏見圓壇墻垣，當郊之歲旋復營葺，熙事告成，又姑置而不問。青城熙成一殿，固所素有，門禁不肅，幾若通衢。臣以為莫若俟今來禮成後，將郊壇墻垣熙成殿宇嚴其扃鐍，非時擅啟，從本府量差使臣軍兵巡守，守臣逐時檢察。伏乞特降指揮施行。詔依。

宋會要

以下郊祀位次

仁宗慶曆元年十一月十五日，詔免諸蕃太廟陪位，其宣德門、景靈宮門外及南郊壇立班如故。二十日，親郊，詔郊壇黃道褥改用緋絹，奠幣登獻畢，朕更不就小次，並捲去簾幃，以表恭事天地之意。　四年十一月二十五日，合祭天地於圜丘，始至壇下，詔太常大樂六變無壇減節，不御小次，徹黃道，以盡恭肅之意。（舊制郊禮黃道褥鋪至一級，具第一級接以緋褥至神位，至是盡令徹去。）　神宗熙寧元年十一月十八日昧爽，合祭天地於圜丘，帝至壝門，却御蓋登壇，撤黃道褥，不御小次，命侍祠官勿回班，以罄寅恭報本之意。

四年二月十八日，詔圓壇無用地衣。

中興禮書　位次

紹興十三年八月五日，禮部、太常寺言：檢會紹興十年

全唐文

明堂大禮并前二日朝獻景靈宮、前一日朝饗太廟行禮黃羅拜褥并飲福黃羅褥，承指揮並改用緋。所有今來郊祀大禮并朝獻景靈宮、朝饗太廟行禮，應合設皇帝拜褥，未審依舊例用黃，唯復依紹興十年禮例用緋。詔依紹興十年例施行。（後皆倣此）　十日，禮部、太常寺言：檢會大禮令，讀冊官讀冊至御名勿興，壇殿上下徹去黃道䄄褥，入壇殿門不張蓋，百官不得回班，御燎從物繖扇更不入壇殿，行禮前衛士不起居呼萬歲。所有今來郊祀大禮并朝獻景靈宮、朝饗太廟，欲乞並依上件令文。詔依。（後皆倣此）

宋會要

全唐文

高宗紹興十三年十月，禮部、太常寺修立郊祀大禮儀注：前祀一日，奉禮郎、禮直官設皇帝位版於壇下小次前，西向；飲福位於壇上午階之西，北向；望燎位於柴壇之北，南向；望瘞位於坎之南，北向。贊者設亞獻、終獻位於小次之南稍東，西向。大禮使、左僕射又於其南，行事吏部戶部禮部刑部尚書、吏部禮部刑部侍郎、光祿卿、讀冊舉冊官、光祿丞位於大禮使之東，（光祿丞樹却）奉禮郎、太祝、郊祀太官令位於小次之東，北俱西向北上。監察御史位二：一於壇下午階之西南，一於子階西北。協律郎二：一於壇上樂虡西北，一於宮架西北，俱東向。押樂太常丞於登歌虡北，押樂太常卿於宮架北，良醞令於

酌尊所俱北向又設陪祀文武官位於執事官之南諸方客使在文官之南隨其方國光祿陳牲於東壝門外西向祝史各位於牲後太常設省牲位於牲西大禮使左僕射在南北向西上分獻官位於其後行事吏部禮部戶部刑部尚書吏部禮部刑部侍郎押樂太常卿光祿卿讀冊舉冊官押樂太常丞光祿丞奉禮協律郎太祝郊社太官令在北南向西上凡設太常丞以下位皆稍却監察御史在吏部尚書之西異位稍却光祿陳禮饌於東壝門外道北南向太常設省饌位版於禮饌之南大禮使左僕射在南北向西上分獻官位於其後監察御史二員在西東向北上行事吏部戶部禮部刑部尚書吏部禮部刑部侍郎押樂太常卿光祿卿讀冊舉冊官押樂太常丞光祿丞奉禮協律郎太祝郊社太官令在東西向北上設進盤匜帨巾內侍位於皇帝版位之後分左右奉盤者北向奉匜及執巾者南向祀日丑前五刻太常設大禮使已下行事執事官揖位於卯階之東內壝外如省牲位行事升壇飲福望燎望瘞升壇立向同唐禮詳見總儀

孝宗興隆二年正月一日禮部太常寺言准已降旨條具約省事如南郊皇帝位版亞終獻及公卿位版腰輿帕匣例合修製者止添黃羅夾帕一公卿位版七十畨衣用餘止量行雅飾從之自後遇郊並依此條具

中興禮書

郊祀奏告

郊祀奏告　紹興十三年六月二十三日禮部太常寺言准御札今年冬至日有事於南郊合奏告天地宗廟社稷宮觀據太史局申宜用六月二十七日壬子吉今參酌到合行事件一合用御封降真香二十合天地二合宗廟二十二合社稷二合天慶觀一合報恩光孝觀三合乞下入內內侍省請降付太常寺一合用祝文一十六首天地二首宗廟一十二首社稷二首青詞二通天慶觀一通報恩光孝觀一通並述以今年冬至日有事於南郊合祭天地奏告之意乞下學士院修撰書寫進書訖降付太常寺內　懿節皇后祝文一首更不進請　一合用幣帛二十段蒼五黃一白十二皁一各長一丈八尺小尺下大府寺行下左藏東庫支供赴太常寺　一奏告天地社稷合用神位版并鋪設學生下太史局排辦差撥前一日赴惠照院齋宮祗應　一奏告天地合差奏告官一員前一日赴惠照院齋宮致齋依禮例降勅差宰執　一奏告太社太稷合差奏告官一員前一日赴惠照院齋宮致齋天慶觀合差奏告官一員前一日赴本觀致齋報恩光孝觀合差奏告官一員緣本觀別無屋宇欲乞前一日於明慶寺宿齋至日赴本觀行事依禮例並降勅差侍從官　一奏告官宗廟合差奏告官一員前一日赴太廟致齋依禮例降勅差南班宗室　一奏告逐處各差光祿卿奉禮郎大祝大官令並各前一日絕早赴祠所致齋內大祝差文人有出身人充乞從太常寺請官及具員

數申吏部差官　一奏告天地宗廟社稷每位各合用酒二升鹿脯一段（每段重四兩）鹿鬻二合半真蠟燭三條（每條重四兩）縮酒茅一束其天慶觀報恩光孝觀每位各合用酒二升鵝梨五顆（闕以時果代）法醬二合半真蠟燭三條（每條重四兩）及逐處合用香爐匙合炭火神席燎草糗盆並下臨安府排辦詔依（十六年用六月二十四日十九年用七月九日二十年用七月十日二十五年用七月二日二十八年用六月二十一日隆慶二年先用六月二十五日續准指揮以來年正陽之月雩祀之辰恭見上帝於圜丘再用十一月二十三日又准詔改用献歲上辛又用十二月十四日乾道三年用六月十六日六年用六月十九日九年用六月十四日淳熙三年用六月十五日其所差光祿卿奉禮郎太祝太官令及排辦香幣青詞祝文禮料酒脯等並如紹興十三年之制）　七月五日禮部太常寺言奏告諸陵宜用七月九日甲子乞依禮例權於法

惠寺設位奏告行禮令具合行事件下項　一奏告諸陵合用表文二十八通并昭慈聖獻皇后攢宮表文一通永祐陵攢宮表文二通懿節皇后攢宮祝文一首（並述以今年冬至日有事於南郊合祭天地奏告之意）並下學士院修撰書寫訖降付太常寺所有攢宮表文祝文乞令學士院一面降付入內內侍省令所差齋香人一就齋降前去攢宮司內懿節皇后祝文更不進書　一合用御封降真香內諸陵二十八合昭慈聖獻皇后攢宮一合永祐陵攢宮三合乞下入內內侍省請降付太常寺所有攢宮合用香乞依例差人降付攢宮司內懿節皇后香更不進請一奏告諸陵合差奏告官二員乞依例降勑差南班宗

室并合差太祝三員以文臣有出人充並前一日赴法惠寺致齋所有每位合用供養茶酒果蠟燭燎草等下臨安府排辦　一奏告昭慈聖獻皇后攢宮并永祐陵攢宮乞候香祝到日令紹興府一面選日差官及排辦供養茶酒果蠟燭等詔依（十六年用六月二十九日十九年用七月十八日改於惠照院齋宮設位二十二年用七月十九日二十五年用七月十一日二十八年用六月二十四日隆興二年用六月二十九日續准指揮以來年正陽之月雩祀之辰恭見上帝再用十一月二十四日又准詔改用獻歲上辛又用十二月十五日是年添祭告安穆皇后攢宮乾道三年用六月十九日六年用六月二十四日是年添祭告安恭皇后攢宮九年用六月二十二日淳熙三年用六月二十一日其降香表祝文奏告昭慈聖獻皇后攢宮永祐陵攢宮並如紹興十三年之制）二十二日禮部言准都省批送下入內內侍省申大禮前豫告宮觀禮畢各作道場一晝夜等後批送部看詳尋下太常寺看詳欽依紹興十年體例於大禮前降香於行在天慶觀設道場一晝夜罷散并禮畢亦降香於天慶觀設道場一晝夜罷散詔依（紹興十六年至淳熙三年郊祀降香預告宮觀於天慶觀作道場并禮畢設道場並如紹興十三年之制）八月五日禮部太常寺言今來郊祀大禮御札降祭告五嶽四海四瀆其路通去處欲依紹興十年明堂大禮例齋降香祝前去逐處祭告所有道路未通去處亦乞依禮例於行在設位祭告今具合行事件下項

一道路未通去處係兗州東嶽天齊仁聖帝華州西嶽金天順聖帝定州北嶽安天元聖帝河南府中嶽中天崇聖帝萊州東海助順淵聖廣德王河中府西海通聖

全唐文

廣潤王孟州北海沖聖廣澤王唐州東瀆大淮長源王河中府西瀆大河顯聖靈源王孟州北瀆大濟清源王所有設位祭告日辰係太史局申宜用八月八日壬寅吉具應合差官排辦香祝幣帛禮料等依禮例從太常寺開具關報所屬差官及排辦於望祭齋宮設位行禮

一路遇去處係潭州南嶽司天昭聖帝廣州南海洪聖廣利昭順威顯王益州南瀆大江廣源王各合用御封降真香一合乞令入內內侍省請降各合用祝文一首（並述以今年冬至日有事於南郊祭告之意）乞令學士院修撰書寫進書訖並降付太常寺同禮料牒給付所差使臣齎降前去各合用幣帛禮料酒脯差官等乞從本寺開具牒報逐

州軍照會排辦及申吏部各差小使臣一員赴太常寺請領香祝并禮料牒前去逐州軍交割及下臨安府各差兵士一名擡擎香祝役使所有合用祭告日辰乞候香祝到日令逐州軍一面擇日排辦祭告詔依（其路未通去處十六年用七月十六日改於望祭齋宮設位十九年用七月十九日二十二年用七月二十三日二十五年用七月十四日二十八年用七月一日隆興二年用七月二日續准指揮以來年正陽之月雩祀之辰恭見上帝於圜丘再用十一月二十四日又准詔改用獻歲上辛又用十二月十五日乾道二年用六月二十二日六年用六月二十七日九年閏六月二十四日其路通去處依條例齋降香祝前去逐處祭告隆興二年唐州亦係路通去處降香祝前去祭告東瀆大淮長源王自後告謝東瀆止於行在設位）

九月十四日禮部太常寺言將來郊祀大禮前二日奏告太祖皇帝太宗皇帝配侑令具合行事件下項　一合用御封降真

香二合乞下入內內侍省請降付太常寺　一合用祝文二首（並述以今年冬至日有事于南郊前二日奏告）乞下學士院修撰書寫進書訖降付太常寺　一每位合用鹿脯一段（重六兩）鹿臡五合真蠟燭三條（每條四兩重）法酒四升并合用縮酒茅藉祭器席褥并行事官幕次等乞下臨安府排辦及儀鸞司同共釘設詔依（紹興十六年至淳熙三年郊祀前二日奏告合用香祝等並如十三年之制）

十九年六月二十四日禮部太常寺言准御札今年十一月十四日謁款於南郊契勘昨紹興十六年郊祀大禮依禮例合奏告在京宮觀當時奏告天慶觀報恩光孝觀昨紹興十八年修蓋太一宮係在京宮觀所有今來御札降即合依在京例奏告太一宮十神太

一十位詔依

隆興二年六月二十四日太常寺言郊祀大禮奏告天地宗廟社稷宮觀其日依禮例皇帝前後殿不視事詔依（凡遇奏告天地等差宰執行禮日並前後殿不視事）

十一月二十日禮部太常寺言昨准御札今年十一月二十九日謁款於南郊已依逐次大禮奏告五嶽四海四瀆等了當續准指揮以來年正陽之月雩祀之辰恭見上帝於圜丘所有祭告外路嶽鎮海瀆香祝止乞依見今歲中常祀禮例付進奏院入遞前去逐處詔依（舊制郊祀告謝南方嶽鎮海瀆依吏部各差小使臣一員齎降香祝前去逐州行禮是年冬至郊祀改作雩祀續又改上辛差官不及逐有此請自後因以為例）

乾道五年七月二十六日太常少卿林粟等言伏見國家駐蹕東南東海南海實在封域之內

檢照國朝祀儀，立春祭東海於萊州，立夏祭南海於廣州，其西海北遠在夷貊，獨即方州行二時望祭之禮。自渡江以後，唯南海廣利王廟歲時降御書祝文，令廣州行禮，如東海之祠，但以萊州隔絶，不曾令沿海官司致祭。粟等謹按：東海祠循祭於會稽縣界，唐祭於萊州界，本朝沿唐制，萊州立祠。元豐元年，建廟於明州定海縣。加封淵聖助順之後，則東海之祠本朝累加崇奉，皆在明州，不必泥於萊州矣。欲乞自今後立春及大禮告謝，依見今廣州祭南海禮例，關報所屬，請降香祝下明州排辦，差官行禮。詔依。（自後倣此）

奏告天地宗廟太社太稷

儀注　前二日，儀鸞司設行事執事官次於祠所。前一

日質明，行事執事官赴祠所清齋，集告官齋所肄儀。太祝習讀祝文及眡禮饌香幣訖，俱還齋所。告日前三刻，禮直官、贊者、諸司職掌各服其服。太常設神位席（天地社稷席以藁秸，餘以莞。太廟別廟宮闈令入殿開室，帥其屬掃除於神幄内，鋪筵南向，設几筵上，如常儀）。太史設神位版於壇上北方南向（社稷位南方北向）。太常陳玉幣於神位之左，玉加於幣上，置諸篚（太廟別廟及祠廟用幣）。祝版於神位之右，置於坫。香爐并合置於案上（以御封香）。次設祭器，皆藉以席，光祿實之。每位各左一籩（實以鹿脯），右一豆（實以鹿臡）。犧尊一，置於坫，加勺冪，在壇之東南隅北向（實以酒。社稷祠祭設於西北隅南向，太廟別廟於本室前楹間，祠廟於堂上前楹間，俱北向）。太常設燭於神位前，洗二於卯階之東北向（太廟別廟於東階下直東霤，祠廟於東階之東，並盥洗在東，爵洗在西），罍在洗東加勺，篚在洗西南肆，實以巾（若洗爵之篚，則又實以爵，加坫）。執罍篚者位於其後。設燎柴於壇之東南北向（地祇開瘞坎於子階之北，社稷於子階之西北，太廟別廟於西階之東，俱南向）。設望燎位於其北，告官在北南向（設望瘞位，則於瘞坎之南，告官在南北向）。奉禮郎、太祝在其後西上。設告官席位於卯階之東西向（太廟別廟於東階之東西向，祠廟准此，社稷於北牆下南向）。光祿卿席位於午階之南北向（太廟別廟於殿庭之南北向，社稷於壇之北南向，唯天地太廟別廟社稷設光祿卿位）。奉禮郎、太祝、太官令位於其東北向西上（太廟別廟祠廟準此，社稷於壇之北南向西上，在光祿卿後）。又設奉禮郎、太祝位於壇上之東西向北上（社稷奉禮郎太祝位稷壇上北向南上，太廟別廟於殿上之東西向北上，祠廟準此）。太官令於酒尊所北向（社稷南向）。告日（未明），太常令帥其屬實饌具畢，贊者引光

祿卿入就位（凡告官行事禮直官引，餘官贊者引），贊者曰再拜，光祿卿再拜，升自卯階（太廟別廟升自西階，祠廟升自東階，凡行事執事官升降階准此），點眡禮饌畢，退還齋所。餘官各服祭服。次引奉禮郎、太禮〔祝〕、太官令先入就席位。次引告官入就位（太廟別廟告官既就位，祠祭官於殿上贊奉神主，宮闈令入室搢笏，於祏室内奉神主詣神幄内，於几後啟匱，設於座，以白羅巾覆之，別廟以青羅巾覆之，執笏退復執事位，祠祭官於殿上贊奉神主訖）。禮直官稍前贊有司謹具，請行事。贊者曰再拜，在位者皆再拜。次引奉禮郎、太祝、太官令俱升就位立定。次引告官詣盥洗位北向立（社稷南向。以下詣盥洗、爵洗位準此），搢笏盥手，帨手執笏，升詣神位前，搢笏跪，三上香（祠廟搢笏上香乃跪）。次引奉禮郎搢笏西向跪（社稷東向），執事者以玉幣授奉禮郎，奉禮郎捧玉幣授告官訖，執笏興。

詣神位前北向立搢笏跪執事者以爵授告官告官執爵三祭酒奠爵執笏俛伏興少立（若太廟別廟則祭酒訖告官出室戶外立）次引太祝詣神位前東向（若太廟別廟則太祝於室戶外東向，社稷則西向）搢笏跪讀祝文訖執笏興復位（若詣太廟次室則太祝告官詣行禮並如上儀）告官再拜復位次引告官詣望燎位（地祇社稷詣望瘞位，太廟別廟後祠祭官）有司各（於上贊奉神主入祏室引宮闈令搢笏捧匱至於神座納神主於匱捧匱入祏室訖詣望瘞位）詣神位前取幣祝版置於燎柴（地祇社稷廟別廟祠廟置於瘞坎）次引奉禮郎太祝降詣望燎位立定禮直官曰可燎（瘞則曰可瘞）火燎半柴（瘞則寘土半坎）禮直官贊禮畢引告官以下退（太廟別廟宮闈令闔戶以降太常藏祝版於匱）

奏告宮觀儀注 前二日儀鸞司設行事執事官次於宮觀前一日質明行事執事官赴

全唐文

本宮觀清齋集告官齋所肄儀太祝習讀青詞祝文賦禮饌香幣訖俱還齋所告日前三刻禮直官贊者諸司職掌各服其服太常設幣篚於神位之左青詞祝文於神位之右香爐合并置於案上（擲以香）次設祭器皆藉以席每位各左一籩（實以時果）右一豆（實以法醬）著尊一置於坫加勺羃在殿上前楹間北向（實以酒）祠太常設燭於神位前洗二於東階之東北向（罍洗在東爵洗在西）罍在洗東加勺篚在洗西南肆（實以巾若爵洗之篚則又實以爵加坫）執罍篚者位於其後設燎柴於殿庭東南隅北向設望燎位於其北告官在北南向奉禮郎太祝在其後西上又設告官席位於殿下東階之東西向奉禮郎太祝太官令位於殿庭北向西上又設奉禮郎太祝位於殿上之東西向北上太官令於酒尊所北向告日未明告官以下並常服以俟贊者引奉禮郎太祝太官令詣殿庭各就席位禮直官引告官就位（凡告官行事禮直官引餘官贊者引）禮直官稍前贊有司謹具請行事贊者曰再拜在位者皆再拜次引奉禮郎太祝太官令升殿就位立定次引告官詣盥洗位北向立搢笏盥手帨手執笏升自東階詣神位前搢笏三上香跪次引奉禮郎搢笏西向跪執事者以幣授奉禮郎奉禮郎奉幣授告官訖執笏興復位告官受幣奠訖執笏俛伏興再拜訖復位（若詣次神位則奉禮郎告官行禮並如上儀）少頃引告官再詣盥洗位北向立搢笏盥手帨手執笏詣爵洗位搢

全唐文

笏洗爵拭爵以授執事者執笏詣酒尊所西向立執事者以爵授告官告官搢笏跪執爵執尊者舉冪太官令酌酒告官以爵授執事者執笏興詣神位前搢笏跪執事者以爵授告官告官執爵三祭酒奠爵（天慶觀洪孝觀）酒執笏俛伏興少立次引太祝詣神位前東向搢笏跪讀青詞祝文訖執笏興復位告官再拜復位（若詣神位則以次祝告官行禮並如上儀）少頃引告官詣望燎位有司各詣神位前取詞幣置於燎柴次引奉禮郎太祝詣望燎位立定禮直官贊曰可燎火燎半柴禮直官贊禮畢引告官以下退

外路告謝祠廟儀（排辦事件幣帛一段長一丈八尺小尺各隨方色祠祭一二升鹿脯一段重四兩鹿臡二合米麴以半[illegible]一闕蠟燭三條每條重四兩上香木炭二斤燎柴一火）

如闕以常器代祭服闕以常服行事獻官一員以知州充如闕差以次官奉禮郎太祝太官令各一員以文臣充內大祝以有出人充本州候降到御書祝版御香擇日祭告凡祭告報謝之儀准此前二日設行事執事官次於祠所前一日質明行事執事官赴祠所清齋官給饌物不飲酒茹葷葷謂辛菜唯祭告事得行其餘悉禁禮生引奉禮郎以下集告官齋所肄儀太祝習讀祝文眡禮饌香幣訖俱還齋所告日前三刻有司陳幣篚於神位之左幣以方色以祝版於神位之右置於坫香爐并合置於案上以御封香次設祭器皆藉以席每位各左一籩實以鹿脯右一豆實以鹿臡犧尊一加勺冪在殿上前楹間北向實以酒設燭於神位前洗二在東階之東北向盥洗在東爵洗在西罍在洗東加勺篚在洗西南肆

全唐文

實以巾若洗爵之篚即又實以爵執罍篚者位於其後開瘞坎於殿庭西階之東方深取足容物設望瘞位於其南告官在南北向奉禮郎太祝在其後西上設告官席位於東階之東西向奉禮郎太祝太官令位於庭中北向西上又設奉禮郎太祝位於殿上之東西向北上太官令於酒尊所北向告日未明太官令率其屬實饌具畢禮生引告官升自東階凡行事執事官升降皆自東階點眡禮饌畢退各服祭服次奉禮郎太祝太官令先入就位次引告官入就位禮生贊有司謹具請行事禮生曰再拜在位者皆再拜次引奉禮郎太祝太官令俱升就位立定次引告官詣盥洗位北向立搢笏盥手帨手執笏升詣神位前搢笏

三上香乃跪次引奉禮郎西向搢笏跪奉幣授告官訖執笏興復位告官授幣奠訖執笏俛伏興再拜降復位少頃引告官再詣盥洗位北向立搢笏盥手帨手執笏詣爵洗位北向立洗爵拭爵以授執事者執笏升詣尊所向西立執事者以爵授告官告官搢笏跪執爵執尊者舉冪太官令酌酒告官以爵授執事者執笏興詣神位前北向立搢笏跪執事者以爵授告官告官執爵三祭酒奠爵執笏俛伏興少立次引太祝詣神位前東向搢笏跪讀祝文訖執笏興復位告官再拜降復位次引告官詣望瘞位有司各詣神位前取祝版幣置於坎次引奉禮郎太祝降詣望瘞位立定禮生曰可瘞以火焚半寘

全唐文

土半坎禮生贊禮畢引告官以下退

中興禮書　郊祀陪八寶

紹興十三年閏四月三日工部言依奉聖旨製造車輅寶輿合要見在寶數照應造作尋申朝廷下門下後省契勘得九寶盝腰輿并沿寶法物係禁中收掌自有內符寶局官吏掌管其習儀虛腰輿行馬香案寶案席褥條帕燭籠并袋案衣係外符寶郎掌管今本省既不掌行實不見得寶數遂再會到禮部見在寶數緣係禁中收掌即無文字見得若不申朝廷乞敕奏請降見在寶數無由照應製造詔係八寶七月十八日起居郎兼權給事中鄭朴言契勘已降指揮將來郊祀八寶導駕應

奉行禮令來門下後省見准兵部會問八寶行列次序前連後次一行人數執着服色等圖本除一行人數執着服色已回報外本省今省既得在京曰八寶名稱行列次序前連後次圖本下項詔依臨期進匣請降左一鎮國神寶右二受命之寶左三皇帝之寶右四天子之寶左五皇帝信寶右六天子信寶左七皇帝行寶右八天子行寶前連纛旗後次方繖十九日禮部言門下後省申將來郊祀大禮奏請寶出及守視應奉行禮合差內外符寶郎等送部看詳尋下太常寺看詳下項　一在京曰奏請寶出合差內外符寶郎守視八寶應奉行禮昨降指揮內外符寶郎並罷令來郊祀大禮合差內外符寶郎令省詳欲依本省所申前期申朝廷指揮差官權攝　一將來郊祀皇帝宿齋并應行禮處諸頓並合設寶幄安設八寶腰輿香案乞下儀鸞司相度至時釘設其寶符郎守視八寶幕次於寶幄側近釘設令看詳欲依所乞　一令來八寶合差奉寶次供輦官共二百二十六人令欲乞令御輦院於次供輦官內差撥曾經寶下應奉慣熟人員二人節級八人長行每寶止差四人餘數於下都輦官內選差其援衛傳喝親從官人員已下共一百人亦乞令皇城使於應奉慣人內差撥仍乞令逐處前兩月發遣赴後省閱習令看詳欲依所乞　一令來見製造八寶習儀虛盝腰輿行馬香案燭籠席褥帕袋案衣等物數目浩瀚昨在京日上件法物係於右掖門外御

廊上置寶堂五間安頓門首掛金字額牌題寶堂二字專差皇院子二人剩員四人看管令欲乞令臨安府於三省側近擇撥修蓋仍依舊例造牌一面令看詳所乞修蓋寶堂差人看管緣郎令行在郊祀行禮比之在京不同欲乞候令來郊祀大禮畢權令本省將前項法物交割付文思院收掌又禮部太常寺狀契勘後省乞於三省側近修蓋寶堂今再看詳其法物大禮前未有頓放去處欲令後省措置於本省內權行安置候將來禮畢交付文思院　一引寶官案寶案職掌共八人令乞將本省令史守當官各一名充引寶職掌其引香寶職掌之人即於本省諸案人吏內差充如不足乞從本省於中書省後指名抽差令看詳欲依所乞詔依九月十四日禮部言門下後省具到八寶合行事件送部看詳申尚書省本部下太常寺看詳到下項　一在京日請降進納八寶等文字係用外符寶郎之印昨緣符寶郎廢罷令乞用本省見行使之印令看詳欲依所乞　一在京遇大禮日車駕詣景靈宮太廟青城行禮八寶并引寶燭籠行馬內青城入壇餘處入殿於宮架之側隨宜安設其香案并引香案燭籠席褥油帕袋並止入殿援衛傳喝親從止至殿門候行禮畢寶出援衛不入壇殿今欲並依舊例施行所有引寶職掌奉寶并人員節級及打行馬執擎引寶燭籠輦官並合給入出壇殿敕號引香案職掌擡香案并執擎引香案燭籠席褥油帕袋法物等輦官並合給黃方號援衛

傳喝親從人員已下並合給黃長號欲乞臨期從本省據所差人數職次姓名移文所屬支給令省詳欲依所乞　一引寶職掌在京日入壇殿往來安設八寶指引起止照管一行事務並許穿班越禁今欲將引寶職掌並許依舊例施行令省詳欲依所乞詔依　十月十四日禮部狀准都省批下門下後省申勘會今來郊祀大禮習景靈宮太廟圓壇儀日八寶下祗應人並合服著常服除捧衛親從各有頭帽紫衫服著外其奉寶執法物等輦官據御輦院差到近二百人並係殿前司軍兵充代輦官即無頭帽衫色竊見禮部捧冊等職掌乞用衫幘習儀已降指揮了當今欲乞將所差輦官逐次習儀日並止服已造介幘緋衫習儀送部看詳尋下太常寺看詳欲依所乞事理施行劄付禮部依看詳到行下本省照會（內引寶職掌二人後省申在京日服烏皮介幘降公服方心曲領革帶大帶蔽膝軟劍）十七日門下後省太常寺言勘會今來郊祀大禮八寶導駕詣景靈宮太廟圓壇行禮依儀合於壇殿內宮架東西安設及奏請皇帝宿齋日八寶合陳於大慶殿上今來地步比舊不同逐處隨宜相度下項　一奏請皇帝宿齋日八寶合陳於大慶殿上御榻前分東西安設符寶郎等守視在側俟奏請宿齋畢奉寶歸幄所有將來奏請皇帝宿齋日欲將八寶權於殿下分東西隨宜安設符寶郎等守視在側奉寶輦官權約在後以俟奏

請皇帝致齋畢奉寶郎出行宮北門宿於寶幄（寶幄已承指揮將帳亭前充）　一景靈宮殿內地步隘窄欲至日八寶導駕至景靈宮於殿外宮架西南隨宜安設符寶郎等守視在側奉寶輦官權約在後俟皇帝行禮將畢奉寶導駕以次詣太廟　一太廟殿內除安設宮架二舞外今欲將八寶至日於殿內宮架之東西兩壁隨宜安設符寶郎等守視在側其奉寶輦官人數頗多欲權約出南神門俟皇帝行禮畢歸齋殿郤行招引輦官入南神門奉寶歸幄以俟導駕詣青城　一圓壇至日八寶自青城導駕詣圓壇內於午階之南宮架之側隨宜安設符寶郎等守視在側奉寶輦官權約在後俟皇帝行禮將畢奉寶前導還青城俟皇帝受賀將畢前導還內仍依儀自東壝門入出　一將來如遇雨雪內圓壇皇帝望祭行禮依舊例更不安設宮架八寶外其奏請皇帝宿齋日欲於殿下東西兩廊上隨宜安設景靈宮太廟止將逐寶已造到油絹夾帕蓋搭其符寶郎等許令隨宜主班守視詔依　十六年六月二十二日門下後省言勘會將來郊祀大禮八寶導駕詣景靈宮太廟圓壇行禮依儀合於宮架東西安設今乞於前期從本省差人及關報太常寺差使臣禮直官一兩名同詣逐處相視隨宜申請施行詔依（後並倣此）　十月十四日門下後省太常寺言今來相視到太廟圓壇有合申請事件下項　一

太廟內東西地步比十三年增展稍寬今欲將八寶至日依儀於宮架東西隨地之宜安設（如遇雨雪却移於廊上隨冝安設）一太廟圜壇宮架東西地步雖可以隨宜安設八寶緣行禮將畢八寶却合前導內圜壇中壝并太廟八寶導駕行路侵碍立班官及二舞欲乞至時量行隨宜趲那許八寶趂赴前導其奏請皇帝宿齋并景靈宮等處安設行禮並依十三年已得指揮體例施行詔依（後做此）二十二年八月十一日門下後省言勘會將來郊祀大禮皇帝宿齋前一日請降八寶出外歸寶幄所有寶幄并符寶郎幕次等昨十三年係將都亭驛充十六以後係於天慶觀巷內空閑府第今欲乞依十六年體例令儀鸞司臨安府釘設排辦詔依　隆興二年三月三日禮部言門下後省申為大禮八寶更不排辦事送部看詳尋下太常寺看詳八寶係乘輿儀衛不係事神儀物乞依昨明堂太禮體例更不排辦欲依本省所申事理施行詔依（乾道三年六年並做此）乾道九年七月十八日門下後省言契勘本省每遇郊祀大禮合排辦八寶昨自乾道元年已後大禮更不排辦今檢照乾道六禮五輅已行應奉了當所有將來郊祀大禮排設八寶導駕合與不合依紹興二十八年以前體例排辦更合取自朝廷指揮詔依例排辦（淳熙三年做此）淳熙十二年六月十五日門下後省言將來郊祀大禮排設八寶導駕行禮本省合與不合依淳熙三年郊祀大禮體例排辦詔依例排辦

全唐文

宋會要 郊祀鹵簿

八月庚辰朔内出御札以十一月十六日甲子有事南郊十一月辛酉（十三日）宿齋崇元殿壬戌服通天冠絳紗袍執鎮圭乘玉輅鹵簿前導赴太廟宿齋癸亥（十五日）服衮冕執圭饗四室是夕陰翳及夜分開霽質明乘玉輅赴南郊合祭天地于圜丘禮畢有司奏還宮當乘金輅帝曰朕欲乘輦可乎侍臣對無背於禮乃乘輦還

宋會要

真宗咸平二年八月二十九日禮儀使言皇帝自朝元門出玉輅出乾元門至太廟門禮畢迴仗至南薰門入

卷五千四百七十九

乾元門四處並左右金吾仗與閤門對鸞駕前勘箭請編入儀注施行從之　景德三年十月二十六日命殿前指揮使曹璨都虞候鄭誠提點捧日奉宸隊及鹵簿儀仗使衛馬軍副都指揮使張旻編排鹵簿儀仗御前忠佐馬軍都軍頭安玉步軍都軍頭朱顯編排捧日奉宸隊步軍都軍頭王欒鄭榮編排儀仗軍士十一月十六日詔將來出西京經饗景金耀門平頭門欲乘小輦其金玉輅大輦並由城外過初有司言至西京具鑾駕儀仗皇帝乘大輦而城門卑狹高廣之帝慮勞人故有是詔十二月三日禮儀使王欽若言汾陰路應車駕經由前三日禁止喪事從之陳堯叟等言砍石開路

當是熙寧

多山險步居含詔侯至新安日駕前軍先赴張茅駕後軍馬上石壕令御前忠佐鹿信韓瓊於駕前　十二月二十一日詔定天書儀仗為一千六百人（初止千人東封宮中合法駕儀仗以中崇奉還至含芳園以仗衛朝省述令益數至是始為定式）賜諸司奉祀職掌裝錢衣服　二十二日詳定所言車駕經西京令用儀仗其留司太僕寺見管車輅法物望令先次脩飾又朝覲壇仗衛請令諸司比御殿例於法駕內量取戟槊旗幡等陳設其陪位舉人以曾經省試者充並從之

宋會要

十年詔南郊行禮乘舊玉輅還內乘大輦其新玉輅更不隨行令後准此元豐元年七月二十三日禮院言按

卷五千四百七十九

儀注親祠皇帝所過之門皆勘箭契自熙寧四年始罷勘箭而猶存勘契之禮若車駕入太廟皇城京城門鹵簿前仗已從門入而天子將至則復閉中門稽留玉輅窮詰此禮於衆人則通之於至尊則限之非所以為順也所有太廟及宣德朱雀南薰門勘契伏請不行明堂文德殿門亦乞準此從之

宋會要

哲宗紹聖三年六月二十七日權尚書禮部侍郎黄裳等言南郊用大駕鹵簿儀仗二萬六十一人明堂祫享用法駕計一萬八十八十八人令親祀北郊備物則當用大駕如以盛暑之月稍減煩文即依明堂禮用法駕

鹵簿照依南郊用大駕鹵簿。徽宗政和四年正月二十四日，禮制局言：夏祭用法駕，合乘玉輅，前降去乘太輦指揮，乞賜裁酌。詔乘玉輅。二十七日，夏祭大禮使言：親郊詔乘玉輅，緣方盛暑，其大安輦亦乞按習，以備供進。從之。三月十三日，詔齋宮至方壇往迴並乘大輦。三月二十九日，手詔：夏祭前一日，備輦輅於宣德門聽旨，如值雨，乘逍遙輦。五月九日，龍圖閣學士兼侍讀蔡攸奏：有旨令臣夏祭陪輅執綏，若御大輦，乞騎從於玉輅之後。從之。十日，乘大輦還齋宮，解嚴，放仗，常服還內。六年，言者謂：親祠天地皆乘玉輅以赴齋宮，自齋宮至壇，正當祀事之時，乃乘大輦，疑非禮意。下詔討論。

卷五千四百七十九

七月五日，禮制局言：請造大輅，如玉輅之制，唯不飾以玉，所駕之馬，其數如之，唯繁纓一就，以稱尚質之義；仍建大旂十有二旒，龍章日月，以協象天之義。至禮畢還齋宮，則御大輦，於禮無嫌。從之。七年正月二十七日，禮制局言：昨討論大駕六引，開封令、開封牧乘墨車，兵部尚書、禮部尚書、户部尚書、御史大夫乘夏縵，乞經冬祀陳設訖，所有駕士衣服尚循舊六引之制，宜行改正。況天子五輅駕士之服各隨其輅之色，則六引駕士之服當亦如之。請墨車駕士衣皁，夏縵駕士衣皁質繡五色團花，於禮為稱。從之。

全唐文

續會要

淳熙三年十月八日，詔郊祀幹辦排連法駕鹵簿儀仗兵隊，可更差王明一員。續會要

卷五千四百八十

全唐文

宋會要　郊祀冕輅冠服

太祖乾德元年十一月大祀南郊十三日宿齋於崇元
殿翌日服通天冠絳紗袍執鎮圭乘玉輅由明德門赴
太廟朝享禮畢乘輅赴郊齋於帷宮　十六日冕服執
圭合祭天地于圜丘
十一月五日冬至祀昊天上帝于圜丘帝服靴袍乘輦
至大次有司請行禮帝服大裘袞冕以出至壇中壝
門外殿中監進大圭帝執以入
紹聖三年六月二十七日權尚書禮部尚書黃裳等言
南郊親祭服皆以羅綾爲之今北郊盛暑之月難用袷

卷五千四百七十六

服謹按月令孟夏初衣暑服孟冬始裘朔依冕制度改
用單衣從之又言天聖衣服令群臣朝服亦用絳紗單
衣白紗中單之制即將來北郊親祭服宜用紗爲單衣詔
令通天冠絳紗袍屨舃令月令行裁制令入內內侍省
選差使臣一員同有司詳定奏聞其朝祭服並用單紗
十月三日詔朕若古之訓惟天爲大天下萬物繇以稱
之故先以類而求祀於圜丘象其形莫以蒼璧像其色
冬日之至取其時大裘而冕法其幽而未有以體其道
夫天玄而地黃元天道也朕荷天顧誕錫以元圭內赤
外黑尺有二寸旁列十有二山蓋陶之瑑圭有法乎是
祇天之休于以昭事上帝而體其道遍閱遠規將求冬

祀可搢大圭執元圭庶格上帝之心以致祐于下民永
爲定制　四年五月十二日皇帝親祭地方于澤前期
一日尚輦奉御進輿於垂拱殿皇帝服通天冠絳紗袍
乘輿以出備警蹕如常儀乘黃令進玉輅於宣德門內
左輔奏請降輿升輅至齋宮明禋殿前迴輅南向左輔
奏請降輅乘輿入齋殿侍衛如常儀祭日皇帝服通天
冠絳紗袍乘輿至大次禮儀使等分立大次前有司奏
請行事皇帝服袞冕以出行事奏禮畢解嚴皇帝常服
乘大輦還齋宮鼓吹振作皇帝升御座百官稱賀皇帝
降座鳴鞭殿上侍立官以次退所司放仗還內如常儀
七年三月二十五日詔夏祭百官朝祭服用紗　四

卷五千四百七十六

月十八日禮制局言按周禮祀昊天上帝則大裘而冕
祀五帝亦如之享先王則袞冕祀昊天上帝則郊祀是
也享先王則宗祀在其中義於大裘繫正位以冕配位
於袞冕舉配位以見正位伏請祀明堂袞冕從之
隆興二年八月二十八日太常少卿洪适言准已降旨
郊祀回止乘平輦冠服令禮部官討論今討論欲親饗
靈宮太廟獻饗禮例郊祀畢皇帝自齋殿服履袍乘平
輦還內導駕官以常服前導其奉迎及侍中奏請升輦
參知政事當輦奏請進發等合於見行儀注內修改其
自青城至大次并禮畢自大次還青城每郊係服通天
冠絳紗袍今乞依上儀服履袍乘平輦並從之　見是

二月八日因禮部奏有旨將來郊禮除玉輅道遠平輦外餘車輦並從省約至是造言皇帝以朝服乘平輦禮容不相稱恐當用大安輦中書修飾乃詔省用平輦而討論冠服之制

卷五千四百七十六

宋會要 南郊壇 北

宋初因舊制每歲冬至圓丘正月上辛祈穀孟夏雩祀季秋大享凡四祭昊天上帝親祀則并皇地祇位作壇於國城之南薰門外

宋會要 南郊

紹興十三年二月二十五日領殿前都指揮使職事楊存中兵部侍郎程瑀知臨安府王渙權禮部侍郎王賞權太常少卿王師心祠部員外郎兼禮部段拂兵部員外郎錢時敏駕部員外郎王言恭太常丞葉庭珪太常博士劉嶸凌哲言同共出城相視圜壇地步今於龍華寺西空地得東西長一百二十步南北長一百八十步修築圜壇除壇及內壝大尺依制度使用地步九十步外其中壝外壝欲乞隨地之宜用二十五步分作兩壝外有四十步若依先項地步修築兵部車輅儀仗殿前司禁衛皆可以排列其龍華寺地步修建青城并望祭殿委是圓備從之

卷五千四百五十一

宋會要 北郊壇

真宗景德三年三月二十七日太常寺言神明壇壝中有阬塹及車馬之迹又兩壝步數迫隘不合禮文望令改擇壇位及依令式封標諸壇外壝禁人耕墾樵牧奏可即徙壇於方丘之西馬八月九日詳定所上言祀汾

陰后土請如封禪以太祖太宗並配又按開寶通禮及義纂方丘之制八角三成每等高四尺上闊十六步設八陛上等陛廣八尺中等陛廣一丈下等陛廣一丈二尺為三重壝量地之宜四面開門為瘞坎於壇之壬地外壝之內方深取足容物其后土壇望下經度制置使依此修築及依社首壇止用細土泥飾別無方色

宋會要　此卻

哲宗紹聖三年八月十七日禮部言再詳定言郊壇制高廣丈尺已有元豐六年七月朝旨壇高一丈二尺設四陛其除治四面稍令低下以應澤中之制緣深廣丈尺別無典禮自外壝之外量宜除治其深廣令與壝壇

卷五千四百五十一　二

相稱仍於外壝四門外各留道路其祀祭官孫昭度等度北郊皇地祇壇東西一十六步步五尺凡八十尺南北如之周圍總六十四步計積尺三百二十尺壇身四壁四百五十六尺五寸者詳北郊外壝之外既除治合稍低下以應澤中之制又外壝四門之外當留道路以備親祀儀衛經由其廣闊合與外壝門相照今度南郊東外壝櫺星三門南北共六十二尺南薰門外御路東西牆壁闊五丈五尺五寸今所留道路若只與外壝門相照亦自廣六丈有奇不妨儀衛往來從之仍令工部遣禮直官指畫增飾　四年四月十四日工部言禮直官指畫到壇心東西南北各四十尺上等陛八尺中等

陛一丈下等陛一丈二尺闊一丈二尺裏壝二十五步壝基三尺外壝二十五步壝基三尺東西南北四方總九百八尺內除東北兩壁別無增展地步外有四壁比舊增出五尺侵官道南壁比舊增出一丈三尺侵官道三壝牆四門各闊六十二尺壇身低處將高就低一例貼築并增飾一尺五寸外有櫺星門外壝之外量宜除治四面稍令低下欲乞自外壝外留五尺除治闊十丈以漸至中心深四尺擇日興工合得祭告從之

宋會要　此卻

其從祭之祇升四鎮海瀆與五行五嶽同位於第二而山林川澤丘陵墳衍原隰之祇位內壝之內如故及壇

卷五千四百五十一　三

並飾以黃色詔令楊戩依此修築五帝壇

宋會要　此卻

元豐六年八月監察御史翟思言白帝壇地形北傾久雨積水無下地可決謂宜即高原廣阜改制乞下有司相視太常寺請下詳符縣命官同郊社令行視閑地改置從之　紹聖四年閏二月八日禮部工部言白帝壇宮乞移於廢人園從之

郊壇重複

全唐文

宋會要

真宗景德三年四月太常寺言神州壇壝中有阬壍及車馬之迹又兩壝步數迫隘不合禮文望令改擇壇位及依令式封標諸壇外壝禁人耕墾樵牧奏可即徙壇於方丘之西爲八月九日詳定所上言祀汾陰后土請如封禪以太祖太宗並配又按開寶通禮及義纂方丘之制八角三成每等高四尺上闊十六步設八陛上等陛廣八尺中等陛廣一丈下等陛廣一丈二尺爲三重壝量地之宜四面開門爲瘞坎於壇之壬地外壝之內方深取足容物其后土壇望下經度制置使依此修築及依社首壇止用細土泥飾別無方色

卷四千三百五十六

一

全唐文

宋會要　郊祀議論

太祖乾德元年十一月二十日太常博士和峴言令月十六日親祀南郊合饗天地準畫日二十九日冬至祀昊天上帝謹按禮記祭義云祭不欲數數則煩煩則不恭又按開元禮義纂云當禘祫之月不行時饗以大包小禮所從也望依禮令權停南至之祀詔可仁宗景祐五年十月九日天章閣侍講賈昌朝言伏覩南郊前一日皇帝謁景靈宮薦饗訖乃齋於太廟次日朝饗訖齋於南郊以臣所見朝廟之禮本告以配天饗侑之意合於舊典所宜奉行其景靈宮朝謁蓋沿唐世太清宮故

（大典卷五千四百四十八）

事有違經訓因可改革欲望將來朝廟前未行此禮候郊祀禮畢駕幸諸寺觀日詣景靈宮謝成如下元朝謁之儀所冀尊祖事天禮簡誠至詔禮儀使與太常禮院詳定以聞禮儀使等言參詳真宗崇奉聖祖營建宮館每行郊祭必親薦饗陛下五經郊籍並修此禮今如候郊禮畢依下元朝拜則大為簡略如別擇日備仗衛宿齋親謁又識煩併況尊祖之地務極嚴祗欲望且依舊例從之

全唐文

宋會要　郊祀議論

淳化三年十二月二十二日有事南郊前祀十日皇太子許王薨太宗以郊祀俯逼禮有不便令宰臣集議改用來年正月上辛（大典卷五千四百八十八）

（卷五千四百八十八）

宋會要　郊祀議論

神宗元豐元年八月二十九日郊社令辛公佑言北郊壇壝雖存而修飾不嚴與小祀諸壇相對無以別異況歲久經雨隳缺低墊伏見圜丘用石灰泥飾及社稷宮

垣皆瓦木營建欲乞參酌典禮依放增修從之

宋會要 郊祀儀注

元豐三年六月九日詳定郊廟奉祀禮文所言奉詔詳定燔柴方位臣等考之三代禮文皆不經見謹按後漢志郊祀既送神燔俎實於壇南巳地晉賀循議積柴之壇宜於神壇南二十步丙地當太微明堂之位唐禮因之柴壇在圜丘南內壝之外丙地今來燎壇元在丙地已應古制詔從之 大典卷五千四百五十一

宋會要 郊祀儀注

元豐六年七月九日尚書禮部言太常寺修定北郊壇制方丘三成級高四尺上闊十六步設八陛上級陛廣八尺中級陛廣一丈下級陛廣一丈二尺三壝每壝各二十五步并祀儀皇地祇舊壇制八角三成看詳壇制既爲方丘難設八陛乞別選澤中之丘以爲方壇高六尺設四陛詔下集議而太常寺又言方丘壇制度皆不經見後漢爲四陛高六尺陳宣帝壇壇高一丈二尺隋唐皆爲八陛周禮以黃琮禮地鄭氏注琮八方象地則壇制八陛固有所本本部再詳周禮祭地以方丘且在澤中乃是經據漢制設四陛高六尺其法可用蓋壇之四旁各設一陛則四陛與方壇於禮爲宜又其崇六尺去地未遠且有親地之意詔以禮部太常寺所定壇高一丈二尺設四陛餘依所請

卷五千四百五十一

全唐文

宋會要 郊祀議論

元祐七年三月十八日禮部言尚書左丞許將奏伏以三歲冬至天子親祠徧享宗廟祀天圜丘而其歲夏至方澤之祭乃止遣上公則是皇地祇遂永不在親祀之典此大闕禮也不可不議伏望博詔儒臣講求典故斟酌其宜明正祠典今檢會元豐六年五月八日敕太常寺修定到郊祀之歲夏至皇帝親詣北郊祭皇地祇於方丘儀并上公攝事儀詔依所定令看詳如遇郊祀之歲親祠方丘及攝事並合典禮之正所有親祠北郊之歲南郊圜丘於理亦合以上公攝事及改樂舞亦乞一就修定儀注如此則更無可議伏乞更不聚議又禮部

卷五千四百四十八

郎中崔公度言許將建言南郊合祭天地非禮竊見累次集議未合將來南郊或別行大禮乞只用資政殿學士陳薦建言依舊合祭天地并從祀百神公度又言謹按周頌昊天有成命之序曰昊天有成命郊祀天地也又周禮冬至祀昊天上帝於圜丘夏至祭皇地祇於方丘漢武帝郊祀歌曰惟泰元尊媼神蕃釐經緯天地作成四時又曰涓選休成天地並況惟余有慕爰熙紫壇思求厥路又曰上天布施后土成穰穰豐年四時榮皆合祭天地於南郊之辭也周頌合祭禮之情也周禮特祀禮之文也文必有情情必有文然則祭祀天地或合

或特繫於時君而禮則一也今特祀雖行即當依舊合祭並依祖宗舊儀為聖朝萬世不刊之典詔令侍從官及尚書舍人給舍臺諫禮官集議以聞九月十二日三省以翰林學士顧臨等郊祀議進呈太皇太后曰宜依仁皇先帝故事呂大防曰天地之祭自漢以來分合不一唐天寶後惟天子親祠乃合祭於南郊其餘時祀並依禮分祭國朝以來大率三歲一親郊並祭天地宗廟因行赦宥於天下及賜諸軍賞給遂以為常亦不可廢雖欲歲歲親行南北二郊之禮乃不可得今諸儒獻議欲用禮官前說南郊不設皇地祇位唯祭昊天上帝不為無據但於祖宗權宜之制未見其可蘇頌曰伏見仁

二　卷五千四百四十八

宗皇帝九郊皆合祭天地先皇帝四郊三郊合祭惟元豐六年用禮文所祭議止祀上帝而北郊雖已從所議修定儀注未及親行今年南郊望準故事蘇轍曰議者持合祭別祭二說各有所據若非朝廷酌量事體輕重大小斷自聖意臣恐無所折衷自熙寧十年神宗皇帝親祀南郊合祭天地今十五年矣皇帝即位又已八年未嘗親見地祇乃朝廷闕典不可不講范百祿曰祖宗皆遵故事每遇南郊合祭天地神宗皇帝聖學睿斷必以為圜丘無祭地之理遂詔詳定禮文所考求先王典禮至元豐六年南郊止祀上帝配以太祖禮記曰有其廢之莫可舉也先帝所廢稽古據經未可輕改臣以為

先帝之詔先王之典朝廷所宜遵守而行梁燾曰典禮重事宜更熟加講議十四日再進呈大防曰先帝因禮文所建議遂令諸儒議定北郊祀地之禮然未經親行今來皇帝臨御之始當親見天地而地祇獨不設位恐亦未安況前代人君親祠並祭多緣便於已事本朝祖宗則不然直以恩霈四方慶賚將士非三歲一行則國力有限今日須為國事勉行權制候將來議定北郊制度及太廟享禮行之未晚范百祿曰祖宗圜丘合祭皆是循用後代權時之制至神宗皇帝元豐六年南郊不合祭地亦乃是復行先王典禮今已著為大常寺元祐令昨來夏至已詔呂大防以上公攝事祭地於北郊況

三　卷五千四百四十八

祭不欲數今冬至圜丘地亦未合再祭大防又曰范百祿之言雖是典禮未易遽行蓋為國事太皇太后曰大防之言是也非不知此蓋為國家事爾頌曰古者人君嗣位之初必郊見天地今皇帝初郊而不祀地恐未合古然而先王典禮未必盡同且虞夏之禮商周亦不相襲商周非欲變虞夏蓋質文異尚禮亦從其宜也至如唐虞之世一歲四巡方嶽遍祀群神夏商則五載一巡狩成周十二年乃遍仍不常行豈是盡行先王典禮況三代去今年禩益遠非商周去虞夏之比而國朝制作多循漢唐之舊郊丘宗廟之祀典章儀物之盛恩霈賚予之費事與古異豈勝變復今以皇帝初郊依熙寧十

年故事合祭天地俟將來過郊禮再下有司舉行先帝詔旨詳議南北郊祭亦未為晚轍曰周禮一歲徧祀天地皆王者親行自漢唐以來禮文日盛費用日廣故一歲徧祀不可復行唐明皇天寶初始定三歲一親郊於致齋之日先享太清宮次享太廟然後合祭天地從祀百神所以然者蓋謂三年一行大禮若又不徧則人情不安此近世變禮非復三代之舊而議者欲以三代遺文參亂其間亦失之矣今別祭之議有欲當郊之歲皇帝先以夏至親祀北郊者有欲移夏至之祀行於十月者有欲三年祀天三年祀地者然夏至暑雨方作以行大禮勢必不可夏至之禮行於孟冬其為非周禮與冬

至無異而數月之間再舉大事力何以堪若天地之祀互用三年則天地均為六年乃獲一祭而以地廢天以卑略尊尤為不順鄭雍曰合祭天地自漢唐以來行之本朝六聖亦皆合祭元豐六年方特祀昊天上帝然而自古帝王受命之初未嘗不郊見天地者大防又曰適所奏陳恐禁中未盡見本末於是條具祖宗以來郊祀次數及臨等所議進入太皇太后宣諭曰皇帝即位以來未曾親祀天地今行合祭不為無名大防曰臣等議欲緣皇帝郊見之始特設地祇位於圜丘則於先帝議行北郊之禮並不相妨今蒙聖諭正如衆議欲依此令學士院降詔及言致齋日躬行廟享亦未合禮欲於詔

中令議官與北郊事并議施行乃降詔設皇地祇位于南郊　先是元豐中詳定郊廟禮文所建議親郊之歲設皇地示位於圜丘並祭非禮有詔下議而議者或以當郊之歲冬夏至日分祭南郊北郊以軍賞為二而分給之或以致齋三日郊廟各一日而祀徧或欲於圜丘之傍別營方丘而望祭或以夏至盛暑天子不可親祭改用十月或欲親郊圜丘之歲夏至日遣上公攝事於方丘先帝詔曰定親祠北郊如南郊儀并定上公攝事之禮至元祐五年尚書右丞許將建言三歲冬至天子親祠徧享宗廟祀天圜丘而其歲夏至方澤之祭乃止遣上公則是皇地祇遂永不在親祠之典此大闕禮不

可不議始詔侍從官及尚書侍郎給舍臺諫禮官集議既而臨等八人議宜如祖宗故事合祭天地俟將來親行北郊之禮則合祭可罷吏部侍郎范純禮等二十人議天地重祀不宜數有廢舉昨罷合祭既已合禮而又紛更恐失尊事神祇之意請依先朝詔旨施行權兵部侍郎杜純請於苑中設望祠位置權火於壇所俟躬祠南郊之歲則夏至北郊上公攝事每獻舉權火望拜權工部侍郎王欽臣議宜如祖宗故事並祭天地一次申謝丕既中書舍人孔武仲等議請南郊專祀上帝而間以孟冬詣北郊親祠改先帝北郊之議冬至祀天夏至祭地先王之制也先帝是正禮典至是猶復合議唯蘇

頌議論稍有經據頗合禮典　十八日詔曰祖宗以來
郊廟常祀皆以時遣官攝事惟三歲一行親郊之禮因
徧享廟室並祭天地於圜丘昨因詳定郊廟禮文所建
議親祠合祭不應古義先帝有詔定親祭北郊之儀命
下而未果行是歲圜丘罷設皇地祇位而廟享尚循權
制今朕以臨御之初郊見上帝因得躬享太廟然地祇
大祀獨闕不講深惟王者察於事地義不可緩其今歲
圜丘宜依熙寧十年故事設皇地祇位以申始見之禮
候親祠北郊依元豐六年五月八日指揮宜令有司擇
日遣官奏告施行仍候禮畢日依前來指揮集官詳議
將來親祀北郊合行事件及郊祀之歲廟享典禮聞奏

卷五千四百四十八　六

十月四日禮新侍郎曾肇言伏覩詔書冬至南郊宜
設皇地祇位以嚴並況之報此蓋陛下急於親祭地祇
不待考正典禮遽下此詔然臣竊詳詔旨亦云合祭不
應古義今則設皇地祇位於南郊乃是復行合祭禮既
以為非又自行之一詔之中前後違戾詔書又云厥後
躬行方澤之祀則修元豐六年五月之制是則異時北
郊禮行合祭復罷天地大祀國家重事而輕易變更頗
類兒戲廢置神位幾於褻瀆臣伏思陛下之意無他以
謂王者父天母地尊親並行即位以來親見上帝而未
及地祇恐乖明察之義又為議者所惑以謂五月祭地
必不可行則是長闕事地之禮故因南郊并舉地祭欲

以致誠敬於大祇爾以臣所見欲以致誠反近於怠欲
以致敬反近於瀆何則南郊非欵地之處冬至非見地
之時樂以圜鐘為均其變以六非致地祇之音燔柴升
煙非祭地祇之禮不問神之享與不享姑欲便於人事
不近於怠乎今世之人家有尊長所居異宮子弟致敬
必即其處尚不敢屈致一堂況天子事地可不知家人
之禮哉前日以合祭為非而罷之今日復行異日復罷
謂神無聲廢置自由不近於瀆乎陛下志在誠敬而所
行反近於怠且瀆此無他為陛下謀者以古為迂率意
改作務苟且趣便一時故也臣愚不達時變切為陛下
痛惜之陛下即位八年兩行明堂大享之禮今茲有事

卷五千四百四十八　七

南郊凡與天神皆從祀次第行之則將來郊祀之歲
親祠北郊并及地理諸神固未為晚何苦遽為此舉以
涉非禮之譏哉況五月祭地前世之所嘗行本朝開寶
中亦嘗四月行雩祀之禮古人尚以六月出師孰謂夏
至有不可行禮者哉伏願速降德音收還前詔今冬南
郊禮畢即命有司擇定親祠北郊儀物令斟酌時宜省
去繁文末節以從簡便俟至郊祀之歲斷在必行如此
則於承事神祇不失誠敬先帝已正禮文不至無名改
作萬世之後以謂復行先王祭地之禮自陛下始不亦
善乎臣蒙恩擢備從官職在典禮朝廷舉措得失臣與
其責故自聞詔以來彷徨累日言之則為逆旨不言則

為失職孰慮再三寧以逆旨獲罪不敢失職以負陛下任使也是以罄竭狂愚觸犯忌諱庶幾萬一有補聖明則臣雖受重誅所不敢避唯陛下留神省察不勝幸甚

大典卷五千四百四十八

卷五千四百四十八　八

金唐文

宋會要

郊祀議論

元祐八年二月二十五日禮部尚書蘇軾言恭覩陛下近者至日親祀郊廟神祇饗答實蒙休應然則圜丘合祭允當天地之心不宜復有改更竊惟議者欲變祖宗之舊圜丘祀天而不祀地不過以謂冬至祀天於南郊陽時陽位也夏至祀地於北郊陰時陰位也以類求神則陽時陽位不可以求陰也是大不然冬至南郊既祀上帝則天地百神莫不從祀古者秋分夕月於西郊亦可謂陰時陰位矣至於從祀上帝則冬至而祀月於南郊議者不以為疑今皇地祇亦從上帝而合祭於圜丘

卷五千四百四十八　一

獨以為不可則過矣書曰肆類於上帝禋于六宗望于山川徧於羣神舜之受禪也自上帝六宗山川羣神莫不畢告而獨不告地祇豈有此理哉武王克商庚戌柴望柴祭上帝也望祭山川也一日之間自上帝而及山川必無南北郊之別也而獨畧地祇豈有此理哉臣以此知古者祀上帝并祀地祇矣何以明之詩之序曰昊天有成命郊祀天地也此乃合祭天地經之明文而說者乃以比之豐年秋冬報也曰秋冬各報而皆歌豐年則天地各祭而皆歌昊天有成命也是大不然豐年之詩曰豐年多黍多稌亦有高廩萬億及秭為酒為醴烝畀祖妣以洽百禮降福孔皆歌於秋可也歌於冬亦可

也昊天成命之詩曰昊天有成命二后受之成王不敢康夙夜基命宥密於緝熙單厥心肆其靖之終篇言天而不及地頌以告神明也未有歌其所不祭其所不歌也今祭地於北郊獨歌天而不歌地豈有此理哉臣以知周之世祀上帝則地祇在焉歌天而不歌地所以尊上帝故其序曰郊祀天地也春秋書不郊猶三望左氏傳曰望郊之細也說者曰三望泰山河海或曰淮海也又或曰分野之星及山川也魯諸侯也故郊之細及其分野山川而已周有天下則郊之細獨不及五嶽四瀆乎嶽瀆猶得從祀而地祇獨不得合祭乎秦燔詩書經籍散亡學者各以意推類而已王鄭賈服之流未必皆

得其真臣以詩書春秋考之則天地合祭久矣議者乃謂合祭天地始於王莽以為不足法臣竊謂禮當論其是非不當以人廢光武皇帝親誅莽者也尚采用元始合祭故事謹按後漢書郊祀志建武二年初制郊兆於洛陽為圜丘八陛中又為重壇天地位其上皆南鄉西上此則漢世合祭天地之明驗也又按水經注伊水東北至洛陽縣圜丘東大魏郊天之所準漢故事為圜丘壇八陛中又為重壇天地位其上此則魏世合祭天地之明驗也唐睿宗將有事於南郊賈曾議曰有虞氏禘黃帝而郊嚳夏后氏禘黃帝而郊鯀郊之與廟皆有禘也禘於廟則祖宗合食於太祖禘於郊則地祇群望皆

合食於圜丘以始祖配享蓋有事之大祭非常祀也三輔故事祭于圜丘上帝后土位皆南面則漢嘗合祭矣時褚無量郭山惲等皆以曾言為然明皇天寶元年二月敕曰凡所祠享必在躬親朕不親祭禮將有闕其皇地祇宜就南郊合祭是月二十日合祭天地於南郊自後有事于圜丘皆合祭此則唐世合祭天地之明驗也今議者欲冬至祀天夏至祀地蓋以為用周禮也臣請言周禮與今禮之別古者一歲祀天者二明堂享帝者一四時迎氣者五祭地者二享宗廟者四此十五者皆天子親祭也而又朝日夕月四望山川社稷五祀及羣小祀之類亦皆親祭此周禮也太祖皇帝受天眷命肇

造宋室建隆初郊先享宗廟乃祀天地自真宗以來三歲一郊必先有事景靈宮享太廟乃祀天地此國朝之禮也夫周之禮親祭如彼其多而歲歲行之不以為難今之禮親祭如此其少而三歲一行不以為易其故何也古者天子出入儀物不繁兵衛甚簡用財有節而宗廟在大門之內朝諸侯出爵賞必於太廟不止時祭而已天子所治不過王畿千里唯以齋祭禮樂為政事能守此則天下服矣是故歲歲行之率以為常至於後世海內為一四方萬里皆聽命於上機務之繁億萬倍於古日力有不能給自秦漢以來天子儀物日以滋多有加無損以至于今非復如古之簡易也今之所行皆非

周禮三年一郊非周禮也先郊一日而告原廟一日而祭太廟非周禮也郊而肆赦非周禮也優賞諸軍非周禮也自后妃以下至文武官皆得蔭補親屬非周禮也自宰相宗室以下至百官皆有賜賚非周禮也此皆不改而獨於地祇則曰周禮不當祭於圜丘此何義也哉議者必曰今之寒暑與古無異而宣王薄伐玁狁六月出師則夏至之日何為不可祭乎臣將應之曰舜一歲巡四嶽五月方暑而南至衡山十一月方寒而北至常山亦今之寒暑也後世人主亦能行之乎周所以十二歲一巡者唯不能如舜也夫周已不能行舜之禮然則後世豈必能行周禮乎天之寒暑雖同而禮之繁簡則

異是以有虞氏之禮夏有所不能行夏商之禮周有所有所不能用時不同故也宣王以六月出師驅逐玁狁蓋非得已且吉父為將王不親行也今欲定一代之禮為三歲常行之法豈可以六月出師為比乎議者必又曰夏至不能行禮則遣官攝祭亦有故事此非臣之所知也周禮大宗伯若王不與祭祀則攝位鄭氏注曰王有故則代行其祭事賈公彥疏曰有故謂王有疾及哀慘皆是也然則攝事非安吉之禮後世人主不能歲歲親祭故命有司行事其所從來久矣若親郊之歲遣官攝事是無故而用有故之禮也議者必又曰省去繁文末節則一歲可以再郊臣將應之曰古者以親郊為常

禮故無繁文今世以親郊為大禮則繁文有不能省也若帷城幔屋盛夏則有風雨之虞陛下自宮入廟自廟出郊冠通天乘大輅日中而舍百官衛兵暴露於道鎧甲具裝人馬喘汗皆非夏至所能堪也王者父事天母事地不可偏異事天則備事地則簡是於父母有隆殺也豈得以為繁文末節而一切欲省去乎國家養兵異於前世自唐之時未有軍賞猶不能歲歲親祠天子出郊兵衛不可簡省大輅一動必有賞給今三年一郊傾竭帑藏猶恐不足郊賚之外豈有復加若一年再賞國力將何以給分而與之人情豈不失望議者必又曰三年一祀天又三年一祭地此又非臣之所知也三年一

郊已為疏闊若獨祭地而不祭天是因事地而愈疏於事天自古未有六年一祀天者如此則典禮愈壞欲復古而背古益遠神祇必有顧享非所以為禮也議者必又曰當郊之歲以十月神州之祭易夏至方澤之祀則可以免方暑舉事之患此又非臣之所知也夫所以議此者為欲舉從周禮也今以十月易夏至以神州代方澤不知此周禮之經耶抑變禮之權耶若變禮從權而可則合祭圜丘何獨不可乎十月親祭地十一月親祭天先地後天古無是禮而一歲再郊軍國勞費之患尚未免也議必又曰當郊之歲以夏至祀地祇於方澤上不親郊而通權火天子于禁中望祀此又非臣之所知

也書之望秩周禮之四望春秋之三望皆謂山川在四郊者故遠望而祭也今所在之處俛則見地而云望祭是為京師不見地乎此六議者合祭可否之决也夫漢之郊禮尤與古戾唐亦不能如古本朝祖宗欽崇祭祀儒臣禮官講求損益非不知圜丘方澤皆親祭之為是也蓋以時不可行是故參酌古今上合典禮下合時宜較其所得已多於漢唐矣天地宗廟之祭皆當歲徧今不得歲徧是故徧於三年當郊之歲又不能於一歲之中再舉大禮是故徧於三日此皆因時制宜雖聖人復起不能易也今並祀不失親祭而北郊則必不能親往二者孰為重乎若一年再郊而遣官攝事是長不親事地也三年間郊當祀地之歲而暑雨不可親行遣官攝事則是天地皆不親祭也夫分祀天地决非今世之所能行議者不過於當郊之歲祀天地宗廟分而為三年分而為三有三不可夏至之日不可以動大衆舉大禮一也軍賞不可復加二也自有國以來天地宗廟唯享此祭累聖相承唯用此禮此乃神祇所歆祖宗所安不可輕動動之則有吉凶禍福不可不慮三也凡此三者臣熟計之無一可行之理伏請從舊為便昔西漢之衰元帝納貢禹之言毀宗廟成帝用丞相衡之議改郊位皆有殃咎著於史策往鑒甚明可為寒心伏望陛下覽臣此章則知合祭天地乃是古今正禮本非權宜不獨

初郊之歲所當施行實為無窮之典願陛下謹守太祖建隆神宗熙寧之禮無更改易郊祀廟享以億寧上下神祇仍乞下臣此章付有司集議如有異論即須畫一解破臣所陳六議使皆屈伏上合周禮下不為當今軍國之患不可但執周禮更不論今可與不可施行所貴嚴祀大典以時决定取進止貼黃稱唐制將有事於南郊則先朝獻太清宮朝享太廟亦如今禮先二日告原廟先一日享太廟然議者或亦以為非三代之禮臣謹按武王克商丁未祀周廟庚戌柴望相去三日則先廟後郊亦三代之禮也詔令集議聞奏

章如愚考蒙

宋朝自仁宗以來三歲一郊始爲定制明道嘉祐間又有恭謝天地之禮即太慶殿行之如明堂故事[illegible]

全唐文

當是元祐八年 查係元祐八年不錯

全唐文

宋會要 郊祀

[當是元祐八]年四月十一日詔曰朕聞五帝不相沿樂三王不相襲禮世有損益因時制宜惟我祖宗嚴奉郊廟當遣官攝事皆考合於前文唯奠玉親祠自裁成於大禮每以三歲對越二儀成秩百神大賚四海迄先帝元豐之末講方丘特祭之儀蓋將補一代之闕容振百王之墜典朕惟菲德嗣守丕基列聖已行謹當遵奉先朝未舉懼不克堪是以昔歲仲冬竭誠大祀神祇享答祖考燕寧前詔有司載加集議猶欲咨度諸儒之論稽參六藝之文然理既不疑則事無可議斷自朕志協于僉言祇率舊章永爲成式令後南郊合祭天地依元祐七年例施行仍罷禮部集官詳議

卷五千四百四十八

詔聖元年五月十四日右正言張商英言義理之在人心禮文之出人情捨六經無以折衷其是非事有不本而不經見則因時損益可也經訓坦明而故違之此在先王之法謂之亂名改作誅而不赦者也先皇帝以歷代典禮訛謬置詳定禮文所改合異同講廢興墜謂天地合祭非古也據經而正之元祐之臣乃率其私意剗蕩前美既盡權且合祭指揮於前蘇軾又發六議於後太常博士陳祥道又以昊天有成命郊祀天地之詩爲合祭不可破之論或折祥道曰當如子言則春夏祈穀於上帝豈以夏祈而合於春乎時邁

巡守而祀四岳河海也詩曰允猶翕河崀以海岳之祀
而合於河乎祥道屈無以對而六議方且下禮部集官
詳議乃下手詔曰先朝未舉懼不克堪理既不疑事無
可議斷自朕志叶于僉言謂僉言叶同則范百祿何以
執議不從盛陶宇文昌齡何以為蘇軾所責曾肇余彥
何以求去欲乞再下禮部議詔令尚書禮部太常寺同
共詳議聞奏十八日御史中丞黃履言南郊合祭自古
無有止因王莽諂事元后遂躋地位同席共牢逮于先
帝始釐正之陛下初郊大臣以宣仁同政復用王莽私
意合而祀之瀆亂典禮而進言者既陳狹陋以動之又
條六議以實之且謂古今之正禮不獨初郊可行實為

無窮不刊之典臣詳其說大槩以夕月西郊昊天有成
命為得其要而不知天地定位不可為一故自日而降
始得從祀記曰大報天而主日是也至昊天有成命郊
祀天地之詩終篇雖不言地而其間可通是以序兼言
之亦猶天作祀先王先公詩不言先公般巡守祀四嶽
河海詩不言海其旨皆同由是推之天地不可合祭亦
昭然矣詔送尚書禮部太常寺權禮部侍郎盛陶員外
郎韓治太常丞王誼博士許彥劉逵傅楫等言今略具
元豐以來及元祐臣僚論議本末元豐元年詳定郊廟
奉祀禮文所奏本朝親祀上帝即設皇地祇位雖盡其
恭事之誠而稽之典禮有所未合遂本所詳定合更改

禮文聞奏陳襄議既罷合祭則南北二郊自當別祀請
每遇親祠之歲先以夏日至祭地祇於方丘然後以冬
日至祀昊天於圜丘李清臣議常歲有司攝事于南郊
亦不合祭其合祭之意止緣親祠欲徧及爾乞每遇親
郊宿太廟以告宿北郊以祭宿南郊以祀王存議倫物
而後動不可以不相天時歷代祀天地之月率皆不同
若闕有事於北郊用孟冬純陰用事之月理無不可陸
佃議郊後必有望祭請冬至親祠圜即圜丘之北別祠
地祇張璪議謂宜即郊祀之歲於夏至之日盛禮容具
樂舞遣冢宰攝事陳薦議夏至方丘之祀乎今決不可
躬行雖然大備禮樂上公攝事則恐此議亦未能與古

合也況天子父事天母事地既親禮天神而不親禮地
祇質之情文深恐於義未安乞且循用舊制當肇議國
朝以來三歲一見天地祖宗未嘗廢闕今冬至若罷合
祭而夏至又以有司攝事則不復有親祭地祇之時於
事天則躬行於事地則遣官以往其於父天母地之義
若有隆殺願親祀南郊之歲以夏至日備禮躬款北郊
以存事地之義顧臨等議恐北郊之禮未及親行徒崇
空文則天子長無親事地之禮請合祭如祖宗故事孔
武仲等議乞檢會王存奏議以孟冬詣北郊行親祠之
禮杜純議遇北郊上公攝事請於後苑中設望祠位望
權火以望拜臣等以謂宜用先帝北郊儀以時躬行罷

去合祭之禮。太常少卿王子韶議：周禮夏日至祭地於方澤，聖人制禮，垂訓萬世不易之典。元豐六年修定皇帝親祠北郊祭皇地示於方丘并上公攝事等儀，已在有司，望舉而行之。

卷五千四百四十八

四

此段是元祐二年處查通考卷七十六係紹聖元年

案宋史三省議禮在紹聖時

全唐文

宋會要　郊祀

二年正月十四日，三省言：合祭既非禮典，但盛夏之月祭地示必難親行，詔令翰林學士、尚書侍郎、兩省臺諫官、禮官同議如何可以親行祭地之禮，然後可罷合祭。當布言：天地宗廟四時皆有祭，未聞盛夏可以廢祭祀也。若謂議可以親祀北郊然後可罷合祭，則先帝罷合祭為不當矣。四月，翰林學士錢勰、刑部侍郎范純禮議：先帝親祠之詔所宜遵守，但當斟酌時宜，省去繁文末節，以行親祠之禮，無不可為。若謂盛夏之月天子必不可出郊，即姑從權變禮，以循祖宗故事。吏部侍郎韓宗師、兵部侍郎王古議：陛下郊見之初，既已詔罷合祭，若不先親祠北郊而遽罷合祭，則是闕事地之禮，宜如祖宗舊制及前已降詔旨，南郊合祭為便，候已親祠北郊，然後可罷合祭。權戶部侍郎李琮議：祭地之禮若能削去浮費，敦正古典，追復三代，誠為盡美。若以乘輿出郊，而暑雨不常，理難預度，六軍儀衛、百官車服，勢難減損，三代典禮或難全復，則合祭權宜亦難輕罷。太常博士傅楫議：古者齋莊虔肅以事天地，苟可致恭，不敢少怠，豈以暑暍遂廢大禮？又況往返於行日，底寧於未明，而暑暍非患也。願陛下果斷而行之。殿中侍御史井亮采、監察御史常安民等議：乞且依祖宗舊典合祭。給事中

卷五千四百四十八

一

虞秉權給事中劉定中書舍人盛陶太常少卿黃裳議權用十月親祭皇地示于北郊以從世宜不失先王制禮以類饗神之意吏部侍郎豐稷議若祭地示比祀昊天之禮則盛夏之月難以親行欲乞郊祀之歲於夏至前三日皇帝御文德殿致齋遣官奏告太廟其行事陪祠官如常議至日五更一點皇帝乘法駕出宣德門詣北郊齋殿候質明行事比幸金明池稍加儀衛禮畢還宮不甚炎溽若遇陰雨大慶殿可陳望祭之禮中書舍人盛陶議元豐中王存議以十月祭地臣竊以謂最近於古以純陰用事之月而祭地示於北郊於求陰之義不為過也起居舍人葉祖洽議以謂北郊之祠主於事

卷五千四百四十八

二

地所有太廟景靈宮自可差官攝事皇帝致齋於文德殿前事一日鳳輿至郊外齋宮次日五鼓行事質明禮畢還內則是乘輿宿外不過一日無憚暑之虞於理為可戶部尚書蔡京禮部尚書林希翰林學士蔡卞御史中丞黃履工部侍郎吳安持秘書少監晁端彥侍御史翟思殿中侍御史郭知章正言劉拯監察御史黃慶基董敦逸等議先皇帝考協先王遂罷合祭修北郊祀地之文更定儀注適逢來歲正在今日而議者乃復於此尚持二三之說謂盛夏之月不可躬祠且當合祭違先皇帝之詔此臣等所未喻也又或以謂當用孟冬純陰之月神州地示出於讖緯鄭氏祖而用之腐儒臆決無

所經見今奉祀大示而欲更用此禮亦臣等所未喻也蓋地示大祀也而夏至之日先王之所當行近魏周隋唐之君亦有能行之者奚獨至今而疑之伏請罷合祭天地自後間因大禮歲以夏至之日親祠北郊其親祠北郊歲更不親祠南郊

三年正月二十七日詔曰朕惟先王之祀天地其時物器數各以其象類求之故以陽求天祀於冬至之日以陰求地祭於澤中之丘載於典經其義明甚而合祭之論特起於腐儒之臆說歷世襲行未之有改先皇帝以天縱大智緝熙王度是正百禮以交神明遂定北郊親祠之儀將舉千載已墜之典雖甚盛德無以復加乃者有司不原本指尚或因循肆

卷五千四百四十八

三

予沖人嗣有令緒仰惟先志其敢怠忘宜罷合祭自今間因大禮之歲以夏至之日躬祭地祇於北郊應緣祀事儀物及壇壝道路帷宮等宜令有司參酌詳具以聞蓋用蔡京等議然北郊親祠終帝世未克舉云

全唐文

宋會要　郊祀

徽宗建中靖國元年八月十八日，起居郎周常言：親祠南郊歲其夏至日祭皇地祇。元豐四年四月十三日奏詔修定上公攝事儀，令來親祀北郊之歲冬至祠昊天上帝，即未有上公攝事指揮。褒遇明堂宿饗籍田等大禮不及親祠天地，並合以上公攝事。詔令禮部、太常寺詳議修定儀制聞奏。

卷五千四百四十九

全唐文

宋會要　郊祀

寧宗嘉定五年十月二十五日，臣僚言：伏覩郊禋在即，陛下祇奉神示，其純誠固有以昭格矣，而躬行盛德，又自足以上當天心，不惟致敬於緌日告虔之時也。然臣以為一人致其精一於上，必百官有司駿奔無射而不違於下，斯可以感助聖德而潛通於物冥，自然神示降格而福祿之來下也。周頌有曰：濟濟多士，秉文之德，對越在天。春秋傳曰：有司一人不備其職，不可以祭。祭者薦其敬也，薦其美也。臣請得而詳陳之。商人尚聲，臭味未成，滌蕩其聲，樂三闋，然後出迎牲，聲音之號，所以詔告於天地之間也，此祭宗廟之文也。而周家祀天祭地，奏黃鍾，歌大呂，奏大簇，歌應鍾，其為詔告於天地之間則一也。樂工瞽師循聲音之所自出，今登歌之樂列於壇上，通於上靈，薦上帝地祇，太祖、太宗並侑之側也；而宮架之樂列於壇階之下，則百神之所同聽也。夫樂莫尚於和平，以平時肆祀言之，絲竹管弦類有斷闋，未知今復何以戛擊搏拊、鼓吹佾舞之工，蓋數百人，宴人賤工，安能齋潔？而興請係名之人亦與其間，瑞職攙雜，殆不可辨，此不可不嚴者一也。周人尚臭，灌用鬱鬯，臭陰達於淵泉；灌以圭璋，用玉氣也。既灌然後迎牲，蕭合黍稷，臭陽達於牆屋，故既奠然後焫蕭合羶薌，此祭宗廟

卷五千四百四十九

之文也而大雅所言卬盛于豆于豆于登其香始升上帝居歆胡臭亶時毛氏曰木曰豆瓦曰登豆薦葅醢也登登大羹也其求乎神之義則一也今日圜壇之上暨于層龕之下相承位序甚衆所謂籩豆簠簋登鉶尊俎之實內惟牲牢至期宰擊餘如膴鮑魚鱐與夫兔鴈蜃蚳之醢麋麇之臡其類甚不一也皆各司之所豫造也餅餈酏糝黍稷稻粱之食芹茆之菹亦不一也則皆神廚至期之所造也竊聞豫造者先後遲速或不能揩揹日分至有色惡臭惡之處而先期呈饌之時或兩辰洊無乃太早而所供之物或不可用如醯醬之屬覆之瓮瓿無復再祭其可改換者未免倉卒而無復可祭者不

卷五千四百四十九

二

可得措手矣蓋呈饌出於一時頃刻之間而豫造之司吏卒習於圂莽之素而有司掌之者不過一巡視之而已百司細於文具至於事神亦復無忌以至酒齋之設凡有數等京尹之司不過委之右選趨走之人其為醇醨既不可品嘗其不中度者甚多也氣臭之不嚴如此豈復有馨香之上達也哉矧又有敢甚者名為供官殆百餘人祭之日凡籩豆簠簋登鉶尊俎之屬滌濯者此曹也籩豆簠簋登鉶尊俎之實鋪設者亦此曹也滌濯固已圂莽而夜半設實於器皆其手所數頓豈但贊擽乾物之類而醯醬餌酏腥熟酒齋之屬亦皆出於其手之所置竊聞此曹係籍奉常平時所給微甚藍縷垢穢

殆不可近而況執事之夕又復無所止宿半夜而興頮面濯手皆所不及也僅有漫漶之服以蒙其外而可使之供祭實乎至若贊引之人亦百餘輩進退於神位儀物之間上焉則切近於至尊次焉則隨逐於禮官平時亦皆供官之類耳以垢汙之人而蒙之以漫漶之服是皆不可進退於神位儀物之間者也此不可不嚴者二也昔魯人之祭也日不足繼之以燭雖有彊力之容肅敬之心皆倦怠矣有司跛倚則為不敬之大今圜壇一龕之位通二龕三龕至壝埒之內外為位者八百分獻之官贊禮之人不能留候壇上疾徐之節但欲速於竣事獻官既多而禮生奉常抽差六部寺監帥漕之貼吏

卷五千四百四十九

三

為之既不閑習於禮而贊引捉給獻官跪拜俛興酌奠皆不及於禮端行無有而并行如奔其為怠慢甚矣此不可不嚴者三也夫三說如此正合汲汲求所以整齊之臣愚以為天下之事一則治散則偷久則專暫則忽今郊禮大禮其百司所供之物所造之物各有攸司固不可不分任之也而提綱總要當出於一不然則禁之徒峻察之徒苛而下之便文逃責終不可得而究也奉常為九卿之長蓋統攝齊一之所自出況今郊禮大禮實又奉常之所掌乎臣前所陳登歌宮架之上奉常固自有籍矣其有請者若干人而尚不足用則未免以無請寄名者充之今名為色長者當考見絲竹管絃有無

斷闕速行修補仍必拘集群工洗沐澣濯存其衣裝之
可者其有不盤之人責限令其措辦可也今雖有澣濯
之令而莫之遵奉也若其供官贊引之人垢弊已甚又
非樂工之比乞從御史臺行下奉常於一行人點名之
外更加逐一檢察合用若干人除其閑稍可備數之入
自餘垢弊已甚必不可責其自辦者令奉常具申朝廷
行下外祇備庫將先來檢計退下漫漶舊弊之物置造
衲衣一褐一袴先期發下奉常見名責領色長至期盡
去其垢弊之衣而外襲之以法服表裏咸潔可以執事
於籩豆簠簋登鉶尊俎之間而親近於崇嚴清肅之地
矣若夫一行合干等人名數根究乞下臨安府令於便

卷五千四百四九

四

近慈雲等處闕報居民灑掃為備先期一夕令執色之
人分就民居止宿夜半而興各賫而濯手盥束衣服以
趨祭所仍周環壝下約每十數步為置一盥帨俾供官
禮生等人必先盥帨而後升壇所是半夜鋪設亦乞於
分獻官差劄內就令分頭躬親同供官逐位鋪設務令
極其嚴潔洎之秩之一一如法可也所是神廚雖已差
官監造亦必奉常幾察之仍乞下臨安府大禮酒庫專
差文官監造而豫造之廚從所司涵撥入員澄過奉常
躬親監造可也雖然令奉常之官朝廷分遣專一周旋
檢察如升歌宮架之工豫造近造之廚府屬所造之齋
供官贊引之役察之必周令之必嚴皆歸於奉常而不

至於散漫苟且而無及於事也彼分獻贊引之人必令
詳緩如禮亦從御史臺行下約束夫以郊禋大禮竊聞
鉅費至數百萬而四方之犒賞不與焉皆非切於事神
也而聲音氣臭之用莫嚴於圜壇一處耳若夫先二日
之朝獻先一日之朝饗其聲音氣臭之用則同出乎此
也臣前所陳弊害非一此而不嚴則鉅費數百萬皆所
謂不揣其本而齊其末也臣觀士庶之家或延緇黃設
禱祠主人齋戒於家而僮僕莫不知懼於下庖廚者屏
氣不息守護者呵禁甚虔仰惟萬乘之尊郊禋大禮赫
臨在上陛下嚴恭寅畏無一息之少間而又臨之以五
使之重競競謹飭而百官有司顧循習舊弊不能凜然
上承九重之意其可不亟正之以對越天地祖宗之威
靈從之

卷五千四百四九

五

朝日夕月　紹興三年四月十五日禮部太常寺言司封員外郎鄭仕彥劄子奏恭惟陛下自即位而來巡幸東南郊祀明堂以時慶成舉興越禮酒國臣僚建儀如社稷高禖之祀悉已舉行至于春分朝日秋分夕月立春立夏季夏土王立秋立冬祀五帝于四郊亦祀之大者何獨廢而未舉伏望聖慈明詔禮講求典禮舉而行之詔令禮部太常寺討論申尚書省今討論欲依本官所乞所有合用牲牢禮料祭器並官等依儀設于二壇豆差三獻官兵工部等緣今來多事之際難以盡依禮例兼見今祭神州地祇已降指揮不用特牢設籩豆各一實以◎酒脯鹿臡差獻官一員行事所有今來祀日月五常欲乞者繁就爾依神州地祇禮例施行詔依二十七年五月二十七日禮部太常寺言准勅臣僚上言祭祀之禮概祀三十有六而今所行者二十有三其一十三祭止作中祀欲望命有司依舊作大祀行禮勘會數內春分朝日秋分夕月緣今來壇壝齋宮未備欲乞朝日權于東青門外長生院夕月于錢湖門外惠照院行事詔依七月二十二日禮部太常寺言勘會八月九日秋分夕月係在錢湖門外惠照院望祭齋宮行禮依儀用酉時三刻後行禮畢收胙監察御史監視封（卷一萬七千五百四）記光祿卿望闕再拜訖進胙契勘是日錢湖門并和寧門並係已閉門時刻奏是進胙不及今省記在京日秋分夕月其所進胙止于太常寺言勘會春分朝日秋分夕月合用禮神真玉奠獻胙為未曾製造止奠幣行禮近緣明堂大禮已行製造真玉欲乞自今後依儀奠玉幣行禮詔依齋宮安頓次日齋擎赴通進司御廚投納欲乞依上件體例施行詔依

朝日夕月儀

全唐文

中興禮書

祀熒惑

紹興七年六月二日禮部太常寺言太常博士黃積厚劄子奏令大祀之未舉者如熒惑大蜡之類中祀如嶽鎮海瀆農蠶之類小祀如司中司命之類或以為國解禳或以為民祈報神人相依之道實不可廢欲望特降睿旨下有司條舉而行之詔令禮部太常寺同共條具今契勘未舉大中小祀凡三十九緣車駕巡幸齋宮祭器祭服等並皆未備今欲先次舉行大中小祀立夏日祀熒惑合於南方緣今來壇壝齋宮未備又緣淨明寺已充同日祀赤帝行事相妨今欲乞權於錢湖門外惠照院齋宮行事

大辰　紹興七年六月二日禮部太常寺言准勅臣僚劉子奏臣聞古之火正蓋火官也帝嚳則有祝融陶唐則有閼伯掌行火正以順天時後世尊為火祖配祭火祖星夫祝融氏遠矣士弱之對晉侯公叙僑之告叔向皆言閼商伯之居商丘說者謂商人承閼伯之業宋其後也世司其占故先知災變修道以銷除班固志之可攷而知且宋大辰之墟而房心之野商丘在焉今睢陽是也國家垂統實感炎德以宋建號用詔萬世太祖受命陛下中興應天順人皆在於此是則大火之神發祥儲祉佑我實祚其所由來久矣仁宗康定間禮官建明因古商丘作為壇兆以閼伯配大火之祀內降

祝詞命陪京尹正之臣奉祠行事牲幣籩豆咸有品式多事以來祀弗克舉殊非祐神之意比年多災雖緣有司不戒于火然預防之計亦宜無所不用其至臣愚欲望睿慈特命曲臺參酌舊章即行在所每遇辰戌出納之月各設位望祭如此豈特昭炎德昌熾之福蓋亦弭災之道也詔令禮部太常寺同共討論申尚書省令勘會應天府祀大火近因臣僚陳請季春季秋見於行宮設位望祭兼昨宣和間因臣僚陳請以季春出火日於東郊季秋內火日於西郊各建壇壝以大祠之禮祀祭大辰近緣軍興未曾舉行今討論欲依令來臣僚所請於行在所每建辰戌之月依見令舉行五方帝禮例差

差官用酒脯設位望祭詔依二十七年五月二十七日禮部太常寺言准勅臣僚上言祭祀之禮大祀三十有六而今所行昔二十有三其一十三祭止作中祀欲望命有司依舊作大祀令勘會壇壝齋宮未備所有祭祀大辰其季春出火欲乞權於東青門外長生院行事季秋內火欲乞權於錢湖門外惠照院行事詔依乾道五年八月二十九日禮部太常寺言准都省批下太常少卿林栗丞陳損愽士龔濤劉子契勘九月十四日望祭應天府大火以商丘宣明王配二十一日內火祀大辰以閼伯配大辰即大火也閼伯即圓丘宣明王也伏緣國朝以宋建號以火紀德太祖皇帝光堯壽辰太上皇

帝皆受命於宋故推原發祥儲祉之所自崇建商丘之祠府曰應天廟曰光德加封王爵錫謚宣明所以追嚴者備矣今有司旬日之間舉行二祭一稱其號一斥其名義所未安恐合釐正欲乞今後祀熒惑大辰其配位稱閼伯者祝文位版並依應天府大火禮例改稱商丘宣明王以稱國家崇奉火正之意今勘當欲依逐官所乞詔依祀大辰儀時日齋戒陳設省牲器奠玉幣進熟望燎　時日太常寺預於陽季以季春出火季秋內火祀大辰關太史局擇日太史局以其日報太常寺太常寺參酌訖具時日散告　齋戒前祀十日受誓戒於尚書省其日五鼓贊者設位版於都堂下吏部尚書在左

刑部尚書在右並南向初獻亞獻終獻位於其南稍東北向西上監察御史位於其西稍北東向光祿卿兵部工部郎中光祿丞位於南稍西北向東上[光祿丞位稍]卻奉禮郎太祝太社太官令位於其東西向北上贊明禮直官贊者引行事執事官就位立定禮直官引吏部尚書由都堂降階就位禮直官贊揖在位者對揖吏部尚書搢笏讀誓文云[某月某日季春出火某月某日季]秋內火祀大辰各揚其職不共其事國有常刑讀訖執笏禮直官贊奉禮郎太祝太社太官令先退餘官對拜訖乃退散齋七日治事如故宿於正寢不弔喪問疾作樂判書刑殺文書決罰罪人及與穢惡致齋三日[光祿

御丞太社太官令齋一日二日於本司（無本司者於隣近寺觀）質明至唯祀事得行其餘悉禁前祀一日質明俱赴祠所齋宮官給酒饌祀官已齋而闕者通攝行事陳設前祀三日儀鸞司設行事執事官次於齋宮之內及設饌幔於殿門之東北向（內火於殿之東南西向）前二日有司牽牲詣祠所前一日太社令帥其屬掃除殿之上下太常設神位席太史設神位版於殿上（凡設神位版皆太社令監視）太常設祭器（凡設祭器皆藉以席籩豆又加巾蓋以俟告潔既畢權徹）有司陳牲於殿之東南西向祝史各位於牲後太常設省牲位於牲西三獻官在南北向光祿卿兵部工部郎中光祿丞奉禮郎太祝太社太官令在北南向俱西上（凡設光祿丞以下位皆稍却）監察御史位於光祿卿之西少絶太常陳禮饌於殿之東南西向（內火於殿之東南南向）設省饌位版於禮饌之西（內火於禮饌之南）三獻官在西東向北上（內火在南北向西上）監察御史在北南向（內火在西東向）光祿卿兵部工部郎中光祿丞奉禮郎太祝太社太官令在南北向東上（內火在東西向北上）太常設登歌之樂於殿上稍南北向祀日丑前五刻禮直官贊者諸司職掌各服其服太常設神位席太史設神位版大辰位於殿上北方南向（席以藁秸）商丘宣明王於殿上東方西向（席以莞）太常陳玉幣於神位前之左（玉以

圭璧或以匪配位不用玉）玉加幣上置諸篚（幣以赤）祝版於神位之右置於坫次設祭器實之每位各左十有二籩為三行以右為上第一（行形鹽在前魚鱐糗餌粉餈次之第二行榛實在前乾橑乾蘀乾棗次之第三行菱在前芡栗鹿脯次之）右十有二豆為三行以左為上第一（行芹菹在前筍菹葵菹菁菹次之第二行韭菹在前酏食魚醢兔醢次之第三行豚拍在前鹿臡醓醢糝食次之）俎二一在籩前（實以羊腥七體兩髀兩肩兩脅并脊兩髀在兩端兩肩兩脅次之脊在中）一在豆前（實以豕腥七體其載如羊）又俎四在俎右為二重以北為上第一重（實以羊腥腸胃肺離肺一在上端刌肺三次之腸三胃三）又次之一（實以豕腥膚九橫載）第二重一（實以羊熟腸胃肺）一（實以豕熟膚其載如腥皆羊在左豕在右若配位即以東為為上）登一在籩豆間（實以大羹）槃一在登前（實以毛血）簠二簋二在籩豆外二俎間簠在左簋在右（簠實以稻粱粱在稻前簋實以黍稷稷在黍前）設著尊二（一實明水一實醴齊初獻酌之）壺尊二（一實明水一實盎齊亞終獻酌之）皆有罍加勺冪為酌尊太尊二（一實泛齊一實醴齊）山尊二（一實盎齊一實緹齊）犧尊二（一實沈齊一實事酒）象尊二（一實昔酒一實清酒）皆有罍加冪設而不酌並在殿上稍南北向西上配位即設於正位酒尊之東（每位各有爵坫）太常

設燭於神位前又設俎四於饌幔内洗二於殿東階之東南向盥洗在東爵洗在西罍在洗東加勺篚在洗西南肆實以巾若爵洗之篚則又實以爵加坫執罍篚者位於其後又設揖位於殿之東南如省牲之位唯不設光祿卿丞太社令位積柴於殿門之外燎所内火於燎壇設望燎位於其北三獻官在北南向西上監察御史位西東向兵部工部郎中奉禮郎太祝在東西向北上又設三獻官席位於殿東階之東西向南上兵部工部郎中席位於三獻官席位之南西向北上設監察御史席位於殿下北向奉禮郎太祝太官令位於其後俱西上光祿卿席位於監察御史之東北向又設監察御史位於殿上樂虡之北在西東向奉禮郎太祝在東西向北上太官令在酌尊前俱北向

省牲器 所祀一日行事執事官集初獻齋所肄儀太祝習讀祝文眡玉幣及神位版訖次禮直官贊者分引行事執事官詣殿東省牲位 凡物獻行事禮直官引餘官皆贊者引 立定禮直官贊揖次引監察御史升自東側階 凡行事執事官升降階自東側階内太社升西階 眡滌濯執事者舉冪曰潔降復位禮直官稍前曰告潔畢請省牲太祝出班巡牲一匝詣初獻前西向揖曰充退復位光祿丞出巡牲一匝詣初獻前西向躬曰腯退復位禮直官贊省牲畢請詣省饌位揖訖引行事執事官各就位立定禮直官

贊揖所司省饌具畢禮直官贊省饌畢揖訖俱還齋所光祿丞太祝以次牽牲詣廚授太官令次引監察御史詣廚省鑊及眡祭器滌溉乃還齋所未後一刻太官令帥宰人以鸞刀割牲祝史以槃取毛血置於饌所遂烹牲腯從太社令帥其屬掃除殿之上下訖還齋所

奠玉幣 祀日丑前五刻 行事官用丑時七刻祀用丑時一刻 太社令先入視設神位版訖退次太官令光祿丞帥其屬實饌具畢光祿丞還齋所次引光祿卿入詣殿下席位北向立贊者曰再拜光祿卿再拜升殿點禮饌畢退還齋所引監察御史升點閱陳設糾察不如儀者 凡點視及點閱皆先詣正位次 樂正帥登歌工人升殿各就位餘官各服祭服次引行事執事官各就殿之東南揖位立定禮直官贊揖次引監察御史奉禮郎太祝太官令入就殿下席位北向立次引三獻官兵部工部郎中各入就殿東階之東席位西向立禮直官稍前贊有司謹具請行事高安之樂作六成止太常升煙燔牲首贊者曰再拜在位者皆再拜次引監察御史奉禮郎太祝太官令俱升殿各就位立定 太官令就正位酌尊所 次引初獻詣盥洗位北向立搢笏盥手帨手執笏升殿正安之樂作 凡初獻升降行止皆作正安之樂 詣大辰神位前北向立樂止嘉安之樂作初初獻搢笏跪次引奉禮郎搢笏西向跪執事者以玉幣授奉禮郎奉玉幣

授初獻執笏興先詣商丘宣明王神位前北向立初獻受玉幣奠訖執笏俛伏興再拜次詣商丘宣明王神位前東向立（酌獻詣配位准此）奠幣如上儀樂止奉禮郎復位初獻將降階樂作復位樂止　進熟祀日有司帥進饌者詣廚以匕羊載于一俎（肩臂臑在上端脃在下端正脊一直脊一橫脊一長脅一短脅一代脅一皆二骨以並在中）次升豕如羊載于一俎（正配位羊豕各一俎）設於饌幔內候初獻既升奠玉幣訖入陳於殿東側階下西向西上（內大入陳於殿西階下北向北上）次引兵部工部郎中詣殿東側階下（內大詣西階下）搢笏奉俎（兵部奉羊工部奉豕）升殿豐安之樂作詣大辰神位前北向跪奠先薦羊次薦豕各執笏俛伏興有司設於豆右腸胃膚之前（羊在左豕在右）次詣商丘宣明王神位前東向奉俎如上儀樂止俱降復位次引太祝詣大辰神位前東向立次引初獻再詣盥洗位北向立搢笏盥手帨手執笏次詣爵洗位北向立搢笏洗爵拭爵以爵授執事者執笏升殿樂作詣正位酌尊所西向立樂止祐安之樂作執事者以爵授初獻搢笏搢笏跪執爵執尊者舉冪太官令酌著尊之醴齊訖先詣配位酌尊所北向立初獻以爵授執事者執笏興詣大辰神位前北向立搢笏跪執事者以爵授初獻初獻執爵三祭酒奠爵執笏俛伏興少立樂止太祝搢笏跪讀祝文讀訖

執笏興先詣商丘宣明王神位前南向立初獻再拜次詣商丘宣明王神位前酌獻並如上儀樂止太官令復詣正位酌尊所太祝復位初獻將降階樂止次位樂止次引亞獻詣盥洗位北向立搢笏盥手帨手執笏次詣爵洗位北向立搢笏洗爵拭爵以爵授執事者執笏升殿詣正位酌尊所西向立文安之樂作執事者以爵授亞獻亞獻搢笏跪執爵執尊者舉冪太官令酌壺尊之盎齊訖先詣配位酌尊所向立亞獻以爵授執事者執笏興詣大辰神位前北向立搢笏跪執事者以爵授亞獻亞獻執爵三祭酒奠爵執笏俛伏興再拜次詣商丘宣明王神位前行禮並如上儀樂止降復位次引終獻詣洗及升殿行禮並如亞獻之儀降復位禮直官曰賜胙贊者承傳曰賜胙再拜在位者皆再拜送神禮安之樂作一成止　望燎初理安之樂畢引三獻官兵部工部郎中詣望燎位有司各詣神位前取幣祝版置於燎柴次引監察御史奉禮郎太祝降階詣望燎位立定禮直官曰可燎大燎半柴次引初獻以下詣殿之東南揖位立禮直官贊禮畢揖訖退太官令帥其屬徹禮饌監察御史詣殿上監視收徹訖還齋所光祿卿以胙奉進監察御史就位展視訖光祿卿望闕再拜訖乃退　立夏日祀　熒惑降神奏高安之曲六成　圜鐘為宮三奏　五緯相天各率其職司禮與視則維熒惑至陽之

夾黃仲林無林仲夾仲林南林黃無太夾南林太仲林
精爾我長饗于以家之祀事孔明 黃無夾黃無林黃仲
夾 黃鍾為角一奏 有出有嚴伏見靡常相我國家
沽太南林應南太黃林南蕤沽
鑒觀四方視罔不正終然允臧神其格思明德馨香 太
林南黃沽應南黃南太黃南林林南蕤沽 太簇為
徵一奏 小大率禮不愆于儀展采錯事秩秩孔時維
南太夷蕤太應蕤沽南應太應沽蕤沽太南
令之故閱我數度修厥典常神其來顧 蕤應南南蕤沽
太沽太蕤沽夷蕤應南 沽洗為羽一奏 於赫我宋
大夷應夷
十一
以大德王永永丕圖繫神之相神其來矣繼其時矣禮
大無蕤沽沽大蕤沽沽蕤無夷夾大應夷大應夷蕤沽
備樂奏神其知矣 大蕤沽應夷夾大 初獻升殿歌大
呂宮正安之曲 凡升殿降殿樂曲並同 有儼其容有
大仲夷仲大
潔其衷屹屹崇壇俾神與同神肯降格嘉神之休虔恭
無林仲夷仲無夷夷無夾大夾大夾仲黃無林夷黃大
降登神乎安留 夾仲大無夾大 初獻諸奠幣位奠玉
幣歌大呂宮嘉安之曲 馨香馥天肸蠁恍惚求神以
大夷林仲仲無夷夾大仲夾
誠薦誠以物有璠斯玉有篚斯幣是用薦陳昭茲精意

夷無夾大夾大無夷大夷仲無夷黃太夾仲黃無夾大
初獻諸商丘宣明王位奠幣歌大呂宮嘉安之曲
熒惑在天惟火與合繫神主火純一不雜作配熒惑祀
大仲夾仲大無林夷夾仲大無夷仲夾大夾大無長夷
功則熙不腆之幣于以告虔 無黃無黃大林仲夷仲夾
大 捧俎奏黃鍾宮豐安之曲 火黃遵其令無物不長
沽南林應南蕤林
視此牲牢務得其養豢以祀神有腯其肥非神之宜具
林黃太黃林沽南林太黃大沽黃南大黃應南蕤沽南
將曷歸 沽太黃 初獻諸熒惑酌獻歌大呂宮祐安之
曲 皇念有神介我戩穀登時休明有此美祿酌言獻
十二
大大夷仲無仲無夷大無林仲夾仲無夷夾大夾
之有飶其香神肯宴娛醉此嘉觴 仲黃無林仲黃大夾
仲夷無夾大 初獻諸商丘宣明王位酌獻歌大呂宮
祐安之曲 誰其祀神知神嗜好閼伯祀火為神所勞
大夷夾仲林仲無夷黃大仲夷林仲無夷
勝言配食既與火俱於樂旨酒承神嘉虞 黃大夾仲夾
仲大無大無夾仲無夷夾大 亞獻奏黃鍾宮文安之
曲 終獻同 神既既施嚐我飲食申以衆獻以承靈億
黃沽林南應南蕤林南南太黃南太黃太
神方常羊成畢我饗于兩于三于誠之將 沽林南林沽
南林太黃沽太黃沽應南蕤林太黃 送神奏夾鍾宮

瑆安之曲　登降上下奠璧奠幣高送獨禋無逞者
夾黃仲林仲林仲夾大黃無黃南林黃無
太夾仲林無　其將歸顧我國家遺以繁釐　太夾仲林無
林黃無夾無南林太黃仲文　立夏祀熒惑文　維某
年歲次月朔日辰星皇帝御名　謹遣某官臣姓名敢昭
告于熒惑明視正禮光于南方有赫炎靈相我皇祚立
夏氣至盛德在火載修祀事用格丕貺謹以嘉玉量幣
牲齊粢盛庶品恭陳明薦以商丘宣明王配作主尚饗
商丘宣明王配侑稱戢敢昭告于商丘宣明王惟神受
封商丘主司大火德被梁宋功施今古爰以立夏致祀
熒惑俾侑大神永錫多祜　季春出火季秋內火祀大

辰文三　維某年歲次月朔日辰嗣天子臣御名謹遣某
官臣姓名敢昭告于大辰季春之月火始昏見恪遵舊
典秩祀用修嘉薦令芳以侑明德尚其顧饗永佑丕圖
謹以嘉玉量幣牲齊粢盛庶品恭陳明薦以商丘宣明
王配神作主尚饗　季秋云昔康定中儒臣獻議修我
炎德新兹祀事斗柄指戌神用宿藏爰告內火率循舊
章　商丘宣明王配侑　維某年歲月月朔日辰皇辰
帝御名謹遣某官臣姓名敢昭薦于商丘宣明王爰以
季春祀于大辰惟神肇自陶唐主司火正宜爾配食祀
于貴神令兹季春辰使昏見恪修令典以薦馨香神其
侑之尚期孚佑謹以量幣牲齊粢盛庶品恭陳明薦作

主侑神尚饗　季秋云爰以季秋祀于大辰惟神受封
商丘主司火正有功厥職配食為宜令兹季秋辰伏於
戌恪修時祭以薦馨香神其侑之尚其顧饗

祈雨雪

淳熙四年八月六日，詔頒江陰軍蔣靜所刻祈雨雪法。兩浙西路安撫司申：江陰軍
申：今龍求雨乞頒之天下，看詳依已降禮部看詳，本部下太常寺勘會，蔣靜所刻
祈雨雪法，其載皇祐二年六月中書門下牒，虎翔府所降祈雨法，下諸路州軍
年深損壞，今再行修改雕板，摸印成册，添入紫光院從勘集，奏院頒下諸路
州軍監遵等至今遵是年深，州縣損壞不存，今欲從兩浙西路安撫司申
將江陰軍蔣靜刻皇祐二年祭龍祈雨雪內添入，所追龍本揆制依法部行
下臨安府錢板圖像印造成冊，發付禮部，禮部行下諸進奏院頒降詔
州府軍監，將所載法故事遇旱禱雨雪，嚴潔依法祈求，一齊壇處並依左件
守能清戒，設祭式不依所出，依逐林木蘇茂戒剩潤沉深遠堪置之處，或

於靈祠古廟以為壇地，限庚辛壬癸及戊己日，前一日先行齋戒，於本處刺史、縣
令并官屬齋潔沐浴，吏人皆先齋潔
其日具酒脯白色乾脯，盛於五色器時，菓名香一把，及各節飲食一
碗，設鋪以白色乾信置於上，時菓實一盛，中香爐並燈
於當中安置燈，置香爐於近東南，設陳於席上，又以淨綿為
於廳南州縣刺史縣令，以祀禮依所祀官並知事者實一齋
前組具，祀官并執事等齋戒，又實一齋祀官，大小致齋，祝於壇地之東
向南，州縣依式，依天日作某年某月某日某朔某日某甲
以清酌脯醢，敢昭告於
神，惟之靈，伏以愆陽為虐，甘雨不降，菓信饗獻，應時而降
所期於此，謹以壇求之代，惟社令府之神，普臨此地，無致阻但龍
克饗其祭，尚饗。
飲酒肉，并逐取酒脯等于席南稍之就深一尺處，就撤席造方壇
壇用淨土築，凡三級，每級高一尺，上級方闊一丈三尺，中級下級四面
各寬一尺七寸，皆以竹支之，去壇二十步圍，以白繩繞之，令人不得輒入
宜屬吉日，并于白繩所依北祀官及執事者並不得輒入。一畫龍法：取
新淨絹五尺，揩畫為二節，於下節畫水波，有波岸水中黑龍左顧，口吐黑
氣，狀如線形，引至二三寸漸大，散作黑雲，又于中節畫龍，色隨日干，
庚辛日畫作白龍，壬癸日畫作黑龍，若丙丁日張傅，畫黃龍，戊己也，龍口
吐黑氣成雲，黑色其雲，又於上節畫天，用朱砂點十黑雲天雲
星中畫黑雲，亦左顧，仰令雲氣分明，亦勿令與龍所吐雲氣相接，其
以金銀朱砂和黃丹作色，飾之，務令鮮明。一祭龍法：
設水盆
置祖斷取新竹一竿，各長七尺，竿頭畫以龍，植於壇上
并及等頭各挂一白幡，各長二尺，以中取
掛兩竹之間，龍前置新席一設，祖豆酒脯時菓香燭，大刀用
炭
代之，龍於壇南以物東西，無令作聲，又設祀官位於其南，日置壇後
祭官屬齋宿，并執事者並齋，祭絕食，辛寅飲足，申農間，以時進
壇下于所行事，壇之東西各設燈盞二，又於東南置
祭官屬齋宿，於白繩外禮生引祀官，出壇，畢，乃就
并祥，酒脯，與祭供文，日期某年某月某朔某日某甲，祀官姓名謹以

卷一萬六千十九

清酌膳羞花菓名香為舒鴈之牲，敬告於里社神龍，某被命大吏，祈陰
靚伏以元陽為沴，甘雨久愆（祈雪即云久雪之愆），應召眾功，某遂敢夜令
則謀于蠲潔，敢此壇場，備薦吉蠲，固求靈應，伏望即日為興雲飛風（祈雪即
云同雲繁飛）降為膏澤，豐城必報，無作龍羞。伏惟尚饗。讀文訖，祀官奠酒
再拜，投齋飲酒訖，又拜。執事者用新潔不傷鑄釜鑄鍋，但新潔者取鵝
於壇南刀割其項，三分存一，勿令斷，盛殘以置於壇上，承之以俎，以盛
盛鵝身於壇南，取血奠之，奠訖，祀官再拜，隨從者並拜，又祝云：五日內雨
足（祈雪即云雪足），當更賽謝。又再拜，撤席撤血，唯留血盤於壇上，別添
香火，又以大盆盛淨水，以楊柳枝條略點水灑龍，畢，置於水上，祀官并
執事者俱出，至來日午時前不得更令人至壇側，常數十步遣人巡邏之。
一驗兩法：次日寅時兩刻，吏卒令祀官屬並陌再拜於壇南，向鵝以道執
事者入壇，視血盤中，如無物得則曹應，或有蝦蟆、蜥蜴、蛇蚣、百足之類，即
有大水所見蟲蛇，並送水中，不可傷犯，或得飛鳥蛾子及蟲鳥糞，即由祀
官心不精潔，故積無應，雨雪降。厥當再設醮，所告者訖，執事人取盤洗血
并鵝於壇前，掘坎瘞之，訖，惺且置壇上，時發添香燭，以候雨雪，足即收之。
一賽龍法：雨雪足後三日，用羖猪一牢，於壇東西取血，以盤盛置壇前，及

大典卷一萬六千十九

取猪毛置於壇外，既熟，別盛以盤，加以時果及酒，不設俎豆，唯在精潔。
又設祀官位，如前禮生引祀官就位，再拜，奠酒訖，又再拜，讀祝文曰：維某
年某月某朔某日，具官姓名，敢告于里社神龍，近以元陽為災，立壇祈禱，
果蒙靈感，獲此甘澤（雪降即云獲此嘉雪），今擇吉日，以報神德，伏惟尚饗。
讀文訖，祀官再拜，撤齋飲酒訖，又拜。執事人餟於白繩外，事畢，撤繩，又於
壇外取土，填瘞壇上，祝云：祈雨已畢（祈雪即云祈雪已畢），無有後報，為急
如律令。祀官等並閉氣而還，瘞蛇畢，送置在側大水或潭穴中，並從之。

全唐文

宋會要　風伯雨師雷神壇

淳熙七年正月二十七日，詔禮部、太常寺參稽典故，將州縣祭風伯雨師雷神壇壝器服制度禮儀類成一書，鏤版頒降，從禮部侍郎齊慶胄請也。

大典卷九百二十三

宋會要 五龍祠

京城東春明坊五龍祠　太祖建隆三年自元武門徙于此　國朝緣唐祭五龍之制春秋常行其祀用中祀禮　真宗大中祥符元年四月詔脩飾祠帳　哲宗元祐四年七月賜額　先是熙寧十年八月信州有五龍廟禱雨有應賜額曰會應自是五龍廟皆以此名額云

徽宗大觀二年十月詔天下五龍神皆封王爵青龍神封廣仁王赤龍神封嘉澤王黃龍神封孚應王白龍神封義濟王黑龍神封靈澤王

金樓子

興王篇漢世祖丈叔嘗夢乘赤龍登天上琳階玉闕

卷五百二十三

帝王世紀

豐公家于沛之豐沛邑之陽里其妻夢赤馬若龍戲己而生執嘉是為太上皇太上皇也

唐會

崔湜弟液字潤甫尤工五言詩湜歎因自呼曰海子我家龜龍也

鴻慶宮

刪

鳳臺山宮

宋會要 祠宮觀附

大中祥符七年正月詔曰睢陽奧壤藝祖舊邦應命歷以天飛劍基圖而日新朕躬朝渦水茂典薦禧旋幸平臺緬懷積德想清都之錫類慶鴻緒之無疆奉真像以顯昂建靈宮以函容洪惟二聖冀佑萬方故當陪仙御於禰廷儼宸儀於恭館南京新修聖祖殿宜號曰鴻慶宮仍奉安太祖太宗像八月遣都知閻承翰內侍楊懷古奉像至歸德殿後正位權安天聖元年三月修殿成詔知制誥張師德奉告南京內城迎聖像奉安四年十月又奉安真宗御容康定元年六月經火別建齋殿供養慶歷六年十二月又詔重修三聖御容殿七年六月

卷二百四十九

命翰林學士張方平往奉安右奉太祖太宗真宗神御

宋會要

京都雜錄東京大內次北有之

宋會要

天聖八年正月差內侍張懷恩就永安縣紫玉山置宮九年閏十一月十五日宮成詔遣三司使晏殊上御祭供奉羅崇勲江德用自京迎太祖太宗真宗聖像至宮奉安仍改紫玉山為鳳臺山治平三年九月二日龍圖閣直學士李東之相度仁宗神御殿乞免鳳臺村戶絕地土租稅四年十二月三日戶部副使蘇寀內侍押班王守規相度英宗神御以降真殿第六間奉安並如其

清寶籙宮

請熙寧二年五月九日迎奉仁宗英宗御容赴文德殿十三日上親行酌獻之禮乃赴西京二十二日奉安右奉太祖太宗真宗仁宗英宗神御

宋會要

致和初詔於景龍寺東對晨暉門作上清寶籙宮五年九月二十日詔上清寶籙宮隸京城所提舉管轄仍差蕃從熙充提舉黃晃充提點是年十二月一日御製寶籙宮仁濟輔正亭記云闢宮隅外壖東北地踰頃作室百堵名之曰上清寶籙宮中殿以事高真號曰始清西以奉本命號曰天祥東以居其徒集修身學道羽衣之士請命上帝以受金籙行正一靈文玉笥考照法又即

[卷二百四十九]

宮門之西於臨道衢營屋數拾楹中建亭曰仁濟選其徒脩潔禁行者使行其術以濟萬民朕潔精齋戒洗心凝神書符呪水以賜日以千計不遑暇逸勞不自憚於撫幼扶老策杖肩輿匍匐雜遝至者萬有餘眾一亭不足容增其北更為亭曰輔正徽宗政和六年二月一日上清寶籙宮道院奏乞每歲撥放童行及紫衣師號及遇天寧節諸內東門進奉功德疏乞汴河船一隻西至河陰汜水東西淮南兩浙般載柴炭米麥雜物乞免力勝商稅牌一面乞菜園墳地共伍頃於都城外或畿內係官諸色田地內踏逐標撥乞銅朱記中發公文使用詔並從之

龍德宮

宋會要 宮

徽宗元符三年（已即位未改元）二月二十四日詔懿親宅潛邸賜名龍德宮管勾官令入內侍省取旨大觀元年十月十二日上批龍德宮五日一次提舉官宿於本廳日輪提點官（一員）宿於本廳勾當官一員宿於廨舍已上遇疾患事故在假即輪當次官政和四年三月十五日侍衛步軍司奏提舉龍德官宮直睿思殿同提舉大晟府楊戩奏奉聖旨侍衛步軍司可特差借宣効六軍兵士二百人帶行見請諸般請給日下發遣龍德宮役使充本宮實占祇應與免諸處差借揀選體量向去有闕依此差借如有拘礙特依今來指揮詔割移名糧充龍德宮清衛闕

[卷二百三十四]

額欽宗靖康元年四月七日以太中大夫門下侍郎耿南仲為正奉大夫資政殿學士朝散大夫王易簡為中大夫中書舍人譚世勣李熙靖並為顯謨閣待制提舉醴泉觀主管龍德宮五月一日宰臣徐處仁等言陛下躬聽機政不得侍上皇於別宮視膳問寢之念每形辭旨乞詔提舉龍德宮官日具道君起居平安以聞庶慰聖孝晨夕企想之意從之

神霄玉清萬壽宮

徽宗政和七年二月十三日詔神霄玉清萬壽宮如小州軍監無道觀以僧寺改建如有道觀處止更名仍于殿上設長生大帝君青華帝君像二十三日臣僚言州府軍監內以僧寺為神霄玉清萬壽宮乞從有常住并殿宇圓備有莊産寺改充從之五月一日詔天下神霄玉清萬壽宮歲度童行紫衣並未改宮以前數日降賜如元無額即並賜歲度童行紫衣各一道二十二日知杭州徐鑄奏乞神霄玉清萬壽宮添撥田共二十頃於浙西逐州有管諸司堪好田內摽撥應副詔依如違以大不恭論六月二十八日尚書省言諸州將寺院改建

卷二百六十三

神霄玉清萬壽宮舊有莊田債屋合依天寧萬壽觀已降指揮免納夏秋二稅及房廊債錢從之七月二十二日詔諸路州軍應改寺作神霄玉清萬壽宮大州軍並先期告諭限半月遷徙如擁便搔擾許人告賞錢三百貫犯人決配千里九月十六日中書省言諸神霄玉清萬壽宮與免支移折變從之　八年二月二十日詔曰朕嗣守大位稍帝博臨髙真屢降祥應沓至萬邦咸寧深惟脩報之誠無得而稱詔天下作神霄玉清萬壽宮奉上帝君大君之祀以嚴報稱與天下祈福將春年于茲而三數州玩弛弗虔曾不肅給明宮齋廢或粗設貌像或僅容數士弊陋不蠲弗稱明靈羽流陳訴概被刑戮

豈所望哉其令諸路提刑廉訪巡按所至躬詣新宮瞻視考驗究其避就觀其廢舉察其施設具奏將有攷焉五月二日詔諸州神霄玉清萬壽宮並依在京宮觀體例同日詔兩浙路漕臣詹度差提舉本路神霄玉清萬壽宮通判帶同字七月三日詔宰臣可兼神霄玉清宮使執政官充副使判官聽旨差自改官制不置使名供道教興隆宮宇悉備即罷四月開封尹盛章奏乞依天下州軍知州帶管幹神霄玉清萬壽宮宇以嚴聖主崇奉上真之意詔府尹充管判少尹充管幹在京神霄玉清萬壽宮十四日詔天下神霄玉清萬壽宮門可視至聖文宣王廟立戟以稱崇奉十五日河東路轉運判官

卷一百六十三

王似言本路神霄玉清萬壽宮有本州見無戶絕折納田去處欲于隣近他州有戶絕折納田處貼撥候本州有田日逐旋却行改撥從之八月二十九日提舉上清寶籙宮王詔言欲逐州差親民文臣專切管幹神霄玉清萬壽宮詔本路提舉漕臣于逐州軍并縣鎮選擇寄居宮觀年六十已下通判資序已上人一員中尚書省就差管幹閏九月四日左右街道錄院言析可求奏乞降賜道教法物及先天紀文字看詳道教法物係在先天紀文字內今先乞下醴泉觀藏經內關借抄錄到一部計三十六卷詔付所屬官司頒降十月二十二日廣南東路轉運判官燕瑛言道教方興宜立殿最之法應令

後知通並十日一詣神霄宮檢察仍以所檢察事置籍書之其提舉本宮官歲遍所部其當職官奉行優劣以聞從之十一月十日詔諸路漕臣提舉神霄玉清萬壽宮鑄造銅印一面給付以提舉某路神霄玉清萬壽宮印為文　宣和元年四月十一日詔天下神霄玉清萬壽宮已賜田產房廊道業並交割付本宮掌首置歷支用更不隸州郡掌管前後所降知通檢察考課指揮更不施行八月二十三日以宮成降德音于西京諸道四年九月二十七日詔今後應神霄宮知副有闕聽逐處于道士內不以有無官品推舉實學業素著為衆所推之人本州守貳審察保明降敕差補

卷二百六十七

六年閏三月二十七日詔奉使及監司等官巡歷經過州軍並令詣神霄宮朝拜著在甲令今後如遇夜入城並于次日朝拜若公事急速自合依免赴　七年二月十七日詔以處士劉知常所造神霄玉清寶輪令提舉道錄院賜在京神霄玉清萬壽宮奉安寶藏餘賜外州軍神霄玉清萬壽宮奉安寶藏禮儀使差太師魯國公蔡京都大管幹官差張道濟欽宗靖康元年二月十三日詔罷宰執兼神霄玉清萬壽宮去處使副七月四日詔諸路州軍先以僧寺改建神霄玉清萬壽宮去處已降指揮給還田土所有元賜名額合依政和八年正月六日赦文許令緣化修建從禮部請也　光堯皇帝建炎元年六月四日尚

卷二百六十七

書省言近降赦文內天下神霄宮並罷舍屋什物錢糧田產州縣拘收具數申尚書省詔江寧府神霄宮元係保寧寺鎮江府係龍游寺泗州係普照寺洪州係上藍寺並給還其餘州軍內有元係古寺改建者令本州開具以聞應刱建去處依赦施行七月一日尚書禮部言東南神霄宮舊有賜田房錢并諸處贍學錢合根括拘催計置銀絹前來應副國用

卷二百六十七

全唐文

宋會要　開元宮

嘉泰元年四月十九日詔可將潛邸府改充開元宮幹辦官差毛居實令後作入內內侍省寘闕比附太一宮作上等三年替既而居實依太一宮體例裁減條具一令來開元宮將潛邸舊府創建崇奉香火乞以幹辦開元宮爲名一所差幹辦本宮更不支破諸般請給等一本宮係創建將來降到金銀器皿酌獻醮器等及錢物入出闕人專管照得太一宮差置監真儀庫官一員專知官一員手分二名貼司一名共五人今乞減專知手分各一名止差三人內監庫官一員更不差置止差監門一員兼掌管宮物許於已未到部見任得替待闕大小使臣校副尉內指差理任酬賞請給等並依太一宮真儀庫官條例日後遇闕依此差取并乞差手分貼司各一名許於內外官司及白身人內指差理年遷補出職補授請給等並乞依太一宮體例一早晚焚脩合用道衆照得太一宮額管道士三十五人今乞減二十一人止差一十四人於內外宮觀踏逐指差有道行道士赴宮仍不隸道正司所轄并免諸處差借如日後遇闕依此施行一本宮行移印記乞下文思院鑄造以幹辦開元宮印六字爲文一照得太一宮昨於殿司差撥不披帶人兵七十人充把門掃洒守宿雜役創置寨屋並

卷二百五十九

劄籍名糧赴宮幇勘今若依體例差撥竊緣開元宮別無空隙地段創蓋寨屋今欲裁減四十八人止乞下臨安府差撥無過犯將兵三十人內節級人員二人止就本將居住分番赴宮專聽差撥雜役洒掃巡防使喚照得太一宮於臨安府差破茶酒帳設司四人今止乞差二人所差人兵除本身見請外將兵每日各添支苫帚等錢五十文人員節級各七十文茶酒帳設司各添支食錢一百文並於臨安府按日支破遇闕依此差塡一乞下皇城司踏逐親事官二人充替背印投送文字並一年一替一應衍差到祗應人乞下皇城司支破勑號從之四年六月三十日詔令臨安府於開元宮大德眞君殿之右創建閼伯商邱宣明王殿其神像依典禮用王者之服先是臣僚言本朝王以火德於閼伯之祀奉事尤謹况已封王爵今乃襯王爵而目爲眞官使之侍立於星像之側乞別建殿宇以彰國家崇祀火德之意禮部太常寺討論乞每歲立夏日差官祀開元宮先火德眞君次商邱宣明王所用祭器祝版幣帛素饌等物應干事件並依見今太一宮體例故有是詔嘉定七年三月九日幹辦開元宮言本宮崇奉御前香火專當酌獻金銀器皿應干事件全藉曾經繁雜人任使緣差到人方諳事務即行替罷實爲未便已差下姚序欲候任滿將上件監門員闕改作掌管官物使臣名稱不理資任

卷二百五十九

亦無酬賞其請給度牒並依則例許於大小使臣校副尉吏職補授人差取如遇遷改事故依此差填從之九月二十三日詔開元宮承佃平江府吳江縣震澤鄉第十都荒補涇角字號沒官荒田一十三百畝特與免納租錢如有其他寺觀援例陳乞許令三省執奏十四年八月十五日詔撥平江府吳江縣震澤鄉成字記田四百三十三畝賜開元宮爲業十六年九月二十一日詔開元宮係潛邸改爲宮觀事體至重特免納租賦其餘寺觀不得援例

卷二百五十九

慶邱一條宜杰

踐疑賤

宋會要　景靈宮太極觀

太極觀在兗州真宗大中祥符五年閏十月詳定所言伏見御札大尊崇諭再降乃軒轅黃帝母夢靈感天人生于壽丘今兗州曲阜縣有壽丘伏望于壽丘建道宮以奉聖祖道觀以奉聖祖母詔建宮以景靈爲名觀以以太極爲名是月兗州援壽丘周回及四至地步詳定所定所修景靈宮太極觀並南開三門二重東西兩廊中建正殿接連擁殿及衆道院齋廳並量地之宜觀制度量減于宮詔入內東頭供奉官周懷政往彼與本州畫圖相度施行　六年四月翰林天文邢中和言臣按壽丘東南有丘名小丘按五行上吉若山號不美者宜避望賜美名詔改曰慶丘　以月監修兗州宮觀周懷政言功役兵匠營在側近者乞放歇泊一月如願從前依舊役之又以役兵稍多極衆請差御前忠佐軍頭一人部轄真宗曰本州已有監押巡檢二員可令不住巡檢常設一員同兵部轄　七月詔內侍于萊州采玉石造聖像令本州道士就山致祭是月以右僕射門下侍郎平章事王旦爲兗州景靈宮朝修使旦言修景靈宮請用乞天部設道場兵請免望文迎玉廟會真宮奉東岳廟真君觀望下禮官參酌依制又言路出兗州欲緒河瀆廟欲並從之仍令右正言直集賢院夏竦掌已

卷萬八千二百二九

踐奉　八月以入內押班周懷政爲修兗州宮觀都監是月王旦言壽丘慶丘除棠飾行禮外並望禁人繳上從之二社以石累上有石淺丘號壽星像又北有臺上建亭名安福　是月詔于宮北鑿河賜名慶源　是月王旦言請令前兗州巡檢巡邏管勾景靈宮太極觀從之　九年二月詔修景靈宮副使林特請宮設醮獻據替作樂與監護內臣及轄工作將校四月內出御書兗州宮殿額示近臣與儀仗道門威儀教坊樂出正陽門赴州安掛帝作七言詩賜王旦等五月十三日宮成凡樓殿亭宮廊舍總千三百六十二區一本南門曰五右大威北門曰　右迎禧後門曰會景靈宮正殿曰昭慶後殿曰天康前東西側門曰左右大安東西偏門曰左右大明北道南門曰大順北門曰迎福後門曰迎會大極觀正殿曰安昌後殿曰嘉福前東西側門曰左右延和東西偏門曰左右保和東夾道南門曰延和北門曰迎祝　一本南門曰左右凝和北門曰左右迎祝　十四日詔景靈宮使向敏中充兗州景靈宮觀慶成使行告成之禮又詔兗京宮八宮觀焚香道有五日賜向敏中丁謂林特道衣襲衣金帶器幣有差　八月詔兗京東轉運使知兗州并兼管勾仙源院宮觀又以內殿承制張承素管勾又選軍士三百給灑掃之役從之　天禧元年正月以同提舉

下侍郎平章事王旦為兗州太極觀奉上寶冊使，景靈宮副使尚書右丞兼宗正卿趙安仁副之，龍圖閣待制李虛己押寶冊，左正言集賢校理宋綬押仙衣。二月，詔兗州宮觀每月朔許士庶瞻拜。

已移前

宋會要　天慶觀

天慶觀在開封府陳留縣，本漢相張良祠。政和九年十二月，敕賜忠佑廟。八年閏九月，本府奏請，詔賜今額。

宋會要　至道觀

合州赤水縣龍多山至道觀為孟羅寧熙元年九月封沖妙真人

宋會要 旌忠觀

紹興元年十月二十二日泰鳳經略吳玠言陝西出師禱於和尚原東南三聖廟屢獲靈應詔賜旌額繼而張浚等再於臨安府別建本廟至紹興十九年須殿前都指揮使職事楊存中言靈應事昭著乞復之以旌忠觀為額從之 紹興二十二年八月二十二日詔以臨安府覺苑寺地建三聖旌忠觀舊觀在府城皆近其地入德壽宮橋以別建財植命盡給之仍賜白金千兩

宋會要 寅威觀

大觀元年八月七日詔蜀州民程遇家墳地有火光紫氣之祥令速行遷葬可為奉真祈福之所宜以其地改建為寅威觀降度牒二百道令轉運司選官營繕給常平司良田十頃歲遇天寧節許度童行二人賜紫衣一名

宋會要 醴泉觀

醴泉觀舊曰祥源真宗天禧二年閏四月詔拱聖營醴泉所宜度地立觀以祥源為名命東染院使鄧守恩打功興建寧相王欽若管勾觀在京城東南本拱聖營元年營中有泉飽蛇者建真武堂是年泉涌堂側民疾飲之多愈故有是詔自後常令會靈觀使都監掌之 五月詔修建正殿及三小殿餘係癸亥年興葺上梁賜將士器幣 六月詔加真武號曰真武靈應真君 十月觀成凡三殿正殿曰崇真真武像也東曰廣聖副御製贊西曰靈淵即涌泉是日放士庶遊觀五日 四年九月詔增修觀 五年五月上梁皇太子詣觀焚香賜御筵輔臣咸稱十月畢功凡崇真殿前設齋聖殿虛其中為齋薦之所東位建本命殿曰寶壽西位建齋殿曰昭回泉西小殿曰棲神北門曰昭瑞西門曰顯祐觀前東西門曰左右華清總神廚道院鐘經樓齋室廊宇六百三十道南有園曰靈禧東有山池亭曰凝碧一本齋殿曰開祥更不載曰昭回 仁宗天聖二年五月改安聖殿為廣聖殿以與玉清昭應宮真宗神御殿名同也 六年三月詔改崇真殿為靈真殿以與慈孝寺真宗神御殿名同故也 皇祐五年三月詔改靈真殿為靈應殿 至和元年四月祥源觀火燼重修至二年十二月成詔名曰醴泉先是觀火修畢而更其殿名靈應殿曰感通廣聖殿曰寧聖靈淵殿曰凝清棲神殿曰靈游聖藻殿曰為祐開祥殿曰崇觀 哲宗元祐元年三月十四日詔改醴泉觀慈壽殿為壽祺殿

崇寧寺觀

宋會要

徽宗崇寧二年九月十七日左僕射蔡京等劄子奏臣等伏以陛下遹追先烈分別邪正明信賞罰上當天心今天寧屆伏請天下州軍各賜寺額以崇寧為名上祝聖算詔依所奏仍賜勅額每遇天寧節鎮州與紫衣度牒各一道其餘州軍監各與度牒一道許令任便修蓋候了逐旋奏取旨賜經一藏 十月九日詔崇寧寺觀並依十方住持其披剃并紫衣自崇寧二年天寧節為始如本有童行即仰所差主管僧道保明手下童行披剃崇寧三年以後即依此施行所修寺觀不拘州城縣郭及名山福地除係禁山林并禁地外如有官地不以有無拘礙並許申監司指射撥充說奏應有無名額寺觀可以增廣就充或可移併並許本州一面施行或舊係甲乙住持大寺觀僧道只有三五人可以撥充者亦仰申尚書省仰許諸色人緣化并州軍肇畫修建即不得接便搔擾應修建竹木物料所在州軍給文憑前去計置與免緣路收稅 十二月十七日詔崇寧寺不許官員安泊居占 三年正月二十七日詔崇寧寺惟得建置祝聖壽道場行香及祈求外其餘行香並令就他寺 二月

八日詔崇寧寺觀上添入萬壽二字崇寧寺主首依禪寺選僧住持三月一日詔崇寧寺觀各給田十頃以天荒等田撥充六月四日詔以崇寧萬壽寺爲額十三日勅應天下萬壽寺宣賜經及常住什物不許借出不得容人賫携葷酒飲宴四年五月十四日詔天下修營崇寧寺觀如敢科率以違制論二十三日詔諸路崇寧寺觀鑄鬬銅許給公據前去就場買銅二十五日詔諸路人戶捨田土頃畝在崇寧寺觀與免納役錢大觀元年五月二十八日詔崇寧寺觀並令漸次修整如科買科配抑勒者徒二年不以失減論政和元年八月八日詔天下崇寧萬壽寺觀並改作天寧萬壽觀寺三年十二月六日詔罷印造賜崇寧寺經四年十一月二十五日武岡軍言乞詔令天下天寧寺並依舊給元賜田土並免納苗稅從之

宋會要 通元觀

宣和五年三月十八日徽州言婺源縣有洞靈觀本有洞三所祈求必應自唐中和間有開山道士鄭全福昇仙之地見管殿一房廊共一百餘區奉三清功德四十尊詔賜通元館爲額

宋會要 妙元觀

建炎二年二月十四江南東路轉運司言饒州德興縣妙元觀宣和二年改爲神霄宮下既今准赦故罷神霄宮乞還舊名從之

清詞原本[illegible]

宋會要 觀

真宗大中祥符二年十月詔曰：朕欽[illegible]純禧，元符[illegible]大[illegible]茂祉之休，[illegible]靈壇仙觀，俾[illegible]數[illegible]之[illegible]，永合[illegible]之化。應天下州府軍監關縣[illegible]擇官地[illegible]建道觀一所，以天慶觀爲額，若百姓願捨[illegible]，亦聽。 五年閏十月詔天下新建[illegible]觀[illegible]聖祖殿[illegible] 六年[illegible]五月知[illegible]道觀[illegible]聖祖[illegible]

[illegible]天慶觀[illegible]聖祖殿[illegible]觀合在[illegible]士陵準道藏[illegible]聖祖[illegible]北[illegible]凡興[illegible]吉[illegible]天慶觀[illegible]三青[illegible]五星[illegible]如[illegible]虔[illegible]帝[illegible]天下[illegible]命[illegible]元明氏道[illegible]太常[illegible]

天一萬六千[illegible]

[illegible]年大封祀汾陰[illegible] 又[illegible]六人[illegible]以臣[illegible]女當時大[illegible]居天[illegible]常以后土配，其餘[illegible]黃帝殿[illegible]宮女大[illegible]聖像並如[illegible]增入[illegible]事下[illegible]定[illegible]以加[illegible]伏緣神[illegible]之[illegible]知[illegible]入[illegible]於內安聖像，望令玉清[illegible]宮[illegible]下從之。是年以[illegible]太清宮[illegible]州應天府聖祖殿自京[illegible]年[illegible]車駕[illegible]朝拜。 七年詔南京天慶觀聖祖殿宜[illegible]太祖、太宗[illegible]天慶觀，南京[illegible]別置鴻慶宮，而天慶觀[illegible]不[illegible]聖祖像[illegible]令諸州給閑田，[illegible]當額十頃，餘州七頃或五頃。 八月[illegible]宮諸路天慶觀聖祖殿，其[illegible]所到[illegible]長吏以下[illegible]天慶觀大[illegible]先天節[illegible]三元[illegible]州城內命官[illegible]朝拜[illegible]諸觀朝謁及辭，若觀內有三清、玉皇、聖祖[illegible]並依次第到班朝拜[illegible]州升殿燒香[illegible]本殿聖[illegible]了日逐旦日[illegible]門祇候官[illegible]迎引[illegible]人入觀[illegible]不得升殿，從之。

三月，江南轉運使[illegible]天慶觀聖祖殿[illegible]成[illegible]不知道家典禮，

每日朝謁，多入正門，馳騎至[illegible]門外下馬，從之。 閏六月，禮儀院請令天慶觀[illegible]置勅文事[illegible]于碑[illegible]宮位[illegible]樣付諸路，候制了[illegible]選納，從之。 天禧元年五月一日，禮儀院言：諸州天慶觀常通清潔[illegible]閑雜人出入[illegible]當[illegible]官[illegible]使臣不得[illegible]觀[illegible]下[illegible]節三元[illegible]許士庶入殿燒香瞻禮，不得於殿內有[illegible]士[illegible]入升殿[illegible]不得[illegible]行禮[illegible]入觀[illegible]使[illegible]許[illegible]不得[illegible]國家[illegible]合[illegible]不得[illegible]觀[illegible]委之具奏[illegible]從之。 二十日，知明州[illegible]諸州天慶觀聖祖殿，請自今長吏以下每到任[illegible]天慶觀[illegible]及辭，從之。 二年五月，知陳州[illegible]州[illegible]天慶觀[illegible]選道流一人住持[illegible]從之。 [illegible]天聖元年九月，知秦州[illegible]言：秦州城中[illegible]道觀[illegible]天慶觀[illegible]殿奉安聖祖像[illegible]奉詔于城北[illegible]天慶觀[illegible]聖祖[illegible]城北觀元是古壽山寺，最爲勝[illegible]三[illegible]天慶觀元[illegible]觀地[illegible]國家[illegible]從之。 八年八月詔：如聞都州天慶觀及寺[illegible]城外[illegible]行[illegible] 慶曆二年閏九月[illegible]州軍[illegible]天慶觀所[illegible]田[illegible] 皇祐三年八月十四日[illegible]州天慶觀光[illegible]田[illegible]官[illegible]本路[illegible]運司給還本觀。 徽宗崇寧元年四月八日[illegible]天下州軍天慶觀聖祖像有[illegible]塑者[illegible]令[illegible]改[illegible]像物料[illegible]置[illegible]銀花飾並以[illegible]殿[illegible]在[illegible]以[illegible]欽崇之意，從之。 大觀元年四月十六日[illegible]部言[illegible]聖祖殿[illegible]供養之物[illegible]如[illegible]道士一人主守，滿一年無曠失[illegible]一人，如有曠失即[illegible]從之。 政和四年正月二十日詔：天下知州軍監等應天慶觀每年特賜紫衣一道。 五年十月二十三日詔：大名府天慶觀[illegible]令大名府路安撫使[illegible]修建[illegible]副[illegible]物[illegible]元依[illegible]造御前生[illegible]所製造使[illegible]也。 十一月十八日，中書舍人陸

食貨六十一[illegible]

臣言諸州天慶觀興建歲久及聖祖殿率多損漏摧壞乞量賜度牒隨宜修葺詔諸路轉運司各具本路州軍天慶觀合修葺處申尚書省　七年正月二十二日詔諸路州縣官吏每遇朝拜天慶觀並先詣昊天玉皇上帝殿次詣聖祖殿　宣和三年十一月十四日詔諸州天慶觀今後不許建置祠堂　五年六月二十一日詔諸路天慶觀行香朝拜合設幕許于正三門外上下馬　光堯皇帝紹興七年閏十月二十四日臣僚言伏覩四月二日指揮太廟殿宇可賜臨安府充聖祖殿臣恭惟本廟推尊聖祖肇自祥符止于天慶觀建置殿宇奉安以示一時崇奉之儀仁宗纂承以來五聖百年繼述不易惟臨安府天慶觀聖祖塑像并殿宇開闊與太廟峻若因舊修立實無不可今來乃賜太廟以為聖祖殿在理實有未安乞斷自宸衷追還成命從之　二十七年三月二十七日太常寺言本朝興故內大中祥符五年十月二十四日聖祖降于延恩殿于聖祖坐西斜設六位天尊就坐有六人揖天尊而後坐詳定所言請以玉清昭應宮儀殿為聖祖正殿金銅鑄聖像西斜設六位侍從一如延恩殿所見之儀仍增金童玉女詔天下州軍府監並于天慶觀置聖祖殿其尊像侍從令玉清昭應宮左武詳定所言其六位仙官坐令編修道藏所添入興位及于聖

卷一萬六千二百四十四

祖殿設位仍令玉清昭應宮於聖祖畫像同降諸路從之又錄到聖祖九月日命保生天尊降臨紀服侍天尊冠簪衣服如道像中元始天尊有於人皆象玉珪其中四人服類天尊冠簪紅紫衣服不同二人服遠天冠服絳紀天尊就坐六人引揖天尊就坐天尊坐側有四真人二童子分東西侍立侍坐者各有一童子本寺今欲依制度并所設次序塑像令諸路州軍通宜措置施行不得擾擾搔擾詔依　先是右朝請大夫知濠州周紘言諸州天慶觀聖祖殿神御位次多或不同有失崇奉之意乞下禮院講究元本制度並是條具行之

集禧觀舊曰會靈真宗大中祥符五年九月詔修玉清昭應宮使丁謂兼就南薰門內奉節致遠三宮池及填北池之西偏建觀以奉五岳之命內侍鄧守恩監修仍作保康門於朱雀門之東又作延安安國二橋南關衝與觀北門相直　七年九月詔名觀曰會靈東西門曰左右嘉應夜門曰昭權獻殿曰延真靈寶天尊殿曰崇元齋殿曰洪禧其月十九日上親命宗室宰臣觀之許士庶觀者三日賜百官休一日　八年四月修崇靈宮使丁謂言會靈觀昭記及延真殿五岳殿額乞御製御書從之　五月詔會靈觀池以凝祥為名開以奉靈為名而篇池也又導惠民河注之　十一月十日御書殿額自正陽門設儀仗僧道威儀教坊作樂迎導赴觀又許士庶燒香三日賜文武百官假一日　十一日奉安尊像掛題牌篇幸觀焚香宴從臣於觀禧殿復詣凝祥池觀雕殿修蓋太祖所建池殿舊址也真宗令增崇之至是而成賜工人役徒緡帛有差初欲與景靈宮同日上梁帝以崇奉之禮不可爭也遂令先後異日　十二月命丁謂齋宿會靈觀五殿建為所福道場每季皆准此著為定式　九年正月幸會靈觀前一日所司預設齋殿陳設及設從臣幕次又於諸殿東廂各設御幄南侍位齋宮諸被殿崇元殿三門道場各設燒香案如儀是日帝服鞾袍輦如本觀修宮使已下拜起居前導赴三門道場焚香如常儀次詣陞位次詣東岳殿修宮使已定修宮使奏請皇帝赴殿焚香如前儀畢自東陛上揖從齋皇帝再拜從官皆再拜皇帝三上香又再拜復位皇帝至殿位禮直官引修宮使一員升殿上香歸位再拜皇帝又再拜畢詣諸殿並如東岳之儀歸御齋殿進膳從官賜食如儀自是朝拜之儀著為定式　二月令會靈觀每朔望三七正寒食上巳三元許士庶焚香著為定式　五月觀成帝幸觀謁獻凡延真殿處其中啟殿於北設立次列五殿差前正東東岳天齊仁聖帝正西南嶽司天昭聖帝正西西嶽金天順聖帝次東北嶽安天元聖帝皆相對面西嶽北嶽稍退中位中天崇聖帝又稍退每殿二次東嶽佐命曰羅浮山括蒼山南嶽儲副曰霍山潛山西嶽佐命曰睇山北嶽佐命曰河逢山抱犢山中嶽佐命曰少室山武當山皆設真君像殿廊各圖山岳形及得道事迹崇元殿設靈寶天尊像二次殿設中茅小茅君像觀西偏別有小池中建鴻福殿扶桑大帝嗎谷神不測淵龍王像每歲春秋具祝文祭饗　九月會靈觀使陳彭年言請本觀每月朔開觀一日上元清明節各三日中元下元節各一日從之　天禧元年十二

月詔刻五嶽帝玉寶令會靈觀使王欽若奉上以汾陰嵗加嶽帝號有冊無寶故也　仁宗慶曆四年七月十二日詔會靈觀延真殿已奉安玉皇玉虛聖祖及三聖真容令皇城司不得放入臣僚皇親乘騎鞍馬及諸色閑雜人并韋鞍馬入殿庭內　皇祐五年正月會靈觀火焚重修至六月成詔名曰集禧初觀火即舊址西偏復建一殿內祠五嶽名曰奉神殿蓋取真宗嘗著奉神述也因命知制誥蔡襄重摸真宗御書故本立石於東廡名曰神藻殿仍令襄書殿額又以靈應真君殿為靈福殿令王洙書額　至和元年六月二十三日詔名齋殿曰潔誠園曰芳華　神宗熙寧二年閏十一月二十三日詔集禧觀神藻殿奉安唐葛周三真君仍取真宗皇帝御集之字令於天章閣收掌

宋會要

萬壽觀淳熙三年八月八日詔萬壽觀殿宇令臨安府每月檢計損動去處修整二十三日詔修整萬壽觀殿宇前期奏告告遷十三年四月二十五日詔萬壽觀職副知一人手分一人兵級庫子二人院子二人軍兵一十五人以司農少卿吳煥議減冗食下敕令所裁定故有是命　十四年十一月二十日詔大行太上皇帝御書介福殿牌及丁亥本命聖像萬壽觀本命相屬并星宮位牌繳於本殿內收奉並住香火以萬壽觀太一宮申請大行太上皇帝升遐所有本殿崇奉本命星宮朝夕香火合與不合崇奉下禮部太常寺勘當逐處檢照禮經及典故別無該載故有是命　淳熙十六年二月十四日萬壽觀言皇帝本命純福殿見安奉至尊壽皇聖帝丁未本命星官位牌乞依禮例設置皇帝丁卯本命星官位牌一處安奉每遇至尊壽皇帝皇帝本命日依例用本觀道士一十人就本殿作道場一晝夜設醮一百二十分位皇帝聖節亦乞依會慶聖節體例從之　三月十七日本觀言將來安奉高宗皇帝神御附宮崇奉日及見安奉諸殿神御遇旦望節序生忌辰乞並依景靈宮體例排辦從之　五月五日本觀言見權安奉會聖宮及應天啟運宮祖宗神御將來高宗皇帝神御二位赴宮奉安合添蓋殿宇設置帳座乞下禮部太常寺令臨安府添蓋逐處相視得本殿係是東向其殿北壁別無地段增展今欲于殿南壁增展添蓋殿宇臨安府打量並展向南壁去拆廳座界墻展蓋地步以南接連蓋造殿屋挾殿屋各一間并拆移殿門三間廊屋七間向南一丈四尺蓋造乞令本觀俟修蓋畢奏告告遷安奉以南為上於北壁空留二位將來安奉高宗皇帝神御從之　紹興五年七月十八日萬壽觀言皇帝本命純福殿安奉太上皇帝丁卯相屬座并本命星官位牌令皇帝戊午相屬并本命星官位牌乞依此設置同處安奉以祝聖壽及每遇太上皇帝皇帝本命日依例用道士一十人就本殿作道場一晝夜設醮一百二十分位皇帝聖節亦乞依崇明聖節體例從之　慶元二年二月二日本觀言將來安奉孝宗皇帝神御祔宮崇奉日遇旦望節序生忌辰乞依諸殿神御體例排辦從之　四日本觀言見權安奉會聖宮應天啟運宮祖宗神御將來孝宗皇帝神御二位赴宮奉安合添蓋殿宇設置帳座等乞下禮部太常寺令臨安府相視添蓋施行　一將來添修殿宇係自來例奏告告遷設殿神御權於前正殿內奉安俟修造畢却行依舊並從之

天寧觀壽觀

宋會要

政和元年八月八日詔天下崇寧觀並改作天寧觀壽觀　四年四月二十四日詔福州天寧觀置道教一藏以政和萬壽道藏為額　七年二月十三日詔天下天寧萬壽觀改作神霄玉清萬壽之宮

崇寧寺觀　注前

宋會要

徽宗崇寧二年十月一日御史中丞石豫言伏見宰臣蔡京等以天寧聖節請天下州軍各賜崇寧寺額此實上廣資齋之澤共伸天保之報區區小臣均作是念伏望特降睿旨許天下置觀此類寺額亦乞以崇寧為名詔節鎮州許置崇寧觀餘依崇寧寺已降指揮　三年二月八日詔崇寧寺觀上添入萬壽二字　三月一日詔崇寧寺觀各給田十頃以天荒等田撥充　四月十九日知河南府范致虛言杭州請以崇寧觀為皇帝本命殿賜名天保殿仍乞賜御書碑額乞諸州亦依此以御書石本頒賜摹勒泥金榻之殿宇從之　六月五日詔監司所在州如崇寧觀在城內者每月旦日許同本州官屬恭詣燒香及巡按所至州城非時亦恭詣本觀燒香點檢不係監司所在州軍知通集官屬同詣燒香　四年五月二十五日詔諸路人戶捨田土頃畝在崇寧寺觀與免納役錢　十一月七日敕應諸路州軍崇寧寺觀所賜田並免拋　五年四月七日詔諸崇寧萬壽觀朝拜並乘馬於殿門外上下帶入殿人從不得過三名入元符儀制令　大觀四年五月十四日臣僚言崇寧寺觀賜田并入戶願捨田土役錢並免供為害法詔禮部刻刷関戶部改正　六月十五日復詔崇寧萬壽觀官賜田土並依天慶觀例免出役錢

宋會要

寧壽觀係寧壽院紹興二十年六月二十七日詔臨安府七寶山三茅堂

白雲昌壽觀

宋會要

賜觀額

乾道四年五月二十六日，詔台州崇道觀西白雲菴以白雲昌壽觀為額，以崇奉皇帝本命香火故也。其後建皇帝本命殿，詔以洪慶殿為名。

宋恭順將軍廟宋史玉海未見俟攷

宋會要　附廟

恭順將軍廟　廟在黄陂縣東嶽行宮安定使者壽星聖帝。紹興元年八月封恭順將軍。大典卷一萬七千一百三十

全唐文

中興禮書

親饗先農耕耤　紹興十四年十一月十二日臣僚劄子言臣聞耤田之禮尚矣國朝自端拱初閱寄親耕帝耤以先天下累聖丕承允為成憲方今朝廷清明邊鄙靖謐伏望明詔有司講求祖宗故事斟酌其宜躬行三推之禮昭示勸農之意詔令禮部太常寺討論典故申尚書省　十五年正月十九日禮部太常寺言令討論耤田之制以千畝為限前世即於東郊乃諸侯之禮元豐中始度中地國南以合先王之制廣袤少畝溝洫防列農壇宮人徒官屬莫不備設迨至秋成藏之神倉粢盛酒醴於是乎出下至藁秸用以養牲凡蔬果藏之屬歲時所以供祭祀者皆足給於此徽宗皇帝是禮文政和新書品式具載冷欲舉而行之豈離其時仍乞下臨安府就行宮之南標撥田畝俟相視到地段可以營建即從禮部太常寺參酌前項典故申請施行詔令臨安府踏逐地段申尚書省　正月二十二日知臨安府張澄劄子遵依指揮委官前去城南國壇用近路逐人戶圍池并水田打量得東西折長四百八十二步南北折潤二百四十步已上積計一十三萬六千八百八十八步細計五百七十畝一角二十八步今併盡圍呈候指揮詔令張澄措置二月二十一日知臨安府張澄言令和買到人戶園池并水田地段充耤田合行蓋造思文殿觀耕臺神倉等屋宇及觀耕地步伏望朝廷下禮部太常寺指說

修蓋施行詔依三月二十六日知臨安府張澄言依奉指揮修建耤田伏乞令太史局先次擇日下手興工施行詔依四月四日詔耤田殿宇內不須蓋造止依南郊例臨時絞設幕殿九月十四日禮部太常寺言契勘耤田係專一供奉祭祀天地宗廟社稷等禮料有所餘地段盡合作水陸田令欲乞令臨安府所委官將見在地段并水池一就隨宜措置修治施行　一檢照國朝會要并有記到耤田合種植物色黍稷稻粱大小豆麥豆大小麥黑豆蕎麥秫芹韭菁蒲白菘菜蘿蔔萵苣胡麻桃棗梨瓜竹筍櫻桃　一有記到合撥地段水池水田陸田果園菜園菱池竹園高地茅地詔依十月二十九日禮部言准都省送下太常丞王湛劄子乞討論將來親耕鑾駕乘玉輅以耕根車載耒耜并乞遵用政和新儀等後批送禮部看詳本部下太常寺次第取索看詳指定欲依政和五禮新儀以象輅載耒耜仍依宣和已行禮制以儀仗二千人護衛耒耜質明先詣壇所是日車駕服履袍乘平輦詣思文殿進膳畢服通天冠絳紗袍行親耕之禮畢勸會耕耤使依故事服朝服乘車本品鹵簿所有車乞下所屬製造儀仗乞下兵部於見管儀仗內就用其餘合行事件乞令有司各檢照五禮新儀并宣和禮制參酌申請施行詔依王湛劄子二附見于此其一檢會五經新儀車駕詣耤田乘耕根車左輔奉耒耜載以象輅列于仗內而會要又載政和八年正月八日

禮六之三

其日質明左輔奉耒耜載于玉輅耕耤使以儀仗二千人護衛先詣壇所進切考周官玉輅即書所謂大輅也王之五輅玉輅為最貴隋書禮儀志耕根車一名芒車帝耕千畝則以有黨盛耒而加於載丑即諸斷所謂紺棘屏於黨耜者也張衛東宗賦日農與輅木注云凡乘輿牢皆羽蓋若農興則耤田車也車無飾日木農與絲蓋所謂根根車也國朝實要雍熙山年詳定所言天子所乘皆有副耕根車元無副具制如五輅之副齊代耤田御史乘馬車載耒耜於五輅之後時以為禮軾史用特中奉耒耜於玉象輅以道木輅之後年蓋魏昔耕耤皆乘耒輅有先輅也木輅為之先明輦輅象輅為次輅也齊畢所乘先稷之序亦周自有次第今政和會要五禮新依乎駕御耕根車而耒耜乃載於玉輅象輅考之禮敵程重夾次則開真宗皇帝明道二年二月十一日行耕田乘玉輅畫耕所司農卿以耕根車耒耜前玉輅以行欲望朝廷特賜行酌下有司討論將來制耕車駕乘玉輅以耕根車載耒耜所貴數畫適當禮無違者良二旗會已祭指禪將求耕耤所有儀注合一而討論鸞見瑞供明道之壇雞極詳檢然政和年中已經徽宗皇帝鑾正今新儀所製最為簡要遂閒大禮以簡簡則易攸帷此新禮史三聖乃定將求親耕謂宜遵用政和新儀定制其問或有增摘事件別行條具申請

卷一萬一千八百五十四

同日，中書門下有言：將來紹興十六年春親耕耤田，詔令學士院降詔。十一月十七日，詔門下：朕屬精庶政，撫世多虞，念稼穡之艱難，欲黎元之給足。當食而嘆，靡敢遑寧。今茲休兵息民，流徙還業，然而田疇未闢，游惰尚多，豈其三農失職，而訓勉之道有未至歟？仰惟前代親耕耤田，為天下先，醴酪粢盛，於是乎出；敦龐朴固，于是乎成。使耕興者者知所勸向。朕甚慕焉，迺飭攸司，經營千畝。其以來歲之春，祗祓青壇，載黛耜，躬三推之禮，以風示於四方。庶幾力穡服田，仰事俯育，興於禮義，以致王平。顧不偉歟！播告遐邇，咸知朕意。　同日，上謂宰臣曰：先皇帝耤田亦不每歲常講，務使勸農，不必多修屋宇，

三

禮六之四

但只蓋席屋，事畢撤去，庶不至騷擾。　同日，禮部狀：准都省批下權工部侍郎錢時敏等劄子：勘會製造親耕耕耤使所乘車，承太常寺檢會到禮制，象車以象飾諸末，朱班輪，八鸞在衡，左建旗，右載闟戟，駕馬四，措上設香爐、香寶、錦帶，其輪衣、簾、旗、韜、杠、絡帶、繡文旐，以鸞駕馬，皆有銅面，插羽鞶纓，攀胷鈴拂，緋絹屜，紅錦包尾。所有合造名件，樣制令幹辦祗候孫援指說製造施行。令據孫援供：依太常寺供到象車制度，合高一丈五尺，闊一丈，畫到草樣，狀乞朝廷指揮，批送禮部下太常寺看詳所畫象車樣，依得禮制別無不同，并圖本劄下工部依看詳到事理施行。十一月二十六日禮部太常寺狀准錢時敏劄子據孫援申已造象車寸樣像高一丈五尺今來情下形勢不相稱欲乞三重輪上增一尺五寸柱高下增五寸於高一丈七尺依之車輅尚依三尺七寸五分御別無連條乞中將行下製造并十樣劄退禮部太常寺宮同共有觀令同無舊規得所造象車十樣條所增尺寸製造依稱禮制別無造將所有待背并平盤蹄道工將子欽並朋紫到下工部禮禮部太常寺看視到事理施行

卷一萬一千八百五十四

二十二日，禮部、太常寺言：將來親耕，今具申請下項：一、依宣和禮制，親耕三日，司農以青箱奉九穀穜稑之種進內，前二日皇后率六宮獻於皇帝，受之于內殿，前一日降出，付司農寺以備耕事。欲乞依上件禮例施行。　一、國朝舊制，合用盛九穀種箱，係竹木為之而無蓋，兩頭設柱，飾以青色，中分九隔，設一種，覆以青帕。欲乞令工部指揮所屬計會司農寺製造。　一、國朝舊制，三公、三少、宰臣、親王各五推，今欲乞依

四

宣和禮制令三公三少宰臣親王使各行五推之禮舊
制九卿諸侯以左右僕射六尚書御史大夫攝各行九
推今欲依宣和禮制令執政官并侍從兩省臺諫各行
九推之禮庶人終畝詔依　二十三日禮部太常寺言
今參酌國朝禮例并省記宣和禮制條具合行申請事
件　一依國朝已行禮制合造御耒耜二具并韜並飾
以青色制如農人所執事畢內中收之係少監製造付
太僕寺所有將來親耕御耒耜二具并韜係成耒耜青縧袋今
欲乞令工部指揮所屬計會司農寺省記在京耕耤例
製造付司農寺送納於親耕前兩月畢備　一御耕牛牛
合用青牛四具牛衣以青色欲乞下兩浙轉運司措置

卷萬一千八百五十四　五

收買如委無青牛乞用黃牛代以青羅夾衣蓋搭於親
耕前五十日到行在交割付騏驥院養喂祇備教習事
畢付耤田司收養　一從耕官每耒耜合用牛二頭今
來從耕耒耜三十具合用牛六十頭准備牛一十頭乞
令兩浙轉運司預行計置　一依宣和禮制庶人百人
耕終畝並青衣耕牛二百頭竊緣今來耤田地步與在
京不同所有牛數亦多計置不及今欲乞依端拱明道
禮制止用庶人四十人耕牛八十頭仍乞下兩浙轉運
司預行計置其庶人所服青絹衫并青帶子乞令工部
指揮所屬製造俟事畢給還元處　一從耕官耒
耜三十具庶人耒耜四十具并合用鋤一十具以木爲刃畚

二十具今欲乞令工部指揮所屬計會司農寺製造詔
依　二十四日禮部太常寺言今省記參酌宣和親耕
禮制條具合行申請事件　一合製造御耕立牌一面
書御耕三推至此六字又望帝位三字位版並二面并係
青飾金字　一合用公卿從耕立牌二面並係黑漆白
地黑字內一面書五推至此四字一面書九推至此卌
字并合製造從耕并侍耕群官位版五十片黑漆并乞
令工部指揮所屬計會太常寺製造詔依　二十七日
禮部太常寺言將來親耕行禮儀注今欲乞依例從御
史臺閤門太常寺同共參酌修定申請施行詔依　閏
十一月二日兵部言將來親耕耤田依國朝會要內該

卷一萬一千八百五十四　五

載宣政間親耕禮制係耕耤使以儀仗二千人護衛耒
耜先詣壇所今條具合行事件　一儀仗二千內除太
常寺鼓吹五百九十八人外一千四百二人係就用見
管黃麾儀仗其合用執擎儀仗人并馬欲乞下殿前司
及左右金吾街仗六軍儀仗司差撥內合用金吾上將
軍二員以左右街仗司監官充攝大將軍二員將軍四
員以殿前司將官充攝　一執擎儀仗人兵合前期教
習排立閱視欲候殿前司等處差撥到人同太常寺鼓
吹於候潮門外大教場內教習　一儀仗合親耕前一
日於皇城南門外宿仗是日質明護衛耒耜先詣壇所
一禮兵部太常寺狀今來所修耤田地步比之在京

不同所用儀仗二千人竊慮難以排列今欲乞隨宜減半用一千人護衛耒耜其儀仗排立一節亦難於思文殿内外排立合隨象輅止於耤田門外排列宣和親耕儀内亦無該載殿内外排立儀仗之人詔依　六日兵部言准勑將來親耕耤田乞依政和五禮新儀以象輅載耒耜儀仗護衛所有合行事件乞令有司各行參酌申請施行今契勘將來親耕除輦輿御馬等物依四孟例排辦已行足備外今開具下項　一將來親耕車輅經由道路門橋高二丈五尺濶一丈八尺轉彎掉圜地步五丈自本院直南入皇城北門經由南北宮門裏出皇城南門至壇所一帶道路門橋多是坑坎及有窄隘

卷一萬一千八百五十四

七

去處欲乞下臨安府如法修治務令平實　一將來排辦象輅欲乞依例前半月於候潮門外大教場内教習及應奉前五日將象輅教習車裝載重物五千觔碾試經由道路門橋三日　一象輅下合用駕士天武官一百五十人内呵喝人員二人如不足於諸軍貼差及承馬三十足管轄將官一員下殿前司差合用教馬官一名下左右騏驥院差合用推輪車子官健八人下御輦院差　一隨輅諸作工匠令乞於文思院上下界軍器所差撥排辦象輅所有隨輅雲梯油帊合破撞竿兵士一十人下殿前司差就令本司於幕側側近安設兵幕二十座令車輅下祇應人并駕士人馬宿泊　一將來

親耕象輅裝載耒耜從前一日閤報皇城司經由大内至壇所及應奉前五日將象輅教習其人馬出入牌號并應奉了畢象輅下人馬等却令經由大内歸院所有一行人至時祇應闕借勑號下皇城司支給放令出入事畢送納　一排辦車輅人物等依例合差兵駕部郎官二員總轄照檢緣庫部排設儀仗已申乞差[illegible]令兵駕部郎官二員照檢所有駕部前項職事乞就差逐官總轄照檢其合差職掌五人亦乞依例差諸依同日兵部言耕耤使用本品鹵簿儀仗太常寺契勘耕耤使品依王公依政和五禮新儀共用六百八十八人係庫部儀仗太常寺鼓吹駕部繖扇車乘下駕士等攢成上件

卷一萬一千八百五十四

八

人數本部契勘緣地步與在京不同欲以一半用三百四十四人詔依　八日禮部太常寺言續次參酌下項　一依宣和禮制從耕官侍耕陪位官并執事人並令服朝服執事人各服法衣兼省記宣和年親耕行禮真應奉官亦服朝服今欲乞依禮制施行　一侍耕陪位官乞從御史臺閤門合行恭酌申請　一依宣和禮制助執耒耜人三公三少宰臣使相親王各三人執政官各二人餘從耕官各一名並服絳衣介幘以明習農耕者充乞從太常寺具合差人數報兩浙轉運司　一依宣和禮制文武從耕侍耕執事官如不係從駕官并識内諸縣令及耆老庶人具日候車駕將至耤田並於耤

田外立班再拜奉迎令欲乞依禮制施行詔依　九日
禮部太常寺言今條國朝親耕禮例并看記在京親耕
合差官數内耕耤使一員係降勅差三公宰臣充詔依
十二月十八日都省劄子勘會昨郊祀大禮差五使當時不曾置司其合行事件令三省禮房專行所有今來親耕耤田已差耕耤使其合行事務亦合一體施行更不置司右劄付禮部　紹興十五年閏
十一月十日禮部太常寺言今看記宣和間親耕應奉
過節次樂曲下項　一親耕日合排設登歌宮駕(架)大樂
其合用樂曲詞章皇帝出大次歸大次及親耕並宮駕(架)
奏第一章乾安之曲皇帝升壇降壇並登歌奏第一章
乾安之曲公卿耕耤宮架作第二章群官耕耤宮駕(架)作
第三章　一親耕日護衛耒耜用儀仗鼓吹前後部諸軍
樂人振作合用曲詞導引六州奉禮十二時四曲已上
二項乞下學士院製撰降下付太常寺習學詔依詞曲其樂
同日禮部太常寺言續次參酌宣和禮制并條具合
行事件　一依宣和禮制親耕日命有司饗先農其行
事官并祇應人合前一日赴祠所致齋緣今來耤田内
未曾修蓋齋宮今欲乞令臨安府踏逐近寺院充　一
宣和親耕禮制其所差從耕庶人并助執耒耜人等並
期前于天駟監每日草習今欲乞親耕前半月就耤田
草耤習　一親耕已依禮制申請下兩浙轉運司計置
從耕庶人并執畚鍤人欲乞從太常寺擬合用人數報
臨安府差詔依　十二日祕書少監兼權禮部侍郎游

卷一萬一千八百五十四　九

操等言檢會明道二年二月十一日親耕禮畢皇帝御
青城受禧殿百官稱賀畢乘輦還宮復御正陽門肆赦
今欲依宣和禮制候指揮詔依宣和禮制施行十五日
禮部太常寺言今續參酌條具下項　一依五禮新儀
尚舍設御座於耤田思文殿當中南向設衆西閣於後
殿之左右殿上前楹施簾并觀耕壇上南向設御幄御
座及文武群官次於思文殿門外之左右契勘今來思
文殿門外地步窄隘欲乞於耤田門内外之左右量地
之宜依上件禮制令儀鸞司同臨安府踏逐計置排辦
一依宣和禮制尚舍設黃道并黃羅褥今來欲乞令
儀鸞司排辦　一看記合差助執御耒耜御龍直一十
二人服平巾幘絳衣革帶履襪合欲乞殿前司前期差
撥所服平巾幘等令於祇候庫關請　一看記合差擡
御耒耜箱九穀青箱天武官二十人服平巾幘青羅繡
對鳳嘉禾合穗衫白綢袜帶令來乞下殿前期差撥其
巾幘等如祇候庫闕乞令工部指揮所屬製造　一今
來所差從耕庶人并助執耒耜等人及所用耕牛雖已
申請前一月教習慮恐並時宮架登歌之樂作卻致驚
懾今欲乞從太常寺於正習儀前定日就耤田作樂教
習三日　一依儀設從耕群官位合用擡位版兵士一
十人欲乞下殿前司差　一依宣和禮制耆老百人常
服陪位今欲乞依上件禮例令臨安府行下諸縣呼集

卷一萬一千八百五十四　十

於正習儀前五日到臨安府祇備習儀　一依儀式御耒耜合用青箱二面儀飾以青耤耒耜席一領以青綃緣並乞令工部指揮所屬製造詔依　十六日禮部太常寺言檢會明道元年太常禮院言耤田所須牲牢禮物等請詔內侍計會所司先期辦置詔內侍劉守一等主之宣和間親耕其所差都大主管官除差入內內侍省官張道濟所有將來親耕其所差都大主管官一員乞差入內內侍省官充詔依同日祕書少監兼權禮部侍郎游操等言太史局申選到　紹興十六年親耕日辰宜用正月九日己卯十五日乙酉十六日丙戌十九日己丑二十二日壬辰即與國音無妨礙詔用十九日紹興十六年正月十七日太常寺言勘會正月十九日親耕耤田緣今前降未正日欲乞別行選日詔依又二十日禮部太常寺言太史局申選定宜用正月二十二日壬辰吉仍乞于前一日習儀次有餘詔依十七日禮部侍郎游操又言恭覩國家蔚興文治始見太平初講耕耤教本力農風動四方事體非輕其合行事件雖已依宣和禮制申請施行外欲望朝廷更賜指揮下禮部太常寺討論參酌端拱明道故事庶幾中興禮得以兼備詔依　二十一日禮部太常寺言准勅游操等劄子欲照端拱元年賜京城耆老八十已上者九十八人衣帛有差將來親耕畢欲宣陪位耆老詣壇宣勞依舊例賜衣帛又明道二年大禮使言耤田禮曠為日已久比聞修舉內外觀屬況親屈萬乘本勸力農請下

卷一萬一千八百五十四

十一

有司令遍諭密近村聚候御耕日特許父老鄉民觀望盛禮勿令呵止從之詔依祖宗典故施行仍令禮部太常寺討論宣勞傳旨合差何官申尚書省取旨禮部太常寺今討論將來禮畢禮直官引耕耤使升觀耕壇詣御幄前俯伏至時宣勞欲乞依元會例差樞密一員詣御座前承旨樞密都承旨一員於壇下承旨宣勞其合用口宣乞令學士院修撰詔依　二十五日禮部太常寺言准令二十二日詔令禮部太常寺討論象車合與不合製造今討論依五禮新儀象輅載耒耜及依宣和禮御耕耤使乘象車今參考端拱親耕禮例以耕根車載耒耜耕耤使不乘車今欲乞將端拱禮制施行仍乞是日耕耤使服朝服乘騎護衛耒耜行于仗內及用已定儀仗一千人實明先詣壇所以俟車駕自內服履袍乘輦詣耤田所所有象輅更不製造其合用耕根車乞下所屬製造施行詔依　同日禮部太常寺言令討論下項

一將來親耕日享先農先降指揮依宣和禮制命有司行事今參照端拱明道故事親耕日係親享先農其牲牢禮料權視大祠今欲乞依故事施行　一享先農係中祠緣至日皇帝親行享禮止是牲牢禮料權視大祠其致齋日分欲乞比附四孟朝獻禮例前一日齋於內殿有司不奏刑殺文書　一親享先農禮料籩實以菱芡栗鹿脯榛實乾橑乾棗形鹽魚鱐糗餌粉餈豆實

卷一萬一千八百五十四

十二

以芹菹蕪菁韭魚醢兔醢鹿臡醓醢豚拍𩛩食糝食，簠實以黍稷，簋實以稻粱，酒齊係用五酒，每位一斗八升，牲牢共用羊豕各二。詔依。先是十一月二十日，禮部、太常寺言：「勘會將來親耕，依宣和禮例，親耕日享先農，稱中祠，祀料令有司行事。」至是參照故事，故有是詔。　二十七日，禮部、太常寺言：「今纘次參酌，條具下項：一、所有登歌宮架之樂，依禮例宰執同禮部、太常寺官就都堂按樂，乞令禮部定日申朝廷。一、勘會轉運司、臨安府所差從耕庶人并助執耒耜及陪位耆老，合令禮部差委令太常寺差使臣、禮直官、人吏賫着前來月指引教習。所差執耒耜人共三十人，合服親耕帶子，乞令工部指揮所屬計會司農寺製造。」詔依。　二十九日，禮部言：「準都省批

十三

ㄴ禮卷一萬一千八百五十四

下：權工部侍郎錢時敏劄子：將來親耕合用御耒耜等，令畫到宣和樣制各　本，乞下禮官詳度製造。從批送禮部，今據太常寺看詳，乞令依樣製造外，所有盛九穀青箱，本寺已於畫到圖本內貼說，其隨御耒耜欲製黃羅袋盛。」詔依。　十二月五日，禮部、太常寺言：「親耕籍田日，親享先農，今參酌開寶通禮、五禮新儀，庶親享禮例，條具申請事件：一、依儀合設大次於外壇東門之外，小次於午階下西向，緣今來思文殿去壇不遠，欲就本殿作大次，所有小次於壇午階下西向，乞令儀鸞司同臨安府排辦。一、端拱、明道禮例，係用祝冊祝冊，係大禮儀制，今欲止用祝文二首，其詞乞下學士院修撰（並述以親享農親耕之意），乞前期書寫進書畢，降付太常寺供應。一、依禮例，皇帝行禮大禮係從今來親耕，不差使所有親享先農行禮，欲乞比附前項禮例，耕籍使服祭服依從。一、親享先農并親耕合差侍祠行禮等官，欲依禮例從太常寺前期具窠以申中書省，降敕差內閤門合差奏中嚴外辦等官，乞依例令閤門具窠申朝廷降敕差。一、今來不差亞終獻，即與大禮事體不同，其侍祠行禮官係行事左僕射以下，所有前一日省牲、省饌并至日揖位，欲乞令行事左僕射率侍祠官以下趁赴立班。一、親享先農合用皇帝位版二面，係黑漆金字，及位版腰輿，見在太常寺收掌，欲乞令工部指揮所

十四

ㄴ禮卷一萬一千八百五十四

屬一就檢計修飾。一、依儀皇帝飲福受胙，合差尚醞與奉御并司尊彝官，乞令翰林司依舊差官排辦。一、依禮例合差掌畫官并捧冕服等官，欲乞令入內內侍省差官。一、臨安府所差從耕庶人執畚鍤人及陪位耆老，并兩浙轉運司差助執耒耜人，至日並合經由籍田門至觀耕壇下。所有太常寺至日應奉贊者、執掌儀官、樂工二舞，并司農寺職掌，並係升壇應奉人數，乞報皇城司関借勑入壇殿號。一、令兩浙轉運司計置從耕及庶人耕牛共一百六十頭，前五十日到行在，於臨安府側近縣分養飼，并前十日赴籍田教習，欲乞令轉運司專委官一員飼養計置。一、親享先農合用白羅

院內拭爵巾二條并亞終獻合用白紗帨巾拭爵巾二條各長六尺欲令戶部行下左藏庫支赴太常寺供應詔依　六日禮部太常寺言今續次參酌到下項　一親享日欲乞皇城司把門親從官守宮門及內殿應奉官司從御門戶依常日早一刻開并祠祭門依例開早三刻開閉令臨安府出入　一依禮例陳設登歌樂中嚴門外設宮架二舞欲乞令太常寺排辦　一合差樂執籩豆簠簋等官并盥洗爵洗官乞依例從太常寺具申吏部差撥施行　一依禮例合前期教習樂官并應奉人贊者禮直官等欲乞前一月內從太常寺定日於法惠寺作樂教習二日所有合用茶果什物乞令臨安府排辦　一合差供祠執事內侍官并進徹飲福俎饌觀等官並乞依太常寺報入內內侍省差官　一親享先農係四孟朝獻例皇帝內殿致齋一日所有耕籍使并行事執事官各前一日致齋於本司宿于本司無本司者令臨安府踏逐側近寺院具倍位官依朝獻禮例更不致齋　一合用登歌宮架樂章韻曲欲乞令太常寺具狀報學士院前期修撰　一合用彩畫宮架二料除見管外見闕彩畫宮架一料共二十四架建鼓等六座欲下軍器所創行製造於按樂前赴寺送納（太常寺供到狀稱憲日逐宮架全行製造太多今欲將建鼓六座并流蘇板就用見管外乞令軍器所造彩畫樂架二十四座）　一親耕所設登歌宮架太樂兵級八十

卷一萬一千八百五十四

十五

人已行中請乞下殿前馬步三司均差外所有親享先農行事添用登歌宮架太樂一料亦合差撥運大樂兵級令欲乞下殿前馬步三司分差五十人前一月到寺按禮畢限十日發遣　一親耕合用登歌宮架樂正樂工共二百三十四人除已申請外今來親享先農合添用二舞九十人兩項共計三百二十四人太常寺見係籍樂工止管二百六十六人自來係於教坊鈞容直差倩應處逐處各有應奉拘礙今欲乞下臨安府差本府樂人五十八人充數如不足乞從本寺招收白募諳曉同日戶部太府寺言據祗候庫申將來車駕服履袍乘平輦詣思文殿進膳畢服通天冠絳紗袍行親耕之禮合具合行排辦事件　一合用薰纖御服龍腦乞下左藏西庫選上等腦五兩前期供納　一供進禮衣係前一日請降赴內中藏次日赴思文殿門外幕次鋪設所有逐處幕次乞下儀鸞司釘設及合用熨貼御服熟火乞下翰林司排辦合用蠟燭一十條乞下雜買務收買　一合用熨貼裁縫作二名腰帶靴履冠冕花乞技道雜釘戎具結條作各一名乞下御藥院差如闕乞下文思院軍器所貼差（如用補破欲乞就皇城司照會）所有粉帶合用供內儀鸞八人乞下內東門司差其祗官乞下御藥院差撥衙引唱天武官三十六人乞下殿前司差　一進掛御服撒御道并捧頭冠匣衣箱官並乞下入內內侍

卷一萬一千八百五十四

十六

省差詔依　紹興十五年十二月八日御史臺言令參
酌到申請事件　一耕耤日除從耕官外所有侍耕文
臣百官令相度欲乞用整務通直郎以上及行在見任
寺監主簿承務郎以上職事官趁赴立班　一耕耤日
先觀享先農所有文臣陪位官欲乞就賜從耕侍耕官
陪位立班　一耕耤日皇帝乘平輦自内殿至祠所依
禮例從駕官合常服從駕至祠所各易朝服趁赴陪位
候禮畢次赴從耕立班如不係從駕官先赴耤田門外
常服迎駕起居訖易朝服陪位次赴從耕侍耕立班候
禮畢退内合從駕官易常服從駕還内　一本臺主管
班次引贊官知班應祭並合服朝服及吏易常服報引

卷一萬一千八百五十四　十七

班次　一致齋行事官依已降指揮於耤田側近踏逐
寺院宿齋外所有文臣百官侍班幕次乞從本臺移文
臨安府儀鸞司於耤田門外外隨地。之宜排辦　一依
禮例合差監察御史二員糾彈祠官不恭等事及依例
差監祭司手分三人行遣詔依　同日禮部太常寺申
將來親耕候奏禮畢宣陪位耆老詣壇宣勞舊例賜衣
帛今檢照國朝會要止該載端拱元年賜京城耆老八
十已上九十八人衣帛有差即不言所賜衣帛若干數
目及是何官司主管給賜今相度欲乞令臨安府具已
差定陪位耆老一百人内若干人數係八十以上者申
戶部行下祇候庫省記舊例如本庫無舊人省記乞令本

庫擬定每人各賜絹若干申戶部取朝廷指揮右劄付
臨安府依所申施行續祇候庫申今相度欲乞于親耕日將八十以上耆老每人支賜生
帛絹二匹共椿備絹二百匹乞下左藏東庫支供赴庫排辦歷副至日給賜如有文使不盡數目令所爲拘收
詔依又都大主管所狀陪位耆老一百人準四方館關具到八十歲以上五十人各合支賜絹二匹外未及八
十歲五十人緣係一般陪位未該支賜詔並與支賜十二月十二日禮部太常寺
言准都省批下戶部狀將來親耕合用九種黍稷秫稻
粱及大小豆麥每色各三斗據兩浙轉運司申數内秫
係河北出產號爲造酒黃米今欲以粟穀充代粱係京
西河北出產號爲粱穀米今欲以糯穀充代緣批送禮
部同太常寺看詳欲依所申詔依　十二月十五日太
常寺將來親享先農及親耕耤田合差官下項　一親

卷一萬一千八百五十四　十八

享差官侍中二員一員御前奏中嚴外辦并奏解嚴一
員奏中嚴外辦并奏解嚴殿中建進接圭太常卿贊導
奏請行禮太常博士四員一員贊引耕耤使一員贊引
太常卿一員贊引亞獻一員贊引終獻行事左僕射申
眡滌濯捧進幣爵酒亞獻終獻吏部尚書以幣授左僕
射禮部尚書眡滌濯省鼎鑊眡濯兵部尚書薦豕俎并
徹吏部侍郎二員一員受幣爵酒奠黍稷祝幣一員盥洗
進爵詣尊酌酒訖授左僕射刑部尚書實鑊水刑部侍
郎增沃鑊水監察御史二員讀祝文官舉祝文官二員
押樂太常卿太府卿設幣光祿卿巡牲并牽牲詣廚入
實籩豆簠簋光祿丞牽牲詣廚兼饌造協律郎二員一

員壇上舉麾一員壇下舉麾奉禮郎設皇帝版位良醖令酌皇帝獻酒太祝奉毛血槃并進摶黍太官令酌亞終獻酒兼監視宰殺牲牢并摶黍等太社令設神位版盥洗奉爵官四員差吏部引俎饌奉禮郎差吏部捧執籩豆簠簋捧俎官一十六員差吏部 一親耕差官樞密觀耕壇上承旨宣制侍中四員一員奉耒耜以進耕畢復受及奏禮畢一員奏中嚴外辦并奏解嚴一員御前奏中嚴外辦并奏解嚴一員奉御耒耜載於耕根車俟至御耒耜以降授耤田令樞密都承旨親耕壇下傳旨宣勞耆老太常卿二員一員贊導奏請一員押樂協律郎二員一員親耕壇上舉麾一員宮架舉麾贊引太常卿太

卷一萬一千八百五十四 十九

常博士太僕卿設御耕牛司農卿二員一員宿設耒耜於幕屋後耤田令解韜出耒授訖以授侍中耕畢復授耤田令一員奉青箱種稑之種諸耕所播之并奏省功畢奉禮郎設御耕版位并設御耒耜席耤田令二員一員候侍中奉耒耜横執詣耕所置於席守之兼以青箱授司農卿一員解韜出耒耜以耒耜授司農卿耕畢復授耒耜納之韜以授執事者奉青箱官以青箱授耤田令司農少卿二員一員帥庶人耕於千畝一員帥太社令檢校終千畝太社令檢校庶人終千畝詔依 同日閤門言親享先農并親耕合差奏中嚴外辦前導并奏解嚴等閤門官四員乞朝廷降敕施行詔依 十二月

廿八日御史臺閤門太常寺言將來親耕同共參酌合行事件 一應奉官司久不舉行親耕典禮恐致生疎今欲乞於正習儀前從御史臺定日關報前去耤田閱習一次 一乞依宣和禮制於親耕前二日文武百官并諸色應奉人赴耤田習儀仍乞是日百司作休務假及禮部次日作歇泊假一日詔依 十二月二十四日禮兵部言准都省批下權戶部侍郎王鈇等狀據祇候庫申所造耕根車制飾如玉輅惟降二等以青爲質而無玉飾駕青馬駕士四十人契勘古制凡車駕引全用馬力今來所造車止耤駕士舁挽與古不同兼五輅各駕六馬尚用七十五人況根根車係用四馬若依古制

卷一萬一千八百五十四 二十

駕士四十人駕四十人駕引遲緩合比五輅用駕士七十五人分擁下項小梯一名踏道四人扎叉二人行馬四人前後推竿各四人當轅馬七人内二人扳挑鞭燭臺四人韋踏路馬四人兩引索三十六人左右照管轅轍二人引唱人員二人前燭挽夾一名所有服著内駕士七十三人武弁冠青纈對鳳御嘉禾合總青紬大袖緋纈絹白獅子襯衫青絹夾袴青麻鞋青絹夾襪人員引唱二人小帽子碥石背子紅纈練鵲衫白絹夾袴青纈裹肚金鍍銀束帶乞朝廷詳酌施行後批送禮兵部看詳尋下太常寺車輅院看詳欲依祇候庫所乞差撥製造施行詔依 同日權戶部侍郎王鈇等言據祇候庫申契勘今來所造耕根車合差駕士七

十五人除引喝行馬踏道燭臺托叉小梯等外實有五十一人推駕緣經由道路有地面磚石硬軟高阜去處慮恐難以駕御今相度欲乞下殿前司更添差兵級二十人所有服着就借祗候庫武弁冠青寳花大袖勒帛袴鞋職斷襯衫准備臨時揀串使用詔依十二月二十五日禮部太常寺言今續次參酌條具到合申請事件一依儀親耕京畿諸縣令率終畝庶人就位今來欲乞令臨安府諸縣令充京畿縣令一兩浙轉運司臨安府差耆老并從耕庶人執畚鍤人及助執耒耜人合於前半月習儀并至日從耕排立逐處差委官拘集今欲乞令轉運司臨安府各委官一員專一拘集候習儀并親耕日交割付四方館司農寺并太常寺引揖一依禮例宰執以下按樂合作休務假欲乞依例作休務假一日一親享

卷一萬一千八百五十四

先農日欲乞依禮例正習儀日爵坫幣用帨巾充代樂用祝敔所有親耕習儀乞依例作樂習儀一合差抬擧御書祝文親事官四人乞下皇城司差於草習儀前二日到太常寺祇應合用抬擧祝文腰輿權於秘書省閑借一依已降指揮令禮部定日宰執同禮部太常寺等官就都堂按登歌宮架樂續承指揮親享先農依儀又合設登歌宮架二舞令相視都堂若止按登歌宮架樂別無妨礙若更設二舞緣堂下難以安設乞改就法惠寺仍乞令禮部定日申朝廷照會至日宰執同禮部太常寺都大主管官就寺按樂一合差抬擧神席燎草幣帛等腰輿兵士并抬擧祭器法物等兵士各一

十人管押節級在內並乞下殿前馬步軍司分差所有合破勑入壇殿號乞從太常寺具數報皇城司支借詔依十二月二十七日四方館言准太常寺關親耕禮畢引耆老諸觀耕兩拜起居宣勞兩拜契勘八十已上賜衣帛者躬候纔賜物過謝恩兩拜退詔依十二月二十九日禮部太常寺言將來親饗先農畢并行親耕禮已是日高所有先農行事官親耕行禮官依指揮令諸司排辦喫食外所有陪官喫食欲下御廚翰林司排辦詔依紹興十六年正月七日御廚奏准尚書省劄子令本廚排辦親耕陪位官喫食緣本廚所管人匠不多日常供造御膳及親耕籍進御食并從駕宰執百官喫食數多祗應人少今來所承指揮排辦陪位官喫食要是闕人造作不前欲乞依郊祀大禮陪位官例支破第三等早食所支賞錢入歷批勳詔依十二月三十

卷一萬一千八百五十四

日禮部太常寺言續行參酌申請下項一勘會郊祀大禮係祀昊天上帝皇地祇依儀皇帝行酌獻禮讀冊文官依令讀至御名勿興所有今來親享先農係中祠依已降指揮牲牢禮料權視大祠欲令讀祝文一親享前一日皇帝齋於內殿依禮例有司不奏刑殺文書其行事官前一日齋於本司唯享事得行其餘悉禁今欲乞是日皇帝前後殿不視事仍乞百司作休務假一日一所用祝文依禮例禮部差人奉設合差職事八人所有看上尊福酒合差膳部職掌五人依大禮例止差四人仍於祠部主客兩曹分差並前期報皇城司關借勑入壇殿號一檢會國朝會要端拱舊制耒耜先

於民間假借習按所有將來親耕前半月於耤田教習
從耕庶人等合用真耒耜四十具欲乞令兩浙轉運司
行下所屬縣分假借事畢發還詔依　紹興十六年正
月二日禮部太常寺言親享親耕依已降指揮就耤田
前半月教習從耕庶人四十人助執耒耜人三十餘人
執畚鍤人三十人殿前司差御龍直一十二人天武官
二十人并隨牛人等農人稍衆若不輪官前去監視切
慮生疎今欲乞初起教日令禮部太常寺司農寺官前
去以後每日逐處各輪官一員前去監視詔依　正月
六日閤門言准尚書省劄子文思院上界申契勘本院
製造絹花一萬朶准備將來親耕回鑾給賜乞朝廷指

卷一萬一千八百五十四　六千三

揮下祇候庫閤門指定親耕有無合賜花朶行下閤門
契勘宣和耤田親耕回即不賜花今來係親享先農行
禮從駕臣僚等欲乞依作親享例賜回鑾花祇候庫狀
契勘回鑾賜花其合用花朶依指揮約度數目報文思
院造作准備詔依正月九日禮部太常寺言將來親耕
依已降指揮前半月教習從耕庶人執畚鍤人助執耒
耜人尋於今月初三日為頭前去耤田當官教習數內
助執耒耜人三公三少宰臣親王使相各三人執政官
各二人侍從臺諫各一人庶人不差其所教牛今相度
欲每一耒耜下各添隨牛家人一名牽牛祇應並令服
介幘緋衫白絹勒帛赴教習所有逐人各合服并勒

入壇殿號乞令轉運司具數報祇候庫皇城司閤請詔
依　正月十一日都大主管所言親耕耤田行禮執畚
鍤三十人助執耒耜五十人從耕庶人四十人並係臨
安府等處差到農人今取到太常寺贊引使臣王彥龍
等狀契勘逐色人禮畢即未有支賜恩澤指揮詔旦人並依
陪位耆老例支賜　正月十三日臨安府府學生李良
等一百三十三人進狀伏覩皇帝躬祀先農親耕耤田
敦勸天下茲實朝廷莫大之盛典臣等切嘗稽考國朝
會要仁宗皇帝明道親耕帝耤開封府士人進狀乞與
陪位特可其請今陛下崇尚文德昭致太平同符仁祖
臣等苟不能抗章自陳無由仰覩縟禮上負陛下教育

卷一萬一千八百五十四　六千四

之意有愧明道之文欲望特降睿旨遵依明道故事許
令臣等陪位批送禮部正月十五日太常寺言檢照國朝會要明道二年正月十四日
廣文館開封府貢舉人上書乞陪位於壇次以觀盛典從之契勘當來耤田係廣文館開封府貢舉人陪位即無
學生陪位之文今來臨安府生李良乞陪位立班立班即無典故難以施行正月十六日都大
主管所言准尚書省批下宗正少卿兼權兵部侍郎趙
子厚等劄子勘會親耕耤田已降指揮以儀仗一千人
護衛耕根車載耒耜前一日於皇城門外排立至日護
衛耒耜前去壇所緣今來耕根車已製造了畢奉聖旨
候排設日取旨進呈所有護衛儀仗欲乞自製造耕根
車處護衛經由大內至皇城南門外排立合取自朝廷
指揮後批送都大主管所施行本所奏聞奉詔依同鼓

吹振作引呈内趙子厚緻王鈇等班起居　紹興十六年正月十七日祕書少監兼權禮部侍郎游操等言勘會親享先農并親耕禮畢緣係大慶興禮欲候禮畢許耕耤使率行事陪祠文武官一班詣思文殿稱賀更不致詞不宣答乞從御史臺閤門太常寺修定儀注申請詔依　正月二十三日太師尚書左僕射秦檜言臣伏覩皇帝陛下親耤耤田既畢三推臣以耕耤使職事請以耒耜授有司皇帝不從臣又奏王者三推禮經舊式皇帝宣諭力本務農出於誠心遂推至五至七至九臣三請乃止伏乞宣付史館以光冊書詔依　正月二十四日檜又言陛下耕耤過三推之數以勞陛下聖躬上

永樂大典卷一萬一千八百五十四

曰朕本欲終畝以御屢奏乃止太宗朝每車駕出城宣集父老訪以民間利病況耕耤為農民之勸朕豈憚勞

正月二十五日以親耕禮成太師秦檜率文武百僚詣文德殿拜表稱賀　二月四日内降詔朕惟兵興以來田畝多荒故不憚卑躬與民休息今疆埸罷警流徙復業朕親耕耤田以光黎庶三推復進勞賜耆老嘉與世俗躋於富厚昔漢文帝頻年下詔首推農事之本至於上下給足減免田租光於史冊朕心庶幾焉咨爾中外當體至懷（先是上宣諭曰將來耤田降詔雖詔簡意足使民曉然知此本之意漢文帝勤農之詔頻年有之不過數十語當時民知務農遂陵富庶）

親享先農耕耤儀　陳設

前期儀鸞司帥其屬設御座於耤田思文殿當中

南向設東西閣於殿後之左右殿上前楹施簾又於觀耕壇上設御幄南向設御座於幄內又就思文殿大次南向又設小次二一於先農壇午階下稍東西向一於觀耕壇酉階下稍北南向設文武行事陪祠官宗室及有司次次於耤田門之內外量地之宜設帟幔於內壝東北之外道北南向前享二日太社令帥其屬掃除壇之上下太常牽牲詣祠所次陳登歌之樂于壇上稍南向設宮架於壇南內壝之外立舞表於酇綴之間前享一日太常設神位席太史設神位版帝神農氏位於壇上北方南向后稷氏位於壇上東方西向並席以莞（吉潔）（果徹）權奉禮郎設皇帝位版於壇下小次前西向飲福位

永樂大典卷一萬一千八百五十四

於壇上稍西北向望瘞位於子階之西北向贊者又設亞獻終獻位於小次之南稍東西向設太常博士位於其後耕耤使并行事左僕射位於亞終獻之南行事左僕射稍卻行事吏部禮部兵部工部尚書吏部侍郎光祿卿讀祝文官光祿丞位於左僕射之東（光祿少卿丞）奉禮郎博士太祝太社太官令位於小次之東北俱西向北上監察御史位二並於壇下午階之西南東向協律郎位二一於壇上樂虡之西北一於宮架之西北俱東向押樂太常卿位於宮架之北良醖令位於酌尊所俱北向又設陪祠文武官位於執事者之南太常隊仗於東壝門外西向祝文各位於牲後又設省牲位於牲西行

太常卿奏請搢大圭跪受爵祭酒三祭于地啐酒奠爵殿中監跪受爵以興太祝帥執事者持胙俎進減神位前正脊二骨横脊二骨加于俎上內侍受俎以授兵部尚書西向跪以進皇帝受俎奠之兵部尚書受俎以興退復位太官令取黍於簋摶以授太祝太祝受豆東向跪以進皇帝受豆奠之太祝乃受以興降復位次殿中監再跪以爵酒進太常卿奏請受爵飲福酒奠爵殿中監受虛爵興以受尚醞奉御執事者俱降復位太常卿奏請執大圭俛伏興又奏請再拜皇帝再拜樂止前導官前導皇帝還版位登歌樂作降階樂止宮架樂作至版位西向立樂止次引禮部尚書升壇徹籩豆兵部工部尚書升壇徹（禮部兵部）俎（籩豆俎各一俱少移故處）登歌歆安之樂作卒徹樂止宮架樂作工部尚書俱降復位禮直官曰賜胙行事陪祠官拜贊者承傳曰賜胙再拜在位官皆再拜送神宮架奏靜安之樂作一成止　望瘞　靜安之樂畢太常卿奏請詣望瘞位前導官前導皇帝詣望瘞位宮架樂作至位北向立樂止初賜胙再拜訖吏部侍郎帥太祝執篚進詣神位前取幣祝文及俎載牲體黍稷飯爵酒降自西階詣瘞坎次幣祝文饌物置於坎內禮直官曰可瘞有司官焚瘞實土半坎太常卿奏禮畢前導官前導皇帝還太次宮架樂作出內壝門外太常卿奏請釋大圭殿中監跪受大圭以授有司侍衛如常儀皇帝至

卷一萬一千八百五十四

三千五

太次樂止侍中奏解嚴引左僕射以下詣卯階之東內壝門外稱位立禮直官贊禮畢揖訖退引陪祠文武官及宗室以次出權歸次以俟進膳畢次行耕耤之禮

耕耤　皇帝享先農行禮畢歸大次俟進膳畢侍耕從耕執事官諸縣令及應奉官等各服朝服以俟行禮樂正帥工人以次入次引諸縣令帥終畝庶人四方官引陪耕者耆老就位司農卿耤田令太社令奉青箱官詣執耒耜者以次就位皇帝將入耕耤位御史臺引殿中侍御史一員先入就位次御史臺閤門分文武侍耕群官各就位次禮直官分引從耕執事官各就位（凡耕耤使侍中從耕官司農卿耤田令禮直官引陪官并庶人耆贊者引）有司進耒耜於思文殿太常卿閤門官太常博士禮直官分立於小次前次引侍中版奏中嚴（凡侍中奏請皆俛伏跪奏訖俛伏興）少頃又奏外辦皇帝服通天冠絳紗袍乘輦以出思文殿降自西階宮架樂作至小次降輦入次樂止禮直官太常博士引太常卿詣次前北向俛伏跪奏稱太常卿臣某言請皇帝就耕耤位奏訖俛伏興退伏位簾卷宮架樂作（凡太常卿奏請皆俛伏跪奏訖俛伏）與皇帝出次太常卿閤門官太常博士禮直官前導皇帝至耕位南向立樂止禮直官太常博士引太常卿詣皇帝耕位前俛伏跪奏稱太常卿臣某言請皇帝行耕耤之禮奏訖俛伏興退復位禮直官引耤田令進詣御耒耜席南北向禮直官次引司農卿詣田令之東西向

卷一萬一千八百五十四

三千六

耤田令俛伏跪搢笏執事者（謂太常寺、司農寺職掌，從准此）以䆉授耤田令，耤田令解䆉出耒，執耒興，東向立，以耒授司農卿，司農卿搢笏受耒訖，耤田令執笏稍退。司農卿以耒耜授侍中，禮直官引侍中搢笏執耒詣御耕位前少東北向。太常卿奏請皇帝受耒耜，侍中執耒耜執耒者助執。侍中進訖，執笏少退立。皇帝受耒耜，宮架樂作，三推禮（耕耤使後從）訖，樂止。侍中搢笏前授耒耜，侍中以耒耜復授司農卿，司農卿搢笏受耒耜，以耒耜受耤田令，各執笏退復位。耤田令搢笏受耒耜，跪，復耒於䆉，執䆉興，以授執事者，執笏退復位。（侍中受耒耜訖，歸從耕位，從官各赴從耕者准此）皇帝初耕，諸執耒耜者以耒耜各授從耕者。禮直官、太常博士

卷一萬一千八百五十四

二十七

引太常卿詣御耕位前北向奏請皇帝升壇觀耕，奏訖，復位立。前導官前導皇帝升觀耕壇（耕耤使歸從耕位），宮架樂作，至壇下，樂止。升自午階，登歌樂作，即御座南向，樂止。太常卿、閤門官、太常博士、禮直官立於御壇之前，北上。禮直官從耕三公、三少、宰臣、親王、使相各搢笏執耒耜，宮架樂作，行五推之禮，訖，樂止。執耒耜者前授耒耜，各執笏退復位，次禮直官引執政官、侍從、兩省、臺諫各搢笏執耒耜，宮架樂作，行九推之禮，訖，樂止。執耒耜者前受耒耜，各執笏退復位。次禮直官引司農少卿帥庶人以次耕于千畝。（自東至西，復回耕至本位）俟耕畢，俱退復位。訖，禮直官引侍中詣觀耕壇上御座前北向俛伏跪奏稱：侍中

臣某言，禮畢。奏訖，俛伏興，引降復位。禮直官引耕耤使升觀耕壇卯階，詣御座前稍東西向立。四方館引陪耕耆老詣觀耕壇下北向立，先兩拜，訖，直身立。初，引耆老禮直官引樞密升觀耕壇卯階，詣壇上午階上之東西向立，次引樞密都承旨詣壇下耆老之前北向立。禮直官引樞密詣御座前北向躬承旨，退詣午階上之東西向立，宣制訖，退復位。樞密都承旨躬承訖，直身立，轉身西向。四方館引耆老躬承，樞密都承旨宣勞，訖，耆老再拜訖，樞密都承旨、耆老皆退復位。有司進輦於午階之下，北向。皇帝降座，登歌樂作，至壇下，升輦，樂止，宮架樂作，至思文

卷一萬一千八百五十四

三十七

殿後閤，簾降，樂止。侍中奏解嚴，侍耕群官等皆退。青箱官以青箱授耤田令，耤田令以青授司農卿，司農卿卿奉青箱種稑之種，詣耕所播之，訖，次司農少卿帥太社令、撿校終千畝，次司農卿省功，訖，詣思文殿北向俛伏跪奏：司農卿臣某言，省功畢。奏訖，俛伏興，退所司，放仗。以俟皇帝常服還內，侍衛如來儀。

中興禮書　禘祭

紹興二十二年二月十九日，禮部狀准都省批下大理評事黃子淳劄子：臣嘗考之經傳，以謂大禘者禘其祖之所自出，大祫者合祭也，蓋所以合飲食、辨昭穆、尊尊親親之義。今禘祫之禮尚稽講求，欲望明詔有司參訂

舊典，以時舉行。從批送禮部看詳，尋行太常寺看詳。尋行下太常寺看詳，本寺申：檢照政和會要及郊廟奉祀禮文，自熙寧八年以前，依禮例三年一祫，五年一禘。自元豐五年二月十八日詔罷禘享，自後别無復舉禘享之文，至今每三年舉行祫享，依禮經於室外序昭穆，設幄行禮。尋將郊廟奉祀禮文檢照，備載熙寧祀儀禘祫享太廟神圖，二祭所設昭穆序位一同。今來本官所乞舉行禘享之禮，今依元豐五年已降詔旨施行。從批送禮部依看詳到事理施行。元豐五年二月十八日詔詳定編修諸司勅式所以祫享修為大禮式。神宗因論廟祭，以爲禘者本以審禘祖之所自出，故禮不王不禘。蓋王者竭四海之有以奉神明，大可以及遠，故於祖禰之外又及其遠祖，猶以爲未足也，推而上之，及其祖之所自出。自秦漢以後，諸儒不明，要知其祖之所自出，其禘禮固可廢也。臣恭睢曰：諸儒議論紛紜，莫知禘之本意，聖訓發明，非臣等所及也。

卷一萬一千八百五十四

三十九

係欽宗紫樓樂曲前用降付太常寺教習論原所賦名升樂曲並令學士院撰散樂曲上

中興禮書帝后祔廟

欽宗恭文順德仁孝皇帝祔廟　紹興三十一年十一月十八日，禮部侍郎黃中等言：恭惟太祖皇帝始立宗廟，追尊僖、順、翼、宣四祖，後太祖、太宗、真宗、仁宗升祔，而七世之廟乃備。蓋太祖、太宗以兄弟相承，同為一世，故在英宗朝太廟八室，其實七世。在神宗朝尊僖祖為始祖，乃遷順祖而祔英宗；在哲宗朝又遷翼祖而祔神宗，皆為七世而八室也。徽宗嗣世，將祔哲宗，而宣祖當遷，於是從蔡京之說，創為九廟，翼祖已遷而復，故宣祖當遷而不祧，[illegible]祔為三世，太祖、太宗為一世，自真宗至哲宗[illegible]世，遂為九世而十一室也。逮至徽宗升祔，與哲宗同為一世，故無所祧遷之宗，是為九世而十一室也。[illegible]則翼祖當祧，[illegible]宗之於神宗，皆以父子繼序，則為一世。[illegible]宗廟自僖祖、宣祖、太祖[illegible]至徽考、欽宗，是為九世而十一室[illegible]本朝之行典故，遷宣祖而祔欽宗。詔依。　二十二日，禮部[illegible]廟升日後太廟應行禮儀[illegible]為樂曲名，令學士院撰[illegible]

[illegible]

卷一萬七千六百三

二十三日，禮部、太常寺言：已降指揮，恭文順德仁孝皇帝祔廟，當遷翼祖，而欽宗所有翼祖室牌係是御書，今於神祖於夾室其室牌乞於太廟奉安所冊寶殿收奉。合用欽宗室牌一面，合依見今諸室例係御書青地金字，欲乞令修內司依樣製造，進請御書，[illegible]權於本廟安奉，以俟車請擇日奉安施行。　二十四日，禮部、太常寺言：祔來迎重埋虞主，神主祔廟，今具儀式：一、簿依禮例係差宰執并合差都大主管官一員，係差內侍，已降敕差官施行。詔依。　十二月二日，權禮部侍郎黃中等言：禮部、太常寺已得指揮，將恭文順德仁孝皇帝虞主虞行九虞，祔廟之禮已選用十二月二十六日祔廟。今來車駕巡幸，進發將行禮，日辰相妨。緣徽宗皇帝於紹興七年正月聞訃，當年五月內禮官請先行虞祔時，適候梓宮未還，至十二月內方始行禮，係在小祥之前。所有今來恭文順德仁孝皇帝祔廟，乞依上項典故，於來年正月以後擇日。詔依。　三十二年正月二十一日，詔：九虞祝[illegible]師江上，虜騎遁去，兩淮無警，已委重臣撫諭諸軍，一面經畫進討，今[illegible]臨安。恭文順德仁孝皇帝祔廟之禮，二月二十六日，禮部、太常寺言：今來祔廟已降指揮於正月以後擇日，欲權太史局擇申祔廟日：宜用閏二月十

一日戊戌，吉，時宜用巳時，吉。詔依。　同日，禮部、太常寺言：將來祔廟，依禮例合前二日奏告天地、社稷、宮觀。今具合行事件下項：一、合用御封降真香二十九合，祝文一十六首，其一首[illegible]以恭文順德仁孝皇帝[illegible]落幣黃幣一、[illegible]幣一十一。　一、合用神位版，乞下[illegible]學生并選差[illegible]赴禮部等官及合用酒、醴[illegible]從太常寺[illegible]報臨安府照依。　同日，太常寺言：今來祔廟前二日奏告昊天上帝、皇地祇、太廟、別廟、太社、太稷、天慶觀聖祖天帝大殿、[illegible]三清殿、一宮五福太一、[illegible]各合差奏告官一員，並乞差[illegible]宗室正任以上充，並[illegible]。詔依。　同日，禮部、太常寺言：今來祔廟合行事件下項：一、合差致齋宗卿一員，[illegible]依禮例合用樂儀[illegible]

一、[illegible]太廟設[illegible]

[illegible]修

[illegible]本

卷一萬七千六百三十二

[illegible]廟事及[illegible]廟日，本事如故，惟不[illegible]所有合[illegible]乞下臨安府同儀鸞司打設排辦。　一、將來神主祔廟，其行事執事官乞十日受誓戒於尚書省。　一、合[illegible]祔廟[illegible]乞令太常寺依例臨安府排辦。　一、將來神主祔廟，依故事文武百僚服吉服陪位，並[illegible]其立班[illegible]乞御史臺閤門申請施行。　一、契勘[illegible]祔廟，依禮例令[illegible]登歌宮架樂舞，所有今來恭文順德仁孝皇帝神主祔廟，欲乞依上件禮例施行。　一、將來神主祔廟，合用祝文一十二首，太廟一十首，別廟一[illegible]

[illegible]一十二[illegible]各四合，令[illegible]將來神主祔廟如常饗禮，行禮[illegible]所有祔[illegible]儀注，乞從太常寺[illegible]關報所屬施行。及合差三獻官[illegible]合差，乞令太常寺[illegible]。　一、[illegible]廟[illegible]宮[illegible]吏部[illegible]差[illegible]將來[illegible]太常寺依例[illegible]臨安府[illegible]。　一、將來神主祔廟，先行祔謁祖宗之禮，合[illegible]一，乞下工部指揮文思院製造，[illegible]太常寺[illegible]

一、合差[illegible]一名，乞下太史局差。詔依。　同日，禮部、太常[illegible]

言令來恭文順德仁孝皇帝祔廟奉辭虞主令恭酌合行申請事件下項：

一、奉辭虞主合於和寧門外西設御幄，並合用露屋，乞下儀鸞司依舊釘設排辦。其合用香案、香爐、匙合等，乞下祔廟都大主管所行下諸司排辦。

一、所有令來恭文順德仁孝皇帝神主祔廟，欲乞依故事令行在應南班宗室趨赴，俟皇帝行奉辭虞主禮畢還內，自和寧門外騎導至太廟欞星門外下馬，步導至權安奉幄次訖，權退以俟陪位立班。

一、迎奉虞主詣太廟及神主祔廟，依禮例合用本殿儀衛及執打從物等，並引赴太廟。今欲乞令都大主管所就用見今几筵殿奉迎虞主從物等，至日導引太廟。

一、檢會昨顯仁皇后神主祔廟，緣儀仗未備，止用鼓吹二百人，令兵部依例差撥。其鼓吹令太常寺凡祔儀仗人數差撥導引。所有令來恭文順德仁孝皇帝祔廟，欲乞比附顯仁皇后儀仗鼓吹人數，令所屬從具差撥，導引至太廟行祔廟之禮。

一、神主祔廟，依禮例合差儀衛導各一百人，并差儀衛輦官、親從官執打從物儀衛等，其儀衛道從下臨安府差撥，儀衛輦官、親從官並乞令都大主管所指揮所屬量人數差。

一、神主祔廟，依禮例其謚冊寶於虞主前陳列至太廟，令禮部差人數至幾職常援衛所管，詣太廟，俟祔廟畢交割付太廟奉安所收管。

卷一萬七千六百十三 三一

一、祔廟日於虞主前奏請神靈上神主訖，其虞主依故事入於太廟本室殿後瘞埋。令不太祖係行在奉安，原昨徽宗皇帝虞主見在本廟府宮殿權行收藏，所有令來恭文順德仁孝皇帝虞主亦欲乞依上件禮例，於本廟冊寶殿權行收奉，候將來迎奉太廟回京日依故事施行。

一、神主祔廟，其太廟南神門外稍西東向合設權安奉虞主、神主幄次，乞下儀鸞司排辦，及府預先計會釘設排辦。

一、題神主訖，合用漆匠一名，行所用漆乞下文思院預先差辦。

一、將來奉辭虞主並神主祔廟，合差宮闈令及合差內常侍、內謁者等扶侍及侍奉奏請內侍，乞令入內內侍省差官。詔依。

同日，太常寺言：令來祔廟饗太廟、別廟，合差涖誓刑部尚書一員，止趨赴受誓戒，並不致齋，亦不行事；監祭御史、兵部尚書、工部尚書、押樂太常卿、光祿卿、押樂太常丞、光祿丞、奉禮郎、登歌協律郎、宮架協律郎、太祝、太官令各一員，乞降敕差官。詔依。

二十七日，禮部、太常寺言：令來祔廟，合差題神主官一員，依禮例係差翰林學士，乞劄差官。詔依。

同日，太常寺言：令來神主祔廟，降享太廟、別廟，行禮數內合差初獻、亞獻、終獻各一員，乞降敕差南班宗室正任以充亞、終獻。詔依。

同日，禮部、太常寺言：令具到祔廟合行申請事件：

一、依已降指揮，埋重並祔廟日百僚奉慰，並改作次日詣太

殿門外退各依次退各依位。

一切令祔廟已用閏二月十一日行禮，行事執事官並合前十日五更受誓戒，係於閏二月一日五更赴尚書省受誓戒。緣當日係太常卿以下行第三虞祭禮，奉慰宮內官合赴赴廟受誓戒官，欲乞二十三日五更赴本司致齋，閏二月一日五更受誓戒訖，從出赴第三虞祭行事。詔依。

同日，禮部、太常寺言：將來祔廟瘞埋重，以虞主神主祔廟，合差禮儀使一員，已降指揮差尚書左僕射葉顒依，緣見在朝假，所有二月二十九日迎重埋重並迎奉虞主詣几筵殿藏事，竊慮妨欲乞以次宰臣攝行其事。詔依。

二十八日，御史臺、閤門言：令來神主祔廟，所有宰臣以下同班起居，緣不登殿，通直郎已上並行在見任寺監主簿并務所已上職事官或已從官，用保義郎已上並合赴，三上並服常服吉帶趨赴陪位立班。詔依。

二十五日，禮部、太常寺言：祔廟依例前故事饗太廟、別廟，逐室酌獻並合用登歌、宮架樂舞，欲依祔廟太常鼓吹、左右金吾仗自太內振作導引神主至太廟行祔廟之禮，合請指揮。恭文順德仁孝皇帝祔廟，除合行外乞依儀式，契勘昨紹興七年徽宗皇帝祔廟，其樂舞儀仗鼓吹並未曾置備導從，見今常祀備祭太廟、別廟係用樂舞，昨顯仁皇后祔廟已曾用上件樂舞儀仗鼓吹，所有令來

卷一萬七千六百十二 四一

恭文順德仁孝皇帝祔廟合用樂舞儀仗鼓吹，已降申請指揮施行。詔依。

鼓吹導引樂曲：道宮景龍湖近九霞車慕顏還望白雲鄉萬於遙咽難天關千仗纖成行盛神恍穆愈重光寶室萬年藏皇心追慕無極。

導從奉辭皇帝行禮神主奉辭虞主儀：其日儀仗鼓吹威儀道從儀衛等於和寧門外排立。文武百官、太常博士引太常卿於几筵殿內御前立。皇帝自內服見服履至几筵殿，歸御幄，簾降。禮直官、太常博士引太常卿當幄前俛伏，跪奏稱："太常卿臣某言，請皇帝行奉辭之禮。"奏訖，俛伏，興，退復位。簾捲，前導官導皇帝出幄，詣几筵殿下褥位西向立。俟內侍奉匱于從，以巾覆虞主訖，奏請拜，皇帝再拜訖。前導官導皇帝升殿，詣恭文順德仁孝皇帝虞主香案前，又奏請皇帝上香，再上香，三上香，又奏請拜，皇帝再拜訖。前導官導皇帝詣几筵殿門內，入御幄，簾降。禮直官、太常博士引太常卿於幄前跪奏稱："太常卿臣某言，請几筵殿下虞主宮。"引內謁者詣虞主前俛伏，跪奏稱："內謁者臣某言，請恭文順德仁孝虞主降座升輿進行。"奏訖，俛伏，興，退。內侍承巾以帕覆虞主訖，捧升輿，扶侍內侍捧腰輿詣殿下，次僚官擎腰輿進行，出几筵殿門，簾捲。前導官導皇帝導虞主進行至和寧門外，前導官導皇帝詣御幄西向立，內謁者

詣虞主前俛伏跪奏内謁者臣某言請虞主少駐奏訖俛伏興退輦官置虞主腰輿定扶侍夾侍輦官已下權退俟有司陳香案等畢備前導官導皇帝詣虞主香案前南向奏請拜皇帝再拜訖又奏請皇帝上香再上香三上香又奏請拜皇帝再拜訖前導官導皇帝歸御幄簾降次有司捧擎虞主腰輿進行禮儀使後從次禮直官太常博士引太常卿當幄前俛伏跪奏稱太常卿臣某言禮畢奏訖俛伏興退皇帝乘輦還内如常儀

祔廟儀　齋戒前饗十日受誓戒於尚書省並如常饗受誓之儀　祔饗前一日其日祔饗並別廟行事執事官並服吉服赴太廟齋坊幕次行事執事官詣初獻廳下對揖訖升廳就坐點茶畢請執笏立俟太祝習讀祝文訖執笏就坐點湯畢禮直官贊者分引行事執事官謁東　門外省申位立定禮直官贊揖訖次引押樂太常卿入行樂架次引監察御史升殿詣諸室前北向視滌濯執事者皆舉冪曰潔降復位禮直官曰告潔畢請省牲次引太祝光祿丞巡牲告充腯如常儀訖退復位禮直官曰省牲畢請詣省饌位揖訖禮直官贊者分引行事執事官詣省饌位立定禮直官贊揖訖所司省饌俱畢禮直官贊揖訖退次引監察御史詣廚省鼎鑊視滌溉訖退協律郎展視樂器俱還齋所晡後太官令率宰人以鸞刀割牲祝史以槃取毛血各置於饌所遂烹牲宮闈令帥其屬掃除廟之内外訖還齋所初點饌畢太廟奉安所捧神主腰輿詣廟南神門外幄次並設浴斛案巾香筆墨硯等於幄内　晨祼　祔廟饗日行事官内合赴迎奉者守太廟門出赴和寧門外俟再拜訖前導虞主詣太廟欞星門外下馬步導禮儀使都大主管官後從虞主至南神門外幄次權安奏訖禮儀使都大主管官前導官退歸幕次僧道先退禁衛更互排立祠祭官引宮闈令諸殿下再拜訖開室盥拂神幄次引薦香燈官入詣殿下北向再拜訖升殿詣諸室立定有司前期設祭器實之皆如春饗之儀太官令監視訖退次引光祿卿詣殿下褥位再拜訖升殿點閱訖次引監察御史升殿按視訖俱退還齋所並服祭服祔饗時將至禮直官引禮儀使詣神主幄前稍南北向立次禮直官引都大主管官詣禮儀使之後稍東北向立次引内常侍入幄搢笏捧欽宗恭文順德仁孝皇帝神主詣浴斛跪浴拭訖置於案執笏興退次引題神主官詣幄前盥洗位西向搢笏盥手帨手訖執笏入幄詣欽宗恭文順德仁孝皇帝神主案前搢笏跪題神主訖執笏興退有司滌之次引内常侍詣神主案前搢笏捧神主置于腰輿以白羅巾覆之執笏退次引扶侍夾侍官捧腰輿官捧神主腰輿次於虞主腰輿

訖次引禮儀使詣虞主前俛伏跪奏稱禮儀使具官臣某言請欽宗恭文順德仁孝皇帝神靈上神主奏訖俛伏興退復位立次太廟奉安所捧還虞主詣本廟册寶殿權安奏次御史臺閤門太常寺分引宰執使相文武百僚入詣殿庭分東西相向立北上禮直官贊者分引祔饗行事官詣東神門外揖位立禮直官贊揖次引太常卿丞協律郎次引監察御史奉禮郎太祝太官令入就殿下席位北向立次引初獻兵部工部尚書亞終獻入就殿下席位西向立祠祭官於殿上贊奉神主次引薦香燈官入室搢笏奉帝主匵於後以白羅巾覆之執笏退復執事位次引宮闈令搢笏奉后主如上儀以青羅巾覆之執笏退復執事位祠祭官於殿上贊奉神主訖俟太史局報時及禮直官引内謁者詣神幄前西向俛伏跪奏稱内謁者臣某言請欽宗恭文順德仁孝皇帝神主進行奏訖俛伏興次請神主腰輿前徹巾奉神主入匵訖次贊引扶侍夾侍捧腰輿内侍諸幄捧腰輿進行内謁者前導禮直官引禮儀使都大主管官後從入南神正門詣泰階下北向禁衛退御史臺閤門太常寺分引宰執使相文武百僚合班北向立定次内謁者詣殿下褥位南向俛伏跪奏稱内謁者臣某言請欽宗恭文順德仁孝皇帝神主少駐俛伏興少退立禮直官引都大主管官先退次禮直官引禮儀使升自泰階詣殿上當中褥位北向俛伏跪奏稱禮儀使具官臣某言欽宗恭文順德仁孝皇帝神主祔謁奏訖俛伏興退復本班位次引宮闈令詣殿下神主腰輿前搢笏捧神主升自泰階詣殿上當中褥位北向於匵權奉神主于座以白羅巾覆之其匵設於座後褫腰輿内侍並扶侍夾侍官並退宮闈令執笏興少立俟祔謁訖宮闈令搢笏跪奉欽宗恭文順德仁孝皇帝神主入匵興詣欽宗室匵奉神主于座以白羅巾覆之其匵設于座後宮闈令執笏退復執事位禮直官贊有司謹具請行事贊者曰再拜在位官皆再拜訖次引押樂太常卿丞協律郎詣樂架位立定次引監察御史奉禮郎太祝太官令各升殿就位立定次禮直官引初獻詣盥洗位北向立搢笏盥手帨手執笏詣爵洗位北向立搢笏洗瓚拭瓚訖以瓚受執事者執笏升殿詣僖祖室尊彝所西向立執事者以瓚授初獻初獻搢笏跪執瓚執彝者舉冪太官令搢笏跪酌鷄彝之鬯訖執笏興先詣宣祖室尊彝所北向立初獻以瓚授執事者執笏興入詣僖祖室北向立搢笏跪次奉禮郎搢笏西向跪執事者以瓚授奉禮郎奉禮郎奉瓚授初獻執瓚以鬯祼地奠瓚次執事者以幣授奉禮郎奉禮郎奉幣以授初獻訖執笏興先詣宣祖室前西向立初獻受幣奠訖執

笏俛伏興出戶外再拜訖次詣宣祖室次詣太祖室次詣太宗室次詣真宗室次詣仁宗室次詣英宗室次詣神宗室次詣哲宗室次詣徽宗室次詣欽宗室次降階詣別廟懿節皇后室裸鬯奠幣並如上儀訖俱復位宮架作興安之樂孝熙昭德之舞九成止既裸薦香燈官取毛血奠於神座前太官令取肝以鸞刀制之洗於鬱鬯貫之以膋燎于爐炭薦香燈官以肝膋詣於神座又以隋祭三祭于茅苴退復位　饋食　饋食日有司設俎二十有四於神廚各在鑊右進饌者詣廚升羊於鑊載于一俎肩臂臑肫胳正脊一直脊一横脊一長脅一短脅一代脅一皆二骨以並其載于俎肩臂臑在上端肫胳在下端脊脅在中升豕如羊載于一俎豕熟十一體如羊執事者入設於饌幔內俟初獻既升裸捧俎官及[illegible]事捧俎入詣西階下於左右次引兵部尚書工部尚書詣西階下各搢笏奉俎升殿宮架作豐安之樂奉俎詣僖祖室北向跪奠訖先薦羊次薦豕執笏俛伏興有司設於豆右腸胃膚之前羊在左豕在右次詣諸室及別廟奉俎並如上儀別廟登歌作肅安之樂俱降復位樂止初奠俎訖次引薦香燈官取蕭合黍稷擩於脂燎于爐炭當饋熟之時薦香燈官取俎擩於醢祭于豆間三又取黍稷肺祭如初俱藉以茅退復位次引初獻再詣盥洗位宮架

卷一萬七千六十三　七一

正安之樂作初獻升降行止皆作正安之樂北向立搢笏盥手帨手執笏升殿樂止登歌樂作詣僖祖室酌尊所西向立樂止登歌基命之樂作宣祖室天元之樂太祖室皇武之樂太宗室大定之樂真宗室熙文之樂仁宗室美成之樂英宗室治隆之樂神宗室大明之樂哲宗室重光之樂徽宗室承元之樂欽宗室端慶之樂別廟懿節皇后歆安之樂執事者以爵授初獻初獻搢笏跪執爵執尊者舉冪太官令搢笏跪酌犧尊之醴齊訖先詣宣祖室酌尊所北向立初獻以爵授執事者執笏興入詣僖祖室北向立搢笏跪執爵三祭酒于茅苴奠爵執笏俛伏興出戶外少立次太祝東向搢笏跪讀祝文訖執笏興先詣宣祖室東向立初獻再拜次詣諸室行禮並如上儀太官令復詣僖祖室酌尊所引太祝復位初獻將降階登歌樂作降階樂止宮架樂作復位樂止次引亞獻詣盥洗位北向立搢笏盥手帨手執笏詣爵洗位北向立搢笏洗爵拭爵訖以爵授執事者執笏升殿詣僖祖室酌尊所西向立宮架作文安之樂孝熙昭德之舞執事者以爵受亞獻亞獻搢笏跪執爵執尊者舉冪太官令搢笏跪酌象尊之盎齊訖執笏興先詣亞祖室酌尊所北向立亞獻以爵授執事者執笏興入尊爵執笏俛伏興搢笏跪執事者以爵授亞獻亞獻執爵三祭酒于茅苴

禮七之九

尊爵執笏俛伏興出戶外再拜訖次詣諸室行禮並如上儀訖樂止降復位文舞退武舞進宮架正安之樂作舞者立定樂止次引終獻詣洗及升殿行禮並如亞獻之儀惟宮架作武安之樂禮洽儲祥之舞降復位次引宮太祝徹籩豆籩豆各一俱少移故處登歌恭安之樂作卒徹樂止次引宮闈令束茅訖俱復位直官曰賜胙贊者承傳曰賜胙再拜在位官皆再拜訖送神宮架興安之樂作一成止祠祭官於殿上贊奉神主入祏室次引薦香燈官搢笏奉帝主入祏室執笏退復位次引宮闈令奉后主入祏室並如上儀訖退復位祠祭官於殿上贊奉神主入祏室訖次引初獻兵部工部尚書亞獻終獻詣殿下望瘞位立定有司取幣帛束茅置於坎次引監察御史太常卿丞奉禮郎協律郎太祝就望瘞位禮直官曰可瘞寘土半坎太廟宮闈令監視次引初獻已下詣東神門外揖位立定禮直官贊禮畢揖訖退御史臺閤門太常寺分引文武百僚以次退太官令帥其屬徹禮饌次引監察御史詣殿上監視收徹訖還齋所宮闈令闔戶訖以降太常藏祝版于匱次光祿卿以胙奉進監察御史就位展視光祿卿望闕再拜乃退

顯仁皇后祔廟　紹興二十九年十月七日禮部太常寺言今參酌討論

卷一萬七千六十三　八一

到將來大行皇太后掩攢宮畢神主祔廟依故事合用虞主一神主一大匱二小匱二腰輿二汲水鐵絡桶二索全褥香案二紫羅衣子全白羅拭巾一長八尺筆硯墨二副青羅巾二各長八尺行障二紫羅衣全襯藉神主虞主紫羅褥子二浴斛二趺座二褥子全直几二衣子全油絹帕二條各三幅單匱紅羅夾帕二乞令工部下文思院修製詔依　十九日禮部太常寺言將來大行皇太后靈駕發引至掩攢宮畢虞主回迎神主祔廟先行祔謁之禮今參酌下項　一依禮經大行皇太后今升祔於徽宗皇帝室顯肅皇后之次　一依禮例祔廟日先行祔謁太廟之禮至日俟題神主畢合詣英宗室東壁西向祔祖姑之下緣即今太廟殿室比之在京不同難以於英宗室前設位今參酌比附欲權宜移班於室外之東依儀西向設幄詣大行皇太后神主前行禮詔依　十一月十一日禮部太常寺言將來掩攢宮畢虞主回俟虞祭畢所有奉迎虞主并神主祔廟欲乞令太史局於十二月上旬擇日如係十二月初四日掩攢即於中旬擇日詔依二十五日太史局申選到祔廟日宜用十二月十四日甲子時宜用其日丁時吉　十三日禮部太常寺言將來迎奉神主祔廟依故事參酌下項　一奉迎虞主並禮主祔廟依禮例合差禮儀使一員係差宰臣　一

禮七之一〇

奉迎虞主並神主祔廟依禮例合差都大主管官一員係差內侍省官充
詔依　十八日禮部太常寺言將來迎奉神主祔廟合行事件下項　一
依禮例祔廟前二日合奏告天地宗廟社稷宮觀所有合差奏告官奏禮
部等官並合排辦事件乞依自來奏告禮例申請及關所屬差官排辦
一祔廟日依故事前一日皇帝齋於內殿有司不奏刑殺文書是日常朝
齋于本廳陪位百官齋于本司其無本司官齋于貢院扈從齋于本營廳
事及致齋日治事如故唯不判書刑殺文書　一神主祔廟日乞依禮例
皇帝不視事祔廟行禮畢文武百僚詣文德殿進名奉慰次進名賀皇后
仍乞祔廟日並次日百司作休務假　一乞依禮例行事執事官前十日
受誓戒於尚書省前三日致齋其合用禮料酒齊等乞令太常寺依例牒
臨安府排辦　一祔廟合行饗太廟別廟禮合差薦香燈燭祖宮係太常
寺申吏部差官　一奉迎虞主並神主祔廟合差宮闈令及合差內常侍
內謁者並於侍次侍捧腰輿內侍乞令入內內侍省差官　一祔廟欲乞
依國朝故事令行在應南班宗室赴殿導從皇帝行奉辭虞主禮畢還
內自麗正門外騎導至太廟欞星門外下馬步導至權安奉幄次訖權退
以俟陪位立班　一依故事文武百僚服吉服陪位立班乞下御史臺閤

卷二一萬七千六十三

門申請　一乞依禮例設登歌宮架樂舞所有合用樂舞等乞令太常寺
條具申請排辦　一迎奉虞主詣太廟及神主祔廟依禮例合用本殿儀
衛及執行從物等導引赴太廟乞令都大主管所照會見今攢宮殿從物
等至日導引赴太廟事畢送還本殿　一依禮例真謚冊寶於虞主前陳
列至太廟乞令禮部量人數差撥職掌提轄照管詣太廟依祔廟畢交割
付太廟奉安所收管　一合用祝文一十三首　諸室一十一首並述以顯
仁皇太后神主祔廟先行祔謁之禮畢升祔於徽宗皇帝室諸顯肅皇后
之次安奉之意　顯仁皇太后祝文一首述以顯仁皇太后神主祔謁畢升
祔徽宗皇帝室諸顯肅皇后之次安奉之意　徽宗皇帝室祝文一首述以顯
仁皇太后神主祔謁升祔徽宗皇帝室之意　御封降真香乞令太常寺具
合用數請降白幣一十三段　一祔廟日太廟南神門外稍西東向合設
權安奉虞主神主幄次乞下儀鸞司臨安府計設排辦　一題神主就
合用漆匠一名并所用漆乞下文思院差撥　一祔廟依禮例合差衛儀
僧道各一百人并合差儀衛常官執從官及合用執打從物繖扇等並乞
令都大主管所指揮行下臨安府并所屬量人數排辦　一合用羊豕
各一十三口並副羊豕各四口　一依國朝故事用太常鼓吹左右金吾

仗自大內振作導引至太廟所有合用顯仁皇太后神主祔廟欲依宣
故事並近來安禮例用細仗二百人令步軍司依例差撥其故次乞令太常
寺比附儀仗人數條具差撥　一祔廟日真別廟如常儀行禮外所有祔
謁並祔饗條具儀注乞從太常寺修定關報所屬施行　二十二日禮部
太常寺言將來行虞祭畢奉迎神主祔廟行奠神禮於宮前奏請行
奉辭之禮今參酌條具到合行事件　一行奠神禮並依禮例前期奏香
遞趾合上香炭火乞令祔廟都大主管諸司排辦幄次御幄設黃羅
緋褥合請祭器　一迎奉辭虞主合用御封降真香並行禮合差儀
廉侍香內侍　一行奠神禮並奉辭虞主合差前太常卿一員贊引太
常卿太常博士一員乞依例輪差本寺官詔依　二十七日禮部太常寺
言將來神主祔廟行饗太廟別廟禮合差初獻亞獻終獻並所部尚書
監察御史兵部尚書工部尚書禮部太常卿光祿卿押樂太常丞光祿丞
奉禮郎登歌協律郎宮架協律郎太祝太官令各一員內刑部尚書止赴
受誓戒即不合致齋行事並乞朝廷降敕差官施行詔依　二十八日禮
部太常寺言將來神主祔廟依故事用鼓吹儀仗並登歌宮架樂舞合照
具下項　一鼓吹詞章合用道宮導引一曲欲乞令太常寺具腔譜申學

卷二一萬七千六十三

士院修撰降下本寺教習　一今來現差發引祗應合破與史引
樂官鼓色等兼祗應人鼓小鼓金鉦等欲乞就用上件人數教習祗
應　一合用樂舞樂曲用時樂係舞樂曲名所有添撰顯仁皇太后神主
祔廟樂章一曲乞令學士院修撰降下本寺選請教習　一合用節奏樂
正登歌宮架舞師欲依時饗例內樂正並登歌樂工并合用十日赴尚書
省受誓戒所有合用登歌宮架大樂就本寺見管數內揀選使用欲於前
遠隸前期教習十日詔依　十二月二日禮部太常寺言十一月十四日
神主祔廟合前二日奏告天地宗廟社稷宮觀合差奏告官並係於十二
月十一日絕早赴逐處致齋至十二日行禮畢逐處依條在宮內差宮內
太廟於南班宗室內差官詔依　四日禮部太常寺言十二月十四日神
主祔廟十二月十三日皇帝齋於內殿係已是日皇帝不視事詔依　八
日御史臺閤門言迎奉神主祔廟日文臣乞用應奉務官權務通直郎已
上見行在見任寺監主簿承務郎已上職事官武臣乞用保義郎已上并
三衙員僚已上赴起居陪位立班詔依神主祔廟導引詞道宮遲虞長樂摘
是聽實天何事寢龍驂蕭笳儀衛簇宮闈故殿入雲煙於皇濟廟歌華旌
路樸謹承先千秋嘗禴永饗中興年　皇帝行奠神禮再拜奉辭儀

其日儀仗鼓吹鹵簿儀衛等於麗正門外排立定禮直官太常博士引太常卿於幄前立定皇帝自內服靴袍至慈寧殿歸御幄簾降禮直官太常博士引太常卿當幄前俛伏跪奏稱太常卿臣某言請皇帝行奉神奉辭之禮奏訖俛伏興退復位簾捲前導官前導皇帝出幄詣慈寧殿下褥位西向立侯內侍取爵酹于後以巾覆虞主訖奏請拜皇帝再拜訖前導官前導皇帝升殿詣顯仁皇太后虞主香案前奏請上香再上香三上香又奏請拜皇帝再拜訖前導官前導皇帝詣南宮門外御幄簾降禮直官太常博士引太常卿於幄前立定次禁官舉腰輿詣慈寧殿下置定禮直官引內謁者詣虞主前俛伏跪奏稱內謁者臣某言請顯仁皇太后虞主降座升輿進行奏訖俛伏興退內侍啓匣巾以覆虞主訖捧升腰輿扶侍內侍捧腰輿詣殿下內侍捧虞主升腰輿奏訖禁官舉腰輿進行侍衛虞主將至南宮門簾捲前導官前導皇帝導虞主進行至麗正門外前導官前導皇帝詣褥位西向立內謁者詣虞主前俛伏跪奏內謁者臣某言請虞主少駐奏訖俛伏興退禁官置虞主腰輿定扶侍衛侍尊官已下攔退俟有司陳香案等畢前導官前導皇帝詣虞主香案前北向立奏請拜皇帝再拜訖又奏請皇帝上香再上香三上香又奏請拜皇帝再拜訖前導官

前導皇帝歸御幄簾降禮直官太常博士引太常卿當幄前俛伏跪奏稱太常卿臣某言禮畢奏訖俛伏興前導官前導皇帝還內禁官舉虞主腰輿進行禮儀使都大主管官從從皇帝乘輦還內　如常儀

神主祔廟儀　齋戒　前饗十日受誓戒於尚書省如常饗受誓戒之儀　祔饗前一日　其日[illegible][illegible]饌並與常饗儀同　點饌畢太廟奉安所捧神主腰輿詣廟南神門外幄次並設浴解案巾香等物於幄內　[illegible][illegible]饗日其日有司奉迎虞主詣太廟南神門外[illegible]俟[illegible]主管官從從至幄次權安奉訖禮儀使都大主管官權退歸幕次俟[illegible]先退儀仗禁衛更至排立祠祭官引宮闈令詣殿下再拜訖開室整拂神幄次引薦香燈官入詣殿下北向再拜訖升殿詣室[illegible]定有司[illegible]設禮料官令監視訖退次引光祿卿詣殿下褥位再拜訖升殿點閱饌具次引監祭御史升殿按視訖俱還齋所並服祭服祔饗時刻至禮直官引禮儀使詣神主幄前稍南北向立次禮直官引都大主管官詣禮儀使之東北向立以俟次引內謁者入幄搢笏捧顯仁皇后神主詣浴解[illegible]浴訖置于案執笏興退次引題神主官詣幄前西向盥洗位搢笏盥手帨手訖執笏入幄詣顯仁皇后神主案前搢笏跪題神主訖執笏興退有司撤之次引內謁者詣神主

案前搢笏捧神主置於腰輿以青羅巾覆之執笏退次引扶侍內侍官捧腰輿官捧神主腰輿次於虞主腰輿訖次引禮儀使詣虞主前俛伏跪奏稱禮儀使具官臣某言請顯仁皇后神靈上神主奏訖俛伏興退復位次太廟奉安所捧遷虞主詣本廟册寶殿權安奉次御史臺閤門太常寺分引宰執使相文武百僚入詣殿庭分東西相向立北上禮直官贊者分引祔饗行事官詣東神門外揖位立定禮直官贊揖訖俱入就位立定祠祭官於殿上贊奉神主次引薦香燈官入室搢笏奉帝主啓匱奉後以白羅巾覆之執笏退歸執事位次引宮闈令搢笏奉后主如上儀以青羅巾覆之執笏退歸執事位祠祭官於殿上贊奉神主訖俟太史局報時及禮直官引內常侍詣顯仁皇后神主幄前西向跪奏稱內常侍臣某言請顯仁皇后神主進行奏訖俛伏興次詣神主腰輿前取巾以覆匱覆訖次贊者引扶侍內侍捧腰輿內侍詣幄捧腰輿進行內常侍前導禮直郎引禮儀使都大主管官後從入南神正門詣泰階下北向褥衛退御史臺閤門太常寺分引宰執使相引武百僚合班北向立定次引內常侍詣殿下褥位南向俛伏跪奏稱內常侍臣某言請顯仁皇后神主少駐伏興少退立禮直官引都大主管官先退次引禮直官引禮儀使升自東階詣殿上當

中褥位北向俛伏跪奏稱禮儀使具官臣某言請顯仁皇后神主升詣奏訖俛伏興退歸本班次引宮闈令詣殿下神主腰輿前搢笏捧神主升自泰階詣殿上當中褥位北向跪權設於座訖捧腰輿內侍捧腰輿并扶侍內侍官退宮闈令啓匱以匱置於座後以青羅巾覆之宮闈令執笏興北立俟禮儀使詣室訖宮闈令再搢笏跪捧顯仁皇后神主興詣祔饗位置于座執事者捧神匱設於座後宮闈令執笏退歸執事位禮直官贊有司謹具請行事贊者曰拜在位官皆再拜訖次引監祭御史奉禮郎太祝太官令升殿各就位立定次引押樂太常卿並協律郎詣樂架立定次引初獻詣盥洗位北向立搢笏盥手帨手執笏詣爵洗位北向立搢笏洗爵拭爵訖以爵授執事者執笏升殿詣僖祖室尊彝所西向立執事者以爵授初獻初獻搢笏跪執爵執事者舉冪太官令搢笏跪酌鬱鬯訖執笏興先詣[illegible]祖室尊彝所北向立初獻以爵授執事者初獻執笏升入詣僖祖室北向立搢笏跪次奉禮郎搢笏西向跪執事者以爵授奉禮郎奉禮郎搢笏授初獻初獻執爵以[illegible]祼地奠爵次執事者以幣授奉禮郎奉禮郎奉幣以授初獻訖執笏興先詣翼祖室前西向立初獻奠幣訖執笏俛伏興出戶外再拜訖次詣翼祖室宣祖室太祖室真宗室仁宗室英宗室徽宗室顯仁皇

后祔謁神主位神宗室哲宗室徽宗室次降階詣別廟懿節皇后神主前祼鬯奠幣並如上儀訖俱復位宮架興安之樂作孝熙昭德之舞九成止既晨祼薦香燈官取毛血薦於神座前太官令取肝以鸞刀制之洗於鬱鬯貫之以膋燎於爐炭薦香燈官以肝膋詣於神座又以隋祭之祭于茅苴退復位顯仁皇后神主前太祝行事 饋食 饗日有司設俎二十六于神厨各在鑊右進饌官詣厨於鑊實羊載于俎肩臂臑肫胳正脊一直脊一橫脊一長脅一短脅一代脅一皆二骨以並 豕載于俎亦如之十一體其載如羊 執事者入設於饌幔內俟初獻既升晨祼奉俎官及執事者奉俎入詣西階下於左右次引兵部尚書工部尚書詣西階下各搢笏奉俎升殿詣僖祖室前宮架作豐安之樂北向跪奠訖先薦羊次薦豕訖笏俛伏興有司設置于位前次詣諸室及別廟奉俎並如上儀樂止俱降復位初奠俎訖次引薦香燈官取蕭合黍稷擩於脂燎於爐炭當饋熟之時薦香燈官取菹擩於醢祭于豆間三又取黍稷肺祭如初俱藉以茅退復位次引初獻再詣盥洗位正安之樂作初獻升降之止皆作正安之樂北向立搢笏盥手帨手執笏詣爵洗位北向立搢笏洗爵拭爵以爵授執事者執笏升殿詣僖祖室酌尊所西向基命之樂作翼祖室大順之樂宣祖室

天元之樂太祖室皇武之樂太宗室大定之樂真宗室熙文之樂仁宗室美成之樂英宗室治隆之樂顯仁皇后神主承元之樂神宗室大明之樂哲宗室重光之樂徽宗室承元之樂懿節皇后歆安之樂 搢笏跪執事者以受初獻獻搢笏跪執爵執尊者舉冪太官令搢笏跪酌酒訖執笏興先詣翼祖室酌尊所北向立初獻以爵授執事者執笏興入詣僖祖室北向立搢笏跪執爵三祭酒于茅苴奠爵執笏俛伏興出戶外少立次太祝東向執笏跪讀祝文訖執笏興先詣翼祖室東向立初獻再拜訖次詣諸室行禮並如上儀訖俱復位立樂止次引亞獻詣盥洗位北向立搢笏盥手帨手執笏詣爵洗位北向立搢笏洗爵拭爵訖以爵授執事者執笏升殿詣僖祖室酌尊所西向立文安之樂作執事者以爵授亞獻亞獻搢笏跪執爵執尊者舉冪太官令搢笏跪酌酒訖執笏興先詣翼祖室酌尊所北向立亞獻以爵授執事者執笏興入詣僖祖室北向立搢笏跪執事者以爵授亞獻亞獻執爵三祭酒于茅苴奠爵執笏俛伏興出戶外再拜訖次詣諸室行禮並如上儀訖樂止降復位文舞退武舞進宮架正安之樂作舞者立定樂止次引終獻詣洗及升殿作樂行禮並如亞獻之儀降復位次引太祝徹籩豆籩豆各一俱少移故處 恭安之樂作卒徹樂止次引宮

闔令束茅訖俱復位禮直官曰賜胙贊者曰賜胙再拜在位官皆再拜訖送神興安之樂作一成止祠祭官於殿上贊奉神主入祏室次引薦香燈官搢笏奉帝主入祏室執笏退復位次引宮闈令奉后主入祏室並如上儀訖退復位 初贊奉神主入室引內常侍詣顯仁皇后神主前俛伏跪奏稱攝內常侍臣某言請顯仁皇后神主升祔於徽宗皇帝室昭慈皇后之次安奉奏訖俛伏興次宮闈令奉顯仁皇后神主詣徽宗皇帝室入祏室訖退次引都大主管官往來照節 祠祭官於殿上贊奉神主入祏室訖次引初獻以下詣殿下望瘞位立定有司取幣束茅置坎禮直官曰可瘞寘土半坎本廟宮闈令監視次引初獻已下詣東神門外揖位立定禮直官贊禮畢揖訖退御史臺閤門太常寺分引文武百僚以次退太官令帥其屬徹禮饌次引監察御史詣殿上復位監視收徹訖還齋所宮闈令闔戶以降乃退太常藏祝版於夾室次光祿卿以胙奉進監察御史就位展視光祿卿望闕再拜乃退

懿節皇后祔廟 紹興十二年五月六日權禮部侍郎施坰言勘會近討論大行皇后依故事釋服後至祔廟前遇朔望不視事百僚進名奉慰至祔廟畢仍舊契勘國朝國喪故事發引揜皇堂埋重畢立虞行九虞祭畢

擇日神主祔廟并檢照孝明皇后故事乾德元年十二月七日崩次年三月二十八日發引四月九日揜皇堂彰穆皇后故事景德四年四月十五日崩六月八日發引二十一日揜皇堂各係兩月餘日所有今來大行皇后祔廟欲參酌二后之喪於今年七月以後擇日埋重立虞行九虞祭畢迎神主祔廟庶幾有合禮經卒哭祔廟之意非惟神靈早獲妥安以饗祠奉亦不至久妨朔望視事兼比之孝明彰穆祔廟月日適為得中竊謂允當詔依 六月十八日權禮部侍郎施坰等言已降指揮今來大行皇后祔廟合用日辰尋關太史局選定宜用七月六日丁酉時宜用當日乙時並吉詔依 十九日禮部太常寺言今參酌條具到合行事件 一契勘几筵殿收奉大行皇后謚冊寶俟將來神主祔廟依禮例合於虞主前陳列至太廟今欲乞令几筵殿官於祔廟前一日管押赴權安奉虞主處至日隨從至太廟交割收管所有合差職掌援衛下禮部量人數差 一祔廟日於虞主前奏請神靈上神主訖其虞主依故事合於本室後瘞埋今來別廟係行在權行奉安照顯肅皇后虞主見在本廟權行收奉今欲乞於本廟冊寶殿權收奉俟將來迎太廟別廟回京日依故事施行 一今來祔饗太廟並別廟行饗禮依故事行事官服祭服陪臣服常服服所

旨令用蒸次什物等乞下鸞儀司同臨安府排辦若至日雨降濕潤其太
廟行事官於東神門上宰執使相於南神門上立班所有别廟行事官於
過廊上立班及乞令御史臺閤門相度申請　一行事執事官合前十日
受誓戒於尚書省内除三獻官依禮例申請降勑差官外其餘行事執事
官乞依禮例申閤所屬差官　一祔廟前二日依禮例奏告天地宗廟社
稷宫觀今欲乞依自來奏告禮例關報所屬排辦施行　一合用御封降
真香乞關具合用數報入内内侍省取降　一合用祝文一十二首進述
以大行皇后神主祔廟之意 合用白幣一十二段　一合用禮料並行事
官等致齋幕次什物應合排辦事件並乞依常饗禮例牒報所屬排辦詔
依　二十一日禮部太常寺言令參酌條具到合行事件　一今來神主
祔廟日依禮例皇帝不視事俟祔廟禮畢文武百僚詣常御史殿門外進
名奏慰百司各作休務假一日　一題重立虞主並神主祔廟合差禮儀
使一員依禮例差宰臣都大主管官一員係差入内内侍省官題神主官
一員係差翰林學士並乞降勑差官　一合修製虞主神主并趺座青羅
巾並浴斛題神主筆墨硯及行障沿室法物等並行祔饗禮腊神主製綃
襻一箇並乞下工部指揮文思院修製内虞主并合太常寺權行收奉神

卷一萬七千六十三　十五

主於太廟奉安所權行收奉以俟祔廟畢題詔依　二十三日禮部太常
寺言將來大行皇后神主祔廟日先行祔謁太廟之禮至日俟題大行皇
后神主畢依禮合於神宗室東壁西向祔祖姑之下緣即今太廟殿室比
之在京宗狹奏請難以於神宗室前設位今參酌欲權宜趲那於室之東
夾室稍南西向設大行皇后神主所有鋪設祭器行禮並無妨礙詔依
二十四日禮部太常寺言今參酌條具到合行事件　一今來虞主回日
並神主祔廟日依禮例迎奉虞主升厭翟車用儀仗導引緣今來儀仗未
備依禮例止用常日儀衛執行從物等並行引所有厭翟車乞令都大主管
官報所屬關借昨已造大行皇后攢宮充轝用鑾官擎擡　一合差威儀
備道各一百人下臨安府差莊儀衛禁從官官並令用執打從物繖扇
等並令都大主管官指揮所屬量人數差内繖扇從物等關借令凡從
駁繖扇從物等供使　一今來立虞主並神主祔廟合差扶侍夾侍内謁
者内常侍等官具合差數報入内内侍省差詔依　二十七日禮部太
常寺言已降指揮用七月六日大行皇后神主祔廟依禮例合前二日奏
告天地合差奏告官一員並乞降勑差宰執宗廟合差奏告官一員並乞降
勑差侍從室太社太稷天慶觀報恩光孝觀各合差奏告官一員並乞降

勑差侍從詔依　七月一日祔廟都大主管官所言契勘今來懿節皇后
理重立虞及神主祔廟家差儀衛下項迎重日合服本色服係用皂武黄
帶子虞並神主祔廟日並合服吉服衣帶共合用衣帶骨朶等令所屬排
辦儀衛六百一十八人前引四十八人殿前指揮使三十二人快行親從
一十六人中道編排禁衛行子一十人禁衛圍子三重第一重崇政殿親
從一百三十八人第二重御龍直長行人員一百四十八人第三重親兵使臣
人員一百五十人内殿直散員散指揮散都頭散祗候金槍銀槍散直輦
官一百六十四人借道各一百人詔依　五日閤門言契勘今月六日懿
節皇后虞主祔廟畢所有七日作例合作歇泊假詔依
神主祔廟儀　祔饗前一日其祔日祔饗並别廟行事執事官並服常服
赴太廟奉安所齋坊幕次俟行事執事官齊足詣初獻廳下對揖訖升階
以次就坐點茶畢請執笏立俟太祝習讀祝文訖以次就坐點湯畢禮直
官贊揖皆分引行事執事官詣東神門外省牲位立定禮直官贊揖訖次引
監察御史升殿詣諸室前北向視滌濯執事者皆舉冪曰潔降復位禮直
官曰告潔畢請省牲次引太祝光祿丞省牲訖退復位禮直官曰省牲畢
請詣省饌位揖訖禮直官贊者分引行事執事官詣省饌位立定禮直官

卷七萬七千六十三　十六

贊揖訖所司省饌俱畢禮直官贊者俟畢揖訖退光祿臣太祝以次牽牲
詣廚授太官令次引監察御史詣廚省鼎鑊視滌溉訖退還齋所晡後太
官令帥宰人以鸞刀割牲祝史以豆取毛血各置於饌所遂烹牲晡後宮
闈令帥其屬掃除廟之内外訖還齋所　晨祼　饗日有司奉迎虞主詣
太廟南神門外禮儀使都大主管官俟從至幄次權安奉訖禮儀使都大
主管官權退歸幕次儐道先退禁衛更互排立宮闈令詣殿下再拜訖闢
室啓神幄有司實設禮料大官令監視訖退次引光祿卿詣殿下揖位
再拜訖升殿點閱畢次引監察御史升殿按視訖俱還齋所並服祭服祔
饗時將至禮直官引禮儀使詣神主幄前稍南北向立次禮直官引都大
主管官詣禮儀使之東北向立少却次引内謁者入幄搢笏捧懿節皇后
神主詣浴斛跪浴拭訖置于案執笏興退次引題神主官詣幄前盥洗立
西向搢笏盥手帨手訖執笏入幄詣懿節皇后神主案前搢笏跪題神主
訖執笏興退有司滌之次引内謁者詣神主案前搢笏捧神主置於幄輿
以青羅巾覆之執笏退次引扶侍夾侍官捧腰輿官捧腰輿腰輿次於虞
主腰輿訖次引禮儀使詣虞主前俛伏跪奏稱禮儀使具官臣某言請懿
節皇后神靈上神主座訖俛伏興退復位立俟題神主將畢先引蓋繖

官入詣殿下北向再拜訖升殿次御史閤門太常寺分引宰執使相百僚入詣殿庭分東西相向立北上禮直官贊者分引祔饗行事官詣東神門外揖位立定禮直官贊揖訖俱入就位立定祠祭官於殿上贊奏神主次引薦香燈官入室搢笏奉帝主匱於後以青羅巾覆之訖搢笏退歸執事位次引宮闈令奉后主如上儀以青巾覆之訖搢笏退歸執事位祠祭官於殿上贊奏神主訖太史局報時及禮直官引內常侍請懿節皇后神主幄前西向俛伏跪奏稱攝內常侍臣某言請懿節皇后神主降行奏訖俛伏興次請神主腰輿前取巾以匱覆訖次贊者引校侍史侍捧腰輿內侍捧腰輿進行內常侍前導禮直官引禮儀使御史大夫主管官後從入南神正門詣泰階下北向禁衛退御史臺閤門太常寺分引宰執使相文武百僚合班北向立定次引內常侍詣殿下褥位東向俛伏跪奏稱攝內常侍臣某言請懿節皇后神主少駐伏興少退立禮直官引都大主管官先退次禮直官引禮儀使升自泰階詣殿上當中褥位北向俛伏跪奏稱禮儀使具官臣某言請節皇后神主祔謁奏訖伏興退歸本位次引宮闈令詣殿下神主腰輿前搢笏捧神主由泰階殿上當中褥位北向權設于座訖捧腰輿內侍捧腰輿并扶侍宮侍官權退宮闈令奉懿節皇后神

卷一萬七千六十二　禮之一

匱設于後以青羅巾覆之宮闈令執笏興少立俟祔謁訖宮闈令再執笏跪捧懿節皇后神主興詣祔饗褥位置于座執事者捧神匱設于座後宮闈令執笏退歸執事位禮直官贊有司謹具請行事贊者曰拜在位官皆再拜訖次引監察御史奉禮郎太祝太官令各升殿就位立定次禮直官引初獻詣盥洗位北向立搢笏盥手帨手執笏詣爵洗位北向立搢笏洗瓚拭瓚訖以瓚授執事者執笏升殿詣僖祖室尊彝所西向北執事者以瓚授初獻初獻搢笏跪執瓚執尊者舉冪太官令搢笏跪酌鬱鬯訖執笏興先詣翼祖室尊彝所北向立搢笏跪次奉禮郎搢笏西向跪執事者以瓚授奉禮郎奉禮郎奉瓚授初獻初獻執瓚以鬯祼地奠瓚次執事者以幣授奉禮郎奉禮郎奉幣以授初獻初獻訖執笏興先詣翼祖室前西向立初獻受幣奠訖執笏俛伏興再拜訖次詣翼祖室次詣宣祖室次詣太祖室次詣太宗室次詣真宗室次詣仁宗室次詣英宗室次詣神宗室次詣哲宗室次詣徽宗室次詣懿節皇后神主前祼鬯奠幣並如上儀訖俱復位興安之樂九成止既晨祼薦香燈官毛血奠於神座前太官令取肝以鸞刀制之洗於鬱鬯燔之以肝燎於爐炭薦香燈官以肝膋詣俎神座之以膋祭三祭于茅苴退復位懿節皇后神主前太祝行事　饋食　據口

有司設祝二十四于神廚各於饌右視饌者詣廚於鑊實羊載十俎所廚牖脫胳正脊一直脊一橫脊一短脅一代脅一皆二骨以並豕載下俎豕亦十一體其載如羊執事者入設於饌幔內俟初獻既祼捧俎官及執事者捧俎入詣西階下次引兵部尚書工部尚書詣西階下各搢笏奉俎升殿詣僖祖室前北向跪進訖先薦羊次薦豕執笏俛伏興有司次設於位前次諸室奉俎並如上儀俱降階復位初奠俎訖次引薦香燈官取蕭合黍稷擩於脂燔於爐炭當饋熟之時薦香燈官取蕭擩於醢祭於豆間三又取黍稷肺祭如初俱藉以茅退復位次引初獻再詣盥洗位正安之樂作初獻升降行止皆作正安之樂北向立搢笏盥手帨手執笏詣爵洗位北向立搢笏洗爵拭爵訖以爵授執事者執笏升殿詣僖祖室酌尊所西向基命之樂作翼祖室大[illegible]之樂宣祖室[illegible]之樂太祖室皇武之樂太宗室大定之樂真宗室熙文之樂仁宗室美成之樂英宗室治隆之樂神宗室大明之樂哲宗室重光之樂徽宗室承[illegible]之樂懿節皇后[illegible]安之樂搢笏跪執事者以爵授初獻初獻執爵執尊者舉冪太官令執笏興酌酒訖執笏興先詣翼祖室酌尊所北向立初獻以爵授執事者執笏興詣僖祖室北向立搢笏跪執爵三祭酒於茅苴奠爵執笏俛伏興

卷一萬七千六十二　十八

少立次太祝東向搢笏跪讀祝文訖執笏興先詣翼祖室東向立初獻再拜訖次詣諸室行禮並如上儀訖俱復位樂止次引亞獻詣盥洗北向立搢笏盥手帨手執笏詣爵洗位北向立搢笏洗爵拭爵訖以爵授執事者執笏升殿詣僖祖室酌尊所西向立文安之樂作執事者以爵授亞獻亞獻搢笏跪執爵執尊者舉冪太官令搢笏跪酌酒訖執笏興先詣翼祖室酌尊所北向立亞獻以爵授執事者執笏興詣僖祖室前北向立搢笏跪執事者以爵授亞獻亞獻執爵三祭酒于茅苴奠爵執笏俛伏興再拜訖次詣諸室行禮並如上儀訖樂止降復位次引終獻詣洗升殿作樂行禮並如亞獻之儀降復位次引太祝徹籩豆籩豆各一少移故處豐安之樂作卒徹樂止次引宮闈令東幕訖俱復位禮直官曰賜胙贊者曰賜胙再拜在位官皆再拜訖送神樂作一成止祠祭官於殿上贊奉神主入室次引薦香燈官搢笏奉帝主入室訖搢笏退復位次引宮闈令奉后主入室並如上儀訖退復位初[illegible]神主入室引內常侍詣懿節皇后神主幄前俛伏跪奏稱攝內常侍臣某言請懿節皇后神主降座乘輿赴別廟奉訖俛伏興禮直官引宮闈令詣懿節皇后神主前搢笏奉神主置於輿內常侍[illegible]前導捧腰輿由廟內常侍引別廟殿下北向少駐內常侍跪

腰輿前俛伏，興，奏稱攝門下侍臣某言，請懿節皇后神主降輿升殿。奏訖，俛伏，興，退。次引宮闈令捧懿節皇后神主升殿安奉訖，內常侍以下再拜訖，退歸幕次。次引都大主管官、往來照管祠祭官於殿上贊奉神主訖，次引初獻以下詣殿下望瘞位立定，有司取幣束茅置於坎，禮直官曰可瘞，瘞土半坎，本廟宮闈令監視。次引初獻以下詣東神門外揖位立定，禮直官贊禮畢，揖訖退。御史臺、太常寺、閤門分引百僚以次退。太官令帥其屬徹禮饌。次引監察御史詣殿上視位監視收徹訖，還齋所。宮闈令合戶以降。太常藏祝版於匱。次別廟行祭禮如常饗之儀。訖退。

紹興十三年

二十一日，禮部、太常寺言：將來奉上徽宗皇帝徽號，參酌典禮凡七事：其一，禮例奉上祖宗徽號冊寶前一日，皇帝服通天冠，御文德殿奉冊寶拜訖，次發冊寶，詣本室奉上禮畢，群臣拜表稱賀。　其二，禮例奉上冊寶畢，次日車駕詣太廟行朝饗之禮。今來年正月十一日孟春薦太廟，乞至日詣太廟行朝饗，乞於十日奉上徽號冊寶，九日皇帝服通天冠，御殿奉冊寶拜授。　其三，禮例發冊寶并奉上冊寶日，應冊寶下官並服朝服，車駕詣太廟行朝饗禮，行事執事官並服祭服，所有扈從陪位官乞依大禮例，令侍從、臺諫、武臣正任以上服朝服，餘官權止常服陪位。　其四，來年正月十一日孟春薦饗，車駕詣太廟行朝饗禮，合儀衛玉輅、備黃麾儀仗，緣今來玉輅儀仗已備，欲乞令有司預先排備。　其五，太廟行朝饗禮合用竹冊，並述以為奉上徽宗皇帝徽號畢就孟春薦饗日行朝饗之禮，乞下學士院預先修撰書寫，進書訖，降付尚書禮部修冊一副，乞令文思院修置。　其六，車駕詣太廟行朝饗禮，係儀合用登歌宮架樂舞，乞令太常寺申請。　其七，將來太廟行饗禮係儀合用牛羊豕肉，申檟下兩浙轉運司、平江府、臨安府收買。並依。

第一百十三卷　吉禮百十三　加上徽宗皇帝謚號册寶二

中興禮書

加上徽宗皇帝謚號册寶奏告太廟奏請徽號儀　其日早陪位文武百
僚赴太廟門外下馬詣幕次各服常服俟有司設權置徽號議文匣案褥
位於殿西階下次贊設禮料畢次引光祿卿點閱畢御史臺太常寺閤門
分引文武百僚入就位次引奉禮郎太祝太官令詣陪位班前褥位次引
讀徽號議文官詣議文案之後褥位立次禮直官引奉上册寶使詣殿下
西向褥位立定祠祭官於殿上贊奉神主次宮闈令搢笏奉祖宗帝后神
主於几後啓匱設于座以巾覆之執笏退復位祠祭官又贊奉神主訖禮
直官贊奉上册寶使躬贊者曰拜在位官皆再拜訖先引奉禮郎太祝太
官令升殿各就位立次禮直官引奉上册寶使詣盥洗位北向搢笏盥手
帨手執笏詣爵洗位搢笏洗爵拭爵執笏升殿詣僖祖室酒尊所搢笏跪
執爵太官令搢笏跪酌酒訖以爵授執事者執笏興詣僖祖室香案前搢
笏上香再上香三上香跪奉禮郎搢笏跪奉幣奉上册寶使受幣奠幣執
爵三祭酒于茅苴奠爵執笏俛伏興少立太祝搢笏跪讀祝文訖執笏興
先詣翼祖室東向立奉上册寶使再拜訖次詣翼祖室宣祖室太祖室太
宗室真宗室仁宗室英宗室神宗室哲宗室徽宗室行禮並如上儀詣降

西階詣徽號議文案權置位執事者舉議文匣興執事者先捧案詣徽宗
皇帝室前置於褥位訖奉上册寶使搢笏捧議文升殿詣徽宗皇帝室前
跪奠置於案上奉上册寶使執笏興稍南北向褥位立次引讀議文官詣
案後北向立讀議文官搢笏跪讀議文訖執笏興降階復位執事者舉議文
匣與執事者捧案降階置於褥位奉上册寶使從至權置位置定奉上
册寶使復位立定祠祭官於殿上贊奉神主入室宮闈令搢笏捧祖宗帝
后神主入室訖執笏復位祠祭官又贊奉神主入室訖次引奉上册寶使
奉禮郎太祝太官令詣望瘞位北向立定禮直官曰可瘞俟有司瘞幣訖
次引奉上册寶使班退餘官以次退命使發册寶奉上儀　陳設　前二
日儀鸞司帥其屬張設發册寶殿及於殿上當中南向設册寶幄有司設
香案於幄前設御幄於發册寶殿後又設皇帝褥位三一於殿上册寶幄
前北向一於册寶幄之東西向一於殿下當中南向設奏中嚴外辦解嚴
褥位四二於殿下東階之東二於殿上稍東設文武百僚及奉册寶使侍
中中書令已下行事官幕次於殿門外設奉册寶使授册寶褥位於殿下
皇帝褥位之南北向設權置册寶位二於奉册寶使褥位之南（册案寶西）
設奉册寶按位於殿下西階之西設侍中中書令位於其後設舉册舉寶
官又在其後並東向北上設文武百僚位於册寶權置褥位之南東西相
向又設册寶幄於太廟南神門外道西東向　發册寶　其日文武百僚
集於發册寶殿門幕次各服其服（內行禮及前導應奉官郗大主官皆陪
位宰執使相侍從臺諫武臣正任以上並服朝服餘官並服常服）次禮儀
使閤門官太常博士禮直官分立於御幄前次御史臺太常寺閤門分引
文武百僚入就殿下東西相向立定禮直官引奉册寶使侍中中書令舉
册舉寶官詣殿下西階之西東向立俟齋室簾降皇帝服通天冠絳紗袍
禮直官引禮部侍郎奏請中嚴少頃又奏外辦次禮直官太常博士引禮
儀使當幄前俛伏跪奏禮儀使臣某言請皇帝行奉上徽宗皇帝徽號發
册寶之禮奏訖俛伏興簾卷前導官前導皇帝出幄殿中監跪進大圭禮
儀使奏請執大圭皇帝執大圭（殿中監進大圭訖詣殿階東下西向以俟）
禮畢受大圭前導官前導皇帝詣册寶幄東褥位西向立禮儀使奏請再
拜皇帝再拜贊者曰拜在位官皆再拜訖前導官前導皇帝詣册寶幄褥
位北向禮儀使奏請皇帝搢大圭上香再上香三上香訖又奏請執大圭
請再拜皇帝再拜贊者曰拜在位官皆再拜訖前導官前導皇帝還褥位
西向立禮直官引侍中中書令贊者引舉册舉寶官升殿入册寶幄舉册

寶官俱搢笏跪舉册寶興侍中中書令奉册寶進行（册寶升案皆禮部職
掌助舉）前導官前導皇帝後從册寶降自西階至殿下褥位南向立俟册
寶置定侍中中書令舉册舉寶官各詣西階下東向立禮儀使奏請再拜
皇帝再拜贊者曰拜在位官皆再拜訖次贊者引舉册官詣册案之左右
搢笏舉册禮直官引中書令詣册案搢笏奉册詣皇帝褥位前北向中書
令舉册官皆跪奉册禮儀使奏請皇帝搢大圭跪受册訖又奏請執圭圭
興中書令執笏俛伏興退復位舉册官執笏興少立禮直官太常博士引
奉册寶使詣受册寶褥位北向俛伏跪舉册官搢笏跪舉册禮儀使奏請
皇帝搢大圭跪奉册授奉册寶使奉册寶使搢笏受册又奏請執大圭興
奉册寶使執笏俛伏興少退稍東西向立舉册官舉册興詣册權置位定
定執笏興立於册褥位之左右東西相向立次贊者引舉寶官詣寶案之
左右搢笏舉寶禮直官引侍中詣寶案搢笏奉寶詣皇帝褥位奏請執大圭
興侍中執笏俛伏興退復位舉寶官執笏與少立禮直官太常博士引奉
册寶使詣受册寶褥位北向俛伏跪舉寶官搢笏跪舉寶禮儀使奏請皇
帝搢大圭跪奉寶授册寶使奉册寶使搢笏受寶又奏請執大圭興奉
册寶使執笏俛伏興少退稍東西向立舉寶官舉寶詣寶權置位置定執

笏興立於寶褥位之左右東西相向立次引侍中中書令詣册寶位奉册寶舉册寶官搢笏舉册寶興奉册寶使從册寶持節者持節導册寶進行俟出殿正門引禮儀使置皇帝褥位前北向俛伏跪奏禮儀使臣某言禮畢奏訖俛伏興退還位立前導官前導皇帝將至東階奏請釋大圭殿中監跪受大圭前導官前導皇帝升自東階入齋室簾降禮部郎中奏解嚴訖文武百僚前導官以次退次册寶出北宮門奉册寶使已上騎從至太廟櫺星門外下馬步從至太廟南神門外册寶幄安奉訖退應册寶下官退宿於册寶幄之側

奉上册寶　其日文武百僚集於太廟幕次各服其服內行禮官服祭服部大主管官和陪位宰執使相侍從官諫武臣止位以上並服朝服餘官並服常服　俟有司排辦訖御史臺太常寺閤門分引文武百僚入詣殿下並北向立禮直官引侍中中書令贊者引舉册寶官詣册寶幄立定贊者引奉禮郎太祝太官令詣殿下當中北向立以西為上次禮直官太常博士引奉册寶使詣殿下褥位東階之東西向立祠祭官於殿上贊奉神主俟宮闈令奉祖宗帝后神主於坐啓匱於後訖次祠祭官贊奉神主訖禮直官贊有司謹具請行事贊者曰拜在位官皆再拜訖贊者先引奉禮郎太祝太官令各升殿就位立次禮直官引奉册

卷一萬七千五十六

寶使詣盥洗位北向立搢笏盥手帨手執笏詣爵洗位北向立搢笏洗爵拭爵以爵授執事者執笏升殿西階詣僖祖室酒尊所西向立搢笏跪執爵俟太官令搢笏跪酌酒訖以爵授執事者執笏興太官令先詣翼祖室酌尊所北向立引奉册寶使詣僖祖室香案前搢笏上香再上香三上香跪奉禮郎西向搢笏跪奉幣奉册寶使受幣奠幣奉禮郎先詣翼祖室香案東西向立奉册寶使執爵三祭酒於茅苴奠爵執笏俛伏興少立俟太祝東向搢笏跪讀祝文訖執笏興太祝先詣翼祖室香案之西東向立奉册寶使再拜訖次詣翼祖室次詣宣祖室次詣太祖室次詣太宗室次詣真宗室次詣仁宗室次詣英宗室次詣神宗室次詣哲宗室次詣徽宗室行禮並如上儀訖奉册寶使降階復位西向立次贊者引舉册官舉册舉寶官舉寶進行禮部執掌明樂禮直官引侍中中書令前導册寶入自南神正門登歌顯安之樂作至殿西階下東向權置位置定册北寶南樂止次引侍中於寶權置位之後東向立中書令於册權置位之後東向立舉册寶官又在其後立定禮直官贊鞠躬拜贊者曰拜在位官皆再拜訖次禮直官引奏册寶使詣册權置位贊者引舉册官搢笏舉册奉册寶使搢笏奉册升自西階登顯安之樂作至徽宗室前褥位跪奠册樂止俱執笏

第一百五十五卷 吉禮一百五 加上徽宗皇帝諡號册寶 畢親饗太廟一

興舉册官分東西相向少立次引奉册寶使俛伏跪稱奉册寶使臣具言嗣皇帝臣御名謹遣臣等奉上徽號册寶奉訖俛伏興少退北向立舉册官再搢笏跪舉册次引中書令詣册案之前北向搢笏跪讀訖執笏興降階復位舉册官舉册興降自西階奉册寶使從後從至權置位置定舉官執笏退復位次禮直官引奉册寶使詣寶權置位贊者引舉寶官搢笏舉寶奉册寶使搢笏奉寶升自西階登歌顯安之樂作至徽宗室前褥位跪奠寶樂止俱執笏興舉寶官分東西相向少立次引奉册寶使少退北向立舉寶官再搢笏跪舉寶次引侍中詣寶案之南北向搢笏跪讀寶文讀訖執笏興降階復位舉寶官舉寶興降自西階奉册寶使從後從至權置位置定舉寶官執笏退復位次引奉册寶使復位西向立祠祭官於殿上贊奉神主入室俟宮闈令奉祖宗帝后神主入室訖祠祭官於殿上贊奉神主訖舉册官舉册舉寶官舉寶與進行侍中中書令導册寶出南神正門歸册寶幄權安奉訖次引奉册寶使以下詣望瘞位北向立定俟有司瘞幣訖奉册寶使以下退文武百僚以次退次赴拜表稱賀訖退　加上徽宗皇帝諡號册寶畢親饗太廟

紹興十二年十一月二十一日禮部太常寺言奉上徽宗皇帝諡號册寶禮畢次日車駕詣太廟行朝饗之禮令具到典禮　一依儀衆玉輅備慶儀仗設乞令有司相度計置前一日於皇城北門外排列至太廟　一合用祝册一十一副並以為奉上徽宗皇帝徽號畢祇告孟享薦饗用行朝饗之禮乞下學士院修撰進書訖降付禮部其祝册乞令學士院修製　一來年正月十一日就孟春薦饗日行朝饗之禮依禮例合係有司行事所有同日薦饗別廟乞令有司依條例差官排辦依時行事　一合用登歌宮架樂舞緣見今闕少樂工欲乞令太常寺條具申請詔依

卷一萬七千五十六

十二月十三日禮部太常具東目申中書省差官　一欲乞朝饗之日宮門并宮門並早二刻開太廟門早三刻開　一舉册官四員合差南班宗室昨緣所差宗室不足差文臣四員所有親饗太廟舉册官欲依禮例差文臣　一依禮例就差進幣爵酒官一員薦進瓚令欲乞依禮例施行　一撥會所差應奉人使臣禮直官贊者祠祭官供官樂工欲乞依禮例於祠前各給沐浴錢五百文左藏庫支給詔依　十五日兵部言被左右金吾街仗司申車駕乘玉輅備黃麾儀仗逐司契勘所有執着法服法物等仗乞下祇候庫關借詔依黃麾仗共用二千二百六十五人　十六日禮部太常寺言今參酌比附申請事件　一依儀皇帝親饗太廟散齋七日致

齋三日，其行事執事文武助祭官及宗室前三日服朝服結佩，宰執使相侍從臺諫武臣正任以上并應奉官並服朝服，餘並常服立班，奉請皇帝致齋訖退。今欲乞依前項儀制施行，內致齋殿乞就前殿作齋殿。　一前一日車駕合詣太廟宿齋，緣太廟別無宿齋殿，欲乞併前前殿宿齋。　一前三日未後奏請皇帝詣齋室，其日樞密院以下先詣齋拱殿起居。今乞依禮例施行。　一勘會奏請致齋於前殿，合設御榻并御幄屏風於東西兩壁，合設東西房，殿後設西閣及齋室。乞令儀鸞司相度隨宜釘設。　一太廟合設大次於東神門外道北南向，設小次於阼階之東西向，欲乞令儀鸞司同臨安府排辦。　一依禮例於尚書省習儀，合用幔道，乞令臨安府妥官修築。　一親祠行禮，合設贊，今來欲乞依禮例權不設贊。　一依禮令，讀冊官讀冊至御名勿興，殿上下徹去黃道裀褥，入殿門不張蓋，百官不得回班，御爐從物繖扇更不入殿，行禮前衛士不起居呼萬歲。今欲乞依禮令施行。　一合設七祀及配饗功臣於殿下，設位差官行禮。今東乞依依禮例。　一前三日皇帝內殿宿齋，依禮例合設嚴更警場，欲乞依紹興十年體例，就用殿前司金鉦一十二人，鼓角手各十六人，教頭攔押家在外。太常寺差武嚴指揮教頭三人，專一指教警場部伕，於行禮前教習二十日。詔依。

卷一萬七千五十六

十七日，詔冠冕朝祭服令有司點檢，務令整潔。同日，權禮部侍郎王賞等言：「勘會將來車駕詣太廟行朝饗禮，檢會五禮新儀，禮畢諸軍樂振作，所有禮畢乘輿出太廟東櫺星門，欲乞令鈞容直依禮例作樂引駕還內。」詔依。紹興二十七年主管禁衛所言：「備奉聖旨，省記鈞容直在京日令趁赴導駕祗應，本所令取索到本直見管一百七十三人數[illegible]，勘同來聖駕行幸合案差東西班駕後樂三十五人後從祗應。」詔令殿前司教習，依數差。同日，王賞等又言：「契勘依禮例遇車駕乘輅，宰執使相侍從兩省正任并監察御史各服朝服，於輅前分左右騎導，欲乞依例從御史臺閤門告集。」詔依。　一十八日，禮部太常寺言：「奉上徽宗皇帝徽號冊寶，合用樂舞，令條具到合申請事件。　一登歌宮架樂，樂架依禮例並合彩畫，除已有登歌樂架外，緣見闕宮架樂，駕創造不及，欲將見管赤素宮架下文思院改繪彩畫，候畢行大禮，卻令本院創造赤素宮架一料。　一登歌宮架二舞執色，用樂正四人，見闕一名，欲差太常寺膺長充攝；登歌執色樂工掌事掌器四十五人，見闕九人；宮架執色樂工八十七人，排設大樂掌事掌器二人，共用八十九人，數內鼓色一十三人，欲差會經祗應守闕樂工一名充，餘一十二人止乞差借殿前司鈞容直充攝外，其餘所闕

人數，並乞差守闕樂工及拘收元曾經大禮等處應奉人，如不足，乞行召募。執色人數：登歌樂正二人，編鐘編磬各一名，柷敔搏拊各二人，歌工各四人，笛箎各二人，和笙巢笙簫各四人，塤二人，一三五七九弦琴各二人，掌事掌器二十人；宮架樂正二人，編鐘編磬各八人，柷敔二人，歌一十人，笛箎篳巢笙竽笙簫各六人，一三五七九弦琴各二人，鼓色一十三人，掌事掌器二人。　一二舞合用引舞色長二人，文舞六十四人，武舞祗應并引文舞頭二人，番袞引武舞祗應及引武舞一十八人，共八十六人，並乞依例借差殿前司鈞容直。　一正樂工掌事掌器、引舞色長等合服法衣，並乞下祗候庫關借。　一今來樂工并召募人及借差鈞容直，係創行習學樂舞，全藉舊人指教，欲乞於應奉以前教習一月。　一奉上徽號冊寶，合行奏告，除迎神送神等樂章樂曲就用時饗太廟樂曲外，合添撰冊寶入門一曲，捧寶升殿一曲，徽宗皇帝徽號樂章一曲，乞令學士院修撰降下教習。　一契勘時饗太廟別廟，止於太廟殿上設登歌大樂，迎袞別廟行禮作樂，今來行朝饗禮，除排設登歌宮架樂舞外，同日別廟依有司行禮，其合用登歌樂正樂工等，乞止就用太廟三十六人，先赴別廟依時行禮作樂祗應。　一宮架內合設路鼓路鼗各二，所有執色樂工四人，乞

卷一萬七千五十六

依例借差鈞容直。　一祗應樂工等欲乞依紹興十年體例，朝饗前一日於法惠寺宿齋。」詔依。同日，兵部言：「車駕乘玉輅詣太廟行朝饗之禮，今取會到下項。　一車輅院狀：契勘自來排辦玉輅，合用引駕執儀刀千牛衛上將軍一員，抱龍旗太常官六員，並合下吏部差大使臣。其千牛衛上將軍以軍班出身人充。車輅院監官二員，挾輅將軍四員，遞官並合服本品朝服，乞下祗候庫關借。　一祗候庫狀：契勘玉輅後抱太常龍旗將軍共六員并挾輅將軍合服三梁冠朝服，車輅院官二員，一員合服二梁冠朝服，一員合服三梁冠朝服，即今並闕。玉輅前引駕千牛衛上將軍合服三梁冠朝服，執儀刀亦無。見在契勘朝服名件：緋羅夾大袖、裙、蔽膝，白羅中單，白綾勒帛，銅環，鞋綾，白羅方心曲領，緋白羅大帶，皂靴襪，履，白綾襪，銅帶，帶銅珠佩，劍，錦金鍍銀並筆伏，乞朝廷指揮下所屬料造赴庫送納，準備將來支借服著使用。」詔依。　十九日，禮部太常寺今續條具合行事件：「一合設皇帝位版并亞終獻公卿位版，其所用位版腰輿及黃羅三副夾帕，欲乞下臨安府添修那飾。　一依禮例，前一月太常寺定日教習侍祠執事朝臣應奉人作樂，教習十日，今欲乞於受誓戒前令太常寺教日教習五日。　一依儀合前十日受誓戒於尚書省，乞依例五

史一點開省門　一前導行事執事應奉官並合前三日致齋，其使相符與本司官並宿法惠寺，行事執事宗室於行宮北門外並宿待漏院，其太常寺官吏於行禮前有合行排辦事務，欲乞於來年正月八日就行宮南門內西廊御監待班幕次致齋，九日十日於太廟致齋，仍許太常寺官各將帶入宮門號役八一名於幕次止宿，照管祭服法衣。　一合差贊者三十二人贊引應奉，除見管外闕一十九人，欲乞依例於吏戶部各選差五人，兵刑工部各選差三人。其供官合差五十八人，掌管掌牲牢視灌鐘、設祭器實設禮料祇應，除見管外闕三十二人，乞於禮部四司選差十人，於太府司農宗正寺太宗正司軍器將作監選差十二人，國子監選差一人，都進奏院選差九人，令逐處差正名貼司已上無過犯之人充，於前二十日發遣赴太常寺趁赴教習。　一將來親饗太廟合用燈燭八十八條，各重一十二兩，并七祀配饗功臣合用常料燭共九十二條，各重四兩，欲乞下臨安府捍造，於行禮前十五日赴太常寺送納。　一應合用五齊三酒，依禮例從太常寺具合用酒齊名色，并合瓶臨安府守委官醞造。詔依。　二十一日，鈞容直所言：準太常寺差借鈞容直九十八人充登歌二舞執色人祇應。本所契勘今來行禮畢駕回，合行導駕振作祇應，所有

卷一萬七千五十六

差借充登歌等顯是相妨。詔令太常寺依在京日體例。十二月二十七日，尚書有司郎中兼權太常少卿王師心言：契勘在京日若闕樂工舞師，數下教坊差借樂人充攝。今承指揮令本寺依在京日體例，即令則無教坊者，行相置相去應奉止是十餘日，手按妄止有數日，委是迫難以招置。伏望朝廷體念應奉親行祖宗饗禮至重，且依已降指揮，仍乞將借差到鈞容直數內舞色引舞、武舞、登歌共九十八人隨宜選神上充足，赴赴教振作，自不相妨。詔依。　二十三日，禮部太常寺言：今續次條具下項：　一依儀親饗合於太廟殿上鋪設皇帝黃拜褥，欲乞依禮例改用緋褥，乞下儀鸞司排辦。　一每室合差薦香燈官一員，今欲乞依例令太宗正寺差南班宗室充。　一合差內侍二員進徹飲福胙，二員監宰殺及禮畢頒散酒胙并收接胙表於通進司投下，係太常寺報入內內侍省差，令乞依禮例施行。　一習儀受誓戒并前一日省饌，贊者供官並服幞頭緋衫腰帶，樂工服介幘緋衫勒帛，其借到贊者供官依樂工例止服介幘緋衫勒帛，趁赴習儀受誓戒省饌祇應。　一依儀皇帝行禮所有太禮使名，緣來年又係大禮，令欲乞稱親饗大禮使。　一執綏官一員，欲乞依禮侍從。　一乘黃令一員進玉輅，欲乞差東輅院監官。　一玉輅前執綏

官與黃令并分將軍共三員，其合服朝服，欲乞下工部指揮文思院製造。　一今來親饗太廟，欲乞牢執板瓶并於法惠寺安頓，更乞指揮於尚書省。其習儀日分，乞依例從太常寺定日關報。　一依禮例合差贊饌內牲牢燈燭等執事官十一人，并權攝灌酒等執事官四人，欲乞從下皇城司依數差，於行禮前十日到寺。詔依。　二十六日，太常寺言：今開具到合差官下項：前饗十日質明受誓戒，尚書省左僕射一員誓戒官，刑部尚書一員涖誓太廟，右僕射一員誓宗室，刑部侍郎一員涖誓太廟侍祠等官，亞獻一員，終獻一員，親饗大禮使一員，禮儀使一員，應奉官禮部侍郎二員：一員當御殿并太廟奏中嚴外辦，一員當御殿并太廟御前奏中嚴外辦；殿中監一員進接圭，進飲福酒，授受圭爵；禮部郎中二員：一員當御殿并太廟奏解嚴，一員當御殿并太廟御前奏解嚴；贊導太常卿一員；太常博士四員：一員贊引禮儀使，一員贊引太常卿，一員贊引亞獻，一員贊引終獻；奏請致齋侍中一員；奏請皇帝位版太官令一員，酌亞終獻酒兼監視宰殺牲牢并博奉籩豆；七祀太祝一員；進幣爵酒官一員，兼進瓚并中瓶條灌；受爵酒官一員，以爵酒授進爵酒官；奉幣官一員，以幣授進幣官；受幣官一員，受幣兼受爵，於坫盤；奉爵官一員

卷一萬七千五十六

盥洗進爵，以爵詣尊所酌酒訖，以爵酒授爵酒官；奉瓚盥官一員，盥洗進瓚，以瓚詣尊所酌鬱鬯訖，以瓚授進瓚官；薦牛俎官一員，薦牛俎并徹籩豆俎，兼進飲福俎；薦羊俎官一員，薦羊俎兼祇條灌省牲首兼饋瓶灌灑，兼實鑊水；薦豕俎官一員，薦豕俎兼省牲視腥熟節，增沃鑊水；七祀獻官一員，詣七祀神位前行禮；良醞令一員，酌皇帝受酒搏黍；太祝一員，進搏黍兼帥祭奠冊；薦香燈官一十二員，內二員兼搏黍；宗正司差宮闈令六員，入內內侍省差；司尊彝官一員，翰林司差，差供祠執事官一十三員；奏請車駕升降承旨參知政事一員，二員皇帝降座就齋室輦輅前；侍中一員，奏請車駕升降承旨；參知政事一員，奏請車駕進發及乞駐御；綏官一員；乘黃令一員，進玉輅；太廟行祠官宗正卿神主官一員；監察御史二員；配饗功臣獻官一員，詣配饗功臣神位前行禮；讀冊官一員；押樂太常卿一員；光祿卿一員，巡牲牢，詣廚八寶遮奉冊官四員；太府卿一員，設幣；光祿丞一員，巡牲牢，揖詣廚省鼎鑊；協律郎二員：一員殿上舉麾，一員殿下舉麾；奉禮郎一員，設供祭器爵坫洗官二員；捧俎官六十六員。以上並吏部差。詔依。　二十八日，禮部太常寺言：今續條具事件：　一今來皇帝親饗致齋三日，於齋殿依禮例合用儀

第一萬五卷 吉禮一百十五 加上徽宗皇帝諡冊寶并親饗太廟二

衛宿衛乞下主管禁衛所　一親饗太廟并前三日奏請致齋奏中嚴外辦解嚴其抱牙牌依禮例乞下禮部施行御殿發冊寶奏中嚴外辦解嚴其抱牙牌依禮例乞下門下後省施行詔依　紹興十三年正月五日太常寺言今具申請事件　一依儀皇帝自北宮門外乘玉輅至太廟欞星門外降輅乘輿至大次降贊入次竊慮至時不測雨降今相度欲乞自太廟欞星門裹直西曲尺頭北至東門神門廊權備席幕廳令臨安府同儀鸞司排辦　一親饗日皇帝自齋殿乘輦至玉輅所導駕官步導至行宮北門俟勅侍臣上馬騎導詣太廟若至時雨降欲乞令導駕官免步導先詣行宮北門玉輅所俟勅侍臣上馬騎導詣太廟仍乞沿路許施雨具俟至太廟欞星門下馬依儀步導至大次詔依　七日主管禁衛所言今來聖駕詣太廟親饗太常寺儀注至於皇城北門裹降輦陞輅並合鳴鞭前導引至太廟欞星門外降輅亦合鳴鞭詔太廟欞星門外降輅更不鳴鞭　同日詔正月十一日奉上徽宗皇帝徽號冊寶親饗太廟行禮依儀宿齋所有九日十日早晚御膳並進素　十日主管禁衛所言奉詔今月十一日太廟親饗應諸色入雜帶入禁衛勅號如無色彩並不許入禁衛　十八日權禮部侍郎王賞言恭覩今月十一日加上徽宗皇帝諡號皇帝親

卷一萬七千五十六

饗太廟誠孝格天前數日陰雲欲雪及致齋行事日霽霧澄移日景融明初九日發冊寶皇帝立於殿下望冊寶出殿門涕泗潸然親饗至徽宗皇帝室前又淚流不止左右莫不感動酌獻畢不御小次申勅臣僚務要虔肅上件事跡伏望宣付史館以昭聖孝詔依　右朝奉大夫直秘閣兩浙西路提刑王鉠進親饗太廟賦文詞可採除直徽猷閣

進聖政記

乾道二年閏九月二十九日國史日曆所上光堯壽聖太上皇帝聖政進御儀

注見國史院上三朝帝紀十月三日恭進德壽宮前朝儀鸞司設聖政幄次於德壽宮殿門内西東向設大次於德壽宮殿門外之東南向小次於殿門内東廊西向設權安奉聖政幄次於德壽宮門外隨地之宜設御案於殿上之西北設聖政匣卓子於殿上西壁設文武百官幕次於宮門之内外迎奉其日五更宰執親王使相侍從臺諫兩省官知閤禮官聖政所官南班宗室都大主管官承受官諸司官並詣秘書省内外幕次　内應奉官有職事相妨者免赴　伏輦官樂人等排立定俟聖政所排辦香火畢備御史臺閤門太常寺分引宰執親王使相侍從臺諫兩省官知閤禮官聖政所官南班宗室

卷二萬八百四十五

詣道山堂權安奉聖政幄前北向立定次禮直官引禮儀使提舉官詣幄前北向立定禮直官揖躬拜禮儀使提舉官拜在位官皆再拜訖禮直官引禮儀使詣香案前搢笏上香再上香三上香執笏退復位禮直官揖躬拜禮儀使提舉官拜在位官皆再拜訖禮儀使提舉官詣幄次前分東西相向立次引宰執親王使相侍從臺諫兩省官知閤禮官聖政所官南班宗室以次出秘書省門外分左右乘馬以俟騎導次聖政所率輦官捧舉光堯壽聖太上皇帝聖政腰輿進行樂人作樂儀衛儀仗前引次引禮儀使提舉官乘馬騎從聖政所都大主管官并承受官諸司官往來照管　至德壽宮門如未開

門捧舉聖政權歸幄次儀衛儀仗等就幄前排立其騎從等官並退權歸幕次　德壽宮門開引騎導官詣聖政幄前分左右步導聖政所率輦官捧舉聖政腰輿進行禮儀使提舉官後從樂人儀衛儀仗前引都大主管官承受官諸司官從入至德壽宮殿西廊上幄安奉訖騎從等官權退歸幕次儀仗樂人退並於宮門外隨地排立以俟恭進訖並退恭進其日皇帝出祥曦殿即御座從駕臣僚禁衛等起居如常儀皇帝降座乘輦將至德壽宮報引合赴立班官并聖政所官屬詣宮門外迎駕起居　如值雨或地面霑溼並免起居　訖前導官太常卿閤門官太常博士禮直官先入詣大次前分左右立定

卷二萬八百四十五

次聖政所檢點文字以下率輦官捧舉聖政腰輿如閤門官前導簿書官二員前引至殿西階下置定次內侍官捧聖政匣升殿西階詣殿上設於西壁卓子上閤門簿書官并聖政所點檢文字以下及輦官捧腰輿先退其聖政所點檢文字西階下立都大主管官承受官於殿上照管訖隨地立定次德壽宮提舉提點官於殿上聖政匣之側立俟皇帝詣德壽宮大次降輦入次御史臺閤門太常寺分引合赴立班官入詣殿下相向立前導官導皇帝入小次簾降俟光堯壽聖太上皇帝出宮即御座禁衛起居　前導應奉等官并聖政所點檢文字以下并拜起居　訖小次簾卷前導官導皇帝升殿東階

詣殿上析檻前褥位北向立太常寺卿奏請拜皇帝再
拜躬身奏聖躬萬福訖又奏請拜皇帝再拜訖前導官
導皇帝詣光堯壽聖太上皇帝御座之東西褥位立前
導官於殿上隨地之宜立引殿下立班官横行北向立
定揖班首已下躬曲儀曰拜贊者承傳曰拜在位官皆
再拜訖直身搢笏躬身三舞蹈跪左膝三叩頭出笏就
一拜又再拜訖且躬身班首不離位奏聖躬萬福訖典
儀曰拜贊者承傳曰拜在位官皆再拜訖禮直官引禮
儀使提舉官升殿西階詣御座之西稍南東向立次禮
直官引進讀官升殿西階於殿上聖政匣之側隨地立
定次内侍舉御案詣光堯壽聖太上皇帝御座前設定

卷二萬八百四十五

諸司官啟封鑰承受官取聖政册轉受諸大主管官都
大主管以授提舉官提舉官就位搢笏受聖政册捧詣
皇帝褥位之南北向躬進訖提舉官執笏少退立皇帝
受聖政册前導官導詣皇帝光堯壽聖太上皇帝御案
前北向躬設於案上訖前導官導皇帝詣御案之東西
向立次禮直官引進讀詣御案之西側身北向搢笏啓
聖政册進讀訖合册執笏降西階歸本班立前導官導
皇帝詣御案前北向躬徹聖政册退詣褥位西向立次
引提舉官搢笏躬身受聖政册退詣匣前以聖政册授
都大主管官訖執笏提舉官禮儀使並降西階復位立
次都大主管官以聖政册授承受官置於匣封鑰訖次

禮七之三五

内侍徹御案退前導官導皇帝詣析檻前褥位北向立
太常卿奏請拜皇帝再拜訖前導官導皇帝詣褥位西
向立殿下揖班首已下躬曲儀曰拜贊者承傳曰拜在
位官皆再拜訖直身搢笏躬身三舞蹈跪左膝三叩頭
出笏就一拜又再拜訖直身立光堯壽聖太上皇帝降
座皇帝後從入宫其殿下官以次退以俟從駕還内如
來儀次都大主管承受官以聖政授德壽宫提舉提點
官進入於是修書官吏各轉一官減一年磨勘内選人
改合入官吏減一年磨勘經修不經進行在供職官轉
一官餘人等第推恩支賜有差内兩該賞人止從一處
推恩三朝帝紀推恩亦如之

禮七之三六

告禮是日皇帝前後殿不視事其奏告官差宰執或 實錄云[illegible]奏告係典主郊祀所告社稷兼名與太社不侔於社稷故另列於後 侍從官内大廟別諸陵差南班宗室節度使以上兩攢宫差紹興府南班宗室餘官及致齋降香祝　淳熙三年二月二十九日禮部尚書趙雄言准敕差充大社奏告官既至社壇恭閲祝版祝文云用牲伐鼓爰舉舊章詢之有司則實不用牲伐鼓乞下有司删改從之　七年七月二十九日爲雨澤稍愆奏告天地宗廟社稷宫觀　十五年三月六日奉上大行太上皇帝謚册寶懿節皇后謚册寶奉告天地宗廟社稷宫觀諸陵攢宫 以上孝宗會要

淳熙十六年二月五日以皇帝登極奏告天地宗廟社稷景靈宫諸宫觀諸陵攢宫　七月十七日以秋饗明堂奉高宗皇帝升侑奏告天地宗廟社稷諸陵攢宫　十二月二十四日爲來年改元紹熙奏告天地宗廟社稷宫觀諸陵攢　二十八日爲恭壽上至尊壽皇聖帝壽聖皇太后壽成皇后尊號册寶前三日奏告天地宗廟社稷諸陵攢宫　紹熙元年正月十六日以册皇皇后奏告天地宗廟社稷宫觀諸攢宫　二年六月十九日爲爲將來郊祀大禮御札降奏告天地宗廟社稷宫觀　十一月二十二日爲加上高宗皇帝徽號前二日奏告天地宗廟社稷宫觀　四年十一月十七日爲加上壽聖隆慈備福皇太后尊號册寶行禮

奏告天地宗廟社稷宫觀　五年五月七日爲至尊壽皇聖帝聖體愆和遣官祈告宗廟社稷宫觀 以上光宗會要

紹熙五年七月五日以皇帝登極奏告天地宗廟社稷宫觀 以上光宗會要

紹熙五年七月五日以皇帝登極奏告天地宗廟社稷宫觀諸陵攢宫　八月七日爲明堂大禮奏告天地宗廟社稷宫觀五嶽四海四瀆諸陵攢宫十月二十六日奉上孝宗哲文神武成孝皇帝謚册寶并安穆皇后安恭皇后改謚册寶奏告天地宗廟社稷宫觀既而奉上孝宗徽號册寶憲聖慈烈皇后謚册寶光宗憲仁聖哲慈孝皇帝謚册寶慈懿皇后恭淑皇后謚册寶光宗徽號册寶成肅皇后謚册寶同之　十二月二十六日爲來年改元奏告天地宗廟社稷宫觀諸陵攢宫 以後改元同之　慶元元年二月四日以雨澤稍多奏告天地宗廟社稷嶽鎮海瀆風伯雨師 以後雨暘愆並同　二年六月十二日爲將來郊祀大禮御札降奏告天地宗廟社稷宫觀五嶽四海四瀆諸陵攢宫 以後郊祀明堂御札降並同之　十月二日册皇后奏告天地宗廟社稷宫觀諸陵攢宫既而嘉泰三年正月二十八日册皇后同之　三年十一月六日太皇太后聖體違和奏告天地宗廟社稷宫觀既而六年六月壽仁太上皇后七月聖安壽仁太上皇帝十月恭淑皇后　開禧三年五月壽慈太皇太后

聖體違和及升遐神主祔廟並同之。四年正月十七日，欽宗皇帝謚號敕下，奏告天地、宗廟、社稷、諸陵欑宮。五年十二月十四日奉安仁懷皇后神御、憲聖慈烈皇后神御前二日，奏告景靈宮。既而嘉泰二年七月奉安光宗皇帝、慈懿皇后神御，嘉定二年六月奉安成肅皇后神御並同之。六年二月十二日，誕皇子，奏告天地、宗廟、社稷、高禖、諸陵欑宮。五月三十日，為皇嗣所患未愈，奏告太廟。開禧二年五月十四日，為興師奏告天地、宮宗廟、社稷、宮觀、九宮貴神、五嶽四瀆、風伯雨師、北方天王、馬祖、蚩尤。二年三月二十四日，吳曦叛逆就誅，奏告天地、宗廟、社稷。既而是月函首到闕亦如之。

一萬七十三百二十五

十一月二十一日，立皇太子，奏告天地、宗廟、社稷、宮觀、諸陵欑宮。嘉定元年五月二十九日，以飛蝗大作，奏告天地、社稷。七年九月十二日，為進呈高皇帝中興經武要略，奏告景靈宮。既而十三年五月進呈藩慶系錄、刊正憲聖慈烈皇后聖德事跡、光宗玉牒，十四年五月進呈孝宗寶訓同。十四年正月九日，為鎮江都統制翟朝宗繳進皇帝恭膺天命之寶玉寶牌，奏告太廟。六月十六日，皇姪貴和改名為皇子，奏告天地、宗廟、社稷、諸陵欑宮。閏十二月二十六日，為明年元日大慶殿受皇帝恭膺天命之寶，奏告天地、宗廟、社稷諸十七年六月五日，誕皇孫，奏告天地、宗廟、社稷、諸陵欑宮。以

上寧宗會要

祝文版

中興禮書第二百五十七卷吉禮一百五十七祀祭祝文二

松案永樂大典於淳熙三年條下另標祀祭祝文知原書卷不相屬故別為一卷

松案此條有闕文以神宗為曾祖而下復有淳熙紀年則此當是隆興乾道時事

右注語依下

全唐文

中興禮書 太廟朔祭及四孟薦饗祝版

闕神宗皇帝祝文內 欽聖憲肅皇后向氏 欽慈皇后陳氏皆稱皇曾祖妣唯欽成皇后朱氏即不稱皇曾祖妣太常寺指定欽成皇后合依欽聖憲肅皇后欽慈皇后體例稱皇曾祖妣詔依 淳熙三年七月七日臨安府狀四月二十一日據本府北門斥堠鋪兵遞到行在都進奏院排發湯字號立夏日祭南瀆御名祝板一首本府尋行點檢上件祝版係用竹篭損壞內祝板順木紋當心破損作兩片用膠粘定府司除已收管外照得大瀆為江翊贊中興盛德顯著朝廷崇嚴典祀所有祝板係御書御名事體至重今來付之鋪兵損壞如此除已移文夔州路提舉馬遞鋪根究外伏乞指揮令後驗降責付巡鋪使臣躬親管押傳遞施行詔依餘路依此

卷六萬七

全唐文

中興禮書 禮器

右中興禮書紹興製造禮器圖俎長一尺八寸闊八寸高八寸五分漆兩端以朱中以黑

卷一萬九百四十七

鏞

入誕聖節

太公金匱

夏桀之時有芩山之水桀常以十月發民鑿山穿陵通於河民諫曰鑿山穿陵是泄天之氣發地之藏天子失道後必有敗桀殺之朞年芩山崩爲大澤湯率諸侯伐之

含神霧

唐地處孟冬之位得常山泰岳之風音中羽其地磽确而收故其民儉而好畜此唐堯之所起

梁元帝纂要

十月孟冬亦曰上冬亦曰陽月

宋會要

聖節　卷二十二

大中祥符五年以十月二十四日聖祖降延恩殿日

淳熙十二年十二月十七日御史臺閤門太常寺言勘會已降指揮太上皇帝聖壽無疆來歲八十周元日行慶壽禮今屬一日皇太子文武百僚先赴大慶殿立班稱賀詔依十二月二十八日詔太保致仕史浩已降指揮令赴慶壽立班來年正月一日大慶殿朝賀特令立班

此首至後行有脫文

中興禮書朝賀

冬至羣臣朝賀儀　其日應在內諸門並比常左一刻開於大慶殿列黃麾角仗行門禁衛諸班直親從等并入內省執骨朶使臣排立如儀諸奏目知閤門官并簿書官當祇應宣贊舍人已下覺察失儀提點承受等並執笏一班於殿下北向立定閤門御史臺太常寺分引文武百僚並執笏入赴殿下分東西相向立次太常寺禮直官引宰執使相到位立定次閤門提點引皇太子到位立定次舍人傳稱警四色官趨赴殿庭稱警畢閤門附內侍進班齊牌皇帝服靴袍出鳴鞭行門禁衛諸班直親從等并入內省執骨朶使臣並迎駕自贊常起居皇帝升御座舍人贊執仗人四拜起居次舍人贊讀奏目知閤門官以下常起居訖知閤門官升殿請奏目餘官各歸侍立祇應位舍人就位揖皇太子已下躬舍人當殿直身通文武百寮皇太子某已下起居稱賀皇太子已下直身立舍人禮直官引皇太子宰執使相已下文武百僚北向立班定舍人揖躬身曲儀曰再拜贊者承傳在位官皆再拜搢笏舞蹈又再拜訖且躬身班首不離位奏聖躬萬福訖典儀曰再拜贊者承傳在位官皆再拜訖直身立禮直官引樞密百由東階升殿東壁面西立以俟宣答舍人引皇太子出班列位俛伏跪百僚並躬身致詞訖伏興却引歸位揖皇太子躬身典儀曰再拜贊者承傳在位官皆再拜訖且躬身殿上禮直官引樞密當御座前躬承旨退詣折檻東西向立稱有制皇太子已下兩拜訖且躬身樞密宣答訖復位並典儀曰再拜贊者承傳在位官皆再拜訖直身立俟皇帝起鳴鞭皇太子已下並退舍人承旨放仗四色官趨赴殿庭稱奉勅放仗押仗官就位兩拜訖退

卷二萬七千四百六十六

正旦羣臣朝賀儀　其日大慶殿列黃麾半仗行門禁衛諸班直親從等并入內省執骨朶使臣排立如儀閤門御史臺太常寺分引文武百寮並執笏入赴殿下分東西相向立定次太常寺禮直官引宰執使相到位立定次閤門提點引皇太子到位立定讀奏目知閤門官并簿書官當祇應宣贊舍人已下覺察失儀提點承受等並執笏班於殿下北向立定次舍人傳稱警四色官趨赴殿庭稱警畢閤門附內侍進班齊牌皇帝服靴袍出鳴鞭行門禁衛諸班直親從等并入內省執骨朶使臣並迎駕自贊常起居皇帝升御座舍人贊執仗人四拜起居次舍人贊讀奏目知閤門官已下常起居訖知閤門官升殿讀奏目餘官各歸侍立祇應位舍人揖皇太子已下躬舍人當殿直身通文武百僚皇太子某已下起居稱賀皇太子已下直身立舍人禮直官引皇太子宰執使相已下文武百

二

以上又見五千三百五十六

僚北向立班定舍人揖躬身典儀曰再拜贊者承傳在位官皆再拜搢笏舞蹈又再拜訖且躬身班首不離位奏聖躬萬福訖典儀曰再拜贊者承傳在位官皆再拜訖直身立禮直官引樞密一員由東階升殿東壁面西立以俟宣荅舍人引皇太子出班到位俛伏跪百僚並躬身致詞訖伏興卻引歸位揖皇太子躬身典儀曰再拜贊者承傳在位官皆再拜搢笏舞蹈又再拜訖且躬身殿上禮直官引樞密當御前躬承旨訖於折檻東西向立稱有制皇太子已下兩拜訖且躬身樞密宣荅訖復位立典儀曰再拜贊者承傳在位官皆再拜搢笏舞蹈又再拜訖直身立俟皇帝起鳴鞭皇太子已下並退舍人承旨放仗四色官趍赴殿庭稱奉勅放仗押仗官就位兩拜訖退

此有複文參淳熙十五年十一月四日條

冬至

案建炎無六年七年上當有紹興二字

冬至

正旦

冬至

中興禮書朝會

高宗建炎四年十一月五日太常寺言檢會冬至皇帝躬率百官遙拜道君皇帝淵聖皇帝訖御殿百官起居宰執更不奏事是日作休務假本寺勘會今來冬至日并來年正旦欲依上件禮例施行詔依自是至紹興六年做此

七年閏十月六日行在禮部太常寺言勘會自來冬至日皇帝躬率百官遙拜淵聖皇帝表訖依例御殿百官起居緣今來係在聖文仁德顯孝皇帝顯肅皇后未祔廟已前所有將來十一月一日冬至日合參酌禮例申請下項一冬至日乞依見旦望遙拜禮例是日宰執率文武百官於行宮門外遙拜淵聖皇帝表所有表文乞令禮部修撰書寫具表不入詞俟拜訖付禮部收掌候問安使行日附行一所有冬至日依禮例皇帝御殿百官起居緣今來係在未祔廟已前欲乞是日文武百僚依旦望禮例於常御殿門外進名奉慰詔依十二月十八日行宮禮部太常寺言來年正旦留守以下至日合詣行宮北門立班拜表令來係在聖文仁德顯孝皇帝顯肅皇后服制之內難以作賀表又緣已係祔廟畢欲乞改作拜起居表仍乞於十二月二十一日先拜六參起居表訖次預拜正旦起居表其拜表節次等依近冬至禮例施行所有表依例行宮行首司收接留守司差人投進兼正月一日留守以下先詣行宮南門遙拜肅聖皇帝訖次赴行宮北門拜六參起居表詔依九年十一月五日禮部太常寺言勘會將來冬至日乞依見令旦望禮例是日皇帝於禁中遙拜淵聖皇帝更不御殿羣臣於南宮門外遙拜訖次宰執率百官僚詣常御殿拜賀稱賀其日禮部郎官轉表授班首班首轉授閤門官其表依在京冬至正旦不御殿禮例入詞所有來年正旦亦依此施行詔依自後做此十二年十月十六日禮部太常寺言都省批送臣僚劄子竊以元正一歲之首冬至一陽之復聖人重之制為朝賀之禮焉自上世以來未之有改也漢高帝以五年即位而七年受朝於長樂宮我太祖皇帝以建隆元年即位受朝於崇元殿主上臨御十有六年正至朝賀初未嘗講豈艱難之際不遑暇歟並若太母還宮國家太慶四方來賀豈惟其時欲望自今冬至元正舉行朝賀之禮以明天子之尊庶幾舊典不至廢墜今看詳申尚書省契勘朝會之禮依國朝故事冬至正旦有司前兩月申請取旨排辦昨自艱難之際權不舉行今來臣僚申請合依舊舉行依議設黃麾大仗車輅道迎平輦法物樂舞等百僚服朝服再坐上壽宣公王等升殿開飲三周詔依仍自來年

卷一萬二千二百二十五

三

禮八之五

舉行十九日臣僚劄子奏臣竊以王者所幸為京師言京大而師衆四方
之人必以衆與大歸之故有朝宗覲遇會同之禮甸侯賓要荒服之制以
九儀之命正邦國之位端己南面而治百官備物而動所以為慎重肅恭
尊君卑臣之典又為車服旗章以旌之贄幣瑞節以鎮之聲容文物以紀
之於是乎正班爵之儀訓上下之則所以興衰撥亂使民同心而鄉道亦
非天之所為蓋人之所設也人之所設不為則不立不修則壞昔漢高祖
既得天下命叔孫通定朝儀當十月長樂宮成諸侯來朝莫不震恐高帝
悅而嘆曰吾迺今日知為天子之貴也惟我國家襲周之憲度恢漢之規
模其亦尚矣陛下盛德大業超軼古今時號中興功邁肇造久撫艱難之
運禮文多所未修今格和寧之期舊典宜加蒐舉欲望明詔有司講求祖
宗故實常朝視朝正衙使殿朝會之儀舉而行之以隆帝業用稱萬邦百
辟尊君之心天下幸甚詔令禮部太常寺閤門同共討論申尚書省今討
論在京月朔日文德殿視朝紫宸殿日參望參垂拱殿日參四參假日崇
政殿坐聖節垂拱殿上壽今來臣僚所請欲乞舉行今乞先次宰臣率百
僚拜表奏請皇帝御正殿視朝若降指揮許允所請其合行事務乞令逐
處各行條具申請詔依十一月三日權禮部侍郎王賞等言契勘朝會之

卷一萬五千二百二十五　四

正旦冬至　冬至

制正旦冬至及大慶殿受賀受朝係御大慶殿其文德紫宸垂拱殿禮制
不同月朔視朝則御文德殿謂之前殿正衙仍設黄麾半仗其餘紫宸垂
拱皆係別殿不設儀仗今來已降指揮依臣僚所請乞講朝會之儀緣見
正在近大慶殿之禮事務至多欲乞先舉行文德殿視朝之制其朝會合
服朝服并設樂上壽開飲三周設祥瑞表案等並乞候來年冬至前別行
取旨詔十七日禮部太常寺言勘會將來冬至欲乞依禮例是日皇帝於
慈寧殿賀太皇后如宮中之儀訖次於禁中遥賀淵聖皇帝畢更不御殿
宰執率文武百僚詣常御殿拜表稱賀來年正旦亦乞依此施行詔依十
二月十二日禮部言准都省批送下御史臺申本臺今先次條具到宰臣
率百僚拜表請皇帝御正殿視朝合行事件送禮部看詳尋下太常寺看
詳到下項欲並依所申施行一宰臣率百僚拜表請皇帝御正殿視朝係
批答允所請并條畫垂拱崇政殿了畢其御正殿日分取旨下有司施行
令看詳乞候修蓋前殿畢工日申朝廷下太史局擇日御正殿一將來御
正殿每遇朔望日欲乞依先降指揮宰臣率百官先退拜淵聖皇帝退次
赴前殿起居如儀一百官聽赦書德音麻制依儀集官於文德殿立班將
來每遇告集百官聽宣赦書德音麻制欲乞將崇政殿權充文德殿立班

禮八之六

正旦　正旦

一垂拱殿四參依議於殿門外設位版一宰臣率百官拜表并聽御札批
答依議並在東上閤門昨在京日係於文德殿東朵殿將來每遇群臣拜
表聽御札批答欲將崇政殿權作文德殿充東上閤門群臣立班一今來
舉行正殿朝會並遇執見行儀制編排班次比之日今後殿常朝報引班
到事體不同所有侍從及應職事官差除罷職等移動班位起赴朝參多
有不赴閤有赴者未敢便引立新班上件事理委有相妨伏乞畫黄劄下
本臺照會庶得班列整肅及彈奏不致差誤一依儀朝會退百官謝賜茶
酒合在朝堂今來舉行之初欲乞候將來朝堂了畢日令所屬申取朝廷
指揮詔依十三年十二月六日閤門言依在京遇大禮年分次年正旦朝
會依例權罷詔依十四年八月二十四日閤門言紹興十三年為大禮畢
次年亦合權罷所有今來冬至來年正旦大朝會若朝廷降指揮舉行於
端誠殿稱賀當年冬至大朝會於禮例權罷并十四年正旦大朝會大禮
閤門典禮別無妨礙太常寺狀勘會冬至正旦大朝會係本寺逐年檢舉
申請候指揮下日施行奉聖旨令閤門討論與人使入見不得相妨契勘
依議冬至及正旦合御大慶殿大朝會將來正旦大朝會百僚稱賀皇帝
御大慶殿坐其使人入見臨時聽旨即無相妨詔依九月十七日門下後

卷一萬五千二百二十五　五

正旦　冬至正旦

省言將來大朝會本省有合申請事件下項一八寶合於大慶殿上御座
東西安設一主進中嚴外辦解嚴牙牌職掌係本省差人外所有設席褥
職掌依法合太僕寺差後來並係鸞部差今來上件職掌乞從本省及鸞
部差撥詔依十八日中書後省言將來正旦大朝會合用表案并紫綾案
衣及席褥乞下太常寺依門下後省祥瑞表案席褥一樣製造排辦禮畢
令本寺拘收詔依十九日禮部言祇候庫申將來大朝會文武百僚等朝
服法衣約度乞下工部製造批送禮部看詳本部尋下太常寺看詳得所
造朝服除宰執使相侍從臺諫武臣正任以上并應奉官見有祇候庫樁
管數目外其文武百僚朝服欲依祇候庫所申從御史臺閤門四方館約
度合用立班員數報本庫契勘闕少數申工部貼造所有入殿應奉禁衛
諸班直皇城司親從快行八廂諸色祗應人法衣等名件樣制本寺難以
見得乞令祇候庫會問主管禁衛所及應奉官司具合用人數本庫看詳
逐色人合服名件申工部製造詔依二十一日翰林司言今年冬至來年
正旦大朝會本司自來排辦殿內臣僚合用金銀器皿件物並係於天章
閣收附宴設家事庫關請數內對御合用金爵盞兩朵殿兩廊合用白成
銀爵盞今來本庫止有鍍金銀盤盞白成銀盤盞鍍金銀屈卮白成銀屈

正旦

扈令欲乞將見在扈扈并盤盏充代爵盏使用詔依二十三日禮部太常寺言來年正旦大朝會參酌條具合行排辦事件下項一依議合腳大慶殿令欲乞將文德殿權作大慶殿一合張設垂拱殿大慶殿及殿門之內外設東西房於大慶殿御榻之左右稍北又設東西閣於殿後之左右并侍班幕次等欲令儀鸞司預先排辦釘設一合設登歌宮架樂舞一合設五輅儀仗輿輦法物繖扇等乞從兵部行下所屬排辦一合設諸州諸蕃貢物乞下戶禮部排辦一依議符寶郎奉寶陳於大慶殿御榻之左右及丹墀龍墀沙墀上陳輦輿繖扇御馬及設表案祥瑞案并三公三少侍中中書令以下殿門外敘班及殿內立班去處欲乞令御史臺定日同閤門太常寺并應奉官司前去相度詔依十月二日禮部太常寺言來年正旦大慶會其登歌樂工內歌色柷敔搏拊鐘磬琴瑟係在殿上排設其管笛笙簫係在庭下排立照得十三年郊祀大禮景靈宮殿下所用樂床係軍器所製造今欲下軍器所造詔依三日四方館言勘會將來正旦大朝會文武百僚合用朝服本館除已先次關與進奏官及本館應奉人數并所服法服報祗候庫製造外所有致仕官京官選人員數法服等今比附隨宜約度下項一致仕官欲乞將行在臨安府城內寄居致仕官權從上

卷一萬五千二百二十五

六

以十員京官選人欲乞權以五十員并吏部已參部人欲乞一百員并乞於從上職位超赴立班製造法服一諸路貢士舉人欲乞令禮部於諸州發解引舉人解頭權以一百人趕赴立班製造士服如人數不足於太學生內差大職事及近上齋長諭一非在京先生法師左右街道官等趕赴令欲乞令僧官道官及僧正道正司差寺觀主首及從上師號高者僧道權各以三十人趕赴立班並各服本色詔依同日兵部言契勘自來大朝會合排設黃麾大仗五千二十七人所有來年正旦大朝會未委排設黃麾大仗唯復排設黃麾半仗二千二百六十五人及契勘更有五輅下駕士八兵等一千人奉聖旨令兵部相度地步申尚書省本部尋將帶左右金吾街仗六軍儀仗司等入殿相視得大慶殿比之在京地步不同又緣依政和五禮新儀合用黃麾大仗五千二十七人今來若全行排設委是擁遏難以擺布今相度欲乞用黃麾大仗止將合用人數權減三分之一用三千三百五十八人所有執著服色除已有黃麾半仗外有少闕數目欲乞於祗候庫見管大禮儀仗物色內就行揍數充代於殿門內外隨宜擺列至車輅前後詔依九日御史臺言今相視到二班去處申請事件下項一今來大朝會已降指揮文德殿權作大慶殿依儀兩省官合於丹墀上

禮八之七

分東西相向立自今殿庭即無三墀今欲乞除將起居郎舍人夾香案東西侍立外其餘兩省官乞隨宜分東西相向立班一依今大朝會前二日赴大慶殿習儀欲乞於正習儀前從本臺定日同閤門太常寺并應奉官司赴本殿閱習一合用文臣百官欲乞告集應通直郎以上及行在見任寺監主簿承務郎以上職事官趕赴立班并習儀詔依同日禮部太常寺言今續次參酌條具事件下項一合差太史令一員奏雲物祥瑞乞下太史局差一依儀合用御榻并香案乞令儀鸞司排辦一大朝會儀注乞令御史臺太常寺閤門同共參酌修定申請所有垂拱殿樞密以下稱賀儀乞從閤門申請詔依十九日兵部言正旦大朝會尋行下車輅御輦左右騏驥院前去相視到下項本部今欲依逐處申到事理施行一車輅院勘會在京日大朝會合排設五輅係於大慶殿內排設今來相視得殿內地步雖可排設五輅緣車輅高濶與今來殿門出入相妨今欲乞於皇城南門外隨宜排設一左右騏驥院勘會自來遇大朝會合用韉鞍御馬二十匹於大慶殿龍墀上在逍遥平輦後排立應奉今來相視得殿前兩壁廊下排設逍遥平輦於輦後係是廊屋別無地步排立御馬乞於逍遥平輦以南兩壁排立乞下太常寺相度指定依禮儀有無妨礙本寺看詳今來

卷一萬五千二百二十五

七

大慶殿地步與在京不同若隨宜於大慶殿門外排立於典禮別無妨礙一御輦院契勘在京日大朝會本院合排設大輦逍遥平輦腰小輿於大慶殿東西龍墀上排設繖扇一百六柄於大慶殿下排設今相視下項一平輦腰輿殿廊下面西安設逍遥子腰小輿於殿西廊下東西相向排設一繖扇在京合差擬人員輦官一百一十人今欲乞隨宜差擬人員輦官七十人祇應於殿下逍遥平輦並南東西相向排設一大輦一乘今來緣殿門出入相妨今欲於皇城南門外隨宜排設詔依二十日禮部太常寺言今續次參酌條具申請下項一乞依禮例於元日前二日文武百僚并應奉人並赴殿庭習儀一太常寺禮直官贊者并樂正樂工乞於習儀前從本寺定日於法惠寺作樂教習三日詔依二十一日輔臣進呈有司申請大朝會舊有地衣上曰祖宗時往往是河東進獻因而用之今從儉約更不須用十一月一日禮部言准都省送下提舉秘書省申太史局狀將來大朝會本局官四員司辰禮曆局學生共二十四人依例並合在大慶殿門外西壁排立應奉又文德殿鍾鼓院狀合差主管官四員星漏官一員司辰直官雞唱局學生二十一人依例並合赴大慶殿門裏西閤道東北壁下排設應奉送禮部看詳本部尋下太常寺看詳欲依本省所申事

禮八之八

理詔依同日禮部太常寺言自來朝會於習儀前牽執同禮部太常寺官按樂所有將來正旦朝會欲乞依禮例從太常寺申請定日於法惠寺按樂及上壽依儀合差太官令二人奏酒巡周奏食徧依自來禮例係差教坊使副充詔依十五日戶禮部言准都省送下太常寺申契勘將來大朝會依在京禮例合排設登歌樂舞應奉所有合舉行事件今先次條具到申請下項戶禮部參酌指定申尚書省本部看詳欲依太常寺申到事理一本寺勘會在京日遇大朝會合用登歌宮架樂工六百餘人今來大朝會欲比附紹興十三年郊祀大禮應奉人數止用樂正四人登歌樂工四十八人宮架樂工一百八十二人共用二百三十四人將見管歲中常祀樂正并登歌宮架樂工二舞及守闕樂工一百七十三人撥充應奉如有闕少人數乞從本寺拘收曾經應奉樂工充若或不足乞行召募一將本寺顏管二舞並撥充宮架樂工祗應外見闕文郎六十四人武郎六十四人管押色長二人引舞四人共用一百三十四人更不招置欲乞依祖宗舊制下教坊借差諸部樂人充攝若教坊樂人數數不足乞令鈞容直貼差應奉一合用樂章乞從本寺具曲名節次申學士院修撰前期付下教習詔依十二月二日教坊所狀將來大朝會見闕文武郎并引舞人乞下教坊借差如數數不足下鈞容直貼差本所契勘教坊將來賀正旦人使到闕祗應尚書慮布不足若行差撥二舞等人顯是和妨兩賀正旦人客直二十九日閤門言檢會舊例正旦朝會垂拱殿設簾殿上駐輦候起居稱賀班絕乘輦樞密知閤門官樞密都副承旨諸房副承旨前導管軍引駕至大慶殿後幄皇帝降輦入次更衣契勘今來垂拱殿過大慶殿經由道路與在京不同取聖旨詔大朝會常御殿權設垂拱殿免駐輦設簾止設侍子稱賀班絕過大慶殿後幄同日閤門言令具合申請下項一將來正旦朝會射殿權作大慶殿無三墀所有龍墀沙墀合排立大小使臣欲乞權免侍立一上壽殿上設御榻兩壁牢隘令權移東壁御史中丞正侍郎直學士與尚書一行差後坐西壁權移承宣觀察使與節度使一行差後坐如更鋪設不適令隨宜趲那於兩朶殿坐詔依紹興十四年十二月十日禮部太常寺言正旦御殿受賀所有牽執同禮部太常寺官就法惠寺按樂令定十二月二十三日乞依在京禮例作條務假一日詔依十九日門下後省言勘會今來大朝會合差奏請寶視八寶內外符寶郎各二員其外符寶郎乞差御監權攝所有內符寶郎欲乞下入內內侍省差內侍權攝詔依同日御史臺言正旦大朝會其合用文臣百官應用直郎

卷一萬五千二百二十五　八

以上及行在見任寺監主簿、承務郎以上職事官趁赴數內本臺檢法官秘書省官國子監學博士正錄未有該載欲乞權令應京官見任前任職任之人隨班趁赴詔依二十日禮部太常寺言勘會將來大朝會依儀合設諸蕃貢物至日禮部尚書於殿下奏諸蕃貢物請付所司緣今來係首初舉行朝會之禮若不陳設竊慮於禮未盡禮部太常寺今相度欲乞令戶部行下所屬將市舶之物量數陳設所貴依儀不闕詔依二十三日御史臺閤門言勘會大朝會舊例上壽訖令赴坐官殿上文臣權侍郎以上武臣正任刺史以上及兩都指揮使東朶殿文臣秘書監至朝奉大夫并都虞候西朶殿橫行并宗室遙郡及都虞候東廊文臣通直郎以上西廊諸軍指揮使契勘今來係射殿權設大慶殿欲乞權用文臣權侍郎以上武臣正任刺史以上東朶殿職事官六曹郎中以上并臺諫官西朶殿橫行并宗室遙郡以上所有其餘文臣通直郎以上及承務郎見任寺監主簿以上職事官并兩都指揮使並諸軍指揮使並乞權免赴坐至日已係主班稍久其免赴坐臣僚等欲乞候上壽訖於殿門外遂幕次賜酒食訖退詔依二十七日禮部太常寺言正旦大朝會依禮例班首合稱上公外所有合差官下項伏乞朝廷降敕差官一朝賀并上壽侍中三員一員奏中嚴外辦并奏解嚴一員御前奏中嚴外辦并奏解嚴一員承旨宣制并奏禮畢並乞差侍從官押樂太常卿一員殿下協律郎一員太常博士一員贊引上公並乞差太常寺官知閤門官四員一員進中嚴朝賀兼上壽并引上公朝賀一員進外辦朝賀兼上壽并引中書令奏諸方鎮表朝賀一員進解嚴朝賀兼上壽一員引上公上壽一朝賀中書令一員奏諸方鎮表并讀表乞差執政官參知政事二員一員奏祥瑞表并讀表一員押諸方鎮表案戶部尚書一員奏諸州貢物請付所司禮部尚書一員奏諸蕃貢物請付所司刑部尚書一員奏天下斷絕請付史館並乞差侍從官一員上壽侍中一員奏請延公主等升殿殿中監一員以爵并站授上公并進第一第二第三爵酒殿中少監一員注酒光祿卿一員奏請允郡臣上壽並乞差兩省御路等詔依大朝會儀陳設前期儀鸞司張設垂拱大慶殿門之內設御榻於大慶殿當中南向設東西房於御榻之左右稍北設東西閣於殿後之左右殿上前楹施簾設香案於殿下太常展宮架於樂於殿庭橫街之南設協律郎舉麾位於宮架西北東向太常卿押樂位於宮架之前北向儀鸞司設文武百官客使等次於大慶殿門外其日御輦院陳輿輦并繖扇於殿下東西相向兵部陳五輅於皇城於門之外俱

卷一萬五千二百二十五　九

驍騎殿列御馬於殿門外東西相向兵部帥其屬設黃麾仗於殿門之內外並隨地之宜中書後省設諸方鎮表案於殿西門之外門下後省設祥瑞案於殿東門之外祥案職掌各二人引案令史各一人戶部以諸州禮部以諸蕃供物陳於宮架之南諸州諸蕃以所貢物量數入殿諸州在東諸蕃在西各押當職掌二人餘物陳於門外太常設典儀位於殿下近南稍東贊者三人在其後俱西向朝賀其日質明開大慶殿門文武百官客使等入就次服朝服樂正帥樂工先入就位協律郎入就舉麾位太常卿入就押樂位典儀帥贊者先入就位凡執事與陪位者以次入參知政事以諸方鎮表給事中以所奏祥瑞表置於案次垂拱殿樞密并知閤門官已下樞密都承旨至逐房副承旨及在內監臨祗應橫行武功大夫至保義郎及合赴垂拱殿立班橫行武功大夫無修武郎內侍省都知押班已下並帶御器械官並履笏一班帶御器械官知閤正任刺史內侍省都知已下班餘歸本官班內侍省都知已下即於樞密班東別爲一班當祗應知閤門官以下提點使臣一班於樞密班前立閤門附內侍進班齊牌皇帝出殿下鳴鞭先行門禁衛諸班親從等迎駕自贊四拜起居皇帝坐當祗應知閤門官已下提點使臣一班常起居訖知引入使已起居者出次當

卷一萬五千二百二十五

福宣答知閤門官歸祗應位餘官退宣贊舍人揖樞密以下躬赴當殿北向躬通樞密具官姓名已下起居稱賀復位舍人贊拜樞密已下再拜搢笏舞蹈又再拜樞密奏聖躬萬福訖又再拜樞密出班俛伏跪致詞訖俛伏興歸位樞密已下再拜搢笏舞蹈又再拜知閤門官當殿躬承旨復位西向立宣有制樞密已下再拜宣答訖樞密已下再拜搢笏舞蹈又再拜訖樞密并知閤門官樞密都承旨至諸房副承旨並於殿東階下分東西立以俟導駕餘官先退次舍人贊宣單臣僚宣衣杖子宣名四拜起居訖贊祗候引駕俟皇帝起導至常御殿南閤子下樞密已下並退易朝服赴大慶殿侍立管軍易朝服大慶下分東西侍立俟輦降東階至大慶殿後皇帝降輦入西閤門導官易朝服御稍前分左右侍立知樞密院事簽書樞密院事知閤門事至簽書閤門官在東同知樞密院事都承旨至諸房副承旨在西帶御器械官並殿上侍立當侍立閤門舍人以下兩朵殿立不當祗應舍人並於殿東階下立諸軍將校入就位四方館先引諸方及海外蕃客閤門客省引交州高麗夏國使副御史臺知班引殿中侍御史先入就位次武功大夫以下次御史臺引太常卿以下百官次侍御史以下次正任防禦使團練使以下俱入殿庭就位東西相向立俟衛官

北向次引起居郎舍人入諸省案對立起居郎西向舍人東向上奏歸本省班次引六曹侍郎及開封尹至六司成次兩省官次節度使至觀察使次御史大夫中丞次學士待制次太尉次一品二品文官次禮直官引三公宰相親王使相執政官於殿門外序班三公三少侍中中書令在殿門南階下稍東參知政事又在其東左散騎常侍在其東次給事中左諫議大夫次左司諫左正言又在其東觀文殿大學士資政殿大學士翰林學士承旨翰林學士資政端明殿學士在參知政事之南稍東觀文殿學士以下稍郤翰林學士承旨以下又稍郤特進在端明殿學士之南稍前與觀文殿大學士班齊六曹尚書金紫銀青光祿大夫光祿大夫在其東次六曹侍郎又在其東開封尹至大司成在六曹侍郎之南御史大夫在吏部尚書之北中丞在其東太子三師在光祿大夫之南稍前與特進班齊三少在其東次賓客詹事又在其東左金吾衛左衛左諸衛上將軍在太子三少之南每等重行異位並西向北上親王使相在殿門南階下稍西參知政事又在其北稍西右散騎常侍在其西次中書舍人右諫議大夫次右司諫右正言又在其西龍圖閣學士以下與右散騎常侍班齊直學士在其西次待制又在其西太尉在南節度使在其西次承宣觀察使又

卷一萬五千二百二十五　　十一

在其西右金吾衛右衛右諸衛上將軍在節度使之南每等重行異位並東向北上禮直官舍人引侍中版奏中嚴復位內外符寶郎奉寶先出陳於御榻之左右少頃又引侍中版奏外辦皇帝服通天冠絳紗袍簾捲殿上鳴鞭禁衛諸班親從樂輦下應奉人自贊四拜起居皇帝御輿出西閤協律郎跪俛伏舉麾興工鼓柷宮架奏乾安之樂凡樂協律郎跪舉麾工鼓柷而後作偃麾戛敔而後止皇帝出自西房內侍承旨索扇扇合舍人北向贊東西班并執儀將士就位四拜起居執長戟及有妨拜跪兵士止應喏呼萬歲皇帝降輿升御榻閤門官於稍前班北稍東西向贊殿上侍臣樞密以下並再拜贊拜閤門官贊拜訖北向隨班再拜西向贊各祗候皇帝南向坐簾捲內侍又贊扇開殿下鳴鞭戛敔樂止爐煙升禮直官舍人引殿門外序班官分東西入宮架奏正安之樂俱就位東西相向立樂止贊者引參知政事押表案入詣西階下東向立給事中押祥瑞案詣東階下西向對立定歸本班俟大起居畢復表案及祥瑞案位禮直官舍人引班首以下橫行北向兩省官學士待制上將軍以下依舊東西相向立三公使相三少侍中中書令並殿下北向西上左右僕射在其南參知政事在中書令之北稍東左散騎常侍在其東次給事中左諫議大夫次左

司諫符寶郎左正言又在其東每等重行異位觀文殿大學士資政殿大學士翰林學士承旨翰林學士資政端明殿學士在左散騎常侍之南觀文殿學士資政殿大學士稍前觀文殿大學士又稍前並西向北上親王在殿下北向東上參知政事在親王之北稍西右散騎常侍在其西次中書舍人右諫議大夫次右司諫右正言又在其西龍圖閣學士以下在右散騎常侍之南樞密直學士以下在其西待制又在其西每等重行異位並東向北上左金吾衛左衛左諸衛上將軍在橫階南黃道之東大將軍在其東率府率又在其東俱西向北上右金吾衛右衛右諸衛上將軍在橫階南黃道之西將軍在其西率府副率又在其西東向北上將進在儀石之南稍東六曹尚書至光祿大夫在其南次六曹侍郎開封尹至大司成開封尹以下在六曹侍郎之東少絶次太常卿至中大夫次殿中少監至中散大夫次七寺少卿至奉直大夫次左右司員外郎至朝奉大夫次六曹員外郎至朝奉郎次太常丞至承議郎次開封知縣至奉議郎次太史局正至通直郎次致仕官次陪位未陞朝官宣教郎以下又在其南御史大夫在光祿大夫之東中丞在其南次侍御史殿中侍御史監察御史又在其南太子三師在御史大夫之東與將進班齊三少在其南次賓客

詹事次左右庶子以下又在其南每等重行異位夏國使副在陪位官之東軍員在宮架東黃道之東諸方及海外蕃客在其南如止一國即在西並北向西上太尉在儀石之南與特進班齊節度使在其南次承宣觀察使次防禦使次團練使次刺史次武功大夫以下次致仕官又在其南通侍大夫至右武大夫在防禦使之西中亮郎至右武郎在其南和安大夫以下至翰林良醫在武翼大夫之西少絶和安郎以下至翰林醫正在其南每等重行異位高麗使副在陪位官之西交州使副在高麗使副之西軍員在宮架西黃道之西諸方及海外蕃客在其南進奏官在貢物之間諸州貢首在其南並北向東上伎術官在宮架之前醫官醫學在東西上待詔藝學在西東上並北向並在文武百官後如武功大夫至修武郎員多即併伎術官在東班百官後典儀曰拜贊者承傳在位官皆再拜搢笏舞蹈又再拜班首不離位奏聖躬萬福典儀曰拜贊者承傳在位官皆再拜訖次引中書令參知政事分至兩階下各於案取所奏表以次分東西階升中書令取方鎮官高一表至殿上分東西立參知政事在東中書令在西禮直官舍人引承旨侍中升東階詣殿上之東西向立禮直官舍人太常博士引上公升西階正安之樂作上公升降並正安之樂作至殿

上樂止凡上公升殿中書令讀表皆舍人引至殿下閤門官殿上接引禮直官博士閤門官引上公詣御榻前北向俛伏跪百僚皆躬奏稱文武百僚上公具官臣某等言元正啓祚萬物咸新伏惟皇帝陛下膺乾納祐與天同休俛伏興百僚直身立降階俟上公還位典儀曰再拜贊者承傳在位官皆再拜搢笏舞蹈又再拜訖躬侍中進當御榻前躬承旨退臨折檻稍東西向稱有制上公并應在位官皆再拜訖躬宣曰履新之慶與公等同之宣訖復位在位官皆再拜搢笏舞蹈又再拜引上公以下分東西序立次禮直官閤門官引中書令進當御榻前北向俛伏跪奏稱中書令具官臣某奏諸方鎮表奏訖搢笏讀表執笏置表於笏上俛伏興少退東向立次禮直官舍人引參知政事詣御榻前奏祥瑞表如諸方鎮表之儀舉各降階置所奏表於案上與參知政事俱還本位表案祥瑞案退禮直官舍人引戶部尚書詣橫階南承制位俛伏跪奏稱戶部尚書臣某言諸州貢物請付所司俛伏興躬侍中前承旨退西向曰制可侍中復位舍人曰拜戶部尚書再拜贊祗候還本班次引禮部尚書俛伏跪奏稱禮部尚書臣某言諸蕃貢物請付所司俛伏興躬侍中前承旨退西向曰制可侍中復位舍人曰拜禮部尚書再拜贊祗候還本班次引刑部尚書俛伏跪奏

稱刑部尚書臣某言天下斷絶請付史館俛伏興躬侍中前承旨退西向曰制可侍中復位舍人曰拜刑部尚書再拜贊祗候還本班無即不奏太史令同次引太史令俛伏跪奏稱太史令臣某言某月日雲物祥瑞請付史館俛伏興躬侍中前承旨退西向曰制可侍中復位舍人曰拜太史令再拜贊祗候還本班侍中進當御榻前俛伏跪奏稱侍中臣某言禮畢俛伏興降階復位内侍承旨索扇扇合簾降鳴鞭協律郎跪俛伏舉麾興工鼓柷宮架奏乾安之樂皇帝降座閤門官贊殿上侍臣樞密以下再拜贊拜閤門官不拜御輿入自東房還東閤儀衛如來儀内侍又贊扇開鼓樂止禮直官舍人引侍中奏解嚴文武百官退内外符寶郎奉寶以次出伏設如儀就位少休樞密都承旨以下退樞密都副承旨如係文臣或正任上壽綴本班赴坐陪位致仕及未陞朝進奏官貢首並先退餘官就次賜酒食以上上壽有司排設備太常設登歌於殿上立舞表於酇綴之間尚醞設壽尊於御座之東稍北設坫於尊南加爵一坫爵皆以御前金玉器充有司設御茶牀於御座之西稍北有司設群官酒尊於殿下之東西又設群官座並如聖節上壽儀閤門客省四方館承受御史臺知班太常寺禮直官舍人引三公宰相親王使相宗室文武百僚諸方及海外蕃

客并入從等各就位（三公親王以下分東西相向序立，諸方及海外蕃客在宮架西南，高麗上，中節人從在蕃客之西；交州職貢又在其西，並北向東上；夏國人從在宮架東南蕃客之東，並北向西上）。禮直官、舍人先引侍中版奏中嚴，少頃又版奏外辦。皇帝服通天冠、絳紗袍，簾捲，內侍承旨索扇，扇合，殿上鳴鞭，皇帝御輿出東閤，協律郎跪俛伏，舉麾興，工鼓柷，宮架奏乾安之樂。皇帝出自東房，降輿，即御座南向，簾捲，內侍贊扇開，殿下鳴鞭，偃麾，敔，樂止。爐煙升。禮直官、舍人引班首以下橫行北向。典儀曰拜，贊者承傳，在位官皆再拜，隨拜三稱萬歲。引班首以下分班東西序立。禮直官引殿中監、少監升殿東階詣酒尊所；次禮直官、舍人引侍中升東階詣殿上之東，西向立；次禮直官、舍人引侍中升東階詣殿上之東，西向立；次禮直官、舍人引光祿卿詣橫階南承制位北向，俛伏跪奏稱：「光祿卿臣某言，請允群臣上壽。」俛伏興，躬。禮直官引侍中進當御榻前躬承旨，退臨折檻，請東西向曰：「制可。」侍中退復位。舍人贊拜，光祿卿再拜訖，贊祗候，復本班。內侍進御茶牀，次設侍於橫階南。酬酒訖，禮直官、舍人引班首以下橫行北向。典儀曰拜，贊者承傳，在位官皆再拜，隨拜三稱萬歲。禮直官、舍人、太常博士引上公自東階升詣酒尊所北向，殿中監以爵授上公，上公搢笏受

卷一萬五千二百二十五

十四

爵，詣御榻前少東西向立。殿中監開爵，殿中少監注酒於爵訖，禮直官、太常博士、閤門官引上公升榻詣御座前躬進，皇帝執爵，上公執盤虛跪，興，降榻，以盤授殿中監。上公執笏詣御榻前俛伏跪（百僚皆躬），奏稱：「文武百僚上公具官臣某等稽首言：元正首祚，臣等不勝大慶，謹上千萬歲壽。」俛伏興（百僚直身立），引退降階復位。典儀曰拜，贊者承傳，在位官皆再拜，隨拜三稱萬歲，躬。禮直官引侍中詣御榻前承旨，退西向宣曰：「舉（公等觴）。」宣訖，退復位。典儀曰拜，贊者承傳，在位官皆再拜，隨拜三稱萬歲。引班首以下分班東西序立。禮直官、舍人、太常博士引上公自東階升至殿中監前北向，搢笏受盤，升榻詣御座西向立。皇帝舉第一爵，宮架作和安之樂，飲訖，樂止。上公受虛爵訖，虛跪興，降榻，以爵授殿中監訖，執笏引降階。班首以下復北向位立定。典儀曰拜，贊者承傳，在位官皆再拜，搢笏舞蹈，又再拜。宗室遥郡刺史及武功大夫以下并伎術官並退門外賜酒。禮直官、舍人引侍中自東階升進御榻前，俛伏跪奏稱：「侍中臣某言，請延公王等升殿。」俛伏興，降階復位。次引侍中詣御榻前躬承旨，西向稱：「有制。」上公升應，在位官皆再拜訖，且躬宣曰：「延王公等升殿。」侍中退。典儀曰拜，贊者承傳，上公升應，在位官皆再拜，搢笏舞蹈，又再拜。禮直官、舍人引公王以下升

殿，兩廊群官並立於席後。殿中監升榻詣御座東西向，進皇帝第二爵酒（第三、第四爵進酒並如上儀，每進酒，舍人揖臣僚起立席後，進酒訖，皆就座），登歌進某曲（登歌曲名、樂章，命詞臣取藏中所有祥瑞撰，第二、第三、第四爵並同）。飲訖，樂止。殿中監受虛爵。殿上群官詣橫行位，不升殿者於席後立。舍人曰：「各賜酒。」舍人曰拜，贊者承傳，上下群官皆再拜，隨拜三稱萬歲。舍人曰就座，群官皆座。太官令行群官酒，群官搢笏受酒，宮架作正安之樂。文舞入，立宮架北。觴行一周（凡酒巡周，並太官令奏），樂止。尚食典御奉御進食，置御座前，太官令設群官食（凡食徧，並太官令奏），宮架奏文舞，作三成止，出。殿中監進皇帝第三爵酒，群官立於席後，登歌奏某曲，飲訖，樂止。殿中監受爵。舍人曰就座，群官皆坐。太官令行群官酒，宮架作正安之樂，武舞入，觴一周，樂止。尚食典御奉御進食，置御座前，太官令設群官食，宮架奏武舞，作三成止，出。殿中監進皇帝第四爵酒，登歌奏某曲，太官令行群官酒，並如第二爵之儀。觴行一周，樂止。舍人曰可起，群官皆立於席後。禮直官、舍人引侍中詣御榻前，俛伏跪奏稱：「侍中臣某言，禮畢。」俛伏興。群官俱降，復位立定。典儀曰拜，贊者承傳，在位官皆再拜，搢笏舞蹈，又再拜訖，分東西序立。內侍承旨索扇，扇合，簾降，鳴鞭，協律郎俛伏跪，舉麾

卷一萬五千二百二十五

十五

興，工鼓柷，宮架奏乾安之樂。皇帝降座御輿，入自房，還東閤，侍衛如來儀。內侍贊扇開，偃麾，敔，樂止。禮直官、舍人引侍中版奏解嚴，所司承旨放仗。在位官皆再拜退。宣詞令於橫階南慰勞將士，隨詞送句應喏，再拜。次太常樂工退（馬端臨《通考》：建炎以來朝野雜記：大朝會者，紹興十三年十月詔來歲舉行之。王望之為禮部侍郎，言排辦不及，請自來年冬至。既而不果。十五年正月朔旦乃克行，用黃仗三千三百五十八，視東都舊儀損三之一。時無大慶殿，遂權於崇政殿行之，以殿狹，輦出房不鳴鞭，它如故事。是日設宮架樂，百官朝服上壽如儀。自是一行而止。時學士院撰十二曲，有端本、成文、滄海澄清、瑞粟呈祥之曲。是歲冬至亦止文德殿稱賀，上壽亦用和安之曲）。

十五年九月十四日，禮部、太常寺言：「勘會冬至大朝會，依太常寺條具，前兩月申請。所有今年冬至大朝會，合取自朝廷指揮。」詔權免（自是元正、冬節，宰執率文武百僚於文德殿拜表稱賀）。

二十九年十月二十一日，禮部、太常寺言：「勘會今年冬至并來年正旦，依禮例，宰臣率文武百僚詣文德殿拜表稱賀。緣今來見在大行皇太后服制之內，欲乞依禮例，宰臣率文武百僚詣文德殿進名奉慰。」詔依。

三十年十月十一日，禮部、太常寺言：「檢准明德皇后典故：景德三年春正月甲辰朔，上不受朝

宅疑官之誤

群臣詣閤拜表稱賀契勘前項典故係在明德皇后小祥之後當將過正月朔上不受朝群臣詣閤拜表稱賀所有今年冬至并來年正旦大朝會亦係在顯仁皇后小祥之後欲乞依前件典故於是日皇帝不受朝宰臣率文武百僚詣文德殿拜表稱賀詔並免拜表稱賀　三十一年十月二十七日太常少卿王普等言勘會今年車駕巡幸有合條具下項　一將來冬至正旦拜表稱賀緣在恭文順德仁孝皇后服制之内已申朝廷乞行奉慰所有今來車駕巡幸沿路冬至正旦欲權免奉慰　一今來巡幸行宮官僚遇冬至正旦欲乞於和寧門外望行在拜慰表所有表文令禮部修撰拜表訖付進奏院入遞投進詔依　三十二年十月四日禮部太常寺言勘會今來冬至并來年正旦大朝會緣係在欽宗皇帝服制之内依典故是日皇帝不受朝群臣詣閤拜表稱賀詔依　隆興元年十一月五日禮部太常寺言勘會正旦大朝會依太常寺條前兩月申請所有來年正旦大朝會合取自朝廷指揮詔權免　十二月八日禮部太常寺言所有將來正旦日依禮例宰臣率文武百僚詣文德殿拜表詔依自後做此　乾道九年九月二十五日詔每歲冬至正旦大朝會例降指揮權免所有百官稱賀立班儀注令禮部御史臺閤門太常寺討論申尚書省取旨

卷一萬五千二百二十五

十六

十二月十四日兵禮部言准都省批下白劄子為大朝會設仗送兵禮部同共討論申尚書省兵禮部契勘得紹興十四年大朝會已降指揮合來排設黃麾大仗五千七十二人今權減三分之一用三千三百五十八人隨宜排列紹興十三年視朝於文德殿排設黃麾半仗二千四百一十五人所有今來正旦朝賀今討論欲乞依紹興十三年用黃麾半仗二千四百一十五人排設詔依　十八日禮部御史臺閤門太常寺言正旦朝賀節次欲乞比附端誠殿稱賀禮例皇太子文武百僚七拜大起居訖皇太子出班致詞復位又五拜樞密承旨稱有制皇太子已下兩拜候樞密宣荅訖皇太子已下又五拜畢退候今降指揮下日乞令御史臺閤門太常寺同共修定儀注詔依　閏月禮部太常寺言將來正旦朝賀拜數節次禮部御史臺閤門太常寺已將供申朝廷外今欲比附政和五禮新儀月朔視朝儀條具下項　一將來正旦皇帝御大慶殿服鞾袍即御座受賀　一將來正旦皇帝御大慶殿皇太子文武百僚並服常服稱賀詔依二十四日兵部言據左右金吾衛仗六軍儀仗司申將來正旦朝賀欲乞依紹興十三年禮例排設今開具合行事件下項　一合用部轄統制將官各二員請納儀仗旁頭一十八人并執擎儀仗人兵二千三百六十四人合於殿前司差撥　一契勘儀仗並合於殿前隨宜排設所有大旗三十四口合於殿門外排設前一日早立依例量留人兵三十四人部轄將官二員守宿看管其餘儀仗至日守慶正門入殿排立　一執儀仗入兵職掌旁頭係入殿應奉之人合用勅入殿門號具數於皇城司關請　一依例於朝賀前二日報皇城司前一日關職掌旁頭入殿標認地分　一合差金吾司官二員充攝上將軍　一合差金吾司引駕四色官碧襴共三十人詔依　二十五日禮部太常寺言勘會將來正旦稱賀今條具到申請事件下項　一依已降指揮皇太子出班致詞樞密承旨宣荅今檢照元正朝會儀注朝賀致詞云元正啓祚萬物咸新伏惟皇帝陛下膺乾納祐與天同休宣荅詞云履新之慶與卿等同之所有來年正旦稱賀致詞并宣荅詞欲乞依上件禮例施行　一將來正旦皇帝御殿服鞾袍即御座受賀今欲乞以射殿權作大慶殿　一來年正旦稱賀欲乞是日皇太子文武百僚先赴起立班稱賀畢次大金使人入賀賜茶酒訖其從駕官以候從駕詣德壽宮起居太上皇帝並如已行儀注　一來年正旦稱賀所有合赴從官并應奉人等欲乞入麗正門出和寧門徑赴德壽宮以俟立班起居訖内不係從駕官却赴起本處以俟迎駕奏聖躬萬福及乞是日麗正和寧門并南北宮門及經由大慶殿門户並早二刻關詔依自後倣此　淳熙元年九月七日禮部太常寺言勘會冬至大朝會依太常寺條前兩月申請所有今年冬至大朝會合取自朝廷指揮詔權免　同日禮部太常寺言勘會將來冬至大朝會已降指揮權免所有朝賀今欲乞依淳熙元年正月一日正旦朝賀節次比附端誠殿稱賀禮例施行詔依其儀仗儀注令禮兵部御史臺閤門太常寺重别討論申尚書省　十月十四日禮兵部御史臺閤門太常寺言尋下左右金吾街仗司討論去後本司申昨淳熙元年正月一日大慶殿朝賀排設黄麾半仗二千四百一十五人今承指揮將來冬至朝賀排設儀仗本司今討論欲乞用黄麾角仗一千五十六人今欲依左右金吾街仗司討論到事理施行詔依　二十九日禮部太常寺言將來冬至稱賀今條具到申請事件下項　一依已降指揮皇太子出班致詞樞密承旨宣荅今檢照冬至朝會儀注朝賀致詞云晷運推移日南長至伏惟皇帝陛下膺乾納祐與天同休宣荅詞云履長之慶與卿等同之所有將來冬至稱賀致詞并宣荅詞欲乞依上件禮例施行　一將來冬至皇帝御大慶殿服鞾袍即御座受賀今欲乞以射殿權作大慶殿　一將來冬至稱賀欲乞是日皇太子文武百僚赴起立

卷一萬五千二百二十五

十七

班稱賀畢其從駕官以俟從駕詣德壽宮不係從駕官依稱賀立班訖先
詣德壽宮門外以俟迎駕奏聖躬萬福如值雨或雪泥濘免俟皇帝詣德
壽宮大次降輦次報皇太子宰執并文武百僚詣德壽宮殿下立班次入
上皇帝御座殿下禁衛起居如常儀以俟皇帝升殿并皇太子宰執文
武百僚朝見起居太上皇帝並如已行儀注　一將來冬至稱賀所有合
起赴官并應奉人等欲乞入麗正門出和寧門經赴德壽宮以俟立班起
居訖內不係從駕官却赴本處以俟迎駕奏聖躬萬福詔依日後做此
二年十月十一日詔冬至百官朝賀拜表為行太上尊號冊寶典禮權
免一次其合詣德壽宮拜表稱賀用前一日　八年十二月二十九日詔
正月一日大慶殿文武百僚稱賀為值雨特免設儀仗及至庭臣朝賀依
正旦群臣朝賀儀詳見前冬至下

淳熙十四年十一月六日禮部太常寺言勘會今年十一月十四日
冬至節在太行太上皇帝服制之內乞是日宰臣率文武百僚詣德壽殿
入臨次移班進名奉慰皇太后皇帝皇后仍乞是日除合從駕官并應奉
官隨駕外其沿路迎駕次起居權免起居先赴德壽宮門外以俟迎駕起
居如值雨雪濕權免詔依十二月十八日禮部太常寺言勘會來年正旦
節在大行太上皇帝服制之內乞是日宰臣率文武百僚詣德壽殿入臨
次移班進名奉慰皇太后皇帝皇后仍乞是日除合從駕官并應奉官隨
駕外其沿路迎駕次起居官權免起居先赴德壽宮門外以俟迎駕起居
如值雨雪濕權免詔依淳熙十五年十一月四日禮部太常寺言勘准紹
興三十年十一月十一日勅檢准明德皇后典故景德三年春正月甲辰朔
上不受朝群臣詣閤門拜表稱賀契勘前項典故係在明德皇后小祥之
後當時遇正月朔上不受朝群臣詣閤門拜表稱賀所有紹興三十年十一
月十六日冬至并三十一年十一月十六日冬至并三十一年正旦亦係
在顯仁皇后小祥之後係前件典故冬於是日皇帝不受朝宰臣率文武

卷一萬五千二百二十五

百僚拜表稱賀奉詔並免拜表稱賀契勘今來十一月二十五日冬至并
來年正旦係在高宗皇帝小祥之後係有前項典故檢擬所有宰臣率文
武百僚拜表稱賀更合取自朝廷指揮

入禮類　歷代羣臣謚

銷

宋會要　追封古昔名臣謚

大中祥符元年十一月，詔周文公旦可追封文憲王，于兗州曲阜縣建廟，春秋委州長吏致祭。

大中祥符元年十月，詔維師尚父宜贈隆周，冝加謚昭烈，武成王仍于青州建閟廟。

尚書中佚

王伐卸墻溪之水，鈞其溪得玉璜，刻曰：姬受命，呂佐之，二報在齊。故果封於齊。或云魚腹中得玉璜。

卷一百六十二

入禮類　旌表

旌表　宋會要　孝

淳熙三年，台州奏臨海縣婦人陳氏，夫亡年少，子幼，有婦誠。親陳氏孀居，慟哭仆地，夜欲自刎，父母許以不復議嫁，方免。奉舅姑極孝。舅朝散大夫谷景山得風眩疾，侍湯藥，未嘗少怠。姑年百有一歲，臨終執其手，回顧婦手訴宋多壽如我。其侍母獨人，亦其孝。今年九十三，益髮不衰。二子希尹、帝教皆舉進士，所居室名壺壺合籍。而處及得疾，二子叩頭祈禱，願以身代，遂愈。邑人以其城市與室所居而減孝義所。上曰：「此當旌表，以厲風俗。今次慶赦年九十者有合與封號，又孝行如此，可封安人。」

卷一萬四千九百十四

太祖建隆二年十一月十九日，始獵于近郊，賜宰臣、樞密使以下，見任前
任節度、防禦、團練使、刺史、統軍、侍衛諸軍都校錦袍。其日，先出禁軍為圍
場，五坊以鷹犬從，帝親御弧矢，射中走兔三，從官貢馬稱賀，中路頓
召近臣賜飲，至夜還宮。其後凡出田皆然，從臣或賜窄袍，晚執親王以下
射中者賜以馬。十二月二十日，出玄化門，校獵于近郊。三年十月二十七
日，出玄化門，校獵于近郊。十一月二十六日，出迎秋門，校獵于近郊，射中
走兔一。四年十月二十一日，校獵于近郊，射中走兔一。三十日，校獵于北
郊，射中走兔二。乾德元年十一月二十六日，校獵于近郊，親射中走兔三。二
年十一月二十日，校獵于西郊，射中走兔三。十二月八日，臘，校獵于陽武
縣。二十九日，校獵于北郊，射中走兔二。四年正月，命州南兵馬都監史珪
霸、瀛、莫州刺史領所部兵大獵于幽州界，以耀北邊。五年九月二十一日，
校獵于近郊。十一月五日，校獵于近郊，射中走兔二，臣僚進奉稱賀，皆賜
納迎章、金鳳圍，賜侍臣名馬有差。六年八月四日，按鶻于近郊。九月，出玄
化門，按鷹于北郊，登飛龍院，宴侍臣。十月十一日，校獵于近郊，迎章新
龍院，賜侍臣食。十五日，校獵于近郊，射中走兔二。開寶二年正月五日，校
獵于近郊，由興禮門幸飛龍院，賜侍臣名馬、銀器有差。十一月十一日，校
獵于近郊。十五日，校獵于近郊，迎章金鳳圍。十二月一日，臘，獵于
近郊，射中走兔三。三年十月二十四日，校獵于近郊。十二月十日，校獵于
近郊。四年十二月二十一日，校獵于近郊。五年十二月四日，臘，校獵于近
郊。八年九月三日，校獵于近郊。上將八年九月收上因逐兔馬蹶而墜
刺馬殺之，帝曰：吾不為此馬，而為耽於遊畋非為人主事，自是不復獵。太宗太
平興國二年九月二十八日，丙辰，出熏風門，校獵于近郊，帝親御弧矢射
走兔四，御製《獵詩》一章，學士扈蒙和之。十月二十四日，校獵于近郊，射中走兔
三。十二月十四日，盧校獵于近郊，親王宰相、翰林學士、節度、防禦、刺史、呂
刺、統李煜、劉鋹從行，射中走兔二，迎章金鳳圍張樂，賜從官。三年
十月十八日，盧校獵于西郊，獵獨王、侯、丹高錢從官從至窟並射
中走兔三，迎宴於津園。十二月二十五日，校獵于西郊，射中走兔二，迎宴
金鳳園，帝因謂宰臣曰：老子云：馳騁田獵，令人心發狂。是書六外，惟尤荒
為人上者不得不戒，然宮前王多處於此，而致失政敗亂者，非時蒐狩為民
除害，非敢以為樂也。四年十一月十三日，民畫安至津園校獵于近郊
射中走兔四。五年九月二十日，壬戌，校獵于近郊，射中走兔四。十二日，五
日甲戌，車駕北征，駐蹕大名，五日，校獵于近郊，因以閱武，賜禁軍校及衛
士綠袍，帝親射中麞二、兔九。四時宜獵，狐兔皆害田稼，禁之，有衛士奪得
麞，主者以讓，令窮其罪，帝曰：「獲之斷後，世必為我重獸而輕人。」因赦其罪。十
一日，北征迴，發大名，府因校獵近郊。六年十二月十五日，己卯，校獵于近
郊，射中走兔四，時謂從臣曰：「獵者出狩，以順時令，緩轡從禽，且非荒也。」迴
至講武臺，張樂，賜從官飲。七年閏十二月七日，丙申，校獵于近郊，射中伏
兔二，還幸講武臺，賜從官飲。雍熙二年十一月二十四日，校獵于西郊，射
中走兔五，因謂宰相曰：「古者蒐狩，以所獲之禽薦饗宗廟，而其禮久廢，今
可復之。」乃下詔曰：「順時蒐狩，禮有舊章，非敢樂於畋遊，將薦誠於宗廟。久
廢前制，闕孰甚焉。今將近郊，爰遵時令，親射所獲，充獻宗廟，以為宜定。以所
獲禽獸，付所司薦饗太廟，永為常式。」四年十二月二十一日，臘，校獵于西
郊，親射獲狐兔五，因謂近臣曰：「今日之行，蓋徇眾之意，既臘弋獵，非所好
也。」行次近甸，賜從官飲，命學士賦臘從獵詩。上行宮不臨其以時上
端拱元年十月三十日，詔：「自今除有司順時行禮之外，其羅罟遊獵，五
坊所畜鷹犬並放之，諸州不得以鷹犬來獻。」上林玄數元年三月癸未指
田以為不足之殺，上林之內，毋畏不遊，殊昧好生之德，辭細之仁，今後以時行
獵，非時更不於近甸遊獵，五坊鷹犬放之，諸州不得以鷹犬獻。
月二十四日，定難軍節度使趙保忠獻鶻一，號海東青，詔曰：「朕久罷畋遊，
盡放鷹犬，無所事此，明諭近邊，籌時擁武事，其以所獻鶻還賜之。」五年十
二月九日，臘，命秦王等獵于近郊，帝雖不行，弋獵生者但命擒捕，順時
令而已。　真宗咸平二年十一月二十日，獵于東達頓，射中走兔三，卧兔、
飛雉各一，召從臣觀，復鷹犬奏還宮。三年十二月五日，戊申，校獵于近郊，親
射走兔二，走狐一，至力戒，命從官賜食，是日以所射狐兔付宗正寺薦
于太廟。四年十一月十二日，戊寅，校獵于近郊，射中走兔三，
狐兔二，走狐一，飛雉一，有虜使在闕，令觀，殿前都指揮使高瓊射兔之，至
殺為頃賓從臣五人六十一日二十二月十六日大中祥符景德元
年十一月十四日，校獵于近郊，至于國村兒院，會有播頭壞空尾腿
幣，因幸其家，人賜袍、錢衣三十事、兒三百，宴閣宴
近臣于曠野，遍頒從官，獲者詣獵軍近前，御馬三匹，殿前副都指揮使
劉謙為軍副都指揮使，供備步軍副都指揮使王隱各二匹，馬軍副都虞候
與義軍都虞候劉謙各一匹，從官頗獲，遂一鼓還宮。時五
前與近臣騎從射獵自然兵器中伏欲驗三年十

二月十二日乙酉，校獵于近郊，射中走兔七，詔付光祿寺薦宗廟。至琴臺還頓，賜從臣食，夜漏一鼓還宮。四年二月十二日，詔東駕朝陵，五坊鷹隼從行者並先還京。帝謂宰臣曰：五坊之名，先帝已曾停廢，今所存者但令牧放養於畢中，令乳哺之時，何須扶擁，故令先發。大中祥符二年六月十九日，詔教駿所養鷹鶻除量留十餘事以備諸王從時展禮外，餘悉羅之。四年正月六日，詔從駕州軍不得因迎送出城寨鷹鶻獵犬者以違制論。天禧元年五月十八日，詔入內內侍省以所養鷹鶻獵犬五十三隻因後龍翔坊臣審放名山高僻之所。八月七日，詔悉罷放五坊鷹犬，其京城四面禁圍草地，令開封府告諭百姓許耕墾畜牧。仁宗慶曆五年八月九日，詔樞密院討詳先朝校獵制度以聞。初，真宗封禪之後不復畋獵，裁五坊之職，鶩禽走犬悉放諸山林。至是集賢校理李柬之上言祖宗校獵之制，所以順時令而訓武事也，陛下臨御以來未嘗講此禮，願詔有司草儀，選日命殿前、馬步軍司出兵馬以從獵于近郊，故命討閱之。九月十九日，入內內侍省內侍都知李永和提舉五坊，入內供奉官何誠用為五坊承受公事。仍詔三司將來出獵置頓，分於韓村兩路於高村，其供奉物備辦之。十一月一日，詔開封府供備出獵圍內雞兔。四日，殿前司言：凡從出獵，兵合

（獵）卷二萬二千八百十八

排日三十三指揮，有馬軍士從駕，各帶木連架捧三十條，遮圍禽獸。從之。十六日，殿前司閤門入內內侍省整肅隨駕禁衛所言：乞依大中祥符四年指揮，親王、中書、樞密、宣徽使并一品官、左右僕射，許將帶從人各四人；三司使、節度使至觀察使、學士、上將軍、御史中丞、承郎、內客省使各三人；給諫、舍人、大卿監、防團刺史、大將軍、樞密都承旨各二人；客省、引進、四方館、皇城、宣閤門使副、諸司使副帶省職館職、朝臣、樞密副承旨、通事舍人、諸衛將軍及軍職、趁仗使臣並不得帶從人入禁衛內，帶器械在禁衛內隨駕；通事舍人二人在禁衛內引駕，內侍黃門二人在禁衛內祗候傳宣，並不得帶從人；閤門祗候、三班使臣、諸司庫務使臣並不得入禁衛內，其禁衛內祗候使臣不許帶入從人，差親事第一指揮長行三十人、節級二人管押，著青錦襖子，繫銀腰帶，如遇合破接馬人，隨從於駕前禁衛內下馬，即令親事官接馬。從之。十七日五鼓，帝御內東門，賜從官酒三行，奏鈞容班樂。幸瓊林苑門，賜從官食。遂縱獵于楊村，宴于幄殿，奏教坊樂，遣使以所獲馳薦太廟。既而召父老臨問，賜以飲食茶絹，及賜五坊軍士銀絹有差，耆老賜絹八十歲以上七疋，以下五疋。宰臣賈昌朝等言：陛下順時畋獵，登薦祖以昭孝思，畢實以講武，飲酒以養老，賜田夫以勸農，一出而四

美具，望宣付史館。從之。六年二月一日，左屯衛大將軍錢仕進撰上校獵圖，次賦，詔付五坊所。四月五日，詔選第一等白羅雲鳳錦方子一十條，給宰臣使相；第二等攢偶雲地錦條褶二十條，給[?]第三等合羅雲鳳錦條褶三十條，給合赴座臣僚。令儀鸞司據合出獵供應，非次不得用。十月十四日，三司言：將來出獵，諸班人從支破晚食，閤指揮士支破食錢。從之。十一月二十一日，詔閤門：出獵日，內東門不賜臣僚茶酒，只就幕次賜頓，亦不作樂。御從如初射中狐兔，臣僚下馬稱賀，茶酒再射中則不下馬，如日色早晚，奏進水飲，射中狐兔，就從賜茶酒，如日色晚，直至韓村迎陣射，着史不下馬，獻茶酒。畢，還內，應從臣僚論就賜襖子。二十五日，獵于城之東韓村，初命坐于東圍，十一月五日去年未盡分。騎士數千為左右翼，節以旗鼓，令圍場徑十餘里，部隊相維，審據中道。斜據弓矢而處，獲禽兵時道傍居民或獻孤兔，帝止辭之，揮子一縱獵閱。詔輔臣曰：畋獵所以訓武事，非專務獲也，恐合辭之，令臣樹旗品閱。所過父老子孫供養之數，上以程植所宜，且勉其水良，稼然壽如此人，加射勞之，又遣次追飾諸衛士更奏技射，前與內侍等賜衣，以相決勝。人說輔臣曰：此亦可以觀士之才，臣恐四度左

（獵）卷二萬二千八百十八

圍內省殺耗一年。時交趾李德政遣使獻馴象，未見[?]召騎紫[?]金帶，令縱觀之。於是群臣多獻賦頌，有以田獵為式。自十二月四日，詔諸州軍臘日不得擅下諸縣科率狐兔。二十四日，詔出獵興殆如下馬，賜茶酒頭使殺御座，不須止南。七年三月十一日，詔出獵賜茶酒，使相以上許座。新造械輕捕，整上繫錦方褥，餘臣僚仍舊用錦條褥。二十一日，詔自今罷獵于近郊，所有鷹犬令五坊收管。

寶錄二字係小注

全唐文

宋會要　大閱講武

國朝開寶通禮有四時講武儀祖宗之初四方未寧多親臨閱亦無常所雖不盡用其儀但講修戎事而軍儀精銳冠天下之盛觀太祖建隆三年十一月七日帝以殿前侍衛諸軍騎及京都兵從車駕出立北門大閱於西郊實錄十一月辛酉講武於近郊先是晉漢以來衛兵寖廣仰食縣官者率數十萬璽帝即位常按籍閱兵仍校驍擊刺騎射之藝有法而無勇者悉黜去之至是始大講武事帝謂近臣曰自頃禁兵雖多未嘗訓練朕昨蒐去冗弱遂爲精兵故因時而教習十日復講武於近郊紀作辛西大閱西郊實錄甲子又大閱於西郊太宗太平興國二年九月二十日幸講武臺大閱帝屬意戎事每朝罷即於便殿或後苑親閱

一

禁卒取伉健者隸親軍罷軟老弱悉分配外州自是藩衛之卒益精遂令築臺講武於城西千秋門外之楊村因名臺曰講武先是以殿前楊信董其事帝以信病瘖不能言命天府左廂軍都校崔翰代之翰分布士伍南北綿亘二十里建五色旗而號令將卒望其所舉以爲進退之節每揮旗指麾則千乘萬騎周旋如一甲兵之盛近代無比帝御高臺與從臣臨觀大悅是日遣中使賚以金帶賜之曰此朕藩邸時所服者因謂左右曰晉朝之將必無如崔翰者蓋言晉室將帥不得其人而軍政隳紊也三年十二月二十四日幸講武臺觀飛山卒發機石射連弩將有事于晉陽以習武事　真宗咸平二年四月二十九日華州進士許炎上言力能舉五十斤鐵鞭高丈餘承以背及嘗學劍術願試之帝召見令與武士擊劍數四賞其趫勇錄爲三班奉職五月十四日百姓張古伐登聞鼓自陳十二學劍舞今年十六願試之帝召與騎士擊刺數四補東西班殿侍八月十六日大閱諸軍於東北郊先是有司距都城二十里擇東武村度所勝關爲廣場又過高築臺基上設屋帳行宮于西北開命殿前都指揮使王超爲左右廂教陣都總管龍神衛四廂都指揮使乘進副之宣徽北院使周瑩爲隨駕都總管[illegible][illegible]使康仁寶西京左藏庫使郭崇信爲左廂押陣使[illegible][illegible]使劉承珪供備庫使梁承勲爲右廂押陣使部前忠佐馬帝軍都軍頭呼延贊輔超爲左廂都[illegible]使[illegible][illegible][illegible][illegible]忠爲右廂排陣使[illegible][illegible]使[illegible][illegible]都[illegible][illegible][illegible][illegible][illegible]爲[illegible][illegible]前都巡檢昭宣使李神福洛苑使[illegible][illegible][illegible]大內都[illegible][illegible]定國軍節度使武威信爲京城內都巡檢內侍都知竇神興副之宮苑使入內內侍副都知衛紹欽爲新舊城裏同巡檢殿前侍衛馬步諸軍二十萬自夜三鼓初分出諸門遲明乃絕詰旦帝被[illegible]出東華門諸王輔臣三司使學士尚書侍郎御史中丞給舍及上將軍節度觀察防禦團練使刺史並賜戎服以從帝頓於行宮諸軍陣于臺前左右相向步騎交屬綿亘二十里諸班衛士翼侍于後軍儀整肅有司奏皇帝升臺東向御戎幄召從臣坐而觀之殿前都指揮使王超執五方旗以節進退又以行列還遠號令所不能及遂於兩陣中起候臺相望使人執旗如臺之數以應之初舉黃旗則諸軍旅拜舉赤旗則騎進舉青旗則步進每旗動則鼓作而士譟之聲震于百里皆三挑而後退次舉白旗諸軍復拜呼萬歲者三有司奏陣堅而整士勇而厲欲再舉之帝曰可止矣顧謂超曰士衆嚴整戎行練習卿之力也遂舉黑旗以振旅軍於左者略右陣以還由臺前出西北隅軍於右者略左陣以還由臺前

二

出西南隅並凱旋而從退御幄殿召從臣宴飲教坊奏樂迴御東華門閱諸軍還營鈞容奏樂於樓下復召從臣坐賜飲至晡還宮明日又賜近臣飲於中書諸軍將校飲於營中內職飲於軍器庫諸班衛士飲於殿門外大閱所踐民田蠲其租上作大閱五言詩令屬和儒臣梁顥曾致堯盛元劉鍇楊嵎等各上大閱頌賦銘詔付史館　三年正月七日并代鈐轄李允正引廣銳騎士數百人對于行宮前殿帝與輔臣同觀之曰聞是兵父經戰陣皆可驅使遂命允正往邢州賜將士緡錢遣之四月二日帝御便殿召河北防城弩人康克勤等三十人試以強弓勁弩挽勁善左右射擊劍凡中選者十人並

卷一萬一千八　三

補三班借職四日太子中允王儼言前知趙州吳丹游騎至城下有學究朱著者勇而善射命召募壯士百人守禦南關城門訖虜退無敢窺其門者帝命引對以勁弓試之補三班借職十四日御便殿閱兵神騎第五副兵馬使焦偃自稱善盤鐵槊重五十斤命試之偃躍於馬上往復如飛命還本軍軍使玉海是年五月辛卯上閱兵於便坐十一月五日御崇政殿閱捧日天武右第一軍第一指揮教戰前列騎士步卒次之舉赤幟則騎進青旗則步進弓弩齊發矢下如雨以金鼓節其進退擢射御超倫者遷補軍職　仁宗天聖元年二月五日詔樞密院較定試諸軍班弓弩並依先朝舊制時帝御承明殿試戰龍直十將四人弓弩不中殿前都指揮使射將故言石斗硬弩不等兩試復使中工人故有是詔

五年九月十三日御崇政殿臨軒召輔臣觀龍衛神勇軍列射于庭中習戰陣之狀先騎射次步射進退節以鉦鼓頗極精妙　九年三月九日西頭供奉官閤門祗候李大成以準詔教習用遠箭團牌軍隊事詣便殿請對命試於前詔令二人對射三發矢次四人為伍弓弩齊發次擊刺鬭槊皆精習詔遷大成一官賜軍士緡錢　十年十月十七日召虎翼武騎二軍習陣于崇政殿庭分步騎為四陣召輔臣觀焉　景祐二年八月二十三日紀甲戌幸安肅門砲場觀飛山雄武放砲又令捧日天武龍衛神衛虎翼諸軍為戰陣之法具擊刺騎射之精者悉遷補之遂

卷一萬一千八　四

宴從臣于幄殿　四年八月二十一日詔諸軍習陣法帝親臨閱擇材勇武藝者遷升之餘賜以緡錢　康定元年三月十一日御崇政殿觀虎翼軍士教習戰陣召輔臣觀焉七月十五日御延和殿閱諸軍士卒習戰陣法九月二十九日御崇政殿閱龍衛軍士教陣法選材勇者遷之　慶曆二年六月二十六日御崇政殿閱涇原路蕃落弓箭手教陣先是帝以西鄙用兵賊屢入衛閱思准居於蕃落將士等令以戎陳北隊下故也是日初令騎射皆驍驍也向進有捷名於遠御其旗皆死王事者時與子姓六人對向堅尤校悍帝取其弓手引之甚勁帝求宰臣因遍諭其衆汝卒為國扞賊朕深知勞苦慰勉久之又見其善射曰比詳国難冊懷無為衆權以善傳兇之因序知遠傳　十月二十一日御崇政殿觀龍衛軍士習軍陣　皇祐元年六月十七日右殿直趙

擬改挺

禮九之九

撲試武藝殿閣門祗候其父振致仕借入自陳筋力未
衰屢經戰陣詔授右屯衛大將軍落致仕解州防禦使
京西鈐轄至和元年十月二十八日幸城北砲場觀放
砲遂宴從臣賜衛士緡錢十一月五日詔修城西砲場
臺仍令八作司繪圖以上　神宗熙寧三年八月七日
御崇政殿閱左藏庫副使开贇所教牌手上詔諭曰觀
其進退輕便不畏矢石誠為利器可令殿前步軍司擇
給刀手曉達者依贇法教習　五年五月二十八日御
崇政殿閱涇原路衙教陣隊詔以陣法頒行諸路既涇原路經略使蔡挺於衙中庭勤武室肄習諸將習馬熙閱周态陣伍有法召挺為樞密副使因上書而引試於殿
便　元豐四年四月六日上御延和殿觀閱試保甲雍

卷一萬一千八

五

王顥曹王頵侍火速命顥等坐閱試畢賜茶即從還禁
中九月十九日帝御崇政殿召執政賜坐閱試澶州集
教大保長并監教使臣等四百八十二人畢三人補三
班借職三十三人補三班差使借差餘賜銀絹錢有差
東上閤門使榮州刺史狄諮選四方館使朝散郎劉定
選集賢校理監教使臣等轉官減磨勘年　六年正
月二十九日帝御崇政殿閱燕達所肄習殿侍七十人
各步射一石四斗弓帝問能加否皆曰願射一石七斗
力帝令易弓皆引滿顧謂樞密都承旨張誠一曰人材
事藝大抵相若教幾多時誠一對曰半年帝曰在教未
久首能應格並與三班借職各賜袍笏銀帶沿邊指使

禮九之一〇

十月五日捧日左軍第六將第三指揮押官董安王宣
長行潘演賀誠劉福郝秀解起並為三班奉職賜袍帶
馬充邊上指使以引試武藝皆能射一石五斗弓也
哲宗紹聖三年六月十八日軍頭司引蕃官東上閤門
使雄州防禦使李忠傑等呈試武藝詔忠傑李阿埋
各與轉一官內忠傑回授與兒男阿埋賜名世恭加遙
郡刺史　元符二年正月九日軍頭司引見蕃官呂永
信等永信并男細兩輕丁埋試藝各賜錦袍並自陳乞
賜姓趙從之　高宗皇帝建炎三年六月二十一日上
諭輔臣曰朕欲親閱武事臣呂頤浩曰方右武之時理
當若此祖宗時不忘武備如鑿金明池蓋欲習水戰張

卷一萬二十八

六

浚曰祖宗每以上巳遊幸必命衛士融射因而激賞亦
所以講武上曰朕非久命諸將各閱所部人馬當與卿
等共觀足以知諸將能否時以事不累行　紹興五年正月十一
日皇帝御射殿閱諸班直殿前司諸軍指教使臣親從
宿衛親兵并提轄部押觀兵使臣射射共一千二百六
人每六十人作一檢十四日皇帝御射殿閱諸班直親
從等射射遂詔戶部支金一千兩付樞密院激賞庫充
激犒使用三月二十日皇帝御射殿閱等子趙青等五
十人角力轉資支賜錢銀有差八月二十三日皇帝御
射殿閱廣東經略司解發韶州士庶子弟陳裕試神
臂弓特補進武校尉賜紫羅窄衫銀束帶差充本路經

曦前

略司指使。三十年十月二十七日，皇帝御射殿，引三衙統制、統領同充領入內射射。詔餘合赴內教人依年例支降例物，令逐司自行按試等第給散。（舊例每歲引三衙官兵內教，是日止引統制、統領，故有是詔。）三十二年四月二十五日，皇帝御射殿隔門特坐，引呈新舊行門射射。孝宗隆興二年五月八日，上宣諭宰執曰：「朕以今月十七日幸門外大教場，引呈三衙出戍四軍人馬，賜以犒設。」宰臣湯思退等奏：「欲差都大彈壓官主管一行事務，官監散犒設，官仍令臨安府修圍汾路橋道。」上曰：「不須如此，只差官監散犒設，仍令臨安府修圍橋道，不得拆毀民間屋宇。」（其後以雨止，令三衙同監官給散犒賞。）乾道二年十一月二十二日，詔今月二

卷一萬一千八　七

十四日車駕幸候潮門外大教場，進早膳畢，次幸白石教場，抽摘進呈三司軍馬，應從駕臣僚自祥曦殿並戎服起居，從駕往回。（是日有旨，仍進晚膳。）內管軍、御帶、環衛官從駕，宰執已下免從，就逐幕次賜食。俟進晚膳畢，免奏萬福，并免賜茶。從駕還內。二十四日，上幸候潮門外大教場，進早膳，次幸白石教場閱兵。三衙率將佐等導駕詣白石，皇帝登臺，三衙統制、統領官等起居畢，舉黃旗，諸軍皆三呼萬歲。拜訖，三衙管軍奏報取旨，馬軍上馬打圍教戰，舉白旗，三司馬軍首尾相接，舉紅旗向臺合圍，聽一金止。軍馬各就圍地作圓形排立，射生官兵隨鼓聲出馬射獐兔，再一金止，疊金，射生官兵各歸陣隊，舉黃

旗，射生官兵就御臺下獻所獲。是日有數將獨乎運大刀上，問李舜舉曰：「此刀可重幾許？」奏曰：「刀皆重數十斤。」上曰：「卿能教閱如此精明。」奏曰：「臣等才但恭依聖訓。」又宣諭陳敏曰：「軍馬衣裝整肅如此。」且褒其能以家財造軍裝，訓練整齊。及人物謀略，時慰勞錫賚。諸將鞍馬銀帶，以及士卒賞皆有差。諸軍歡騰鼓舞，就列百姓觀者擁峙如山。時久陰曀，暨皇帝出郊，雲霧解駁，風日開霽。主管殿前司王琪等繼奉聖訓曰：「前日之教，師律整嚴，人無諠譁，分合應度，朕甚悅之，皆卿等力也。執政、百司自恨不能一見。」琪等曰：「此陛下神武之化，六軍恭謹所致。臣願得以此為陛下勤。」絕句先上，肯之。其日祥曦殿

卷一萬一千八　八

皇帝出宮，行門禁衛等迎駕，常起居。皇帝坐閤門，官已下修注、御帶、環衛官等並戎服常起居。次親王、執政官已下並戎服常起居，（皇太子起居訖，從駕內中。）皇帝乘馬出，從駕官從駕至候潮門外大教場。皇帝下馬入幄殿，從駕官等並歸幕次。進早膳畢，幄殿入內官唱排立。皇帝出幄殿，行門禁衛等迎駕奏萬福。（從駕官等並免奏萬福。）皇帝乘馬，（皇太子、親王、管軍、知閤、御帶、環衛官從駕。）幸白石教場，至將臺下，下馬，外臺入幄殿。俟入內官唱排立，皇帝出幄，行門禁衛等迎駕，奏萬福。皇帝坐，（皇太子、親王、知閤、御帶、環衛官並將臺上侍立，管軍往來照管。）閤門分引殿前馬步三司統制、統領官常起居訖，次三司將佐已下聽鼓聲常起居。俟教閱陣隊訖，次殿帥王琪下將臺奏

馬於教場教閱親隨射弩椿并野戰畢次諸軍射生幄殿上移椅子皇帝坐觀諸軍射生次三司統制統領將佐使臣射中獐鹿等於臺下置定傳旨賜殿師〔帥〕王琪三司統制統領官金椀一各十兩射生將佐使臣等七兩五兩銀椀有差本軍引三司統制統領官等赴幄殿下再拜謝訖退次入內官再傳旨賜殿師〔帥〕王琪射弩椿并野戰人銀一千兩引赴幄殿下再拜謝恩訖退放教後隊皇帝歸幄殿坐管軍進皇帝酒一盞皇帝飲訖管軍再拜謝次入內官傳旨宣皇太子親王知閤管軍賜酒飲訖皇帝起入幄殿皇太子已下進歸幕次俟皇帝出幄行門禁衛等迎駕奏萬福皇帝乘馬從駕官免奏萬福乘馬以俟迎

卷一萬一千八

九

駕以至候潮門外大教場從駕臣僚免奏萬福從駕回皇帝乘馬入和寧門至祥曦殿上下馬還宮　四年十月四日殿前司言準已降旨令三司祗備教閱今射親相視龍王堂北江岸以東芳灘一帶平地可作教場已修築將壇將來三司馬步軍並各全裝披帶衣甲執色器械至日先赴教場下方營排辦俟聖駕陞臺聽金鼓起居畢依資次變陣教閱所有聖駕出郊除禁衛所乘差儀衛外欲於本司入陣馬軍內摘差護駕馬軍八百人騎執槍旗帶弓箭甲器作十六隊於儀衛前後引從各分八隊隊各五十人往回沿路各動隨軍番鼓笛大樂及摘差本司入教陣隊內諸軍步親隨一千人并統領將官

三員執弓槍帶刀斧軍器至日先赴將臺下各分左右於後壁迴圍留空地三十步以容禁衛外作三重環之依已降旨裏甚入教及從駕往回并圍臺擺斷二十人騎外有用不盡千一百十三人其兩忠毅軍見閑在寨馬軍共二百十人騎欲於內撥二百人騎前一日於諸山以來打圍射獐兎候教陣畢以射到獐兎至御臺下進獻從之十四日詔令月十六日進早膳畢車駕幸灘上抽揀諸軍人馬按教宰執管軍知閤御帶環衛官自祥曦殿戎服起居從駕餘並免從還幕次賜酒食俟進晚膳畢免奏萬福并免賜茶從駕還內應府城內外沿路迎幕次並免迎駕起居并免奏萬福如值兩〔雨〕從駕臣僚并儀衛等並許張兩〔雨〕具十五日閤門言今來駕幸灘上抽揀諸軍人馬按教所有祥曦殿皇帝坐常起居其御帶環衛官帶軍中差遣者免從駕徑赴灘上教場管軍仍執骨朵於御廚南迎駕宰執親王已下宣名宰執或有奏事如儀其灘上教場皇帝坐閤門引三衙統制統領官立以殿前馬步軍為次序將佐已下同諸軍就隊伍卒軍招撥起居隨拜三呼萬歲已後教閱次序并或有恩旨唱賜等並依例本軍招撥謝恩從之十六日上幸芳灘抽揀諸軍人馬全裝執色前一日於教場東列幕宿營是日三衙管軍與各軍統領將佐全裝披帶導駕乘馬至護聖步軍大教場亭更御甲胄到灘皇帝

卷一萬一千八

十

登臺三衙起居畢權主管殿前司王逵奏三司人馬齊
舉黄旗諸軍呼拜者三逵奏請從頭教中軍鳴角倒門
角旗出營馬步軍簇隊成教鼓訖還三鼓馬軍上馬步
人擐起旗槍四鼓舉白旗中軍鼓聲旗應變方陣為備
敵之形别高一鼓步軍四向作禦敵之勢且戰且前馬
軍出陣作戰鬬之勢别高一鼓各分歸地分五鼓舉黄
旗變圓陣為自環内固之形如前節次訖二鼓舉赤旗
變銳陣諸軍相屬魚貫斜列前利後張為衝敵之形亦
依前節次訖王逵奏人馬教絶取旨擺當頭舉青旗變
放教直陣收教訖一金止重三鼓馬軍下馬步人斂落
旗槍皆應規矩皇帝大悦犒賞倍之士卒歡呼謝恩如

卷一萬一千八

十一

儀鳴角聲簇隊訖教教押隊步人分東西引拽馬軍交
頭於御臺下隨隊呈試驍鋭大刀武藝繼而進呈車砲
大砲煙槍及構山打圍射生馬步軍統制官蕭鷓巴等
以所獲獐鹿等就御臺下進獻人馬按絶是時冬日
齊溫士民觀者如山皇帝復御常服衆馬至車子院宣
喚殿前司撥發官馬定遠侯彦昌各賜馬一疋彦昌仍
自準備將特陞副將馬步軍司撥發官亦依例宣喚賜
馬人因進御酒上謂王逵曰今日教閱進止分合軍律
整肅皆卿之力也逵奏陛下神武四海共知六師軍容
執戢不肅特賜酒俱以十分逵奏以軍馬事不敢飲上
曰以與之觀識之太平歡聲謝恩退又宣閤主管侍衛

墊　墊　俟考

馬軍司李舜舉令日按閱之兵比向時所用之師何如
舜舉曰今日所治之兵皆陛下平時躬親訓練撫以深
恩賜之重賞忠勇百倍非昔日可比其日皇帝至祥曦
殿行門禁衛等並戎服迎駕常起居皇帝坐知閤門官
已下修注御帶環衛官等並戎服常起居宰執已下並
戎服常起居訖皇帝乘馬出從駕官從駕至候潮門外
大教場御幄下馬入幄更衣訖依已降指揮宰執管軍知閤御帶環衛官從駕侍從已下免從駕皇帝帶金裝甲出幄行門禁衛等迎駕奏萬
福從駕官并應奉臣僚並免奏萬福皇帝乘馬殿王恭王並自大教場帶金裝甲乘馬從駕宰執使相正任管軍知閤御帶環衛官並戎服從駕至轅上教場臺下馬升臺入幄
皇帝歸幄從駕官宰執親王使相正任知閤御帶環衛

卷一萬一千八

十二

官升臺於幄殿分東西相向立管軍並令金裝衣甲帶
御器械執骨朶升臺於幄殿指南面西立侯入内官唱
排立皇帝出幄行門禁衛等迎駕奏萬福皇帝坐殿門
分引殿前馬步三司統制統領官常起居訖次三司將
佐已下聽鼓聲常起居次殿帥王逵執骨朶赴御坐前
奏教直陣侯教閱畢再赴御坐前奏教閱畢歸侍立位
内侍傳旨與殿前太尉王逵揩軍謝恩承旨訖轉與撥
發兵引三司統制統領將佐再拜謝恩訖各歸本軍皇
帝起入幄更衣訖皇帝出幄皇帝坐舍人引宰執墊從
立侯進御茶床舍人贊就坐宰執躬身應喏訖直身立
就坐進第一盞酒起立墊後侯皇帝飲酒訖舍人贊就

坐躬身應喏訖直身立俟宰執酒至接盞飲酒訖盞付殿侍次舍人贊喫食並如儀至第四盞傳旨宣勸訖御藥傳旨不拜舍人承旨贊不要拜贊就坐第五盞宣勸如第四盞儀酒食畢舉御茶床舍人分引宰執於幄殿東行立御藥傳旨不拜舍人承旨訖揖宰執躬身贊不要拜各祇候直身立降踏道歸幕次皇帝起乘馬至車子院下馬皇帝出幄至車子院門樓上親王使相正任並戎服候駕至車子院門樓上相向立傳旨宣管軍知閤御帶環衛官飲酒並戎服於御坐前相向立皇帝坐賜親王酒再拜謝訖次賜使相正任并管軍知閤御帶環衛官酒訖逐班再拜謝訖依舊相向立次親王執盞進皇帝酒皇帝飲酒訖一班再拜謝訖俟皇帝觀育畢起

卷一萬一千八

十三

降車子院門樓歸幄親王已下退俟駕臣僚居奏萬福乘馬從駕皇帝乘馬出車子院門行門禁衛等迎駕奏萬福皇帝乘馬至候潮門外大教場應從駕臣免奏萬福僚從駕官並戎服乘馬從駕迴皇帝乘馬入和寧門至祥曦殿上下馬還宮戎帳起居從駕六年十二月一日詔今月三日詣大教場進早膳畢次幸白石進晚膳內管軍知閤御帶環衛官自祥曦殿戎服起居從駕外餘並免從駕臣僚逐幕次賜酒食俟進晚膳畢免奏萬福并免賜茶從駕還內廳府城東外沿路逐幕次並免迎駕起居并四免奏萬福如值雨從駕臣僚及儀衛等並許張雨具二日殿前司言將來駕幸茅灘所有隨從三司馬步軍兵共一萬二千四百人係

作二百四十八小隊引攙緣經由街道窄狹并出八營寨門十餘處必擁遏迓滯乞於內摘差殿前司護聖馬軍五百人騎分十小隊前引六隊三百人騎於部亭驛前以東擺列後從四隊二百人騎於首北一帶擺列步軍一千人作二十小隊並於大教場內伺候駕到分十二隊六百人作前引八隊四百人作後從四隊馬步軍並執紅帕旗餘馬軍千五百人騎作三十小隊在灘下沿道擺拽馬軍司馬軍二百八騎作四小隊於左邊步軍司馬軍二百人騎作四小隊於右邊擺拽俟駕到灘路並於儀衛前後作引從迎闥隨從候到臺內殿前司馬軍五百人騎步軍千人分作御臺邏圍侍立所有殿

卷一萬一千八

十四

前馬步軍司步軍並先赴臺前作方營排辦俟駕入御帳依已得處分並卓歇暇飯其下係圍臺三司馬軍千九百人騎亦並入營依次下馬卓歇散飯內殿前司馬步軍並執黃[illegible]旗馬軍司馬步軍緋皂旗步軍司馬步軍白旗以俟駕回引從並如來儀其乞不係隨駕步軍俟駕迴塘路依軍次引拽歸寨詔於數內更撥步人二千灘內擺隊伺候從駕餘並依所奏三日上詣大教場早膳次幸白石具日祥曦殿禁衛臣僚等戎服迎駕起居如四年之儀皇帝乘馬出從駕官從駕至候潮門外大教場御幄殿下馬入幄殿從駕官等並歸幕次進早膳畢幄殿入內官喝祇立皇帝出幄殿行門禁衛等迎

駕奏萬福依已降指揮官軍知閤御帶環衛官從駕外餘並先從駕臣僚並先奏萬福皇帝乘馬宰執親王使相並戎服從駕至白石將臺下下馬升臺入幄殿從駕宰執親王使相管軍知閤御帶環衛官並戎服於幄殿東西相向立已下御樂傳旨令宰執親王奏萬福並喝祗候人齊皇帝出幄行門禁衛等迎駕奏萬福皇帝坐知閤閤官已下御帶環衛官奏萬福訖升臺東壁面西立宣贊舍人已下於臺下分東西相向立次管軍奏萬福訖升臺西壁面東立次臺上舍人引宰執親王使相太尉一班奏萬福訖升幄殿次就坐舍人承受分司殿前馬步三司就制執領官常起居訖次三司將佐已下就逐隊伍聽鼓聲常起居次宣管軍赴坐並就座酒三盞並宣勸進酒並起立飲酒訖不拜

卷一萬一千八

十五

就坐酒食畢並降幄殿舍人引宰執親王使相太尉立定次管軍於臺下立定御藥傳旨不拜舍人承旨訖傳躬身贊不要拜各祗候直身立復升臺分兩壁立次宰執奏事入宣親王使相太尉管軍知閤御帶環衛官於御坐東壁用禮佛縛地坐散酒畢進歸幕次皇帝起乘馬至車子院行門禁衛等迎駕奏萬福皇帝幄前下馬入幄從皇帝出幄登車子院門據上宰執親王使相太尉管軍知閤御帶環衛官於車子院門據上東壁西面侍立皇帝坐賜宰執已下酒訖退皇帝起歸幄殿依已降指揮從駕臣僚先奏萬福乘馬從駕禁衛等迎駕奏萬福至候潮門外大教場依已降指揮從駕臣僚並先奏萬福從駕官並戎服乘馬從駕迴皇帝乘馬入和寧門至祥曦殿上下馬還宮

卷一萬一千八

十六

淳熙四年十二月十日，大閱殿步兩司諸軍于茅灘。臣僚儀衛等皆戎服扈從，諸軍統制統領將佐並介胄恭導。皇帝乘馬至教場，皇帝登臺，皇太子執政使相知閤御帶環衛官俱從登臺。殿前副指揮使王友直、侍衛步軍都虞候田世卿奏人馬成列，舉黃旗，諸軍統領將佐已下呼拜者三，遍奏發嚴，舉白旗，聲四鼓，變小方陣；次變四頭八尾陣，為禦敵之形；次變大方陣；次舉黃旗，聲五鼓，變圓陣；次舉皂旗，聲一鼓，變曲陣；次舉青旗，聲三鼓，變直陣；次舉緋旗，聲二鼓，變銳陣。每陣馬軍各隨所教之陣與頭出營，作連環四交，頭左右策，每海眼掠陣前十六隊作一行進戰。管軍奏五陣教畢，放教。是日天氣晴美，無纖雲，器甲精明，光輝原野，士氣勇銳，天顏甚悅。上宣諭友直等曰：「器甲鮮明，紀律嚴整，皆卿等留心軍政，深可嘉尚。」犒賜將士有差。既而宣皇太子執政使相管軍對御宴于臺，宴畢，從駕還內。

十年十一月十三日，上幸龍山教場大閱。臣僚及儀衛等皆戎服扈從。至教場，皇帝登臺，宣皇太子宰執侍從知閤正任侍立。管軍奏人馬成列，諸軍統制統領將佐等各就隊伍拜，呼萬歲者三，遍奏馬軍分合取旨，發嚴，舉青旗，聲三鼓，變作三直陣為一鼓，鼓音作，馬軍透龍提作六行。疊二鼓，舉白旗，聚為四陣；疊二鼓，舉緋旗，聚為兩陣；疊二鼓，

舉皂旗，聚為一陣；疊二鼓，白旗左右綽，分為四陣；疊二鼓，青旗帶磨，復散為六行；高一鼓，作蟠龍之勢，變作品字三陣，旋轉回合；次六撥馳驟，各射響箭三；又令左右前後互相交迎。畢，管軍奏放教，犒設諸軍將士有差。皇太子宰執以下從駕還內。

十六年（光宗即位）七月二十三日，詔：「朕嗣位之初，諸軍人馬未曾合教，可於十月內擇日幸城南大教場大閱，其合行事件，令有司條具以聞。」既而殿前司言：「將來入教場馬步軍，乞依昨淳熙十年按閱體例，並各全裝披帶衣甲，執色器械，仍乞至日先赴教場下方營排辦，候駕陞御座，聽金鼓起居畢，依資次變陣教閱。將來大閱軍馬，除禁衛所稟差儀衛外，乞依昨淳熙十年按閱體例，於本司護聖馬軍內摘差七百人騎，步軍司摘差三百人騎，作二十小隊，前引後從各一十隊，隨駕祇應。其殿步兩司諸軍兵將官等，乞依淳熙十年按閱體例，令各隨本軍將隊起居，至日導駕至御亭下，帶甲於御亭上侍立。」並從之。二十四日，詔：「將來大閱應官兵隨身器甲或有闕火損壞，令本軍自與修治，不得輒令陪備。其衣裝隨宜服用，毋令創新製造。仰主帥預行約束，毋致違戾。」八月二十四日，殿前司言：「契勘馬軍司亦有所管龍衛雲武騎等指揮官兵隊伍並鋒弩手，見赴趁教閱，照得逐次教閱並係附入步軍司一就合教，又散犒設了當。所有今來合教，乞將本司入隊

官兵附入步軍司一就教閱施行從之九月二十五日
詔諸軍從來教閱自有一等新鮮旗幟器甲別項樁收
令訪聞諸軍又欲創新製造以務奇巧甚非朕撫恤諸
軍之意深慮因而科擾士卒可行下殿步司約束諸軍
不得橫有費用或有損弊合行修換之物並令支破官
錢仍遍牓諸軍各使知悉以稱朕意十月九日詔令次
大閱可比舊例增支犒賞一十萬貫仰郭鈞同姚濟公
共照應已合教等第則例逐一均定增支二十八日上
幸城南大教場大閱臣僚及儀衛等皆戎服扈從至教
場皇帝登亭宣宰執侍從知閤正任侍立管軍奏人馬
成列諸軍統制統領將佐等各就隊伍拜呼萬歲者三
廻奏馬軍分合取旨發嚴舉白旗聲四鼓變作九軍方
陣次舉黃旗聲五鼓變作圓陣次舉青旗聲三鼓變作
四頭直陣次弩手射射人馬分東西兩廂次奏陣隊教
絕人馬擺當頭次謝恩從駕還內先機諸處擺到軍馬
次教場內軍馬機隊連三鼓馬軍上馬步人擺起槍旗
一鼓一金機行其日行門禁衛諸班直親從等並戎服
於後殿下排立閤門報引宰執使相侍從正任宗室遙
郡以下并知閤門官等軍御帶環衛官并修注應奉官
等自後殿並戎服立班定閤門奏班齊皇帝服紅窄衣
幞束帶裹頭巾出宮殿下鳴鞭行門禁衛等並迎駕自
贊常起居皇帝座知閤門官以下次宰臣以下次管軍

並起居訖出殿皇帝起步降東階下殿乘馬出後殿門
經由麗正門出候潮門入大教場至幄殿瓦涼棚下馬
皇帝歸御幄次內侍喝排立閤門報引宰執以下管軍
并應奉官等於幄殿下立班定閤門奏班齊皇帝出幄
殿下鳴鞭禁衛等並迎駕奏萬福皇帝坐宰執以下并
管軍應奉官等逐班並奏聖躬萬福訖各歸祗應侍立
位次本軍標撥諸軍起居訖候教閱畢皇帝暫起次宣
宰執以下賜茶訖退應從駕宰執使相等并應奉官及
儀衛並從駕還內如來儀至後殿下馬入宮　紹熙四
年十月六日詔宣諭殿前司諸軍今月十三日宣押新
舊人當日兵官於內教場教閱　一赴內中教閱共三
千三百二十三人帶甲三千二百七十三人帳前都撥
發官以下至教頭共一十二人兵將官共四十九員統
制官一十員統領官九員將官三十員教門三千人內
新舊人各一千五百人入陣六十四隊每隊各四十五
人計二千八百八十人士軍各二百七十人選鋒軍前
軍右軍遊奕軍左軍後軍一軍四百五十人護聖步軍
一軍三百六十人神勇軍一軍一百八十人中軍白旗
子一百二十人每軍各一十二人金鼓手角匠二百人
內中軍護聖步軍各一百人門角旗一十二人並護聖
步軍不帶甲橙椋子打箭牙兵五十人一教陣節次第
一教五陣第二教曲陣第三教銳陣候陣隊教絕擺轉

分左右兩廂令弩手各射箭四人內弓箭手先上行子射六十步垜子射畢打箭次弩手上行子射一百步垜子候射絕打箭訖人攏當頭謝恩畢放教犒賞有差十六日宣諭步軍司招到新人不知教閱得純熟否可具奏來繼而步軍司都虞候閻仲言自到任之後節次招收到三色軍兵二千四百三十三人並各斟量材性亘習武藝官給弓弩槍刀箭鏊之類令逐軍統制官指教閱習訓練例皆純熟乞摘差合千人旗頭并白旗子金鼓角匠等通作二千一百八人依殿司體例擇日入內教閱陣隊射射弓弩得旨十一月十二日宣赴內中教閱一兵將官二十二員並全裝帶甲統制統領官一十二員各帶弓箭腰懸劒手執骨朶侍立充令射射統制官五員統領官七員內一員兼本司都撥發官將一十三員各腰懸手刀帶弓箭隨隊射射四正將八員副將二員準備將一員同準備將二員本司撥發官一員一起教官兵二千一百一十一人並全裝帶甲入陣一千九百九十七人共五十六隊新人一千人舊人八百七十七人白旗子一百二十人訓練官五十一人弓箭手各射鏊子箭四隻腰懸手刀教頭九人官兵一千九百三十七人弓箭手三百六十七人各射鏊子箭四隻腰懸手刀弩手三百人各射鏊子箭四隻槍手六百五十人牌手二百五十人各腰懸手刀并執打草棒刀手

宋卷一萬一千八　五

二百五十人白旗子槍手一百二十人各執手刀金鼓角匠門角旗等一百一十四人一一諸色祗應六十人各戎服不帶甲打箭五十人提轄主行教閱文學使臣一十人一應干合用軍器金鼓旗幟草椽等至日將帶入內教場下方陣當候聖駕陞殿起居畢先教四直陣次教圓陣並各捉戰次令弓弩手射射各箭四隻內弓箭六十步立垜子弩手一百步立垜子弓箭手射絕次射絕次射弩手候打箭絕旗隊排擗教戰上宣諭閻仲若教練有方器甲整肅卿爲朕宣力　慶元元年十月四日御筆朕嗣位之初諸軍人馬未曾合教三衙樞密院可照淳熙十六年體例條具取旨既而復詔朕爲在孝宗皇帝制內不欲親幸按閱可擇日宰執前去大教場內按視合行事件令郭杲劉超條具以聞稿旋依淳熙十六年例支給殿前都指揮使郭杲主管侍衛步軍司劉超條具到合行事件　一淳熙十六年大閱殿步司共策差馬步軍二萬五千人騎在大教場內變陣教閱其餘於門裏門外坊巷攏列令宰執按視除策差入教駐隊變陣外更不攏列　一兩司應管軍兵起行策差入陣駐隊攏列逐等人數照應淳熙十六年體例橫類均支犒賞候見的實數目即申明朝廷給降　一至日入教人馬排齊臣等先次入教場於廳下左側幕次前下馬官兵聲喏畢然後差官兵赴都堂請宰執是日

卷一萬一千八　六

自都堂東馬至教場門外易馬　一排閱軍馬理合禁肅除殿司提轄并當行教閱文字使臣人吏及衛兵量行將帶各給牌子照驗方許入教場門所有宰執府等人從三衙難以約攔乞行下逐府幹辦指置止約內三省樞密院除提點承旨外其餘當職事人已敕下合入教場人數職次姓名自餘應百司官員非得指揮並不敢放入教場乞從朝廷重作施行本司出榜至日於教場門首引掛應幾不敢喧閙　一若於大教場門首辨驗牌子放入緣地步窄狹竊恐擁閙今欲離教場門外裏角權立門戶差人辨驗有牌號人方許放入　一淳熙十六年將大教場南大亭子權拆去兩廊改作御亭差班直五百人周圍排立今來止將亭子隨宜釘設更不拆去兩廊亦不蓋圍亭子入兵　一淳熙十六年申降指揮差劊子一十人帶甲執法刀於御亭前排立今欲止差八人　一至日車馬排齊請宰執入教場陞廳坐臣等帶甲執骨朶唱喏訖上廳納入教人馬數復下廳左側幕次內彈壓令都撥發官逐旋差押教報鼓聲金鼓節次接閱　一兩司請軍統制統領將官臣等並令部押軍及馬入陣隨隊聲喏出入　一門東營寨合出門排辦軍馬乞下臨安府照節次大閱體例將經由城門至日五更初開門候軍馬機絕都行關閉庶免遲誤　一乞照逐次例給散泊假三日　又言至日教畢乞傳

卷一萬一千八

聖旨唱賜犒賞令官兵望闕謝恩本審從例外差官唱犒惟復差天使前來臣等契勘舊例謝恩先一喏一拜一呼次一拜一呼次重呼一喏後畢（[illegible]）今每遇駕出其巖巷官兵體例止兩拜兩喏兵謝宰執止聲一喏至日天使到來臣等乞差馬軍二百人騎作四小隊前後迎接應幾軍營雄壯並從之其犒賞差中使一員至日往教場傳宣唱賜　十三日詔將來大閱應官兵隨身器甲或有闕少損壞令本軍自與修治不得輒令陪備及置辦衣裝郎主帥須行約束毋致違戾　十五日詔今次大閱依淳熙十六年增支犒賞體例仰郭果劉超公共照應合教等第則例逐一均定增支　二十八日浙西安撫司言照對臨安府標中禁軍從淳熙十六年指揮合於候潮門裏西壁擺立今來宰執擬視未審合與不合赴擺立依例犒賞詔令隨宜擺列以備點閱淳熙十六年例犒設一次　二年七月十七日御筆朕欲今冬親幸茅灘大閱應有合行事令所司條具聞奏殿帥郭杲步帥劉超言準指揮今冬親幸茅灘大閱深慮潮水不時漲浸地面若行修治徒費工力今別行踏逐穩當去處臣等檢照淳熙十年內親幸龍山馬院教場東西長二百二十三丈南北闊一百九十二丈教閱日止用殿前司馬軍二千四百人騎教陣六百人騎駐隊步軍五千人御營周圍排立九百人金鼓角匠教打門閘旗

卷一萬一千八

等。其餘殿前步司馬步軍四萬五千五百三十六人前引後從及自嘉會門外按續擺列其餘人兵攢巷並存留照顧營寨臣等照得龍山馬院先來按閱日教得馬軍二千四百人騎今若教馬步軍約教得馬軍八百人騎步軍五千餘人淳熙十六年幸候潮門外大教場東西長三百五步南北闊二百九十五步教閱日用殿步司馬步軍一萬二千四百人教陣一萬六百人駐隊四千四百餘人御亭周圍排立及前引後從金鼓角匠白旗子等其餘二萬二千六百餘人自麗正門及沿江一帶駐立臣等照得大教場先按閱日教得馬軍一千六百人騎步軍一萬八百人於是改命幸候潮門大教場十

卷一萬一千八　八

九日御後殿京鏜奏十七日奉御筆今冬親幸茅灘大閱仰見陛下優恤將士之意但降指揮太早恐沿江諸軍亦有覬望未可報行上曰前日德音再支給口累重大錢不曾及得三口四口之家軍人有語若出軍時我等必不得免如何支賜不行均給所以早降指揮慰安軍情二十二日宰執進呈京鏜等奏御筆今冬茅灘大閱此舉甚當但近日軍人頗以德音不例加賞賜為言恐啟其無厭之心上曰口累錢軍人果有語以為今日止支口累重大之人他日緩急不成止差口累重大者所以借此為名支散一次鏜等奏聖慮甚遠初間止於誕育皇子上取長今此指揮却似太早小人無知必謂

朝廷可以恐動今御筆已出難為中輟乞止關報三衙諸處行移及條具事件都俟臨期理會上甚然之十月十七日詔大閱日從駕官於駕馬車前行馬同日詔令次大閱可依淳熙十六年增支犒賞體例仰郭杲劉超公共照應合教等第則例逐一均定給降　一殿前司諸軍班舊司應管人七萬三千七百九十七人錢三十八萬二千七百三十六貫伍伯文　一馬步軍司諸軍舊司應管人二萬七千四百二人錢一十二萬七千九百八十一貫文以上通計人一十萬一千一百九十九人犒賞錢五十一萬七百一十七貫五伯文詔令封樁下庫支會子二十四萬八千四百六十四貫六百文封

卷一萬一千八　九

樁庫支會子二十六萬二千二百五十二貫九百文二十五日詔令來大閱為天寒恐出來太早有勞人馬及在路排列駐立可令殿步司量度諸寨遠近令恰好出寨約天明畢辦其合起居止令聲喏二十九日上幸候潮門外大教場大閱臣僚及儀衛等並戎服扈從教場皇帝登亭宰執侍從知閤正任侍立管軍奏人馬成列諸軍統制統領將佐等各就隊伍拜呼萬歲者三乃奏馬軍分合取旨發嚴舉白旗聲四鼓變作方陣次舉皂旗聲一鼓變作圓陣次舉青旗聲三鼓變作曲陣次舉緋旗聲二鼓變作直陣次舉黃旗聲五鼓變作銳陣次一等平射射人馬分東西兩廂次奏教絕人馬擺當頭次一

謝恩從駕還內先被諸廂擺列人馬次教場軍馬被隊連三鼓馬軍上馬步人擐起槍旗一鼓一金被行其日後殿入內官唱排立起居班次（從駕臣僚及應奉官等並戎服幞頭繫鞵帶子）並如常日駕出起居儀至候潮門外大教場內皇帝歸幄入內官唱排立先引知閤門官已下御帶環衛官并修注宗室遙郡薄書官閤門舍人宣贊舍人已下樞密院諸房逐房副承旨諸司祗應官一班閤班面幄殿立定次管軍一班側立次報引宗室使相執政官侍從正任相向立定閤門奏班齊皇帝出幄殿下鳴鞭行門禁衛等迎駕自奏萬福皇帝坐知閤門官已下一班宣名奏萬福訖（知閤門官御帶環衛官并修注宗室遙郡並升幄殿侍立餘官幄殿階下侍立）次管

卷一萬一千八

軍一班宣名奏萬福訖（分升幄殿樞內侍立）次諸軍統制統領官將佐等就逐隊伍本軍招撥起居（隨拜三呼萬歲）候教閱訖如有恩旨令軍招撥謝恩畢皇帝[illegible]起歸幄（殿不鳴鞭）宰臣已下並退歸幕次侍班從儀鸞司設坐物訖入內官唱排立先引知閤門官并御帶環衛官修注宗室遙郡薄書官閤門舍人宣贊舍人已下樞密院諸房逐房副承旨諸司祗應官一班閤班面幄殿立定次報引宰臣使相執政官侍從正任管軍一班相向立定押行門報人齊皇帝出幄殿下鳴鞭行門禁衛等迎駕自奏萬福皇帝坐知閤門官已下一班奏萬福訖（當賜茶知閤升幄殿承旨賜茶餘官先退以候從駕畢）御藥傳旨不拜知閤承旨應喏訖舍人引宰臣

已下一班面幄殿立定知閤承旨不拜舍人應喏訖舍人揖宰臣已下躬身班首奏萬福訖舍人贊各就坐不要拜贊就坐直身立分引升幄殿席後相向立舍人贊就坐躬身應喏訖直身立就坐茶至贊喫茶躬身應喏訖直身立就坐接盞喫茶畢盞却付殿侍訖分引宰臣以下降階面幄殿立定御藥傳旨不拜知閤承旨應喏訖揖宰臣已下躬身贊不要拜贊各祗候直身立分出應從駕臣僚以俟從駕還內　嘉泰二年十一月五日詔可於十二月中旬擇日[illegible]親幸大教場按閱諸軍人馬應有合行事件令有司條具排辦施行時（詔以二十）

十六日詔將來大閱應官兵隨身器甲或有闕少損壞令本軍自措置修治不得輒令陪補及置辦衣裝仰主帥預

閱二十七日詔今次大閱可依慶元二年增支犒賞體

卷一萬一千八

例郎郭倪董世雄公共照應合裁等第則例逐一均定增支錢數申尚書省給降殿前都虞候郭倪侍衛步軍都虞候兼權侍衛馬軍司職事董世雄照慶元二年八閱犒賞等第則例殿前司諸軍班舊司應人七萬七千三百八十五人錢三十八萬一千六百一十二貫文馬步軍司諸軍舊司應管人二萬六千九百九十人錢一十二萬七千六百九十六貫文通計一十萬四千三百七十五人犒賞錢五十萬九千二百八貫文詔令封樁下庫支會子三十萬貫封樁庫支會子二十萬九千三百八貫候教訖即就教場內謝恩　開禧元年三月九日詔殿步司挽強弓弩手已宣押赴內殿射射內第一

等四人各與補轉三資第二等三十三人各與補轉兩資第三等一百四十八人各與補轉一資令兩司開具姓名申樞密院

卷一萬一千八

淳熙十六年一行又見卷二千一

此條原校云當在紹興前後據陳植條來文所引人

陳拉為江南西路安撫司將領言軍中從加添任事藝的在硬弓勁弩有如弓弩手百步取勝始敵人不敢輕進而謂之長兵者是也萬一弓弩射不及遠致敵人衝突我陣之前則與無兵同矣今所在樓柏雖務持滿為合格殊不知不過架箭為不應法既不應法合格復何所用乞自今以往弓手以六十步為額弩手止以一百步為額庶幾彎拾有力施放和易按柏之時必期於滿鏃合于過垛應法如是則朝廷可以得寔効而無濫賞矣望以弓弩手降付有司重别參校擇而行之詔令承旨司同殿前步軍司看詳

淳熙十六年光宗即位詔以十月內擇日幸城南大教場大閱紹熙二年樞密院言殿步司諸軍弓箭手帶甲六十步射一石二斗力箭十二隻六箭中垛為本等弩手帶甲一百步射四石力箭十二隻五箭中垛為本等鎗手駐足舉手攉刺以四十窠逕為本等令各處主帥委統領官精加比較本等外取強加最多人每軍五千五百人以上弓手取一十五名弩手取一十五名槍手取一十五名保明解赴主帥審定解密院取旨再試各選取出等高強二名特與補轉兩官資其餘元解到比試不中人合格可每名犒設錢五貫候將來衆同再試如事藝一同弓弩手令射遠射親比較槍手合格鬬勝負比較殿步軍司此來春柏試一次校副尉以下至白身至承信郎任柏軍兵自長行身至副都頭任柏詔從之

卷二萬四千五二十七

宋會要　兵捷獻俘

太祖開寶四年二月十六日，南面行營都總管潘美上言克復廣州，擒偽主劉鋹。命有司撰定獻俘之禮。五月一日，帝御明德門樓，所司陳列仗衛及馬步諸軍分於天街左右。又設文武官位於樓前，如入閤之儀。在京九品以上官、皇親、諸親、蕃客、諸州進奏使並陪位。又設獻俘位於東西街之南，北向；又設獻俘將校位於獻俘位之前，以北為上，西向。有司率武士以帛係劉鋹等及其偽官，皆乘馬，持露布前引，露布置書案上。將校押入自景風門，次薰風門，並由東偏門入，皆於御路下行。至太廟西南門下馬，入至南神門外，北向西上立。監押將校次南立。俟行告禮畢，於西南門出乘馬，又押至太社，如上儀。又押至明德樓南御路之西下馬，立俟皇帝將座，引至位。其日，文武常參官並常服，獻俘將校戎服帶刀。攝侍中孟仁操版奏請中嚴，百官就位，定獻俘至，攝侍中孟玄玨版奏外辦，所司承旨索扇，皇帝常服，御座南向。扇開，群臣合班再拜，舞蹈，三稱萬歲，起居訖，分東西班序立。通事舍人引鋹就獻俘位，將校等詣樓前拜舞，起居訖。次引露布案詣樓前，北向，宣付中書門下，如宣制之儀。其詞：

嶺南道行營都總管潘美、副總管尹崇珂、都監象憲等上尚書兵部：臣等聞飛霜激電，上帝所以宣威；伐罪弔民，明王以之耀武。國家命稽玄象，大啓鴻基，將復三代之土疆，永泰萬方之生聚。西平巴蜀，靈旗數潤物之恩；南定衡湘，江漢鼓朝宗之浪。唯嶺南之獷俗，獨恃遠以偷安，久背照臨，罔遵聲教。偽漢國主劉鋹，性惟凶忍，識本庸愚，以崇宮為化風，以誅殘為政事，置火床鐵刷之獄，人不聊生；設劍碓湯鑊之刑，古未曾有。恨刀鋸之未快，用鍛解以恣情；黷割封屠，窮極殘害，一境含冤而無路，生民何地以稱冤！衆心向明，如望歲日。我皇帝仁深恤隱，義切救焚，遂發干戈，拯其塗炭。臣等上遵神武，遠稟睿謀，舉軍未及於半年，乘勝連收於數郡。累遣戰陣，無不掃除。劉鋹遽懼傾危，專差人使，初則稱臣上表，具陳歸化之心；後乃設詐藏姦，繼作款兵之計。臣與將士等仰承睿旨，不敢逗遛，於正月二十七日已到柵口，去廣南一程。劉鋹又頻發佐徐來往商議，漸無憑准，固欲淹延，東於諸處收引，斂出偽命丈勝，皆是會合逆黨，拒敵王師。至二月四日，累遣其弟保興等部領衆國軍兵併來決戰。臣等備其鯨鯢，竊認凶狂，遂尋結陣以交鋒，復擇戈而誓衆。行營將士等感大宮之撫御，咸輸竭忠，懷逆豎之根茇，爭先效命。八十里捨旗鼓進，數萬人殺戮無遺。尋又分布師徒，徑取城壘。其劉鋹知

季右證　未知孰是

城隍之必陷，將府庫以自焚，烈焰迷天，至甚竄之次，投火敬地，甘從溝野之誅。劉鋹頸原，使活擒。廣州則當時平定，其在州官吏、僧道、軍人、百姓等，下除苛虐，咸遂生全，無不感帝力以含恩，望皇都而稽首。此蓋天威遠被，宸算遐敷，平七十年不遵之邦，救百萬戶倒懸之命。殊方順大，長承日月之遐光；偽詐無禮，永被乾坤之澤。始其劉鋹并偽判六軍十二衛劉保興、太師潘崇徹、西清宮使左龍虎軍觀軍容使內太師龔澄樞、列聖宮使六軍觀軍容使內太師李托、內門使、侍中薛崇譽等，劉鋹旅拒至淪，合同俘獻。臣等率陪戎幸踴躍，功無任抃躍激呼之至。謹奉露布以聞。

宣訖，通事舍人跪授中書門下，轉授攝兵部尚書，次稱州部尚書，進當樓前跪奏，請以所獻俘付所司。帝召欲於樓前詰讓之罪，鋹對曰：「臣年十六僭偽位，龔澄樞等皆先朝舊人，每事臣不得專。在國時，臣却是臣下，澄樞等卻是國主。」對訖，伏地待罪。次召偽官內太師龔澄樞立於東廂，次召偽官王溥宮使左龍虎軍觀軍容使、觀軍容使李托、內門使內侍和薛崇譽三人立於樓前西廂，東向。將次理師高繼冲承制押澄樞等斬於西市。

其法場様長安故事，並於子城西南隅獨柳下，今加戮於梁門外，即令宜准令文，合步行，便以所繫白練牽引至法場，新訖停泊，經所司即為埋瘞。如有親故，一任收瘞。如是世為國蠹，即以函盛首級，納於太社頭庫，即棄其。

乃詔釋鋹縛，命遣宣制曰：「汝殘害逐民，逸行殺戮，及王師之問罪，臣卻以求降，所來狀自格覆滅，誠然俘諸，命兩戮就擒，無怡罪之文。釋縛示神恩，與其三屬以必死歸罰，重生宥其刑，皆偽我國法所得宥。」特放鋹拜舞，閣門使宣制釋偽官劉保興等罪，自餘悉因帥襲衣冠帶鞍勒馬，器服其服，列謝於樓前。中書門下文武官進前跪賀，侍中奏禮畢，如儀。六月十八日，詔授鋹金紫光祿大夫、檢校太保、右千牛衛上將軍、員外郎置同正員，仍封恩赦侯，食邑二千戶。

初，將定獻俘之儀，吏部尚書張昭時以足疾致仕，帝遣近臣就家問其禮，昭以疾占以授使者，朝論服其該博。

八年十二月一日，昇州行營都總管曹彬遣使馳騎上言：十一月二十七日拔昇州，擒偽國主李煜及偽官屬百餘人。九年正月四日，曹彬遣使奉露布以李煜及其子弟仲寓、從鎰、從謙、從度、從信、偽官屬四十五人來

獻帝御明德門鋪六軍仗衛如式煜等素服紗帽列於樓前衛伏待罪造閤門使宣制釋之各賜襲衣冠帶鞾笏錦綵先是有司上言李煜上獻俘之禮請如劉鋹常以煜常奉正朔非鋹之比不欲暴揚其罪詔寢而勿宣 其文曰

行營馬步軍戰棹都總管宣徽南院使義成軍節度使臣曹彬等上尚書兵部臣等聞天道之生成庶類不無雷電之威聖君之紛制爲邦須有干戈之役所以表陰慘陽舒之義彰弔民伐罪之功我國家開萬世之基應千年之運四海盡歸於臨照八紘皆入於提封西定巴邛復五千里昇平之地南收嶺表除七十年僭偽之邦巍巍而帝道彌光赫赫而皇威遠被頃者因緣世亂分裂土疆累朝皆還於僭君姦臣開拓中夏今逢於英主無不歸降惟彼江南本修臣禮外示恭勤之貌內懷奸詐之謀況李煜比是騃童罔無遠略負君親之煦育信左右之疵邪曾乖量力之心但貯欺天之意修葺城壘欲爲固守之謀招納叛亡潛萌抗拒之計我皇帝義深含垢志在包荒輟青瑣之近臣降紫泥之丹詔曲示推恩之道俾修入覲之儀期暫詣於闕庭庶盡銷於疑開示信推開於生路執迷自履於危途託疾不朝堅心背順士庶咸懷於憤激君親曲爲於優容但矜孤孽之愚蒙慮傷人民於塗炭累宣明旨庶俾自新略無悛悟之心轉恣陸梁之惡事不獲已至於用兵大江特剏於長橋銳旅尋圍於逆壘皇帝陛下尚垂恩宥終欲保全遣親弟從鎰歸國降天書委曲撫諭務從寬護無所關爲終懷蛇豕之心不體乾坤之造遂蟻耆則勾連逆寇辟兇徒則劫掠王民勞我大軍駐蹕周歲既人神之共怒復飛走以無門貔貅竟劫其先登蟻虱自悲於相弔臣等於十一月二十七日齊驅戰士直取孤城奸臣無漏於網中李煜生擒於麾下千里之氛霾頓息萬家之生聚阜安其在城官吏僧道軍人百姓等久在偏方困於虐政喜逢盪定皆遂歸蘇望天朝而無不涕淚樂皇化而惟知鼓舞有以見寶曆融熙海隅知歸當聖朝臨御之期是大軌混同之日卷甲而兵鋒永戢垂衣而帝祚無窮臣等俱乏將材謬司戎律遠稟一人之成略幸成九伐之微勞其江南國主煜并偽命臣僚既就生擒合將獻捷臣等無任頌時樂聖慶快懽呼之至謹奉露布以聞

卷二萬二千六百十二

八日制授煜光祿大夫檢校太傅右千牛衛上將軍仍封違命侯食邑三千戶其男仲寓爲左千牛衛大將軍弟從鎰爲左領軍衛大將軍從謙爲右領軍衛大將軍從度爲左監門衛大將軍從信爲右監門衛大將軍餘

各有差 太宗太平興國四年七月二十日劉繼元至京師詔告獻太廟前一日所司各準其禮陳設如常告廟之儀至日未明知廟卿詣廟之內外平明博士引太尉就位通事舍人引劉繼元就西階下東向立應偽命官重行序立贊者曰再拜太尉再拜訖博士引太尉詣罍洗盥手洗瓚爵訖詣東階解劍脫舄升第一室前進奠瓚爵訖少立再拜訖大祝進詣神座前東向跪讀祝文訖再拜通事舍人引繼元及偽命官詣室前階下北向重行立舍人贊云皇帝親征汾復河東偽主劉繼元及偽命官見贊者曰再拜繼元等再拜訖退位次至第二室第三室第四室第五室皆如第一室之儀博士引太尉降自東陛佩劍納舄復位立定贊者曰再拜太尉與繼元等皆再拜訖退祝版焚於齋坊

帝於太原受繼元降既命以官故不稱俘以上國朝會要

哲宗元祐二年八月二十八日熙河蘭會路經略司言今月十九日岷州行營將官种誼收復洮州生擒西蕃大首領鬼章青宜結宰臣率百官表賀于延和殿十一月十一日以鬼章入獻于崇政殿詔記盧狀以罪當誅死聽招其子及部屬歸附以自贖 徽宗宣和三年七月二十六日江浙淮南等路宣撫使童貫等俘方臘以獻以上續國朝會要編詳見俘字

卷二萬二千八百十八

太祖建隆三年四月十八日，制會稽郡夫人賀氏追册爲皇后。二十五日，太常寺卿馮吉請上謚曰孝惠皇后。詔止就陵所置祠殿，奉安神主，行四時薦饗之禮，不設牙盤祭器，惟常食茶果酒饌。乾德元年十一月七日，孝明皇后崩。始詔有司議置后廟，詳定殿室之制，及孝惠、孝明二后先後之次。太常博士和峴議曰：按唐睿宗追謚劉氏爲肅明皇后，竇氏爲昭成皇后，同於親仁里立廟，名曰儀坤，四時饗祀皆准太廟之禮。伏請孝惠、孝明共殿別室。恭惟孝明皇后早正位於內朝，實母儀於天下，伏請居於上室；孝惠皇后緣是追尊，元敕止就陵置祠殿，今祔別廟，宜居次室，仍依太廟例以西爲上。從之。　二月四日，太常禮院言：少府監移牒，討別廟神門立戟之制。按儀制令，廟社每門二十四戟，但無別廟之制。今詳別廟比殺一等。太廟又尚宣懿皇后別廟亦當立戟，望下少府監准令文近例修制。從之。

太宗太平興國二年正月十三日，制越國夫人符氏、故夫人尹氏並追册爲皇后，不行册禮。三月二十二日，太常寺卿張永錫請上越國夫人符氏謚曰懿德皇后，故夫人尹氏謚二十二日皇后，詔可。五月十九日祔饗于別廟。　淳化元年四月二十六日，宗正少卿趙安易言：懿德皇后別廟在淑德皇后之上，臣不測升降之由，乃是亂昭穆爲逆祀。又孝惠皇后綴室，來上寶册。詔有司檢詳典禮。太常禮院言：太平興國初追册之時，并兩世宗册正惠、宣懿之制，以宣懿居武穆之位，在正惠之上。太祖二后亦以孝明在孝惠之上。今二后但是追崇，而懿德既封越國，有內助之功，自來禘祫薦饗，叙昭穆，並以孝惠、懿德、淑德三后列於祖姑之下，即未知懿德、淑德孰爲昭，孰爲穆。孝惠皇后建隆三年追册之時，禮院引禮例請製寶册，朝旨不行册禮。況懿德、淑德亦準近制，不行册禮。詔並仍舊，而罷安易之請。

真宗至道元年四月二十八日，孝章皇后宋氏崩。三年二月二日祔饗后廟。初，有司言孝章皇后爰在先朝正位中壼，宜居上室，孝惠止是追崇，宜居其次。詔孝章既至，宜在孝惠之室下。是日不視朝，宰臣文武百僚詣西上閤門進名奉慰，退於后廟立班奉慰。　三年六月十三日，詔故莒國夫人潘氏追册爲皇后，謚曰莊懷。十一月三日，祔神主于后廟。十二月

五月，詔太宗賢妃李氏追上尊號爲皇太后。十六日，太常禮院言：伏以追尊賢妃爲皇太后，按周禮春官大司樂之職，奏夷則，歌仲呂，以饗先妣。先妣是帝嚳之妃，后稷之母，特立廟，名曰閟宮。晉簡文宣后既不配食，築宮於外，歲時饗祭。唐先天初，始祔昭成、肅明二后於儀坤廟。又睿宗元獻楊

卷一萬七千八十六

后立廟於太廟之西，皆於前文咸有明據。伏請下宗正寺於后廟內別建殿室三間，及東西南面神門各一，齋坊神廚度地宜修建。從之。　咸平元年三月十二日，判太常禮院李宗訥等言：伏見后廟孝章次孝惠之室，竊以孝章皇后作嬪太祖，正位中宮；孝惠皇后生無尊稱，没加盛禮，升降之際，理固無疑。且太宗之室，不以淑德升祔，而懿德配食者，蓋以懿德曾饗國封故也。況孝章母儀天下，今欲望遷居孝惠之上。又伏見追尊賢妃爲元德皇太后，別建廟室，竊以淑德皇后亦在別廟，既同是帝母，而無太字。按唐穆宗三皇后，除宣懿祔廟配饗，餘正獻、恭僖二太后並別立廟，仍各有太字。又開元初，太常議昭成皇太后請不除太字，云入廟稱后，義繫於夫；在朝稱太后，義繫於子。如謚册入陵，神主入廟，則當去太字。按神主入廟之說，蓋爲祔饗太廟，以厭降之故，不當加太字，則望削太懿而下諸后是也。如別建廟室，不可但稱皇后，則唐朝正獻、恭僖二太后是也。淑德皇后伏請亦加太字，既加之後，其室不可居孝惠、孝章之下，望遷就元德皇太后新廟居第一室，以明德次之，仍遷莊懷又次之。詔下都省集議。兵部尚書張齊賢等議曰：竊以宗廟神靈務乎安靜，況孝惠作合之始，是在初潛，恩事蹔皆，所就婦適祔饗之禮，宜從後先，伏請仍舊爲定。又實因秦制，帝母稱皇太后，祖母稱太皇太后，適稱皇后，歷代行之，尚矣。今檢詳去歲集議，狀請升懿德皇后配饗，又請以淑德皇后準周正惠皇后禮例加太字。詔不加太字者，緣去歲詔下時，元德皇太后未行追册，今册命已畢，望依宗訥等所請。詔恭依。　四月十五日，太常禮院言：準詔，元德皇太后卜用庚子歲歸祔陵寢。伏況已崇册命，猶處嬪宮，恭惟嘗之際，典禮未行薦饗之儀，歲時有缺，遍尋舊典，未見明文。參詳自今欲望諸節四時薦新並於攢所設位，委殿道內臣行禮。詔恭依。　三年三月三日，園陵禮儀使言：元德皇太后神主祔廟，當行祔謁之禮。載稽前典，有所未定。伏以追薦尊稱，奉加太字，崇建別廟，以備烝嘗，況當禘祫之時，不預合食之列，饗廟之制，與諸后不同。欲望將來神主還京，即詣本廟，遂祔廟室，爲獻安神，更不行祔謁之禮。其日常服總麻，只視事，前後禁音樂各一日。繼歲五饗、禘祫饗本廟，如太廟儀。詔恭依。　四月八日，祔元德皇太后於永熙陵，有司請導神主祔廟，或因陵內導之乎。詔仍成。十三日，虞主至京，百僚班迎虞於故燕國大長公主第。二十日，神主入新廟，親王、宰臣、百官行升祔之禮畢，詣西上閤門進名奉慰。　六月五日，太常禮院言：准畫日，七月十日薦饗太廟，同日薦饗孝惠、孝章、淑德、莊懷皇后廟、元德皇太后廟，所有料

來太尉讀警七日，命有司列廟次第室，定制詔以元德廟次孝惠等廟。景德四年四月十七日，皇后郭氏崩。六月二十一日，葬莊穆皇后。二十六日，虞主至京，群臣迎於順天門外，安奉於權林殿，行九虞之禮。七月二日，有司奉神主於權林殿，詔以廟備祭于昭憲皇后饗畢，祔別廟，帝以親朝群臣，詣閤門奉慰。先是閣陵言，請依乾德中祔孝明、孝惠皇后于別廟，同殿異室。有司言孝明正位宮闈，宜居上，孝惠追號，次之。其廟室請華太廟以西為上，詔從其議。令莊懷皇后雖先廟饗，太自追崇莊穆皇后正位宮闈，母儀天下，其神主祔廟，望依禮例，陞于上饗，從之。大中祥符三年十月一日，判太常寺趙湘請以元德皇太后祔太宗廟室，帝曰：此重事也，付之禮官參議之。四年三月二十六日，祀汾陰禮儀使王欽若言：伏以禮成坤儀，感切大宮，業歸極之明，誠備奉先之茂典。伏惟元德皇太后母儀之重，禰廟攸同，班偏未以致虔，夫觀祠而展孝。比者恭仰睿文，舉鴻儀，屢戴六聲，欽臨三極，斷蘄諒於歷代之有常，申紱望乘駕京所詔元德皇太后廟，詔中書門下與禮官定議以聞。中書門下奏議曰：伏以為禮之經本，於教孝化民之道，始于嚴先，陳虔實之禮，新自昌辰之懋，緣伏惟元德皇太后鍾祥炳麗，協慶充門，典畫似於邦家，門擅生於明聖皇帝陛下，祗祠坤載，追感母儀，監臨歸格之辰，益戴劬勞之德。輒臣建議，請開下臨熙古道以奉遺命，攸司而博考，稽以纘承，則先朝官從周太宗且存雖遠，至於趨謁別廟，亦有舊章。伏請升祔太廟，禮與觀祔元德皇太后廟，如太廟之儀，所有孝惠諸后廟室，其日分命大臣致祭。詔恭依。四月六日，帝詣太廟朝謁，禮畢，詣元德皇太后廟，自門降輦，步入酌獻，如太廟之儀。又詔參知政事馮拯、趙安仁分告孝惠、孝章、淑德、莊穆、莊懷諸廟。初，詳定所言：元德皇太后廟殿壁狹，兩省御史臺供奉官及宗室所縣使以上，並班於廟內，餘於外。其合命行事官，望以太廟攝事官充，從之。詔太廟、元德皇后廟用犢，於后廟親享用犢，攝事用羊豕。六年十月二日，攝太尉王旦自中書省具黃麾仗，奉元德皇后謚冊寶告於太廟六室，禮畢，復奉還中書。三日，以奉謚冊寶詣元德皇太后廟，翰林學士陳彭年讀冊文。畢，告閤，以令神主升輅，至太廟，知制誥路振攝賜神主升祔太宗室，百官陪位。禮畢，詣閤門拜表稱賀，詔答之。帝作慶元后升祔禮成七言詩，賜近臣和。十日，禮儀院請毀元德皇太后舊殿西室，而麗潔封鑰奉香取旨。乾興元年八月十六日，禮儀院上言：莊穆皇后神主遷祔太廟，其莊懷皇后神主欲以其日告遷於莊穆皇后舊室，從之。仁宗天聖八年

九月六日，太常禮院言：元德皇太后請廟升祔之後，于今室閒在，復當毀。今孝惠等廟齋宮迫隘，欲望所去殿宇廊為齋廳，其石室什器法物，依禮祭服則焚之，祭器則埋之，蓋不欲人褻之也。今請從其埋。詔宗正寺知所發施行。明道二年五月三日，泰寧軍節度使同中書門下平章事錢惟演上言：母以子貴，前代存章，廟以親升，前史則莊輔佐先帝，誕育聖躬，德冠掖庭，功流宗社，臣下感深，霈露為經，疑園將宗廟室。謹按唐武宗母韋太后以追尊升祔穆宗之室，孝章皇后並祔太祖之室，懿德、明德、元德皇后並祔太宗之室。今真宗一室止祔莊穆皇后，與禮未稱。請俟園陵畢，以莊獻、莊懿皇太后之室。詔太常禮院詳定以聞。六月二十六日，太常禮院言：竊聞以承子得皆有配座，每室一帝一后，禮之正義。至唐先天元年始立儀坤廟，祭昭成、肅明二皇后。開元四年，以昭成祔睿宗室，肅明猶祭儀坤廟，至十一年始遷肅明祔於太廟，自是始有並祔之文。太祖受命，追尊四廟，每室止祀一后。太宗亦以孝明皇后配太祖室，孝惠、孝章皇后祀於別廟。真宗嗣位，詔有司議太宗配后，當下尚書都省議，當以懿德皇后配，而宗正卿趙安仁請配以淑德皇后。是時禮官以明德皇太后在萬安宮，故懿德從二后位下，及尊極之位，次升祀饗於人情本安，請虛配位，於閣校議，皆以為未允。昨將追尊，故闕祀為元德皇太后，同請以元德下議，群臣既議如初。因詔曰：禮非天降地出，酌於人情，其以懿德及明德上僊，禮官援唐昭成、肅明並祔之請，以懿德、明德同祔先後為次，仍下尚書都省集議，而衆議皆同，乃從之。大中祥宗正寺趙湘復請升祔元德皇后，真宗詔禮官合議。至六年，宰群臣繼請，然後從之，祔明德皇后之次。今惟援引唐武宗母韋太后升祔穆宗故事，請以莊獻明肅及莊懿皇太后升祔真宗廟室。按穆宗之室，惟以韋太后配，更無別后。又言孝明、孝章祔太祖室，其言非是。按止以孝章配。伏尋先帝以懿德配饗太宗，及明德太后園陵禮畢，神主升祔元德太后，自追尊後，群臣乞行升祔，多歲，先帝慎重其事，凡七年始克陞配。今莊穆皇后著位長秋，祔食真宗，斯為正禮。莊太后母儀天下，若山陵禮畢，升祔於廟，即與明德例同；若從古后廟。莊懿皇太后帝母之尊，與元德則同，若便從升祔，以非先意。況前代無同日並祔之比，其莊獻明肅皇太后或祔真宗廟廟別殿，惟上裁之，非有司得議。乃詔尚書都省與太常禮院更

懿德未嘗正位中宮升祔時議者頗有依違惟明德作儷宸極復正母儀與懿德進不同時在禮無所拙祔之於次循謂讓中元德以帝母之尊久居后廟歷十七年始從合食至於莊穆皇后位崇中壼與懿德有異已祔真宗廟室自協一帝一后之文莊獻明肅皇太后輔政十年莊懿皇太后誕育聖躬首功德莫與為比退就后廟未厭衆心按周禮大司樂職奏夷則歌小呂以饗先妣者姜嫄也帝嚳之妃后稷之母特立廟而祭謂之閟宮魏明帝追尊文昭皇后別立寢廟晉簡文宣太后築宮於外而歲時饗祭之宋文帝追尊章太后立廟於太廟之西以孝武昭太后明帝宣太后同廟異武帝別立太祖太夫人廟祭用天子禮臣等謂宜太廟外別立新廟以須山園畢奉安二太后神主同殿異室歲時薦饗一用太廟之儀仍立別廟名自為樂曲以崇世饗詔恭依七月三日詔樞密院直學士程琳內侍省副都知閻文應度地以聞琳等言得太廟北故寧臣王欽若舊宅地可以崇建廟宇從之八月八日詔莊獻明肅莊懿皇太后新修廟以奉慈為名時詔以元來殿擬名而命之二十五日琳等言修奉新廟了畢據太樂令王文質狀宗廟宮縣合排三十六架緣新廟殿庭稍窄如依景靈宮立二十架又慮不合典禮如別造長八尺宮架三十六架即殿庭無妨

卷一萬七千八十六 五

從之十月十日神主至京師百官班迎權奉安皇儀殿帝服靴袍迎拜殿門外親導奉安行虞祭之禮十七日帝行酌獻禮畢親導神主載厭翟車出正陽門奉辭宰臣百官具儀仗鼓吹奉安奉慈廟景祐二年三月五日太常禮院言侍御史劉夔請去莊獻明肅莊懿皇太后所加太字蓋入廟稱后繫於夫在朝稱太繫於子然奉安別廟準禮未應去太字帝以變不經典故詔本臺諭之十月十一日后廟殿成遷神主奉安祭告四室 三年十一月六日保慶太后上僊翌日詔以神主特祔奉慈廟十七日太常禮院言奉慈廟殿六間莊獻莊懿室各二間東西夾室舊設尊號寶冊今請冊寶止藏于本室而分二間以奉安保慶太后神主從之 十二月十一日詔莊惠太后祝冊文並稱孝子嗣皇帝臣御名 四年二月十四日莊惠皇太后神主至京師權安瓊林苑翌日奉迎詣苑行酌奠禮十六日祔于奉慈廟百官班于廟前禮畢詣西上閤門奉慰 慶曆五年十月九日奉章獻明肅太后章懿太后神主升祔真宗廟室詔議其廟儀 七年七月二十一日詔將來南郊遣章惠皇太后神主祔于后廟或親詣奉慈廟行薦饗之禮其令兩制太常禮院詳定以聞翰林學士張方平言古者制禮本於親親而母以子貴婦以夫貴故天子之母雖不及貴亦有追冊

之典舍是二義並從無嫌恭以章惠皇太后保治聖躬其德隆茂先帝顧命正位太妃而陛下不忘慈愛之勤特崇寶慶之號生崇以養沒隆以恩舉祀別宮凡為稱禮其於孝惠孝章淑德章懷皇后義蓋有殊禮雖同祔章惠皇太后伏請仍舊饗奉慈廟其南郊薦饗一如皇后廟之制詔將來饗奉慈廟朕且親行此後遣宰臣攝事 至和元年七月六日太常禮院言奉詔參定以溫成皇后舊宅立廟及四時饗祀之制檢詳國朝孝惠皇后太祖嫡配止即陵所置祠殿以安神主四時惟設常饌無薦饗之禮今宜就葬所立祠殿參酌孝惠故事施行仍請題葬所曰溫成園從之 二十日太常禮院言今立溫成皇后祠殿而未見孝惠故事請每行祭奠止令本處內臣主之詔孟饗特差知制誥侍制行禮其制皆如后廟之例才盤食差減之九月十日詔溫成皇后葬所稱園陵本廟祭器視皇后廟一室之數並從禮院所請 十月十六日溫成皇后神主入廟帝不視事宰臣率百官奉慰 嘉祐四年七月八日太常禮院言奉詔議侍講學士楊安國請修郭皇后影殿于洪福院今詳景祐追冊詔書已停諡冊祔廟之禮其修影殿於禮典無文伏請寢罷詔兩制同禮官檢詳祔廟典禮以聞八月十三日知制誥劉敞言伏聞禮官倡儀欲祔郭后於廟臣竊惡之春秋之

六

義夫人不薨于寢不赴于同不反哭于廟則不言夫人不稱小君徒以禮不足故名號闕然然則名號與禮非同物也名號存而禮不足固不敢正其稱況欲正其儀者乎郭后之廢雖云無大罪然亦既廢矣反其追復也許其號而不許其禮且二十餘年今一旦欲正以嫡后之儀致之於廟然則郭后之殂也為薨於寢乎赴於同乎反哭於廟乎羣臣百姓亦嘗以服母之義為之齊衰乎恐其未安於春秋也春秋之夫人於彼三者一不備則不正其稱而郭后於三者無一焉而欲正其禮恐其未安於義也稱于太廟則致夫人蓋以謂致者不宜致也不宜致者以其不薨于寢不祔于姑也且傳曰不有廢也君何以興廢與之間固必有正與不正之禮存焉今欲使所廢以為正亦將擬所興以為不正古者不二嫡則萬世之後宗廟之禮豈臣子所當慮哉謹按景祐詔書本不許郭后祔廟議已決矣無為復紛紛以亂大禮議者或謂郭氏之追命也詔書薄其過既復其號不得不異其禮譬由大臣坐非辜而貶者苟明其非辜則復聞之豈得下遂使為大臣乎臣謂物有殊類異勢未可以相準臣之與妻其義雖均然逐臣可以復歸故不可復命臣衆而妻一也故春秋公孫嬰齊卒于貍脤君曰吾固許之反為大夫此逐臣可以復歸也杞伯來逆叔姬之喪

以歸夫無過出妻之喪而為之者，此放妻不可復合也。今追祔郭后，得無近於此乎？乞令諸儒博議，極其論難，以求折衷之禮。」十九日，詔學士院比下議郭皇后祔廟事，其詳考典禮，折衷之論，亟上之。時孔關林理、洞知太常禮院，張洞言：「竊以郭氏正位中宮，母儀天下，繼事先后，親奉寢園，此於禮法無大過惡，不可廢出。所以名臣感慨，抗論於祠廷，下闕其俯大譏恭，旋復位號。位號既復，則謚冊祔廟，安得並停？蓋當時執政大臣護已然之失，非正名之典。若以平昔之議為僭，猶可欲引春秋禘于太廟用致夫人為例，據左氏則成妾之惡，所以不忍道者，二傳之說，復有非嫡之辭。援此以證本朝之事，殊非所宜。若曰不赴于寢，不赴于同，不祔于姑，則郭后之喪不得其所，責當歸於朝廷，死者何罪，而始備哀極，終不廟食邪？倘以祀猶未正，淑妃之號質之謙，其既棄而復還，則天子之后，萬方之母也。非有大惡，又可廢乎？既追復曰皇后，又可絕其祭饗乎？議者欲用後漢東晉故事，或祭於陵寢，或築宮于外。竊詳二史皆曰母后，況之于今亦異先，其合也。惟唐創立別廟，遇禘祫則奉以入饗，於義為允。」又言：「學士院以中書送下張洞奏狀示臣，臣觀洞之言，足詞節說，以前欲前之失，而非忠信之道也。前世之君，廢后者皆溺於私愛，或嬖寵上僭，或見訴妄，反

卷一萬七千八十六

此則群臣當引大體，伏節死爭。如陛下之於郭后，固未嘗有此，蓋一時聖慮在宗廟社稷之際，不得不然耳。昔漢光武起於布衣，紹復天位，郭氏其后也。在位十有六年，子彊為太子，子輔為中山王，可謂盛矣。然自見寵衰，數懷怨懟。光武由此廢之，為中山王太后，後從子輔，亦同時引為衆通。然當時文武之臣，元功佐命於朝廷，不以光武為情有厚薄，亦不以郭氏為過不當廢者，其意誠深遠，知事有不得已者也。今陛下之慮，豈不然乎？光武雖廢郭氏，然顧待其家初不衰減，亦明退人以義，示不私於私故也。此又詔書所以追復郭后之意，冀用平生之寵，故崇以虛名，謂義之正，故絕其祔廟，是乃聖謨所謂微後世不見隆薄進退之際者也。至公至平，可謂折中。今洞之意，以追復郭后則出於天子，以停止廟謚則出於大臣，共一詔書也，而論之與同，未知洞何從見之，皆不幸而此言傳於後，且歸過君父，為標榜聲，此其一也。且臣前奏為家要者，以謂廢與不兩立，而人君無二嫡，滿萬世之後，而禮分不明也。洞既不以此為辨，若不幸廷遇聽之，是雖自以能評上，起廢為功，而猶且陰伺母后，妄濟禮正，此其二也。故臣以謂非臣子之義、忠信之道矣。況乞昇下臣章，令兩制詳議。臣誠愚，竊恥聖朝無光武之臣，是以莫能推明上德，而反崇御誹謗，當為非

議者，其後學士院卒不曾上議，朝廷亦未皇施行。時有治[illegible]於禮無所，而禮官所請與洞合。一日白中書堂曰：「公知聞曰郭后乃上元妃，若祔廟則事須與四國朝祖宗三從[illegible]，當元妃常從且朝廟，今止州后廟，則止得有祭同一[illegible]，公宅時議者。」然陰逸母后舉從宮康，後嚴禱之意四為加一懷陵逸之極，則不為過矣。上是拘其說，[illegible]略。

七年正月二十七日，陳宮上言：「後死行傳曰：『簡宗廟則水不潤下。』去年夏秋之交，大雨傷稼，堂州河決，東南數路大水，為災甚廣。此必有失於順者。惟陛下諒思而修正之。」於是詔太常禮院檢詳郭廟未順之事。乃言：「溫成皇后立廟城南，四時薦日伊奠，以侍御令人攝事，於禮襢獻登歌設樂，並同太廟之禮，蓋當時有司失於講求，奉宗廟之禮殊已過咎。幽已訓，以祀無豐于昵，是以孝嚴別于禰廟，所以事天以祖宗之意也。」詔下兩制議，翰林學士王珪等議：「觀以饗親，仁之極親，何以借故廟比其先後宮有廟，然以廣恩也，適所以備乎饗親，請如禮官所議。」詔改溫成皇后廟為祠殿，歲時令宮臣以常饌薦之。　英宗治平元年四月二十五日，同判太常寺呂公著言：「按禮記喪服小記：慈母不世祭。以章惠皇太后章獻皇帝遺命，徙之以太妃之號，仁宗皇帝嘗以母稱，故加保

卷一萬七千八十六

慶之號，蓋使有慈保之功故也。有廟饗之報，今於陛下，則恩有所止，義難承祀。其奉慈廟之祀，請罷。」詔太常禮院詳議，禮官言：「禮祭詳禮，不可以不及，亦不可過，故慈母不世祭。慈母而世祭者，恩在於己，不可以施及也；祭而不以世者，其恩已斷，不可以過也。春秋傳所謂於子祭，於孫止，是也。伏以先皇帝以章惠太后有慈保之恩於己，以時而祭，是禮之所可以下及也。今陛下嗣位，則於章惠太后為孫，其恩已斷，其祭宜止，是禮之不可以過也。然則先皇帝之不可以不及，陛下之不可以過，皆為禮矣。」請依公著所請，以諒闇內候將來取旨。　治平四年十二月十二日，神宗即位未改元。知諫院楊繪言：「章惠太后於仁宗皇帝有撫養之恩，非古慈母之類，故別崇於奉慈廟。今陛下之於仁宗皇帝則孫也，乞下有司詳議其當，俾不踰制隆殺之節。」詔太常禮院詳定以聞。既而禮官復申元年之議。

神宗熙寧二年九月二十八日，命龍圖閣直學士張燾、太常卿奉章惠太后神主赴西京瘞陵園。是日，帝詣瓊林苑奉辭，群臣班于苑中。

元豐三年三月二十二日，奉辭聖光獻皇后神主祔于仁宗廟室。四年正月二十五日，宗正寺言：「皇后廟神主神匱欲依太廟神主之制。」從之。續通鑑長編：元豐五年，詳定禮文所言：「宗廟行事，遇副廟不將拜，於禮為允抵

送太常寺言儀禮特牲饋食禮無配其筵尸之辭皆通其皇祖某子少牢饋食禮有配其筵尸之辭則曰以某妃配某氏蓋古者吉祭有配無配皆一尸而已其始也祝洗酌奠于鉶南但有一爵及主人獻尸主婦亞獻賓長三獻亦止一爵崔靈恩虞郭氏周禮注意以謂王享宗廟凡九獻祼用醆饋食行尸各二獻諸侯為賓一獻而每獻一爵蓋從則同凡祝則同辭食則共牢共豆之類皆不兩陳而備奠副爵於其無所可況儀位俎異祖宣祖太祖室奠副爵一太宗真宗室奠副爵三仁宗室奠副爵一伏請不行其祫享別廟皇后自如常禮從之六年七月十二日升祔孝惠孝章淑德章懷皇后于太廟　先是太常寺言將來四后祏室奉安次序欲太祖皇帝室內孝明皇后一位次北添修祏室二位孝惠皇后神主合遷孝明皇后祏室孝明皇后孝章皇后神主合遷新祏室其太宗皇帝室內懿德皇后元德皇后三位次北添祏室一位淑德皇后神主合遷懿德皇后祏室懿德皇后神主合遷明德皇后祏室明德皇后神主合遷元德皇后祏室元德皇后神主合遷新修祏室其真宗皇帝室內章穆皇后章獻明肅皇后章懿皇后三位次北添修祏室一位章懷皇后神主合遷章穆皇后祏室章穆皇后神主合遷章獻明肅皇后祏室章獻明肅皇后神主合遷

卷一萬七千八十六　九

章懿皇后祏室章懿皇后神主合遷新修祏室皆以南為上奉安詔恭依至是行升祔之禮文昌雜錄七月十二日四后升祔于太廟兵部貴寵代太常鼓吹一千八百餘人皇儀車四乘是日五更神主自後廟升綵輿奉室正位已上步導進行直南出威入太廟至南神門外降輦輿入幄升署輿各祔本室太祖室曰孝惠次孝明次孝章太宗室曰淑德次懿德次明德次元德真宗室曰章懷次章穆次章獻次章懿既升祔行遍享之禮雅王曾王欽若鄭戩攝三獻禮畢百官詣東上閤門拜表稱賀　王應麟曰初孝惠孝章淑德章懷四后未入廟天聖六年七月乙卯始祔廟室初議不發用太常博士王吉言升祔之重由後廟而從顧乃詔升祔七太廟龍祠用竹冊　哲宗紹聖元年二十七日奉宣仁聖烈皇后升祔英宗廟室　徽宗建中靖國元年五月二十六日奉欽聖憲肅皇后欽慈皇后神主升祔神宗廟室　崇寧元年六月五日奉欽成皇后神主升祔神宗廟室

大觀二年十月二十一日禮部太常寺言依舊德宗皇后王氏既上謚曰昭德帝止令就陵所建祠殿奉安神主是時太常博士李吉甫議曰謂朝故事昭成肅明元獻三后並置別廟若奉安於陵所典禮無文今元獻皇后廟在太社西請修為昭德別廟從之又續曲臺禮別廟皇后禘祫於

太廟祔祖姑之下太常博士商盈孫曰昭成肅明之葬也睿宗在位元獻之葬也明皇在位昭德之葬也德宗在位故創別廟以其當食於太廟故禘祫則奉以入饗又按國朝會要乾德二年四月二十六日奉孝明皇后神主祔于別廟又章穆皇后故事有司奉神主自太廟祔饗于昭獻皇后饗畢祔別廟將來惠恭皇后神主四京合依故事修建別廟奉安從之三年正月十日奉惠恭皇后祔于別廟紹興七年六月一日改謚顯恭

政和四年七月三日禮部太常寺言政和元年孟冬祫饗奉惠恭皇后神主入太廟祔于祖姑之下今年適當祫饗而明達皇后神主昨於陵祠殿奉安系在城外若前期奉神主以入事畢奉神主以出不惟鹵簿威儀車騎導迎之煩兼於典禮無據今請未安若遣官就祭即與常饗無異又非合食于太祖之義臣等竊考禮經宗廟謂之廟使人朝焉陵墓謂之墓使人慕焉宗廟陵墓禮意不同三代之制未有即陵以為廟者唯唐貞元間昭德皇后王氏既葬德宗不欲立廟就陵建殿奉安神主太常博士李吉甫極論以為禮經典故檢討無文請即元獻舊廟為昭德別廟從之今明達皇后追正典冊歲時薦饗並同諸后而陵祠殿之制雖有近代故事然之禮經事不師古崇奉之禮有所未盡伏見園陵復土之初有司未及講

卷一萬七千八十六

明朝廷始以為寢園尋又改為陵祠殿聖意淵冲務從簡約蓋稽典禮惟恐失中然而陵廟之制在古無據合食之際於今有礙一代典禮所繫非輕謹按皇祐初立温成皇后廟歲時遣侍祠宮人行事至嘉祐中改為陵祠殿歲時遣官為以常饌今明達皇后典禮實同諸后而陵祠廟名乃用温成舊准推之制名實輕重亦未為稱伏望明詔有司稽參典禮命官充使就惠恭皇后別廟增建廟室迎奉明達皇后神主祔于別廟四時祭為三年祫饗名實情文兼得相副庶幾明達在天之靈萬有千歲從惠恭皇后於別廟事理為順詔從之　九日太常寺又言明達皇后祔別廟合增建殿室權遷惠恭皇后于齋殿詔用七月十三日告遷其日祭明達官奏告太廟別廟及陵祠殿故事行告遷禮有司先期消日奏告今緣日迫故止就當日　是日禮部太常寺言告遷明達皇后神主升輿程車迎奉入幄次權奉安俟時入太廟行祔謁之禮次赴別廟行祔饗禮畢入室安奉祔謁日於英宗室增設宣仁聖烈皇后明達皇后二位及遍祭七祀配饗功臣并別廟祔饗惠恭皇后明達皇后二位從之　二十日奉明達皇后祔于別廟　高宗皇帝紹興五年四月二十一日宰執進呈禮部太常寺乞權就射殿行景靈宮朝獻之禮惠恭皇后祔祖姑合於典禮上因禮然

人情而已朕以母事惠恭皇后今太廟既有别廟則景靈宮四孟朝獻之
禮何可廢也宜從禮官議先是司陳趙霈奏論道君皇帝朔恭惠皇后於
太廟有别廟而景靈宮則不預朝獻之列蓋道君皇帝於惠恭則夫道以
嫌故也今陛下於惠恭則子道宜無嫌也尋下禮官討論之至是可其奏
拜見廟議　十二年五月十八日侍從臺諫郎中集議請謚大行皇后曰懿
節皇后從之　十九日禮部侍郎施坰言懿節皇后神主候至奉哭擇日
祔廟合依顯恭皇后禮例於太廟內修建殿室以為别廟安奉從之　六
月十九日太常寺言將來懿節皇后神主祔廟其虞主合於本室後瘞埋
緣别廟係行在祔廟欲依禮例於本廟用寶殿权奉候回京日依别廟故
故事從之　二十三日禮部太常寺言懿節皇后神主祔廟依禮則先行
祔謁太廟之禮合於神宗室東壁西向祔祖姑之下緣今太廟殿室比之
在京窄狹難於神宗室前設位權宜於室之東夾室前稍南西向設懿節
皇后神主從之　二十五日太常寺言懿節皇后神主祔廟并以後遇朔
祭饗廟薦新祫饗行禮其合用牲牢欲依見今太廟逐室體例從之　七
月四日懿節皇后虞主入城請皇后宅有司行九虞之際畢六日神主祔
廟皇帝不視事百官詣常御殿門外進名奉慰百司作休務假　紹興三

《卷一萬七千八十六》

十一

十二年孝宗即位未改元九月十一日禮部太常寺言準已降旨故妃郭氏
追冊為皇后今討論欲依章懷皇后并懿節皇后禮例祭于别廟所有廟
殿見奉安懿節皇后神主將來追冊皇后祔廟遇薦饗等行禮隨拱乞令
禮直官同兩浙轉運司相視量行增修分為二室以西為上各置戶牖及
排截本廟齋宮權安奉懿節皇后神主俟工畢告遷還殿從之　十五日
禮部太常寺言今來增修别合制神主并腰輿等乞令工部下文思院修
製及應沿室法物等今奉安所具數報院從之　十一月十六日權工部
侍郎兼權太常少卿王普言追冊皇后將祔於懿節皇后之次既修别廟
分為二室請各置祏室如故事從之　十八日太廟奉安所言别廟懿節
皇后尚欠本室法物今追冊皇后祔廟所有法物乞一同制造從之　同
日禮部太常寺言追冊皇后祔廟乞如顯仁皇后禮例用細仗二百人鼓
吹一百二十八人歌簫篳篥笛鼓金鉦執色一百二十一人教習詞曲自攢
宮導引神主至太廟行禮設登歌宮架樂二舞學士院添撰樂章並從之
二十八日禮部言别廟建追殿宇在欽宗皇帝服制內不用樂其上梁
文乞令學士院如例製撰從之　十二月七日禮部太常寺言將來迎奉
神主祔廟如例用綵殿香案等饗畢奉神主詣别廟本室安奉就用儀衛

鑾官援衛從之　二十二日臣僚言安穆皇后冊寶既成祔廟有日欽宗
服制未除禮部已奏去鼓吹鐃又奏廟中之樂當用於祖宗前殿不當
用於安穆别廟竊謂今日之事為安穆設雖於别廟不用樂然為安穆用
樂之名猶在請前後殿皆備而不作從之　二十七日追冊安穆皇后神
主祔廟行饗太廟别廟之禮其議冊寶未詣攢宮行禮前二日文思院付
內侍進呈次日降出付禮部於祥曦殿門外設冊寶幄太常自殿門外從
衛至攢宮入幄安奉退宿齋於都堂禮儀使奏請神靈上神主行禮訖鈕
其餘行禮等官宿齋於惠照院齋宮掌冊寶職掌從衛祇應等人宿衛於
冊寶幄之側至日侍從及禮部太常寺官舉讀寶冊禮儀使迎奉神主詣
廟行祔廟之禮其行禮并陪位官先詣廟門外再拜奉迎俟行禮立班如
王日雨或地沾濕即免迎　隆興二年七月二十二日禮部太常寺言將
來郊祀前一日朝饗太廟皇帝合詣别廟懿節皇后室行禮欲從本寺參
照修定儀注關報俟郊祀畢親饗廟門其薦獻安穆皇后室請如懿節皇
后禮例從之　乾道三年閏七月九日禮部太常寺言準已降旨將來安
恭皇后神主祔廟令禮官并兩浙轉運司官相視增修别廟為三室依制
各置戶牖以西為上及令排截太廟齋廳權安懿節皇后安穆皇后神主

《卷一萬七千八十六》

十二

其奉安奏請置使差官香祝牲幣等乞並如禮例施行從之　十日禮部
太常寺言安恭皇后神主祔廟以當暑熱慮致不恭請用申時行禮其行
禮前六刻開和寧門北宮門及凡經從門并太廟門迎虞主赴太廟俟
奏請神靈上神主訖行禮從之　同日禮部太常寺言安恭皇后虞祭畢
迎奉神主祔廟日依例文武百僚並服吉服陪位立班從之　二十一日
奉安恭皇后神主行祔廟之禮其日皇帝於几筵殿行靈神儀衛畢還
內親王南班宗室如例步騎導引合用儀衛增道等並依顯仁皇后鼓吹
細仗如迎奉安穆皇后例仍以謚冊寶陳於虞主之前引至太廟南神
門外樽西東向設權安奉虞主神主幄次至時升祔行禮登歌宮架樂並
並如舊制文武百僚進名奉慰　六年二月二十五日祕書少監李燾等
言本省修寫太廟朔祭及四孟薦饗祝板神宗皇帝祝文內欽聖憲肅皇
后及欽慈皇后皆稱皇曾祖妣唯欽成皇后不稱皇曾祖妣蓋自崇寧初
追尊為皇太后謚曰欽成當時不稱皇妣循襲于今不稱皇曾祖妣乞下
禮部太常寺重行指定降付本省遵守從之其後以禮部太常寺言每遇
祭饗用祝文等並依欽聖憲肅皇后欽慈皇后例稱呼　孝宗淳熙十五
年三月二十二日權禮部郎官倪思等言已降指揮聖神武文憲孝皇帝

四月二十日祔廟憲節皇后神主，係仆祔高宗祏次所有憲節皇后别廟一室合行撤去。從之。

禮一〇之一三

卷一萬七千八十六

十三

宋會要　配享功臣 [illegible]

太祖　太師贈尚書令韓王趙普 [illegible]　樞密使贈中書令濟陽郡王曹彬 [illegible]

太宗　司空同中書門下平章事贈太尉中書令薛居正 [illegible]　侍中贈侍中石熙載　忠武軍節度使同中書門下平章事贈中書令潘美

真宗　右僕射同中書門下平章事贈太尉中書令李沆 [illegible]　太尉贈太師尚書令王旦 [illegible]　忠武軍節度使同中書門下平章事贈中書令李繼隆

仁宗　左僕射贈尚書令王曾 [illegible]　太尉贈太師尚書令呂夷簡 [illegible]　彰武軍節度使贈侍中曹瑋 [illegible]

英宗　司徒兼侍中贈尚書令韓琦 [illegible]　太傅兼侍中贈太師中書令曾公亮 [illegible]

神宗　寧武軍節度使守司徒開府儀同三司贈太師富弼 [illegible]

哲宗　左僕射贈太師司馬光 [illegible]

徽宗　守光祿大夫尚書左僕射兼門下侍郎贈太師魏國公韓忠彥

高宗　左僕射贈太師秦國公呂頤浩　左僕射追復特進觀文殿學士趙鼎　太傅鎮南武安寧國軍節度使贈太師蘄王韓世忠　太師靜江寧武靖海軍節度使贈循王張俊

孝宗　左丞相贈太師魯國公陳康伯 [illegible]　右丞相太師追封魏王史浩

光宗　右丞相贈太師葛邲

寧宗　福王趙汝愚

雜錄

真宗咸平二年二月十二日，詔曰：朕聽政之暇，觀書益勤，見國初始經王業，佐太祖皇帝削平僭亂，[illegible]當武騎之秋，[illegible]之際，周[illegible]呂望，安能定不拔之基，[illegible]何無以左勃興之運。特制有[illegible]故太師贈尚書令追封韓王諡忠獻趙普，[illegible]之雄，才名經邦之大器，[illegible]繼兩朝，出入二紀，[illegible]之劇，[illegible]不[illegible]，為臣[illegible]

[illegible]於前[illegible]事，今[illegible] [illegible]以答舊勳。遂仰[illegible]詳求典故，禮行疏闡於餘裕，出綸必叶於通規，[illegible]明遵[illegible]符。[illegible]八月二十五日，翰林學士承旨宋白等議，請以故樞密使[illegible]侍中[illegible]追封濟陽郡王曹彬配饗太祖廟庭，故司空兼門下侍郎同中書門下平章事贈太尉中書令薛居正、故忠武軍節度使同中書門下平章事贈中書令潘美、故尚書右僕射[illegible]侍中石熙載配饗太宗廟庭。詔從之。九月二十七日，太常禮院言：準詔定配饗功臣，禘祫之日，祀儀請令有司先事設[illegible]位於廟庭東門內道南，當所配室，西向，設位[illegible]一丈，[illegible]籩[illegible]俎各一，[illegible]知廟卿[illegible]奠爵再拜。詔可。

仁宗乾興元年十一月二日，翰林學士承旨李維等奏議：[illegible]真宗文明章聖元孝皇帝紹隆景業，[illegible]至治平康，[illegible]之功，[illegible]賢之佐，亦協贊於大猷。[illegible]陪廟食。[illegible]尚書右僕射兼門下侍郎同中書門下平章事贈太尉中書令李沆，[illegible]以[illegible]于東朝，[illegible]宰府，咸[illegible]治[illegible]方正端[illegible]，以嚴[illegible]鎮俗，始終[illegible]於一時。太尉贈太師尚書令王旦，[illegible]歷台衡，[illegible]十載，[illegible]之論，興[illegible]世之儀，紀律用[illegible]令德洽于民。[illegible]武軍節度使同中書門下平章事贈中書令李繼隆，[illegible]勳之門，克嗣前烈，[illegible]功茂焉。並宜列大室之[illegible]，配享真宗皇帝廟庭。詔禮官[illegible]議，詔可。

天聖元年二月，樞密使錢惟演上言：真宗皇帝將祔太室，有司議以功臣配享。臣先臣尚父秦國忠懿王俶，[illegible]奕葉位重，[illegible]平百年之[illegible]，持國籍獻千里之封，[illegible]于皇天，[illegible]太祖、太宗命無下拜，賜以不名，[illegible]先聖之[illegible]，念[illegible]一門，在乎皇朝，誠居第一。至今清廟之內，未預配[illegible]，況[illegible]中[illegible]入朝，雲臺畫像，[illegible]而下侯王配食，方[illegible]明。伏望[illegible]詔配享祖宗廟庭。詔兩制與崇文院檢討禮官同共詳議以聞。翰林學士承旨李維等奏議，請[illegible]太宗廟庭。[illegible]下。

嘉祐八年十月十九日，翰林學士王珪等奏：準詔下兩制[illegible]議仁宗祔廟當以何人配享。臣等伏以仁宗享國[illegible]，勵精政治，[illegible]明[illegible]得[illegible]之體，是以豪傑[illegible]為之用，外[illegible]內[illegible]廟略[illegible]故太尉[illegible]有[illegible]尚書右僕射[illegible]王曾，[illegible]經[illegible]位上[illegible]和大政，乾興之初，輔[illegible]南宮[illegible]持重

中外以安所謂以道事君無媿前哲故太尉贈尚書令謚文靖呂夷簡聰明克達規摸宏遠服在大僚歷參三事左右皇極勤勞王家二十餘年厥功茂焉將帥則有故彰武軍節度使贈侍中謚武穆曹瑋敦詩閱禮秉忠蹈武參謀帷幄折衝萬里領紘方面隱如長城加以恂恂循道有古名將之風焉皆有功迹見稱於世伏請並配享仁宗廟庭從之　神宗熙寧八年六月二十七日制曰功茂者賞惟其稱德厚者報不可忘故命冊褒崇舊史有追封之典祀祧躋配前書存與饗之文蓋君臣之義不獨欽崇寵之於其生抑邦家之光實亦貽厥揚之於不朽惟時故老翼我前朝式敷謨於治庭肆儀圖於典禮故永興軍節度使守司徒檢校太師兼侍中魏國公贈尚書令韓琦才凝沈偉宇量恢宏勇義出於至誠朴忠可以大受蓋濟於國利無知而不為任重於時事雖難而必濟惠澤有加于四海謀猷實紀於三朝循懷鄉亮之勤重起論亡之痛是用徙登烈考之清祏俾序功臣於大烝上以慰祖宗之靈下以為忠義之勸於戲為臣至此可無愧於前良與國同休庶永傳於茂烈欽惟懿美以答元勳可配享英宗廟庭

十年十二月二十八日詔太常禮院講求親祠太廟不及配享功臣禮例以聞　元豐元年閏正月七日太常禮院言今講求到親祠太廟不及

配享功臣非所以稱國家褒錄祖宗功臣之意禘祫之外親祠太廟並以功臣配享從之　二十八日詔贈太師中書令魯公亮配享英宗廟庭

八月二十六日太常禮院言准新禮令每年十月八日孟冬薦享太廟合改為祫享並備祭七祀衆配享功臣從之　三年六月二十八日詳定郊廟奉祀禮文所言謹按書盤庚曰茲予大享于先王爾祖其從與享之周禮司勳凡有功者祭於大烝然則書之所謂大享即禮之所謂大烝也烝冬祭也謂之大者物成衆多之時其祭比三時為大也於是時百物皆報焉祭有功宜矣禮記祭統衛孔悝之鼎銘曰勤大命施于烝彝鼎後世烝祭不及功臣既不合禮而禘祫及之亦不經先儒祁誤禘功臣何休之以謂夏物未成所禘功臣為非與禮合鄭康成亦曰禘無配不可去臣禮不可易今禘祫功臣配享而冬烝不及鄭經不合蓋因仍之誤也伏請每歲冬烝以功臣配享其禘祫配享罷之詔今冬享禘祫及親祠功臣並配享

四年六月二十四日太常禮院言詳定到太廟配享功臣位版題號稽參故事在漢史所圖名臣及二十八將事與配享唯唐廟配食功臣見於通典及會要皆著立廟爵位仍題初贈官故事來議者所終及所贈官以本唐典今再看詳將檢校官刪除自趙普而下並合一體其所有後來緣

寄業大典萬一千六百五十三作孫承

政和會要疑是紹興之誤錄者注

恩加贈官如以出自恩禮義雖不著即乞自朝廷詳酌照送禮院如單書姓名有無典據禮院言檢詳配享功臣位版單書姓名即無典據詔用見贈官　哲宗元祐元年六月二十一日吏部尚書孫永等議按商書茲予大享於先王爾祖其從與享之周官凡有功者銘書於王之大常祭于大烝司勳詔之恭惟神宗皇帝以上主之資恢累聖之業簡禮故老共圖大治輔相之臣有若司徒贈太尉謚文忠富弼秉心直亮操迹閎遠歷事三世計安宗社熙寧訪落眷遇特隆匪躬正色進退以道愛君之志雖沒不忘以配享神宗皇帝廟庭實為宜稱詔從之　紹聖元年四月十三日詔故觀文殿大學士集禧觀使守司空荊國公贈太傅王安石配享神宗皇帝廟庭　三年二月十二日詔富弼罷配享神宗廟庭　徽宗崇寧元年二月九日詔觀文殿大學士贈太師蔡確配享哲宗廟庭政和會要載上謂韓忠彥等曰確於哲廟甚有功方皇太后當從神宗靈駕西行確留有文字令弟碩屬內臣閻守懃達太后請留保護太后以故輟行保佑哲廟晨夕常與之俱食以銅匕箸至於飲水亦為之親嘗為德甚厚確文字今尚在故有是詔　政和七年十二月十八日禮制局言配饗功臣位版尚用舊官並合除去止用所贈及封國爵謚如王安石稱太傅舒王謚文之類

從之　高宗皇帝建炎元年五月八日詔曰朕惟宣仁聖烈皇后當元豐末立哲宗皇帝為皇太子遂嗣大統藩王初無覬覦大臣未嘗與謀其事載于神宗實錄及垂簾聽政保佑哲宗有安社稷之功二王出居外第所以別嫌明微德慈深遠比者姦臣鉤黨附會斂以空造之言仰誣盛德著於史諜以欺天下後世聞者莫不憤惋神宗皇帝實錄章惇提舉修撰當有建立之功不應乃自刊削不載參考其事本末甚明可令國史院別差官撫實刊修播告天下其蔡確蔡卞邢恕蔡懋三省取旨行遣仍不得引用赦文　元年五月一日赦文十七日蔡確追所贈太師汝南郡王責授武泰軍節度副使蔡卞追所贈太師衛國公責授寧國軍節度副使邢恕追所贈少師責授常德軍節度副使蔡懋責授單州團練副使英州安置尋有詔以司馬光配饗哲宗廟庭　二年夏久陰不解詔百執事赴都堂給札條具時政闕失司勳員外郎趙鼎言自紹聖以來學術政事敗壞殘酷致禍社稷其源實出於安石今安石之患未除不足以言政於是罷安石配饗神宗廟庭尋詔以富弼配饗神宗廟庭　四年六月六日太常少卿江端友請明堂前一日差官詣七祀功臣位行禮緣即今權於溫州冀華宮奉安宗廟比在京事體不同欲依紹興元年明堂更不排辦從之　七

寄要：大典一萬一千八百五十三作頼數

月二十五日，祠部員外郎兼權太常少卿提點太廟景靈宮承迎所謝伋言：竊見今歲明堂大禮，遍祀群神，祭典畢舉，既於太廟逐殿每室大禮部祀酌獻，設文武功臣之位，依舊制配饗。更乞詔求訪累朝功臣繪像，令各家子孫賫上，各藏逐殿，候皇興定都景靈宮禮成日，依舊設位。太常寺看詳：除本寺訪繪像就依所乞，從諸路轉運司下諸州求訪外，其在官者與之祀功臣位，行禮合依紹興元年禮例，并今年六月六日已降指揮，史不能擬。詔依。

八年三月十七日，左朝奉大夫、試刑部尚書兼侍讀胡交修，翰林學士、左朝奉大夫、知制誥兼侍讀、資善堂翊善朱震，左奉議郎、試御史中丞周秘，左朝奉大夫、試戶部侍郎梁汝嘉，左朝請大夫、試工部侍郎兼侍講趙霈，左朝散大夫、試給事中兼直學士院兼侍講勾龍如淵，左朝散郎、試中書舍人張燾，左朝奉大夫、權戶部侍郎兼詳定一司敕令王俁，左朝請郎、權禮部侍郎兼侍講吳表臣，左朝奉大夫、權禮部侍郎陳公輔，左朝請郎、守起居郎兼權中書舍人樓炤狀：准尚書省劄子，奉聖旨令侍從官詳議徽宗皇帝祔廟配饗功臣。伏以徽宗皇帝在位二十有六年，備極太平之時，當有定業，虛中屈體以聚天下之英賢，精粹以從天下之務，固能上下一心，同底于道。于時輔相有功，左光祿大夫、尚書左僕射兼門下侍郎、

卷一萬七千六十四　五一

太師、魏國公，諡文定韓忠彥，明允篤誠，公忠亮直，佐上宅中，無愧前人。建中之初，在右揆碎格，徐俊又列于庶位，除去紹節，效茂焉。雖居位日淺，而始終無疵，允所謂以道事君者歟。齊有顯勳，至今稱之。伏請配饗於聖旨。依今學士院降詔曰：古之有功於國者，書於太常，祭於大烝，此與饗于先王，則可勸。詔之所以著於無窮也。故左光祿大夫、尚書左僕射兼門下侍郎、贈太師、魏國公、諡文定韓忠彥，純誠亮始終如一，德業之盛，不忝前人。建中之初，入踐家司，損益庶設，成天下之務，開不諱之門，塞私邪之路，選賢任能，各當其職，一時忠賢之士，遂能擊擇僻，所向惟行，當于人心，故世號之以元有濟，朕覽舊史，慨然嘉歎，允所謂世濟其美，不損其名。其以忠彥配饗徽宗皇帝廟庭。先是，禮部侍郎吳表臣言：太廟自祖宗以來，擇將相臣，配侑始終有令德者，以廟食列聖。蓋惟道君皇帝從在宥，總合高明，統御寰極二十有六載，天下歸仁，而弼亮之賢，固有其人，宜暨命官詳議，取當時輔佐學德重望為天下公論所屬者，用配清廟，序於大烝。有旨令侍從官詳議以聞。　十八年二月一十三日，徽猷閣直學士璉言：國家遠稽三代，肇建原廟，凡是佐命配饗其先宗勳舊勳勞之臣，繪像於廟庭，以示不忘崇德報功之意。累朝佐命配饗功臣不過十餘人，

寄要：大典一萬一千八百五十三降刻

今之臣僚與其家之子孫必有存其繪像者，望詔有司尋訪，復摹於景靈宮廷之壁，非獨假寵諸臣之子孫，所以為臣子之勸。禮部討論，欲下諸路轉運司委所管州軍尋訪配饗功臣之家，韓王趙普、周王曹彬、太師薛居正、石熙載、鄭王潘美、太師濟沆、王旦、李繼隆、王曾、呂夷簡、侍中曹瑋、司徒韓琦、太師曾公亮、富弼、司馬光、韓忠彥，各令摹寫繪像，從納繪畫於景靈宮廷壁。從之。　二十七年五月二十五日，太常博士張廷實言：望依政和五禮新儀，令徽宗廟祫饗設祀配饗功臣。從之。　乾道五年九月十一日，太常少卿林栗等言：孟冬祫饗在近，所有欽宗皇帝廟庭配饗臣僚，尚虛其位。當時遭變難，莫救淪胥，臣僚罕可稱述，而以身狥國、名節暴著者不無其人，雖生前官品不應配饗之科，然變非常難，狥定制，乞特詔侍從臺諫集議以聞。詔於十月三日祫饗以前條具有司施行。從之。　侍右郎官錢過言：昔元祐中，神宗未有配饗，庭依例權塑二侍臣。吏部尚書汪應辰言：欽宗所與政之臣，皆未有能勝其任者，若應故事姑令備數，上非所以尊宗廟，下非所以勸有功。誠如太常所言，當時死事之臣非一，況若以後時次第表贈，今欲令配饗欽廟，典故所無。如創行之，又當考究本末，差次輕重，有所取捨，尤不可以輕易。皆唐文宗、武宗皆無配饗功臣，本廟太祖、太宗既親御，後亦不復闕，蓋崇奉祖宗，必當其實，必當於理，不虛尚文飾以為觀美人情而已。既無可配饗者，乞更不集議。從之。

卷一萬七千六十四　六一

寄要：大典三千一百八十四引此條云乾道會要

光宗紹熙元年，詔三閏三門，韓世忠、張俊並已配饗高宗皇帝廟庭，繪像許長房陳乞恩例一名。以中書門下省檢會元豐五年詔：景靈宮繪像舊臣推恩，本支下兩房以上取不給祿者，均有無故齒長者子孫亦繪像，本房不食祿，更不取別房應推恩入廟，與以次別房者聽。元祐七年，詔故相富弼配饗神宗廟庭，其子紹庭特差江陵府通判，仍與子孫一名恩澤。崇寧二年，詔哲宗皇帝神御殿繪像文武臣僚，並與子若孫一人初品官，故有是命。　建炎以來朝野雜記：祖宗故事，大臣配饗祔廟後議之。若趙韓王、曹秦王之配饗太祖，蓋真宗咸平時，而韓魏王、曾魯公之配饗英宗，仟其身薨日降制，亦在祔廟十數年後。永思陵徒立韓林學士洪邁言：聖神武文憲孝皇帝祔廟有期，所有配食臣僚，先期議定。臣兩家宗論，欲用文武臣各兩人：文臣故宰相贈太師秦國公諡忠穆呂頤浩、特進觀文殿大學士諡忠簡趙鼎，武臣太師蘄王諡忠武韓世忠、太師鄂王諡忠烈張俊。此四人皆一時名將相，合於天下公論，望付侍臣詳議。掛閣議者皆以為宜，遂從之。祕書少監楊萬里獨謂張浚相從不與

建炎以來朝野雜記

三朝大典三千一百八十四　寄據大典一萬一千八百五十三補

配食為非宜爭之不能因補外去國為孝宗既祔廟詔以故相陳康伯侑食寶文閣待制吳總上疏請以其父璘配祭廟庭不報

永樂大典卷一萬七千六十四

此條原粘在禮一一之三前半頁　接神宗熙寧八年上

從之

宋卓異記　父子皆享勳臣閣　曹武惠公彬累官至同平章事真宗朝咸平二年召入為樞密使薨死後贈中書令追封濟陽郡王謚曰武惠享太祖廟庭子曹武穆公瑋積官至彰武軍留後拜昭武軍節度使至鎮彰武謚曰武穆贈侍中配享仁宗廟庭此父子二人皆配享功臣昭勳崇德閣忠賢之報乎　神宗朝

此條原粘在禮一一之四後半頁　接七年夏久陰上

[illegible]有詔以司馬光配饗哲宗廟庭　此據司馬光傳修入月日檢未獲　宋史豐稷傳　徽宗時稷為工部尚書兼侍讀改禮部論宋用臣不當賜美謚不為書敕哲宗升祔議功臣配饗稷以為當用司馬光呂公著或謂二人嘗得罪不可用稷曰止論有功於時爾如詹五王豈非得罪於中宗何嫌於配饗

七年夏久陰

此條原粘在禮一一之四後半頁　接四年六月六日上

配饗神宗廟庭　此據王安石傳修入月日檢未獲　此二節續國朝會要內移入

四年六月六日奉常少卿

此條原粘在禮一一之五後半頁 接先是禮部侍郎上

蘄卓異記　父子皆饗勲臣閣　韓魏公琦官至右僕射兼樞密使封魏國公吉蕃除永興軍節度使後薨謚曰忠獻贈尚書公政和年中贈魏王享英宗廟庭　子忠彥官至大僕少卿薨贈太師配饗徽宗廟庭此父子二人皆配饗功臣昭勲崇德閣忠賢之報乎　揮麈錄

徽宗亡子配享自昔所無也

考宋禮部侍郎吳表臣

此條原粘在禮一一之六後半頁 接光宗紹熙元年三月上

贈循王張俊　淳熙十五年三月十七日禮部尚書宇文价等言奉詔令臣等詳議　高宗皇帝祔廟配饗功臣者恭惟　高宗聖神武文憲孝皇帝天錫勇智紹開中興撥亂之勲同符於　藝祖揖遜之德光烋於唐堯一時將相名臣著在彝鼎宜列侍太室序於大烝丕昭烏聲式叶舊典伏見故宰臣大師秦國公謚忠穆呂頤浩再登鼎司能斷大事主盟義舉取日虞淵託於瀛海無波復安宗社艱難之際厥功茂焉特進觀文殿大學士謚忠簡趙鼎智慮湛明學識醇固北邊受敵力贊親征國本未正建萬世之長策望實高紛斯民具瞻太師

蘄王謚忠武韓世忠身更百戰義勇橫秋建矣勤王投袂奮發連營淮楚虎視無前名聞羌夷至今落膽太師循王謚忠烈張俊策翊霸府披荊棘以立朝廷禦侮鄭川靖冠江左功名之盛溢於旂常而秉心忠勤終始一節四人皆有名績見稱於世宜如明詔伏請並配饗高宗廟庭從之　先是知制誥洪邁奉詔欲用文武臣各二人以邁議定四人皆一時名臣將相台於天下公論乞侍從官詳議故有是詔　紹熙元年三月九日詔呂

下接光宗紹熙三

上接禮一一之七末配享廟庭不錄

王□人浩光宗　右丞相贈太師葛邲　紹熙五年十二月十二日吏部尚書兼侍讀鄭僑等言奉詔令臣等詳議　孝宗皇帝祔廟配饗功臣恭惟　孝宗哲文神武成孝皇帝以聰明不世出之資奮恢復大有為之志英

武同符於藝祖神器親受於　高宗勵精九閏之餘致
治百王之上今因山託事祔廟有期宜定功臣侑食大
室伏見宰臣贈太師魯國公謚文恭陳康伯德量寬博
龍服衆心器資凝重足任大事當紹興授受之際密贊
神謨光輔初政綱紀修舉朝廷清明再還鼎司人望僉
重始終無玷有古賢相之風式承明詔伏請配饗　孝
宗廟庭從之　嘉泰元年正月十九日禮部尚書張釜
等言奉詔令臣等詳議　光宗皇帝祔廟配饗功臣恭
惟　光宗憲仁聖哲慈孝皇帝以神聖之資承熙洽之
運體堯蹈舜臨御六年勤儉之懿實高於古揖遜之風
克紹于前厚澤厖恩浹淪夷夏是雖光宗皇帝生知天
縱道備德全有以致此然之當時彌縫翊贊豈無其人
今者宥空弗反升祔禮成必有一代輔臣侑食大室式
協舊典伏見故右丞相贈太師葛邲操履端重議論正
平淳厚之文馳騁乎百代淵源之學根本乎六經輔導
初潛蔚有成績經綸大政濟登平雖居相位歷時不
長而履正奉公之節愛君憂國之誠無踰於邲者恭承
明詔伏請配饗光宗皇帝廟庭從之二年十二月二十
五日禮部大常寺言迎奉　光宗皇帝神御請景靈宮
中殿安奉依禮例中殿庭壁繪畫配饗功臣乞將西壁
所畫功臣趙邲向北繪畫少師葛邲一位於太師陳康
伯之次從之　嘉定十四年八月十五日詔故太師追

卷一萬一千八百五十三

封越王謚文忠史浩係　孝宗皇帝舊學首躋相位君
臣一德始終三紀備罄忠誠輔成孝治侑食清廟久未
舉行賜謚易名弗稱厥實非所以仰副　烈祖眷禮師
臣之意朕深念焉可配饗　孝宗廟庭特改謚忠定

卷一萬一千八百五十三

配饗功臣

大祖　大師贈尚書令韓王趙普（事類合璧趙忠獻王名普字則平幽州人位至中書令）　樞密使贈中書令濟陽郡王曹彬（事類合璧曹武惠王名彬字國華真州人位至樞密使）（大典卷一萬一千八百五十三又卷一萬七千六十四）

大宗　司空同中書門下平章事贈大尉中書令薛居正　右僕射贈侍中石熙載　忠武軍節度使同中書門下平章事贈中書令潘美（同上）

眞宗　右僕射同中書門下平章事贈大尉中書令李沆（事類合璧李文靖公名沆字太初洺州人擢進士甲科位至丞相）　大尉贈大師尚書令王旦（事類合璧王文正公名旦字子明魏州人中進士第位至大尉）　忠武軍節度使同中書門下平章事中書令李繼隆（同上）

仁宗　左僕射贈尚書令王曾　大尉贈尚書令呂夷簡（事類合璧呂文靖公名夷簡字坦夫壽州人進士及第位至丞相以大尉致仕韓琦嘗言仁廟議配饗皆與沂公不與申公誠意不可欺如此）（同上）　彰武軍節度使贈侍中曹瑋（事類合璧曹武穆王名瑋字寶臣武惠王之子至樞密）

一

英宗　司徒兼侍中贈尚書令韓琦（事類合璧韓忠獻王名琦字稚圭相州人中進士第二人位至丞相）　大傅兼侍中贈大師中書令曾公亮（事類合璧曾宣靖公名公亮字明仲泉州人中進士第位至丞相）（同上）

神宗　寧武軍節度使守司徒開府儀同三司贈大師富弼（同上）

哲宗　左僕射贈大師司馬光（事類合璧司馬文正公名光字君實陝州人舉進士甲科位至丞相）（同上）

徽宗　左光祿大夫尚書左僕射兼門下侍郎贈大師魏國公韓忠彥（大典卷一萬一千八百五十三又卷一萬七千六十四）

高宗　左僕射贈大師秦國公呂頤浩　左僕射追復特進觀文殿學士（寄案大典一萬一千八百五十三學士上有大字）趙鼎　大傅鎮南武安寧國軍節度使贈大師蘄王韓世忠　大師靜江寧武靖海軍節度使贈循王張俊（同上）

孝宗　左丞相贈大師魯國公陳康伯（事類合璧陳文正公名康伯字長卿信州人中進士丙科位至丞相）　右丞相大師追封越王史浩（同上）

光宗　右丞相贈大師葛邲（同上）

寧宗　福王趙汝愚（同上）

雜錄

眞宗咸平二年二月十二日詔曰朕聽政之暇觀書益專遂見國初始經王業我大祖皇帝將膺帝籙已肇人謀當或躍之秋屬艱難之際周微呂望安能定不拔之基漢匪蕭何無以左勃興之運時則有故大師贈尚書令追封韓王謚忠獻趙普蘊負鼎之雄才蓄經邦之大畧首參密畫力贊沈機（事類合璧識冠人羣才高王佐翊戴興運光起鴻圖雖呂望四代之勳蕭何指蹤之效無以過）輔弼兩朝出入三紀茂𡑞廊廟之碩望分屏翰之劇權正直不回始終無玷摛爲巨美勒在豐碑齊千載之偉人庶九原之可作列魄未陪於嚴祀彝章曷稱於有知（事類合璧宜預饗於大烝永同休於宗祏著爲茂以答舊勳）遂俾縉紳詳求典故考行既閱於餘裕出倫必叶於通規義著幽明道符今古宜以普配饗大祖廟庭仍遣官奏告本室（大典卷一萬一千八百五十三又卷一萬七千六十四）

二

八月二十五日翰林學士承旨宋白等議請以故樞密使兼侍中贈中書令追封濟陽郡王曹彬配饗大祖廟庭故司空兼門下侍郎同中書門下平章事贈大尉中書令薛居正故忠武軍節度使同中書門下平章事贈中書令潘美故尚書右僕射贈侍中石熙載配饗大宗廟庭詔從之（同上）

九月二十七日大常禮院言準詔定配饗功臣禘祫之日祀儀請令有司先事設幄次布褥位於廟庭東門內道南當所配室西向設位版方七寸厚一寸半籩豆各二簠簋俎各一知廟卿奠爵再拜詔可（同上）

仁宗乾道元年十一月二日翰林學士承旨李維等奏議曰伏以眞宗文明章聖元孝皇帝紹隆景業馴至治平睿聖之功誠超踰於邃古忠賢之佐亦協贊於大猷爰舉禮經用陪廟食有若尚書右僕射兼門下侍郎同中書門下平章事贈大尉中書令李沆往以碩望賓於東朝洎翊天飛首登宰府咸平之治實著嘉謀以方

正端朝以嚴重鎮俗，始終待遇冠於一時。大尉、贈大師、尚書令王旦踐歷台樞將二十載，精强兵之論，興曠世之儀，紀律用張，方夏咸乂，藹然令德，洽于民聽。忠武軍節度使、同中書門下平章事、贈中書令李繼隆，舊勳之門，克嗣前烈，沈毅有勇，倜儻好謀，從幸澶淵，實總兵要，奮威卻敵，厥功茂焉。並宜列大室之庭，預大烝之祭，冀昭盛烈，允協舊章。伏請並配饗真宗皇帝廟庭。詔禮官參議。詔可。上同

天聖元年二月，樞密使錢惟演上言：真宗皇帝將祔大宮，有司議以功臣配饗。臣先臣尚父、秦國忠懿王俶，勳隆奕葉，位重累朝，覲率王徒，平百年之僭偽；躬持國籍，獻千里之封疆。忠誠格于皇天，茂績標于惇史。所以太祖、太宗命無下拜，賜以不名。洎先聖之纂承，念遺勳而益厚。舉諸殊渥，萃此一門，在乎皇朝，誠居第一。至今清廟之內，未預配饗。況吳芮歸漢，甲令書勳；竇融入朝，雲臺畫像。隋唐而下，侯王配食，方册之內，往例甚明。伏望依禮降詔，配饗祖宗廟庭。詔兩制與崇文院檢討、禮官同共詳議以聞。翰林學士承旨李維等奏議，請錢俶配饗大宗廟庭。奏入，不下。上同

英宗嘉祐八年十月十九日，翰林學士王珪等奏：準詔下兩制定議仁宗祔廟當以何人配饗。臣等伏以仁宗享國長久，勵精政治，以知人之明，得馭臣之體，是以豪英材傑樂為之用，外宣威靈，內經廟畧。臣主感會，馴致太平，輔相則有故尚書右僕射、贈尚書令、謚文正王曾，忠允清亮，履德經哲，致位上宰，燮和大政，乾興之初，輔翊兩宮，儀正持重，中外以安，所謂以道事君，無媿前哲。故大尉、贈尚書令、謚文靖呂夷簡，聰明亮達，規模宏遠，服在大僚，歷登三事，左右皇極，勤勞王家二十餘年，厥功茂焉。將帥則有故彰武軍節度使、贈侍中、謚武穆曹瑋，敦詩閱禮，秉義經武，參謀帷幄，折衝萬里，鎮綏方面，隱如長城，加以徇恂循道，有古名將之風焉，皆有功績見稱於世。伏請並配饗仁宗廟庭。從之。皆宋卓異記父子綮勲臣閣曹武穆公彬累官至同平章事真宗朝咸平二年召入為樞密使堯後贈中書令追封濟陽郡王謚曰武惠饗太祖廟庭子曹武穆公

瑋積官至彰武軍留後歷昭武軍節度使至鎮彰武謚曰武穆贈侍中配饗仁宗廟庭此父子二人皆配饗功臣昭勲崇德閣忠賢之報。上同

神宗熙寧八年六月二十七日，制曰：功茂者賞惟其稱，德厚者報不可忘。故命册襃崇，舊史有追封之典；祀祧躋配，前書存與饗之文。蓋君臣之義，不獨欲榮寵之於其生；邦家之光，實亦冀顯揚之於不朽。惟時故老，翼我前朝，式敷謀於治庭，肆儀圖於典禮。故永興軍節度使、守司徒、檢校大師、兼侍中、魏國公、贈尚書令韓琦，才資沈偉，宇量恢宏，勇義出於至誠，樸忠可以大受。盡瘁於國，利無知而不為；任重於時，事雖難而必濟。惠澤有加于四海，謀猷實紀於三朝。緬懷獨亮之勤，重起喬亡之痛。是用追登烈考之清祏，俾序功臣於大烝。上以慰祖宗之靈，下以為忠義之勸。於戲！為臣至此，可無媿於前良；與國同休，庶永傳於茂烈。竝惟盛美，以答元勲。可配饗英宗廟庭。上同

十年十二月二十八日，詔太常禮院講求親祠太廟不及配饗功臣禮例以聞。上同

元豐元年閏正月六日，大常禮院言：今講求到親祠太廟不及配饗功臣，非所以稱國家襃錄祖宗功臣之意。禘祫之外，親祠太廟並以功臣配饗。從之。上同

二十八日，詔贈大師、中書令曾公亮配饗英宗廟庭。上同

八月二十六日，大常禮院言：依典禮，今年十月八日孟冬薦饗太廟，合改為祫饗，並偏祭七祀，衆配饗功臣。從之。上同

三年六月二十八日，詳定郊廟奉祀禮文所言：謹案書盤庚曰：茲予大饗於先王，爾祖其從與饗之。周禮司勳：凡有功者，祭於大烝。然則書之所謂大饗，即禮之所謂大烝也。烝，冬祭也，謂之大者，物成衆多之時，其祭比三時為大也。方是時，百物皆報，為祭有功，宜矣。禮記祭統衞孔悝之鼎銘曰：勤大命，施于烝彝鼎。後世烝祭不及功臣，既不合禮；而禘祫之事，不經見。梁初誤禘功臣，何佟之以謂夏物未成，而禘功臣為非典禮。至唐韋挺亦曰：禘無配，不可去

臣理不可易今禘祫以功臣配饗而冬烝不及與經不合蓋因仍之誤也伏請每遇冬烝以功臣配饗其禘祫配饗罷之詔凡冬饗禘祫及親祠功臣並配饗（同上）

四年六月二十四日大常禮院言詳定到太廟配饗功臣位版題號稽參故事在漢史所圖名臣及二十八將事異配饗惟唐廟配食功臣見於通典及會要既著立廟爵位仍題初贈官故昨來議著所終及所贈官以本唐與今再有詳將檢校官刪除自趙普而下並令一體外所有從來緣恩加贈官如以出自恩禮義難不著即乞自朝廷詳酌照送禮院如單書姓名有無與據禮院言檢詳配饗功臣位版單書姓名即無典據詔用見贈官（同上）

哲宗元祐元年六月二十一日吏部尚書孫承（寄案：大典一萬一千八百五十三作孫永）等議按商書盤予大饗於先王爾祖其從與饗之周官凡有功者銘書於王之大常祭于大烝司勳詔之恭惟神宗皇帝以上主之資恢累聖之業尊禮故老共圖大治輔相之臣有若司徒贈太尉謚文忠富弼秉心直亮操履閎遠歷事三世計安宗社熙寧訪落眷遇特隆匪躬正色進退以道愛君之志雖沒不忘以配饗神宗皇帝廟庭實為宜稱詔從之（同上）

五

紹聖元年四月十三日詔故觀文殿大學士集禧觀使守司空荊國公贈大傅王安石配饗神宗皇帝廟庭（同上）

三年二月十二日詔富弼罷配饗神宗廟庭（同上）

徽宗崇寧元年二月九日詔觀文殿大學士贈大師蔡確配饗哲宗廟庭（政和會要載上謂韓忠彥等曰確於哲廟甚有功方皇太后高從神宗靈駕西行確密有文字令弟碩留內臣閤守勳遠太后請留保護太后以故擬行保佑哲廟是夕常與之俱食以嗣乙著至於欽水亦為之觀當為德甚厚確文字今尚在故有是詔）（同上）

政和七年十二月十八日禮制局言配饗功臣位版尚用舊官並合除去止用所贈及封國爵謚如王安石稱大傅舒王謚文之類從之（同上）

高宗皇帝建炎元年五月八日詔曰朕惟宣仁聖烈皇后當元豐

末立哲宗皇帝為皇太子遂嗣大統宣王初無覬覦大臣未嘗異論其事載于神宗實錄及垂簾聽政保佑哲宗有安社稷之功二王出居外第所以別嫌明微德意深遠比者姦臣鉤黨附會故以空造之言仰誣盛德著於史諜以欺天下後世聞者莫不憤惋神宗皇帝實錄章惇提舉修撰蔡有建立之功不應乃自刊削不載參考其事本末甚明可令國史院別差官據實刊修播告天下其蔡確蔡卞邢恕蔡懋三省取旨行遣仍不得引用建炎元年五月一日赦文十七日蔡確追所贈太師汝南郡王責授武泰軍節度副使蔡卞追所贈大師衛國公責授寧國軍節度副使邢恕追所贈少師責授常德軍節度副使蔡懋責授單州團練副使英州安置尋有詔以司馬光配饗哲宗廟庭（政除司馬光[illegible]八月日撤本紀宋史豐稷傳不[illegible]宗時稷為工部尚書兼侍讀改禮部論宋用臣不當贈其諡不為書載哲宗升祔以功臣配饗稷以為當用司馬光呂公著或謂二人嘗得罪不可用稷曰止論有功於時否如唐五王豈非得罪於中宗何嫌於配饗）（同上）

二年夏久陰不解詔百執事赴都堂給札條具時政闕失詳勳員外郎趙鼎言自紹聖以來學術政事敗壞殘酷致禍社稷其源實出於安石今安石之患未除不足以言政於是罷安石配饗神宗廟庭尋詔以富弼配饗神宗廟庭（此據王安石傳八月以撤未獲此一節續國朝會要內移入）（同上）

六

四年六月六日太常少卿江端友請明堂前一日差官詣七祀功臣位行禮緣即今權於溫州貞華宮奉安宗廟比在京事體不同欲依紹興元年明堂更不排辦從之（同上）

七月二十五日祠部員外郎兼權太常少卿提點太廟景靈宮奉迎所謝伋言竊見今歲明堂大禮編秩羣神祭典畢舉望於太廟逐殿每遇大禮郊祀酌獻設文武功臣之位依舊制配饗更乞詔求訪累朝功臣繪像令逐家子孫來上各藏逐殿俟皇輿定都景靈宮禮成日依舊畫像大常寺看詳除求訪繪像欲依所乞從諸路轉運司下諸州求訪外其差官詣七祀功臣位行禮合依紹興元年禮例並今年六月六日已降指揮更不排辦詔依（同上）

八年三月十七日，左朝奉大夫試刑部尚書兼侍讀胡交修、翰林學士左朝奉大夫知制誥兼侍講資善堂翊善朱震、左奉議郎試御史中丞周秘、右朝奉（寄案：大典一萬一千八百五十三作朝散）大夫試戶部侍郎梁汝嘉、左朝請大夫試工部侍郎兼侍講趙霈、左朝散大夫試給事中兼直學士院兼侍講胡世將、左朝散郎試中書舍人張燾、左朝奉大夫權戶部侍郎陳公輔、左朝請郎守起居郎兼權中書舍人樓炤狀：准尚書省劄子，奉聖旨令侍從官詳議徽宗皇帝祔廟配饗功臣。伏以徽宗皇帝在位二十有六年，席盛大之時，包富有之業，處中屈體，以來天下之英，聚精會神，以成天下之務，用能上下一心，同底于道。于時輔相有故左光祿大夫、尚書左僕射兼門下侍郎、贈大師、魏國公、謚文定韓忠彥，明允篤誠，公忠亮達，至仕上宰，無愧前人。建中之初，左右厥辟，招徠俊乂，列于庶位，除苛解嬈，厥功茂焉。雖居位日淺，而始終無疵，允所謂以道事君者與。實有顯功，至今稱之。伏請配饗。奉聖旨依，令學士院降詔曰：古之有功於國者，書於大常，祭於大烝，凡與饗于先王，則司勲詔之，所以善於無窮也。故左光祿大夫、尚書左僕射兼門下侍郎、贈大師、魏國公、謚文定韓忠彥，純誠端亮，始終如一，德業之盛，不忝前人。建中之初，入踐冢司，損益施設，成天下之務，開不諱之門，塞私邪之路，選賢任能，各當其職，一時忠鯁之士，遂能擊彊禦，亮所向摧折，當乎人心，後世賴之，以克有濟。朕覽舊史，慨然嘉歎，允所謂世濟其美，不損其名。其以忠彥配饗徽宗皇帝廟庭。（宋卓異記：父子皆饗勲臣閣。韓魏公琦官至右僕射兼樞密使，封魏國公，告老除永興軍節度使，後薨，諡曰忠獻，贈尚書令，政和年中贈魏王，饗英宗廟庭。子忠彥官至大僕少師，薨，贈大師，配饗徽宗廟庭。此父子二人皆配饗功臣昭勲崇德閣，忠賢之報乎。揮麈錄：家宗七子配饗，自昔所無也。）（同上）

先是，禮部侍郎吳表臣言：本廟自祖宗以來，推擇將臣相臣始終有令德者以配食列聖。恭惟道君皇帝道帙在宥，德合高明，脫御宸極二十有六載，天下歸仁焉，弼亮之賢，固有其人矣。望命官詳議，取當時輔佐厚德重望為天下公論所屬者，用配清祏，序於大

烝。有旨令侍從官詳議奏聞。（同上）

十八年二月二十三日，監登聞鼓院徐璉言：國家遠稽三代，肇建原廟，凡是佐命配饗與夫當時輔弼勲勞之臣，繪像於廟庭，以示不忘崇德報功之意。累朝佐命配饗功臣不過十餘人，今之臣僚與其家之子孫必有存其繪像者，望詔有司尋訪，復墓於景靈宮廷之壁，非獨假寵諸臣之子孫，所以增重祖宗之德業，以為臣子之勸。禮部討論，欲下諸路轉運司，委所管州軍尋訪配饗功臣之家韓王趙普、周王曹彬、大師薛居正、石熙載、鄭王潘美、太師李沆、王旦、李繼隆、王曾、呂夷簡、侍中曹瑋、司徒韓琦、太師曾公亮、富弼、司馬光、韓忠彥，各令摹貌像投納，繪畫於景靈宮廷壁。從之。（同上）

二十七年五月二十五日，太常博士張廷實言：望依政和五禮新儀，今後宗廟祫饗設祀配饗功臣。從之。（寄案：詳見祫事饗制）（同上）

乾道五年九月十一日，大常少卿林栗等言：孟冬祫饗在近，所有欽宗皇帝廟庭配饗臣僚尚虛其位。當時遭值艱難，莫救淪胥，臣僚罕可稱述，而以身殉國、名節暴著者不無其人，雖生前官品不應配饗之料，然變非常，難拘定制，乞特詔侍從、臺諫集議以聞，預於十月三日祫饗以前降付有司施行。從之。（同上）

侍右郎官曾逮言：昔元祐中，神宗未有配饗廟庭，依例權差二侍臣。吏部尚書汪應辰言：欽宗所圖共政之臣，皆未有能勝其任者，若應故事，姑令備數，上非所以尊宗廟，下非所以勸有功。誠如大常所言，當時死事之臣非一，建炎以後皆次第褒贈，今欲令配饗欽廟，典故所無，如創行之，人當考究本末，差次輕重，有所取舍，尤不可以輕易。昔唐文宗、武宗皆無配饗功臣，本廟太祖、英宗既無御集，亦不建閣，蓋崇奉祖宗，必審其實，必當於理，不虛尚文飾，以茍塞人情而已。既無可配饗者，乞更不集議。遂罷。（寄案：大典三千一百八十四引此注云乾道會要）（同上）

淳熙十五年三月十七日，禮部尚書宇文价等言：奉詔令臣等詳議高宗皇帝祔廟配饗功臣者。恭惟高宗聖神武文憲孝皇帝，天錫勇智，紹開中興，撥亂之勲同符於藝祖，揖遜之德光媲於唐堯

一時將相名臣著在彝鼎宜列侍太室序於大烝丕昭雋聲式叶舊典伏見故宰臣大師秦國公謚忠穆呂頤浩再登鼎司能斷大事主盟義舉取日虞淵訖於瀛海無波復安宗社艱難之際厥功茂焉特進觀文殿大學士謚忠簡趙鼎智慮湛明學識醇固北邊受敵力贊親征國本未正建萬世之長策望實高勛斯民具瞻大師蘄王謚忠武韓世忠身更百戰義勇橫秋建炎勤王投袂奮發連營淮楚虎視無前名聞羌夷至今落膽大師循王謚忠烈張俊策翊霸府披荊棘以立朝廷禦侮鄞川靖寇江左功名之盛溢於旂常而秉心忠勤終始一節四人皆有名績見稱於世宜如明詔伏請並配饗高宗廟庭從之 先是知制誥洪邁奉詔欲用文武臣各二人以邁議定四人皆一時名臣將相合於天下公論乞侍從官詳議故有是詔 大典卷一萬一千八百五十三

光宗紹熙元年三月九日 三月九日四字據大典一萬一千八百五十三補 詔呂頤浩趙鼎韓世忠張俊並已配饗高宗皇帝廟庭繪像訖各許長房陳乞恩例一名以中書門下省檢會元豐五年詔景靈宮繪像舊臣推恩本支下兩房以上取不食祿者均有無取嫡長若子孫亦繪像本房不食祿更不取別房應推恩人願與以次別房者聽元祐七年詔故相富弼配饗神宗廟庭其子紹廷特差江陵府通判仍與子孫一名恩澤崇寧二年詔哲宗皇帝神御殿繪像文武臣僚並與子若孫一人初品官故有是命 建炎以來朝野雜記祖宗故事大臣配饗皆祔廟後議之若趙韓王曹秦王之配饗大祖並眞宗咸平時而韓魏王曾魯公之配饗英宗皆其身薨日降制亦在祔廟十數年後永思陵復土翰林學士洪邁言聖神武文憲孝皇帝祔廟有期所有配食臣僚先期議定臣兩蒙宣諭欲用文武臣各兩人文臣故宰相贈大師秦國公謚忠穆呂頤浩特進觀文殿大學博士謚忠簡趙鼎武臣大師蘄王謚忠武韓世忠大師曾王謚忠烈張俊此四人皆一時名將相合於天下公論望付侍臣詳議以聞議者皆以為宜遂從之祕書少監楊萬里獨謂張丞相俊不與配食為非宜爭之不能因補外去國焉孝宗既祔廟詔以故相陳康伯侑食敷文閣待制吳總上疏請以其父璘配饗廟庭不報 大典卷一萬一千八百五十三又卷一萬七千六十四

紹熙五年十二月十二日吏部尚書兼侍讀鄭僑等言奉詔令臣等詳議孝宗皇帝祔廟配饗功臣恭惟孝宗哲文神武成孝皇帝以聰明不世出之資奮恢復大有為之志英武同符於藝祖神器親受於高宗勵精九閱之餘致治百王之上今因山訖事祔廟有期宜定功臣侑食太室伏見宰臣贈大師曾國公謚文恭陳康伯德量寬博能服衆心器資凝重足任大事當紹熙授受之際密贊神謨光輔初政綱紀修舉朝廷清明再還鼎司人望愈重始終無玷有古賢相之風式承明詔伏請配饗孝宗廟庭從之 大典卷一萬一千八百五十三

嘉泰元年正月十九日禮部尚書張釜等言奉詔令臣等詳議光宗皇帝祔廟配饗功臣恭惟光宗憲仁聖哲慈孝皇帝以神聖之資承熙洽之運體堯蹈舜臨御六年勤儉之德夐高於古揖遜之風克紹於前厚澤庬恩深濃夷夏是雖光宗皇帝生知天縱道備德全有以致此然之當時彌縫翊贊豈無其人今者賓空帝反升祔禮成必有一代輔臣侑食六室式協舊典伏見故右丞相贈大師葛邲操履靜重議論正平淳厚之文馳騁乎百代淵源之學根本乎六經輔導初潛蔚有成績經綸大政濟登丕平雖居相位歷時不長而覆正奉公之節愛君憂國之誠無踰於邲者恭承明詔伏請配饗光宗皇帝廟庭從之 同上

二年十二月二十五日禮部太常寺言迎奉光宗皇帝神御詣景靈宮中殿安奉依禮例中殿庭壁繪畫配饗功臣乞將西壁所畫功臣趙邲向北繪畫少師葛邲一位於大師陳康伯之次從之

嘉定十四年八月十五日詔故大師追封越王謚文惠史浩係孝宗皇帝舊學首躋相位君臣一德始終三紀備罄忠誠輔成孝治侑食清廟久未舉行賜謚易名弗稱厥實非所以仰副烈祖眷禮師臣之意朕深念焉可配饗孝宗廟庭特改謚忠定 同上

宋會要　羣臣士庶家廟

仁宗慶曆元年十一月二十日南郊赦書應中外文武官並許依舊式創立家廟至和二年十二月宰臣宋庠言慶曆郊祀赦書許文武立家廟蓋所以帳孝治穆彞倫風勸海內急化甚美而有司終不能推述先典明諭上仁因循顧望遂踰十載使王公薦饗下同委巷衣冠昭穆雜用家人緣偷襲弊甚可嗟也臣嘗因進對屢聞聖言謂諸臣專殖第產不立私廟寧朝廷勸戒有所未孚將風教頹陵終不可復廢心至意形于歎息臣每誦天訓愧汗交浹日夜循省求諸臣所以未即建立者誠亦有由蓋古今異儀封爵殊制因疑成憚遂格詔書禮官既不講求私家何緣擅立且未信而望誠者上難必責徒善而設教者下或有違若今官制已頒禮典咸具尚安所習不稟其規雖官司勸之可矣誅之可矣凡在臣子孰敢不勉哉今幸遇皇帝陛下因大饗之報躬嚴配之禮事天尊祖孝冠百王聖化所覃海內知勸臣欲乞明敕有司奉行慶曆詔書下禮官博士及臺閣儒學之臣考案舊章同加詳定不拘小以妨大不泥古而非今因時制宜使稱情禮則可矣若欲必如三代有家嫡世封之封重山川國邑之常然後議之則陵典無可復之期而禮祀或幾乎息矣夫建宗祐序昭穆別貴賤之等所以為孝雖有過於為孝殖產利營居室遺子孫之業或與民爭利顧不以為恥遠矣立廟則曰不敢爭所謂敎於爭利而不敎於為孝耶以爵服承寵之閒小違古因放而不復又所謂去小違古而就大違古也比諸儒之惑不亦甚乎臣幸得待罪宰相以明教化美風俗為職不勝惓惓請因明詔書言其議以時定制下之日或在立廟之科須買地一區慮劣力經始上副聖人廣孝之美下勉私門顯親之榮推美人倫非獨臣幸於是下兩制與禮官詳定制度而翰林學士承旨王堯臣等定官正一品平章事以上立四廟樞密使知樞密院事參知政事樞密副使同知樞密院簽書院事以上見任同宣徽使尚書節度使東宮少保以上皆立三廟餘官祭於寢凡得立廟者許嫡子襲爵以主祭其襲爵世降一等死即不得作主祔廟別祭於寢自當立廟者即祔其主其子孫承代不計廟祭寢祭並以世數親疏遷祧始得立廟者不祧以比始封有不祧遞祭四廟五廟廟因眾子立而嫡長子在則祭以嫡長子主之嫡長子死即不傳其子而傳立廟者之長凡立廟聽於京師或所居州縣其在京師者不得於皇城及南郊御路之側既如奏仍令別議襲爵之制其後終以有廟者之子孫或官微不可以承祭又朝廷難盡推襲爵之恩遂不果行　嘉祐三年七月

卷一萬七千九十

二十五日禮部尚書同中書門下平章事文彥博言伏覩禮官詳定家廟制度平章事以上許立四廟臣欲乞於河南府營級私廟伏乞降勅指揮從之　神宗元豐七年二月十七日文彥博言先立家廟歲八祭用酒以臣隨行公使酒供辦今臣致仕不欲沽酒以祭乞於河南府公使庫送祭寄造酒拾石從之　徽宗大觀二年十一月十六日議禮局言伏覩禮有五經莫重於祭者所以追養繼孝也周制適士以上祭於廟庶士以下祭於寢凡營居室必先建宗廟凡造養器必先備祭器庶羞不踰於牲牷燕衣不踰於祭服自公侯達於比閭所以致孝于其先者如此故民興以厚國勢以寧有唐推原周制崇尚私廟侍中王珪通貴已久而不嘗禰設於寢太宗為立廟以媿其心及開元制禮自品官薦享乃至拜掃皆有常儀五代擾攘文物隤缺臣庶薦享家自為俗革而化之實在聖時所有臣庶祭禮欲乞詳酌古今討論條上斷自聖學施行詔禮以祭為重先王制禮自士以上皆有廟享其祖考以盡孝先報本之義今稽古制法明倫厚俗廟制亦當如古然其數世之節薦享之儀疏數之數與遷徙之不常官富之有異使不偪不僭皆得其宜然後為稱可依所奏條畫來上　四年四月二十八日議禮局言古者諸侯祭五世二昭二穆與太祖而五大夫祭三世一昭一穆與太祖而三命士祭二世祖禰而止故子夏傳曰都邑之士則知尊禰矣學士大夫則知尊祖矣諸侯及其太祖天子及其始祖之所自出荀子曰有一國者事五世有五乘之地者事三世有三乘之地者事二世所以別積厚者流傳澤廣積薄者流澤狹也按今品官不逮庶人皆祭三世無尊統上下之差流澤廣狹之別緣臆襲踵其流已久今欲準周制貴者比古諸侯祭五世其次比古大夫祭三世則可矣若又其次比古命士降祭二世則奪人孝思追遠之情行之於外深駭群聽殆失先王緣情制禮之意請自執政官以上自高祖而下祭親廟四餘通祭三世庶幾有尊統流澤之差為內出手詔曰禮有等差以別貴賤故廟祭之數天子七世諸侯五世大夫三世士二世不易之道也今以執政官古諸侯而止祭四世古無祭四世之文又侍從官以至士庶通祭三世無等差多寡之別豈禮意乎古者天子七世今太廟已增為九室則執政視古諸侯以事五世不為過矣且先王制禮以齊有萬不同之情賤者不得僭貴者不得踰故事二世者雖有孝思追遠之心無得而越事五世者亦當跂以及焉今恐奪人之恩而使通祭三世徇流俗之情非先王制禮等差之義可文臣執政官武臣節度使以上祭五世文武陞朝官祭三世餘祭二

卷一萬七千九十

世　同日議禮局又言乞立廟者居處狹隘聽於第之側又無則隨宜創置手詔曰禮以制情使貴賤大小各當其分則禮必有制制必有數故不敢踰不敢褻也古者廟在大門之內中門之左內示親左示仁也今臣僚寓居僦舍無有定止禮令一下士不立廟當罷於法矣可應有私第者立廟於門內之左如狹隘聽於私地之側力所不及仍許隨宜　同日議禮局言乞品官廟視宅堂之制寢勿踰於廟間數以世數爲限庶幾易行手詔曰陽數奇陰數偶天下屋室之制皆以陽爲數今立廟制寢視其所祭之數則祭四世者寢四間陰數也古者寢不踰廟禮之廢失久矣士庶堂寢踰度僭禮有五楹七楹九楹者若以一旦使就五世三世之數則當徹毀居宇以應禮制人必駭聽豈得爲易行可令後立廟其間數視所祭世數寢間數不得踰廟事二世者寢用三間者聽　同日議禮局言謹按禮記王制諸侯五廟二昭二穆與太祖之廟而五所謂太祖者蓋始封之祖不必五世又非臣下所可通稱今高祖以上一祖未有名稱欲乞稱五世祖從之　政和六年九月二十五日禮制局言太廟乞盡循周制籩豆各二十有六簠簋各八羣臣五廟三廟所用之器以此爲等降之數從之先是詔造祭器頒賜宰執下禮制局故有是詔　十月二十七日禮制局

卷一萬七千九十

言近奉詔討論群臣家廟所有祭器稽之典禮參定其制正一品每室籩豆各有十二簠簋各四壺尊罍鉶俎篚各二尊罍加勺冪各一爵一諸室共用胙俎一罍洗一從一品籩豆簠簋並降殺以兩正二品籩豆各八簠簋各二其餘皆如正一品之數詔禮制局製造取旨給賜　時太師蔡京太宰鄭居中知樞密院事鄧洵武門下侍郎余深中書侍郎侯蒙尚書左丞薛昂尚書右丞白時中並領樞密院事童貫並以次給賜　高宗皇帝紹興十六年二月十四日詔太師尚書左僕射同中書門下平章事兼樞密使魏國公秦檜合蓋家廟令臨安府應副　先是禮部太常寺言討論秦檜家廟本寺按國朝會要慶歷元年十一月赦書應中外文武官並許依舊側立家廟至和二年文彥博乞立家廟從之又司馬光撰文彥博家廟碑所載制度因唐杜岐公佑舊跡一堂四室及旁兩翼增制前兩廡及門東廡以藏祭器西廡以藏家譜祊在中門之右省牲展饌滌濯在中門之左庖廚在其東南其外門再重西折而南出又大觀四年議禮局請自執政官以上自高祖而下祭親廟四內出手詔古無祭四世之文執政視古諸侯以事五世不爲過矣可執政以下祭五世又詔古者廟在大門之內中門之左內視親右視仁可應有私第者立廟於門內之左如狹隘聽

三

於私第之側力所不及仍許隨宜又議禮局言高祖以下一祖未有稱名欲乞稱五世祖從之又禮書諸侯五廟祖廟居中東二昭西二穆又按五禮新儀一品一廟五室又唐會要準開元禮三品以上不過九架并廈兩頭各一間虛之前後一架亦虛之又春秋穀梁傳論楹桷諸侯斵礱大夫蒼（黝黑飾也堊白飾也）又按唐會要顏魯公真卿家廟夫人祔于室內有繼室者亦並祔今參照上公一品合依慶歷指揮政和手詔立家廟祭五世其蓋造制度欲參用古典及文彥博舊規於私第中門之左蓋一堂五室其中間一室置五世祖位東二室二昭位西二室二穆位夫人並祔其屋九架飾以黝堊并廈兩間共七間及門廡庖廚等神位按杜佑通典晉安昌公荀氏祠制神版長一尺一寸博四寸五分厚五寸八分大書某祖考某封之神座夫人某氏之神座書訖蠟油炙令入理刮拭之文彥博家廟神版亦用此制又按五禮精義五品以上廟室各有神幄又按五禮儀鏡位版以帛囊藏以漆函祭則出施于位今欲准此制以合古義所有時饗按五禮新儀擇日用四孟柔日若辛巳之類（雲麓漫鈔今濮秀御用仲月朔之中享今人有用伊川主制一木判其半中書字復以朱判之半入於中或誤入及迎送遷從而既落則爲不敬若用版爲當）任職之

卷一萬七千九十

官許令子弟或族人代祭前享一日本家與享者各於其家清齋宿非享事不行已齋而闕則通攝己爲初獻次爲亞獻終獻闕用親賓充設祭器祭饌如常儀（用常器常饌）今欲依五禮新儀祝版開元禮三品以上時享有祝版其文見杜佑通典及按五禮儀鏡祝文以方版書之今遇時享做古用祝版故有是命　三月二十三日詔令禮器局造秦檜家廟祭器　二十八日詔臣寮家廟給賜祭器依政和六年已行[illegible]制　自後有詔太傅昭慶軍節度使開府儀同三司充萬壽觀使平樂郡王韋淵太尉保慶軍節度使提舉萬壽觀吳益家廟合用祭器令禮器局造（中興禮書六月十四日詔令造吳益家廟合用祭器并匣等）　二十五年十二月一日殿中侍御史湯鵬舉言臣竊見秦熺既乞令父姪光祿寺丞烜專一主管御書閣賜第及家廟臣以謂臣下之立家廟其品數禮儀著在令典可守而行也秦檜薨其家廟合依條制隨宜施行秦檜熺致仕自合別立乞差烜在外差遣將帶檜家廟歸建康府令熺別立家廟庶合禮制從之　二十六年三月二十八日詔少傅寧遠軍節度使兼領殿前都指揮使職事恭國公楊存中依所乞家廟仍賜祭器（中興禮書五月十五日禮部太常寺言勅會已降指揮少傅楊存中許立家廟係正一品其合用祭器籩豆各

四

六十隻并巾蓋，簠簋各二十隻并蓋，鉶鼎一十隻并細陶登一十隻并蓋，俎面素一十四面，壺尊、犧尊各一十隻并巾，銅杓三十柄，爵坫一十五副，祝坫五片，銅燭臺一十五座，香爐二副并匳二隻，杓二柄，共用黑漆匣一十具，白絹拭爵巾一條，帨巾一條，各長八尺，共用黑漆腰輿一十隻，紫細縧索二十條，所有合用祭器，欲乞令工部行下所屬依樣製造給付。詔依。自後吳璘、虞允文家廟祭器並依此制。孝宗皇帝隆興二年四月二十六日，少師、奉國軍節度使、四川宣撫使吳璘乞依楊存中例立家廟，并賜祭器，從之。中興禮書：本日，禮部言：少師、奉國軍節度使吳璘狀，伏勳績叨家恩，致家廟未立，欲望朝廷敷奏，許立家廟，仍乞賜祭器，依楊存中體例施行。詔令禮部看詳。本部下太常寺檢會到昨少傅楊存中陳乞立家廟并賜祭器，本部今看詳本官所乞，合取自朝廷指揮。詔依。　乾道元年四月一日，詔將來皇后歸謁家廟所有合用制度等，令有司檢照禮例條具。十一日，禮部、太常寺言：今檢照家廟制度等禮例條具下項：一、四孟月擇日饗家廟，並本家親屬行事，及應合用酒齊、禮料等，并差人赴宅祇應。合賜，應壽聖太上皇后宅禮例施行。　一、祭器每位籩豆各一十隻并巾蓋，簠簋各二副，鉶鼎二隻并細俎二面，壺尊二隻并巾杓，犧尊二隻并巾杓，

卷一萬七千九十　五一

爵坫三副，祝坫一隻，燭台三座，登二隻，香爐一副，匳杓巾全，並令工部行下所屬製造給賜。　一、將來皇后歸謁家廟，於典禮別無該載，其贊揖止令依家禮。詔依。　五月八日，詔皇后家廟令所轄運司修蓋。乾道八年九月二十三日，詔有司賜少保、武安軍節度使、四川宣撫使虞允文，令有司依典故賜家廟祭器。　淳熙五年七月三十日，權戶部尚書韓彥古言：有賜第在臨安府前洋街，乞充先臣世忠家廟，其屋宇乞繕就，賜以充歲時祭祀之用，儀制、祭器等乞依楊存中已得指揮體例，從之。中興禮書：淳熙四年四月二十五日，詔轉運司同修內司修蓋皇后家廟。所有合用制度，令有司檢照禮例條具施行。　五月一日，禮部、太常寺言：所有令來皇后宅家廟祭祀，欲乞依乾道元年四月十一日已降指揮，疑日令工部行下所屬製造給賜。詔依。　九月二十七日，詔將來皇后歸謁令有司檢照禮例施行。　十月四日，禮部、太常寺言：勘會將來皇后歸謁家廟，於典禮別無該載，今檢照禮例，歸謁止合依家禮。詔劄與皇后殿照會。中興禮書：五年九月二日，故韓世忠妻秦國太夫人茅氏狀：恭覩聖旨，將妾所居前洋街宅第賜幼男彥古充家廟，重念妾衰老疾病，二子見同亡男彥朴孤遺幾百口，將無棲止之地，伏望聖慈將所賜家廟於見今所居

處見存空地上隨宜建立，所有儀制、祭器等並依楊存中禮例，今照會茅氏狀具國本申尚書省。恭覩國朝典故所載，廟在大門之內、中門之左，以示親左示仁，可見有私第者立廟於門內之左，如狹隘，聽於私第之側，力所不及，仍許隨宜。今詳遵典故，合於大門內中門左建立，所有家廟國本新畫樣進見到。詔依。十二月五日，禮、工部言：茅氏狀，令准太常寺牒，備錄昨楊存中所賜祭器，係朝廷指揮下所屬製造給賜，伏乞朝廷指揮施行。從批送工、禮部勘當。禮部送太常寺勘當。本寺申：契勘韓世忠係正一品，其所乞賜祭器，並依楊存中體例，名件一同。今勘當，欲乞令工部行下所屬依樣製造給付。本部勘當，欲依本寺勘當事理施行。工部行下將作監，本監行下文思院下界勘會，依今降指揮，下日行下本院，以憑遵執依樣製造給賜。本部今勘當，欲依將作監勘會到事理施行。詔依。十二月十一日，少傅、保寧軍節度使、充醴泉觀使兼侍讀、衛國公史浩言：已蒙聖恩賜第，都下乞依諸臣例許建家廟，以奉先祀，其祭器乞下有司量行製造。從之。中興禮書：十一日，少傅、保寧軍節度使史浩劄子奏：臣隨宜而此違從不常，先臣祖考未有祠祀之地。今蒙聖恩賜第都下，既有定止，擬之權蹔，凡家造宗廟為先，欲望依前宰執立例，許建家廟，以奉先祀。所有祭器乞

卷一萬七千九十　六

下有司量行製造，併以賜臣。詔依。是年十二月二十七日，詔史浩家廟祭器並如楊存中之制。續淳熙六年正月六日，詔修上所有史浩家廟祭器並如楊行寢罷。　六年正月六日，工部言：將作監申：文思院狀，據韓能充等劄子：契勘本院見承指揮，鑄造故韓世忠家廟祭器數目，日浩翰申乞施行，今具下項：一、契勘本院即無樣制及合用花版，今欲乞行下太常寺權借合進祭器各一件，並所用花版赴院使用。　一、契勘祭器係是捏塑花樣，入細造作，全藉十分淨銅，應副使用。本院雖有鑄錢司於處州買發年例發到銅，止可鑄造官司印記、常程生活，難以鑄造花樣簇近於今年四將發到銅，當官再行烹煉，將止像七分淨銅，今來鑄造祭器，欲將元烹煉到七分淨銅數目及前後鑄造祭器，照折分數，準折支撥，烹煉使用熙錢，造作精緻。　一、契勘全藉手高捏蠟鑄瀉鎸鏤等匠人赴院造作，今將拏止鑄器，街市即無近人，雖有會解之人，往往又係官司等處拘占身役，難以和雇，今欲乞從本院指名踏逐，會解手高工匠，臨時劄差借赴院造作。詔依。日修上言：臣聞禮，大夫有大夫之分，天子有天子之分，人臣有人臣之分。禮在郊廟器，則以天子之制；禮在私室器，則以人臣之制。今有以造人臣家廟祭器，而欲假天子郊廟之器，準以為式，自古及今，有是理乎。且

觀工部申明文思院鑄造韓世忠家廟祭器事欲下太常各借一件充樣摸昨者製造虞允文家廟祭器以為例當時禮官不謹禮法官失其守以至君與臣同器至今言之不覺寒心今復可以為例耶臣前日已書過史吉已鑄造家廟祭器事其間有以龍杓名者臣心固疑之將謂有司如祖宗時自有差等成式未暇究論今觀所申明韓世忠祭器借樣如此臣竊惟為陛下優寵勳門作成武功先失其分國之禮法何以視為況又有難行者據文思院申請所賜祭器數目浩瀚用銅極多欲下鑄錢司烘煉十分淨銅赴院送納所用工匠盡係入細工巧生活欲旋指逐行下所屬時暫差借臣以謂泉府國家財貨之本遂置司專贍國用乃以入臣私室之設亦得取給費此銅務其不可行一也朝廷禁止銅器篤意圜法嘉工知畏方此少息今乃為人臣私室之設復欲造募上啟其端何以號下之並緣為姦乎其不可行二也有二不可行而又加之以僭踰豈容規以為常而不加省臣竊謂今之所謂立家廟者其廟制既非如古諸侯門塾室位之法臨祭之日又無古之立尸迎牲獻酬之事殆不過欲稍寬宮宇館設影象歲時薦饗不至褻黷而已朝廷命之曰家廟亦姑名之以名耳其禮既不如古何獨於祭器必求其備以瀆有司乎臣按之禮經與凡有家

〈卷一萬七千九十〉

廟者計之不若且通用燕器禮曰祭則用祭器鄭康成謂祭為賓客饗食也以賓客之事尤得通用祭器於祭祀之事獨不可通用燕器乎今太廟景靈宮皆宗廟也唯太廟用祭器至景靈宮朝獻則用燕器盃盞之屬皆燕器也人臣家廟何獨不可臣愚欲望將製造韓世忠祭器指揮權行寢罷非唯可以正君臣之大分抑亦嚴國家之禁約有補事體實為匪輕所有緣黃臣未敢書行貼黃稱如蒙聖慈從臣所陳所有製造史浩家廟祭器指揮亦乞併賜權行寢罷詔令禮官參考禮法詳議指定申尚書省

七年八月七日禮部狀準都省批下祭國夫人晏節氏劄子奏乞給賜家廟祭器事批送部詳議申尚書省行下太常寺詳議本寺申照得唐會要百官一品至嗣王許祭家廟又唐通典六品以下許用祭器各有等差差皇朝慶曆南郊赦書文武官許依舊式創立家廟至政和六年始詔禮制局造祭器頒賜宰執祭享等至紹興十六年三月詔造秦檜家廟祭器依政和六年已行鑄造制自後韋淵吳益楊存中吳璘虞允文皆被給賜所有韓世忠等給賜家廟祭器因臣僚繳駁權行寢罷當時曾準省劄指奉聖旨令禮官參考禮法詳議指定申尚書省緣自臣僚繳駁之後朝廷又議禁止銅器未曾供申今來節氏乞給賜家廟祭器事欲詳品官家廟

七

祭器禮法備於本朝政和典故紹興以來並係特降指揮方行給賜本部契勘人臣之家不當僭天子之器以周公之勲蓋成王之叔父用之於周後世議者且以為非況餘人乎唐會要雖有許用祭器各有等差而無給賜之文國朝元勳大臣未嘗有賜以天子之器者至政和間蔡京等始蒙給賜近年秦檜楊存中吳璘等遂以為例蓋是僭禮所有節氏乞給賜家廟祭器初非特降指揮及是援例陳乞中書舍人陳騤繳駁乞行寢罷委得允當欲乞依所奏施行後批送禮部從詳議到事理施行　十月二十七日禮部太常寺言奉詔令禮官將歷代及本朝賜臣僚家廟祭器等制度參酌討論申尚書省今討論家廟古者諸侯五廟大夫三廟士一廟唐開元十二年勑一品許祭四廟三品祭三廟五品祭二廟嫡士祭一廟本朝皇祐三年禮官詳定家廟制度平章事以上許立四廟大觀四年內出手詔曰禮有等差以別貴賤故廟之數天子七世諸侯五世大夫三世士二世不易之道也今以執政官方古諸侯而止祭四世古無祭四世之文又侍從官以至士庶通祭三世無等差多寡之別豈禮意乎古者天子七世今太廟已增為九室則執政視古諸侯以事五世不為過矣可文臣執政官武臣節度使以上祭五世文武陞朝官祭三世餘祭二世又當時內

〈卷一萬七千九十〉

降指揮高祖之上又有一祖未有稱呼議禮局看詳高祖以上一祖欲乞稱五世祖所有祭器制度雖有品官祔饗其廟祭器之數即不載制度以何為飾照得聶崇義三禮圖所載禮器籩豆簠簋樽杓尊俎篚洗並以竹木為之唯爵以銅至政和六年禮制局考古制易木以銅紹興十六年禮器局官段拂等陳請乞鑄土範金釐正郊廟祭器之數況及臣僚家廟給賜並依政和六年已行舊制所有歷代及本朝臣僚家廟祭器等制度條式下項　一禮記王制諸侯五廟一昭二穆與太祖之廟而五大夫三廟一昭一穆與太祖之廟而三士一廟庶人祭於寢　一唐會要開元十二年勑一品許祭四廟三品許祭三廟五品許祭二廟嫡士許祭一廟庶人祭於寢天寶十載正月十日赦文天子七廟諸侯五廟大夫三廟士一廟今三品已上乃許立廟永言廣敬或乎懷其京官正員四品清望官及四品五品清官並許立私廟　一國朝會要慶曆元年十一月二十日南郊赦書中外文武官並許依舊式創立家廟嘉祐三年七月二十五日宰臣文彥博言伏覩禮官詳定家廟制度平章事以上許立四廟欲乞於河南府營創私廟伏乞降勑指揮從之大觀二年十一月十六日議禮局言伏以周制適士以上祭於廟庶士以下祭於寢凡營居室

八

必先建宗廟，凡造養器必先備祭器，庶羞不踰于牲牷，燕衣不踰于祭服。自公侯達於比閭，所以致孝於其先者如此，故民風以厚，國勢以寧。有唐推原周制，崇尚私廟，侍中王珪適貴已久而丞嘗補設，于後太宗為立廟以媿其心。及開元制禮，自品官萬饗乃至拜掃，皆有常儀。五代擾攘，文物隤缺，臣庶薦饗，家自為俗。革而化之，實在聖時。所有臣庶祭禮，欲乞參酌古今，討論條上，斷自聖學施行。詔禮以祭為重，先王制禮，自士以上皆有廟饗其祖考，以盡奉先報本之義。今稽古制法，明倫厚俗，廟制亦當如古。然其世數之節，薦饗之儀，疏數之數，與還彼之不常，貧富之有異，使不偪不僭，皆得其宜，然後為禰可依。所奏條奏來上。大觀四年四月二十八日，議禮局言：古者諸侯祭五世，二昭二穆與太祖而五；大夫祭三世，一昭一穆與太祖而三；適士祭二世，祖禰而止。故子夏傳曰：都邑之士則知尊禰矣，學士大夫則知尊祖矣，諸侯及其太祖，天子及其始祖之所自出。荀子曰：有一國者事五世，有五乘之地者事三世，有三乘之地者事二世。所以別積厚者流澤廣，積薄者流澤狹也。按今品官下逮庶人皆祭三世，無尊統上下之差，流澤廣狹之別，緣踰躐紊其流已久。今欲準周制，前者比古諸侯祭五世，其次比古大夫祭三世則可也。若又其次比古命士降祭二

〈卷一萬七千九十〉　九

世，則奪人孝思追遠之情，行之于外，深駭群聽，殆失先王緣情制禮之意。請自執政官以上自高祖而下祭親廟四，餘通祭三世，庶幾有尊統流澤之差。內出手詔曰：禮有等差，以別貴賤，故廟祭之數，天子七世，諸侯五世，大夫三世，士二世，不易之道也。今以執政官方古諸侯而止祭四世，古無祭四世之文。又侍從官以至士庶通祭三世，無等差多寡之別，豈禮意乎？古者天子七世，今太廟已增為九室，則執政視古諸侯以祭五世不為過矣。且先王制禮以齊有萬不同之情，賤者不得僭，貴者不得踰。故事二世者雖有孝思追遠之心無得而越，事五世者亦當跂以及焉。今恐祭人之思而使通祭三世，徇流俗之情，非先王制禮等差之義。可文臣執政官、武臣節度使以上祭五世，文武陞朝官祭三世，餘祭二世。一政和五禮新儀

大觀四年三月內降指揮：臣僚之家霑被恩澤，凡祖先最為榮遇。其追贈官爵雖是寵以虛名，緣真下子孫皆得用蔭及本戶差科輸納之類，使為官戶，故所贈三代愈多即所庇之子孫愈眾，不特虛名而已。今司封格：三公以下至簽書樞密院，初除又每遇大禮並封贈三代；節度使始封三代，遇大禮方許封贈，而不在初除封贈之例。其次官雖至東宮三師，雖至特進，職雖至大觀文，亦止封二代，有以知祖宗以來重惜名器之意。

又高祖之上又有一祖，未有稱呼。本局劄子：臣等看詳家祭之禮，子孫所以致孝也，其世數之遠近必視爵秩之高下以為之等，是以或祭五世，或祭三世，或祭二世。封贈之制，朝廷所以廣恩也，其世數之遠近亦以視爵秩之高下以為之等，是以或贈三代，或贈二代，或贈一代。蓋朝廷之典以義制恩，人子之心奉先以孝，故遠近雖不同，乃所以為稱也。今來家廟所祭世數儀注已遵依御筆修定，其封贈自合依司封定格施行。至于高祖以上一祖稱呼，臣等檢詳爾雅曰：父為考，父之考為王父，王父之考為曾祖王父，曾祖王父之考為高祖王父，至四世而止。按禮記王制，諸侯五廟，二昭二穆與太祖之廟而五，則所謂太祖者，蓋始封之祖，不必五世，又非臣下所可通稱。祭法：諸侯立五廟，曰考，曰王考，曰皇考，曰顯考，曰祖考，則祖考亦由王制所謂太祖，不必五世者也。今高祖以上一祖，欲乞稱五世祖，庶于礼經無誤。更乞斷自聖學。大觀四年四月初八日，御筆依所奏。

一政和五禮新儀廟制：文臣兩制、武臣正任以上祭於廟，餘祭于寢。文臣執政官、武臣節度使以上祭五世，文武陞朝官祭三世，餘祭二世。應有私第者立廟于門內之左，如狹隘聽于私第之側，力所不及仍許隨宜立廟。間數視所祭世數，寢間數不得踰廟。事二世者寢用三門者聽。兄弟同居

〈卷一萬七千九十〉　十

則合饗，異居則分祭。其的饗世數殊數之節，同居則視其貴者，異居則各視其品。若父祖先立廟，後世子孫官卑者亦聽廟饗，其世數之差各視其品。

一祭器　通典：唐三品以上時饗其廟，前一日設祭器之數，每室尊二，簋二，簠二，瓶二，鉶二，俎二，籩豆一品二品各十，三品八，四品五品各六；六品以下簠簋瓶鉶俎各一，籩豆各二。常享者以尊入設前楹下，各于室戶，六品以下無廟者不言室戶之東北，西面上，皆加勺冪。百座爵一，餘座皆爵四，置於坫；四品五品六品以下皆置于斝下，加勺冪。

國朝會要：政和六年九月二十五日，禮制局言：竊考大廟陳列祭器，每室籩豆十有二，簠簋各二，原於有唐開寶之制，因循至今，未足以副聖上致孝宗廟之意。已盡循周制，籩豆各二十有六，簠簋各八。如是則五廟之廟所用之器，其等降之數可得而議也。從之。先是詔造祭器，頒賜宰執，禮制局製造所已降祭器名數，故有是議。政和六年十月二十七日，禮制局言：近奉詔討論臣僚家廟所用祭器，稽之典禮，參定其制。正一品每室籩豆各十有二，簠簋各四，壺尊、壺罍、鉶鼎、俎、篚各二，尊罍加勺冪各一，爵一，諸室共用胙俎一，罍洗一，篚一。從一品籩豆簠簋降殺以兩，正二品籩豆各八，簠簋各二，其餘皆如正一品之數。詔禮制局製造所製造，取旨給賜。時太師蔡京、太宰鄭居

中知樞密院事鄭洵武門下侍郎余深中書侍郎侯蒙尚書左丞薛昂右
書右丞白時中權領樞密院事童貫並以次給賜紹興十六年三月二十
六日禮部太常寺言給事中段拂劄子奏臣聞記禮者曰祭器未成不造
燕器凡家造祭器為先蓋祭以事神器以藏禮奉祀宗廟足以隆孝饗寵
錫勲勞足以昭慶澤武王有宗彝之班孔子有簠正之說豆數嚴而不可
僭也國家崇寧靖康以來郊禋廟饗器用之設因循承備竊考政和會要禮
制局遍言太廟陳列祭器尚襲有唐制度之陋已盡循周制然後議立廟
三廟祭器名數恭惟陛下欽崇祀事垂意典章擬土範金製作高古稽考
博通于載籍覽定悉自於宸衷觀時會通庶事備矣當及此時釐正郊廟
祭器之數次及臣僚家廟給賜並依政和六年已行舊制庶幾多寡適宜
有所依據伏望聖慈更付禮官詳加討論詔依禮部太常寺令討論詳具
周禮朝事饋食加籩豆各八羞籩豆各二其數各二十有六大禮記天子之
豆二十有六諸公十有六諸侯十有二詩續饋入簋古制甚明徽宗皇帝
詔書已有明文今討論合依政和六年釐正郊廟禮器之數於天地宗廟
每神位前所薦豆各二十有六簠簋各八次及神位家廟給賜並依已行
舊制委得允當乞下禮器局照會增造詔依三禮圖并紹興製造禮器圖

卷一萬七千九十 十二

制度仍詔令禮官參酌典禮指定舊臣合立家廟世數及給賜合用祭器
制度名數申尚書省具呈選等臣尺寸制度並見後條下既而七年十月
二日宰執進呈韓世忠家廟祭器事緣曾經中書舍人陳騤奏於禮難行
上問本朝群臣家廟制度如何賜器始於何時趙雄等奏仁宗朝雖因赦
書許群臣立廟然未躬行其後惟文彥博嘗酌唐制為之未嘗賜器至政和
間始命禮制局範銅為祭器賜宰臣蔡京等紹興以後又用政和例賜秦
檜其後張俊楊存中吳璘輩皆援檜例以請上曰漢唐而下既未有賜祭
器者惟器與名不可以假人宜更令禮官討論歷代及本朝制度以聞
八年十月十二日中書舍人崔敦詩言已降指揮韓世忠家廟祭器斷自
宸衷故用竹木有去雕文然一開其端攀援必繼須宜詳講必傳古義方
協令宜謹按禮賜圭瓚然後為鬯蓋諸侯嗣位祭祀不敢專必待命于天
子又必賜以圭瓚者凡以祭祀交神惟灌為重舉其重者賜之則餘得自
用初不盡賜之也臣謂銅為祭器可以傳遠今不用銅以竹木為之壞而
不易則墜上之賜易而自造則棄君之命欲略倣古制今來特賜韓世忠
家祭器止令有司精緻製造爵勺各一給賜本家餘令禮官定合用禮式
畫圖成冊給付本家聽其自造並用竹木從之中興禮書八年九月二十

九日敷文閣學士提舉佑神觀韓彥直劄子奏先臣世忠起自從兵遭
聖時仰荷陛下隆天地之施追封賜諡親屢宸翰題于碑首生死與榮
臣祭器循家未見國報萬分之一淳熙五年伏蒙聖恩特賜先臣世忠家
廟祭器並依楊存中吳璘家廟例伏緣家廟甲已久所有祭器未蒙給降欲望
聖慈特降指揮施行詔令禮官遵依已降指揮參酌指定聞奏太常寺
言竊詳諸侯大夫許立廟雖載于禮經行于漢世而給賜群臣家廟祭器
並不詳見唐通典載三品以上時饗其廟前一日設祭器不言所以臨臣
下制度本朝慶曆元年南郊赦書許文武臣僚創立家廟當時限有文
彥博乞于河南府創營私廟雖援其請皆不著給賜祭器之文至政和六
年始詔討論臣僚家廟所用祭器參定其制造付禮制局製造所製造頒
首給賜時宰蔡京鄭居中鄭洵武余深侯蒙薛昂白時中童貫並以次給賜
紹興十六年總進秦檜家廟祭器自此章淵承益虞允文並援上件恩數
皆非陳乞而得惟楊存中吳璘始行陳乞率蒙給賜今韓世忠家遂援以
為例本寺今具典故乃今來事始末若前項舉到古制無給降祭器制度
始自政和間給賜蔡京等亦出於恩非由臣下陳請謂為當得惟楊存中
吳璘陳乞而得賜合將禮官失于詳議後者亦有數駁還故行令韓世

卷一萬七千九十 十三

忠豈有陳乞如欲逐請屬議欲行則自後官品及格之家皆謂為當得陳
乞紛然朝廷無以拒絕則名器假人僭禮亂分莫此為甚參酌禮經未見
考據況銅費鑄造役工匠此例一開後必難塞禮官既經詳議從有又
有繳駁今指定委實難以施行本寺其此申禮部已詳酌數奏施行禮部
備具奏聞十月十二日詔韓世忠係中興勳臣可特賜家廟祭器並用
竹木內勺去文飾臣僚上言臣伏見韓世忠家陳乞家廟祭器給降禮官
據其論奏皆為國家惜名器典禮令陛下斷自宸衷酌則中制改用竹
木有去雕文具為創制皆非臣所及然端倪既開攀援必繼恐須聖神
禮尊待元勳況聞有初宜須詳講必傳古義方協今宜臣謹按禮賜弓矢
然後征賜鈇鉞然後殺賜圭瓚然後為鬯蓋諸侯嗣位祭祀皆不敢專
必待命于天子也又按禮裸圭尺有二寸有瓚蓋凡裸所重用爵瓚之在
瓚形如槃其柄以圭瓚為之然則天子命諸侯始承祭祀必賜以圭瓚為
凡以祭祀交神惟灌為重舉其重者賜之則餘得自用猶不盡賜之也臣
竊見銅為祭器可以傳遠今斷雖用銅則以竹木為之無有不壞之理壞
而不易則墜上之賜易而自造則棄君之命臣欲略倣古制今來韓世忠
家廟祭器止令有司精緻製造爵勺各一給賜本家餘令禮官定合用禮

式畫圖成冊同所賜器給付本家照其自造並用竹木器不須于公家求首使于私用已給恩典又合禮經伏乞睿旨施行而有餘焉臣未敢書行詔依太常寺彩畫祭器式樣文思院製造木爵木勺各一同給賜本家

嘉泰元年十月二日詔太傅永興軍節度使充萬壽觀使平原郡王韓侂冑家廟祭器特令文思院鑄造給賜先是侂冑言曾祖先臣琦効忠先朝重見褒録于今奕世脩食大烝榮光寵靈古昔未有今臣居止粗備獨家廟猶闕仰脩之闕每懷愧惧敢緣故實近例悉有請許立家廟之文乞付之禮官討論羣臣家廟制度下臣本家自行脩立及照近例頒降祭器式樣以竹木製造免桼司存故有是詔　按五禮儀鑑祝文以方版書之今遇時享倣古用祝版祭器每位籩一十二巾豆一十二簠四簋四鉶鼎二柶俎二壺尊二巾杓壺罍二十杓爵坫三祝坫一燭台三登二罍洗一匜杓巾爵洗一匜杓巾拭爵巾一帨巾一篚一共用黑漆髹匣一十具黑漆腰輿一十隻紫紬條二十條乞令工部下文思院製造給賜從之

二年六月十三日直祕閣特改添差通判嚴州張宗愈奏伏念臣先大父循忠烈王張俊遭遇高宗皇帝備將佐于大元帥府自河朔扈衛至南京登寶位首在勸進之列披荊棘立朝廷殲醜虜蕩羣兇翼戴王室濟登中興終始恭順嘗奉玉音有張俊之功與諸將萬萬不同之訓前後恩陵所賜宸翰獨臣寶藏惟謹繼乃配饗高宗廟廷勲書盟府不暇縷陳緣從來未曾陳乞家廟已就賜第舊基建立修造使用四時祭饗有元撥賞前田產支遣不敢別有覬觎家廟制度祭器式樣之類乞下所屬討論札付本家自行修立祭器欲誌下工部文思院照例鑄造給賜從之　先是以張宗愈之請下禮寺討論禮寺言張俊生前任一品官典故一廟五室合自張俊而上立五世竊照楊存中生前高宗從其請立廟給賜祭器韓世忠身歿後其子彥請孝宗以世忠中興勲臣特賜家廟祭器並用竹木自去文飾畫圖聽其自造今張俊身歿後其孫陳乞合從韓世忠家廟祭器制度事體於是從之

開禧三年三月二十三日忠州刺史右屯衛將軍劉伯震奏先祖鄜武僖王光世自結髮從戎捍禦西陲當宣政年間與夏賊血戰累立全功高宗皇帝以大元帥開府先祖光世首提萬騎亟請濟上奉迎勸進高宗皇帝委以腹心扈衛至南京即登寶位從駕南度備歷艱難而苗劉叛逆復與丞相呂頤浩建議倡檄會合諸將復辟建炎朔哉事跡備載國史蒙恩追封鄜王家廟未曾給賜已就本家賜地舊基建立依盍諸費及四時祭祀自有先祖遺下田產撥充使用不敢有分毫覬覦從之

卷一萬七千九十　十三

嘉定十四年正月二十日詔封樁庫支撥度牒一百道會子一十萬貫豐儲倉支撥米五千石並給付憲聖慈烈皇后宅充蓋造家廟等用以居民遺火延燒宅廟故有是命　八月四日詔右丞相史彌遠賜第行在已十四年依淳熙典故合賜家廟可令轉運司臨安府隨宜蓋造　既而彌遠言恭奉御筆依淳熙典故合賜家廟照得禮寺討論家廟祭器典故每位合用籩豆一十二隻并巾蓋簠簋四副鉶鼎二隻并柶俎二面壺尊二隻并巾杓爵坫三副祝坫一隻燭臺三座登二隻共用罍一副匜杓巾全爵洗一副杓巾全并所生母齊國夫人周氏一位亦乞如數製造外今來妻魯國夫人潘氏一位欲乞附祭於所生母齊國夫人周氏別廟製造籩豆一十二隻并二杓簠簋四副鉶鼎二隻并柶俎二面壺尊二隻并巾杓壺罍二隻并巾杓爵坫三副祝坫一隻燭臺三座登二隻罍洗一副匜杓巾全爵洗一副杓巾全欲望令工部行下所屬照數製造給賜從之　十五年十月十九日史彌遠奏謝家廟祭器上批先大師功在社稷況卿輔朕有年茲遣內臣賜以祭器少答殊勳不必多謝宋史理宗紀景定三年詔丞相賈似道賜家廟命臨安守漕營度禮官討論賜祭器如儀

卷一萬七千九十　十四

應入祀宮類 原祀五

全唐文

宋會要　九宮太乙祠

國朝承唐制祀九宮貴神東郊用大祠禮真宗咸平四年三月二十四日直秘閣杜鎬上言按史記封禪書云天神貴者曰太一太一之佐曰五帝今禮以五帝為大祠太一為中祠況九宮所主風雨霜雪雹疾疫之事唐玄宗天寶中述九宮貴神次昊天上帝類於天地神祇玄宗肅宗皆嘗親祀惟文宗太和中太常博士崔龜從請降為中祀至武宗會昌中升次昊天上帝欲望復為大祀用協舊章詔史館禮院詳定以聞翰林學士承旨宋白等議曰伏以太一天之貴神止在中祀者於禮文

卷二千九百三十五

是為倒置況會昌中僕射王起博士盧就討論詳定頗為酌定中今請如鎬議復為大祀其御書祝版禮同社稷增設壇兩壝玉用兩圭有邸藉以藁秸加茵褥如幣色南郊大祀公卿升降各有階陛壇四階之外西南又為一陛神道入門今請行事升降仍舊由此並從之　八月七日詔以九宮貴神壇壝不合禮制及與壇壝相接遣使遷移修飾太常禮院上言大壇上面元無尺丈闊狹今請第一成東西南北各一百二十尺高三尺再成東西南北各一百尺高三尺壇上安小壇九每壇高一尺五寸縱廣八尺各相去一丈六尺取容神列祭器及公卿酌奠奏可仍遣官以香幣酒果致告　大中祥符

禮一二之一五

元年七月十三日以東封泰山詳定所上言先準勅九宮貴神升為大祀今參詳如在本壇即為大祀如當郊祭元無此神況位座不至陛玉虛設其於封祀壇不合用玉望令三省官集議詔吏部尚書張齊賢集兩省給事舍人以上同議定以聞封祀壇惟圓丘從祀惟太一攝提軒轅招搖咸池太一等位是時頗疑神名或殊

宋會要

九宮貴神壇四階之外西南又為一陛曰神道入門請行事升降仍舊由此從之

禮一二之一六

神御殿

南京鴻慶宮太中祥符七年正月詔曰睢陽舆壤藝祖舊邦膺命歷以天飛創基圖而日盛朕躬朝渦水茂集嵩禧旋聿平臺緬懷積德想清都之錫類慶鴻緒之無窮奉真像以顯昂建靈宮於曲密洪惟二聖敷祐萬方故當陪仙御於福廷嚴宸儀於密館南京新修聖祖殿宜號曰鴻慶宮仍奉安太祖太宗像八月遣都知閻承翰內侍楊懷古奉像至歸德殿後正位權安天聖元年三月修殿成詔知制誥張師德齎告南京內城迎聖像奉安四年十月又奉安真宗御容康定元年六月經火別建奉殿供養慶曆六年十二月又詔重修三聖御容殿七年六月命翰林學士張方平往奉安右奉太祖太宗真宗神御

西京應天禪院興先殿景德四年二月詔以西京太祖誕辰之地建太祖影殿起應天禪院一如啟聖院例天禧元年五月以宰臣向敏中為奉安太祖聖容禮儀使權安于文德殿百官立班皇帝行酌獻禮畢鹵簿儀仗道門威儀教坊樂張引導升綵輿進發入內都知張景宗都大管勾皇帝辭于正陽門外百官辭于瓊林苑門外遣左諫議大夫戚綸奏告昌陵畢群臣稱賀七月令日具素食月給法酒

降真香五日供白乳茶遇放燈夜官給燈油每歲正月上旬擇日朝拜四年又取永興軍太祖太宗御容於西院奉安天聖元年二月以馮拯為奉安真宗御容禮儀使酌獻奉辭迎導奏告並如奉安太祖聖容之制以內侍都知韓守英都大管勾又遣翰林學士晏殊奏告永定陵治平四年十一月十二日龍圖閣直學士李柬之內侍押班王守規相度請升太宗神御過興先殿其後殿七間升真宗仁宗及奉安英宗詔如其請熙寧二年五月九日迎奉仁宗英宗御容赴天德殿十三日上親行酌獻之禮乃赴西京二十四日奉安

西京會聖宮天聖八年正月差內侍張懷恩就永安縣訾王山置宮九年閏十一月十五日宮成詔遣三司使晏殊上御樂供奉羅崇勳江德用自京迎太祖太宗真宗聖像至宮奉安仍改訾王山為鳳臺山治平三年九月二日龍圖閣直學士李柬之相度仁宗神御殿乞免鳳臺村戶絕地土租稅四年十一月三日戶部副使蘇寀內侍押班王守規相度英宗神御以降真殿第六間奉安並如其請熙寧二年五月九日迎奉仁宗英宗御容赴文德殿十三日上親行酌獻之禮乃赴西京二十二日奉安右奉太祖太宗真宗仁宗英宗神御

奉先資福院乾德六年就安陵舊城置院建殿設宣祖昭憲太后像大中祥符二年六月詔

遣兵守衛名曰慶基慶曆七年重修殿成以翰林學士楊察奉安仁宗幸院親行酌獻之禮舊宣祖繪像與神后冠帔嘉祐五年正月留像禁中而別繪袞冕后服奉安帝親酌獻右奉宣祖神御

太平興國寺開先殿天聖八年九月建太祖神御殿于寺之後廷以開先為名十二月命宰臣呂夷簡充奉御容禮儀使入內都知韓守英管勾十一日自天章閣迎奉於會慶殿權奉安十二日百官立班殿廷皇帝行酌獻之禮有司備儀仗鼓吹僧道威儀奉迎赴殿皇帝行奉安之禮次日皇太后又酌獻景祐三年殿火遂罷朝謁至慶曆六年八月殿成帝飛帛書榜九月命宰臣賈昌朝奉安十月帝親行酌獻七年正月十一日朝謁如常至和元年十一月重修權奉御容于天章閣二年七月復奉安于殿

揚州建隆寺寺舊有太宗御榻寺僧構殿置榻修供景德二年寺僧勝顯請奉安聖容詔翰林圖寫嚴衛而往仍賜供具殿本備設五年八月遣使改葬從正位命禮賓副使盧文壽同修設正本朔遣令州長吏朝拜皇祐二年五月詔改舊名章武為神武

滁州端命殿仁宗宣諭曰恭惟太祖擒皇甫暉於滁州受命之端也乃詔因兵舊寺建殿名曰端命殿以皇祐五年三月命宰臣龐籍充奉安太祖御容禮儀使知參知政事梁適副之二十四日迎赴滁

州奉安百官辭于都門外使副至宿頓朝殿而還右奉太祖神御

啟聖禪院永隆殿至道二年八月詔以院之法堂為殿奉安太宗聖容內侍楊繼密董役翰林內供奉官僧元藹摹寫咸平二年九月殿成以僧道威儀教坊樂導迎赴殿真宗親詣致殿元藹加朝散大夫天聖八年九月名永隆殿御容以劉承規李神福侍立至和二年七月以重修殿畢復自內迎往奉安

并州崇聖寺統平殿太平興國初平太原詔以行宮飾為梵舍賜名平晉寺後於寺建太宗聖容殿大中祥符二年十一月改今寺名皇祐五年三月二十四日又自萬壽觀迎御容赴并州先時仁宗宣諭恭惟太宗取劉繼元於并州是太平之統也宜即舊寺命殿曰統平以樞密使王貽永充奉安御容禮儀使參知政事劉沆副之以百官辭于門外使副至宿頓陞殿而退四月二十二日奉安帝謂之曰太宗以是日月至其城下有此符合宰臣請付史館許之

鳳翔府上清太平宮咸平三年八月置殿以奉太宗聖容天聖二年六月又建殿奉安真宗聖容皇帝文德殿酌獻文武百官武臣諸司使副并閤門祇候以上軍員都虞候以上並起立班右奉太宗神御

景靈宮奉真殿天聖元年三月詔修景靈萬壽殿奉安真宗神御以奉真為名入內都知鄧永遷侍立二年三月命宰臣王欽若

克奉安御容禮儀使洛苑使入內副都知周文質管勾九日迎御容於文
德殿權奉安十日皇帝酌獻具鼓吹儀衛僧道威儀迎導赴宮百官班殿
廷皇帝行祭告之禮十一日皇太后酌獻治平二年十月以修整畢命宰
臣奉安真宗及章懿皇后神御 慈孝寺崇真殿天聖四年閏五月詔於
寺建奉安真宗神御飛帛書額五年十月自天章閣迎奉御容安於會慶
殿百官立班皇帝酌獻僧道威儀教坊樂迎導赴殿又行酌獻之禮從臣
陪位 萬壽觀延聖殿至和二年正月奉安真宗鑄金像于殿初以神御
帳損權從別殿至是帳成奉安之 崇先觀永崇殿先是上清宮火壽星
殿獨存遂建為觀命起此殿嘉祐六年十一月成七年八月自禁中迎真
宗御容奉安命翰林學士王珪為禮儀使復迎舊御容藏天章閣翌日帝
親酌獻九月詔改觀名仍給永崇殿店宅務房錢日二千 澶州信武殿
仁宗宣諭曰恭惟真宗歸契丹於澶州是偃武之信也宜即其舊寺建殿
名曰信武殿命樞密使高若訥克奉安真宗御容禮儀使副使王堯臣副
之以皇祐五年三月備禮迎赴澶州奉安百官辭于門外使副至宿頓幄
殿而退 西京崇福宮保祥殿帝嘗遊幸之地在登封縣嵩山之下畫像
以旦望供養焉 華州雲臺觀集真殿帝再遊幸之地在華陰縣華山之

下至和元年修建右奉真宗神御景靈宮孝嚴殿治平元年三月即宮之
西園建此殿將奉安仁宗神御都知任守忠三司副使張燾修造崇張徽
領其事八月成乃題殿名二年四月以宰臣韓琦奉安御容英宗親行酌
獻命大臣分詣諸神御代行禮是月皇太后往酌獻皇后大長公主內外
命婦皆陪位右奉仁宗神御景靈宮英德殿奉英宗神御治平四年十月
十二日詔移景靈宮道院向西修建直南置殿門熙寧元年七月以內降
殿名將奉安英宗神御殿後小殿曰靈豫改為預真二年正月二十四日
奉英宗御容赴殿奉安是日上親行酌獻退御迎鑾殿宣從臣賜茶 昭
憲皇后奉安在奉先資福禪院宣祖慶基殿 孝明皇后奉安在太平興
國寺太祖開先殿 元德皇后奉安在啟聖禪院太宗永隆殿及普安禪
院隆福殿 明德皇后章穆皇后同奉安在普安禪院重徽殿 章獻明
肅皇后奉安在慈孝寺彰德殿 章懿皇后奉安在景靈宮廣孝殿 章
惠皇太后奉安在萬壽觀廣慶殿 大中祥符五年十一月玉清昭應宮
既建三正殿即起二聖殿奉太祖太宗凡二室配饗功臣皆塑像冠服侍
立 仁宗天聖元年十一月以真宗聖容不易琢玉為像奉安於集靈殿
旁詔以安聖殿為名三年十二月詔朝拜儀式並依二聖殿例 慶曆七

年四月詔在京寺觀及有神御殿處寶元中當減房錢今給還如故 至
和二年八月十二日詔有神御殿寺觀內行禁約不得採捕彈射禽鳥仍
揀會條約施行 嘉祐三年四月罷修睦親宅祖宗神御殿初翰林學士
歐陽脩言神御非人臣私家之禮若睦廣親宅例當詳定與置則是泛褻
非禮之事詔送兩制臺諫定而言漢韋元成奏議春秋之義王不祭於下
土諸侯其後遂罷郡國廟今睦親宅廣親宅所建神御殿不合典禮悉宜
罷時帝以廣親宅置已久不欲毀之 治平四年十月十一日神宗即位
未改元李東之王守規等言再相度應天禪院遷陞太宗神御過太祖興
先殿其後七開欲遷陞真宗仁宗奉安英宗神御其興先殿蓋造年深乞
檢計修葺詔三司度支副使蘇案與王守規相度修整及會聖宮添展英
宗神御殿 神宗熙寧元年六月一日命西京左藏庫副使帶御器械蘇
利涉同提舉增修會聖宮應天禪院神御殿利涉陳乞隨行使臣欲用王
守規例詔令例涉與知河南府李師中協意幹集就選本府使臣一二人
凡事義省速令畢工不得援例干乞 九月八日詔名西京應天禪院神
御前殿曰繼明後殿曰會真以知河南府李師中言五聖御幄別牓以金
書額號今兩殿欲各置一牓故有是詔 二年九月二日詔仁宗皇帝英

宗皇帝御容奉安西京景靈應天兩院畢令每年賜紫衣各二道 四年
四月二十四日詔應諸宗室宮院祖宗神御令入內內侍省差官迎奉入
內藏天章閣以知太宗正丞事李德芻言切詳禮法諸侯不得祖天子公
廟不設於私家今宗室即第並有帝后神御非所以明尊卑崇正統也望
一切廢罷以合禮意詔送院詳定禮院請如所奏故有是詔自是臣庶之
家凡有御容悉取藏禁中 五年十二月四日詔崇奉聖祖及祖宗陵寢
神御寺院宮觀免納役錢 元豐五年作景靈宮十一殿而在京觀寺院
神御悉皆迎奉入內所存者惟萬壽觀延聖廣愛寧華三殿云 七年九
月二十三日成都府言新繁縣重光寺壁有圖寫太祖御容乞修殿奉安
詔令設板屋遮護扃鐍 哲宗元祐元年十一月二十四日工部言乞差
官管幹塑制會聖宮應天禪院神宗皇帝御容其修建神御宮提舉詔差
知河南府孫固監修應天禪院就差水北巡檢監修會聖宮即於本宮差
使臣一員兵匠材植並京西轉運司應副 二年九月五日禮部言熙寧
八年故事奉安仁宗英宗御容前一日各遣奏告會聖宮應天禪院今奉
安神宗神御亦當如例從之仍以本處官攝太祝 十月十三日以會聖
宮應天禪院奉安神宗皇帝神御禮畢降德音原西京繫囚雜犯死罪以

下第降至杖釋之應官例兵匠賜予有差城郭耆老給酒食茶絹　六年四月二十二日三省言頃因池州奏迎檢戴昭遣首納太宗御容令前廣州催綱内侍高班林文忠因便供奉至京進納而文忠移文州縣令官吏等朝拜迎送仍結綵為殿所須索多乘輿之物有違條式詔文忠所須索州縣不得依從仍劾罪以聞御容所到州軍權於天慶觀聖祖殿奉安候別有因便内臣供奉進納　七年七月二十一日知太原府韓縝言資聖禪院統平殿太宗皇帝神御欲乞令管幹本殿内臣日進香酒其應奉器物望重行製造務令嚴潔以稱寅奉祖宗神靈之意從之　十一月六日滁州天慶觀修完太祖皇帝御容請命殿其告遷奉安等並如常儀　紹聖元年八月二十七日南宮鴻慶宮繕修畢工奉安聖祖并三聖神御以本處長吏行事　二年正月二十二日自太平興國寺慶嚴院告遷宣祖御容一太祖御容四十太宗御容一自宣德門赴天章閣帝服鞾袍出就景輝門外迎拜宣祖神御内侍執繖以從帝却之前導神御入景輝門俟有司奏請降綵殿訖復出門外迎拜太祖神御次迎拜太祖神御權奉安于凝華殿帝詣殿焚香畢遍視神御還坐蘂珠殿召宰臣執政官焚香仍許陞殿遍觀　四月二十一日吏部尚書許將等言定力院迎奉太祖皇

帝御容赴天章閣欲望令臣等前一日詣本院朝拜從之仍許權侍郎以上並赴　三年七月二十二日禮部太常寺言龍圖天章寶文閣準朝旨繕修崇孝殿製造諸聖頭冠衣物大史選定七月二十八日乙卯造還奉安以權禮部侍郎黄裳為禮儀使入内内侍省副都知馮宗道都大管幹其合用黄麾細仗僧道威儀教坊鈞容扶持引從内臣應干供辦綵殿腰輿傘帕茶菓酒饌等並依常儀　元符元年六月十一日揚州言建隆寺章武殿應奉神御儀物闕少望令有司增修詔後苑造作所增製仍内侍省差使臣賫送　二年五月十六日有司言萬壽觀延聖廣愛寧華神御殿繕修畢工詔吏部侍郎徐鐸充奉安禮儀使以五月二十一日奉安真宗皇帝章惠溫成皇后神御　徽宗建中靖國元年七月三日禮部尚書豐稷言奉詔差詣會聖宫應天禪院相度奉安哲宗神御其應天院前殿三位奉安太祖太宗真宗神御合依舊外其後殿三位奉安仁宗英宗神宗神御元各置帳座今欲通作一座分為四位以次陞遷奉安哲宗神御依舊以西為上其會聖宫降真殿六位奉安六聖神御中間閣道今欲徹去增為七位殿後御閣舊東西各一與中四位為六今欲東西各二中置三位為七閣後山亭亦合增修如閣之數從之　崇寧元年二月詔以中

書侍郎溫益為奉安使入内内侍省都知劉瑗都大管幹奉安哲宗皇帝神御于會聖宫　十一月十三日太常寺言明年二月十二日迎奉哲宗皇帝神御赴會聖宫應天禪院望依故事御容出内及至西京日褰帷令士庶瞻仰在道即否從之二年三月八日尚書左丞趙挺之言河南府洛河浸溢為害漸迫應天禪院神御所在乞修埽岸差官一員提舉從之　三年二月二十七日太常少卿席旦言須迎奉哲宗皇帝御容進發文德殿陛下特詔移陛下褥位於庭步導出宣德門外拜辭面西拱立及綵輿進發乘輿乃還臣職當前導親覩盛事望頒付史館以訓萬世從之　五月十五日知南京外宗正事趙令衿言南京鴻慶宮先奉安太祖皇帝太宗皇帝真宗皇帝三聖御容今敦宗院成欲乞依宗子到日及諸命婦有邑號冠帔者詣殿朝拜從之　十六日前京西路提點刑獄孫鰲言伏見南京鴻慶宮有祖宗三聖御容今屋宇例皆損漏乞支降祠部度牒增修詔委京東轉運司仍降度牒二百道　十九日戶部侍郎王漢之言伏覩會聖宫降真殿之後直北東西相向增建列聖暖殿共七座雖自來以西為上即無神御牌額及每殿設御座外亦無供具服玩簾帷陳設等及增修真宗暖殿以為哲宗殿然殿壁所繪内人皆真宗時服飾尤非先王所

以事亡如事存之義乞下增修令式所照會景靈宫制度詳定以聞詔殿名令學士院撰餘依奏　五年五月十五日詔諸路祖宗神御殿委監司以時檢察若器用儀物薦獻之具陳暗敝弊即行改造雅飾有非州郡可以繕修者開具奏聞　大觀元年五月三十日内出手詔宗廟薦獻陵寢供應極天下之奉比聞閩德府信武殿帷帳簾幕歲久不易河南府會聖宫器皿供張悉皆故弊至信武殿薦新限以百錢有司怠廢失嚴奉之禮可令監司躬詣祠下檢視以聞比緣陵寢給錢十萬緡以給歲用而菲薄若此怵惕靡寧三省可具薦獻之數新舊之更易費用之多寡立為成法條上於是三省言會聖宫諸陵旦望節日薦獻並依景靈宫令式及會聖宫戶牖質樸飾色故暗當重行製造應陳設器皿之類並三年一易其所給錢十萬緡已令京西路提點刑獄及提舉常平司每歲封樁以應諸陵會聖宫支用今逐司乃有不足之數當限以年終必令足備否即劾以違制之罪並從之　十一月十二日手詔應天禪院嚴奉祖宗禮當隆備而殺核薦獻之禮與帷幄皿器之具率皆菲薄故弊殊失尊事之意副之揚然可並依信武殿已得指揮仍差内侍省官一員管幹所有崇禧宮神御亦依信武殿指揮令隸陵臺使司提按　四年二月十日陵臺使司言諸

陵會聖宮已分四季揀視遂時所換止是漬汚及塗金淺淡緣供張器皿
陳設計數浩大若三年盡數一易不惟難以辦集緣已換創新之物亦復
虛棄益費功力望依舊條止令逐時揀視換造更不三年一易從之　三
月十七日知渭州薛嗣昌言長武縣太宗皇帝神御衣服故弊乞加修飾
仍差本路內臣走馬承受同本州長吏祭告奉安詔恭依　政和元年十
一月二十七日詔修完鳳翔府天慶觀聖祖殿聖容及太祖皇帝太宗皇
帝神御　三年七月二十日朝散郎辛正言丹州宜川縣界虎谷山山寺
有太祖皇帝太宗皇帝真宗皇帝御容緣其地沿邊及士庶任意臨觀有
失寅奉之意詔本路轉運司嚴加遮護扃鐍仍令本路帥臣監司常切修
飾崇奉　四年三月二十三日知開德府俞㮚言本府信武殿東壁損裂
乞行修葺從之　七月十一日詔淮南漕臣徐閎中修完滁州端命殿
五年四月二十三日永興軍路安撫司奏清平軍上清太平宮二聖神御
殿乞修繕從之　十二月八日詔開河北除大名府聖祖殿曾經修飾崇
奉外其餘州郡有藝祖太宗真宗神御處例無帳幄薦獻儀物之具未稱
嚴奉之意可委逐州守臣相視計置合用物料依數辦具監司檢察以聞
六年二月十五日詔雅飾修完西京會聖宮降真殿七位　五月九日

內出手詔訪聞大名府天慶觀聖祖殿藝祖太宗御容皆東向侍立薦獻
之具缺然不備甚非所以嚴奉祖宗益廣孝思之實可委安撫使梁子美
修建殿宇漕臣應副仍令後苑作製造什物太史局選定吉日奉安　重
和元年十一月二十四日詔委發運副使趙霆重修揚州建隆寺太祖皇
帝章武殿先是知揚州唐恪言建隆寺有太祖皇帝神御章武殿年深損
敝規模未至雄壯故有是詔仍令淮南漕司管幹應副　宣和元年六月
二十二日禮部奏太常寺參酌修立到諸州府有祖宗御容所在每遇朔
日諸節序降到御封香表及不降香表逐次行禮儀注下項一遇朔日諸
節序奉行禮儀注齋戒朝拜前一日朝拜官以長吏如闕以次官充請表
文官以次官充自早俱赴齋所候香表茶酒菓禮料等齋備禮生引讀表
文官齋香表官並集朝拜官廳執事者以有色服者充以香表呈視禮生
請讀表文官稍前習讀表文如係密詞即讀封題訖禮生贊復位次執事
者以有色服者充以御封香禮料等呈視訖退各還齋所朝拜行事官已
齋而闕者通攝行事朝拜未行禮前有司設香案祭時果牙盤食於殿上
當神御前又設紗籠從臺奠茶酒盂子盞托等於神御前香案前之左香
爐匙并御封香表於案上設朝拜官位於殿下西向請表文官位於殿之

南北向陪位官位於其後設焚表文位於殿庭東南向朝拜日其日質明
薦香大官先詣殿下北向拜訖陞殿東向侍立有司陳設訖禮生先引陪
位官入就位北向次引讀表文官入就位又次引朝拜官就位西向立定
禮生贊有司謹具請行事禮生贊再拜朝拜官以下俱再拜訖禮生引讀
表文官先陞殿於香案之右東向立次禮生引朝拜官陞殿詣神御香案
前禮生贊搢笏上香再上香三上香訖跪奠茶三奠酒訖執笏俛伏興少
立禮生贊讀表文官搢笏跪讀表文如係密詞即讀封題訖執笏興降階
復位朝拜官再拜訖降階復位禮生贊再拜訖引朝拜官讀表文官詣焚
表文位南向立讀表文官立有司焚訖退以位陪位官並退一遇旦望諸
節序不降香表薦獻行禮儀注齋戒薦獻前一日薦獻官以長吏如闕以
次官充自早赴齋所候薦獻之物香燭等齋備執事者以有服色者充據
所薦之物呈視訖退未行禮前有司陳香案於殿上香案設所薦之物於
神御前又設薦獻官位於殿階之東西向陪位官位於殿下北向薦獻日
其日質明薦香大官先詣殿下北向拜訖陞殿東向侍立有司陳設所薦
之物訖禮生先引陪位官入就位北向立次引薦獻官入就位西向立禮
生贊有司謹具請行事禮生贊再拜在位官皆再拜訖禮生引薦獻官陞

殿詣神御香案前禮生贊搢笏上香再上香三上香訖跪執事者以所薦
之物授薦獻官薦獻官受以獻訖復授執事者置于神御前薦獻官執笏
俛伏興再拜訖降階復位禮生贊再拜在位官皆再拜訖退一契勘神御
薦獻節序并朝望陳設牙盤食茶酒果供養外其每日獻乞止令逐殿香
火使臣殿下再拜焚香畢又再拜訖躬親開殿照管從之　高宗皇帝建
炎元年五月一日赦應永安軍祖宗陵寢西京應天禪院會聖宮影殿西
墳委汝州守臣依此　四年正月二十五日詔內侍省差官一員主管迎
奉揚州章武殿永安軍會聖宮西京啟運宮神御御容　二月二日詔啟
運宮神御令福州奉安委守臣提舉　十四日詔萬壽觀會聖宮章武殿
神御可於溫州天慶觀權便殿宇內先次奉安其陳設簾幕衣幃等日後
排辦　二十八日詔溫州天慶宮近奉安萬壽觀聖祖神御可每歲撥放
道童二名仍依祥符二年指揮撥賜田一十頃　同日詔萬壽觀主管官
吳鐸言神御已就溫州天慶宮奉安遇旦望國忌節序合用酌獻食味酒
果香茶紙燭油炭之類并應干崇奉物色乞令本州應副從之　四月十
四日詔御容御書權於越州天慶觀奉安　六月三日太常少卿鄭士彥
言恭以國家深慮虜騎遂於去年秋命有司迎奉帝后神主預遷江表昨

自洪州再還虔州欽先孝思殿神御且不能保況神主體重稍失機會緩急豈能遠遷望更擇湖南廣南深穩處先次迎奉前去俾無意外之患其香火祭祀供應物料及官吏軍兵請受並乞下從衛太常寺務從省約立定則例詔並依令盧益李回相度可以奉安州軍差官迎奉前去 七月一日三省言溫州神御殿主管內侍乞添支兵級錢米上曰國家財用固不可削也 九月詔啓運宮神御已於福州奉安頭冠衣紋令福州守臣同主管香火李啓鵬詣曬視雅飾 十一月十日三省言薛公度恭護太祖皇帝御容聖祖青玉珪已到越州詔都堂辨驗訖令內東門司進入於天章閣奉安 紹興元年正月六日禮部太常寺言擬定景靈宮諸殿神御每遇旦望節序生辰忌辰自合排辦酌獻其萬壽觀神御止令主管官燒香從之 二十七日尚書省言溫州奉安景靈宮諸殿神御每遇忌辰合前三日令本官官啓建道場至日本州官赴行香從之 八月一日詔天章閣祖宗神御見在舡中安頓於崇奉之禮未便可將行在糧料院見占法濟院權行奉安 十六日知溫州林之平言景靈宮萬壽觀會聖宮章武殿祖宗神御分寓四處欲望就擇一爽塏雄麗可為宮殿所併獻一處奉安從之 既而就本州開元寺移萬壽觀會聖宮章武殿神御併就

景靈宮於佛殿奉安本宮前殿景命殿奉安本宮後殿千佛閣下奉安萬壽觀會聖宮章武殿神御內萬壽觀昊天玉皇上帝一尊於千佛閣之東擗截安奉章惠皇后一尊溫成皇后三尊元不係入景靈宮神御於千佛閣之西擗截安奉宮觀名額依舊稱呼 十一月一日詔向宗厚為祠部郎官太常少卿知溫州先景靈宮太廟神御提點官 先差祠部郎官鄭士彥以主管內侍不與之協和非理擾擾至是內侍放罷士彥別與差遣令選有風力郎官故有是命 十九日詔令臨安府貼占嚴潔寺院或寬展宅舍充奉天章閣祖宗神御二十四位仍先畫圖本聞奏 其後權於本府府院修飾奉安 二年閏四月七日詔取溫州神御赴闕 先是以萬壽觀章憲太后黃金鑄章聖皇帝與后像權奉安溫州開元寺上曰置金像外方人所側目若不取入是誨盜也因愀然謂宰輔曰朕揩還至此不能以時薦饗宗廟奉衣冠出游令祖宗神御越在海隅於之坐不安席故有是命 三年二月十三日詔春秋祭祀內神御二十五位昨經節臧共饗一分於禮未安常慎于心可別議定料例今後天章閣神御旦望節序酌獻食依舊排設二十五位每位食七味依御廚供到料例施行節序聖祖天尊大帝元天大聖后旦望帝后忌辰並用素食節序帝后生

辰並用葷食軟羊羹胡餅對裝羊天花餅雙下角子簇五蓮花餅玉筭子飣四色下飯 十五日上覽禁中神御薦饗禮料謂宰臣曰朕親自省閱有一事可議神御二十五位食味中各用一羊肚每次須殺二十五羊恭惟祖宗以仁覆天下豈欲多殺物命謹以別味代之在天之靈亦必歆饗呂頤浩曰陛下寅奉宗廟罔不盡禮而又仁愛之恩下及微物天下幸甚 五月十四日禮部言見塑製昭慈獻烈皇后神御候畢亦合赴溫州景靈宮奉安其冊寶候迎奉日一就前去仍乞令溫州長吏率見任溫州宗室南班前道立班從之 七月三日太常寺言塑製昭慈獻烈皇后神御迎奉赴溫州景靈宮奉安參酌修撰內中告遷權安奉奉告迎奉行禮儀注從之 其日候發改謚冊寶訖禮儀使詣塑製神御所神御前北向立請再拜訖都大主管官往來照管禮直官引禮儀使詣香案前搢笏三上香降階復位立又請再拜訖次引禮使詣神御前稽位俛伏跪奏稱禮儀使臣某言請昭慈獻烈皇后神御降座升綵殿詣權安奉殿權安奉奏訖伏興少退立次輦官擎綵殿升詣神御前輦官權退扶侍夾侍捧還神御升綵殿訖輦官權退升殿擎綵殿以次進行扶侍夾侍分左右扶侍禮儀使後從都大主管官往來照管凡神御進行准此禁衛班直親從官

等巡衛僧道鈞容直振作至權安奉殿上置定綵殿輦官退禮儀司詣綵殿前俛伏跪奏稱禮儀使臣某言請神御降綵殿升座權安奉奏訖伏興少退立扶侍夾侍捧還神御入座輦官擎綵殿退禮儀使以下歸次候有司排辦供養茶酒果香火等畢禁衛班直親從官等排置僧道鈞容直更互振作次禮儀使早燒香畢歸次以俟 晚燒香如儀奏告迎奉其日早候有司排辦供養牙盤食茶酒果香火等畢禮直官贊者分引禮儀使詣殿下西向立太祝北向立都大主管官往來照管禮直官贊有司謹具請行事贊者曰拜在位官皆再拜訖次引太祝升殿詣神御之西東向立次禮儀使升詣神御香案前搢笏三上香跪一奠茶三奠酒執笏俛伏興少立太祝搢笏跪讀祝文訖降階復位立禮儀使再拜訖降階復位少立次詣望燎位南向立太祝奉行有司焚祝版訖權退歸次候迎奉前有司排辦供養牙盤食茶酒果香火等畢禮直官引侍臣詣神御之東西向立次前導官詣幄前位候皇帝自內服履袍詣御幄簾降少頃太常卿當幄前俛伏跪奏稱太常卿臣某言請皇帝行酌獻之禮奏訖伏興復位立簾捲前導官導皇帝出幄詣神御前北向立禮直官奏請拜皇帝再拜訖又奏請皇帝三上香又奏請皇帝跪侍臣以茶酒跪進奏請皇帝一奠

茶三奠酒訖，奏請皇帝俛伏興，又奏請拜，皇帝再拜訖，前導皇帝歸御幄。俟時將至，輦官擧腰輿升殿訖，閤門、禮直官引禮儀使詣神御前俛伏跪奏：「禮儀司臣某言，請昭慈獻烈皇后神御降座升輿赴景靈宮奉安。」奏訖，伏興，少退立。扶侍夾侍捧還神御入腰輿，都大主管官呂名封鎖訖，輦官升殿，於腰輿前立。次太常卿當幄前俛伏跪奏，稱：「太常卿臣某言，請皇帝前導神御進發。」奏訖，伏興，復位，立簾捲。前導官導皇帝詣神御前西向立，次輦官擧腰輿以次進行，前導官導皇帝前導神御以進行，禁衛班直、親從官等扈衛，僧道鈞容直振作前引，扶侍夾侍分左右扶侍，禮儀使以從，都大主管官往來照管。前導官導皇帝前導神御出行宮南門外少立，俟置定腰輿，前導官導皇帝入御幄，簾降，有司排辦香案、香火等畢，太常卿當幄前俛伏跪奏，稱：「太常卿臣某言，請皇帝行奉辭之禮。」奏訖，伏興，復位，立簾捲。前導官導皇帝出幄，詣神御香案前，禮直官奏請拜，皇帝再拜訖，又奏皇帝三上香訖，又奏請拜，皇帝再拜訖，前導官導皇帝歸御幄，簾降。太常卿當幄前俛伏跪奏：「太常卿臣某言，禮畢。」奏訖，伏興，復位，少立，以次退。次宰執、開府儀同三司、宗室正任以上於行宮南門外奉辭神御，再拜訖，班首詣香案前跪，三上香訖，復位，立班，首以下再拜訖，分左右騎導

全唐文　卷一萬六千五百六十二　十一

輦官擧神御進行，次隨駕禁衛班直、親從官等，於御幄前起居如常儀訖，有司進輦，皇帝服常服乘輦還內。神御至城外，宰執、開府儀同三司、宗室正任及文武百僚奉辭如奉迎儀，畢退。　九月二日，詔奉迎福州啟運宮神御所改稱啟運宮奉迎所，其監官以奉迎所幹辦官爲稱。從度支郎中俁樾請也，詳見緣廟裁製。　十一月九日，知溫州程邁言：「本州奉安神御神主，逐時供奉酌獻并一行官屬請給等，一年費用錢糧共五萬七千餘貫，竊緣逐時酌獻及官員衣糧不敢違闕，兼近迎奉昭慈聖獻皇后神御冊寶，又有支費不少，望賜支降。」詔令禮部給降兩浙路空名度牒、紫衣共二萬貫，以三分爲率，二分度牒，一分紫衣，付本州專充前項支使。　十二月十三日，詔昭慈聖獻皇后改謚冊寶命使發冊告遷禮安奉神御及迎奉至溫州太廟奉上冊寶景靈宮奉安神御禮儀已下并官吏等各有禮畢，又賜銀絹，令戶部支給本色，兩該人從一多給。　二十二日，詔河南府孟汝鄭州鎮撫使翟琮收護到太祖皇帝御容、諸後帝后位，御令江西安撫大使司差官迎奉前來赴行在。　四年二月十四日，詔溫州萬壽觀會聖宮章武殿見奉安神御三處，共添置幹辦官一員，令入內內侍省差，以太常少卿言闕官奉香火故也。　七年二月十四日，龍圖閣天章寶文

閣學士敷文閣言：「已得旨，內中祖宗神御殿每遇旦望、節序、帝后生忌辰酌獻，權停，候過徽宗皇帝、顯肅皇后大祥依舊。會到太常寺稱，若以日易月計，大祥係二月十九日，實數係紹興九年正月二十五日。」詔自二月十九日已後依舊酌獻。　十九日，中書門下省言：「建康府法寶寺及天慶觀見修殿宇，祇備奉安神御，欲法寶寺奉安天章閣神御，天慶觀奉安太廟神御。」詔恭依。　五月二十八日，詔徽宗皇帝神御殿以承元殿爲名。時明堂大禮，親饗依儀，以原廟殿名爲酌獻樂章。學士院撰到，呈，是從之。　九年四月五日，詔湖州、福州景靈宮、萬壽觀、章武殿、會聖宮、啟運宮神御，令湖州相度踏逐可以奉安去處。　五月七日，學士院擬到顯恭皇后、顯肅皇后神御殿名順成、順承、嗣徽，詔以順承爲名。　八月二十五日，簽書簽書樞密院事樓炤言：「涇州長武縣福德禪寺舊有安奉太祖皇帝御容，并華州雲臺觀真宗皇帝御容，比緣兵火，寺觀各能保護，並無損動，欲望少加旌賞。」詔各賜錢二千貫，令本路轉運司支給。　十月二十二日，禮部、太常寺言：「塑製徽宗皇帝、顯恭皇后、顯肅皇后神御畢，欲權於天章閣奉安。」從之，時以景靈宮未建故也。　十三年十二月十四日，詔就禮畢慶謝萬壽觀聖祖塑像帝后神殿，令本殿官燒香行禮，監焚表文，日後依此。以本觀

全唐文　卷一萬六千五百六十三　十二

申番衛酌獻酒果之類，有司謂以恭謝景靈宮，故有是詔。　二十一年七月二十二日，詔修蓋天章閣神御殿官吏第一等減二年磨勘，第二等減一年磨勘，第三等犒設一次。　二十四年九月二十七日，萬壽觀言：「依條遇元日、寒食、中元、十月朔、冬至，差南班官詣觀朝拜。緣後殿見安奉會聖宮章武殿祖宗神御，殿合與不合朝拜，太常寺看詳，亦合朝拜。今隨宜修立禮儀條式：是日，令所差南班宗室先詣萬壽觀殿下兩拜訖，詣香案前搢笏，三上香，執笏，復位，再兩拜訖，退。次詣後殿會聖宮章武殿下朝拜，上香並如朝拜萬壽觀之儀。」從之。　二十五年七月十五日，禮部言：「成都府奏，觀縈縣重光寺藥師殿壁畫本朝太祖皇帝御容，殿柱蛀損，未敢擅行修飾。本部欲依所奏，許令修換粉飾，其依禮例奏告合用祝文，學士院修撰，請降入遞前去，其日差官致齋行事，儀注及合行排辦事並合照應宣和元年六月二十二日指揮施行。」從之。宣和諸州行禮儀注已見四朝會要。　二十七年七月十五日，應天府啟運宮奉迎所言：「本宮元差親事官并黃院子及衛兵共三百五十五人，昔因廣祀西京遣奉神御前來福州，差禁軍二十五人專充保護，自今所管親事官、黃院子比之元額闕數，欲望量行增置，以示崇奉之意。」詔權以親事官三十人、黃院子二十人

衛兵三十人為額。八月三日，兵部侍郎楊椿言：竊見成都府舊有藝祖皇帝御容，在新繁崇光寺。紹興改元，太宗、真宗、仁宗、英宗、神宗御容自西京終南山遷，權宜奉安，同為一殿。然以六朝之尊而俯臨一邑，跪俛伏興之節、樂舞登降之制、饔餼尊彝之奉，乃若宮宇之設、謹護之備，至鄙雅不倫，或闕然不講，深恐未稱所以肅雍奔走之意。望特命禮官講求典故，檢會福州及成都府見行儀制，而折衷之，稍加潤色，以重國家崇奉之禮。從之。　二十九年三月六日，萬壽觀言：諸神御殿酌獻器皿損壞，乞令臨安府計造應所損之物，就令修補。從之。　三十一年七月八日，龍圖、天章、寶文、顯謨、徽猷、敷文閣言：近承降到孝慈淵聖皇帝御容三軸，乞下太史局選吉日時刻奉安。從之。　十一月二十五日，翰林學士何溥言：恭擬景靈宮恭文順德仁孝皇帝神御殿宮，欲以瑞慶殿為名。詔恭依。　三十二年五月三日，禮部、太常寺言：將來塑製顯仁皇后神御畢，二迎奉詣景靈宮，前期乞皇帝躬詣殿奉安神御，罷前行酌獻。從之。　八日，禮部、太常寺言：五月十六日迎奉顯仁皇后神御正奉安日，皇帝行酌獻禮，欲依朝獻禮例，前一日皇帝齋於內殿。從之。　同日，詔萬壽觀徽宗皇帝神御頭冠未甚精緻，可令本觀官取旨換易，命宰臣湯思退詣徽宗皇帝神御前俟

全唐文　《卷一萬六千五百六十二》　十三

至，換易頭冠訖，行燒香之禮。　十六日，奉安顯肅皇后神御，皇帝自射殿步導出麗正門外奉辭。　二十九日，詔塑製奉安顯仁皇后神御了畢，行禮應奉官已下并一行官吏作匠等轉官支賜[illegible]有差。　淳熙四年七月三日，臣僚言：歐陽修在翰林日，嘗上言神御殿不住修換，昨開先殿只因兩柱損，遂換一十三柱，用材植物料共一萬七千有零。且崇奉祖宗貴於清靜，頻有遷徙，輕瀆威靈，其言甚為詳備，仁宗嘉納。臣竊見近歲營造往往臨安府及轉運司例皆苟簡趣辦，閱時未幾，即復繕修，糚如景靈宮歲歲換柱，每次所費不下數千緡，蓋抽換之時，率用濕木，塗以丹漆，更以墻壁纔及數月，又已損爛。欲嚴賜戒飭。從之。　十五年五月八日，中書舍人兼直學士院兼同修國史李巘言：恭擬高宗聖神武文憲孝皇帝原廟殿名，以皇德為名；憲節皇后神御殿名，以章慚為名。詔恭依。殿先名德輝，緣與真宗諸后殿名相犯，並是易此名。　二十七日，景靈宮言：文思院製造憲節皇后位牌，乞依天章閣體例，就本宮收奉。從之。　十六年七月二日，禮部、太常寺言：將來高宗聖神武文憲孝皇帝大祥前，依禮例合塑製神御三位，太祥後擇日迎奉赴景靈宮并萬壽觀，並於欽宗皇帝神御之次安奉；及合塑製憲節皇后神御一位，赴景靈宮，於顯仁皇后神御之次

安奉。檢照紹興九年塑製徽宗皇帝神御景靈宮奉安，係漆塑，戴幞頭，寬袖淡黃服，底現紅銷金領，袖塑出紅鞓，作素玉帶，黑靴，尖白底，通袖不現手。會聖宮車運宮奉安，並係以漆胎彩會裝塑，通天冠，服絳紗袍，方心曲領，環佩朱履等，並如禮制，執玉圭，坐龍椅。顯恭皇后、顯肅皇后神御景靈宮奉安，並係漆塑，首飾花環，六插冠，並用假珠子結鬧，青雉朱衣履革帶。今來塑製高宗聖神武文憲孝皇帝、憲節皇后神御，乞並依此禮制施行。各位合用腰輿、香案、香爐匙合、花瓶、黃羅繖扇，合塑製所依名件製造。合差內侍官一員充都大主管，於至日迎赴景靈宮安奉。並從之。都大主管以內侍押班李裕文充。　二十六日，景靈宮主管所言：將來高宗聖神武文憲孝皇帝并憲節皇后神御赴宮奉安，每遇旦望、節序、生日、忌辰合用御封表、香、酒、果、食味之類，乞下所屬官司排辦供納。從之。旦望、節序、生日、忌辰各合用御封表一封，係屬御藥院御封，香，崇恩殿外庫排辦。節序、生辰、四孟朝獻各用酌獻酒、常食七味、時果五壘、乾果六楪，係臨安府排辦。內朝獻食味，御廚排辦。旦望逐位各用素食七味，帝后生辰依節序酌獻。御藥院別供香藥一分。帝后忌辰各用酌獻素食七味、時果五壘，道場僧道各一十四員，紙贈一副，並係臨安府差撥排辦道場，僧道合支齋襯錢

全唐文　《卷一萬六千五百六十二》　十四

三十貫省，係隨本宮上下半年忌辰申戶部行下左藏庫供納。　十一月七日，禮部、太常寺言：將來迎奉高宗皇帝神御詣景靈宮中殿安奉，乞依禮例，於中殿庭壁繪畫配饗功臣。從之。　十七日，禮部、太常寺言：已降指揮，塑製高宗聖神武文憲孝皇帝、憲節皇后神御於景靈宮等處奉安，欲以十二月十四日告遷，其日卯時八刻後乙時奉安。從之。　前一日，禮儀使詣塑製所幕次，俟陪位親王、宗室、使相、南班宗室詣殿下北向立定，禮直官引禮儀使詣神御殿下西向立，都大主管官以次行於禮儀使之後立。禮直官揖，禮儀使再拜，在位官皆再拜。訖，禮儀使陞殿，詣高宗皇帝神御前搢笏，三上香，執笏；次詣憲節皇后御前搢笏，三上香，執笏，降階復位。禮直官揖躬拜，禮儀使與在位官皆再拜。次引禮儀使陞，詣神御前稽首俛伏，跪奏稱：禮儀使臣某言，請高宗皇帝、憲節皇后神御降座陞輿，詣射殿權奉安。奏訖，降階，復位立。贊者引陪位官分左右立，次輦官擎腰輿至殿前，扶侍、夾侍奉遷高宗皇帝、憲節皇后神御陞腰輿。訖，次輦官擎腰輿以次進行，扶侍、夾侍分左右，禮儀使從，都大主管官從，次照管陪位官，前導儀仗、鼓吹振作，僧道作法事，前引禁衛等扈衛至射殿，下腰輿，權駐。禮儀使詣神御前俛伏，跪奏稱：禮儀使臣某言，請高宗皇帝、憲節皇后神御

凡缺字俱應旁寫

陛殿降輿陞座權奉安奏訖稍東西向立腰輿陞殿東階至殿上當中置
定輦官權退次扶侍夾侍捧還神御入幄次輦官擎腰輿退禮儀使以下
權歸幕次俟有司排辦供養牙盤食茶酒果香火等畢禁衛班直親從官
等排立儀仗鼓吹儈道吏各擬作次禮儀使詣高宗皇帝憲節皇后神御
前早燒香親王宗室使相南班宗室陪位俟燒香畢歸次以俟晚燒香如
儀至日早俟有司排辦供養牙盤食茶酒果香火等畢贊者先引太祝詣
殿下北向立禮直官引禮儀使詣殿下之東西向立禮直官揖拜在位官
皆再拜先引太祝陞詣神御幄前之西東向立禮直官引禮儀使陞詣高
宗皇帝神御前搢笏三上香跪奠茶三奠酒執笏俛伏興少立太祝跪讀
祝禮儀使再拜次詣憲節皇后神御　行禮並如上儀俱降階復位次引
禮儀使詣望燎位南向立俟焚祝版訖退歸幕次奏告禮畢儀仗鼓吹儈
道權退於麗正門外排立以俟奉迎有司排辦酌獻牙盤食茶酒果香火
等畢侍臣詣高宗皇帝神御前香案之東西向立太常博士太常卿詣缺
前文次宰執親王使相侍從臺諫缺官禮官南班宗室詣殿下北向缺自
內服缺袍詣御幄簾降少頃缺前俛伏跪奏稱太常卿臣某言缺酌獻之
禮前導官導皇帝出幄缺東褥位西向立奏請拜皇帝再拜缺拜在位官

全唐文　卷一萬六千五百六十二　十五

皆再拜前導官導皇帝詣缺宗皇帝神御前奏請上香內侍以茶酒跪侍
臣侍臣西向跪進請皇帝跪奠茶三奠酒訖奏請皇帝俛伏興拜皇帝再
拜在位官皆再拜前導官導皇帝詣憲節皇后神御前行禮並如上儀皇
帝歸御幄簾降禮儀使陞詣殿上西向立陪位官權於麗正門外幕次以
俟騎導次輦官擎腰輿陞殿置定權退剋擇官報告還時禮儀使詣神御
前俛伏跪奏稱禮儀使臣某言請高宗皇帝憲節皇后神御降座陞輿赴
景靈宮萬壽觀奉安奏訖降階東向立扶侍夾侍捧還神御陞腰輿禮儀
使出麗正門以俟騎從輦官陞殿捧擎腰輿太常卿當幄前俛伏跪奏稱
太常卿臣某言請皇帝前導神御進發簾捲皇帝出幄詣神御腰輿前次
輦官擎腰輿降西階進行禁衛班直親從官等扈衛扶侍夾侍前導官導
皇帝前導神御出麗正門外少駐俟置定腰輿輦官權退皇帝入御幄簾
降太常卿當幄前俛伏跪奏稱太常卿臣某言請皇帝行奉辭之禮皇帝
出幄詣高宗皇帝神御香案前禮直官奏請拜皇帝再拜訖又奏請上香
三上香訖又奏請拜再拜訖次詣憲節皇后神御前行禮如上儀訖前導
官導皇帝歸御幄簾降太常卿當幄前俛伏跪奏稱太常卿臣某言禮畢
輦官捧擎神御腰輿進行皇帝乘輦還內宰執親王使相以下分左右騎

導禮儀使并奉安行禮官騎從禁衛扈衛儀仗鼓吹振作儈道前引將至
景靈宮櫺星門外陪位文武百官奉迎再拜內萬壽觀神御迎奉至萬壽
觀門外行事官等奉迎再拜拜步導官免步導並俟騎從赴殿庭陪位立班騎導官下馬步導如不別兩文武百官免迎禮儀使後從神御入天興
殿門經由東廊高宗皇帝神御至中殿下憲節皇后神御至後殿下禮儀
使詣中殿下高宗皇帝神御腰輿前俛伏跪奏稱禮儀使臣某言請高宗
皇帝神御陞殿降輿陞座權奉安次輦官擎腰輿陞東階詣殿上置定扶
侍夾侍捧還神御陞側座權奉安訖禮儀使次詣後殿下憲節皇后神御
腰輿前跪奏權奉安如上儀禮儀使退俟奉安時有司排辦香火等畢先
引太祝入詣中殿下再拜訖陞殿詣高宗皇帝神御香案之西東向立禮
儀使宰執合陪位文武百官入詣天興殿下再拜訖次詣中殿下并東西
兩廊隨宜就位立再拜禮儀使陞殿詣高宗皇帝神御香案之東西向立
次詣香案前俛伏跪奏稱禮儀使臣某言請高宗皇帝神御陞正座奉安
奏訖復位立俟有司還正座訖禮儀使詣後殿憲節皇后神御前跪奏奉
安如上儀禮儀使降階詣中殿下北向立禮直官揖拜在位官皆再拜訖
次引禮儀使陞殿詣高宗皇帝神御前搢笏三上香跪奠茶三奠酒執笏

全唐文　卷一萬六千五百六十二　十六

俛伏興少立太祝搢笏跪讀祝文禮儀使再拜降階復位禮直官揖拜在
位官皆再拜禮儀使詣望燎位太祝降階重行於禮儀使之後立有司焚
祝版訖太祝先詣後殿禮儀使以下重入序立禮儀使陞殿酌獻讀祝奉
安如中殿儀禮畢退其萬壽觀奉安行禮官詣會聖宮啟運宮行奉安高
宗皇帝神御禮並如景靈宮之儀　十二月六日禮部太常寺言十二月
十四日迎奉高宗聖神武文憲孝皇帝憲節皇后神御詣景靈宮萬壽觀
奉安前三日奏告景靈宮諸殿并萬壽觀聖像神御係於十二月十一日
奏告行禮從之　九日閤門言迎奉高宗皇帝憲節皇后神御詣景靈宮
奉安令正任觀察使以上并管軍趨赴陪位騎導從之　十六日詔塑製
高宗皇帝憲節皇后神御了畢都大主管官特於階官上轉行兩官承受
提轄造作官各特轉一官減三年磨勘照管事務官并使臣人吏快行親
從親事官等作匠各特轉一官資未有名目人特作一官資收使作匠無
資可轉人依例支賜　先是宰執進呈奏云近來典禮頻併恩數太濫如
三省禮工房於塑製初無干預又例推賞可謂僥倖理宜裁抑上曰卿等
所奏甚善正使干預塑製推賞猶不可濫況不干預者更與參酌裁減既
而又奏三省禮工房轉官已行貼云餘合推恩人令分別條具作三等麼

克 原本如此 當作充

輕重得宜不至太濫上曰推恩若循習舊例委是太濫如此裁減甚好故有是命　紹熙五年十二月十七日學士院言奉詔恭擇哲文神武成孝皇帝原廟殿名以繚隆為名成穆成恭皇后神御殿名以嗣徽為名詔恭依　慶元二年二月一日禮部太常寺言孝宗哲文神武成孝皇帝大祥前禮例合塑製神御三位大祥後迎奉赴景靈宮并萬壽觀並於高宗皇帝神御之次安奉成穆皇后成恭皇后神御赴景靈宮並於憲節皇后神御之次安奉　檢照塑製高宗皇帝神御係漆塑戴幞頭寬袖淡黃服底現紅銷金領袖塑出紅鞓作素玉帶黑靴尖白底通袖不現手會聖宮啟運宮神御係以漆胎彩繪裝塑通天冠服降紗袍方心曲領環環珮朱履等並如禮制執玉圭坐龍椅憲節皇后神御並係漆塑首飾花環六插冠並用假珠子結圈青雉朱衣履革帶今來塑製孝宗哲文神武成孝皇帝成穆皇后成恭皇后神御乞並依禮制施行　各位合用腰輿香案香爐匙合花瓶黃羅紅羅繖扇令塑製所依名件製造合差內侍一員充都大主管於至日迎赴景靈宮安奉並從之都大主管以內侍省都知關禮充　十一日景靈宮主管所言將來孝宗皇帝成穆皇后成恭皇后神御赴宮奉安每遇旦望節序生日忌辰酌獻合用香表酒果食味之類乞令所屬

全唐文　卷一萬六千五百六十二　十七

官司排辦供納從之　七月十四日詔孝宗哲文神武成孝皇帝成穆皇后成恭皇后神御迎赴景靈宮萬壽觀奉安禮儀使差右丞相京鏜奉安行禮官知樞密院事鄭僑都大主管官內侍省都知關禮　二十日禮部太常寺言孝宗哲文神武成孝皇帝成穆皇后成恭皇后神御畢工於景靈宮萬壽觀奉安令前三日奏告景靈宮諸殿并萬壽觀聖像神御景靈宮青詞二首奏告聖祖天尊大帝元天大聖后祝文三首奏告宣祖皇帝至高宗皇帝昭憲皇后至慈聖光獻皇后宣仁聖烈皇后至憲節皇后並述以迎奉孝宗皇帝成穆皇后成恭皇后神御奉安之意并萬壽觀青詞一首奏告昊天玉皇上帝聖祖天尊大帝長生保命天尊祝文二首奏告會聖宮啟運宮太祖皇帝至高宗皇帝真宗皇帝至溫成皇后並述以迎奉孝宗皇帝神御權奉安之意並乞下學士院修撰書寫進書訖降付太常寺從之　二十一日禮部太常寺言孝宗皇帝成穆皇后成恭皇后神御以八月五日自塑製處告遷於射殿權奉安并奏告訖皇帝行酌獻及奉辭禮畢迎奉於景靈宮萬壽觀奉安從之　禮儀使詣塑製所幕次俟陪位宗室使相郡王南班宗室詣殿下北向立定禮直官引禮儀使詣孝宗皇帝成穆皇后成恭皇后神御殿下西向立都大主管官畫行於禮儀使

之後立禮直官揖躬拜禮儀使再拜在位官皆再拜訖禮儀使陞殿詣孝宗皇帝神御香案前搢笏三上香執笏詣成穆皇后神御香案前搢笏三上香執笏詣成恭皇后神御香案前搢笏三上香執笏降階復位禮直官揖躬拜禮儀使再拜在位官皆再拜訖次引禮儀使陞詣神御前樽位俛伏跪奏稱禮儀使臣某言請孝宗皇帝成穆皇后成恭皇后神御降座陞輿詣射殿權奉安奏訖伏興降階復位立都大主管官往來照管贊者引陪位官分左右立次輦官擎腰輿至殿前輦官權退扶侍夾侍捧遷孝宗皇帝成穆皇后成恭皇后神御陞腰輿訖次輦官擎腰輿以次進行扶侍夾侍分左右禮儀使後從都大主管官往來照管陪位官前導儀仗鼓吹報作僧道作法事前引禁衛班直親從官等應衛至射殿下腰輿權駐禮儀使詣神御前俛伏跪奏稱禮儀使臣某言請孝宗皇帝成穆皇后成恭皇后神御陞殿降輿陞座權奉安奏訖伏興稍東西向立腰輿升殿東階至殿上當中置定輦官權退次扶侍夾侍捧遷神御入幄次輦官擎腰輿退禮儀使以下權歸幕次俟有司於孝宗皇帝成穆皇后成恭皇后神御幄前排辦供養牙盤食茶酒果香火等畢禁衛班直親從官等排立儀仗鼓吹僧道更互振作次禮儀使詣孝宗皇帝成穆皇后成恭皇后神御香

全唐文　卷一萬六千五百六十二　十八

案前早燒香宗室使相郡王南班宗室陪位俟燒香畢歸幕次以俟晚燒香如儀禮儀使行奏告禮其日行酌獻禮并告遷時前俟有司於射殿孝宗皇帝成穆皇后成恭皇后神御幄前排辦供養牙盤食茶酒果香火等畢贊者先引太祝詣殿下北向立都大主管官往來照管禮直官引禮儀使詣殿下之東西向立禮直官揖躬拜在位官皆再拜訖次引太祝升詣孝宗皇帝神御幄前之西東向立禮直官引禮儀使升詣孝宗皇帝神御香案前搢笏三上香跪奠茶三奠酒執笏俛伏興少立太祝搢笏跪讀祝文訖執笏興先詣成穆皇后神御幄前之西東向立禮儀使再拜訖次詣成恭皇后神御香案前行禮並如上儀訖俱降復位次引禮儀使詣望燎位南向立太祝位於其後俟焚祝版訖權退歸幕次皇帝行酌獻燒香禮并前導神御出麗正門外行奉辭燒香禮及禮儀使詣景靈宮行正奉安禮其日俟禮儀使行奏告禮畢儀仗鼓吹僧道於麗正門外排立以俟奉迎禁衛班直親從官等於殿下排立定有司排辦酌獻牙盤食茶酒果香火等畢禮直官引侍臣詣孝宗皇帝神御前香案之東西向立禮直官引太常博士太常卿詣御幄前立次御史臺閤門太常寺分引宰執使相郡王侍從臺諫兩省官閤門官禮官南班宗室及正任觀察使以上并管軍

詣殿下北向立定皇帝自內服靴袍詣御幄簾降少頃引太常卿當幄前俛伏跪奏稱太常卿臣某言請皇帝行酌獻之禮奏訖伏興復位簾捲前導官導皇帝出幄詣殿上之東褥位西向立奏請拜皇帝再拜典儀曰拜贊者承傳曰再拜在位官皆再拜訖前導官導皇帝詣孝宗皇帝神御香案前奏請上香再上香三上香內侍以茶酒授侍臣侍臣西向跪以進又奏請皇帝跪奠茶三奠酒訖奏請皇帝俛伏興又奏請拜皇帝再拜典儀曰拜贊者承傳曰再拜在位官皆再拜訖前導官導皇帝詣成穆皇后成恭皇后神御香案前行禮並如上儀訖前導官導皇帝歸御幄簾降前導官於幄前少立禮儀使升詣殿上西向立陪位官權於麗正門外幕次以俟騎導次輦官擎腰輿升殿置定輦官權退魁擇官報告遷時及引禮儀使詣神御前俛伏跪奏稱禮儀使臣某言請孝宗皇帝成穆皇后成恭皇后神御降座升輿赴景靈宮萬壽觀奉安奏訖伏興降階西東向立扶侍夾侍捧遷神御升腰輿都大主管官往來照管次引禮儀使於麗正門外以俟騎從次輦官升殿捧擎腰輿次太常卿當幄前俛伏跪奏稱太常卿臣某言請皇帝前導神御進發奏訖伏興復位立簾捲前導官導皇帝出幄詣神御腰輿前前導神御次輦官擎腰輿降西階進行禁衛班直親從

全唐文　卷一萬六千五百六十二　十九

官等扈衛扶侍夾侍分左右前導官導皇帝前導神御出麗正門外少駐俟置定腰輿輦官權退前導官導皇帝入幄簾降有司排辦香案香火等畢太常卿當幄前俛伏跪奏稱太常卿臣某言請皇帝行奉辭之禮奏訖伏興復位立簾捲前導官導皇帝出幄詣孝宗皇帝神御香案前禮直官奏請拜皇帝再拜訖又奏請上香再上香三上香又奏請拜皇帝再拜訖前導官導皇帝詣成穆皇后成恭皇后神御香案前行禮如上儀訖前導官導皇帝歸幄簾降太常卿當幄前俛伏跪奏稱太常卿臣某言禮畢奏訖伏興復位少立前導官退次輦官捧擎神御腰輿進行皇帝乘輦還內如常儀次宰執使相郡王侍從臺諫兩省官閤門官禮官南班宗室及正任觀察使以上并管軍分左右騎導禮儀使并奉安行禮官騎從都大主管官往來照管禁衛班直親從官等扈衛儀仗鼓吹儐道作法事前引將至景靈宮櫺星門外陪位文武百官奉迎再拜內萬壽觀神御從來至萬壽觀門外行事官等奉迎再拜訖權退騎導官下馬步導如不測雨降陪位文武百官免迎拜步導官免步導並俟將陞赴殿庭陪位立班禮儀使後從都大主管官往來照管神御入天興殿門經由東廊孝宗皇帝神御至中殿下成穆皇后成恭皇后神御至後殿下步導官權退歸幕次

內奉安萬壽觀神御行禮官騎從至萬壽觀門外下馬步從入萬壽觀以俟奏請奉安行禮儀仗鼓吹儐道並欆止輦官權退次引禮儀使詣中殿下孝宗皇帝神御腰輿前俛伏跪奏稱禮儀使臣某言請孝宗皇帝神御升殿降輿升座權奉安訖伏興詣殿下西向立次輦官擎腰輿升東階詣殿上置定次輦官退扶侍夾侍捧遷神御升側座權奉安訖次輦官升殿擎腰輿退次引禮儀使詣後殿下成穆皇后成恭皇后神御腰輿前俛伏跪奏稱禮儀使臣某言請成穆皇后神御成恭皇后神御升殿降輿升座權奉安訖伏興詣殿下西向立次輦官擎腰輿升東階詣殿上置定次輦官退扶侍夾侍捧遷神御升側座權奉安訖次輦官升殿擎腰輿退禮儀使權歸幕次禁衛班直親從官儀仗儐道於中殿東西互排立俟奉安時前有司排辦香火等畢儀仗儐道並退禁衛班直親從官仍舊排立次贊者先引太祝入詣中殿下再拜訖升殿詣孝宗皇帝神御香案之西東向立御史臺閤門太常寺分引禮儀使宰執使相郡王侍從臺諫兩省官閤門官禮官南班宗室及正任觀察使以上并管軍及陪位文武百官入詣天興殿下再拜訖次詣殿下并東西兩廊隨宜各就位立再拜訖次引都大主管官升殿陞來照管次引禮儀使升殿詣孝宗皇帝神御香案

全唐文　卷一萬六千五百六十二　二十

之東西向立定俟魁擇官報時及引禮儀使詣香案前俛伏跪奏稱禮儀使臣某言請孝宗皇帝神御升正座奉安奏訖伏興退詣香案之東西向立俟有司遷正座訖次引禮儀使都大主管官降東側階詣後殿次引禮儀使詣成穆皇后神御香案前俛伏跪奏稱禮儀使臣某言請成穆皇后神御升正座奉安奏訖伏興次引禮儀使詣成恭皇后神御香案前奏請如上儀訖退詣香案之東西向立俟有司遷正座訖次引禮儀使降階詣中殿下北向立禮直官揖躬拜禮儀使再拜在位官皆再拜訖次引禮儀使升殿詣孝宗皇帝神御香案前搢笏三上香跪奠茶三奠酒執笏俛伏興少立太祝搢笏跪讀祝文訖執笏興少退立禮儀使再拜訖降階復位立禮直官揖躬拜禮儀使再拜在位官皆再拜訖引禮儀使詣望燎位次引太祝降階詣望燎位重行於禮儀使之後立有司焚祝版訖引太祝先詣後殿再拜訖升殿詣成穆皇后神御香案之西東向立次御史臺閤門太常寺分引禮儀使宰執使相郡王侍從臺諫兩省官閤門官禮官南班宗室及正任觀察使以上并管軍及陪位文武百官詣後殿下并東西兩廊隨宜各就位立再拜訖次引禮儀使詣成穆皇后成恭皇后神御香案前行奉安之禮並如中殿之儀訖次引禮儀使以下并陪位官班退禁衛

班直親從言以次退。奉安行禮官詣萬壽觀行正奉安禮。其日迎奉孝宗皇帝神御將至萬壽觀門外，行事官等奉迎，再拜訖（如不用兩停行事官等免迎拜）。候神御入萬壽觀，行事官等權退。內奉安行禮官僕從經由南廊至後殿下，儀仗鼓吹僧道並權止，輦官權退。次引奉安行禮官詣神御腰輿前俛伏跪奏稱：「奉安行禮官臣某言，請孝宗皇帝神御升殿降輿升座權奉安。」奏訖，俛伏興，詣殿下南向立。次輦官擎腰輿升階詣殿上置定，次輦官退。扶侍夾侍捧還神御升側座權奉安訖，次輦官升殿擎腰輿退。奉安行禮官權歸幕次。禁衛班直親從官儀仗僧道更互排立，候奉安時，前有司排辦香火等畢，儀仗僧道並退，禁衛班直親從官仍舊排立。次引奉安行禮官、太祝入詣前殿下再拜訖，次詣後殿下立。引奉安行禮官升殿南向立，候魁擇官報時，及引奉安行禮官詣香案前俛伏跪奏稱：「奉安行禮官臣某言，請孝宗皇帝神御升正座奉安。」奏訖，俛伏興，退詣香案之北南向立。候有司還正座訖，引奉安行禮官降階詣殿下立。禮直官揖躬拜，奉安行禮官再拜，在位官皆再拜訖。引太祝升殿立定，次奉安行禮官升殿詣會聖宮孝宗皇帝神御香案前，搢笏，三上香，跪，奠茶三，奠酒，執笏，俛伏興，少立。太祝搢笏跪讀祝文訖，執笏興。奉安行禮官再拜訖，次詣啟運宮

孝宗皇帝神御前上香、奠茶酒、讀祝文，行禮並入上儀。訖，降階復位立。禮直官揖躬拜，奉安行禮官再拜，在位官皆再拜訖。引奉安行禮官詣望僚位，次引太祝詣望僚位重行，並有司焚祝版訖，奉安行禮官以下班退，禁衛班直親從官以次退。　同日，詔迎奉孝宗哲文神武成孝皇帝、成穆皇后、成恭皇后神御赴景靈宮、萬壽觀奉安日，皇帝行酌獻禮，接盞跪進侍臣（中書舍人宗之瑞），前導太常卿（太常少卿胡紘），贊引太常卿、太常博士（太常丞張震），奏告并景靈宮奉安太祝（太常寺主簿張經），萬壽觀奉安太祝（大社令高子洛）。　二十三日，禮部、太常寺言：「將來迎奉孝宗皇帝神御詣景靈宮中殿安奉，乞令配饗功臣之家繪畫貌像，下臨安府畫於中殿庭壁。」從之。　二十五日，御史臺言：「將來迎奉孝宗哲文神武成孝皇帝、成穆皇后、成恭皇后神御赴景靈宮奉安，合用百官陪位。乞文臣應登務不釐務通直郎以上，及行在見任寺監主簿、承務郎以上職事官，趁赴奉迎及陪位立班。」從之。　八月二十八日，詔塑製孝宗哲文神武成孝皇帝、成穆皇后、成恭皇后神御了畢，都大主管官閤禮特與轉行兩官；第一等內張延禮特與進郡上轉行一官，羅舜元、霍詰夫、劉行之、苗邁各特與轉行一官，受減三年磨勘礙止法人依條回授；第二等各特與轉一官；第三等

兗（原書缺，當作兗）

使臣人吏各與減三年磨勘，年限不同人依五年法比折，未有名目人候有名目或出職日特依今來所得減年數目收使；親從親事官等各支賜絹一十匹，守闕五匹；第四等各支賜絹一十匹；第五等各支賜絹五匹。三省催驅房并對讀守闕依條施行。　五年六月十九日，禮部、太常寺言：「將來憲聖慈烈皇后大祥前，禮例合塑製神御，於大祥後迎奉赴景靈宮後殿於憲節皇后神御之次奉安（欲照昨塑製憲節皇后神御係添塑首飾花環六神冠，用假珠子結圈，青帔朱衣，履，革帶，今來塑製憲聖慈烈皇后神御乞依禮制添行），合用腰輿、香案、香爐、匙合、花瓶、紅羅繖扇，令塑製所依名件製造，合差內侍官一員充都大主管，於至日迎赴景靈宮安奉。」並從之（都大主管以內侍都知甘昺充）。　二十四日，禮部、太常寺言：「塑製仁懷皇后神御，候將來安奉憲聖慈烈皇后神御日同時迎奉赴景靈宮後殿於顯仁皇后神御之次安奉（其塑首飾衣履等及腰輿香案爐匙之類並依憲節皇后神御下名件製造）。」從之（都大主管以內侍都知甘昺充）。　十二月五日，詔迎奉仁懷皇后、憲聖慈烈皇后神御赴景靈宮奉安日，皇帝行酌獻禮，接盞跪進侍臣（中書舍人陳宗召），前導太常卿（太常丞黃㰚、工部郎中史彌遠），贊引太常卿、太常博士（太常博士許巽），奏告并景靈宮奉安

太祝（太常寺主簿林采）。　嘉泰二年三月十三日，禮部、太常寺言：「光宗憲仁聖哲慈孝皇帝大祥前，禮例合塑製神御三位，大祥後迎奉赴景靈宮并萬壽觀，並於孝宗皇帝神御之次奉安；慈懿皇后神御赴成恭皇后神御之次安奉（塑製禮制之類並如孝宗皇帝成穆成恭皇后神御之制，都大主管官以內侍省都知盧貴仁充）。」　八月十三日，詔迎奉光宗憲仁聖哲慈孝皇帝、慈懿皇后神御於景靈宮、萬壽觀奉安，禮儀使差右丞相謝深甫，奉安行禮官知樞密院事兼參知政事陳自強。　二十四日，禮部、太常寺言：「光宗皇帝、慈懿皇后神御以九月二十二日自塑製處告遷於射殿權奉安，并奏告訖，皇帝行酌獻及奉辭禮畢，迎奉於景靈宮、萬壽觀奉安。」從之（儀注並如奉安孝宗皇帝成穆成恭皇后神御之制）。　嘉定二年四月十五日，禮部、太常寺言：「成肅皇后大祥前，禮例合塑製神御，大祥後迎奉赴景靈宮於成恭皇后之次安奉（塑製首飾衣履及腰舁香案之類並如憲聖慈烈皇后之制）。」從之。　十九日，詔成肅皇后神御迎奉景靈宮奉安，禮儀使差知樞密院事兼參知政事雷孝友，都大主管內侍省都知陳萃。　五月十一日，禮部、太常寺言：「成肅皇后神御以六月十六日自塑製處告遷於射殿權奉安，并奏告訖，皇帝行酌獻及奉辭禮畢，迎奉於景靈宮奉安

從之禮儀使詣塑製所幕次俟陪位謝府親屬詣殿下北向立定禮直官引禮儀使詣成肅皇后神御殿下西向立都大主管官重行於禮儀使之後立禮直官揖躬拜禮儀使再拜在位官皆再拜訖禮儀使陞殿詣成肅皇后神御香案前搢笏三上香執笏降階復位禮直官揖躬拜禮儀使再拜在位官皆再拜訖次禮儀使陞詣神御前褥位俛伏跪奏稱禮儀使臣某言請成肅皇后神御降座陞輿詣射殿權奉安奏訖伏興降階復位立都大主管官往來照管贊者引陪位官分左右立次輦官擎腰輿至殿前輦官權退扶侍夾侍捧還成肅皇后神御陞腰輿訖次輦官擎腰輿以次進行扶侍夾侍分左右禮儀使後從都大主管官往來照管陪位官前導儀仗鼓吹振作僧道作法事前引禁衛班直親從官等扈衛至射殿下腰輿權駐禮儀使詣神御前俛伏跪奏稱禮儀使臣某言請成肅皇后神御陞殿降輿陞座權奉安奏訖伏興稍東西向立腰輿陞殿東階至殿上當中置定輦官權退次扶侍夾侍捧還神御入幄次輦官擎腰輿退禮儀使以下權歸幕次俟有司於成肅皇后神御幄前排辦供養牙盤食茶酒果香火等畢禁衛班直親從官等排立儀仗鼓吹僧道更互振作次禮儀使詣成肅皇后神御香案前早燒香謝府親屬陪位俟燒香畢歸幕次以俟

全唐文　卷萬六千五百六十三　二三

晚燒香如儀禮儀使行奏告禮其日行酌獻禮并告遷時前俟有司於射殿成肅皇后神御幄前排辦供養牙盤食茶酒果香火等畢贊者先引太祝詣殿下北向立都大主管官往來照管禮直官引禮儀使詣殿下之東西向立禮直官揖躬拜在位官皆再拜訖次引太祝陞詣成肅皇后神御幄前之西東向立禮直官引禮儀使陞詣成肅皇后神御香案前搢笏三上香跪奠茶三奠酒執笏俛伏興少立太祝搢笏跪讀祝文訖執笏興禮儀使再拜訖俱降復位次引禮儀使詣望燎位南向立太祝位於其後俟焚祝版訖權退歸幕次皇帝行酌獻燒香禮并前導神御出麗正門外行奉辭燒香禮及禮儀使詣景靈宮行正奉安禮其日俟禮儀使行奏告禮畢儀仗鼓吹僧道於麗正門外排立以俟奉迎禁衛班直親從官等於殿下排立定有司排辦酌獻牙盤食茶酒果香火等畢禮直官引侍臣詣成肅皇后神御前香案之東西向立禮直官引太常博士太常卿詣御幄前立次御史臺閤門太常寺分引皇太子宰執使相侍從臺諫兩省官閤門官禮官南班宗室及謝府親屬并正任觀察使以上及管軍詣殿下北向立定皇帝自內詣御幄簾降少頃引太常卿當幄前俛伏跪奏稱太常卿臣某言請皇帝行酌獻之禮奏訖伏興復位簾捲前導官前導皇帝出幄

詣殿上之東褥位西向立奏請拜皇帝再拜典儀曰拜贊者承傳曰再拜在位官皆再拜訖前導官導皇帝詣成肅皇后神御香案前奏請上香再上香三上香內侍以茶酒授侍臣侍臣西向跪以進又奏請皇帝跪奠茶三奠酒訖奏請皇帝俛伏興又奏請拜皇帝再拜典儀曰拜贊者承傳曰再拜在位官皆再拜前導官導皇帝歸御幄簾降太常卿當幄前俛伏跪奏稱太常卿臣某言禮畢奏訖伏興復位少立前導官退次輦官捧擎神御腰輿進行皇帝乘輦還內如常儀次宰執使相侍從臺諫兩省官閤門官禮官南班宗室及謝府親屬并正任觀察使以上及管軍分左右騎導禮儀使騎從都大主管官往來照管禁衛班直親從官等扈衛儀仗鼓吹振作僧道作法事前進將至景靈宮櫺星門外陪位文武百官奉迎再拜訖權退騎導官下馬步導（如不測雨降陪位文武百官免迎拜步導官免步導並後從騎赴殿庭陪位立班）禮儀使後從都大主管官往來照管神御入天興殿門經由東廊至後殿下步導官權退歸幕次儀仗鼓吹僧道並權止輦官權退次引禮儀使詣成肅皇后神御腰輿前俛伏跪奏稱禮儀使臣某言請成肅皇后神御陞殿降輿陞座權奉安奏訖伏興詣殿下西向立次輦官擎腰輿陞東階詣殿上置定次輦官退扶侍夾侍捧還神

全唐文　卷萬六千五百六十三　二四

御陞側座權奉安訖次輦官陞殿擎腰輿退禮儀使權歸幕次禁衛班直親從官儀仗僧道更互排立俟奉安時前有司排辦香火等畢儀仗僧道並退禁衛班直親從官仍舊排立次贊者先引太祝入詣後殿下再拜訖陞殿詣成肅皇后神御香案之西東向立御史臺閤門太常寺分引禮儀使宰執使相侍從臺諫兩省官閤門官南班宗室及謝府親屬并正任觀察使以上及管軍并陪位文武百官入詣天興殿下再拜訖次詣中殿下再拜訖詣後殿下并東西兩廊隨宜各就位立再拜訖次引都大主管官陞殿往來照管次引禮儀使陞殿詣成肅皇后神御香案之東西向立定俟執播官報時及引禮儀使詣香案前俛伏跪奏稱禮儀使臣某言請成肅皇后神御陞正座奉安奏訖伏興退詣香案之東西向立俟有司遷正座訖次引禮儀使降階詣殿下北向立禮直官揖躬拜禮儀使再拜在位官皆再拜訖次引禮儀使陞殿詣成肅皇后神御香案前搢笏三上香跪奠茶三奠酒執笏俛伏興少立太祝搢笏跪讀祝文訖執笏興禮儀使再拜訖降階復位立禮直官揖躬拜禮儀使再拜在位官皆再拜訖引禮使詣望燎位次引太祝降階詣望燎位重行於禮儀使之後立有司焚祝版訖次引禮儀使以下并陪位官班退禁衛班直親從官以次退

楊濬
佔

全唐文

宋會要　神御殿

（聖祖殿）高宗紹興七年夏四月癸巳築太廟于建康以臨安府大康為聖祖殿（福聖殿）京都雜錄東京大內福聖殿
（名慶殿）京都雜錄東京大內宜聖殿奉祖宗聖容
明道中奉真宗御容于此（穆清殿 靈顯殿 性智殿）京都雜錄東京大內南北夾道北延福宮穆
清靈顯性智三殿靈顯以奉真宗御容（重光殿）崇寧元年詔景靈西宮哲宗殿
名寶慶而萬壽觀聖祖殿亦曰寶慶祖孫同稱於義未允恭念哲宗聰明
齊聖外攘驕悍戎狄內修隳廢法度紹述烈祖妝功太平其殿額若止以
受寶之慶為意實未足昭著前人之光可改為重光殿（景寧殿）京都雜錄東京
大內景寧殿治平二年正月詔內中神御殿賜名景寧殿（歸德殿）南京雜錄真
宗大中祥符七年正月詔曰睢水名區寔一方之都會商丘輿壤為三代
之舊邦刑勢表於山河忠烈存於風俗惟文祖之歷試蓋王命之初基今
著仲歆謁於檜庭既楊茂則徇後來於竹苑方濡湛恩期克壯帝猷俾肇
新京邑用志興王之地允符追孝之心應天府宜升為南京正殿以歸德
為名咨爾都民承予世德慶靈所佑感悅良多

〔卷二萬一千九百五十一〕

宋會要　祭名臣墓廟

紹興七年二月十六日詔故工部尚書謚襄公俞靖祠載于祀典　先是
廣南東路轉運使司言韶州舊有本朝俞襄公祠堂係本州名賢乞載在
祀典禮部太常寺看詳俞靖於皇祐慶曆間三使虜廷兩平蠻獠並著顯
績欲依所乞春秋祭享故有是命　六年三月詔右司員外郎右諫議大
夫陳瓘祠令南劍州春秋致祭以給事中張致遠言瓘名節之重鄉人所
慕乞下州縣學各建祠堂望依福州陳襄等例遇春秋釋奠就祭于祠
堂以激後進永為蓋之勸故有是命

〔卷萬七千九十二〕

宋會要

羣祀

國朝凡大中小祠歲一百七大祠十七昊天上帝感生帝五方上帝九宮貴神五福太一宮皇地祇神州地祇太廟皇后廟景靈宮朝日高禖夕月社稷蜡祭百神五嶽中祠十一風師雨師海瀆五鎮先農先蠶五龍周六廟先代帝王至神文宣王昭烈武成王小祠十四司中司命司民司祿靈星壽星馬祖先牧馬社馬步司寒山林川澤中霤著禮令閏日五十九立春祀青帝于東郊太一宮東嶽天齊仁聖帝東鎮東安公東海淵聖廣德王東瀆大淮長源王上辛祈穀祀昊天上帝于圜丘前二日奏告太宗皇帝室祀感生帝于南郊前二日奏告禧祖皇帝室吉亥饗先農于東郊後甲祀風神仲春上丁釋奠至聖文宣王上戊釋奠昭烈武成王春分朝日于東郊祀高禖開冰祭司寒春分前後戊日祭太社太稷季春吉巳饗先蠶立夏祀赤帝于南郊太一宮南嶽司天昭聖帝南鎮永興公南海洪聖廣利王南瀆大江廣源王後申祀雨師雷師夏至祭皇地祇于方丘前二日奏告太祖皇帝室季夏土王祀黃帝于南郊中霤中嶽中天崇聖帝中鎮應聖公立秋祀白帝于西郊太一宮西嶽金天順聖帝西鎮成德公西海通聖廣潤王西瀆大河顯聖靈源王後辰祀靈星仲秋上丁釋奠至聖文宣王上戊釋奠昭烈武成王秋分夕月于西郊饗壽

一

星于南郊秋分前後戊日祭太社太稷立冬祀黑帝于北郊太一宮北嶽安天元聖帝北鎮廣寧公北海沖聖廣澤王北瀆大濟清源王後亥祀司中司命司民司祿十月十五日朝拜景靈宮冬至祀昊天上帝于圜丘前二日奏告太祖皇帝室上丁釋奠至聖文宣王廟臘日蜡祭百神于南郊太社太稷臘饗太廟皇后廟有時月而無日者四十八孟春薦饗太廟皇后廟朝謁祖宗神御仲春祀九宮貴神五龍馬祖先代帝王汾陰后土周六廟遣官朝拜諸陵祭汴口孟夏薦饗太廟皇后廟雩祀昊天上帝于圜丘前二日奏告太宗皇帝室仲夏祭先牧周六廟孟秋薦饗太廟皇后廟仲秋祭先代帝王汾陰后土九宮貴神周六廟馬社遣官朝拜諸陵季秋大饗明堂前二日奏告英宗皇帝室孟春薦饗太廟皇后廟祭神州地祇于北郊前二日奏告太宗皇帝室仲冬祭馬步周六廟藏冰祭司寒四時月薦新司天監於季前預擇之供報禮院看詳牒祠部以聞詔有司行焉謂之畫日古者大祀散齋七日致齋三日誓於散齋之始通日爲十今則先祀七日太尉帥祠官受誓戒於尚書省退而散齋四日於正寢致齋二日於本司一日於祠所中祀散齋三日致齋二日小祀散齋二日致齋一日無本司者於武成王廟皇帝親祀散齋於別殿致齋於大慶殿從祀官致齋於廟（朝）堂及本司之在內庭者

二

車駕出則從而齋宿於祀所凡祝詞皇帝親祀則書之
冊封禪用玉餘用竹皆中書省主之有司常祀則書之
方版秘書省主之歲之常祀率用舊文其特祭如有祈
請則學士院撰文應御書名者進書之　國初親郊朝饗
太廟中書侍郎讀冊文乾德中用中書舍人咸平後復
用侍郎凡玉幣少府供玉太府供幣其長一丈八尺郊
丘配帝幣初用蒼乾德後改用白凡祭器藏于少府監
有祀事則掌供凡酒齊皇帝初獻用玉斝亞獻用金斝
終獻用瓢斝餘皆用爵並實以法酒　太祖建隆四年
四月七日詔曰祠祀大事居處必莊如聞行禮之時供
帳不備自今祠祭宿齋並令儀鸞司陳設幄幕務令嚴
潔稱朕意焉　五月十二日詔自今祠祭並委司天臺
擇日先是止委太卜局故也　乾德四年八月十四日
太常寺言祠祭祝文係禮院版秘書省書版當寺差郊
社直官讀赴祠所文多差誤欲令禮官檢詳開寶禮郊
祀錄及諸禮例定本錄付秘書省又准開元禮祝文皇
帝並全稱尊號舊祭四鎮唐天寶十載封霍山為應聖
公增為五鎮釋奠文宣武成王祝版皆不御書名望遵
此施行並從之　六年九月十四日南郊禮儀使言準
制皇帝致齋於崇德殿伏見乾元殿乃正寢受朝之所
望為齋處詔宿齋乾元殿　十月二十七日判太常寺和
峴言建隆四年郊祀望燎之位去燎壇遠有司不聞告

三

燎之聲臣時為禮官親聞德音令舉燭相應按史記
秦常以十月郊見通權其狀若今桔槔欲令光明遠照
通於祀所有人如宸心情達冥合古典方今再行郊禮
望下禮院與少府監率循前例編入儀注從之　開寶
四年十一月二十四日冬至親郊宿齋文明殿始用繡
衣鹵簿　先是大駕鹵簿衣服旗幟止以五綵繪畫自
是盡易以繡　九年四月二日幸西京親郊齋于文明
殿　太宗太平興國三年十一月十一日冬至親郊復
齋乾元殿　九年十一月十一日禮儀使扈蒙言郊祀
受誓戒文武百僚於尚書省亞獻三獻於中書其諸王
如赴尚書省緣在宮城內慮恐不及又亞獻三獻及諸
王隨皇帝宿齋於何處詔韓王元休以下三人及皇
孫惟吉隨亞獻於中書受誓戒仍於本宮廳內宿齋
又古者天子巡狩出征有親告宗廟之禮國朝因之故
幸西京封泰山祠后土謁太清宮皆親告太廟三歲皇
帝親行郊祀每歲祈穀上帝祀感生帝雩祀祭方丘明
堂大饗祭神州地祇祀圜丘並遣官告祖宗配侑之意
他大事自祖宗以來登位改名上尊號改元立皇后太
子皇子生納降獻俘親征藉田朝陵肆赦河平大喪上
謚山陵園陵祔廟皆遣官奏告天地宗廟諸陵及告社
稷嶽瀆山川宮觀在京十里內神祠其儀用犧樽豆籩
各一樽實以酒豆籩實以脯醢宮觀以素饌時果代祀

四

版幣帛行一獻禮通鑑長編宋太祖乾德元年令有司
三歲一舉先代帝王祀典各以功臣配饗高辛堯舜禹
湯文武漢高祖皆因其故廟又別建漢光武祖廟於南陽
唐太宗廟于醴泉世祖以鄧禹吳漢賈復耿弇配太宗
以長孫無忌房元齡杜如晦魏徵李靖配並畫像廟壁
宋會要太祖建隆元年正月五日太常禮院言皇
帝登極請差官告天地社稷群祀從之　祝文曰維宋
建隆元年歲次庚申正月辛丑朔某日嗣天子臣御名
謹遣某官某敢昭告于昊天上帝皇地祇天命不常惟
德是輔神器大寶猥集眇躬欽眷命而不遑斷小心而
臨事寔既不處群情樂推今月四日己卯即皇帝位改國
號爲大宋乃改元建隆元年不敢不告尚饗八月遣宗
正少卿郭玘以即位告周高祖世宗廟四月六日太常
禮院言車駕征潞州出宮日請遣官告天地太廟社稷
城門外軷祭用羝羊一所過州府河橋及名山大川帝
王名臣陵廟去路十里內者各令本州以香酒脯祭告
從之六月二十三日平澤潞及車駕還宮皆遣官奏告
天地太廟社稷仍祭祓廟太山廟城隍廟十二月征揚
州太平興國四年二月征河東並用此禮　四年七月
九日詔以修葺太廟遣官告四室及祭本廟土地　自
後凡太廟有修葺皆遣官吏宗正寺官奏告如遷移
神主則修畢復奉告奉安十一月七日詔以郊祀前一

日遣官祭告東嶽廟城隍廟浚溝廟五龍廟祓子夏子
張廟車駕出京日設軷祭於城門外凡所過橋梁并于
拾惠民河龍津橋王津園橋命開封府遣官分告十里
神祠十二日太常禮院言皇帝受尊號冊寶故事前三
日奏告天地太廟社稷從之　自後凡受冊尊號皆然
并告皇后廟　乾德元年十一月十六日太常禮院言
詔書改元請次日遣官告天地太廟社稷從之　自後
凡改元皆告咸平元年正月改元以節假至五日始告自
後皆司天臺擇吉日以告　三年五月十五日太常禮
院言孟昶到闕日請差官奏告太廟社稷從之　開寶
四年四月廣南劉鋹赴闕如例　九年正月二十五日
詔以四月幸西京行郊祀之禮其太廟郊社神主並不
遷止於東京告廟禮儀使請車駕將發前皇帝親告太
廟從之仍俟寓祀前二日東京留守告皇帝廟太宗端
拱元年八月二十三日秘書監李至言著作局撰告饗
宗廟及諸祠祭祝文稱尊號唐室已來惟開元禮有之
稽古者以爲非禮會昌中從禮官議但稱嗣皇帝臣某
則是祝文又不稱號明矣且尊號起於近代請舉舊典
告饗宗廟稱嗣皇帝臣某諸祠祭稱皇帝則爲得禮從
之　淳化二年七月三十日秘書監李至上新撰正辭
錄三卷凡百九十三首八十四新制餘仍舊辭詔以爲
定式　十二月二十九日詔應祠祀壇墠近增塚者悉移

爽塏寬廣之地。 三年八月七日，秘閣校理吳淑言祠祭有未合典禮二十七事。詔中書門下參酌以聞。李昉等言：舊制差監察一員充監祭，近歲多以他官攝，令請復舉舊制差官。祭器禮料不如禮者，仍並委糾舉。其局當以祠祭中使望傳罷。應祠酒並以法酒充。祭器神廚什物有破弊者，委逐司點檢雅飾。齋宮常令灑掃，有壞即時完葺。祀官舊制各第給食錢，三局每祭勘請。勘會每年八十四祭，太廟朔望四祭、太一宮不給外，餘五十六祭計給食錢百八十三千，望每歲併付御史臺，逐祭委監祭使給。諸寺觀祈禱雨雪至報賽日，請令各給事務錢五千，造供食三牙盤。神廟即令御廚造祭食各一牙盤。詔並從之，仍令先造祭食一牙盤進呈，以為定式。

九月二十一日，侍御史王洞言：祠祭祝板承前皆御書名，以表虔恭，近日所司因循寢罷。自今大祠祝板，望令著作局選官撰定，內八作司擇板，選能書令史寫進。板幣之類皆合用箱帊嚴護，望別製新竹箱黃帊，以表嚴肅。又所設拜席本太府寺供，近來止用一席兼給數位，望令別以淨席百領供用。又諸司供給有不依禮例及人吏過犯者，令請於御史臺幷府縣抽雜職隨行。從之。其祝文仍令學士院寫進。 十一月，詔祠祭差金吾清道人各支食錢四十文，逐季牒三司支給。大祠左右街共十五人，中祠十三人，並充引唱清道隨從祇候；小祠監

祭使不赴，止差六人充引唱清道。委獻官點檢，如有闕失，牒監祭使施行。 四年四月十七日，秘書監李至言：奉詔祀神州地祇及黑帝壇，並在墳冢之間，望遣官檢行移徙。詔可，仍令禮官徧視四郊壇位，詳定大小祠神壇設壝步數以聞。太常寺上言：城東青帝、朝日二壇，城南黃帝、百神、靈星三壇，城西白帝、夕月、馬祖三壇，城北皇帝祇、黑帝、司中司命司人司祿三壇，並請移徙。準禮例，圜丘、方丘三壝，天地五郊三百步內不得葬埋，壝外三十步不得耕種，壝內不許人行及樵牧。今詳圜丘、方丘已有制度，及先農壇近準勅設兩壝外，其餘祠壇禮文並無壝制步數，請大祠各設兩壝，中小祠一壝，每壝二十五步，各於壝內安壇。並從之。 五月三日，吏部侍郎陳恕言：奉詔立夏祀赤帝，升壇告潔，迴見祭器堆聚，齋室塵垢甚多，即躬視滌濯，及以禮料付廚。請攝光祿卿貢守正視其饌造，烹牲割胙，皆自省閱。欲望自今並委祀官振舉，前一日先監滌祭器、潔鬲鑊，凡饌造什物洗拭訖，方赴壇省告。稍至怠慢，即以名聞。其神位席褥，請委逐司長官封送祀所，禮畢，監祭使封還。脯醢魚鱐之之類，請委御廚別設祭饌庫貯之。詔有司詳定，請皆如恕奏。詔從之。 至道三年九月二十八日，山陵儀仗使牛冕言：靈駕發引後，諸司祠祭禮料，沿路橋道神祠之祭，舊例別無官員監轄，今請應啟攢宮後諸色祭尊並

委權主判監祭使屯田郎中楊延慶點檢詔以延慶爲監祭使其後明德園陵亦命監察御史嚴穎爲監祭使別命秘書丞直史館判太常禮院姜嶼一路監禮點檢行事莊穆園陵亦然真宗山陵命侍御史王貽序爲監祭使同監禮點檢行事後遂著爲定式 續會要太平興國六年二月九日太常禮院言皇帝改名請奏告天地太廟社稷從之　四年五月十日詔遣直史館石熙古還上都以牢香告宗廟七月三十日劉繼先至命宰臣薛居正攝太尉行告廟禮命通事舍人薛文寶引繼元及僞命官以獻　五年十一月十日太常禮院言車駕北征請出宮前一日遣官祭告天地於圜丘用特牲太廟太社太稷壇用太牢望祭五嶽四瀆名山大川於四郊禜風於風伯壇祀雨師於本壇禱馬於馬祖壇祭蚩尤及禡牙於北郊並用少牢祭北方天王於北郊迎氣壇用香柳枝燈油乳粥蘇蜜餅果從之仍遣內侍一人監祭　咸平二年車駕北征亦用此禮　八年十二月十七日澶州韓村合河口畢功差官告天地五嶽四瀆天禧四年會河口訖功亦然又遣使祭謝玉清昭應宮景靈宮上清宮太一宮會靈觀祥源觀及諸陵　雍熙四年十二月二十一日詔以親耕籍田遣官奏告外又命官祭九龍黃溝扁鵲吳起信陵君張耳單雄信七廟　自後每大禮皆遣官祭此七廟後又添德安公廟

九

咸平五年又告嶽臺廟景德二年又告南薰朱雀門外二坊橋大中祥符元年東封又告開封縣文宣王胡二樊將軍三廟天禧三年又告池亭三橋遂著定式　淳化三年十二月八日禮儀使言皇帝親郊故事在京并去圜丘十里內神祠及所過橋道並差官致祭而獨遣太社太稷文宣武成王等廟今請俟出宮前一日遣官致祭從之　四年四月二十七日太常禮院言伏見遣中使四郊改移壇位按唐正元中移風師壇遣太常少卿裴郁以脯醢告請依禮擇日遣官諸逐壇致告詔可　至道元年八月十八日皇太子行冊禮前二日遣官奏告天地太廟　天禧二年八月冊皇太子亦如此例又加告玉清昭應宮景靈宮三年四月一日真宗即位未改元尊皇后爲皇太后遣官告天地宗廟五月立皇后郭氏不告治平二年十月冊皇太后皇后熙寧二年三月冊太皇太后皇太后皇后元祐二年冊太皇太后皇太后太妃元符二年冊皇后崇寧二年冊太皇太后政和元年冊皇后並奏告天地宗廟諸陵　景德元年三月八日以萬安太后不豫遣官告祈于天地太廟社稷　真宗咸平二年閏三月十五日監察使張利涉言上辛祀昊天上帝及祀感生帝少府監供圭玉其色赤恐未合典禮詔太常禮院詳定禮官言按周禮典瑞云四圭有邸以祀天旅上帝後鄭云祀天夏正郊祀感生帝

十

也旅上帝謂祀五帝也大宗伯青圭等以祭五方天帝此用四圭有邸而祭
者彼則四時迎氣及總饗於明堂是常也此因有故而
祭之也又郊特牲義云祭感生帝王與祖幣宜從所尚
之色今詳四圭合用赤色難於改易詔如所議四月十
一日詔遣中使檢視諸祠祀祭器禮料務令精潔　自
國初至是每歲祠祭煩數有司供辦禮料或尚乖祇肅
非薦誠為民之意故特詔檢責之　十月十八日學士
院言監祭使每言祝文差誤凡祝文皆當直學士及待
詔孔目官等勘比進御書名不當更有錯誤今覩所奏
緣祝板已焚無以辨正自今本院欲差孔目吏同送監
祭使交付具無差互公文回報從之　二十八日監祭使

十一

張利涉請祠祭祝版前三日致齋時集衆官看讀如有
錯誤可以改換既無闕事亦免飾非從之　四年十二
月十日上封者言郊廟大禮有司多虧蠲絜望令致齋
之所增給幄幕詔應祠祭行事官所須帳幔氈席什物
並令儀鸞司供給無得闕悞　六年正月三日省南郊
供辦物七萬六千數減功九萬九千　先是三司使梁
鼎以郊祀經費煩多請止行謁廟之禮宰臣言前代因
災沴停郊祀則有之改以謁廟則典禮元據真宗曰郊
祀天地安議所費故止令省不急之用　景德元年二
月太常禮院言舊制四季祠祭令監禮博士赴諸壇廟
點檢近來或遇闕官牒監祭通攝欲望自今委判院官

攝博士監禮點檢行事如遇祭多闕官亦仰禮直官覺
察從之　十二月二十三日命知制誥李宗諤楊億崇文
院檢討陳彭年詳定正辭錄宗諤等言經典之內堯舜
禹湯或以名或以謚若從國至足表欽虔正辭錄內堯
舜惟稱陶唐氏有虞氏其夏王禹商王湯伏請除去禹
湯字商中宗高宗既有廟號國令避名伏請除去帝大
戊帝武丁字從之國詔自今御書名祝板令秘閣吏書
寫時進書商王祝版差誤不謚故有是命　二年九月
二日上封者言郊正天地神位版有司臨時題寫多不
嚴肅望令重造詔鹵簿使王欽若與内臣詳閱修製十
一月一日位版成王欽若等呈於便殿貯以漆匣舁床

十二

覆以黄繡帕擡上四位朱漆金字第一等黑漆金字第
二位黑漆黄字第三等已降黑漆朱字天地祖宗各為
一匣餘十二陛共為一匣詔付有司郊祀日差官專掌
每行禮日以長竿牀舁赴祠所　十六日判太常寺李宗
諤言四郊諸壇及齋官近各修飾欲自來年本寺四時
差太祝奉禮二員巡行有隳損即寺司移牒三司修整
仍判寺官春秋親自按視望著定式詔從之　十二月二
日詔南郊禮畢從祀行事官當賜胙者五使亞獻終獻
司徒司空太常卿親王樞密院凡十六員並賜犢使相
並知雜御史凡五十二員並賜羊豕　六日詔光祿寺自
今祀天地社稷宗廟牲牢等俟禮畢有司方得進胙分賜

臣僚十七日詔應郊廟祀事車服儀仗自今闕誤不恭
不在赦原之限　三年八月二日詔自今夏至祭皇地
祇孟冬祭神州地祇二社臘祭太社太稷春秋二仲祀
九宮貴神春秋分朝日夕月臘蜡百神立春祀青帝立
夏祀赤帝季夏土王祀黃帝立秋祀白帝立冬祀黑帝
凡十四祭宜並用樂九月太常禮院言孟冬薦饗宗廟
伏緣明德皇后其月園陵已準敕命禁止在京音樂將
來薦饗日登歌樂望準大祠與國忌同日例備而不作
詔恭依　四年七月詔自今祠祭不以臺官或餘官監
祭其監祭司手分逐須致齋日赴祠所祇應如監祭監
禮官或見違犯不能糾察許攝祭公卿併以名聞八月

十三

十一日詔自今祠祭祝版令秘書省官揀舉精謹書寫
校書乃得進書御名如有差謬當重寘其罪十四日衛
尉少卿姚坦上言諸州知州祭境內山川多不盡精專
以致水旱望加戒勵詔曰祠祭之儀當思嚴肅如聞列
郡不切遵依將蠲寅恭時行戒喻自今諸州祠祭並依
禮例官吏務在嚴恪不得違慢十二月十二日詔四郊
壇壝悉令嚴飾圭幣牲牢豆籩之數令禮官檢討來及
古制者增之御史臺所差監祭使自今可定差二人以
監察御史俞獻可張士遜充與禮官同檢之月給錢十
千免其出使十四日詔自今御書名祠祭祝版自內
中降出後令秘閣却用木匣封鎖付吏人擡舁赴祠所

行事官看讀訖準前封鎖給付以至祠所　大中祥符
元年二月十九日皇城使劉承珪言準詔新造郊祀壇
昊天上帝皇地祇配座太祖太宗神位版詔有司藏於
嚴潔之所以備親祠四月二十八日監祭使歐陽載言
少府監洗滌祭器請置漆木檻充用從之六月二十二
日詔聞遣使外州祠祭而禮料皆無定式州縣因緣須
索頗致煩擾宜令有司具數頒下八月一日詔大祠諸
壇祭器並從上殿下無令執事者踐履不恭九月一日
詔郊祀所設褥位不得跨越行事官及樂工自今並致
齋沐浴諸壇星辰龕位專差官監視祭器法物並躬親
浣滌仍委監祭使覺察十二月二十一日詔四瀆祝文

十四

自今並進御書名舊制常祀祝文秘書省主之特祭祝
文學士院主之而秘書省嶽瀆並御書名學士院惟五
嶽御書名而四瀆則否故有是詔　二年四月五日詔
兩制龍圖閣待制與太常禮院取秘書省學士院祝版
據正辭録重定付有司遵用　三年九月四日入內殿
頭史崇信言準詔詣陝府祭告黃河其緣祭禮料本府
以太常禮院移牒未至不即供給詔自今所遣官先於
禮院取禮料文字齋往十二月十日詔曰朕以親祀后
祇昭告祖考詳觀定議有所未安入廟則步武正門至
庭則回班東向且躬祠祇見禮尚尊嚴當蠲寅恭庶申
誠慤謁廟曰朕當自南東偏門入至殿庭不得令百官

回班仍付所司　四年正月十五日詔大祀酧酒沙羅止用乘輿常御者非朕恭潔之意其令有司特造十五枚付光祿寺別貯仍勒字志之無得他用八月二十二日監祭使俞獻可言四郊祀壇值雨雪泥淖例於齋宮望祭竊緣祀前一日官吏悉集齋宮惟南郊外餘皆通隘望令增設廳屋或於齋宮前建亭以備望拜又祀官幕次在壝內皆乘馬直至次前按祠祭令中祠以上並官給明衣斯禮久廢望付禮官詳酌詔太常寺與禮院官詳定以聞判太常寺李宗諤等言值雨雪望祭日不設登歌祀官以公服行事如建廳宇不惟通隘典禮無據望令增葺齋宮每望祭日委監祭使檢校務令精

十五

潔又壇壝之內本禁行人乘馬往來固為瀆禮自令欲設次於外則下馬無嫌明衣絹布唐禮具存然停廢既久望且仍近例奏可　五年七月十九日太常寺言準詔定冬至祀圜丘神位版依開寶禮六百九十位增獻官十三員請增置齋室器用仍委內臣規度其事從之八月二日詔學士院撰青詞齋祝祭文除舊式稱嗣天子嗣皇帝外其餘止稱皇帝時學士院引端拱中李至奏請秘書省祝冊不稱尊號乞比類施行故有是命七日權判宗正寺趙世長言應祠祭前一日少府監洗滌祭器卣莽不潔望自令諸祠祭並委行事官一員監滌濯太廟仍令宮闈令同知奏可十一月八日詔南郊齋

宮自令遣軍士五人代鄉者守護常令完潔時修葺畢工也後五帝壇悉居此制十二月十五日詳定所言正辭錄祝文唐元宗明皇帝今請止稱明皇帝梁國公房元齡本名喬以字行今請云房喬從之　六年十月十八日詔太府寺自令祠祭行禮官及設道場並令於入內內侍省請御封香十二月二十一日詔太常寺每季前期具祠祭合使香數牒翰林司內侍省差中使同監精潔修合仍加數準備非常使用送太府寺封鑰收管每祠祭前本司封印送齋所非常祭告以準備香充用七年正月十三日禮儀院言南郊合祭天地承前太府寺供到幣七十八段除正位十三段外自餘施於內官

十六

則有餘用於中外官嶽瀆則不足竊尋禮制內外官海嶽幣從方色欲望皇帝親祀昊天上帝皇地祇配帝五方帝日月神州天皇北極及內官五十四中官百五十九外官百六嶽鎮海瀆十八請並供制幣各如方色著為定制從之　二月九日詔曰朕躬承鴻貺欽翼元符每祇展於盛儀乃奉置廣前殿爰修馨薦必涉廣庭未協寅恭是從詳正自令天書在朝元殿朕由右昇龍門入自東上閤門就東階赴殿焚香所司著為定式十五日詔昨太廟行禮次登歌始作而奏嚴不已恐未中禮而今朝饗宗廟郊祀將行禮嚴警悉罷俟禮畢歸幄殿復奏嚴郊壇祭畢警場皷吹乃振作用為永式二十四

日詔曰朕祇見真宇對越太宫暨肆類於郊丘並夙嚴於容衛方結佩而精享遠望蹕而歡呼當仰接於明靈處有虧於祇肅肇頒新制用表至虔自今玉清昭應宫太廟郊壇薦享行禮前衛士等不得迎駕起居呼萬歲

二月十六日禮儀院言舊制中祠以上並博士監禮自後判官多知制告待制及編修官故更不赴祠祭令判院官直史館張復楊嵎不兼他職望令依舊與監祭使同往點檢稍涉不恭糾舉聞奏監禮監祭不恭即更相彈糾奏可五月三十日詔令後供祠祭酒宜令法酒庫別置庫嚴潔醖釀非祀事勿給七月五日禮儀院言準詔定軒轅廟祝文按唐郊祀錄追尊舊稱為德明皇帝

十七

祝文稱孝曾孫嗣皇帝臣謹遣攝太尉敢昭薦于德明皇帝今請祭軒轅皇帝祝文曰嗣皇帝臣名謹遣攝某官敢昭告于聖祖上靈高道九天司命保生天尊太帝其禮料不用牲血從之八月十八日詔祠祭壇位壝壖整行事官多不知有條約致誤犯失儀自今宜令監祭監禮預行告示仍於壇壝外明設標記如行事官尚不依稟當劾罪重寘之法或不行告示致有違越罪主監祭使等　先是郊社齋郎張寔立秋行事輒越壖塹入壇壝坐是罰金帝以條約未明故有是命　八年五月二十九日禮儀院詳定自今大禮皇帝位褥位舊例及別敕絶紅紫羅外其遂時詣宫觀寺院焚香並用黄絁

群臣行事齋醮宴設謝恩拜表並用紫紬永為定式先是儀鸞司乞製褥帝曰朕內庭中未嘗踐錦繡因命有司詳定仍自乘輿為始七月五日禮儀院言朝服法物庫所掌臣僚祭服法服三司見行製造準典禮衮冕之製黝衣纁裳今得少府監修製官狀稱自來皇帝衮冕及諸臣祭服並一色用深青為衣茜緋為裳參詳蓋是染人不知各有定色制度致定下三司斬染院計會本院差修製官依禮指畫出染從之　九年三月十四日禮儀院言諸郊廟御書名祝版及大祠祭玉職掌止置於齋房及點饌即覆以箱帕呈視衆官望自今應祝板御書名訖與祭玉並置齋宫之廳行禮前一日太尉

十八

與監禮監祭官同閱太祝習讀又冬至郊祀昊天上帝神座本合司天監陳設近止委官健又少府祭器亦無職檢校望自今遣内侍及司天監官各一員躬親布置仍請於神座側增設燭籠燎臺以禦勁風又按禮例南郊籩豆饌物並於壇下設幔自來有司饌畢即實籩豆有經宿者望令三司光祿寺規度樓神廚起屋饌畢即納匱中將行禮時分實籩豆仍選內侍二員俟公卿點饌畢專主饌造監禮監祭官同省滌祭器務令豐潔行禮次令親事官十人於壇外察視又郊祀壇值雨雪止就太尉齋廳設望祭之禮既為宿舍而祇祀上帝似未嚴恭望令於齋宫門內建望殿自餘諸壇悉準此建殿

諸司齋房舊止二間亦望量增其數舊例大祀止太府寺供香自今望內降御封香詔並從之修建宇委內侍鄧守恩管勾二十五日詔光祿司農寺自今祠祭禮料並置漆匣判寺官緘送祀所　初禮儀院言諸祭禮料皆旋傭擔力齎持而往帝以非嚴祀之意故有是命仍令鄧守恩造漆匣給之六月十六日詔自今遣官奉青詞祝版御封香往諸處祭告並令緘封護持每至驛舍安置靜處務極嚴肅違者重科其罪合遣使臣者即選奉職已上齎送　先是殿侍張信乘傳齎香合祝版赴南海致祭信寘于馬上頗虧恭潔至中路震死其左右聞空中有言曰無損祝版香合知襄孫沖以聞因有是

十九

詔

天禧元年正月十二日禮儀院言皇帝行禮典儀贊拜群臣并拜望自今皇帝一拜畢在位官乃拜從之

三年五月十七日監祭使呂言言光祿寺祭饌造畢監祭閱視復貯神廚慮為人竊取望造漆櫝局鎖侯將行禮設於籩豆暑月別造紗蒙漆櫝從之九月二十四日國子監言祠祭行事官條制廟社不許致齋止宿武成王廟近以員多分宿當監燈燭非便望令專宿武成王廟詔禮院與本監詳定復上言曰武成王廟齋廳位四十餘間今請不許官司拘占悉留充齋宿之所如發解鎖宿廟內即權從尚書省從之　四年五月四日同判太常禮院楊隅言祠祭攝官舊禮躬親滌爵酌酒近

來禮直官止引至罍洗盥手訖便赴神位前未嘗滌爵所司已酌酒實爵獻官即取致奠殊爽禮文望自今依舊行事從之八月二十一日同判太常禮院陳寬言郊廟致齋日左右街司承例遣雜職隨行按令文散齋之後不行刑罰欲望自今罷之其祗事人吏不謹職者俟祭畢付有司科罰又諸司祗應人點饌後多肆出入望自今點饌後不得輒出齋宮又每禮畢諸色人競上壇並以撤祭器為名分取祭餘果饌望自今監祭御史監勒

祭依均胙例分給執事人從之　五年正月十三日詔自今每大祀中書攝事賜錢五萬為酒殽之費續

會要景德元年十一月十九日車駕出處依常禮望祭

二十

外又遣官分詣嶽瀆齋宿祭告　三年正月十一日以契丹遣使修好命知制誥朱巽奏告諸陵五月十九日太廟以雨漏將議修補太常禮言咸平中翼祖室換柱蓋鑿垣動土工稍大遂擇日奏告本室及祭后土今小有葺治不煩奏告從之九月五日太常禮院言朝拜諸陵前二請差官奏告太廟出京日請依巡幸出京例奏告天地社稷各以香幣酒脯醢從之十二月六日上封事者言按開元禮儀鑑云車駕行幸路次有名山大川去三十里內則祭之前代帝王二十里內則祭之名臣十里內則祭之今朝陵有期緣州縣所記山川祠宇名多偽俗望委禮官先檢詳事迹以聞事下太常禮院禮

院言得河南開封府孟鄭州所供山川神祠除京城神祠舊係祀典者令約定祠宇請下逐州府差官依禮致祭從之　自後開封府縣文宣王浚儀縣崔府君天王畢卓九龍等廟皆遣官祭告　四年二月二日次西京遣工部尚書王化基等告汾陰后土中嶽太行山河瀆洛水啓母少姨廟十八日以車駕將還東京命宰臣王旦告諸帝陵吏部尚書張齊賢告諸后陵二十日命吏部侍郎郭贄告昊天上帝工部侍郎韓丕告社稷殿中丞趙稹告太廟其東京城內祠廟車駕還日令開封府遣官致祭　大中祥符元年正月四日以天書降命吏部尚書張齊賢等奏告天地宗廟社稷京城祠廟仍遣使告鳳翔府太平宮亳州太清宮舒州靈仙觀　故事京城神祠皆開封府遣官帝欲重其事特命京朝官天禧三年四月八日迎奉天書亦然仍增告玉清昭應宮景靈宮會靈觀四月四日以將封禪遣官告天地宗廟社稷太一宮河中后土五嶽海瀆京城神祠其在外者乘傳以往命澶鄆兗州長吏告高陽氏帝嚳帝堯文宣王廟　九年五月以將上玉皇聖號恭謝南郊及天禧元年正月禮畢遣官奏告皆用此禮自後將行大祀御札降皆告焉二十七日詳定所言車駕東封所經致祭處多有司艱於集事欲望惟名山大川先代帝王有功德者勅差官精潔祭告仍出京日遣官告后廟及諸陵

二十一

從之七月八日幸亳用此例九月二日詔告太廟日以芝草嘉禾瑞木列于天書輦前及陳於六室仍各標所貢之處十五日車駕詣啓聖院朝拜太宗神御殿以封禪有期致告十一月二十八日詔自今祭告天地社稷宗廟嶽瀆其后土亦致祭著于令二十九日封禪禮畢還京遣官告天地社稷及后廟諸陵四海嶽瀆河中府后土鳳翔太平宮亳州太清洞霄宮舒州靈仙觀鄭州靈顯王廟令開封府差官祭告京城內祠廟自後凡行大禮皆如此例外州遣官告者又增兗州會真河中府太寧宮亳州明道宮江州九天使者泗州普照王寺河瀆又於澶州別告又有五嶽真君觀茅山龍遊山虎丘山龜山神亦嘗祭告而不著例　三年九月四日詳定所言河中府河中縣伏羲神農漢文帝廟河西縣舜廟龍門縣禹廟寶鼎縣湯廟臨晉縣周文王周公廟永樂縣周武王廟望於祀汾陰前十日用中祠禮料致祭中牟縣列子廟靈寶縣老君廟中嶽西嶽真君廟望於車駕經過日以香幣酒菓致祭鄭州靈顯王廟周嵩陵慶陵河南府偃師縣漢文帝廟河南縣周六廟新安縣後唐莊宗廟陝州湖城縣軒轅廟閿鄉縣女媧陵中嶽啓母少姨廟濟瀆洛水太行山並望以中祠禮料致祭西海北海舊於河中府孟州望祭亦同此例仍請特詔遣官其餘十里內神祠非有大功德者止令本州府淺祭詔可　四年

二十二

三月四日詔東京留守司應都城內祠廟候車駕還京
日令開封府普差官祭告　七年朝謁太清宮還亦用
此禮　六月一日以加上五嶽帝號遣官奏告天地宗廟
社稷五嶽十二日加上后嶽號亦用此禮　五年十月
二十七日以聖祖降特命宰臣王旦等告天地宗廟社
稷遣官告諸陵嶽瀆祠宇帝親封香付之　初中書准
例遣丞郎已下帝特命輔臣閏十月二十四日詳定所
言朝元殿告謝前二日先告配帝聖祖於玉清昭應宮
本殿太祖太宗於本室其日太宗配坐南郊望至平明
奏告准禮例如用牲牢即是祭禮近已祭饗今恐煩數
欲只用香幣酒脯告官公服行事聖祖以香酒時菓碧
幣從之　六年正月十七日以立皇后遣官奏告天地
宗廟社稷諸陵聖祖天尊大帝三月二十七日以迎奉
聖像遣集賢校理宋綬祭告淮瀆汴水太常博士歐陽
陟於河陰祭汴水上源五月十二日詳定所上言聖像
至京請前二日差官奏告天地社稷太廟諸后廟元德
廟諸陵七月二十五日以元德皇太后升祔遣官奏告
天地太廟社稷聖祖及元德廟八月五日詳定所言伏
覩宣示宮庭小園嘉禾生四十穗以上准令祥瑞有司
以聞差官告廟望遣官奏告玉皇大帝聖祖天尊大帝
太廟從之　告前一日應告官詣於廟堂內出嘉禾以
器盛之置於床并祝文以付告官奉之赴祠所餘如常

告之禮十一月四日禮儀院言皇帝朝謁太清宮其應
天府高辛廟湯塚廟欲用中祠禮開封府汴河亳州渦
河欲用小祠禮及十里內橋道神祠並經過日遣官祭
告從之十四日禮官言凡奏告之禮用香幣酒脯告官
公服如用牲牢即是祭禮自今請復舊典詔依二十二
日詔皇帝親詣太清宮行朝謁之禮以十二月十五日
躬告太廟玉清昭應宮三十日以奉祠遣官告諸陵
七年九月二日詔以司天監所奏紫微宮中瑞光如宮
闕及含譽星再見遣官告天地宗廟社稷及玉清昭應
宮二十日以奉上玉皇聖號分命輔臣告郊廟社稷玉
清昭應宮　九年五月十三日以景靈宮會靈觀成遣
官告天地社稷太廟玉清昭應宮太一宮　天禧元年
正月七日詔以天書不入太廟遣官奏告太廟玉清昭
應宮三月六日兗州太極觀上聖祖母寶冊仙衣前二
日命官分告天地社稷宗廟玉清昭應宮景靈宮會靈
觀其寶冊經過橋道及路左右五里內太極觀十里內
神祠隨處遣官以冊寶來到前一日致祭寶冊至縣日
先遣官詣景靈宮太極觀奏告旦奉冊至嶽下日先令
詣會真宮天齊仁聖帝廟真君觀至澶州詣河瀆顯聖
靈源公廟祭告五月二十八日迎奉太祖聖容赴西京
禮儀院言經由永昌陵望遣官前一日奏告詔遣左諫
議大夫戚綸往仍出京前一日分遣官奏告天地宗廟

社稷玉清昭應景靈宮會靈觀經由五里內神祠及西
京城內外神祠並本府遣官未到前一日祭告　乾興
元年正月四日詔以二月二日御正陽門肆赦其每年
南郊合奏告去處並以此月七日祭告七月十三日仁
宗即位未改元禮儀院言真宗謚冊禮上告圜丘太
廟令請更差官奏告四宮觀及后廟社稷從之仁宗天
聖二年四月六日詔宮闈令如有朞周喪在家在外並
給假二日遇朔望禮祭行事即權差人祇應假滿仍舊
是年七月宮闈令王文濟妻卒依上給假二日假滿依
舊赴職惟遷神主時權差官而已　三年五月二十七
日太常禮院言郊壇諸祠祭神位前遇陰晦乞添用燭
籠釋盃從之　五年十月十一日禮儀使劉筠言準儀
制登國(歌)作豐安之樂諸太祝各入室徹豆欲望差禮生
七人各引本室大祝庶協禮文從之　二十五日知祥符
縣事丁慎修言祠祭開封府準例差水夫供燒釋盃盞
同日數祭即差所由行官店戶村民貿欒不肅欲望自
令令步軍司以剩員祇應事下太常禮院本院移光祿
寺每祭供燒粇盃人夫大祠四人中祠三人小祠二人
又得南郊橋道頓遞使牒郊廟燒粇盃人皆八作司卒
令詳檯盤水夫自係光祿所管望令如舊供燒粇盃人
夫望如慎修所請從之　六年二月六日同知禮院王
皞言四郊齋宮踈滿望下有司修葺增設什物又行事

官所請祭服不整齊差攝之官皆是外任替還供應生
踈望令少府監自今隨祭器請領祭服曾差軍士齎赴
祠所臨事供應又大祠進胙皆人吏齎擎入內欲望自
今監祭使與光祿寺官封進事下太常禮院禮院上言
齋宮已準近敕修整比來牲牢禮料皆納監祭使別無
庫屋又無監禮房請下三司刷蓋牲牢禮料庫及監禮
房後有踈漏委太常寺移牒三司修葺祭服請下三司
委本判官諸庫點檢別行製造不堪用者依禮文焚之
仍下馬步軍司選剩員十五人隸少府監齎送祭服除
中書門下攝事依舊差人請領外自餘侯至幕次供與
祭官祭畢却送本庫餘如皞請從之　三月太常禮院言
準詔詳定供備庫副使勾當儀鸞司魏餘慶所請南郊
青城拘占民田南北四百步望給錢收買又青城內暖
殿七間自來彩木結縛為棟宇之象欲用瓦木蓋造至
時却以絲帛鞔設青城周圍自來索木絞縛畫甎甗幕
以為城牆祀事既畢更無拘占欲望於前所買地四邊
築露牆遮迾至時依舊立為青城城內空闕處種蒔花
果每歲出課資官本院檢詳禮典歷代郊祀天地制度
即無郊兆內外營構宮宇之文聖朝每行郊祀皆營構
青城幄殿即周禮之大次也又於東壝門外設更衣殿
即周禮之小次也符合禮經初無異議今餘慶乞瓦木
蓋造暖殿至時依舊用綵帛蓋覆伏緣至尊所御務求

牢固在於幄内於禮無妨又乞和買地土修築露墻至日却於墻上修立青城令參詳郊禮之歲雖妨耕稼儻優給價直除破租稅公私亦便垣墻之内栽種花果本無資於翫好豈復計其課入伏請不行詔依奏　八年十月詔南郊行事官除合破著公衫人引接外其餘臣僚不得令公人着緋紫寬衫及公服祇應朝服法物内衣物新衣庫除合請儀注衣服外不得支借如違閤門御史臺舉察　景祐元年七月十三日禮官言按禮部式天地五郊等壇三百步内不得葬埋令參詳三百步外焚殯烟氣實亂薰潔自今每遇諸壇祭祀令監祭預牒開封府前三日權令去壇五百步内禁斷　二年正月二十一日上封者言每年春秋遣官朝拜諸陵及祀神州地祇太祖配座唯太府寺供香於禮不稱乞並降御封香從之八月十九日詔薦獻景靈宮朝饗太廟郊祀天地自今並同日受誓戒故事受誓戒凡三日先是天聖五年將祀南郊帝以爲禮煩聞於宰臣王曾等奏曰薦饗太廟等處本來只爲郊祀有此禮例只合一次詣南省受誓戒方協事宜此蓋自前朝已來久相因襲當須改革候後次郊禋令有司詳定取旨釐正至是始下太常禮院檢唐故事著爲定制十月十一日詔訪聞祀天地社稷宗廟籩豆祭器多是損壞收掌不得嚴潔令太常禮院相度修整不堪者別行創造淨潔處

置庫收貯十二日太常禮院言郊廟之禮準故事惟設更衣幄而未有小次皇帝久立版位比及成禮則已踰時非所以裕至尊究恭虔意也謹按周官朝日祀五帝則張大次小次朝覲會同亦如之鄭康成謂大次所止居也小次既接祭退俟之處引祭義周人祭日以朝及闇雖有彊力曷能支之是以退俟諸臣代有事焉故說者以爲祀昊天上帝亦張大次小次古者大次壇壝之外猶今更衣幄殿也小次在壇之側今所未行按魏武帝祠廟令降神禮訖下階就幕而立須奏樂畢似若不愆烈祖遲祭不速訖也故吾坐俟樂闋送神乃起爾然則武帝坐俟容須別設近次與周官義符參檢前代謂宜設小次於皇帝版位少東每獻畢降壇若殿就小次俟終獻徹豆則皇帝復就版位他如常禮如此則奉神之意在久益虔執禮之容有恭無闕詔如典禮十三日太常禮院言將來南郊三聖皆備設神位外安排樂架隘窄乞依太廟例置抹緣床應奉從之　三年三月二十一日太常禮院言監祭使劉夔請於四齋宮側建屋十間安泊諸色人去除遂壇草穢修疊道路從之　寶元元年九月二十五日詔應緣祀事已受誓戒而不虔恭者毋得以赦原　康定二年七月九日詔將來南郊應係天地宗廟祀物並於大禮外乘輿服御諸道供意物令三司相度減省務要簡約宮殿什物不須修飾不

得循例申舉　慶歷元年十月十五日同判太常寺呂公綽言郊廟所陳罇罍之數皆準古而不實以五齊三酒及用明水明酒有司相承名爲看器其郊廟天地配位惟用祠祭果酒一等分大祠中祠位二升小祠位一升止一罇酌獻一罇飲福酒餘皆虚器按開元禮崇祀録昊天上帝皇地祇六罇太罇爲上實以汎齊著罇次之實以醴齊象罇次之實以醍齊壺罇次之實以沉齊山罍爲下實以三酒配帝著樽爲上實以汎齊犧樽次之實以醴齊象樽次之實以盎齊山罍爲下實以清酒皆加明水明酒實於上樽五方帝北極天皇大帝神州地祇大明夜明太樽實以汎齊中官壺樽五方山林川澤蜃樽並實以沉齊外官概樽五方丘陵墳衍原隰散樽並實以清酒衆星散樽實以旨酒皆加明酒各實於上樽宗廟每室設斝彝黃彝著樽斝彝著樽之上樽皆實以明水黃彝實以鬱鬯著樽實以醴齊又司烜氏以鑑取明水於月鄭康成云鑑類取水者也謂之方諸取月之水欲得陰陽之潔氣也臣謹以古制考五齊三酒即非難得之物將來郊廟祭享宜詔酒官依法制齊酒分實樽罍乃命有司取明水對明酒實於上樽或陰鑑方諸之類未能猝辦請如唐制以井水代之下博士議而奏曰比郊廟祠祀壇殿上下所設樽罍惟酌獻飲福二樽實以祠祭酒餘皆徒設器而不實以五齊三酒明水明酒誠於禮爲闕然五齊三酒鄭康成注周禮惟引漢時酒名擬之而無制造之法今欲仍舊用祠祭酒一等其壇殿上下樽罍有司不得更設空器其明水明酒並以井水代之其正配逐位酌獻飲福舊用一升者各增二升從祀神位並用舊升數實諸樽罍配以明水明酒從之　三年三月詔大禮院諸小祠獻官皆常服行事不合禮文自今並服四品以下祭服非時告祭不用香幣禮器者亦如之　七月九日右正言余靖言三王郊禮一用夏正令正月上辛之祀是也王肅云冬至之日祀昊天上帝於圜丘立春又一祭以祈農事鄭康成云太微五帝迭王四時王者之興必感其一因其所感別祭尊之此皆上辛之祭而王鄭兩學互相師祖各成一家之論唐武德初祀感帝於南郊以元皇帝配享顯慶初廢感帝祀以爲祈穀開元中修禮官王仲丘議感帝祀與祈穀二禮並行自此始也今國家以正月上辛之日祀皇天上帝於圜丘以太祖配又祭感生帝於南郊以宣祖配此雖二祀並行其禮當異禮官決於援考昊天上帝用四圭有邸其色尚赤同於感帝之祀臣愚以爲昊天上帝當用蒼璧以正祀天祈穀之禮感生帝乃用四圭有邸其色尚赤以表本朝火德應興之感則二禮並行各從其本事下禮官李仲容等議曰按周禮典瑞玉人職蒼璧以祀昊天上帝四圭有邸以祀感帝及旅

上帝令孟春祈穀祀昊天上帝於圜丘祀感生帝於赤帝壇二祭同日別行而並用四圭有邸皆有赤色誠為失禮乞依靖奏自今祀昊天上帝即用蒼璧祀感生帝即用四圭有邸仍從赤色從之九月二十七日侍御史趙及言太廟后廟近日居民當告祭時樂作其外或有哭聲相聞於禮非便請從其民諂令遷行事時權止哭泣勿遷之　四年十月二十四日太常禮院言新修祀儀並據通禮郊廟所設樽罍之數與通禮不同南郊配帝位舊設象樽二壺樽二山罍二今宜如通禮增山罍為四從之　七年六月十二日太常禮院言按禮祀昊天上帝日月星辰並用藁秸五人帝用莞至唐始加褥

三十一

令南郊配位各設席加褥而無藁秸與莞又禮以茅縮酒令但供零陵香灌其上殊無所稽將來奉祠郊廟宜更制藁秸莞席為藉而縮酒用茅從之　皇祐二年四月二十七日太常禮院言聖駕詣宮觀行禮儀及燒香其從入殿庭及升殿人數各著定式從之　入內內侍省都知押班帶御器械不限員數外勾當翰林儀鸞司使副各二員閤門祇候四員入內內侍省供奉官以下二十人內侍省供奉官以下十人以上並許升殿餘兩省供奉官以下止於當兩廊祇候中書樞密院親王帶從人二人入殿庭不升殿其餘臣僚並不許帶從人入其隨駕從物椅子御燎等不上殿御馬逍遙子不入

立金雞擊鼓太常寺主之車輅儀仗法物太僕寺主之六軍儀仗法物警場此段添歷奉上

殿庭駕入殿庭不鳴鞭諸軍班等並至中三門外止五月十一日三司言明堂法駕自宣德門抵太廟道路準郊例當預為土坪俟乘輿將出齋布黃道東西八作兩司領徒護作實用黃壤土十七萬一千餘畚為役程二萬一千餘功比舊例無慮齋土畚人程六分之五　南郊舊例黃道土坪高四尺五寸廣六尺齋布黃道時土厚二寸五分天聖五年約其制土坪高二尺廣四尺齋布時厚一寸二分六月十一日禮儀使移下諸司戒以庀具儀物各令申警備豫無使至時闕供儀物法駕鹵簿兵部主之宮縣登歌鼓吹警場應奉六軍諸衛主之左右金吾儀仗法物御前駐箭左右金吾仗主之芳亭

三十二

寫革香蹬腰輿繖扇中嚴外辦褥位殿中省主之立金雞將作監主之祭器朝服祭服諸司法物少府監朝服法物庫主之冕服鎮珪通天冠絳紗袍拂翟殿上扇宣徽院主之凡文武百官次舍器用開封府主之搢寶合史贊者牙版位版門下省主之凡御幄大小次黃道蠟燭御位席褥明堂張設儀鸞司主之明堂太廟后廟奉慈九宮貴神並車駕出內前一日祭告神祠供備牲牢禮料祭器光祿太常太僕太府司農宗正寺秘書省少府將監共主之皇帝位版修撰儀注移牒諸司詳定儀仗法物及贊引行事太常禮院主之明堂太廟景靈宮祝冊文及冊案訟冊法物中書省主之警場唱探左右

衛司主之明堂衆星位版并刻漏時辰司天監主之八月五日禮儀使言明堂行禮文武臣僚各將冗從於幕次更服慮雜揉不可辨詰望令御史臺閤門詳品位定數許給方號為識仍具當得數豫關所由司從之 按周禮司常官府各象其事州里各象其名家各象其號鄭康成云事名號者徽識所以題别衆臣置之於位朝各就焉徽識之書則云某某之事某某之名某某之號以相別也國朝每親祀大禮儀衛之中皆給印號以為徽識亦其制也除中書直省官行省樞密院知客押衛當直樞使官外宰臣親王樞密使各五人參知政事樞密副使各四人三司使學士至待制閤門團練使以上文班少卿監武班大將軍以上各三人文班尚書省五品武班將軍內諸使司以下各二人十二日御史臺言準詔與禮院詳定大禮諸司例假緋紫寬衫并文武官當直從人所假青錦窄袍儀注色號以數裒等望為永制從之三司御史臺尚書都省理檢院登聞鼓院開封府提舉在京百司審官院流內銓糾察司銀臺司群牧司練院審刑院刑部太常寺大理寺四省及諸寺監係應奉祀事者兩省五品以上官非主判司局各假緋紫寬衫自三十領至二領宣徽使御史中丞知雜御史左右金吾僕射觀文資政殿大學士翰林學士承旨至龍圖天章寶文閣直學士太常卿左右丞諸行侍郎卿度

使留後至團練使給事中諫議大夫中書舍人知制誥待制大卿監司使權知開封府三司副使自四十領至十五領青錦窄袍居三分之二錦絡縫衫帽居三分之一少卿監起居郎起居舍人侍御史正刺史諸行郎中宣慶使至皇城諸司使樞密院副承旨閤門副使殿中侍御史左右司諫諸行員外郎左右正言監察御史省府推判官自十領至八領青錦窄袍絡縫衫帽各半太常博士至太子洗馬諸司副使閤門祗候各錦絡縫寬衫四領應不任在京職事者皆減半其皇親從人並依宮品假給十四日閤門言宮廟明堂行禮車駕出入宮廟殿門準舊儀皆勘箭勘契宣德門出入勘箭景靈宮太廟門入勘箭出則否 凡勘箭皆左右金吾衛仗司主之箭笴長二尺五寸雕羽金鏤筈鍮石鏃闊二寸方斜形如匕二箭合鏃有鏨柄為雄雌一為雄鶻箭藏內中一為辟仗箭藏本司皆韜以絳羅銷金囊每車駕至門閤門使持雄鶻箭贊云勘箭官來前勘箭官稱喏跪受箭以左右箭相合奏云內外箭勘同閤門使承宣云準勅行勘勘箭官稱軍將門仗官來前軍將門仗官二十人齊聲喏勘箭官言呈箭又聲喏勘箭官云某年月日皇帝宿齋于某殿某日具天仗迎鑾駕出入某門次諸某所行禮內出雄鶻箭外進辟仗箭一準勅付左右金吾仗行勘勘箭官稱合不合和箭門仗官皆稱合如

此再問對又問同不同和箭門仗官皆稱同如此亦再
問對勘箭官乃伏奏云左右金吾引駕仗勾畫都知具
官臣姓名對御勘同某雄鶻箭謹奉閤門使進入諸司
準式和箭官聲喏奏畢奉箭付閤門使勘箭官即起居
三呼萬歲開門進輅凡宣德門出左仗主之景靈宮入
右仗主之太廟門入左仗主之南薰門入則勘出則否
文德殿門出入勘契　凡勘契皇城司主之契有左
右各長尺有一寸博二寸八分厚六分以香檀木為之
刻魚形為鑿枘相合鏤金為文凡左契雄刻云某禁門
左木契藏內中右契雌刻云某禁門右木契藏本司皆
金填字鞴以絳羅銷金囊縣漆匣中以帊褥覆籍匣有
衣亦絳羅銷金本司勘契官二人贊聲親事官二十人
每車駕至門契勘官執右契稱門仗官來前贊聲官皆
和應之即奏云大內皇城司堪契官具官臣姓名奉勅
勘契閤門使降左契言準勅行勘勘契官跪受左契以
左手持右右手持左勘畢奏云內外契合即問云從北
來者何人閤門使答皇帝大駕復問云是不是贊聲齊
言是又問合不合贊聲齊言合又問同不同贊聲齊言
同勘契官奏某年月日皇帝齋宿于某殿某日出某門
詣某所行禮右契留本司收掌左契謹付閤門奉進引
聲絕贊聲官並和乃起居三呼萬歲畢開門車駕乃出
其還入門即云行禮畢若親郊出入朱雀門亦並勘契

望如儀施行詔可十六日大禮使司言定臣僚從人假
紅錦窄袍以官序立數每遇大禮準所定數中大禮使
司取判付本庫支給如敢違犯其請人主者悉以罪論
從之　宰臣親王樞密使各十六參知政事樞密副使
各十四宣徽使十二三司使十學士中丞知開封府節
度至觀察使各八大禮等五使各二　五年九月十一
日詔中書省自今南郊添竹冊一副并沿冊法物先是
南郊壇正配四位用竹冊四副至是南郊三聖並脩遂
復增一焉　嘉祐六年十月太常禮院言明年正旦大
慶殿受朝賀其三日上辛祈穀于上帝前三日不作樂
請如慶曆二年故事改用次辛從之　七年八月一日
翰林學士王珪等言準詔詳定太常禮院所議祕閣校
理裴煜奏大祠天地日月社稷其行禮日與國忌同者
伏請同樂又諸祠所用香殊為尠少不稱崇祀之意禮
院請依唐舊制及國朝故事廟祭與忌同日並縣而不
作其與別廟諸后忌同者作之若祠天地日月九宮太
一及禖百神並請作樂社稷以下諸祠既畢於廟則樂
不可為如此則雖純用三代之禮亦可廣孝思之至太
府寺所供香宜中祠視大祠之半凡大祠則請降御封
香如祀昊天上帝之禮珪等議社稷國之所尊其祠日
若與別廟諸后忌同者伏請亦不去樂餘並如禮官所
議詔恭依煜議具雅樂門　八年五月十五日太常禮院

言大祠請用乾興故事備樂不作祔廟畢如故從之續會要仁宗天聖五年七月二十八日滑州言八月八日修塞河口興工詔差官祭告　七年七月六日以玉清昭應宮火遣官告諸陵　十年八月二十六日以大内火遣官告天地太廟社稷　明道二年八月二十七日詔方春以來蟲螟爲沴宜令天下於朕尊號省睿聖文武四字仍擇日告於天地宗廟　景祐元年九月二十六日奉安元德皇后石室命知制誥路振告太廟室　二年六月九日禮官言準詔議定祖宗配侑之制命翰林學士承旨章得象告天地於南郊壇翰林學士石中立告太廟七室翰林侍讀學士李仲容告社稷朝臣分告永昌永熙永定陵　慶曆九年八月八日皇第三子生遣官奏告宗廟　七年八月二十五日加上真宗尊謚命翰林學士錢明逸奏告永定陵　嘉祐元年正月十日以帝不豫命宰臣富弼禱于太廟文彦博劉沆禱于天地社稷及遣諸州軍長吏禱嶽瀆諸祠　七年八月二十六日以立皇子命翰林學士王珪告天地宗廟遣官告諸陵　八年四月一日英宗即位未改元命翰林學士王珪等九人以大行皇帝崩告天地社稷宗廟及景靈宮集禧建隆醴泉觀又命龍圖閣直學士韓贄等九人分告即位治平四年亦如制五月十九日翰林學士王珪言謹按曾子問曰賤不誄貴幼不誄長禮天

三十七

子稱天以誄之春秋公羊説讀誄制謚於南郊若云受之於天然乾興元年夏既定真宗皇帝謚其秋始告天於圜丘史臣以爲天子之謚當集中書門下御史臺五品以上尚書四品以上諸司三品以上於南郊告天議定然後連奏以聞近制唯詞臣撰議即降詔命庶僚不得參聞頗違稱天之義臣今擬上先帝之尊謚欲望明詔有司稽詳舊典先之郊而後下臣之議庶先帝之茂德休烈有以信萬世之傳詔兩制詳議翰林學士賈黯等議如珪奏從之六月七日以皇帝不豫命近臣分告天地社稷宗廟景靈宮相國寺集禧醴泉觀又命朝臣禱五嶽四瀆及諸名山廟寺宮觀及上躬康復又命輔臣告謝九月十九日以大行皇帝謚奏告天地宗廟社稷宮觀十一月祔廟奏告一同

英宗治平二年十二月十七日太常禮院言准畫日來年正月上辛祈穀祀昊天上帝同日祀感生帝准閤門儀制祀天地致齋則皇帝不遊幸不作樂緣正月三日壽聖節在致齋之中如用嘉祐七年正旦受賀例改用中辛即當用正月十六日又緣十四日例當詣慈孝寺集禧觀行禮及觀燈作樂謹按祭統君子將祭乃齋齋者不樂言不敢散其志也然則君子所以齋者爲將接神故不以聲音蕩其志意如遣官攝事則於禮無不聽樂之文元日朝會及壽聖節多與上辛日辰相近如常改用中辛即非尊事天

三十八

神之意嘉會合禮又不宜撤樂令請每遇元正御殿聖節上壽雖在上辛祠官致齋日亦用樂其大宴即移日或就賜從之　續會要英宗治平二年四月七日以孟夏雩祀昊天上帝奏告太宗室故事前二日奏告時監祭使呂夏卿言御封香至六日巳時未見降到乞改用七日從之　以上國朝會要　四年七月二十九日神宗即位未改元以升遷八室神主權奉安於齋殿遣官奏告太廟九月七日奉安太廟八室升祔英宗皇帝遣官奏告天地社稷宗廟宮觀　元豐八年十一月初五日

（此下至所在州縣官充從之止原粘在本卷第六頁前半加四年下）

續會要太宗太平興國五年十一月十日帝親征河東出京前一日遣右贊善大夫李幹潘慎修獻北郊用少牢祭蚩尤禡牙又令著佐郎李巨源就北郊望氣壇用香柳枝燈油乳粥酥蜜餅果祭北方天王真宗咸平四年七月十六日設太常禮院定禡祭儀付河北三路總管祭日所司除地為壇四方各五十步設兩壝繞以青繩張幕置軍牙六纛神位版方七寸厚三分祭用剛日具常饌牲用太牢以羊豕代其幣軍牙以白六纛以皂各長一丈八尺都總管為初獻以次將官為亞獻三獻皆戎服清齋一宿將校陪列禮畢焚其幣釁鼓以一皮　禡牙文　維年月日某官某乙敢以牲牢告于軍牙之神曰五材並用誰能去兵四夷不庭必將有武是故我國家釁門命將授鉞出征驅桓桓之師整堂堂之陣武遏亂略龔行天誅大庇生民撫寧方夏爰以剛日告于明神神其奮發威靈導迎吉氣使飈馳電擊所向無前覆陷摧堅一月三捷助饒銖之賁勇勵豺狼之沓貪盡焚虜庭大空漠北飲馬瀚海勒石燕然後不踰時兵無血刃殲厥醜類惟神之功急急如律令　祭六纛文　維年月日某官某乙謹以牲牢致祭于六纛之神夫四夷猾夏虞典所以明刑十乘啓行周禮所以申九伐蠢茲獯虜資有燕薊為鄰大邦蔫擾邊鄙使爟火不得徹警戰士勞於被堅本史老上之庭猶遺輪臺之役帝赫斯怒命將出征虎賁鼓勇於顏行天威震曜於夷落乘內奴之運盡建戎旆以長驅是用昭告于爾大神神其假太乙之威靈奮長庚之芒角使星狼戢耀旄頭不明助漢將于九天滅陰山之胡國渠魁斯獲懸首藁街醜類畢殲無尸京觀乞靈徼福武佇神休尚饗　高宗紹興三十一年十月二十六日太常寺言朝廷興師欲依典故行禡祭用祝文述以金人敗盟朝廷不得已而興師冀獲陰助勦除妖孽以達蕩全之意以甲丙戊庚壬剛日行禮獻官以大將軍招討使充奉禮郎太祝太官令各一員以所在州縣官充從之

祀 羣祀二

神宗熙寧四年二月十八日太常禮院言準詔三司織造圜壇地衣今檢到前後典禮并南郊一行儀制即無地衣制度詔依典禮不用地衣六月十一日參知政事王珪言前為南郊禮儀使竊見乘輿所過必勘箭然後出入此蓋天子師行故事大駕既動禮無不備及入景靈宮太廟門則恐不當行勘箭之禮伏請下禮官考詳如別無禮意宜從罷去詔太常禮院詳定以聞禮院言檢會本院儀注皇帝親行大祠所過宣德門景靈宮太廟門出入勘箭南薰門入則勘出則否至於文德殿門并親郊出入朱雀門則並行勘契本院考詳勘契之制即唐交魚符開閉符之比用之車駕所過宮殿城門所以嚴至尊備非常也惟勘箭即不見所起之因當是師行所用施於宮廟似非所宜誠可廢置其宮殿門并太廟係車駕齋宿請行勘契景靈宮止是少留薦饗至於勘契亦乞不用從之 六年八月十八日詳定行戶利害條貫所言粢米蕎麥等薦新望罷行戶供買今後苑及四園苑供應從之 七年八月九日大禮使韓絳乞差檢正中書禮房公事向宗儒提點南郊事務從之十一月六日詔御史臺閤門整肅禁衛所大禮文武班列執事之人出入禁衛者務在嚴整無俾混雜如有闕

防未盡未備詳具條例以聞 九年十一月二十三日詔自今每遇大禮從中書選官二員提點一行事務仍著為定式 元豐後以左右司郎官一員充十年三月二十二日中書門下請差人吏等五人詔並減半候降御札即差 十年正月九日太常禮院言今以慶曆五年以後祠祭沿革參酌編修成祀儀三本乞一本留中餘付監祭監禮司從之十月六日幹當雜買場周延年言昨東作坊退賣祭服簪環履韈及三司斥賣長源王佩劍帶臣竊謂凡祭祀之物轉移他用則非所以尊奉神靈故記曰祭服敝則焚之祭器敝則埋之龜筴敝則埋之牲死則埋之示不欲褻也願下禮官詳定凡天地宗廟社稷山川百神之祀有器服之敝者焚埋如禮從之 元豐元年正月十三日提點南郊事務所向宗儒言將來郊禮宜自東壝門內布黃道至望燎位詔送詳定郊廟奉祀禮文陳襄等七月二十三日太常禮院言按儀注親祠皇帝所過之門皆勘箭契自熙寧四年始罷勘箭而猶存勘契之禮若車駕入太廟皇城京城門鹵簿前仗已從門入而天子將至則復閉中門稽留御輅竊詳此禮於衆人則通之於至尊則限之非所以為順也所有太廟及宣德朱雀南薰門勘契伏請不行明堂文德殿門亦乞準此從之九月十四日詳定郊廟禮文所言景靈宮薦饗儀注設爟火於望燎位之東南送

神樂一成皇帝就望燎位舉爟火注云如質明行禮即不舉伏見景靈宮行禮日幾中矣猶舉爟火此有司之失也謹按前漢志泰以十月郊見通爟火注云欲令光明遠照通於祀所漢祀五畤於雍五十里一𤇲火凡祭祀通舉火者或以天子不親至祀所而望拜或以衆祀各處欲一時薦享宜知早晏故以火為節也則以爟火之設本為燎壇相遠舉以為節若宮庭行事壇稍近無事於此伏請將來景靈宮薦饗不設爟火又言親祀南郊皇帝自大次至位版内臣二人執翟羽前導號曰拂翟歷考前代禮典並無此制惟國朝會要御殿儀稱五代漢乾祐中宮中導從童子執絲拂二人髙髻青衣執執犀盤二人帶鬅頭黃衫執翟羽二人帶鬅頭黃衫本朝太平興國初稍增其制捧真珠七寶翠毛花二人衣緋袍捧金寶山二人衣綠繡袍捧龍腦合二人衣緋銷金袍執翟拂二人鬅頭衣黃繡袍今南郊式尚衣庫拱拂翟内侍省差内侍二員執之各公服繫鞋每大慶殿宿齋景靈宮太廟南郊自大次至小次皆用之原其所出乃漢乾祐宮中導從之物其制不經今郊廟大禮乃用此以為前導失禮尤甚伏請除去並從之　又言古者朝祭異服所以別事神與事君之禮今親祠郊廟皇帝衮冕而侍祠之官止以朝服豈禮之稱哉請親祠郊廟景靈宮除導駕贊引扶持宿衛之官外其侍祠及分

獻者並服祭服以稱國家事神之禮又言本朝祠祭遇雨則望祀而服公服非所以奉神請遇雨望祀服祭服並從之十一月二日又言郊廟有司攝事服祭服不合古制謹按周禮司服供王祭祀之服祀四望山川則毳冕祭社稷五祀則希冕祭群小祀則元冕注群小祀林澤墳衍四方百物之屬孔穎達謂此據地之小祀以血祭社稷為中祀貍沉以下為小祀也若天之小祀則司中司命風師雨師鄭雖不言義可知矣又按記曰天子元冕朝日於東門之外先儒謂日月皆為次祀言朝日則夕月亦用元冕可知以天神尚質故也社稷中祀而用希冕者以粉米有養人之功故也國朝祀儀祭社稷朝日夕月風師雨師皆服衮冕其蜡祭先蠶五龍亦如之祭司命戶竈門厲行皆服鷩冕壽星靈星司中司命司寒中霤馬祭皆服毳冕而不及希冕元冕殊失先王之制今天子六服自鷩冕而下既不親祠廢而不用則諸臣攝事自當從王所祭之服伏請依周禮凡祀四望山川則以毳冕祭社稷五祀則以希冕朝日夕月風師雨師司命司中則以元冕若七祀蜡祭百神先蠶五龍靈星壽星司寒馬祭等蓋皆群小祀之比合服元冕其攝事之臣不繫其官共從所祭而服從之是日又言郊禮遇雨朝服望祭不設樂按禮記曰大夫冕而祭於公弁而祭於己則是臣子助祭不以朝服也又曰年穀不

不登祭事不懸則是於祭之時旣行吉禮樂不當徹也本朝祠祭遇雨則望祀不為違禮然而服公服又不設樂則非所以稱奉神之意伏請遇雨望祀服祭服仍設樂從之　元豐二年七月判尚書禮部錢藻言竊見五帝壇齋宮率皆狹隘而望祭殿處其中居常與祠執事之人取便坐卧或值雨雪即奉安神座於其上加以前事之夕牲牢脯醢將登諸俎豆以備薦羞而曾無淨室以嚴守護爲每遇祠事輒旋挈持祭器來去疲老之兵休息之際縱橫塗路之側非所以交神明致吉蠲之道乞命有司倣南郊齋宮一新其制神廚外別創神饌庫屋嚴設扃鑰及每處量造祭器更不挈持往來庶幾上稱朝廷以誠感格為民祈福之意太常禮院乞依所請別建神廚庫使與祀事相稱見用祭器據逐郊歲祀舍用數目分置五帝齋舍供帳收管有餘藏在太常以備社稷文宣武成等廟祠祀從之八月郊社令辛公佑言五郊齋宮除南郊外其餘並未增修恐非朝廷所以恭肅祠享之意況赤帝乃本朝感生帝崇奉之禮宜在四郊諸帝之先今之宮壇全未增廣并皇地祇齋宮望祭殿損壞並乞全葺詔將作監約度先次展修又言靈星風師雨師先農等壇去齋宮甚遠齋宿之夕須中夜赴壇行禮雖有肅恭之心且將怠矣又懼風雨陳列祭器無由嚴備欲乞就近別建舍宇所貴使於行禮從之九

月二十一日郊社令言皇地祇神州地祇黑帝三壇各去齋宮迂遠竊見近北有廢罷驍勝宮營皆近諸壇欲乞就彼修建兼隨宜瓶新蓋造從之　三年四月二十八日詳定郊廟奉祀禮文所言唐六典中書侍郎掌貳令之職凡臨軒冊命大臣令為之使則持冊書以授之若自內冊則以冊書授使者又曰送置中書堂案詔周官內史掌王之八柄掌書王命蓋中書之任也古者爵有德而祿有功必賜爵祿於太廟故命內史讀冊開寶禮及郊廟明堂儀注告神之冊而使中書侍郎讀之殊為舛誤蓋贊祠接神者莫如祝故郊特牲曰祝將命也周禮太祝下大夫二人上士四人掌六祝之辭以祀鬼神示此則讀冊之任也開元禮郊廟明堂讀祝並命太祝最為近古伏請郊廟明堂讀冊改命太祝詔差史官攝太祝六月又言謹按周禮大宗伯以玉作六瑞以等邦國王執鎮圭典瑞玉搢大圭然則鎮圭者王執以為瑞大圭者搢以為笏開元禮開寶通禮及儀注明堂太廟皇帝親祠至罍洗奠玉幣飲福皆云搢鎮圭此既非笏不當搢覲禮曰奠圭于繅上說者謂釋於地也諸侯見於天子奠圭則天子祗事天地祖宗亦當奠圭于繅上所有儀注親祠奠玉幣之時搢鎮圭伏請改奠圭其盥手飲福謂宜使人接圭從之二十八日又言謹按唐開元禮并本朝開寶通用禮皇帝致齋前一日尚舍奉

御座於正殿西序及室内俱東向儀禮注堂東西牆謂之序至日皇帝出自西房即御座東向又唐郊祀録凡致齋必東向者變聽政之位也蓋取論語齋必變食殊為辨誤伏請南郊致齋皇帝自内寢居大慶殿御幄易服有司奏事嚴外辦畢即大慶殿御座南向百官北面再拜奏請訖皇帝降就齋所更不設東房西房及御榻東向位明堂致齋文德殿依此從之是日又言古者祀天神燔柴祭地祇瘞埋蓋燔柴則升烟于上瘞埋則達氣于下求神必以其類故也王涇唐郊祀録凡祭地祇則為瘞埳於神壇之壬地方深取足容物祭訖置牲幣祝饌於其中而埋之熙寧祀儀祭皇地祇神州地祇皆

為燎壇方一丈二尺開上南出户方六尺在壇南二十步丙地祭太社太稷又設燎柴於西神門外道北以地祇而同於天神之祀殊悖於禮伏請自今祭皇地祇神州地祇太社大稷其祝版與牲幣饌物並瘞於埳不設燔所有皇地祇神州地祇燎壇並乞除去從之七月十四日又言謹按周禮大宗伯以玉作六瑞以等邦國王執鎮圭言天子受瑞於天諸侯受瑞於天子故諸侯見王執命圭以為瑞而奉祭祀亦執鎮圭以為瑞也說者曰此鎮圭王祭祀時執典瑞云王搢大圭執鎮圭繅藉五采五就以朝日則餘祭祀亦執之孔穎達引鄭志云天子執鎮圭以朝日夕月及祭天地宗廟蓋天子奉祭

祭祀執鎮圭者其摯也搢大圭者其笏也禮記曰見於天子與射無說笏入太廟說笏非古也釋者以為凡言吉事無所說笏入太廟之中唯君當事說笏時臣驕泰僭傲於君當事亦說笏故禮記者明之云臣入太廟當事說笏非古也唐禮親祀天地神祇者搢大圭執鎮圭有事宗廟則執鎮圭而已王涇郊祀録大圭質也事天地之禮質故執而搢之鎮圭文也宗廟之禮亦文故無兼執之義是不知大圭天子之笏其用通於郊廟伏請自今皇帝親祠郊廟搢大圭執鎮圭每奉祀之文既接神再拜則奠鎮圭為摯執大圭為笏當事則說笏蓋臣畢則當事搢笏君尊則不搢別於臣下也從之九月臣

僚言乞立四表以陳二舞詳定郊廟奉祀禮文所言省詳葉防所陳與詳定朝會儀注所稱定舞表事體頗同見已教習乞下太常寺於明堂景靈宮太廟施用新定二舞所執之器亦乞所屬製造從之　四年六月十三日詳定郊廟奉祀禮文所言請祭天别設主日配月之位從以百神從之　十月十五日又言周禮典祀中士二人下士四人掌外祀之兆守若以時祭祀則率其屬而修除召役于司隸而役之守祧奄八人女祧每廟二人掌守先王先公之廟祧若將祭祀則各以其服授尸其廟則有司修除之今之郊社令則古之典祀也宮闈令則古之守祧也古者凡祭祀必於前期埽除未有於

祭日之旦即布神座即出神主而方行掃除者今儀禮
注親祠太廟太祀宫闈令詣室開埳奉神主至於座文
武陪祀之官諸方客使宗室子孫俱就位而禮直官引
司空行掃除如祀圜丘則祀前一日晡後司天官屬郊
社令各師其屬升設神座於壇上及諸陛祀日未明二
刻御史太祝行掃除未明一刻司空行掃除皆不應與
禮伏請自今祠太廟於享日未明三刻宫闈令帥其屬
掃除訖監察御史按視於殿之上下俟皇帝立于阼然
後開埳奉出神主置於座如圜丘則祀前一日晡後郊
社令師其屬掃除御史按祀所有司空太祝行掃除乞
罷從之　六日又言天地之德至大故用文舞以祀圜

全唐文

禮曰舞雲門以祀天神云門之舞冬日至於地上之圜
丘奏之雲門則黄帝樂所謂文舞也於天之德用此以
求稱近世南郊樂舞兼用武舞即記所謂干戚之舞非
備樂也既非古制則又不足以稱天地之德請南郊樂
舞純用羽籥庶合禮意從之　又言天道遠而難致也
故常以神道致之以其尊而難親也故常以人事親之
易曰聖人亨以享上帝人事親之也禮曰郊血神道致
之也本朝郊禮薦熟之外不設血殊為闕禮伏請南郊
先薦血于神座前盛以槃次薦腥次薦熟其北郊準此
仍先瘞以致神從之　又言儀禮特牲饋食禮曰厥明
夕設壺禁在東豆籩鉶在東房南上几席兩敦在西堂

宗人升自西陛視濯此滌濯之節也又曰夙興實豆籩
鉶陳于房中如初盛兩敦陳于西堂如初此實豆籩之
節也又曰主婦薦兩豆葵菹蝸醢佐食舉牲鼎贊者錯
俎俎入設于豆東主婦設兩敦黍稷于俎南及兩鉶于
豆南此薦饋之節也又曰祝命徹作俎豆籩設于東序
下祝執俎以出佐食徹作豆俎堂下俎畢出此降徹之
節也後世王者祭祀之禮不備隆士大夫禮以行之故
曾子問有祭前陳祭器之序周禮亦著夙興陳饌于堂
東及實簠簋之文又大宗伯凡大祭祀王后不與則攝
而薦豆籩徹又内宗之職及以樂徹則佐傳豆籩王后
不與則贊宗伯於此知薦徹饋饌釋者曰司馬主羊司

全唐文

士主豕明還遣此二人舉俎於此知薦徹三牲俎者司
徒司馬司空之職也本朝郊廟祭器陳設既已無法至
臨祭之旦實籩豆簠簋者皆賤有司紛然雜亂非復禮
制其三牲之俎獨以司徒一官奉之而不徹其籩豆簠
簋之薦皆不屬大宗伯而又不徹伏請祭前一日司尊
彝以監祭器官攝帥其屬以法陳祭器于堂東陳設之
法具別圖上僕射禮部尚書視滌濯告潔祭之旦光禄
卿率其屬取籩豆簠簋實之既實反其位及薦腥之初
禮部尚書帥其屬薦豆簠簋戶部尚書兵部尚書工部
尚書薦三牲之腥俎又薦熟俎禮畢禮部尚書徹籩豆
戶部尚書兵部尚書工部尚書徹三牲之俎皆有司受

之以出從之　又言古者郊廟助祭之臣皆親疏異等貴賤異位主客異儀夷夏異制然後禮容不亂而君道益尊故儀禮特牲饋食禮有門外之位以省事有堂下之位以行禮親者在東疏者在西貴者在北賤者在南尊者在前卑者在後主人在東衆賓在西而明堂位夷狄之位皆在門外諸侯之位皆在門内皆不可得而易也國朝之制天子親祠南郊亞終獻及百官統于至尊之後而公卿與分獻執事之臣獨在内壝東門之外又太廟明堂公卿在東宗室在西皆無親疏尊卑之別伏請親祠南郊設助祭公卿位于亞終獻之南設分獻官位于卿之後執事者又在其後每等異位俱重行西向

全唐文

[illegible]北上太廟設亞終獻位於阼階東設宗室位於其後皆東向北上設蕃客位于門外隨其方國詔太常禮院將新定朝會圖又行禮處地步參定太廟約到殿庭東西地步難以立班其景靈宮助祭班位亦乞參定從之

又言周禮太宰之職祀五帝則掌百官之誓戒祀大神祇亦如之享先王亦如之又大司寇禋祀五帝則戒之日涖誓百官戒于百族蓋王者奉天地祖宗之神必具百官以揚其職百官廢職則服大刑非先事戒衆以警之使失禮而入刑則亦罔人而已太宰治官所以佐王事神祇祖考獨掌誓戒者欲人之聽於一也大司寇刑官戒之日涖誓者失禮乃入刑故也國朝沿唐制以太

尉掌誓戒太尉三公官所謂坐而論道者非掌誓之任未合禮意伏請親祠命吏部尚書一員掌誓戒刑部尚書一員涖之從之内掌誓戒以左僕射闕即以右僕射

十一日又言謹按周禮大宗伯以禋祀祀昊天上帝以實柴祀日月星辰以槱燎祠司中司命風師雨師所謂周人尚臭升煙以報陽也夫天神陽祀也煙陽之氣也陽祀而用陽之氣以求之所謂本乎天者親上亦各從其類也近世唯親祠昊天上帝燔柏柴外其餘天神之祀皆燔牲首五帝日月司中司命風師雨師靈星壽星並請以柏為柴升煙以為歆神之始從之　又言歌者在上匏竹在下貴人聲也匏竹在前鍾鼓在後貴人氣

全唐文

也書曰搏拊琴瑟以詠此堂上之樂又曰下管鼗鼓合止柷敔笙鏞以閒此堂下之樂堂上之樂以象朝廷之治堂下之樂以象萬物之治後世有司失其傳歌者在堂兼設鍾磬宮架在下兼設琴瑟堂下匏竹寘之於床並失其序伏請每遇親祠宗廟歌者在堂更不兼設鍾磬宮架在庭更不兼設琴瑟堂下匏竹更不寘之於床其郊壇上下之樂亦乞依此正之有司攝事准此詔依

元豐元年明堂殿上即用金鍾玉磬各一架十一月十日詳定郊廟奉祀禮文所言臣等謹按禮於祭之末不忘至賤而以其餘畀之故賜胙貴者取貴骨賤者取賤骨雖煇胞翟閽罔不均及非明足以見仁足以與其執

能行之本朝親祠賜胙自宰臣等而下之至祝官雖有多少之差而無貴賤之等伏請三師三公侍中中書令尚書令尚書左右僕射(大禮使同)親王(並終獻同)開府儀同三司門下侍郎尚書中書侍郎尚書左右丞知樞密院事同知樞密院事禮儀使儀仗鹵簿頓遞使牛肩臂臑五(不足即以正脊橫脊正脊脊代脊及脇代)羊肩臂臑五承肩臂臑五太子三師特進觀文殿大學士太子三少御史大夫六尚書金紫光祿大夫銀青光祿大夫節度使觀文殿學士資政殿大學士翰林承旨翰林資政端明殿翰林侍讀侍講龍圖天章寶文閣學士左右散騎常侍尚書列曹侍郎樞密龍圖天章寶文閣直學士光祿大夫正議大夫御史

全唐文

中丞太子賓客太子詹事給事中中書舍人通議大夫節度使觀察留後左右諫議大夫知制誥龍圖天章寶文閣待制大中大夫秘書殿中監中大夫太常宗正卿觀察使牛肩臂臑三(不足即以正脊正脊代)羊肩臂臑三承肩臂臑三入內內侍省內侍省押班副都知光祿卿監祭禮官博士牛脊脅三(不足即以髀膊胳代)羊脊脅三承脊三太祝奉禮司尊彝郊社令太廟宮闈令監牲牢應祠事內臣羊髀膊胳三承髀膊胳三應執事職掌樂工門幹宰手馭馬御車人並均給(髀肫胳觳及腸胃膚之類)有司攝事執政親王宗室使相禮部戶部尚書禮部侍郎宗室節度使正任以上羊肩臂臑五承肩臂臑五應用牛牲處除進胙外加

牛肩臂臑五(不足即以正脊直脊橫脊橫脊短脊代脅及脇代)太常卿少光祿卿禮部祠部戶部兵部工部郎中員外郎監祭禮官博士羊肩臂臑三承肩臂臑三應用牛牲處除進胙外加牛肩臂臑三(不足以正脊脅髀膊胳代)太祝奉禮社稷令宮闈令齋郎羊膊胳三承膊胳三應執事職掌樂工門幹宰手馭馬從人以上並均給(髀肫胳觳及腸胃膚之類)從之　元豐五年七月五日尚書禮部奏太常寺參詳雩壇當立圜壇於南郊之左已地依郊壇遠近高一丈廣輪四丈周十二丈四陛爲三壝二十五步周垣四門燎壇一如郊壇之制從之二十九日太常寺言丙申詔書季秋祀英宗於明堂推以配上帝其餘從祀羣神悉罷臣等以類推之猶有

全唐文

未盡善者周頌噫嘻春夏祈穀于上帝本朝啟蟄而郊龍見而雩有司尚緣近制皆以群神從祀群祀悉罷以明事天不二又言按禮雩壇在國南今寓圜丘非是乞改築並從之十一月二日詳定郊廟奉祀禮文所言周禮小宗伯禱祠肆儀爲位後漢肆司徒府皆不於祠所以遠慢戒瀆本朝親祠南郊習儀於壇所明堂大慶殿皆近於瀆伏請南郊習儀於青城明堂習儀於尚書省以遠神爲恭從之　六年正月二十三日尚書禮部言舊禮大祀前七日平明太尉誓百官於尚書省近制親祠南郊明堂太尉掌誓戒用左僕射闕即以右僕射以刑部尚書涖之今有司攝事大祠即初獻官掌誓戒前期

七日南嚮讀誓文無涖誓之官又吏部刑部官於歲時常祭皆不聯事實為闕誤臣切惟祭祀之有誓戒所以要之以刑重失禮也古者掌誓戒有專官欲人之聽於一也周以太宰掌百官之誓戒謂其為天官之長且佐王治而以大司寇涖百官戒於百族蓋言失禮則入刑也唐以太尉掌誓戒亦緣任隆公輔地居冢司故也周禮三公無官必兼冢宰然後可以任王治書曰惟周公位冢宰正百工故以太宰掌百官之誓戒今以宰相親王執政官宗室使相郡王節度使以上為初獻即掌誓戒得其職矣蓋與周冢宰唐之太尉同意自餘初獻止是禮部尚書以下既不為攝太尉而亦掌誓戒誤矣臣

全唐文

又按周禮小宰以官府之六聯合邦治一曰祭祀之聯事謂一官不能獨舉則六官共有事於此故曰官聯今尚書六曹乃六官之任諸祠祭以禮部為獻官以戶部兵部工部為奉俎官而吏部刑部無事於其間非所謂官聯也伏請自今太祠宰相親王執政官宗室使相郡王節度使以上為初獻行事依舊掌誓戒餘以吏部尚書或侍郎掌之蓋吏部天官之任也仍用刑部尚書涖誓闕即以侍郎並不散齋致齋不與行事其掌誓之西別為一班亦南嚮受誓戒者獻官禮官以西為上奉俎官以東為上分獻官立于獻官之後並北嚮監祭使執事位自如故事親祠即依元豐四年十月六日詔用左

用左右僕射掌誓刑部尚書涖誓又言陽祀升煙所以達氣于天為降神始也今燔柴用栢甚微親祠以百束有司行事上帝四祀以二十斤餘自五方帝大明夜明九宮貴神而下並以十斤無大中小祀之別欲乞親祠依舊用百束餘大祠皆準親祠之半中小祠又遞減半止用雜薪其燎壇制度當再考從之二月二十四日太常寺言郊廟用樂二十虡若遇雨雪則覆以幕臨祭恐不能應辦自今如望祭即設於殿上從之是日監察御史王桓言祭祀牢醴之具皆掌於光祿而寺官未嘗臨涖失事神之恭伏請大祠皆輪光祿卿少朔祭及中祠輪丞簿監視宰割禮畢頒胙有故及小祠聽宮闈令或

全唐文

太祝奉禮攝其應進胙者卿少望闕再拜進並從之三月二十四日詔禮部官一員提點南郊事務仍止就本部行移更不特稱官司七月二日詳定編修諸司敕式所言南郊事務令所屬本曹郎官一員點檢舊大禮差提點頓遞六員後止以一員提點一行事務令郎官惟專本部之事而新制官曹事務析正與舊不同兼郊廟禮文所改革去留事目不少謂宜將來大禮且仍舊專差官提點一次所貴協相熙事詔曰析令新正之初誠慮及期有司奉行疑惑於事舛錯有害不悅造令之人人得藉口歸舊咎成法且諳詳始末惟本司官吏最為可委檢察應接宜依所奏止就差本司官提點應式令

所該一行事務八月十三日詔自今小祠亦供水鑑從監察御史翟思請也二十八日詔南郊式有皇帝稱臣遣使所遣官不稱臣自今依舊儀皇帝稱臣遣官亦稱臣先是沈括上南郊式以為被遣官亦稱臣不應禮改之至是復舊九月二十七日尚書禮部言周禮凡大祭祀王出入則奏三夏明入廟門已用樂矣今既移祼在作樂之前皇帝詣罍洗奏乾安則皇帝入景靈宮門及南郊壝門亦當奏乾安樂庶合古制從之十一月十日權直學院蔡卞言大禮祝冊舊式前十日學士院進書訖送禮部近詔親祠圜丘景靈宮太廟並於行事日未明之前各就齋殿進書而未進書以前止在學士院幕

全唐文

次誠未足稱嚴奉之意望於皇帝致齋前三日進書付禮部從之仍著為令　七年五月二十七日尚書禮部太常寺言被詔自四月朔七月晦凡中下祠前期一日皆命有司供冰鑑今歲藏冰少望令不設從之六月六日尚書禮部言親祀之歲夏至祀皇地祇於方丘遣冢宰攝事禮容樂舞謂宜加常祀而其樂虡二十樂工百五十有二舞者六十有四與常歲南郊上公攝事無異殆未足以稱明詔欽崇之意乞親郊之歲方丘所用樂舞如親祠用三十六虡工人三百有六舞人三十有四從之七日禮部言親祠儀注饗太廟祀圜丘皇帝並服韡袍至大次伏緣車駕自大慶殿赴景靈宮太廟次

赴南郊並服通天冠絳紗袍且禮以進為文宜有隆而無殺前一日既成服以赴祠所及行事之旦所謂三日齋一日用之者也乃釋服韡袍至大次未協禮意謹按郊特牲曰祭之日王皮弁以聽祭報謂小宗伯告時告備也說禮者以通天冠猶古之皮弁則通天冠者齋服也今禮部奏中嚴外辦所謂告時告備者伏請太廟圜丘祭日之旦自齋殿赴大次服通天冠絳紗袍從之續會要熙寧二年十一月二十四日皇長子生二十七日遣翰林學士司馬光告太廟以太牢報祀天地社稷高禖諸陵　七年六月二十日皇子生遣叅知政事呂惠卿奏告太廟以後遣親王或宗室郡王他如舊禮　六年正月十一日奉僖祖皇帝為太廟始祖遷順祖皇帝神主於夾室前二日遣官奏告太廟　七年八月三日以十一月二十五日南郊雅飾奏告太廟后廟　八年七月二十七日詔贈尚書令韓琦配享英宗廟遣官奏告　九年

全唐文

正月二十三日以征交趾遣祕閣校理同知太常禮院鄭雍祭告南嶽司天昭聖帝集賢校理同知太常禮院陳侗祭告廣州南海洪聖廣利昭順王　元豐元年閏正月一日提舉修河所言期以丙戌興工塞曹村決河詔遣權判太常寺李清臣乘驛祭告就差走馬承受韓永式齋香建道場三晝夜　二年四月七日詔導洛通汴以是月甲子興工遣官祭告　十月二十九日以大行太皇太后上僊遣侍從分告天地太廟社稷升朝官分告諸陵　大觀二年十月六日靖和皇后崩亦如之　三年正月十三日以上慈聖光獻皇后謚冊寶分遣近臣從官奏告天地宗廟社稷宮觀　六年正月二十三日禮部言每歲祀昊天上帝感生帝祭皇地祇神州后土皆祖宗配座差中書舍人一員前二日詣太廟本室奏告或時闕員改差不逮緣宗廟時饗既用宗室攝事即奏告亦乞用宗姓奉告廟享為宜從之　六月二十二日尚書禮部言將來孝惠孝章淑德章懷四后升祔請差官先詣天地宗廟社稷景靈宮諸陵奏告從之　閏六月十九日尚書禮部言四后升祔增建石室請行告遷太祖皇帝孝明皇后太宗皇帝懿德皇后明德皇后元德皇后真宗皇帝章穆皇后章獻明肅皇后章懿皇后權赴齋殿奉安從之仍追江夏郡王宗惠行奏告之禮八月十三日尚書禮部言議定仁宗皇帝英宗皇帝徽

號集百官詣太廟本室奏請及遣官奏告天地宗廟社稷永昭永厚陵從之九月二日尚書禮部言太常寺期以七日告大行皇帝謚號冊寶於圜丘及皇地祇宗廟社稷宮觀翌日讀謚冊寶於靈御之前從之八日門下省言皇子降誕遣官告天地宗廟社稷諸陵內太廟差皇伯江夏郡王知大宗正事宗惠奏告今宗惠以男州團練使仲奚犯法家居待罪難以赴廟行事欲乞差以次官從之哲宗元祐元年八月五日禮部言明堂景靈宮皇帝親行儀注服設小次緣近儀設皇帝版位於阼階之上其小次合於明堂阼階之東丹墀之上西向陳設從之六年九月三日禮部太常寺言自來正月上辛四月雩祀九月明堂十一月冬至上公攝事四祀上帝降神之樂並通用一章近詔明堂祀上帝不可寓於圜丘乞將南郊齋宮望祭奠權為明堂以祀上帝其降神樂章內有夙設圜壇之句與禮

全唐文

意不協乞下學士院修改從之　紹聖二年七月六日大禮使司言百司應舉明堂諸事望令於八月中旬以前申請了當庶免廹期誤事從之三年六月二十七日權尚書禮部侍郎黃裳言北郊配帝之牲用赤與南郊用牲其色不同竊以帝王德配天地則其牲幣宜從所配之色請皆用黃又言南郊設十二鎛鐘北郊設十二特磬按開元開寶通禮夏至祭地于方丘設十二鎛鐘於編架之間今親祠皇地祇請增鎛鐘十二並從之八月十五日權禮部侍郎黃裳言先王資陰陽之用取明水火以共祭祀淮南子以大蛤為方諸李真以此得水數斗蓋有已試之驗今以明水難取遂兼明火弗用非

所以祇事大神祇之意乞再下有司訪求所以取明水之法天下必有能知之者詔令禮部講求試驗以聞元符元年六月三日詔今後大禮提點事務官令禮部申尚書省取旨差其天授傳國受命寶依令奏請降出　先是元祐七年并紹聖二年皆朝旨差提點事務官又奏請降出天授傳國受命寶亦未有成法有司奏稟故有是詔二十二日將作監言被詔修建南郊青城齋宮今已繪圖進稟緣大禮日逼望且先次修建寢殿等餘候禮畢興修宮外城圍亦預計工力從之十一月十四日齋宮殿宇工畢凡為屋九百一十三間十月二日左司員外郎曾旼言伏考典禮以氣臭事神自周人始

全唐文

至於近世易之以香謹按先儒何於之議以為南郊明堂用沉香本天之資陽所宜也北郊用上和香以地於人親宜加雜馥前代祀志實存其說今北極天皇而下皆用濕香至於衆星位香則不復設竊恐於義未盡臣等看詳元豐親祠儀南郊龕陛及壝內從祀神位已有立定上香儀而內壝之外衆星未有立定香數神位繁宂難以徧設香爐欲比附壝內從祀神位每陛設香爐一其濕香各以四兩為定制從之　二年二月十日詔將作監修建北郊帷宮望祭殿續會要元祐二年九月二日熙河路經畧總管司擒西蕃大酋領鬼章以獻詔差左諫議大夫孔文仲奏告永裕陵　鬼章乃董氈之將桀黠有謀諸羌畏服之自踏白城之役神宗每欲平殄至是竄入洮州諸將懷先朝恩德士卒用奮遂擒之檻車以獻詔奏告裕陵

紹聖二年六月一日詔以增上神宗皇帝徽號命門下侍郎安燾奏告天地宗廟社稷二日學士院言增上神宗皇帝徽號將以七月十四日遣官詣永裕陵奏告故事告陵當用祝文今尚循元祐格用表非是望仍元豐故事從之　先是中書省養改學士院格御劄降奏告諸陵已依祖宗故事而降誕皇子及他告謝尚未釐正至是遂盡復　三年十月二十六日以皇后孟氏廢居瑤華宫差官奏告天地宗廟社稷宫觀　五年四月八日以將受傳國寶命近臣奏告天地宗廟社稷　元符二年五月二十一日涇原路進築南牟會新城爲西安州軍畢工遣官奏告太廟永裕陵上謂輔臣曰開拓疆土列置城寨一二年盡有横山之地西夏由是衰弱惶怖請命神宗之功昭矣八月五日以皇子茂生差官奏告天地宗廟社稷諸陵二十六日以城西安州及五路進築就緒命皇弟端王奏告太廟十月九日以收復青唐置湟州鄯州命近臣奏告太廟社稷諸陵　三年四月一日太陽虧遣官奏告太社二十三日以皇太子生命輔臣奏告天地宗室奏告太廟侍從官奏告社稷高禖又令吏部差官奏告諸陵　自是皇子生皆遣官奏告如禮六月十六日以復元祐皇后差官奏告天地宗廟社稷宫觀

全唐文

徽宫崇寧二年三月六日太常少卿席旦言本寺見用元祐祀儀自元豐元年被旨編修至元祐三年而書成恭惟神宗制禮作樂以貽萬世且詔有司講求奉祀禮文而修飾之其每歲常祀上自昊天下逮七祀其事有制其名有義其容有度其物有數其疏數有節其設飾有文其書不獲成於元豐之時皆嘗討尋條牘以年月寖遠往往不全今畧加檢會見用祀儀内有漏落及有增損事節未經修入改正者甚多望下本寺將元祐祀儀與增損漏落事件許令本寺官屬重加討論看詳修載成書仍乞以崇寧祀儀為名庶昭神考制作之盛以廣陛下繼述之志從之崇寧祀儀不見書成年月　十二月十二詔景靈宫太廟郊壇登歌不兼設鍾磬並依元豐舊制先是元符元年十一月己詔登歌依元豐四年指揮不設鍾磬建中靖國元年郊廟登歌復兼用之至是以禮部太常寺申請故有是詔　四年八月二十一日詔天地宗廟社稷百神之祠所有御封香表〔青詞〕祝自來止使臣取降及執事人齋往未至嚴潔宜令有司製造朱紅匣并襜床共十二事覆以黃帊油帊錦帽絡縫紫寬衫四十八事均送入内内侍省學士院秘書省仍造兩幅黃絹袷帊五十銅香合二百具方二尺五寸黃絹袷帊二百條付入内内侍省製朱紅小匣二十付學士院秘書省自今祝版及青詞表文既進降出即置於匣親事官四人服所給錦帽等奉至祠所皇城司每半年差

全唐文

親事十八人内節級二人分於學士院入内内侍省擔舉御封香青詞表祝　五年十一月二十八日禮部太常寺言準令諸壇置守壇戶洒埽除治大祠二人中小祠一人所有南郊及雩祀上帝北郊皇地祇壇壝三重亦止二人請各增為六人餘大中祠壇各增為四人從之　大觀元年七月十七日資政殿學士鄭居中言竊以國家祈報社稷崇奉先聖上自京師下逮郡邑以春秋上丁社日行事然太社太學獻官祝禮皆法服至於郡邑則用常服欲命有司降祭服于州郡俾凡祭祀各服其服以盡事神之儀詔以衣服制度頒之州郡自製敝則聽其改造庶簡而易成　二年八月十九日詔禮

以序人倫為甲尊後先之等以辨上下故知禮之序然後可以制禮禮壞久矣失後先之序無復統紀考於周書其制具在以禋祀祀昊天上帝以實柴祀日月晨星以槱燎祀司中司命風師雨師以血祭祭社稷五祀五嶽以貍沈祭山林川澤以疈辜祭四方百物以肆獻祼享先王與禴祠烝嘗為吉禮之事而冠不在焉蓋先天而後人為禮之序不可踰也今以義起於千載廢闕之後不追述先王制作之原以冠為吉禮之首失先王之意遠矣可並改正依周吉禮之制十一月十五日兵部尚書議禮局詳議官薛昂奏有司所用禮器如尊爵簠簋之類與士大夫家所藏古器不同蓋古器多出於墟

全唐文

墓之間無慮千數百年其間作必有所受非偽為也傳曰禮失則求野今朝廷欲訂正禮文則苟可以備稽考者宜博訪而取資焉欲乞下州縣委守令訪問士大夫或民間有蓄藏古禮器者遣人即其家圖其形製送議禮局從之　四年四月二十八日議禮局言臣等聞古之祭祀必七日戒三日齋戒者防其德然後可以交於神明所以齋則見其所為齋者有能一日盡其誠於此則可以承祭祀矣必期以十日者何也人之精神動而難靜非俟之以久則夜氣之所息不足以勝旦晝之所為今夫自甲至癸日一周也五行剛柔氣一成也周官太宰祀五帝則前期十日帥執事而卜日遂戒謂散齋

七日致齋三日也秦變古法改用三日漢則天地七日宗廟五日魏晉因之唐則大祀七日雖多寡不同皆非先王之制欲乞明詔有司應郊廟大祭祀皆前期十日而戒散齋十日以定之致齋三日以齋之以應典禮手詔曰祭祀雖有不同而其齋明致一以交神明不可異也宜依所奏　又言按周官凡以神仕者掌三辰之法以猶鬼神祇之居辨其名物釋者曰居謂坐也凡郊之布座皆有明法焉夫神鬼祇各有居以辨其名物則若今之神位版是也昔祖宗接五代禮廢之後每遇大禮至或以紙書神號而以飯帖於版者逮乎治具日修禮文日煥而版位始以朱漆金字稍稍嚴潔臣等猶以為

全唐文

未盡也謹按周禮職金旅于上帝則共其金版享諸侯亦如之蓋旅上帝非一帝也享諸侯非一侯也故必有版以辨其名與位焉而版必以金為之者蓋禮之大者莫過乎事上帝與享賓客所以極其嚴潔而不敢忽也伏請凡祀昊天上帝皇地祇五方上帝神州地祇大明夜明與配神之帝皆以黃金飾木為神位版鏤青為字其餘則用朱漆金字以是為尊卑之差　又言按周官大宗伯凡祀大神享大鬼祭大示詔大號說者詔大號者謂大宗伯告太祝出祝辭也　又言禮記禮運曰作其祝號說者謂祝為主人享人神辭也古先聖王嚴恭祀事以謂交三靈而通之者莫重乎此故其辭太祝作

之大宗伯詔之至後世始相沿襲其所謂詔大號作祝號者廢矣且以宗廟言之曰暑度環周歲序云及永懷追慕伏增遠感者唐開元禘祫之辭也曰暑運環周歲序云及永懷追慕伏增遠感者本朝開寶禘祫之祝辭也曰暑度環周歲序云及永言追慕伏增遠感者崇寧禘祫之祝辭也夫冊祝以交神明而循歲習傳恐非古者嚴恭祀事之意況因太平盛時陛下恭承先志以制大禮其冊祝豈可因舊而弗改乎臣等欲乞特詔儒臣分撰以成一代之典　又言按春秋傳曰祝史正辭信也蓋祭祀以誠意為主誠意不可盡見則達之於言辭先王先成民而後致力於神則必著之話言而並之祝

全唐文

史之官陳情薦信以告于神明祝史既擇精爽不携貳者為之又有方冊以備謬誤自百名以上則書之策不滿百名則書之方臨事執讀以號詔於天地之間所謂民力普存三時不害上下嘉德之意得以昭格幽明交通神人其事不亦重乎自魏以後郊祀有祝文無冥文晉宋因之並用祝版唐則隨文之多少名之疎密為大小長短之制及所用之木亦有意義今祠祭祝版皆以梓木為之未合古制乞依唐制以梓楸木充　又言祭法曰燔柴於泰壇祭天地瘞埋於泰折祭地也諸儒皆以謂祭天即南郊所祀感生之帝祭地即北郊所祭神州之神歷代崇奉以為天地大祠故牲以繭栗席以藁

鞂器以陶匏其儀必與昊天上帝皇地祇等今太常祠感生帝神州地祇儀注牲用繭栗席用藁鞂已合古禮而所用之器與宗廟同則為非稱伏請自今祠感生帝神州地祇並用陶匏　又言周禮大司樂之職分樂而序之以祭以祀乃奏黃鍾歌大呂舞雲門以祀天神乃奏太蔟歌應鍾舞咸池以祭地祇鄭康成謂天神者祭受命之帝於南郊地祇者祭神州之神於北郊也按今國朝郊祀儀注皇帝親祠則設宮架登歌用文武二舞其有司行事唯祀昊天上帝皇地祇及明堂雩祀祈穀皆如親祠之儀其感生帝神州地祇國家崇奉為大祠以僖祖太宗配侑而有司行事不設宮架二舞殊失所

全唐文

以尊祖侑神作主之意伏請常祀感生帝神州地祇皆設宮架二舞庶幾尊事神祇祖宗名物皆稱並從之二十九日議禮局言牙盤上食非古也唐天寶之末韋縚等據經而議謂褻味多品不可交於神明欲罷去之乞祭惟籍以席不用牙盤從之　又言國家崇奉赤帝為感生帝以僖祖配侑與迎氣之禮不同尊異之也而乃祀於立夏迎氣之壇甚不稱所以尊異之意請於南郊別立感生帝壇依赤帝高廣之制從之七月十三日詔近聞祠祭所多不肅靜有違誓戒甚失嚴奉之意宜令太常寺常切檢察務要嚴肅不得喧瀆　政和二年八月二十四日太常寺言宗廟太社太稷並為大祠今太

社太稷登歌而不設舞獨為未備宜用宮架緣太社太稷迎神送神樂曲係兩壇合奏今用宮架樂舞則迎神送神請罍洗歸復位捧俎退文迎武亞終獻望燎樂曲並合用宮架樂設於北牖之北從之　三年五月十四日太常寺言諸大中小祠祀儀所載並前一日太官令帥人以鸞割牲今獨親祠行禮有鸞刀諸大中小祠亦亦乞製造依議施行從之十月二日詔令諸州縣祭祀於式內添入前一日點饌三日詔朕若古之訓惟天為大天下萬物無以稱之故先王以類而求祀於圜丘象其形莫以蒼璧倣其色冬日之至取其時大裘而冕法其幽而未有以體其道夫天元而地黄元天道也朕荷

全唐文

天顧諟錫以元圭內赤外墨尺有二寸旁列十有二山蓋周之鎮圭有法乎是祇天之休于以昭示上帝而體其道過周遠矣將來冬祀可搢大圭執元圭庶格上帝之心以數佑于下民永為定制十四日手詔先王制器必尚其象然後可以格神明通天地去古云遠久失其傳衆集三代盤匜罍鼎可稽考取法以作郊廟禋祀之器煥然大備無愧於古矣可依所奏載之祀儀先是臣僚言陛下覽觀三代一新祭器肇造盤匜增備罍鼎及禮料容受之數不無增損欲乞報太常光祿寺等處修入祀儀故有是詔　四年五月六日大禮使司言大禮禮料所用形鹽舊例惟以散鹽印造未應典禮今後乞

並圖作虎形從之十三日詔令後夏祭地祇遇雨令行事官就齋宮望祭殿行禮　六年閏正月十一日太官令熊倩言凡祠祭奠幣讀祝官皆跪太官酌酒獻官受爵不跪謂宜跪酌跪受以盡嚴事之宜下禮制局看詳請如所乞施行從之六月十二日宣和殿學士禮制局詳議官蔡攸言臣昨面受睿旨討論位版之制也退考太史局所掌見用版位皆無所稽據謹按周官猶鬼神祇之居則知凡祀未嘗無位旅上帝供金版則知凡位未嘗無位版唯長短廣狹厚薄之數不見於書謹參考禮文傅以經誼伏請昊天上帝位版長三尺以取參天之數厚九寸以取乾元用九之數廣一尺二寸以取天

全唐文

之備數書徽號以蒼色以取蒼璧之義皇地祇位版長二尺以取兩地之數厚六寸以取坤元用六之數廣一尺以取地之成數書徽號以黄色以取黄琮之義仍取周官之制皆以金為之飾又謹按春秋公羊傳周之郊祭稷王者必以祖配也自內出者無匹不行自外至者無主不止而何休以謂匹合也無所會合則不行得主人乃止蓋郊所以明天道也而天道未易明宜推人道以接之詩序所謂尊祖后稷故推以配天者如此其配位版在冬祀則宜與昊天上帝同制在夏祭則宜與皇地祇同制以稱尊祖以配天地之義又謹按周之盛時郊祀后稷以配天宗祀文王於明堂以配上帝則祖遠

而尊故推以配天稱近而親故推以配上帝其義一也
蓋天以體言帝以用言其實無二其明堂位版宜與冬
祀同制配位版宜與祖配同制從之七月五日禮制
局言皇帝親祠南 郊自齋宫赴壇故事乘大輦今請
造大輅如玉輅之制唯不飾以玉所駕之馬其數如之
唯繁纓一就以稱尚質之義仍建大旂十有二旒龍章
日月以協象天之義至禮畢還齋宫則御大輦於禮無
嫌從之 先是言者以禮親祠天地皆乘玉輅以赴齋
宫至壇正當祀事之時乃乘大輦疑非禮意下禮制局
討論故有是請八月十四日禮部言州縣召募禮生習
五禮新儀未有定立州縣合募人數及許支給窠名則
全唐文
則例檢會政和格禮生州二人縣一人詔召募人數依
禮部所申止於吏人内依格選補每月添料錢一貫米
一石諸路依此九月二十五日禮制局言太廟祭器舊
每室籩豆十有二簠簋各二蓋用有唐開元之制乞盡
循周制籩豆各二十有六簠簋各八從之十二月十三
日詔今後導駕官并朝服結佩應親祠除祭服外餘並
朝服不得常服 時方議親耕籍田儀注因詔定輦輅
駕仗之文并有是命二十日禮制局言伏見太廟祭器
内鉶用三登用一竊考鉶與登皆盛羹之器祭祀烹牲
於鼎升肉於俎其湆芼以鹽菜實之於鉶則謂之鉶羹
不致五味實之登則謂之大羹周官享人祭祀共大羹

鉶羹是也且宗廟之祭用太牢而鉶實牛羊豕之羹固
無可論者至於太羹止設一登不知果以何牲之湆而
實之邪議者惟知儀禮芼鉶有牛藿羊苦豕薇之文故
用三鉶而不疑至太羹無一定之說所以止用一登也
以少牢饋食禮考之則少牢者羊豕之牲也上佐食羞
兩鉶司士進二豆湆兩鉶鉶羹也二豆湆大羹也少牢
之鉶豆用二則三牲之祭鉶既設三登亦用三無疑矣
伏請太廟設三登實牛羊豕之湆以為太羹明堂亦如
之其賜宰執與高麗祭器亦乞增一為二於禮為合從
之 七年正月十七日禮制局言昨討論大駕六引開
封令開封牧秉畢墨車兵部尚書禮部尚書戶部尚書
全唐文
書御史大夫乘夏縵已經冬祀陳設訖所有駕士衣服
尚循舊六引之制宜行改正况天子五輅駕士之服各
隨其輅之色則六引駕士之服亦當如之請墨車駕士
衣皂夏縵駕士皂質繡五色團花於禮為稱從之四月
十日太常寺言將來奉上后土皇地祇徽號册寶及親
祠大禮所差供獻亞終獻匏爵金筆罍洗并龍櫝木爵
等供祠執事官欲乞並服祭服從之十八日禮制局言
謹按易鼎彖以木巽火亨飪也聖人亨以享上帝周禮
小司寇祀五帝則實鑊水士師沃鑊水蓋濟以木爨火
之事而成之佐王事上帝刑官與有力焉亨飪於禮為
最重而易取象甚大今之神廚鑊水乃委於庖吏之賤

伏請進熟神廚倣周禮以刑部尚書實鑊水刑部侍郎
增沃鑊水庶合禮經之意從之六月二十四日詔天下
州縣歲祭社稷雷風雨師及釋奠文宣王而冠服悉循
其舊形制詭異在處不同可令禮制局造樣頒下轉運
司令本司製造下諸州州下縣庶衣服不二以以齊其
民疾速施行八年四月九日吏部尚書許光疑言乞自
今應祀事前一日神位版即安奉於祠所幄次初獻以下
悉詣幄次恭視庶幾仰副陛下崇奉之意詔祠神位版
理當嚴奉可依奏行下　宣和元年五月二十七日永
興軍路安撫使董正封言竊惟朝廷講明祀事頒降五
禮規矩儀式具備然而祠祭所用樽俎籩豆簠簋之類
全唐文
或有未應法式去處如臣前任知鄆州及今來永興軍
釋奠祭祀所用禮器一切損獘及臣前任知杭州日蒙
朝廷降式樣製造上件禮器與今來逐處見用全然大
小不同恐失朝廷奉祀之意望下有司彩畫式樣降付
逐路製造以供祭祀所貴上尊朝廷奉祀之禮意詔送
禮制局繪圖頒降令諸路州軍依圖製造內有銅者以
漆木為之十月二十一日太府卿盧法原言頃者冬祀
而天神降夏祭而地祇出圜丘方澤靈應變異萬目咸
覩曠古所未聞也固嘗下詔以其日名天應寧貺節且
禁刑殺止屠宰所以承神祇之休無所不至竊謂凡遇
親祠雖行事等官受誓戒及有司不奏刑殺文書其餘

百司庶府及四方郡縣蓋未嘗有禁也緣親祠之日各
隨冬夏之日至與天應寧貺節日每不同伏望凡遇冬
祀夏祭親祠之日俾天下並止刑殺屠宰一日著之於
令詔今後冬祀夏祭親祠日禁止刑殺屠宰一日　二
年五月十一日蘄州司錄宋惠直言恭以國家寅奉天
地社稷百神之祀凡在有司罔不祇肅而外之郡縣吏
或不虔歲時祠祭長吏所當率先奉行往往臨時託故
避免或詣祀所而以他官奠拜或祀所致齋而擅便歸
回廨宇或祭服士服輒已置而不用以至犧牲器幣籩
豆酒醴類不蠲潔祀典所載殆成虛文甚非所以欽明
神而承上意欲望朝廷申敕有司嚴恭祀事委自監司
全唐文
按察施行太常寺檢會政和七年十一月敕新差知潭
州陸藻言陛下飭躬備禮以先天下而郡縣之間或者
長吏不親臨而委事於其副贊相不預買而用之於臨
時故籩豆黍稷不備不充薦祼興俯不中儀式五齋三
酒各有法也率未嘗宿醞犧牲滌養各有期也率未嘗
素養齋祓簡慢牲酒瘠酸誠意不加神不顧享願訓飭
有司申明告戒篤誠禋潔遵奉禮文詔應郡縣祭祀不
如禮令許所部監司糾劾廉訪使覺察聞奏二月二十
二日尚書虞部郎中舒彥言恭惟陛下纂紹以來攄發
聖思緝熙隆典乃詔大晟頒降樂器於方國於是薄海
內外始識明聖之述作而聞咸韶之音然伏覩近者獻

議之臣謂州郡行戶下等爲樂工免行爲不便乃欲選廂卒充樂工以謂廂卒役兵也又其間有出於配隸之餘夫州郡春秋祠祭社稷風師雨師與釋奠宣聖禮至重也而樂工乃以黥卒爲之誠恐文不相稱也欲望詔州郡將使院與諸司貼書籍其數取其粗曉文禮者充樂工從遂州公使庫量與月給惟三歲料場許差賸錄餘差使悉聽免其應選而偷墮不願爲樂工與習而不能精者罷之不得爲貼書選以次者輔之於以事鬼神而召豐年其與用廂卒爲樂工豈不有間哉諸路州軍如有貼書可選差去處許差餘依奏續會要崇寧元年十一月二十四日以廢元祐皇后命近臣奏告天地宗廟社稷宮觀及遣官分諸陵　三年五月五日詔以收復廓州遣輔王奏

全唐文

告太廟侍從官分告社稷諸陵同日以收復鄯州命親王奏告太廟侍從官分告社稷諸陵　四年八月二十九日古州蠻酋納土亦依此奏告　八月十六日以史定神宗皇帝徽號及增上哲宗皇帝徽號遣宮奏告天地宗廟社稷景靈宮　四年八月二十七日中書舍人張閣因奏被旨以古州等處納士奏告永昭永陵厚陵上曰古州古牂柯夜郎之地舉國內屬盡出詔謀　大觀元年十二月十三日以收復平允從庭子鎮觀州延德軍八軍州命親王奏告太廟近臣奏告永裕陵二十八日詔以來歲元日恭受八寶遣官奏告天地宗廟社稷　二年正月七日以受寶禮畢遣官奏告帝鼎二月六日以上靖和皇后謚遣官奏告天地宗廟社稷宮觀　四年十二月二十四日詔更謚曰惠恭皇后遣官奏告太廟　政和元年正月十八日皇后將受冊改用二月九日正月十四日奏告差官昊天上帝差左僕射何執中皇地祇差中書侍郎劉正夫太廟晉康郡王孝騫別廟江夏郡王仲奚太社令太稷禮部侍郎潘兄景靈東宮兵部侍郎張克公殿中監高仲司成張邦昌中書舍人劉嗣明景靈西宮待制李孝壽中太一宮秘書少監趙存誠醴泉觀秘書監何志同上清宮起居郎陳遙路慶宮起居舍人任熙明九成宮侍御史毛注　二年十月二十一日詔以冬至日受元圭命太師楚國公蔡京

前期三日奏告昊天上帝司空尚書左僕射何執中告皇地祇皇弟越王偲告太廟皇兄豫章郡王孝參告別廟吏部尚書張克公告太社太稷　三年二月二十五日詔以太平告成命皇兄晉康郡王孝騫告永裕陵皇兄豫章郡王孝參冊告永泰陵奏告永裕陵冊文曰維政和三年歲次癸巳二月癸未朔二十五日丁未孝子嗣皇帝臣御名謹遣皇兄寧國軍節度使開府儀同三司上柱國晉康郡王食邑六千七百戶食實封一千七百戶臣孝騫敢昭告于皇考神宗體元顯道帝德王功英文烈武欽仁聖孝皇帝伏以體道御邦憲天稽古權輿萬事踰越百王肆及冲人嗣守遺緒敦宗廣愛勸學興能董正治官阜通美利惠養鰥寡卹無困窮懷輯柔美列為郡縣諸福畢至昭受神寶告成厥功永言孝思繄我烈祖見遵古義祇告太平對越在天容揚光訓式昭詠美仰輿頌歆尚饗奏告永泰陵冊文曰維政和三年歲次癸巳二月癸未朔二十五日丁未孝弟嗣皇帝臣御名謹遣皇兄寧武軍節度使開府儀同三司上柱國豫章郡王食邑五千九百戶食實封一千五百戶臣孝參敢昭告于皇兄哲宗憲元繼道顯德定功欽文睿武齊聖昭孝皇帝伏以勵志夙霄紹休統緒于茲一紀庶績咸熙天告厥成錫之大寶仰惟盛烈駿惠文謀遵制揚功假以溢我載用有嗣登茲太平稽協前經徽忠

全唐文

昭告成靈在上其克顧綏尚饗十一月六日以冬祀曾上神宗皇帝徽號改定哲宗皇帝徽號差官奏告天地宗廟社稷諸陵　四年正月十四日詔築隆寬州興隆萬私燃全汴鳳隨安江思至朝天寨差官告宗廟社稷諸陵二月七日詔以皇長子冠禮差官奏告天地宗廟社稷諸陵自是皇子冠禮皆差官奏告如禮五月十二日上親祭方澤禮成御製表文遣觀文殿學士鄭洵武詣永裕永泰陵奏告御製告永裕陵表曰孝息謹時代深瞻蒙恭惟神宗體元顯道法古立憲帝德王功英文烈武欽聖仁孝皇帝御名獲以眇末嗣承命緒祇若彝訓大懼墜失於事罔敢弗繼於志罔敢弗述貽謀諧烈洪纖大小莫不悉舉追惟成憲若稽先王以陽求天以陰求地罷黜合祭之失是正方澤之禮具在典冊訓于萬世弗果以行踰三十載夙夜震慄靡遑寧處爰命有司衛道遵制即國之北為壇二成鼎奠有象籩豆有踐禮以黃玉之琮祀以有邸之圭乃以夏十有二日丙戌夏日之至齋明盛服秉圭奠幣以交神明以成聖志不敢不祭百步之外零雨霑濡壇壝之內密雲不雨越樂八變而地祇出有形有聲若影若響見者辟易禮儀卒度既用有成實我烈考肇造於前克相在天表于沖人祇率謨訓克成厥後俯伏以思洞洞屬屬若在其上若在左右追慕罔極豈敢自居顧瞻陵闕不遠伊邇不藐

躬行謹使以告今遣觀文殿學士通議大夫充中太一
宮使兼侍讀鄧洵武謹奉表奏告以聞御名誠惶誠恐
頓首謹言告永泰陵表曰孝夏謹時代增致望蔡惟哲
宗憲元繼道世德揚功欽文睿武齊聖昭孝皇帝御名
蒙被厚恩畀付大器獲以弟類仰承聖緒來嗣家志祇
若謨訓夙夜以思惟厥萬事率循舊章因敢述通竊考
紹聖元符之初是王紛更述追先烈黜元祐之橫議復
方澤之大禮稽參先王作新禮典乃命官使相方輿地
作宮寺祠于國之北悼郊就之悉下躬行之詔布告天
下戴在方冊將以夏日之至修母事之儀以格神休以
承先猷有志帝逆禮不及行欲有隆典昭于中人俯伏
惟念閔敦息思乃命依司考古之文尚家以制作因舊
之址鴻工而紹營為壇二成以治百禮五月十有二日
夏日之至齋明盛服秉圭奠玉虔恭寅畏祇嚴祀事四
陽皆兩而壇壝瑞靄越樂八變而地祇以出有形有聲
見于空際寶滙在天之靈昭格于下底此休成垂訓萬
世上以承烈考肇始之志下以神交恭繼述之情宣予
冲人敢此寺有陵顧在望不獲躬行謹使以告今遣觀
文殿學士通議大夫充中太一宮使兼侍讀鄧洵武謹
奉表奏告以聞御名誠惶誠恐頓首頓首謹言十一月
詔以降冬祀齋宮素壇門差官奏告昊天上帝　五年
正月二十九日尚書省言皇太子受冊合依冠禮前期

擇日奏告天地宗廟社稷宮觀諸殿內園壇與望祭齋
宮方行稍展欲只依精誠嚴設位行禮於之八月六日
詔修建明堂布告大庭依聽大禮御制例奏告天地宗
廟社稷宮觀諸陵及五嶽四瀆等　六年四月二十八
日宣和殿學士蔡攸言貢士劉棟鑄鼎牲以祀聖壽乞
降香山蹤奏告靈祖師差蔡攸上龍天興殿五月二十
七日詔以皇太子納妃聞朔命皇弟越王偲奏告太廟
及遣官分告景靈宮諸陵八月五日詔將來九月頒奉
上昊天玉皇上帝徽號以差官奏告天地宗廟社稷宮
七年三月二十一日以奉上皇地祇徽號差官奏告
天地宗廟社稷宮觀乃降霸十月二日詔以皇長孫降
就差官奏告天地宗廟社稷請後十二月二十日太
常寺言參手詔定命寶來年元日祇受之賦受八寶遣
州前二日差官奏告天地宗廟社稷從之　宣和四年
十月十三日詔郭藥師以涿易二
州來降遣官奏告天地宗廟諸陵

高宗至孝宗　祿附

祀　羣祀三

高宗建炎四年十一月六日工部侍郎韓肖胄言車駕
巡幸惟宗廟之祭行奉安所在天地五常日月星辰社
稷大祀廢而未舉望詔有司以時舉行所有器服并牲
牢禮料恐國用未充難如舊制即乞裁定省繁就簡仰
副為民求福之意從之禮部太常寺謹按每歲祭祀天
地社稷合行事件孟春上辛日祈穀祀昊天上帝前二
日奏告太宗皇帝同日上辛祀感生帝前二日奏告禧
祖皇帝孟夏雩祀昊天上帝前二日奏告太宗皇帝夏
至日祭皇地祇前二日奏告太祖皇帝季秋祀昊天上

帝前二日奏告神宗皇帝立冬後祭神州地祇前二日
奏告太宗皇帝冬至日祀昊天上帝前二日奏告太祖
皇帝春秋二社并臘前一日祭大社大稷依例於天慶
觀設位望祭止祀正配位合用祝文舊制秘書省定詞
書寫請降令祕書省來復欲令禮部郎官太常博士分
撰書寫進訖降付祠所其祝版令文思院并所至州軍
應副合用御封降真香入內內侍省取降供應祀天王
以蒼璧皇地祇以黃琮感生帝以兩圭有邸神州地祇
大社大稷以兩圭有邸若省簡止依方色奠幣權不用
至依儀用祭服禮器大樂牲牢差二獻官捧俎官等前
十日受誓戒前一日致齋設位止用尊一并冪杓爵一

籩豆各一實酒脯鹿臡幣帛綿酒茅蠟燭燎草炭火罍
洗神席差獻官奉禮郎太祝太官令各一員依奏告禮
例行事止用常服更不受誓戒前一日致齋所有祠祭
禮料物色令所至州軍應辦天地初獻係降勑差宰
執內祀感生帝祭神州地祇大社大稷係大祝輪差禮
部尚書侍郎太常卿少禮祠部郎官內前二日奏告差
宗室如闕以太常寺官奉禮郎大祝太官令吏部差待
次官充及所至州軍差官祠祭時日太史局預先選定
前一季報寺神位朱漆位版一十片令本局製造收掌
遇時書寫神位赴祠所供設應合用祭器酒脯等行事
官致齋什物幕次炭火喫食茶湯酒菓從太常寺具數
全唐文
報所至州軍應辦　紹興元年正月二十三日奉迎神
主護從提點所言太廟神主見在溫州奉安祭享依禮
例用純白羯羊竊慮軍州難得應辦却致搔擾欲令後
權用純白雄羊其餘禮料遇闕本色亦乞隨宜權行充
代從之　五月十九日工部言文思院料到製造大禮壇
上合用飲福渾金注椀一副爵坫一副金鍍銀湯瓶一
隻火攏子一副索子全過羅子一柄什物朱紅漆桌子
一隻金漆桌子二隻詔金銀令戶部依數應副候用了
畢並赴左藏庫寄納　二年二月十五日太常少卿程
瑀等言奉詔遇祀昊天上帝大社大稷高禖並於天寧
觀望祭其行事官宿齋等位次望下臨安府於本觀止

修蓋席屋二十間從之三月十八日太常少卿王居正
言每遇祀祭天地宿齋緣天寧觀所蓋席屋間例窄狹
欲乞祠前一日赴祠所點饌畢內有職任官各宿於本
司如合趁赴朝參立班並免從之閏四月二十六日太
常少卿王居正等言望自今後應祠祭祝文於祠前二
日令秘書省依自來禮例用木匣封鏁降付祠所望祭
殿上安放看守其樸攣人候禮畢歸省所貴奉神嚴潔
從之　三年四月十五日司封員外郎鄭士彥言頃因
臣僚言建議如社稷高禖之祀悉已舉行至於春分朝
日秋分夕日立春立夏季夏土王立秋立冬祀五帝于
四郊亦祀之大者何獨廢而不舉望詔禮官講求典禮
全唐文
舉而行之禮部太常寺討論合用牲牢禮料設十二籩
豆差三獻官捧俎兵工部郎官欲依見令祭神州地祇
不用牲牢止設一籩一豆差獻官一員依奏告禮例行
事從之　四年四月十六日禮部太常寺言明堂大禮
依儀合設從祀百神應內壝諸神有名各三百餘位壝
外十二階位設三百八十位即無神名欲於逐階各并
設三五位其行事官祇應人祭器禮料法服等從太常
寺別行裁定從之以臣僚言明堂大禮如非祀禮嘗軍
其他冗費每事減節故也六月十六日左諫議大夫唐
煇言今歲明堂大禮伏見御輦院已雅飾平輦復製造
逍遙子約用金九十餘兩雖已降旨用銀而塗金聞其

他所須物料皆非尋常易得者恐難於卒辦望權住製造從之　六年正月十五日太常少卿何慤言在京祭祀天地五方帝等壇壝齋宮並在四壁城外建置今欲權宜於惠照院一處望祭神位並充行事宿齋處所從之先是尚書省言圜丘方澤社稷之祭見於臨安府天慶觀小屋卑陋湫隘軍民雜居其間糞壤充積喧呶雜亂每遇暑濕陰雨穢氣達於祠所不便至是令臨安府踏逐城外惠照院堪充望祭齋宮故有是請　七年五月十一日太常博士黄積厚言百神之祀曠歲弗修頃因議者有請雖次第舉行然大祀之未舉者如熒惑大蜡中祀如嶽瀆農蠶小祀如司中司命之類是也為國

全唐文

為民所禳而神人相依之道實不可廢望條舉而行之從之六月十九日詔明堂大禮合用玉爵係是宗廟行禮使用令來闕玉權以石代之可令知福州張致遠收買壽山白石依降樣製造務在素樸　九年二月二十八日國子監丞張希亮言望以天地宗廟社稷五帝夫子等祠下禮部太常寺討論舊典凡大祠用十二籩豆夫子仍舊曰郡國中祠之例五帝日月與十有五祭亦依纍時牲牢之享禮部太常寺看詳見今祀祭天地宗廟社稷所設籩豆委是未應國朝儀注今欲設十二籩豆春秋上丁行在釋奠至聖文宣王雖於宣和年間升為大祀今權取中祠禮例用羊豕設十籩豆差三獻官

行禮其祭五方帝等處且依見今禮例止用酒脯行禮俟將來軍事寧息別行條具從之十月二十二日禮部太常寺言將來明堂大禮合用爵酸昨權以木為爵形而背上負尊按郊廟奉祀禮文象爵之形中有邑酒又持之也臣僚以謂不應古制欲倣古刻為爵形鑿其背以實酒以應說文中有邑酒之義又考禮象銅爵之制有首有尾有柱有足有柄正得古制兼紹興七年明堂大禮御前降到銅古爵依得禮象制度今合將木爵改正用銅製造皇帝飲福爵依禮經用玉欲權以金代從之　十年七月二十五日太常少卿陳桷言明堂大禮依儀戶部兵部工部尚書奉俎入門舉鼎人入至西階

全唐文

下太官令以匕於鼎升熟於體載於俎合製造舉鼎官祭服三十二副從之宋史本紀紹興十年以釋奠文宣王為大祀　紹興十二年四月二十六日權禮部侍郎施坰等言近討論到大行皇后合行典禮內停宗廟祭及中小祀係用孝明皇后章穆皇后故事竊詳二后之喪所以止停宗廟祭及及中小祀者蓋是引用禮經惟祭天地社稷為越紼而行事之文謹按禮經越紼行事蓋為三年之喪七月未葬之時故上文云喪三年不祭經傳凡稱三年之喪者皆為父母之喪儀禮曰為妻之服期檀弓說魯哀公有為妻齊衰之文今以齊衰期喪而引用三年之喪禮殊失先儒不以卑廢尊之義竊恐難以遵用況祭祀不行乃

國之大事臣子所不敢忽今大行皇后之喪未祔廟以
前宗廟祭及中小祀望特不停罷非惟有合禮經且使
舛繆之典釐正於聖朝庶幾後世無得而議之　十三
年二月二十七日臣僚言昨者親祠內出古制爵坫以
易雀背負醆之陋然而籩豆尊罍簠簋爨鼎諸器至今
禮圖既知其非猶且循襲竊聞已得宣和博古圖欲乞
頒之太常俾禮官討論釐正改造大禮祭器悉從古制
詔令秘書省給降一部　三月二十二日禮部侍郎王賞
言郊祀大禮依儀前期獻景靈宮朝饗太廟合排設鹵
簿儀仗車輅緣行在街道與在京事體不同欲乞權依
四孟朝獻禮例並服履袍乘輦詣太廟行禮畢排設鹵
全唐文
簿儀仗皇帝服通天冠絳紗袍乘玉輅詣青城齋宮從
之六月二十九日禮部太常寺言紹興十年明堂大禮
所設神位係設昊天上帝皇地祇太祖皇帝太宗皇帝
天皇大帝神州地祇以下從祀四百四十三位共四百
四十七位今來郊祀大禮合添設衆星三百二十四位
通共七百七十一位從之十月二十一日禮部言將作
監收買黑羊皮製造大裘緣江浙即非出產欲依元祐
故事隨宜權用黑繒為裘從之十一月二十一日太常
博士劉嶸言昨自南度草創未能備物凡遇大小祠祭
並權用奏告禮一籩一豆酒脯行事今時方中興容典
寖備禮有大於此者雖已畢備唯茲常祀因循未復其

其舊甚者如日月五帝且不得血食神州感生以祖宗
配亦削去牲牢簡神瀆禮於是為甚釐而正之其可緩
邪望明詔有司講求祀典凡所謂大祀與夫風雨雷神
嶽鎮海瀆蠶農之祭不可闕者並先次復舊其他以次
舉行所有牲牢禮料登歌之類務令如禮無或簡畧寔
國家之先務從之二十九日禮部太常寺言已修建圜
壇了畢以後祀天及非時慶賀奏告並乞依在京禮例
於本壇行禮從之　十四年七月八日上諭宰執曰國
有大禮器用宜稱如郊壇須用陶器宗廟之器亦當用
古制度卿等可訪求通曉禮器之人令董其事　既而
命給事中段拂戶部侍郎王鈇內侍王晉錫充　十五
全唐文
年十二月十七日上諭宰執曰將來禮器造成宜以制
度頒示州縣俾之遵用庶革舛誤　先是有詔討論製
造南郊大禮祭器故有此宣諭　十六年十月二日上
御射殿宰執進呈禮器宰臣秦檜曰考古制度極為精
緻上曰所用皆足備今次祀上帝饗太廟典禮一新誠
可喜也於是監董官吏第一等各轉兩官第二等各轉
一官減二年磨勘第三等各轉一官　二十三年二月
十七日吏部郎中蕭權太常少卿沈虛中言仰惟陛下
昭事上帝登禮百神凡所以供祀事者必蠲必絜惟是
實設禮料醯醢之屬制之藏之皆在市司慮其不虔望
委有司隨宜措置凡曰禮料市司造訖藏之齋坊仰稱

饗神之誠詔置光祿寺丞一員依在京例措置 二十
七年五月二十七日禮部太常寺言奉詔舉行大祀一
十三祭其四郊方位緣今來壇壝齋宮未備欲乞立春
日祀青帝春分朝日季春出火祀大辰臘前一日蜡祭
東方百神權於青東門外長生院齋宮行事立夏日祀
赤帝季夏土王日祀黃帝於利涉門外淨明寺齋宮行
事立秋日祀白帝秋分夕月季秋內火祀大辰臘前一
日蜡祭西方百神於錢湖門外惠照院齋宮行事立冬
日祀黑帝於餘杭門外精進寺齋宮行事立夏祀熒惑
合於南方緣淨明寺已共同日祀赤帝行事相妨欲於
錢湖門外惠照院齋宮行事立冬後祭神州地祇合於
全唐文
北方緣精進寺齋宮地步窄隘難以安設登歌宮架樂
舞欲於錢湖門外惠照院齋宮行事所有祀五方帝合
設從祀神位欲依見今祀祭天地禮例權不設從祀及
祭神州地祇係用牛犢欲依見今祀祭天地禮例止用
羊豕從之 先是侍御史周方崇言祭祀之禮自郊禋
明堂之外載於典籍者有大小中三等之別紹興之初
軍旅搶攘日不暇給迺不得已而殺禮大祀三十有六
而今所行者二十有三而已其一十三祭止作中祀誠
為闕文望命有司將一十三祭依舊作大祀太常寺條
具上之故從其請六月二十五日太常博士張庭實言
望依政和五禮新儀今後宗廟冬饗則設配饗功臣臘

饗則設七祀從之 二十八年正月二十五日禮部言
奉詔審辯改正祭祀禮料蜃醢蠯醢按周禮正義爾雅
蠯謂為蚌之屬而蚌之修者為蠯又謂蠯為大蜊蠯為
小蛤今取蛤之大者則蜃醢當以石决明取蚌之修者
則蠯醢當以蟶以蚳醢按爾雅蚳謂飛蟻之子又據皇
朝類苑飛蟻入水為蝦今當用蝦代鮑按周禮正義鮑
者於福室糗乾之出江淮今當用乾魚豚拍按周禮正
義謂豚脅也今當用豚脅麷按周禮正義熬麥曰麷今
當用熬麥鹿臡鴈醢按周禮正義有骨曰臡無骨曰醢
從之 先是太常丞任文薦太常博士張庭實擅改易
祀天地宗廟社稷禮料有詔各罰銅十斤令禮部審辯
全唐文
改正至是上之故有是請 二十九年二月二日太常
丞張庭實言檢照郊祀大禮按畓敕諸大禮應奉人乘
違失儀者杖一百應緣大禮行事有違犯不以本年赦
降原減元係太常寺省條法從前每遇大禮只引律文
諸祭祀行事失錯及違失儀式者笞四十皆引赦原更
無斷罪條法恐大禮應奉人懈怠不肅無以懲戒有失
祖宗立法之意望送敕令所以紹興敕內修入永久遵
守從之七月九日監察御史任文薦言祀者國之大事
禮者法之大分名實之間不可不謹今考其未合於經
者言之五齊三酒所以實八尊也今醴齊緹齊央齊沈
齊泛齊不曰齊而曰酒此名有未正者七菹三臡所以

實四豆也今七葅不曰葅而曰醓麋臡不曰麋而曰鬻此名有未正者麷蕡白黑皆熬用也稽先儒注義參郊廟禮文則麷為熬麥蕡為熬麻白為熬稻黑為熬黍矣今麷已用熬麥而蕡白黑猶生用之此制度有未合者形盬盬之為虎形者左氏所謂羞嘉穀盬虎形是也今饌牒謂之形盬虎此文義有未安者經曰鋪筵席陳尊俎列籩豆以升降為禮者禮之末節也故有司掌之然禮之所尊其義也名實差訛沿襲日久不可不察望參照禮文釐正庶幾不叛於經以稱祀事詔令禮部太常寺檢照郊廟禮文釐正　三十一年五月二十一日太常寺言政和禮制局定郊用特而明堂用牛羊豕郊用

全唐文

匏爵而明堂用玉爵其餘豆祭簋俎尊罍並用宗廟之器但不設爨不課所有今來明堂大禮欲依上件典故從之　二十四日臣僚上言明堂大禮專以誠意為主除諸軍支賜今依舊例外有禮文在今日多事之際謂宜頗從減省以寬費用望詔有司條具裁酌禮部太常寺看定昨知臨安府趙子淵所進明堂大禮排辦例冊內有不必創置添修換造者不得枉費錢物裁定申朝廷外其所設幣帛牲牢籩豆祭器禮料酒齊登歌宮架舞等並依大禮祀神之物實用之數於禮文即無合省減事節從之　八月二十三日太常少卿王普言在京有冰井務季冬藏冰仲春開冰先饗司寒凡祭祀共冰如禮

令行在三衙所藏冰雪甚多唯祭祀未嘗用之誠為闕典況將來明堂大禮天氣尚溫前一日晡時宰割牲牢隔夜制造神食若無冰鑑恐不鮮潔望下三衙本寺關報應副神廚合用冰雪仰稱明德以薦馨香之意從之十二月八日太常少卿王普言茲者鑾輿順動而百官留務皆在臨安行宮望詔有司凡祭祀之禮舉行如舊各揚其職無或不恭從之　三十二年七月十一日孝宗即位未改元殿中侍御史張震言養兵御戎在今為急豐財節用於事宜先陛下紹膺皇圖祇見祖廟所嚴在乎禮所貴在乎誠丞如百官有司勤恪奉祀群公卿士奔走侍祠蓋國之常亦臣之職況陛下登極踰恩咸徧中外今

全唐文

錫類復加則稠疊已甚者神宗皇帝親郊執政以國用不足辭賜司馬光以為救災節用且自貴近始可聽其辭又乞自文臣兩省武臣宗室刺史以上皆減半賜事雖中沮識者是之況今邊備方興不獨救災節用而已乞凡臣僚執祀事者痛裁無益之賜仍以臣章宣示宰執庶幾臣子之分得以少安詔劄下都大主管所九月二月十四日知臨安府兼權戶部侍郎趙子濛言內外財賦支用日廣宜先撙節自今遇典禮應諸色執掌行事等官吏乞朝廷預減人數庶免冗濫妄費仍更不支降料次折食錢從之續會要高宗皇帝建炎元年五月一日皇帝登極告于昊天上帝册文曰維靖二年歲次丁未五月庚寅朔嗣天子臣御名敢昭告于昊天上帝金戎亂華二帝北狩天支戚屬混

於寓居宗社罔所憑依夷夏罔知攸主臣御名以道君皇帝之子奉宸旨以總六師握大元帥之權唱義旗而先諸將冀清京邑迎復兩宮而百辟卿士萬邦黎獻謂人思宋德天眷趙宗宜以神器屬臣御名辭之再四懼不克負荷貽羞於來世九州四海萬口一辭曰日不可稽皇天之寶命慄慄宸協敢不欽承尚祈僉相以中興于宋祚

紹興元年正月二十日太常寺言詔以建炎五年正月一日既作紹興元年合奏告天地社稷宗廟從之四月十七日太常寺言大行隆祐皇后崩依古例合奏告天地宗廟社稷諸陵從之五月三日太常寺言大行隆祐皇太后攢宮下手合祭告五方五常太歲常君諸神從之二十日太常少卿蘇遷言將來大行隆祐皇后靈駕發引前一日合依禮例奏告在京及越州宮觀廟宇經過十里內神祠從之二十六日禮部尚書胡直孺言大行隆祐皇太后登配廟庭冊禮奏告天地宗廟社稷從之

其祝文並述以見隆祐皇太后在欽聖憲肅皇后嵩薦日既正名位崇寧姦臣沮格之意六月五日太常寺言奉上大行隆祐皇太后尊謚昭慈獻烈皇后謚冊前期告廟從之八月十一日太常少卿蘇遵言昭慈獻烈皇后祔廟前二日奏告天地宗廟社稷宮觀廟宇從之

二年十二月二十五日檢祭宮陵所言昭慈烈獻皇后攢宮禁地菓木凡損春分前奏告補種

從之其後凡遇春補種及修造葺整神御帳與永祐陵並用此禮

三年三月十三日禮部太常寺言四月十四日昭慈獻烈皇后太祥除几筵依禮例前時禮儀使元行奏告之禮從之四月二十八日太常寺言昭慈獻烈皇后改定謚曰昭慈聖獻皇后奉冊寶告廟前一日遣官奏告天地宗廟社稷從之

四年五月五日國子監丞王普言令歲舉行明堂大禮竊觀紹興元年宗牘內有未合典禮事前期降御劄奏告天地宗廟社稷御書祝版並云伏為御劄降奏告恐未足以稱嚴恭禮祀之意禮部太常寺看詳既稱嗣天子臣名不應對天地宗廟社稷自稱御劄降委是語言輕重不倫學士院青詞表文祝文並行改綱伏為命年九月有事于明堂從之

五年二月十九日禮部太常寺言奉迎太廟神主赴行在奉安合差太常少卿奏告從之

六年八月十六日太常寺言車駕巡幸建康進發前二日遣官奏告天地宗廟社稷應臨安府載在祀典神祠出國城日執發用瓶羊祝文并致祭沿路橋梁十里內神祠名山大川從之

七年正月二十五日太常寺言道君皇帝寧德皇后諱音聞自金國合遣官奏告天地宗廟社稷諸陵從之

二月十五日太常少卿吳表臣等言車駕迎幸建康府進發前一日詣徽宗皇帝顯肅皇后几筵前行奏告之禮從之四月六日太常少卿吳表臣等言遣

君皇帝寧德皇后謚號已下依照厚陵故事以謚議請於南郊寧德皇后謚依諸后故事奉議冊寶告于太廟詔恭依

七月十八日太常寺言奉上道君皇帝寧德皇后謚冊寶依禮例前二日奏告天地宗廟社稷宮觀從之

八月十四日太常寺言明堂大禮前一日皇帝躬上忽恭皇后改謚冊寶奏告天地宗廟社稷宮觀從之

十一月十二日禮部太常寺言聖文仁德顯孝皇帝顯肅皇后梓宮未還久停朔旦之禮望先次祔廟奏告天地宗廟社稷宮觀從之

九年正月九日詔金國遣使議和劄還河南故地可差官奏告天地宗廟社稷并溫州景靈宮東西宮福州啟運宮紹興府昭慈聖獻皇后攢宮

十年十一月十六日太常寺言奉上皇太后冊寶依禮例前期奏告天地宗廟社稷諸陵昭慈聖獻皇后攢宮景靈東西宮永元殿順永殿天慶觀報恩廣孝觀從之

二十四日禮部太常寺言奉迎皇太后非晚到闕比附大慶禮例俟還宮日遣官奏告天地宗廟社稷諸陵從之

十一年十一月二十六日詔命宰執及議誓撰講和誓文遣官告祭天地宗廟社稷從之時金國通好也

二年四月十八日太常寺言大行皇后上僊還宮奏告天地宗廟社稷從之同日太常寺言徽宗皇帝顯肅皇后懿節皇后梓宮過界令迎護官行祭告之禮及經由州縣致祭神祠迎護到行在差官

奏告天地宗廟社稷諸陵從之五月二十五日太常寺言於太廟修建別廟下手日先奏告諸室并致告土地從之六月十八日太常寺言奉上懿節皇后謚冊寶前一日遣官告廟從之二十六日禮部太常寺言懿節皇后神主祔廟前二日差官奏告天地從之七月二十一日攢宮按行使司言徽宗皇帝顯肅皇后懿節皇后攢宮隸劄神穴神圍合奏告昭慈聖獻皇后攢宮從之九月十八日太常寺言徽宗皇帝顯肅皇后懿節皇后靈駕二十六日發引十月十七日掩攢依禮例並合前一日奏告昭慈聖獻皇后攢宮從之

十三年二月十八日太常寺言已擬定永祐陵名合奏告徽宗皇帝顯肅皇后攢宮從之閏四月七日禮部太常寺言中宮受冊合前期差官奏告天地宗廟社稷景靈宮天慶觀報恩光孝觀諸陵昭慈聖獻皇后永祐陵攢宮從之

二十年五月六日太常寺言玉牒所修進呈帝中興聖統於天興殿聖祖天尊大帝之西安奉合遣官奏告景靈宮從之二十一年十月五日太常寺言修蓋景靈宮并畢工合豫期奏告還聖像神御從之自後每因修葺亦用此禮

二十四年十二月二十六日禮部太常寺言進呈安奉徽宗皇帝御集前二日差官奏告景靈宮逐殿聖像神御從之二十六年十月九日進皇太后回鑾事實

二十七年四月六日進玉牒仙源類譜

二十八年

二月二十日進神宗寶訓祖宗仙源積慶閣七月十一
日進徽宗實録　二十九年十一月二十四日進永祐
陵迎奉録　三十一年二月十七日進神宗哲宗徽宗
三朝正史記並用此禮　二十七年五月五日禮部言臣
寮奏成都府新繁縣御容殿宇與頹欲加增飾前期合
用奏告降御封香從之　二十八年十月十四日太常
寺言抽换太廟大殿梁柱起修畢工合奏告遷祖宗帝
后別廟神主并祭告土地從之自後每因修葺並用此
禮　二十九年九月二十三日太常寺言大行皇太后
崩合遣官奏告天地宗廟社稷諸陵從之十月十九日
太常寺言將來修奉大行皇太后祔室其徽宗皇帝室
與哲宗皇帝室相連並權告遷合奏告太廟并土地從
之二十二日太常寺言奉上大行皇太后諡冊寶依禮
例前二日奏告天地宗廟社稷宮觀從之十一月十日
禮部太常寺言顯仁皇太后梓宮發引至攢宮掩攢依
禮例前一日奏告攢宮帝后從之十七日禮部太常寺
言顯仁皇太后神主祔廟前二日奏告天地宗廟社稷
宮觀從之　三十年三月十四日太常寺言普安郡王
為皇子除開府儀同三司進封建王合奏告天地宗廟
社稷諸陵從之　三十一年五月二十二日禮部侍郎
全安節言孝慈淵聖皇帝昇遐合遣官奏告天地宗廟
社稷諸陵攢宮從之七月八日龍圖天章寶文顯謨徽

徽猷敷文閣言近承降到孝慈淵聖皇帝御容收奉合
差本閣官詣神御殿行燒香奏告禮從之九月六日太
常寺言顯仁皇后大祥除几筵合行奏告之禮從之十
五日太常寺言奉上孝慈淵聖皇帝謚冊寶於几筵前二
日合差官奏告天地宗廟社稷宮觀從之十月十九日
詔金人敗盟朝廷不得已而興師合奏告天地宗廟社
稷等令太常寺條具　尋具到合奏告天地社稷九宮
貴神五福十神太一差宰執宗廟差親王諸陵攢宮差
宗室節度使及正任以上行奏告禮及遣官祭告蚩尤
馬祖北方天王五嶽四瀆名山大川并令招討使行禡
祭之禮並從之十一月五日臣寮言乞告祭治江州府
縣鎮祠廟并禮文未載於圖經靈跡顯著者同力保護
江左太常寺條具依所請降祝文述以金賊犯邊朝廷
用兵乞賜陰助掃除妖孽以速萬全之意令逐州府差
官致祭其三茅真君應元保運真君亦合致禱從之同
日又言乞致禱延祥觀四聖顯應觀護國顯應昭惠王
旌忠觀忠烈靈應王忠顯照應王忠惠順應王祚德廟
彊濟公英略公啟祐公吳山忠清廟忠壯英烈威顯王
冀蒙陰助之意從之　尋並遣侍從官行禮二十三日
太常寺言遷翼祖而祔欽宗合奏告遷祖宗帝后神主
從之十二月五日禮部太常寺言恭文順德仁孝皇帝
先行虞祔迎重之日時前禮儀使奏告畢皇帝親行一

祭如祖奠之儀從之　三十二年二月二十八日禮部
太常寺言恭文順德仁孝皇帝祔廟依禮例前二日合
奏告天地宗廟社稷宮觀從之五月七日太常寺言迎
奉顯仁皇后神御赴景靈宮奉安前二日合奏告本宮
諸殿聖像神御從之六月四日太常寺言手詔皇子立
為皇太子於受冊前期合奏告天地宗廟社稷諸陵景
靈宮諸宮觀從之　紹興三十二年六月十四日孝宗
即位未改元以皇帝登極奏告天地宗廟社稷景靈宮
天慶觀報恩光孝觀太一宮諸陵紹興兩攢宮是日皇
帝御後殿不視事其奏告行事官差宰執或侍從官內
太廟別廟諸陵差南班宗室節度使以上兩攢宮就差
紹興府南班宗室餘官及致齋降香祝等皆依常奏告
之禮其後應奏告並如例　八月十一日奉上太上皇帝
太上皇后尊號前二日奏告天地宗廟社稷景靈宮天
慶觀報恩光孝觀太一宮諸陵兩攢宮十一月十三日
以追冊皇后諡勑下奏冊前奏告太廟別廟十二月十
一日禮部太常寺言奉安穆皇后諡冊寶告於攢宮并
神主祔廟前三日奏告天地等處於今月二十四日行
事其日立春祀青帝并五福十神太一東方嶽鎮海瀆
乞改於祔廟前二日奏告從之二十日以隆興改元奏
告天地宗廟社稷景靈宮天慶觀報恩光孝觀太一宮
諸陵兩攢宮明年追冊安穆皇后祔廟前二日奏告亦
如之

孝宗興隆元年正月二十一日秘書省言春分祀
高禖帝高辛氏祝文內一字與御名同音未敢修寫詔
係大上皇帝御製更不須改　二年正月一日宰執進
呈南郊詔乘輿服御及中外支費並從省約上曰是朕
志也從之　先是上問宰執郊祀與明堂費用如何陳
康伯對曰戶部尚書韓通謂郊祀比明堂幾增一倍侍
郎錢端禮謂不過二十萬若遵祖宗故事事神及賞軍
外一切從儉自宜大有減省上曰如此甚善乃降詔同
日禮部太常寺言準已降旨條具約省事如端誠殿并
青城及侍班屋等乞令兵部同臨安府照今約省指揮
申請太廟齋殿者餘屋令官檢計量行修整皇帝位版

版亞終獻及公卿位版腰舁帕匣例合修製者止添修黃羅夾帕一公卿位版七十番裹用餘止量行稚飾祇候庫冠冕朝祭服并諸色人法衣等委無干礙官點檢內有可用更不修換餘非破損止令染整其餘中外支費並下所屬照應省約從之自後遇郊並依此條具　二月八日禮部侍郎黃中言竊詳禮經玉輅以祀鄭氏釋曰王乘一輅以其餘輅從行亦以華國然則金象革木四輅不過為一時觀美乞因時之宜止用玉輅餘四輅權不以從湯思退等奏近得旨將來郊祀除玉輅逍遙平輦外餘並省約上曰大安輦祖宗時亦無承平所用已諭有司更整計節省事三月三日禮部太常寺言每遇大禮門

全唐文

下省掌設八寶非事神儀物乞依昨明堂例免用并至期車駕經由門省攝城門郎二人從之日後遇郊並用　五月五日禮部太常寺言準已降旨大駕鹵簿儀仗依紹興二十八年郊祀人數權行減半隨宜排設內嚴更警場并大駕鹵簿六引駕前後部鼓吹振作比儀仗人數稀少乞將鼓吹八百八十四人警場二百七十五人並三分減一其鼓吹導引六州十二時奉歌降仙臺詞本寺具申學士院修潤降下教習今借差軍兵依今已減例下所屬借差其鼓次警場服著奏嚴鼓角執色樂器宣赦鼓籌籌戲深脫落乞依人數具報所屬揀換修飾並從之六月十九日郊祀大禮提點一行事務朱夏卿言今

從省約條具事務內人吏手分書寫人元各四名欲各減一名事畢結局合得恩賞減磨勘二年者止減一年通引官二名減一名巡視親事官六名減二名及依舊例闕借禮部奉使印損人吏等添食錢並從之七月十三日戶禮部言郊廟合用正副牛犢并母共三十副轉運司準備牛犢十五副及祀神臘燭係兩浙轉運司收買澆造并景鍾梁木已降旨令軍器所斟酌修飾令準牛犢十五副不合收買外其蠟燭係事神合用數乞合收賣處毋得過數科率其景鍾梁木亦不許過數買從之初臣僚言郊祀所用雜物令轉運司及臨安府以見錢收買或州縣已買到即指定上供錢或經總制錢依

全唐文

直支還有旨令戶部禮部一日看詳至是上之乃有是命十二月十二日禮部太常寺言南郊從祀神位內已設赤帝位于第一龕而正月上辛有司合祀感生帝欲依淳化典故更不別祀及本季月內朔祭權停其孟春亥日享先農與大禮同日權選以次亥日行禮立春後丑日祀風師於錢湖門外其日大禮受誓戒權祀於明慶寺並從之　乾道三年三月二十三日臨安府守臣言昨因內殿奏事面奉宣諭今歲郊禮務欲節省如寢殿在易安齋相去稍遠只於端誠殿後旋設殿可省造露屋等乃同儀鸞司官屬等相視端誠殿後除小次地步外後空九丈欲從淨明寺舊熙成殿三間就端誠殿

後增換以充寢殿計深四丈以寢殿前空地三丈搭造兩廊後去山趾尚二丈可充宿衛廈屋其禁中事務并應奉官幕次於小次對廊通露過龍華寺以法堂東西廊擗截外有宰執宿齋幕次以近寢殿徙就淨明寺如此可省青城至易安齋露屋六十間及就用龍華寺廊屋充應奉官幕次又減搭蓋屋二十八間畫到圖本從之七月十一日詔近來宗廟祠祭多不嚴潔令禮部太常寺御史臺同共措置申尚書省其他祠祭依此同日上宣諭宰執曰昨夜月犯心星朕甚憂之陳俊卿奏曰自古聖賢之君惟修德可以弭災變蔣芾奏曰陛下恐懼修省如此天變自消上曰卿等更相與警戒庶幾可

全唐文

以感動天意於是下太常寺御史臺凡宗廟等祠祭務要嚴潔既而御史臺禮部太常寺乞每遇祭饗郊廟及其餘祠祭於未實設前光祿丞太官令監視供官將神食禮器蠟燭依儀式實設已定次光祿卿次監察御史升壇殿點閱其酒齊亦於未實設前光祿丞太官令監視官供先點數然後實入尊罍如有餘酒於殿側設定侯光祿卿及監察御史再行點閱至行禮畢監察御史升殿同太官令監視元設禮料酒齊（內蠟燭候收徹畢燒滅）收徹並詣方退應祠前一日係時太官令監視牛羊司宰殺牲牢洗滌潔淨除打割合造神食外餘胙肉太官令監視牛羊司封閉閑鎖候行事收徹畢監察御史到開鎖

同太官令以餘胙并真餘酒之類令牛羊司等人依元斤重數目呈驗秤量俵散不得退換喧爭所用祭器委本寺官監視人吏督責祭器司於祠前一日嚴加洗滌監察御史親行檢察其行事官祭服并祗應人法依並令鮮潔祗候庫揀擇供應如無下文思院修葺換造其行事官疾請假牒醫官局看驗詐妄者彈奏待禮以前未經薦祭如先取祭肉等許糾告施行太常寺及奉安所置牌於致齋日付行事官從人每員許帶三名止宿監祭司禮直官贊者許各帶一名遇祠所致齋官吏等不得聚飲喧笑其牲牢器皿禮料等如不蠲潔并行事執事官吏祗應人等或不嚴肅及違犯令來約束並令

全唐文

監察御史彈奏取旨無官人送大理寺斷遣內祠祭無察官處即委本祭獻官檢察並從之九月十四日右諫議大夫陳良祐言郊祀犧牲牛犢所備頗多皆是供納禮料儀物所用不一亦係數買官中下必支錢支亦不到人戶何以昭事天之誠欲照郊祀禮料並令右藏庫降錢收買如牛犢之類已數取民間者降錢下縣當官給還及科買市肆客人物並令臨安府兩浙轉運司分認當官給價毋得容公吏過有除尅從之十一月三日太常少卿王淪言將來郊祀鋪設祭器如太廟係於殿內至圜壇則露設若望祭殿內係乾潮沙鋪地雖本寺官吏前期洗滌於龕陛依儀鋪設然慮不測風起數日

積壓則所設祭器無以遮蔽再加盥洗不及欲將壇上正配位祭器以新鮮黄帕遮覆龕上并内外壝望祭殿用青布實設至時去之禮畢令元置官司拘收從之四年九月十九日禮部員外郎李燾言祠祀舊典在紹興間悉已復行所未復者惟嶽鎮海瀆先農先蠶風雨雷師等八九所今但告以酒脯恐於交神之道有所未備訪諸有司歲用羊豕共不過六十餘乞令有司並復舊典從之十月十一日禮部太常寺言準已降旨復嶽鎮海瀆等祠有合修換樂章教習樂工措畫致齋設位今立冬日逼辦集不逮乞自十二月三十日立春祭東方嶽海瀆為始從之　祝幣牲牢禮料齋登歌樂行事致

全唐文

齋等並依中祀其嶽鎮海瀆樂架各隨方色惟不設從祀神位餘皆如禮例十一月二十七日太常少卿王藺等言歲中祠祀禮料臨安府應辦牲用醞醖酒齊籍田司供備粢盛蔬菜果實昨自籍田司權罷併令本寺官掌之所有種植供應禮料甲頭元以十人為額皆用仁和錢塘縣納料諳練農事之人免中下等行役差科無他請給既權罷籍田司減甲頭七人而是年少卿王普請益粢盛禮料三倍歲中九十餘祭近又復嶽鎮海瀆等九祭所用禮料愈多人力不勝乞量增三人種植應辦從之　五年六月二十四日太常少卿林栗言朝獻行禮前一日欲令宰執並赴尚書省宿齋或值雨分詣

則行事官皆已齋戒於禮為宜從之九月十一日林栗等言祀帝于郊在國之南就陽位也今歲中祀上帝者四春祈夏雩秋饗冬報其二在南郊圜壇其二在城西惠照院望祭齋宮蓋在京日孟夏大雩別建雩壇於郊卯之左季秋大饗有司設事就南郊齋宮端誠殿今未建雩壇及端誠殿遂權就城西望祭齋宮然於就陽之義無所依據欲歲中四祭並即圜壇以遵舊制從之二十七日禮部言林栗等以季秋祀上帝有司攝事行禮當在國南已得旨於郊卯行事然尚有可議者唯明堂當從屋祭不當在壇元祐中太常博士趙叡乞季秋大享有司攝事只就南郊齋宮今來郊壇之隅有淨明寺

全唐文

每祠事遇雨望祭於此乞遇明堂親饗則依紹興已行典禮如常歲有司攝事則做元祐臣寮所陳權寓淨明寺行禮從之　六年閏五月十四日中書門下省檢正左右司言郊祀事務合歸有司者乞並不申三省從之數内每郊太常寺申朝廷取旨者左右僕射誓行事官宗室五使按雅樂警場宮廟郊禮習儀及本寺定習儀受誓日合用幕次什物燈火并受誓日早開太廟門太廟縛露屋景靈宮設大次殿門外趲那宮架大慶殿奏請致齋東西房設御榻罷正門降輦次德壽宮進胙器物大禮冊文稱呼戶部陳諸州歲貢有司薦饗安穆皇后閤報別廟儀注青城行事等官幕次修築幔道諸

處設爵祐祝敔等賛者所服幞幘衣帶及差分獻官賛
者供官約攔省管摚擧親事扛摚祝版祭器禮料等軍
兵景靈宮焚燎差監洗滌官閤入內內侍省差供祠執
事官吏部差捧俎分詣等官所屬給鞍馬控馬人行事
等官有私喪服者亦令赴禮畢祭謝嶽瀆鎮香燭已上
逐項自令本寺一面檢擧排辦施行其禮部備申朝廷
降旨者如檢擧排辦事務依前郊大禮及郊祀竹冊添
修沿冊法物等左藏庫供應幣帛臨安府官宿守禮料
轉運司澆造蠟燭太常寺官視滌祭器等催差供官申
嚴約束及借差賛者五使按樂作休務假支排日工墨
錢等事自令本部徑下太常寺照例報所屬排辦又每
全唐文
遇大禮前入內內侍省降香預告宮觀等處禮畢告謝
降香於天慶觀各設道場係本省申朝廷批送禮部下
太常寺供申本部取朝廷指揮令止令本省照應逐次
禮例施行又臨安府於郊祀前買造桶杓并打割羊豕
牛犢按床係臨安府具申太常寺寺申禮部取旨及翰
林司排辦果實等係翰林司申禮部亦皆申取朝廷指
揮令止從本部行下照例毋得過數增添內鞍轡庫修
換御座鞍轡等係駕部備申朝廷行下軍器所文思院
修換馳坊每象掛搭蓮花座法物頭帽衣帶等內有不
堪合添修換造并象屋地步駕部合前期申朝廷令止
令本部一面關牒所屬排辦其象屋并盛貯法物草料

等多有欹倒踈漏駕部申朝廷下所屬檢計修整令止
令本部移文其車輅院修換庫屋及權寄駕車輅出屋
差殿前司駕士班直軍兵人員等駕部合申朝廷令止
令本部一面依令施行騎御馬直等指揮人兵纈衣衫
帶等駕部合申朝廷修換令於本部一面關牒所屬見
管儀仗旗幟馬執從物器械衣甲等如有損壞兵部合
申朝廷添修令止令本部照例下所屬施行其排設儀
仗兵部合申朝廷候得旨關報所屬以差撥人數隨宜
排設內千牛衛將軍並諸司使副攝兵部合申朝廷候
得旨關尚書右選差撥統制官將官旁頭并執擎儀仗
入兵鞍馬等兵部合申朝廷候得旨牒殿前司差撥又
全唐文
兵部及左右金吾衛仗儀仗司所管執擎儀仗人兵禁
軍天武捧日拱聖廣勇驍勝宣武寧朔虎翼本部合申
朝廷候得旨牒殿前司差撥已上逐項並止令本部一
面關報逐處照例施行先是是年二月二十二日因臣
僚上言有旨令止都司條具三省瑣碎不急之務合歸
有司者申尚書省至是條上故有是詔十月二十四日
禮部太常寺言金國賀生辰使人朝辭赴宴其日係皇
帝散齋內不用樂外有歸驛賜御筵并夜筵一節詔令
用樂後並如之十二月十八日禮部太常寺言來年正
月六日上辛祈穀祀上帝前一日金國賀正旦使人赴
宴作樂在祠官致齋之內詔依治平二年元正御殿典

故用樂施行後並如例　七年十月十八日秘書省著作郎兼權部郎官蕭國梁言國之大事在祀而郊祀為尤太祀前一日朝饗太廟三獻之禮自有明文宜無異同之論今議者援紹興三十二年已降旨將逐時祭饗亞獻既入太室即引終獻相繼行事欲於今次郊饗比附施行竊謂若依逐郊亞獻行禮復位方引終獻恐失於太拘若如今來所乞亞獻既入太室即引終獻相繼行事恐失於太蹙惟政和新儀皇帝將詣小次禮直官太常博士引亞獻詣盥洗位亞獻行禮將畢次引終獻此為適中欲依政和新儀施行仍增太官令一員酌終獻酒從之續會要隆興元年六月二十七日奉安欽宗神御前三日奏告景靈宮萬壽觀十二月二十六

全唐文

日以册皇后奏告天地宗廟社稷景靈宮天慶報恩光孝觀太一宮諸陵兩攢宮二年六月二十五日以郊祀御劄降奏告天地宗廟社稷景靈宮天慶觀報恩光孝觀太一宮諸陵兩攢宮并祭告安穆皇后攢宮八月十五日以修飾廟宇等告遣祖宗帝后神主赴初獻廳權奉安以告于本廟自後每遇郊修廟皆奉告遣具別廟神主攢赴册寶殿禮例並用十二月十四日以郊祀改用獻歲上幸奏告天地宗廟社稷景靈宮天慶觀報恩光孝觀諸陵并祭告安穆皇后攢宮明年正月改元六月皇嫡孫生八月立皇太子奏告祭告並如之　乾道二年九月二十八日進呈三朝帝紀前二日奏告景靈宮　三年五月六日以進呈安奉三祖下仙源積慶圖太宗皇帝玉牒真宗皇帝玉牒并同日進呈安奉哲宗皇帝寶訓前一日奏告景靈宮六月十六日以郊祀御劄降奏告天地宗廟社稷景靈宮天慶觀報恩光孝觀太一宮諸陵兩攢宮并祭告安穆皇后攢宮七月四日以安穆皇后上隱奏告天地宗廟社稷景靈宮天慶觀報恩光孝觀太一宮諸陵兩攢宮并祭告安穆皇后攢宮　其月以謚册寶上及并祔廟前二日奏告祭告並如之九日宰執言景靈宮奏告行事畢降旨賜銀絹乞依例免賜從之十九日以安恭皇后謚勅下奏告太廟別廟閏七月十八日以安恭皇后將祔廟增修廟宇行

奏告別廟之禮　六年三月二十五日以欽成皇后攢皇宮祖妣奏告太廟別廟景靈宮諸陵兩攢宮并祭告安穆皇后安恭皇后攢宮六月十九日以郊祀御劄降奏告天地宗廟社稷景靈宮天慶觀報恩光孝觀太一宮諸陵兩攢宮并祭告安穆皇后安恭皇后攢宮十二月二十九日以來年正月朔加上光堯壽聖憲天體道太上皇帝壽聖明慈太上皇后尊號册寶行禮前二日奏告天地宗廟社稷景靈宮天慶觀報恩光孝觀太一宮諸陵兩攢宮并祭告安穆皇后安恭皇后攢宮　紹興禮例并已降旨合前三日奏告奏告兩一日致齋時以金國使人朝見在致齋日有妨作樂乃依祀祭天地禮例政用前二日奏告從禮部太常寺請也　七年二月十四日十五日以恭王立為皇太子奏告天地宗廟社稷景靈宮太一宮天慶觀報恩光孝觀諸陵兩攢宮并祭告安穆皇后安恭皇后攢宮　八年七月十二日以修整太廟殿屋奏告太廟　九年閏正月二十六日以修册寶殿奏告太廟別廟六月十四日以郊祀御劄降奏告天地宗廟社稷景靈宮太一宮天慶觀報恩光孝觀諸陵兩攢宮并祭告安穆皇后安恭皇后攢宮九月六日以玉牒所秘書省進書奏告景靈宮十二月十一日以淳熙改元奏告天地宗廟社稷景靈宮天慶觀報恩光孝觀太一宮諸陵兩攢宮并祭告安穆皇后安

全唐文

恭皇后攢宮　淳熙元年四月二十八日詳定一司敕令所言重擬修祀令諸祀天地宗廟神州地祇大社大稷五方帝日月熒惑大神太一九宮貴神蜡祭百神太廟七奏告孟春上辛祈穀祀上帝及祀感生帝孟夏雩祀夏至祭皇地祇季秋大饗明堂祀上帝孟冬祭神州地祇冬至祀昊天上帝各告配帝本室文宣王為大祀州縣釋奠用中祀后土嶽鎮海瀆先蠶風師雨師雷神五龍前代帝王武成王為中祀司中司命司祿司寒先牧馬祖馬社馬步七祀司命戶竈中霤門厲行諸星山林川澤之屬及州縣社稷風師雷神雨師為小祀諸州縣春秋社日祭社稷社以后土勾龍氏稷以后稷氏配牲用羊一豕一黑幣二　二月八月上丁釋奠文宣王以兗國鄆國公配牲用羊一豕一白幣三　祀風師以立春後丑

日（牲用羊一豕一白幣一）祀雨師雷神以立夏後申日（牲用羊一豕一白幣二牲並純也）從之。七月十八日，著作佐郎楊恂言：昨因檢點太史局，竊見昊天上帝、皇地祇、太祖、太宗皇帝位版與日月星辰、嶽瀆諸神雜置小室，間甚非寅畏天地、虔奉祖宗之意。乞詔有司講求施行。既而禮部、太常寺同相度，乞於太史局修建小殿屋三間，安奉御書天地、聖祖、太祖、太宗、徽宗神位六位；兩廊小屋各三間，安奉上十位神位：天皇太帝、青帝、赤帝、白帝、黑帝、黃帝、北極、夜明、神州地祇、大明。并造聖祖、徽宗神位二位朱罩匣二，上十位用朱紅漆匣，日月星辰、嶽瀆神等用黑漆匣。仍令太史局不時點檢，遇祠祭，於前二日躬親點檢畢，祠前

全唐文

一日用腰捭舁覆以黃帕，奉赴祠所設幄安奉，以候鋪設行禮。從之。（續會要：淳熙三年九月十四日，詔以參知政事龔茂良為大禮使，參政知事李彥穎為禮儀使，同知樞密院事王淮為儀仗使，簽書樞密院事趙雄為鹵簿使，武泰軍節度使、開府儀同三司、充萬壽觀使曾覿為橋道頓遞使，並以職事為序，吏不置司，合行事令三省禮房專行。後同此制。　六年七月五日，詔以右丞相趙雄為大禮使，樞密使王淮為禮儀使，參知政事錢良臣為儀仗使，少傅、保寧軍節度使、充醴泉觀使兼侍講史浩為鹵簿使，少保、寧武軍節度、充醴泉觀使曾覿為橋道頓遞使。既而良臣言：五使之序止以職事為序，臣偶備員政府，濫在第三，史浩以舊學元老兩登相位，令迺下列望，故臣所領處浩之次。上批：大禮五使以職為序，卿見參機政，自有前郊體例，不須謙辭。）四年二年二十七，詳定一司敕令單夔言：春秋釋奠至聖文宣王，在京為大祀，州縣仍舊為中祀。從之。（詳見釋奠。）六年十月十七日，禮部侍郎齊慶胄言：政和五禮新儀舊嘗給降印本于州郡，中更

多故，往往失墜。郡縣循習苟簡，或出於胥吏一時省記，令春秋釋奠所報社稷、祭祀風雨雷師壇壝器服之度，陛降跪起之節，率皆鄙野不經。乞令禮部、太常寺參稽典故，將州縣合置壇壝、器服制度、合行禮儀節次類成一書，鏤板頒下四方。既而禮部、太常寺條具：諸路州縣釋奠祀祭合用祭器，檢照大中祥符間頒降制度圖本，並係以竹木為之。今臨安府釋奠、祭社稷、祀風師雷神亦用竹本祭器。今來頒降州縣制度，乞從大中祥符制度圖本。又諸路州縣釋奠、祀祭合置壇壝、冕服及行禮儀注，參考類成一書，委臨安府鏤版印造，從禮部頒降，以淳熙編類祀祭儀式為名。從之。（續會要：淳熙九年九月二日，詔以左丞相

全唐文

王淮為大禮使，右丞相梁克家為禮儀使，知樞密院事周必大為儀仗使，參知政事李彥穎為鹵簿使，慶遠軍節度使、開府儀同三司、充萬壽觀使伯圭為橋道頓遞使。　十二年十月十三日，詔以參知政事惠同知樞密院事施師點為鹵簿使，參知政事黃洽為橋道頓遞使。）十三年三月二十三日，太常少卿來時敏等言：郊祀大禮所設昊天上帝、皇地祇、太祖皇帝、太宗皇帝神位版止用朱漆面鏤青為字，五方帝、神州地祇、大明、夜明、天皇大帝、北極神位版却緣明金面青入字，竊恐尊卑之差未盡。照得中興禮書所載紹興元年所造神位版，緣文思院製造日遠，不用明金，權以朱漆青字，因循至今，未曾改正。兼歲中每遇祈穀、雩祀、夏至、季秋、冬至祀祭天地，亦用上件神位版。乞下太史局令所屬依典禮製造鋪設，庶以仰稱嚴恭之意。

詔令太常寺同太史局照應典禮如法修飾施行十二
月二十七日太常少卿朱時敏等言檢照國朝太觀四
年四月二十八日議禮局言國朝每歲正月上辛祀感
生帝以僖宗皇帝配侑立冬後祀神州地祇以太宗皇
帝配侑器以陶匏牲用羊豕登歌宮架樂舞三獻差官
並與郊祀一等惟籩豆之數止用一十有二簠簋各二
蓋緣向來車駕巡幸之初禮器未備省繁就簡止設一
籩一豆後來漸已增復至今未備乃以天地祖宗之意
下同諸侯所用籩豆簠簋之數照得紹興十六年討論
天地宗廟禮器之數每神位籩豆各二十有六簠簋各
八將來祀感生帝神州地祇所用籩豆簠簋之數亦合
全唐文
如之庶幾仰稱國家嚴恭尊事神祇祖宗之意從之
淳熙十六年閏五月十四日禮部太常寺言國朝祀典
歲中祀四饗上帝冬祀圜丘則以太祖皇帝配春祈穀
夏大雩秋明堂則以太祖皇帝配蓋以太祖肇造王業
太宗混一區夏所謂祖有功而宗有德故推以配上帝
恭惟高宗皇帝身濟大業紹開中興揖遜之美超越千
古功德茂盛為宋高宗竊謂時饗上帝所宜奉以升侑
仰繼太祖太宗之隆以彰高宗配天之烈以稱皇帝尊
祖之誠今乞將冬祀圜丘及祈穀大雩依見行祭饗配
位外其秋饗明堂以高宗皇帝配侑又言按詩我將祀
文王於明堂實在成王之時孝經雖云周公宗祀文王

於明堂蓋謂周公攝政始舉此禮由成王言之則以祖
配治平初知制誥錢公輔知諫院司馬光呂誨皆嘗建
議以為周祀明堂其實嚴祖今若以高宗配饗明堂尤
合周制詔恭依十月十九日臣寮言凡祭以質明行事
今祀儀用丑時已太早矣又以禮生樂工之流寢處不
便欲畢事而速歸或夜行禮乞遇祀祭依時行事不得
先於丑刻從之　紹熙元年正月二十九日秘書監楊
萬里言春分日祀高禖帝高辛氏祝文內修身而慎乞
改以修身而謹從之（慎字與孝宗皇帝御名同音隆興間得旨係是高宗皇帝御書更不須改至是萬里請改之）二年六月二十二日太常少卿耿秉言竊
見祠祭祝文自紹興年間撰製一向不曾改易其間亦
全唐文
有不可用於今日者乞委館職重行分撰從之既而著
作郎黃艾等分撰進呈四孟薦饗祝文春令（端月始和嘉生載淑懋惟休饗國有故常載膺威靈丕衍慶祚）夏令（長嬴御將庶物繁熙酹祠有舊紆慕無窮所覬威神永垂慶佑）秋令（金行御長芊飲攸戒懋惟休饗國有故常載膺威靈丕衍慶裕）冬令（良月甫慇寒令初訪蠲詞有舊紆慕無窮所覬威神永垂慶佑）祫饗（伏以日星回薄時肇聞歲咸神在天祠廟有歆靈永嘉薦裕祀孔時庶幾鑒歆永精厥後）東嶽（洪惟岱宗作鎮東土朝隮寸雲夕冑方夏王畧來復柴燎英親齋暗巖巖神豈予遠）東海（海奠四極禹祈必東民貲魚鹽舟達商賈肆嶽春祀思假靈休濤波不驚以時潮汐）昭烈武成王春季（維師尚父聖人之偶左右文武無競維烈思古名將有威元勳廟于閫庠式遵舊典）先蠶（衣被天下神寔恩之其相我民靡息歲事條桑孔時獻繭無斁）英略公春季（惟公奮不顧生義存趙嗣死雖至難公處則易風烈如在陰相趙宗介我子孫于千萬世）啟佑公（惟公光輔晉國名重列卿翊啟璠源天相其成萬世之功盛德之祀昭報無窮永祐皇祚）西嶽（洪惟太華一氣

所鍾少陰之位永奠西極緊予故壤尚隔時巡明靈明不遐望扶惟謹昭烈武成王秋季盛王克相義德為文武師戡定禍亂輯睿無遺永懷鷹揚肆伐是資圭修彝典祀事孔時英畧公秋季惟公抱義戴仁見危致命易孤存趙視死如歸忠賢神明克成厥志精爽如在風烈凜然祐我國家子孫千憶聿修時祀維以薦誠北嶽恭惟駿亘北垠奠兹冀土陰威有煒綏佑我民賑圖未歸瞻望永慨諒惟聰直來鑒吉蠲北鎮惟神巋然朔野寘限華戎保障中區繫神是賴歲修祀事用薦潔誠尚顧靈休佾我國王太稷自天降康興我良耜維時陰陽屢錫豐年率循舊章敢忘祇事后稷氏配東蜡爰以蜡日祀于大明惟神履武赫靈肇許稟質教民粒食民以帝飢月臨嘉平土反其宅司嗇之祀敢效吉蠲南嶽惟神配地作鎮盤踞嵩宮銓德鈞物有赫威靈昭祀孔時聿修彝典有嚴祇事用介繁禧南瀆洪惟大江導自岷山源流險固寶紀南國於皇昭報聿舉彝章祀事惟寅神其臨格周世宗惟帝身濟多艱功高五代載遵祀事典禮攸宜夏禹惟王道冠三王功垂萬世風獻浚遠陵廟斯存永言顧瞻敢忘欽承奉載祀事雖以告虔

續會要紹熙二年九月二十五日詔郊祀大禮以左丞相留正為大禮使知樞密院事葛郯為禮儀使參知政事兼同知樞密院事胡晉臣為儀仗使太尉保大軍節度使提舉萬壽觀郭杲為鹵簿使戶部尚書兼給事中葉翥為橋道頓遞使紹熙五年八月十三日以明堂命少保左丞相留正為大禮使樞密趙汝愚為禮儀使樞密院事兼參知政事陳騤為禮衛使參知政事余端禮為禮器使簽書樞密院事羅點為禮頒使

全唐文

慶元二年四月十三日禮部太常寺言祠祭天地祖宗御書神位無官主之乞令太史局差官一員專一主管其每遇祀祭係設神位二座欲差攑擎軍兵八人執打燭籠二人除太史局見管五人餘闕少人兵令本局前期報臨安府椿數時暫貼差軍兵五人於祠前二日赴局候禮畢發遣仍下太史局遵守施行從之先是臣僚言國家祭祀遣官分職非不嚴切而御書天地祖宗神位有未盡尊敬之義且神位至尊在太史局

乃無官主之雖有殿宇而不藻飾卻與衆星位版混處每遇祠祭則軍兵或和雇人衩袒攑擎更無部押寅夜往來又無燈燭呵喝迎引之儀途遇轎馬乃復回避及至祠所棄之僻地初無幕帟庸夫賤隸坐卧其側臨祭之時始置于位敬何在焉且如頭冠八寶及祭肉牲牢等尚使輦官呵喝迎引安有天地祖宗御書反輕褻若此乞下局藻飾殿宇專一室建官主之每歲祀祭時日自正月上辛至十二月臘蜡共五十餘數內正月上辛四月孟夏至九月季秋十一月冬至大祀五祭並用郊郊祀所設高宗御書天地祖宗神位并二月春分祀高禖及泛祭皆是宰執行事乞下所屬於諸軍差撥曾經

全唐文

應奉攑舉神位軍兵每位用攑擎八人執打燭籠四人管押一人並着法衣在道則管押軍兵呵喝迎引使人知所趍避迨至祠所則用黃幕安設於望祭殿就差當日報時魁擇官押置神位庶幾不至褻瀆下禮部看詳故有是命續會要慶元三年八月二十三日以郊祀大禮命右丞相京鏜為大禮使保寧軍節度使開府儀同三司充萬壽觀使韓侂胄為禮儀使知參知政事兼知樞密院事謝深甫為儀仗使參知政事何澹鹵簿使簽書樞密院事葉翥為橋道頓遞使繼而改韓侂胄為橋道頓遞使十二月八日詔朕初郊禮成五使依例加恩外在法合得賞奇特許指占下等寺院一以為例六年八月二十五日以明堂命右丞相謝深甫為大禮使知樞密院事兼參知政事何澹為禮儀使簽書樞密院事陳自強為禮衛使少師永興軍節度使充萬壽觀使平原郡王韓侂胄為禮器使昭化軍節度使開府儀同三司充萬壽觀使吳琛為禮頓使嘉泰三年八月二十五日以郊祀大禮命右丞相陳自強為大禮使太師永興軍節度使充萬壽觀使平原郡王韓侂胄為禮

儀使知樞密院事兼參知政事許及之爲儀仗使參知政事費士寅爲鹵簿使同知樞密院事張孝伯爲橋道頓遞使開禧二年七月二十七日以明堂大禮太師平章軍國事韓侂胄爲大禮使右丞相陳自强爲禮儀使知樞密院事張巖爲儀仗使參知政事李壁爲鹵簿使吏部侍郎兼權吏部尚書楊炳爲橋道頓遞使　嘉定二年八月四日以明堂大禮命知樞密院事兼參知政事雷孝友爲大禮使參知政事婁機爲禮儀使參知政事樓鑰爲儀仗使同知樞密院事章良爲鹵簿使簽書樞密院事宇文紹節爲橋道頓遞使

嘉定四年十一月三日臣僚言奏告者祭祀之至大者也一年之間大祀凡六當以祖宗爲配每祭必先一日行奏告禮於太廟之室而後奉迎神位同赴祭所以配焉蓋神位即天地神祇與夫祖宗神靈之所在其禮尊嚴抑可可知矣今奏告之禮雖命一宗親行之而神位則徒委一魁擇官夜半扶舁而出既至祭所置神位於敗廊之

全唐文

角坐卧諠笑不勝瀆欲望其饗臣不信也臣謂宜於奏告之官或專委一官以迎送神位爲職既迎奉神位乘騎以隨命魁擇者與太常使臣禮直官及一行執役人等皆以序列於前前導以燭後障以蓋先祭一日於祭所之左製一安奉神位之地命迎奉官守之及祭之時獻官盛服迎神位置之祭所行事既畢少徐徹俎命獻官歸神位於轝使迎奉官如初禮以送之不肅者命監祭官行罰此今日之闕禮亦不可忽也禮部太常寺看詳一年六次奏告專請宗室行事今欲令吏部每遇奏告更添差職事官或京局官一員以迎送神位爲名於當日赴太廟同致齋俟宗室官奏告畢即請本官常

服前往太史局神御殿迎奉神版（未迎奉前一日太史局掃除編排明燭燒）香候官到令魁擇官請神版授之迎奉官置之腰轝之内（腰轝以黄幃遮護值雨以油幃）當以序行先以長紗籠十對或八對在前使臣魁擇官各服其服乘騎（官馬差）於紗籠之次執役人以序行于後繼以腰轝每一轝前用黄紗籠三對後用一對仍以黄繖遮障（又準備大雨祇候前行）迎奉官常服乘騎於腰轝之後（迎奉官破燭龍各一須要行列整肅緩慢不令行遮者攙驀先於致齋日其一行人姓名呈迎奉官至時不到或不嚴肅申監察御史官員失罰）行至祭所先一日於祭所之東擇潔淨屋宇障以黄幕遮以新蓆腰轝以次序雙排於幕帟之內前設黄幃香按命迎奉官燒香時暫安奉（過夜每轝點燭四條）候祭時三獻官或迎奉官親舉神位

全唐文

版各置之祭所訖迎奉官退就位然後行事事畢迎奉官迎神版復置之腰轝如前儀送還神御殿從之　五年九月二日以郊祀大禮命右丞相史彌遠爲大禮使知樞密院事兼參知政事雷孝友爲禮儀使參知政事樓鑰爲儀仗使同知樞密院事章良能爲鹵簿使簽書樞密院使宇文紹節爲橋道頓遞使　八年八月六日以明堂大禮命右丞相兼樞密使史彌遠爲大禮使參知政事鄭昭先爲禮儀使簽書樞密院事曾從龍爲儀仗使吏部尚書李大性爲鹵簿使禮部尚書范之柔爲橋道頓遞使　十一年八月四日以明堂大禮命右丞相兼樞密使史彌遠爲大禮使參知政事鄭昭先爲禮儀

使簽書樞密院事曾從龍為儀仗使吏部尚書李大性為鹵簿使戶部尚書薛極為橋道頓遞使　十四年八月十四日以明堂大禮命少保右丞相兼密使史彌遠為大禮使知樞密院事兼參知政事鄭昭先為禮儀使同知樞密院事宣繒為儀仗使簽書樞密院事俞應符為鹵簿使吏部尚書兼權戶部尚書薛極為橋道頓遞使

祀祭行事官　淳熙三年九月二日詔郊禮在近合差官行事所攝官稱其間有合沿革可令禮部太常寺討論議定申尚書省十七日禮部太常寺言開寶通禮皇帝冬至祀圜丘行事所攝官稱係太尉掌誓百官侍中進玉幣并奏請致齋及輦輅前奏請並用侍中至

全唐文

和新定官制以左輔右弼太常少卿易侍中中書令左右僕射之名以五禮新儀大禮行事攝官稱用太宰少宰左輔攝事至靖康元年詔三省長官名可並依元豐官制自紹興元年至乾道六年大禮行事所攝官稱依舊用左右僕射侍中（乾道八年詔改左右僕射為左右丞相及侍中中書尚書二令並刪去）　乾道九年郊祀大禮以左右僕射及侍中並改稱左右丞相前項所攝官稱典故沿革不一令參倣上件禮例掌誓欲依舊例差宰執攝行禮日進玉幣爵酒欲依舊差執政攝前三日奏請皇帝致齋車駕自太廟詣青城輦輅前奏請進接圭薦進飲福酒殿中監（近降詔旨侍中雖已刪去緣每遇大禮進接圭薦進飲福酒殿中監亦差官攝事參倣上件禮例並用侍中攝事貴存舊名以備禮

文）欲依舊例差侍從攝禮畢肆赦承旨宣制（近降詔旨侍中雖已刪去參倣殿中監攝事禮例并開寶通禮用中書令攝事貴存舊名以備禮文）欲依舊例差執政或侍從攝從之　四年十月五日太常少卿齊慶胄言乞照詳國朝典故自今宗廟祠祭並於宗室使相以下輪次選差非實有疾不許辭免庶幾祀事益肅班聯可觀乞下太宗正司斟酌若實年老艱於拜跪免差行事其年齒差高可以拜跪欲乞並令本司依上件儀制差充五饗初獻行禮其餘差亞終獻等官亦合照應儀制指揮輪差從之同日太常博士章謙言如同日祠祭御史臺報闕監察御史從本寺申禮部關吏部輪請六曹郎官攝並不許辭避更不降敕（如在散齋之內闕監察御史除初獻外如

全唐文

本祭有郎官請郎官設監察行事如無郎官欲從上請官一員設事）　行在蘿務官浙西安撫司臨安府屬官差充祀祭行事內無齋舍及無本司者聽於鄰近寺觀致齋前一日質明赴司所每遇祠祭祇應人前夕須管於祠所附近寺觀澡浴赴祠所祇應不得輒離祠所諸色祇應等人如不嚴肅及違犯約束並令監察御史彈奏無官人送大理寺（內祠祭無察官處委本祭官獻檢察）從之　五年三月二十七日太常寺言每遇祀祭依儀制論請本寺少卿行事今來太常少卿齊慶胄暫兼權侍立修注職事乞依已降指揮先赴赴侍立畢徑赴祠聽省饌致齋行事及日後遇祀祭輪請本寺少卿行事致齋日分內有朝殿亦乞依上件指揮從之　先

是國子司業兼太子左諭德兼權起居舍人蕭燧為仲春上丁釋奠至聖文宣王充初獻行事在致齋內係常朝日分詣越赴侍立畢徑赴齋故有是命　六年七月九日詔應被差等官如敢依前託故避免申乞改差之人委臺諫密切覺察具名彈奏取旨從中書門下省請也十三日太常寺言明大禮前一月朝饗太廟合差南班宗室乞降敕差官施行從之（員數如舊式）　同日皇叔祖嗣濮王士䄍言將來明堂大禮合差宗室行事士䄍見年八十七歲乞免陪位立班詔別廟初獻改差嗣濮王士䄍亞獻改差恩平郡王璩終獻改差保康軍節度使士歆八月五日皇城司言明堂大禮從駕臣僚祇應人依

全唐文

格將帶外其餘應合行事官許帶一名若過數依闌入法不以大禮赦原從之（此申明紹興三十一年已降指揮權依大觀皇城司例十五年八月同此）　七年八月二日詔自今吏戶刑三部郎官免差祠祭如遇闕官許於卿監館職遍差（以中書舍人施師點言考功侍右如使兼二四時祠祭乞與免差故有是命）　九年七月十三日詔今歲明堂大禮少師史浩少保陳俊卿並特令赴闕陪祠令學士院降語（浩俊卿各以疾辭九十二年十月同詔）　十年八月八日臣僚奏仁宗朝包拯因監祭九宮貴神見以常朝官充攝行事遂引唐天寶中故事為言乞攝太尉者差兩制以上所貴差重其禮以申崇奉之意今所祀九宮貴神三獻官類皆用寺監丞簿以下攝行祭祀慮其大輕崇奉未至詔禮部

同太常寺看詳今檢照遵用政和五禮新儀差官數內初獻係以禮部尚書侍郎如禮部尚書侍郎或闕依次輪別曹長貳充初獻行事（先禮部次戶部之類）　十一年六月十五日臣僚言臣聞禮典有大祀中祀小祀之別主其祀者有宰執侍從卿少博士郎官之異亦曰尊卑隆殺惟其稱而已矣今或大祀而合主於侍從者乃代以寺監丞簿中祀而合主以卿少者乃代以局務官品位邈絕為禮不稱禮非其禮敬何從生祭而非敬祭何益焉欲望明戒有司自今祭祀委官必當一遵禮法如果拘於職守適有疾病者須是未受齋戒之前報闕當差一等班列充代從之　十二年八月十五日太常少卿朱時敏

全唐文

言臣聞祭祀之有齋非虛文也所以致其誠敬之心求於恍惚神明也散齋七日以定之致齋三日以齋之散齋於外致齋於內散齋致齋名言不同在外在內存誠則一蓋使之愈久而愈敬益深而益嚴耳禮經所戒祭律所禁莫不皆然而今之所謂齋者散齋不廢宴集齋不廢游觀夫獨不忍數日之不宴游舉禮律而棄之乎祖宗郊卯之歲車駕至青城召侍從觀水嬉登龍警場至神宗以為非致齋所宜罷之至今齋日悉止游幸陛下昭事天地孝饗祖宗禮敬百神內則盡志外則盡物得其道矣百官有司豈所當忽望明示禁戒使各齋心以助精禋祭則受福當非虛語從之　九月十四日詔

今歲大禮皇孫安慶軍節度使平陽郡王擴令陪祀　十月十三日宰執進呈起居舍人李巘奏竊見郊禮之祭命官行事或環列壇垓或周徧營壝或執事登降或陪祠左右皆所以尊天禮神然贊導之吏利於速集往往先引就位以待行禮漏下或數十刻尚未及期立俟既久筋力有限徒倚疲頓或至倒側及當行禮多不如儀肅敬之誠何從生而恐未足以仰承陛下欽崇寅畏之心乞下有司將來祀禮如引行事等官雖在時前亦須稍遠行禮之時方令就位不得多經時刻使至疲頓務在肅敬無或惰慢庶幾可以盡事神之禮而不失重祠之意上曰此說甚當朕往日在潛邸為亞獻時催班

全唐文

亦早時風緊簾疎頗覺難待況百官既無幕次又立班太早所謂雖有肅敬之心皆倦怠矣蓋引班吏只欲早了他事寧顧時之未可今次須先二刻催班卿可諭與禮官　十五年六月十三日權刑部尚書兼侍講兼太子詹事葛邲言當郊之際天地祖宗陛下之所親饗百神從祀遣官分獻然神有尊卑官有大小不可以不求其稱如天皇北極神州后土大明夜明與夫五帝五嶽之類居天地之次為百神之最尊而國家之所甚重者攷之舊禮乃止遣寺監丞簿分詣無乃不稱歟臣嘗求其故益宰執既為五使而侍從卿監郎官又皆在應奉執事之列故分獻例差寺監丞以下初不問其秩之不

等而禮之不稱也今秋大饗明堂既在諒陰之內太廟景靈宮只是遣官行事則應奉執事之官自當減省乞差近上官詣近上神位分獻庶於禮為稱禮部太常寺看詳今來明堂大禮所設神位係並依淳熙九年外其兩朶殿分獻官五員乞差寺監丞以上充分獻行禮從之　紹興二年四月十三日太常少卿耿秉言祀事以以敬為主每祭必用三獻以一獻為未足則再獻以再為未足則又獻示誠敬之有加過三則瀆矣初獻以甲充亞獻必別以乙充終獻則別以丙充各先其齋戒以達其一時之敬與神明交庶或饗之竊見祠祭行事官自受誓戒之後或有疾故則以次官兼攝如初獻有故

全唐文

乃以亞獻兼攝初獻如亞終獻有故則以一攝二適奠爵於神之前者此人再奠爵於神之前者又此人慢瀆孰甚焉乞今後三獻官如有疾故則於押樂奉禮捧俎等官內選擇以足獻官之員庶幾三獻各異其人不至慢瀆其獻官之外有闕自從舊例兼攝從之　慶元元年正月二十三日臣僚言恭遇哲文神武成孝皇帝神主祔廟陛下親詣重華宮行寧神奉辭之禮然後迎奉神主即于太廟千官在列百執趨事嚴恪無或不虔亦知宗廟重事國家大典不敢輕也然誠之所寓三獻而已神之鑒否惟是之視今之獻官乃有甚不然者以錢塘縣尉師還為終獻官是也事莫重於宗廟官莫卑於

縣尉以至卑之官行至重之事，何禮敬之不孚，情文之不副也。臣按政和五禮新儀，太廟、別廟親王宗室使相節度使并郡王觀察使以上為初獻，宗室正任以上為亞獻，令縱闕官，何至以一尉通攝乎？若以不曾受誓為嫌，則以亞獻兼終獻可也。今事已無及，但惜以卑官行重禮，不能體陛下孝思之誠，無以慰孝宗降鑒之靈耳。臣求其故，蓋由近上宗室憚於致齋行禮，多以疾辭，臨時倉猝，遂令通攝。乞申飭有司，自今有事于太廟，行事官則依五禮新儀定差，有辭疾者則令內侍省押醫看驗，厥幾官稱其事，實副其名，祀事孔嚴，神明顧饗。從之。

八月二十六日，臣僚言：竊見近来祠祭，每於受誓宿齋

全唐文

之次，所差官以疾辭者率是數人，不免委以次官通攝，至有簿尉監當而充獻官，甚不稱陛下咸秩群祀、揭虔妥靈之意。竊原人情緩弛，前後相襲，彈劾未及，得以自肆，固是一說。然吏部所差員數有限，而祠祭無月無之，一旬之閒至有三四，又有同時數處者。如職事稍冗，被差頻併，御者所妨，官清務簡，莫如館學，宜於禮文所不不當略。剏國之大事在祀，若視為煩浼，不屑為之，臣子之恭豈應有此？乞下吏部置籍消注，將館學照前後所差職事體例，與寺監等處一等輪差，除大學私試先期將鎖院開院日分報部照應外，如所差官託疾推免，當尊承條格彈奏施行。從之。

三年二月七日，臣僚言：禮

莫嚴於祀宗廟，祀莫重於奉神主。祏室肅開，擁持出入，榻位儼設，陟降奉安，備盡恪恭，罔敢失墜，此宮闈令之職也。執事匪輕，差官宜擇。臣備員分察監祭非一，竊見所差宮闈令年齒幼小者率居其半，其年未長、人物短小者，難於攀取，易於乖跌，進止周章，步趨惶遽。職奉神主，豈比他官，禮或有違，臣實懼焉。乞日後遇祭宗廟，應差宮闈令必擇長成重厚之人，仍不許託疾避免，庶幾謹於執事，宜於大體，有以仰副陛下寅奉宗廟之意。從之。

四月十三日，禮部郎中兼實録院檢討官曾煥言：竊惟禮以誠敬為本，寓於周旋揖遜之容，故禮儀三百，威儀至於三千，而漢之徐生以善為容，世世掌禮。若夫祀

全唐文

祀事則尤禮之大者。國家嚴於祭祀，郊廟百神世所不盡其敬，而奉常贊引之吏比年習玩，浸成簡忽，凡見於動容周旋，往往僅存文具。罍洗之詣，水弗及盥而帨儀已畢；滌爵之所，笏未暇措而贊式已終；神位之前，跪方至地，幣已代薦；酌獻之際，爵甫及手，奠已至三；升降拾級之忽遽，俛伏與拜之迫促，若此類者，未易悉數。祠官進趨之節唯贊引是從既一於稇速此市汲汲常若有所弗逮，雖欲少加安徐以展誠敬，顧何可得。恭惟陛下欽崇禋祀，務肅盡恭，茲方禮行於郊，尤宜申飭誠敬。願戒奉常，舉凡祀事，亟革舊習，俾諸薦獻執事之官稍得從容中節。詔令太常寺常切覺察，尊守如有違戾，令

御史臺彈奏四年八月二十六日侍御史陸峻言祭祀行於宗廟神祇不可不致其嚴故先事以戒期齋宿而就列誓其職者有誓糾其慢者有官如是而敬事之誠著今被差之官多有託疾避免而臨時通攝者幾年至如國忌行香有經年勉赴一二者何其敢為慢易若是耶廢禮玩法莫此為甚謹按御史臺彈奏格應朝宴及祠祭官或國忌日稱疾不赴者皆牒入內內侍省差人押醫官診視詐妄者彈奏六參及釐務望參官為朝參連三次請假一歲通計五六次者與外任差遣欲望申嚴前項令格以儆有位從之　嘉定五年二月二十八日臣僚言竊見朝廷每遇祠事所差行事官雖本之以

全唐文

朝士然必以在部及寓居雜流之人參焉多至十之五少亦三之一雖然如十指之不齊竊覘其容貌率皆塵俗視其舉動類多鄙野夫食祿於朝仕於京局與府縣之官不為少矣何至之材究其所以蓋所差非盡出於吏部之手率是符給空名付之游手尋覓寄居等官旋行填鑿授之者有定價得之者不過苟徼潤而圖餔啜當受誓之日隨衆一來臨期撲被託宿齋宮一夕而去其所謂齋者懵不知為何事國家備犧牲粢盛之屬不敢闕一將以昭假神示以來福祿顧使苟徼潤圖餔啜者周旋其間禮意失矣望戒吏部今後只從在朝及見任釐務等官差委祠事遇郊祀年分典禮甚大執事者衆

方許於在部官內選擇儀狀端正容止可觀者與祭其餘癃老與雜流出身一切住差庶幾禮敬無不足之患矣從之　六年正月六日臣僚言士夫弛慢之弊祠祭率多避免受誓既畢猶復告假丞郎以上宰有被差親故寅緣有終歲而不預臨期通攝或一人而兼數職乞下吏部差官行事以京官選人分置兩簿委自尚書左右侍郎官掌管自上而下周而復始繳送御史銷注以防不均又其差及到部官良以為苦蓋外方之士裹糧赴調或遇雨雪沾濕寒凜之際大為狼狽兼請出祭服必用付身文字抵當併乞下吏部止就在京職事局務等官內輪流差委不必更及參選待次之人從之　七

全唐文

年十月十三日臣僚言朝廷大祀一歲三十有四中祀九小祀三太廟朔祭薦饗奏告不與焉典禮崇重無不備至被差行事臨時託故請假者過半太常吏綿蕝差見在者通攝至攝三兩員職事禮官稀踈極為不肅乞乞令所屬今後行事官臨時請假者仰御史臺太常寺差到吏人具姓名申臺部不理本月當差人數次月再差行事如實有病患事故權與給假次日御史臺審實庶幾禮文整肅仰副陛下至誠感神之意從之　十年三月七日臣僚言檢準御史臺彈奏格應祠官不恭及器服禮料不如法者彈奏又誓戒云各揚乃職敢有不恭邦有常刑臣三月三日李春出火祀大辰適與監祭

初據太常寺修寫進胙奏狀係臣與攝光祿卿太常寺
主簿黃民望連銜具奏續因終獻官請假通攝別換奏
狀卻係太官令監臨安府都稅院蔡戎攝光祿卿與臣
連銜臣即索上通攝單子點對乃是民望擅令人吏改
請通攝初無公文辭免臣照得民望職隸容臺豈不知
祠祀為國之大事務在嚴肅顧乃規避拜跪私易一監
當選人攝事與臣連銜具奏非惟失事神之敬抑且失
尊君之義臣職當彈奏乞將民望罷黜以為祠官不恭
敬者之戒從之　十一月二日臣僚言國之大事在祀配
以祖宗又祀之至重者也謹按中興禮書五禮新儀及
太常寺條具祠祭合差行事官窠目格式照得本朝每
全唐文
歲大祀雖多而以祖宗配饗者有七除正月上辛祈穀
孟夏雩祀季秋合祀上帝并夏日至祭皇地祇冬日至
祀昊天上帝凡此五祀皆以宰執充初獻其亞獻則差
禮部尚書侍郎或闕依次輪差別曹長貳次給舍諫議
外有正月上辛祀感生帝立冬日後祭神州地祇合差
禮部尚書侍郎太常卿少闕聽報祕書省長貳充初獻
其亞獻則差太常卿少禮部郎官或闕差五曹郎官又
闕差太常丞其終獻及執事官皆照班列以次輪差若
局務監當皆不與焉以此可見祀天祭地為重故以祖
宗為配所差獻官必先宰執侍從而後卿監郎曹伏見
令月十二日為立冬日後祭神州地祇前二日奏告太

宗皇帝而所差掌誓涖誓初獻官乃以尚書侍郎為職
有妨互相推避類差郎官及監丞博士攝之尊卑不稱
輕重不等甚非所以仰副陛下交神明盡誠敬之義也
乞下太常寺吏禮部今後祠祭合差行事官寺監丞簿
已下從吏部左選依儀差攝卿監已下郎官已上從太
常寺具申尚書省點差所有感生帝神州地祇兩祀係
以太祖太宗為配其初獻掌誓涖誓官乞依前五祀亞
獻所差禮部長貳體例如有故或闕郎依次輪差別曹
長貳或給舍諫議充攝仍並照卿監體例具申尚書省
一併點差庶免臨期妄有推託而陛下尊崇祀典之意
不為具文從之　十一年七月五日臣僚言恭惟陛下
全唐文
純誠篤實生於內心嚴恭寅畏俱非外飾臨御以來於
今二紀一歲常祀三歲大祀靡神不舉靡祀或闕四孟
朝饗拜跪煩勞而不以為憚烈風驟雨而不為少止或
慶雲翔飛於壇壝之次或陰霾頓散於默禱之餘聖君
在上一誠對越如此其至在位百辟奚忍負之乃今有
未胥應者可不有以戒敬之已受誓戒或預宴樂齋宿
祠宮或至聚飲諠譁笑語無所裁制怠惰偃蹇見於動
容以至胥贊樂工之徒習於褻慢升歌方作而罇俎之
間或竊酒饌燎瘞未終而禮器燈燭為之一空似此不
虔何以上答陛下格于神明之誠欲望下臣此章頒示
百司各令遵守自今已後受誓戒不得輙預宴樂齋宿

祠官不得聚飲諠譁隸使不得竊取酒饌瘞燎未畢不得遽撤禮器燈燭如或違戾許御史臺一一彈奏寘典憲從之

祭器此類宜出之名編不宜禮廟郊祀

全唐文

宋續會要

太宗太平興國四年八月十三日詔重修后土廟命河中府歲時致祭下太常禮院定其儀禮院請依先代帝王用中祠禮　中祠用豬羊各一籩豆各十簠簋二幣帛香酒籩實以形鹽乾魚乾棗栗黃榛子菱仁芡仁鹿脯白餅黑餅豆實以韭菹魚醢菁菹鹿醢芹菹兔醢筍菹魚醢脾析菹豚胉簠二實黍稷飯簋二實稻粱飯

宋會要

哲宗元符三年四月二日禮部太常寺言按大禮儀式親祠太廟俎不設腸胃已合古禮獨犬牲腥熟皆設腸胃於義未安兼按儀禮羊俎豕俎皆有舉肺一祭肺三今又俎獨不實肺亦當詳正欲罷犬牲腸胃止存離肺刌肺及豕俎設離肺一刌肺三於禮為當從之

卷五千四百七十

宋會要

高宗紹興二年三月二十七日詔景靈宮諸殿神御酌獻食合用羊三百三十八口以三分為率減一分　三年二月十五日詔薦饗祖宗神御殿合用羊肚以對味代之　時宰臣進呈禮料每位食味合用一羊肚上曰每次須殺二十五羊祖宗仁覆天下豈欲多殺故有是詔詳見神御殿　十月十七日詔福溫州酌獻祖宗神御祠祭酒只就神御所在州軍就便支供仰逐州據合

用數目別料知法醞造務要精潔先是臨安府齋發故有是詔按太常寺每歲常祀夏日至祭皇地祇係於行在錢湖門外惠照院望祭齋宮設位行禮以太祖皇帝配三獻官依儀初獻係差宰執亞獻禮部尚書侍郎有故或闕次輪別曹長二次給舍諫議終獻太常卿少禮部郎官有故或闕差北司官次輪別曹郎官合用禮料牲牢羊一口豕一口籩二十有六蔆二芡二栗二鹿脯二乾棗濕棗乾桃濕桃乾橑榛實籩蕡白黑形鹽膴鮑魚鱐糗餌粉餈簠八稻粱各四登一大羹盤一毛血簋八黍稷各四豆二十有六酏食糝食芹兔醢深蒲醓醢二箈菹鴈醢筍魚醢二葵蠃醢脾析蠯醢大蛤蜓醢豚拍韭昌本菁鹿臡茆菹麋二俎八羊腥七體豕腥七體羊熟十一豕熟十一羊腥腸胃肺羊熟腸胃肺豕腥膚豕熟膚尊罍共二十有四著尊二一實元酒一條實水一實盎齊大尊二一實泛

卷五千四百五十一

齊一實醴齊山尊二一實盎齊一實醍齊犧尊二一實沈齊一實事酒象尊二一實昔酒一實清酒以上各加罍二隻實明水係十三年禮部太常寺言修立郊祀大禮儀注前祀三日儀鸞司設饌幔於內壝東門之外隨地之宜前祀一日光祿陳禮饌於東壝門外道北南向太常設省饌位版於禮饌之南大禮使左僕射在南北向西上分獻官位於其後監察御史二俱在西東向北上行事吏部戶部禮部刑部尚書吏部禮部刑部侍郎押樂太常卿光祿卿讀冊舉冊官押樂太常丞光祿丞奉禮協律郎太祝郊社太官令在東西向北上司尊彝帥其屬設玉幣篚於酌尊所次設籩豆簠簋之位又設尊罍之位正配從祀位各有差詳見器用又設正配位籩豆簠簋盤俎各一於

饌幔內未後二刻司尊彝帥府史執事者以祭器入設於位未後三刻禮直官贊者分引大禮使以下詣東壝門外省牲畢請就省饌位贊揖訖大禮使以下就位立定禮直官贊揖所司省饌具畢禮直官贊者饌畢揖訖俱還齋所祀日丑前五刻光祿卿帥其屬入實配位籩豆簠簋籩四行以右為上第一行糗餌在前粉餈次之第二行蓮在前蕡白黑形鹽膴鮑魚鱐次之第三行乾棗在前濕棗栗桃乾桃濕梅乾橑榛實又次之第四行蔆在前芡栗鹿脯又次之豆四行以左為上第一行酏食在前糝食次之第二行韭菹在前醓醢昌本麋臡菁菹鹿臡茆菹麋臡又次之第三行葵菹在前蠃醢脾析蠯醢蜃蚳醢豚拍魚醢又次之第四行芹菹在前兔醢深蒲醓醢箈菹鴈醢筍菹魚醢又次之簠實以稻粱簋實以黍稷稷在黍前登實以大羹太官令帥其屬入實俎籩前之俎實以牛腥七體兩髀兩肩兩脅并脊兩髀在兩端兩肩兩脅次之脊在中豆右之俎二為二重以北為上第一重實以牛

卷五千四百五十一

腥腸胃肺離肺一在上端刌肺三次之腸三胃三又次之第二重實以牛熟腸胃肺其載如腥若配位即以東為上良醞令帥其屬入實尊罍著尊二一實元酒一實醴齊皇帝配之壺尊二一實元酒一實盎齊亞終獻酌之太尊二一實泛齊一實醴齊山尊二一實盎齊一實醍齊犧尊二一實沈齊一實事酒象尊二一實昔酒一實清酒並設而不酌凡罍之實各視其尊又實從祀神位之饌第一龕每位籩三行以右為上第一行乾橑在前乾棗形鹽魚鱐次之第二行鹿脯在前榛實乾桃次之第三行蔆在前芡栗次之豆三行以左為上第一行芹菹在前筍菹葵菹菁菹次之第二行芹菹在前魚醢兔醢次之第三行豚拍在前鹿臡醓醢次之簠實以稻粱粱在稻前簋實以黍稷稷在黍前籩前之俎實以羊腥髀一豆前之俎實以豕腥髀一登實以大羹爵實以醞其餘諸神位每位左二籩棗在前鹿脯次之右二豆菁菹在前鹿臡次之簠實以稷簋實以黍俎實以羊豕腥肉登實以大羹爵實以酒神州地祇五行五官五嶽又實盤以毛血又實從祀神位之尊太尊實以泛齊犧尊實以醴齊壺尊實以沈齊各以一尊實明水概尊實以清酒散尊實以昔酒各以一尊實元酒著尊象尊俱實明水上帝配帝之饌升卯階其餘神

位各由其陛升太常設燭於神位前光祿實籩豆簠簋於饌幔內籩實以粉餈豆實以食簠實以果簋實以稷次禮部侍郎詣饌所視腥熟之節從皇帝升奠玉幣訖引禮部尚書詣饌所執籩豆簠簋以入戶部尚書詣饌所奉俎以入詳見行事總儀祝史進徹毛血槃次禮部尚書搢笏執籩豆簠簋戶部尚書搢笏奉俎以升執事者各迎於壇上禮部尚書奉籩豆簠簋詣上帝神位前北向跪奠訖執笏俛伏興有司設籩於糗餌前豆於飽食前簠於稻前簋於黍前戶部尚書奉俎詣上帝神位前跪奠如儀有司設於豆前次詣地祇配帝神位前跪奠並如上儀太祝取蕭擩於醢祭於豆間又取黍稷肺祭如初皆藉以茅各遂奠所賜胙拜訖郊社令以黍稷肺祭藉用白茅束之大明夜明以上執事官並以俎載牲體黍稷飯爵酒各由其陛降詣柴壇升以饌物置於燎柴五官以上執事官以俎載黍稷飯爵各從其陛詣瘞坎置於坎餘見總儀十八年太常寺取到禮料用羊豕各一口籩十二菱芡栗鹿脯榛實乾桃乾橑乾棗形鹽魚鱐糗餌粉餈簠二稻粱瓦登一大羹盤一毛血簋一黍稷豆十二芹筍葵菁韭酏食魚醢兔醢豚拍鹿臡醓醢糝食俎八羊腥七體羊熟十一羊腥腸胃肺羊熟腸胃肺豕腥一體豕熟十一豕腥膚豕熟膚尊罍二十四實以酒並同皇地祇

卷五千四百五十二

宋會要

徽宗崇寧五年正月二十四日詔應奉祀天地祖宗社稷膳羞之物可並令六尚局應奉仍舊為令大觀四年

四月二十八日議禮局言古者祭祀設五齊三酒酒正之法式不傳於後而先儒特以當時名物所有而言之本朝祀儀雖有齊酒之名而一以法酒代之康定元年嘗討論以為非是欲望明詔有司依放古法造五齊三酒祭祀則供之自太尊以下至於壺尊自泛齊以下至於清酒各以其序實之庶合古法從之

宋會要

宋哲宗紹聖三年八月十五日權禮部侍郎黃裳言光王資陰陽之用取明水火以供祭祀淮南子以大蛤為方諸考真以此得水數斗蓋有已試之驗今以明水難取遂兼明火弗用非所以祇事天神祇之意乞下有司訪求所以取明水之法天下必有能知之者詔令禮部講求試驗以聞

卷五千四百六十

郊祀冰鑑

宋會要

六年五月三日臣僚言郊祀所須自金帛外如竹木油蠟漆炭麻枲羊毛之屬以千萬計有司但拋降近郡收買不酬其直乞捐千數萬緡於近便處置場和買或許客旅販賣依價以酬庶幾上副事神恤民之誠意從之十五日禮兵工部言車輅下料物材植青城椽木車輪檀木并修飾宮廟木植及麻枲木炭黃蠟等乞令所司並以見錢收買毋得敷下州縣從之

閏五月十四日中書門下省檢正左右司言每郊轉運司澆造蠟燭等

依前卿大禮太常寺申朝廷取旨望自今禮部侍[郎]下太常寺照例銀所備排辦從之

卷五千四百六十二

宋會要緣廟裁制

太宗太平興國二年正月十五日太常禮院言按唐制長安太廟凡九室皆同殿異室其制二十一間四柱東西夾室各一前後面各三階東西各二側階即今太廟四室每室三間將來太祖皇帝升祔共成五室欲請依長安太廟之制東西夾室外分為五室每室二間如允所奏望下宗正寺修奉詔恭依典禮四月一日山陵禮儀使言太祖皇帝尊號寶冊請如司顯德故事前祔廟一日內降排列于儀仗內于本室安置詔恭依　至道三年五月十二日真宗即位未改元太常禮院言准詔詳定宗正寺狀准勑添置殿室今大殿十二間初修四室時每室三間太平興國初祔太祖神主分為五室室皆二間餘東西二間充夾室分藏冊寶法物今增太宗一室則冊寶法物益多欲東神門外隙地別置庫收貯本院按唐郊祀錄廟各一室三間華飾連以尊恩九廟皆同殿異室其制二十間無別藏庫望朗文令欲東西各增修一間以藏寶冊從之九月十六日詔應祠祭除行事官并合祇應人外餘皆不得輒入廟社御史臺按察以聞真宗咸平元年五月五日屯田郎中楊延慶請以內臣充宮闈令限年與代令令居廟中與知廟官員同掌廟事從之

卷一萬七千五十四

宮闈令但掌還皇后神主豈宜輒于本廟居止專掌廟事乎延慶不知典故時論非之　四年十二月四日詔太廟屋宇齋壁有損墊處委宗正寺即時修葺常令嚴潔　景德二年七月十九日詔太廟后廟四面委開封府常切提點巡檢逐日併除務令潔淨仍令宗正寺官提總之其兩廟齋宮合修葺處令三司條奏遣內侍監修務令嚴潔牢固判寺官專切提舉十一月五日詔宗廟神食札料委光祿寺精細揀擇宮闈令點檢饌造及于御廚選差入匠六日詔太廟后廟守衛皇城使司覘事官令後並令戲督各給時服　三年七月二十一日參知政事馮拯言孟秋拜事薦饗太廟有司供帳未盡恭潔守奉人宿于殿上頗致喧瀆詔別製廟庭帟幕什物付宗正寺置庫掌之其守宿人不得陞殿十二月詔太廟皇后廟宮闈令自今並令上宿廟內　四年正月八日詔大祠祭太廟各用室長齋郎十二人彝俎自今仰宗正寺依次預先告示如有故則差以次者其已定名擬或有故即報寺改差七月十三日龍圖閣待制陳彭年上言按漢書高平侯魏相從史飲酎宗廟騎至司馬門不恭削爵一級此則騎不可過廟司馬門之明文也今太廟別有偏門及東門祀官入齋宮去殿庭尚遠所有后廟惟止一門每遇禘祫神主自此出入又齋宮正與殿門相對數步而已祀官不以官品高下乘馬而

入頗虧不恭況廟朝之間本資嚴肅門闕之禁當有等威欲望太廟后廟除中書門下行事許乘馬入東門其餘行事官並不得乘馬入詔從其請仍令遇泥雨祀官許乘馬入東門導從人止門外十一月二十七日賜太廟后廟守衛人承天節衣服戲以為例十二月二十二日判太常禮院孫奭言伏見太廟薦享所司惟用一散樽將抱往來周而復始既飲福又酌獻神樽與籩豆簠簋並不加蓋冪復闕三獻臣按開寶通禮設樽彝位于廟堂上前楹間各于室戶外北向秋冬每室斝彝一黃彝一著樽二壺樽二山罍二皆加勺冪以黼今則有樽無罍又闕黼冪凡籩豆當先徹蓋冪而後升簠簋則既陳之後却其蓋于下鉶亦豆也以盛大羹謂肉汁也至恭不饗味而貴多品也今有司不詳乃謂毛血之豆為鉶其失一也夫肝膋之豆當置于室戶外毛血之豆當置于神座前今毛血亦置戶外其失二也又七祀之神冬當祀行設莞席今復不設其失三也蓋由所司惰慢厭于齋持積習既常便為舊例望下光祿寺少府監自今享廟每室量設樽罍各一加黼冪增三獻及徙置毛血並于神座之前籩豆簠簋悉加蓋冪及設七祀莞席從之後有司以瓦甗易壞請代以豆　大中祥符二年九月十六日供備庫副使謝德權言准詔決金水河為渠環太廟后

卷一萬七千五十四

廟工畢命宗正奏告　渠自天波門並皇城至乾元門歷天街東轉繞太廟后廟皆甃甓為之車馬渡即累石為梁間作方井許民汲用復東引西城水賓入濠後又命賜木備種植榆柳　六年十月八日詔凡祠祭合用香幣者委太府寺于內侍省請香付之太廟后廟即宮闈令焚燒十一月詔太廟皇帝親饗于祼瓚前先上香其饌設于牙盤之前恭謝天地壇壇奉玉幣前先上香其案炉合等並自內降付差內侍管勾其太廟每以從儀行礼亦設香炉于牙盤之南　七年二月詔太廟宮闈令丞前以其恭聞多遣老疾之人領職自今委內侍省擇幹事者代之歲滿無遺闕當與甄獎之　八年四月禮儀院上言宮闈令職預祀事非開拜事之官請自今有父母喪給假三日期周喪二日餘並一日遇祠祭行事則遣人權代從之十一月十四日兵部侍郎兼宗正卿趙安仁上言准詔看詳朔望日所上食味以聞者今參詳宗廟五享加之常食及朔望薦饌蓋所以表聖人時思之孝向東雖極精潔猶慮未合宸旨欲望自今令御廚用親享廟日所上牙盤食例制饌并詔有司據臣等新定四時品味委逐處長官看視供給仍令御廚選上局食手十人赴廟造饌從之　九年七月詔太廟牙盤神帳器用物并寶冊法物各為一帳供申八月尚書右丞兼宗正卿

趙安仁言太廟后廟殿室內神帳裀衣褥等物本供神御自來砌至大
禮前牒三司修飾其破舊者于帝務納換例將變轉使用仍應未稱薦恭
之意請自今應係廟室法物用物帛製造者並乞三年一飾九年一換其
餘金銅鍮石器用等有破損者修換無破損者只令知飾所有兩朝戟木
准令五年一換今亦乞三年一加飾六年一換仍每至大禮前寺司先具
聞奏入內內侍省差使臣赴廟與在寺官屬及宮闈令同共省視從之
天禧二年六月十四日入內西頭供奉官趙用和言每太廟祠享行事官
並前一日入廟致齋今後朔望祭請令宮闈令亦前一日致齋從之十五
日詔太廟每室各置祭器一副准備祠饗不得更供別處使用　乾興元
年七月十四日仁宗即位未改元宗正寺言奉敕修奉真宗殿伏緣舊殿
六室寶冊法物甚多自來皆于夾室內地棚床架閣已滿切慮將來真宗
神主升祔之後法物愈多安置不盡欲乞于夾室內各置板棚胡梯從之
九月十六日礼儀院言准詔衆議真宗為皇太子所授玉冊置于何處奉
安檢會太祖太宗尊號玉冊升祔之時並安本室其上件冊及真宗在位
尊號寶冊並請于太廟本室奉安從之　仁宗天聖四年閏五月七日太
常礼院言郊廟及諸壇祠祭准礼例雨雪沾服失容即于齋宮望祭所有

卷一萬七千五十四

五郊齋宮已造望祭殿外有太廟后廟自來如遇雨雪沾服即于齋宮門
道序班赴東神門上立班行礼參詳行事公卿于齋宮序班至神門上立
班行礼升降之際未免衝冒雨雪沾服失容欲望自今饗廟令宗正寺預
先指揮儀鸞司准備油幕如值雨雪即各于東神門外闕庭前設油幕次
及于神門裏循墻直北設油幕行廊至殿東側陛仍備徹撤臨時鋪薦升
降踏道從之　景祐元年八月三日太常博士集賢校理兼宗正丞趙良
規言太廟遍遞室奏告宮闈令只于殿上還納神主訖方許諸司收徹祭
器奉慈廟乞閘金水河通流從之　三年十月十一日崇文院檢討王宗
道言太廟后廟奉慈廟除宮闈令外乞遞室各置內臣一員管勾本室事
詔令後每遇祠祭太常礼院移報入內內侍省遞室差內臣一員抖宮闈
令應奉行事二十一日詔少府監祭器庫給服二副與宗正寺收掌充本
寺官祭享所服　慶曆六年十二月二十八日太常礼院言天子宗廟皆
有常制今太廟之南門立戟即廟正門也又有外墻置欞星門即漢時所
謂壖垣乃廟之外門也昨所建面西墻門元在通衢以止車馬之過廟者
其臣僚下馬宜勿禁從之初知宗正丞趙恭和言今廟壖短而去民居近
非所以嚴宗廟請別為複墻以隔釁衆之故又設面西之門然而非制也

禮一五之三

皇祐三年十一月二十七日判三司都磨勘司李徽之言國家以火德王
天下火王于寅王于午今太廟西向開門直對戌以避申酉之位帝曰徽
之家世儒臣所言乃同巫祝然事係宗廟亦當下太常宗正寺詳定以聞
太常宗正寺言今太廟設西偏門所以邀止車馬而南向自有正門徽之
所請事涉不經不足采用從之　嘉祐三年閏十二月十八日宗正言太
宗真宗廟室墻壞詔知制誥劉敞相視擇日完葺之　八年六月二十四
日修奉太廟使蔡襄以大廟八室圖奏御請廣廟室并挾室詔從之初廟
室前楹狹隘每禘祫序昭穆南北不相對左右祭器填委不中儀式嘉祐
親祫增作茇土階張幄帟乃可行礼至是宗正丞趙觀請因修廟室增廣
檐陛如親祫時詔從其請凡增廣二丈七尺　十月三日翰林學士范鎮言
伏見帝后尊號冊寶皇太子冊與謚冊寶同置廟室本室狹小積累重沓
而沿寶法物動以萬數一致溢則為不恭請以加謚冊寶隨室安置其
尊號冊寶皇太子冊及初謚冊寶就近擇地別置殿以藏沿寶法物無用
者皆斥以付三司詔禮院詳定礼院請度太廟神門外建殿藏冊寶餘依
鎮所請從之　英宗治平二年二月十一日翰林學士范鎮等言准中書
送下史館檢討呂夏卿等奏伏見宗廟之祭有司攝事公卿祠官充之以

卷一萬七千五十四

受誓戒後之以齋宿其嚴奉之禮不為不至然于酌奠之際廟室之外舊
有親事官侍立各直其室事畢則掃除扃閉伏緣使令之人無暇嚴潔而
往來祖宗神主之前甚為輕褻論其嚴奉之意本末似不相稱欲乞自今
宗廟祠祭令太常寺先差室長或齋郎八人亦受誓戒齋宿各掌一室內
外之事及贊太祝宮闈令安奉神主每神主未出之前已入之後令親事
官依舊掃除啟閉如此則宗廟極于嚴奉設官不為虛名臣等參詳每歲
時享宗廟乞令宗正寺差太廟室長或齋郎八人同宮闈令設祭器薦香
燈安奉神主仍令前七日受誓戒前三日致齋又緣在京齋郎室長全少
或遇闕人令本廟據祖齋郎室長或闕人即令宗正寺預牒流內銓權差
選人其致齋日依祠官例給飲食從之　神宗熙寧二年閏十一月四日
詔以奉慈廟章惠皇太后神主既瘞于園陵以其故廟奉安太廟帝后冊
寶　元豐元年九月十四日詳定郊廟礼文所言景靈宮太廟御盥洗不
當東霤今看詳儀注景靈宮太廟設皇帝版位于東階之東又設御盥洗
于版位之西按礼記曰洗當東榮又曰其水在洗東祖天地之左海也釋
者以為設于庭當東榮屋翼也殿屋則云東霤伏請設洗于阼階下當殿
之東霤從之十七日又言周禮宗廟尊彝之數各隨其時而設如春祠夏

禮一五之四

禴則以雞彝盛明水鳥彝盛鬱鬯犧尊盛緹齊象尊盛沈齊秋嘗冬烝則以斝彝盛明水黄彝盛鬱鬯著尊盛醴齊壺尊盛盎齊司尊彝曰春祠夏禴祼用雞彝鳥彝其廟獻用兩犧尊其再獻用兩象尊皆有罍秋嘗冬烝祼用斝彝黄彝其廟獻用兩著尊其饋獻用兩壺尊皆有罍此則經有成文設崔靈恩之説得以推類而爲説云時祭用十二尊也彝二尊四罍六春官不著禘祫之名而崔氏以爲祫所用之彝如嘗烝以著尊盛泛齊醴齊以壺尊盛盎齊緹齊沈齊凡十八尊斝彝一黄彝一著尊四壺尊六罍六禘所用之彝如祠禴以犧尊盛醴齊盎齊以象尊盛緹齊沈齊凡十六尊雞彝一鳥彝一犧尊四象尊四罍六必如崔氏之説則是虎彝蜼彝大尊山尊在六享爲無用矣按鄭衆之義則以追享朝享爲禘祫司尊彝曰凡四時之間祀追享朝享祼用虎彝蜼彝其朝踐用兩大尊其再獻用兩山尊皆有罍鄭司農云追享朝享謂禘祫也在四時之間故曰間祀蓋禘及祖之所自出故謂之追享祫自即位朝廟始故謂之朝享則禘祫當用虎彝蜼彝大尊山尊矣其鬱鬯之彝與五齊之尊各以明水配之三酒則六罍俱用盛以罍配以元酒今朝享太廟儀注則六彝六尊俱設按舊儀每室設斝彝一黄彝一著尊二則與周冬烝之禮同也其用象尊

卷一萬七千五十四

二則非也乃春夏所用者也今儀注及式文既用犧尊二乃四方山川所用者尤非也欲乞于式文及儀注改正不用犧尊春祠夏禴用雞彝一鳥彝一犧尊二象尊二罍六秋嘗冬烝用斝彝一黄彝一著尊二壺尊一罍六大祫從鄭衆説用虎彝一蜼彝一大尊四山尊六罍六爲十八尊禘享如祫但減山尊二爲十六尊以本周禮　又言周禮司烜氏掌以陽燧取明火于日以鑒取明水于月鄭氏謂欲得陰陽之潔氣也古者祭之日陳饌于堂東照以明燭又以明水滌濯齊盛及添沈五齊且以爲配尊設于鬱鬯五齊之上今儀注具存廢而不講恐非致潔于神明之意其取火于日故有成法欲今有司每有祠事取以照饌及供神廚之用取水之鑒及方諸乞從本所訪求所出州軍移文取試以供祀事並從之南郊舊式并儀注禘祫皆無大尊至是皆正之十一月二日又言看詳古者享宗廟堂上燔蕭記曰建設朝事燔燎羶薌覸以蕭光以報氣也又曰取膟膋燔燎升首報陽也又曰蕭合黍稷臭陽達于牆屋故既奠然後焫蕭合羶薌此求諸陽之義也今太廟儀注饋食始太祝取蕭蒿稷黍擩于脂燎于爐炭皆于室戶外之左而有同行之乃焫茅香伏請依儀注焫蕭從之又言薦享景靈宫設小次于天興殿下褥位之東西向設皇帝版位于東階之東西向朝享太廟設

小次于殿下褥位之東西向設皇帝版位于廟東階之東南西向按周禮宗廟無設小次之文蓋古者人君臨祭立于阼故禮記曲禮曰踐阼臨祭祀明堂位曰君卷冕立于阼然則阼者主階惟人君得涉主階行事示繼體祖考親親之義且以尊别于臣庶也今朝享太廟設小次于殿下褥位之東西向設皇帝版位于廟東階之東南西向乃同是古者大夫士臨祭之位殊失禮意伏請自今太廟行禮並設皇帝版位于東階之上西向更不設殿下版及小次從之　三年二月十六日又言謹按儀禮特牲禮厥明夕設洗于阼階東南壺禁在東序豆籩鉶在東房南上几席兩敦在西堂宗人升自西階視壺濯及豆籩反降東北面告濯具後世有升階視滌濯之禮始于此也少牢禮雍人溉鼎匕俎于雍爨在門東南北上廩人溉甑甗匕與敦于廩爨廩爨在雍爨之北司宫溉豆籩勺爵觚觶凡洗篚于東堂下勺爵觚觶實于篚後世有詣爨視滌濯之禮始于此也夫尊彝豆籩在堂上洗篚勺爵在堂下鼎俎甑甗匕敦在爨皆貴潔以事神而有司所當徧親者也今親享太廟每室前惟設一籩豆而已南郊則于神位前亦先設一籩豆引視滌濯並不陳罍洗篚冪簠簋登鉶及巾蓋之屬而視則洗爲文具而無潔清之實伏請親祠太廟依儀注于祭前一日眡滌濯

卷一萬七千五十四

凡祭器及烹飪之具皆滌溉有司就眡從之六月二十八日又言看詳古禮無迎神送神其于祭初祭末皆不拜謹按少牢饋食禮主人朝服即位于阼階東西面鄭氏曰爲將祭也即不言拜及祝告利成主人出立于阼階上西面亦不言拜雖尸爲神象其如祝迎之而入也主人皆及賓皆辟位而已出亦如之惟賓客之事則有拜辱拜送蓋賓主相敵可與爲禮也特牲饋食禮祝迎尸于門外鄭氏以爲就其次而請不拜不敢與尊者爲禮玉藻曰士于大夫不敢拜迎釋者亦曰禮不敵近代事神拜而迎送是饗祭祀與接賓一也殊非禮意今儀注皇帝致版位西向立再拜樂舞九成訖又再拜及送神樂一成止皇帝再拜伏請不行應在外官准此從之七月二十八日又言謹按古者宗廟爲石室以藏主謂之宗祏夫婦一体故同几共牢一尸俎豆不兩陳一室之中有右主左主之别右主謂父也左主謂母也正廟之主各藏廟室西壁之中遷廟之主藏于太祖太室北壁之中其埳去地六尺一寸今太廟藏主之室帝后異處遷主仍藏西夾室求之禮意有所未合伏請新廟既成正廟之主自如舊儀遷廟主之藏于始祖廟太室北壁之中其遷廟與正廟帝后之主各共一室去地六尺一寸從之俟廟制定日施行　又言按宗正寺言太廟每室牙床上各有

蒲合并紫綾席褥曲几真几如遇祭于暑床上鋪設祭物禘祫則緣室合用物並前一日移出殿上謹按周礼太宰享先王贊玉几鄭氏注曰玉几所以依神天子左右玉几司几筵王位設莞筵紛純加繅席畫純加次席黼純左右玉几祀先王昨席亦如之則祀先王皆當如上所陳蓋筵則單設繅席次席皆重設之故礼記曰天子之席五重而詩曰肆筵設席毛萇謂設席重設是也然則先儒以為祫祭席五重時祭三重誤矣至于几則鬼神所依祭者以其妃配亦不特几故礼記曰鋪筵設同几凡禋于室饋食于堂繹于祊每事易几所謂吉事變几鄭氏曰神事文示新之也今太廟几筵皆不應礼若以神帳中所設曲几直几而施于祭祀即是因仍褻中之物非變几之義若以蒲合席褥為筵又非筵制是二者併誤尤甚不可不正伏請改用莞筵紛純加繅席畫純加次席黼純左右玉几凡祭祀皆繅次各加一重并莞筵一重為五重莞為物清堅爾雅釋草云莞苻蘺郭璞曰今西方人呼蒲為莞又云蒚鼠莞樊光曰詩云下莞上簟郭璞曰似莞而纖細今蜀中所出莞席是也周礼曰豊席孔安國王肅皆以豊為莞也紛如綬有文而狹漢世謂之薄帳被以為席緣孔穎達曰紛則組之小別故鄭注周書亦以紛為組繅為物柔蹠則蒲蒻也削而畫之編以五

采漢世謂之合歡周書曰底席孔安國以底席為蒻苹孔穎達曰蒲蒻之席也礼注謂蒲席為蒻苹王肅云青蒲席以繒畫五色雲氣為緣孔穎達曰以五彩畫帛為席次席桃枝竹為席有次列成文周書曰篾席孔傳亦言是桃枝竹孔穎達謂篾席與次席一也鄭氏注書云篾析竹之次青者其緣以絳帛為質上繡金斧文刃白而銎黑凡敷席之法初下一重謂之筵重在上者謂之席席有首尾故公食大夫礼蒲筵萑席皆卷自末鄭氏曰末經所終有以識之賈公彥云席無異物為記但織之自有首尾可為記識耳記曰登席不由前為躐席按鄉飲酒礼賓席于戶西以西頭為下主人席于阼階介席于西階皆北頭為下賓升席自西方注云升由下也又鄉飲酒記云主人介凡升席自北方降自南方注云席南上升由下降由上若由前升是躐席也考工記說周人明堂之制東西九筵南北七筵然則室中神位在奥則席當南北陳之以南為上以北為下故尸東升席自北方也堂上神位在戶外之西則席當東西陳之以東為上以西為下故尸東升席自西方也筵與席之制皆長九尺廣三尺三寸三分几之制阮氏圖以為長五尺高尺二寸廣二尺兩端赤中央黑漆為馳以為長三尺按席廣三尺有餘則几之長當如席廣為馳說長三尺是也三几面當

一筵之長以五采玉飾之則謂之華玉几以雕玉飾之則謂之雕玉几伏廟制成日望下有司依此改製從之　又言周人尚臭灌用鬯臭鬱合鬯臭陰達於淵泉形魄歸于地故曰加以鬱鬯以報魄也周禮司師祭祀共蕭茅齊桓公責楚不貢包茅王祭不共無以縮酒是灌鬯當于地縮酒當于茅今祠太廟灌鬯于茅祭酒于銀沙羅內則不應礼伏請灌鬯於地以盡求陰報魄之義束茅立之祭則沃酒其上以象神之歆從入　九月太常礼院言將來大享明堂內太廟差宗室安奉八室神主前此未嘗習儀還納之際或致闕誤[illegible]乞候宗室赴太廟受誓戒日許開逐室令觀看石室神座詔令太常礼院詳悉說諭十二月二十二日又言太廟神主神匱加綿纏于四周用青白羅為裹三年一易詔恭依　四年六月十三日祥定郊廟奉祀礼文所言伏詳凡宗廟祀神之幣皆埋之西階東册藏諸有司之匱除用牲牢祭饌即合出后主其餘更不出從之十月十四日又言謹按荀子禮論曰享尚元尊而用醴酒祭齊大羹而飽庶羞貴本而親用也貴本之謂文親用之謂理故古者祭祀併薦上古及當世之食所以貴本而親用礼運曰元酒以祭薦其毛血腥其俎熟其殽鄭氏謂此薦上古中古之食也又曰然後退而合享体其犬豕牛羊實其簠簋籩豆鉶

羹鄭氏謂此薦今世之食也自西漢以來園寢上食至唐天寶五年始詔享太廟每室更加常食一牙盤因與三代籩豆簠簋並薦雖亦貴本親用之意然而韋彤裴堪等議以為宴私之饌可薦寢宮而不可瀆于太廟臣等竊之享太廟宜自用古制其牙盤上食請罷從之同日又言本朝太廟諸室帝后一体故礼有同几之文祭則同牢同饌同祝以明天地所合之義古者惟未吉則不配哀未忘也未聞奏告及祈報而不配今惟出帝主而不出后主殆與同几之意異矣伏請奏告祈禱報謝諸室並出帝后主詔恭依十六日又言望王之事宗廟礼如事生故饌則薦四時之和氣與四海九州之美味貢則陳金璧龜帛以明共天下之財其餘無常必致國之所有以明遠物無不至天地人民皆祖宗所降之嘉生故和氣之所生成者以其治功之所致歸美于祖宗自秦漢以來奉宗廟者皆不本先王之經訓有司奉行充其位而已故天下常貢入王府者未嘗陳于太廟良為闕略欲乞親祠太廟並令戶部陳歲貢以充庭實仍以龜為前金次之玉帛又次之餘為後從之又言古者宗廟吉祭必以其妃配不特拜蓋以夫婦一体筵則同几祝則同辭食則共牢祭則共尸祖亞事皆不兩陳則特拜于礼為失漢初祭廟后與帝同坐凡妝左体謂之左宗貢為以為

非禮奏除之開元禮及本朝儀注祀儀本廟凡籩俎豆不兩陳而皆特拜
祫非禮意所有祀儀僖祖翼祖宣祖太祖室奠副爵一太宗一真宗室奠
副爵三仁宗室奠副爵一自今乞不特拜從之同日又言周禮小宰之職
凡祭祀贊王祼將之事小宗伯之職凡祭祀以時將瓚祼蓋舉子之求神
有于陰而求之者以形魄歸于地故于陰而求之凡祼是也禮記曰周人
尚臭先求諸陰蓋先祼而後作樂求諸形魄之謂也本朝宗廟之禮多從
周謂宜先祼而後作樂從之又言周禮大宗伯之職凡享大鬼涖玉鬯說
曰宗廟之祼求神于陰宗伯掌禮之官能事神者故于祼則瓚鬯以芬芳
之氣達于淵泉庶幾享之助舉子極思求神之意國朝親祠太廟門下侍
郎取瓚于篚進皇帝侍中酌鬯進瓚皇帝祼地置瓚皆未合禮伏請命禮
部尚書一員奉瓚臨鬯禮部侍郎奉盤以次進皇帝酌鬯祼地訖侍郎受
瓚并盤退從之又言古者宗廟有時享月祭而無月半祭月半祭者非古
禮也記曰春祠夏禴秋嘗冬烝此所謂時享也又曰考廟曰王考廟曰皇
考廟曰顯考廟曰祖考廟皆月祭之此所謂月祭也至于儀禮月半奠大
夫以上有之此所謂非吉禮也自秦漢以來始建陵寢而朔望上食已非
古禮唐天寶末因而舉行于太廟非禮甚矣本朝緣唐故事未暇釐正伏

卷一萬七千五十四

請翼祖宣祖時享正于秋嘗僖祖太祖太宗真宗仁宗英宗時享外仍行
朔祭廟各一獻牲用特牛若本親祠則以太常卿攝事牲用羊其月半上
食及宗正丞行事伏請罷之詔八廟並月祭用牲餘並依　四年十一月
二十一日詳定郊廟奉祀禮文所言南郊前一日朝享太廟及四孟臘享
皆設神位于室之內南面以籩十有二陳于左豆十有二陳于右牙盤陳
于前鉶三在牙盤之南簠三其一在鉶南其一在籩左其一在戶外之左
俎三其二在籩南其一在豆南簠簋四在三俎之間彝樽及罍則陳于廟
堂上前楹間各于室戶外之左北向西上與其左右前後之序皆從世學
意為之者臣等考先王之禮其祭祀之器陳設之次莫不有法以特牲少
牢禮驗之則神席在室內之東與東面豆設于神坐之前南上綿俎設于
豆東二以成南上不綿敦誤于俎南西上錯鉶設于豆南陳祝洗酌奠于
鉶南佐食啟會卻于敦南設大羹湆于醢北菹所俎于腊北設羞豆于存
豆之北設棗栗籩于敦南棗在西設尊于戶東玄酒在西豕牲特士禮也
少牢大夫禮也不祼不薦血腥但饋熟而已天子祭禮既缺今僅有存者
其陳設之位可以類推也祼將于室朝踐于堂饋熟于室中之事則于奧
設筦筵紛純加繅席畫純加次席黼純左右玉几當前筵設饋食之豆八

加豆八以南為上一菹一醢次序相間屈陳而下始曰葵菹姿菹北蠃醢
蠃醢北脾析脾析北蠃醢蠯醢東蜃蜃醢南蚳醢蚳醢南豚拍豚拍南
魚醢魚醢東芹菹芹菹北兔醢兔醢北深蒲深蒲北醓醢醓醢東箈菹
菹南鴈醢鴈醢南筍菹筍菹南魚醢魚醢此聘禮所謂屈也賈公彥曰屈者句
而屈陳之綿者直陳之不為句陳然二者終亦相類故鄭云綿猶屈也記
曰常豆之菹水草之和氣也又曰水草之菹陸產之醢小物備矣昆蟲之
異草木之實陰陽之物備矣小而致蠃蚔遠而致兔鴈以葵芹之屬極水
草之品所謂外則盡物也然有一物而兩薦之者如醢可以為味之盛亦
可以為味之美故室中堂上皆以為實魚可以為美亦可以為備故饋食
加豆皆以為實也鉶三設于豆南陳牛鉶居北羊在牛南豕在羊南羞豆
二曰酏食糝食設薦豆之北太羹湆盛以登設于羞豆之北俎凡設于豆
東以南為上曰牛俎次北羊俎次北豕俎牛俎東魚俎次北腊俎次北腸
胃俎魚俎東鮮魚俎次北鮮腊俎次北膚俎陪設三重重別自南而起不
綿俎尊故也陳鼎之次則以膚在鮮魚之前若陳俎則膚在鮮腊之後故
公食大夫禮也曰膚以為特鄭云特膚者出下牲賤也九俎三三為列無
特賈公彥曰九俎為三行故無特雖無特膚亦為下是也所俎一當腊北

卷一萬七千五十五

縱設之凡特俎縱設者饌要方也牲首俎在北墉下記曰肝俎于室說
者謂當戶北墉是也簠簋設于相南西上鄭云簋實黍也牛俎南黍簋
其東稷稷簋南黍簋其西稷四簋之序設四簠始曰粱粱南稻稻東粱粱
北稻黍稷正也故在前粱稻加也故在後黍稷稻粱交午相對所謂錯也
鄭云凡饌屈錯要相變也籩有十八設于簠簋之南北上綿鄭云為棗棗
美又曰江沔之間謂縈收繩索為綿稷簋之南棗棗南濕棗濕棗之東栗
栗北桃桃東乾桃乾桃南乾穧乾穧東濕梅濕梅北榛實此饋食之籩八濕
棗之南蔆蔆南芡芡東栗栗北脯脯東蔆蔆南芡芡東栗栗北脯此加籩
八栗可以告虔亦可以為美故饋食加籩皆以為實也其陳之各以次直
縈而下如繩之綿故曰綿糗餌粉餈設于薦籩之南此羞籩二戶外之東
設尊彝西上南次以春祀夏禴為言則雞彝盛明水在西鳥彝盛鬯在
東鳥彝之南一犧尊盛緹齊緹齊之西一犧尊盛明水緹齊之南一象尊
盛沈齊沈齊之西一象尊盛明水秋嘗冬烝則斝彝盛明水黃彝盛鬯
著尊盛醴齊壺尊盛盎齊禘祭所用之彝如祠禴以犧尊盛醴齊盎齊以
象尊盛緹齊沈齊祫祭所用之彝如嘗烝以著尊盛泛齊醴齊以壺尊盛
盎齊緹齊沈齊此崔恩靈之說也若鄭司農則以追享朝享為禘祫彝用

虎雖兩彝用大山作階之東設六罍其三在西以盛元酒其三在東以盛三酒皆不盛不錯也者齊酒不以雖錯為味故也陳祭器之位蓋如此古者豆設于神席之前今則設之于其右古者俎設于豆東今則有在豆前南有在籩南者古者籩設于敦南今則在神座之右與豆夾陳古者敦設于俎南今則簠簋在二俎之間古者鉶設于豆南今則三鉶列之如鼎足在牙盤南以籩豆次之古者大羹鐙及廣蓋鐙皆在荐豆之北今則一在鉶南一在籩左一在戶外之左右者尊彝在戶東以西為上兩兩陳之自北而南今則在堂上前楹間陳之自西而東古者罍在堂下所以酢諸臣不敢與神靈共尊今則列于彝尊之後此皆訛舛在所當正至于堂上朝踐之節則尸席在戶西南面主席在尸右東面其薦陳之序則古天子諸侯礼既不得而見又特牲少牢止有室中之事然公食大夫礼及少牢推之有可言者曰宰夫自東房薦豆六設于醬東西上韭菹以東醓醢昌本昌本南麋臡以西菁菹鹿臡是豆以西為上而屈陳之也韭菹在西次東醓醢次東昌本次東麋臡南菁菹次西鹿臡次西茅菹次西鹿臡公食大夫又曰士設俎于豆南西上牛羊豕魚在牛南腊腸胃亞之鄭云不言締鱐俎尊也孔穎達以為牛俎在西牛俎東羊俎羊俎東豕俎又

卷一萬七千五百

牛俎南魚俎魚俎東腊俎腊俎東腸胃俎若東九俎則魚俎南鮮魚俎鮮魚俎東有鮮腊俎而膚俎為下朝踐所荐者豚解為七体所謂腥其俎也室中所荐者体解為十一体所謂熟其殽也其籩以有司言之糗餌設于豆西麷在東蕡在西設白黑于初籩之南白在西黑在東亦縮以東為上其形鹽膴鮑魚鱐從可見也黑之南形鹽其西膴膴南鮑鮑東魚鱐堂上陳鼎之位案少牢礼在東方當序南于洗西皆西面北上匕皆加于鼎東枋俎皆設于鼎西西肆肵俎在北亦西肆不饌鼎若廟門外則陳鼎于東方各當其鑊而在鑊之西皆北面北上臣等推特牲少牢之意而約以周天子之礼謹圖上二本以同異是非互相明別所有室中堂上筵几互豆鉶俎簠簋籩鐙之列欲請據古考正其所實之物雖已具別錄然恐于今有不可備者乞參酌古礼以時物品類相近者代之如大祫羣廟之主食于祖廟則籩豆俎簋至多恐室中不足以容或乞量減其數移之戶外從

五年四月二十日又言太廟每室設豆籩十二蓋承唐顯慶舊制惟大不稱乞從典礼籩豆各用二十有六詔候廟制成日取旨六月十九日太常寺言儀礼特牲饋食礼有配其蒸尸之辭止曰適某皇祖某子少牢饋食礼有配其蒸尸外祝辭則曰以某妃配某氏蓋古者吉祭有配無配皆

一尸而已其始也祝洗酌奠奠于鉶南但有一爵及主人獻尸主婦亞獻賓長三獻亦止一爵崔靈恩廣鄭氏周礼注意以為王享宗廟凡九酌祼朝踐饋食行尸各三獻諸臣為賓一獻而每獻一爵蓋祼則同几祝則同辭食則共牢俎豆之類皆不兩陳而猶奠副爵于義無取所有祀儀逐室奠副爵乞罷其祫享別廟皇后自如常礼從之十月六日尚書礼部言太常博士黃實言宗廟每遇祭享埋幣于西階之東其立班望瘞雖依舊儀而殿後立班與殿下不同其監祭立位正與殿室相背于礼未順今後礼畢望瘞並乞令監祭官于埳西與初獻并奏告官等相對東向立其太祝奉礼郎立于埳南北向從之

七年六月十七日又言親祠太廟祝冊文云謹以犧牲粢盛庶品恭薦歲事宜遵准曲礼備舉牲幣粢盛之號從之二十五日又言大礼誓戒請以平明左僕射誓文武官于明堂右撲射誓宗室于太廟以刑部尚書侍郎分涖從之

八年八月十四日詳定郊廟奉祀礼文所言謹按特牲饋食礼尸九飯主人既行尸祝酌授尸尸以酢主人主人左執角祭酒啐酒進聽嘏少牢饋食礼二佐食各取黍于一敦上佐食搏之以授尸尸執以命祝祝受以嘏于主人曰皇尸命工祝承致多福無疆于女孝孫來女孝孫使女受祿于天宜稼于田眉壽萬年

卷一萬七千五百

勿替引之蓋祝將命接神者也必命祝以嘏主人何也言神歆其祀畀以長大之福祝能傳神之意致之于主人耳故曰祝以孝報嘏以慈告詩楚茨說天子之礼亦曰工祝致告徂賚孝孫丁寧漢儀載東漢祠恭懷皇后嘏辭令礼皇帝飲福乃古之受嘏而儀注則以內臣酌酒授侍中侍中跪進皆無所本又按古者祝以嗇黍嘏主人然後釋神之辭其謂之胙者正是尸與主人相答酢之俎今獨用胙而無嗇黍則于礼為闕所有明堂南郊太廟親祠飲福酌酒進虛爵伏請改命太祝仍倣儀礼佐食搏黍之說命太官令取黍于簋搏以授祝祝受以豆以嘏于皇帝其嘏辭緣近礼無尸即更不用從之

哲宗元祐四年三月一日監察御史王彭年言月朔四孟臘享太廟及奏告諸室羣臣執事循奉典礼殫竭精恪惟恐不嚴其在交接神明之際先則祼地次則獻爵皆獻官恭行之事而瓚之實鬱鬯爵之實齊酒今皆遣有司酌之又以入于室獻官始受而祼獻且有司賤隸安得褻近祼獻之實交于堂室之間按開元礼鬱鬯醴齊惟親祠侍中贊酌之遣官行事則太尉親酌之開寶礼亦然未聞一委之有司望詔禮官博士討論故常舉酌酒奉爵之儀稱嚴祀欽奉之意及郊壇諸祠酌酒奉爵礼文皆請修定從之

七年九月十八日詔將來南郊前朝享太廟

景靈宮並于阼階上設皇帝行禮版位　紹聖元年七月十九日詔罷太廟薦享牙盤食並依元豐舊制　元祐七年八月十四日從太常丞呂紘希等所請乞遇薦享除禮料外乃用牙盤而易其名曰薦羞今復依元豐舊制惟薦用副爵從太常丞陳祭所請更名配爵云　二年六月二十一日尚書禮部言今歲明堂景靈宮太廟行禮皇帝版位當依已降指揮設于阼階之上仍欲依元豐禮文所詳定不設殿下小次詔太廟仍設小次餘從之　元符元年八月六日三省言郊祀前朝享太廟欲依例逐室每祖羞奉俎官一員八室共差薦籩豆官一員從之　三年正月五日詔差幹當御藥院郝隨同修內司及宮闈令檢視太廟室殿有損漏去處如法修造　先是太常少卿曾旼言太廟室內如蘊樀之類損漏故有是詔　四月二日禮部太常寺言按大禮式親祠太廟俎不設腸胃已合古禮獨大牲腥熟皆設腸胃于義未安兼按儀禮羊俎豕俎皆有舉肺一祭肺三今牲俎獨不實肺亦當詳正欲罷大牲腸胃止存離肺刌肺及分俎設離肺一刌肺三于禮為當從之繼而太常禮院言乞大廟祠事罷用犬牲從之　三年八月十八日徽宗即位未改元太常寺言太廟增哲宗皇帝一室欲就舊殿十八間地基上徹那作二十間修蓋從之十月二十六日詔太廟

卷一萬七千五百

石室制度依周制亦為定先是修奉太廟司乞將太廟石室制度太常寺言乞依周制亦去地六尺一寸安置石室故有是詔　崇寧三年四月十一日禮部言元豐元年親祠太廟不設小次于殿下其後累大禮皆太常寺臨時申請詔設小次　四年三月十一日復翼祖宣祖廟詔差禮部尚書徐鐸充修奉使增太廟殿為十室鐸卒改差給事中王寧二十一日宗室王觀言太廟十室而舊設饌幔七八間不足以容祭器請將來大禮增為十間又翰林學士鄧洵仁言大禮朝享太廟設饌幔于東門外行事及執事者引揖烟饌經由禁衛往來多不相續或致稽滯切見郊壇設于南壝門外請太廟亦設于南神門外詔太常寺議禮官言當如王觀等所請皆從之十二月八日禮部太常寺言太廟十室告遷帝后神主復還本室合行奉安之禮今比附參酌依奉安景靈宮神御禮例差室相前一日早兩行事官赴太廟宿齋至日行奉安之禮惟不用前期誓戒致齋及亞終獻飲福詔以十二月十六日奉安差司空尚書左僕射兼門下侍郎蔡京餘並從之　大觀四年四月二十八日議禮局言周禮司尊彝春祠夏禴祼用雞彝鳥彝朝踐用兩獻尊再獻用兩象尊秋嘗冬烝祼用斝彝黃彝朝獻用兩著尊饋獻用兩壺尊凡四時之間祀追享朝享祼用虎彝

蜼彝朝踐用兩大尊再獻用兩山尊今太廟儀注春夏用犧尊象尊各二秋冬用著尊壺尊各二已應古義又每享各用大尊二則是以追享朝享之尊施之於禴祠烝嘗矣其為失禮明甚伏請自今四時享太廟不用大尊以合周禮又言禮記郊特牲曰灌以圭璋用玉氣也周禮典瑞祼圭有瓚以肆先王說者謂天地有禮神之玉而無鬱鬯宗廟有鬱鬯而無禮神之玉然則宗廟之玉祼圭而已圭瓚之制以圭為柄其長赤有二寸黃金為勺青金為外朱中央其容五升其徑八寸其勺之鼻為龍頭所以出鬯鬯也其下有槃其徑一尺所以承瓚也今親祠太廟以塗金銀瓚有司行事以銅瓚其大小長短之制皆不如禮伏請改造以應古制又言牙盤上食非古也其制始于唐天寶之末雜彫形等據經而議謂褻味多品不可交于神明欲罷去之本朝刊正禮文祇若祠事告朔有祭而上食之禮固已不行其得先王之制亦深矣然今太廟祭享所之器猶設牙盤是豈禮之意耶記曰先王之薦可食也而不可嗜也宗廟之器可用也而不可便其利也尊彝之制非俎籩豆之式聖人尚象以成于四時陰陽之中豈可以後世褻瀆而造者雜乎其間哉欲乞祭饗以常不用牙盤並從之　政和六年十一月一日禮制局言親祠差官攝亞獻行事合造璋瓚并常享

卷一萬七千五百

太廟圭瓚別廟璋瓚且謂璋之圭瓚璋瓚舊制惟用珉石並乞改用玉又言冬祀大禮前一日朝享太廟見設尊罍內黃彝斝彝各二黃彝之一實鬱鬯斝彝實明水其大尊一亦實明水今若添造黃彝恐難遽辦欲乞權以斝彝實今亞獻所酌鬱鬯緣太尊已實明水其合用實亞獻祼鬯酒黃彝候冬祀禮畢令禮制局製造並從之六日光祿寺言禮制局新定太廟陳設之儀每室籩十有二等尚緣唐制因循行之欲請盡依周制籩豆各用二十有六簠簋各八今詳周制所用祭器比見行令格增籩豆十有四簠簋各六即未見合排辦禮料之數及陳設之序尚書省下太常寺同光祿寺議定太常寺言今以籩二十有六為四行以右為上羞籩二為第一行朝事籩八次之饋食籩八又次之加籩八又次之豆二十有六為四行以左為上羞豆二為第一行朝事豆八次之饋食豆八又次之加豆八又次之簠八為二行在籩之外簋八為二行在豆之外籩豆簠簋所實禮料乞依自來容受之數供辦或無本色即以別物代從之　籩豆簠簋所實禮料朝事之籩麷蕡白黑形鹽膴鮑魚鱐饋食之籩棗栗桃梅乾穜榛實加籩之實菱芡栗脯羞籩之實糗餌粉餈朝事之豆韭菹醓醢昌本麋臡菁菹鹿臡茆菹麇臡饋食之豆葵菹蠃醢脾析蠯醢蜃蚳醢豚拍魚醢加

豆之實芹菹兔醢深蒲醓醢箈菹鴈醢筍菹魚醢羞豆之實酏食糝食簠以稻粱實之簋以黍稷實之茆菹以蓴紙醢用燔卵以蜂子代　十二月二十日又言伏見太廟祭器內鉶用三登用一竊考鉶與登皆盛羹之器祭器奠牲于鼎升肉于俎其湆芼以鹽菜實之于鉶則謂之鉶羹不致五味實之于登則謂之大羹周官亨人祭祀共大羹鉶羹是也且宗廟之祭用大牢而三鉶實牛羊豕之羹固無可論者至于大羹止設一登不知果以何牲之湆而實之邪議者惟知儀礼羊鉶涓牛藿羊苦豕薇之文故用三鉶而不疑至大羹無一定之說所以止用一登也以少牢饋食礼考之則少牢者羊豕之牲也上佐食羞兩鉶司士進二豆湆兩鉶鉶羹也二豆湆大羹也少牢之鉶豆用二則三牲之祭鉶既設三登亦用三無疑矣伏請太廟設三登實牛羊豕之湆以為大羹明堂亦如之其賜宰執與高麗祭器亦乞增一為二于礼為合從之　七年正月二十九日礼制局言太廟祭器內籩豆各二十有六而光祿寺礼料籩豆所實之物以鍚代䵂謹按鄭司農釋周礼云熬麥曰麷今乞改依周礼易鍚為麷從之　十二月十八日又言太廟帝后神位殿上所設絲幄纂幔之類例皆暗舊或有斷綻及紋繡鋪設與配享功臣幕次制度無異欲令本朝隨宜增飾遇有暗

卷二萬七千五十四

舊即時申換及穢觕礼器席不新潔今欲應祭祀之物皆易以新席及神門之內持更守宿鋪屋遇有祭享權令折去並從之　高宗皇帝建炎元年七月十九日詔兵部郎官太常寺官一員計置舟船車乘等迎奉神主赴行在就差大廟親事官擡擗殿前司差撥禁軍三百人防護內侍二員充同共都大主管應用礼器隨宜充代存新儀物令所至州軍斟酌應副　三年四月二日尚書省言太廟九背負太祖皇帝神主親事官劉賓綱至瓜洲被番人驅虜遂致遺失詔令沿路州軍限半月尋訪如有人收到有官人與轉五官白身人補保義郎其尋訪官司當議取旨推恩　四年十月四日詔奉迎太廟神主往溫州奉安以護從提點所為名時以祠部郎官兼太常少卿鄭士彥充護從乞立名故也　紹興二年三月二日詔溫州太廟百步內居止遺火者徒二年致延燒奉安寺觀流三千里餘依見行條法　四月九日神主神御提點所言太廟潛火兵士欲乞以二十人為額止于溫州差專一巡防並不得別有占使從之　三年九月二日詔奉迎溫州太廟神主所改稱太廟奉迎所其監官以奉迎所幹辦官為稱景靈宮神御所改稱景靈宮奉迎所其監官以主管奉迎所為稱提點官人太廟景靈宮提點奉迎所為名奉迎福州啟運宮神御所改稱啟

運宮奉迎所其監官以奉迎所幹辦官為稱先是度支郎中侯懋言恭以清廟乃國家嚴奉祖宗之所自歷代迄于本朝皆以太廟為稱昨以車駕臨幸東南有司一時申請遂以迎奉神主為名無乃瀆慢在天之靈望改神主所之稱止以太廟所為名至于迎奉神御所亦乞舊作景靈宮稱呼事下礼部討論于是從其請　十月二十七日祠部員外郎兼權太常少卿太廟景靈宮提點江端友言天子之居豈可無宗廟社稷礼曰君子將營宮室宗廟為先今宮室畧備矣宗廟豈可簡而不修欲乞于臨安府行宮門內修葺太廟從之　十二月十三日祠部員外郎兼權太常少卿太廟景靈宮提點江端友言伏見降到御名祝版稱嗣皇帝臣以為嗣字非所宜稱唐肅宗復兩京告廟祝文稱嗣皇帝顏真卿謂礼儀使崔器曰上皇在蜀可乎亟命易之帝以為知礼今日之事誠大類此乞集議改正礼部太常寺勘詳唐天寶之亂明皇雖奔劍南猶不出于中國肅宗以太子治兵于靈武撫兵監國乃其所職是以討賊矣既而不申明皇之命遂即帝位赦天下復改元代父自立故顏真卿見平兩京告廟祝文稱嗣皇帝則謂崔器曰上皇在蜀可乎肅宗稱其知体者以悟己之失也後世賢人君子往往如真卿之意而譏議者多矣竊惟道君皇帝遭時艱阨厭于萬幾明詔

卷一萬七千五十四

內禪故淵聖皇帝之立明年改元凡靖康之間宗廟祝文已稱嗣皇帝矣逮二聖北行迹之異域宗廟祭祀無所繼承人懷祖宗之德皇天祐命有宋則主宗廟之祀者非陛下而誰故陛下應天順人遂登大寶其視肅宗之事殆不相侔矣今若不稱嗣皇帝于宗廟則當以何名稱哉竊謂稱嗣之義于礼無嫌所有宗廟祝文伏乞仍舊不必改作從之　四年三月二十二日祠部員外郎兼權太常少卿太廟景靈宮提點江端友言乞今後朝享廟依故事獻官行事執事官及祇應人並前十日受誓太廟齋坊令初獻讀誓文撥祭太常少卿通攝刑部尚書涖誓散齋七日致齋三日內二日宿于寺觀仍令溫州大廟近便處踏逐寺觀充齋舍祠前一日質明赴祠所致齋從之　五年二月四日詔差祠部員外郎權太常少卿張銖奉迎太廟神主赴行在所奉安其溫州祭享等事令本州通判權管　十七日詔太廟令臨安府隨宜不得過興工役候移蹕日依舊本府使用先是有旨于溫州奉迎太廟神主赴行在所太常少卿江端友奏請修飭太廟委守臣梁汝嘉雅飾同文館奉安汝嘉言累以兵馬安泊殘穢非崇奉所至是汝嘉請于南蒼倉空地蓋屋百間權充太廟既而侍御史張致遠殿中侍御史張絢言期建太廟議為定都議者謂無進蹕之圖故有是命予

九日礼部太常寺條具奉迎太廟神主礼例　其一奉迎儀其日宰執率文武百僚宗室出城奉迎處幕次俟報班定神主腰輿將至班首已下再拜訖班首出班詣香案前搢笏三上香執笏復位班首已下並再拜訖少立如値陰雨免拜止于奉迎處立班俟神主腰輿過退内南班宗室俟奉迎訖分左右騎導太常卿騎從至奉安處太常卿燒香行權奉安礼南班宗室陪位訖並退　其二衛從自奉迎處至權奉安處合援衛祗從官一百人并檯擎輦官六十人各裝着儀注令皇城司御輦院差撥計會祗應所有逐人合破設食價錢乞從户部行下所屬依自來條例　其三神主至令奉迎提點所約度奉迎神主到行在月日預報太常寺奉迎并權奉安合用御封降真香一十叄合一合奉迎十二合權奉安入内内侍省預先請降付太常寺差人供應　其四什物城外奉迎并權奉安處合用幕次什物拜褥等乞下儀鸞司臨安府排辦釘設　其五僧道威儀城外奉迎合用僧道各五十人并威儀香案麻炉匙合炭火等並乞下臨安府差人排辦　其六奉迎休務奉迎日係宰執百官出城欲作休務假一日　其七選日奉安合用奉安日辰太史局選定時刻至奉安日依礼例皇帝不視事　其八御香合用御封降真香二十四合一十二合奏告一十二

卷一萬七千五百

合奉安乞下入内内侍省預先取降付太常寺差人供應　其九祝文合用祝文二十四首一十二首並述以時前奏告奉安之意一十二首並述以奉安之意學士院預先修撰書寫進書訖降付太常寺差人供應　其十礼儀使合差奉安礼儀使一員依礼例朝廷降敕差宰執前一日赴祠所致齋　其十一奏告官合差奏告官一員依礼例降敕差太常少卿充前一日赴祠所致齋　其十二祭器依五享宗廟礼令係每室用籩豆各一十二今來奉安欲依温州行五享礼例止用八籩八豆排設　其十三牲牢合用牲牢依例係每室用羊豕各一口今依見行五享礼例止用羊一十二口下臨安府預先收買赴太常寺呈驗訖于牛羊司入滌養餵其合用宰手秤子須取手分牛羊司依礼例差撥　其十四礼料合用礼料酒齋幣帛爋燭燎草上香炭火等行事官礼直官等致齋喫食茶湯酒饌從太常寺具合用數報臨安府專委官及差衙前三人排辦其行事官幕次什物灯燭等下儀鸞司同臨安府排辦　其十五行事官合差奉安奉礼郎太祝太官令各一員降敕差六曹郎官充内行前奏告奉礼郎太祝太官令各一員下吏部差侍次官　其十六奉安儀仗奉安前一日并奉安日合排辦香灯繖扇儀仗等排立繖儀仗未備權免排辦　其十七宫闈

令合差捧遷神主宫闈令二十二員除太廟官二員外餘十一員下入内内侍省差並前一日赴祠所致齋　其十八南班陪位至日依礼例宗室南班官陪位立班太宗正司告報　其十九神食合差膳造神食工匠人三名御厨差撥　其二十祭服行事官合服祭服祗應人合服法服從太常寺具數下祗應庫關借　其二十一領行儀注奉安儀注從太常寺修定關報　其二十二礼畢詣廟從之依礼例俟奉安畢車駕行宗廟行款謁之礼　二十七日中書門下省言奉迎太廟别廟神主赴行在所奉安其奏告遷發合用御書祝文并御封香順祖一室亦合告遷詔祝文令學士院修撰進入香令入内内侍省請降仍差内侍一員前去候香祝文到令張銖選日奏告遷發　四月六日宰執進呈太常少卿張銖自温州奉迎太廟神主至行在趙鼎奏曰當集文武百寮望拜于門外即具威儀迎入奉安所上曰俟有司于日奉安畢朕當躬行款謁之礼然國朝故事〻廟當質至于帷幄凡案之屬雖不必華亦須粗備孟使奏曰陛下崇奉宗廟纖有小費亦不當較也　六年八月十六日尚書省言已降詔迎奉神主所有太廟神主礼合迎奉前去詔恭依　七年四月二日三省言迎奉神主已到建康府所有太廟殿宇合行修建詔令守臣限一月修蓋其臨安府太廟

卷一萬八千五百

殿宇可賜本府充聖祖殿　八月十八日礼部侍郎吳表臣言明堂大礼前一日車駕詣太廟朝享于道君皇帝寧德皇后几筵亦合行祭告之礼緣大礼受誓戒散齋日又分弗親喪事若臨期祭告實有所妨乞于大礼未受誓戒以前行祭告几筵之礼從之　十二月十一日中書門下省言已降旨來春復幸浙西所有太廟神主合先次進發詔恭依　十二年五月十九日太廟奉安所言紹興九年袷享太廟止用六籩六豆今將祭五享並用十二籩豆依近得旨將來十月内袷享復用少牢太牢其祭器獻少一位照見管祭器内亦有損弊者乞下所屬檢討製造雖飾滌修換之　二十六日礼部太常寺言太廟毀室之後修建别廟安奉大行皇帝神主欲于見今太廟北牆外展蓋地步九丈可以修建别廟殿室三間其合修築墻圍并修立别廟南檑星門及修砌班道等並乞依圖本修築安立並依大觀二年建置别廟礼例係各置神厨并齋舍過祭享各差行事官緣太廟别無地步欲就用太廟神厨齋舍從之　六月二十日太常寺言近討論大行皇后祔廟與礼内修建别廟合用神幄祭器什物帷幕湯香木炭乞下所屬應副從之　十三年九月十八日上曰太廟窄隘宿齋處與神御殿逼近人迹喧雜行礼不肅可令展蓋地步添蓋宿齋處所若要規模

室壯似舊日則不可至于崇奉之意須當依舊也　十五年九月二十二日上宣諭輔臣曰昨有遺火朕以太廟在邇終夕不安可令于廟左右各撤去屋宇二十餘步以備不虞　十二月二十七日入內內侍省東頭供奉官睿思殿祗候王晉錫言恭承處分令宣押太常寺使臣王彥能等書記大禮朝享太廟合用禮器令檢對御府傳古圖指說畫到樣製及未有樣製尊罍等五百九十六件副合行討論製造詔令段拂王鉄討論同王晉錫製造　十六年三月二十六日禮部太常寺言給事中段拂奏乞釐正郊廟祭器之數依政和六年已行舊製謹按周禮朝事饋食加籩豆各八羞籩豆各二其數各二十有六禮記天子之豆二十有六諸公十有六諸侯十有二詩陳饋八簋古制甚明徽宗皇帝詔書已有明文今討論各依政和六年釐正郊廟禮器之數于天地宗廟每神位前用籩豆各二十有六簠簋各八乞下禮器局增造緣祭器既增倍于舊數其正廟七間通九間祖宗神主地步窄狹今相視欲從西增建六間通一十三間為十一室東西兩間為夾室則可以隨宜安設仍乞增置廊廡及西城門以應廟制並從之　五月十五日禮部太常寺言在京廟制每室東設牖西墻作祏室藏祖宗帝后神主又有東西夾室見今行在修蓋太廟內祏室合用金釘朱戶黑漆趺座乞一就製造從之　八月十五日禮部太常寺言兩浙轉運司奉旨增修太廟殿室廊廡神門先相視到墻內地步先添蓋殿宇外所有掬蓋祭器屋六椽庫屋五間及撥移妨礙冊寶殿三門亦未有地步今看詳欲依兩浙轉運司相度展蓋省倉屋三間地步東西闊九丈南北長一十丈乞下戶部拆起應副從之　十七年三月二十一日詔太廟周圍合留空地令臨安府措置摽撥毋令侵占引惹火燭　十九年五月三日太廟奉安所言乞修蓋將來大禮齋殿等太常寺相視得初獻廳搭蓋齋殿地步若每遇大禮旋行絞縛椽木稙笆物料等所用甚廣今若修蓋別無妨礙貴得永久應奉車駕宿齋嚴潔免致逐番費擾并監官直舍西南墻角開門通夾墻內空地巡道委是利便乞下兩浙轉運司依圖本修蓋從之　二十六年九月二十四日禮部太常寺言今年十二月一日臘享太廟別廟同日朔祭若先朔祭而又臘享未有一日內行兩祭之禮欲依淳化三年故事止行臘享權停當月朔祭從之　二十七年五月二十五日臣僚言望詔禮官講求配享功臣七祀舊典太常寺看詳臣僚陳請祫享合設七祀配享功臣及冬享設配享功臣臘享七祀依倣政和五禮新儀合設位次差禮官行事用牲牢祝文禮料酒齋從之七月二十三日御

卷一萬七千五十四

藥院言八月十九日懿節皇后忌辰元豐令例排辦酌獻物色數內合用翠毛浮動羅花五十枝係銷翠鏤金真金紙製造今禁止翡翠銷金欲以染玉假翠葉漆金紙充代其遇徽宗皇帝昭慈聖獻皇后顯恭皇后顯肅皇后生辰酌獻並依此例從之　二十九年十月十九日禮部太常寺言將來大行皇太后神主祔廟依體例祔廟日先行祔謁太廟之禮至日俟題大行皇太后神主畢依禮例合詣英宗室東壁西向祔祖姑之下緣即今太廟殿室比之在京窄狹難以于英宗室前設位今參酌比附欲權宜遺部于室外之東依儀西向設幄詣太行皇太后神主前行禮合于徽宗皇帝室內顯肅皇后祏室之次修置祏室一座詔恭依　三十一年五月十一日太常寺言九月一日係明堂大禮前一日皇帝親行朝享太廟之日所有九月朔祭依淳化三年郊祀故事權停從之　十一月二十四日禮部太常寺言禮官討論恭文順德仁孝皇帝祔廟當遷本朝已行典故遷翼祖而祔欽宗今翼祖當遷于夾室其殿宇更不須增展止合依位序遷于諸室內修置祏室從之　三十二年二月二十七日太常少卿王普言謹按通典神主之制有匱有趺其匱底蓋俱方底自下而上蓋從上而下與底齊今太廟祖宗帝后主之匱有蓋無底雖于祏室牙床各設趺座然祭饗遷奉之時惟匱蓋大覆神主其下徒手承之又以手擁匱蓋而神主在中不免敧側動搖有乖嚴肅茲者恭文順德仁孝皇帝虞主神主之匱欲依通典並造底蓋仍乞添造祖宗帝后神主匱底庶得合于禮制兼亦便于遷奉從之　紹興三十二年七月一日孝宗即位未改元禮部太常寺言皇帝登極親享太廟依儀合設大次就用齋殿不次左殿下東階之東西向并南神門外東西繇樘並乞令儀鸞司同臨安府應辦施行從之二日禮部太常寺言今來親享前在秋暑若開門稍緩日高行事慮失嚴肅其日皇城門及宮門乞並早四刻開太廟檽星門早六刻開除合從駕宰執使相并非侍祠文武臣僚外其餘侍祠行事執事陪祠官及宗室並先赴太廟以俟免于檽星門外迎駕起居從之　孝宗皇帝隆興二年九月十五日禮部太常寺言依已降旨郊祀大禮所飾太廟殿室等立鮮換柱遍泥諸室權告遷祖宗帝后神主赴初獻廳奉安所有神主還殿室正奉安時前奏告合降香燭及奏告酒脯奉安禮料酒齋燭炭等及牲幣器物欲齋行禮置使差官前導陪位并差擡擎援仗劍擇之類乞依禮例施行並從之自後遇郊修飾廟殿等悉如上儀如吉選別廟神主權奉安于冊寶殿　乾道五年二月二日詔太常寺官遍詣點太廟殿室法物并冊

卷一萬八千五十四

寶法物及本寺齋鎖金玉礼器可令親往取索歷點對物色名件用印嚴潔封鏁具有無損失申尚書省　十二月十六日奉安所言昨本廟墻內外居民遺火延至墻上事体至重今潛火軍兵宿屋在外拱辰東墻應停灯火乞令去拆卸于櫺星門裏東墻下空地令轉運司造宿屋三間遇夜量差數人在門外起居亭內止宿以備不測探烟及令臨安府于廟外墻下增置釦欄約水馬步軍司填補合差潛火軍兵四十人其廟南及西墻外居民去墻不數尺引簷接墻及士庶等家栽植竹木乞下所屬相度措置存留空地又西南行路遇夜幽僻常聚衆作喧鬧引大盜乞下所屬措置巡鋪遇夜巡警並從之　六年四月十四日工部言據奉安所省記櫺星門外東西照直華表柱為界合留地步三丈二尺南北三丈毋得搭造棚屋竹篙之類今墻外欲酌中空留一丈五尺應在丈尺之內並令拆去從之　三十日礼部言勅令所看詳諸臣寮尊從至太廟景靈宮墻並禁呵喝非薦獻行事不得由櫺星門及太常寺定到禁止張蓋亦合修入條令並從之　先是太常少卿林栗等嘗有是請礼部乞下敕令所看詳及令太常寺條具合宜奏請行之　九年六月二十七日臨安府言今歲郊祀合修飾太廟鳥巢古色銅祭器共二十一百七十二件緣禁止銅器工匠改業乞下軍器所就用修整圜壇祭器銅匠一就修整從之　淳熙元年十二月二十七日太常少卿顏度言太廟崇奉祖宗事体至重遇有遠近遺火乞依玉牒所等處時暫差人防護詔依令殿前司差一百人　既而六年二月十四日太廟奉安所言元降指揮令殿前馬步軍司共差護衛禁軍五十人潛火濾熄軍兵三十人今共闕一十九人乞下逐司貼差執役後有逃亡事故之人從本廟牒報逐司差撥禁軍填闕內護衛軍兵指名踏逐詔特依諸處不得援例　十二年七月十三日臣僚言臣備員臺察職預監祭兩年竊見太廟東畔墻外朝夕喧譟人檢照淳熙五年三月臣僚奏其墻外有隨墻直欄所以拒喧譟者使之不得近墻也然當度率畧乞于近墻元置直欄處如法改置杈柵庶免喧譟詔兩浙轉運司候大礼畢改造　淳熙十六年十月十九日臣僚言太廟祭器祭服神帳神幔有破弊不任修整者申換而器服之破弊有難易久近不同改造當隨其物不必拘于同時乞將逐室神幔內蒲合應講常切檢視損壞弊欲一易其不堪者候大礼畢焚瘞從之　紹熙二年六月二日礼部太常寺言今來六礼諸別廟安穆安恭皇后二室行礼合添製真玉飾俎案三十隻乞下文思院製造從之　慶元六年八月十四日礼部太常寺言將來大行太上

卷一萬七千五十四

皇帝神主祔廟合于太廟內添一室修製祏室等乞令臨安府轉運司預先相視地步修蓋施行從之　嘉定十四年正月二十八十日詔太廟內添置石室一所并開櫃子門一座令兩浙轉運司臨安府盖造務要如法毋致苟簡　先是太廟奉安所言嘉定十三年十一月內東壁居民于旬日兩次遺火逼近宗廟設有不測豈不利害若不預申防虞事件倉卒難以救護一欲乞于皇帝位版屋西壁圍墻覓闊去處拆開圍墻添置櫃子門一座裹外関鎖或制不測擁塞衙路不通啟開救護一欲乞照玉牒所体例添置石室一所于蛇亭池于北壁面東計置起造石室一帶三間以備不虞所有見蓋欒工屋一十二間內五間移蓋于蛇亭池子之西外有欒工屋七間拆去後壁夾墻東移向後七尺湊得于石室西向窗闊寬為便當一欲乞令皇城司差親從官五百人殿前司差軍兵一千人自今以始依中軍体例各司籍定前項差撥人數專充防守宗廟庶免悞事故有是命

卷一萬七千五十四

宋會要 制頭

太祖建隆元年正月二十三日太常禮院上言伏以王者應天順人顯受
元穹之命祖文宗武合陳清廟之儀今景運惟新孝思追遠舊章未舉闕
孰甚焉請下百官議立宗廟從之　二十九日文武百官兵部尚書張昭
等言據權判呂表主客郎中任徹狀言按堯舜禹皆立五廟蓋二昭二穆
與其始祖也商建立六廟蓋昭穆親廟之外祀契與湯也周立七廟蓋親
廟之外祀太祖及文王武王也漢初立廟悉不如禮魏晉採周官始復七
廟之制江左相承不改然七廟之中猶虛太祖之室斯皆考法於前古定
議於一時隋文帝代周年陳博採兩朝羣議但立高曾祖禰四廟而已唐
因隋制廟止四親蓋由始興之君有功之祖皆在親廟之中故隋唐之初
定二昭二穆立為四廟自唐梁而下至于前朝定廟之規不易其法有司
立議無能異同謀由稽古之制可不改也臣以為建立四廟深合禮文者
臣昭等忝任職所議伏以王者孝惟報本禮極奉先瘞方澤而燎懷近為
邦大典左宗廟而右社稷實國常經其壇墠之規昭穆之數百王不易三
代同風伏惟陛下承先宅之丕基遵武皇之洪緒謳歌自邁華裔知歸欲
曉宣孟之勳式合商周之典其所立太廟七室及追尊四親廟請如徹議
制曰恭依　乾德二年正月八日吏部尚書張昭上言自漢魏以來凡追
謚宗廟帝后例多複謚於后謚上一字皆與帝上一字同蓋見國家追崇

謚原作證　下同

四親廟自冀祖簡恭皇帝已上三廟后謚上一字並與帝謚同惟宣祖昭
武皇帝與明憲皇后謚不同望依三祖廟將來改葬安陵及冊謚請曰昭
憲皇后詔曰恭依　二月七日太常禮院言應開成六年太常奏議成皇
太后謚號已牒禮部以太字非作禮部覆曰入廟稱后義繫於夫在朝稱
太后義繫於子此並載在史冊垂之不刊今百司文牒及奏狀參詳典故
恐不合除太字如謚冊入陵神主入廟即當去太字奏可又大中二年十
二月詔曰太常博士李綱所進狀書追尊順宗憲宗謚號禮官請別造神
主及改題事請集通儒詳定且令都省集議聞奏議曰以臣等所議當以
新謚典冊告于陵廟正得其宜神主不改造不重題為得禮中書門下上
言改造改題並無所據酌情順理題則為宜況今士族之家通行此例雖
尊卑有異而情理則同望就神主改題則為通允詔可命宗正少卿趙崇
遂改題昭憲皇后神主　太宗太平興國元年十二月十四日太常禮
院上言大行皇帝山陵禮畢神主祔廟孝明孝惠二后合奉一后配食謹
按唐睿宗廟明昭成二后並饗於儀坤廟至睿宗崩獨昭成以帝母之重
升配太廟肅明止饗於儀坤近代周世宗正惠宣懿二后先崩正惠元無
位號宣懿后長秋之位其後禮官集議以宣懿配食今孝明孝惠二后伏

卷[illegible]

望將來以孝明皇后配享於別廟從之　真宗至道三年六月六日詔大
行皇帝祔廟令都省集議定皇后合食之禮咸請以懿德皇后符氏升配
宗正卿趙安易言今百官議論苟且懷濟尊卑若序以後先當用淑德皇
后尹氏配食在懿德之上遂詔有司詳討以聞禮官言按太平興國中追
冊定謚皆以懿德居上淳化元年宗正少卿趙安易言別廟祭饗懿德在
淑德之上乃未測升降之由乃有司亂昭穆為逆祀其時教旨依舊懿德
在上又按江都集禮晉景帝即位夏候夫人應合追尊散騎常侍任茂儁
元等議云夏候夫人初歸景帝未有王基之道不及景帝統百揆而亡后
妃之化未著遠追追尊無經義可據臣等竊以今之所議正與茂元議同
且淑德配合之初潛耀之府未兆懿德輔佐之始藩邸之位已隆然未嘗
正位中宮母臨天下豈可生無尊極之位設升配饗之崇於人情不安於
典籍無據唐順宗祔廟後十一年始以莊憲皇后升配憲宗祔廟後二十
五年始以懿安皇后升配今請虛位允叶舊儀詔尚書省集學士兩省知
雜御史諸司四品尚書省六品以上及禮官同詳定上議曰先王制禮布
在方策雖憲章建於百代亦沿革出於一時自非通儒多昧中道竊以淑
德皇后生無位號歿始追崇況在初潛早已薨謝懿德皇后饗封六國作

配先朝雖不及臨御之期且風彰賢懿之美若以二后之内則升祔當歸
懿德又詳晉任茂傅元等議夏侯夫人不合追尊如淑德允爲合宜夏侯
初歸景帝未有王基之兆不及景帝統百揆而亡淑德歸賜之時乃是周
世及先帝建節兗海邀以論謝此不及統百揆而亡也在懿德則不然先
帝尹正京邑周已疏封越國晉邸之建實有内助之功則是及統百揆而
亡也又詳周世宗正惠宣懿配食故事當時兵部尚書張昭太常博士聶
崇義同議以正惠追尊位號請以宣懿爲配其時周朝以太后在位疑宣
懿祔廟之後立忌非便昭等引晉哀帝時何太后在上尊所生周氏爲太
妃封其子爲瑯琊王及太妃薨帝齊衰瑯琊第七月而葬此則齊衰行服
而不以太后在上爲默降即忌日廢務於理無嫌今禮官引唐順憲宗二
廟饗虛仁之文今既有追册二后即虛室亦爲非便伏請奉懿德神主升
配太宗室又據張昭等議以周世宗神主祔廟必若宣懿同祔即正惠神
主請加太字今若升祔懿德即請加淑德太字仍舊别廟詔曰禮非天降
地出酌於人情都者以懿德皇后雖未正位中宫亦合配饗先帝恭依所
請處叶從宜至於太后尊極之稱加于母后施之宗廟禮即未安淑德皇
后不加太字仍舊别廟祭饗　咸平元年三月二十五日判太常禮院李

卷一萬七千六十五

宗訥等上言伏見僖祖稱曾高祖順祖稱高祖翼祖稱曾祖宣祖稱祖太
祖稱伯文懿惠明簡穆昭憲皇后並稱祖妣孝明孝惠孝章皇后並稱伯妣
詳觀舊典參考近儀況自唐朝降及五代咸有稱祖妣及伯之文聖朝因
之遂爲定式謹按爾雅曰父爲考母爲妣父之考爲王父父之妣爲王母
王父之考爲曾祖王父王父之妣爲曾祖王母曾祖王父之考爲高祖王
父曾祖王父之妣爲高祖王母又曰父之晜弟先生爲世父後生爲叔父
以此觀之唯父母得稱爲考妣考妣已上皆稱王父王母伯則稱曰世父
今之稱號深慮未合典經欲望僖祖以下稱廟號順祖而下即依爾雅之文
五此新制敕其論失詔下尚書省集官議定户部尚書張齊賢等上言曰
按王制曰天子七廟三昭三穆并太祖之廟而七尚書曰七世之廟可以
觀德三代而下迄至于今皆謂不刊之典也其間或有兄弟繼及亦移昭
穆之列是以漢書曰爲人後者爲之子故爲所後服斬衰三年所以尊本
祖而重正統也又禮云天子絶朞喪安有宗廟中有伯氏之稱乎其唐朝
及五代有稱者蓋禮官之失非正典也請自今有事于太廟則太祖並諸
祖室稱孝孫孝曾孫嗣皇帝太宗室稱孝子嗣皇帝如此則昭穆之位允
合大倫其爾雅考妣王父之文蓋周公著以教人使知父祖親踈之節本不

謂宗廟言也歷代既無所取於今亦不可行詔僖祖止稱廟號太祖並諸
祖室稱孝孫孝曾孫令太常禮院别加詳定禮院上言謹按春秋左氏傳
文公二年躋魯僖公正義云禮父子異昭穆兄弟昭穆同此明閔僖兄弟
繼統同爲一代又魯隱公桓公繼及皆爲穆位又按江都集禮晉建武中
惠懷二主兄弟同位異坐以正昭穆及尚書盤庚有商及王并史記陽甲
至小乙兄弟四人相承故不稱嗣子而曰及王明不繼兄之統也又按唐
書中宗睿宗皆處昭位敬宗文宗武宗三帝昭穆之時同爲一代今者簡
編之内稍類例以甚明宗廟之中序昭穆而可定代請自今每有司攝事
或皇帝親饗太廟僖祖室曰曾高祖僖祖文獻皇帝曾高祖妣文懿皇后
崔氏順祖室曰高祖順祖惠元皇帝高祖妣惠明皇后桑氏翼祖室曰曾
祖翼祖簡恭皇帝曾祖妣簡穆皇后劉氏皇帝並稱孝曾孫宣祖室請依
禮記正文曰皇祖考宣祖昭武皇帝皇祖妣昭憲皇后杜氏皇帝自稱孝
孫太祖室請依唐德宗在位故事曰皇伯考太祖英武聖文神德皇帝伯
妣孝明皇后王氏每大祭太祖太宗昭穆同位皇帝自稱孝子太宗室請
依禮部正文曰皇考太宗神功聖德文武皇帝皇妣懿德皇后符氏皇帝
自稱孝子其别廟稱謂亦請依此詔宜令都省集兩制尚書省四品以上

卷一萬七千六十五

官參議以聞既而羣臣上言伏以英武聖文神德皇帝受天明命開國承
家恢復土疆撫寧億兆固已爲宋皇帝者太祖矣神功聖德文武皇帝纘
承大寶臨御四方混一寰區交修禮樂固以爲宋皇帝者太宗矣古者祖
有功宗有德皆先有其實而後正其名今二聖相承功業固已高矣謚號
固已定矣謂之太祖太宗則百世不祧之廟矣豈有祖宗之廟已分二世
昭穆之位翻同一代其所以如此者由兄弟繼統故耳若如前議引漢書
云禮爲人後者爲之子以正父子之道以定昭穆之義則至公而無疑也
必若以兄弟繼統同爲一代則是太宗不得自爲世數也不得自爲世數
則何以得宗乎不得爲宗則何以得爲百世不祧之主乎不爲百世不祧
之主則巍巍聖功於此蓋矣爲人臣者其得已乎又云春秋正義禮父子
異昭穆兄弟昭穆同此蓋論魯國諸侯之事但言兄弟昭穆同亦不言昭
穆不可異此又不可爲證也臣等詳按若兄弟相代而異昭穆設令兄弟
四人皆立爲君則祖父之廟即以徙毁故先儒因作此説據此是先儒處
魯諸侯之國五廟之中恐增四世則祖父之廟毁矣安以得此爲聖朝比
哉當今太祖爲開基之主太宗爲繼統之君二帝相承傳祖已降四廟爲
六世一昭一穆言之則上無毁廟之嫌下有善繼之美於禮爲大順於時

為合宜何嫌而謂不可乎又云魯之隱桓閔僖晉之惠懷商之湯甲小乙唐之中肅敬文武等皆兄弟繼統同為一代以此比方彌謂天壤何者擬人必於其倫故臣等謂前代興王立功業者則有之如太祖太宗兄弟開基繼統則未之有也豈宜以百世不祧之廟飜不得自為世數而同位異坐者乎又云太祖室請依唐德宗在位故事曰皇伯考按唐自元宗至德宗皆父子相傳無兄弟繼及德宗在位何得有皇伯考乎臣等又詳故事宜為昭穆者有先朝之旨四焉嗣位之初制曰承理命而莫獲固辭言理命者以古觀之則樞前即位也樞前即位非父子之義而何此宜為昭穆一也喪紀之時以日易月二十七日而終是君臣父子之殷此宜為昭穆二也嗣位逾年未聽樂百官表請詔答云其如不德風纂先皇人雖謂為天倫我實均為父事此又宜為昭穆三也郊天之際皆以太祖配為既已配天則嚴父之謂此又宜為昭穆四也有先朝之旨四制詔具在皆可覆詳蓋當時有司不能欽承行之所以因循至于今日因而正之于禮為順一則不違先旨一則允合舊經亦足以上報先朝萬分之一也臣等愚闇不識變通集會都堂故申前議翰林學士宋湜等上言伏以百王之制以功德為祖宗七廟之中以父子為昭穆聖賢垂範典禮具存恭惟太宗以上聖之姿纘下武之運盛德大業垂於無窮百代不遷蓋其宜矣然今定昭穆之位則太宗皇帝之弟也切詳三代而下至於唐朝兄弟相繼則名昭穆異位未之見也況古之鴻儒賀循溫嶠之徒議其事者甚衆歷代遵守以為定規今詳所議皇帝有事於太祖廟室稱孝孫凡此二者臣密疑焉欲望重下有司審加詳定如前代帝王有兄弟相繼而昭穆異位及天子於伯父叔父有稱孝孫者即依遵守行如其不然則望依歷代之儀庶無差失詔送令太常禮院詳都省及兩制所議再檢討典故以聞禮院言按禮記祭統曰祭有昭穆者所以別父子遠近長幼親疏之序而無亂也公羊傳公孫嬰齊為兄歸父之後春秋謂之仲嬰齊何休云弟無後兄之義為亂昭穆之序失父子之親故不言仲孫明不以子為父孫晉賀通禮義纂云父為昭居上子為穆居下父子異位以崇本也孫以祖列還為昭穆斯則長幼之節親疏之序得而正之明上下也晉賀循義兄弟不合繼位昭穆云商人六廟親廟四并契湯而六比有兄弟四人相襲為君者便當上毀四廟乎如四代之親盡無復祖禰之神矣又商紀成湯為君合十二代而正代雖六易乾鑿度曰商帝乙六代王也以此言之明兄弟不為正代也溫嶠議兄弟相繼藏主夾室之事云若以一帝為一代則當不得

卷一萬七千六十五

祭於禰乃不及庶人之祭也夫兄弟同代於恩既順於義無嫌通典元宗朝禘祫儀而昭穆之座於戶外皇伯考中宗皇考睿宗並座於南廂北向同列穆位又唐郊祀錄德宗朝祝文以中宗為高伯祖續曲臺禮云正元十年給事中陳京議禘祫祭圖中宗睿宗俱列昭位戶部尚書王紹等五十六人同陳京議始與禮合詔從之晉王導荀崧等議曰禮太宗無子則立支子又曰為人後者為之子無兄弟相為之文所以合至親取遠屬者蓋以兄弟一體無父子之道故也竊以七廟之制百王是尊至於祖有功宗有德則百世不遷之廟也父為昭子為穆則萬世不刊之典也今議者引漢書曰為人後者為之子又曰安得宗廟有伯氏之稱自今皇帝有事於太廟則太祖室稱孝孫如此則是以太宗為太祖之後也殊不知弟不為兄後子不為父孫春秋之深旨也父謂之昭子謂之穆禮記明文況復稽賀循溫嶠之格言考王導荀崧之通論則為人後之說豈可施之於先帝乎臣等又按太宗饗祀太祖二十有二載稱曰孝弟此蓋前朝不易之制又安可追改乎昔唐元宗謂中宗為皇伯考德宗謂中宗為高伯祖則伯氏之稱復何不可臣等參請自今合祭日太宗與太祖依典禮同位異坐皇帝於太祖位仍舊稱孝子餘並遵舊制則祖宗之烈光播於無窮昭穆之儀遵遵於前典詔可

卷一萬七千六十五

景德元年五月十四日太常禮院上言按至道三年詔書太宗皇帝廟室奉懿德皇后符氏配饗當時議者以淑德懿德二后俱未嘗居后位母天下若便升祔有涉嫌疑故於議狀之中兩取朝旨令明德皇后母四海正位內朝祔廟有期望遵典故詔太常禮院與崇文院檢討同詳定以聞太常禮院上言伏以先王制禮雖著於不刊歷代從宜亦行於沿革上稽古義旁酌人情事或有因理則無爽雖一帝一后具載與經並祔俱升亦存方策謹按漢宣帝則有許后王后雖無偕配之說亦行別祭之事唐之睿宗則有昭成肅明二后先天初以昭成配開元末以肅明祔此時儒官名臣步武相接宗廟重事必有據依推之閨門亦可擬議晉驃騎將軍胡嶠有三夫人嶠薨詔問學官陳舒舒謂秦漢之後廢一娶九女之制妻卒更娶無復繼室生既如禮亡不應貶朝旨以李氏卒於嶠之微時不霑贈典王何二氏並追加章綬唐太子少傅鄭餘慶將立家廟祖有二夫人禮官韋公肅議與舒同又云晉南昌府君有荀氏薛氏景帝廟有夏侯氏羊氏睿宗有昭成皇后肅明皇后魯公顏真卿廟有夫人商氏繼夫人柳氏是皆二人並祔顯有典據伏況餘慶真卿以博學馳聲公肅以習禮為事苟云非正必不輕言以此質疑適遵用捨以懿德

皇后明德皇太后咸以令範作配先朝懿德以婉恩之姿久資於內輔明德以肅雍之美著位於中宮雖先後有殊在尊親一貫況懿德久從升祔不可中廢明德繼受崇名亦當配室或從並列深獨協宜伏請以懿德皇后明德皇后同祔太廟太宗室以先後次之又緣宗廟大典更乞都省集議詔令尚書省集翰林學士兩省御史臺官尚書省六品以上諸司四品以上同議定以聞尚書都省言太常禮院所議理從長事昔師古望依所奏為定詔可

大中祥符六年七月十二日中書門下上言曰臣聞追孝之心所以教民而化下順美之志所以啟闕而輸忠人祇胥和家國攸正[illegible]惟宗祐之重必協禮經之宜伏惟皇帝陛下祇紹宏圖誕敷盛德儀刑典法保祐蒼黔而躬受元符文修茂實鴻基累盛在克施以紹膺文廟顯親獨禮容而未稱臣等是用討論王制啟迪天衷伏以元德皇太后翊贊先朝茂揚內則誕生上嗣繼撫中區既毓德於克門寔宣功於嬀汭徽音所洽綿寓攸同自陛下順考古經令適追慈訓奉尊名於徽冊修時饗於閟宮雖如在之悲每增於霜露而合饗之禮猶闕於蒸嘗未升侑於祖宗止別祠於寢廟誠遵典故尚鬱孝思臣聞母之貴焉必由於子子之孝也必本於親后稷諸侯故姜嫄異祭於帝嚳開元王者故昭成祔饗於睿宗

卷一萬七千六十五

儁興可知與情雖殊臣等今與禮官共議欲改上元德皇太后徽名曰元德皇后升祔太宗皇帝廟室所冀誕彰孝治協契人心揚不匱之烈揮佑無疆之丕緒詔答曰朕紹承天緒欽奉宗祊每思積累之祥敢忘潔豐之饗洪惟聖妣早輔先朝沙麓表祥河洲著範載惟沖眇實荷慶靈永懷顧復之恩寔動淒濡之感卿等職當寅亮志在傾輸爰貢封章備陳典故謂孝為德本必盡蒸蒸之心禮緣人情宜篤親親之教願徙升祔式慰孝思載覽忠規特俞勤懇所請恭依翰林學士晁迥文武百官等相繼上表陳請詔答如之

二十一日中書門下上言得詳定所狀準詔改上元德皇后徽名升祔太宗廟室按唐先天元年祔昭成肅明二皇后于儀坤廟肅明皇后雖睿宗在藩之日已立為妃緣昭成皇后以帝母之尊故位居其先今元德皇后伏請升祔于懿德皇后之上臣等伏以揭名顯親百代之彝範沿情教愛萬姓之式瞻伏惟元德皇后兆協曾沙功參鍊石克門誕育早擕於徽音爲脤爛盛延降於鴻緒陛下適追先訓茂闡宸猷思結凱風感深濡露肇新徽稱已極於孝思首祔太室允符於公論輒俞懇請庶協爲章伏乞依詳定所請與禮施行詔曰朕以眇覽仰承慶基顧復之恩增悲於罔極蒸嘗之典期協於大中祇徇奏封肇諧升侑卿等奉予孝治禮

乃禮天永儀坤之舊章著昭成之先食省覽云畢感悃良多載念尊親益惟極致在乎陟降就能揭肆雅以祔廟之歲時用爲合饗之次序炳焉於慈訓寧永忘於沖謙思抑畏以攸遵庶明靈之來格宜恭以元德皇后神主祔于明德皇后之次。

仁宗乾興元年七月五日禮儀院言大行皇帝山陵禮畢神主祔廟所有配室有莊穆皇后郭氏莊懷皇后潘氏未審以何后遷祔廟配食今詳議以莊穆皇后郭氏嘗母儀天下欲請依同世宗宣懿皇后太祖孝明皇后例遷祔廟配食檢會至道三年太宗皇帝祔廟之時準勅令尚書省六品以上諸司四品已上官集議祔饗欲望下尚書都省一例集官再行定議詔可翰林學士承旨判尚書都省李維等議曰作配宸居緝熙於內治穎德坤象協靜中闈蓋以休應靈符母儀天富黃氣滿室則生以凝祥白石刻文則處而表異窃以莊穆皇后夙自青襟振蓋蘭殿佩瑜伯乎上帝是依大人繼照既齊明建極乃總順於長秋采肇成章全鑣偕壼宣陰教之純茂昭懿範之肅雍大練爲規縫流著於前母慈耳助化復載美於聲詩蓋作合之有光實祔饗以爲允其若麗軌平臺之際薦繫盤石之和雖邦媛之有歸而天極之未曙或追尊是號或增感慕之懷若配室著儀雖被遵行之典今以禮儀院集議莊穆皇后嘗母

卷一萬七千六十五

儀天下欲請遷祔廟食者禮本前經事存往制酌斯公論克叶大猷請依所奏施行謹具狀議以聞詔恭依

康定元年十二月十三日同判太常寺兼禮儀事宋祁言準中書送下直秘閣趙希言奏太廟自來有寢無廟因堂爲室東西十六間內十四間爲七室兩頭各一夾室按禮天子七廟親廟五祧廟二共為七廟今又不遷僖順二祖若以太祖太宗兄弟繼及亦可遷僖祖一室皆不顯著廟號伏見國家諸處建立宮殿安供先帝御容與工不細未若宗先聖禮制修正宗廟每主一廟堂一寢室貫此宮殿未足為多如未暇分立七廟則於今廟室前起立一廟堂以後殿十二間為寢更於廟內立一祧廟仍逐室門題書廟號者臣按周制有廟有寢以象人君前有朝後有寢也廟藏木主寢藏衣冠至秦乃出寢於墓側故陵上更稱寢殿後世因而不改今宗廟無寢蓋本於茲鄭康成謂周制立二昭二穆與太祖文武共為七廟此一家之說未足援正自大儒荀卿王肅等皆云天子七廟諸侯五大夫三士一降殺以兩之義則國家定七世之數不用康成之說也僖祖至真宗方及六世不合便立祧廟自周漢兩帝各自立廟晉宋以來多用同殿異室之制國朝以七室代七廟祖宗相承行之已久即同殿之制不可輕改希言又稱每室不顯著廟號然此一節

差似有理況沿舊增飾不為難行欲望以七室各榜其門曰某祖某宗之廟宣既無改作因此興革所請於今廟内別立一室以今殿為寢及作祧廟等事更議體大懋未可從詔如祁所奏

慶曆四年六月十四日同判太常寺呂公綽言竊見真宗皇帝謚以文明武定章聖元孝而立后之謚皆違莊字在昔無廟號之據當今變祖宗之例蓋古者婦人無謚皆從夫謚以為稱故文王之妃曰文母宋共公之夫人曰共姜聖朝祖宗諸后謚號共遵此制是以僖祖文獻之后曰文懿順祖惠元之后曰惠明翼祖簡恭之后曰簡穆宣祖昭武之后曰昭憲太祖之謚有大孝故太祖之后曰孝明孝惠孝章太宗之謚有聖德故太宗之后曰懿德明德元德淑德昔真宗在御有司進謚潘郭二后曰莊懷莊穆及獻代之日莊穆升配有司失於論請遂使后謚不繫於帝其後奉慈諸后纔循前失謹按乾德禮例改謚明憲皇后曰昭憲以從宣祖之謚今真宗皇帝謚有章聖伏請改上五后莊謚為章詔下兩制禮官詳議翰林學士承旨丁度等言公綽所引后從帝謚及援漢故事漢世帝謚上於一字與今典制不同真宗五后祔廟日久神道貴靜難從改謚之禮既而公綽復言真宗五后尊謚終未合典法宜於郊禮前遣官先上寶冊庶循先朝加上六后尊謚故事於是詔恭

卷一萬七千六十五

儀八月二十五日太常禮院言改上諸后尊謚然神主題號已久據禮文惟初祔廟室即命官題主唐大中三年追尊順宗憲宗謚博士李稠請以改題下議都省而右司郎中楊發等引周漢經晉至隋以來並無此制准國朝乾德中改上昭憲皇后謚中書門下特請改題是時禮官皆援古以為不可及大中祥符中增上六室帝謚天聖初又增上真宗武定之謚止告廟更不改題實為得禮今宜如故事只依以冊寶告廟更不改題神主從之宋史時郎[illegible]司導五后寶冊赴三廟各於神門外幄次以俟奏告畢皆納於室

五年閏五月二十九日詔中書門下曰朕有事于太廟格于奉慈母懷保育之仁儀若見乎其位惟時禘祫之饗未升昭穆之序禮文不講心靡遑寧恭惟章獻皇太后輔佐先帝母儀道脩寶荷顧託參決萬幾憂勤十年成大治章獻皇太后徽柔靜恭惠迪法度受帝之祉篤生沖眇永錫景祚啓茲靈長章憲皇太后肅雍思齊闈掖攸憲率正内職繼德之行翊是藐躬實賴撫鞠越三后獻代多歷年所肆膺合食擯陽閟宮有司不時討論使國有闕典朕甚懼焉其令禮官稽爰故籍議升祔之禮中書門下當加詳考以稱朕意

六月十八日太常禮院言奉詔議升祔三聖后竊惟宗廟之位所以奉先烈配祔之禮所以嚴時饗典制具在今昔所遵

謹按唐廟明皇后本中間之正昭成皇后緣帝母之尊開元中並祔睿宗之室國朝懿德明德元德三后亦同祔太宗皇帝廟恭惟章獻明肅皇太后母儀天下輔承丕業章懿皇太后誕生聖躬恩德溥大伏請追祔真宗皇帝廟序於章穆皇后郭氏之次章惠皇太后雖先朝遺制冊為太妃之貴然明道中始加懿號與章懷皇后事體頗同伏請遷於皇后廟序於章懷之次又太者生事之禮不當施於宗廟至如章獻明肅皇太后以顧託之重當臨御之勞朝廷追遵丕德崇尚徽稱若題之別廟則義無所據且當之配室則禮或未順況太廟諸室皇后並無四字之名伏請改上章獻明肅皇太后曰章獻皇后劉氏章懿皇太后曰章懿皇后李氏章惠皇太后曰章惠皇后楊氏如此則協李唐之故事率本朝之正典如允所陳乞再行集議以示奉先慎重之意詔兩制與待制御史中丞同議以聞

七月十九日翰林學士王堯臣等言奉詔同詳議三后升祔事伏詳章獻明肅皇太后章懿皇太后遷祔真宗廟室序於章穆皇后之次請如禮官所議其改上章獻明肅皇太后曰章獻皇后章惠皇太后曰章惠皇后遷於皇后廟序於章懷皇后之次揆於禮意協所未安伏以章獻明肅皇太后在先帝時正位中壼受遺輔政垂將一紀勤勞帝室阜康生民故盛烈丕功

卷一萬七千六十五

非一惠可舉況謚告於廟冊藏於陵廟無容異時更有輕改矧升祔廟祏本極孝思之報若裁損尊名恐非嚴奉之儀而又博詢典故參質人情有增崇之文無追減之例其章獻明肅之號伏請如舊章惠皇太后擁佑聖躬慈均顧復故景祐中已膺保慶之冊義專繫子禮須別詞請加稱章惠皇太后依舊饗於奉慈廟堯臣等又言準中書省送下龍圖閣直學士李昭述奏伏以禮緣人情孝為德本母之貴必由於子子之孝必施於親此古今之通誼也伏見太常禮院所議章獻皇后章懿皇后並祔真宗廟室序於章穆皇后郭氏之次竊有所疑按祥符中中書門下言準詔改上元德皇太后徽名曰元德皇后升祔太宗廟且唐開元中昭成肅明皇后並祔睿宗之室肅明雖睿宗在藩已立為妃緣昭成以帝母之尊故位居其上今元德皇后伏請升祔於明德皇后之上當時詔書諭以元德平昔謙抑之意固而未許恭以章懿皇后膺天發命誕育聖躬靡及奉養之禮止極追尊之號今升祔有期議論為重稽開元祥符之舊考昭成元德之議恭請序章懿皇后於章穆皇后章憲皇后之上詔送兩制詳定臣等詳先朝始議升配元德之時有司奏請序在明德之上是時先帝深酌禮意決於聖衷乃詔曰載念尊親蓋惟極致在乎升降非敢措辭惟以祔廟之歲

時用惟合饗之次序恭以元德皇后神主祔于明德皇后之次今陛下祗事宗廟特頒明制以升祔三后參訪近臣禮官之議請以章獻章懿並祔真宗廟室飲在章穆之次其章惠歸祔后廟此則遠承先帝之制近仍別廟之序其李昭述所請以章懿在章穆章獻之上蓋循當時有司之請未本先聖申詔之意伏覩章穆升祔歲月已深奉慈三室先後秉之若再議升降則情有重輕乞從祥符舊章於禮為順乃詔中書門下覆議議曰伏以清廟之尊配食獨重或稱古者祔止一后而語無經見之明或謂歷世祭有別園而理非孝道之極而使繼室之祀泥古而不通以貴之親援恩而難議必俟元聖肇經大猷先帝德極天元孝通神理每推開元舊典創而未備故繼自聖意揭為新儀奉升二后並饗太宗廟室覺終古而未悟暢罔極之至懷上當心靈外盡昭報是以神克妥侑邦介繁祉陛下膺襲熙之運謹遹追之謀而獻懿別祠依違一紀慎重體大黽勉孝思肇情既而未容嚴极虛而有待今乃沛然下詔發於至誠尚復退託謙勞博詢是問質於禮官之議覆以近臣之詳參考既同僉序惟允蓋關緣人情以制禮則切而有實奉先訓以作古則顯而易遵故成憲在前文考之意也配食一體二懿之宜也奉承無私陛下之孝也臣等不勝大願請如禮官及

〈卷一萬七千六十五〉

學士等所議奉章獻明肅皇太后章懿皇太后升配真宗廟室章獻明肅尊謚如故章惠皇太后仍饗奉慈別廟皆得禮之變順祀無違者矣其李昭述建言以章懿叙于章穆之上本其推奉極于尊崇按祥符之詔書繫章聖之特旨今議者雖援前比臣等猶所未安其位叙先後欲乞繼自聖懷制為定禮使昭示萬世永永無窮餘請付外施行二十三日詔曰國之大典無若宗廟之制之為重也比朕以奉慈三室未登禘祫之位四時之感每懷靡寧故命奉常講求舊章而又參覽于近臣考詳于有司殊無異達以竭誠盡禮而卿等稱衆正論奉帝來上乃曰緣人情以制禮則切而有實奉先訓以作古則顯而易遵載味此言實契朕意祗覽祥符之詔深學文考之旨極意尊親之際重行升降之辞故以祔廟之歲時用為合饗之次序義無差別情靡重輕划在菲涼欽承成憲今日之議斷成典諸宜循先朝祔元德故事恭依禮官所議奉章獻明肅皇太后章懿皇太后序於章穆皇后之次上致奉先之順下成繼志之美永修明祀冀饗靈心八月二十五日詔升祔二后依元德皇后故事改題神主　皇祐二年二月七日天章閣待講趙師民上言臣聞夏商以往謚號蓋簡有周之初與文漢興禮記載武王之事追王太王王季文王者謂太王王季既尊以稱號

至於文王更加以謚法也太姜太任太姒之賢而尚有未謚則其禮猶略焉於後幽王之后謂之幽后惠王之后謂之惠后此皆從王之謚以為稱非同王之謚以為謚也左傳記景王之后謂之穆后則后之有謚始於此焉東周之際王制所及國僭於一邦變遷國易各不及其君長中夏諸侯考行或加於臣妾任意制謚在華則脩禮斯然矣其閒諸侯齊禮猶脩君之夫人皆自有謚不從於夫獨定姒以首末非義止曰定姒不稱小君公羊譏宋之恭姬者乃從其夫之謚為配今非謂姬之謚自為恭也漢室之興周與尚近未能考古而習秦餘乃尊太公曰太上皇又加昭靈穆哀二后謚謚加於妣而不加於父號及其親而不及其祖已為失矣前漢諸后皆不加謚止從帝名以為之稱趙太后未亡而敗為孝成皇后此又足以知從帝之謚以為稱非同帝之謚以為謚也惟衛氏以追尊之故乃謚曰思許氏以早世不遂謚曰恭哀蓋於時憲度未立后妃之謚或有或亡非有定制漢家之興為未倫矣後漢中興世主好禮考姬周之典參前漢之舊既從其帝名復加以后謚表帝之名於上繫后之謚于下故光烈皇后者謂光武之烈皇后也非兼光以為謚也明德皇后者謂明帝之德皇后也非兼明以為謚也然自明德而下皆以德謚故蔡邕以為善惡一貫非

〈卷一萬七千六十五〉

大行者受大名小行者受小行之義乃追改和后曰熹安后曰思順后曰烈后之謚雖改帝之名不易又足以知從帝之謚以為稱非同帝之謚以為謚也魏氏及晉蓋亦因之魏武宣皇后者謂武帝之宣皇后也文昭皇后者謂文帝之昭皇后也武之為謚非后所宜又非帝之名止于一而后之得兼二也晉之武元皇后武悼皇后義亦同此傳稱之止曰元后悼后史氏追書又繫以武焉惠皇后以居位不終故不得謚止曰惠皇后蓋從帝之名而非后之謚也東晉稱簡文帝之后曰簡文順皇后孝武帝之后曰孝武定皇后以帝謚有二非后之名兼此三者也其後宋之文元梁之武德並先易后名而後繫帝號義猶此也後魏本自北荒而禮同中夏追武以上但從帝名由前漢之制也明元以降更加后謚探後漢之法也文明皇后以臨朝之故加氏二字史氏書之曰文成文明皇后皆由帝之與后俱以文謚非相從配故兩稱之帝后同謚乃兩出之者又足以見從帝之謚以為稱非同帝之謚以為謚也唐室因之亦無所變太武之后其謚曰穆故曰太穆皇后文皇之后其謚曰德故曰文德皇后睿宗以後或追改舊謚或增加本號故自昭成明肅二后而下不復配以帝名史氏稱之乃或冠以廟號廟號之冠於后謚故又始於此宋梁之世禮官失謬梁祖

之世其名有五獨取其一以繫后謚曰元正皇后原其本意謂帝與后當同謚也遂誤之由良始於此人君后妃善惡自異受名之義安可同也五代之際時運屢改后妃終位厥數無幾若後唐之正簡有周之宣懿近於唐制此願為得聖朝之初亦因五代之故及昭憲皇后上謚有司乃議改名為昭此與梁世禮官其意同也又孝惠孝明二后所上謚在太祖之前而並以孝謚及後太祖上謚乃帝謚之中取其孝字以追配焉然臣以為於義雖有遺於文尚未失於義遺者以后同帝之謚以為謚也文未失者帝之謚猶在上后之謚猶在下也洎淑德懿德二后上謚亦皆在太宗上謚之前而又並以德謚及後太宗上謚復取帝謚之中德字以追配焉臣竊謂義之與文斯俱遺矣何則德者帝之謚也今更在下淑與懿后之謚也今乃以所從帝之名繫於下所配后之謚著於上遂考周漢次及魏晉南北諸朝隋唐五代未有此也臣又聞后之謚忠和純淑曰德漢之明德章德是也此則帝名之德與后懿之德異矣臣不知上此謚者意謂帝之德即謂后之德耶苟以帝之德耶則不當繫於后謚之下以為后之德耶則不當為於帝之稱臣故以為遺謬始於梁世之有司流弊自彼積疑至今乃者莊懷莊穆二后又俱以莊謚後以帝謚所有方復追改而未知遣

失之源於此也書曰若稽古帝者之作必考於古也語曰必也正名乎今以帝謚繫於下后謚著於上謂之曰正臣竊未安夫革弊去惑修復聖制明王之盛舉也因陋就寡拘滯所習愚俗之常守也臣幸得以鄙陋之姿值盛明之運故敢發舒所見俟聖哲而裁焉詔太常禮院與兩制司議曰臣等伏以孝惠孝明二皇后太祖在位時追謚淑德懿德二皇后太宗在位時追謚當時亦未有所繫其後帝謚既定字法相合有司因仍遂著與册伏緣帝謚在上后謚在下止出於後漢明帝但東漢一朝遵而用之自魏晉訖唐后謚或一字或二字亦不盡繫於帝謚今詳太祖太宗真宗謚號其間功德神聖文武睿孝明九字三朝相通必若取一字以冠后謚即孝德二字無專主一室之文必若遠稽漢制即太祖太宗諸后謚並須改上況祖宗號謚本朝自有制度即后謚所繫不應盡取漢明之法且神道貴靜禮與從宜恐不必輕輒變改如朝廷必欲遵用漢制即望從明堂禮畢別加詳議詔恭依所奏　英宗嘉祐八年六月八日太常禮院言大行皇帝山陵禮畢神主祔廟請以太祖太宗為一世增一室以備天子事七世禮詔兩制及待制以上與禮官考議觀文殿學士孫抃等議謹按禮曰三昭三穆與太祖之廟而七書曰七世之廟可以觀德曰世與昭穆云

者據父子之正而言也若兄弟則昭穆同不得以世數數之矣商之祖丁之子曰陽甲曰盤庚曰小辛曰小乙四人者皆有天下而商之廟有始祖有太祖有太宗有中宗若以一君為一世則小乙之祭不及其父祖丁是古之兄弟及昭穆同而不以世數數之明矣故晉之廟十一室而六世唐之廟十一室而九世中宗睿宗之於高宗恭宗文宗武宗之於穆宗同居穆位國朝太祖為受命之祖太宗為有功德之宗此萬世不遷者也故太祖之室太宗稱孝弟真宗稱孝子大行皇帝稱孝孫而禘祫圖太祖太宗同居昭位南向真宗居穆位北向蓋先朝稽用古禮而著之於祀典矣大行皇帝神主祔廟伏請增一室為八室以備天子事七世之禮詔從之於是龍圖閣直學士兼侍講盧士宗天章閣待制兼侍講司馬光議曰臣等謹按禮天子七廟三昭三穆與太祖之廟而七太祖之廟萬世不毀其餘昭穆親盡則毀示有終也自漢以來天子或起於布衣以受命之初太祖尚在三昭三穆之次故或祀四世或祀六世其太祖以上之主雖屬尊於太祖親盡則遷故漢元帝之世太上廟主瘞於寢園明帝之世處士廟主遷於園邑晉武帝祔廟遷征西府君惠帝祔廟遷豫章府君自是以下大抵過六世則遷其神主蓋以太祖未正東嚮之位故止祀三昭三穆若太祖

以正東嚮之位則并三昭三穆為七世矣唐高祖初立祀四世太宗增祀六世及太宗祔廟則遷洪農府君神主於夾室高宗祔廟又遷宣皇帝神主於夾室皆祀六世此前世之成法也惟明皇立九室祀八世事不經見難可依據今若以太祖太宗為一世則大行皇帝祔廟之日僖祖親盡當遷於西夾室祀三昭三穆於先王典禮及近世之制無不符合太廟更不須添展一室詔抃等再議於是復上議曰先王之禮自王以下降殺以兩故有天下者事七世有一國者事五世自漢以來諸儒傳禮者始有夏五廟商六廟之說其說出於不見商書伊尹之言而承用禮學之誤蓋自唐至周廟制不同而大抵皆七世王制所謂三昭三穆與太祖之廟而七者是也今議者疑僖宗既非太祖又在三昭三穆之外以為禮當遷如此則是以有天下之尊而所事止於六世不稱先王制禮降殺以兩之意且議者言僖祖當遷者以為在三昭三穆之外則於三代之禮未嘗有如此而不遷者臣等以為三代之禮亦未嘗有所立之廟出太祖之上者也後世之變既與三代不同則廟亦不得不變而從時且自周以上所謂太祖亦非始受命之主特始封之君而已今僖祖雖非始封之君要為立廟之始祖方廟數未過七世之時遂毀其廟遷其主考三代之禮亦嘗有如此者

也漢魏及唐一時之儀，恐未合先王制禮之意。序等竊以存僖祖之室以備七世之數，合於經傳事七世之明文，而亦不失先王之禮意。詔恭依。

十三日，同知太常禮院呂夏卿言：古者天子九虞，十六日；諸侯七虞，十二日；大夫五虞，八日；士三虞，四日。既葬日中為始虞之祭，自是間日一虞。九虞之後，間日為卒哭之祭。真宗之葬永定陵，自掩壙返虞至于神主祔廟，日一虞祭，九日而畢，無間日之限，將祔無卒哭之祭。又曰：古者始虞之祝辭曰哀子某哀薦祫事，若禮行於次舍之間，違官攝事，不躬不親，當不合于禮。臣愚請俟永昭陵土虞主還內之日，日中行始虞之祭，九虞既畢，然後卒哭之祭，事下兩制及待制官議。觀文殿學士孫抃等議曰：古之葬云國近，故平旦而葬，日中而返虞于寢。今之葬遠，虞主在塗，不可以無祭。故祖宗以返虞之主在塗，而日一虞，若祭不可一日闕也。請如舊典，終虞而行卒哭之祭，宜如夏卿之議。於是自掩壙五虞皆在塗，而六虞至九虞皆祭于集英殿，九虞畢，帝親行卒哭之祭。

治平四年三月二十五日，神宗即位未改元。太常禮院言：將來大行皇帝山陵畢，依禮祔太廟。謹按《尚書》曰：七世之廟，可以觀德。又按《禮》，天子七廟，三昭三穆，與太祖之廟而七。《春秋穀梁傳》曰：天子七廟。荀子、《史記》亦云有天下者事七世。恭惟英宗受命太祖，造邦德盛，流光以聖繼聖，準嘉祐詔書定七世八室之制。今大行皇帝威神在天，崇祔有日，山陵畢請以神主祔於太廟第八室。僖祖皇帝、文懿皇后神主依唐故事祧藏于西夾室，奉置西壁石室中。自仁宗皇帝而上至順祖以次升遷，其祧藏之主，每遇禘祫即如典禮。伏請依故事，更下兩制、待制以上參議。詔恭依。

閏三月八日，翰林學士承旨張方平等議曰：伏以天子七廟，著於《尚書》、《春秋傳》、《禮》之《王制》、《祭法》、《禮器》、諸子之說，歷代之議詳矣。故昭穆所以序世及之正，禘祫所以極仁義之本。三代以降，惟漢晉唐以其統祚之長，得及祧遷之議。國家繼天而王，列聖重光，盛德在人，必百世祀。厚陵復土，虞主還宮，對越祖宗，升祔有日，同堂八室，廟制已定，僖祖當祧，合於典禮，請依太常禮院所奏，委為允當。詔恭依。

十月四日，太常禮院言：僖祖、文懿皇后神主祧遷於西夾室，今行典故。謹按《禮記·檀弓》曰：舍故而諱新。注為高祖之父當遷者也。《唐會要》：永徽二年，左僕射于志寧言：依禮舍故而諱新，故謂親盡之祖。今洪農府君神主上遷，請依禮不諱。從之。又元和十五年，太常禮院言：睿宗神主祧遷，其六月二十日忌并昭成皇后忌準禮合廢。從之。今僖祖皇帝神主祧遷，準不諱，其十二月七日僖祖皇帝忌、六月十七日文懿皇后忌，亦請依唐故事廢罷。詔恭依。

神宗熙寧五年正月，鄧綰言：伏見今文及慶曆祀儀，郊廟大祠，常以宰臣攝太尉行事，受誓戒，致齋，動經累日。中書天下政事之所取決，多所廢滯，欲乞詔有司，凡四時郊廟大祀，并使宗室近親兼使相者攝上公行事，非獨以盡齋肅中正事神之恭，亦所以明皇家先親尊祖之義，使政府大臣職不至廢闕。詔今後太廟大祀行事並差宗室使相已上充攝。

三月八日，中書門下言：準治平四年閏三月敕，遷僖祖主藏之夾室。臣等聞萬物本乎天，人本乎祖，故先王廟祀之制，有疏而無絕，有遠而無遺。商周之王，斷自契、稷以下者，非絕嚳以上而遺之，以其自有本統承之故也。若夫尊卑之位，先後之序，則子孫雖齊聖有功，不得以加其祖考，天下萬世之通道也。竊以本朝自僖祖以上世次不可得而知，則僖祖有廟，與契、稷疑無以異。今毀其廟而藏其主夾室，替祖考之尊而下祔於子孫，殆非所以順祖宗孝心、事亡如存之義。求之前載，雖或有然，考合於經，乃無考據，因情禮制，實在聖時。伏惟皇帝陛下仁孝聰明，紹天稽古，動容周旋，惟道之從，宗祀重事，所宜博考，乞以所奏付之兩制詳議而擇取其當。

四月三日，詔中書門下曰：廟祧之序，蓋有典彝，所以上承先王，下法後世。朕嗣守大統，獲奉宗祀，而世次遷毀，禮或未安，討論經據，我哲輔於以佐朕不逮，而仰稱祖宗追孝之心。朕覽之矍然，不敢祇服，宜依所請施行。詔書下學士院，集兩制議。翰林學士元絳、知制誥王益柔、陳繹、曾布、直舍人院許將、張琥上議曰：自古受命之王，既以功德饗有天下，皆推其本統以尊事其祖，故商周以契、稷為始祖者，以其皆承契、稷之本統故也。使契、稷自有本統承其後，而湯與文王又為別子之後，則自當祖其別子，不復以契、稷為祖矣。所以祖契、稷者，非以有功與封國為重輕也。諸儒適見契、稷有功於唐虞之際，故以謂祖有功。若祖必有功，則非有功者莫如鯀，而夏后氏何以郊鯀乎？今太祖受命之初，立親廟自僖祖始，僖祖以上世次既不可得而知，然則僖祖為始祖無疑矣。儻以謂僖祖不當比契、稷為始祖，是以天下之人不復知尊祖，而子孫得以有功加其祖考也。況於毀其廟、遷其主而下祔於子孫之室，此豈所以稱祖宗尊祖之意哉。傳曰：毀廟之主，陳于太祖；未毀廟之主，皆升合祭于太祖。今遷僖祖之主而藏於太祖之室，則是僖祖、順祖、翼祖、宣祖祫祭之時，皆降而合食也。情文不順，無甚于此。《詩序·生民》曰：尊祖也；文武之功起於后稷，故推以配天焉。蓋言尊祖而不言有功，言文武之功而不言后稷之功，則知推后稷以配天者，以尊祖而非以尊有功也。秦漢以來，典章殘缺，祖宗廟祧始夫先王所以尊祖之意。諸儒異論，無所擇考。臣等考之經傳，質之人情，謂宜以僖祖之廟為太祖，則合於先王之禮意，無所悖戾。翰林學士韓維則議曰：臣伏以親親之序，以三為五，以五為九，上殺下殺旁殺而親畢矣。聖人制事存送終之禮，皆以此為限，是衆人之所同也。若其所不與衆人同者，則又因事之宜，斷之以義，而為之節文也。昔先王既有天下，迹其基業之所由起，奉以為太祖，所以推功美，重本始也。蓋王者之祖有繫天下者矣，諸侯之祖有繫一國者矣，大夫士之祖繫其宗而止矣，亦其理勢然也。荀卿曰：王者天太祖，諸侯不敢壞，大夫士有常宗，所以別貴始，貴始德之本也。蓋有天下之始若后稷，有一國之始若周公，大夫士之始若三種所以貴者，配天也，不祧也，有常宗也，此其所以別也。今直以契稷為本統之祖，則是下同大夫士之禮，非荀卿之所謂別也。或曰湯文武去契稷皆十有餘世，其閒子孫衰微奔竄者非一，湯文武之有天下，契稷何與焉。曰：南宮适曰：禹稷躬稼而有天下。孔子曰：君子哉若人。為之有天下則然矣。稷諸侯也，而曰有天下，何哉？蓋非積累功德至文王而興乎？孟子曰：王不待大，湯以七十里，文王以百里。然則小國亦王之所待也。所謂七十里、百里者，非契稷所受以遺其子孫之國乎？是因言之，商周之所以興，契稷不為

卷一萬二千六十五

無所與也。則正考父作頌，追道契湯高宗商所以興；子夏序詩，稱文武之功起於后稷，豈虛語也哉？國語亦曰：契勤商十有四世而興，后稷勤周十有五世而興。穀梁曰：始封必為祖。南宮适、孟軻、卜子夏、丘明、穀梁亦生於周代，其所言皆親聞而見之者，其學問又俱出於孔子，宜若可信，則尊始祖以其功之所起，秦漢諸儒亦有所受之也。後世有天下者，皆特起無所因，故遂為一代太祖，所從來久矣。伏惟太祖皇帝孝友仁聖，睿智神武，兵不血刃，坐清大亂，子孫遵業，萬世蒙澤，功德卓然，為宋太祖，無少議者。僖祖雖於太祖高祖也，然仰迹功業，未見其所有因，上尋世系，又不知其所以始，若所以事契稷奉之，竊恐於古無考，而於今亦有所未安也。臣以為均之論議，未有以相奪，仍舊便。若夫藏主合食，則歷代嘗議之矣。然今之廟室與古殊制，古者每廟異宮，今所以奉祖宗者，皆在一堂之上，西夾室猶處順祖之右，考之尊卑次序，似亦無嫌，至于禘祫，自是序昭穆之祭，僖祖東嚮，禮無不順，所謂子雖齊聖，不先父食者乎？孔子曰：於其所不知，蓋闕如也。如臣絳等議，非臣所知，此臣所以闕而不敢同也。天章閣待制孫固上議曰：臣聞先王之禮，本之人情，而為之節文者也。故不慕古以違當世之宜，不因文而失沿情之實。親有隆殺，世有異同，此文禮所以損益變

正之不一也。伏惟太祖皇帝受天命，一四海，創業垂統，為宋立萬世無窮之基，其為宋始祖而配天受饗，理在不疑。今聞乃欲以僖祖為始封之祖，復其祧主。夫既以僖祖為始祖，則遂當受配郊天，此臣竊所未安也。七世之廟，親盡而祧，此萬世太公之通法，未聞有以易之者也。故僖祖之主，於陛下之世以親盡而祧，在禮遠為得正。而今議者以謂人必本乎祖，太祖既已追尊僖祖，則今日當以僖祖為本始之祖，是未推王者興起有殊異而所當之世各不同也。夫開國者其先嘗有功而受封，則後之子孫有天下而推以為始祖可矣；若夫膺天受命，特起而得天下者，為太祖宜矣。此實先王之禮，人情之所順，而前世之所以行也。今為議者云曰：方今天下際乎人物安樂，不愧治古，而禮樂文物、祭祀制度，謂宜郁絕漢唐之所行，而純取三代之治以為法，故有僖祖之廟與契稷無異之說。臣恐以為過矣。夫本朝之興，與商周為異。商周之王，本由契稷，故自湯武而上，其流有源，皆可推而考之。契布五教，民以知禮；棄興稼穡，與周同而猶不若周之謚也。周自后稷、公劉以來，積功累行，以至太王、王季，世世修德茂達，於文武受命而得天下，則源流之來，豈不有自哉。故仲尼曰：郊祀后稷以配天，宗祀文王於明堂以配上帝，則周公其人也。夫自周而上，堯舜夏商

卷一萬二千六十五

之世非不義也，其祭祀之禮，仲尼不談，而獨舉周者，豈非其德與世獨為備哉。故曰：周公其人也。言惟周公能備此禮耳。夫稷當堯氏阻飢之時，始播百穀，使萬世粒食，其為功大矣。詩曰：思文后稷，克配彼天。言以其德能配天也。夫以文武之王，而不得預配天之祭者，特以后稷之功大耳。使周無后稷之配，則周公之祀，宜不得捨文武而及他人。且後世之興，其先既異周之后稷，而郊天之配，不先創業之君，而遠取追尊之祖，此豈先王之禮而近於人情者哉。今之議者又以帝法禘郊祖宗之禮，言商周非始封，以其自有本統，承之本朝，僖祖以上世次不可得知，則必以僖祖為始祖。臣又以謂不然矣。自秦滅學，六經皆被焚棄，不復為完書，而禮經猶為殘蕩，其後漢之諸儒務鑿聖人之辭言，委曲加意而彌縫之，故多駁雜不經之說，附其鄭康成牽合之言，而聖人之禮益不明。若祭法之禘郊祖宗者，是其一矣。其言曰：商人禘嚳而郊冥，祖契而宗湯。信斯言也，則禘祭宜無易嚳者。今商頌之長發，大禘之詩也，其曰：有娀方將，帝立子生商。又曰：玄王桓撥，受小國是達，受大國是達。若乃專歌述契之功德，一篇之閒了無及嚳之語，則祭法之言禘嚳者，臣亦未敢取以為信也。雖然，就其說而考之，亦自非大有功德者不可以郊天取配。何則？鯀障洪水，雖殛而導失宜，而

商因之以成功身被殛死故夏人郊之冥業有其官而死於水故商人郊
之后稷粒食之功被於萬世故周人郊之今未見有冥稷之功而欲同冥
稷之祀臣竊以為非宜也漢高祖之得天下與商周異故太上皇不得為
始封而光武之興不敢尊舂陵而祖高帝景皇帝唐室始封之君而元皇
帝神堯之父也高祖之時以景皇帝為配而太宗之初已奉高祖於圜丘
景皇帝不得預郊天其後杜鴻漸等復請以景皇帝郊配天地黎幹力詰
其非禮而正之夫景皇帝親受唐國之封且不得配天則未嘗督有土宇
而欲以為始祖臣亦慮其難矣恭惟太祖皇帝剗平禍難功格上天百餘
年間天下之人涵泳生養而安樂於無事者太祖之恩德也今天下惟知
尊奉太祖而乃欲替其親郊配天之祀豈厭於人情哉今議者遂將佇絕
唐漢上法商周此臣所謂慕古而違當世之宜者也太祖皇帝受周禪僖
祖始被追尊而建隆之郊配以宣祖僖祖不得預焉夫以太宗真宗仁宗
英宗之世未嘗郊配僖祖而陛下一日躋而祀之蓋有所歷者必有所替
今使太祖之禮有替於四宗之時此豈陛下孝思之心哉此臣所謂因文
而失沿情之實者也夫非所居而祀之則神有所不受非所宜而祀之則
天有所不饗所謂郊而配天者以天於萬物其德不可形容故人君之有

卷一萬七千六五

大功德被生靈而施後世者謂足配之而已今僖祖之德不昭見於生民
不明被於後世乃欲以齊后稷之廟當始祖之禮臣恐僖祖之神非所歷
而不受上帝之靈非所配而不饗神不受天不饗非陛下所以尊祖事天
之意也陛下為太祖子孫纘太祖基業據南面之尊而饗四海九州之奉
者皆太祖皇帝之所授也則今日之所授尊事宜莫加於太祖矣或曰禮
則子為祖契稷皆帝嚳之子而得姓者故商周以為祖而奉之今宋自僖
祖為始祖臣曰是又不然也若以得姓者為祖則趙之得姓遠矣自造父
封於趙城而趙襄始得姓今若必推考其先世則遂欲上祖趙襄其可乎
其不可明矣或又曰今朝廷但欲存僖祖為始祖爾至於祀天為配亦不
輕議臣曰是不可也今既以僖祖為始祖祖必配天僖祖配天則太祖之
祀替矣此臣所謂不可者也或又曰今毀僖祖之廟藏其主夾室而下祔
子孫可乎臣曰是不然也臣聞神道尚右今太廟一堂夾室在西祧主藏
室中而居順祖之右固已順矣蓋非所謂下附子孫之室而替其尊也必
猶以為不可則其制有可為者今欲乞特為僖祖之室置祧主其中由太
祖而上親盡迭毀之主皆藏之僖祖之室當禘祫之時以僖祖之主權居
東向之位太祖之主順昭穆之列而從之取其毀廟之主而合食焉則僖

祖之尊自有所申此韓愈所謂祖以孫尊孫以祖屈之義也若以僖祖立
廟為非則周人別廟姜源不可謂之非禮今以陛下之時因情立禮脫聖
人之制為萬世法不亦美歟事與商周有殊禮之從而亦異此臣所謂先
王之禮本人情而損益變臣之不同者也如曰不然臣恐違古今之義逆
天人之情而天地祖宗之神靈有所不饗也伏惟陛下聰明仁孝以宗廟
重事恐其於禮小有乖違故今下兩制臣寮參議陛下苟以臣言為可用
伏乞裁自聖斷如或猶以為疑乞送禮院同參論臣竊惟宗廟朝廷大禮
及復思慮於心有所未安不敢苟立異說伏望陛下少加採納詔以紬繹
等二狀并圖議下太常禮院同郊配一處詳定以聞　秘閣校理王介上
議曰凡物無窮而理有限以有限制無窮此禮之所以起而天子所以七
廟也七廟據其世數之上下迭毀而七也今夫自考而上何也必曰祖自
祖而上何也必曰曾祖自高祖而上則又何也必曰不及見也則聞而知
之者也今欲祖其祖而追之不已祖之上又有祖則固有無窮之祖矣聖
人制為之限此天子七廟所以自考廟而上而顯考之外必祧也自二祧
而上惟始封君而為祖也借無始封之君則亦祖受命而王者耳如祖之
臣見其以有八廟未見其所謂七也七廟自顯祖之外而祧亦猶九族至

卷一萬七千六五

高祖而止也皆以禮為之界也五世而斬故也喪之三年也報罔極之恩
也以罔極之恩為不足報則固有無窮之服乎何以異於是故喪之罔極
而三年也猶之久遠而九也廟之無窮而七也伏惟我朝宗廟英宗之廟
則考廟也仁宗則王考廟也真宗則皇考廟也太宗則顯考廟也太祖則
祖考廟也宋無始封之君固以太祖為祖考理勢然也以太祖為祖考則
僖祖之廟疑非契稷始封之比當太祖之時固宜在四親廟當陛下之今
日世數差遠在顯考之外則理所宜祧者也或亦為壇者也設宜壇而祧
之然且不可況曰不祧者乎臣愚以為當今僖祖以祭法格之宜在二祧
之域不宜不祧決矣如顯考外而不祧臣疑祭法非先王法也或詰臣曰
今者遷僖祖之主藏之夾室替祖考之尊而下祔子孫禮乎臣應之曰
何必夾室也固有祧廟存焉謹按守祧掌守先王先公之廟祧又曰其廟
則有司修除之其祧則有司黝堊之以此言之則祧固有廟明矣今以僖
祖之主做祧廟焉又何必下祔子孫之夾室也如朝廷未暇叔祧廟則始
僖祖之主尊藏西夾子孫之主藏之東夾亦豈替其尊也或曰禮不王不
禘王者禘其祖之所自出以其祖配之商周雖祖契稷湯文然猶不絕嚳
也宋既主太祖矣亦可以絕僖祖乎臣對曰是祧也非所謂絕也猶有祧

廟焉，亦有追饗也，顧遠之，於無事禘祫而後及之爾。謹按《祭法》：有虞氏禘黃帝而郊嚳，祖顓頊而宗堯；商人禘嚳而郊冥，祖契而宗湯；周人禘嚳而郊稷，祖文王而宗武王。舜疑堯之大統，此所以祖堯之父也。周則不然，於稷始封之祖也，非獨廟之，又從而郊之，重之也；於嚳則遠祖也，非獨不廟焉，禘而後及之爾。抑禘嚳者自有虞氏、商人祖之，此周之所以不立嚳廟而獨廟姜嫄也。從商周之於嚳，禘而後及之，然則今之僖祖亦以禘祫而後及之，不亦可乎？或又難臣曰：今者禘祫，既毀僖祖之祧，就太祖廟乎？臣又將應之曰：若以周人不立嚳廟而曰禘嚳而郊稷，既不立廟，未知禘何所？王者禘其祖之所自出，則亦就稷廟而禘嚳，以其稷配之乎？由此觀之，是謂屈祖之伸，伸孫之屈，殆乎正之變也。若以太祖之主從僖祖之祧，此則祖以孫伸，孫以祖屈，此之屈伸而伸屈孫有間矣。此退之之義，禘祫所以獻祖居東饗之位，景皇從昭穆之列也，此《傳》所謂子雖齊聖不先父食之義也，是亦變之正也。今者之議，將取正之變乎？則亦取變之正乎？是亦取其變之正也。況太廟一歲而數祭，禘祫數年而後及，如此則太祖之尊一歲而屢饗，遠祖之尊數歲而一伸，於以求之禮法，參之神道，質之人情，是亦變之正也。今者之議，苟祧僖祖而祖太祖則如是可也；苟不祧僖祖，

卷一萬七千六五

則是太祖啓運立極，聖神英武，爲宋子子孫孫立萬世無窮之基本，而不得專饗東向之尊，臣恐宗廟神靈未安於此也。伏惟陛下聖神仁孝，聰明睿哲，考古而蹈道，遠權而知禮，以宗廟大小差事失禮則得通乎鬼神而議乎後世，於是乎廣謀從衆，下之兩制，示不專輒。臣雖非兩制，然而目睹國家大議，其容嘿嘿？自非愚慮之熟，亦未始輕着于篇，敢以前之言輒貢愚瞽。議格不下。事類合璧禮經書類

祫禘之祭亦常兼其所以予禘者，禘其祖之所自出而謂之追饗，祫者自即位制廟始而謂之納饗。王者饗及七世，推親以及祖，雖祖以及始祖，四時各于其廟祭之，於是有祠禴嘗烝。既有祠禴嘗烝矣，而毀廟之主不及，搞以爲未也，緣生有合族飲食之恩，乃爲始祖之廟，於毀廟親廟之主而祭之，故於是乎有祫祭焉。既祫矣，而遠祖又有所未及，竊以爲未也，又推其上而各禘其祖之所自出者而祭之，故於是乎又有禘祭焉。此則仁之至、義之盡也。然禘之所自以其祖配，若舜、禹祖高陽，高陽世系出自黃帝，則虞夏禘黃帝，以高陽氏配；商祖契，出自帝嚳，則商人禘嚳，以契配；周祖文王，亦出自嚳，故周人禘嚳，以文王配。四代世系所出者明，故追祭所及者遠也。漢魏以來，世系不明，漢自上皇以前無聞，故自高祖以上惟見太上皇一世而已；魏自處士君而上亦無聞，故明帝上事高祖之父處士以下立世而已。劉氏出於劉累而漢不禘，曹氏出於陸終之子安而魏不禘，漢氏以譜諜不明故也。恭惟藝祖經漢唐故事，祭四親廟，推遠祖而上所自出者，譜失其傳，有司因仍舊說，三年一祫，五年一禘，禘與祫皆合羣廟之主緩食於始祖，禘祫之時不同而禮無異，說者莫甚焉。況家世系與虞夏商周不同，既求其祖之所自出而不得，則禘禮當廢，此元豐所以言之於先朝，而先朝所以從其言矣。冊四時之祭僅行于太廟，君子思古者獨不歎息於斯云。

祖宗配饗之說有三：有以知地而配饗者，有以明堂而配饗者，有以禘祫而配饗者。周人郊祀后稷以配天，是郊祀之配饗也；周公宗祀文王於明堂以配上帝，是明堂之配饗也；虞夏禘黃帝，祖顓頊而宗堯禹；殷周禘嚳，祖契而宗湯，祖文王而宗武王，是禘祫之配饗也。是禮也，雖周之於配饗也有不同，而其所以爲尊祖敬宗之意則一而已。其自時厥後，如周之於郊而以始祖配，周之於明堂而以嚴父配，周之於禘祫則禘其祖之所自出而以其祖配，皆是也。其他如人臣配食於祖宗，則以其有功於國家也；賢人配食於先聖，則以其有功於斯道也。因以附見於其末云。

十月十一日，同判太常寺兼禮儀事張師顏、同知禮院張公裕、梁燾等議曰：伏以天下大禮莫重於

卷一萬七千六五

宗廟，崇孝事神以照臨四海，是以聖王慎之，必務極其至當。伏惟僖祖神主祧藏夾室，於禮不順，有司失之，宜其補正。建立明詔訪逮，垂爲萬世法。然議者因其有失，遂欲推爲始祖，臣等敢以此爲議。昔者商周之興，本於契稷，考諸前載，所指有二：曰因其始封，崇其功德也。契有大功，始受封國，十有餘世，世祀不失，至湯而有天下，修其封國，舉天下之大而謂之商者，由契以致之也。稷有大功，始受封國，十有餘世，世祀不失，至武王而有天下，修其世祀，因其封國，舉天下之大而謂之周者，由稷以致之也。然則契稷爲商周之祖，其傳已久，其禮素定，後世國無得而易之矣。奉之爲太祖以主廟祀，有以盡一時之宜也。《詩》之《長發》言商家興廢之久，懸虞夏之世，其來長遠；《昊天有成命》言后稷已有王命；《生民》、《思文》皆歎后稷之功，傳稱爲稷躬稼而有天下，不可謂爲祖不因功德也。後世受命之君，功業特起，不因先代，則親廟迭毀，身自爲祖。鄭康成云：夏太祖無功而不立，自禹與二昭二穆耳。唐張薦云：夏后以禹始封，遂爲不遷之祖，是也。若始封世近，上有親廟，則擬祖上遷而太祖不毀。魏祖武帝則處士迭毀，晉祖宣帝則征西迭毀，唐祖景帝則洪農迭毀，此前世祖其始封之君以法契稷之明例也。既已發揚契稷矣，則上之親廟不得不毀，勢當然也。借使魏晉欲不

祖武宣而越取處士征西不惟上推世數未知更當及於何人且其如始封何唐有天下因以為法韓愈有言事異商周禮從而變臣等取之矣要之於封世近則親廟不可不立若特以親廟及遠便為始祖舍始封而祔之則古未嘗聞之也晉琅邪王德文曰七廟之義自由德厚流光饗祀及遠非是為太祖中尊祖之祀其說是也禮天子七廟而太祖之遠近不可以必故但云三昭三穆與太祖之廟而七未嘗親廟之首必為始祖也國家治平四年以僖祖親盡而祧之來景祐詔書以太祖皇帝為帝者之祖是合于禮矣而議者曰商周之祖自以別子之故非以有功與封國為始是不然也別子之法自謂公子不繼世故子孫為大夫士者祖之百世不遷非天子諸侯之禮也使湯武但為諸侯明尚不祖此則子況天下之君而可用大夫士之法乎若夫為不先縣則所謂子雖齊聖不先父食自以正文公之逆祀非尊祖之論也唐仲子陵所謂要知非夏后廟數未足之時而言為不先鯀邪伏惟宋之為宋由太祖皇帝應天受命奄劃洪業建大號於天下異乎商周之為商周可知也僖祖雖為聖裔之先而有廟直由太祖親盡則遷古之正義今欲以有廟之始為說援而進之以為始祖臣等固疑其與契稷異矣使契稷本無功德初不受封引以為據槩其或可若其不然臣等不得判然無疑也設欲必據此論序等又有可言者焉蓋三昭三穆是不刊之典一定之論也國初張昭任徹之徒不能遠推隆極之制因緣近比請建四廟遂使天子之禮下同諸侯若使廟數備六則更當上推兩世而僖祖次在第三亦未可謂之始祖也若謂世次不可推則斷言也昭旨所不著史臣所不錄歷百餘年莫知當時之實不敢以私意遽推而言也謹按建隆四年親郊崇配不及僖祖開國以來大祭虛其東向斯乃祖宗已行之意也自祖宗以來不以太祖之位易之今而易之恐失祖宗之意矣竊稽太祖如神如天垂祚萬世無以云報奉之以為帝者始祖於禮無不宜者或謂儀禮諸侯及其太祖天子及其始祖之所自出今謂始封為太祖乃諸侯制也臣等以為遠祖受封子孫世襲親盡而廟不毀是諸侯及其太祖也若始封之君既已為其國之祖矣後世子孫自諸侯而為天子則始祖不為理勢自然是謂天子及其始祖若必求太微之精神靈之感謂為始祖所自出將見遷就其說附會無已矯先聖人之意矣唐神龍初議云既立七廟須崇始祖而張齊賢云始神即太祖太祖之外更無始祖此前儒講之熟矣大抵契稷不以功德為祖無必然之論特起之君自為一代之祖無不可之理若乃藏主未嘗置必改

定蓋夾室者子孫藏之偏室非廟之正也議者謂神道尚右失其旨矣然則僖祖之主必有所歸按周禮守祧掌守先公先王之廟祧其廟則有司修除之其祧則守祧黝堊之所謂廟者后稷文武諸廟也祧者所藏先公先王之遷主也先公遷主藏於后稷之廟僖祖猶周之先公也置有藏主之祧雖無始封遠祖上為之主而先王之祧不可以闕臣等參詳乞畧倣此制築別廟以藏之大祭之歲祀於其室太祖則一依舊制虛東向之位郊配之禮仍舊無改事之宜而情之順也魏晉及唐嘗議遷廟之主矣魏鍾繇高堂隆衛臻皆當世名儒並云處士當遷故景初之制謂三祖不毀其餘四廟親盡則遷一如后稷文武廟祧之禮晉永和中尚書議云周人之王太祖世祖世遠故遷有所歸今晉廟宣帝為主而四祖居之是屈祖從孫也禘祫在上是代太祖也范宣謂可別築一室以四居主遷則室祖位正矣自虞喜劉胡韋泌王松子蔡謨之徒並同其議唐陳京議請據魏晉舊制構築別廟以藏獻懿祔晃王紘等七十餘人亦同其說雖卒藏於興聖廟然本無異於別室也惟顏真卿引蔡謨議欲居東向之一句而下本其改築之議援據於時此前世之論嘗有考據本於經意不敢謂後世之史而一切照之也記曰禮雖先王未之有可以義起又曰亡於禮者之禮況有前人商權盡理之論乎或曰別廟而祭非所謂合食也臣等應之曰夾室非便當為別廟則既其正大節矣合食分食要皆尊饗之道但以於屬既尊不可與昭穆之列依準前代祭之別廟得禮之變復何嫌哉若云不可分食當合於太廟則不惟永虛東向且使下從子孫孰為得失是則僖祖別藏列聖不動神靈安妥情文皆得其於義也合矣恭惟陛下仁孝天成尊事宗廟古之賢王所不逮也臣等學術淺陋討論非長徒能述遵朝廷正大之意別白議者未通之論冀以稱上聖因情制禮之道焉惟陛下幸留神詳擇

同知禮院太常蘇棁議曰臣伏聞天下之大義莫尚乎尊祖天下之大事莫重乎宗廟之祀故有天下者推尊尊之義以及乎上始祖稱下以道萬世法盛德之舉也王者必及其始之所自出所以別於諸侯也今聖朝未有始祖之祀於大典禮猶有所闕故相臣以為言陛下留聽而垂之優下詔于羣有司豈非以宗廟為甚重欲作為主難極嚴恭責是之意欲傳聞而盡臣下之慮乎而求末學小知局見以上當詢謀啟不論次其所聞宣究其所思惟陛下擇焉幸甚幸甚伏以三代廟數雖見於經其詳不可得而推先儒謂夏后五廟商人六廟周人七廟當惟先王之道未嘗不同其歸而制作各殊不能無小變損益以從事者其於尊

嚴祖考稱情立文之意，則一也。至於立廟，或五或六或七者，所因之適有隆殺，故制禮以報之，不得而同也。是以昧時者不相沿，繼世者不相襲。禮欲其事與時並，名與功偕故也。秦漢而下，典禮廢缺，多不足法，而猶有能達變合情，是以便於一時而已。聖朝遠屈先帝事祖之意，欲盡緣闕之所及，止於其所不及，而因奉以為始祖，又以正神靈之班，尊尊之至也。臣伏思僖祖與商周之祖，雖詒謀隱德，無所先後，而時有汙隆，遭有顯晦，故其迹亦緣而少異，謂宜追崇之禮，因小有所損益，庶乎稱情立文而為之極，以適為世不刊之法也。若乃七世之廟必欲奉先尊本，雖陰于夏商，可也。若太廟之右特立僖祖一廟，則祖考不祔於子孫，此所謂有跡而不蹈，有違而無適，因情制禮而不殘迹者類於是矣。臣繼臣周謂夾室在右為尊於正室，不思之甚，非臣之所敢聞也。至於郊配之禮，在太祖之世嘗行之矣。自太祖至于英宗，不復追配，而奉盡祖業配祀，曰有其舉之莫敢廢也。而臣詳觀建議之文，亦未嘗及追配之說。如臣之愚，謂仍為便。臣再詳祖廟之制，損若聖朝不欲于太廟興作，而務業尚簡質，追遠古始，和參用近代之法，厥乎易行，則有唐正元以懿獻二祖之主祔于興聖德明之廟，蓋尊容陶武昭以為遠祖之廟，故升懿獻於尊卑為順也。臣又伏見外傳

卷一萬七千六十五

曰：我天地之大功者，子孫未嘗不章。虞夏商周是也。史記載趙氏之祖出於栢翳，佐大禹平治水土，事虞則育上下鳥獸，皆有功。其後造父事周穆王為御，以救國中之亂，而受趙城之封，子孫因以為氏。今景靈聖祖每歲陛下躬行酌獻之禮，亦近於興聖德明之類。若升祔僖祖，或因以祀栢翳、造父，如唐德明興聖之比，則不為下祔於子孫，雖不合經而免於瀆祖，亦因時制禮之道也。伏緣宗廟重事，非小臣所能擇究，敢乞聖慈垂聽咨訪大臣而慎用之。若猶以為未安，則臣又聞古者有大疑必謀及卿士、蓍筮、庶人，所以盡人神之意也。卿士者謀於人者也，蓍筮者謀於神明者也。今朝廷未有蓍筮之官，宜若可舉而行，而又自咸平至於有慶曆朝有宗廟疑議，必下尚書省集臺省諸司百官會議，而後朝廷斷而從之。乞以此二者付有司檢擇施行。臣隨偏淺學，習處止於其所聞見，至於通變達節，乃聖哲之任，非愚臣之所及也。惟陛下裁之。愚臣伏見唐會要開元十年，明皇特立九廟，獻祖復列於正室，以備九室。禘祫猶虛太祖之位，則是以始祧而藏於西夾室，非便。故復立廟，正與僖祖事體相類。　同判太常寺兼禮儀事周孟陽、同知太常禮院宋充國、禮院檢詳文字楊傑議曰：竊以宗廟重事，前代闕疑不質，諸經雖以析衷，今檢據儀禮、禮記、周禮、毛詩、經傳

其如稷。按儀禮曰：都邑之士則知尊禰矣，大夫及學士則知尊祖矣，諸侯及其太祖，天子及其始祖之所自出。注云：太祖，始封之君；始祖者，感神靈而生，若稷與契也。疏云：其始祖所由出，謂祭所感帝，還以始祖配之。王者之先祖，皆感太微五帝之精以生，則不止后稷與契而已，其實百王皆有所感而生也。天子始祖，諸侯太祖，並於親廟外祭之。臣等看詳古制，王者宗廟有始祖、太祖之別，諸侯則止於太祖，無始祖也。　按毛詩大雅生民之序曰：生民，尊祖也。后稷生於姜嫄，箋云：周之始祖，其生之者是姜嫄也。正義云：周始祖后稷也，周以后稷為始祖，太王為太宗，雖稱太祖，謂文王也。后稷以初始感生，謂之始祖，又以祖之尊大，亦謂之太祖。周語曰：我太祖后稷之所經緯是也。若文王以受命之大，雖得稱太祖，不得言始祖也。又按周頌雝之序曰：雝，禘太祖也。注云：太祖謂文王。正義云：祭法禘嚳而郊稷，郊謂祭天圜丘也。大傳曰：王者禘其祖之所自出，禘謂祭感生之帝於南郊也。知太祖謂文王者，以經云假哉皇考，又言文武維后，是既皇考為天下之人后，明非后稷。若是后稷，則身非天子，不得言維后也。又其詩云既右烈考，亦右文母。注：烈考，武王也；文母，太姒也。　臣等看詳周以后稷為始祖，文王為太祖，與儀禮之文相為表裏。　按禮記大傳：禮，不王不禘。王

卷一萬七千六十五

者禘其祖之所自出，以其祖配之。注：凡大祭曰禘。大祭其先祖所由生，謂郊祀天也。王者之先祖，皆感太微五帝之精以生，皆用歲之正月郊祭之。蓋特尊焉。孝經曰：郊祀后稷以配天，配靈威仰也；宗祀文王於明堂以配上帝，汎配五帝也。正義云：此禘謂郊祭天也。然郊天之祭，惟王者得行，故云不王不禘也。　臣等看詳王者始祖當配祀感生帝，故周郊祀后稷，靈威仰也。　按祭法曰：夏后氏禘黃帝而郊鯀，祖顓頊而宗禹；商人禘嚳而郊冥，祖契而宗湯；周人禘嚳而郊稷，祖文王而宗武王。注云：禘、郊、祖、宗，謂祭祀以配食也。此禘謂祭昊天於圜丘也。祭上帝於南郊曰郊。正義云：必知此是圜丘者，以禘文在於郊祭之前，郊前之祭惟圜丘耳。　臣等看詳夏禘黃帝，商周禘嚳，蓋圜丘之禘也。是冬至圜丘，雖自饗天下者，須以配焉。　按周禮大司樂：冬日至，於地上之圜丘奏之，若樂六變，則天神皆降，可得而禮。注：周人禘嚳而郊稷，謂此祭天圜丘以嚳配也。疏云：王者皆以建寅之月郊所感生帝，還以感生祖配之。若周郊以后稷配之，亦與圜丘俱是祭天之禘，郊之禘以后稷配，圜丘禘以嚳配。　臣等看詳周圜丘以嚳配，祀感生帝以后稷配，與禮記、儀禮、毛詩經傳相為表裏云。　按守祧掌守先王先公之廟祧。注云：遷主所藏曰祧。先公之遷主藏於后稷之廟

先王之遷主藏於文武之廟遷太王王季之主不可入文武祧遷亦當藏于后稷廟也　臣等看詳先公遷主于后稷之廟是祖考遷主不可下藏于子孫夾室　臣等參詳諸經傳古者天子必尊始祖配祀感生益以追崇統系本始非謂推有功也諸侯則不然但推始封之君以為太祖而不及始祖也是以周有天下上推統系至于后稷后稷者帝嚳之子周不可以祖帝嚳故以后稷為始祖商推統系上至于契契亦帝嚳之子商不可以祖帝嚳故以契為始祖夏推統系為之父曰鯀鯀者高陽之子夏不可以祖高陽故以鯀為始祖示與諸侯之制異也至秦并六國藏改自號始皇帝漢襲秦故以高皇帝為太祖之廟不復如禮經追崇始祖蓋一用諸侯之制耳魏晉而下傳繼帝永接以衰亂禮文殘缺爰及有唐雖世數綿久而宗祧制度多不稽古本朝藝祖平定區夏追立親廟五牒帝系自僖祖始傳祖而上世次既不可得而知則僖祖之為始祖宜矣伏請依儀禮周禮禮記毛詩經傳以僖祖為始祖配祀感生帝其舊制以宣祖配侑今請傳其禮自餘祀饗天地明堂祖宗配侑並如舊儀則無更易人情禮意莫不為順　臣等按商以太甲太戊武丁為三宗周以文王武王為二祧世世不遷非三昭三穆之數秉瞻甲祐創書太祖為帝者之祖太宗真宗為帝者之宗三廟並萬世不遷宣布天下以示後世則順翼宣三祖皆在昭穆之內　同判太常寺兼禮儀事章衡議曰臣竊以宗廟重事禮經不究學者所執異見論議雖一非上聖莫能考伏惟皇帝陛下天賜睿智孝通神明力排時弊刱新制度而廟祧之序遷毀未安覽輔臣之奏瞿然發德音延訪近侍又屬諸禮官詳慎採擇務從其當臣雖學不到古而職在參論今請先舉數家說之失然後博考於經折中其議一曰僖祖皇帝在七世之外禮當祧遷臣以為不可謹按儀曰諸侯及其太祖天子及其始祖之所自出說者謂太祖始封之君始祖感神靈而生若稷契也故商周之王斷自稷契以下者本統相承重始也我太祖受命之初立親廟自僖祖始僖祖以上世次不可得而知則僖祖之為始祖與稷契無以異其可毀其廟而遷其主乎二曰契勤商十有四世而興后稷勤周十有五世而興以其功之所因故推以配天爲今僖祖之烈不昭見于生民不明被于後世而欲以所事稷契而奉之於古無古臣以為王者尊本統之祖德厚者流光故上推所始非必有功與封國也不然夏后氏何以郊鯀乎三曰神通尚右夾室在西僖祖神主祧藏于其中猶處順祖之右尊卑之次似亦無嫌臣又以為不可夫替其祖考之尊下祔于子孫之室而曰以右

卷一萬七千六百五

為尚何以異堂上正位卑者都之而列尊屬于薦廡之間其可謂之禮乎四曰僖祖為始祖宜別立廟臣又以為不可夫別廟之制經典無文周之姜嫄則今之后廟是也豈可以始祖之尊而與后妃為比乎五曰昔者魯立煬宮春秋非之以其已毀既藏而遂其失乎五者之說皆為非是臣聞儀禮疏義曰王者之先皆感太微五帝之精以生不止契稷而已詩序生民曰生民尊祖也說者謂周以后稷為始祖文王為太祖故雖禘太祖謂文王也自古有天下者必尊始祖秦漢而降典章殘缺廟祧遷次始失先王所以尊祖之意今陛下纂承大統恭事宗祐宜正有司之失以合先王之禮伏請尊僖祖皇帝為始祖而順祖神主在次當遷此所謂子為父屈以定七廟之制其於郊配則禮記大傳曰王者禘其祖之所自出以其祖配之與儀禮周禮疏義皆同說者謂祭所感帝則配以始祖伏請以僖祖配饗上帝感生帝之祀而罷宣祖侑神之位此所謂祖以孫尊孫以祖屈以稱祖宗追孝之心自餘祀饗天地明堂祖宗配侑並如舊典於情文為順臣之愚陋據經法說伏乞斷自天心詒法萬世　判太常寺兼禮儀事宋敏求言准中書送下僖祖廟儀令太常禮院詳定緣治平四年先帝祔廟祧遷僖祖時忝禮官議撰祧遷文字今來詳定緣有前議不敢異同難以預聞詔免詳議　十一月中書門下言准詔韓維元絳等及孫固奏議僖祖神主祧遷異同事送太常禮院詳定以聞內章衡周孟陽等請以僖祖為始祖配祀感生帝張師顏等請以僖祖為別廟蘇棁請以僖祖祔景靈宮者竊以聖王用禮固有因循至於逆順之大倫非敢違天而變古今或以夾室在右謂於宗祐為尊或以本統所承指之別宮為當顏皆離經背理臣等所不敢知伏請奉僖祖神主為太廟始祖遷順祖神主藏之夾室孟春祀感生帝以僖祖配如得允當乞降勅命下太常禮院詳定儀注施行詔恭依　先是上謂王安石曰卿前言僖祖事宜以時裁定安石曰此事於先儒無說於三代亦未有此但義理當然耳已而進呈兩制議上曰昨日韓維引文武之功起于后稷以此謂周起于后稷故推以配天安石曰經稱文武之功非稱后稷之功稱尊祖非稱尊有功言起於后稷者謂非文武之功不能有天下不能有天下則不得行祭天之禮而文武非后稷為出故行祭天之禮則以后稷配天此乃所謂尊祖也上曰維又引王不待大以為亦待小國如何安石又曰孟子所論自以湯文王不待大國然後有天下何與尊祖事乎且夏禹郊鯀禹非因鯀受封然後有天下前代固有不待有國而王天下者禹是也故揚雄以為禹以舜作土上曰

卷一萬七千六百五

縣治水或有封國亦不可知安石曰若據書傳即封於有夏氏曰有奴者為也然與鯀事上曰尊祖不計有功無功此理無疑安石曰萬物本乎天人本乎祖王者天太祖故配天以祖若以有功則郊鯀豈得為有功也安石又曰雖言夾室在右自為尊處此循無理若子孫據正堂使父祖在偏廟乃以偏廟為尊豈不悖理又言至禘祫時即令僖祖東向如此何以遷其主毀其廟況古無以遷主東嚮之理又古者言遷主皆陞合食今乃是降而合食也上曰今郊配當如何安石曰前代郊配亦不一如商則祖契而郊冥與周祖文王而郊稷不同然以理言之若尊僖祖為始祖即推以配天於禮為當先王之制禮事亡如事存事死如事生推太祖之孝心固欲推崇祖自僖祖以上其心與祖氏宜無以異即推僖祖配天亦當祖宗神靈之意上曰宗祀明堂則其禮當如何安石曰以古言之太祖當祀今太祖與太宗共一世若迭配明堂亦於義為當上曰今明堂乃配先帝如何安石曰此乃誤引嚴父之説故以考配天孝經所謂嚴父者以文王為周公之父周公能述父事成父業得四海歡心使各以其職來助明堂宗祀得嚴父之道故也若言宗祀則前代已有此禮上曰周公宗祀乃在成王之世成王以文王為祖則明堂非以考配明矣上曰疑僖祖非始祖安

卷一萬二千六五

石曰誠如此然僖祖與稷契事既不盡同既郊與不郊亦無害逆順之理截之聖心無所不可但本朝配天之禮亦不合禮經以此事未害逆順大倫故有所未暇釐正上曰今如何議之安石曰欲改宣祖以僖祖感生帝安石又曰緣周言欲為僖祖立別廟以比姜嫄為祖安石曰立別廟自古無此禮姜嫄所以有別廟者姜嫄禖神也以先妣故盛其禮與樂舞皆序於先祖之上不然則周不為嚳廟而立姜嫄廟者何也上曰士大夫好禮以為已任故議宗廟事即務為紛紛京曰士大夫皆以太祖不得東向為恨安石曰野人曰父母何算焉都邑之士則知尊禰矣學士大夫則知尊祖矣詩人稱奉璋峨峨髦士攸宜則奉宗廟供祭祀當擇學士大夫之髦俊者與之從事豈可以合野人為當也上皆以為然故降是詔於是詔次年正月十一日孟春薦饗太廟奉安僖祖皇帝文懿皇后及祧藏順祖皇帝惠明皇后前二日奏告天地宗廟社稷諸陵於僖祖室祝文兼具所以遷舉之意　熙寧八年四月十四日太常禮院言朝廷已尊僖祖文獻皇帝為太廟始祖今來孟夏禘祀合正東嚮之位詔恭依　元豐二年十二月三十日太常禮院言唐開元六年太常以昭成皇太后謚號不應稱太后禮部以謂入廟稱后義繫於夫在朝稱太后義繫於子令百司文牒及

奏狀恐不合除太字如謚册入陵神主入廟即稱皇后今慈聖光獻皇后宜依故事册文初稱大行太皇太后所上尊謚祔仁宗陵廟即去太字謚寶宜以慈聖光獻皇后之寶為文餘行移及奏報並稱太后從之　六年三月二十五日三省言詳定郊廟奉祀禮文所言按儀禮曰夫婦一體故昏禮則同牢而食合巹而飲終則同冢祭則同几同祝饌曰夫婦一體未有異廟者也惟周人以姜嫄為禖神而帝嚳不廟又不可下入子孫之廟乃以別廟而祭之故魯頌謂之閟宮周禮謂之先妣是也自漢以來凡不祔不配者皆援姜嫄以為比或以其微或以其繼而已蓋其間有天下者起於側微而其后不及正位中宮或已嘗正位矣有所不幸則當立繼以奉宗廟故有祖姑三人則祔於親者之説則立繼之禮其來尚矣始微終顯皆嫡也前娶後繼皆嫡也後世乃以始微後繼貶之別廟不得伸同几之義則非禮之意夫婦天地之大義一體而胖合故聖王重嫡重嫡所以重宗廟非始微終顯前娶後繼所當異也恭惟孝惠皇后實太祖皇帝元妃淑德皇后實太宗皇帝元妃章懷皇后實真宗皇帝元妃孝章皇后實太祖皇帝繼后當時議者或以其未嘗正位中宮或以其繼而皆不許其配若以為未嘗正位中宮則懿德皇后亦未嘗正位中宮已配太宗矣若

卷一萬七千六五

以為繼則明孝皇后亦繼也已配太祖矣而有司因循不究其失皆祭以別廟在禮未安伏請陞祔太廟以時配享以稱聖主以孝事祖之意詔恭依於是命有司詳具合行典禮而尚書禮部太常寺言四后陞祔欲准慶曆五年孟冬章獻明肅章懿二后陞祔禮畢遍饗太廟止行陞祔饗禮其太祖太宗真宗三室之中增建祏室四皆以南為上仍用景靈宮奉安神御例遣重臣行事册比親祠太廟用竹册宗室遙郡刺史捧進而史官讀之選親王使相以下為三獻宗室正任刺史二員分獻配饗功臣七祀陞祔宗室正任以上立班廟庭告遷神位各用細仗二百人並從之仍詔陞祔四后用綵殿告遷以宗室行禮西欞星門外亦用儀物稱事陳列七月十二日行陞祔之禮　是月以陞祔饗廟不行孟秋薦饗之禮　元豐八年哲宗即位八月九日禮部太常寺言有天下者事七世伏準嘉祐詔書七世八室之制今大行皇帝威神在天崇祔有日僖祖皇帝為始祖皇帝萬世不遷翼祖皇帝在七世之外於世次當祧將來大行皇帝神主祔於太廟第八室翼祖皇帝簡穆皇后劉氏神主依唐故事祧藏於西夾室置西壁石室中列於順祖皇帝惠明皇后之次自英宗皇帝上至宣祖皇帝以次陞遷其祧藏之主每遇祫饗即如典禮伏緣宗廟事重故事當下侍

從官待制以上參議，詔恭依。於是吏部尚書曹輔等言：當如禮部太常寺所請，其陞遷之禮、祝告之文與擇日興工之事，當下所屬並如舊制。從之。

徽宗元符三年五月四日，尚書禮部、太常寺言：謹按書曰「七世之廟可以觀德」，禮記正義曰「父子曰世」，荀子曰「有天下者事七世」，唐志曰「七世謂從禰以上也」。晉成帝時宗廟十室，至康帝以成帝之弟承統，不遷京兆府君，始增一室，爲十一室，合於溫嶠等議，備全七世之議，考之歷代，於禮爲宜。將來大行皇帝山陵畢，依禮祔廟。恭惟皇帝陛下祇膺先帝之統，實承神考之世，則太廟之室當從神考皇帝以上至僖祖皇帝，是爲七世。本寺檢參典禮，竊以謂大行皇帝神主祔宜如晉成帝故事，於太廟殿增一室，候附廟日，伏請以大行皇帝神主祔第九室。故事當令侍從官、秘書省長貳參議。於是權知開封府吳居厚、權戶部尚書李南公、禮部侍郎趙挺之、權戶部侍郎杜常、徐彥孚言：看詳七世之廟見於商書，後世廟室之數雖增不同，至於七世之制，未始有異。若以兄弟爲世，則親親之恩未盡，而廟食已毀，恐非有天下者所以崇事七廟之義。所有太廟殿增一室，欲依禮部、太常寺所請施行。翰林學士承旨蔡京言：竊考書稱「七世之廟可以觀德」，禮王制曰「三昭三穆與太祖之廟而七」，則七廟之制自先王以來，於

卷萬二千六百五

今來之有改。恭惟哲宗皇帝嗣神宗皇帝大統，父子相承，自當爲世。今若不祧遠祖，不以哲宗爲世，則是三昭四穆與太祖之廟而八，謂宜深考禮經，遷祔如禮。吏部侍郎陸佃、黃裳、刑部侍郎郭知章、中書舍人曾肇、天章閣待制樞密都承旨范純禮奏：謹按書曰「七世之廟可以觀德」，則禮記所謂天子七廟，三昭三穆與太祖之廟而七也。蓋七世定於廟數之中，不緣所事之神，所謂「有天下者事七世」云者，特因廟數以經禮言之也。恭惟國朝自僖宗而下至仁宗始備七世，故英宗祔廟則遷順祖，神宗祔廟則遷翼祖，三昭三穆合於典禮。今來大行皇帝於神宗父子也，如禮官所議，更增一室，則廟中當有八世，四昭三穆，考於典禮，未有合者。況唐文宗即位，則遷肅宗，以敬宗爲一世，故事不遠，在禮無違。將來大行皇帝祔廟，當以神宗爲昭，上遷宣祖，以合古三昭三穆之義。郭知章又言：國家累聖重光，廟祀之制，稽合先王之禮，升遷祧藏之法，自有常序。恭以將來泰陵復土，虞主還宮，升祔有日，則大行皇帝升祔於神宗，父子也，昭穆之序，禮無不順。至於祧遷之法，則視親疎遠近之序，當上遷宣祖，以應七廟之制。若夫廟室之數，晉唐以來雖增損不同，然本朝宗廟同堂八室，其制已定，若更增一室，則當有八世四穆三昭，非禮之正，恐不足以應古義。詔依禮部太

常寺所請。門下侍郎李清臣奏：臣近備位禮部尚書，具見太常禮議大行皇帝廟制本末，臣亦爲職事不可以忽。雖偶蒙聖恩亟擢入門下省供職，與所上廟制不與簽書，然太常所用古今典禮，臣皆同共考究，委實確定無誤。近觀三省已有定議，竊聞從官雖勅覆議，而或紛紛異見。臣竊以天子事七世，父子則稱世，兄弟則稱及。今皇帝陛下以弟承兄統，於大義當自繼神宗爲烈考，大行皇帝升祔廟室，自亦不失推崇之義。而陛下所事之七世，禮合用禰以上數之，及爲七世，則世數方足。若以大行爲世，處之於皇考之位，則遂然祧去宣祖，違背典禮，有異於晉室、唐朝久行之制。考之公羊、何休、韋元成、劉歆、鄭康成、賀循之說，皆不能合。況太祖、太宗以兄弟共爲一世，有嘉祐詔書、名儒議論，及祖宗聖繼元從之文具在。若如異見之臣所陳，則不特宣祖皇帝廟當祧去，而太祖皇帝一廟亦在數世之外。若遷禮遽毀祖宗而俯就大行，特爲世而已，則左氏春秋所謂逆祀者也。在聖朝而行逆祀，使七廟之禮失正，雖殊識，臣恐無益也。臣以謂宜如太常本義，疾速行下，及時增添大行皇帝廟室，免迴祔廟而行工作，有不及事。又奏：臧宗廟之事，於古今典禮累有疑文，則國家於祖宗禮當從厚，難以用薄。不祧宣祖而增大行廟室，是厚；祧去宣祖廟，違嘉祐詔書，是薄。送禮部照會施行。

卷萬二千六百五

六月二十二日，禮部言：準修奉太廟使司狀，准勅太廟增哲宗皇帝一室，今殿室一十八間，西夾室一間見奉安順祖、翼祖神主，欲只用東夾室一間奉安哲宗神主。詔依。今來已用夾室，未審合與不合增修哲宗一室。尋據太常寺稱：若依修奉使司申請，就東夾室奉安哲宗神主，不惟廟室非正，亦於典禮未安。兼諸室各闊二丈九尺，東夾室止闊九尺，合用牙床闊一丈六尺，神帳闊一丈六尺五分，又有行帳、奉神之物，名件不少，其夾室狹隘，不可安設。緣將來祔廟尚兩月餘，兼已差修奉專使，若於神宗室之東依見今八室制度增建一室，依舊存立夾室，於祔廟前尚可趁辦，庶幾仰稱陛下嚴奉宗廟之意。詔依已降指揮，仍別造神帳、牙床等排行奉安。二十七日，太常少卿孫傑奏：臣竊詳國朝宗廟用東漢故事，同殿異室，乃古之一廟。夾室止藏祧主，考之歷代，即無夾室爲正廟之文。按禮措之廟，立之主，曰帝。今先帝神主措之夾室，即是不得祔於正廟，與前詔增建一室之義不同。緣朝旨近因增建哲宗皇帝一室，遂用嘉祐故事，專置使修奉，今修奉之使却乞夾室奉安神主，亦與元置使之意相違。若以謂修完不及，則去升祔尚有兩月，有司自當竭力應辦。況宗廟重事，升祔大典，固當以時備舉，全禮不可苟就，有約秉朝廷清明

闕畧無不能備禮之由。又若裁損祭祀奉神之物以就狹隘，不唯與諸室不同，而先王祭器制度從此不用，是皆去厚從薄，捨隆取殺，非聖朝之事。窃惟自先帝初喪以來，凡送終之禮悉從隆厚，若升祔之時不能如禮，恐非陛下崇孝之意。兼若用夾室便為升祔之室，即祖宗之廟遂無夾室，非禮之正。欲乞檢會大常前議，於神宗室之東，依見今八室制度增建一室，及依舊存立夾室，庶於禮意無違。尚書省言：大行皇帝祔饗大廟，增室在東，與祖宗並列，緣廟室未備，又定用八月行禮，若旋行告遷神宗已上神主，更修廟室，則期日迫趣，功力不及，故須權宜就太廟夾室及時升祔訖，旋即增修，並為簡陋。比之前代修廟室不及者權宜設幄幕行事，即今來崇奉不為不至，況禮官將夾室地步試列祭具，已無不足，本無可議，而太常少卿孫傑輒爾立異，妄有奏陳。詔修太廟使司及禮部、太常寺遵依初旨施行。　七月二十四日，奏告太廟八室，遷以東夾室安置石室，權行奉安哲宗皇帝神主，並奏告神宗皇帝，遷以東夾室安置石室權行奉安哲宗皇帝神主告遷權赴齋殿奉安之意。八月二十三日，詔曰：蓋聞有天下者事七世，則迭毀之制有常；祖有功而宗有德，則不遷之廟非一。歷覲商周，下逮兩漢，雖禮不相襲，而率由茲義。未予小子，獲奉七廟，常懼德不足

卷一萬七千六十五

以對越在天，增光前烈。伏以藝祖應天順人，肇造區夏；太宗受命，繼代底定寰宇；真宗以聖繼聖，撫全盛之運，奉太平之業，登岱告成，文物興章，於斯大備。昔在仁祖，並尊為百世不祧之廟。恭惟仁宗皇帝躬天地之度，以仁治天下，在位四十二年，利澤之施，丕冒四海，早定大策，授英宗以神器之重，措宗社於泰山之安，功隆德厚，孰可擬議！英宗皇帝黎祚日淺，未究施設，奄棄萬國。神宗皇帝以聖神不世出之資，慨然大有為於天下，興學校，崇經術，勸農桑，寬繇役，禁暴以武，理財以義，凡政令法度有未當於理，不便於時者，莫不革而新之，功業盛大，何可勝紀！羣臣援舊典，數上徽號，然深自謙挹，抑而不居。規模宏遠，凜凜乎三代之風矣。而廟祏之制，殊未議所以尊崇之典，闕孰甚焉！此朕夙興夜寐之所不敢忘也。宜令禮官稽參商周兩漢故事，考定仁宗、神考廟制，詳議以聞，庶成一代之典，以章本朝累聖功德之盛，以副朕為人子孫顯揚尊奉之意。　十一月二十八日，尚書禮部言：奉詔令禮官稽參商周兩漢故事，考定仁祖、神考廟制以聞。權太常少卿盛次仲等議：竊聞親親本於仁，尊尊本於義，世有遠近，則情有隆殺，故廟祧不同；壇墠有別者，所以嚴典禮，示有極也。祖有功，宗有德，所謂後世而民不忘者，故服屬雖盡而廟食弗殊者，所以昭德垂無窮

也。禮者稱情而立文，非私有厚薄也。謹按禮記王制、尚書咸有一德、春秋穀梁傳、荀卿之書，皆言天子七廟，則有天下者事七世，親盡則毀，古今之通制也。至於有功德者宗，無常數，故商有三宗，周存二祧，其來尚矣。漢詔羣臣雜議，論者不一，唯大儒劉歆學術該洽，謂宗無常數，所以勸帝者之功德，議者善之。於是以高帝建大業為太祖，孝文為太宗，孝武為世宗，司徒掾班彪世推儒宗，亦以歆之議為博而篤也。光武立廟洛陽，奉祀不改。至建武十九年，又尊孝宣號曰中宗。明帝推崇光武撥亂中興，更為起廟，號曰世祖，以元帝於光武為禰，雖非宗，亦不毀，於是洛陽高廟四時加祭凡五帝。孝明崇儉，不起寢廟，闕祀更衣，肅宗初不敢違，然賜東平王蒼書曰：思令先帝躬履九德，比於三宗，誠有其美。卒用太尉憙等奏，上號顯宗。和帝遵孝明故事，亦尊孝章帝為肅宗，皆世世奉承不毀，率此義也。次仲等竊迹商之三宗，周公舉以戒成王，然在中宗，實畏天命自度，治民祇懼，不敢荒寧而已；其在高宗，嘉靖商邦，無時或怨；在祖甲，則曰能保惠庶民，不敢侮鰥寡而已。下逮兩漢，文、武、宣、明、章此數君者，守先王成業，其見諸行事具載史策，與商三宗較功比德，抑又可知也。已然之事，皆當世宗之，後世稱之，搢紳莊色而議，無敢少損，固非有承絕學千載之後，夐然獨出

卷一萬七千六十五

於百王之上，如我仁宗、神考之聖，君若此之盛者也。是宜億萬斯年奉承不怠。請如聖詔，尊崇廟祏，永祀不祧，與天無極。禮部言：當如太常寺所議。於是三省表請付外施行，詔恭依。　崇寧二年八月一日，臣寮上言：伏見李南公元符間自知成都府召為戶部尚書，先帝於南公恩德厚矣。元符之末，韓忠彥、李清臣等用嘉祐故事奏置使司，以修奉哲宗廟室，而南公與內侍閻守懃實總其事。南公心藏觀望，曾不畧行興修，而升祔之時置哲宗皇帝于東隅夾室之中，藏之祝版之室，而處之祧主之地。禮官抗議，而莫奪也。緣夾室狹隘，即無神幄牙牀所以奉神之物，鼎俎之器皆不能陳列，遂致裁損制度以就狹小，旋行造設，出於隨宜，褻侮威靈，有同於兒戲，甚非陛下所以崇奉宗廟之意。方是時，李清臣等務快私意而置先帝於廟數之外，已失禮矣，又況升祔之際，曾不得正廟以歸而奉居於夾室之中，至無地以陳祭器，則時饗月祀，神豈安乎？南公忘先帝之恩而迎合執臣之議，得罪宗廟，尚逃顯戮。伏望聖慈詳酌，如南公、閻守懃者，欲乞重行竄斥，以正典刑，上以慰先帝在天之靈，下以允天下至公之議。詔令學士院降詔，改正龍圖閣直學士、降授朝散大夫、提舉西京嵩山崇福宮李南公特落龍圖閣直學士，守降授朝散大夫致仕；閻守懃責賀州長史，依舊

全州安置　五日詔朕復繼正統祇紹泰陵永惟付託之至恩獨致友恭之大義始營褒邑預兼廟宫庀徒而告以時命使而董其事廣先升祔俾說隳修而更不奉承心懷顧望遂令懇素鄉請從權安於殿隅寓以夾室祭器不可以陳列神帷不可以布議復裁舊規獨失經禮屬當淵默弗敢有言因致闕遺莫能即正追思至此感念盡然違覽彈章愈傷衷悉衷中治闕之法用慰在天之靈所有元修奉官已行黜責其元符三年六月二十二日權東夾室安奉哲宗神主指揮宜改正更不施行　九月十四日詔朕賁奉宗祧丕式古訓廟室之制厥有常典洪惟哲宗實繼神考傳序正統十有六年升祔之初朕方恭默乃增一室於七世之外遂成四穆於三昭之間考禮與書曾靡有合比閱近疏特詔從臣再與禮官博盡衆見列奏來上擇援甚明謂本朝自僖祖至仁宗始備七世當英宗祔廟神考聖學高明義以斷恩上祧順祖暨神考祔廟又祧翼祖則哲宗祔廟父子相承當爲一世祧遷之序與禮可稽覽之惕然敢不恭聽其合行事件令禮部太常寺詳議聞奏於是禮官言祧遷之序當祧宣祖昭武睿聖皇帝昭憲皇后杜氏神主藏于西夾室居翼祖簡恭睿德皇帝簡穆皇后劉氏各室之次當遷之主俟過祫享即依典禮其祧遷奉告與工擇日學士院撰祝文望依故事詔恭依十二月十八日初從禮官議　二年三月二十一日詔恩緣義起禮因情興顧復之念雖隆子貴之崇宜順躋嚴序列祇安神靈朕惟欽成皇后佐佑神考寔生哲宗今奉安乃在欽慈之次揆思繼及義或未安内中欽光殿欽成皇后神御置于欽聖憲肅皇后之次欽慈皇后又次之所有太廟神主及將來景靈宫奉安宜依此施行詔告中外咸悉至懷　是日輔臣進呈手詔僉曰陛下克己以中尊反之義追念哲宗升致哉於欽慈之右尊尊之義盡矣上曰欽成遭遇神考寔生哲宗嘗在欽慈之嬪媵又承大統於哲宗雖欽慈之恩異天罔極而禮之情文致哉不當在下僉曰伏蒙宣諭非臣等所及　五月二十四日詔朕惟有天下者事七世古之道也乃者有司以哲宗皇帝嗣神考父子相繼自當爲世數上祧宣祖於夾室援經合禮已依所奏施行去古既遠禮文殘缺諸儒之說不同鄭氏謂太祖及文武不祧之廟與親廟四并而爲七是不祧之宗在七廟之内王氏謂非太祖而不毀不爲常數是不祧之宗在七廟之外歷選列辟時措之宜因革各異惟我祖考功隆德大萬世不祧者今已五宗則七廟當祧者二宗而已遷毀之禮近及祖考殆非先王尊祖奉先之意禮以義起稱情爲本可令所司集官議定詳具典禮以聞禮部

〔卷一萬千六盡〕

言當詳先王之禮廟止於七後王以義起禮乃有增至九廟者詳酌典故當自朝廷於是降詔曰有天下者事七世古之道也惟我治朝祖功宗德聖賢之君六七作休烈之盛軼于古先尊爲不祧者至于五宗遷毀之禮近及祖考永惟景祐欽崇之詔已行而不敢渝暨我元符尊奉之文既隆而不可殺雖欲如古莫可得也博考諸儒之說詳求列辟之宜顧守經槩以見其全而違時當必通其變爰揆衆議肇作彝倫推恩以稱情而爲宜則禮以義起而無愧是用酌鄭氏四親之論取王肅九廟之規參合二家之言著爲一代之典自我作古垂之將來庶安宗廟之靈以永邦家之福其合行典禮令禮部太常寺詳議奏聞又詔曰朕誕膺文武之緒祇適前人之光肆纂紹休肇爲九廟用不卑於彝訓爰敕告於庶邦仰惟翼祖在天飆燎而潛發安陵有衍肇皇武於始基然循七世八室之規則數踰於古遵四廟五宗之法則禮未應遷是用仰奉二祧之靈復還列聖之次雖豐不昵雖遠當隆朕惟稽三代之徽猷蓋亦用本朝之故事宗廟禮大朕何敢專惟卿士之協同考典章而具列庶靈承於廟祏以上安於威神其已祧翼祖當祧宣祖廟並復　四年正月二十六日禮部言已降詔旨奉僖祖睿和皇帝神主爲太廟始祖及翼祖神主復還本室所有二帝忌辰及文懿皇后簡穆皇后忌並依大忌施行詔恭依　高宗皇帝紹興元年五月十三日太常少卿蘇遲等言大行隆祐皇太后神主祔廟合於太廟哲宗室緣昭懷皇后神主已祔廟室其祔廟次序合取自朝廷指揮禮部太常寺擬定合升祔在昭懷皇后神主之上詔恭依　十五日刑部尚書兼權禮部胡直孺等言准詔以大行隆祐皇太后登配廟廷令禮部太常寺討論合行册禮竊考國朝追册母后典故皆由前日未極尊稱故於升遐之後始務褒册以正名位恭惟大行隆祐皇太后早儷宸極及紹聖蒙垢遐處道宫暨援符元三年五月詔書曰朕紹休列聖承訓東朝又曰皇太后合仙遊之後邈撫前事以興悲惻然深拾示不終廢雖奸邪當制不肯發揚太后之盛德懿範以昭當紹聖顯昧之誣然道君皇帝受命於欽聖憲肅皇后以復冢婦之懿亦既明甚崇寧初權臣擅政遺悖與禮以卑廢尊及靖康末太后以扶持社稷保護生靈爲心一旦垂簾聽政欽聖憲肅皇后之懿旨與道君皇帝詔書故在是太后之隆名定位已正於元符三年而不在於靖康變故之日也復自建炎以來正位東朝母儀天下升遐之日羣臣竊秉聖情悼褒禮極優崇名位既正將來登配廟廷明宜專用元符三年五月詔書明指崇寧奸臣迫格之意奏告天地宗廟所

〔卷一萬千六盡〕

有司禮從更不合討論從之　二十一日太常寺言大行隆祐皇太后比依國朝故事未奉上謚號册寶已前合稱大行隆祐皇太后奉上謚册寶了日合稱昭慈獻烈皇太后祔廟畢合稱昭慈獻烈皇后從之　三年四月十二日禮部太常寺言奉旨昭慈獻烈皇后謚號令禮部太常寺同共重別討論今謹按國朝故事慈聖光獻皇后宣仁聖烈皇后皆緣垂簾臨政其謚號内皆稱聖字今昭慈獻烈皇后當艱危之際兩經垂簾聽政功存社稷甚大其謚號内即無聖字實於尊稱之義有所未盡兼謹閱朝祖宗故事明德皇后改謚昭憲莊懷莊穆莊獻明肅莊懿莊惠皇后並改莊字爲章字今依故事考功集官赴都堂集議昭慈獻烈皇后改定謚曰昭慈聖獻皇后詔恭依　五月二十日禮部言昭慈獻烈皇太后改謚昭慈聖獻皇后欲依故事只以册告廟更不改題神主詔依　紹興五年四月十一日右司諫趙霈言竊惟四孟朝獻于祖宗以神御避在海邦權於明堂殿設位行禮惟惠恭皇后則爲興議者謂道君皇帝朝蓋有惠恭皇后則廟遷太廟祫饗則祔于祖姑惟景靈宮朝獻則無祔祭之文爲其嫌耳然是時既有別廟則歲時祭饗實未嘗廢朝獻之禮雖闕可也况時異則事異事異則禮異禮以義起貴於從宜惠恭皇后於道君皇帝則夫道也在

卷一萬二千六十五

當時以嫌禮廢祔而事已於陛下則子道在今日雖以嫌禮亦不可廢也且祭不欲數數則忌怠則忘皆四孟之饗而止從三年之祫饗於殿且惠恭今若預從於明堂祔祭於祖姑陛下躬行孟禮似亦無嫌或者又謂在靖康初止稱舊制今日恐可經議臣竊謂不然是時別廟既存姑稱其舊所以未暇議完舊不爲無說也下太常寺討論與禮貴於適當或依祫饗禮例以爲權制異時中原平定復行別廟之儀可也詔令禮部太常寺討論聞奏既而禮官討論若權就明殿躬行景靈宮朝獻之禮惠恭皇后祔祖姑合於典禮至是宰執進呈上曰禮緣人情而已朕以母事惠恭皇后今太廟既有別廟則景靈宮四孟朝獻之禮何可廢也宜從禮官議　七年二月十九日吏部尚書孫近等言已議上聖文仁德顯孝皇帝尊謚其惠恭皇后合易舊謚太常寺討論伏請改上惠恭皇后謚連顯字詔恭依擇日奉上謚册徽號　四月十日禮部太常寺言道君太上皇帝候奉上謚號册寶了日合稱聖文仁德顯孝皇帝祔廟畢合稱徽宗聖文仁德顯孝皇帝寧德皇后候奉上謚號册寶了日合稱顯肅皇后詔恭依　二十九年十月十九日太常寺言將來大行皇后靈駕發引至攢宮畢虞主題迎神主祔廟依禮經大行皇太后升祔於徽宗皇帝室顯肅皇后之

次詔恭依　二十一日十月十九日禮部侍郎黄中等言謹按古者在禮七月而葬既葬而虞九虞而卒哭乃祔于廟惟我祖宗率而行之不敢有加焉往年徽考升遐已過葬月而梓宮未還當時禮官請依典故先行虞祔之禮有詔近臣集議遂從其說茲者恭文順德仁孝皇帝訃音之來將及七月未卜因山之期若不先議虞祔恐宗廟月祭時饗久廢不舉於禮未安望下禮官參酌徽考祔廟及本朝遷廟典故條具申請禮部太常寺討論紹興七年正月始聞徽宗皇帝升遐是年五月禮官以梓宮未還而宗廟祭饗不可久闕請先行祔廟之禮閏十月癸酉紹興侍從臺諫集議僉謂如景德故事擇日而行之景德元年有司以明德皇太后園陵不利大葬權行攢宮之禮九虞祔廟皆前期而舉之　十一月乙卯埋重于殿恩觀乃立虞主十二月癸亥九虞禮畢乙丑行卒哭之祭自初虞至七虞皆於欑恩觀八虞至卒哭皆于几筵殿丁卯祔神主于太廟恭惟太祖造邦始立宗廟追尊僖順翼宣四祖厥後太祖太宗真宗仁宗升祔而七世之廟乃備蓋太祖太宗以兄弟相及同爲一世故在英宗朝太廟八室其實七世在神宗朝首僖祖爲始祖乃遷順祖而祔英宗在哲宗朝又遷翼祖而祔神宗皆爲七世而八室也徽考嗣位將來祔哲宗而宣祖當遷於是徽廟之制創爲九廟翼祖已遷而復故宣祖當遷而不祧僖翼宣祖爲三世太祖太宗爲一世自真宗至哲宗爲五世遂爲九世而十室也往年徽考升祔與哲宗同爲一世爲故迭遷之主是爲九世而十一室也茲者欽宗將祔則翼祖當遷蓋欽宗之於徽考猶哲宗之於神宗皆以父子相繼則爲一世然則今日宗廟自僖祖宣祖太祖太宗至于徽考欽宗是亦九世而十一室也竊謂當遷本廟已行典故遷翼祖而祔欽宗從之詔如奏章看考索

紹興十九年著作郎劉章言禮莫重于祭而郊廟爲尤重神宗元豐間嘗詔陸佃等編類成書今陛下以明聖之資當述作之任而獨偏未舉乞命官爲紹興郊廟奉祀禮文以續元豐之書上納之　紹熙元年十二月二十三日臣寮言臣聞古者祖有功宗有德皆爲萬世不祧之廟若商之三宗周之文武是也仰惟我宋太祖以神武創業太宗以聖明繼之然後天下合於一統真宗守之以文德仁宗撫之以仁儉神宗臨之以勵精其功德之盛巍然炳然皆咸五而登三故景祐崇寧詔書推尊以爲萬世不遷之廟竊見高宗聖神武文憲孝皇帝以上聖之資啓中興之運功德之盛同符祖宗至尊壽皇聖帝聖孝純誠追崇褒大靡所不用其至然獨廟之定于今三年而萬世不祧之詔未以時下者仰惟慈衷端有

卷一萬二千六十五

睽於陛下也昔西漢之尊文帝定在景帝之世而世宗之尊則在宣帝之朝蓋各因時而發揚初無一定之制頃陛下遵壽皇之制循列聖之廷采西漢之冝從數德音尊嚴祖烈清廟禊薦萬世亡窮則高宗之功德益彰而至尊壽皇聖帝之聖孝益光矣詔令禮部太常寺具合行典禮聞奏禮部太常寺言伏以高宗聖神武文憲孝皇帝啓運中興功德盛大為萬世不祧之廟理無可疑伏與故合降詔付外施行内降詔曰門下朕惟廟祧之制禮經具存迭毀所以明世數遠近之常不遷所以昭祖宗功德之盛祖則惟一宗無定數昔商三宗及周文武質諸載籍世世尊祀粤惟國朝率循是典太祖太宗肇開創之丕圖真宗仁宗茂守文之鴻業暨于神宗厲精政治景祐元符載嚬詔旨一祖四宗萬世不祧皇謨盛矣肆我高宗神聖武文憲孝皇帝天錫勇智況機深碁真不世出武以撥亂文以致平中興之烈高掩武丁内禪之懿有光放勳大功數十不能盡宣仙馭賓空威神如在至尊壽皇聖帝稽六藝之文妥在天之靈厥既尊為高廟而以時升祔矣惟是不祧之典猶未遑議顧予涼菲實奉烝嘗率用彝遵聖父之訓丕顯烈祖之光然而事大體重匪躬敢專宜令禮官詳議以聞庶幾高廟盛德大業上配祖宗下垂萬世爲副朕尊崇顯揚之意通議大夫禮部尚書兼直學士院李巘朝奉大夫試秘書監兼太常少卿耿秉朝請（卷一萬七千六十五）大夫禮部郎中兼實錄院檢討官傅伯壽朝奉郎太常丞兼實錄院檢討官汪逵狀準詔詳議高宗皇帝不祧之典臣等聞闡邑祖業傳之無窮聖主之用心也祖宗之功盛德大高世超古思所以表而異之則必發揚顯美定為不遷之廟以示萬世不可忘此非邦國廟制之常經蓋卓然特出而間見者也商三十君特崇三宗周八百載獨高文武天佑我宋列聖相繼太祖皇帝誕受天命創業開統太宗皇帝光昭盛烈混一區宇真宗皇帝以文德懷柔中外仁宗皇帝以仁儉撫綏黎庶神宗皇帝以法度作新治具一祖四宗萬世不遷已見於景祐元符之詔矣仰惟高宗聖神武文憲孝皇帝遭時艱難奮發神武抗暴摧兇克復炎祚芟除羣盜九廟再安中興之烈有光前古大業甫定一意撫摩仁恩溥洽文物粲然憲儉之化儷美五三功德豐隆澤流億載斯民戴堯之心永永何極廟食無窮於禮為宜謹如聖詔尊崇高宗聖神武文憲孝皇帝之廟祀之萬世揚祖業以彰盛美實天下之公議詔恭依　紹熙五年八月十八日權禮部侍郎許及之等言大行至尊壽皇聖帝將宮發引權攢畢行九虞卒哭祔廟之禮恭照欽宗祔廟禮官討論以祖遷邦始立宗廟迭毀翼宣四廟厥後

太祖太宗真宗仁宗升祔而七世之廟乃備蓋太祖太宗以兄弟相及同為一世故在英宗朝太廟八室其實七世在神宗朝尊僖祖為始祖乃遷順祖而祔英宗在哲宗朝又遷翼祖而祔神宗皆為七世而八室也徽宗嗣位將祔哲宗而宣祖當遷於是徽唐之制創為九廟翼祖已遷而復故室宣祖當遷而不祧僖翼宣祖為三世太祖太宗為一世自真宗哲宗為五世遂為九世而十室也徽宗升祔與哲宗同為一世故無迭遷之主是為九世而十一室也欽宗將祔則翼祖當遷蓋欽宗之於徽宗猶哲宗之於神宗皆以父子相繼別為一世然則宗廟自僖祖宣祖太宗至于徽宗欽宗是亦九世而十一室也當遷翼祖而祔欽宗及高宗升祔與欽宗同為一世故無迭遷之主是為九世而十二室也將來大行至尊壽皇聖帝祔廟則宣祖當遷蓋大行至尊壽皇聖帝於高祖以父子相繼別為一世然則今日宗廟僖祖太祖太宗真宗仁宗英宗神宗哲宗徽宗欽宗高宗大行至尊壽皇聖帝是亦九世而十二室也臣等竊謂當遷本朝已行典故遷宣祖而祔大行至尊壽皇聖帝乞下禮部太常寺條具修置祏室施行詔令侍從禮官集議中尚書吏部尚書兼實錄院修撰兼侍讀鄭僑等言奉詔令集議臣等竊惟宗廟至重祧遷之禮尤不可苟今大行至尊壽皇聖帝祔廟大期禮官乞遷宣祖而祔壽皇此本朝之定制乞照應禮典施行無可議者（卷一萬七千六十五）　九月二十四日太常少卿曾三復言恭惟太祖皇帝應天順人削平僭叛肇造區夏建立子孫萬世帝王之業自古特起受命之君功德之隆未有盛於此者則郊祀配天宗祀配上帝祫饗居東嚮是為宗廟不祧之主也在仁宗嘉祐已經議議當時以追崇四廟世數未遠始虛東嚮之位至治平間世遠親盡自應上祧而熙寧大臣徒知泥古執其偏見陰主異議遂推僖祖為始祖而欲替太祖之祀雖韓維等據經有請終不能勝以至崇寧蔡京用事附會其說終遂前非不復顧卹遂使開基創業混一區宇膺受天命如我太祖而至今未正東嚮有識之士每為之浩嘆紹興初議國步方艱戎爲未定他不暇問而董弅王普輩亦相繼有請以為大惑則知禮文有所未正人心有所未安終不可以歷時寖久而遂忘其遷毀也恭覩壽皇聖帝祔廟有期禮官嘗建言以世數論古廟室遷則已上祧室雖以合經旨已令從臣等集議則訂正百有餘年祀禮之失蓋有待於今日矣乞檢會前後臣僚疏奏併行集議因祧祔之際就正太祖東嚮之尊以成一王之制機會之不可失者詔令侍從臺諫禮官集議聞奏既而吏部尚書兼侍讀鄭僑等言臣等考之長編中已嘗建

議從以親盡未盡故虛東嚮之位以待太祖而太祖尚居昭穆之間洎乎來年僖祖親盡而祧至熙寧大臣王安石不顧公論不稽禮典直以私意總決奈宗廟之大經當時名臣與夫紹興之初董棻王普朱震等皆曾建議淳熙初元趙粹中盡集前儒所論奏陳尤切一時已蒙采録皆以偏詞曲說沮抑至今仰惟太祖肇造區夏功邁百王廟號太祖蓋以尊無與二非曰尊謚也今郊祀既已配天宗祀已配上帝而宗廟獨不得為始祖祫饗獨不得正東嚮可乎臣竊議論本朝故居受命開基之君而列在昭穆之序其何以示後世稽之禮經僖祖親盡當祧不因還祔之時此事雖敢輕議況今日九廟既備尤不可忽而不圖臣等乞明詔大臣早正鉅典因大行祔廟之際定宗廟萬世之禮懋太祖在天之靈破熙寧不經之論闢千載之惑以昭示無窮貽首言自古天子止祀七廟太祖之廟居其中三昭三穆實為六世與太祖之廟而七本朝崇寧擬制之制始立九廟析其衆之異故廢也今太祖為始祖則太宗為昭真宗為穆自是而下以至無窮四昭四穆與太祖之廟而九上參古禮而不廢崇寧九廟之制於義為允又言治平四年從張方平等議僖祖當祧合於禮與其年三月已自祧遷藏西夾室至熙寧五年王安石以私意使章衡等建議乃復祔僖祖以

卷一萬七千六十五

為始祖又將推以配天欲罷太祖郊配韓維司馬光等力爭而王安石主其說愈堅雖固慮其罷藝祖配天建議以僖祖權居東嚮之位既曰權居則當還正明矣詔恭依　閏十月三日權禮部侍郎許及之言太祖正位東嚮以太宗為昭至于大行四昭四穆正合八世與太祖之廟而九備於古而宜於今但宗廟事重須合奏告祧室遷遷廟爰繕修所宜早正預定斷然施行俾有司知所遵守又集議所不及者遷主所藏之地在禮官合加審訂今僖順翼宣四祖為太祖之祖考恐不得藏於子孫之廟今順翼二祖藏于西夾室況古者異廟而藏于后稷之廟今太廟同堂異室而西夾室別自一室實居太祖之右遇祫饗則於夾室之前設位以昭穆祭為於古祖宜為不倫乞併為詳酌施行詔令侍從兩省臺諫禮官限三日集議聞奏既而吏部尚書兼侍讀鄭僑等言臣等竊惟宗廟事重非可輕議太祖皇帝既正東嚮之位然僖祖宣祖既祧之主宜有所歸欲用朱熹之說藏于夾室則考之周制僖順翼宣之主不當藏於太祖之廟欲用王普之說祔于天興殿則景靈宮朝獻之禮與廟禘祫朝饗之儀不同欲用唐柳冕之說築別廟以之則又非合食之義以是三者今臣等集議可謂擇其善請先明其不可行者二而定其可行者一以俾未識恭惟本朝去

古既遠禮制不能盡循於古參取漢魏以來以至于唐定為一代之制按唐張齊賢之言曰古者有天下者事七世而始封之君謂之太祖太祖之廟百世不遷至祫祭則毀廟皆以昭穆合食于太祖商祖元王周祖后稷其世數遠而遷廟之主皆出太祖之後必合食之序尊卑不差漢以高皇帝為太祖而太上皇不在合食之列為其尊於太祖故也魏以武帝為太祖晉以宣帝為太祖武宣而上廟室皆不合食于祫至隋亦然唐以景皇帝為太祖太祖而下皆不合食于祫臣等謂張齊賢之說本朝之所當取也太祖皇帝開基之初並不能祀七世推而上之至僖祖而止故用唐制建四親廟以祀僖順翼宣四祖洎太祖祔廟尊為宋太祖蓋異始封於商稷始封於周故商周皆尊為太祖唐自凉武昭王昺而下至於高祖為八世豈不能推昺為始祖而以祖虎始封唐公父及已皆襲封于唐之建邦啓土叱之契稷故推為太祖而太祖之上親盡則毀如宣簡公在高祖時為四室之尊洪農府君在太祖時為六室之尊然皆親盡則祧也太祖之興上無所因與漢高祖事同故太宗尊為太祖而僖祖在治平間以親盡而祧入于夾室至熙寧中王安石始議僖祖為始祖遂居太祖不得正東嚮之位以至于今今日既伸太祖東嚮之禮僖祖之主當再入于夾室

卷一萬七千六十五

既協唐洪農府君之制又還治平已行之禮然在今日則為未安蓋自熙寧以來推尊既久難以一日遽還夾室又考之周制后稷之廟則先公之祧藏焉蓋公劉不窋以至太王王季之主以祔文王武王之廟則先王之祧藏焉自成王而下皆祔唐有興聖廟以祀凉武昭王故景皇帝既正東嚮則獻祖懿祖之主皆祔不欲以祖先而祔子孫之廟也今之太廟順祖翼祖及宣祖之遷皆入夾室則猶曰僖祖在第一室故三祖之祔為順今太祖居一室室則僖祖宣祖二主之祧所以當議也臣等以為朱震藏夾室之議既不可用景靈宮奉聖祖用素饌則王普祧天興之議又不可用也惟唐柳冕之說築別廟以居之若疑非合食之義則臣等有說焉謹按唐陸淳之書曰太祖復位則獻懿之主宜有所歸一曰藏諸夾室二曰置之別廟三曰遷于園寢四曰祔于興聖然而藏諸夾室則無饗獻之期置之別廟則非禮經之文遷于園寢則亂宗廟之儀惟祔于興聖為是至正元十九年左僕射姚南仲等獻議五十七封付都省集議戶部尚書王紹等五十五人請遷祔興聖廟議遂定由是太祖始復東嚮之位臣等以為僖祖當用唐興聖之制立為別廟順祖翼祖宣祖之主皆祔藏焉如此則僖祖自居別廟之尊三祖不祔子孫之廟自漢魏以來太祖而上毀廟之

主皆不合食今遇祫則即廟而饗於禮尤稱如廷朝以爲允當乞下禮寺條具儀制施行詔恭依　十一月二十三日禮部太常寺言已降指揮祧遷僖祖皇帝宣祖皇帝將來哲文神武成孝皇帝神主祔廟殿字依位序遷于諸室內修蓋祏室告遷僖祖皇帝文懿皇后順祖皇帝惠明皇后翼祖皇帝簡穆皇后宣祖皇帝昭憲皇后祔僖祖廟奉安僖順翼宣四室神主且於齋廳權奉安俟修建僖祖廟畢日正行奉安將來遇祫則即廟而饗詔恭依

禮一五之六四

卷一萬七千六百五

該釋校

宋會要

釋奠

淳熙四年二月二十七日戶部侍郎兼詳定一司勅令單夔言紹興祀令文宣王州縣釋奠同爲中祀乾道祀令文宣王州縣釋奠同爲大祀所載不同乞依紹興七年十月已降指揮春秋上丁釋奠至聖文宣王在京爲大祀州縣仍舊爲中祀從之　六年四月十八日知常德府李燾言本府春秋釋奠凡所陳設多不依式乞下太常寺將政和五禮新儀內州縣釋奠文宣王行禮儀注及繪畫尊爵簠簋制度圖本頒下從之　七年二月十七日太常寺言已降指揮降州縣釋奠祭祀儀式令績參照大中祥府間頒下州縣祭器止有散尊即與新儀不同其散尊乞行除去兼政和之從其配位從祀神位陞降位數及封爵不同竊慮州縣塑繪不一乞依國子監大成殿并兩廊從祀位數爵號姓名并尊器制度一就頒降從之

紹熙三年八月十七日詔太常寺將州縣釋奠文宣王神位次序儀式改正仍備坐今來申明指揮行下臨安府鏤板同紹興製造禮器圖印行頒降　先是臣僚言兖國公顏回鄒國公孟軻舒王王安石配饗而上王安石已降從祀之例不曾明載指揮兖鄒二國公坐位從紹興指揮徙於先聖之東南而皆西向北上州縣多不見此指揮往往差錯當參合從唐通典元封閤作郕侯薛公丹雍費公閔損從政和新儀閔爲第一冉雍爲第二以正淳熙儀式之誤兩廊從祀政和新儀與淳熙祭祀儀式不同合依唐通典所載以東西相對爲次序泗水侯孔鯉政和新儀淳熙儀式不曾該載今增入孔鯉合在沂水侯孔伋之上臨川伯王雱乞照中興禮書去從祀畫像祭器樣式政和年中鑄考皆遵三代器物紹興間以其樣制印造頒付今州縣尚仍聶氏舊圖乞別行圖畫鏤板頒行釋奠時日州縣或秋用下丁乞從政和新儀序例春秋皆用上丁日行事陳設條內著尊犧犧尊肆著當作犧犧當作象新本雖已改正舊本尚仍並乞削載改正鏤板既而禮院奏從所請故有是詔

卷一萬六千四百七十四

禮一六之一

欽先聖祝文〔〕

宋會要祝文

徽宗崇寧四年頒降先聖祝文　維年月日具官姓名敢昭告于至聖文宣王惟王固天攸縱誕降生知經緯禮樂闡揚文教餘烈遺風千載是仰俾茲末學依仁游藝謹以制幣犧齊粢盛庶品祇奉舊章式陳明薦以兗國公鄒國公配尚享

〔卷一萬九千八百六十二〕

崇儒

宋會要　幸太學

太宗端拱元年八月太宗幸國子監謁文宣王畢升輦將出西門顧見講坐左右言學官李覺方聚徒講書即召覺令對御講說覺曰陛下六飛在御臣敢輒陞高坐帝為降輦令有司張帝幕設別坐詔覺講易之泰卦從臣皆列坐覺因述天地感通君臣相應之旨帝甚悅特賜帛百匹明日謂宰臣曰昨聽說泰卦文理深奧足為君臣鑒戒朕與卿等當遵守勿忘二年二月以國子監為國子學　淳化五年十一月幸國子監賜直講孫奭五品服時召奭講尚書判監李至執經講堯典未畢遽令講說命三篇帝曰尚書王言治世之道說命居最文王得太公高宗得傅說皆賢相也復誦說命事不師古以克永世匪說攸聞之句曰誠哉是言何高宗之時而有賢相如此嘉歎久之賜奭帛三十段朝學典禮云云文以良鄧養商洪獨不得遂敕從官酒對賜奭束帛

〔卷二萬一千九百九十七〕

真宗咸平二年幸國子監召學官崔偓佺說尚書景德中令偓佺講道德經日於崇文院候對終篇賜以白金繒綵偓佺昀正之弟

淳熙四年月　日詔車駕以是月五日幸太學祇謁先聖執經官差權禮部侍郎李燾講經官差國子祭酒林光朝仍講禮記中庸凡為天下國家有九經一段既而參知政事龔茂良等言祖宗朝幸學皆命儒臣講經紹興十三

真宗下脫有一條

宋會要　紹興十三年三月十九日詔朕以兵革之後創建太學將為臨幸至養正持志二齋詳觀諸生硯席之游誠嘉多士文學之集所幸二齋長諭

已免解人特與免省，未免解人與免解，其學生並與免將來文解一次，內有官人特與免省。二十一日，詔車駕臨幸太學，執經講書官、太學國子監書庫官廚指使各轉一官，內選人與改合入官；大職事已該永免解人與免省，未該免解人與免解一次；其餘學生並令戶部支賜束帛。

年太上皇帝書御敦化堂，命國子司業高閌講泰卦，此已行典禮。上曰：易、詩、書累朝皆嘗講，如禮記中庸篇凡爲天下國家有九經，最關治道，前來却不講。茂良等奏：此於治道包括無遺，且在中庸篇，愚見不知出此。陛下聖學高明，深得其要，故有是詔。是日，依故事講書畢，應從駕三公、使相、親王、侍并陪位監學官、監學生並賜茶。

同日，參知政事龔茂良言：幸學禮成，合拜表稱賀，州郡監司亦當上表。詔：幸學常事，奚以賀爲，不須拜。七日，詔兩學敝甚，可與修葺，令南庫支二萬緡，委知臨安府趙磻老修葺，其規模狹陋去處，令隨宜展拓，務要如法，毋致滅裂。八月，詔幸學合推恩人，令依紹興十三年已

卷一萬一千九百九十七

行體例。執經講書官、太學武學國子監書庫公廚官以次各與轉一官；大職事已免省人與釋褐，永免解人與免省，未免解人與免解一次；曾得解該遇慶壽恩免解人，候登第唱名日與陞甲；內武學人比附減年。諸齋起居學生各賜束帛。既而上又宣諭：諸生有兩經幸學人潦倒可念，莫已不否，宜並與補官。臣茂良等奏：士人蹉跎場屋，具兩幸學者不過數人，極可憐。聖念及此，恩同天地。上甚喜。又奏：有何上氏者，前遇慶壽恩，實年八十四，初赴補試了平甲子時，方六十九歲，諸生皆結罪保任，又該幸學。上曰：可與補迪功郎。又奏：前此該慶壽恩補官者，聞得有數人年老離學，遂無所歸。上曰：如何終身只在學中？茂良奏曰：寒士自小入學，老無所歸，或以學校爲家者有之。上曰：如此可憫。於是詔昨該慶壽赦太學生七十已補官人，如願依舊在學者聽。十一日，詔太學文宣王像并從祀一十二位令重行塑繪，所有舊像權遷於首善閣下。

崇儒

幸武學

宋太祖建隆二年，先是，上臨幸武成王廟，觀所畫名將，指白起曰：起殺已降，不武之甚。乃詔張昭、竇儀、高錫等取歷代謀臣名將功業始終無瑕者配享。三年九月十六日壬申，詔於東京舊城南建武成王廟，與國學相對，命左諫議大夫崔頌（一作判國子監崔頌）、中使盧德岳董其役，仍命頌檢閱唐末以來謀臣名將勳績尤著者

卷二萬一千九百九十九

具名以聞（考試舉人權就武成王廟）。四年四月六日丁亥，帝幸廟，閱土木之功也。歷觀兩廊下圖畫名將，指白起曰：此人殺已降，不武之甚，何受享於此？以杖畫去之。六月十三日癸巳，知制誥高錫言：配享七十二賢，王僧辯不克令終，處非全德，望加裁定。詔吏部尚書張昭、工部尚書竇儀與錫詳定以聞。昭等奏：新入歷代功臣二十三人，如灌嬰、耿純、王霸、祭遵、班超、西晉王渾、東晉周訪、宋沈慶之、後魏李崇、傅永、北齊段韶、後周李弼、唐秦叔寶、張公謹、唐休璟、渾瑊、裴度、李光顏、李愬、鄭畋、梁葛從周、後唐周德威、符存審。晉配享功臣退二十二人：魏吳起、齊孫臏、趙廉頗、漢韓、彭、周亞夫、段紀明、魏鄧艾、蜀

關羽張飛晉杜元凱陶侃北齊慕容紹宗梁王僧辯陳吳明徹隋楊素賀若弼史萬歲唐李光弼王孝傑張齊丘郭元振詔曰具武成王廟從祀神象齊相管仲宜塑像升于堂魏河西太守吳起宜畫像降于廡餘依昭箸識外並從舊制乾德元年四月丁亥幸國子監遂幸武成王廟開寶二年九月一日乙巳朔幸武成王廟

宋會要

藝祖皇帝即位之月首幸國學次月又幸范祖禹於帝學言之范百禄上哲宗視學疏又言之而續通鑑長編與會要日曆等書皆逸不載蓋闕典也豈有列祖崇儒重道汲汲如此而紀載可略乎蓋三代王者得天下以

卷二萬一千九百九十七

仁未嘗一日不以學爲急務武王克商未及下車而褒先聖之後表先賢之閭尊尚名教惟恐不及此所以作周恭先而無疆惟休也漢非不以寬仁成業然過魯以大牢祀孔子乃在高祖十二年唐非不以義兵取天下然詣國子監釋奠于先聖先師乃在武德七年兵戈未休猶舉墜典以漢唐尚爾而況其他乎國朝受命五星聚奎皇業初基日不暇給而一兩月間至於再屈帝車款謁先聖表章儒術明示化原所以三百年間理學盛行聖道復續蓋與武王之政先後合符而漢唐儒風抑亦在下矣故百禄曰祖宗隆儒師古躬化天下之意如此祖禹曰所以啟佑後嗣立太平之基猗歟盛哉書云聖有謨訓明證定保皇祖之訓具在子孫可不保持而緝續之哉

卷二萬一千九百九十七

全唐文

宋會要　宋廟

真宗咸平三年龍圖閣待制陳彭年言按漢書高平侯洪坐酎宗廟騎至司馬門削爵一級此則騎不過廟司馬門之明文也伏見太廟別有偏門及東門祀官入齋宮去殿庭尚遠其后廟雖有一門每遇禘祫神主由之出入兼又齋宮正與殿門相對數步而已祀官皆乘馬而入實非恭恪望自今中書門下行事許乘馬入太廟東門自餘並不得從入庶彰寅奉以廣孝思詔祀官遇雨許乘馬入東門導從止門外餘如所請　大中祥符元年六月以將封禪詔有司議加上太祖太宗尊謚後又詔太廟六室各奉上尊謚二字中書門下請加僖祖謚曰文獻睿和皇帝順祖曰惠元睿明皇帝翼祖曰簡恭睿德皇帝宣祖曰昭武睿聖皇帝太祖曰啓運立極英武睿文神德聖功至明大孝皇帝太宗曰至仁應道神功聖德文武睿烈大明廣孝皇帝遣宰相王旦等奉上册寶　二年九月十六日決金水河為渠環太廟初廟室前檐狹隘禘祫序昭穆南北不相對嘉祐親祫增築土階張幄帝乃可行禮　三年十二月詔曰朕以親祀后祇昭告祖考詳觀定儀有所未安入廟則步武正門至庭則迴班東向且躬申祇見禮尚尊虔當發寅恭庶申誠慤自今謁廟朕當由東偏門入至殿庭不得令百官迴班

宋會要　朝饗太廟

高宗紹興十三年十月十二日禮部太常寺修立郊祀大禮前一日朝饗太廟行禮儀注　陳設　前饗三日儀鸞司設大次於太廟東神門外道北南向小次於阼階東稍南西向又設文武侍臣次於大次之前行事助祭官宗室及有司次於廟之內外設東方南方客使次於文官之後西方北方客使次於武官之後各隨地之宜設饌幔於南神門外每室饌幔各一又設七祀次於殿下橫街之北道西東向又設配饗功臣次於殿下橫街之南東西相向每室功臣配饗各為一次前饗二日宮闈令帥其屬掃除廟之內外開瘞坎於殿西階之東南方深取足容物南出陛太常設七祀燎柴於南神門外光祿牽牲詣所太常陳登歌之樂於殿上前楹間稍南北向設宮架於庭中立舞表於酇綴之間戶部陳諸州歲貢於宮架之南神門外隨地之宜東西相向前饗一日奉禮郎禮直官設皇帝版位於阼階上飲福位於東序俱西向贊者設亞終獻位於小次南稍東助祭親王宗室使相在其南進幣爵酒官奉幣官薦俎豆簠簋官薦牛俎官薦羊俎官實鑊水官薦豕俎官增沃鑊水官受幣官盥洗奉爵官奉瓚槃官進搢黍官舉冊官七祀獻官任助祭宗室使相之南並西北向立大禮使位

卷一萬七千六十

於西階之西稍南與亞終獻相對行事光祿卿讀冊官光祿丞功臣獻官位在其西太常光祿以下皆稍少卻執事官位於其後助祭宰相使相位在大禮使之南執政官在其西又設監察御史位二於西階下俱東向北上奉禮郎太祝太官令於東階下西向北上協律郎位二一於殿上前楹西北一於宮架西北俱東向押樂太常丞於登歌樂虡北押樂太常卿宮架之北北向良醞令位於尊彝所俱北向薦香燈官宮闈令於室內北向西上又設助祭文武群臣宗室位於橫街之南東西相向諸方客位廟門之外隨其方國光祿陳牲於東神門外當門西向以南為上祝史各位於牲後太常設省牲位於牲西大禮使進幣爵酒官受爵酒官奉幣官受幣官盥洗奉爵官奉瓚槃官位於道南北向西上七祀配饗功臣獻官位其後監察御史二位在西東向為牛俎官眡滌濯官實鑊水官眡腥熟節官增沃鑊水官押樂太常卿光祿卿讀冊舉冊官太常丞光祿丞奉禮協律郎太祝太官宮闈令位在東西向北上禮部帥其屬設祝冊案於戶室外之右司尊彝帥其屬設幣篚於酌尊所次設籩豆簠簋之位每室左二十有六籩右二十有六豆俱為四行俎三二在籩前一在豆前又設俎九在豆右為三重登一在籩豆間鉶三皆有柶在登前簠八簋八在籩豆外三

俎間簋在左簠在右設爐炭於室戶外蕭蒿稷黍於其後又設毛血盤肝膋豆於室戶外之左稍前設尊彝之位每室斝彝一黄彝一皆有舟著尊二壺尊二皆有罍加勺冪為酌尊太尊二山尊二犧尊二皆有罍加勺加冪設而不酌俱北向西上太常設七祀位於殿下橫街之北次內司命戶竈中霤門厲行又設配饗功臣位於橫街之南次內韓王趙普濟陽王曹彬位於橫街之南道西東向太師薛居正太師石熙載鄭王潘美位在其西太師李沆太師王旦太師李繼隆位又在其西太師王曾呂夷簡侍中曹瑋位又於其西又設司徒韓琦太師曾公亮位於橫街之南道東西向太師富弼位在其東太師司馬光位又在其東太師韓忠彥位又在其東俱北上皆設神席太廟設神位版於座首司尊彝設祭器每位左二籩右二豆俎一在籩豆前簠一簋一在俎前簠在左簋在右爵一次之象尊一在籩前加冪又設俎三於南神門外每室饌幔內設進盤匜帨巾內侍位於皇帝版位之後分左右奉舉盤者北向奉匜及執巾者南向又設亞終獻盥洗爵洗於其位之北盥洗在東爵洗在西罍在洗東加勺篚在洗西南肆實以巾若爵洗之篚則又實以爵太官令盥洗於西階下七祀配饗功臣獻官盥洗各於神位之前七祀及配饗功臣位前盥洗各一罍巾篚巾各

卷一萬七千六十

設於左右執罍篚者位其後祭日未行事前宮闈令開室帥其屬整拂神幄如常儀司尊彝入設祭器太府卿帥其屬入陳幣於篚幣以白光祿卿帥其屬入實籩豆簠簋籩四行以右為上第一行糗餌在前粉餈次之第二行麷在前蕡白黑形鹽膴鮑魚鱐次之第三行乾棗在前濕棗栗濕桃濕梅乾藤榛實又次之第四行菱在前芡栗鹿脯次之豆四行以左為上第一行酏食在前糝食次之第二行韭菹在前醓醢昌本麋臡菁菹鹿臡茆菹麇臡又次之第三行葵菹在前蠃醢脾析蜃醢豚拍魚醢又次之第四行芹菹在前兔醢深蒲醓醢落菹雁醢筍菹魚醢又次之簠實以稻粱粱在稻前簋實以黍稷稷在黍前登實以大羹鉶實以和羹加毛滑太官令帥其屬入實俎籩前之俎為二重以北為上第一重實以牛腥七體兩髀兩肩并脊兩脅在兩端兩肩兩骨次之脊在中第二重實以羊腥七體其載如牛豆前之俎實以豕腥七體其載如羊豆右之俎九為三重以北為上第一重實以牛羊豕首各一第二重實以牛腥腸胃肺離在上端刌肺三次之腸三胃三又次之一實以羊腸胃肺其載如牛一實以豕腥膚九橫載第三重一實以牛熟腸胃肺一實以羊熟腸胃肺一實以豕熟膚其載如腥皆牛在左羊在中豕在右良醞令帥其屬入實尊彝

及尊罍斝彝實以明水黃彝實以鬱鬯著尊二一實以玄酒一實醴齊皇帝酌之壺尊二一實玄酒一實盎齊亞終獻酌之大尊二一實沈齊一實醍齊山尊二一實玄酒一實醍齊犧尊二一實醴齊一實事酒象尊二一實昔酒一實清酒並設而不酌凡罍之實各視其尊又實七祀及配饗功臣位禮饌每位左二籩棗在前鹿脯次之右二豆菁菹在前鹿臡次之俎實以羊豕腥肉簋實以稷簠實以黍爵一象尊一實以清酒太常設燭於神位前設大禮使以下行事執事官揖位於東神門外如省牲之位設望瘞位於瘞坎之南如省饌之位儀鸞司設冊幄於南神門外隨地之宜前期饗一日學士院以祝冊授通進司進御書訖降赴尚書禮部　車駕詣太廟　前饗一日皇帝於景靈宮朝獻畢既還大次禮部郎中奏解嚴訖皇帝入齋殿文武侍祠行事執事助祭之官兩從駕者宗室先詣太廟祠所其日禮直官宣贊舍人引禮部侍郎詣大次前奏請中嚴少頃又奏外辦皇帝服履袍自齋殿詣大次出行禁衛諸班親從等諸司祗應人員以下迎駕奏聖躬萬福次知客省事以下樞密都承旨以下知內侍省以下御帶器械官應奉祗應通侍大夫以下武功大夫以下及幹辦庫務文臣一班迎駕奏聖躬萬福俟皇帝即御座從駕宰執使相一班次管軍臣寮

卷一萬七千六十

並奏聖躬萬福皇帝乘輿出景靈宮櫺星門將至太廟御史臺太常寺閤門分引文武侍祠行事執事助祭之官宗室于太廟櫺星門外立班再拜奏迎訖還皇帝乘輿入櫺星門至大次降輿以入簾降侍衛如常儀宣贊舍人承旨敕群臣及還次　省牲器　是日未後二刻宮闈令帥其屬掃除廟之內外司尊彝帥執事者以祭器入設於位凡祭器皆藉以席又加巾蓋太府卿入陳幣於篚等祭畢權徹未後三刻禮直官贊者分引大禮使以下並服常服詣東神門外省牲位光祿卿丞與執事者牽牲就位禮直官贊揖贊者引押樂太常卿入行樂架凡亞終獻行事由禮直官太常博士引大禮使執政官及中視滌濯官受爵酒官進爵官行事皆禮直官引餘官皆贊者引次引視滌濯官及升自西階視滌濯凡行事執事官升降皆自西階內應奉官并執事隨應奉入各隨應奉階升降次引中視滌濯官中視滌濯執事者皆舉冪曰潔俱退復位禮直官稍前曰告潔畢請省牲前引省牲官稍前省牲訖退復位次引光祿卿出班巡牲一匝西向躬曰充曰備次引光祿丞出班巡牲一匝西向躬曰腯俱復位禮直官稍前曰省牲訖請就省饌位揖訖引大禮使以下各就位禮直官贊揖有司省饌俱畢禮直官贊省牲畢揖訖俱還齋所光祿卿丞及執事者以次

牽牲詣廚授太官令次引省鼎鑊官詣廚省鼎鑊視濯溉次引贊鑊水官詣廚實鑊水次引增沃鑊水官詣廚增沃鑊水協律郎展視樂器乃還齋所晡後一刻太官令帥宰人以鸞刀割牲祝史各取血毛實於槃又取膟膋實于豋俱置饌所遂烹牲宮闈令帥其屬掃除廟之內外　晨祼　祭日丑前五刻　行事用丑時十刻　宮闈令開室帥其屬掃除禮部奠册於案太府卿入陳幣光祿卿入實籩豆簠簋太官令入實俎良醖令入實尊彝及尊彝樂工帥工人二舞以次入與執尊罍篚冪者各就位執事官各入就位次御史臺太常寺閤門宣贊舍人分引文武助祭官及宗室客使贊者引薦羊俎官以下宗室各入就位禮直官贊者分引大禮使以下行事執事官詣廟東門外揖位立禮直官贊揖訖先引監察御史按視殿之上下糾察不如儀者降階就位次引大禮使以下各入就位皇帝服通天冠絳紗袍至大次禮儀使樞密院官太常卿閤門官太常博士禮直官分立於大次外之左右引禮部侍郎詣次前奏請中嚴少頃又奏外辦符寶郎奉寶陳於宮架之側隨地之宜禮儀使當次前俛伏跪奏禮儀使臣某言請皇帝行事奏請俛伏興還侍立　禮儀使奏祀儀准此　簾捲皇帝服袞冕以出侍衛如常儀禮儀使以下前導　至東神門外殿中監跪進大圭禮儀使

卷一萬七千六十

奏請執大圭前導皇帝入自正門　侍衛不應入者止於門外　協律郎跪俛伏舉麾興工鼓柷宮架乾安之樂作　皇帝升降行止皆奏乾安之樂　至阼階下偃麾戛敔樂止升自阼階大禮使從　凡樂皆協律郎跪俛伏舉麾興工鼓柷而後作偃麾戛敔而後止升自阼階皇帝升降大禮使皆從左右侍衛之官量人數從升　登歌樂作樂止禮儀使以下分左右侍立　凡行禮禮儀使樞密院官太常卿閤門官太常博士禮直官前導至位則分立於左右　次引奉瓚官升詣僖祖室神位前西向立奉瓚槃官升詣皇帝版位前奉瓚槃北向立次引奉神主官詣皇帝版位前俛伏跪奏奉神主奏訖俛伏興退伺祭官於殿上承傳曰奉神主次引薦香燈官搢笏於祏室內奉帝尊主設於座　奉神主韜神幄內於几後帝后設于座及以白羅巾覆之　執笏退復位　次引宮闈令奉后神主如上儀　以青羅巾覆之　退復位次引奏奉神主官詣皇帝版位前俛伏跪奏奉神主訖奏訖俛伏興退禮儀使前奏有司謹具請行事又奏請再拜皇帝再拜贊者曰再拜在位官皆再拜訖次內侍各執槃匜帨巾以進宮架樂作禮儀使奏請皇帝搢大圭盥手內侍進槃匜沃水皇帝盥手又奏請帨手內侍進巾皇帝帨手訖又奏請皇帝洗瓚奉瓚槃官進瓚內侍沃水皇帝洗瓚又奏請拭瓚內侍進

巾皇帝拭瓚訖樂止又奏請執大圭奉瓚槃官奉瓚槃詣僖祖室尊彝所北向西向立以瓚涖鬯執彝者舉冪良醖令酌鬱鬯訖先詣次室尊彝所北向立禮儀使以下前導登歌樂作皇帝入詣僖祖室北向立樂止禮儀使奏請搢大圭跪奉瓚槃官奉瓚槃西向立以瓚授奉瓚官奉瓚官西向跪以進禮儀使奏請執瓚皇帝執瓚以鬯祼地奠瓚奉瓚官受瓚以授奉瓚槃官奉瓚槃官以槃受瓚訖俱詣次室以俟禮儀使奏請執大圭俛伏興前導皇帝出戶外北向立又奏請再拜皇帝再拜訖禮儀使前導皇帝詣翼祖室次詣宣祖室次詣太祖室次詣太宗室次詣真宗室次詣仁宗室次詣英宗室次詣神宗室次詣哲宗室次詣徽宗室次詣欽宗室祼鬯並如上儀奉瓚官奉瓚槃官俱降復位良醖令還尊所禮儀使前導皇帝還版位登歌樂作至位西向立樂止宮架作興安之樂文德之舞九成止太官令取肝以鸞刀制之洗於鬱鬯貫之以膋燎于爐炭薦香燈官以肝膋入詔神於室又出以墮祭于室戶之左三祭於茅苴俱降詣盥洗位盥手帨手升復執事位　饋饌　祭日有司陳鼎三十有三於神廚各在鑊右太官令帥進饌者詣廚以匕升牛於鑊實于一鼎　肩臂臑肫胳正脊一直脊一橫脊一長脅一短脅一代脅一皆二骨以並　次升羊如牛升豕如羊各

卷一萬七千六十

實于一鼎　每室牛豕各一鼎　皆設扃冪祝史對舉入設於每室饌幔內次引視腥熟節官詣饌所視腥熟之節俟皇帝晨祼畢還位樂止祝史抽扃委于鼎右除冪加匕畢于鼎太官令以匕升牛載于一俎　肩臂臑在上端肫胳在下端脊脅在中　次升羊豕各載于俎其載如牛　每室牛羊豕各一俎　次引薦牛薦羊薦豕俎官搢笏奉俎以入太官令引入正門宮架豐安之樂作由宮架東至橫街折方進行陳於西階下北向北上薦俎官搢笏奉俎以升執事者各迎於階薦官奉俎詣僖祖室神位前北向跪奠先薦牛次薦羊次薦豕各執笏俛伏興有司設牛羊豕俎於腸胃膚之前　牛在左羊在前豕在右　詣次室奉奠並如上儀樂止俱降復位　內執官降西側階出西神門入南門歸執事班　次引薦香燈官取蕭合黍稷擩於脂燎於爐炭又當饋熟之時取茅苴擩於醴祭于豆門三又取黍稷肺祭如初藉用茅各還尊所次引奉幣官進幣官受幣官受爵酒官進爵酒官升詣僖祖室奉幣官進幣官受爵酒官進爵酒官在東西向北上受幣官在西東向次引奉爵酒官升殿詣皇帝版位前奉爵北向立內侍各執盤匜帨巾以進宮架樂作禮儀使奏請皇帝搢大圭盥手內侍進槃匜沃水皇帝盥手又奏請帨手內侍進巾皇帝帨手訖又奏請皇帝洗爵奉爵酒官進爵內

侍洗水皇帝洗爵又奏請拭爵内侍進巾皇帝拭爵訖樂止又奏請執大圭奉爵酒官受爵奉爵詣僖祖室酌尊所西向立執尊者舉冪良醞令酌著尊之醴齊訖先詣次室酌尊所北向立禮儀使前導登歌樂作殿中監進跪進鎮圭禮儀使奏請搢大圭執鎮圭前導皇帝入詣僖祖室樂止宮架作基命之樂翼祖室大順之樂宣祖室天元之樂太祖室皇武之樂太宗室大定之樂真宗室熙文之樂仁宗室美成之樂英宗室治隆之樂神宗室大明之樂哲宗室重光之樂徽宗室承元之樂文舞作内侍先設繅藉於地禮儀使奏請跪奠鎮圭於繅藉執大圭俛伏興又奏請搢大圭跪次内侍跪取幣於篚以授奉幣官奉幣官授進幣官進幣官西向跪以進禮儀使奏請受幣皇帝受奠訖受幣官東向跪受以興進奠於僖祖神位前次奉爵官以爵授受爵酒官受爵酒官授進爵酒官進爵酒官西向跪以進禮儀使奏請執爵皇帝執爵祭酒三祭於茅苴奠爵受爵官以爵復於坫禮儀使奏請執大圭俛伏興前導皇帝出户外北向又奏請少立樂止奉幣官進幣官受幣官奉爵酒官受爵酒官進爵酒官俱詣次室内侍舉鎮圭授殿中監又以繅藉詣次室先設於地次舉册官搢笏跪舉祝册讀册官搢笏東向跪讀册文讀訖奠册各執笏興先詣次室户外東向立

卷一萬七千六十

禮儀使奏請再拜皇帝再拜訖禮儀使前導皇帝詣每室奠圭幣酌獻並如上儀次奉幣官進幣官受幣官奉爵酒官受爵酒官進爵酒官俱降復位内侍舉鎮圭繅藉以鎮圭授殿中監以授有司讀册官以下俱降復位禮儀使前導皇帝還版位登歌樂作至位西向立樂止禮儀使奏請還小次登歌樂作前導皇帝降自阼階樂止宮架樂作將至小次禮儀使奏請釋大圭殿中監跪受大圭皇帝入小次簾降樂止文舞退武舞進宮架正安之樂作舞者立定樂止　亞終獻禮直官太常博士引亞獻詣盥洗位北向立搢笏盥手帨手執笏詣爵洗位北向立搢笏洗爵拭爵以爵授執事者執笏升詣僖祖室酌尊所西向立宮架作正安之樂武功之舞執事者以爵授亞獻亞獻搢笏跪執爵執尊者舉冪太官令酌壺樽之盎齊訖先詣次室酌尊所北向立亞獻以爵授執事者執笏興入詣僖祖室神御前北向立搢笏跪執事者以爵授亞獻亞獻執爵祭酒三祭於茅苴奠爵執笏俛伏興出户外北向再拜次詣每室酌獻並如上儀樂止降復位初亞獻行禮將畢禮直官太常博士引終獻詣洗及升殿酌獻並如亞獻之儀降復位初終獻既升次引七祀及配饗功臣獻官詣盥洗位搢笏盥手帨手執笏詣神位前搢笏跪執爵三祭酒奠爵執笏俛伏興再拜詣次位並如上

儀退復位唯七祀先詣司命位奠爵訖興少立次引太祝與諸位前北向跪讀祝文訖退獻官再拜復位　皇帝飲福　初皇帝既晨祼光祿以牛左臂一骨及長脅短脅俱二骨以並載于胙俎升設于僖祖室户外終獻既升獻次引進俎官搏黍太祝太官令詣飲福位北向立奉俎豆爵酒者各立於其後禮儀使奏請詣飲福位簾捲出次宮架樂作殿中監跪進大圭禮儀使奏請執大圭前導皇帝至阼階下樂止升自阼階登歌樂作將至飲福位樂止登歌僖安之樂作皇帝至飲福位西向立尚醞奉御執尊詣酌尊所良醞令酌上尊福酒合置一尊尚醞奉御奉尊詣飲福位殿中監奉爵尚醞奉御酌福酒殿中監北向捧以立禮儀使奏請再拜皇帝再拜殿中監跪以爵酒進禮儀使奏請搢大圭跪受爵祭酒三祭于地啐酒奠爵殿中監跪受爵以興太祝帥執事者持胙俎進減神位前正脊二骨横脊加於俎上内侍受俎以授進俎官進俎官南向跪以進皇帝受俎奠之進俎官受俎以興以授内侍退詣殿上稍西東向立太官令取黍于籩搏以授搏黍太祝太祝受以豆北向跪以進皇帝受訖奠之搏黍太祝受豆以興降復位次殿中監亦跪以爵酒進禮儀使奏請再受爵飲福酒奠爵殿中監受虛爵興以授奉御執事者俱降復位禮儀使奏請執大圭俛

卷一萬七千六十

伏興又奏請再拜皇帝再拜樂止禮儀使前導皇帝還版位登歌樂作至版位西向立樂止次引徹牛俎官徹籩豆及俎籩豆俎各一俎以牛脅祝處登歌豐安之樂作卒徹樂止徹牛俎官降復位禮直官曰賜胙行事助祭官拜賛者承傳曰賜胙再拜在位官皆再拜送神宮架興安之樂作一成止　神主入室　次引奉神主官詣皇帝版位前俛伏跪奏奉神主入室奏訖俛伏興退祠祭官於殿上承傳曰奉神主入室次引薦香燈官搢笏奉帝主入石室訖薦香燈官先撤香於神座納神主於匱訖捧入祏室執笏退復位次引宮闈令奉后主如上儀退復位次引奉神主官詣皇帝版位前俛伏跪奏奉神主入室訖俛伏興退禮儀使奏禮畢前導皇帝降自阼階登歌樂作至阼階下樂止宮架樂作出門樂止禮儀使奏請釋大圭殿中監跪受大圭以授有司皇帝還大次禮部郎中奏請解嚴訖皇帝入齋殿宮闈令以黍稷肺祭籍用白茅束而埋之西階東有司各取幣置於坎大禮使以下就望瘞位禮直官曰可瘞寘土半坎太廟宮闈令監視次引大禮使以下詣東神門外揖位立禮直官贊禮畢揖訖退文武助祭官及宗室以次出次引七祀獻官詣南神門外七祀望瘞位南向立有司置祝版於燎柴焚退太官令帥其屬徹禮饌監察御史詣殿監視收徹

訖宮闈令闔户以降乃退太常藏祝册於匱

宋會要親饗廟

太祖四 乾德元年十一月十五日 開寶元年十一月二十三日 四年
十一月二十六日係親郊朝廟 開寶九年三月五日係親告將幸西京
行事祀禮 太宗五 太平興國三年十一月十四日 六年十一月十六日
雍熙元年十一月二十日 淳化四年正月一日 至道二年正月九
日係親郊朝饗 真宗十二 咸平二年十一月六日乙酉饗太廟至太宗室
撫下歔欷感動左右 五年十一月十一日 景德二年十一月十二日
元儀元年五月六日 二年十一月十八日係親饗朝廟 大中祥符
元年九月十日係親告將行封禪禮十一月二十七日係封禪禮成恭謝
三年十二月十一日係親告將祀汾陰 四年四月六日係封陰禮成
親謁 五年閏十月七日係聖祖降恭謝 六年十二月十五日係親告
將謁太清宮 七年二月十五日係東郊恭謝朝饗 仁宗十三 天聖元年
十一月十二日 五年十一月十六日 八年十一月十八日 景祐二
年十一月十三日 寶元元年十一月十七日 慶曆元年十一月十九
日 四年十二月二十四日 七年十一月十七日 皇祐五年十一月
五日係親郊朝饗 嘉祐二年九月二十六日 嘉祐七年九月六日係
饗萬七十五方
親祀明堂朝饗 嘉祐四年十月十二日係親行祫祭 天聖十年十一
月十一日係修大內恭謝 英宗一 治平二年十一月十五日係親郊朝饗
神宗六 熙寧元年十一月十七日 七年十一月二十四日 十●年十
一月二十六日 元豐六年十一月四日係郊祀朝饗 熙寧四年九月
九日 元豐三年九月二十日祀明堂朝饗 哲宗五 元祐七年十一月●
二日 元祐元年九月五日 元祐四年九月十三日 元符元年十一
月十九日係親郊祀朝饗 紹聖二年九月十八日係祀明堂朝饗 徽宗
九 建中靖國元年十一月二十二日 崇寧三年十一月二十五日 大
觀四年十一月二日 政和三年十一月五日 六年十一月九日 宣
和元年十一月十二日 四年十一月十四日 七年十一月十四日係
冬祀朝饗 大觀元年九月二十七日係祀明饗 高宗十 紹興七年九月
二月一日 十年九月九日並明堂饗廟 十三年五月十一日係奉上
徽宗皇帝徽號册寶饗廟 十一月七日 十六年十一月九日 十九
年十一月十三日 二十二年十一月十七日 二十五年十一月十八
日、二十八年十一月二十二日並係親郊饗廟 三十一年九月一日
係明堂饗廟 孝宗十 紹興三十二年七月十四日 隆興二年十二月二

十九日　乾道三年十一月一日　六年十一月五日　九年十一月八日　淳熙三年九月六日　六年九月十五日　九年九月二十日　十二年十一月二十二日　十五年九月八日　光宗三年九月六日禮部太常寺禮[illegible]言今年十一月十二日謁款于南郊前二日朝獻景靈宮朝饗太廟欲依乾道九年十一月郊祀禮例皇帝行禮合用貴鑾輅將益改用輦從之自後郊祀同此　光宗二淳熙十二年四月六日登極　紹熙二年十一月二十六日南郊　寧宗八慶元三年十一月甲寅　嘉泰三年十一月癸酉　開禧二年　嘉定二年九月庚子　嘉定五年十一月辛酉　八年九月庚午　十一年九月庚辰　十四年九月庚寅

雜錄太祖乾德元年十一月十五日帝以親行郊禮齋于崇元殿翌日自齋次服通天冠絳紗袍執鎮圭乘玉輅鹵簿前導赴太廟宿齋翌日未明三刻帝服袞冕執鎮圭行饗禮于四室自是每親行郊祀前二日朝饗太廟如儀　六年十月判太常寺和峴上言按禮閣新儀唐天寶五年詔饗太廟宜祭料外每室加常食一牙盤將來饗廟欲每室加常食一牙盤禘祫時饗亦準此制仍令宗正寺照撿務在清潔以稱嚴奉從之　開寶九年三月五日以將幸西京四月有事于南郊詔太廟行饗告之禮有司儀將有事于南郊亦先告太廟至是以將赴西京不設戲神主帽行獻禮官攝行此禮是日帝致服乘步輦列仗衛百官班于庭不設樂懸止一獻不行祼禮不飲福不祭七祀　太宗端拱二年七月十九日內出御劄曰上元降鑒宗社儲休率土之濱三時不害至于今歲爲大有年豈繄宗祧之所能斯蓋祖宗之垂祐是思躬蠲清廟祇見明靈陳豆籩庶品之羞薦金石九成之樂謝孫元貺聊展孝思未惟上感于天功無冀庶伸于子道朕取今年八月內親饗太廟宜令所司詳定儀注務從簡約無致勞煩　有司上言海象輿鹵簿有大駕法駕小駕之別自東漢以來大駕以郊天法駕以饗宗廟小駕以行幸又唐禮大駕郊天法駕祀明堂宗廟小駕拜陵及行幸將來饗廟請用法駕鹵簿從之　二十三日詔曰近以稼穡豐登風雨調敘將欲歸功于天地爰思告謝于祖宗已涉良辰躬詣清廟庶展因心之孝兼行及物之恩而精減來逼覩象垂戒方貢躬避敢減輅徹懸如復嚴仗衛于百司鳴和鑾于五輅儀象或列金石盈庭雖云志在孝思無乃自虧嚴揖事既于于典禮情合酌于變通有濟備物之儀恐乖列聖之意所宜改作責在得中其謁廟宜停仍令所司擇日御乾鳳樓肆赦諸事務從簡省其合行恩澤優給並依謁廟例施行　先是有彗出東方故下詔罷行禮

真宗咸平二年十一月六日帝饗太廟至太宗室泣下歔欷感動左右

太中祥符元年十一月二十三日詔曰朕祇事上封克成大典洎言旋于鑾馭合款謝于祖宗蓋以昭答景靈增崇尊號屬來行于冊禮雖遠展于虔誠今御薦徽名已陳明祀特申祇見用達寅恭朕取今月二十七日侯上尊謚禮畢躬謝太廟宜令詳定所與太常禮院定儀注以聞　先是帝謂宰臣王旦等曰朕昨來迴之日親告太廟今回宗廟亦當祇見祖宗旦等請如聖旨奉行　二十五日詳定所上躬謝太廟儀注太常寺李宗諤上真獻樂章　二十六日帝齋于長春殿　二十七日帝服通天冠絳紗袍于朝元殿奉太祖太宗尊謚冊寶拜授攝太尉王旦持節奉冊升輅赴廟行禮奉置室中登駕詣廟酌獻六室　二年十一月十三日詳定所言祀了撿前皇帝親告太廟遣官告后廟元德皇太后廟前一日祭社稷其臘日饗祭望權停告祭日請用常祀之禮獻官祭服并御史監祭從之　十二月十日詔曰朕以親祀后祇昭告祖考緬懷徽烈既逮遠以因心謝念其蔡者在三而因極頃者詳觀定議有所未安入廟則步武正門至庭則迴班東向屬以天封蕆事時遇戒期未敢改更靡皇寧處且躬伸祇見禮取尊嚴是宜避中道以不行奉至神而如在庶由誠懇用罄寅恭謁廟日祗于南東偏門入至殿庭不得令百官迴班仍付所司著爲定式　先是將來封親告太廟禮官撰儀先于南神正門外權殿所其天書禮畢由小次步入南神正門正門百官班于殿庭者皆回身東向以俟至是帝欲盡恭于宗廟故下斯詔　五年閏十月三日詔曰朕以上穹降祐真馭下臨親奉聖言進知遐胄顧眇沖之增祉蓋宗廟之垂休朕以今月七日詣太廟行告謝之禮宜令所司詳定儀注以聞　四日令置五使如郊禮　有司言用饗禮一獻庭設宮架殿上登歌無二舞帝欲重其事乃備三獻以相王元偓爲亞獻舒王元偁爲終獻　五日大禮使王旦言東封汾陰告廟日皆奉天書所以表奉符行事今亦告廟天書重于擧動望不出內奉駕儀仗備用二千人今增至七千人詔可　判太常寺李宗諤上太廟奠獻登歌瑞安曲樂章詔付寺肄習　六日帝齋于長春殿　七日恭謝太廟六室命大臣分告天地社稷宗廟帝作奉仙歌近臣畢和　九年十月十四日中書門下言準御劄以來年正月十日親饗太廟奉上寶冊臣等已嘗面奏若躬上寶冊復行薦饗慮成煩縟有爽寅威望准舊制先遣有司奉上寶冊後親行饗禮伏奉宸旨未賜俯從竊以宗祀有期徽稱是薦屬上春之元吉會縟典之備行在攸司之駿奔而式虔于踐將制乃稱揚清廟巍巍至尊身

嚴大薦之章步中采齊之節奉瑱冊而有大致肅雍而宓三進退多儀周旋協度比其誠事以承顯明若武嗣孝思孚彰行灌酌則肅雍之道登降以武揖讓潔之誠狀興而靡追况又建封斯卑尊號有經伊祖禰之垂歆亦宜同而寅奉惟吾度于太室且尊領于祠官上既諧于昌從下又謹於承式莊體至太傅請爲期太廟六室尊諡冊礼欲望詔有司以來年正月九日奉行十日皇帝躬行朝饗之禮自是三請乃許從之　天禧元年正月三日以朝饗太廟誓百官八日帝詣大德殿庭奉太廟寶冊拜授攝太尉宰臣向敏中持節奉冊升輅以赴太廟帝齋于殿之後閣九日向敏中奉上太廟六室寶冊百官陪列礼畢帝赴太廟宿齋十日朝饗六室　仁宗天聖十年十一月二日詔以修宮室盛取今月六日于天安殿恭謝天地次詣太廟行恭謝之礼備奉冒儀仗一獻飲福如祫享謝成之禮　慶曆三年八月二十一日監察御史蔡襄言同則四時祭饗親之礼有九今守觀則卑焉一歲再臨未嘗薦獻宗廟帝謂輔臣曰朕三歲一祠郊廟而奢及天下今若歲歲親行則人皆覩貴之心朕朝夕奉三聖御容于禁中未嘗敢怠也　四年十一月四十四日朝饗太廟帝不御小次皓並服位礼儀使奏降神之樂至于九變忍難立侯帝曰朕竭誠躬祀固無所勞油饗奉慈廟至章懿皇太后室頗色悽惨左右莫不感動　七年七月二十一日詔將來南郊饗奉慈廟朕且親行之此後當遣宰臣攝事　皇祐二年九月二十五日以大饗明堂與大駕西籌赴景靈宮行薦饗礼畢齋于太廟翌日詣七室行朝饗之礼位皇版位降神樂作帝遣內侍諭樂卿令倫具奏節無得減促蓋慮樂工憚帝久立輒于九變之數潛有損約故戒諭之既飲福受胙降階還位礼儀使以帝久立屢奏請憩于小次須三獻礼終而出帝不先恭立益莊　嘉祐元年八月十七日宰臣文彥博等請罷恭謝前一日謁太廟表三上詔曰朕前款廟祐則將適適隋迷禮恐虧所以各答穹厚永懽曜龍時可帝躬而郊奉因謂左天之治已配帝而中嚴觀德之宮有遣官之薦式循諸典禮皆適經權將來恭謝特遣大臣詣宗廟攝事今宰臣攝事于大廟樞密副使四員攝事于皇后廟樞密副使權戰攝事于奉慈廟　七年八月十日詔凡同郊親饗太廟舊用犢一羊四豕四今用犢一羊七豕七五饗祫饗舊用羊二豕二今用羊七豕七以禘祫攝事舊用羊四豕四今用羊七豕七室后廟孟饗臘饗舊用羊一豕一今用羊四豕四　先是太常礼院言奉詔詳定同則太常寺上公攝祇每歲五饗臘饗太廟七室共用羊二豕二而奉慈一廟亦如之數之豐殺

殊非通宜奉院伏詳天地至尊品物可稱其德故祭用犢以貴誠宗廟社稷則用太牢以別天神之祭也是親則又曰天子犢以太牢礼以合鄉承成曰倘三太牢也周制祫祭每廟各一牢漢舊儀大祫祭每年中分之正斷上帝后斷上后袷祭奏回稽于前數十斤周漢宋廟推帝之嵩從可知矣請如公著議嚹降是詔　神宗熙寧元年十一月十七日帝朝饗太廟至英宗室泣下霑洽並哀左右莫不感動　元豐元年二月八日太常礼院言親祠太廟舊齋坊焚瘞地東南北各約二丈今詳定焚瘞當于南神門外則地步亦當如舊仍環以青繩務令嚴潔從之　三年八月十四日郊廟奉礼礼文所言特牲饋食礼尸九飯主人既酳尸祝酌授尸尸以酢主人主人左執角祭酒進聽嘏少牢饋食礼二佐食各取黍于一敦上佐食搏之以授尸尸執以命祝祝受以嘏于主人曰皇尸命工祝承致多福無疆于女孝孫來女孝孫使女受祿于天宜稼于田眉壽萬年勿替引之蓋祝將命祝接神者也先命祝以嘏主人何也言神歆其祀畀以長大之福祝能傳神之意致之于主人耳故曰祝以孝告嘏以慈告楚詩曰祝天子之礼亦曰工祝致告徂賚孝孫丁寧漢祠恭懷皇后暇辭曰恭懷皇后命工祝承致多福無疆于爾孝曾皇帝是東漢猶使工祝今礼皇帝飲福乃古之受嘏而儀注則以內臣酌酒授侍中侍中跪進皆無所本又漢古者祝以嘏奉嘏主人然後擇神之辭其謂之昨者止是尸與主人相荅酢之爼今獨用胙爼而無嘏詞于礼爲闕所有明堂南郊太廟親祠飲福
納酒受嘏詩受嘏命太祝儀撰嘏辭侍奉之親命太官令取
從之　二十三日太常礼院言舊儀親祠太廟車駕未至大次太祝宮闈令奉出帝后神主置于座行礼畢已還齋殿方納神主通被奮親祠皇帝于阼階出神主及礼畢納神主然後皇帝降阼階伏拜皇帝立阼階立俟太祝宮闈令奉出帝后神主至于座方行礼礼儀使奏礼畢皇帝立俟神主訖降阼階八室帝主以太祝入匱遷納其僖祖順祖翼祖宣祖太祖太宗真宗仁宗室后主只令太廟宮闈令二員伏緣皇帝立位立定方行遷納應宮闈令員少遷納遲緩乞權差宮闈令七員同奉從之　四年九月二十九日詳定郊廟奉祀礼文所言親祠太廟入太廟西門適廟南門望即降輅步入廟少東升輦就大次仍留令群臣奉祠並于西廡星門內下爲從之　六年十月二十三日尚書礼部言親祠儀注南郊則先奏樂六變升禋以降神然後皇帝升壇奠鎮圭上香奠玉幣以礼神太廟則皇帝先詣逐室奠鎮圭上香裸鬯于地奠幣訖退復位然後作樂九變以降

神伏緣祭祀必先求神而後禮神今來儀注奠圭幣俱在未作樂之前且祼求諸陰樂求諸陽二者主于求神祼乎作樂之前可也圭幣係降神之後禮之物既未降神豈可先行禮神之事與郊禮求神禮神先後次序不同欲乞只依舊儀先奏樂然後皇帝詣盥洗上香祼鬯奠玉幣戴延聖意必從先祼以合周人先求諸陰之義即乞晨祼之時皇帝先搢大圭上香祼鬯復位俟作樂饋食畢再搢大圭執鎮圭奠于繅藉次奠幣須執齊然禮神並在降神之後從之　十一月五日帝親祠南郊前期三日奉神宗夾室徽號册寶于太廟是日齋于大慶殿翌日薦饗于景靈宮禮畢帝服通天冠絳紗袍乘玉輅至太廟宰臣百僚班迎于廟門侍中跪請降輅帝却乘輿步入廟趨至齋宮翌日帝服靴袍至大次有司奏中嚴外辦禮儀使跪奏請行事帝服袞冕以出至東門外殿中監進大圭帝執以入宮架樂作升東階樂止登歌樂作至位樂止太祝宮闈令奉諸室神主于座禮儀使贊曰有司謹具請行事帝再拜詣盥洗登歌樂作降階樂止宮架樂作至洗南北向樂止帝搢圭盥帨洗瓚拭瓚訖執圭宮架樂作升堂樂止登歌樂作殿中監進鎮圭帝搢大圭執鎮圭詣僖祖室樂止登歌奏瑞安之曲至神座前北向跪奠鎮圭于繅藉執大圭跪三上香執瓚祼地奠瓚

卷一萬七千五十九

執幣奠訖執圭俛伏興出戶外北向再拜內侍舉鎮圭以授殿中監至次室行事皆如前儀帝還位登歌樂作至位樂止宮架興安之樂作文舞九成止禮部戶部尚書以次官奉逐室俎豆宮架豐安樂作奠訖樂止帝再詣罍洗登歌樂作降階樂止宮架樂作至洗南北向立樂止帝搢圭盥帨洗爵拭爵訖執圭宮架樂作帝升東階樂止登歌樂作至僖祖室樂止宮架樂作帝搢圭跪受爵祭酒三奠爵執圭俛伏興出戶外北向立樂止太祝讀册文帝再拜詣次室皆如前儀帝還位登歌樂作至位樂止文舞退武舞進宮架正安之樂作亞獻以次行事如前儀樂止帝詣飲福位登歌樂作至位樂止宮架僖安樂作帝再拜搢圭跪受爵祭酒三啐酒奠爵受俎奠俎受摶黍奠黍豆再受爵飲福酒訖奠爵執圭俛伏興再拜樂止帝還位登歌樂作至位樂止太常博士編祭七祠配饗功臣戶部禮部尚書徹俎豆登歌豐安樂作徹訖樂止禮直官曰賜胙行事陪祠官再拜宮架興安樂作一成止太祝宮闈令奉神主入廟祏室禮儀使跪奏禮畢登歌樂作帝降階樂止宮架樂作出東門殿中監受大圭歸大次樂止有司奏解嚴轉仗赴南郊　日元豐元年上命樞密直學士陳襄等詳定郊廟奉祀禮文正歷代典禮之失至是蕆事之儀煥然一新天下稱慶　哲宗元符

元年八月六日三省言禮部奏南郊前朝饗景靈宮太廟乞俟終獻行禮畢皇帝再升飲福降還位從之　十一月十八日帝詣太廟齋宿自廟門降輅屏蓋步至齋殿翌日朝饗詔讀册官至御名勿興及饗神宗室悽泣下禮畢乘輿出至廟門少東進步就輅詔讀册至御名勿與事者為令　三年四月二日太常寺言親祠太廟俎寔當罷大牲腥熟腸胃止存雄肺判肺從之　徽宗建中靖國元年十一月十八日以冬祀親饗太廟及門降輅步入翌日奉瓚祼鬯至神宗室悲傷感咽是時風雪連日上屏常膳御蔬食循之審止禮畢自齋殿步出廟南門就輅遵近侍宣諭宗室世雄等曰宗室執事升降審詳周旋合度雖隆周盛際無以加焉　二十一日薦饗于景靈宮遂齋于太廟　二十三日朝饗九室　崇寧三年十一月二十四日以冬祀親饗太廟及門降輅步入有司奉繖扇上揮手却之仍進蔬膳　二十五日祼獻至神宗室感咽垂涕繼至哲宗室涕淚不已群臣侍祠者莫不感動　大觀元年十月十日宰臣蔡京等言伏見宗祀之月久雨不霽宿齋之夕雨尚滂注翌日陛下登輅啟行自宮詣廟天日清明和氣充塞既至廟門却繖去扇進簟步御步入齋殿及祼獻神宗室涕泗歔欷感動左右再行奠幣淚猶不止誠孝昭格天人感通乞付史

卷一萬七千五十九

館從之　四年十一月十五日宰臣何執中言陪祀親祠伏見陛下朝饗太廟却繖步進不鳴蹕屏去燭籠禮行神宗之室涕泗交流再三揮洒被面洽衣至哲宗室又復流涕侍祠之官莫不感泣盛德之事足以示訓乞付史館從之　政和三年十一月二十四日太師蔡京等言臣等獲以職事奉祠大禮伏覩陛下祇戒精專備期齋沐食不茹葷降輅于廟門之外却繖去扇步入齋宮躬奉玉册架上神宗徽號洪洽祠禱逮薦饗入室畢再詣神宗室淚猶不止執事之臣莫不歔欷及奠玉圜壇當御小次乃端立于小次之簷以俟亞獻終獻行禮臣等謂以陛下功成不居歸美先烈禮行于廟誠孝篤至感動左右祇虔祀事不少想見遂致天人感格應答如響臣等不勝欣慶伏乞宣付秘書省垂訓萬世從之　宣和四年十一月十三日朝獻天興殿陰霾解剝陽景來臨午至廟上輦却蓋步入齋宮十四日饗于太室祼鬯神考淚落霑衣暨祭讀册告涕泗交墮侍神祠之臣皆惻楚感動十五日躬祀黼吉選休百禮俱洽亞獻既升不御小次皇天宴佚昭答不違壁月垂耀信星飛列非霧非烟磅礴騰靄已事而退慈雲四委平旦迴鑾繽紛紫積四表一色御樓賜宥已告孟天越雨蓋夜同雲忽霽白日朝鮮臣誤叨豢席夙惟聖德動天昭格如響寔萬世無疆

之依已付秘書省許拜表稱賀從之　七年十一月十七日駕詣太廟行禮二十四日太宰白時中言伏覩皇帝陛下近因歲祥將修大祀告躬謁祓風夜惟寅謁款殊廷休氣充塞駿儼于廟祖考歆饗祼獻神宗祐室涕泗交頤左右之臣靡不感動既乃御于郊次坐宴四塞夜漏初下天宇開除炅升紫壇休光明渊翔元冬凝寒之候協景氣晏溫之符德兆歆時斂所來有益陛下遵齋親饗孝通神明精意感格度祚無疆乞宣付秘書省手詔答曰朕躬款陽郊三歲大報荷天降祐景氣晏溫先期祇獻清廟既祼之際追念罔極霜露所感人子常情何足書于太史所請不允　高宗皇帝紹興元年八月三日禮部御史臺太常寺言自來大禮前一日皇帝詣太廟行朝饗之禮今太廟神主見在溫州乞差官一員奉饗宗廟抗冊前去溫州行禮詔差右監門衛大將軍士艺　四年三月三日太常寺言紹興元年明堂大禮前一日朝饗太廟係差宗室南班官自行在赴溫州行禮今已守差宗室南班官七衛在溫州充獻官欲就差本官充前一日朝饗初獻官從之　十六日禮部言將來大禮前一日朝饗太廟遣官行禮依自來禮例用登歌大樂太常寺檢會紹興元年明堂大禮親祠行禮止設登歌樂不當更用宮架樂舞前一日朝饗太廟係是遣官奉竹冊行

卷一萬七千零九

禮不當設用登歌之樂將來大禮前一日朝饗太廟止合依紹興元年禮例施行從之　六月六日禮部太常寺言紹興元年明堂大禮前一日遣官詣太廟行禮係初獻掌攀本所提點官通攝撰簽除行事執事官等就太廟齋坊宇行禮前一日受誓戒散齋致齋依儀所有合用竹冊一十一副乞令所屬製造學士院修撰進書御名訖吏部差使臣一員齎發前去其牲牢依典禮合用牛犢羊豕太廟見在溫州遣官行禮即與親祠事體不同欲除牛犢不排辦外所有羊豕令溫州收買所設禮器就用太廟奉迎所見管禮器其七祀并配饗功臣位自來於京有司排辦五饗太廟係差官行禮緣今來係權于溫州真華宮奉安宗廟比在京事體不同及紹興元年禮例即非親祠不當排辦七祀配饗功臣欲依上件禮例從之　五年閏二月八日宰執進呈遣中使往溫州奉迎太廟神主上曰朕以宗廟在遠心常歉然今奉迎神主至行在當行朝謁之禮沈與求曰古者征伐載木主而行令雖戎輅在行凡廟未復欲因時革創一行朝謁之禮亦足以仰慰孝思上曰祖宗故事惟景靈東西宮則有薦獻太廟則焚香而已大禮必簡所以尚嚴也四月十五日禮部太常寺言張銖奉迎太廟神主前來行在依禮例俟奉安畢車駕詣宗廟行朝謁之禮詔令月二十日恭

謁太廟別廟神主前行款謁禮　十七日太常寺言選定今月二十日車駕詣款太廟安奉神主畢具其儀注從簡約上曰國朝故事亦有禮官所不知者日來車駕迎見太廟門即徹去繖蓋所以盡恭于宗廟　十九日太常寺言車駕恭詣太廟別廟神主前行款謁禮合用御封香一十一合乞令入內內侍省預先請降及侍省撥應內侍及宮闈令一十一員太廟已有二員亦乞令本省增差從之　二十日詣太廟行款謁禮值雨可別擇日二十九日禮部太常寺言得旨五月二日車駕詣太廟別廟行款謁禮緣其日章懷皇后忌前一日皇帝合服黃袍恭謁禮例是日皇帝自內中先服紅袍詣太廟別廟行禮畢還內俟至宮中易忌前之服從之五月二日車駕詣太廟行款謁禮　七年五月一日禮部太常寺言今明堂大禮依已得旨車駕前一日朝獻景靈宮前一日朝饗太廟朝獻景靈宮于常御殿設位行禮畢合詣太廟宿齋緣太廟別無齋殿欲乞依例止于行宮宿齋至日自行宮詣太廟行禮畢還行宮宿齋從之　六月二十三日吏部尚書兼侍讀史館修撰孫近兵部尚書兼都督府參謀軍事呂祉刑部尚書兼侍讀胡交修戶部侍郎梁汝嘉工部侍郎兼侍講趙霈給事中胡世將中書舍人張燾權戶部侍郎兼詳定一司敕令王賞權禮部侍郎胡寅起

卷一萬七千零九

居郎兼權中書舍人樓炤侍御史周秘殿中侍御史石公揆左司諫陳公輔右司諫王縉樞密院編修官權兼太常博士鄭剛中言竊見明堂大禮前一日皇帝躬詣太廟名曰朝饗謹按春秋傳公三十三年凡君薨卒哭而祔祔而作主特祀于主烝嘗禘于廟杜預謂新主既特祀于寢則宗廟四時常祀自當如舊是則考之往古居喪得見宗廟有如此者又按景德三年明德皇太后之喪既易月而服除真宗遂饗太廟合祭天地于圜丘熙寧元年神宗居諒闇復用景德故事躬行郊廟之禮是則考之本朝居喪得見宗廟有如此者將來明堂大禮已在易月服除之後躬行朝饗自無可疑議者止謂三年之喪前此未有故恐今日行之爲非夫三年之喪陛下行之內廷所謂諒闇心喪者也麤衣蔬食不以爲朝廷之禮也陛下萬機之繁收復之望奪罔極之懷躬宵旰之勤坐朝起居如平時矣裁決庶務如平時矣親御戎輅亦復幸進矣何獨至于見宗廟而未可又按唐故事將有事于上帝則百寮皆稱遣使祭告惟太清宮太廟則皇帝親行其餘祝皆曰某月日有事于某所不敢不告宗廟謂之奏告餘皆謂之祭告至天寶九載乃謂告者上告下之詞遂下詔太清宮宜稱朝獻太廟稱朝饗衆世相因遂失奏告之名明堂前期之禮蓋告也非祭也謂之饗則

在典故亦為可行謂之昔則尤無可議者先王制禮本諸人情惟從此參酌以無為故情文協中而可舉今明堂大禮前一日皇帝合詣大廟朝饗詔依先是翰林學士朱震言竊見紹興四年明堂大禮前一日朝太廟是時太廟景靈宮寓溫州故妻提舉奉迎所差官行事今駕幸建康見修太廟陛下遂以此文故將行三年之喪則前期朝饗之禮臣竊史當考據經傳使情文相副以稱陛下事親之心臣謹按王制喪三年不祭惟天地社稷為越紼行事傳曰不敢以卑廢尊春秋僖公三十三年左氏傳凡君薨卒哭而祔祔而作主特祀于主烝嘗禘于廟杜預以謂新主既特祀于寢則宗廟四時常祀自當如舊此世遂以居喪可得見宗廟則非也臣嘗考之周官春官太宗伯之職掌建邦之天神人鬼地祇之禮以禋祀祀昊天上帝若王不與祭則攝位傳曰王有故代行其祭事蓋左氏傳言君薨卒哭而祔祔而作主特祀于寢而烝嘗禘四時之祀自當以有司攝祭而祀于廟也若作主祀于寢又烝嘗禘祀于廟是數祭也又儀禮士虞記曰期而小祥曰薦此常事又期以大祥曰薦此常事中月而禫是月吉祭三年之喪天下之通喪也以諸侯言之特祀于寢以士禮言之禫而後吉祭孰謂王者三年之喪而可以見宗廟行吉祭乎臣又嘗著之春秋之經莊公以

卷一萬七千五十九

三十二年八月癸亥薨至閔公二年夏五月適二十二月在三年之中矣而閔公以吉禮禘莊公于廟仲尼譏之書于春秋曰夏五月乙酉吉禘莊公公羊傳曰譏始不三年也穀梁傳曰喪事未畢而舉吉祭故非之也國朝熙寧元年正月神宗居諒闇有旨令兩制待制以上臺諫官與太常禮院同詳定今年冬至當與未當親行郊禮議者謂景德二年真宗居明德皇太后之喪既易月而服除明年遂饗太廟合祀天地于圜丘臣謂在諒闇祀天地于圜丘是也饗太廟之禮以當時未嘗躬行三年之喪乃行以日易月之制可也在今日行之則非也又仁宗時詔下太常以九月十二日于大慶殿行恭謝天地之禮前一日詣太廟群臣以聖躬始和三上表請罷謁太廟其詞曰且天地念生民之深時則錫九穀之福維祖宗悼總統之重豈欲煩大駕之勤則今陛下行三年之喪退朝之後飢食粗衣哀傷至矣為可犯霜露之氣振輿馬之音哉伏望詔在廷之臣考古驗今斷以聖學行周公之典禮皆仲尼之春秋士杜預之曲說化天下之為人子皆知三年之喪書之史冊為萬世法有旨令侍從臺諫禮官同共詳定至是上故有是命　七月十一日禮部太常寺言將來明堂大禮依已降旨前一日朝饗太廟檢照景德熙豐南郊故事皆在諒闇之中當時親

行郊禮除郊廟景靈宮合用樂外所有鹵簿鼓吹及樓前宮架諸軍音樂皆備而不作其逐處警場止鳴金鉦鼓角而已今臣僚欲請罷宗祀奏樂受胙故事即無去奏樂受胙之文兼祖宗故事所載大饗明堂蓋亦為民祈福奏樂受胙合依祖宗累朝已行故事施行　從之先是監察御史趙渙言春秋有事于武宮叔弓卒去樂卒事以輔佐之喪而猶去樂況夫王后之喪而可用備樂于戴祀既殯既葬而祭五祀則尸入三飯不侑不酢以五祀之祭猶廢侑酢況宗廟之祭而可享受福釐于此哉謂國有大喪天地明堂皆去聲樂且不受胙有唐祭日遇國忌備樂而不奏此皆得禮之體也陛下踐在喪服而猶言祀者用王制之言不敢以卑廢尊也今惟聲樂受胙于未安若蓋拜既受陛既先蓋度之事而虞祔既畢則朝加先帝之登陛下薦祼饋奠進論戴室先時想像平生悲哀感愴而乃金石絲竹雜然並奏豈不逆神靈之至意而傷陛下之孝心哉將來明堂大禮前一日乞依列聖故事躬詣宗廟行朝饗之禮其奏樂受胙二事乞復庶合禮制有旨令本部太常寺討論故也　八月五日詔明堂大禮前朝獻景靈宮朝饗太廟拜褥改用緋先是太常寺言昨紹興四年明堂行禮黃羅拜褥改用緋臣檢照太常因革禮冬至祀昊天上帝景祐五年十一月十八日是歲

卷一萬七千五十九

儀注有司言伏見壇上昊天上帝皇地祇褥以黃配地褥以緋以示損于天地皇帝拜褥及飲福褥以緋示不敢同于祖宗詔壇上黃道皇帝拜位及飲福並改用緋故有是命　十二年十二月十一日禮部太常寺言奉上徽宗皇帝徽號冊寶畢次日皇帝親饗太廟今參酌下項　一依儀皇帝親饗太廟散齋七日致齋三日其行事執事文武助祭官及宗室前三日服朝服請劍佩依禮例宰執使相侍從臺諫武臣正任以上并應奉官並服朝服餘並常服立班奏請致齋候皇帝未後詣齋宮奏請就退今來親饗太廟欲乞依前項儀并禮例施行　一依儀前二日未後奏請皇帝詣齋室其日樞密院官已下先詣垂拱殿起居今來親饗欲乞依禮例于常御殿齋室後閣起居　一將來親饗欲乞依例于尚書省習儀　一依禮例皇帝親祠行禮合設寶今來親饗太廟欲乞依禮例權不設寶　一親祠太廟依禮例請冊寶御名勿興殿上下撤去黃道祠禱入殿則不張蓋百官不得回班御儀從物繖扇不入殿行禮前衛士不起居呼萬歲今來親饗欲乞依上件禮令施行　一勘會遇皇帝行禮飲福係合用玉爵將來親饗欲乞依禮例權用金爵　一依禮例親饗太廟合設七祀及配饗功臣于殿下設位差官行禮今欲乞依禮例施行　一將來親饗太廟并

習儀受誓戒禮畢次日硯乞依禮例有司並各休務　一日一將來親饗太廟行禮前三日皇帝內殿宿齋依體例合排設嚴更警場欲乞依紹興十年體例施行並從之　十七日禮部侍郎兼侍讀定錄院修撰權直學士院王曮等言將來車駕詣太廟行饗禮已降旨乘輅儀仗依禮例為車駕乘輅其宰執使相侍從兩省正任拜監察御史各服朝服于輅前分左右騎導親饗太廟欲乞令御史臺閤門告報從之同日王曮等又言將來奉上徽宗皇帝徽號畢是日車駕詣太廟行饗禮今檢會五禮新儀禮畢諸軍振作其來年正月十一日行禮畢供車駕乘輿出太廟東櫺星門徹禮例令鈞容直作樂引駕還內從之　二十二日詔親饗太廟以太師■尚書左僕射秦檜為大禮使以簽書樞密院事程克俊為禮儀使人詔執政官命秘書少監秦熺二十三日詔親饗太廟以士㒟為亞獻士街為終獻二十七日詔親饗太廟亞獻改命普安郡王某士㒟以疾辭故也十三年正月七日主管禁衛所言自來車駕行幸鳴鞭引駕如至神御殿并凡近殿祠近百步依例更不鳴鞭今聖駕詣太廟親饗太常寺儀注至日于皇城北門東降輦陞輅並合鳴鞭前導引至太廟櫺星門外降輅亦合鳴鞭詔太廟櫺星門外降輅更不鳴鞭同日詔正月十一日奉上徽宗皇

帝徽號冊寶親饗太廟行禮依儀齋所有九日十日早晚御膳並進素　十八日權禮部侍郎王賞言恭覩今月十一日加上徽宗皇帝徽號皇帝親饗太廟誠孝格天前數日陰雲欲雪及致齋行事日霽霧澄穆日景融明初九日發冊寶皇帝立于殿下望冊寶出殿門涕泗潸然十一日親饗至徽宗皇帝室前又流涕不止左右莫不感動酌獻畢不御小次申敕臣僚務要肅上件事跡伏望宣付史館以昭聖孝從之　慶元二年六月十四日禮部太常寺言將來車駕親行朝饗禮依禮例皇帝服靴袍乘輦出北宮門至太廟合用黃麾仗乞下兵部施行從之同日詔親饗禮儀使差右丞相京鏜都大主管官差入內內侍省押班王德謙十七日詔七月六日親饗亞獻差太師安德軍節度使充萬壽觀使嗣秀王伯圭終獻差少師保康軍節度使充醴泉觀使嗣濮王士歆二十八日詔今來親行太廟之禮讀冊官讀至御名勿興殿上下徹去黃道裀褥入殿門不張蓋百官不得回班御燎從物繖扇不入殿行禮前衛士免起居不呼萬歲并飲福黃羅拜褥並改用緋並依此施行七月六日親饗太廟七月十一日宰臣京鏜等奏親饗之朝陛下初見宗廟得此晴霽成禮神人歡洽是皆聖孝有所感格臣等不勝積慶之至

親饗太廟別廟行禮儀注

誓戒　如紹興修立郊祀誓戒儀注，惟不置郊社令誓文曰今年七月十四日皇帝為登寶位親行朝饗太廟別廟各揚其職其或不恭國有常刑

致齋　皇帝散齋七日于別殿致齋三日于齋殿並行禮日自齋殿詣太廟餘如郊祀儀注

陳設　前饗三日儀鸞司設大次于太廟東神門外道北南向小次于阼階東稍南西向又設文武侍臣次于大次之前行事助祭官宗室及有司次于廟之內外各隨地之宜設饌幔于南神門外每室饌幔各一（內別廟饌幔設于本廟殿下）隨地之宜又設七祀次于殿下橫街之北道西東向又次配饗功臣次于殿下橫街之南東西相向（每室配饗功臣各為一次）前饗二日宮闈令帥其屬掃除廟之內外閱瘞坎于殿西階之東南方深取足容物南出陛太常設七祀燎柴于南神門外有司奉牲詣祠所太常陳登歌之樂于殿上前楹間稍南北向設宮架于庭中立舞表于酇綴之間前饗一日奉禮郎禮直官設皇帝位版于阼階上飲福位于東序俱西向贊者設亞終獻位于小次南稍東助祭親王宗室使相在其南進幣爵酒官受爵酒官奉幣官薦俎豆籩簋官攢華俎官薦豕俎官受幣官盥洗奉爵官奉瓚槃官舉冊官七祀獻官在助祭宗室使相之南並西向北上設行事光祿卿讀冊官光祿

丞功臣獻官位在其西（光祿丞以下位皆稍卻）執事官位于其後助祭宰相使相使在其南執政官在其西又設監察御史位二于西階下俱東向北上奉禮郎太祝太官令于東階下西向北上協律郎位二一于殿上磬虡之北稍西一于宮架西北俱東向押樂太常丞于登歌鐘虡之北押樂太常卿于宮架之北俱北向良醞令于尊彝所北向薦香燈官宮闈令位于室內北向西上又設助祭文武群臣宗室位于橫街之南東西相向有司陳牲于東神門外當門西向以南為上祝史各位于牲後太常設省牲位于牲西進幣爵酒官受爵酒官奉幣官受幣官盥洗奉爵官奉瓚槃官位于道南北向西上七祀配饗功臣獻官在其後薦籩豆簠簋官薦華俎官薦豕俎官篚爵水官增沃盥水官押樂太常卿光祿卿讀冊舉冊官押樂太常丞光祿丞奉禮協律郎太祝太官令宮闈令于道北南向西上（凡設押樂太常丞位皆少卻）監察御史位二在薦俎官之右少卻太常設禮饌于東神門外道北南向又設省饌位版于禮饌之南進幣爵酒官受爵酒官奉幣官受幣官盥洗奉爵官奉瓚官位在南北向西上七祀配饗功臣獻官在其後監察御史位二在西東向薦籩豆簠簋官薦華俎官薦豕俎官篚爵水官增沃盥水官押樂太常卿光祿卿讀冊舉冊官押樂太常

奉禮郎協律郎大祝太官宮闈令在東西向北上太祝帥其屬設祝册案于室前之右司尊彝帥其屬設幣篚于酌尊所次設籩豆簠簋之位每室左二十有六豆右二十有六豆俱為四行俎二一在籩前一在豆前次設俎九在豆右為三重登一在籩豆間鉶三皆有柶在登前簠八簋八在籩豆二俎間簠在左簋在右設爐炭于室戶外蕭蒿稷黍于其後又設毛血盤肝膋豆于室戶外之左捐前設尊彝之位每室斝彝一黄彝一皆有舟著尊二壺尊二皆有罍加勺冪為酌尊太尊二山尊二犧尊二象尊二皆有罍加冪而不酌俱北向西上太常設七祀位于殿下橫街之北次內司命中霤門行厲灶又設配饗功臣位于橫街之南次內韓王趙普周王曹彬位于橫街之南道西東向太師薛居正太師石熙載鄭王潘美位在其西太師李沆太師王旦太師李繼隆位又在其西太師王曾太師呂夷簡侍中曹瑋位又于其西又設司徒韓琦太師曾公亮位于橫街之南道東西向太師富弼位在其東太師司馬光位又在其東太師王忠彥位又在其東俱北向皆席以蒲大廟設神位版于座首司尊彝設祭器每位左二籩右二豆俎一在籩豆前簋一簠一在俎前簋在左簠在右爵一次之象尊一在籩前加冪又設籩豆簠簋各一俎二于每室及別廟饌幔內內第三室以下并別廟籩豆簠簋設于酒尊所設進盤匜帨巾內侍位于皇帝版位之後分左右奉盤者北向奉匜及執巾者南向又設亞終獻盥洗爵洗于其位之北盥洗在東爵洗在西罍在洗東加勺篚在洗西南肆實以巾爵洗之篚則又實以爵太官令設盥洗于西階下七祀配饗功臣獻官盥洗各于神位之前七祀及配饗功臣位前設洗各一罍巾篚巾各設于左右執罍者位于其後饗日未行事前宮闈令開室帥其屬整拂神幄如常儀司尊彝入設祭器太府卿帥其屬入陳幣于篚幣以白光祿卿帥其屬入實籩豆簠簋籩四行以右為上第一行糗餌在前粉餈次之第二行醴在前蕡白黑形鹽膴鮑魚鱐次之第三行乾棗在前濕棗栗黃乾桃濕梅乾橑榛菱又次之第四行芡在前鹿脯又次之豆四行以左為上第一行酏食在前糁食次之第二行韭菹在前醓醢菁菹鹿臡芹菹兔臡又次之第三行葵菹在前蠃醢脾析菹蚳醢豚拍魚醢又次之第四行芹菹在前兔醢深蒲醓醢筍菹魚醢又次之簠實以稻粱在稻前簋實以黍稷稷在黍前登實以大羹鉶實以和羹加芼滑大官令帥其屬入實俎籩前之俎實以羊豕七體兩髀兩肩兩脅并脊以兩髀在兩端兩肩兩脅次之脊在中豆前之俎實以豕腥七體其載如羊豆右之俎九為三重以北為上第一重實以牛豕牲首各一第二重實以羊腥腸胃肺離肺在上端刌肺三次之大腸三胃三又次之一實豕腥膚九橫載第三重一實羊熟腸胃肺一實以豕熟膚其載如腥皆羊在左豕在右良醞令帥其屬入實尊彝及尊罍并彝實以明水黃彝實以鬱鬯著尊二一實以元酒一實醴齊皇帝酌之壺尊二一實元酒一實盎齊亞終獻酌之太尊二一實泛齊一實醴齊山尊二一實盎齊一實醍齊犧尊二一實沈齊一實事酒象尊二一實昔酒一實清酒並設而不酌凡罍之實各視其尊又實七祀及配饗功臣位禮饌每位左二籩栗在前鹿脯次之右二豆菁菹在前鹿臡次之俎一實以羊豕腥肉簋實以稷簠實以黍爵一象尊一皆實以清酒太常設燭于神位前設行事執事官揖位于東神門外如省牲之位設望瘞位于瘞坎之南如省饌之位儀鸞司設册幄于南神門外道地之宜饗前一日學士院以祝册授通進司進御書訖降付尚書禮部吏部設黃麾仗自和寧門至太廟櫺星門外

省牲器　儀注如紹興十三年親饗唯舊用未後二刻掃除廟門外陳設祭器幣篚三刻省牲饌鼎鑊樂器等今用其日質明宮闈令帥其屬掃除廟之內外司尊彝帥執事者以祭器入設于位凡祭器皆藉以席又加巾蓋太府卿入陳幣于篚玉幣未牌散禮直官贊者分引大禮使以下並服常服詣東神門外省牲位光祿卿丞與執事者牽牲就位禮贊官贊揖贊者引押樂太常卿入行樂架先亞終獻行事官皆禮直官太常博士引大禮使執政官及亞獻濯官先齊郎官進饌官行事官皆禮直官引餘官皆贊者引次引眡滌濯官及升自西階眡滌濯凡行事執事官升降皆自西階由內壇奉官并執事隨應奉人各隨應奉陪升降次引申視滌濯官申眡滌濯執事者皆舉冪曰潔俱退復位禮直官稍前曰告潔畢請省牲前引省牲官稍前省牲訖退復位次引光祿卿出班巡牲一匝西向躬曰充曰腯次引光祿丞出班巡牲一匝西向躬曰腯俱復官禮直官稍前曰省牲訖請就省饌位揖訖引大禮以下各就位禮直官贊揖有司省饌俱畢禮直官贊省牲畢揖訖俱還齋所光祿卿丞及執事者以次牽牲詣廚授太官令次引省鼎鑊官詣廚省鼎鑊視濯溉次引實鑊水官詣廚實鑊水次引增沃鑊水官詣廚增沃鑊水協律郎展視樂器乃還齋所晡後一刻太官令率宰人以鸞刀割牲祝史各取毛血實于槃又取膟膋實于登俱置饌所遂烹牲宮闈令率其屬掃除廟之內外

車駕自齋殿詣太廟　其日文武侍祠行事執事助祭官宗室先詣太廟祠所其從駕臣僚並服常服就次有司進輦于齋殿其從

爲臣僚並從駕次禮直官通贊舍人引禮部侍郎奏請中嚴少頃又奏
外辦皇帝自齋殿服靴袍詣齋殿即御座鳴鞭行門禁衛諸班親從諸司
祗應人員以下各自贊常起居次知客省事以下樞密都承旨以下入內
內侍省都知以下帶御器械官應奉祗應通侍大夫以下武功大夫以下
及新舊班祗候文臣一班常起居宣贊舍人贊從駕臣僚並常起居凡起居
前上奏聖躬萬福次管軍臣僚並常起居躋宣名即宣名若傳旨免起居
更不起居皇帝乘輦自西階撣警蹕侍衛如常儀出和寧門將至太廟
御史臺閤門分引文武助祭官宗室禮直官贊者引行事執事官俱詣廟
櫺星門外立班再拜奉迎訖退內已奏起居止奏聖躬萬福皇帝乘輦入
櫺星門至大次侍衛如常儀皇帝降輦入大次簾降舍人承旨敕群官各
還次以俟立班行禮　晨祼　其日未明五刻行事用丑時前一刻宮闈令開
室帥其屬掃除大祝奠冊于案太府卿入陳幣光祿卿入實籩豆簠簋太
官令入實俎良醞令入實彝及尊罍樂正帥工人二舞以次入與執尊罍
篚冪者各就位諸祭官及助祭官宗室迎駕訖各服其服執事官各入就
位次御史臺太常寺閤門宣贊舍人分引文武助祭官及宗室各入就位
禮直官贊者分引行事執事官詣廟東神門外揖位立禮直官贊揖訖先

（卷一萬七千五十九）

引監察御史按視殿之上下糾察不如儀者降階就位次引行事執事官
以下各入就位皇帝入大次禮儀使樞密院官太常卿閤門官太常博士
禮直官分立于大次之左右引禮部侍郎詣大次前奏中嚴少頃又奏外
辦禮儀使當次前俛伏跪奏禮儀使臣某言請皇帝行事奏訖俛伏興還
侍位禮儀使奏禮畢准此簾捲皇帝服袞冕以出侍衛如常儀禮儀使以
下前導至東神門外殿中監跪進大圭禮儀使奏請執大圭前導皇帝入
自正門侍衛不應入者止于門外協律郎跪俛伏舉麾興工鼓柷宮架作
乾安之樂作皇帝升降行止皆奏乾安之樂至作階下偃麾戛敔樂止凡
樂皆協律郎跪俛伏舉麾興工鼓柷而後作偃麾戛敔而後止升自作階
登歌樂作左右侍儀之官量人數從升至版位西向立樂止禮儀使以下
分左右侍立凡行禮皆禮儀使樞密院官太常卿閤門官太常博士禮直
官前導至位則分立於左右次引奏奉神主官詣皇帝版位前俛伏跪奏
奉神主奏訖俛伏興退祠祭官於殿上承傳曰奉神主次引薦香燈官入
室搢笏奉帝主啓匱設於座以白羅巾覆之執笏退復位次引宮闈令奉
后主如上儀以青羅巾覆之退復位次引奏奉神主官詣皇帝版位前俛
伏跪奏奉神主訖奏訖俛伏興退禮儀使前奏有司謹具請行事又奏請

再拜皇帝再拜贊者曰再拜在位官皆再拜訖次引奉瓚官升詣僖祖神
位前西向立奉瓚槃官升詣皇帝版位前奉瓚槃北向立內侍各執盤匜
帨巾以進宮架樂作禮儀使奏請皇帝搢大圭盥手內侍進盤匜沃水皇
帝盥手內侍進巾皇帝帨手訖又奏請皇帝洗瓚奉瓚槃官進瓚內侍沃
水皇帝洗瓚內侍進巾皇帝拭瓚訖樂止又奏請執大圭奉瓚槃官奉瓚
槃詣僖祖室尊彝所西向立以瓚涖鬯執彝者舉冪良醞令酌鬱鬯訖先
詣次室尊彝所北向立禮儀使以下前導登歌樂作皇帝詣僖祖室北向
立樂止禮儀使奏請搢大圭跪奉瓚槃官奉瓚槃西向立以瓚授奉瓚官
奉瓚官西向跪以進禮儀使奏請執瓚以鬯祼地奠瓚奉瓚官受瓚以授
奉瓚槃官以槃受瓚訖俱詣次室以俟禮儀使奏請執大圭俛
伏興前導皇帝出戶外北向立禮儀使奏請再拜訖禮儀使以下前導皇
帝詣宣祖室次詣太祖室次詣太宗室次詣真宗室次詣仁宗室次詣英
宗室次詣神宗室次詣哲宗室次詣徽宗室次詣欽宗室祼鬯並如上儀
訖禮儀使以下前導皇帝降自東側階登歌樂作至階下樂止宮架樂作
前導皇帝至別廟殿作階下樂止皇帝升自作階登歌樂作至殿上樂止
前導皇帝詣懿節皇后神位前祼鬯並如儀訖禮儀使以下前導皇帝降

（卷一萬七千五十九）

自作階登歌樂作至殿下樂止宮架樂作至太廟殿東側階下樂止登歌
樂作還版位樂止宮架作興安之樂文德之舞九成止太官令取肝以鸞
刀制之洗於鬱鬯貫之以膋燎于爐炭次引薦香燈官內別廟以太祝以
肝膋燎入詔神於室又出以墮祭于室戶外之左三祭於茅苴俱降詣盥
洗位盥手升復執事位　饋食　其日有司陳鼎二十有四於神廚各
在鑊右太官令帥進饌者詣廚以匕升羊於鑊實于一鼎肩臂臑肫胳正
脊一直脊一橫脊一長脅一短脅一代脅一皆二骨以並次升豕加羊各實
于一鼎每室羊豕各一鼎皆設扃冪祝史對舉入設於每室饌幔內次引
視腥熟節官詣饌所視腥熟之節俟皇帝晨祼畢還位樂止祝史抽扃委
于鼎右除冪加畢匕于鼎太官令以匕升羊載于一俎肩臂臑在上端肫
胳在下端脊脅在中次升豕各載于一俎其載如羊每室又別羊豕
各一俎次引薦籩豆簠簋官搢笏奉籩豆簠簋奉俎官各搢笏奉俎以入
太官令引入正門宮架豐安之樂作由宮架東至橫街折方進行階於西
階下北向北上薦籩豆簠簋官搢笏奉籩豆簠簋薦羊俎官薦豕俎官各
搢笏奉俎以升執事者各迎於階上薦籩豆簠簋官奉籩豆簠簋詣僖祖
室神位前北向跪奠啓蓋於下執笏俛伏興有司設籩於糗餌前豆於酏

食前置於稷前置於黍前次引薦俎官奉俎詣僖祖室神位前北向跪奠先薦羊次薦豕各執笏俛伏興有司設羊俎於腸胃膚之前羊在左豕在右詣次室及別廟奉奠並如上儀樂止俱降復位次引薦香燈官內廟別以大礼取蕭合黍稷擩於脂燎於爐炭又當饋熟之時取菹擩於醢祭于豆間三又取黍稷肺祭如初皆擩以茅俱降階盥洗訖升復位如初次引奉幣官進幣官受幣官受爵酒官進爵酒官升詣僖祖室奉幣官進幣官受爵酒官進爵官在東西向北上受幣官在西東向次引奉爵官升殿詣皇帝版位前奉爵北向立內侍各執盥匜帨巾以進宮架樂作禮儀使奏請皇帝搢大圭盥手內侍進盤匜沃水皇帝盥手內侍進巾皇帝帨手訖又奏請皇帝洗爵奉爵官進爵內侍沃水皇帝洗爵內侍進巾皇帝拭爵訖樂止又奏請執大圭奉爵官受爵奉爵詣僖祖室酌尊所西向立執尊者舉冪良醞令酌著尊之醴訖先詣次室酌尊所北向立禮儀使以下前導登歌樂作殿中監跪進鎮圭禮儀使奏請搢大圭執鎮圭前導皇帝詣僖祖室樂止宮架作基安之樂宣祖室大元之樂太祖室皇武之樂太宗室大定之樂真宗室熙文之樂仁宗室美成之樂英宗室治隆之樂神宗室大明之樂哲宗室重光之樂徽宗室承元之樂欽宗室端慶別廟懿節皇后室登歆安之樂文舞作內侍先文設繅藉於地禮儀使奏請跪奠鎮圭於繅藉執大圭俛伏興又奏請搢大圭跪次內侍跪取幣於篚以授奉幣官奉幣官授進幣官西向跪以進禮儀使奏請受幣皇帝受幣訖受幣官東向跪受以興奠於僖祖神位前次奉爵酒官以爵授受爵酒官受爵酒官授進爵酒官進爵酒官西向跪以進禮儀使奏請執爵皇帝執爵祭酒三祭于茅苴奠爵受爵官以爵復于坫禮儀使奏請執大圭俛伏興又奏請皇帝出戶外立樂止奉幣官進幣官受幣官奉爵酒官受爵酒官奉受爵酒官進爵酒官詣次室內侍舉鎮圭授殿中監又以繅藉詣次室先設於地次舉冊官舉祝冊讀冊官搢笏東向跪讀冊文讀訖各執笏興先詣次室前東向立禮儀使奏請再拜皇帝再拜訖禮儀使以下前導皇帝詣諸室及別廟奠圭幣酌獻並如上儀次奉幣官進幣官受幣官奉爵酒官受爵酒官進爵酒官俱降復位內侍舉鎮圭繅藉以鎮圭授殿中監殿中監以授有司讀冊官以下俱降復位禮儀使以下前導皇帝還版位西向立詣別廟升降行止宮架登歌作樂並如祼之儀禮儀使奏請還小次登歌樂作前導皇帝降自阼階樂止宮架樂作將至小次禮儀使奏請釋大圭殿中監跪受大圭皇帝入小次簾降樂止文舞退武舞進宮架正

安之樂作舞者立定樂止　亞終獻　禮直官太常博士引亞獻詣盥洗位北向立搢笏盥手執笏詣爵洗位北向立搢笏洗爵拭爵以爵授執事者執笏升詣僖祖室酌尊所西向立宮架作正安之樂武功之舞執事者以爵授亞獻搢笏跪執爵執尊者舉冪太官令酌壺樽之盎齊訖先詣次室酌尊所北向立亞獻以爵授執事者執笏興入詣僖祖室神御前北向立搢笏跪執事者以爵授亞獻亞獻執爵祭酒三祭於茅苴奠爵執笏俛伏興出戶外北向再拜次詣每室酌獻並如上儀樂止降復位初亞獻行禮將畢禮直官太常博士引終獻詣盥洗及升殿酌獻並如亞獻之儀降復位初終獻既升次引七祀及配饗功臣獻官詣盥洗位搢笏盥手帨手執笏詣神位前搢笏跪執爵三祭酒奠爵執笏俛伏興再拜詣次位並如上儀退復位七祀先詣司命立奠爵訖興又立次引太祝進詣位前北向跪讀祝文訖興獻官再拜復位　皇帝飲福同紹興十三年朝饗儀注不詞中興　神主入室　次引奏奉神主官詣皇帝版位前俛伏跪奏奉神主入室奏訖俛伏興退祠祭官於殿上承傳曰奉神主入室次引薦香燈官搢笏奉帝主入祏室訖薦香燈官先捧匱於神座納神主於匱訖捧入祏室執笏退復位次引宮闈令奉后主如上儀退復位次引奏神主官詣皇帝版位前俛伏跪奏奉神主入室訖俛伏興退禮儀使奏禮畢前導皇帝降自阼階登歌樂作至阼階下樂止宮架樂作出門樂止禮儀使奏請釋大圭殿中監跪受大圭以授有司皇帝還大次禮部郎中奏請解嚴訖皇帝入齋殿宮闈令以黍稷膟膋蕭蒿用白茅束而埋之於西階東有司各取幣置於坎大禮使以下就望瘞位禮直官曰可瘞寘土半坎太廟宮闈令監視次引大禮使以下詣東神門外揖位立禮直官贊禮畢揖訖退文武助祭官及宗室以次出次引七祀獻官詣南神門外七祀望燎位南向立有司置祝版於燎柴焚訖退太官令帥其屬徹禮饌監祭御史詣殿監視收徹訖宮闈令闔戶以降乃退太常藏祝冊於匱　車駕還內　臣僚禁衛等起居已駕聖躬萬福訖以次從駕還內並如來儀禮部郎中奏解嚴宣贊舍人承旨敕群官各還次將士各還其所　七月三日禮部太常寺言皇帝親饗致齋合設儀衛宿衛行禮飲福拜揖用緋及飲福玉爵等乞依禮例令所屬排辦施行並從之七日詔應行事執事官等務在嚴肅如有懈怠不恭令閤門取旨送御史臺同日閤門言將來親饗禮畢參賀紹興十三年合差閤門宣詞令舍人一員升臺宣勞將士其臺係祗候庫排辦詔依例施行十四日親饗以皇子蘄州防禦使愭為亞獻貴州防

樂使位為終獻 十七日都大主管所言親饗禮畢自十五日立限五日結
局所有被差官屬使臣人吏諸色人日食錢乞限外勿給從之 隆興二
年十二月三十日以卯祀前一日親行朝饗之禮自後準此以卯前一日行
丸亦終獻並同卯祀 乾道元年正月一日上宣諭執政宿齋日大雪饗
廟畢得晴霽已而宰臣陳康伯等具奏誠意格天之應乞宣付史館從之
六年十一月五日臣僚言車駕自景靈宮回奏至太廟將行朝饗有司
攸司以雨為憂夜漏四刻陰雲四開星斗粲然祥異昭格乞宣付史館從
之 九年十一月八日宰臣奏言太廟行禮陰雲開雨既成謁饗瑞雪應
時聖德昭著靈貺如此上嘉咨之

裕 原本乃此

宋會要 時饗

乾道六年十月判太常寺和峴言按禮閣新儀唐天寶五年享太廟禮宜
祭料外每室加常食一牙盤五代以來遂廢其禮今請如唐故事乃詔別
設牙盤食禘祫時享皆用之亦准此例仍委宗正寺點檢務在精潔以稱
嚴恭 馬端臨通考開寶初上親享太廟見所陳籩豆簠簋問曰此何物也
左右以禮器對上曰吾祖宗寧識此命徹去進常膳和平生既而曰古禮
不可廢也命復設之 太宗太平興國六年十二月太常禮院言今月二十
三日臘享太廟伏緣孟冬已行時饗冬至又常親祀按禮每歲五饗其禘
祫之月即不行時饗慮成煩數有爽恭虔今請罷臘日薦饗之禮其孝惠
別廟即如式從之 淳化三年十月八日太常禮院言今年冬至親祀南
郊前一日朝饗太廟前二日奏告宣祖太祖室伏緣自來每遇親祀承例
更設朔望兩祭乃是十一月內三祭太廟兩室又行奏告之禮煩則不恭
慎非孝思之意當院檢尋故事太平興國六年皆罷臘饗求之典禮亦無
明文竊緣十一月三十日皇帝朝饗去臘享日月相隔實非煩數欲望權
停十一月朔望之祭其臘饗如常行禮從之 馬端臨通考端拱二年七月
詔以今年八月二十四日親享太廟會有彗出東井詔罷其禮 真宗景德

卷一萬七千五十七

元年六月二十八日命昭宣使李神福皇城使衛紹欽宮苑使康仁寶與
宗正卿趙安易以七月朔分詣太廟及后廟元德皇太后廟備牙盤食為
享不出神主 時明德皇后梓宮在殯宗廟久闕薦饗故也 三年正月
八日太常禮院言準畫日以今月乙卯孟饗太廟伏緣其日鄆王外樹吉
凶異道在禮不備祠千望別擇日庶叶典禮詔從之仍改用辛酉九月太
常禮院言十月十日孟冬薦享太廟后廟伏緣其月明德皇后園陵已準
敕命京城禁樂故事大祠與國忌同日者其樂備而不作今請如國忌例
從之 四年四月二十五日太常禮院言準詔檢詳皇后喪朔望上太廟
牙盤食故事準禮后喪祀天地社稷外宗廟及中小祠並權停祭饗俟葬
畢升祔復舊明德皇后以三月十五日上仙是年廢孟夏薦享七月內中
遣使朔望上食於是復行薦享及詔遣宣政使李神福赴太廟皇城使衛
紹欽赴皇后廟宮苑使劉承珪赴元德皇后廟並上食 自是至園陵
前經朔望皆然 七月九日園陵禮儀使言準畫日今月七日孟秋饗太
廟伏緣三日奉莊穆皇后主已行祔饗祭不欲數望停孟饗詔太常禮院
與崇文院檢討詳定以聞於是上言曰按周宣懿皇后用十月八日祔廟
遂不行冬享國朝孝明皇后以四月二十六日升祔亦停夏饗明德皇后

禮一七之三一

十月八日祔廟權停冬享今來秋饗望準禮例權停詔從之　大中祥符元年十二月九日太常禮院言準詔十一月二十七日加上尊謚禮畢躬謝太廟又準畫日十二月臘饗按禮記祭義云祭不欲數數則煩煩則不恭其臘享欲望權罷從之王應麟玉海祥符元年十一月二十三日庚辰詔曰朕祗事上封克成大典二十七日上尊謚禮畢恭謝太廟有司定儀注以聞二十五日壬午詳定所上儀注孝宗謁上奠獻樂章二首癸未帝齋于長春殿翌日甲申帝服通天冠絳紗袍奉太祖太宗尊謚冊寶拜授攝太尉王旦持節奉冊升輅鑾駕詣廟酌獻六室五年閏十月三日詔以真獻下院遂知遐胄以今月七日告謝太廟令有司定儀注四日丁卯命置五使知郊禮備三獻度設宮架登歌鑾駕儀仗增至七千人舊用二千人五日孝宗謁上奠獻登歌瑞安曲樂章六日帝齋于長春殿翼日辛未恭謝太廟六室帝作奉先歌遣臣畢和　天禧元年正月三日癸卯以朝享太廟誓百官八日戊申奉寶冊升輅九月己酉奉上六室寶冊百官陪列十日庚戌朝享六室二年六月十五日詔太廟每室各置酉祭器三年冬十一月十三日詳定所言祀汾陰前皇帝親告太廟遣官告后廟元德皇太后廟前一日祭社稷其臘日享祭望權停告祭日請用常祀之禮獻官祭服御史監祭從之十二月帝謂王旦等言來年正月十一日孟饗太廟而有司擇八日宴已在饗廟致齋中又七日上辛祀昊天上帝王欽若言若移宴日避祀事即自天慶節以來皆有所妨馮拯言上辛不可移薦享宗廟是有司擇日於禮無嫌帝曰當詢禮官終以契丹使發有常期又將西巡故不及改　宋史八年真宗正御延安仁言準詔以太廟朔望上食品味令臣詳定望自今委御廚取親享廟日所上牙盤例參以四時珍膳選上局食十十人赴廟饌造上副聖心式表精慤詔所上食味委宮闈令監造訖安仁省視之　馬端臨通考仁宗慶曆時四孟臘時享太廟攝事用羊豕各二祈報象尊一別廟增黃彝壺尊二親享則加犢　三年御製稟書罔制四時享親之禮有九今寺觀則車駕一歲再臨未嘗薦獻宗廟非奉先教民意帝謂輔臣曰三歲一祀郊廟而賚及天下若歲親行之則人有頒賞之心朕朝夕奉三聖御容於禁中未嘗敢怠也　太廟舊唯薦冰景祐二年趙良規請薦新如通禮宗正寺禮官參定正月韭菘卵二月冰三月筍含桃四月麥彘五月瓜來禽六月菱芡七月粟穄雞東棗八月酒稻蒐九月小豆蕎麥十月兔栗藷薁十一月鴈麞十二月魚增二十六種禮院因奏禮有薦新如朔奠自頃有司言宗廟則后廟可兼遂上前廟帝主

卷一萬七千五十七

二

禮一七之三二

薦冰請后主奉慈后廟四時薦新如朔望牙盤食例宗正寺官充攝行禮詔可　嘉祐七年八月七日太常禮院言皇祐二年九月二十一日祀明堂前一日親饗太廟嘗停孟冬之薦考詳典禮宗廟四時之祭未有因嚴配而輟者今明堂去孟冬畫日尚遠請復薦廟如舊詔恭依　王應麟玉海天聖元年四月乙卯遣官神饗太廟禮官言三年一祫以孟冬五年一禘以孟夏遂以薦享為禘享皇祐二年九月二十五日己酉以大享明堂具大駕鹵簿赴景靈宮行薦享禮畢齋于太廟翌日庚戌詣七室行朝享之禮降神樂作帝密諭樂卿令備其音節禮儀使請總小次帝拱立盡莊辛亥大饗明堂　神宗元豐三年詳定郊廟奉祀禮文所言祠禴烝嘗之名春夏則物未成而祭薄秋冬則物盛而祭備故許慎以品物少文詞多為祠而王弼以禴為祭之薄何休謂祈穀成者非一黍先熟可得薦故曰嘗冬薦物畢成所薦衆多故曰烝故禮記以嘗為大嘗周禮以烝為大烝孔安國亦以烝嘗為太享今太廟四時雖有薦新而孟饗禮料無祠禴烝嘗之別伏請春加韭卵夏加麥魚秋加黍豚冬加稻鴈當饋熟之節薦於神主其籩豆於常數之外別加時物之薦豐約各因其時以應古禮從之馬端臨通考又言薦血之器禮所不載唐崔沔議曰毛血盛於槃宋書志南郊以二間豆盛毛血開元開寶通禮及今儀註皆以豆盛之禮以豆盛葅醢登盛羹其薦毛血當以槃親享太廟但有三牲骨體俎而無腸胃膚俎不應古義請於三牲骨體俎之外加以牛羊腸胃及豕膚俎各一古者祭祀無迎神送神之禮其於祭之末皆不拜槃少牢饋食禮主人朝服即位于阼階東西面鄭氏曰為將祭也即不言拜及祝告禮成主人出立于阼階上西面亦不言拜近代事神拜而迎送殊非禮意請改定儀註聖王之事宗廟禮如事生故饌則薦四時之和氣與四海九州之美味貢則陳金璧龜帛以明共天下之財其餘無常必致國之所有以明遠物無不至自秦漢以來奉宗廟者不本先王之經訓有司奉行充其位而已故天下常貢入王府者未嘗陳於太廟良為闕略請親祠太廟並令戶部陳歲貢以充庭實仍以龜為前金次之玉帛又次之餘居後　太常禮院言舊儀親祠太廟車駕未至大次太祝宮闈令奉出帝后神主置於座行禮畢已還齋殿方納神主令親祠皇帝至阼階太祝闈令始奉神主置於座行禮畢皇帝俟納神主然後降阼階舊入室帝主各以太祝還納其后主止命太廟宮闈令二員恐致遲緩請權差七員同奉從之　又言王制祭宗廟之牛角握周禮小司徒凡小祭祀奉牛牲天子之祭無不用牛者唐郊祀錄攝宗

卷一萬七千五十七

三

廟社稷等祭急用太牢今三年親祠而八室共用一犢又祫享蜡祭有司
攝事而不用太牢則為非稱請三年親祠并時享有司攝事太廟每室並
用太牢給親祠并祫享每室用太牢　又言古者人君臨祭立于阼階者
主階惟人君蒞之行事示繼體祖考觀親之義且以尊別於臣庶也今朝
享太廟設小次於殿下稱位之東西向設皇帝版位于廟東階之東西向
乃是古者大夫士臨祭之位殊失禮意請自今太廟行禮並設皇帝版位
于東階之上西向更不設殿下版位及小次又曾子問曰諸王藏諸兩
階之間聘禮卷幣埋于兩階東舊制宗廟藏其幣未合於禮請凡禮神之
幣皆埋之西階東冊則藏諸有司之匱　五年詔自今太廟祠祭前廟初
獻差親王宗室使相節度使郡王后廟初獻宗室節度觀察留後觀察使
歲以序差不赴者罰之其餘祠祭敘差行事者准此　文昌雜錄禮部上
言郊廟親祠儀注祭日皇帝並服靴至大次於禮意未協謹按禮記郊特
牲曰祭之日王皮弁以聽祭報報謂小宗伯告時告備若今請中嚴奏外
辦也韋彤五禮精義以通天冠猶古之皮弁齋服也伏請太廟圜丘祭之
日服通天冠絳紗袍自齋殿赴大次以應皮弁以聽祭報之儀勅依新
制寺監丞簿皆輪宿直長貳每五日一點宿有一卿長每點宿亦令丞簿

卷一萬七千五十七　四一

日依日赴直謂長貳每五日一點宿有以卿長每點宿亦令丞簿日依日
赴直謂貳點宿乃點檢之義按學士舍人新除官有係直舊官閣數日
乃點直欲新來者稍休也直點儉之謂郎大夫不可以不知故事一點
字其誤如此六年六月一日太常寺言孝惠孝章淑德章懷四后升祔欲
慶曆罷孟冬章獻明肅皇后升祔禮畢遍饗太廟故事其孟秋饗從之
權罷從之　宋史六年十一月帝親祠南郊前期三日奉仁宗英宗徽號冊寶
于太廟是日齋于大慶殿翌日薦享于景靈宮禮畢帝服通天冠絳紗袍
乘玉輅至太廟宰臣百官班迎于廟門侍中跪請降輅帝就輿步入廟
起至齋宮翌日帝服衮冕至大次有司奏中嚴外辦禮儀使跪奏請行事
帝服衮冕以出至東門外殿中監進大圭帝執以入宮架樂作升東階樂
止登歌樂作至位樂止太祝宮闈令奉諸室神主于座禮儀使贊曰有司謹
具請行事帝再拜詣盥洗登歌樂作降階樂止宮架樂作至洗南北向樂
止帝搢圭盥帨洗瓚拭瓚訖執圭宮架樂作升堂樂止登歌樂作殿中監
進鎮圭帝搢大圭執鎮圭詣僖祖室樂止登歌奏瑞安之曲至神坐前北
向跪奠鎮圭于繅藉執大圭跪三上香執瓚祼地奠瓚奉幣奠訖執圭俛
伏興出戶外北向再拜內侍舉鎮圭授殿中監至次室行事皆如前儀

帝還位登歌樂作至位樂止宮架興安之樂作文舞九成止禮部戶部尚
書以次官奉逐室俎豆宮架豐安樂作奠訖樂止帝再詣罍洗登歌樂作
降階樂止宮架樂作至洗南北向立樂止帝搢圭盥帨洗爵拭爵訖執圭
宮架樂作帝升東階樂止登歌樂作至僖祖室樂止宮架樂作帝搢圭跪
授爵祭酒三奠爵執圭俛伏興出戶外北向立樂止太祝冊文帝再拜詣
次室皆如前儀帝還位登歌樂作至位樂止文舞退武舞進宮架正安之
樂作亞獻以次行事如前儀樂止帝詣飲福位登歌樂作至位樂止宮架
僖安樂作帝再拜搢圭跪受爵祭酒三啐酒奠爵受俎奠次搏黍再受爵
飲福酒訖奠爵執圭俛伏興再拜樂止帝還位登歌樂作至位樂止太常
博士攝祭七祀配享功臣戶部禮部尚書徹俎豆登歌豐安樂作徹訖樂
止禮直官曰賜胙行事陪祀官皆再拜宮架興安樂作一成止太祝宮闈
令奉神主入諸祏室禮儀使跪奏禮畢登歌樂作帝降階樂止宮架樂作
出東門殿中監受大圭歸大次樂止有司奏解嚴轉仗赴南郊　國朝
親饗太廟儀物有制熙寧以來率循舊典自元豐初命官詳定始多損益
元年陳襄等詳定郊廟禮文所言古者納牲之時王親執鸞刀啟其毛而
祝以毛血詔於室今請改正儀注諸太祝以毛血薦於神座訖徹之而退

卷一萬七千五十七　五一

唐崔沔議曰毛血盛於盤開元開寶通禮及今儀注皆盛以豆禮以豆盛
羶臨其薦毛血當盛以槃又言三牲骨體俎外當加牛羊腸胃豕膚俎各
一又古者祭祀無迎神送神之禮其初祭及末皆不當拜又宜令戶部陳
歲貢以充庭實如古禮仍以龜為前金次之玉帛又次之餘居後又周禮
大宗伯之職凡饗祀玉鬯今以門下侍郎取瓚進皇帝侍中酌鬯進瓚皆
未合禮請命禮部尚書奉瓚臨鬯禮部侍郎奉槃以次進皇帝酌鬯祼地
訖侍郎受瓚并槃而退又言皇帝至阼階乃令太祝宮闈令始奉神主置
于坐行禮畢皇帝俟納神主然後降階並從之又言神坐當陳于室之奧
東面當行事時皇帝立于戶內西向即拜于戶內有司攝事則祼饋亦
立于戶外西向更不出戶而拜其堂上薦腥則設神坐于扆前南向皇帝
立于中堂北向有司攝事同此詔候廟制成取旨又請諸廟各設莞筵紛
純加繅席畫純于戶內之東西面皇帝行三獻禮畢於此受嘏又言每室
所用几席當如周禮改用莞筵紛純加繅席畫純加次席黼純左右玉几
凡祭祀皆繅次各加一重并莞筵一重為五重又言古者宗廟九獻王及
后各四諸臣一自漢以來為三獻后無入廟之事沿襲至今若時享則有
事於室而無事於堂禘祫則有事於堂而無事於室室中神位不在奧東

上神位不當矣有請食而無朝踐度今之宜以備古九獻之意請室中設
神位于奥東西堂上設神位于戶外之西南面皇帝立于戶內西南面祼鬯
爲一獻出戶立于扆前北向行朝踐爲腥之禮爲再獻皇帝立于戶內西
面行饋食爲熟之禮爲三獻詔並侯廟制成取旨又請三年親祠并祫享
及有司攝事每室並用太牢及制幣宗廟堂上焫蕭以求陽而有司行事
焫茅香宜易用蕭灌鬯於地以求陰宜秉茅沃酒以象神之飲凡幣皆埋
于西階東冊則藏有司之遺又請除去殿下板位及小次而設皇帝板位
于東階之上西向又請凡奏告祈禱報謝用牲牢祭饌並出帝后神主以
明天地一體之義又古者祭祀兼薦上古中古及當世之食唐天寶中始詔
薦享每室加常食一牙盤議者以爲宴私之饌可薦寢宮而不可瀆於太
廟宜罷之古者吉祭必以其妃配不特拜請奠副爵無特拜儀禮曰嗣舉
奠請皇帝祭太廟旣祼之後太祝以斝酌奠于鉶之南俟正祭嘏訖命皇
子舉奠而飲又請命刑部尚書一員以奉犬牲兵部尚書一員奉魚十有
五仍令腥熟之薦朝享及四孟臘享皆設神位于戶內南向其祼將于室
朝踐于堂饋熟于室則就與設莞筵紛純加繅席畫純加次席黼純左右
玉几當筵前設饋食之豆八加豆八以西爲上鉶三設于豆之南南陳牛

鉶居北羊鉶在牛鉶之南豕鉶在羊鉶之南簠豆二曰酏食糝食設于薦
豆之北大羹湆盛以登設于簠豆之北九俎設于豆之東三三爲列以南
爲上肵俎一當腊俎之北縱設之牲首俎在北墉下簠簋設于俎南西上
籩十有八設于簠簋之南北上戶外設東設尊彝西上南肆罪階之東設
六罍其三在西以盛玄酒其三在東以盛三酒堂下陳鼎之位在東序之
南居洗之西皆西面北上匕皆加于鼎之東俎皆設于鼎之西西肆肵俎
在北亦西肆若廟門外則陳于東方各當其鑊而在鑊之西皆北面北上
又請旣晨祼詔太祝入以血毛奠神坐太官令取肝以鸞刀制之洗于鬱
鬯貫以膋燎于爐炭祝以肝膋入詔神于室又出以隋祭于戶外之左三
祭于茅菹當饋熟之時祝取菹擩于醢祭于神坐前豆間三又取黍稷肺
祭祭如初藉以白茅既祭宫闈令來而瘞之于西階東若郊祀天地則當
進熟之時祝取菹及黍稷肺祭于正配神坐前各三祭畢郊社令來掌菹
而燔瘞之祀天燔祭地瘞縮酒之茅或燔或瘞當與隋祭之菹同又言古
者吉祭有配皆一尸其始祝洗酌奠于鉶南止有一爵及主人獻尸主婦
亞獻賓長三獻亦止一爵請罷諸室奠副爵其祫享別廟皇后自如常禮
應告天地宗廟社稷並用牲幣如唐置太廟宮令以宗正丞充罷攝知廟

朝廷

少卿而宮闈令不預祀事又言晨祼之時皇帝先搢大圭上香訖復位
俟作樂饋食畢再搢大圭執鎮圭奠於繅藉次奠幣執爵庶禮神並在降
神之後並從之七年九月太常寺言近薦享太廟四時並有加薦春加韭
卵夏加麥魚秋加黍豚冬加稻鴈所有將來孟冬祫饗季冬臘饗太廟薦
亦合依冬饗例籩豆常數外別加時物稻鴈禮部看詳孟冬祫饗季冬臘
饗當萬物畢成所薦衆多之時其禮料隆於冬烝所有時物亦合比附冬
祭加薦詔可宋史八年太常寺言治平四年故事山陵前宗廟輟祭享還
朝望以內臣行薦食之禮俟祔廟畢仍舊今景靈宮神御殿已行上食太
廟朔望食自當請罷從之哲宗元祐四年三月監察御史王彭年言月朔
四孟臘饗太廟及奏告諸室尊官執事循奉典禮惟恐不嚴其在交接神
明之際先則祼地次則獻爵皆獻官躬行之事而瓚之實鬱鬯爵之實齊
酒令皆遣有司酌之又已入于室獻官始受而祼獻且有司賤隸安得褻
近祼獻之實交乎堂室之間按開元禮鬱鬯醴齊惟親祠侍中贊酌之遣
官行事則太尉親酌之開寶禮亦然未聞責之有司也伏乞詔禮官博士
討論故事舉酌酒奉爵之儀稍嚴祀欽奉之意其四郊壇及諸祠酌酒奉
爵禮文皆乞修正於是太常寺言今後時饗太廟禮直官引初獻詣尊彝

所執瓚爵太官令酌鬱鬯齊酒然後奠獻亞獻終獻酌酒亦如之諸大中
祠三獻奏告并小祠獻官酌酒準此詔可馬端臨通考元祐七年詔太廟
須用牙盤食易名薦羞舊制並於禮饌外設常食一牙盤元豐中罷之禮
官呂希純嘗建議曰先王之於祭祀皆備上古中古及今世之食所設古
器禮饌即上古中古之食也牙盤常食即今世之食也而議者乃以爲宗
廟牙盤原於秦漢陵寢上食殊不知三代以來自備古今之食請依祖宗
舊制薦一牙盤及是始從希純之議云希純又嘗奏賓禮每廟室薦獻
帝后各奠一爵其后爵謂之副爵每堂室奠一爵帝后共享慢神瀆禮莫
此之甚請帝后各奠一爵亦如其儀按太廟儀注春夏用犧尊象尊秋冬
用著尊壺尊各二已應周禮司尊彝之義又無享各用大尊二則是以追
享朝享之尊施之於禘祠烝嘗矣其爲失禮明甚請自今四時享太廟不
用大尊祀記郊特牲曰灌以圭璋用玉氣也周禮典瑞祼圭有瓚以肆先
王說者謂天地有禮神之玉而無鬱鬯宗廟有鬱鬯而無禮神之玉然則
宗廟之玉祼圭而已圭瓚之制以圭爲柄其長尺有二寸黄金爲勺青金
爲外朱中央其容五升其徑八寸其勺之鼻爲龍首所以出鬱鬯也其盤
徑一尺所以承瓚也今親祀太廟以塗金銀瓚有司行事以銅瓚其大小

長短之制，皆不如禮，乃改製以應古制。　十一月，太常光祿寺言：禮制局新定太廟陳設之儀，蓋依周制，籩豆各用二十有六，簠簋各八。籩二十有六爲四行，以右爲上，蓋籩二爲第一行，朝事籩八次之，饋食籩八又次之，加籩八又次之；豆二十有六爲四時，以左爲上，蓋豆二爲第一行，朝事豆八次之，饋食豆八又次之，加豆八又次之；簠八爲二行，在籩之外，簋八爲二行，在豆之外。籩豆所實之物，悉如周禮籩人、醢人之制。惟簠以稻粱，簋以黍稷，而茅菹以韭，蚳醢以蜂子代之。十二月，禮制局言：太廟祭器鉶用三，登用一。竊考鉶與登皆盛羹之器。祭祀享牲，於鼎升肉於俎，其湆以醯鹽蔬實之於鉶，則謂之鉶羹；不致五味，實之於登，則謂之大羹。周官亨人祭祀共大羹、鉶羹是也。且宗廟之祭用大牢，而三鉶實牛羊豕之羹，則無可論者。至於大羹止設一登，以少牢饋食禮考之，則少牢者羊豕之牲也，佐食羞兩鉶，司士進湆二豆，三牲之祭，鉶既設三，則登亦如其數。請太廟設三登，實牛羊豕之湆，以爲大羹，明堂亦如之。　高宗建炎二年，上幸揚州，行南郊禮，時太廟神主奉于壽寧寺，前一日上親詣寺行朝享謝禮。禮成，恭謝如儀。時景靈宮神御奉安于溫州，乃差官詣溫州行禮。　三年，上幸杭州，太廟神主併奉安於溫州，祭享皆差官攝事，以禮器未備，五享權用酒脯行禮。太廟朔祭每室例用一羊，建炎初務省約，初用酒脯。紹興五年復用羊。二年十月十二日，神主神御提點所言：將來孟冬祫饗太廟，祫饗後已選日時饗。竊以禮有隆殺，因時爲之制，祭不欲數，數則煩。歷代之祭或當祫之月，或時祭或緣禘祫，時饗暫停。本朝遇郊祀亦罷臘饗。若禮揆時宜，得疏數之中。今歲孟冬祫饗又孟饗，并朔祭及薦新，一月之內薦饗爲頻。欲乞權罷將來孟冬時饗，在禮不黷，於時爲稱。候平定日悉如舊制。太常寺檢會五禮新儀，太廟三年一祫，以孟冬之月，其年以孟冬時饗前擇日祫饗太廟。本寺勘會今來即合於孟冬時饗前擇日行祫饗之禮，其孟冬時饗亦合行禮。從之。　六年九月二十六日，中書舍人董弅言：近歲時饗徒以有請勿殺生者，至三牲不備，而謂之隨宜。臣竊謂今陵寢歲時衣冠之游，未獲嚴奉，獨有太廟神主祀事，必過於厚，情文始稱。況比歲視承平時固已不勝其簡，願明詔禮官，參稽典禮，必宜於今，舉而行之，仰副陛下寅畏天戒、祗事神靈之意。從之。馬端臨通考：七年，上祀明堂于建康。時有徽宗之喪，先是，太常少卿吳表臣乞於大祀前二日朝獻景靈宮，前一日朝享太廟。及是，援熙寧元年故事，謂是時英宗喪未除，不廢景靈宮、太廟之禮，請如故事。翰林學士朱震以爲不然，謂王制喪三年不祭，

惟天下社稷越紼行事。監察御史趙渙言：卒祔以後，宗廟常祭皆不當廢，而當喪享廟亦有顯據。左氏傳曰：烝嘗禘於廟。曾子問曰：已葬而祭。比下當廢也。詩頌成王即位，諸侯來助祭。春秋文公四年十一月，成風薨，六年十一月猶朝于廟。此顯據也。疏奏，詔侍從臺諫議。吏部尚書孫近等十五人言：謹按春秋三十三年傳：凡君薨，卒哭而祔，祔而作主，特祀於寢，烝嘗禘于廟。杜預謂新主既特祀於寢，則宗廟四時常祀自當如舊。天聖、景德三年明德皇后之喪，既易而服除，真宗遂享太廟，合祭天地於圜丘。熙寧元年，神宗居諒闇，復用景德故事，躬行郊廟之禮。則是考古及今，皆爲得禮。見宗廟將來明堂大禮，已在以日易月服除之後，前一日皇帝合詣太廟朝享。從之。　禮部太常寺言：將來明堂大禮，依已降旨，前一日朝享太廟。檢照景德、熙豐南郊故事，皆在諒闇之中，當時親行郊禮，除郊廟景靈宮合用樂外，所有鹵簿鼓吹及樓前宮架諸軍音樂皆備而不作。其逐處巡警場止鳴金鉦鼓角而已。今臣僚欲議罷宗祀奏樂、受胙，故事即無去奏樂受胙之文。兼祖宗故事三歲大饗明堂，蓋亦爲民祈福，奏樂受胙合依祖宗累朝已行故事。從之。　先是，監察御史趙渙言：春秋有事于武宮，叔弓卒，去樂卒事，以卿佐之喪而猶去樂，況天王后之喪，而可用備樂於藏祀。既殯既葬而祭五祀，則尸入三飯，不侑不酢。以五祀之祭猶廢侑酢，況宗廟之祭而可享受福釐乎？故晉制國有大喪，天地明堂皆去聲樂，且不受胙。有唐祭日遇忌，亦備樂而不奏。此皆得禮之體也。陛下雖在喪服，而備宗祀者，用王制之言，不敢以卑廢尊也。今唯登樂受胙，於哀慕者蓋拜跪受釐，既爲嘉慶之事，而虞祔既畢，則廟加先帝之主，陛下薦祼饋奠，典諧徹室，必將想像平生，悲哀感愴，而乃金石絲竹雜然並奏，豈不違神靈之聖意而傷陛下之孝心哉！將來明堂大禮前一日，乞依列聖故事躬詣宗廟行朝享之禮，其奏樂受胙二事乞寢，庶合禮。有旨，令本部、太常寺討論故也。　紹興十四年正月十一日，令後孟春薦享可依在京例，於下旬擇日。　紹興二十二年十一月二十五日，少保、觀文殿大學士、充萬壽觀使兼侍讀、提舉秘書省、充郊祀大禮儀使秦熺言：今月十七日伏覩皇帝陛下親饗太廟，至徽宗皇帝室，永懷先烈，淚落入俎，暨還版位，侍臣進巾拭淚不已。及申飭太常，勿減節樂，樂節雖請還小次，而聖躬益莊，肅立以俟禮成。臣叨相儀，竊瞻仰聖孝，乞宣付史館。從之。　孝宗皇帝紹興三十二年六月二十日，禮部太常寺言：皇帝登極，擇日詣太廟別廟行朝享之禮，參酌紹興十三年親享禮例，牲牢禮料酒齊等，並如每歲五享施行。從

疑紹熙

之時禮部太常寺條具用竹冊十二副，述以皇帝登極躬行朝謁之意。太常寺具大樂樂章節次，並學士院修製，儀鸞司同臨安府自櫺星門設露屋與尺按坐太次前柱廊，大宗正司差南班宗室十一員為薦香燈官，不足，許差外官宗室；吏部據本寺所申數差捧執籩豆捧俎等官及供亞終獻爵坫盥洗官，以京局釐務文官充，不足，許差吏部官。本寺具合用供祠執事內侍數，關入內內侍省差官。其侍祠執事等官及本寺祇應人，於受誓戒前定日就寺教習三日。至車駕詣廟行禮日，麗正門、和寧門并南北宮門早二刻開，太廟門早三刻開。行事執事應奉陪位官等朝服，元冊夾羅以暑月權用單禮衆，如舊。其餘事件並同常饗。　十三日，禮部太常寺言：親饗行禮已擇七月十四日，緣係孟秋有司薦饗日分，乞就用是日行禮。其有司薦饗權罷，所有皇帝致齋袍履、輦伏、讀冊、置使差官等儀制並依禮例施行。從之。　淳熙十六年二月，光宗受禪，詔以四月六日親享太廟。　紹興五年閏十月，時寧宗已即位，浙東提舉李大性言：切觀紹興七年侍從臺諫禮官詳定時堂典禮，其大略云居喪皆得以宗廟。近者合宮展祀，陛下止詣明堂，毅然臣之愚切謂與淳熙十五年事體不同。又況漢文以來皆即位而謁廟，陛下龍飛已三越月，未嘗一至宗廟行禮，與

憂出過太廟門不入拜之人情，似為闕典。乞與二三大臣議之，早行擇日恭謝太廟，少見祇肅宗廟之意。於是詔遵用三年之制，其朝太廟委有妨礙。明年，吏部員外郎李謙言：事莫重於登極，禮莫急於告廟。蓋即位必告廟，示敬親也；告廟必於歲首，大其事也。舜正月上日受命于文祖，禹正月朔旦受命于神宗，皆行告廟之禮也。然禮以變而或殊，事隨時而亦異，有不可以一例觀者。議禮之家各持一說，不致其辨，禮意無自而明。夫嘉禮之與凶禮不可以並行，舉一必廢一，故在禮經喪三年不祭，唯祭天地社稷，為越紼而行事，蓋不敢以卑而廢尊也。夫天地以尊而不廢，宗廟以親豈獨可廢乎？況王制三年不祭之說，諸儒之論亦自不同。杜預之說以為既祔之後，宗廟得四時常制，蓋杜氏之意不以三年不祭宗廟為是也。今姑置常祭之說，而論即位踰年告廟之禮，庶幾禮簡而易明。虛言無證則論不定，請質事以明之。且太甲以元祀十有二月乙丑，伊尹奉嗣王祇見厥祖，百官猶總己以聽冢宰，則是[illegible]太甲居仲壬之喪而告廟也。漢呂后以八年七月即位，九月大臣迎立代王，元年十月辛亥文帝即祚，謁高廟，即是文帝居呂后之喪而告廟也。唐代宗以大曆十四年即世，德宗建中元年正月庚午朝享于太廟。其後穆宗長慶之元年、敬宗寶曆之元年、武

宗會昌之元年、懿宗咸通之元年，皆以正月朝享于太廟。徧觀歷代之制，雖小節不同，大槩居喪雖權住祭，踰年正月必告于廟，載諸經史，可考而知。漢昭、宣、元、成、哀、平六世皆以即位謁廟，不待踰年，則失之速；唐太宗貞觀三年正月有事于太廟，馬周得以為言，則失之緩；皆非禮之正也。以歷代之事而求其當，其惟踰年正月告廟乎？恭惟陛下自登極以來，已享帝矣，大行梓宮發引在即，來年正月盡行告廟之禮，禮官未見申明者，豈非以王制為據乎？切謂即位之後已曾謁廟，國有大故，可以未祭，與居喪之後即位未經謁廟者事體不同。考歷代已行之事，宜於來年正月一日陛下躬行告廟之禮，庶幾立一王之制，示萬世之規。乞下禮官指定施行。詔令禮部太常寺討論聞奏。至是，禮寺看詳，乞候皇帝從吉日討論典禮施行。從之。

接前

時享

淳熙十五年四月十一日，禮部太常寺言準四月二十六日孟夏薦饗太廟別錄行禮緣四月二十日聖神武文憲孝皇帝神主祔廟方行祔饗之禮所有孟夏薦饗乞照典故權停從之　淳熙十六年二月光宗受禪詔以四月□日親享太廟紹熙五年閏十月時寧宗已即位浙東提舉李大性言切觀紹興七年侍從臺諫禮官詳定明堂典禮其大略云居喪皆得見宗廟近者合宮展祀陛下止詣明堂殿然臣之愚切謂與淳熙十五年事體不同又況漢文以來皆即位而謁廟陛下龍飛已三越月未嘗一至宗廟行禮鑾輿屢出過太廟門不入

卷一萬一千八百四十六

揆之人情似為闕典乞與二三大臣議之早行擇日恭謝太廟少見祇肅宗廟之意於是詔遵用二年之制其朝謁太廟委有妨礙　明年吏部員外郎李謙言事莫重於祭極禮莫急於告廟蓋即位必告廟示敬親也告廟必於歲首大其事也舜正月上日受命于文祖禹正月朔旦受命于神宗皆行告廟之禮也然禮以變而或殊事隨時而亦異有不可以一例觀者議禮之家各持一說不致其辨禮意無自而明夫嘉禮之與凶禮不可以並行舉一必廢一故在禮經喪三年不祭唯祭天地社稷為越紼而行事蓋不敢以卑而廢尊也夫天地以尊而不廢宗廟以親豈獨可廢乎況王制三年不祭之說諸儒之論亦自不同杜預之說以為既祔以後宗廟得四時常祭蓋杜氏之意不以三年不祭宗廟為是也今姑置常祭之說而論即位踰年告廟之禮庶幾禮簡而易明虛言無證則論不定請實事以明之且太甲之元祀十有二月乙丑伊尹奉嗣王祇見厥祖百官循總己以聽冢宰則是太甲居仲壬之喪而告廟也漢呂后以八年七月即世九月大臣迎立代王元年十月辛亥文帝即祚謁高廟即是文帝居呂后之喪而告廟也唐代宗以大曆十四年即世德宗建中元年正月庚午朝享于太廟其後穆宗長慶之元年敬宗寶曆之元年武宗會昌之元年懿宗咸通之元年皆以正月朝享于太

卷一萬一千八百四十六

廟徧觀曆代之制雖小節不同大槩居喪雖權住祭踰年正月必告于廟載諸經史可考而知漢昭宣元成哀平六世皆以即位謁廟不待踰年則失之速唐太宗貞觀三年正月方事于太廟馬周得以為言則失之緩皆非禮之正也以歷代之事而求其當其惟踰年正月告廟乎共惟陛下自登極以來已享帝矣大行梓宮發引在即來年正月盍行告廟之禮禮官未見申明者豈非以王制為據乎切謂即位之後已曾謁廟國有大故故可以未祭與居喪之後即位未經謁廟者事體不同考歷代已行之事宜於來年正月一日陛下躬行告廟之禮庶幾立一王之制示萬世之規乞下禮官指定施行

此段似已見前抄入親享太廟 五事十四至止

詔令禮部太常寺討論聞奏至是禮寺看詳乞俟皇帝從吉日討論典禮施行從之 禮部太常寺修立郊祀大禮前一日朝享太廟行禮儀註

陳設 前享三日儀鸞司設大次於太廟東神門外道北南向小次於阼階東稍南西向又設文武侍臣次於大次之前行事助祭官宗室及有司次於廟之內外設東方南方客使次於文官之後西方北方客使次於武官之後各隨地之宜設饌幔於南神門外每室饌幔各一又設七祀次於殿下橫街之北道西東向又設配享功臣次於殿下橫街之南東西相向每室功臣配享各為一次前享二日宮闈令帥其屬掃除廟之內外開瘞坎於殿西階之東南方深取足容物南出陛太常設七祀燎柴於南神門外光祿牽牲詣所太常陳登歌之樂於殿上前楹間稍南北向設宮架於庭中立舞表於酇綴之間戶部陳諸州歲貢於宮架之南神門外隨地之宜東西相向前享一日奉禮郎禮直官設皇帝位版於阼階上飲福位於東序俱西向贊者設亞終獻位於小次南稍東助祭親王宗室使相在其南進幣爵酒官受爵酒官奉幣官薦牛俎官薦羊俎官實鑊水官薦豕俎官增沃鑊水官受幣官盥洗奉爵官奉瓚槃官進摶黍官舉冊官七祀獻官在助祭宗室使相之南並西向北上太禮使位於西階之西稍南與亞終獻相對行事光祿卿讀冊官光祿丞

卷一萬一千八百四十六

功臣獻官在其西太常光祿以下皆稍却執事官位於其後助祭宰相使相位在大禮使之南執政官在其西人設監察御史位二於西階下俱東向北上奉禮郎大祝太官令於東階下西向北上協律郎位二一於殿上磬簴西北一於宮架西北俱東向押樂太常卿於登歌樂簴北押樂太常丞於宮架之北北向良醞令位於尊彝所俱北向薦香燈官宮闈令於室內北向西上又設助祭文武群臣宗室位於橫街之南東西相向諸方客位廟門之外隨其方國光祿陳牲於東神門外當門西向以南為上祝史各位於牲後太常設省牲位於牲西大禮使進幣爵酒官受爵酒官奉幣官受幣官盥洗奉爵官奉瓚槃官位於道南北向西上七祀配享功臣獻官在其後監察御史二位在西東向薦牛俎官眂滌濯官實鑊水官眂腥熟節官增沃鑊水官押樂太常卿光祿卿讀冊舉冊官太常丞光祿丞奉禮協律郎太祝太官宮闈令位在東西向北上禮部帥其屬設祝冊案於室戶外之右司尊彝帥其屬設幣篚於酌尊所次設籩豆簠簋之位每室左二十有六籩右二十有六豆俱為四行俎三二在籩前一在豆前又設俎九在豆右為三重登一在籩豆間鉶三皆有柶在登前簠八簋八在籩豆外三俎間簠在左簋在右設爐炭於室戶外蕭蒿稷黍於其後又設毛血盤肝膋豆於室戶外之左稍前設尊

卷一萬一千八百四十六

彝之位每室斝彝一黃彝一皆有舟著尊二壺尊二皆罍加勺冪為酌尊太尊二山尊二犧尊二皆有罍加勺加冪設而不酌俱北向西上太常設七祀位於殿下橫街之北次內司命戶竈中霤門厲行又設配享功臣位於橫街之南次內韓王趙普濟陽王曹彬位於橫街之南道西東向太師薛居正太師石熙載鄭王潘美位在其西太師王旦（太師李沆）太師李繼隆位又在其西太師王曾呂夷簡侍中曹瑋位又於其西又設司徒韓琦太師曾公亮位於橫街之南道東西向太師富弼位在其東太師司馬光位又在其東太師韓忠彥位又在其東俱其上皆設神席太廟設神位版於座首司尊彝設祭器每左

卷一萬一千八百四十六

二籩右二豆俎一在籩豆前簠一簋一在俎前簠在左簋在右爵一次之象尊一在籩前如冪又設俎三於南神門外每室饌幔內設進盤匜帨巾內侍位於皇帝版位之後分左右奉盤者北向奉匜及執巾者南向又設亞終獻盥洗爵洗於其位之北盥洗在東爵洗在西罍在洗東加勺篚在洗西南肆寔以巾若爵洗之篚則又實以爵太官令盥洗於西階下七祀配享功臣獻官盥洗各於神位之前七祀及配享功臣位前盥洗各一罍勺篚巾各設於左右執罍篚者位其後享曰未行事前宮闈令開室帥其屬整拂神幄如常儀司尊彝入設祭器太府卿帥其屬入陳幣於篚幣以白光祿卿帥其屬

入實籩豆簠簋籩四行以右為上第一行饅餌在前粉餈次之第二行麷在前蕡白黑形鹽膴鮑魚鱐次之第三行乾棗在前濕棗栗濕桃乾桃濕梅乾穣榛實又次之第四行菱在前芡栗鹿脯次之豆四行以左為上第一行酏食在前糝食次之第二行韭菹在前醯醢昌本麋臡菁菹鹿臡茆菹麇臡又次之第三行葵菹在前蠃醢脾析蠯醢蜃蚳醢豚拍魚醢又次之第四行芹菹在前兔醢深蒲醓醢箈菹鴈醢筍菹魚醢又次之簋實以稻粱粱在稻前簠實以黍稷稷在黍前登實以大羹鉶實以和羹芼滑太官令帥其屬入實俎籩前之俎為二重以北為上第一重實以牛羊七體兩髀兩脅并脊而

卷一萬一千八百四十六

兩髀在兩端兩肩兩脅次之脊在中第二重實以羊腥七體其載如牛豆前之用實以豕腥七體其載如羊豆右之俎九為三重以北為上第一重實以牛羊豕首各一第二重實以牛腥腸胃肺離在上端刌肺三次之腸三胃三又次之一實以羊腥腸胃肺其載一生一實以豕腥膚九橫載第三重一實以牛熟腸胃肺一實以羊熟腸胃肺一實以豕熟膚其載右腥皆牛在左羊在中豕在右良醞令帥其屬入實彝及尊罍斝（彝）實以明水黃彝實以鬱鬯著尊二一實以玄酒一實醴齊皇帝酌之壺尊二一實玄酒一實盎齊亞終獻酌之太尊二一實泛齊一實醴齊山尊二一實盎齊一實醍齊犧尊二一

實沈齊一實事酒象尊二一實昔酒一實清酒並設而不酌凡罍之實各視其尊又實七祀及配享功臣位禮饌每位左二籩桌在前鹿脯次之右二豆菁菹在前鹿臡次之俎實以羊豕腥肉簠實以稷簋實以黍爵一象尊一實以清酒太常設燭於神位前設大禮使以下行事執事官揖位於東神門外如省牲之位設望瘞位於瘞坎之南如省饌之位儀鸞司設册幄於南神門外隨地之宜前朝享一日學士院以祝册授通進司進御書訖降赴尚書禮部　車駕詣太廟　前享一日皇帝於景靈宮朝獻畢既還大次禮部郎中奏解嚴訖皇帝入齋殿文武侍祠行事執事助祭之官非從駕者宗室

卷一萬一千八百四十六

先詣太廟祠所其日禮直官宣贊舍人引禮部侍郎詣大次前奏請中嚴少頃又奏外辦皇帝服履袍自齋殿詣大次出行門禁衛諸班親從等諸司祗應人員以下迎駕奏聖躬萬福次知客省事以下樞密都承旨以下知內侍省以下帶御器械官應奉祗應通侍大夫以下武功大夫以下及幹辦庫務文臣一班迎駕奏聖躬萬福候皇帝即御座從駕宰執使相一班次管軍臣寮並奏聖躬萬福皇帝乘輿出景靈宮欞星門將至太廟御史臺太常寺閤門分引文武侍祠行事執事助祭之官宗室于太廟欞星門外立橫班再拜奏迎訖退皇帝乘輿入欞星門至大次降輿以入簾降侍衛如常儀宣贊

舍人承旨敕群臣及還次　省牲器　是日未後二刻宮闈令帥其屬掃除廟之內外司尊彝帥執事者以祭器入設於位凡祭器皆藉以席又加巾蓋太府卿入陳幣於篚告絜畢權徹未後三刻禮直官贊者分引大禮使以下並服常服詣東神門外省牲位光祿卿丞與執事者牽牲就位禮直官贊揖贊者引押樂太常卿入行樂架凡亞終獻行事皆禮直官太常博士引大禮使執政官及申眡滌濯官受爵酒官進爵官行事皆禮直官引餘官皆贊者引次引眡滌濯官及升自西階眡滌濯凡行事執事官升降皆自西階內應奉官并執事隨應奉人各隨應奉階升降次引申視滌濯官甲視滌濯執

卷一萬一千八百四十六

事者皆舉冪曰潔俱退復位禮直官稍前曰告潔畢請省牲前引省牲官稍前省牲訖退復位次引光祿卿出班巡牲一匝西向躬曰充曰備次引光祿丞出班巡牲一匝西向躬曰腯俱復位禮直官稍前曰省牲訖請就省饌位揖訖引大禮使以下各就禮位直官贊揖有司省饌俱畢禮直官贊省牲畢揖訖俱還齋所光祿卿丞及執事者以次牽牲詣廚授太官令次引省鼎鑊官詣廚省鼎鑊視濯溉次引寔鑊水官詣廚寔鑊水次引增沃鑊水官詣廚增沃鑊水協律郎展視樂器乃還齋所晡後一刻太官令帥宰人以鸞刀割牲祝史各取毛血實於槃又取膟膋實于登俱置饌所遂烹牲宮闈令帥

其屬掃除廟之内外　晨祼　享日丑前五刻行事用
丑時十刻宫闈令開室帥其屬掃除禮部奠册於案太
府卿入陳幣光禄卿入實籩豆簠簋太官令入實俎良
醖令入實彝及尊罍樂工師工人二舞以次入與執尊
罍篚冪者各就位執事官各入就位次御史臺太常寺
閤門宣贊舍人分引文武助祭官及宗室客使贊者引
薦羞俎官以下宗室各入就位禮直官贊者分引大禮
使以下行事執事官詣廟東門外揖位立禮直官贊揖
訖先引監察御史按視殿之上下糾察不如儀者降階
就位次引大禮使以下各入就位皇帝服通天冠絳紗
袍至大次禮儀使樞密院官太常卿閤門官太常博士
禮直官分立於大次外之左右引禮部侍郎詣次前奏
請中嚴少頃又奏外辦符寶郎奉寶陳於宫架之側隨
地之宜禮儀使當次前俛伏跪奏禮儀使臣某言請皇
帝行事奏請俛伏興還侍立禮儀使奏祀儀准此簾捲
皇帝服衮冕以出侍衛如常儀禮儀使以下前導至東
神門外殿中監跪進大圭禮儀使奏請執大圭前導皇
帝入自正門侍御不應入者止於門外協律郎跪俛伏
舉麾興工鼓柷宫架乾安之樂作皇帝升降行止皆奏
乾安之樂至阼階下偃麾戛敔樂止外自阼階大禮使
從凡樂皆協律郎跪俛伏舉麾興工鼓柷而後作偃麾
戛敔而後止升自阼階皇帝升降大禮使皆從左右侍

衛之官量人數從升登歌樂作樂止禮儀使以下分左
右侍立凡行禮禮儀使樞密院官太常卿閤門官太常
博士禮直官前導至位則分立於左右次引奉瓚官升
詣僖祖室神位前西向立奉瓚槃官升詣皇帝版位前
奉瓚槃北向立次引奉神主官詣皇帝版位前俛伏跪
奏奉神主奏訖俛伏興退祠祭官於殿上承傳曰奉神
主次引薦香燈官搢笏於祏室内奉帝尊主設於座奉
神主詣神幄内於几後啓匱設于座及以白羅巾覆之
執笏退復位次引宫闈令奉后神主如上儀以青羅巾
覆之退復位次引奏奉神主官詣皇帝版位前伏跪奏
奉神主訖奏訖俛伏興退禮儀使前奏有司謹具請行
事又奏請再拜皇帝再拜贊曰再拜在位官皆再拜訖
次内侍各執槃匜帨巾以進宫架樂作禮儀使奏請皇
帝搢大圭盥手内侍進槃匜沃水皇帝盥手又奏請帨
手内侍進巾皇帝帨手訖又奏請皇帝洗瓚奉瓚槃官
進瓚内侍沃水皇帝洗瓚又奏請拭瓚内侍進巾皇帝
拭瓚訖樂止又奏請執大圭奉瓚槃官奉瓚槃詣僖祖
室尊彝所西向立以瓚涖鬯執彝者舉冪良醖令酌鬱
鬯訖先詣次室尊彝所北向立禮儀使前導登歌樂作
皇帝入詣祖室北向立樂止禮儀使奏請搢大圭跪奉
瓚槃官奉瓚槃西向以瓚授奉瓚官奉瓚官西向跪以
進禮儀使奏請執瓚皇帝執瓚以鬯祼地奠瓚奉瓚官

受瓚以授奉瓚槃官，奉瓚槃官以槃受瓚訖，俱詣次室以俟。禮儀使奏請執大圭，俛伏，興，前導皇帝出戶外，北向立。又奏請再拜，皇帝再拜訖，禮儀使前導皇帝詣翼祖室，次詣宣祖室，次詣太祖室，次詣太宗室，次詣真宗室，次詣仁宗室，次詣英宗室，次詣神宗室，次詣哲宗室，次詣徽宗室，祼鬯並如上儀。奉瓚官、奉瓚槃官俱降復位，良醖令還尊所。禮儀使前導皇帝還版位，登歌樂作，至位西向立，樂止。宮架作興安之樂，文德之舞九成止。太官令取肝以鸞刀制之，洗於鬱鬯，貫之以膋，燎于爐炭。薦香燈官以肝膋入詔神於室，又出以隳祭于室戶之左，三祭於茅苴，俱降，詣盥洗位盥手帨手，升復執事位。

卷一萬一千八百四十六

饋饌　享日，有司陳鼎三十有三於神廚，各在鑊右。太官令帥進饌者詣廚，以匕外牛於鑊，實于一鼎，肩臂臑肫胳正脊一直脊一橫脊一長脅一短脅一代脅一背二骨以正。次升羊如牛，升豕如羊，各實于一鼎，每室牛豕各一鼎。皆設扃冪，祝史對舉入，設於每室饌幔內。次引視腥熟節官詣饌所，視腥熟之節。俟皇帝晨祼畢還位，樂止，祝史抽扃委于鼎右，除冪，加匕畢于鼎。太官令以匕外牛載于一俎，肩臂臑在上端，肫胳在下端，脊脅在中。次外羊豕，各載于俎，其載如羊，每室牛羊豕各一俎。次引薦牛、薦羊、薦豕俎官搢笏奉俎以入，太官令引入正門，宮架豐安之樂作，由宮架東至橫街，折方進行，陳於西階下，北向北上。薦俎官搢笏奉俎，以外執事者各迎於階。薦官奉俎請僖祖室神位前北向跪奠，先薦牛，次薦羊，次薦豕，各執笏，俛伏，興。有司設牛羊豕俎於腸胃膚之前，牛在左，羊在前，豕在右。詣次室奉奠並如上儀。樂止，俱降復位。內執官降西側階，出西神門，入南門，歸執事班。次引薦香燈官取蕭合黍稷擩於脂，燎於爐炭。又當饋熟之時，取菹擩於醢，祭于豆間三；又取黍稷肺祭如初，藉用茅，各還尊所。次引奉幣官進幣官受幣官受爵酒官進爵酒官升詣僖祖室，奉幣官進幣官受爵酒官進爵酒官在東，西向北上；受幣官在西，東向。次引奉爵酒官升殿，詣皇帝版位前，奉爵北向立。內侍各執盤匜帨巾以進，宮架樂作。禮儀使奏請皇帝搢大圭盥手，內侍進槃匜沃水，皇帝盥手。又奏請帨手，內侍進巾，皇帝帨手訖。又奏請皇帝洗爵，奉爵酒官進爵，內侍沃水，皇帝洗爵。又奏請拭爵，內侍進巾，皇帝拭爵訖，樂止。又奏請執大圭，奉爵酒官受爵，奉爵詣僖祖室酌尊所，西向立。執尊者舉冪，良醖令酌著尊之醴齊訖，先詣次室酌尊所，北向立。禮儀使前導，登歌樂作。殿中監進跪進鎮圭，禮儀使奏請搢大圭，執鎮圭，前導皇帝入詣僖祖室，樂止。宮架作基命之樂，翼祖室大順之樂，宣祖室天立之樂，太祖室皇武之樂，太宗室大定之樂，真宗室熙大之樂，仁宗室美成之樂，英宗室治隆之

卷一萬一千八百四十六

樂神宗室大明之樂哲宗室重光之樂徽宗室承元之
樂文舞作內侍先設繅藉於地禮儀使奏請跪奠鎮圭
於繅藉執大圭俛伏興又奏請搢大圭跪次內侍跪取
幣於篚以授奉幣官奉幣官授進幣官進幣官西向跪
以進禮儀使奏請受幣皇帝受奠訖受幣官東向跪受
以興進奠於僖祖神位前次奉爵官以爵授受爵酒官
受爵酒官授進爵酒官進爵酒官西向跪以進禮儀使
奏請執爵皇帝執爵祭酒 三祭於茅菹 奠爵受爵官以
爵復於坫禮儀使奏請執大圭俛伏興前導皇帝出戶
外北向又奏請少立樂止奉幣官進幣官受幣官奉爵
酒官受爵酒官進爵酒官俱詣次室內侍舉鎮圭授殿

卷一萬一千八百四十六

中監又以繅藉詣次室先設於地次舉冊官搢笏跪舉
祝冊讀祝官搢笏東向跪讀冊文讀訖奠冊各執笏興
先詣次室戶外東向立禮儀使奏請再拜皇帝再拜訖
禮儀使前導皇帝詣每室奠圭幣酌獻並如上儀次奉
幣官進幣官受幣官奉爵酒官受爵酒官進爵酒官俱
降復位內侍舉鎮圭繅藉以鎮圭授殿中監以授有司
讀冊官以下俱降復位禮儀使前導皇帝還版位登歌
樂作至位西向立樂止禮儀使奏請還小次登歌樂作
前導皇帝降自阼階樂止宮架樂作將至小次禮儀使
奏請釋大圭殿中監跪受大圭皇帝入小次簾降樂止
文舞退武舞進宮架正安之樂作舞者立定樂止 亞

終獻 禮直官太常博士引獻亞詣盥洗位北向立搢
笏盥手執笏詣爵洗位北向立搢笏洗爵拭手以爵授
執事者執笏拜詣僖祖室酌尊所西向立宮架作正安
之樂武功之舞執事者以爵授亞獻亞獻進笏跪執爵
執尊者舉冪太官令酌壺樽之盎齊訖先詣次室酌尊
所北向立亞獻以爵授執事者執笏興入詣僖祖室神
御前北向立搢笏跪執事者以爵授亞獻亞獻執爵祭
酒三祭於茅菹奠爵執笏俛伏興出戶外北向再拜次
詣每室酌獻並如上儀樂止降復位初亞獻行禮將畢
禮直官太常博士引終獻詣洗及升殿酌獻並如亞獻
之儀降復位初終獻既升次引七祀及配享功臣獻官

卷一萬一千八百四十六

詣盥洗位搢笏盥手帨手執笏詣神位前搢笏跪執爵
三祭酒酌奠執笏俛伏興再拜詣次位並如上儀退復位
唯七祀先詣司命立奠爵訖興少立次引太祝進讀位
前北向跪讀祝文訖退獻官再拜復位 皇帝飲福
初皇帝既晨祼光祿以牛左臂一骨及長脅短脅俱二
骨以並載于胙俎升設於僖祖室戶外俟終獻既升獻
次引進俎官搏黍太祝太官令詣飲福位北向立奉俎
豆爵酒者各立於其後禮儀使奏請詣飲福位簾捲出
次宮架樂作殿中監跪進大圭禮儀使奏請執大圭前
導皇帝至阼階下樂止升自阼階登歌樂作將至飲福
位樂止登歌僖安之樂作皇帝至飲福位西向立尚醞

奉御執尊詣酌尊所，良醞令酌上尊福酒合置一尊，尚醞奉御奉尊詣飲福位，殿中監奉爵，尚醞奉御酌福酒，殿中監北向捧以立。禮儀使奏請再拜，皇帝再拜。殿中監跪以爵酒進，禮儀使奏請搢大圭，跪受爵，祭酒三，祭于地，啐酒，奠爵。殿中監跪受爵以興。太祝帥執事者持胙俎進減神位前正脊二骨、橫脊，加於俎上，内侍受俎以授進俎官，南向跪以進，皇帝受俎奠之，進俎官受俎以興，以授内侍，退詣殿上稍西，東向立。太官令取黍于籩，摶以授摶黍太祝，太祝受以豆，北向跪以進，皇帝受訖奠之，摶黍太祝受豆以興，降復位。次殿中監再跪以爵酒進，禮儀使奏請再受爵，飲福酒，奠爵。殿中監受虛

卷一萬一千八百四十六

爵興，以授奉御。執事者俱降復位。禮儀使奏請執大圭，俛伏，興。又奏請再拜，皇帝再拜。樂止。禮儀使前導皇帝還版位，登歌樂作，至版位，西向立，樂止。次引徹牛俎官徹籩豆及俎，籩豆俎各一，但少移故處。登歌豐安之樂作，卒徹，樂止。徹牛俎官降復位。禮直官曰賜胙，行事助祭官拜，贊者承傳曰賜胙再拜，在位官皆再拜。送神，宮架興安之樂作，一成止。神主入室　次引奏奉神主官詣皇帝版位前，俛伏跪，奏奉神主入室，奏訖，俛伏興，退。祠祭官於殿上承傳曰奉神主入室。次引薦香燈官搢笏奉帝主入右室訖，薦香燈官先捧匱於神座，納神主於匱訖，捧入祏室。執笏退復位。次引宮闈令奉后主如

上儀，退復位。次引奉神主官詣皇帝版位前，俛伏跪，奏奉神主入室訖，俛伏興，退。禮儀使奏禮畢，前導皇帝降自阼階，登歌樂作，至阼階下，樂止。宮架樂作，出門，樂止。禮儀使奏請釋大圭，殿中監跪受大圭以授有司。皇帝還大次。禮部郎中奏請解嚴訖，皇帝入齋殿。宮闈令以黍稷肺祭，祭藉用白茅，束而埋之於西階東。有司各取幣置於坎。大禮使以下就望瘞位，禮直官曰可瘞，寘土半坎。太廟宮闈令監視。次引大禮使以下詣東神門外揖位立，禮直官贊禮畢，揖訖，退。文武助祭官及宗室以次出。次引七祀獻官詣南神門外七祀望燎位，南向立，有司置祝版於燎柴，焚訖，退。太官令帥其僑徹禮饌，監

卷一萬一千八百四十六

察御史詣殿監視收徹訖，宮闈令闔户以降，乃退。太常藏祝册於匱。

親饗太廟別廟行禮儀注　誓戒　如紹興修立郊祀誓戒儀注，惟不置郊社令。誓文曰：今年七月十四皇帝為登寶位，親行朝享太廟別廟，各揚其職，其或不恭，國有常刑。致齋　皇帝散齋七日於別殿，致齋三日於齋殿，至行禮日自齋殿詣太廟，餘如郊祀儀註。陳設　並同郊祀前一日朝享太廟禮，惟不設四方客使次及陳諸州歲貢并寶俎，不以牛，止用羊豕。有牲器　儀註如紹興十三年親享，唯舊用未後二刻掃除廟内外，陳設祭器幣籩，三刻有牲饌鼎鑊樂器等，今用其日質明。車駕自齋殿詣太廟　其日文

武侍祠行事執事助祭官宗室先詣太廟祠所其從駕臣僚並服常服就次有司進輦於齋殿其從駕臣僚並俟從駕次禮直官宣贊舍人引禮部侍郎奏請中嚴少頃入奏外辦皇帝自內服履袍詣齋殿即御座鳴鞭行門禁衛諸班親從等諸司祗應人員以下各自贊常起居次知客省事以下樞密都承旨以下入內內侍省都知以下帶御器械官應奉祗應通侍大夫以下武功大夫以下及幹辦庫務文臣一班常起居宣贊舍人贊從駕臣僚並常起居凡起居者止奏聖躬萬福次管軍臣僚並常起居該宣名即宣名若得旨免起居更不起居皇帝乘輦降自西階稱警蹕侍衛如常儀出和寧門將

卷一萬一千八百四十六

至太廟御史臺閤門分引文武助祭官宗室禮直官贊者引事執事官俱詣廟櫺星門外立班再拜奉迎訖退內已奏起居止奏聖躬萬福皇帝乘輦入櫺星門至大次侍衛如常儀皇帝降輦入大次簾降舍人承旨敕群官各還次以俟立班行禮晨祼 並同郊祀前朝享太廟禮但詣帝室既祼鬯後禮儀使引皇帝至別廟后室前祼鬯如上儀 饋食並同郊祀前享太廟禮惟無牛羊俎 亞終獻 皇帝飲福 神主入室 並同紹興十三年儀註唯飲福不用牛俎 車駕還內 臣僚禁衛等起居迎駕奏聖躬萬福訖以俟從駕還內並如來儀禮部郎中奏解嚴宣贊舍人承旨敕群官各還次將

玉卌上

士各還其所

太廟時享儀註

時日 太常寺預於隔季以孟春擇日享太廟別廟關太史局孟夏孟秋孟冬並准此若臘享則預於隔季以季冬臘日享太廟別廟太史局擇日報太常寺臘享則以其日報太常寺太常寺參酌訖具時告散告

齋戒 前享十日受誓戒於尚書省其日五鼓贊者設位版於都堂下初獻官在左刑部尚書在右並南向亞終獻位於其南稍東北向西上若冬享臘享則又設禮官位於終獻之東其餘位省牲位者餘位准此監察御史位於其西稍北東向兵部工部尚書押樂太常卿光祿卿押樂太常丞光祿丞位於其南稍西北向東上凡設太常丞光祿丞位皆稍却

卷一萬一千八百四十六

奉禮協律郎太祝太官宮闈令位於其東西向北上捧俎官薦香燈官位其後質明贊者引行事執事官就位立定禮直官引初獻降階就位禮直官贊揖在位者對揖初獻搢笏讀誓文云某月某日孟春薦享太廟別廟夏云孟夏秋云孟秋冬云孟冬臘享云季冬臘享各揚其職不共其事國有常刑讀訖執笏禮直官贊奉禮協律郎太祝太官宮闈令以下先退餘官對拜乃退散齋七日治事如故宿于正寢不弔喪問疾作樂判書刑殺文書決罰罪人及與穢惡致齋三日光祿卿丞太官令齋一日二日於本司宗室於睦親宅都廳如相妨即於宗學餘官無本司者並於太廟齋坊質明至齋所準享

事得褻行其餘悉禁前享一日質明俱赴祠所齋宫官給酒饌享官已齋而闕者通攝行事　陳設　前享三日儀鸞司設饌幔於東神門外別廟饌幔於本廟每室饌幔各一若冬享則設配享功臣次於殿下橫街之南東西相向每室配享功臣冬為一次若臘享則設七祀次一於橫街之北道西東向前二日有司牽牲詣祠所前一日宫闈令帥其屬掃除廟之內外太常設祭器凡設祭器皆藉以席籩豆又加巾蓋以俟告潔既畢權徹有司陳牲於東神門外當門西向祝史各位於牲後太常設省牲位於牲西三獻官在道南北向兵部工部尚書押樂太常卿光祿卿押樂太常丞光祿丞奉禮協律

卷一萬一千八百四十六

郎太祝太官宫闈令在道北南向俱西上凡設押樂太常丞以下位皆稍卻若享日則不設光祿卿丞宫闈令位監察御史於兵部尚書之西少北太常陳禮饌於東神門外卻東道北南向設省饌位於禮饌之南三獻官在南北向西上監察御史在西東向兵部尚書押樂太常卿光祿卿押樂太常丞光祿丞奉禮協律郎太祝太官宫闈令在東西向北上捧俎官薦香燈官在其後太常設登歌之樂於太廟別廟殿上前楹間卻南北向設宫架於太廟庭中立舞表於酇綴之間享日丑前五刻禮直官贊者諸司職掌各服其服宫闈令入殿開室筐拂神幄帥其屬掃除鋪筵在室內北墉下南向几在筵

上如常儀太常陳幣篚各於神位前之左幣以白一祝版各於神位之右置於坫次祭器實之每室左二十有六籩為四行以右為上右二十有六豆為四行以左為上俎二一在籩前實以羊腥七體一在豆前實以豕腥七體其載如羊又俎六在豆右為三重以北為上第一重實以羊豕首各一第三重實以羊腥腸胃肺離肺一在上端刌肺三次之腸三胃三又次之一實以豕腥膚九橫載第三重一實以羊熟腸胃肺一實以豕熟膚其載如腥皆羊在左豕在右登一在籩豆間實以大羹鉶三在登前實以羹加芼滑簠八簋八在籩豆外二俎間簠在左簋在右簠實以稻粱粱在稻前簋實以黍稷稷

卷一萬一千八百四十六

在黍前登一在籩之左實以肝膋槃一在室戶外稍東實以毛血爐炭於室戶外之左稍前置蕭蒿於篚設尊罍於殿上為二重著尊二加勺冪為上尊一實玄酒一實醴齊初獻酌之壺尊二加勺冪一實玄酒一實盎齊亞終獻酌之春夏設雞彝一并舟在著尊之右實以鬱鬯初獻酌之秋冬臘享則設斝彝加勺冪又設鳥彝一并舟在著罍之右實以明水秋冬臘享則設黃彝太尊二一實泛齊一實醴齊山尊二一實盎齊一實醍齊犧尊二一實沈齊一實事酒象尊二一實昔酒一實清酒罍皆實以明水俱北向西上皆加冪設而不酌爵坫三在尊之前太常設燭於神位前若冬享設配享功臣位

於殿下橫街之南次内若臘享則設七祀司命户竈中霤門厲行於橫街之上次内皆太常設神位席本廟設神位版太常設祭器實之又設俎二於東神門外每室饌幔内洗二於東階下直東霤北向 盥洗在東爵洗在西罍在洗東加勺篚在洗西南肆實以巾 若爵洗之篚則又實以珪瓚及别廟則實以璋瓚 執罍篚者位其後 若冬臘二享則又設禮官盥洗一於從祀神位前 又設揖位於東神門外如省牲位 唯不設光禄卿丞捧俎官薦香灯官宫闈令位 闢瘞坎於太廟别廟殿西階之東方深取足容物南出陛設望瘞位於太廟瘞坎之南 如省饌之位 唯不設光禄卿丞太官令捧俎官薦香燈官宫闈令若臘享則積七祀燎柴於西神門外又設三獻官席位於殿下東階之東南西向南立 若冬享臘享則又設禮官位於終獻之北 兵部工部尚書於其南西向北上監察御史押樂太常丞席位於殿庭之南北向奉禮協律郎太祝太官令位其後俱西上光禄卿席位於監察御史之東北向又設監察御史位於殿上前楹西架東向奉禮郎大祝在東西向北上押樂太常丞於樂虡之北太官令於酌尊所俱北向協律郎位二一於太廟殿上前楹間稍西一於宫架西北俱東向押樂太常卿位於宫架北北向 省牲器同郊祀前朝享太廟禮

晨祼 享日丑前五刻行事春冬用丑時七刻夏秋

卷一萬一千八百四十六

用丑一刻 祠祭官引宫闈令入詣殿庭北向立祠祭官曰再拜宫闈令再拜升殿開室整拂神幄帥其屬掃除退就執事位次引薦香燈官入詣殿庭北向立 凡宫闈令薦香燈捧俎官行事皆祠祭官引 祠祭官曰再拜薦香燈官再拜升殿各就執事位次樂正帥工人二舞入就位 太廟别廟登歌工人俟監察御史點閲訖升西階各就位 次太官令光禄丞帥其屬實饌具畢光禄丞還齋所次引光禄卿入詣殿庭席北向立贊者曰再拜光禄卿再拜升殿點視禮饌畢次引監察御史升殿點閲陳設糾察不如儀者 凡點視及點閲皆先詣僖祖室以至次室及别廟 光禄卿還齋所餘官各服祭服次引行事執事官詣東神門外揖位立定 禮直官贊揖次引押樂太常卿太常丞協律郎次引監察御史奉禮郎太祝太官令入就殿下席位北向立次引初獻兵部工部尚書亞終獻入就殿下席位西向立 若冬享臘享則引禮官 祠祭官於殿上贊奉神主次引薦香燈官入室搢笏於祏室内奉帝主設於座 奉神主詣神幄内於几後啓匱設于座以白羅巾覆之 執笏退復執事位次引宫闈令奉后主奉别廟宫闈令奉后主如上儀 以青羅巾覆之 退復執事位祠祭官於殿上贊奉神主訖禮直官稍前贊有司謹具請行事贊者曰再拜在位者皆再拜次引監察御史押樂太常卿太常丞奉禮協律郎太祝太

卷一萬一千八百四十六

官令各就位定太官令就僖祖位尊彝所次引初獻詣盥洗位北向立搢笏盥手帨手執笏詣爵洗位北向立搢笏洗瓚授執事者執笏升殿詣僖宗室尊彝所西向立執事者以瓚授初獻搢笏跪執瓚執彝者舉冪太官令酌鬱鬯訖先詣宣祖室尊彝所北向初獻以瓚授執事者執笏興詣僖祖室神位前北向立搢笏跪次引奉禮郎搢笏西向跪執事者以瓚授奉禮郎奉瓚授初獻執瓚以鬯祼地奠訖以瓚授執事者次執事者以幣授奉禮郎奉禮郎奉幣授初獻執笏興先詣宣祖室神位西向立初獻受幣奠訖執笏俛伏興出戶外北向再拜次詣宣祖室太祖室太宗室真宗室仁宗室英宗室神

宗室哲宗室徽宗室欽宗室次降西側階詣別室升西階詣懿節皇后室安穆皇后室安恭皇后室祼鬯奠幣並如上儀訖降東側階由東廊俱復位立協律郎跪俛伏舉麾興工鼓柷宮架作興安之樂孝熙昭德之舞九成偃麾戛敔樂止凡樂皆協律郎跪俛伏舉麾興工鼓敔而後作偃麾戛敔而後止既晨祼薦香燈官入取毛血奠於神座前別廟以太祝太官令取肝以鸞刀制之洗於鬱鬯貫之以膋燎于爐炭薦香燈官以肝膋入詔神於室別廟以太祝又出以隋祭于室戶外之左三祭于茅苴退復位

饋食　享日有司帥進饌者詣廚以匕升羊實于一俎肩臂臑在上端肫胳在下端正脊一

直脊一橫脊一長脅一短脅一代脅一皆二骨以並在中次升豕如羊實于一俎每室羊豕各一俎入設於饌幔內俟初獻既升祼訖捧俎官及執事者捧俎入詣西階下北向北上次引兵部工部尚書詣西階下搢笏捧俎兵部奉羊工部奉豕升殿宮架豐安之樂作詣僖祖神位前北向跪奠先薦羊次薦豕各執笏俛伏興有司入設於豆右腸胃膚之前羊在左豕在右次詣每室奉俎並如上儀樂止次詣別廟奠俎如前太廟之儀唯登歌作禧安之樂降東側階由東廊復位初奠俎訖次引薦香燈官取蕭合黍稷擩於脂燎於爐炭當饋熟之時薦香燈官取菹擩於醢祭于豆間三又取黍稷肺祭如

初俱藉以茅別廟以太祝退復位次引太祝詣僖祖室前東向立次引初獻再詣盥洗位宮架正安之樂作初獻升降行止皆作正安之樂至位北向立搢笏盥手帨手執笏詣爵洗內北向立搢笏洗爵拭爵以授執事者執笏升殿止登歌樂作詣僖祖室酌尊所西向立樂止登歌基命之樂作執事者以爵授初獻初獻搢笏跪執爵執尊者舉冪太官令酌著尊之醴齊訖先詣宣祖室酌尊所北向立初獻以爵授執事者執笏興入詣僖祖室神位前北向立搢笏執事者以爵授初獻初獻執爵祭酒三祭于茅苴奠爵執笏俛伏興出戶北向立樂止次太祝搢笏跪讀祝文讀訖執笏興先詣宣祖室戶外

東向立初獻再拜次詣每室及諸別廟行禮並如上儀初獻詣別廟升降登歌作崇安之樂酌獻行禮登歌並作歌安之樂初獻將降階登歌作降階樂止宮架樂作復位樂止文舞退武舞進宮架作正安之樂舞者立定樂止次引亞獻詣盥洗位北向立搢笏盥手帨手執笏詣爵洗位北向立搢笏洗爵拭爵以授執事者執笏升殿詣僖祖室酌尊所西向立宮架作武安之樂禮洽儲祥之舞執事者以爵授亞獻搢笏跪執爵執尊者舉冪太官令酌壺尊之盎齊訖先詣宣祖室酌尊所北向立亞獻以爵授執事者執笏興詣僖祖室神位前北向立搢笏跪執事者以爵授亞獻亞獻執爵祭酒三祭于茅

卷一萬一千八百四十六

苴奠爵執笏俛伏興出戶外北向再拜次詣每室并別廟行禮並如上儀亞終獻詣別廟酌獻登歌並作嘉安之樂初亞獻既入太室引終獻詣洗及升殿行禮並如亞獻之儀訖俱降復位若冬享則俟終獻將升次引禮官詣盥洗位搢笏盥手帨手執笏詣配享功臣神位前搢笏跪執爵三祭酒奠爵執笏俛伏興再拜詣次位行禮並如上儀退復位若臘享則俟終獻將升次引禮官詣盥洗位搢笏盥手帨手執笏詣司命神位前搢笏跪執爵三祭酒奠爵執笏俛伏興少立次引太祝進詣神位前北向搢笏跪讀祝文讀訖執笏興退復位禮官再拜詣每位前行禮並如分獻配享功臣之儀退復位次

引太祝徹籩豆籩豆各一少移故處登歌恭安之樂作別廟寧安之樂卒徹樂止次引宮闈令東茅訖俱復位禮直官曰賜胙贊者承傳曰賜胙再拜在位者皆再拜送神宮架興安之樂作一成止祠祭官於殿上贊奉神主入祏室次引薦香燈官搢笏奉帝主入祏室薦香燈官先捧匱置於神座納神主於匱訖捧入祏室執笏退復位次引宮闈令奉后主并引別廟宮闈令奉后主入祏室並如上儀退復位祠祭官於殿上贊奉神主入祏室訖次引初獻兵部刑部尚書亞終獻就望瘞位若冬享臘享則又引禮官就望瘞位有司詣室取幣束茅苴於坎次引監察御史押樂太常丞奉禮協律郎太祝就

卷二萬一千八百四十六

望瘞位立定禮直官曰可瘞寘土半坎本廟宮闈令監視別廟殿下宮闈令監視次引初獻以下詣東神門外揖位立禮直官贊禮畢揖訖退若臘享則次引禮官詣西神門外之望燎位立有司置祝版於燎柴焚訖退太官令帥其屬徹禮饌次引監察御史詣殿監視收徹訖還齋所宮闈令闔戶以降太常藏祝版於匱光祿卿以胙奉進監察御史就位展視光祿卿望闕再拜乃退

太廟薦新儀註

陳設　前一日有司設新物於太常卿齋所至日以行事設籩豆於每室戶外以新物實之每室孟春豆三實以韭以葑卵仲春豆一實以冰季春豆三實以筍蒲鮪魚籩一實以含桃孟夏豆三實以彘肉

大小麥仲夏豆二實以雛鷄黍遷一實以瓜季夏蓮二
實以菱棗孟冬豆一實以鴈仲冬豆一實以麕季冬豆
一乃實之以魚又設盥洗於阼階下直東霤北向罍在
洗東加勺篚在洗西南肆實以巾設太常卿席位於殿
下東南西向　省饌　前一日祠祭官引宮闈令詣太
常卿齋所同眡新物應饌者有司詣廚省鑊以時歸其
屬臨造　行事　薦新日祠祭官引宮闈令先入詣殿
庭北向立祠祭官曰再拜宮闈令再拜升自西階凡行
事執事官升降皆自西階開室不出神主歸其屬掃除
退就執事位次有司實新畢禮直官引太常卿常服入
就殿下席位西向立贊再拜太常卿再拜次引詣盥洗

卷一萬一千八百四十六

位北向立搢笏盥手帨手執笏升殿詣僖祖室戶外搢
笏執事者以新物授太常卿太常卿受新物奉入詣神
位前北向跪奠執笏俛伏興出戶外北向再拜次詣宣
祖室太祖室太宗室真宗室仁宗室英宗室神宗室哲
宗室徽宗室欽宗室別廟懿節皇后室安穆皇后室安
恭皇后室行禮並如上儀降復位少立退宮闈令闔戶
降退　郊祀大禮前二日朝獻景靈宮行禮儀注　陳
設　前朝獻三日儀鸞司設大次於齋殿又設文武侍
臣次於大次之前隨地之宜行事助祭官宗室及有司
次於宮之內外各隨地之宜設東方南方客使次於文
官之後西方北方客使次於武官之後又設饌幔於殿

門隨地之宜前二日郊社令帥其屬掃除宮之內外太
常設燎爐於殿門之外又陳登歌之樂於殿上前楹間
稍南北向設宮架於殿門外隨地之宜立舞表於酇綴
之間前朝獻一日奉禮郎禮直官設皇帝位版於阼階
上西向飲福位於聖像之西南北向望燎位於殿下之
東南向贊者設亞終獻位於阼階之東稍南西向大禮
使左僕射於西階之西稍南東向與亞終獻位相對行
事戶部禮部刑部尚書吏部刑部侍郎光祿卿讀冊官
舉冊官
光祿丞於其西光祿丞稍卻執事官位又於其後奉禮
郎摶泰太祝太社太官令位於亞獻之北西向稍卻監
察御史位二於大禮使之北東向俱稍卻又設協律郎

卷一萬一千八百四十六

位二一於殿上磬虡之西北一於宮架西北俱東向押
樂太常丞於登歌樂虡北押樂太常卿位於宮架之北
良醞令於酌尊所俱北向又設文武助祭官宗室位於
行事執事官之南東西相向諸方客使位於殿門之外
隨其方國又設告潔位於殿門之外設大禮使左僕射
位於道西東向行事吏部戶部禮部刑部尚書吏部刑
部侍郎押樂太常卿光祿卿讀冊官舉冊官押樂太常
丞光祿丞奉禮協律郎摶泰大祝郊社太官令位於道
東西向北上押樂太常丞以下位稍卻監察御史位於
尚書之右異位稍卻光祿陳禮饌於殿門內在北南向
太常設省饌位版於禮饌之南太禮使左僕射在南北

向西上監察御史位二在西東向行事吏部戶部禮部
刑部尚書吏部刑部侍郎押樂太常卿光祿卿讀冊官
舉冊官押樂太常丞光祿丞奉禮協律郎博士太祝郊
社太官令在東西向北上禮部帥其屬設祝冊案於殿
上之西司尊彝帥其屬設玉幣篚於酌尊所次設籩豆
簠簋之位於聖像前左十有一籩右十有一豆俱為三
行俎一在籩前簠一簋一在籩豆外簠在左簋在右又
設尊罍之位著尊二壺尊二皆有罍加勺冪為酌尊太
尊二山尊二犧尊二象尊二皆有罍加冪設而不酌並
在殿上稍南北向西上又設籩豆簠簋俎各一於饌幔
內設御盥匜於阼階上并供進盥匜帨巾內侍坐並於

卷一萬一千八百四十六

皇帝版位之後分左右 奉盥者北向奉匜及執巾者南
向又設亞終獻盥洗爵洗於其位之北 盥洗在東爵洗
在西罍洗在東加勺篚在洗西南肆實以巾 若洗爵之
篚則又實以爵 執罍篚者各位其後朝獻日行事前太
常府卿帥其屬陳幣於篚幣倉少府監帥其屬入陳禮
神之玉置於聖像前 玉以四圭有邸 光祿卿帥其屬入
實籩豆簠簋 籩三行以右為上第一行形鹽在前黍糗
餌次之第二行榛實在前乾桃乾橑乾棗次之第三行
麥在前芡栗乾柿次之豆三行以左為上第一行芹菹
在前筍菹菁菹葵菹次之第二行韭菹在前魏萄菘脯醢
脯次之第三行飽食在前小菽醬次之簋實以黍稷實

以稻 太官令帥其屬入實俎籩前之 俎實以乳餅 良醞
令帥其屬入實尊 著尊二一實醴齊皇帝酌
之壺尊二一實玄酒一實盎齊亞終獻酌之太尊二一
實泛齊一實醴齊山尊二一實盎齊一實醍齊犧尊二
一實沉齊一實事酒象尊二一實昔酒一實清酒並設
而不酌凡罍之實各視其尊 有司設神御殿禮饌及供
奉之物如常儀太常設燭於聖像前又設大禮使以下
行事執事官揖位於殿門外如告潔之位儀鸞司設神
位版幄又設冊幄於殿門外各隨地之宜 省饌前
朝獻一日質明太社令帥其屬掃除宮之內外訖司尊
彝帥執事者以祭器入設於位 凡設祭器皆藉以席籩

卷一萬一千八百四十六

豆又加巾蓋 太府卿少府監入陳玉幣 告潔畢權徹少
頃禮直官贊者分引太禮使以下並常服詣殿門外告
潔位禮直官贊揖訖贊訖者引押樂太常卿入行樂架
凡亞終獻行事官禮直官太常博士引大禮使執政官
行事皆禮直官引餘官皆贊者引 次引禮部尚書入升
自西階眡滌濯 凡行事執事官升降皆自西階內應奉
官升執事應奉人各隨應奉階升降 次引左僕射申眡
滌濯執事者皆舉冪曰潔俱退復位禮直官稍前曰告
潔畢請就省饌位揖訖引大禮使以下各就位禮直官
贊揖有司省饌具畢禮直官贊省饌畢揖訖俱還齋所
次引禮部尚書詣廚眡濯溉次引刑部尚書詣廚實鑊

水刑部侍郎增沃鍍水協律郎展視樂器乃遂齋所晡後太社令帥其屬掃除宮之內外學士院以祝册授通進司進御書訖降付尚書禮部　車駕自太慶殿詣景靈宮　朝獻日文武侍祠行事助祭之官宗室非從駕者先詣景靈宮祠所次禮直官宣贊舍人引禮部侍郎詣大慶殿奏請中嚴少頃又奏外辦皇帝服履袍詣大慶殿鳴鞭行門禁衛諸班親從等諸司祇應人員以下各自贊常起居次知客省事以下樞密都丞旨以下知內侍省事以下御帶器械官應奉祇應通侍大夫以下武功大夫以下及幹辦庫務文臣一班常起居俟皇帝即御座從駕宰執使相以下一班次管軍臣僚並常起居從駕宰執使相以下一班次管軍臣僚並常起居若得旨免起居更不起居　皇帝乘輿鳴鞭出行宮北門將至景靈宮御史臺太常寺閤門分引文武侍祠行事執事助祭之官宗室于宮欞星門外立班再拜奏御記退已起居者止奏聖躬萬福皇帝乘輿將及門從駕宰執事從等係行事前導者先退各朝祭服　皇帝乘輿入欞星門至大次降輿以入簾降侍衛如常儀以俟行事

卷一萬一千八百四十六

奉玉幣　朝獻日未行事前諸行事及助祭之官各服其服太祝奠册於案太府卿少府監入陳玉幣光祿卿入實籩豆簠簋太官令入實俎長醞令入實尊罍樂正工人二舞以次入與執尊罍篚冪者各就位次御史臺太常寺閤門宣贊舍人分引文武助祭官及宗室各使入就位次禮直官贊者分引大禮使以下行事執事官詣殿門外揖位立禮直官揖訖先引監察御史按視殿之上下糾察不如儀者降階就位次引大禮使以下各入就位次禮儀使樞密院官太常卿閤門官太常博士禮直官分立於大次外左右次引禮部侍郎詣次前奏請中嚴少頃又奏外辦符寶郎奉寶陳於宮架之側隨地之宜禮儀使當次前俯伏跪奏禮儀使臣某言請皇帝行事奏訖俛伏興還侍立禮儀使奏禮畢准此簾捲皇帝服袞冕以出侍衛如常儀禮儀使以下前導至殿門外殿監跪進大圭禮儀使奏請執大圭前導皇帝入自正門侍衛不應入者止於門外協律郎跪俛伏舉麾興工鼓柷宮架乾安之樂作皇帝升降行止皆奏乾安之樂至作階下偃麾戛敔樂止凡樂皆協律郎跪俛伏舉麾興工鼓柷而後作偃麾戛敔而後止升自作階大禮使從皇帝升降大禮使皆從登歌樂作左右侍衛之官量人數升至版位西向立樂止禮儀使以下分左右侍立凡行禮皆禮儀使樞密院官太常卿閤門官太常博士禮直官前導至位分立於左右　禮儀使前奏有司謹具請行事宮架作大安之樂發祥流慶之舞俟樂作三成止先引左僕射吏部尚書侍郎升詣聖祖座前立左僕射吏部尚書俱西向北上吏部侍郎東向樂作六

成樂止禮儀使奏請再拜皇帝再拜贊者曰再拜在位
官皆再拜内侍取玉幣於篚立於尊所又内侍各執盤
匜帨巾以進宮架樂作禮儀使奏請皇帝搢大圭盥手
内侍進槃匜沃水皇帝盥手内侍進巾皇帝帨手訖又
奏請皇帝執大圭樂止禮儀使前導登歌靈安之樂作
殿中監跪進圭禮儀使奏請搢大圭執鎮圭前導皇帝
詣聖祖座前北向立内侍先設繅藉於地禮儀使奏請
跪奠鎮圭於繅席執大圭俛伏興又奏請搢大圭跪内
侍加玉於幣以授吏部尚書吏部尚書以授左僕射左
僕射西向跪以進禮儀使奏請授玉幣皇帝受奠訖吏
部侍郎東向跪受以興進奠於聖像前左僕射吏部侍

卷一萬一千八百四十六

郎權於殿上稍西東向立吏部尚書降復位禮儀使奏
請執大圭俛伏興又奏請再拜皇帝再拜訖樂止禮儀
使奏前導皇帝還版位登歌樂作至位西向立樂止内
侍舉鎮圭繅藉以鎮圭授殿中監以授有司　薦饌
朝獻日太官令以饌實於俎及籩豆簠簋陳於饌幔内
東西相向俎實以乳餅籩實以粉餈豆實以糝食簠實以梁簋實以黍稷俟皇帝升奉玉幣訖還位樂止次引
禮部尚書詣饌所執籩豆簠簋以入戶部尚書詣饌所
奉俎以入太官令引入正門宮架吉安之樂作設於西
階下北向北上奉俎者在南次引禮部尚書搢笏執籩
豆簠簋戶部尚書搢笏奉俎以升執事者各迎於階上

禮部尚書奉籩豆簠簋於聖像前北向跪奠訖執笏俛
伏興有司設籩於糗餌前豆於醓前簠於稻前簋於黍
前次戶部尚書奉俎於聖像前北向跪奠訖執笏俛伏
興有司設於豆前樂止俱降復位次引左僕射吏部侍
郎詣聖祖座前立左僕射西向吏部侍郎東向次引吏
部侍郎奉爵升詣皇帝版位前北向立内侍各執盤匜
帨巾以進宮架樂作禮儀使奏請皇帝搢大圭盥手内
侍進盤匜沃水皇帝盥手内侍進巾皇帝帨手訖又奏
請皇帝洗爵吏部侍郎進爵内侍進巾皇帝拭爵訖樂
止又奏請執大圭登歌祖安之樂作吏部侍郎受爵奉
爵詣酌尊所東向立執尊者舉冪良醞令酌著尊之醴

卷一萬一千八百四十六

齊禮儀使前導皇帝詣聖祖座前北向立禮儀使奏請
搢大圭跪吏部侍郎以爵授左僕射左僕射西向跪以
進禮儀使奏執爵進酒再進酒三進酒俱以爵授吏部
侍郎吏部侍郎東向跪受爵置於聖祖座前禮儀使奏
請執大圭俛伏興又奏請皇帝少立樂止左僕射以下
俱復位舉册官搢笏跪舉祝册讀册官搢笏東向跪讀
册文讀訖奠册各執笏興俱降復位禮儀使奏請再拜
皇帝再拜訖禮儀使前導皇帝還版位登歌樂作至版
位西向立樂止文舞退武舞退〔進〕宮架正安之樂作舞者
立定樂止禮直官太常博士引亞獻詣盥洗位北向立
搢笏盥手帨手執笏詣爵洗位北向立搢笏洗爵拭爵

以爵授執事執笏升詣酌尊所東向立宮架作沖安之樂降真觀德之舞執事者以爵授亞獻亞獻搢笏跪執爵執尊者舉冪太官令酌壺尊之盎齊亞獻以爵授執事者執笏興詣聖祖座前北向搢笏跪執事者以爵授亞獻亞獻執爵三進酒執笏俛伏興少退北向再拜訖樂止降復位初亞獻行禮將畢禮直官太常博士引終獻詣洗及升殿酌獻並如亞獻之儀訖降復位初終獻既升獻戶部禮部尚書升詣殿西東向立次引殿中監太祝太官令詣飲福東向立奉豆及爵酒者各立於其後禮儀使奏請詣飲福位前導皇帝登歌樂作將至位樂止又登歌報安之樂作皇帝至飲福位北向立尚醞

卷萬一千八百四十六

奉御執尊詣酌尊所良醞令酌上尊福酒各置二尊尚醞奉御酌福酒殿中監酒向奉以立禮儀使奏請再拜殿中監跪以爵酒進禮儀使奏請搢大圭跪受爵祭酒三祭于地啐酒奠爵殿中監跪受爵以興太官令取黍于籩摶以授太祝太祝受以豆東向跪以進皇帝受豆奠之太祝乃受以興降復位次殿中監再跪以爵酒進禮儀使奏請受爵飲福酒奠爵殿中監受虛爵以興以授尚醞奉御執事者俱降復位禮儀使奏請執大圭俛伏興又奏請再拜皇帝再拜樂止禮儀使前導皇帝還版位登歌樂作至版位西向立樂止次引禮部尚書詣聖像前徹籩豆次戶部尚書徹俎籩豆俎各一俱少移故

處登歌吉安之樂作卒徹樂止禮部戶部尚書降復位禮直官曰賜福酒行事助祭官拜贊者承傳曰賜福酒再拜在位官皆再拜送真宮架太安之樂作一成止

望燎　太安之樂畢禮儀使奏請詣望燎位前導皇帝詣望燎位登歌樂作降自阼階樂止宮架樂作至位南向立樂止初賜福酒再拜訖吏部侍郎師太祝執篚進詣聖祖座前取幣祝冊執事官以俎載黍稷飯及爵酒降階置於柴上禮直官曰可燎東西各以炬燎半柴禮儀使奏禮畢前導皇帝還大次宮架樂作出門外禮儀使奏請釋大圭殿中監跪受大圭以授有司侍衛如常儀皇帝至大次樂止禮部奏請解嚴次引大禮使以下詣

卷萬一千八百四十六

殿門外揖位立禮直官贊禮畢揖訖退宣贊舍人等分引文武助祭官及宗室客使以次出次引諸神御殿分獻官及太祝各入就位太祝在南北向分獻官在東西向神御殿獻官太祝俱常服　贊者曰再拜在位官皆再拜太祝升詣香案之西東立次引分獻官升詣香案前北向立搢笏三上香跪執琖奠茶三奠酒執笏俛伏興少立太祝跪讀祝文讀訖以興擧版置於案降復位分獻官再拜訖降復位退其後南郊並如儀　先公遺老齋雜誌景定庚申秋太享明堂以余為殿中監進接圭官明堂之禮主上執太圭以行事奠鎮圭以神禮圭之為性潤滑上所執處以錦纏之供奉官則以腦子粉澤

手防滑墜也二圭皆以中貴一員掌之太常寺吏一人
随直皆在殿中監左右上詣景靈宮入思成門則跪進
大圭上執以行至大次釋圭以授殿中監入大次暨奏
中嚴外辦搢薰跪進如初上執詣縟位其時殿中監急
趨祏室外奉鎮圭以俟須臾上且至入室禮吏唱云搢
大圭執鎮圭上既自搢于腰間遂跪進鎮圭上受以奠
于神幣前禮吏又唱云執大圭上自腰間取以執則殿
中監急就神幣前取鎮圭入第二室凡禮吏之引唱殿
中監之跪進一如初室至十三室然後獻禮畢上執圭
就縟位東向立以俟亞終獻行禮凡明堂行禮之日設
大次于殿廊上入俟嚴辦設小次于殿門右上還小次

卷一萬一千八百四十六

以俟亞終獻行禮然祖宗嚴禋帝祖例不還小次示恭
勤也上暮年有内迫之證既還縟位余方在室中収鎮
圭以付内侍實不在上前忽有旨還小次内侍於上手
取圭以從還余方至太常少卿趙興嵩詰曰殿中監何
在上還小次無人接圭余為震恐因思惟有自劾待罪
而已禮吏曰祖宗時未嘗還小次此謂之非次還内尊
官若待罪乃顯上失宜付之忘言余心是之但從内侍
取大圭跪俟小次薰外而已須臾搢薰進圭上執詣飲
福受胙位授受行禮既畢復詣望瘞位禮畢詣殿門俟
上至而後畢事自初日朝獻景靈宮次日朝享太廟又
次日明堂殿行禮皆如之禮云凡執玉執輕如不克況

與人主相授受乎其最可畏者上將入門跪進圭進圭
進訖急趨旁側立恐妨天步之入也上將出門跪接接
訖又急趨旁側立恐妨天步之出也當是時倉皇失措
在俄頃間耳非夫平日端莊敬懼者不任此選朝廷蓋
重其人難其事云　右宋朝太廟原廟祭禮惟郊祀前
親享為盛儀註已見於前遺老齋雜誌所書執圭一則
并附見于此　四孟朝獻景靈宮儀註　齋戒　朝獻
前一日皇帝齋於内殿御崇政殿視事如故唯不弔喪
問疾作樂有司不奏刑殺文書其行事前導官齋於本
司治事如故唯不判書刑殺文書及行刑　陳設　前
期有司陳香案及供奉之物於聖祖天尊大帝元天大

卷一萬一千八百四十六

聖后并諸帝后位前儀鸞司設御幄於殿東廡西向設
皇帝褥位於殿下東階之東西向及鋪設黄道裀褥并
逐香案前褥位　内第二日上詣後殿行禮　朝獻　其
日質明皇帝服履袍出内即御座鳴鞭行門禁衛諸班
親從等諸司祗應人員已下於崇政殿各自贊常起居
次從駕臣僚并應奉前導陪位官并管軍於崇政殿起
居如閤門儀訖先退以俟從駕俟皇帝自崇政殿乘輦
出行宮北門將至景靈宮侍臣前導及陪位官於景靈
宮櫺星門外殿門外迎駕起居再拜訖次有司引陪位
官先詣殿下北向立禮直官太常博士太常卿詣御幄
前北向立禮直官引侍臣二員升殿詣聖祖天尊大帝

香案前東西相向對立諸帝后御前即引侍臣一員於香案前西向立俟進接茶酒畢止於殿上稍東西相向立陪位文武官入詣殿下北向立定俟皇帝乘輦入櫺星門於東廊便門步至御幄簾降閤門官於東幄前相向立閤門報班齊禮直官太常博士引太常卿於御幄前俛伏跪奏稱太常卿臣某言請皇帝行朝獻之禮奏訖復興奏禮畢准此簾捲太常卿閤門官太常博士禮直官前導皇帝詣殿下褥位西向立凡行禮皆太常卿閤門官太常博士禮直官前導至位即分立於左右太常卿奏請拜皇帝再拜贊者曰拜在位官皆再拜訖前導官前導皇帝升自東階詣聖祖天尊大帝位香案前褥位北向立內侍奉香太常卿奏請上香再上香三上香內侍以茶酒授侍臣侍臣西向跪以進又奏請皇帝跪進茶進酒再進酒三進酒以授侍臣侍臣置于聖祖天尊大帝位前又奏請俛伏興又奏再請皇帝再拜贊者曰拜在位官皆再拜訖前導官前導皇帝降自東階詣殿下褥位西向立奏請拜皇帝再拜贊者曰拜在位官皆再拜訖前導官前導皇帝還御幄簾降太常卿奏禮畢訖行事前導陪位官等先詣中殿立班如前殿儀俟皇帝詣中殿御幄簾降閤門報班齊禮直官太常博士引太常卿於御幄前俛伏跪奏稱太常卿臣某言請皇帝行朝獻之禮奏訖伏興奏禮畢准此簾捲太常卿

卷一萬一千八百四十六

閤門官太常博士禮直官前導皇帝詣殿下褥位西向立太常卿奏請拜皇帝再拜贊者曰拜在位官皆再拜前導官前導皇帝升殿詣宣祖皇帝位香案前褥位北向立內侍奉香太常卿奏請上香再上香三上香內侍以茶酒授侍臣侍臣西向跪以進又奏請皇帝跪一奠茶奠酒再奠酒三奠酒俛伏興又奏請拜皇帝再拜贊者曰拜在位官皆再拜訖次詣太祖皇帝太宗皇帝真宗皇帝仁宗皇帝英宗皇帝神宗皇帝哲宗皇帝徽宗皇帝欽宗皇帝神御神案前行禮並上如儀訖前導官前導皇帝降自東階殿下褥位西向立奏請拜皇帝再拜贊者曰拜在位官皆再訖前導官前導皇帝還御幄簾降太常卿奏禮畢訖陪位行事前導應奉官以次退皇帝歸齋殿以俟還內如來儀次日皇帝自內乘輦入櫺星門將至宮門就露屋降輦步至齋殿由後殿之後至後殿東廊御以俟詣元天太聖后次詣昭憲皇后孝明皇后懿德皇后明德皇后元德皇后章穆皇后章憲明肅皇后章懿皇后慈聖元獻皇后宣仁聖烈皇后欽聖憲肅皇后欽成皇后欽慈皇后昭慈聖獻皇后昭懷皇后顯恭皇后顯肅皇后神御香案前行禮並如前殿中殿之儀　第一日　其日質明皇帝服靴袍出內即御座鳴鞭行門禁衛諸班親從等諸司祗應人員以下於後殿各自賛起居次從駕臣僚并應奉前導陪位官

卷一萬一千八百四十六

等先詣中殿立班如前殿儀俟皇帝詣中殿御幄簾降閤門報班齊禮直官太常博士引太常卿於御幄前俛伏跪奏稱大常卿臣某言請皇帝行恭謝之禮奏訖俛伏興奏禮畢准此簾捲太常卿閤門官太常博士禮直官前導皇帝以升詣殿上褥位西向立太常卿奏請拜皇帝再拜贊者曰拜在位官皆拜訖前導官前導皇帝詣宣祖皇帝位香案前褥位北向立內侍奉香太常卿奏請上香再上香三上香內侍以茶酒授侍臣侍臣西向跪以進又奏請皇帝跪奠茶酒再奠酒三奠酒俛伏興又奏請拜皇帝再拜贊者曰拜在位官皆再拜訖次詣太祖皇帝太宗皇帝真宗皇帝仁宗皇帝英宗皇帝神宗皇帝哲宗皇帝徽宗皇帝欽宗皇帝神御香案前行禮並如上儀訖前導官前導皇帝還褥位西向立奏請拜皇帝再拜贊者曰拜在位官皆再拜訖前導官導皇帝還御幄簾降太常卿奏禮畢訖陪位行事前導應奉官以次退帝歸齋殿以俟還內依已降指揮駕回入祥曦殿門　第二日淳熙九年恭謝分作三日行禮內第二日詣後殿元天大聖后并昭憲皇后至慈聖光獻皇后第三日詣後殿宣仁聖烈皇后以下神御皇帝自內乘輦入欞星門至齋殿降輦步至後殿東廡御幄以俟詣元天大聖后次詣昭憲皇后孝明皇后懿德皇后明德皇后元德皇后章穆皇后章獻明肅皇后慈聖光獻皇

卷一萬一千八百四十六

親饗廟

複

后宣仁聖烈皇后欽聖憲肅皇后欽成皇后欽慈皇后昭慈聖獻皇后昭懷皇后顯恭皇后顯肅皇后顯仁皇后神御香案前行禮並如殿中殿之儀

太祖親享廟四　乾德元年十一月十五日　開寶元年十一月二十三日　四年十一月二十六日係親郊朝廟　開寶九年三月五日係親　告將幸西京行雩祀禮

太宗親享廟五　太平興國三年十一月十四日　六年十一月十六日　雍熙元年十一月二十日　淳化四年正月一日　至道二年正月九日係親郊朝享

真宗親享廟十二　咸平二年十一月六日　五年十一月十一日　景德二年十一月十二日　天禧元年正月十日　三年十一月十八日係親享朝廟　大中祥符元年九月十日係親告將行封禪禮　十一月二十七日係封禪禮成恭謝　三年十二月十一日係親告將祀汾陰　四年四月六日係汾陰禮成親謁　五年閏十月七日係聖祖降恭謝　六年十二月十五日係親告將謁太清宮　七年二月十五日係東郊恭謝朝享

卷一萬一千八百四十六

仁宗親享廟十三　天聖二年十一月十二日　五年十一月十六日　八年十一月十八日　景祐二年十一月十三日　寶元元年十一月十七日　慶曆元年十一月十九日　四年十一月二十四日　七年十一月十七日　皇祐五年十一月三日係親郊朝享　皇祐二年九

月二十六日嘉祐七年九月六日係親祀明堂朝享
嘉祐四年十月十二日係親行袷祭　天聖十年十一
月十一日係修大内恭謝　英宗親享廟一　治平二
年十一月十五日係親郊朝享　神宗親享廟六　熙
寧元年十一月十七日　七年十一月二十四日　十
年十一月二十六日　元豐六年十一月四日係郊祀
朝享　熙寧四年九月九日　元豐二年九月二十日
祀明堂朝享　哲宗親享廟五　元祐七年十一月十
二日　元祐元年九月五日　元祐四年九月十三日
元符元年十一月十九日係親郊祀朝享　紹聖二
年九月十八日係祀明堂朝享　徽宗親享廟九　建
中靖國元年十一月二十二日　崇寧三年十一月二

抄卷一萬一千八百四十六

十五日　大觀四年十一月二日　政和三年十一月
五日　六年十一月九日　宣和元年十一月十二日
四年十一月十四日　七年十一月十四日係冬祀
朝享　大觀元年九月二十七日係祀朝享　高宗親
享廟十　紹興七年九月二十一日　十年九月九日
並明堂享廟　十三年正月十一日係奉上徽宗皇帝
徽號册寶享廟　十一月七日　十六年十一月九日
十九年十一月十三日　二十二年十一月十七日
二十五年十一月十八日　二十八年十一月二十
二日並係親郊享廟　三十一年九月一日係明堂享

以上複

廟　孝宗親享廟十　紹興三十二年七月十四日
隆興二年十二月二十九日　乾道三年十一月一日
六年十一月五日　九年十一月八日　淳熙三年
九月六日　六年九月十五日　九年九月十二日
十二年十一月二十二日　十五年九月八日　光宗
親享廟二　淳熙十六年四月六日　紹熙二年十一
月二十六日　寧宗親享廟八　慶元三年十一月壬
寅　嘉泰三年十一月癸酉　開禧二年　嘉定二年
九月庚子　嘉定五年十一月辛酉　八年九月庚午
十一年九月庚辰　十四年九月庚寅　按古者宗廟
之祭有正祭有告祭皆人主親行其禮正祭則時帝禘

卷一萬一千八百四十六

袷是也告祭則國有大事告于宗廟是也自漢以來禮
制寖廢郊廟之祭人主多不親行至唐中葉以後始定
制於三歲一郊祀之時前二日朝享太清宮太廟次日
方有事于南郊宋因其制於第一日朝享景靈宮第二
日朝享太廟第三日於郊壇或明堂行禮國史所書親
享太廟太室皆郊前之祭然此乃告祭禮所謂卜郊受
命于祖廟作龜于禰宮所謂魯人將有事於上帝必先
有事于泮宮是也若正祭則未嘗親行雖禘袷大禮亦
命有司攝事累朝惟仁宗嘉祐四年十月親行袷祭禮
一次而已蓋法駕屬車其鹵薄鄭重祼薦升降其禮節
繁多故三歲享帝之時僅能舉一親祠然告祭之事亦

有大於祀天者如即位而告廟則自舜禹受終以至太甲之見祖成王之見廟皆是也雖西漢時人主每嗣位亦必有見高廟之禮而自唐以來則人主未嘗躬謁宗廟致祭以告嗣位宋朝惟孝宗光宗以親受內禪特行此禮而其它則皆以爲三年不祭之說爲拘不復舉行然自以日易月之制既定諒闇之禮廢久矣何獨於嗣位告祭一事以為不可行乎慶元間李大性李謙所言可謂至論要之親享既不能頻舉則合於禘祫大祀行之而嗣位告祭則亦必合親行如下郊之祭則三歲常行之事又只為將有事於上帝而告白則本非宗廟之大祭有司攝事足矣

卷一萬一千八百四十六

太宗雍熙二年十一月十三日宗正寺言準詔選到臘兔十隻充饗太廟按開寶通禮薦新之儀詣僖祖室户前盥洗酌獻訖再拜次獻諸室如初獻之禮十四日詔曰禮云天子諸侯無事則歲三田一為乾豆二為賓客三為充君之庖說者為乾豆腊以為祭祀豆實也夫順時蒐狩禮有舊章非樂畋遊將薦宗廟久隳前制闕然甚焉適屬昌期重興墜典所宜遵時令暫狩近郊既躬獲禽用以為俎羞遵故事薦將至誠其今月十一日畋獵親射所獲禽獸等並付所司以備太廟四時薦饗所司仍永為定式

淳化三年正月二十六日詔有司以二月開冰獻羔祭韭先是近代相承以臘詩云四之日獻羔祭韭即用四月蓋有司之失也祕書監李至上言請改用春分帝曰令四月非可以告屢矣何謂之薦新敕乃詔正其禮儀具祭司寒

仁宗景祐二年四月八日集賢校理兼宗正丞趙良規言謹按禮記月令四時新物天子所當羞嘗者必先薦寢廟月令雖秦書通紀三代之禮周頌潛詩序云冬薦魚春獻鮪是其樂章之存歷代皆行之通禮著宗廟薦新凡五十餘物今太廟祭饗之外惟薦冰其餘品物之禮皆寢而不行謂宜以品物時新堪供進者所司先送宗正令尚食相知聞

卷一萬七千五十八

簡擇滋味與新物相宜者配以薦之貴合舊典詔禮院與宗正寺詳定於是禮官宗正議曰薦新之品歷代相因爰洎本朝未講茲禮惟仲春薦冰著在常祀太宗皇帝雍熙中嘗詔以畋獵新射所獲禽獸並付有司以備薦饗仍為永式厥後歲久禮亦浸微其它果菜則未克薦品臣等以為品紀簡而近薄唐令雜而不經必議折中以克行遠又邦畿依占物殖有宜就加采擇乃為鮮美方國之貢苞匭踰期既不及新安用為饗謹條定逐室四時所薦皆以京都新物略依時訓協用典章請每歲春孟月薦蔬以韭以菘配以卵仲月薦冰季月薦蔬以筍果以含桃夏孟月嘗麥配以彘參胥而炊熟仲月薦果以瓜以林檎季月薦果以芡以菱芡今雞頭交今稻菱角秋孟月嘗粟嘗穄配以雞粟穄為粢果以棗以梨仲月嘗酒嘗稻與菜同蔬以茭筍季月嘗豆嘗蕎麥小豆清而茨之菜豆每炎為水餅冬孟月羞以兔果以栗薦以藷藇今山芋仲月羞以鴈以麞季月羞以魚自臘至魚六種每薦日令御廚依四時牙盤食烹饌凡二十八種其所司料治卜日薦獻則一如開寶通禮詔恭依

六月二十二日太常禮院言準詔宗廟四時行薦新之禮檢會自來薦冰惟薦太廟逐室帝主其后主皆闕今來薦新須循前例添求事體未

允與章謹按朔望每室牙盤食帝后同薦又按禮有薦新如朔奠祥此獻
祀即帝后主別無異等之義又自來書宗廟則后廟可兼令有司失於審
詳遂止行前廟之儀又況朝廷恭奉祖先事貴詳謹務崇盛禮式展孝思
令後前廟遂室后主欲乞四時薦新並如朔望牙盤例后廟奉薦廟如太
廟之禮所有宗正卿乞下宗正寺自今薦新令寺官充攝行禮詔可　皇
祐三年六月十三日同判太常寺兼禮儀事王洙言每內降新物薦于宗
廟有司皆擇當日至涉三四日而物已損敗自令令禮部預行關報於次
日薦之庶以道奉先勤恭之意從之　五年五月六日太常禮院言檢宗
正寺奏舊儀內降到薦新物並令禮院即時告報諸司依禮排比次日薦
廟寺司欲乞今後降到薦新物若在午前到則諸司齋戒赴廟若視若過
日晚次日省視更次日薦獻依舊更不擇日當院看詳若更以次日薦新
竊慮暑熱物易損腐有虧新潔之儀乞且遵守前儀詔可　六年三月七日
太常禮院言伏以王者之於宗廟有四時之感故每月取其新物以薦不
敢先之示有所尊也伏覩國家每月薦新之物皆令雜買務勒行人收買
官給價值微薄行人須賤方始上供物或從時偶未登市則官司監督下
不安居竊恐宗廟之靈或不知饗伏見今春薦所未有含桃及筍一日陛

下於內出之以備時薦固不如此乃州土之貢或園苑所產蓋陛下以未
薦宗廟不敢先之禮也欲乞令後薦新之物或有州土歲貢及園苑所出
者更不下市行收買取其既至以薦宗廟次則供御其餘非州土所貢園
苑所有即乞依舊下市行厚其價直收買以備時薦如此庶幾副陛下誠
孝之心而祖宗饗之不失其時亦禮之重者詔可　嘉祐七年六月二十
六日太常禮院言據宗正寺趙慎微等奏近於四月初七日薦新麥據行
人供到麳麥筭皆不新潔伏以祭祀之物貴在精純古者宗廟之祭其肉
食則有烹人內饔之類職其烹煮膳羞之物爛熟葅醢皆尚馨潔今宰
坐歆之內一日祭言廟祖固非常牢之備而又市人貿易之餘非所宜薦
于明神也欲乞今後每遇薦新用麳即依牲牢例供赴廟中烹宰庶得嚴
潔不違典禮當院參詳今後薦新用麳欲乞依慎微所請預先在滌養飼
每遇薦獻時供赴本廟烹宰所貴奉祀嚴潔詔可　神宗元豐元年十月
九日宗正寺奏據太常寺報薦新兔諸與栗黃並各有備乞選日薦獻檢
剩勅式每年兩廟薦新共二十六種皆取京都之物料所供獻所以遠方
之珍貢皆緣陳久而不登專尚新成用極嚴恭今三物並鬻於市衆已屬
獻廟猶未薦頗違禮意伏況承前登嘗雖繫月分然或差互難以盡從如

二月開冰遇中氣在季月合隨春分三月進櫻桃筍若萌實未成亦專至
於孟夏蓋節序有晏蚤品物有後先自當通變安能齊一故或月內頻薦
或曠月無新雅協禮文匪乖時訓既後熟者容自踰月則先成者豈得過
期此理之明不言可見欲望自今凡禮令合薦之物應雖品常富之餘務
及時新免近黷慢乞下禮官參酌更定及按唐開元禮薦新不出神主今
兩廟薦新及朔望上食並出神主亦乞議定所宜　二年七月二十八日
詳定郊廟奉祀禮文所言古者薦新于廟之寢無尸不卜日不出神主奠
而不祭近時乃擇日而薦非也禮記曰未嘗不食新言新物之出未薦寢
廟則人子不忍前此食新孝恭之道也薦新者於經者幽詩曰四之日其
蚤獻羔祭韭獻羔謂饗司寒而開冰此建卯之月而祭韭蓋蚤土節晚而
氣寒故也周頌曰猗歟漆沮潛有多魚此則季冬薦魚春獻鮪之樂歌也
周禮獻人春獻王鮪說者以為季春三月春鮪新來王鮪鮪之大者云獻
者獻于廟之寢也鄭氏云祭以首時薦以仲月謂大夫士也若天子諸侯
物熟則薦不限孟仲季月令孟夏薦麥孟秋薦黍季秋薦稻魏高堂隆不
原於此乃曰天子諸侯以仲月季月薦新非也禮文殘缺經之所載止於
四物而已呂氏月令一歲之間八薦新物即仲春獻羔開冰季春薦鮪孟

夏以彘嘗麥仲夏以雛雛鶵也嘗黍羞以含桃孟秋登穀仲秋以犬嘗麻
季秋以犬嘗稻季冬嘗魚是也開元禮加以五十餘品景祐中禮官建議
以謂呂夷簡而近儉唐令雜而不經於是更定四時所薦凡二十八物除
依詩禮月令外又增多十有七品雖出於有司一時之議然歲時登薦新
物自祖宗行之已久禮沿時制損益不必同依於古則太略違於經則無
法今欲稍加刊定取其間先王所嘗饗用膳羞之物見於經者可依舊制
存之其不經者去之庶幾不失禮意伏請自今薦廟孟春薦韭以卵臣等
謹按王制曰春薦韭韭以卵時訓則季冬云雉雊雞呼卵則令正月薦韭
用雞子取新物相宜蓋以葑舊作菘臣等謹按詩曰爰采葑矣蓋對似菘
有臺一名蕪菁本草云菘菜北種初年半為蕪菁二年菘種都盡蕪菁南
種亦然里俗謂之蔓菁然則葑本北地所宜又見於經宜備則薦請以葑
易菘仲春薦冰季春薦筍周禮醢人加豆之實有筍菹孫炎曰竹初筍生
謂之筍可以為菹詩云其蔌維何維筍之蒲蔌則菜殽也蓋以含桃臣等
謹按月令仲夏羞以含桃先薦寢廟今在三月者蓋四月寒燠不齊而氣
至有早晚物成有先後毛詩傳曰豳土晚生是也國朝時令以二月薦櫻
桃而漢叔孫通亦云古者春嘗果方今櫻桃熟可獻各以其宜也孔穎達

禮記月令仲夏正義云諸月無薦果之文此獨進含桃者此果先成異於
餘物故特記之則是諸果亦時薦孟夏以彘嘗麥今用大麥屑而炊熟臣
等謹按月令孟夏以彘嘗麥先薦寢廟言麥而已則是大小麥皆宜備薦
也仲夏嘗雛以黍羞以瓜禮記月令仲夏之月天子乃以雛嘗黍鄭氏曰
此嘗雛也而云以嘗黍不以牲主穀也必以黍者黍火穀氣之主也孔穎
達曰黍非新成直取舊黍與雛同薦之蔡氏以爲此特黍新熟令蟬鳴黍
非也爾雅曰生哺鷇生噣雛說大雛雛子也陸德明云鷄也內則人君燕
食所以庶羞有瓜詩曰疆埸有瓜是剝是菹獻之皇祖季夏羞以芡以菱
周禮籩人加籩之實有菱芡菱芡也宜依經以菱易芡孟秋嘗粟與稷當
嘗粟稌配以雛今依月令仲夏以雛嘗粟此不復用雛臣等謹按月令孟
秋農乃登穀天子嘗新先薦寢廟不明言其穀則明所嘗非一穀謂若黍
稷與粟之屬本草注稷即稌也楚人謂之稷關中謂之糜其米謂之黃米
宜以稷易稌羞以棗以梨周禮籩人饋食之籩其實棗禮記內則人君燕
食加羞有棗與梨仲秋嘗麻月令仲秋以犬嘗麻今不用犬牲故止嘗麻
嘗稻稻爲飯月令季秋以犬嘗稻今不用犬牲故止嘗稻羞以蒲舊羞蒲
臣等謹按詩曰維筍及蒲與茭白略相類茭白不經宜以蒲白易之周禮

四　卷一萬七千五十八

醢人加豆之實深蒲鄭康成謂蒲始生水中子季秋嘗菽詩曰十月納
禾稼黍稷重穋禾麻菽麥菽大豆也羞以兔周禮庖人掌六獸有兔內則
人君燕食加羞以兔有芼以栗周禮籩人饋食之籩其實栗內則人君燕
食加羞有栗夏小正曰栗零在八月今梁地栗晚熟宜以九月薦孟冬羞
以鴈周禮庖人六禽有鴈又曰冬行鱻羽鄭氏云魚鴈水涸而性定仲冬
羞以麕周禮庖人掌六獸有麕內則三十一物有麕脯麕軒臣等謹按古
令注曰齊人爲麕爲麞宜以麞作麕季冬羞以魚周禮庖人冬行鱻羽杜
子春曰鱻魚也杜佑曰此時魚得陽氣潔美今薦周鯉臣等謹按季冬獻
魚而詩曰有鱣有鮪鰷鱨鰋鯉則是衆魚但及時美潔皆可登薦非特用
鯉而已今春不薦鮪實爲闕典伏請季春薦鮪以應經義無則闕之可如
林檎蕎麥藷藇之類及季秋嘗酒皆不經見並合刪去凡此二十七物其
新也人君不敢嘗必先薦于寢廟不貴非時而出時亦不可後也孔子曰
不時不食記曰天不生地不養君子不以爲禮鬼神非饗也後漢詔書亦
以供薦新味多非其節或鬱養強孰或穿掘萌芽味無所至而夭折生長
自今當奉祠陵寢皆須時乃上今太廟薦新之品出於玉津瓊林宜春瑞
聖諸園及金明池後苑所供其所無者乃索諸雜買務然池苑所出與市

鬻之物多先後時入已腐敗而方用登廟有乖薦新之義謂宜罷報有司
凡新物及時而出者即日登獻既非正祭則於禮不當卜日漢書儀嘗韭
之屬皆於廟而不在寢故韋元成傳以爲廟歲二十五祠而薦新在焉自
漢至於隋唐因仍其失薦新雖在廟然皆不出神主今出神主則失禮意
甚伏請依群祀五禮精義所說但設神座仍候寢廟成薦新于寢庶合典
禮詔依所定如鮪魚闕即以魴鯉代之　三年二月知宗正丞趙彥若言
伏見禮院更定薦新仲秋茭萌不經以蒲白易之壬戌薦新于兩廟既徹
方驗蒲盡老硬無復有白蓋議禮者但取茭之同類以相代而不思蒲之
過時不可食也臣竊考之於詩韓侯秋見殺用筍蒲皆是其菹非謂新物
周禮醢人掌加豆之實深蒲醓醢筍菹魚醢祭祀供薦羞之豆實賓客亦
如之此則肉之醢菜之菹實祭肉羞四時不闕維筍及蒲圃所待賓客其
義明矣鄭氏注深蒲云蒲始生水中子草木虫魚疏云蒲周禮以爲菹始
生取其中心入地蒻及云蒻蔣亦可用並言蒲始生自不在秋故本草曰
蒲四月採唐本注云蒲初春生用白爲菹是也唐禮薦新多不限月筍蒲
菱藕各維其時今近茭白特饒舊制參於秋薦即菰蔣也廣雅曰菰蔣
其米雕胡說文作雕苽周禮食醫會膳食之宜魚宜苽茭是其萌涂踏蔵

卷一萬七千五十八　五

時廣記所謂茭草爲茭者也雖亦春生至秋可食與蒲有異臣據詩言食
鬱及薁亨葵及菽以同時則維筍及蒲亦自可知況當薦筍之辰正
是食蒲之始伏請改從春獻用協天時從之馬端臨通考元豐七年詔籍
制爲新米麥之屬皆取於市今後宜令玉津瓊林宜春瑞聖諸園及金明
池後苑供具其所無者乃索之雜買務哲宗元祐五年五月七日太常少
卿李周言大廟薦新用肉八斤而牢豕一餘肉復還屠戶而納豕一欲乞
令後四月薦新所用豕一均八室薦獻從之　元符元年九月太常丞陸
傳言乞於薦新前一日光祿備到新物令宮闈令依數檢視赴神厨饌割
鏁鑰以俟祭日實設神座詔可　徽宗大觀四年四月二十八日議禮
局言禮記曰天之所生地之所長苟可薦者莫不咸在示盡物也然則先
王因時薦新苟可以盡奉先之孝者無所不至又曰先王之薦可食也而
不可嗜也又曰天不生地不養君子不以爲禮鬼神不饗也然則王者雖
極盡物之孝若禮經所不載時令所非宜者未必能致饗于神明也太凡
薦新之物必辨其名與其數見於經者纔四而月令所紀者八唐開元增
載至五十餘品本朝景祐中禮官所定與元豐禮文所載損益多寡不同
要之合于時本于經然後可以爲禮寔以夏橘李梅之屬乖于時不可

薦也來禽芡萠之類有戾于經不可薦也二者元豐論之已詳今宜以是為證無俟更易至如時運有後先物成有早晚新物之數雖繫以月如櫻筍三月當進或萌實未成轉至孟夏之類自當隨時之宜取新以薦今薦新儀注未見此成文欲乞刊定著為永式從之　政和三年閏四月十七日詔景靈宮神御所薦新物多致後時未足以稱薦新之名今後并先置買據所有均奉薦獻舊例排定月分及物數更不施行　四年十二月八日詔今後薦新偶與朔祭同日即用次日薦新員外郎何天衢言臣聞祭不欲數文則煩祭不欲疏疏則怠先王建祭祀之數必得數疏之中未聞一日之間遂行兩祭者也伏見太廟薦新有與朔祭同日者夫朔祭之禮行於一月之首不可易也若夫薦新則未嘗〻日一月之內皆可薦也新物未備猶許次月薦之亦何必同朔祭之日哉書曰黷于祭祀時謂弗欽欲望嚴敕有司今後太廟薦新毋得與朔祭同日庶幾祭祀得疏數之中上副陛下嚴奉祖考之意故有是詔　高宗紹興元年正月二十三日奉迎神主護從提點所言太廟神主見在溫州奉安逐月合用薦新之物內有非出產之物（謂如二月合薦冰溫州冬月無冰）今相度以本處所有新物充代從之　六年三月十二日中書門下省言景靈宮昨在京日內中降到時新薦獻諸殿神御自迎奉至溫州與行在相去遥遠是致闕典詔令溫州將應有時新果實等赴本宮薦獻即不得因而搔擾　十九年十月二十一日太常博士丁婁明言陵廟之祭月有薦新品物甘滋各因其時著在令典方今宗廟久已遵奉唯是永祐諸陵闕而未講望令有司討論舉行從之

卷一萬七千五十八

六一、

三首誤三百

宋會要　祈穀

景祐上辛祈穀仁宗御製二首　太宗配位奠幣仁安天祚有開文德來遠　祈穀日辛侑神禮展酌獻紹安於穆神宗惟皇永命薦醴六尊饎歌于詠

紹興祈穀三百　降神盥洗升壇還位及上帝奠玉幣奉俎並同圜丘

太宗位奠幣宗安　於穆思文克配上帝涓選休成遵揚嚴衛祇薦明誠肅陳量幣享茲吉蠲申錫求齋

上帝位酌獻嘉安　三陽肇新萬物資始精誠祈天其聽斯邇願均雨暘田疇之喜如坻如京以備百禮

太宗位酌獻德安　天錫勇智允惟太宗功隆德盛與帝比崇禮嚴陟配誠達精衷尚其錫祉歲況屢豐

卷一萬九千六百三

已見前編

宋會要　祈雨

國朝凡水旱災異有祈報之禮祈用酒脯醢報如常祀宫觀寺院以香茶素饌京城玉清昭應宫上清宫今廢景靈宫太一宫太清觀今建隆觀會靈觀今集禧觀祥源觀今醴泉觀大相國寺封禪寺今開寶寺太平興國寺天清寺天壽寺今景德寺啓聖院普安院以上乘輿親禱或分遣近臣昊天上帝於南郊皇地祇於北郊或南郊望祭太廟社稷諸方嶽鎮海瀆於南郊望祭天齊仁聖帝廟五龍堂城隍廟祆祠報慈寺崇夏寺報先寺今乾明寺九龍堂浚溝廟子張子夏廟信陵君廟段干木廟扁鵲廟張儀廟吳起廟單雄信廟以上並勑建道官九龍堂以下舊只令開封府遣官後皆勑差官仍令諸寺院宫觀開啓道場令水旱亦令依古法祈求五嶽四瀆廟河中府后土亳州太清宫兗州會真宫河中府太寧宫鳳翔府太平宫舒州靈仙觀江州太平觀亳州明道觀泗洲延祥觀兗州景靈宫太極觀以上並勑差朝臣或內侍自京齋香合祝板馳驛就祈五嶽真君觀泗洲普照寺西京無畏三藏塔以上並遣內臣詣建道場

太祖建隆二年六月十九。王翰林學士王著上言秋稼將登將稍愆時雨望令近臣按舊禮告祭天地宗廟社稷及望告嶽鎮海瀆於北郊以祈雨詔用其禮惟

卷一萬六百

不祀配座及名山大川雨足報祭如禮　四年五月一日以旱命近臣徧禱天地社稷宗廟宮觀神祠寺遣中使馳驛禱於嶽瀆自是凡水旱皆遣官祈禱唯有變常禮則別錄　乾德二年三月十一日遣左拾遺袁周翰等馳驛分詣五嶽祈雨　端拱二年十月二十三日御書白牋一幅降宰相趙普等曰萬方有罪罪在朕躬顧茲雨雪愆期應是妖星所致為人父母心莫遑寧直以身為犧牲焚於烈火亦未足以荅謝天譴當共卿等審刑政之闕失念稼穡之艱難恤物安人以祈垂祐時普以疾在告即以御劄授呂蒙正等翌日蒙正等詣長春殿曰臣等伏讀御劄若負芒刺自陛下纘承寶位一紀有餘躬覽萬幾勤恤民隱未嘗有纖微之失蓋是臣等任處燮諧用非霖雨願上印綬以荅天譴帝慰勉久之先是彗星謫見之後自七月不雨至是凡五嶽四瀆名山大川無不徧禱殊無響應帝憂念蒸民不遑安寢故有是詔

淳化元年四月五日命中使分詣五嶽祈雨

二年三月三十日帝以歲蝗旱減損常膳並禱群望而甘澤未應降手詔曰宰相呂蒙正與參知政事等共於文德殿前築一臺朕當暴露於其上三日不雨卿等當焚朕以荅天譴蒙正等惶恐共匿詔書不宣布于外未幾而膏澤沾足飛蝗盡死　淳化三年五月十六日帝以久愆時雨憂形于色謂宰相曰歲旱滋甚朕懇禱精至

並走神祇而未獲膏澤者豈非四方刑獄冤濫郡縣吏不稱職朝廷政理有所缺乎是夕降雨尺餘翌日宰相以時雨應期相率拜賀帝曰朕孜孜求理視民如傷內省於心無所負矣而久愆時雨蓋陰陽之數非朕所憂朕所憂者在政化之未孚官吏之不稱職耳因切責宰相李昉等慙懼拜伏退上表待罪賜璽書諭荅　至道元年二月十三日命中使分詣五嶽祈雨　至道二年三月十五日以歲宿戒親詣諸寺觀祈雨會大風不果出遣宣政使王繼恩以下分禱命有司講求故實太常禮院上言按典禮凡京都旱則祈嶽鎮海瀆及諸山川能興雲雨者於北郊望而祭之又祈宗廟社稷每七日一祈不雨還從北郊如初旱甚則雩雨足則報祈用酒脯醢報如常祀皆有司行事已齋及未祈而雨者皆報祀遂遣參知政事李昌齡祠北郊張洎寇準分祠太廟社稷又命官詣皇建院寶相寺天壽院啟聖院觀音院普淨院定力院天壽顯靜寺顯聖寺等覺院天清寺祈禱

真宗咸平元年三月八日詔曰農功伊始青澤未霑爰伸至誠庶獲嘉應宜遣官告祈天地宗廟社稷嶽瀆京城祠廟寺觀　四月四日以京東河北旱遣使於衛州白鹿山百門廟祈雨後以祈應賜名靈源廟　五日詔曰時雨未洽宿麥可憂愍然疚懷再伸勤請宜特遣工部侍郎畢士安祠五龍堂刑部侍郎郭贄給事中柴成

務知制誥李若拙祠太一宮令以今月九日早赴逐處焚香處（祈）以副朕意　五月七日幸相國寺焚香禱雨陞殿雨霽霈復冒雨幸太平興國寺啟聖院建隆觀賜僧道錢帛茶荈　教坊伶官見於道左賜錢三百千不令扈從駕衛士悉霑濕賜新衣易之　咸平二年三月十四日以旱詔有司祠雷師雨師四年二月亦然閏三月三日工部侍郎知揚州魏羽上唐李邕雩祀五龍堂祈雨之法詔頒於諸路帝曰此法前代所傳不用巫覡蓋防褻慢可令長吏清潔行之郡內有名山大川宮觀寺廟並以公錢致禱其法以甲乙日擇東方地作壇取土造青龍長吏齋三日詣龍所汲流水設香案茗菓餈

卷一萬六百　四

餌率羣臣鄉老日再至祝酹不得用音樂巫覡以致媟瀆雨足送龍水中餘四方皆如之飾以方色大凡旱及建壇取土之里數器之大小及龍之修廣皆取五行成數焉五日幸太一宮天淨寺禱雨前一日帝與宰臣俱蔬食以致精懇十日得雨群臣皆賀因詔罷諸無名力役不急營造　三年六月一日詔遣使祠兩浙境內名山大川祠廟先是帝以其地災疫深所軫念命三館檢討祈福靈迹以聞至是命使禱祭以祈福應　十二月二十八日遣翰林學士梁周翰以來歲元日設太一宮設醮一月為民祈福　四年二月十五日幸開寶天壽相國寺上清宮祈雨翌日雨自去冬至是雨雪稍愆帝

憂軫主甚每御蔬食是日臨軒御衣霑濕左右進蓋卻而不御　景德元年四月二十七日以京城旱命知制誥晁迥詣北嶽禱雨五月十一日遣常參官詣五嶽四瀆祈雨是日大雨霑足不違六月九日命知制誥陳堯咨北嶽祈雨七月六日大雨翌日帝謂侍臣曰近頗亢旱有西州入貢胡僧自言善呪龍祈雨朕令於精舍中試其術果有符應事雖不經然為民救旱亦無避也閏九月十七日以邢州修城畢功命考功郎中直秘閣潘慎修諸州祭醮為民祈福　大中祥符二年二月詔如聞近歲命官祈雨有司止給祝板不設酒脯其令自今祈報一如禮令七日詔自今中書門下特差官祈禱並

卷一萬六百　五

前一日致齋祠廟祭告並用香幣酒脯醢等仍令太常禮院牒諸司寺監供應祠官不虔御史臺糾舉以聞帝聞遣官祈雨有司止給祝板不設酒脯因出禮令故事示宰臣命申明之其賽謝日諸宮觀寺院官給錢五十造食宮觀仍用青詞神廟則翰林給酒御廚造食遣寬衣天武官舁往仍給紙錢馳馬十八日愆雨遣知制誥錢惟演直史館高伸職方員外郎高冕祠太一宮禮院言太一宮兩廊有十精太一十六神並主風雨望增遣官分拜故也司天少監史序祀元冥五星於北郊除地為壇望告都官員外郎梁楚祀雨師雷師於本壇又特祝景德天清顯聖顯寧顯靜五寺二十六日以雨足

遣官報謝社稷。初，學士院不設配位，及是以問禮官。太常禮院言：「祭必有配，報如常祀，當設配座。又諸神祠、天齊、五龍用中祠例，祆祠、城隍用羊八籩八豆。既設牲牢禮料，其御厨食、翰林酒、紙錢、馳馬等更不復用。其五嶽四瀆、泗州普照寺、西京無畏三藏先遣朝臣祈請，亦當報謝。」詔止令樞密院遣使臣馳往報謝，餘從請。四月十日，以河北久旱，遣祠北嶽。五月二十五日，以陝西旱甚，遣使分詣鳳翔府上清太平宮、汾陰后土、西海、西嶽、河瀆顯聖王廟、西嶽真君觀祭醮，仍令各前三日致齋。如陝西更有自來靈顯宮觀寺院神廟，委轉運使選官精虔祈禱。七月二十日，詔諸路祈禱雨雪所須禮料並從官給。先是以祈雨法頒諸州，至是上封者言州縣多

卷一萬六百

因緣率斂，故有是命。　大中祥符三年八月六日，以昇、洪、潤州亢旱火災，遣内侍馳往撫問軍民，搞設將校耆老，及醮禱管内名山大川神祠有益於民者。八年二月十七日，命宰臣以下分詣寺觀祈雨，遣官禱嶽瀆，仍命參知政事丁謂建道場於嶽觀（是時觀修營尚未畢工）。二十二日，幸玉清昭應宮、開寶寺、上清宮焚香禱雨。大中祥符九年九月十三日，以自秋不雨，帝慮首種失時，憂形于色，減膳徹樂，徧走羣望，命輔臣分祈天地、宗廟、社稷、祠宮觀、佛寺，即日雨降，分遣官致謝于所禱之處。時有泗洲龜山僧智悟請就開寶寺福聖塔斷右手

祈雨，及是帝作甘雨應祈之詩，命近臣畢和。二十八日，詔曰：「虞衡所職，斬伐以時。屬直館之亟興，顧地材而畢取，落成伊始，美報爰申，俾展精修，用符昭報。宜令京東西、陝西、淮西、江南、兩浙、荊湖南路應曾經采木石處，遣長吏及佐官建道場，内興功大處七日，小處三日，仍設醮以伸報謝。」　仁宗天聖二年三月二十三日，詔以中春農事興，畿甸久無雨澤，遣官詣五嶽四瀆祈求，仍詣會靈觀池上塑龍，望日雨足。詔在京宮觀祠廟擇日賽謝，嶽瀆在外者止就會靈觀望祭，更不差官。　三年九月六日，帝宣諭内近臣：「南中勾當廻言，諸處名山洞府投送金龍玉簡，每開啟道場，頗有煩擾，不得清淨。達令分

卷一萬六百

祈諸路投龍處所，仍令後不開建道場。」宰臣王曾等曰：「亦聞投龍之處，每建道場，須差人夫般送齋料物色，踰越山嶺，頗擾民貲。或如聖意，令後務從簡省，實為至當。」　明道二年三月二十二日，幸會靈觀、上清宮、景德寺、靈感宮請雨。　景祐元年正月八日，太子洗馬致仕那中和言：「自去冬雨雪愆亢，聖心祈禱未應。臣剋課正月九日、十八日必降甘雨，望遣官躬祀九宮貴神、十精、太一，必有靈應。」詔差兩制官一員精虔祈禱。九日，詔開封府令街坊人户依古法精虔祈求雨雪，十九以獲應報謝。四月二十六日，詔河東路愆雨，令逐州軍長吏躬詣名山祠廟宮觀寺院依古法精虔祈求。五月二十二日

幸靈感塔上清宮祥源觀以從雨應期報謝七月十一日幸慈孝寺會靈觀以秋稔報謝　三年六月一日詔河北路從雨差朝臣詣北嶽及令轉運使州軍長吏名山祠廟寺觀依古法求　慶曆三年四月十七日遣官詣五嶽四瀆祈雨五月十四日幸大相國寺會靈觀祈雨先是諫官以天旱請遣官祈雨帝曰朕已宮中蔬食密禱上天引罪責己庶獲豐稔之應宰臣章得象曰陛下奉天憂民至誠如此必有感召帝曰天災流行亦朕躬無德所致得象曰此乃臣等備位衛宰未能宣布善政以召和氣適聞天語甚不遑安帝曰時政中瑣細之務不足留意惟是民間疾苦須當省察有以利天下者必行之卿等更宜公共訪求以荅天意得象曰兵興已來賦役頗重臣等固當夙夜思度務在康濟惟恐才力有所不逮二月十二日詔近遣官祈雨獲應並令祭謝是日宰臣賀雨帝曰昨夕陰雲始布朕露立殿庭仰空禱望須臾雨至夜盡沾濕嬪御輩亦立雨中久之章得象曰苟非至誠如此何以感動天地帝曰朕比欲下詔避寢撤膳以申責己之意然不當為此虛名夙夜精心密為祈請　四年三月四日遣內侍兩浙淮南祠廟祈雨　五年二月二十四日幸大相國寺會靈觀天清寺祥源觀祈雨二十八日獲應復詣報謝　六年四月二十一日以陝西旱遣內侍往寧州要冊湫建道場求雨

皇祐元年七月五日定州少雨初知州韓琦言河朔久不雨而禱祈無應若興自聖懷禱于天地山川宜獲嘉澤尋遣秘閣校理張子思以黙詞祈于北嶽至是以雨足聞奏　二年三月十一日命朝臣乘傳詣天下名山大川祠廟請雨　八月十五日詔再頒先朝祈雨雪法令所在置嚴潔處遇愆旱即依法祈雨十二月二十一日知制誥胡宿言事神保民莫先祭祀比年以來水旱相仍切意有所未至望令天下具名山大川能興雲雨者增入祀典春秋禱祀從之　三年六月七日詔近遣內侍往嘉州祈雨而本州具僧道威儀俟迎境上遠人勞擾其令轉運司自今禁止之　四年三月十一日遣官祈雨帝謂輔臣曰開封奏婦人河齊為祈雨斷臂恐惑衆不可以留京師其令從徙居曹州七年三月十八日幸西太一宮普安禪院祈雨　英宗治平元年四月十九日命輔臣禱雨天地宗廟社稷及遣使禱五嶽四瀆名山大川諸祠廟二十八日幸相國寺天清寺醴泉觀以旱災為民祈福先是權御史中丞王疇言真宗咸平元年小祥是歲五月親出禱雨然則皇祖舊典在諒闇中亦嘗有所臨幸但不宴樂之事耳陛下光有天下不唯都城之人願瞻天日之表久矣雖四方之遠亦皆嚮風而環首想聽輿馬之音以自慰也伏料聖孝思慕之勤勤必尚未忍及於游幸然諸路宮觀所以奉

真靈而延福禧與諸帝后神御所在恐宜於聽斷奉養之服有所饗詔而請禱以表尊先奉神之心顧乘輿服御或不當全用常例已下太常參詳乃詔禮院詳定至是詣寺觀禱雨五月四日詔自今水旱命官禱于九宮貴神從樞密副使胡宿請　二十七日命輔臣分詣郊廟社稷宮觀謝帝躬康復閏五月十四日詔久旱將以十七日禱雨于禁中宰臣請以是日分禱于宮觀寺院從之　二十三日以應祈復命報謝　二年正月二十八日以旱命宰臣已下自二月二日分詣諸宮觀寺院祈求三月獲應復命報謝　三月六日詔五嶽四瀆名山大川處差知州通判祈雨　四年五月十三日詔差朝臣

卷一萬六百　十

五嶽四瀆諸水府祈雨　十九日以感復命報謝　神宗熙寧元年正月二十一日詔古者有望祭山川之禮令獨闕此宜令禮官講求故事以時舉行令在京差官分禱宜就本司先致齋三日然後行事諸路擇端誠修潔之士分禱東海四鎮五嶽四瀆名山大川至祠所潔齋行事毋得出謁宴飲賈販及諸煩擾仰監司察訪劾奏諸路神祠靈迹寺觀雖不係祀典祈求有應者並委州縣差官潔齋致禱　二十七日幸西太一宮謝雨先是正月十七九日幸相國天清寺集禧醴泉觀祈雨又下詔繇望祭禮及諸處遍祈帝又謂輔臣曰朕嘗於禁中發大誓願祈雨雪俟有驗當詣西太一宮謝之至是雨

足迺往　二月七日雨甚帝曰時雨應祈春苗有望樞密使文彥博曰雨雪久愆若非陛下精神動天何以致此帝曰天道不遠苟懷康濟之心必蒙昭荅樞密副使馮絳曰若上下協心專務康濟生靈必獲天祐　四月十二日詔河北京東尚未得雨可指揮雨路闕雨州軍長吏親禱所在名山神祠　七月二十八日以霖雨未至遣官祈天地及宗廟社稷五嶽四瀆仍令輔郡長吏齋潔祈祭所在名山靈祠開在京寺觀縱士庶焚香五日　四月三日幸集禧觀醴泉觀大相國寺祈雨　閏十一月二十三日三司使吳充言每歲宮觀祈禱率用黃白紙錢不少竊謂紙本上真理宜虔潔紙錢於古無稽乞自今諸

卷一萬六百　十二

寢罷從之　十二月二十四日三司又言准詔今後應奉道場之物悉准舊例然　禱雨雪或有未應則計日更賜倍有煩費欲望除本命生辰年交保夏道場僧道恩例准舊外非泛供設滿一月班首人十五千餘各十千一月外只依一月例半以上及二七日七日三日齋遞減半惟衣服仍舊從之　五年六月一日詔時雨未降輔郡名山聖祠可指揮所在長吏精虔祈禱　三日幸集禧觀大相國寺祈雨　九日復幸謝雨　七年二月十八日詔河北東西京東永興秦鳳路轉運司令久愆雨澤去處長吏擇祠廟精加祈求　三月十三日以旱遣官分禱京城畿內諸祠五嶽四瀆各委長吏致祭　五月九日

詔河南路轉運司見闕雨州軍令逐處長吏訪尋在所
名山靈祠能興雲雨者開設道場精虔祈求七月七日
詔陝西路亢旱秋種未入令轉運司訪名山靈祠祈雨
八月十一日詔久旱禱雨未應其令長吏躬禱嶽瀆十
八日詔諸監司訪名山靈祠委長吏祈雨又遣輔臣告
于中太一宮是日又詔京師久旱祈禱多日未獲感應
可差官就中太一宮致告十神太一并開建道場差宰
臣以下致告又令諸路轉運提點司訪尋轄下州縣名
山靈祠委長吏精虔祈禱九月三日命輔臣分詣天地
社稷宮寺等處謝雨五嶽四瀆仰逐處長吏虔行祠賽
三日帝以連日雨諭輔臣曰朕禁中令掘地一尺五寸

卷一萬六百　十二

上猶滋潤如此必可耕耨韓絳曰陛下憂憫元元禱祠
備至精神上達亟致感通臣等比與太一齋祠竊觀執
事者踰旬未嘗解帶以見聖意虔恭左右之臣亦不敢
小怠也　八年三月二十一日河北西路轉運副使劉
航言自冬頗愆雨雪乞遣中使於曲陽大茂山真令洞
投龍以禱從之閏四月十九日詔定州路自春闕雨令
知州薛向躬禱北嶽二十一日詔永興等路亢旱令轉
運司訪名山靈祠委長吏祈禱二十三詔真定府界旱
甚令孫固親禱名山靈祠六月一日詔淮南旱甚令轉
運司委州軍長吏祈禱名山靈祠七月二十三日詔諸
色晚田見闕雨澤選日差官祈禱又詔淮南兩浙等路

久苦旱災遣尚書職方員外郎張維祈禱仍令逐路有
載在祀典靈顯祠廟所在吏精虔祈禱　九年六月二
十七日又詔訪聞京西路須闕雨澤西京尤甚速令所
在訪名山靈祠長吏精虔祈禱九月十三日詔輔臣詣
天地社稷宗廟寺觀祈雨　十年三月十六日詔開封
府界京東河北東路見愆雨澤令提點及轉運司訪尋
管下名山靈祠委所長吏躬親精虔祈禱四月十二日
詔諸路少雨州軍令轉運司訪境內名山靈祠委長吏
祈禱如獲感應旋具奏聞　元豐五年三月二十八日
詔河北等路祈雨亦令旋具感應處聞奏二十三日中
書門下言御前降到蜥蜴祈雨法四月十八日舉行二

卷一萬六百　十三

十五日兩雨詔附宰鷄祈雨法後頒行其法捕蜥蜴十
數至甕中漬之以雜木葉選童男十三歲以下十歲以
上二十八人分兩番間日衣青衣以青塗面及手足人
持柳枝霑水散灑晝夜環繞誦咒曰蜥蜴蜥蜴興雲吐
霧雨若滂沱放汝歸去　元豐元年正月九日詔京南
京西淮南轉運司訪管內名山靈祠委長吏躬親祈禱
雨雪自後二年三年五年六年七年諸路或雨暘失時
即詔轉運司移文郡縣並如此年[illegible]月[illegible]正月九日詔
二月二十三日詔輔臣分詣天地宗廟社稷等處祈雨
仍令京東西河北河東陝西淮南等路雨澤愆少州軍
轉運司訪尋管下名山靈祠委長吏精虔祈禱三月九

日詔中書門下時雨未足可選日遣官祭禱風伯雨師雷師十六日又遣官祭禱真宗五星以下二月二十八日詔河北河東陜西久愆時雨漸見害稼可分遣禮官躬親東西北嶽五臺山祈禱四月十二日詔聞兖鄆徐濟等州久無雨澤穀麥失望人情不安近雖已差内臣見在東嶽道場可遣禮官詣彼祈禱所有廣西令春亢旱可下安撫轉運司訪名山靈祠所在差官禱雨　三年七月七日詔西北諸路久愆雨澤令知定州韓絳躬詣北嶽祈禱東西中嶽令所在知州依此四月三日詔輔臣謝雨于天地宗廟社稷初自春不雨祈禱滿至及是雨尺餘帝喜見於色諭武臣曰禁中令人掘地濶及

卷一萬六百

十四

一尺五寸秋成當復有望殆天助也王珪曰陛下正身修德格於皇天前後祈禱未嘗不應帝曰卿等更宜恐心補朕不逮庶合天意　六年五月十六日詔訪聞陜西諸路見苦少雨守臣祈禱久未感應宜令轉運司更切訪名山靈祠所在擇日恭致朝命委官虔祈三月十四日詔淮南京東京西路即令闕少雨澤可令轉運司各訪尋管下名山靈祠所在委長吏躬親精虔祈禱

哲宗元祐元年正月二十四日太上皇后詣中太一宫集禧觀二十七日皇帝詣大相國寺皆以祈雨　四年三月二十四日詔京西路闕雨中嶽河瀆及淮濟各委長吏祈禱仍遣内侍齎香就建道場　五年五月十二

元符二年二月二十七日詔陝西路闕雨去處令逐州軍長吏選諸境内名山大川祠廟精禱三月十一日詔輔臣分詣宫觀寺院祈雨二十二日詔輔臣分詣天地宗廟社稷宫觀寺院等處祈雨諸路闕雨州軍令

日詔昨為闕雨差官詣兖州東嶽等處祈求名山大川就差本處長吏祈禱已獲感應去處就委本處長吏選日恭詣賽神　紹聖元年四月八日詔時雨稍愆令開封府及諸路依例祈求畿内諸祠即提點司選官精禱十八日詔諸州長吏躬詣五嶽四瀆祈禱二十一日輔臣以畿内縣降雨狀進呈　帝曰開諸路頗得膏澤良可喜也但未徧及爾又聞一麥皆有成熟之望不知果已布種未也輔臣皆曰雨澤雖降尚憂未遍見已祈禱至二十五日而雨足遣輔臣謝宫觀寺院　四年五月三日詔令陝西河東京東路闕雨州軍應管下嶽瀆及名山大川并諸祠廟自來祈禱感應之處令長吏精虔祈求其合用祝文令學士院依例修撰　三年五月二

卷一萬六百

十五

十四日詔諸路如有闕雨去處令逐州軍長吏選日詣境内名山大川祠廟精禱　五年五月二十四日宰官以愆雨祈求上曰二十六七必有雨已而果驗趙挺之曰陛下天縱將聖雖歷象陰陽占候無不曉其精微上曰天地之間不離陰陽五行之數令日太一移宫水限也故有雨　政和二年五月二十六日差近臣詣宫觀寺院祈雨未及禱而雨改報謝　宣和四年二月七日駕詣廣聖宫卜以卯時焚密表祈雨中時雨降六月八日令宰執率侍從官詣越州圓通觀音院祈雨合用香令入内内侍省請降自後凡用香盒如之紹興元年十

長吏於管下嶽瀆名山并諸祠廟自來祈禱感應之處選日精虔祈求其合用祝文令學士院依例修撰
此段添入
五月上

九日亦用此禮七月二日詔宰執率侍從官詣天慶觀圓通寺謝雨十月二十二日詔就圓通院開建祈雨道場日輪侍從官一員燒香每五日宰執官前去祈禱八月二十六日詔令簽書樞密院事權邦彥詣天竺祈雨六月二十一日詔訪聞兩浙東路稍愆雨澤令本路帥司□官詣寺觀廟宇嚴潔祈禱七月四日詔輪宰執從官一員詣上天竺寺祈雨十六日上以愆雨謂輔臣曰朕宮中素食已累日尚未降澤令斷屠精禱雖至然尚慮政事未平刑獄冤濫可速令疎決平反在外州縣令提刑親行疎決務在刑清也至是就法慧寺祈雨斷屠寧三日

卷一萬六百

六

五年二月二十五日詔雨澤稍愆恐妨農事應臨安府界載在祀典及名山大川神祠龍洞在內分差從官在外遣職事官親詣祈雨 五年六月九日八年十一月五日九年六月十七日並同此例六月九日宰臣趙鼎奏請分遣侍從官徧走群寺祈雨上曰如此朝廷政事闕失更宜講求況與求曰雲漢之詩雖云上下奠瘞靡神不宗不發禱祈之事要之以側身修行為本必蒙嘉應十三日詔訪聞湖南久愆雨澤可令帥臣席益恭詣南嶽廟祈禱應合用祠祭之物並於上供錢內支破務要精潔庶獲感應二十一日宰臣趙鼎等奏甘澤應祈皆陛下寅畏怵惕精誠所格乞御常膳上曰朕累日寢食不安者豈特為國無儲蓄而望歲之

心甚切並恐歲飢民貧起而為盜朝廷不免遣兵討定殘殺人命亦天道之所宜憫也二十二日中書門下省言昨日稍愆雨澤祈禱天地宗廟社稷嶽瀆四海雨師雷師應臨安府界載在祀典及名山大川神祠龍洞分已獲感應望並令元差官各詣逐處報謝從之自是每祈晴雨有應並依此例 八月二十四日內降德音應潭柳鼎澧岳復州荊南龍陽軍循梅惠英廣韶南雄虔吉撫州南安臨江軍汀州管內應名山大川及歷代聖帝明王忠臣烈士有功及民載於祀典者委所在差官嚴潔致祭時以平賊故也紹興七年二月九日詔應平江府界載在祀典及名山大川神祠龍洞在內分差侍從

卷一萬六百

十七

在外委所屬縣分知縣親詣祈雨二十六日詔雨澤稍愆恐妨農事應建康府畿界載在祀典及名山大川神祠龍洞在內分差侍從官在外委所屬縣分知縣親詣祈雨 七年六月七日七月八日並同此制六月七日詔諸路如有闕雨去處令轉運司行下逐州縣差官祈禱七月十三日宰臣張浚等言雨澤稍闕乞率從官禱雨又乞弛役慮囚等數事因奏如浙西諸路郡及宣州廣德軍地形下未覺旱如鎮江建康府地形高最覺闕雨上曰朕患唯不知四方水旱之實宮中種兩區稻其一地下高昨日親閱之地高者其苗有槁矣須精加祈求庶早得雨澤十三日詔稍愆雨澤恐傷禾稼可差官

祈禱天地差參知政事陳與義宗廟差宣州觀察使仲黨社稷差戶部侍郎王俣五嶽五鎮差禮部侍郎吳表臣四海四瀆差禮部侍郎陳公輔雨師雷師差太府少卿鄭作肅十七日宰臣張浚奏祈雨已多日雨未有感應上曰昨日有雲物意遂作雨而夜深乃散御史等求可以感召和氣朕意為之六月二十日詔已迎請上天竺觀音就法慧寺祈求雨澤令臨安府禁屠宰三日并鵝鴨之類並不得宰殺其後法慧寺廢為懷遠驛每迎請就明慶寺七月二十一日宰臣秦檜等奏陛下齋居蔬食以祈雨澤考之典禮唯當損太官常膳上曰雖損膳豈免日殺一羊天意好生朕意實不忍殺臣檜等既欽歎上至仁之心愛人及物雖一羊不忍推此如應天何患天心不格既而甘霔應禱霑足　十一年七月六日詔雨澤稍愆令太常寺祈禱九宮貴神　十二月尚書省言旱暵為災深恐害稼依禮例合差官祈禱天地宗廟社稷嶽鎮海瀆雨師雷神從之　十二年五月九月知臨安府俞俟言上天竺靈感觀音自車駕駐蹕每遇水旱凡有祈求必獲感應今來本寺修建殿宇望給降度牒添助修造庶示褒崇詔令於本府係省錢支賜錢五千貫　十九年七月十二日輔臣以甘雨應祈乞拜表稱賀上曰若更五日無雨則禾稼有傷如浙東等處尤高得此雨極為利濟秋成遂可必徑山等處祈禱

卷一萬六百　十八

感應可與加封　二十一年十二月十五日上宣諭輔臣曰連日小雨臘雪未應期已遣使祈禱太乙祠是日晚雪作翌日上謂秦檜曰昨晚便得雪甚可喜檜等曰陛下至誠昭格如此當率百拜表稱賀　二十九年三月四日詔雨澤尚愆令太一宮寧壽觀精加祈禱仍禁屠宰三日　八月詔以久旱祈禱未應禁屠宰三日及鵝鴨魚蝦應干生命之屬並行禁斷　隆興四年六月十二日詔臨安府於今月十三日早如法迎請觀音入城祈雨　十六日上宣諭宰執曰天久不雨宰臣陳俊卿奏曰陛下憂閔元元念農事之重如此只此一念便可動天地上曰朕亦欲郤蓋烈日中歸庶或可以動天意卿等可檢故事有此否　十七日省言迎日雨澤稍愆臨安府奉上天竺觀音就明慶寺祈禱詔日輪侍從官一員燒香又詔應臨安府界載在祀典及名山大川神祠龍洞在內分差侍從在外委所屬縣知縣親詣祈雨合用香令入內內侍省請降仍令本府具合祈禱處日下申尚書省　十八日宰臣蔣芾奏言昨日并夜得雨滂霈皆陛下聖德感動天意上曰此雨極可喜但不知四遠及外方州郡亦遍及否陳俊卿奏曰觀今早雲氣未散次第遠處亦皆有雨車駕來日更不必出上曰今既得雨却未須出姑俟他日顧蔣芾曰卿可詣太一宮謝須是緣至芾奏曰臣謹當齋戒祇事却差執政詣明慶寺觀音

卷一萬六百　十九

處謝雨上曰甚好是日殿庭雨再下天顏有喜色顧芾曰若更得數日雨使四遠通濟則今秋可望一熟王炎奏曰得此一雨中外人情孰不欣快豈是小事先是十六日有旨欲以十九日幸太一宮明慶寺祈雨至時得雨故止令宰執詣謝二十七日詔雨澤稍多令臨安府止屠宰三日及鷄鴨魚蝦應生命之屬並行禁斷八月六日禮部言兩浙安撫司以祭龍求雨法來上乞布之天下俟望祐頒降祈雨雪法册無繪畫龍等惟廣德軍元解發印造到內有繪畫樣制至今年深慮致損壞乞於昨來祭龍祈雨雪內添入繪畫龍等樣制從本部下臨安府鏤板以黃紙如法印造成册納部參本部下都

進奏院頒降諸路州府軍監縣等嚴加收掌遇愆雨雪精潔祈求從之　七年五月十七日詔臨安已府迎請天竺觀音就明慶寺祈雨令宰執十八日前詣燒香自十九日輪侍從官一員祈禱及應臨安府界載在祀典并名山大川神祠龍洞在內分差侍從官在外委所屬縣知縣親詣祈雨合用齋令入內內侍省請降仍令本府具合祈禱處日下申尚書省其湖秀常州平江鎮江府闕雨處亦令所屬縣親詣祈禱十八日上宣諭宰執曰自去冬郊祀以來雨暘時若誠不易得虞允文奏曰陛下聖德上當天心如元旦受册寶天色澄霽近日恭請太上出郊於日開晴至晚乃雨天心昭昭其應不忒上

曰雨暘尤好麥已登場稻田亦下種矣允文等奏曰農人得雨種稻得晴刈麥兩不闕事誰知帝力之大也上曰朕心惟望百姓富足國計又其次民富則國矣富允文奏曰自古帝王只以豐年爲祥瑞蓋富實之本梁克家奏曰陛下無一念不在百姓上天降鑒必有美報且如去秋一兩郡小歉聖心焦勞分委臣下措置入春以來並無流民所活不知幾千萬人豈不倍登歉歲之報上曰前日蠶麥豐熟朕親拜表章以恭天休此去秋成即與卿等同燒香也同日詔爲祈雨其十九日早晚御膳並進素七月十六日宣諭臨安府少尹見祈雨澤可禁屠宰三日闕報浙西州軍亦此嚴切禁斷仍精加祈

禱十一月二十四日詔近日闕雨令臨安府精加祈禱及令兩浙安撫轉運司行下所部守令務在嚴潔懇惻每五日一次具雨澤狀申尚書省二十九日宰執奏禱雨雪事上宣諭曰昨夙興龔茂良陳彌作聞兩路雨雪朕之憂心形於寤寐虞允文奏曰聖心焦勞臣等竊覸近聞江西得雨此間雖未甚雨若遂禱而得之亦足少寬宵旰之念　淳熙五年五月二日參知政事龔茂良李彥穎奏農事正興民間以久不得雨爲慮適連夜雷霈極可慶上喜甚曰朕日夕以此爲憂昨上方於宮中焚香拜謝天地更乞終惠成此豐年以寬其勞之心茂良等言陛下憂民閔雨如此誠意所格天且不違茲誠

大慶同日詔近來雨澤霑足淛間種蒔已見次第可令
江東淮南漕臣具管下州縣得雨日辰及布種禾稼分
數以聞　七年五月十三日上謂輔臣曰昨日間雨
雖小至夜頗霶霈右丞相趙雄等奏曰昨日吳淵未曾
取旨遽欲迎請天竺觀音入城繼聞有旨令吳淵只就
寺中祈禱甚當陛下之禱久矣上曰朕每自修省惟恐
不逮孳孳為民未嘗敢忽庶幾天心昭格雨暘以時雄
等奏曰成湯遇旱則以六事責己宣王遇旱則側身修
行陛下仁孝勤儉日新一日聖德之修固有素矣非若
宣王因有懼而修也上曰成湯禱旱之辭朕每疑好事
者增益之且湯之不邇聲色自無女謁何至於盛令曰
女謁盛耶則是湯果嘗有此事矣雄等奏曰不邇聲色
載之於書女謁之盛見於傳記令當以書為正八月四
日上謂輔臣曰祈雨未應朕欲初六日就禁中設醮祈
禱卿等來日宜齋戒後日拈香又云朕欲下詔求言自
職事官以上各令實封言事是夕雨　淳熙九年六月
十二日詔遣內侍闕禮詣紹興府降香禱雨是月二十
二日已獲感應復命報謝十年七月四日車駕詣景靈
宮行禮次幸明慶寺拈香祈雨十三年六月十一日宰
執進呈祈雨放房緡上曰亦須禁屠宰臨安一日殺多
少物命王淮等奏禱雨未應聖心焦勞臣等不勝惶灼
上曰朕欲親詣太一宮燒香次至明慶淮等奏祖宗禱

卷一萬六百　二十二

雨太一宮雖有故事但當此盛暑懼勞聖躬上曰朕為
百姓不憚出一日亦欲小民知朕此意淮等奏乾道間
亦曾降旨適會有雨上曰當時却不曾出十三日宰臣
王淮等奏雨澤愆期陛下欲十四日先就殿庭焚香禱
天次詣太一宮明慶寺燒香淮等及侍從欲就十五日
分禱天地宗廟宮觀諸處上曰序當如此十四日幸太
一宮次明慶寺觀音前焚香禱雨七月十日太常寺言
元陽為沴檢照國朝典禮凡京都旱則祈嶽鎮海瀆及
諸山川能興雲雨者於北郊望告又祈宗廟社稷及雩
祀上帝皇地祇詔命宰臣已下分詣祭告八月三日已
獲感應復命報謝十四日命祕書省著作佐郎兼權兵
部郎官梁汝永往徑山龍潭太[illegible]宗正丞兼權刑部郎官
李祥往廣德張王祠各齎御香祝板祈雨八月二日宰
執進呈太常寺乞謝雨王淮等奏初疑後時而禮官謂
有祈必有報上曰既是天地宗廟社稷宮觀亦不容已
若更月十日無雨人將乏水飲則奈何淮等奏報謝只
用酒脯上曰如何無[illegible]牢淮等奏國朝典禮祈用酒脯
謝如常祀合用牲牢但紹興以來並止用酒脯惟雩祀
用牲然雩無報謝之禮上曰前日歌雲漢之詩如何淮
等奏亦如法　淳熙十六年閏五月二十三日詔近聞
建康府闕少雨澤令守臣精加祈禱務要速獲感應仍
將見禁公事疾速決遣毋致淹延如本路更有闕雨去

卷一萬六百　二十三

處令師臣依此施行。十月十九日，臣僚言：「祈雨奏告天地，大抵用法酒二升、鹿脯五合，此則所宜。學者簡而不度，乞依儀制用酒脯醢，報謝用牲牢。」從之。紹熙元年六月十九日，詔：「雨澤稍愆，恐妨禾稼，可日輪侍從一員詣上天竺靈感觀音前精加祈禱，務要速獲感應。」是月二十二日獲應，命官報謝。五年四月二十一日，爲闕雨，詔差太府少卿林湜詣臨安洞霄宮，祕書監薛叔似詣徑山龍潭，司農卿萬鍾詣天目山龍洞祈禱。至五月十三日獲應，命元差官報謝。同日，中書門下省言：「兩浙、江東西、兩淮州軍間有稍闕雨澤去處，已委守令祈禱，未獲感應。」詔逐路轉運司行下所部闕雨州縣，仰守令躬詣管內寺觀神祠，嚴潔精加祈禱，務要速獲感應，仍禁屠宰三日，以指揮到次日爲始。同日，詔祈雨未獲感應，令臨安府迎請上天竺靈感觀音就明慶寺精加祈禱，仍禁屠宰三日。七月九日，詔：「雨澤稍愆，日輪侍從官一員詣上天竺靈感觀音前精加祈禱，務要速獲感應。」凡遇祈禱及感應日，宮觀祠廟則命元差官，上天竺觀音前、霍山廣惠廟則命日輪至官致謝，其香旨係入內內侍省請降。慶元元年六月，二年三月，三年四月，五年四月，嘉泰元年四月、六月，三年四月，開禧元年七月，二年六月，三年五月，嘉定元年四月，二年五月，六年五月，七年六月，八年三月、五月，九年五月，十年六月，十一年

〈卷一萬六百〉

五月、十月，十三年六月，十四年正月，十七年六月亦如之。八月二十四日，詔：「近日雨澤稍多，日輪侍從一員詣上天竺靈感觀音前精加祈禱。」慶元元年正月、五月，二年八月，四年四月、七月、八月，五年八月，嘉泰三年三月，開禧元年九月，二年三月，三年八月，嘉定三年五月，四年八月，五年三月、八月，六年正月、七月，七年九月，九年八月，十年四月亦如之。開禧三年二月十一日，詔：「雨澤稍愆，兩浙州軍令本路轉運司行下所部闕雨州縣，委自守令親詣管下靈感應神祠精加祈禱，務獲感應。」嘉定元年閏四月亦如之。五月二十九日，以雨澤稍多，詔令執政、侍從分詣祈禱天地、宗廟、社稷、宮觀、嶽鎮海瀆、風雷雨師。慶元三年三月二十六日，詔：「雨澤稍愆，令臨安府守臣詣天竺山精加祈禱，務獲感應。」自後凡遇雨暘愆期，並有是命。四月九日，詔：「雨澤稍闕，令宰執、侍從分詣祈禱天地、宗廟、社稷、嶽鎮海瀆群神。」嘉泰元年五月，開禧三年五月，嘉定八年四月亦如之。六年四月二十四日，宰執進呈次，謝深甫等奏：「日來諸處闕雨，前日乞輪侍從祈禱，隨即傾注，但未滂沛。惟陛下發一念之誠，庶幾感應必速。」上曰：「止得一日之雨，未能霑足。」二十七日，詔：「雨澤稍愆，令臨安府迎請上天竺靈感觀音就明慶寺，同所輪侍從精加祈禱，務獲感應。」嘉泰元年五月，開禧元年七月，嘉定元年閏四月，七年六月，八年三月

〈卷一萬六百〉

十年六月十四年正月亦如之五月四日詔令逐路轉運司行下所部闕雨州縣仰守令躬詣管內寺觀神祠吏切嚴潔精加祈禱務要速獲感應仍自指揮到日禁屠宰三日開禧二年六月嘉定元年閏四月七年六月八年三月亦如之同日都省言闕雨祈禱未應詔分遣官詣臨安府洞霄宮徑山龍潭天目山龍洞祈禱仍令臨安府及安撫司差近上官三員同齋祝版前去嘉泰元年五月開禧元年七月嘉定元年四月七年六月八年三月十四年正月亦如之後又命官詣龍井惠濟廟祈禱同日詔　祈雨未應遣官齋御封香祝版前去廣德軍同守臣躬詣廣惠廟精加祈禱嘉泰元年五月開

卷一萬六百　二千六

禧三年二月嘉定元年閏四月七年十月八年三月十四年正月亦如之十四日都省言亢陽為沴祈禱未獲感應檢照典禮凡京都旱則再祈嶽鎮海瀆及諸山川能興雲雨於北郊望告又祈宗廟社稷及雩祀于圜壇詔宰臣以下分詣祭告嘉泰元年五月嘉定八年四月亦如之十八日詔明慶寺迎請觀音祈禱令豐儲倉支米七十石充本寺食用二十一日宰臣京鏜奏雨澤應期中外欣喜皆自陛下側身修行有以感格上曰連濛沛遂過所望　嘉泰元年五月七日詔雨澤稍愆分差卿監郎官詣臨安府東嶽天齊仁聖帝吳山忠武英烈威顯靈佑王天王神城隍福順王廟旌忠觀祈禱開禧

元年六月三年五月嘉定八年三月十年六月十四年正月亦如之三年九月二十日詔雨澤稍多分遣御監詣東嶽天齊仁聖帝吳山忠武英烈威靈顯祐王天王神城隍廟旌忠觀祈禱開禧三年五月嘉定九年五月六年正月十年四月亦如之嘉定元年閏四月二十四日御筆朕念當暘為沴夕惕靡寧雖已齋心致禱于宮中及命羣臣徧走名祠而精誠未至雨澤尚愆朕以二十七日親詣太一宮及明慶寺燒香仍令三省行下諸路監司守臣各體朕意虔加祈求務獲通濟既而獲應詔令宰臣詣太一宮執政詣明慶寺致謝八年三月二十八日詔雨澤稍愆差官祈禱雨師雷神風師二十九

卷一萬六百　二千七

日詔雨澤愆期兩浙路州縣社稷各令守令精加祈禱四月六日車駕詣景靈宮朝獻行禮次幸太一宮及明慶寺靈感觀音前拈香祈雨已而獲應五月九日詔令宰執並詣致謝十一日御筆農事既興時雨未浹皆朕涼德所致已於宮中蔬食密禱上天省過責躬可自今月十二日為始避殿減膳撤樂仍令輔臣分祈天地宗廟社稷庶獲嘉應以慰民心十五日御筆自春入夏雨澤愆期夙夜疚懷靡遑寧處已令徧禱羣祀雖獲感應尚未霑足應諸路闕雨州縣靈迹神祠寺觀雖祀典所不載而水旱應禱者各委郡長吏差官潔齋祈禱十七日兩浙路運判章良肱言日令　正當營種之時管下州

縣間有闕雨去處雖已行下兩浙州縣分委官於自來靈感寺觀廟宇精加祈禱及親詣上天竺觀音寺龍井玉泉諸廟祈求雖獲感通猶未霑足今欲躬親前去徑山龍洞祈禱乞賜指揮從之五月二十七日臣僚言臣竊聞神宗朝旱暵為災司馬光上疏以為京師近雖獲雨而畿甸之外旱氣如故願陛下雖徇羣臣之請御正殿復常膳猶應兢兢業業憂勞四方此光正之格言聖主之所樂聞也今者王畿近甸旱既太甚河渠為陸稲畦如石人情嗷嗷天意莫解若更旬浹事將若之何執事者祈禱無效奔走力疲近者雨方小應未應謝而遽謝羣臣又再三請陛下御殿復膳陛下不得已而從之

亦其未應請而遽請也然則其果謂天人可欺邪其遂委之無可奈何而不復圖所以救災之道邪臣伏思天心未嘗無感通之理殆今日猶未盡所以應天之實姑以數端言之臣聞遷善改過取象風雷貴其速也陛下昨頒求言之旨而詔書格於五日之餘明主急聞切直之意殆不其然臣是以疑應天之不以實也動人以言所感者淺言又不切人誰肯懷伏讀求言之詔責躬之義未深具文之意莫掩臣是以疑應天之不以實也士子投書司匭扞格逡巡數日和闇乃通蓋導人使諫之誠不孚故有司疑沮之遂見尚可謂應天以實乎播紳應詔擬拾細故後省看詳未盡施行藥皮膚之病而諱心

腹之疾尚可謂應天以實乎方日者夸雨應而興白龍之祠走羣望以舉謝雨之禮乃有阡陌細民指行事官而怨訕攜槁苗於都城以赴愬者昔固有袖死蝗請賀而飛蝗蔽天者今壟畝無乃類此耶近甸之旱勢既彌甚江淮之間赤地相望間有所植新秧盡為蝗蝻所損而州縣申述或謂雨已通濟或謂雨意未已或謂蠶麥收成責諛說之書行蒙蔽之實昔人有言州縣奏雨一寸云三寸云一尺今欺罔無乃過之耶舉是數端則非惟應天之無實且欺天以自文欲以格天臣知其難矣方今都城米價日以翔踴增長不已將斗粟千金而有司未聞措置西湖豬水且防滲漏貴勢取放以供園池

有司順承惟謹湖山久年不竭之泉今者亦就枯涸城中鬻水於山者僕斛幾至半百淮甸行旅率以數十金而得一杯水或謂此等氣象數十年來之所無天變如斯而所以應之者類不甚切臣實為之寒心況旱勢深小暑屆候縱使得雨稼事無及或可蘇瀕水之禾或可植霜熟之稻大勢已去所種能幾是惟亢陽赫烈中外憂虞儻非三日之霖一[illegible]驅旱魃之虐將恐鬱攸疵癘相挺而起多端之虞不特無年而已臣願陛下上軫宸慮俯察先言雖從御殿復膳之請益圖銷變召和之道毋以施行一二者為已足毋以指陳激切者為過當毋以凶荒有數未必由人而興毋以勢分相遼難為人

言所制圖以理勝不必求以氣勝樂與衆同不必故與衆違所謂智高天下而聽於至愚威加四海而屈於匹夫容小所以為大善下所以為深古聖哲相之事業其配天無私同地厚載者皆在於此更乞速降指揮令有司再行祈禱必誠必敬期於感通以見朝廷不忘閔雨有志乎民于以稍慰人心杜患微眇從之　嘉定十年六月八日詔令兩浙漕臣詣上天竺靈感觀音前及詣霍山廣會廟行祠祈雨　嘉定十四年正月七日詔歲春以來雨澤未應當此春首農事浙與令兩浙州軍監司守臣以下精加虔祈禱仍於各州軍應城內外有靈壇古跡寺觀及龍潭靈祠等處守臣躬親前去如其地里隔涉州委職官縣委佐官各行前去務要精虔速獲感應

卷一萬六百

三十

已見前編

宋會要　祈雪

卷二萬千五百四十八

高宗紹興元年十二月五日詔雨雪稍愆日輪侍從一員詣上天竺靈感觀音前精加祈禱務在速獲感應　三年十一月如之　五年正月四日都省言近降指揮祈求雨雪已獲感應詔令輪差侍從於初五日致謝　寧宗慶元元年十一月二十三日詔瑞雪稍愆日輪侍從一員詣上天竺靈感觀音前精加祈禱務獲感應　二年十一月三年十一月四年十二月五年十一月六年十一月嘉泰元年十一月二年十二月三年十一月四年十二月嘉定元年十一月二年十一月三年十二月四年十二月五年十二月七年十一月八年十二月九年十二月十年十二月十一年十二月十二年十一月十四年十一月亦如之　二年十二月十二日詔祈求雨雪臨安府載在祀典神祠及名山大川令本府日下委官前去精加祈禱務獲感應　二十一日三省言時雪未降合行祈禱詔令宰執侍從分詣祈禱天地宗廟社稷天慶觀報恩光孝觀太一宮九宮貴神嶽鎮海瀆雨師風師　開禧二年十一月二十八日詔祈雪未獲感應令臨安府迎請上天竺靈感觀音就明慶寺同所輪侍從嚴潔精加祈禱務在速獲感應　三年十二月亦如之　十二月四日詔祈雪未應分遣卿監郎官詣東嶽天齊仁聖帝吳山忠武英烈威顯靈祐王天王神城隍廟福順

王廟旌忠觀精加祈禱　嘉定五年十二月五日詔祈雪未獲感應分遣卿監郎官詣東嶽天齊仁聖帝吳山忠武英烈威顯靈祐王天王神城隍廟福順王廟旌忠觀祈禱（七年十一月十三年十二月亦如之）

卷二萬一千五百四十八

全唐文

宋會要　祈禱

淳熙四年四月十八日詔陰雨未已日輪侍從一員詣上天竺靈感觀音前祈晴（八月如之）淳熙十年九月四日上謂輔臣曰連日陰雨未止恐妨收刈朕甚憂慮可日輪侍從官一員詣天竺觀音前祈晴（是月十一日已獲感應復命官報謝）淳熙十三年五月十四日宰臣王淮等奏梅雨已多莫須降香祈晴上曰未須如此朕自昨日早晚焚香默禱于上帝淮等奏聖心與天通至誠感格與臣下萬萬不同　紹熙四年四月十八日詔陰雨未已日輪侍從一員詣上天竺靈感觀音前祈晴　紹熙十年九月四日

卷八千五百四十三

上謂輔臣曰連日陰雨未止恐妨收刈朕甚憂慮可日輪侍從官一員詣天竺觀音前祈晴（是月十一日已獲感應復命官報謝）開禧三年五月二十六日都省言祈晴尚未感應詔曰輪卿監郎官一員詣霍山廣惠廟行祠祈禱務要速獲感應自後凡遇詔輪侍從詣靈感觀音前祈禱且有是命獲應則命輪至官致謝　嘉定六年正月二十六日詔陰雨未晴應臨安府載在祀典神祠令本府日下差官前去精加祈禱務要速獲感應　七年十月一日都省言陰雨有妨收刈見行祈晴未獲感應詔遣官齋御香祝板前去廣德軍同守臣詣廣惠廟精加祈禱　慶元二年八月二日都省言秋雨未霽恐妨苗稼詔令兩

浙轉運司行下所部州縣有雨去處應載祀典及名山大川神祠龍潭委自守令親詣精加祈禱務獲感應。二十日詔令宰執詣明慶寺靈感觀音前祈求晴霽。慶元元年五月二十二日詔陰雨連綿恐妨禾稼令兩浙轉運司行下所部州縣委自守令親詣管下靈應神祠精加祈禱務要速獲晴霽

卷八千五百四十二

謝晴

宋會要

乾道八年九月四日上謂宰臣曰自來秋多陰雨今已十日晴矣正當刈穫歲事可保朕蚤暮精心祈禱大意可見虞允文奏曰所謂必有非人力所能致而自至者此受命之符上曰十月間擇日就内設醮報謝

卷八千五百四十四

全唐文

宋會要禱從異

紹興三十一年十一月三日，臣寮言：竊謂陛下飭躬修德，可勝疆暴，望差撥使人降祝文、御香，告祭沿江祠廟威靈顯著血食廟庭、載於祀典者，令州府分詣致禱，四聖五嶽之神於宮觀設位祈禱，冀蒙陰助，以速萬全。從之。　三十二年閏二月十八日，太常少卿王普言：伏覩車駕巡幸，視師前期遣官祈告天地、宗廟、社稷、宮觀、諸神、諸陵、攢宮，誠心感格，響應昭彰，遂使逆亮誅夷，虜騎遁去，兩淮無警，舊疆復歸。茲者回鑾臨安，當行報謝之禮。從之。

卷一萬一千九百三十三

隆興二年閏十一月二日，禮部、太常寺言：討論沿江祠廟等告祭事，乞依紹興三十二年指揮禮例，其淮南州縣載在祠典祠神，亦乞降香祝板前去致禱。內道路阻節處，止降付鄰州近縣，令本處知、通、令佐於寺觀設位嚴潔致禱。從之。時北虜從紀，有司申審，故有是命。　六日，太常寺言：准已降旨，依紹興三十一年指揮禮例，致禱于四瀆五嶽、顯應觀、旌忠觀、祚德廟、忠清廟，其行禮官各一員，乞降敕差侍從官充，如闕，於卿監內差官施行。從之。　八日，致禱于天地、宗廟、社稷、諸陵、兩攢宮、太一宮、九宮貴神、風伯、雨師、五嶽、四瀆、四海、馬祖、蚩尤、北方天王。　淳熙三年五月二日，禮部言：新權發遣建昌軍戴覬奏：仰惟聖朝以火德旺，同符兩漢，臣

鳴

咱見州郡天慶觀舊有火德殿，蓋朝廷崇奉恪虔之意，往往因循廢弛，比年以來州縣數有回祿之災，致煩陛下，聖德昭明，自可銷弭災變，恐火星躔度容或失次，其數有不能免者。欲望聖慈令州郡天慶觀及道宮見有火德殿去處，重加修飾，嚴奉香火，俾守臣致禱，庶幾精誠感格，銷禳災數。送部看詳。尋下太常寺檢照國朝會要：崇寧三年四月八日，翰林學士張康國奏，乞應天下崇寧觀並修火德真君殿，依陽德觀殿以離明為名，從之。政和元年八月八日，詔天下崇寧觀寺並改作天寧萬壽觀寺。政和七年二月十三日，詔天下天寧萬壽觀改作神霄玉清萬壽宮。建炎元年六月四日，尚書省言：近降赦文，天下神霄宮並罷。本寺檢照到前項國朝典故，即不該載州郡天慶觀及道宮許置火德殿去處。今看詳，雖以創建，如舊有去處，令本處宮觀自行修飾，嚴奉香火。詔依。

卷一萬一千九百三十三

祈禱禁屠

淳熙八年四月二十八日，詔御廚自今遇祈禱禁屠宰，次日共進素膳。

東島

咱呼島為界，欽島添置卓望兵，令戍官往來巡邏，詔令措畫聞奏，不得希功生事。

酺祭

宋會要

孝宗皇帝紹興三十二年八月八日，禮部太常寺言：「看詳酺祭事，欲依紹興祀令，蟲蝗為災則祭之，候得旨，本寺擇日依儀祭告。其祭告之所，國城西北無壇壝，乞於餘杭門外西北精進寺設位行禮。所差祭告官并合排辦事，並依常時祭告小祀禮例。在外州縣無蟲蝗為害處，候得旨，令戶部行下，有蟲蝗處即依儀式，一面差守令設位祭告施行。」從之。　按太常因革禮：慶曆四年六月，臣僚言：「天下螟蝗頻為民物之害，乞京師內外並修祭酺。」詔送禮院詳定。禮院稱：「周禮族師春秋祭酺，酺音步。酺為人物災害之神。鄭康成云：校人職有冬祭馬步，則未知此酺者蝝螟之酺歟？人鬼之步歟？蓋亦為壇位，如雩禜云。然則校人職有冬步，是與馬為害者；此酺蓋人物之害也。漢時有蝝螟之酺神，又有人鬼之酺神。康成未審果從何酺，故兩言之。歷代書史悉無酺祭儀式，欲准祭馬步儀施行。壇在國城西北，祭儀禮料並屬小祠，乞差官就馬壇設祭，稱為酺神，祝文係學士院撰定。若外州者，即略依禜禮。」是歲儀注：先擇便方除地，設營纘為位。營纘謂立表施繩，以代壇。其致齋行禮器物等並如小祠。上香幣以白。祝文曰：「維某年歲次月朔某日，州縣具官姓名，敢昭告于酺神：蝗蝝荐生，害於嘉穀，惟神降祐，應時消殄。請以清酌制幣，嘉薦昭告于神，尚饗。」　嘉定

卷二千九百四十二

八年六月七日，以飛蝗入臨安府界，詔差官祭告酺神。同日，詔令兩浙、淮東西路轉運司行下所部州縣，如有飛蝗去處，並仰守臣差官祭告酺神，精加祈禱，不得徒為文具。　八月十四日，都省言：「飛蝗所至去處，合行祭告酺神。」詔令諸路轉運提舉司各行下所部州軍，如有飛蝗去處，並仰守令躬親祭告，精加祈禱，毋為文具。

卷二千九百四十二

全唐文

宋會要

政和三年議禮局上五禮新儀司中司命司民司祿壇各廣二十五步風師雨師雷師壇高三尺四出陛並一壝二十五步風師壇廣二十三步雨師雷師壇廣十五步人言本朝都城壇壝之制風師在城之西雨師在城之北雷師從雨師之位爲二壇同壝州縣風師在社之東雨師在雷師之西非所謂各依其方類求神者請倣都城方位之制仍以雷師從雨師之位爲二壇同壝從之

宋會要

卷七千八百七十二

國朝承唐制祀九宮貴神東郊用大祠禮　眞宗咸平四年三月二十四日直秘閣杜鎬上言按史記封禪書云天神貴者曰太乙太一之佐曰五帝令禮以五帝爲大祠太一爲中祠況九宮所主風雨霜雪雹疫疾之事唐玄宗天寶中述九宮貴神次昊天上帝類於天地神祇至武宗會昌中升次昊天上帝次望復爲大祀用協舊章詔史館禮院詳定以聞翰林學士承旨宋白等議曰伏以太一天之貴神五帝寶太一之佐今五帝當爲大祀太一止在中祀考於禮文是爲倒置況會昌中僕射王起博士盧就討論詳定頗爲酌中今請如鎬議復爲大祀其御書祝版禮同社稷增設壇兩壝玉用兩

圭有邸藉以藁秸加蒼繅如幣色五郊大祀公卿升降各有階陛壇四階之外西南又爲一陛由坤道入門今請行事升降仍舊由此並從之　八月七日詔以九宮貴神壇壝不合禮制及與墳冢相接遣擀（使）遷移修展太常禮院上言大壇上面元無尺丈闊狹今請第一成東西南北各一百二十尺高三尺再成東西南北各一百尺高三尺壇上安小壇九每壇縱廣八尺各相去一丈六尺既容陳列祭器及公卿酌獻奏可仍遣官以香幣酒果致告　大中祥符元年七月十三日以東封泰山詳定所上言先準勅九宮貴神升爲大祀令參詳如在本壇即爲大祀如當郊祭元無此神況位座下全珪玉

宋會要

卷七千八百六十三

虛設其於封祀壇不合閒五望令三省官集議詔吏部尚書張齊賢集兩省給事舍人以上同議定以聞　封祀壇准圜丘（卽）從祀惟有太一攝提軒轅招搖咸池太一等位是時頗疑神名或殊　八月四日詔曰九宮之神所職猶重實財成於元化用陰騭於下民始於唐朝乃崇祀典肅乘輿而親饗載方冊之舊聞爰自近年復舉明制益其牢幣升爲大祠今禮屬建封義資咸秩懷介亡之從祭在列位以無文所宜俯通祗宗別興壇墠薦苾芬之奠式伸寅奉之誠將來封祀宜別擇地建壇致饗依大祠禮例施行初帝謂宰臣王旦等曰九宮貴神雖令詳定仍在有司議改更復有未便且前代嘗行

躬祀之禮復又已升大祠如何參酌得合典禮旦言臣等商量封禪之禮不同常祀欲於泰山下别建九宮壇可否更繫聖裁帝曰朕意亦然勿更定議候當依此祀行故有是詔五日詳定所言九宮貴神壇請於泰山下行宮之東量地之宜建置准郊祀録壇二成三尺四階其上依位置小壇九所皆高一尺五寸縱廣八尺又西南為一階曰坤道人門即不載壇數大縱廣尺丈今京城壇兩成今請置壇二成每成一尺上成每面各長三丈二尺壇東西南北各出一階西南坤道又為一階各闊五丈上置小壇九位各高一尺五寸每面各長八尺每小壇相去各八尺四隅各留五尺壇下四面仍為兩

卷七千八百七十三

壝各二十五步牲禮例擇日築壇與以日奉泰山制置使備酒脯羞官告本處后土從之仍詔牲用太牢九日八日有司言九宮貴神南郊從祭位座不全自景德二年少府監以玉九段置從祀之位欲望自今非别祭者並不用玉從之自後親祀南郊皆遣官就本壇别祭三年十一月以將祀汾陰遣資政殿大學士向敏中祀九宮貴神時已命敏中餞契丹使於班荆館御筆記其事以示宰臣王旦言祀為大事不可改帝然之乃令樞密院改命官餞送　六年九月十六日禮儀院言九宮貴神已與恭謝天地同日祭於本壇又值禮例神春祀九宮緣祭不欲數請罷常祀從之　九年七月二十一日詔以螟災遣官於二十五日祀九宮貴神王旦曰九宮貴神是大祀前七日當受誓戒若以二十五日祀則於禮不備帝曰可擇日依典禮施行仁宗景祐二年四月七日翰林學士承旨章得象等奏詔詳定司天監役人卓訓奏祀九宮貴神無逐年轉移宮位之法乞行改正又監生于淵奏祀九宮神法止用一局乙澥九宮式經依逐年飛宮法移位次祭告謹按郝良遇九宮法有飛棊立成圖每歲一移兼推九州所主災害之法又按唐天寶中術士蘇嘉慶始置九宮神壇於城東其壇一成高三尺四陛上依位置九小壇東南曰招搖正東曰軒轅東北曰太陰正南曰天一中央曰天符北曰太

卷七千八百七十三

一西南曰攝提正西曰咸池西北曰青龍五數為中戴九履一左三右七二四為上六八為下符於遁甲此則九宮之定位每歲祭以四孟隨歲改位行棊謂之飛位自乾元以後止依本位祭之遂不飛易仍歲冬夏二祭國朝因乾元故事無所改更今于淵等所請郎合天寶初祭之禮又合良遇飛棊之圖臣等竊謂九宮之法本自術家時祭之文經禮不載昔漢室祠官所領多本於方士其牲幣壇塲之數歲時齋曉之節薦配祓禳郁闕其方故有黃帝用梟武夷用乾魚之類是則為民請福無文戒秩寧有過差非執一隅今議者或以謂不必飛移若日月星辰壇次周流而祭所常一此則定位之祀

所當從也若其推數於回復候神於恍惚因方弭沴隨氣考祥則飛位之文固可遵用參議著依于淵等所請亦協唐禮舊文即乞祭九宮之時差司天監官一員赴祠所隨每年貴神飛棊之方校定祭位從之其法自天聖七年己巳入歷太乙在一宮歲進一位飛棊巡行周而復始英宗治平元年五月四日翰林學士胡宿上言竊見前書載九宮貴神實司水旱雖不見經而當時尊祀次於昊天上帝唐明皇肅宗嘗親祀之雖大和降為中祀至會昌即復其禮仍以宰相住修祠事國家祇若舊典則於常祀至和中因修時發先椽小吏慢祀而震死者二人威靈所傳耳目未遠今首夏垂盡而時雨尚愆有惻上仁徧走群望昔宣王遭旱雲漢之詩曰上下奠瘞靡神不宗況司水旱之神又可闕諸臣愚以謂宜因此時特遣近臣并祠九宮貴神詔令禮院詳議於是禮官上議國朝舊制每歲雩祀外水旱稍久皆遣官告天地宗廟社稷及諸寺觀宮廟九宮貴神令列大祀亦宜准此命官就壇祈禱從之神宗元豐六年二月二十八日太常博士何洵直言熙寧祀儀春秋仲月祀九宮貴神祝文稱嗣天子臣某恭惟九宮貴神功佐上帝德庇下民雖緣方士所說著之祀典而函生蒙福有助昌時以禮秩論之當與社稷為比伏請依熙寧祀儀為大祠其祝版即依會昌故事及開寶通禮書御名不稱臣

卷七千八百七十三

所貴輕重相稱不失禮意又近例諸祠祭牲牢之數正配以全體解割各用一牢如雨師先農皆中祠先牧馬祖馬步皆小祠每位亦一少牢今貴神九位悉是正坐異壇別祀尊為太祠而共用二少牢於牲體之經肯綮不備比之中祠小祠反有弗及謂宜每位一牢凡用九少牢尚書禮部言王者父天母地兄日姊月其於天地禮當稱臣即九宮之神於天地固有所降今祝文例皆稱臣誠為猥褻之嫌宜如洵直所請又既為大祠即牲牢與諸大祠不宜有異及嶽鎮海瀆五龍司中司民司祿亦當準雨師馬祖每位皆以一牢備其牲體則禮文大小相稱從之仍下太常寺修入祀儀尚書禮部亦言五福十太一祝版青詞稱嗣天子臣某謹按古之祝辭以天子至尊雖祇事天地宗廟亦民嚴上蓋未有稱臣者故禮曰踐阼臨祭祀內事曰孝王某外事曰嗣王某內謂宗廟外謂郊社大戴禮載祀天祝文稱予一人某敢承古禮稱天子以事天其贊饗辭又曰皇帝謚明帝始詔禮天地明堂五郊可稱天子臣某東晉賀循制彖祝文稱皇帝臣某猥褻至今蓋用魏晉之制本朝儀注祀儀於上帝五帝日月並稱臣至於五福太一與九宮貴神皆天官也近制亦稱臣檢會九宮貴神祝版進書已不稱臣五福十太一當依熙寧六年以前故事其被遣之官自宜稱臣如此則不失輕重之體從之。哲宗元

卷七千八百七十三

祐六年閏八月二十二日禮部言國朝自景祐中始用
天寶祠祭之法飛易位次以故天符不常在中今送神
樂章云靈壇九位直符處中與祀儀不協乞下學士院
改正從之　七年七月二十二日尚書禮部太常寺言
比臣寮奏請祭十神太一與九宮貴神並用素食承詔
詳議謹按唐會要會昌元年中書門下奏九宮貴神壇
準天寶三載勅宜次昊天上帝壇在太清宮太廟上用
牲牢璧幣類於天地又九宮貴神舊儀牲用犢祝版御
書玉幣樂成比類中祠又本朝咸平四年六月四日勅
九宮貴神升為大祠兼元祐祀儀春秋祀九宮貴神並
以大祠牲牢禮料祭器樂祀玉幣行禮今臣寮言十神
卷七十八百七十三
太一九宮貴神與漢所祀太一共是一神無異即十神
太一與九宮貴神祭料合歸一致並用素食太史局稱
九宮十神太一各有所主名義不同即非一神故自唐
迄今皆用牲牢別無祠壇用素食之禮欲乞依舊制從
之先是監察御史安鼎奏竊見九宮貴神每宮祭料用
羊豕各一謹按九神之名既見於禮記及諸史書詳矣
漢武帝始祠太一一位至唐天寶初兼祀八宮乃謂之
九宮貴神本朝自太平興國年後又隨太一所在築宮
迎祠之皆因方士雜引道經星歷之學而為之也當漢
祀太一時日用一犢凡七日而止唐祀九宮牲牢類於
天地本朝春秋祀九宮太一用羊豕其四立祭太一宮

十神皆無牲以素饌加酒脯再詳星經太一一星在紫
宮門右天一之南號曰天之貴神其佐曰五帝飛行諸
方躡三能以上下以天極星其一明者為常居主使十
六神知風雨水旱兵革饑饉疫疾災害之事唐書曰九
宮貴神實司水旱太一掌十六神之法度以輔人極國
朝會要十神太一亦云天之尊神及十精十六神並主
風雨由是觀之十神太一九宮太一與漢所祀太一共
是一神無異也今十神皆用素料而九宮並薦羊豕一
神而葷素不同似非禮意亦恐貴神未必歆饗血腥也
或曰十神尊祀而九宮泛祀故葷素不同是不然既均
號貴神則其靈德必無甚異且先儒皆以太一在九宮
卷七千八百七十三
為前尊不應屈尊者之所惡以就卑者之所欲也臣竊
慮十神太一與九宮貴神祭料合歸一致並用素食詔
令禮官詳定故有是議　徽宗崇寧三年四月十三日
太常博士羅畸言臣聞九宮者天之貴神主風雨霜雹
疾疫盜賊之事唐恭祀九宮貴神用牲牢玉幣類于天
地明皇肅宗嘗親祠之國朝亦秩為大祀可謂重矣臣
嘗與九宮祠事竊見諸神位並無禮神玉註之有司皆
云自來惟用燔玉臣竊見燔玉以民為之制度狹小被
國朝祀儀祀五帝之類禮則以玉燔則以珉蓋近世以
玉為難繼不可燔也是以用珉代之漢書云天神貴者
太一佐曰五帝所謂九宮者太一蓋其一也今祀五帝

有禮神玉祀天神之青者則闕之臣愚竊謂祀九宮宜用禮神玉少倣其幣之色薦之神坐其燔玉自從舊制從之

大觀四年四月二十八日議禮局言璧者天之體也圭者天之用也日月星辰託體於天以致用其纍有方其會有次則所謂託體也一代一見一進一退造化萬物此所謂致用也先王制禮用圭璧以祀日月星辰其義深矣所謂圭璧者圭其邸為璧以服殺於上帝也今九宮貴神皆星名自唐時以其司水旱風雨霜雹疫癘之事有功於民故置壇特祀國朝因之益加嚴恐而其玉用兩圭有邸夫兩圭有邸祀地之玉祀星辰非周禮也乞改用圭璧以應古制從之

卷七千八百七十三

宋會要　祀大火星

仁宗康定元年十月十七日太常博士集賢校理胡宿言竊聞南京鴻慶宮災此上天示變以告人主臣未暇推言災異之意略陳經義願國家修火祀臣謹按春秋士弱對晉侯曰古之火正或食於心或食於咮陶令之火正曰閼伯居商丘祀大火紀時焉說曰火正謂火官也掌祭火星行火政後世以為火祖相土契之曾孫代閼伯後主火星宋其後也按商丘在今南京太祖皇帝受命之地當房心之次以宋建號用火紀德取於此至真宗皇帝始升建京邑號為三都則閼伯之神上配大火國家之興實受其福至於祀典猶宜超異於昔今閼伯祠在商丘之上丘高二十餘丈祠屋制度狹小又不領於天子之祠官歲時府吏饗祀而已甚非報本尊始崇秩祀之意也臣愚願詔太常列於祠官春秋二時遣使持版祝齋祠具或遣近臣或委留司長吏攝行祠事對祭大火比年國家數有火災宜遣使告謝因飾祠宇以伸嚴奉之意詔禮院詳定以聞既而宿又上言火正閼伯之祠在南京國朝受命之神自祖宗以來未領祠官竊謂朝廷惜之按春秋傳高辛氏之二子長曰閼伯季曰實沈居于曠林不相能也日尋干戈以相征討后帝不臧遷閼伯於商丘以主辰故辰為商星遷實沈於大夏以主參故參為晉星又襄公九年傳陶唐氏之火

卷七千八百七十四

正曰閼伯居商丘祀大火而火紀時焉且五行之官祀為貴神每歲五時祀之謂之五祀火正又配食於火星者以其於火有功祭火星又祭之漢書古之火正謂火官也掌祭火星行火政季春昏心星出東方而咮七星鶉首正南方則用火季秋星入則止火以順天時以救民疾又爾雅云大辰房心尾也大火謂之大辰周官保章氏之職以星土辨九州之地所封之域皆有分星鄭氏引十二次之分則　大火宋也左氏傳亦曰宋大辰之墟漢書地理志宋房心之分野周封微子於宋今睢陽是也按圖經云商丘在宋城縣西南三里高八十丈周回二百步今閼伯之祠直當其上蓋房心天帝之明

堂太祖皇帝於受命奄宅天下以宋建號以火紀德都梁宋之郊當房心之次則大火之精閼伯之靈擁祐福蔭國家潛受其施者深矣而傳序四聖饗祀弗及祥符中文修大禮拱揖諸神雖偏方遠國山林之祀不出經據偶在祀典者尚秩王公之爵增牲牢之品而大火閼伯國家蒙福之神又陶唐氏之火正宋興八十年祠官不以聞此有司之闕也又按左氏國語董因逆晉文公於河公問曰吾其濟乎對曰君之出也歲在大火閼伯之星也是為大辰辰以成善又曰嗣續其祖如穀之滋韋昭以為辰為農祥周先后稷之所經緯以成善道子孫繼續其祖如穀之蕃滋推此而言則東方七宿房心

卷七千八百七十四

通有農祥之稱若因舊丘古祠除潔壇地臨遣近臣對祭閼伯不惟講修火正亦足以祈求年豐以陶唐之舊祀祖宗之闕典一旦陛下恢而復之為萬世法詔厥于孫永錫純嘏臣不勝區區太常禮院言閼伯為高辛火正實居商丘主祀大火能宿其官後世因之祀為貴神配火侑食亦如周棄配稷后土配社之比下歷千歲遂為重祀祖宗以來郊祀上帝而大辰已在從祀閼伯之廟每款文及春秋又委京司長吏致奠祭之典未始云闕然國家有天下之號實本於宋五運之次又感火德竊謂宜因興王之地商丘之舊作為壇兆秩祀大火以閼伯配之每建辰戌出納之月內降祝版詔留司長吏

奉祭行事籩豆牲幣得視中祠其閼伯舊廟請如宿奏官為修飾宿又言比年國家數有火災宜遣使告謝凡災祥之起繫於時政消復變易實在明德告謝之儀恐未可施行其壇兆儀制續具中請頒下詔從之十二月四日太常禮院上南京大火壇制其壇高五尺廣二丈四出陛陛廣五尺設一壝四面距壇各二十五步位版以黑漆朱書曰大火位配位曰閼伯位牲用羊一豕一器准中祠歲以三月九月擇日令南京長吏以次官分三獻攝祠從之慶歷七年二月十六日集賢校理胡宿言臣嘗經過南京親至商丘之上其火正閼伯之殿雖制度狹小詢旁側居人皆不知建造年代近南京祠

卷七千八百七十四

名曰宋王祠蓋微子宋之始君也宋人併祠之故俗呼商丘亦作宋王臺此祠於理可以並存然數椽小室其陋過甚閼伯祠前後雖有屋宇十數間高下不相貫穿並無廊廡令來祠祭別立壇場在商丘之東南百餘步制度草創壇壝低下宜增修新置壇場及商丘祠宇四面廊廡小令完具詔令南京修葺七月十一日德音商丘火祠壇廟有頹毀處加完葺之以奉安三聖御容南京鴻慶宮故也徽宗崇寧三年四月八日翰林學士張康國奏乞應天下崇寧觀於空便處並修火德真君殿依陽德觀宋建號用火紀德國家奉祀世受其福況陛下踐祚此邦復興王業遭時艱虞神遼之祀六年于

薦吴考之祀典正所當先望明詔有司舉廢闕文就行在秋祀大火配以閼伯仰副述狩望秩之遺意太常寺討論得應天府祀大火係以季春季秋擇日差官於本廟致祭今道路未通祀事久廢禮合從宜於行在春秋設位望祭候路通令本府依自來體例施行從之既而李寺參酌合用御封降真香祝文二首禮料每位合用著尊一實以法酒二升籩豆各一鹿脯重四兩鹿臡二合半赤幣長一丈八尺小尺七月十九日太常寺奏檢會康定元年十月十七日禮院詳定南京商丘為壇兆秩祭大火以閼伯配內降祝版命留司長吏奉祭得視中祠閼伯舊廟量為修飾詔可按左傳昭公元年子產〈卷七十八百七十四〉對晉侯曰昔高辛氏有子長曰閼伯季曰實沈居于曠林不相能也后帝不臧遷閼伯於商丘主辰商人是因故辰為商星竊以國家自京師逮四方皆建離明殿崇奉火德儀又於興王之地別設大火明（閼）伯像從祀熒惑實應禮典從之四年閏二月二日禮部言離明殿增闕伯位按春秋昭公傳曰五行之官封為上公祀為貴神祝融為高辛氏之火正也閼伯陶唐氏之火正也祝融既為上公則閼伯亦當服上公袞冕九章之服從之七月六日臣僚言列星之秩祠官者靈星壽星皆有壇而熒惑尚闕請於南郊赤帝壇壝外為壇以祀從之

寄按大典七千八百七十四作六月

全唐文

宋會要　祀熒惑星

徽宗崇寧三年四月十三日太常博士羅畸言仰惟國家秉火德之運以王天下臣謹按五行之精在天為陽星而熒惑者至陽之精天之使也朝廷比者就國之陽特開琳館以安其靈固宜倣太一宮遣官薦獻或立壇於南郊如祀靈星壽星之儀著之禮典以時舉之庶幾上稱陛下嚴奉真靈之意從之　先是建中靖國元年建陽德觀崇奉事具宮觀門　四年七月六日禮部太常寺言竊見衆星之在祠官者靈星壽星皆有壇以祀而熒惑尚闕請於南郊赤帝壇壝外為熒惑壇命有司大典四千三百七十一以時致祭詔禮部太常寺同議禮官言聖朝以火德王天下寅奉熒惑猶在所先當如所請從之大觀四年四月二十八日議禮局言周禮肆師之職掌立國祀之禮以佐大宗伯立大祀用玉帛牲牷立次祀用牲幣立小祀用牲玉人之事圭璧五寸以祀日月星辰聖朝以火德王天下寅奉熒惑外立壇壝內建閟宇秩視太祠道迎景貺以福天下德至厚也今太常祀儀有牲幣而無圭璧則非陛下寅奉熒惑秩視大祠之意伏請自今祀熒惑壇增用圭璧以合周禮從之以上續國朝會要國朝會要無此門　高宗皇帝紹興七年五月十一日太常博士黃積厚言大祀如立夏日祀熒惑望下有司舉行

大典一千八百五十五又一千八百七十四

從之　禮料初權依奏告例後比擬舊制一視感生帝詳見其門　十八年五月四日禮部侍郎沈該言竊惟國家秉火德之運以王天下崇奉熒惑猶所當先先朝建陽德觀專奉火德配以閼伯而祀以夏至舊章具存可舉而行欲望特詔有司於宮觀內別建一殿專奉火德配以閼伯以時修祀庶幾仰答靈貺益固炎圖詔令禮部太常寺討論其後建于太一宮道院揭名曰明離乾道會要無此門

二

全唐文

宋會要　長星

崇寧五年長星見蔡京斥居浙西時事小變士大夫觀望或於秉筆之際有向背語蔡既再相門人蘇棫昔自漳州教授召赴都堂審察獻議乞索天下學官五年所撰策題下三省委官考校以定優劣坐是停替者千餘人棫為太學博士遷司業卒　老學庵筆記　崇寧中長星出推步躔度長七十二萬里

宋會要　流星

咸平六年十一月二十七日夜有星出畢南慢流至屏北尾跡蛇形屈曲三丈餘良久而沒又東方有星出南河飛至中天貫昴畢至營室沒

卷七千八百六十六

宋會要　飛星

隆興元年八月十五日夜東南方有飛星出自壁宿距星急流犯王良星沒色赤黃潤澤有尾跡下照地明大如金星九月二十二日夜西方有飛星出紫微垣外座鉤星急流入柢紫微垣內座尚書星沒赤黃色微有尾跡不照地明如土星大二十日夜東北方有飛星出自天船星急流紫微垣外座內廚沒臨沒時炸出二小星青白色有尾跡照地明無音聲大如木星　二年二月六日夜有飛星出權星左角西南向東北漫流至太微五帝座大星西南沒青白色微有尾跡不照地明大如

木星

宋會要　隕星

天聖六年四月十九日仁宗詔以星隕之變不御前後殿命中書樞密院分告於宮觀寺塔

卷七千八百六十七

黃帝壇

全唐文

宋會要

太平興國八年十月戊子詔祀土德於黃帝壇珪幣牢真如大祠制俾祠官領之

卷四千三百七十一

宋會要

雍熙四年九月二十七日詔來年正月親耕二十八日命宋白賈黄中等定儀注十月一日詳定所言北齊壇高九尺廣輪三十六尺四陛三壝四門唐制高五尺周迴四十步今請壇高九尺周圍四十步飾以青唐祀先農長安在通化門外十里洛陽在上東門外七里今請於朝陽門七里外十五里内為壇十五日禮儀使言宋齊之制於先農壇東立觀耕臺請築臺重高五尺周四十步四出陛飾以青二十一日詳定所又言先農壇設二壝樂垂二舞俱在壇前請定御耕位在壝城東南外壝設於大次御耕位觀耕臺樂垂之外端拱元年正月十七日親饗神農氏于壇以后稷配淳化元年五月二十三日禮官言端拱親耕壇設兩壝無周圍步數請四面各封五十步為兩壝壝各五十兩步從之景德四年十二月庚戌判禮院孫奭言六典禮閣新儀皆言吉亥饗先農今以正月一日望改用正月上辛後亥日詔禮官議從其請明道元年十二月庚子詔以來年二月丁未籍田就端拱壇位耕地因加修飾二十五日以農壇三壝地狹請自外壝十步限以青繩

卷四千三百七十一

宋會要

先蠶壇景德中判太常寺李宗諤以諸神祠壇多缺外壝之制因深塹列木以表之營葺齋室月視其缺

卷四千三百七十一

全唐文

宋會要

元豐二年知湖州陳伺請依周禮建於四郊八月詳定禮文所言小宗伯兆四望鄭注為壇之營域祭法四坎坎壇祭四方也（壇以祭山川丘陵坎以祭川谷泉澤）魏立四望位於祭地壇隋史官南郊圖有東西南北望之位各居其方唐開元禮祈嶽鎮四瀆于郊四方山川各附嶽瀆下請兆四望於四郊每方嶽鎮海瀆共為一壇望祭（以五時迎氣日祭之用血祭瘞貍）

卷四千三百七十二

全唐文

宋會要　蜡臘

太祖建隆元年三月十八日有司上言國家受周禪周木德也木生火宜以火德王色尚赤請以戌日為臘從之　四年六月二十三日太常博士和峴上言伏惟去歲臘在十二月十四日據書曰以七日辛卯蜡百神謹按蜡始于伊耆氏夏曰嘉平商曰清祀周曰蜡漢曰臘是知蜡者臘之別名漢以火行戌日為臘臘者接也新故相接田臘禽獸以饗百神報終成之功也王者因行臘腊上饗宗廟旁及五祀展其孝心盡物示功也魏晉以降沿襲為常至于唐朝實木德正觀之際尚以前寅

卷二萬二千六百六十五

蜡百神卯日祭社宮辰日臘（饗）宗廟開元定禮三祭皆以臘辰以應土德也當時議者以為得宜聖朝火德宜以戌日為臘而以前七日辛卯便行蜡禮恐未為宜況今宗廟社稷並遵臘享而獨蜡不以臘於理不通事下太常禮院議　宋神宗元豐壬戌十二月二十八日改用次日以火德王故戌日臘建隆中禮官議唐貞觀已前寅日蜡百神卯日祭社稷辰日饗宗廟非古也請三日同用戌臘一日近儀酉日祭社稷蜡百神戌日享宗廟杜臺鄉允禮運云仲尼與於蜡賓康成曰蜡亦祭宗廟時孔子仕魯在助祭之中明自古以蜡祭廟也

宋會要

此條加在太常禮院議

宋會要

仁宗天聖三年十一月二十二日太常博士祕閣校理同知禮院陳詁上[四]卷一萬七千七百十七
言伏見每年季冬蜡百神於南郊祠壇設五方田畯、郵表畷之位各于其
方今詳蜡祭一百九十二位祝文内載一百八十二位唯五方田畯五方
郵表畷一十位不載祝文深慮開元以來歷年模或前編之缺載致有
司之失併按郊祀錄正辭錄司天監神位圖貓虎並作猫于菟蓋避唐諱
爾望添入五方田畯祝文及五方神祝文添入郵表畷及改於菟為虎事
下太常禮院議曰田畯之神雖別無祝文而后稷氏祝詞已云爰及田畯
實觀農民稱其五方神祝文嚴旌之下各乞添入郵表畷及改於菟為虎望
下祕閣司天監施行從之　神宗元豐六年正月七日詳定郊廟奉祀禮
文所言祭之有蜡所以報萬物之成功然歲之豐荒有異四方之順成不
等報功之禮亦不得一致記曰八蜡以記四方年不順成八蜡不通歷代
蜡祭獨在南郊為一壇惟周隋四郊之兆乃合禮意又禮記月令以蜡與
息民為二祭故隋唐息民祭在蜡之後日伏請蜡祭四郊各為一壇以祀
其方之神前期司農閱有不順成之方更不修報其息民祭仍在蜡祭之
後從之先是元豐五年太常寺言逐郊合祭神位其壇乞依舊百神壇制
度修築其東西有不順成之方即祭日月其神農以下更不設祭又舊儀
神農后稷並設位於壇下當移于壇上及據禮記正義伊耆氏農神也其

以下據元豐壬戌

北方蜡祭壇上已設神農位壇下更設伊耆氏位合除去又禮部看詳蜡
祭四壇皆設神農后稷同日祭饗頗為重複太常寺以謂蜡祭本以神農
為主后稷從祭今四郊設壇自合逐方各祭同日不為重複並從之

會稽

宋會要　宋蜡

孝宗皇帝乾道四年十一月二十七日太常少卿王瀹等言祭之有蜡所
以報萬物之成也紹興之初搶攘多事日不暇給大祀中祀或權宜用奏
告禮後因臣僚之請復有十三祭為大祀而東西蜡預焉皆備登三獻之
禮獨南北方正配之神與其從祀至今酒脯一奠而已乞照中祀儀式舉
行以稱嚴恭祀事之意從之既而禮部太常寺言南北二蜡合修撰樂章
教習樂工及用牲牢等而祭日已逼辦集不逮乃自來年為始其南蜡仍
舊於圓壇望祭殿北蜡於餘杭門外精進寺行禮登歌樂架大樂等就本
寺所掌數內舊教用其樂章從本寺報祕書省修撰每祭用祭歌樂工三
十六人以同日祭人闕乃依祠嶽鎮海瀆例差宮架內無錢粮樂工克攝
其教習日食錢並如宮架樂工之例

宋會要

臘蜡　太祖建隆元年三月十八日有司上言國家受周禪周木德也木
生火宜以火德王色尚赤請以戌日為臘從之

孝宗隆興二年十二月十六日德音楚滁濠廬光州盱眙光化軍管内并陽城西和州襄陽德安府信陽高郵軍應管内名山大川及歷代聖帝明王忠臣烈士有功及民載於祀典者并泌江神祠龍洞委所在差官嚴潔致祭乾道元年正月一日郊祠赦應古跡壇場福地靈祠聖跡所在守令常切嚴加崇奉五嶽四瀆名山大川歷代聖帝明王忠臣烈士有功及民載於祀典者並委所在差官嚴潔致祭八月十二日冊皇太子赦并三年六年郊祀赦亦如之六年赦内仍令神祠廟宇有損壞去處逐州長史以係省錢限一月監修七年冊皇太子赦及三年九月郊赦並同六年之制

卷一千二百三　一

徽宗崇寧二年九月二十八日臣寮言禮有五經莫重於祭祭之秩於典者多矣而自京師至于郡縣春秋祈報徧于天下者惟社稷為然今郡守縣令不深惟其故以是為不急之祀壇壝不修甚者民得畜牧種藝於其間春秋行事取具臨時乃或器用弗備粢盛不蠲齋祓弛解裸獻失度竊惟社稷之祀敕令該載欲望降詔戒敕郡縣務在遵承諸路監司巡歷所至親察壇壝其不如儀者具事以聞庶幾官司祇肅祀事神用顧享從之詳社稷下

太祖開寶四年二月二十五日詔前代祠宇各與崇修

真宗大中祥符元年十二月十三日詔曰朕以列聖儲休千秋接統登封降禪既精饗於二儀崇德報功亦望秩於郡祀然率濱之内邃古以來惟神道之聰明賢人倫之賢哲期臻福祐用示欽崇應天下有名在地志功及生民宮觀陵廟並加崇飾二年三月二十六日詔會真宮尊像兖州諸觀廟伏羲文憲王祠宇塑像衣冠制度宜令太常禮院道録院檢詳典故科儀頒下　景祐二年六月九日知樞密院事李諮言袞州仰山廟宇破損州民緣化錢一二千貫即無主領望委本州曹官管勾修蓋量差兵匠應副從之四年閏四月十三日門下侍郎平章事王隨言昨充園陵監護使經中牟縣有列子觀約二十餘間見今摧塌望差官檢計添修從之

卷一千二百三　二

慶曆七年三月二十三日詔諸處神廟不得擅行毀拆内係祀典者如有損壞去處令與修整皇祐二年十二月十一日知制誥胡宿言事神保民莫先祭祀比多水旱未必不由此望令天下具名山大川能興雲雨者詳定增入祀典春秋禱祀詔天下長吏凡山川能興雲雨不載祀典以名聞　神宗熙寧七年十一月二十五日詔應天下祠廟祈禱靈驗未有爵號者並以名聞當議特加禮命内雖有爵號而褒崇未稱者亦具以聞　元豐三年十月十六日知邢州王慥言州有唐宋璟墓且輒以公使羨錢買近墳地七十畝為祠堂碑樓訪其後

止有宋達爲忠劾指揮小分乞載於祀典春秋享之令
宋達掃洒祠宇耕墳旁地以供祭享傳世毋得質賣從
之宋達仍放停四年五月十六日詔開封府開封縣鄭
公鄉菜園内水泉見聽士民汲取宜特許側近以所得
施利建立廟像　崇寧四年十一月二十二日詔以順
濟龍王久在江上靈迹甚多時加封爵差胡文師赴本廟
奉安致祭及專差官一員管幹本廟廟貌常切修葺四
時遣官致祭近廟居住第四等以下戶五家特免徭役
守護掃洒同日涇原路經略司言平夏城三聖廟土人
言有三蜥蜴見故謂之三聖昔西賊寇邊大雲梯瞰城
甚危迫禱於神大風折梯遂解平夏之圍乞加封爵上

卷二千二百三　三

曰龍虵靈異之地能救活人即天録其功如京師皮場
廟神乃壁鏡也其質或白黑有五足疾病疕瘍者造爲
其所香火輒愈盖救萬民之病苦以積功行也遂從其
請　政和四年二月十三日知虢州朱陽縣蔣天經言
鳳翔岐山縣西北有周公廟廟後有泉自石穴中湧出
耆老傳云此泉盈縮繫國家盛衰唐大中初泉十穴俱
湧賜名潤德泉崇寧間水湧不止十穴乞詔史官記述
其異仍賜空名度牒下本路計工增崇嚴飭詔令禮部
給度牒五道餘依　宣和四年四月十八日吏部尚書
兼侍講修國史王孝迪言按五代史裴約以裨將爲莊
宗守澤州方李繼韜據上黨叛約嬰城固守誓不從賊

力屈勢窮卒被屠戮後唐迄今二百年幸逢明聖之世
而名未編於祀典乞詔太常揭美名加侯爵以寵之俾
歲時有司奉祠詔裴約盡節前代可從其請以爲忠義
之勸　欽宗靖康元年二月十二日赦文應祠廟載於
祀典曾經焚毁者候向去夏秋豐熟量破係省錢修葺
高宗建炎元年五月一日勑五嶽四瀆名山大川歷代
聖帝明王忠臣烈士載於祀典者委所在長吏精潔致
祭近祠廟處並禁樵採如祠廟損壞令本州支係省錢
修葺監司常切點檢毋致隳壞二日端明殿學士知饒
州董耘言乞致祭張巡許遠以旌忠烈以爲萬世臣子
之勸從之建炎四年二月二十三日德音應金人焚燒

卷二千二百三　四

前代帝王及五嶽四瀆名山大川神祠廟宇仰所在州
縣移那係省錢物漸次修盖如法崇奉其不經焚燒或
有損壞去處亦仰依此施行四月九日詔巡幸經由温
台明三州海道應神祠廟宇已有廟額封號處令太常
寺加封有封號無廟額去處與賜額其未有廟額封號
令所在官司嚴潔致祭一次錢於本路轉運司係省錢
内支破　紹興二年十一月五日禮部太常寺言程嬰
公孫杵臼廟係載在祀典歲時絳州差官於本廟致祭
今來道路未通廟貌隔絶祠祭久廢欲於行在春秋設
位望祭候路通令本州依自來禮例施行詔依從駕部
員外郎李愿請也　紹興三年三月十二日紹興府乞

降度牒修曹娥鎮靈孝昭順夫人廟上曰營神祠非今所急然一方民情之所祈嚮當姑從之　紹興二十二年十一月二十五日吏部尚書兼侍講林大鼐言武林江山之會王氣所鍾翠華駐蹕二十餘年于茲矣不唯天目之山龍飛鳳舞至盱盤江亦有朝夕之二潮爲頃者江流失道灘磧山移潮與洲鬭怒號故激舟楫多至失利沙回岸虛故堤埽囊遭蝕齧皆以爲比年以來陡頓可駭說者以謂英烈王吳山有廟血食故國以福祐江鄉燼於戊辰之回祿使土人乞靈無地此雖小說不足信吳粤春秋曰前潮王子胥也重水大夫種也則錢塘之潮應有神物主之葺廟貌建浮屠付之有司此亦易事

卷一千二百三　五

上曰大鼐所奏錢塘江寖溢恐爲水患可令臨安府轉運司措置趣冬月水不泛溢時理會庶易爲力舊來曾有塔廟陰以相之此雖出於小說恐不可廢從其請

紹興三十二年六月十三日孝宗登極赦五嶽四瀆名山大川歷代聖帝明王忠臣烈士載於祀典者委所在長吏精潔致祭近祠廟處並禁樵採如祠廟損壞令本州支係省錢修葺監司常切點檢毋致隳壞　乾道八年正月三日淮南西路安撫司言朝廷旌忠之命所以報死士而激義氣令和州含山縣渭子橋之戰統制官姚興以單寡之師嬰方張之虜奮不顧身與之力戰卒死于敵朝廷嘉其忠勇錫以廟號立於戰場之側然蘆

祠死事一條別出

葦之中盈尺之地節茨以生風摧雨剝所不堪視且以一廟觀之其他可知乞下有司檢舉一路賜廟之數令州縣支係省錢嚴加修蓋以激昂忠義詔姚興一廟令先行修葺仍下淮東西路向來忠義死節之士廟貌頹毀並檢照保明奏聞二月八日新知隨州李毅言父彥仙建炎間以死節顯著蒙加贈及立廟於商州所有賜額敕牒已降付商州後以商州隔絕乞於閬州建立廟宇蒙宣撫使司委官修蓋于今將四十餘年其改建閬州賜廟敕牒元未准朝廷降下乞賜出給從之

真宗景德二年九月解州上言兩地左右祠廟請易題榜詔取圖經所載者賜額遂改解縣池龍廟額曰豐寶安

卷一千二百三　六

邑曰資寶分雲廟曰廣惠其風后廟靈慶廟鹽宗廟偃雲廟淡泉廟並仍舊額徽宗崇寧四年閏二月豐寶廟封澤侯資寶廟封普惠侯靈慶廟賜顯慶廟鹽宗廟賜開利廟堰雲廟賜零濟廟淡泉廟賜沛澤廟大觀元年正月利澤侯封博惠公普惠侯封靈潤公顯慶廟封博利侯開利廟封興寶侯靈濟廟封仁施侯沛澤廟封敷惠侯閏十月博利侯加封廣惠公二年博惠公封惠康王靈潤公封護寶廣惠公封寶源王興寶侯封美利公仁施侯封節潤公敷惠侯封普濟公

元豐三年閏六月十七日太常寺言博士王古乞自今諸神祠無爵號者賜廟額已賜額者加封爵初封侯再

封公次封王生有爵位者從其本婦人之神封夫人再封妃其封號者初二字再加四字如此則錫命馭神恩禮有序凡古所言皆當於理欲更增神仙封號初真人次真君如此則錫命馭神恩禮有序從之　徽宗建中靖國元年三月二十四日禮部言諸州神祠加封多有不應條令今欲參酌舊制諸神祠所禱累有靈應功德及人事跡顯著宜加官爵封廟號額者州具事状申轉運司本司驗實即具保奏道釋有靈應加號者准此從之　崇寧元年正月二十五日詔應民庶朝嶽獻神之類不得倣效乘輿服玩製造真物只得圖畫焚獻餘依舊條及令開封府并諸路監司逐季舉行曉示仍嚴切覺察施行　先是侍御史彭汝霖言元符勅諸司因祠賽社會執引兵杖旗幟或倣乘輿器服者造意及首領之人徒二年餘各杖一百滿百人者造意及首領人仍不刺面配本城並許人告乞下府界及諸路近年逐季舉行粉壁曉示又夔州路轉運判官王遽言應民庶朝嶽獻神之類只得圖畫焚獻不得置造真物類乘輿服用仍仰州縣立賞告捕故有詔是　大觀三年二月二十三日尚書省言神祠加封爵等自來降勅降詔誥未有定制詔神祠封王侯真人真君婦人封妃夫人者並給誥賜額降敕　大觀三年三月二十三日詔神祠封王侯真人真君婦人封妃夫人者並給告賜額降勅欲乞自

今後每遇神祠封王公侯真人真君婦人之神封妃夫人者並乞命詞給告其道釋封大師塔額神祠賜廟額及封將軍並乞依舊降勅從之　宣和元年五月二十九日知陳留縣天授觀事張昌壽言本觀漢相留侯張良政和元年十二月勅賜忠佑廟為額及政和八年閏九月内本府奏請詔賜天授觀為額續封凌虛真人令來本觀嗣侯不疑未曾經賜爵號申乞詳酌嗣侯不疑已降指揮封嗣功侯外應有祠宇去處其位號自合改正　宣和四年七月二十八日禮部言襲慶府貢士徐綋等狀鄒國公孟軻傳孔子之道尊堯舜距楊墨功不在禹下元豐賜廟額封公政和初并其門人樂正子萬章之徒列封侯伯獨其父母未蒙褒顯況傳記所載三遷之教實繫賢母綋等已擇爽塏之地增建祠宇就嚴像設訖乞依山源縣先聖廟例從之　高宗紹興五年九月二十日吏部員外郎董棻言臣昨任提刑日到雷州海岸遠角場有威武廟係伏波神祠其瓊州海口有輔漢王廟亦係伏波神祠臣切詳伏波乃東漢中興功臣新息侯馬援元豐中錫以忠顯王至元符中蘇軾謫居昌化乃作廟碑推考以為漢有兩伏波邳離侯路博德建廟於馬伏波之西宣和中始封忠烈王臣比將命遠使渡海皆有靈應乞將馬伏波更加封號及將邳離忠烈王路伏波與馬伏波一等封號太常寺言伏波將軍

新息侯馬援已加封忠顯佑順王今欲擬忠顯佑順靈濟王璵州海口輔漢王廟係偽漢所封欲改賜威武廟為額其伏波將軍邳離侯路博德於宣和中封忠烈王今與馬伏波一等封號各增加四字欲擬忠烈明威廣佑王詔依　紹興七年三月九日南京留守司言應天府商丘臺係享祭大火及閼伯之地先賜光德廟額商丘公閼伯特封商丘王緣後來南北隔絕屋宇盡行拆毀止於臺下野次薦奠殊不稱寅奉之意已一面計置於本府隨宜修整乞特加尊崇顯號詔依加封商丘宣明王　紹興七年四月十二日樞密院言故建康府通判楊邦乂建炎二年金賊犯城死於國事於本府建廟欲賜額曰褒忠於城南興教寺基修蓋近緣火毀不存詔令建康府修蓋

卷二千二百三　九

哲宗紹聖二年十二月二十三日尚書禮部侍郎黃裳等言乞詔天下州軍籍境內神祠略敘所置本末勒為一書曰某州祀典從之　徽宗大觀二年九月十日禮部尚書鄭允中言天下宮觀寺院神祠廟宇欲置都籍拘載名額從之　政和元年七月二十七日秘書監何志同言詳定九域圖志內祠廟一門據逐州供具到多出流俗一時建置初非有功烈於民者且如開封府扶溝縣秋胡廟封丘縣百里使君程隱君廟之類逐縣皆稱載在祀典及移問太常寺並無典籍可考去以王畿之

近而廟祀未正乃如此則遠方陬邑槩可見矣欲望申勑禮官纂修祀典頒之天下俾與圖志實相表裏又言諸州祠廟多有封爵未正之處如屈原廟在歸州者封清烈公在潭州者封忠潔侯及永康軍李冰廟已封廣濟王近乃封為靈應公如此之類皆緣未有祀典該載致前後封爵反有差誤詔太常寺禮部遍行取索纂類祀典將已賜額并曾封號者作一等功烈顯著見無封額者作一等民俗所建別無功德及物在法所謂淫祠者作一等各條具申尚書省參詳可否取旨其封爵未正如屈原李冰之類豈有一身兩處廟貌封號不同者宜加稽考取一高爵為定悉行改正他皆放此仍就禮部太常寺見今官吏行遣茲蓋修舉本職不得輙有申請差官并書寫人等

卷二千二百三　十

天禧三年四月二十一日詔曰隆平之政實貴於防邪聰直之神不歆於非類是以前聖立教明王守邦具有憲章絕其淫祀朕纂承基緒撫育蒼黔仰孝饗於宗祊奉禋燔於天地一則以歸功報本一則以祈福兆祥所冀寰區畢登仁壽而小民寡識鄙俗易訛如聞金商普州頗有邪神之祭或緣妖妄取害生靈達於予聞良用矜軫宜令所在嚴禁絕之如復造作休祥假託祭祀惑衆所犯頭首及豪強者並處死餘決訖黥面配遠惡處牢城　仁宗天聖元年十一月八日戶部郎中知洪州

夏竦言臣聞左道亂俗妖言惑衆在昔之法皆殺無赦蓋以奸臣逆節狂賊潛窺多假鬼神揺動耳目漢之張角晉之孫恩偶失防閑遂至屯聚國家宜有嚴制以肅多方竊以當州東引七閩南控百粵編氓右鬼舊俗尚巫在漢欒巴已嘗翦理爰從近歲傳習滋多假託禨祥愚弄黎庶勦絕性命規取財貨皆於所居塑畫魑魅陳列幡幟鳴擊鼓角謂之神壇嬰孺襁褓已令寄育字曰壇留壇保之類及其稍長則傳習妖法驅為童隸民之有病則門施符篆禁絕往還斥遠至親屏去便物家人營藥則曰神不許服病者欲飯則云神未聽飡率令疫人死於飢渴洎至亡者服用又言餘祟所憑人不敢留規以自入幸而獲免家之所資假神而言無求不可其間有孤子單族首面妻或絕戶以圖財或害夫而納婦浸淫既久積習為常民被非辜了不為訝奉之愈謹信之益深從其言甚於典章畏其威重於官吏奇神異像圖繪歲增怪籙妖符傳寫日異小則雞豚致祀斂以還家大則歌舞聚人餕其餘胙婚葬出處動必求師劫盜鬬爭行須作法蠹耗衣食眩惑里閭設欲扇搖不難連結在於典憲具有章條其中法未勝姦藥弗瘳疾宜須峻典以草弊風當州師巫一千九百餘戶臣已勒令改業歸農及攻習鍼灸方脈所有首納到妖妄神像符籙神衫神杖魂巾魂帽鐘角刀箭紗羅等一萬一千餘事

已令焚毀及納官訖伏乞朝廷嚴賜條約所冀屏除巨害保宥群生杜漸防萌少裨萬一詔宜令江南東西荊湖南北廣南東西兩浙福建路轉運司遍行指揮轄下州府軍監縣鎮今後師巫以邪神為名屏去病人衣食湯藥斷絕親識看承若情涉於陷害及意望於病者并同謀之人引用咒詛律條比類斷遣如別無憎疾者從違制失決放因而致死者奏取敕裁如恣行邪法不務悛改及依前誘引良家男女傳教妖法為弟子者持科違制定斷其和同受誘之人減等科罪餘並檢會前後條法詳酌斷遣情理巨蠹別無刑名科斷者即收禁具案奏裁仰粉壁曉示仍半年一度舉行約束仍賜敕書褒諭

天聖三年四月二十三日淮南江浙荊湖發運司言昨高郵軍有師巫起張使者廟宇神像扇惑人民知軍國子博士劉䆗從己行斷絕折除一十處廟像收到材木錢物盖造作條官使用見今人戶安居竊知洪州曾有師巫造作妖妄蠱害風俗知州夏竦奏聞朝廷降敕江南荊湖廣昌兩浙福建路條約斷絕今來淮南乞降敕命依例止絕從之

景祐元年九月二十五日廣南西路轉運使負倈或言潭州妖妄小民許應於街市求化呼召鬼神建五瘟神廟已令毀拆收到材木六萬三千餘修天慶觀訖乞下本州止絕奏可

元豐三年六月十七日權監察御史裏行豐稷言近見京

城內外士庶與軍營子弟轉相告言今日神見某處明
日神降某處狂誕譎怪無所不道傾動風俗結成朋社
率斂財物奔赴祥符縣鄧公卿菜園內安頓欲與靈惠
侯立廟小人緣此易生姦心神民異業久矣不可不禁
如國家以泉水之靈可興祀典宜委命官主領施利明
載簿曆支修廟貌亦可以示朝廷祭祀馭神之意從之
紹聖四年五月二十六日太僕寺言右散騎第二指
揮安傳聖水出見輒起廟宇欲行止絕詔太僕寺毀拆
仍命尚書禮部立法紹聖五年四月五日樞密院言諸
軍營創立廟宇者徒一年稱靈異動衆者加二等廟宇
未立各减二等止坐爲首之人本轄將校節級不止絕

卷一千一百三

十三

與同罪從之紹興十六年八月十七日御史中丞何若
言仰惟陛下褒揚忠義禁止淫祠所以明教化而善風
俗也臣近據太常寺申宣州涇縣湖山靈惠廟忠顯王
祈禱屢應擬封長男温宣威公臣謹按晉書温乃宣州
太守元彝之子也史臣獨不列温於彝傳之後而乃與
王敦次第其意可見矣傳載其窺覦非望贊述其罪浮
浞殪萬載之下當有餘臭豈可使受爵號之美於聖明
之朝乎昔郗超死其父愔哀悼成疾門生出其書一篋
愔見超與温往反密計乃大怒曰小子死恨晚矣儻使
彝當時又見温之逆節其不齒於諸子之列也必矣今
温居然側位於忠顯王廟中殆猶堯廟之四凶也可不

作而去之乞伏望申敕攸司撤去温像追毀宣威公告
命仰稱陛下禁淫祠以善風教之意所有太常寺擬封
官亦乞量行責罰以戒鹵莽之失上曰元温逆迹屢欲
移晉祚顔當時有大功扶持不然晉不血食久矣昨有
顔真卿子孫進真卿所書本家告命已嘗優與推恩昔
贈封元温事爲相類可令取索太常寺擬封官姓名以
聞於是太常寺丞王湛監察御史陳積中並與外任蓋
積中前任太常寺主簿兼權博士實預討論故也紹
興二十三年七月二十一日將作監主簿孫祖壽言竊
王之制祭祀非忠勞於國功德及民者不與祀典聞近
者禁止淫祠不爲不至而愚民無知至於殺人以祭巫

卷一千一百三

十四

鬼篤信不疑湖廣之風自昔爲甚近歲此風又寖行於
他路往往私遣其徒越境千里營致生人以販奴婢爲
名及至歲閏屠害益繁雖異姓至親亦不遑恤今浙東
又有殺人而祭海神者四川又有殺人而祭鹽井者守
令不嚴禁之生人實被其害今歲閏在季冬良民罹其
非横者必多若不早爲之禁緩則弗及矣欲望申嚴法
令戒飭監司州縣之吏治之纖悉之明示賞罰增入考課
令格加之鄉保連坐誥誡禁止期於革心毀撤巫鬼淫
祠從之
政和元年正月九日詔開封府毀神祠一千三十八區
遷其像入寺觀及本廟如真武像遷醴泉下觀土地像

遷城隍廟之類五通石將軍妲己三廟以淫祠廢仍禁軍民擅立大小祠廟

熙寧九年八月三日宣徽南院使判應天府張方平言司農寺近降新制應祠廟並依方場河渡募人承買收取淨利管下五十餘祠百姓已買閼伯廟納錢四十六千五百宋公微子廟十二千並三年為一界閼伯主祀大火為國家盛德所乘微子開國于宋亦本廟受命建號所因又有雙廟乃唐張巡許遠以孤城死賊所謂能捍大患者今既許承買小人以利為事必於其間營為招聚紛雜冗褻何所不至慢禮瀆莫甚於此歲收細微實損大體欲乞朝廷此三廟不在賣數以稱國家嚴恭恭典禮追尚前烈之意御批司農寺鬻天下祠廟辱國黷神此為甚者可速令更不施行其司農寺官吏令開封府劾之又詔擅鬻祠廟為首之人已劾罪其赦後不覺舉改正官可并劾之

卷二千二百三

十五

在汀州寧化軍橫嶺仁宗慶曆二年閏九月知并州鄭戩言寧化軍天池廟俯近北界乞賜廟額顯靈詔賜名額差官祭告徽宗大觀二年七月封崇濟侯

靈星祠

在樂壽縣何武城徽宗政和元年十月賜廟額特澤

風后祠在解縣徽宗崇寧四年閏二月賜額豐功大觀元年正月封佑聖公二年十二月封義烈王

風伯雨師祠在解縣鹽池徽宗大觀二年十二月賜廟額照齋

雷神祠在雷州海康縣神宗熙寧九年九月封威德王

后土祠在晉寧軍徽宗崇寧四年十月賜號宣靈顯佑護國后土聖母以本路轉運使黃遠言昨進築銀州陰有翊助致和元年五月加號昭德二年八月賜廟額順德

解縣有后土別祠徽宗崇寧四年閏三月賜廟額靈貺

東岳別祠在解徽宗大觀二年十二月賜廟額廣佑

北嶽神第五子祠在無極縣神宗熙寧六年重修

信州弋陽縣東嶽行宮內佑神康舍人威濟公祠（光堯）皇帝建炎二年九封威濟王四年十二月加封善利二字以王師收捕魔賊陰助顯靈從都統辛企宗請也紹興二十六年正月加封威濟善利孚應王

卷二千二百四

十六

沅州城西南嶽張太保祠政和二年九月封靈祐侯（以湖北路都鈐轄司言往賊圍城州人祈禱若有神助故特賜封）六年十月封祐順靈顯公宣和七年九月賜廟額昭烈（以靖州古之立廟額故從其請）高宗建炎二年封忠靖王紹興十七年十月封其妻曰協惠夫人二十二年二月加封忠靖威顯王孝宗隆興元年七月加封忠靖威顯靈佑王乾道七年正月加封忠靖威顯靈佑英濟王

東瀆境神祠　高宗建炎四年十月封褒應侯後于嫘

九位並封侯，曰威德威烈威惠威澤威利威濟威顯威昭威順。紹興五年七月，十位各加封二字，曰協靈孚應侯、敏功威德侯、茂功威烈侯、正功威惠侯、美功威澤侯、允功威利侯、致功威濟侯、定功威顯侯、豐功威昭侯、崇功威順侯。

南瀆大江廣源王別祠在建康府。光堯皇帝紹興三十一年十一月建廟，特封昭靈孚應威烈廣源王，仍遣官祭告。廟本在成都府，是歲金人犯順，侵逼江上，祈禱于江，屢顯靈迹，詔建康府別建廟，特加封八字。詳見鎮江府顯濟廟注。

淮瀆祠在泗州。壽皇聖帝隆興元年十月賜廟額靈濟。

卷二千二百四

十七

乾道三年六月，加封顯佑昭應長源王。

邵武軍城隍神祠，徽宗崇寧中賜廟額顯佑，政和元年封神濟。　建寧府城隍廟三神祠，徽宗崇寧二年賜廟額顯應，三年封一為惠寧侯，即城隍神；一為嘉德侯，即唐刺史陸長源；一為昭惠侯，即唐刺史張文琮。　延平府劍浦縣城隍神祠，崇寧二年十二月賜廟額顯應。　濬州黎陽縣新壘城隍神祠，徽宗崇寧五年九月賜廟額顯固，仍封靈護伯。　溱州城隍神祠，徽宗大觀四年九月賜廟額寧德。　播州城隍神祠，大觀四年九月賜廟額昭佑，宣和三年十一月併隸南平軍。　永州城隍神祠，大觀四年九月賜廟額靜惠，政和五年二月封靜

應侯，宣和三年十月二十八日廢為綏陽縣，屬珍州。

靈慶府城隍神祠，徽宗大觀四年九月賜廟額仁貺。　遵義縣城隍神祠，徽宗政和二年十二月賜廟額懷寧。　隆興府城隍神祠，徽宗政和四年四月賜廟額顯忠。　筠州城隍神唐刺史應氏祠，徽宗宣和六年四月賜廟額利貺。高宗建炎四年封忠顯侯，紹興十二年十月加靈應二字，十九年又加翊順二字，二十八年正月加封忠顯靈應翊順廣惠侯，并封其妻曰慈惠夫人。孝宗乾道五年三月封世濟公，妻慈惠夫人加封慈惠助善夫人。

寧波府昌國縣城隍神祠，光堯皇帝建炎四年十月賜廟額靈應。以車駕巡幸，特有是賜。又云城隍神祠，高宗紹興元年四月賜廟額明惠，孝宗乾道四年七月封善佑侯。

卷二千二百四

十八

紹興府城隍神崇福侯祠，光堯皇帝紹興元年五月以車駕駐蹕會稽，逾歲行殿獲寧，特封昭祐公，仍賜廟額顯寧。三十年十月加封忠順二字。以隔仁呈右接宮經尚特加封也　孝宗乾道六年正月加封忠順昭佑孚應公，九年正月加封忠順昭祐孚應顯惠公。

建寧縣城隍神祠，光堯皇帝紹興元年十月賜廟額孚應，六年七月封靈助侯。　吉州城隍神英顯陰侯灌嬰祠，高宗紹興元年六月賜廟額忠應。　鍾離城隍神祠，高宗紹興四年五月賜廟額，十年十一月加封顯陰威顯侯，孝宗乾道五年十一月加封顯陰威顯英烈侯。　惠安縣城隍神祠，紹

興五年十二月賜廟額寧濟，十九年八月封昭祐侯。泰寧縣城隍神祠，高宗紹興十三年十二月賜廟額廣惠，二十年四月封靖惠侯，乾道二年十月加封靖惠孚濟侯。　襄陽府城隍神祠保漢公，光堯皇帝紹興十五年八月賜廟額孚濟。　德安府城隍神祠，高宗紹興二十九年五月賜廟額威濟。　臨安府吳山城隍神祠，光堯皇帝紹興三十年十月封保順通惠侯，以車駕駐蹕，詔依紹興府城隍神將封也。壽聖皇帝乾道六年二月加封保順通惠顯佑侯。　鎮江府城隍漢將軍紀信祠，壽聖皇帝乾道元年四月賜額。

莆田縣迎仙驛土地神祠，僞唐封平康侯，神宗熙寧九年五月改封祐民侯，紹興十五年三月賜廟額靈應月賜廟額靈應，三十年五月加封顯濟二字，孝宗乾道三年五月加封祐民顯濟孚澤侯，妻封協惠夫人。　撫州城土地神祠（舊號靈祐應顯泰王，慶曆元年十一月賜名靈佑），神宗元豐四年封靈佑應順泰王，徽宗崇寧四年六月改賜廟額英顯。　望天莊土地神祠，徽宗崇寧元年閏月賜額，以入內供奉官王祺言望天莊金苗興廢，乞賜名額。　延平府劍浦縣開元觀土地祠（僞閩王臨封靈塘王），徽宗崇寧二年十月賜廟額靈顯。　盧氏縣號土祠，徽宗崇寧三年九月賜廟額英濟。　汀州清流縣九龍灘土地神祠，崇寧三年九月賜廟額安濟。　嘉慶府北寨土地神祠，崇寧五年賜廟額康保。　南寨土地神祠，徽宗崇寧五年賜廟額綏定。　府谷縣下城村土地神祠，徽宗政和五年四月賜廟額孚應。　宜州思立寨土地神廖過截祠，徽宗大觀二年六月賜廟額歸仁。　和尚原山神土地祠，光堯皇帝紹興元年十月山神封康衛侯，土地封保安侯，并賜協濟廟額。詳見旌忠廟三聖祠注。　寧化縣黄蓮洞土地神祠，舊稱威應廟，紹興元年八月賜廟額靈感，三十年三月封威濟侯。　歸安縣長壽鄉東林土地三神祠，壽皇聖帝紹興九年四月賜廟額靈應。　建寧府建陽縣北樂里北圃者土地祠，紹興十六年三月賜廟額昭福，三十年三月封忠應侯。　臨安府張橋鎮土地神崇善土祠，光堯皇帝紹興十九年八月賜廟額靈惠迹土地神祠，高宗紹興二十四年八月賜額。　湖州府德清縣新塘土地神祠，壽皇聖帝隆興元年十二月賜廟額孚惠。

宋會要

舜帝祠在連州桂陽縣方山神宗元豐七年正月賜廟額廣仁

宋會要

夏禹祠一在會稽山紹興元年禹陵告成光堯皇帝車駕駐蹕本府詔有司春秋仲月擇日差官致祭　一在常德府孝宗乾道二年四月立

宋會要

魏武帝祠在廬州江安縣方山有曹操祠舊號方公神神宗元豐三年勅正今號

宋會要

卷一千二百五

文孝行祠在池州府貴池縣宋哲宗元祐四年賜額文學徽宗崇寧四年十月封顯靈侯大觀元年六月封昭德公政和元年二月封英濟王光堯皇帝紹興三十年三月加忠顯二字壽皇聖帝乾道三年六月加封英濟忠顯廣利王

宋會要

景德四年三月二十三日詔曰五代漢高祖宜令河南府差官以時致祭仍編入正祠錄

宋會要

吳泰伯祠在長洲縣宋哲宗元祐七年二月賜廟額至德徽宗崇寧元年九月封至德侯

全唐文

宋會要

真宗大中祥符四年四月詔平晉縣唐叔虞祠廟宇摧圮池沼湮塞彼方之人春秋常所饗祭宜令本州完葺天禧元年又詔每歲施利錢物委官監掌其銀銅真珠並以輸官自餘估直出市以備修廟供神之用徽宗崇寧三年六月封汾東王

卷一千二百五

宋會要

楚令尹子文祠在德安府靈夢縣哲宗元祐八年八月賜廟額忠應元符二年八月封崇德侯徽宗政和元年十一月封英烈侯

宋會要

介子推祠一在靈石縣綿上山神宗元豐元年封潔惠侯徽宗崇寧三年二月賜廟額昭德

宋會要

吳季札祠一在鎮州府丹陽縣哲宗元祐三年十月賜額嘉賢

宋會要 卷一千二百五

鄭子產祠在新鄭縣陘山仁宗慶曆二年二月知許州李淑請復子產黄霸陳寔三祠詔修完著於祀典徽宗崇寧二年賜廟額惠應

宋會要

狐突祠在交城縣徽宗大觀二年五月賜額忠惠

宋會要

趙盾祠一在府谷縣徽宗崇寧四年六月賜廟額明應封昭覲公　一在趙城縣徽宗大觀二年正月賜廟額靈通以本縣言簡子出自造父與國朝受姓始封實同一祖而廟額未建故有是命

宋會要

茅焦祠在濱州徽宗大觀三年六月賜額貞祐政和元年六月封兄允濟侯弟强濟侯

宋會要

宋太祖乾德三年平蜀詔增飾導江縣應聖靈感王李冰廟開寶五年廟成七年改號歲一祀廟旁有顯靈王廟蓋丹景山神詔去其偽號真宗大中祥符三年詔本軍判官専掌施物廟宇隳壞即以修飾冰秦孝文王時為蜀郡守自汶山壅江堋穿郫江下流以行舟舡又灌溉三郡廣開稻田作石犀石人以厭水怪歷代以來蜀人德之饗祀不絶偽蜀封大安王孟昶又號應聖靈感王仁宗嘉祐八年封靈應侯神即冰次子川人號護國靈應王哲宗元祐二年七月封應感公　卷一千二百六　一在隆興府徽宗崇寧二年加封昭惠靈顯王大觀二年封靈應公政和元年十月賜廟額崇德三年二月封英惠王九月封其配為章淑夫人政和八年八月改封昭惠靈顯真人宣和三年九月又封其配為章順夫人廟中郭舍人封威濟侯高宗紹興二十七年九月英惠王加封廣祐英惠王　一在漢州孝宗乾道四年五月加封昭應靈公

宋會要

蕭相國祠一在光化軍光堯皇帝紹興三十一年正月賜廟額懷德壽皇聖帝隆興元年二月封助順文終侯

宋會要

宋會要

曹參祠一在興元府褒城縣仁宗慶曆二年封崇化公徽宗政和四年十月賜額惠遠

宋會要

樊噲祠在太平州建昌縣神宗熙寧八年六月封威利侯　一在舞陽縣哲宗元符中置徽宗崇寧四年六月賜額威濟

宋會要

卓茂祠在密縣東南三十里有祠尚存徽宗政和三年十二月賜廟額德威

宋會要

卷一千一百六

霍光祠在平江府徽宗宣和五年封忠烈公光堯皇帝建炎三年五月加封顯應忠烈順濟公本秀州華亭縣小金山祠江灣亦有廟是歲節制戰船辛道宗言諸將討諸逆賊祈禱靈跡顯著故也

宋會要

盧丈臺祠在婺州金華縣白砂源徽宗政和四年九月賜廟額昭利

宋會要

張大夫行祠在荊門州高宗紹興八年十月賜廟額威顯孝宗隆興元年六月二十四日張三將軍紹封昭肅侯二年十月張四將軍遵封正應侯

宋會要

二伏波祠一在雷州神宗元豐五年七月封忠顯王徽宗大觀元年五月賜廟額威武高宗紹興五年九月加忠顯佑順靈濟王（瓊州海口有輔漢王廟亦係馬伏波神其祠僞漢所封詔改賜額曰威武）　一在廣州陽山縣有漢伏波將軍路博德祠崇寧四年三月賜額忠勇　一在辰州真宗咸平二年三月辰州上言漢伏波將軍馬援廟水旱祈禱有應詔加封號新息王孝宗隆興二年二月賜額升德　一在瓊州有伏波將軍邳離侯路博德祠徽宗宣和中封忠烈王紹興五年九月加封忠烈明威廣佑王

宋會要

卷一千二百六

崔瑗祠在磁州仁宗景祐二年七月封護國顯應公哲宗元符二年九月加封王徽宗大觀二年七月賜廟額敷靈政和七年五月加封護國顯應昭惠王

宋會要

方儲祠在嚴州淳安縣後漢為洛陽令徽宗政和七年賜廟額貞應

梁松祠在常德府（舊鼎州）武陵縣陽山政和二年十二月賜廟額永惠

鮑蓋祠在寧波府後漢人徽宗崇寧二年三月賜廟額靈應舊號永泰廟以犯哲宗陵名改今額

程嬰公孫杵臼韓厥祠在太平縣神宗元豐四年五月嬰封成信侯杵臼封忠智侯仍賜額祚德載祀典哲宗元符三年五月臣僚言竊詳史記所載韓厥之功不在公孫杵臼程嬰之下乞與立廟詔於祚德廟設位從祀韓厥徽宗崇寧三年以吳處厚言嬰杵臼全趙氏孤最為忠義乞訪墓廟特加封厥義成侯光堯皇帝紹興十一年八月建廟於臨安府本在絳州太平縣趙村先是以道未通權於行在春秋設位望祭至是從臣寮請別建廟十六年六月信成侯程嬰加封忠節信成侯忠智侯公孫杵臼加封通勇忠智侯義成侯韓厥加封忠定義成侯別建廟于仁和縣治之西二十二年七月加封嬰曰彊濟公杵臼曰英略公厥曰啓佑公又重以淨戒院地別建廟每歲春秋二仲依中祀禮備祭歌樂行三獻禮

卷一千二百六五

宋會要

康頫祠在陽信縣神宗元豐四年四月封慶澤侯恩州清河縣洛州永平縣亦有廟

宋會要

屈原祠一在靖州渠陽縣神宗元豐六年十月賜額昭靈一在歸州秭歸縣江北（世傳大夫舊宅）神宗元豐三年閏九月封清烈公

宋會要

全唐文

宋會要

太宗雍熙二年四月詔建伍子胥祠真宗大中祥符五年五月詔曰杭州吳山廟神實主洪濤聿操往冊頃者湍流暴作闠井為憂致禱之初厥應如響禦災捍患神實能之用竭精衷有加常祀庶憑誠感永庇居民宜令本州每歲春秋建道場三晝夜罷日設醮其詞學士院前一月降付六月封為英烈王神即伍子胥後本州上言準春秋於吳山廟設醮建道場今年七月已降青詞到州伏緣二仲之月潮波犇注尤異常日望自今並就其時設醮從之仍本州至時撰文以素饌祭徽宗政和二年七月賜額忠清六年六月加封英烈威顯王光堯皇帝紹興三十年七月加封忠壯英烈威顯王以顯仁皇后渡江祈禱感應也

卷一千二百六

宋會要諸葛武侯祠

一在巴州，徽宗政和四年賜額忠武。一在興元府西縣定君山，紹興三十二年十二月加封仁智忠武侯。襄陽府有英惠廟，像卧龍山諸葛武侯祠，紹興元年已封威烈武惠仁濟王。一在瀘州瀘川縣，徽宗政和三年七月賜廟額。

蜀漢壽亭侯祠

一在當陽縣，哲宗紹聖二年五月賜額顯烈，徽宗崇寧元年二月封忠惠公，大觀二年進封武安王。一在東隅仇香寺，羽字雲長，世傳有此寺時即有此祠，邑民疫癘必禱，寺僧以給食。

蜀將張飛祠

〔卷一千二百七　一〕

在涪州樂温縣，徽宗大觀二年五月賜廟額雄威，封肅濟侯，政和二年十二月加封武烈公。嘗於廟前得銅印三，鈎佣環鈎各一，銀匣一，以爲飛所佩也。

關平祠

在荆門州當陽縣景德玉泉院，蜀關羽子平祠，崇寧元年賜廟額昭貺，仍封羽忠惠公，政和二年九月封平武靈。

鄧艾祠

在陽安縣，徽宗重和元年十二月賜廟額忠受。一在隆慶府普安縣，孝宗隆興二年三月賜廟額襄烈。一在綿州魏城縣，徽宗崇寧三年正月賜廟額忠濟。

甘寧祠

在永興縣池口鎮，宋太祖開寶六年封褒國公，神宗元豐五年十月加號褒國武靈公，高宗建炎四年七月加封昭毅武惠靈顯王，王妻熊氏封順祐夫人，并封其二子，曰紹威侯，曰昭靈侯，女柔懿夫人。紹興八年三月別給敕。紹興二十一年十月加封昭毅武惠遺愛靈顯王。

張華祠

在延平府，晉司空壯武郡公張華從事雷煥，高宗紹興十八年十二月賜廟額靈應。

卞壼祠

在建康府，東晉尚書令卞壼祠，光堯皇帝紹興九年正月賜廟額忠烈。

〔卷一千二百三　二〕

晉陳壽祠

在州南充縣，徽宗政和五年七月賜廟額昭護，高宗紹興二十四年五月封昭德侯，孝宗乾道八年十二月加封昭德文惠侯。

張寬祠

在池州銅陵縣利國山，晉潯陽太守兼揚州刺史張寬，光堯皇帝紹興十年賜廟額昭惠，十七年四月封顯濟侯，壽皇聖帝乾道四年三月加封顯濟孚貺侯，淳熙二年九月加封靈助顯濟孚貺侯。

沈約祠

在湖州長興縣舊號保德使徽宗崇寧四年十月賜廟額德貺

李冲祠

在鄭州管城縣唐末建廟因陂為名徽宗建中靖國元年賜廟額武應大觀元年封忠烈王

姚景祠

隋將姚景祠在安嶽縣鐵山崇寧四年二月賜額福濟高宗紹興三十年八月改封安惠王孝宗乾道四年九月加封安惠顯佑王妻蕭氏封靈應夫人甯氏封靈感夫人

韓擒虎祠

在衛南縣徽宗崇寧四年賜額威顯政和二年九月封靈助侯宣和五年八月封顯貺公

〔卷一千二百八〕 三

張遁祠

大都督張遁祠在隆慶府武連縣徽宗大觀三年十月賜廟額昭澤

李靖祠

一在潞城縣徽宗崇寧四年二月賜額廣德一在解縣大觀元年正月封忠烈王二年封輔世惠烈王　又石晉封靈顯王徽宗大觀元年十一月改封普世忠烈王

鄂國忠武公祠

荊門州長林縣唐司徒鄂國忠武公尉遲恭祠高宗紹興二十五年十月賜廟額曰英惠

狄梁公祠

在江州彭澤縣唐丞相梁國公狄仁傑祠光堯皇帝紹興七年十一月賜額顯正以本州言祈求必應有功於民歲旱雨澤感應累經賊馬萬室皆焚其廟獨存詔特賜額

〔卷一千二百八〕 四

全唐文

宋會要顏魯公祠

顏魯公祠在湖州府城東能仁院光堯皇帝紹興三年三月賜額宗烈

宋會要楊晟祠

楊晟祠在彭州後唐同光四年封勇烈侯徽宗建中靖國元年九月賜額崇寧二年十一月封勇濟侯政和六年九月封英濟公宣和五年八月封忠濟王

宋會要柳宗元祠

柳宗元祠在柳州哲宗元祐七年六月賜廟額靈文蘊宗崇寧三年七月封文惠侯高宗紹興二十八年八月封文惠昭靈侯

宋會要裴度祠

裴度祠在陝西徽宗政和二年二月賜額忠感

宋會要王元暐祠

王元暐祠在寧波府鄞縣唐太和中來知縣令壽皇聖帝乾道四年七月賜額遺德廟以縣人言其在唐建它山堰利於溉載及紹興間祈雨立應故也

宋會要劉諫議祠

劉諫議祠在郴州唐諫議劉蕡宋孝宗隆興二年五月賜廟額賢良

宋會要韋處厚祠

在開州開江縣盛山唐中書侍郎靈昌郡公韋處厚祠高宗紹興二十八年正月賜廟額康濟

宋會要陳明府祠

在青溪縣進賢鄉屏風岩相傳明府青州人唐龍紀中宰青溪黃巢之亂與二子率邑人避岩上巢兵圍之七日欲以飢渴困之明府以藻其雙鯉投岩際巢兵驚之明府引弓射賊發巨石擊之巢兵潰敗殺傷不可計澗流為汫邑人德之祠于岩東又祠長子墩曰次子觀莊令岩上天井猶存

宋會要劉仝祠

劉仝祠在泉州府晉江縣宋高宗建炎四年十一月賜額忠顯紹興十四年六月封靈佑侯

宋會要花驚定祠

花驚定祠在嘉定府神宗元豐封忠應公

宋會要李忠惠公祠

在建寧府建安縣利山唐相李回祠封忠惠公紹興六年九月加封靈顯二字二十年十月又加孚應二字回嘗守是邦有德於民立廟也孝宗龍興二年六月加封靈顯忠惠孚應佑德公

宋會要汪越國公祠

在寧國府徽州歙縣烏聊山唐宣歙等州總管越國公汪華真宗大中祥符三年三月本州以唐越國公汪華

詔二通來上詔加公封靈惠公廟額即華神郡人立祠
爲聊山上徽宗政和四年二月賜額忠顯

宋會要太守歐陽祐祠

仁宗康定元年二月邵武軍言邵武縣有唐故歐陽太
守廟祈禱獲應乞賜封崇詔特封通應侯神宗元豐五
年七月封祐民公徽宗崇寧元年賜額政和六年十月
封廣祐王大觀四年十二月封其配崔氏順貺夫人政
和六年十月封順惠妃廣祐王高宗紹興元年三月加
封明應二字十一年三月又加威信二字十七年九月
加封明應威信廣祐福善王王妻崔氏順惠妃紹興元
年三月加封昭寧二字十三年四月又加慈應二字十
七年九月加封昭寧慈應順惠英淑妃三十年封王父
曰啟慶侯母曰啟佑夫人長子光世曰嗣慶侯長婦蔡
氏曰嗣佑夫人王次子孝宗隆興二年八月封昭應侯
婦封廣順夫人

宋會要二顏節度使祠

唐東川節度使顏彥亮顏彥暉祠在潼川府舊梓州徽宗
崇寧二年十月賜額靈蹟五年八月封彥亮忠祐公彥
暉忠貺公宣和六年八月封廟內金鈴使者爲贊利侯
高宗紹興十一年十二月忠祐加封顯應忠祐公忠貺加
封靈惠忠貺公封其父曰嚴德侯母曰慈德夫人孝宗
龍興二年九月顯應忠祐公加封顯應忠祐威濟公靈
惠忠貺公加封靈惠忠貺協濟公乾道八年五月顯應
忠祐威濟公加封顯應忠祐威濟英惠公靈惠忠貺協
濟公加封靈惠忠貺協濟英利公佐神贊利侯九年正
月加封贊利忠惠侯

宋會要蘇孝祥祠

在盱眙軍舊泗州盱眙縣天長縣城西宋光堯皇帝建炎元年
六月賜額忠貺八月封忠顯侯紹興二十六年十二月
加封忠顯潤濟公

宋會要李元則祠

在澧州澧陽縣徽宗政和元年六月賜廟額英澤五年
六月封顯靈侯宣和五年改封廣澤公高宗紹興十八
年三月加顯烈二字三十二年十月又加順濟二字孝
宗乾道五年十二月加封廣澤顯烈順濟嘉應公

宋會要夏魯奇祠

後唐武信軍節度使夏魯奇祠在遂寧府舊遂州小溪
縣徽宗政和元年八月賜忠節廟爲額宣和四年九月
封勇義侯仍改賜今額旌忠廟孝宗乾道七年九月加
封惠澤勇義侯

宋會要太守朱辰祠

在成都府廣都縣後漢巴郡政和元年九月賜廟額永
祿四年十二月封德潤侯宣和七年七月封孚濟公甚
孚號朱舍人者特封惠祐侯高宗紹興元年十二月公

加宣澤二字，後加敷潤二字。二十八年加封英烈孚濟宣澤公威顯惠佑敷潤侯。孝宗乾道四年十月加封英烈孚濟宣澤昭德公，子威顯惠佑敷潤侯加封威顯惠佑敷潤普利侯。

宋會要韓王趙普祠

在真定府。哲宗紹聖三年詔就建廟於祖鄉，從普曾孫思濟之請也。

宋會要韋皋祠

黎州舊號四賢廟。徽宗和政二年十月賜額集應廟。

卷一千二百十　五

全唐文

宋會要刺史陸弼祠

在潼川府。眞宗大中祥符六年九月詔封為靈濟公。弼景宮中書舍人，貶授瀘州，有善政。及卒，葬射洪縣之白崖山側，土人為立廟，水旱請禱有應。偽蜀封洪濟王，至是特加封，廟號昭惠。仁宗天聖六年二月封王。徽宗政和三年八月賜額。六年六月封王之父為贊惠侯，母為顯懿夫人，靈濟王。高宗紹興六年二月加昭烈二字，十一年五月又加助順二字，二十三年二月加封佑德助順靈濟昭烈王。王之父廣惠侯，紹興六年二月加封曰威應公，十一年五月加靈源二字，十五年七月又加永濟二字，十八年十一月加封永濟靈源威應廣祐公，二十三年二月並封孚佑王。王之二子，長曰衍濟侯，次曰協濟侯，紹興六年二月並封公，曰忠順公，曰忠顯公，十一年五月各加二字，曰廣佑，曰廣惠，十五年七月又各加二字，曰永寧，曰永康，二十三年二月加封永寧廣佑忠順普惠公，曰永康廣惠忠顯普應公。二十九年封王之第三子曰廣利侯。紹興元年六月封二子衍濟侯之妻曰衍惠夫人，協濟侯妻曰協惠夫人，并封本廟從神順贊侯妻曰順惠夫人，及封從神孚惠使者曰順應將軍。二十九年封王第三子廣利侯妻曰昭惠夫人。

卷一千二百十一

宋會要王韶祠

在熙州。徽宗崇寧三年五月賜廟額忠烈，以韶有開拓西河之功。

宋會要种世衡祠

在慶陽府。徽宗宣和五年八月賜廟額威靖。

宋會要范文正公祠

徽宗宣和五年八月賜額忠烈。

宋會要寇萊公祠

哲宗紹聖二年建祠。高宗紹興五年九月賜額旌忠。

宋會要蘇忠勇公祠

蘇緘知邕州。哲宗元祐七年七月賜額懷忠，仍封忠勇公。以知州事謝季成言：神宗熙寧中交趾圍城，緘迎戰四十餘之，糧盡，舉族死之。緘竭節於國，有德在民，乞立祠賜額。從之。

卷一千二百十一

宋會要王承偉祠

知州王承偉祠在郴州。徽宗崇寧四年十二月詔增修。五年五月賜廟額善護。以至和中承偉在郡築堤捍沙河滹沱之患，民享其利。

宋會要張兵部祠

在錢塘縣。仁宗景祐中，夏為漕臣，造石隄扞大江，延袤十餘里，杭人以安。慶歷二年立祠。徽宗政和二年八月封寧江侯。後因高麗人使渡江，潮水不登，江心沙漲，祈禱感應，封安濟公，並賜廟額昭貺。光堯皇帝紹興十四年十月加封靈感安濟順應公。

宋會要李繼和祠

鎮國軍節度使李繼和祠。仁宗慶歷四年六月，鎮戎軍言：鎮國軍節度使李繼和先知本軍，政有威惠，蕃漢畏服，軍民因立廟像。西賊寇境，戎人拜廟，不敢縱掠。乞賜封崇。詔進封安國公，仍以安國公廟為額，差官告祭。徽宗崇寧四年二月封王。

卷一千二百十一

宋會要蕭元禮祠

建昌縣回城山有陳都督蕭元禮祠，神宗熙寧八年六月封順利侯廟。

宋會要王吉祠

在神堂寨作坊，哲宗元符二年賜廟額忠佑。

王太尉祠

在平樂縣，哲宗紹聖元年賜廟額顯忠。

陳忠肅公祠

在延平州學右司員外郎贈右諫議大夫陳瓘祠。紹興六年三月詔本州春秋致祭。以紹事中除名惡袁占擢木貫沙縣名節冠重鄉人所從知州縣學各建祠堂元祐揭月州學陳宗等詞進素秋禮賞設令于祠堂以激於後進而為忠義勸故有足命二十六年七月賜諡忠肅。

卷一千二百廿四

何李二公祠

何承矩、李允則二公知雄州。哲宗紹聖元年閏四月詔於太平興國寺立祠。元符三年四月詔建立祠堂州學，以河北緣邊安撫司言二人守雄州，措置興葺，有功一方。

楊忠襄公祠

建康府通判贈朝奉大夫直秘閣諡忠襄楊邦乂祠，光堯皇帝紹興二年正月贈廟額褒忠。邦乂建炎三年冬金人渡江府城知府陳邦光投賊降，邦乂不從，書其衣曰寧作趙氏鬼，不為他邦臣。賊知不可屈，害之。

謝晦祠

在澧州安鄉縣，宋衛將軍荊州刺史。徽宗崇寧三年賜廟額忠濟，政和二年十月封順惠侯，宣和中封孚澤公。

趙師旦祠

在德慶府康州，徽宗崇寧三年九月賜廟額忠景。儂智高犯康州，師旦率兵戰死，人為立祠。

曹覲祠一名曹光祿祠

在德慶府封縣，徽宗崇寧三年九月賜廟額忠顯。覲知封州，死于儂智高。

孫覓祠

在海州，徽宗政和二年七月賜廟額忠仁。

卷一千二百廿四

劉滬祠

水洛城故將劉滬祠，徽宗崇寧四年閏二月賜廟額忠勇。大觀元年八月封忠烈侯。

張太守祠

在吉州永豐縣，徽宗崇寧四年五月賜廟額興福。

宋會要

唐倚曾為沔寧軍馬節制祠，在閬州興元縣，乾道八年二月賜廟額忠烈，以其子毅言建炎間死節故也。

嚴顏祠

巴州刺史嚴顏祠，徽宗崇寧四年七月賜額義濟，大觀二年四月封壯惠侯。

李光祠

在寧國府。壽皇聖帝乾道九年四月賜廟額褒忠。士民言建炎間知州李光能措置守禦，從本府請也。

蕭中一祠

在武昌府。高宗紹興三十二年正月立廟，賜額愍忠。中一本契丹人，仕金國，僞知鄧州。紹興三十一年，金人敗盟，中一率先歸朝，為亂兵所殺。至是，有詔致其孫子武昌存撫之，并建廟賜額。

陳摅祠

在延平府將樂縣。紹興二十六年二月賜廟額旌福。孝宗隆興二年二月封莊惠侯。

劉位祠　卷一千二百卅四

建炎中，位節制滁、泗州，保衛一方，屢與金人接戰，遇敵而死。建炎四年十月詔建祠，紹興六年四月賜廟額剛烈。

張醫祠

在延平府城東。知南劍州龍圖張醫祠。紹興二十三年二月賜廟額英顯。醫建炎中、紹興初兩守是郡，惠政及民，民思其德，因立祠焉。

正唐文

宋會要神師道祠

神師道祠在叙州東門外。福客忠通正神師道祠名額。二十三年三月賜額忠愍。

宋會要張玘祠

張玘祠在臨安府錢湖門外西山，撥屬殿前司。前軍統制張玘祠，以身死王事，紹興三十二年六月立廟，賜額忠勇。

宋會要周渭祠

周渭祠在恭城縣。紹興四年五月賜廟額惠應，二十九年二月封靈祐侯。

卷一千二百十五

宋會要盧太尉祠

盧太尉祠在贛州提刑司廨宇內。高宗紹興十七年二月賜廟額忠惠。

宋會要宋皇祠

宋皇祠祠在明州象山縣東門。光堯皇帝[illegible]四年賜廟額祚聖。

宋會要陳規祠

陳規祠在德安府、復州、漢陽軍。孝宗乾道八年三月賜廟額賢城。以本府士民言其自靖康間扞禦[illegible]流寇前後八年，被其實惠故也。

宋會要陳曉祠

在桂林府清風坊乾道五年十二月賜廟額威顯

宋會要池大夫祠

在建寧府崇安縣孝宗乾道五年十一月賜廟額昭應

宋會要袁王祠

在興國縣壽星聖帝乾道三年十二月賜廟額昭義

宋會要書部侍祠

在衡州茶陵縣隆興二年十二月賜廟額靈濟

卷一千二百十五　二

中興會要

隆興二年六月臣僚言真揚州舊有邵宏淵廟宏淵元於本州本營立功宣令帥司移拆於瓜洲建立香錢廟侍御史周操言聖王之道從下其功與過兩不相干本營以罪沒人之功而不當以功而贖人之過竊聞邵宏淵乎紹興辛巳逆亮南牧之際以孤軍遇虜於真州境按兵遠目逃致揚州居民橫死傷殘之害所以真揚兩州各為立廟以旌於衆人之功廟宏淵豈能以馨香焚親致之此宏淵之功不可掩者也豈宜使設邵宏淵於臨敵之際妄尊辭補軍中忠勇等事責降於南安軍安置此宏淵之罪不可貰者也宏淵去城在前罪在赦

卷一千二百十九

前者各不平今承臣僚為王方魏俊戰殁立廟旌表以激勸將來死事之人可也至於欲毀拆宏淵廟宇臣竊以為不可若欲為王方等營一廟食之地臣僚疎遠揚州豈不能辦乃欲拆此以建設於激勸之道似未盡善所有揚州舊廟乞免毀拆其王方魏俊廟祇令揚州別與建造從之

全唐文

宋會要董孝子祠

在明州，即後漢董黯也。徽宗政和四年五月賜廟額純孝

宋會要張孝子祠

張孝子祠，舊立祠純德廟側。至元二十三年，爲普濟僧所據，今仍祠於純德廟。朝廷凡舉行大禮，累命有司就詣墓下致祭

宋會要孝子蔡順祠

在隆州井研縣。徽宗政和七年正月賜廟額惠感

宋會要孝子蔡定祠

卷一千二百二十九　一

在紹興府子城東河岸。光堯皇帝紹興四年二月賜廟額愍孝。定父坐事繫獄，乞代父刑，不許，遂投河死，州人立祠於河岸，至是賜額焉

宋會要姜詩孝感祠

在漢州德陽縣。徽宗崇寧元年閏六月賜額孝感。孝宗乾道元年十一月，加封靈濟孝應侯，妻順穆夫人加封贊祐順穆夫人，父昭利侯加封通顯昭利侯，母靜惠夫人加封敷德靜惠夫人

宋會要忠義吳公祠

在文州長舉縣仙人關，保平靜難軍節度使、開府儀同三司、川陝宣撫副使，謚武安吳玠祠。高宗紹興十年正月賜額忠義。先是，金人大舉抵仙人關，鑿山開道，列寨三十里，玠設壘壘綢繆，號殺金平，嚴兵以待，卒大破賊兵，後竟殁于仙人關治所

宋會要旌忠唐公祠

在紹興府東南塔子橋馬軍營側，禁衛班直唐琦祠。光堯皇帝建炎四年五月建廟，賜額旌忠。以金人侵犯越州，守臣以城降，琦於道上伺賊酋，以石擊之，被拘，執罵不絕口，遂遇害。詔於元擊賊處立祠焉

宋會要旌忠姚公祠

在建康府，駐劄御前破敵軍統領姚興祠。光堯皇帝紹興三十二年正月立廟，賜額紹興。三十一年，金人侵犯淮甸，興於和州尉子橋與賊接戰，與公兵四隊當賊數

卷一千二百二十九　二

萬衆，援兵不至，戰歿。至死不忘君，忠勇可尚，葉義聞以其事，闕詔特贈觀察使，本寨立廟，收復淮西日別建廟於戰歿處

宋會要旌忠張公祠

在信州永豐縣靈鷲寺側，同知樞密院事、謚忠文張叔夜祠。光堯皇帝紹興二十三年十一月建廟，賜額旌忠。叔夜，靖康間爲南道總管，領兵入援，忠節顯著，死於異域故也

宋會要顯忠趙公祠

祠在楚泗州漣水連鎮撫使、贈奉國軍節度使、開府儀同三司、謚忠烈趙立祠。光堯皇帝紹興二年二月賜額

顯忠建炎四年以金人侵犯淮泗立募衆戮力拒戰屢退賊兵後因登城中砲身死至是立廟賜額焉

宋會要登勇馮俊祠

太平州當塗縣慈湖鎮巡檢寨土軍馬俊祠光堯皇帝紹興四年正月賜額登勇俊以盜賊剽掠本寨袖刃伺賊斫殺賊首爲其黨所害郡以事聞詔立廟賜額焉

宋會要登勇張公祠

侍衛步軍司前軍統制張玘祠光堯皇帝紹興三十二年六月立廟賜額登勇玘從都統張子蓋收復海州力戰而死故也其後又詔臨安府本寨側別建廟

金唐文

宋會要項羽祠

一在和州烏江縣西楚霸王祠光堯皇帝紹興二十九年閏六月賜廟額英惠三十二年十月封靈祐王

宋會要河間獻王祠

漢河間獻王祠在河間府（瀛州）樂壽縣徽宗大觀二年十二月賜廟額文英

宋會要長沙王祠

在長沙府金精山傍

宋會要焦公祠

在鎮江府（潤州）真宗大中祥符七年四月詔曰丹徒古郡焦岫明祠念湮溺之爲虞資禱祈而必應因新精禱增以崇稱副兹咸秩之文爰進爲公之號標於地志永示方來焦山大聖祠宜特封明應公仍令本州知府精虔祭告及御製文告之命待詔書篆石立於本廟

宋會要隱士衛大經祠

在解州解縣徽宗大觀元年正月賜廟額崇行二年封靈通侯

宋會要鄧知祥祠

嚴州建德縣烏龍山廣隱壽鄧知祥祠 神宗熙寧八年六月封仁安靈應王光堯皇帝紹興十三年七月賜廣濟廟額二十九年六月加封王爵忠顯二字壽皇聖

帝乾道二年五月加封忠顯仁安靈應昭惠王

宋會要處士周朴祠

在福州高宗紹興十年八月賜廟額剛顯孝宗隆興二年十一月封惠節侯

宋會要應若水祠

隱士應若水祠在建寧府建寧縣溪東孝宗隆興二年二月賜廟額清靈

宋會要張天師祠

在福州福清縣石上有足文舊云天師遺跡熙寧十年封保禧真人高宗紹興八年正月賜廟額昭靈一在清田縣岩潯山江口與漢天師張氏別祠保禧真人（福州福清縣峯項山本廟自有封賜）

卷一千二百三十一

紹興三十年十二月加封妙應二字廟中寧海鎮順濟神女廟靈惠夫人紹興三十年十二月加封靈惠昭應夫人仍廟中羅山土地紹興三十年十二月封威濟侯（夫人即本縣順濟廟神女也本廟自有封羅山土地亦祠於真人廟內因靈應併奏封爲）孝宗乾道三年二月加封保禧妙應普佑真人

宋會要方士趙炳祠

方士趙炳祠在台州臨海縣白鶴山神宗元豐七年十（二月封仁濟侯大觀二年十一月封顯仁公政和五年）二月賜額靈康徽宗崇寧三年四月封靈順王

宋會要水仙王祠

西湖水仙王祠在臨安府壽聖皇帝乾道六年二月賜額嘉澤

宋會要湖仙祠

在吉州安福縣孝宗隆興元年三月賜廟額真濟

宋會要烏君山仙人祠

在光澤縣徽宗崇寧中賜額真濟

宋會要張仙公祠

在銅鞮縣徽宗政和二年八月賜額殊應

宋會要仙人何氏祠

在仙遊縣紹興七年六月賜額靈惠孝宗乾道二年十二月封嘉應侯

宋會要程仙師祠

在果州西充縣南岷山降真觀紹興八年四月封道濟大師孝宗乾道四年三月加封道濟法慧大師

卷一千二百三十一

宋會要陸仙人祠

在處州麗水縣徽宗政和三年六月賜額通慧先覺皇帝紹興四年六月封普恩侯簡寂陸先生祠

宋會要麻源第三谷祠

在建昌軍南城縣神宗元豐七年賜額靈豐徽宗崇寧二年三月封善應真人

宋會要江陵岑叟祠

在嘉定府南浦縣武龍山神宗熙寧十年封靈鑒真人（山下有洞深數百步即岑之舊隱也）

宋會要神仙岸續祠

在江州德化縣舊號四化大明公徽宗建中靖國元年封靖明真人

宋會要孫思邈祠

在耀州華原縣磬玉山徽宗崇寧二年三月賜廟額靜應九月賜號妙應真人其山有崇福寺即思邈舊宅

宋會要李相公祠

安定李相公祠在遂寧府小溪縣徽宗崇寧四年六月改封昭惠靈顯王政和八年加封昭惠靈顯真人

宋會要榮隱先生祠

在榮德縣榮陵山碧潭洞徽宗崇寧四年七月賜廟額靜應真人

卷一千二百三十一

宋會要晉范長生祠

在成都府溫江縣招賢觀徽宗大觀二年八月賜廟額潔惠政和三年九月封妙感真人廟記云范名文字子元

宋會要魏子騫祠

在建安府崇安縣武夷山舊號李廟洞徽宗政和三年十二月賜廟額會真高宗紹興十八年閏八月封沖妙真人

宋會要嚴君平祠

在漢州綿竹縣紹興十年十一月封妙通真人

宋會要混一真人祠

九華混一真人祠在晉城縣東山高宗紹興二十年四

廟記以下八係小注

妙寂真人祠在衡州衡陽縣長樂鄉高宗紹興十五年十二月賜廟額仁惠二十六年三月封妙寂真人

添嚴君平祠

月賜廟額順應

宋會要劉真人祠

在瀘州合江縣安樂山延真觀紹興二十六年正月封靜應真人

宋會要妙感真人祠

妙感真人乞仙公祠在郎州新化縣文仙山靈真觀高宗紹興二十九年四月加令封妙感慈應真人

宋會要沖素真人祠

在郴州蘇仙觀高宗紹興三十二年十月加封沖素普應真人

宋會要元應真人祠

卷一千二百三十二

天台縣天台山桐柏觀天台山主元應真人祠光堯皇帝紹興十年十一月加封元應善利真人

宋會要李阿真人祠

在嘉定府夾江縣孝宗乾道七年十一月封觀妙真人

宋會要羅真人祠

羅真人祠在綿州羅江縣羅璝山世傳公遠舊居舊號永元真人崇寧三年五月封普濟真人

宋會要壽春真人祠

一在隆興府鄱城縣大江北岸昇仙觀漢仙人梅福壽春真人祠紹興二年閏四月加封壽春吏隱真人

宋會要赤松子祠

在延平府將樂縣玉華洞崇寧元年封赤松靈虛真君

宋會要句曲真君祠

在建康府句容縣茅山元符觀徽宗大觀元年閏十月修大茅君盈加號太元妙道沖虛真君中茅君固加號定籙至道沖靜真君小茅君衷加號三官保命微妙沖惠真君廟又加白鶴三茅真君廟

宋會要趙君祠

僊人趙蔓祠徽宗大觀二年賜廟額真惠

宋會要梓桐帝祠

隆慶府舊劍州靈應廟梓潼縣七曲山晉張惡子祠真宗咸平三年益州戍卒叛據城為亂王師討之忽有人登梯

卷一千二百三十二

衝指賊大呼曰梓潼神遣我來九月二十日城陷爾輩悉當夷戮賊衆射之倏忽不見果及期而克州以狀聞四年七月命追封英顯王仍立碑紀其事廟在梓潼縣即梓潼神也舊記曰神本張惡子仕晉戰死有廟郡國志云惡子嘗至長安見姚萇謂曰別後九年君當入蜀梓潼七曲山頂有叢林焉即僕所居也可扣林木當有所應及萇事苻堅將命入蜀行次上亭見茂林奧壇舉策扣之有闇人曰此神君之仙室也頃之數吏前導侍衛百輩神君出乃張君也將行勑左右持一杖為贈語萇曰或有兵革之事杖之所指無不如意後萇戰無不克唐明皇狩於西蜀神迎於萬里橋追命為左丞相後

僖宗播遷成都亦有冥助封濟順王徽宗崇寧四年六月賜額廟中王父府君崇寧四年六月封義濟侯母宣和元年五月封柔應夫人妻宣和三年八月封英惠夫人廟中五將軍大觀二年十一月封義勇侯其妻宣和三年八月封顯懿夫人英顯王高宗紹興二年四月加武烈二字十七年又加忠佑二字二十七年四月加封英顯武烈忠佑廣濟王王之二子紹興十九年十月並封侯長曰清為嗣慶侯次曰消為奕載侯佐神義勇侯曰佐信侯次男贊曰佑濟侯二十九年二月英顯武烈忠佑廣濟王二子嗣慶侯加封嗣慶永寧侯奕載侯加

卷一千二百二十二

封奕載順應侯英顯武烈忠佑廣濟王父義濟侯孝宗乾道五年六月加封義善惠侯母柔應夫人八年十一月加封柔應贊懿夫人

宋會要真武祠

解縣鹽池有真武靈應真君祠宋徽宗大觀元年二月賜額廣福

全唐文

宋會要辭二妃祠

岳州巴陵縣君山相君祠，神宗元豐三年八月封淵德侯，徽宗崇寧三年正月賜廟額順濟。

宋會要温夫人祠

肇慶府端溪縣泰悦城媪温氏（僞漢封龍母廟），神宗元豐元年正月封永濟夫人，徽宗大觀元年二月賜孝通。

宋會要柔應夫人祠

潁上縣有張龍公妻石氏祠，神宗元豐三年四月封柔應夫人。

宋會要孝烈夫人祠

【卷一千二百三十三】

在北平縣，即木蘭也。神宗元豐三年九月封孝烈夫人，仍賜額。

宋會要靈華夫人祠

夔州巫山縣王母女靈華夫人，神宗元豐中賜額凝真（夫人嘗授禹召百神之書，凡上真寶文。宣和四年六月改凝真觀）。高宗紹興二十一年五月封妙用真人。

宋會要淑靈夫人祠

汝州梁縣峴山娘子神祠，神宗熙寧八年十月封淑靈夫人，仍賜額靈峯。

宋會要二惠夫人祠

峴山二惠夫人祠在靈寶縣（舊號靈德廟），徽宗崇寧三年四月賜廟額慈濟，四年十二月封順惠、明惠二夫人。

宋會要靈德夫人祠

懷州河内縣晉魏陽元女靈德夫人祠，徽宗崇寧三年五月賜廟額静應。

宋會要顯應夫人祠

永興軍萬年縣終南山炭谷口太一湫神顯應夫人祠，徽宗大觀元年賜廟額沖濟，二年五月加封淑惠神妃。宣和三年六月封淑惠靈澤神妃。

宋會要石夫人祠

寧波府奉化縣日嶺山有石夫人祠，徽宗宣和四年四月賜廟額誠惠。光堯皇帝紹興三十一年五月封昭德夫人。

【卷一千二百三十三】

宋會要靈澤夫人祠

在建康府城東。光堯皇帝紹興二年十一月賜額嘉惠。偽唐保大中使鄭薰遇亂，亦獲冥助，景福中封昭威侯，偽唐封昭威王。徽宗崇寧四年九月封昭明廣惠王，政和元年賜額，宣和三年閏五月進封忠護昭明廣惠王。光堯皇帝紹興六年六月加封誠應忠護昭明廣惠王。

宋會要貫夫人祠

在如皋縣。光堯皇帝紹興十年十二月賜廟額善應。

宋會要毋夫人祠

鎮江府丹陽縣白虎塘有毋夫人祠。光堯皇帝紹興二

十一年八月賜額慈感

宋會要儋耳夫人祠

城南儋耳夫人祠僞漢封承清夫人高宗紹興二十一年十一月賜額寧濟三十二年十一月封顯應夫人

宋會要昭惠夫人祠

臨桂縣三山崖顯神祠舊稱開元御道娘紹興二十八年六月賜廟額靈懿三十二年閏二月封昭惠夫人

宋會要三位夫人祠

功州蒲江縣鹽井聖姑三位夫人祠紹興三十一年二月賜廟額博濟孝宗乾道八年十一月第一位封靈惠夫人第二位封協惠夫人第三位封贊惠夫人

卷一千二百三十三　三

宋會要螺螄夫人祠

在太平州蕪湖縣神宗元豐元年十一月賜額靈澤仍封靈澤夫人

宋會要昭濟聖母祠

平晉縣有聖母祠神宗熙寧十年封昭濟聖母徽宗崇寧三年六月賜號慈濟廟政和元年十月加封顯靈昭濟聖母二年七月改賜惠遠

宋會要小孤山聖母祠

宿松縣小孤山聖母安濟夫人別祠光堯皇帝紹興五年八月詔令首廟六年五月賜額惠濟壽皇聖帝隆興元年二月加封助順安濟夫人

宋會要大孤山聖母祠

在江州彭澤縣光堯皇帝紹興十八年九月賜額顯濟

宋會要聖母婆婆祠

在南寧府古缽嶺紹興二十年六月賜額慈感

宋會要神母祠

在忻州定襄縣七巖即摩笄山代王夫人趙襄子姊徽宗建中靖國元年封惠應夫人

宋會要龍母祠

在道州營道縣徽宗崇寧二年賜額靈濟三年正月封靈濟夫人高宗紹興二十年十月加封靈濟順應夫人　又在梧州興業縣綠秀嶺有青水灣龍母祠　熙寧八年六月封惠濟夫人　又常州晉陵縣攝山井龍母祠光堯皇帝紹興七年八月賜額潛靈十二年十月封淵濟夫人

卷一千二百三十三　四

宋會要白龍母祠

在平江府長洲縣陽山顯慶禪院白龍母祠光堯皇帝紹興二十九年四月賜額靈濟壽皇聖帝乾道四年正月封靈濟夫人

宋會要龍母温媪祠

在梧州岑溪縣崇寧三年八月賜廟額異應

宋會要曹媪祠

徽宗崇寧元年賜廟額善應

宋會要太姥神祠

太姥神齊氏祠在巢湖神宗元豐元年五月賜額德濟仍封善利夫人光堯皇帝紹興二年二月加封靈顯二字五年十二月特封靈應妃十一年二月加助順二字三十二年十月加封孚顯靈應助順妃

宋會要慈姥祠

在眉州青神縣紹興二十八年六月賜額慈濟孝宗乾道二年八月封襃惠夫人

宋會要班姬神祠

在廣信軍徽宗崇寧三年五月賜額文惠

宋會要神女祠

卷一千二百三十三

五

莆田縣有神女祠徽宗宣和五年八月賜額順濟高宗紹興二十六年十月封靈惠夫人三十年十二月加封靈惠昭應夫人孝宗乾道三年正月加封靈惠昭應崇福夫人

平城縣有神女祠徽宗宣和五年八月封昭應夫人賜額靜應

宋會要神女蕭氏祠

在臨桂縣徽宗大觀三年八月封顯佑夫人仍賜額清惠高宗紹興十年正月加封廣應二字二十一年十一月又加恭懿二字三十二年加封孚應廣慈顯佑恭懿夫人孝宗乾道二年六月封昭德妃

宋會要龍女祠

文州曲水縣有龍女祠徽宗崇寧五年八月賜額慈濟大觀二年十一月封懿澤夫人高宗紹興十九年十月加善利二字三十年九月加昭應二字後又加封嘉德懿澤善利昭應夫人

宋會要三川寨龍女祠

三川寨妙娥山神湫龍女祠哲宗元符二年八月賜額靈祐

宋會要灶胡寨龍女祠

徽宗崇寧二年十月賜額靈澤

宋會要龍女潭神祠

在龍州同慶縣徽宗崇寧二年十二月賜額恩應

卷一千二百三十三

六

宋會要清溪龍女祠

在峽州遠安縣徽宗大觀二年四月賜額曰昭靈政和四年十二月改靈貺五年十一月封通惠夫人

宋會要纂顧潭龍女祠

在普州徽宗大觀二年六月賜額德施

宋會要赤面山龍女祠

在成都府金水縣徽宗政和二年十一月賜額惠澤宣和三年八月封潤德夫人

宋會要仙姑山龍女祠

在婺州浦江縣徽宗政和四年三月賜額宣惠

宋會要漁陽井龍女祠

漁陽井龍女洞神祠在万州高宗紹興十一年十月賜額靈惠十一月封昭濟夫人

宋會要江隄龍女祠

在遂寧府小溪縣東城外高宗紹興十七年八月賜額通惠

宋會要古跡龍女祠

在嘉定府夾江縣平羌鄉龍神堰高宗紹興二十一年十月賜額靈懿

宋會要南岸龍女祠

在合州孝宗乾道八年八月賜廟額利澤

宋會要仙女祠　卷一千二百三十三

七

臨安府新城縣新婦洞仙女祠壽皇聖帝乾道八年十一月賜額靈應

宋會要女仙祠

在贛州虔化縣金精山女仙張麗英徽宗崇寧二年封靈泉真人

宋會要二女仙祠

壺關縣紫團山樂氏二女仙祠徽宗崇寧四年八月賜額真澤政和元年三月封為沖惠沖淑真人

宋會要丁氏女祠

在真州長蘆鎮太祖開寶中漁者釣於江獲木偶像因見夢曰我丁女也汝能祀我我必福汝真宗大中祥符

七年詔立廟仁宗天聖十年二月封安濟夫人仍賜冠帔徽宗崇寧四年閏二月賜靈應廟額光堯皇帝紹興十九年二月改賜順應廟額

宋會要張魯女郎祠

隴州汧源縣有漢張魯女祠徽宗崇寧三年賜額惠福

宋會要怡女祠

在平江府承天寺東六儐之女祠哲宗元符二年九月封慧感夫人徽宗政和四年四月加號顯佑仍賜額靈佑壽皇聖帝乾道三年十一月加封慧感顯佑善利夫人

宋會要羅氏女祠　卷一千二百三十三

八

在岳州巴陵縣真宗咸平三年八月岳州言羅山靈妃廟祈雨有應詔重建修神宗元豐五年二月封孝烈靈妃仍封其弟為孝感侯（妃之父為武陵令寄為孝鐵宮以運緱溺死南津妃與弟俱於弱所購父不得亦偕溺死里人為立祠舊封招烈靈新其弟為都水使者元豐四年如岳州李敕敕其無行以閒故有是命）高宗紹興二十六年十二月賜額淑濟孝宗乾道二年八月加封慈濟孝烈靈妃弟孝感侯加封靈濟孝感侯

宋會要三姑潭祠

在温州府瑞安縣仙岩唐路守應三女參安樓嚴契悟

宋會要馬氏五娘祠

紹興七年八月賜廟額靈感

宋會要　遊江七娘祠

在桂林府臨桂縣甘家市孝宗乾道元年四月賜廟額慈應

宋會要　龍祠

湖州府烏程縣龍祠神宗元豐三年封顯利侯廟　又資州盤石縣龍祠徽宗崇寧元年十二月賜廟額惠澤二年九月封靈應侯　又汜水龍祠徽宗大觀四年三月賜廟額昭佑　又福州懷安縣龍祠（舊號龍跡護民侯）徽宗政和五年二月賜廟額廣施

宋會要　朝那湫龍祠

在東山寨湫山（即漢郊祀志所祠淵也）真宗天禧二年四月賜廟額靈澤神宗熙寧十年六月封澤民侯

卷一千二百三十四

九

宋會要　東海龍祠

在朐山縣神宗熙寧八年十月封靈德侯

宋會要　吳城山龍祠

在隆興府新建縣（真宗大中祥符六年封順濟侯俗呼小龍）神宗熙寧九年七月詔封順濟王（是年王師征交阯舟行多見光主現吉詔遣知太常禮院孫有祭謝希還言祭時有蛇盤廟上肯入石香合中行禮將芒微露其首祭畢因旋案上徐入帳中形色屢變觀者駭異）徽宗崇寧三年十月封英靈順濟王四年十一月詔加靈順昭應安濟王宣和二年三月封為靈順昭應安濟惠澤王

宋會要　聖鍾潙龍祠

在平陸縣大河神宗熙寧十年六月封潤民侯

宋會要　聖井龍祠

在紹興府山陰縣秦望山神宗元豐三年封靈惠侯（是年因祈雨獲金文魚於井中出）

宋會要　龍泉寺龍祠

在靜江府（舊桂州）臨桂縣神宗元豐五年十一月封淵侯徽宗崇寧元年九月賜廟額靈源

宋會要　百丈巖龍祠

在河中府（舊封應侯）會哲宗紹聖四年十月封惠感公廟

宋會要　易水龍祠

在歸信縣哲宗元祐四年賜廟額會應

十

卷一千二百三十四

宋會要　洪澤鎮龍祠

在淮陰縣哲宗元祐八年賜廟額靈澤壽皇聖帝乾道三年六月封英濟侯

宋會要　響潭龍祠

在湖州武康縣西哲宗元符三年五月賜廟額淵應

宋會要　曆山龍祠

在澧州石門縣崇寧元年十二月賜廟額善濟

宋會要　溽水龍祠

在澧州澧陽縣徽宗崇寧二年七月賜廟額惠應

宋會要　九井龍祠

在舒州懷寧縣灊山司真洞徽宗崇寧二年七月賜廟

額神濟政和三年四月封仁貺侯宣和四年七月封仁貺公五年封豐濟公

宋會要石門山龍祠

在鄂州江夏縣徽宗崇寧二年十二月賜廟額嘉澤

宋會要車箱潭龍祠

在華陰縣徽宗崇寧三年封豐潤侯廟

宋會要石穴龍祠

在衡州衡陽縣徽宗崇寧三年賜廟額惠濟

宋會要黄神潭龍祠

在華陰縣徽宗崇寧三年封廣潤侯廟

宋會要天目山龍祠

卷一千二百三十四

在臨安府於潛縣徽宗崇寧三年正月賜廟額昭應政和三年九月封淵源侯光堯皇帝紹興十年十二月封淵源平施侯二十五年六月封靈濟王（以祈雨有應特封）二十九年加封靈濟昭應王

十一

宋會要安靈潭龍祠

在柳州融水縣徽宗崇寧三年三月賜廟額惠應大觀元年十二月封安靈侯

宋會要白池龍祠

在同谷縣徽宗崇寧三年六月賜廟額興澤

宋會要石洞龍祠

在遂山縣龍子谷徽宗崇寧三年十月賜廟額普濟

宋會要瀧井龍祠

在賀州臨賀縣崇寧三年十一月賜廟額惠濟五年二月封浸仁侯

宋會要楞伽巖龍祠

在桂陽縣崇寧四年二月賜廟額施潤

宋會要石溝龍祠

在府谷縣步陀村徽宗崇寧四年賜廟額普澤

宋會要峽江龍祠

在成都府金堂縣徽宗崇寧四年七月賜廟額靈澤

宋會要二青龍祠

卷一千二百三十四

西山二青龍祠在平山縣徽宗崇寧四年並封侯曰福應曰利澤

十二

宋會要臺池龍祠

在五臺縣北徽宗政和六年三月賜廟額殊應封豐澤侯

宋會要錢塘龍祠

在霸州文安縣徽宗大觀元年四月賜廟額鎮安

宋會要北潭龍祠

在處州麗水縣徽宗大觀二年十一月賜廟額普施三年封淵應侯光堯皇帝紹興二十九年五月加封淵應昭惠侯

宋會要焦氏臺龍祠

在順昌府曲潁州項城縣徽宗大觀三年八月賜贈廟額敏應

宋會要州城龍祠

在重慶府大觀四年九月賜廟額普施　一在承州大觀四年九月賜廟額時應政和五年二月封時應侯　一在遵義州政和二年十二月賜額靈濟廟

宋會要廣惠龍祠

在彭州九龍縣漢光武廟中徽宗政和三年十月封廣惠侯

宋會要明月潭龍祠

在嘉慶府達州通川縣徽宗政和三年十二月賜廟額明惠五年十一月封顯惠侯孝宗乾道四年八月加封顯惠廣濟侯

宋會要玉泉龍祠

在當陽縣政和四年十二月賜廟額靈施五年十二月封感澤侯高宗紹興八年十月加封感濟豐澤侯

宋會要清潭龍祠

在長沙府寧鄉縣大溈山頂徽宗政和五年八月十日賜廟額靈澤

宋會要洈潭龍祠

在興國府大冶縣龍角山徽宗政和五年十一月十一日賜額昭濟廟

宋會要小龍祠

在光化軍壽皇聖帝隆興元年二月賜額威濟

宋會要桃竹溪龍祠

在樂源縣孝宗隆興二年八月賜廟額洞淵徽宗宣和三年十一月十三日併隸南平軍

宋會要横山龍祠

在潼川府孝宗乾道元年八月賜廟額昭濟

宋會要潛潭龍祠

在鄂州咸寧縣乾道九年閏正月賜廟額靈惠

宋會要石臼島龍祠

在鹽城縣密州膠西光堯皇帝紹興三十一年十一月賜廟額威濟封佑順侯先是於密州立廟封爵賜額其後以膠西隔絕詔於楚州鹽城治海建祠焉

宋會要白龍祠

鎮江府金壇縣思湖白龍祠徽宗崇寧四年八月賜廟額靈濟大觀二年十一月封嘉澤侯三年九月封敏應公光堯皇帝紹興三年八月加封昭澤敏應公封龍母曰嘉惠夫人二十六年七月加封昭澤敏應神濟公又蘇州常熟縣海隅山白龍祠徽宗政和三年正月賜廟額煥靈五年十月封宣惠侯光堯皇帝紹興二十二年八月加封宣惠通濟侯仍封龍母曰慈懿夫人

宋會要五龍祠

在臨彰縣鎮西南三十里天平渠北岸隋開皇元年天平渠有五龍見故立此祠於渠側一在福州府閩縣孝宗乾道三年閏七月賜額靈澤

宋會要金鷄山五龍祠

在信州上饒縣神宗熙寧十年八月賜廟額會應仍封龍母為惠濟夫人以知州事奏禱雨有應故有是詔至大觀二年十月詔天下五龍神皆封王爵其祥見東京會應廟

宋會要南山五龍祠

在朐山縣神宗元豐二年七月封會應侯廟

宋會要龍泉五龍祠

南山龍泉五龍祠在成紀縣哲宗元祐五年六月賜廟額會應

宋會要中嵬山五龍祠

在端氏縣徽宗大觀三年封會應王廟

宋會要門外五龍祠

在饒州子城龍潭壽皇聖帝乾道八年七月賜廟額孚應

宋會要九龍祠

盧氏縣有九龍祠神宗熙寧四年三月賜廟額普應徽宗崇寧五年十二月並封侯一曰廣澤二曰廣應三曰廣潤四曰靈施五曰靈昇六曰靈滋七曰顯祐八曰顯惠九曰顯霈

宋會要龍神祠

光堯皇帝紹興二十六年二月賜廟額昭應一在洋州興道縣孝宗乾道三年八月賜廟額靈澤

宋會要總真洞龍神祠

在安喜縣大茂山神宗熙寧九年二月封利澤侯徽宗政和五年賜廟額昭澤

宋會要黑龍神祠

一在宜芳縣徽宗崇寧二年十二月賜廟額靈惠一在建康府城西北徽宗崇寧三年十一月賜廟額普潤一在建康府城北光堯皇帝紹興三十年六月賜廟額孚澤

宋會要白龍神祠

在豐州城東徽宗大觀二年六月賜廟額靈霈

宋會要赤砂湫龍神祠

在福津縣徽宗大觀四年九月賜額祥淵

宋會要寧濟湖龍神祠

在復州徽宗宣和間賜額光應

宋會要西位龍神祠

在武鄉縣徽宗宣和四年六月封廣澤侯賜額應感

宋會要白馬泉龍神祠

在雅州名山縣羅繩里高宗紹興元年二月賜額靈濟

廟十年七月封淵澤侯

宋會要嘉山潭龍祠

在常州武進縣光堯皇帝紹興七年八月賜額善利十二年十月封昭澤侯

宋會要放生池龍神祠

在六合縣光堯皇帝紹興八年八月令依舊稱今額懸濟廟先是本廟徽宗政和間嘗賜額懸濟緣火燒毀敕牒至是本州乞別賜故有是命

宋會要惠泉龍神祠

在城西高宗紹興八年十月封善利侯孝宗乾道二年三月加封昭濟善利侯

卷一千二百三十四

宋會要仇湖龍神祠

在秦州海陵縣光堯皇帝紹興十年十二月賜額靈濟

宋會要東湖龍神祠

在泉州府紹興十一年七月賜額福遠

宋會要石井龍神祠

大俣源石井龍神祠在處州遂昌縣光堯皇帝紹興十一年九月賜額博濟

宋會要羊角源龍神祠

在福州古田縣紹興十三年十二月賜廟額靈淵

宋會要百匯湫龍神祠

綿州彰明縣高宗紹興十五年四月賜額康濟孝宗隆

興元年三月封惠澤侯

宋會要大條洞天龍神祠

在臨安府餘杭縣大柱山洞霄宮光堯皇帝紹興十七年七月封善應侯

宋會要虎跳潭龍神祠

在延平府尤溪縣高宗紹興二十年六月賜廟額豐澤

宋會要白霧潭龍神祠

在復州紹興二十一年十月賜額靈滋

宋會要蒼林潭龍神祠

復州高宗紹興二十一年十月賜廟額靈湫

宋會要雷洞龍神祠

卷一千二百三十四

在崇興府石泉縣高宗紹興二十四年十二月賜額靈應十九年二月封廣潤侯

宋會要龍鶴山龍神祠

在眉州丹稜縣紹興二十四年五月賜額顯濟

宋會要乳洞山龍神祠

在兩當縣光堯皇帝紹興二十九年十二月賜額靈濟

宋會要龍洞龍神祠

羅紋峽龍洞龍神祠在忠州墊江縣乾道二年八月賜廟額靈澤

宋會要靈溪洞龍神祠

在襄陽府南漳縣壽皇聖帝乾道四年三月賜額威濟

又云靈溪西洞龍神祠在襄陽府南漳縣壽皇聖帝乾道四年三月賜額興澤廟

宋會要霧池龍神祠

在襄陽府襄陽縣壽皇聖帝乾道四年三月賜額靈澤

宋會要湫水龍神祠

鵝公潭湫水龍神祠在洋州興道縣乾道五年十一月賜額興濟

宋會要路狗洞龍神祠

在梁山縣乾道八年四月賜額豐澤

宋會要五龍神祠

大靈潭五龍神祠在桂陽縣高宗紹興十四年八月賜額靈濟　崇福宮五龍神祠在湖江縣廬山紹興二十九年二月賜額協應　五龍潭龍神祠在歸州孝宗乾道九年四月賜廟額靈濟

卷一千一百三十四

十九

宋會要八龍神祠

在眉州青神縣紹興二十八年六月賜額慈濟孝宗乾道二年八月封八龍神第一位封善澤侯第二封善感侯第三封善應侯第四封善貺侯第五封善佑侯第六封善利侯第七封善慶侯第八封善陰侯

宋會要九龍神祠

在隆慶府武連縣高宗紹興二十三年六月賜額善澤

宋會要龍洞神祠

在同慶府綿谷縣高宗紹興十一年正月賜額清濟一在遂城縣龍山之陽神宗元豐四年八月封霈澤侯廟

宋會要蒼龍洞神祠

在林慮縣天平山神宗元豐八年十二月封靈澤侯廟

宋會要白洞神祠

在嚴州壽昌縣仁豐鄉相傳為吳司徒祠徽宗崇寧二年封靈應王廟

宋會要師子洞神祠

在同谷縣文王山徽宗崇寧二年六月賜額靈感

宋會要礌龍洞神祠

在涪陵縣七里有礌龍洞神祠淵通侯徽宗崇寧三年四月賜額普潤高宗紹興十年十一月加封淵通廣澤侯

卷一千一百三十四

二十

宋會要青龍洞神祠

在平涼縣笄頭山徽宗崇寧三年九月賜額廣惠四年七月封豐濟侯

宋會要九遮山龍洞神祠

在南平軍隆化縣東徽宗崇寧四年二月賜額普濟高宗紹興十五年十月封第一潭曰善利侯第二潭曰廣利侯

宋會要大龍鳴洞神祠

在夔州府清水縣徽宗崇寧四年八月賜額神濟

宋會要小龍鳴洞神祠

在開州清水縣崇寧四年八月賜額靈濟

宋會要高溪龍洞神祠

在咸淳府忠州臨江縣崇寧五年二月賜額孚需高宗紹興十九年十月封嘉應侯

宋會要蟠龍洞神祠

在梁山軍梁山縣金藏澤徽宗政和二年五月賜額仁應孝宗乾道八年四月封利澤侯

宋會要達活泉龍洞神祠

在信德府龍崗縣徽宗政和四年九月賜廟額廣源

卷一千二百三十四

宋會要斜崖山龍洞神祠

在合州石照縣徽宗政和四年九月賜廟額顯澤高宗紹興五年十一月封靈潤侯

宋會要巾子山龍洞神祠

在文州長舉縣紹興五年閏二月賜廟額靈助

宋會要鐵山龍洞神祠

在河池縣光堯皇帝紹興五年閏二月賜額孚佑

宋會要英山龍洞神祠

在紹興府永川縣高宗紹興十年三月賜額靈濟十四年八月封惠濟侯

宋會要伍山龍洞神祠

在同谷縣光堯皇帝紹興十一年十二月賜額神應

宋會要三洞神祠

並溪源龍廳三洞神祠在衢州西安縣玉泉鄉西臺龍廳洞泉莊山胡陽洞赤岸山聰洞光堯皇帝紹興十六年十一月賜額靈澤

宋會要龍門山龍洞神祠

在龍州江油縣高宗紹興十九年十月賜額靈淵

宋會要赤岸山龍洞神祠

在成都府新都縣紹興二十年三月賜廟額潛靈

宋會要官池龍洞神祠

在嘉慶府巴渠縣官池里宋高宗紹興二十九年正月賜額靈澤三十二年十一月封昭澤侯

卷一千二百三十四

宋會要龍孔村龍洞神祠

在開州開江縣孝宗乾道元年三月賜額廣施

宋會要青溪龍洞祠

在涪州涪陵縣孝宗乾道三年八月賜廟額靈濟

宋會要東關灘龍洞祠

在涪州武龍縣乾道三年八月賜額靈澤

宋會要龍泉神祠

在威勝軍銅鞮縣伏牛山神宗元豐七年三月賜額靈顯徽宗崇寧元年七月封惠澤侯五年八月封廣仁公政和五年九月封顯濟王　武鄉縣龍泉神祠徽宗崇寧三年五月賜額仁濟大觀元年二月封敷應侯　[七]

留縣龍泉神祠徽宗崇寧四年十月賜額惠應　隰州隰川縣城北龍泉神祠徽宗政和二年二月賜額嘉貺

宋會要白龍泉神祠

在鎮江府丹徒縣長山白龍泉神昭濟公祠神宗元豐六年賜額靈淵光堯皇帝紹興二十三年十二月加封靈應昭濟公　白兆山白龍泉神祠在德安府安陸縣「舊門安洪濟廟徽宗崇寧二年八月封靈澤侯四年六月賜廟額洪濟五年六月封深仁公高宗紹興二年四月加敷澤二字九年八月又加永濟二字二十六年六月加封深仁敷澤永濟靈應公　赤土陂白龍泉神祠在府谷縣徽宗政和五年四月賜額靈潤

卷一千二百三十四

宋會要黑龍泉神祠

在麟州新秦縣徽宗崇寧三年二月賜額昭貺

宋會要碧龍泉神祠

在定戎寨徽宗崇寧四年十二月賜額靈源封豐利侯

宋會要石龍泉神祠

在保定府保塞縣抱陽山徽宗崇寧四年八月賜額顯濟以本州言龍泉有大小青蛇二祈求有應故也五年八月一封神惠侯一封嘉霈侯

宋會要五龍泉神祠

在阜蘭山法泉寺徽宗大觀元年四月賜額神源

宋會要羅鎮龍淵神祠

在隰川縣徽宗政和二年二月賜額福津

宋會要東山龍淵神祠

黎州漢源縣東山龍淵神祠高宗紹興二十八年八月賜廟額靈澤孝宗隆興元年九月封昭濟侯

宋會要石室龍澤神祠

在房陵縣九室山神宗元豐二年八月封靈澤侯廟

宋會要白龍澤神祠

在台州臨海縣徽宗政和五年八月賜廟額德淵光堯皇帝建炎二年三月封滋榮侯

宋會要白龍淵神祠

在壽春府壽春縣徽宗崇寧九月十一月賜廟額靈濟

卷一千二百三十四

三年正月封普惠侯大觀四年五月改封敏澤侯

宋會要龍穴神祠

在黎陽縣大伾山西陽明洞徽宗崇寧二年賜廟額豐澤

宋會要龍宮神祠

在果州南充縣徽宗崇寧四年三月賜廟額靈澤政和三年八月封淵感侯高宗紹興二十四年五月加封淵感昭濟侯

宋會要龍湫神祠

在莆田縣東廟高宗建炎四年九月賜廟額顯應紹興四年七月封助順侯三十一年八月加封威惠二字并

封妻曰靈祐夫人

宋會要龍湫神祠

在天水縣太祖山龍湫神祠靈澤公光堯皇帝紹興七年加封昭應二字十三年四月賜廟額廣潤十六年八月又加豐源二字二十七年四月加豐源昭應靈澤普惠公壽皇聖帝乾道二年二月封英顯王

宋會要龍渡山神祠

在桂陽軍舊桂陽監平陽縣神宗熙寧八年六月封明應侯高宗紹興十四年五月賜廟額靈潤

宋會要龍安藺神祠

在袁州宜春縣高宗紹興十年二月賜廟額靈衛

卷一千二百三十四

宋會要龍巖神祠

南源龍巖神祠在南安軍大庾縣高宗紹興十七年四月賜廟額靈澤

宋會要龍窟祠

在泉州府同安縣乾道三年正月賜廟額昭應

宋會要龍王神祠

在濱州高宗紹興三十年四月封惠濟侯賜廟額豐澤

宋會要走馬山龍王祠

達州明通縣走馬山有宣漢鹽井龍王祠紹興十八年十一月賜廟額惠濟孝宗乾道二年四月封顯應侯

宋會要風伯潭龍王祠

在衡州來陽縣徽宗宣和三年十一月封淵靈侯賜廟額靈澤

宋會要南海龍王祠

在廣南東路廣州府其配明順夫人徽宗宣和六年十十一月封顯仁妃長子封輔靈侯次子封贊寧侯女封惠佑夫人其洪聖廣利昭顯王自初封至加封年月未見高宗紹興七年九月加封洪聖廣利昭順威顯王

宋會要順濟龍王廟

在平江府吳江縣光堯皇帝紹興十五年七月賜廟額安惠即隆興府彭蠡龍王靈順昭應安濟惠澤王別祠也

卷一千二百三十四

宋會要惠澤龍王祠

懷安縣山口鎮有靈順昭應安濟惠澤龍王祠壽皇聖帝隆興元年十月賜廟額廣祐

宋會要五龍王祠

鄮山五龍王祠在明州府象山縣光堯皇帝建炎四年十月賜廟額普濟

宋會要張龍公祠

潁上縣有龍公張路斯祠神宗熙寧十年四月封昭靈侯徽宗崇寧二年正月賜廟額普澤

宋會要龍子祠

在平陽府舊晉州臨汾縣晉源鄉神宗熙寧八年十二月

封靈濟公

卷一千二百三十四

二十七

宋會要蔣山神祠

在建康府上元縣哲宗元祐六年二月賜廟額忠烈初孫權為子文立廟鍾山封蔣侯改鍾山為蔣山一在太平州星子縣西上神都中（俗傳蔣子文之後）神宗熙寧八年六月封豐利侯

宋會要仰山神祠

仰山二神蕭氏祠在袁州宜春縣仲父大分李子隆真宗大中祥符二年四月袁州仰山廟見分二殿乞賜封崇昭正殿封靈濟王夫人李氏封齊國夫人西殿封明顯公夫人潘氏封楚國夫人神宗熙寧八年七月宰臣韓絳言頃奉使江南到袁州禱于仰山靈濟上廟即時

卷一千二百三十五

雨降浹於鄰部望賜襃崇詔特封福善靈濟王哲宗元符二年八月賜廟額孚惠徽宗大觀四年六月詔福善靈濟王加顯仁二字福善明顯公封康濟王宣和三年四月封顯仁福善靈濟王應顯康濟王考為安慧侯妣為顯慈夫人佑德顯仁福善靈濟王（顯仁二字與顯仁皇后謚號同有司中請改曰顯慈）正配李氏靈澤妃高宗紹興元年七月加佑順二字十年閏六月加封明懿佑順靈澤妃西位李子隆英顯康濟王紹興元年七月加威仁二字十年六月加封數德威仁英顯康濟王配潘氏康應妃紹興元年六月加英淑二字十年閏六月加封英淑廣助康應妃王考安惠侯紹興元年七月加慶嘉二字十年閏六月又

加貽遠二字二十一年十二月加封慶嘉貽遠安惠啟祐侯王妣顯慈夫人紹興元年七月加慶善二字十年閏六月又加協祥二字王子二位紹興六年九月並封侯祐德顯烈福善靈濟王子曰濟美威仁英顯康濟王子曰世惠十年十月各加二字曰贊幽曰陰功二十一年十二月各又加二字曰永寧曰貽應王子婦二位紹興十年閏六月並封夫人濟美侯妻曰福昌世惠侯妻曰福寧孝宗乾道元年五月封慶遠公妣慶善協祥顯慈夫人加封慶善協祥顯慈貽應夫人子贊幽濟美永寧侯加封贊幽濟美永寧廣祐侯子妻福昌夫人加封福昌靜惠夫人子陰功世惠貽應侯加封陰功世惠貽

卷一千二百三十五

應順威侯子妻福寧夫人加封福寧柔惠夫人

宋會要廣德山神祠

廣德山神張渤祠在廣德軍廣德縣真宗景德二年六月監察御史崔憲上言祠山廟素號靈應民多以牛為獻偽命時聽鄉民租賃每牛歲輸絹一疋供本廟費通來絹悉入官望特給以葺祠宇詔本軍葺之以官物給費天禧二年五月知軍陳覃上言祠山廟承前民施牛三百頭並僦於民每牛歲輸絹一疋經三十年斃而猶納僦絹欲望悉十五年以上者並蠲放從之仁宗康定元年三月詔廣德軍祠山廣德王廟祈求有應未被真封宜封靈濟王徽宗崇寧三年賜廟額廣惠大觀元年

十二月封其子為敷澤侯政和四年五月封其配李氏為靈惠妃宣和三年五月靈濟王封忠祐靈濟王閏五月靈惠妃封貽助靈惠妃敷澤侯封威顯公忠佑靈濟王光堯皇帝紹興二年四月加貽烈二字五年十二月加封正順忠佑靈濟貽烈王紹興十一年十月王祖父並封侯祖曰顯慶父曰慈應十九年加封二字曰善休曰潛光二十六年十二月又加封祖曰顯慶垂休貽遠侯父曰慈應潛光儲祉侯王祖母王母紹興十三年並封夫人曰顯應曰慈惠十九年六月加封祖母顯應起家夫人母曰慈慧嗣徽夫人王妻李氏貽助靈惠妃紹興二年加順應二字五年十二月加封正寧貽助靈惠

卷一千二百三十五

順應妃王之諸子紹興二年四月長子威顯公加封永佑二字次子四位靈顯英顯勇顯惠顯侯各加二字曰永澤永康永嘉永濟侯五年十二月長子又加贊順二字次子又各加二字曰翊順保順崇順敷順侯九月又加封長子曰贊順威顯永佑廣利公次子四位曰翊順靈顯永澤廣寧侯曰保順英顯永康廣慈侯曰崇順勇顯永嘉廣惠侯曰敷順惠顯永廣愛侯（十年正月詔改惠作廣恩字與廟額同故也）十九年六月又加封長子曰承烈王次子四位曰嗣應公濟美公紹休公善繼公王女一位紹興九年十一月封淑顯夫人十九年六月加封淑顯柔嘉夫人王弟九位紹興十年正月並封侯爵曰靈貺曰善利曰

順成曰康衛曰靖鎮曰休應曰昭祐曰嘉惠十九年六月加封曰靈貺普濟侯曰善利通貺侯曰順成孚佑侯曰康衛昭應侯曰靖鎮豐利侯曰休應豐澤侯曰明濟福謙侯曰昭祐通濟侯曰嘉惠孚直侯王五子之妻紹興十一年十月並封夫人長子贊順威顯永祐廣利公妻曰贊福第二子翊順靈顯永澤廣寧侯妻曰翊福第三子保順英顯永康廣慈侯妻曰保福第四子崇順勇顯永嘉廣惠侯妻曰崇福第五子數順惠顯永濟廣愛侯妻曰數福十九年六月又加封曰承祀贊福夫人嗣嬪翊福夫人濟順保福夫人紹娰崇福夫人善行數福夫人王九弟之妻紹興十一年十月並封夫人靈貺侯妻曰

曰明濟

卷一千二百三十五

靈

靈德下脫善利侯妻曰善德

善德順成侯妻曰順德康衛侯妻曰康德靖鎮侯妻曰靖德休應侯妻曰休德昭濟侯妻曰濟德昭佑侯妻曰昭德嘉惠侯妻曰嘉德十九年六月又加封二字靈德曰昭惠善德曰助惠順德曰衍惠康德曰順惠靖德曰淑惠休德曰數惠濟德曰綏惠昭德曰靜惠嘉德曰柔惠王嬪二位天水郡君趙氏河東郡君柳氏紹興二年四月封曰協惠夫人曰協順夫人五年十二月各加二字曰應濟曰承濟九年十一月各又加二字曰慈昭曰慈佑十九年六月加封曰協惠應濟慈昭廣懿夫人曰協順承濟慈佑廣助夫人

宋會要龜山神祠

元豐五年加嶺山神

龜山祠在泗州真宗大中祥符三年九月詔遣重修

宋會要昭亭山神祠

昭亭山神梓華祠在寧國府宣城縣真宗景德元年五月知州裴莊上言昭亭山神請加朝命詔封廣惠王號賜額敏應山在州北十里宋元嘉二年有錢塘神姓梓名華居東境友人雙霞識之為神遂同住廟中吏具酒食會宴别後縣令盛疑之縱火焚之來訖此山百姓祭祀自此號昭亭山士人祈禱多驗唐相崔龜從嘗通於夢寐後觀察十一月加封懿順胡惠夫人第二子嗣慶侯加封嗣慶靈佑侯第三子溫恭侯加封溫恭通感侯第四子靖易侯加封靖易協應侯第五子端懿侯加封

卷一千二百三十五

端懿贊利侯裨將俞將軍武愍侯加封武愍威助侯

宋會要嘉嶺山神祠

嘉嶺山神祠在膚施縣仁宗康定元年劉平與石元孫昔戰歿而延慶將臨范雍禱嘉嶺山神其夜天大雪又城上若鬼神被甲之狀賊遂驚而退雍以其事聞三月詔曰崛彼靈峯寔惟守祀遺梯衛之內侮與雨雪而外淩闇冥之交髣髴有覩狂寇驚潰堅壘妥安捍民成功蒙福斯厚而名爵未著牢具不豐非所以重依人尊賞職也宜加封號威顯公神宗治平四年十二月封王徽宗大觀二年加封英烈徽美王政和八年九月改封徽美顯靈王唐天成二年正月刺史高萬金因祈雨有應立廟趙元昊入寇劉平戰殁圍城將臨范雍

禱于神夜大雪城上有巨人被甲之狀虜驚引去元豐五年王師西討威冬無烈風大雪米脂之戰軍大克捷

宋會要青神山神祠

青神山神祠在眉州青神縣神宗熙寧元年十一月賜廟額廣福孝宗乾道三年正月封靈惠侯

宋會要明山神祠

明山神祠在沅州盧陽縣神宗熙寧六年六月封順應侯以察訪判湖南北路章惇言明山王係懿州新城主山神祈禱有應故有是詔 一在慶州程鄉縣崇寧二年賜廟額應感 明山神劉氏祠在桂林陽朔縣徽宗崇寧五年賜廟額和濟

宋會要北山神祠

北山神祠在泉州府同安縣神宗熙寧八年六月封靜應侯徽宗宣和六年七月賜廟額廣利高宗紹興六年十二月加威顯二字仍封妻曰贊佑夫人孝宗隆興元年二月加封靜應威顯昭護侯贊佑夫人加封贊佑敷惠夫人 一在廉州合浦縣崇寧元年九月賜廟額惠澤

卷一千二百三十五

宋會要土山神祠

土山神祠在同官縣神宗熙寧八年六月封德應侯 一在合淝縣徽宗政和三年十二月賜廟額德惠

宋會要高崗山神祠

高崗山神祠在威州保寧縣神宗熙寧八年六月封寧應侯高宗紹興二十七年九月賜廟額康佑三十二年

十月加孚惠二字

宋會要圓山神祠

圓山神祠在漳州府龍溪縣神宗熙寧八年六月封通應侯徽宗宣和四年九月賜額昭仁高宗紹興十二年四月加封通應康濟侯

宋會要射遼山神祠

射遼山神祠在鬱林州南流縣熙寧八年六月封林應侯

宋會要思靈山神祠

思靈山神祠在潯州桂平縣宋神宗熙寧八年十月詔明達廟特封顯應侯徽宗大觀元年賜廟額廣佑高宗紹興五年三月加封普惠二字三十二年十月加封顯應普惠靈澤侯

卷一千二百三十五

宋會要梨山神祠

梨山神祠在榮州榮德縣神宗熙寧八年十月封靈應侯哲宗元符元年十月賜廟額靈澤徽宗崇寧二年進封靈應公高宗紹興二十三年六月加封靈應廣澤公

宋會要竈君山神祠

竈君山神祠在魯山縣宋神宗熙寧八年十一月封靈佑侯徽宗崇寧四年七月賜廟額普濟

宋會要五龍山神祠

五龍山神祠在隆德府舊潞州神宗熙寧十年四月詔

五龍山祠特賜廟額會應

宋會要醮壇山神祠

醮壇山神祠在資州盤石縣，神宗熙寧十年封靈惠侯，徽宗大觀四年三月賜額豐應，政和二年二月封昭濟公，四年八月封靈應王。

宋會要白崖山神祠

白崖山神祠在紹州府新明縣，神宗熙寧十年十月封孚惠侯，哲宗元符二年四月封公，孝宗乾道八年加封孚惠靈應公，賜額顯濟。

宋會要析神山神祠

析神山神祠在澤州陽城縣，神宗熙寧十年封誠應侯。

卷一千二百三十五

宋會要蜀山神祠

蜀山神祠在廬州合肥縣，神宗熙寧十年封靈顯侯，元豐七年八月封公，徽宗崇寧四年賜額永濟，大觀三年十一月加應誠二字，宣和二年封淵濟王，光堯皇帝紹興二十三年三月加封淵濟廣惠王。

宋會要鳳凰山神祠

鳳凰山神祠在金州漢陰縣，神宗元豐元年正月封威應侯，光堯皇帝紹興六年七月特封昭烈公，八年十月賜廟額靈惠。

宋會要牛頭山神祠

牛頭山神祠在鴈門縣，神宗元豐元年封順應侯，徽宗崇寧四年十月賜廟額利澤，五年八月封佑順公，政和五年二月封廣佑王。

宋會要龍鼉山神祠

龍鼉山神祠在德慶府陽江縣，偽漢封光聖廣德王，神宗元豐元年閏正月改封靈德善應王。

宋會要大洪山神祠

大洪山神宣澤靈駿公祠在隨州隨縣，神宗元豐元年十一月賜廟額鎮安侯，光堯皇帝紹興三年二月加宣澤二字，本山土地昭護侯、龍神施普侯、五道將軍信助侯、神子將軍嗣應侯、二將軍友應侯、三將軍協應侯各加二字，曰廣濟昭護侯，曰靈顯施普侯，曰昭貺信助侯，曰嘉貺嗣應侯，曰昭濟友應侯，曰惠祐協應侯。以知

卷一千二百三十五

州李道言金人侵犯本州，虜騎至山下，神變靈異，賊寇潛遁，收復之初，久旱祈禱降雨，民獲秋稔故也。十三年九月，宣澤靈駿公加顯佑二字，本山土地、龍神、五道將軍、山神子將軍六位各加二字，曰善應，曰植德，曰靈感，曰普潤，曰廣利，曰靈通。壽皇聖帝乾道六年十一月加封昭應顯佑宣澤靈駿公，本山土地善應廣濟昭護侯加封嘉惠善應廣濟昭護侯，龍神植德靈顯施普侯加封孚貺植德靈顯施普侯，五道將軍靈感昭貺信助侯加封威顯靈感昭貺信助侯，山神子大將軍普潤嘉貺嗣應侯加封靈惠普潤嘉貺嗣應侯，二將軍廣利昭濟友

應侯三將軍靈通忠佑協應侯加封孚濟靈通忠佑協應侯本山崇寧保壽禪院惠脚子苟雲乾道九年正月封翊應將軍

宋會要商山神祠

商山神祠在商洛縣神宗元豐元年七月封靈鎮侯

宋會要相山神祠

相山神祠在宿州苻離縣神宗元豐二年九月賜廟額顯通

宋會要韓山神祠

韓山神祠在同州韓城縣神宗元豐三年封爽應侯

宋會要霸山神祠

卷一千二百三十五

霸山神祠在信陽軍信陽縣神宗元豐三年二月封昭惠侯

宋會要芝山神祠

芝山神祠在饒州鄱陽縣神宗元豐三年九月封寶福侯

宋會要麗陽山神祠

麗陽山神祠在處州麗水縣神宗元豐三年十月封普利侯徽宗大觀二年十一月封博濟公四年封王光堯皇帝紹興二十九年七月賜額靈顯廟

宋會要梨山李頻祠

唐刺史李頻祠在建安府建安縣黎山神宗元豐三年

十月封忠惠公徽宗崇寧五年七月賜額號澤民廟大觀三年改賜今額廣烈

宋會要金山神祠

金山神祠在藍田縣輞谷口神宗元豐三年封順澤侯

宋會要靈山神祠舊號鎮海廣德王

靈山神祠在瓊州昌化縣神宗元豐五年七月封峻靈王

宋會要飛山神祠

飛山神祠在靖州渠陽縣神宗元豐六年十月賜廟額靈惠高宗紹興三十年四月封威遠侯

宋會要鹿門山神祠

卷一千二百三十五

鹿門山神祠在襄陽府舊襄州襄陽縣神宗元豐六年十二月賜廟額宣澤徽宗崇寧三年十一月封靈濟侯高宗皇帝紹興元年十一月加封宣澤靈昭應侯

宋會要崑湖山六神祠

崑湖山六神祠在桂陽縣神宗元豐七年正月賜廟額集靈

宋會要聊屈山神祠

聊屈山神祠在鄆州京山縣哲宗元祐七年賜廟額豐應徽宗大觀二年五月封惠康侯政和四年八月封善利公壽皇聖帝乾道二年六月加封善利顯佑公

宋會要胡公山神祠

胡公山神祠在石州離石縣哲宗元符二年十一月賜額靈佑

宋會要天觀山神祠

天觀山神祠哲宗元符二年五月封應順侯仍賜廟額順應以涇原路經略使章楶言進築秋葦川洒水平南牟會寺城寨天都山本漢唐故地久陷異域今復歸中國林木茂潤氣象雄偉神靈所宅實鎮西土方出塞進築有禱必應乞建廟賜額仍乞封爵故有命

宋會要軍山神祠

軍山神祠在建昌府南豐縣哲宗元符三年六月賜廟額靈感封嘉惠侯一在饒州樂平縣俗傳李將軍廟徽宗政和八年六月賜廟額靜應

卷一千二百三十五

宋會要寶山神祠

在潭州瀏陽縣哲宗元符三年賜廟額寶衍

宋會要自鳴山神祠

自鳴山神石敬純祠在信州貴溪縣哲宗元符三年十二月賜廟額孚惠徽宗崇寧四月九月封廣利侯光堯皇帝建炎三年封顯惠王四年三月加封善濟兩字紹興二十一年五月加廣佑二字仍封妻曰靖懿夫人三十年三月加封威惠善濟廣佑忠烈王妻靖懿胡忠夫人

宋會要精舍山神祠

在均州鄖鄉縣哲宗元符三年十二月賜廟額靈佑徽宗大觀元年六月封廣施侯

宋會要馬鞍山神祠

馬鞍山神祠在平江府崑山縣慧聚寺徽宗崇寧元年閏六月賜廟額惠應大觀三年正月封靜濟侯光堯皇帝紹興五年加封靜濟永應侯

宋會要智惠山神祠

智惠山神祠在義寧縣崇寧元年九月賜廟額惠寧高宗紹二十六年七月封義寧侯三十二年閏十二月加封義寧靈澤侯

宋會要鍛竈山神祠

鍛竈山神祠在共城縣徽宗崇寧二年賜廟額應顯

卷一千二百三十五

宋會要樂山神祠

樂山神祠在碓山縣徽宗崇寧二年六月賜廟額靈應四年十二月封崇仁侯大觀二年八月封仁勇公

宋會要黑鹿山神祠

黑鹿山神祠在共城縣北徽宗崇寧二年八月賜廟額靈濟五年十二月封澤潤侯

宋會要南山神祠舊號甘澤公

南山神祠在貴州鬱林縣徽宗崇寧二年八月賜廟額嘉惠高宗紹興十年七月封廣潤侯　一在福州閩清縣紹興二年四月賜廟額德懷其從神聖者封懷遠將軍二十年十一月加英惠靈顯侯

宋會要古龍山神祠舊號清源公

古龍山神祠在貴州鬱林縣崇寧二年八月賜廟額靈信高宗紹興十年七月封濟遠侯

宋會要逵山神祠

逵山神祠在廣安軍岳池縣徽宗崇寧二年九月賜廟額靈濟孝宗乾道三年正月封孚惠侯

宋會要高觀山神祠

高觀山神祠在鄂縣徽宗崇寧二年十一月賜廟額崇仁

宋會要名山神祠

名山神祠在名山縣崇寧二年十二月賜廟額靈感五年五月封崇惠侯政和二年正月封廣信公孝宗乾道元年九月加封昭惠廣信公

宋會要牛心山神祠

牛心山神祠在龍州江油縣崇寧二年十二月賜廟額顯濟高宗紹興二十六年六月封垂休侯孝宗乾道二年十月加封垂休永濟侯

宋會要頤岳山神祠

頤岳山神祠在鄭州浙川縣徽宗政和五年六月賜廟額廣仁

宋會要磨嵯山神祠

磨嵯山神祠在嘉慶府清江縣徽宗崇寧三年三月賜

廟額佑國初浦盤口嘗神以兵陰助有軍靈迹顯著故有是命

宋會要紫府山神祠

紫府山神祠在鴈門縣鳳凰山各竹谷徽宗崇寧三年賜廟額昭貺

宋會要蒙山神祠

蒙山神祠泰蒙恬祠在樂平縣徽宗崇寧三年五月賜普潤

宋會要鶴鳴山神祠偽蜀封大寧王

在邛州大邑縣徽宗崇寧三年五月賜廟額靈顯

宋會要橫山神祠

橫山神祠在建寧府建陽縣徽宗崇寧三年六月賜廟額靈應政和三年二月封靈安侯高宗紹興十八年五月加封靈安惠澤侯

卷一千二百三十五

宋會要工山神祠

工山神何浪公神祠在建康府南陵縣徽宗崇寧三年八月加封沖真顯貺侯光堯皇帝紹興三年八月加封沖真顯貺侯

宋會要鵲鳴山神祠

鵲鳴山神祠在遂寧府小溪縣徽宗崇寧三年九月賜廟額顯應大觀元年七月封顯惠侯四年四月加封惠民公宣和六年七月封普惠王

宋會要三峻山神祠

三峻山神祠在屯留縣徽宗崇寧三年十二月賜廟額靈貺

宋會要鵜湖山神祠

鵜湖山神祠在信州鉛山縣徽宗崇寧四年賜廟額通濟大觀二年封昭濟侯宣和三年封威顯公光堯皇帝建炎二年封威顯王紹興六年六月加封孚惠威顯王十一年八月廟中右殿急使孫氏封靈助將軍以本縣言其神靈顯著故也

宋會要重壁山神祠

重壁山神祠在重慶府山縣舊恭州渝州唐趙廷之爲渝合資瀘等州經畧巡撫使有功於民以疾終于壁山縣人爲立廟號壁山大王咸通二年封威烈侯徽宗崇寧四年

卷一千二百三十五

賜額普澤廟高宗紹興九年正月封威濟侯二十八年加封威濟顯佑侯

宋會要仙潛山神祠

仙潛山神祠在漢陽縣徽宗崇寧四年四月賜廟額英顯五年八月封孚惠侯大觀三年七月封靈濟公宣和五年八月封仁顯王

宋會要龍泉山神祠

龍泉山神祠在秦鳳路龍泉寨徽宗崇寧四年四月建仍賜廟額靈濟

宋會要葛泰山神祠

葛泰山神祠在杭州新城縣廣陵鄉

宋會要馬鳴山神祠

馬鳴山神祠在豐陽縣徽宗崇慶寧四年五月賜廟額豐濟

宋會要茗山神祠

茗山神祠在望江縣徽宗崇寧四年十月賜廟額崇惠

宋會要屈英山神祠

屈英山神祠在定戎寨監池徽宗崇寧四年十二月賜廟額靈助繼封崇惠侯

宋會要房山神祠

房山神祠在房州房陵縣徽宗崇寧四年十二月賜廟額崇貺壽皇聖帝乾道二年六月封威顯侯

卷一千二百三十五

宋會要大散關山神祠

大散關山神祠在梁泉縣舊號嘉陵廟俗傳嘉陵江源發於廟下徽宗崇寧五年二月賜廟額宣靈光堯皇帝紹興六年封善濟侯三十二年十二月加封英顯善濟侯

宋會要浮山神祠

浮山神祠在朱陽縣徽宗崇寧五年三月賜廟額豐濟

宋會要王屋山神祠舊曰總靈天王

神祠在屋縣徽宗崇寧五年四月賜額昭顯

宋會要白彪山神祠

白彪山神後魏賀虜將軍祠在汾州西河縣徽宗崇寧

五年六月賜廟額永澤

宋會要霍山神祠

霍山神山陽侯長子祠在趙城縣徽宗崇寧五年十二月賜廟額明應　霍山神山陽侯第二子祠在霍邑縣徽宗崇寧五年十二月賜廟額宣睨　霍山神山陽侯第三子祠在岳陽縣徽宗崇寧五年十二月賜廟額康惠

宋會要龍角山神祠

龍角山東峯神祠在神山縣徽宗崇寧五年十二月賜廟額顯施

宋會要猴山神祠

猴山神祠在福州古田縣猴山神劉强祠徽宗崇寧中

卷一千二百三十五

賜廟額惠應政和二年四月封順寧侯孝宗興隆二年十月加封順寧正應侯

宋會要谷口山神祠

谷口山神祠在解縣白逕嶺徽宗大觀元年正月賜廟額崇佑

宋會要壺公山神祠

壺公山神祠在莆田縣徽宗大觀元年賜廟額神應

宋會要茅山神祠

茅山元符萬寧宮神祠在建康府句容縣徽宗大觀元年三月封護聖侯

宋會要繖蓋山神祠

繖蓋山神祠在興元府閬中縣徽宗大觀元年八月賜廟額靈寶高宗紹興十四年十月封惠蔭侯二十八年五月加封惠蔭靈澤侯

宋會要龍巖山神祠

龍巖山神蕭氏祠在陽朔縣明德鄉徽宗大觀元年九月賜廟額惠佑

宋會要聰明山神祠

聰明山神祠在忻州永年縣徽宗大觀元年九月賜廟額昭惠

宋會要光源山神祠

光遠山神祠在懷仁縣徽宗大觀二年賜廟額光施政

卷一千二百三十五

和四年六月封顯惠侯

宋會要峯子山神祠

峯子山神祠在沁州建德縣徽宗大觀二年八月賜廟額康濟宣和三年六月封威佑侯

宋會要思靈山神祠舊號顯應侯

思靈山神祠在平涼府涇州徽宗大觀二年十一月賜廟額廣佑

宋會要七里山神祠舊號石三郎廟

七里山神祠在信州弋陽縣徽宗大觀二年十一月賜廟額崇濟宣和三年封武濟侯光堯皇帝紹興六年九月加封武濟昭應侯壽皇聖帝乾道二年三月加封嘉

惠武濟昭應侯

宋會要豐壽山神祠舊號寵應廟

豐壽山神祠在德慶州封川縣徽宗大觀三年二月賜廟額順澤

宋會要浮槎山神祠

浮槎山神祠在梁縣光堯皇帝紹興三十二年改正令名徽宗大觀三年五月賜廟額巽濟政和三年十二月封誠應侯

宋會要九華山神祠

九華山神祠在池州青陽縣徽宗正和元年二月賜廟額協濟光堯皇帝紹興十年十月封第一位曰永寧侯

卷一千二百三十二

第二位曰永利侯十九年八月各加封二字曰靖應曰嘉貺并封永寧侯妻曰靖慧夫人永利侯妻曰嘉懿夫人二十六年正月加封曰靖應永寧靈潤侯嘉貺永利靈澤侯

宋會要敎山神祠

敎山神祠在武岡軍武岡縣徽宗政和元年三月賜廟額敷濟六年四月封廣應侯

宋會要翔高山神祠

翔高山神祠在翼城縣徽宗政和元年六月賜廟額喬澤

宋會要頻山神祠

頻山神祠在美原縣徽宗政和二年八月賜廟額美應

宋會要商餘山神祠

商餘山神祠在龍興縣徽宗政和三年八月賜廟額珍符

宋會要馬嵴山神祠

馬嵴山神祠在莒州南馬嵴山宋政和四年敕額忠感廟

宋會要熊耳山神祠

熊耳山神祠在商州上洛縣徽宗政和四年八月賜廟額顯施

宋會要高山神祠

卷一千二百三十五

高山神祠在潼川府鹽亭縣徽宗政和四年十月賜廟額昭格六年三月封靈昭侯中興會要云顯濟公高宗紹興元年加威惠二字十二年六月又加普應二字十七年十二月加封顯濟威惠普應康庇公二十三年二月封孚惠王并妻曰恭懿夫人二十九年六月加靈澤二字曰孚惠靈濟王孝宗乾道二年十月父封垂休侯母封贊福夫人

宋會要鄖城山神祠

鄖城山神祠在均州武當縣徽宗政和五年四月賜廟額隨應

宋會要裨牛山老人祠

婣平山老人祠在常德府龍陽縣政和五年十月賜額英護

宋會要賈谷山神祠

賈谷山神祠在密縣徽宗政和六年正月重修仍賜廟額精格以京畿轉運使言明堂石採於此山上有金色自然明字

宋會要旺山神祠

旺山神祠在嚴州壽昌縣徽宗政和中賜廟額靈貺光堯皇帝紹興三十年七月封威濟侯

宋會要洪口山神祠

洪口山神祠在涇陽縣徽宗大觀四年賜廟額仁濟

卷一千二百三十五

宋會要萬嵗山神祠

萬嵗山神兵部侍郎胡則祠在婺州永康縣徽宗宣和四年四月封佑順侯光堯皇帝紹興三十二年閏二月賜廟額赫靈

宋會要豐山神祠

徽宗宣和六年四月賜廟額衮豐

宋會要藥山神祠

藥山神祠在施州清江縣徽宗宣和六年十二月賜額敏濟

宋會要三神山神祠

三神山神祠在潮州徽宗宣和七年八月賜廟額明貺

卷一千二百三十六

宋會要圓峯山神祠

圓峯山神祠在明州象山縣光堯皇帝建炎四年十月賜廟額貽應紹興三十年八月封靈澤侯

宋會要牛山神祠

牛山神祠在隨州光堯皇帝紹興二年正月賜廟額威顯十三年封忠應侯

宋會要巫山神祠

巫山神祠在建康府江寧縣光堯皇帝紹興二年閏四月十日賜廟額正烈

宋會要平山神祠

平山神祠在文州與鳳州界高宗紹興五年閏二月賜

廟額明應

宋會要龍井山神祠

龍井山八郎君祠在寧國府歙縣光堯皇帝紹興十年十二月賜額忠助公祁門縣顯靈英濟王孝宗皇帝隆興三年閏十一月加封信順顯靈英濟王乾道四年三月加封信順顯靈英濟廣惠王夫人錢氏乾道五年六月封靈惠夫人長子建歙縣龍井山忠助廟神乾道八年五月封忠惠侯第二子璨封忠利侯第三子達封忠應侯第四子廣封忠濟侯第五子游封忠澤侯第六子逸封忠佑侯第七子爽封忠德侯第八子俊封忠祐侯

宋會要青山神祠

卷一千二百三十六

青山神祠在泉州府惠安縣守節里紹興五年十二月賜廟額誠應紹興十九年八月封靈惠侯

宋會要黃山神祠

黃牛山神祠在峽州夷陵縣洛川高宗紹興七年閏十月賜廟額靈感十九年八月封保安侯孝宗乾道元年八月加封嘉應保安侯七年十二月加封澤潤嘉應保安侯

宋會要五山神祠

五山神祠在長泰縣紹興十二年三月賜廟額威澤（五山謂良山昌山鼓鳴山雙髻山西峯山共為一廟）

宋會要玉壘山神祠

玉壘山神祠在茂州汶川縣高宗紹興十二年五月賜廟額顯應二十九年六月封廣利侯

宋會要紫崖山神祠

紫崖山神祠在果州西充縣油井鎮紹興十六年四月賜廟額利應

宋會要霸山神祠

霸山神祠昭應侯在信陽軍（舊隸京西北路信陽縣）高宗紹興二十一年閏四月賜廟額嘉應

宋會要陽山神祠

陽山神祠在潭州衡山縣紹興二十五年五月賜廟額孚惠

卷一千二百三十六

宋會要兆山神祠

兆山神祠在德安府安陸縣紹興二十九年五月賜廟額廣濟

宋會要明山王神祠

明山王神祠在桂林陽朔縣都巍村紹興二十九年閏六月賜廟額靈惠

宋會要王巖山神祠

王巖山神祠在仙遊縣孝宗隆興元年八月賜廟額靈輝乾道三年七月封昭應侯

宋會要盤龍山神祠

盤龍山神祠在永康縣隆興二年六月賜廟額嚴應

宋會要登天山神祠

登天山神祠在瀘州合江縣安樂溪口孝宗乾道元年二月賜額義濟廟

宋會要佳山神祠

佳山神祠在隆興府孝宗乾道二年六月賜廟額孚應

宋會要西山蟠藤祠

護國西山蟠藤祠在吉州安福縣孝宗乾道二年七月賜廟額靈祐

宋會要錫山神祠

錫山神祠在鄂州通城縣乾道七年十二月賜廟額善濟

卷一千二百三十六

宋會要楊梅山神祠

楊梅山神祠在信州鉛山縣鉛山場壽皇聖帝乾道八年五月賜廟額神寶

宋會要銀銅山神祠

貌平銀銅山神祠在信州壽皇聖帝乾道八年五月賜廟額雙南

宋會要千福山神祠

在廣靈縣西北三里縣民四時祀之

全唐文

羊士諤集會稽山神祠

南鎮永興公祠堂碑　越部凡七郡三十有八邑提封所加旁合溟海由是崇元侯之命建東征之府其鎮曰會稽山其神為永興公國朝接周漢之統宣化大備禮茲百神受職祀典錫以嘉號視為諸侯貞元九年夏四月連率安定皇甫公以前月丁酉詔旨奉宣玉制幣禱于靈壇勤報誠之享備每歲之法致齋野次虔擇祝典夜漏未盡禮成三獻君子謂公能宣命以展敬[illegible]祀神而降祉克靖甌越大康東南我修德刑以牧黔首神作雷雨用登有年明訓式敷幽贊斯効觀夫高麓迴抱以

卷一千二百三十六

蔽景大澤下浸而蒸雲沈潛龍虎之姿泱漭風霆之氣靈衛交戰閟宮洞門神其在焉寵彼侯服是宜札瘥不生水旱罔沴允答宸慮長于衆山乃銘石燸烜以代纍嚚其辭曰天秩喬岳奠茲南方精舍晦明化備柔剛帝念下土延神致祥清既蠲華蟲有光乃卜元辰爰詔方伯爾克精享神其昭格蘋藨惟誠金奏匪樂時臻泰和人受景福主德孔鑒虔恭齋祇陳信不匱形乎正辭

宋會要石甕神祠

在平定軍豐濟廟平定縣師子山石甕神祠徽宗崇寧三年五月賜額豐濟

宋會要海神祠

一在温州永嘉縣徽宗崇寧元年十二月賜廟額善濟政和五年三月封靈施侯（哲宗元祐中神現夢於郡守范約自謂唐李德裕）光堯皇帝建炎四年七月加封寧惠英烈公紹興二年閏四月加忠亮二字二十四年九月加封寧惠英烈忠亮孚應公壽皇聖帝乾道九年十月封順應王

宋會要東海神祠

在寧波府定海縣海神助順廣德王祠神宗元豐二年八月加號淵聖徽宗大觀四年六月加今封元豐元年十一月奉使高麗國信使安燾言東海之神已號廣德王而歲時祭享獨無廟貌乞立祠海瀕從之三年五月詔知制誥鄧潤甫撰記崇寧二年國信使劉達奏乞本廟歲度道士一人奉香火大觀四年六月國信使王襄言海中遭黑風祈禱獲應願增王號以報靈德詔加助順淵聖廣德王仍令轉運判官監葺廟宇及建風雨神祠宣和五年八月風神封寧順侯雨師封寧濟侯光堯皇帝建炎四年二月加助順祐聖淵德顯靈王以車駕巡幸時加封壽皇聖帝乾道五年十月加封助順孚聖廣德威濟王以太常少卿林栗等言李寶昨海州立功

卷一千二百三十六

神靈助佑請加封號故有是命其元封號内二字犯欽宗皇帝號乃改淵爲孚

宋會要東海王祠

在楚州山陽縣漢東海恭王疆祠徽宗崇寧二年賜廟額惠濟三年九月封豐濟侯六年封顯惠公

宋會要王口江神祠

在柳州融江寨土人曰三王廟神宗元豐七年八月賜廟額順應徽宗崇寧四年封一曰寧遠王二曰綏遠王三曰惠遠王廟中三神祖母封靈佑夫人

宋會要漳江神祠

在隆興府南昌縣徽宗大觀二年二月賜廟額霈澤

卷一千二百三十六

宋會要漢江神祠

在襄陽府襄陽縣徽宗政和二年十月賜廟額崇濟仍封昭應侯

宋會要鎮江神祠

會稽蕭山縣西興鎮江神祠徽宗政和三年正月賜廟額寧濟六年封順應侯光堯皇帝紹興十四年六月加忠應二字三十年正月加封武濟忠應翊順公

宋會要三江口神祠

在德慶府封山縣紹興十二年五月賜廟額昭靈

宋會要沿江神祠

在吉州廬陵縣（唐封忠明侯）紹興三十年三月改封嘉應侯

宋會要土河神祠

在武鄉縣徽宗崇寧五年八月賜廟額時濟

宋會要回河神祠

在滎澤縣廣武埽徽宗大觀四年三月賜廟額昭佑

宋會要昭顯后祠

在白馬縣截堰舊河口徽宗政和五年七月賜廟額靈護

宋會要中潭河伯祠

在孟州徽宗大觀二年九月賜廟額寧濟仍封靈順侯

宋會要黑水神祠

卷一千二百三十六

一在光山縣灞陂徽宗崇寧元年二月賜廟額靈澤政和四年五月封廣澤侯光堯皇帝紹興三十一年正月加封昭應廣澤公　一在平定縣徽宗崇寧三年賜廟額普澤大觀元年封善應侯政和五年六月封靈源公

宋會要甜水谷神祠

在慶陽府環州神宗熙寧十年六月封惠濟侯徽宗大觀四年八月賜廟額甘澤

宋會要浸水神祠

在桂林府荔蒲縣徽宗崇寧元年九月賜廟額靈淵

宋會要渌水神祠

在潯州平南縣徽宗崇寧二年封惠應侯併賜廟額靈淵

宋會要聖水神祠

在興元府洋州西鄉縣湫池徽宗崇寧四年賜廟額惠澤

宋會要涇水神祠

在涇陽縣徽宗大觀四年賜廟額普貺

宋會要水石神祠

在衢州府開化縣光堯皇帝紹興一十六年八月賜廟額利澤

宋會要水口神祠

在建寧府建陽縣崇政鄉水口高宗紹興五年十二月賜廟額扶正九年九月封英惠侯

卷一千二百三十六

宋會要湧泉瞻水神祠

在信州鉛山場鎖山門壽皇聖帝乾道八年五月賜廟額金泉

宋會要洞庭湖神祠

在岳州巴陵縣(唐天祐二年封利涉侯晉天福二年封靈濟公)宋真宗大中祥符八年三月詔入內高班王承信重修廟宇承信言合用土已移文本州掘取帝慮其擾人詔並以係省錢充用哲宗元祐二年賜廟額安濟

宋會要青草湖神祠

在岳州巴陵縣(唐天祐二年封安流侯晉天福二年封廣利公)哲宗元祐二年賜廟額通濟徽宗政和五年六月封烈惠侯高宗建炎

四年二月青草湖神德濟靈公加封威顯二字紹興二十六年十二月又加靈敏二字孝宗乾道三年六月加封威顯德濟靈敏永利公

宋會要菴山石湖神祠

菴山石湖神祠在建寧府建陽縣徽宗崇寧元年閏六月賜廟額寧濟三年二月封昭應侯孝宗隆興二年二月加封靖正昭應侯

宋會要惡溪神祠

在梅州程鄉縣舊號助國化永昌王宣徽宗崇寧三年六月賜廟額安濟

宋會要鍾溪神祠

卷一千二百三十六

在叙州慶符縣横江寨孝宗乾道八年三月賜廟額忠和

宋會要要冊湫神祠

在寧州真寧縣太宗太平興國二年閏七月詔以廟在晉郎日嘗有神告之應特（封）顯聖王別建祠宇春秋奉祀仍立碑以紀其事或歲旱必遣内侍致禱三年二月有龍跡自湫出徧列廟庭五年六年皆有五色雲出湫中九年四月令有司改造禮衣冠劍及祭器遣使齎往端拱二年冬旱祈禱即日大雨雪遣内侍送銀香爐等真宗天禧二年夏乾州旱取湫水禱之得雨詔本州歲設祭醮廟在真寧縣即要冊湫漢書郊祀志祠官所領湫淵祠安定朝那者是也其後要冊湫有靈應朝那遂廢唐乾符中封神爲應聖侯光化二年封普濟王哲宗元祐五年加號昭佑徽宗大觀元年賜廟額孚澤宣和五年八月加封靈濟昭佑顯聖王

宋會要亂石湫神祠

在水洛城隴山神宗熙寧八年五月封利民侯徽宗大觀元年八月賜廟額豐澤　一在德順軍隴干縣北山神宗元豐元年八月封徽宗宣和三年六月封嘉潤公光堯皇帝紹興三十二年九月加封顯應嘉潤公以本軍與金人大戰風雨助順故也

宋會要太白山湫神祠

卷一千二百三十六

在郿縣仁宗至和二年七月封濟民侯哲宗紹聖三年改封濟遠侯

宋會要常家山湫神祠

在康樂寨神宗熙寧八年五月封利澤侯

宋會要棘（站）山湫神祠

在京西南路鄧州穰縣神宗熙寧十年四月封嘉顯侯並賜廟額普潤

宋會要（木峽）山湫神祠

在張義堡神宗元豐三年十月賜廟額靈澤哲宗紹聖四年十月封靈濟侯

宋會要大祖山神祠

禮二〇之一一七

在東亭縣徽宗元豐四年二月封靈源侯徽宗宣和中
封靈澤公

宋會要漫頂山湫神祠

在西安州定戎寨徽宗崇寧三年二月賜廟額潤澤封
貽貺侯

宋會要高山神湫祠

在藍田縣徽宗崇寧三年賜廟額惠濟

宋會要龍湫神祠

在隰川縣徽宗崇寧二年十月賜廟額豐濟大觀四年
十二月封順應侯　一在武當山徽宗崇寧三年十月
賜廟額廣潤　一在桂陽縣徽宗崇寧四年二月賜廟
卷一千二百三十六
額惠濟　一在岷州懷遠鄉徽宗政和六年正月賜廟
額靈澤　一在處州青田縣金田山石井光堯皇帝紹
興八年六月賜廟額惠澤　一在秭歸縣蒼雲山紹興
二十四年九月封敷澤侯并賜額顯惠　一在利州平
落上社大崖光堯皇帝紹興三年十月賜廟額顯濟
一在漢初縣玉馬鄉玉馬潭孝宗隆興二年十月賜額
潛應

宋會要金龍湫神祠

在懷德軍九羊寨聖景山徽宗崇寧四年十二月賜廟
額靈潤

宋會要黄龍湫神祠

禮二〇之一一八

在上津縣徽宗崇寧四年賜廟額惠澤

宋會要白龍湫神祠

在漢州德陽縣紹興十五年十二月賜額仁齊二十八
年十月封敷澤侯

宋會要合龍谷湫神祠

在西寧州舊鄯州宣威城西山徽宗大觀元年六月賜廟
額靈佑封順應侯

宋會要古龍湫神祠

在會州會寧關徽宗大觀四年八月封惠澤侯仍賜廟
額靈顯

宋會要古湫神祠

卷一千二百三十六

在隆慶府金牛鎮白崖洞孝宗隆興二年二月賜廟額
潛應　一在常山徽宗宣和六年六月賜廟額昭德
一在隆慶府大安軍壺子臺隆興二年二月賜廟額廣
澤　一在萬州南寧紹興五年十一月賜廟額靈澤

宋會要混牟神湫祠

在敷政縣臨安寨西神宗元豐元年四月賜廟額顯惠

宋會要白馬湫神祠

在原州臨涇縣徽宗崇寧三年二月賜廟額豐利

宋會要吳湫神祠

在保定縣神宗元豐元年五月賜廟額顯濟封顯濟大

八

宋會要湫神祠、

在保定縣元豐二年七月封豐澤侯

宋會要太平湫神祠

在延安府平戎寨哲宗元符元年賜廟額靈淵徽宗崇寧三年封靈應公五年八月封順惠王

宋會要天魏湫神祠

在同慶府文州曲水縣徽宗崇寧五年八月賜廟額敷澤大觀二年十一月封豐安侯高宗紹興二十九年閏六月加封靈惠豐安侯

宋會要赤崖湫神祠

在階州泰徽宗政和二年四月賜廟額宣澤

卷一千二百三十六

宋會要朝那湫神祠

在臨涇縣徽宗大觀元年六月賜廟額麗澤

宋會要龍潭神祠

滁州清流縣豐山龍潭神祠神宗元豐七年賜額會應

龍州同慶縣浯水西龍潭神祠神宗元豐二年八月封顯應侯遂寧府蓬溪縣高洞灘龍潭神祠崇寧元年十月賜額豐澤二年九月封惠應侯（中興會要云靈貺公）高宗紹興二十三年四月加封靈貺廣澤公孝宗乾道元年七月加封靈貺廣澤惠應公八年九月加封靈貺廣澤惠應承利公　蘄州蘄春縣東西二龍潭祠徽宗崇寧二年七月賜廟額合光宣和四年封東龍淵豐侯西龍淵施侯光堯皇帝紹興八年七月各加二字曰廣濟廣惠十九年十月加封曰淵豐廣濟昭貺侯曰淵施廣惠孚澤侯壽皇聖帝乾道八年三月東龍淵豐廣濟昭貺侯加封善利淵豐廣濟昭貺侯西龍淵施廣惠孚澤侯加封善應淵施廣惠孚澤侯　榮州威遠縣龍潭神祠崇寧二年十一月賜額惠澤　紹熙府南溪縣蘇溪龍潭神祠崇寧二年十一月賜廟額霈澤大觀二年三月封靈澤侯　秀州海鹽縣陳山龍潭祠徽宗崇寧三年四月賜廣額敷濟宣和五年八月封淵靈侯　延平府尤溪縣龍潭神祠徽宗崇寧三年六月賜額利澤　夔州路奉節縣龍洞里龍潭神祠徽宗崇寧四年賜廟額普利

卷一千二百三十六

宣和五年八月封潛應侯　瀘州江安縣顏子山龍潭神祠徽宗崇寧四年賜廟額靈貺　然江縣達江龍潭神祠徽宗大觀元年五月賜廟額廣澤　普州安居縣龍潭神祠大觀元年五月賜額靈泉政和五年七月封豐惠公　舒城縣龍鄉龍潭祠徽宗政和五年五月賜額靈佑　沛水縣計議鄉勝鼓洞龍潭神祠高宗紹興七年三月賜額靈應　武陵縣石門洞龍潭神祠高宗紹興九年五月賜額靈濟　信州玉山縣懷玉山下八磜龍潭神祠光堯皇帝紹興十年閏六月賜額德施　循州龍川縣敖石龍潭神祠高宗紹興十四年七月賜額龍應二十三年八月封昭濟侯　衡山縣淨福寺龍潭

神祠紹興十九年三月賜額時蘇　贛縣龍潭神祠紹
興十九年四月賜額潛靈三十一年四月封廣潤侯
隆慶府普安縣龍游鄉駢池龍潭神祠高宗紹興十九
年五月賜廟額廣濟孝宗乾道五年十二月封順澤侯
處州麗水縣大務嶺掃雨源龍潭神祠光堯皇帝紹
興二十一年三月賜額靈淵　普州樂至縣普慈鎮龍
潭神祠高宗紹興二十二年四月賜廟額惠澤孝宗乾
道二年十月封靈澤侯　果州相知縣福緣里雖子溪
龍潭神祠紹興二十九年六月賜額顯濟廟　巴州同
慶縣老君山龍潭神祠紹興三十一年十二月賜廟額
靈應　處州龍泉縣延慶鄉九際山龍潭祠孝宗皇帝

卷一千二百三十六

隆興二年十月賜額神祐

宋會要古龍潭神祠

飛烏縣歸寨山下古龍潭神祠高宗紹興十七年八月
賜廟額惠濟　巴州化城縣古龍潭神祠高宗紹興三
十年九月賜靈濟孝宗乾道四年九月封興澤侯

宋會要白龍潭神祠

在衢縣哲宗紹聖二年十二月賜額惠澤　林慮縣天
平山白龍潭神祠哲宗元符三年七月賜額昭惠徽宗
大觀元年八月封淵澤侯　台州黃巖縣黃巖山白龍
潭神祠徽宗政和八年六月賜額昭應　常州無錫縣
神護鄉陽山頂白龍潭神祠光堯皇帝紹興二年四月

賜額顯應　杭州盧陽縣白龍潭神祠高宗紹興八年
四月賜額潛靈

宋會要赤龍潭神祠

在淮寧府舊陳州宛丘縣徽宗崇寧四年賜額靈澤

宋會要黑龍潭神祠

穎昌府陽翟縣具茨山黑龍潭神祠徽宗崇寧三年二
月賜額惠應　華陰縣華岳蓮花峯黑龍潭神祠徽宗
崇寧三年封顯淵侯　和尚原黑龍潭神祠光堯皇帝
紹興元年十月封安濟侯並賜廟額曰護國紹興十二
年十一月賜額敷澤　興元府利州黑龍潭神祠紹興
八年五月賜額惠濟十三年十二月封靈潤侯十八年
三月加淵施二字孝宗乾道四年四月加封淵施靈潤

卷一千二百三十六

廣澤侯　萬州南浦縣黑龍潭祠孝宗乾道四年三月
賜廟興森

宋會要龍鬚潭神祠

在處州青田縣大峙山光堯皇帝紹興十一年八月賜
額嘉澤

宋會要魚潭神祠

在建昌南城縣藍田鄉大道山徽宗大觀元年五月賜
廟額靈澤

宋會要五龜潭神祠

在紹熙府富順監徽宗大觀四年八月賜額升澤

宋會要白馬潭神祠
在雅州嚴道縣哲宗元符三年八月賜額昭應徽宗崇寧三年八月封豐澤侯
宋會要龍馬潭神祠
在瀘川縣高宗紹興十六年四月賜顯仁廟額三十年正月改賜廟額顯烈以犯顯仁皇后諡故也
宋會要狗溪潭神祠
在興元府城固縣徽宗宣和中賜額淵靈高宗紹興七年閏十月封昭應侯
宋會要下流潭神祠
在大昌縣長江磧崇寧四年閏二月賜額興澤
宋會要潭口神祠 卷一千二百三十六
廣州連山縣崇寧四年七月賜廟額普利
宋會要曾潭神祠
嚴州建德縣徽宗宣和三年賜廟額威濟
宋會要溪水潭神祠
興元府褒城縣大堨山紹興七年閏十月賜廟額濟惠孝宗乾道二年十月封靈惠侯
宋會要雷公潭祠
在興元府西縣孝宗乾道三年八月賜廟額靈濟
宋會要霹靂潭祠
興元府西縣乾道三年八月賜廟額靈惠

宋會要聖池神祠
在曲陽縣黃山仁會寺華嚴集神宗熙寧九年二月封利民侯
宋會要五龍池祠
在榮州榮德縣榮梨山頂高宗紹興二十五年十月封孚濟侯
宋會要白龍池神祠
在宜芳縣大萬山神宗元豐三年七月封靈淵侯
宋會要龍池神祠
在榮州資官縣鐵山龍池神祠崇寧二年十一月賜額豐利　武當縣鄖城山龍池神祠徽宗政和五年四月賜額時應　建康府句容縣茅山天聖觀龍池神祠光堯皇帝紹興三十年六月賜額廣濟
卷一千二百三十六
宋會要慈母池神祠
在茂州神宮元豐七年賜額善應
宋會要湫池神祠
渠州鄰山縣徽宗崇寧二年十一月賜額嘉澤五年十二月封英濟侯
宋會要水池神祠
隆慶府伏虞縣北徽宗崇寧二年十二月賜額惠應
宋會要華池神祠
在神山龍角山西峯徽宗崇寧五年十二月賜廟額孚

祐　一在平陽府臨汾縣城東四十里漫天嶺上

宋會要寶山池神祠

在大寧府大昌縣徽宗政和五年七月賜廟額富源高宗紹興二十年十月封豐利侯

宋會要石馬池神祠

在興元府南鄭縣中梁山紹興十五年九月賜額澤潤二十年十月封休應侯

宋會要馬營池神祠

在代州城中徽宗大觀四年賜額淵澤

宋會要玉華池神祠

在簡州陽安縣玉女山希夷觀孝宗乾道二年三月賜

卷一千二百三十六

宋會要劍池神祠

在南昌府豐城縣大江南岸上流紹興二年閏四月賜廟額龍津

宋會要鹽池神祠

在解縣（舊號靈慶廟）徽宗崇寧四年閏二月賜額顯慶大觀元年正月封博利侯閏十月加封廣惠公二年封寶源王　一河東解州安吉縣定戎寨鹽池神祠徽宗崇寧四年十二月賜額寶眖

宋會要淥沼神祠

在渠州流江縣徽宗政和四年十月賜廟額明應

宋會要鹽井神祠

湧鹹源鹽井三神祠在大寧大昌縣（自宋大中祥符二年四月並封王曰普濟曰善利曰廣惠）徽宗政和五年七月賜廟額寶源高宗紹興二十年十月加封曰普濟瑞澤王曰善利靈助王曰廣惠阜成王

宋會要靈鰻井神祠

在明州鄞縣阿育王山廣利寺哲宗元祐元年賜額淵靈

宋會要五龍井神祠

卷一千二百三十六

五龍井五老祠在道州營道縣徽宗大觀四年正月賜廟額崇應政和四年十月並封侯曰壽靈壽通壽寧壽成壽應

宋會要龍井神祠

在劒浦縣五港井上平夷可坐數十人草木光潤歲旱鄉民齋心苦禱令釋子諷經呪三匝頃刻水中自然噴成雲霧有物似蜥蜴甚小微露角距浮水面旋即入井而風霆往往挾雨以至歲亦大稔鄉民為立祠白其狀於臺府徽官發寶以聞于廟祀之香火寖盛　一太湖縣桐山龍井神祠徽宗大觀元年十一月賜廟額昭濟政和五年九月封靈惠侯　臨安府臨安縣徑山龍仁

禪院龍井神祠光堯皇帝紹興八年五月賜額靈澤十一年三月封廣潤侯十八年三月加封廣潤昭應侯二十年七月封孚佑王以祈雨感應特封也　三十年十一月加封顯應孚佑昭濟王　杭州府錢塘門外鳳凰嶺龍井神祠光堯皇帝紹興十八年七月賜廟額東濟　漢州綿竹縣無爲山龍井神祠孝宗隆興元年八月賜廟額順濟乾道三年九月龍神封靈澤侯

宋會要烏龍井神祠

在臨安府鹽官縣黃灣今三山光堯皇帝紹興十一年正月賜廟額福濟

宋會要泉水神祠

卷一千二百三十六

在神泉寨榆木川哲宗紹聖五年五月賜額神泉

宋會要古泉神祠

在柳州馮平縣窰山徽宗大觀元年十一月賜廟額孚應

宋會要護泉神祠

在柳州鎮寧寨大觀二年六月賜廟額歸德封靈顯侯

宋會要落水泉神祠

在深州靜安縣舊號壯廟徽宗崇寧二年十月賜廟額靈感

宋會要流泉神祠

在憲州靜樂縣挑子山徽宗崇寧二年十二月賜廟額靈濟四年封顯應侯

宋會要石眼泉神祠

在夔州奉節縣龍洞里徽宗崇寧四年賜廟額普濟宣和五年八月封靜應侯

宋會要漳源泉神祠

在長子縣發鳩山徽宗政和元年八月賜廟額靈湫

宋會要太子泉神祠

在遼山縣徽宗崇寧三年十月賜廟額普惠

宋會要郎君泉神祠

在和順縣合山徽宗崇寧三年十月賜額普澤

宋會要玉女泉神祠

卷一千二百三十六

在解州鄜城縣神宗元豐八年賜廟額靈源

宋會要娘子泉神祠

在和順縣合山徽宗崇寧三年十月賜額普潤

宋會要舒姑泉神祠

在池州石埭縣光堯皇帝紹興十七年七月賜廟額顯濟

宋會要湧金泉神祠

在夏縣徽宗大觀元年二月賜廟額靈泉二年十二月封清安侯

宋會要靈井泉神祠

在潁昌陽翟縣徽宗政和元年五月賜額孚濟

宋會要瑤泉神祠

在淮南東路定遠軍城西徽宗政和三年十二月賜廟額靈澤

宋會要寒泉神祠

古靈湫寒泉神祠在梁泉縣紫柏山壽皇聖帝乾道二年五月賜廟額普潤

宋會要羚羊泉神祠

在重慶府江津縣縉雲山崇教寺神宗熙寧十年封靈感侯徽宗宣和四年三月賜廟康濟高宗紹興十一年九月加昭應二字十五年九月加封德施靈感昭應侯

宋會要白馬泉神祠　卷一千二百三十六

在贊皇縣哲宗元符三年八月賜廟額靈施徽宗崇寧二年六月封顯濟侯政和元年八月封駿澤公

宋會要木馬泉神祠

在南鄭縣旱山舊號靈祚夫人紹興七年閏十月賜廟額顯應孝宗隆興二年十月封柔惠夫人

宋會要牛頭山泉神祠

在興元府高宗紹興七年閏十月賜廟額忠濟

宋會要洛源神祠

在洛南縣洛源神宗元豐元年七月封靈濟侯

宋會要臨海灘神祠

在東海縣舊號渤海徽宗崇寧四年賜廟豐濟

宋會要慈母灘神祠

在遂山縣黃河徽宗政和元年二月賜廟額淑惠

宋會要瀘灘洞神祠

在達州新寧縣徽宗政和三年十二月賜廟額順應五年十一月封通澤侯

宋會要白洞神祠

在嚴州壽昌縣仁豐鄉相傳為吳司徒祠徽宗崇寧二年封靈應王廟

宋會要師子洞神祠

在同谷縣文王山徽宗崇寧二年六月賜廟額靈感

宋會要聖水洞神祠　卷一千二百三十六

同谷縣雞頭山聖水洞神祠徽宗崇寧三年六月賜額惠應光堯皇帝紹興八年八月封靈惠侯　梁泉縣君子山聖水洞神祠宋光堯皇帝紹興二十九年六月賜額慈感

宋會要古仙洞神祠

在岳州臨湘縣徽宗政和八年六月賜廟額崇惠

宋會要白甲洞神祠

在閬江縣紹興十五年九月賜廟額善應

宋會要清潤洞神祠

在涪州乾道四年正月賜額威澤

宋會要連洞神祠

在沅州盧陽縣浮洞山。乾道七年正月賜廟額威顯。

宋會要應靈侯神祠

在潼川府郪縣。徽宗大觀元年五月賜廟額時佑，孝宗乾道元年八月加封通濟應靈侯。

卷一千二百三十六

禮二〇之一三一

全唐文

宋會要望帝祠

在懷安金水縣金臺山蜀王杜宇祠，當號望仙帝。徽宗政和二年十一月賜廟額靈安。

宋會要水帝祠

在江州德化縣。神宗元豐四年賜廟額會濟。

宋會要天王祠

在延安府西城。徽宗崇寧四年賜廟額依順。

宋會要大王祠

濩口大王祠在夔州雲安縣西。徽宗崇寧四年七月封昭惠靈顯王。廟

衡大王祠在隨州城東門。徽宗大觀元年十二月賜廟額明應。

揚州江都縣瓜州鎮有迎潮大王祠，封靈信應侯。徽宗政和二年賜廟額顯濟。光堯皇帝紹興十二年九月加封靈信應昭侯。

護國明貞大王祠在嚴州遂安縣。徽宗宣和二年五月封助順侯。

二神王山大王祠在吉州廬陵縣永和鎮。紹興五年十二月賜廟額輔順，十五年七月封感遠侯。孝宗隆興二年六月加封肅應感遠侯。

感通大王祠在福州福清縣。高宗紹興二十六年正月賜廟額靈感，孝宗乾道二年十二月封昭應侯。

宋會要神應王祠

光堯皇帝紹興十七年剏建，太醫局於臨安府，依在京

舊制修建神應王殿宇十八年畢工奉神像于殿并奉善濟公即疏伯也於東廡見在東京崇化坊

臨汀志靖王祠

在臨汀蓮城縣南嘉定閒勅賜廟額按王淮陰人張有嚴之子唐開元元年八月十八日生千四年七月二十五日入滅為神護國救民封成濟侯宋太祖親征太原川水泛溢上憂之氷忽合師遂濟空中見神來朝加征應護聖使者熙寧五年陞濟物侯宰相王荆公令有司勘會靈顯事跡再封忠懿文定武寧嘉應侯南渡以來神復響荅於浙閩而此方尤顯著累封東平忠靖王邑人尊事之殿基舊毕隘淳熙九年重建

宋會要廣福王祠

在泉州府南安縣舊號靈嶽顯應王神宗熙寧八年六月封崇應公徽宗政和四年二月賜廟額昭應宣和三年九月封通遠王高宗紹興二十四年六月封通遠善利王孝宗乾道四年正月加封通遠善利廣福王

宋會要英烈王祠

在延安府鮮州嘉嶺山徽宗大觀元年正月賜額二年十二月封應聖護國英烈王

宋會要顯聖王祠

在雷州海康縣徽宗大觀元年五月賜廟額孚澤

宋會要感應王祠

在建寧府甌寧縣安樂鄉高宗紹興元年四月賜廟額

靈佑

宋會要白渚神祠

在城南上舊號靈顯王紹興六年正月賜廟額威濟

宋會要關越王祠

在建寧府浦城縣紹興十二年十一月賜廟額昭佑

宋會要岷山王祠

在義州汶川縣紹興十五年十一月賜廟額應誠

宋會要水平王神祠

在蘇州府吳江縣光堯皇帝紹興十五年七月賜廟額永利

宋會要昭化王祠

在延平將樂縣感應靈通武德偽閩所封紹興十六年二月賜廟額昭佑

宋會要雷神威德王祠

在雷州海康縣紹興三十一年十二月賜廟額顯震孝宗乾道三年十一月加封威德顯昭王本廟石神土地封協應侯

宋會要林法王祠

在仙遊縣乾道四年二月賜廟額興福

宋會要安濟王行祠

靈順昭應安濟王別祠在贛州贛縣徽宗政和二年七月賜廟額神惠一在常州徽宗政和六年六月賜廟額

靈濟

宋會要平威靈王祠

建寧府松溪縣孝宗隆興二年九月賜廟額

宋會要護國王祠

護國王劉氏祠在筠浦縣白面山徽宗崇寧元年九月賜廟額順應孝宗乾道六年正月封威惠侯　又云護國興部王祠在合州子城外西南門高宗紹興六年九月賜廟額靈惠

宋會要金城王祠

哲宗紹聖四年賜廟額歸德以鍾傳言蘭州修築金州關三月合浮橋有一舟入流不正衝橋船脫尋禱河神橋歘合間挽船泝流而上徑基橋合萬衆驩歎皆云神行助大兵濟流渡往還無虞已臨河建河伯廟及於金城關上建金城王廟故合賜額

卷一千二百三十七

宋會要閩王郢之子祠

在福州府閩縣舊號鱔溪神神宗熙寧八年封沖濟廣應王高宗紹興十一年九月加封沖濟廣應靈顯王仍賜廟額永寧

宋會要王延稟祠

在邵武縣徽宗崇寧三年九月賜廟額靈威政和四年八月封顯正英烈王其配張氏封順應夫人高宗紹興七年八月加封顯正英烈佑順王王妻應順夫人張氏

加封昭化二字十七年九月加封王曰顯正英烈佑順
善濟王夫人曰順應昭化慈惠夫人
宋會要巴王祠
在忠州偽蜀廣政中封爲巴國永順王紹興十一年正
月賜廟額功顯孝宗乾道八年十一月改封靈惠侯以
偽蜀封爵故改之
宋會要鎮吳王祠
在楚泗州瀆頭鎮壽皇聖帝乾道三年六月賜額顯濟
六年正月封靈感王
宋會要趙武靈王祠
在嵐州樓煩縣徽宗崇寧三年二月賜廟額保寧
〔卷一千二百三十七〕
宋會要徐偃王祠
在衢州西安縣徽宗政和五年五月賜廟額感應光堯
皇帝紹興二十七年四月加封靈惠慈仁王
宋會要上宮神祠
在康州府欽州安遠縣神宗熙寧八年封聰正王廟
宋會要石達闕神祠
在朐山縣東南徽宗崇寧三年十二月封英靈順濟王
廟
宋會要靈感元應公祠
在清源縣徽宗崇寧二年五月賜廟額宣濟封元應公
大觀元年十月加封靈感元應公

宋會要順應公祠
在杞樓谷徽宗政和四年六月賜廟額順應一在眉
州丹稜縣東館鎮乾道三年十一月賜廟額順應
宋會要順政公祠
在彭縣高宗紹興十三年三月賜廟額
宋會要嘉應公祠
在杭州百戲巷令秀義坊
宋會要趙瑩明靈公祠
在定胡縣晉趙瑩祠神宗元豐四年九月封明靈侯哲
宗元符二年十月進封公
宋會要楊班廣應公祠
〔卷一千二百三十七〕
在鄜城縣神宗元豐八年賜廟額靈源徽宗二年七月
封靈應侯政和四年十月封廣應公
宋會要林公祠
乾道三年八月賜廟額靈惠
宋會要廣澤神祠
在復州景陵縣神宗熙寧二年封惠澤侯徽宗宣和二
年封孚應公三年賜靈額靈澤高宗紹興二十四年五
月封封孚應顯濟公孝宗乾道四年七月加封孚應顯
濟廣惠公
宋會要朐嶺神祠
在朐山縣神宗熙寧八年封慶佑侯徽宗政和三年八

月賜額宣和三年封顯濟公

宋會要郜臺神祠

在銀川城柏林山哲宗紹聖中封靈應侯徽宗崇寧三年復故地築州城及龍泉新寨畢封威順公廟

宋會要寶臺神祠

在延安府綏德軍龍川城柏林山哲宗元符二年賜額靈佑徽宗崇寧四年封威順公

宋會要茶陵節侯祈祠

在茶陵縣漢長沙定王子徽宗崇寧四年賜額福濟高宗紹興七年八月加封明靈二字十四年九月又加封威護二字十八年三月加封明靈廣澤威護仁惠公

卷一千二百三十七

宋會要鹽宗神祠

在平陽府解州安邑縣崇寧四年閏二月賜廟額開利大觀元年正月封興寶侯二年封美利公

宋會要偃雲嶺神祠

在平陽府解州安邑縣崇寧四年閏二月賜廟額靈濟大觀元年正月封仁施侯二年十二月封節潤公

宋會要梁將武平祠

灃州慈利縣武靈神梁將武平祠崇寧三年二月賜廟額惠政和二年十月封慈應侯宣和中封惠烈公

宋會要護國石人大公祠

在信州上饒縣靈山光堯皇帝建炎三年十月封靈助侯紹興三年三月加封威濟二字

昭輯坊神祠

在淨州興元城內裏號靈顯廟高宗紹興九年五月賜廟額威顯二十四年五月封忠應侯二十八年七月加封豐澤二字三十二年十月又加靈貺二字孝宗乾道五年十月加封忠應豐澤靈貺昭濟侯九年十二月封昭應公

宋會要東晉宋益祠

在黄梅縣黄齡洞（益學道日居黄齡洞隱身石間時號為石使君人為立祠）徽宗崇寧二年十二月賜廟額靈應光堯皇帝紹興九年五月封昭德侯

卷一千二百三十七

宋會要縣令周鵬舉祠

在紹興府上虞縣徽宗大觀四年賜廟額遺德宣和七年八月封威惠侯

宋會要魯國唐行旻祠

在永州零陵縣徽宗崇寧元年賜廟額靈顯宣和三年五月封應惠侯高宗紹興二十年七月加順成二字十九年七月加封應惠順成昭烈侯

宋會要後唐廖茂祠

在邵武縣（舊號石鼓威應廟）徽宗崇寧中賜廟額顯應高宗紹興七年八月封顯化侯仍封其妻宋氏曰昭順夫人三十一年十二月侯加忠濟二字夫人加協德二字顯化

惠濟侯孝宗乾道三年五月加封顯化惠濟永利侯妻
昭順協德夫人加封昭順協德靈應夫人

宋會要後唐陸大歲祠

在邵武縣烏田舊號水南石岐廟徽宗政和元年賜廟額豐應
高宗紹興七年八月封昭應侯妻崔氏封顯順夫人二
十六年十二月加封曰昭應靈佑侯妻加封顯靈佑夫
人

宋會要師子神祠

在府谷縣百勝寨仁宗景祐三年十月府州言州西有
師子神禱雨祈求甚有靈應詔賜廟額靈感徽宗政和
三年三月封昭佑侯

卷一千二百三十七

宋會要郎君神祠

永康崇德廟廣祐英惠王次子仁宗嘉祐八年八月昭
永康軍廣濟王廟郎君神特封靈惠侯差官祭告神即
李冰次子川人號護國靈應王開寶七年命去王號至
是軍民工言神嘗贊助其父除水患故有是命哲宗元
祐二年七月封應感公徽宗崇寧二年加封昭惠靈顯
王政和八年八月改封昭惠靈顯真人高宗紹興元年
十二月依舊封昭惠靈顯王改普德觀爲廟舊號護國靈應王廟宋崇寧二年加封昭惠靈顯王政和八年八月改封昭惠靈顯真人賜普德觀額至是撫處置使張浚言具人之讖思從仙儀非感靈護國血食一方之意於是有詔改封焉六年四月加威濟
二字二十七年九月加封英烈昭惠靈顯威濟王王子

曰十五郎十八郎紹興七年閏十月並封侯曰通利侯
勇應侯二十七年九月加封曰濟美通利侯昭貺勇應
侯廟中從神郭舍人威濟侯妻紹興七年閏十月封正
利夫人

宋會要王仝祠

在潭州安化縣司徒嶺神宗熙寧八月正月賜額嘉應
侯

宋會要阜頭神祠

在鄞縣神宗熙寧七年九月封顯應侯

宋會要石堠祠

在隆興府分寧縣神宗熙寧八年六月封利順侯仍賜
廟額靈應

卷一千二百三十七

宋會要陳元光祠

在漳州漳浦縣神宗熙年八年六月封忠應侯徽宗政
和三年十月賜廟額威惠宣和四年三月封忠澤公高
宗建炎四年八月加封顯佑二字紹興七年正月又加
英烈二字十二年八月加封英烈忠澤顯佑康庇公十
六年七月進封靈著王二十三年七月加封順應二字
三十年又加昭烈二字王父政母吐萬氏紹興二十年
六月封父曰助昌侯母曰厚德夫人王妻种氏建炎四
年八月封恭懿夫人紹興二十年六月加封肅雍二字
王子珦紹興二十七年四月封昭貺侯靈著順應昭烈

王孝宗乾道四年九月加封靈著順應昭烈廣濟王考胙昌侯加封胙昌開祐侯妣厚德夫人加封厚德流慶夫人妻恭懿肅雝夫人加封恭懿肅雝善護夫人子昭貺侯加封昭貺通感侯曾孫詠封昭仁侯謨封昭義侯訏封昭信侯

宋會要白柆神祠

在德慶府陽春縣元豐元年三月封嘉應侯　一在黔州彭水縣神宗元豐元年四月封嘉澤侯徽宗建中靖國元年賜廟額孚利

宋會要靈鎮侯祠

在江陵府城南息壤神宗元豐元年封靈鎮侯徽宗政和四年十月賜廟額豐惠

卷一千二百三十七

宋會要大家峽神祠

在英州真陽縣元號順天富國進寶大王廟舊傳神郭氏神宗元豐五年九月賜廟額峽山徽宗崇寧四年四月封靈變侯

宋會要蓋竹村神陳淮祠

在建寧府建陽縣唐封保疆侯神宗元豐七年封威靈侯徽宗政和五年八月賜廟額威懷高宗紹興五年十二月加封翊順二字十年閏六月加封顯靈翊順威惠侯仍封妻董氏曰慈懿夫人子三人並封侯曰協義曰協信曰協濟

宋會要伏墩陳汪二神祠

禮二〇之一四三

在建寧縣神宗元豐七年三月賜廟額孚應哲宗元符元年十一月封陳氏靈符侯汪氏靈佑侯徽宗政和二年四月陳氏封寧惠公汪氏封靈順公宣和六年七月汪氏封廣順王陳氏封廣惠王高宗紹興二十四年八月加封曰廣惠英顯王曰廣順英顯王

宋會要洪澤鎮三神祠

在淮陰縣俗傳馬王康公八嘉應侯哲宗元祐八年賜廟額會應

宋會要平夏城三神祠

哲宗紹聖四年築平夏城有蜥蜴三見于此居民祠之水旱禱即應徽宗崇寧四年十一月賜廟額昭順及封其一曰順應侯二曰順貺侯三曰順佑侯

卷一千二百三十七

宋會要慕宗神祠

在渭杞縣暖泉寨本唐御史竇臺人哲宗元符二年七月賜廟額靈佑徽宗崇寧四年封昭順侯以鄜延路經畧使呂惠卿言暖泉寨新置巡綽人馬在慕宗神廟側廟在柏林山上訪聞永治之役軍人常毀伐其廟林木遂憑人身語以後日之禍自此邊人畏其神靈今雖已界內緣慕宗之名係是羌語乞賜名額庶新疆之鬼神不失廟食以因一疆場故有是詔

宋會要七寶神祠

在韶州曲江縣岑水場哲宗元符二年賜額徽宗崇寧五年八月封豐應侯孝宗乾道八年二月加封通利豐

禮二〇之一四四

應侯

宋會要漢源鎮神祠

在黎州徽宗崇寧元年賜廟額惠濟政和元年三月封
嘉淵侯

宋會要詩竹城神祠

在武岡縣宗崇寧元年賜廟額靈應大觀元年四月封
威德侯

宋會要龍巖神祠

在南雄府保昌縣楊歷山崇寧元年九月賜廟額靈巖
大觀元年五月封顯祐侯

宋會要烈石谷神祠

卷一千二百三十七

在太原府陽曲縣徽宗崇寧元年九月賜廟額靈泉大
觀元年十月封英濟侯

宋會要父子谷神祠

在梁泉縣豆積山徽宗崇寧元年十二月賜額宣和五
年封父忠護侯子忠嗣侯

宋會要晉彝祠

在建康府澄縣湖山徽宗崇寧二年賜廟額靈忠大觀
元年九月封忠烈公宣和三年閏五月封忠顯王光堯
皇帝紹興十五年七月加康濟二字三十一年十二月
又加佑正二字妻孔氏十六年八月封懿順夫人又封
王諸子次男西陽太守贈平南將軍雲為嗣慶侯第三
男荆州刺史贈司空諮為溫恭侯第四男散騎常侍秘
為婧易侯第五男侍中車騎將軍贈太尉沖為端懿侯
將軍贈興古太守俞縱為武愍侯　先是紹興十六年
八月有司擬彝長男南郡公溫封宣威公繼而臣僚論
列徽去溫像寢其命詳見雜錄壽皇聖帝乾道三年閏
七月加封佑正忠顯康濟英烈王妻懿順夫人乾道八
年封

宋會要齊蓋祠

在永寧軍博野縣徽宗崇寧三年八月賜廟額靈貺四
年二月封嘉惠侯

宋會要漢扶廷尉神祠

卷一千二百三十七

在夔州雲安縣北崇寧三年二月賜廟額豐利政和六
年十月封昭利侯

宋會要石蟠神祠

在邛州蒲江縣長秋山太清觀崇寧四年三月賜廟額
貞濟高宗紹興十二年七月封昭應侯

宋會要山口神何昌期祠

在廣州陽山縣崇寧四年三月賜廟額仁應孝宗乾道
二年十月封善利侯

宋會要水南神胡雄祠

在贛州虔化縣徽宗崇寧四年四月賜廟額博濟五年
十二月封靈著侯高宗紹興十四年二月加勇護二字

二十九年九月又加廣澤二字。孝宗乾道四年三月加封勇護靈著廣澤水濟侯。

宋會要雲頂山神李邈祠

在懷安金水縣（偽蜀封利國王）并子李承榮祠。徽宗崇寧四年六月賜廟額惠應。政和二年九月封邈昭佑侯，承榮靈助侯。高宗紹興二十八年，山神昭佑侯加封聰佑靈濟侯，子靈助侯加封靈助順成侯，又封佑神安仲吉曰通濟侯。孝宗隆興二年六月，昭佑靈濟侯妻封靈慶夫人，子靈助順成侯妻封翊佑夫人，佑神通濟侯妻封顯德夫人。

宋會要雷唐神祠

卷一千二百三十七

在柳州馬平縣。徽宗崇寧五年正月賜廟額解澤。高宗紹興二十七年六月封昭應侯。

宋會要何道者祠

在光澤縣龍興院。崇寧中賜廟額真應。高宗紹興二十六年正月封靈顯侯。

宋會要顯惠祠

在真寧縣。侯乃昭祐顯聖王長子。徽宗大觀元年賜廟額豐澤。

宋會要廣澤侯祠

在真寧縣。侯乃昭祐顯聖次子。徽宗大觀元年賜廟額廣澤。

禮二〇之一四七

宋會要盐漿神祠

在解縣壇道山。徽宗大觀元年正月賜廟額靈液。二年封仁惠侯。

宋會要松花神祠

在虞鄉縣方山。徽宗大觀元年三月賜額昭祐。二年十月封積仁侯。

宋會要旱神李氏祠

在衛州常寧縣。徽宗大觀元年四月賜廟額顯惠。高宗紹興六年十月封普濟侯。

宋會要山洞神銀氏祠

在陽朔縣都樂鄉。東宗大觀元年九月賜廟額應誠。高宗紹興十一年正月封威武侯，仍封其廟白馬靈神曰威顯侯。

卷一千二百三十七

宋會要延壽溪神吳興祠

在莆田縣。大觀元年十一月賜廟額孚應。高宗紹興二十一年十二月封義勇侯。

宋會要陳元初祠

在婺州武義縣。徽宗大觀二年賜廟額彰惠。光堯皇帝紹興二年十月封昭靈侯，又封本廟龍女三娘為濟濟夫人。

宋會要臨河埽神祠

在臨河縣。徽宗大觀二年賜廟額宣濟，仍封靈順侯。

禮二〇之一四八

宋會要鄉社神祠

在莆田縣宫弄村舊號大官徽宗大觀元年五月賜廟額祥應宣和四年封顯惠侯

宋會要黄沙嶺神祠

在工洛縣舊號靈澤侯徽宗大觀二年五月賜廟額光澤

宋會要三莫神祠

在觀州高宗紹興四年九月十一日廢爲高峯寨隸宜州寶積監莫廷浪莫廷湧莫廷相三神祠徽宗大觀二年七月賜廟額靈助並封侯曰廣威曰廣化曰廣寧

宋會要松溪神茶微祠

在臨安府新城縣隋封通靈侯徽宗政和元年正月賜廟額廣利宣和三年六月封威顯王壽皇聖帝乾道九年十一月加封威顯敏應侯

卷一千二百三十七

宋會要李太保祠

在建寧府建陽縣徽宗政和元年賜廟額庇民宣和五年八月封靈貺侯

宋會要袁玘祠

在常州宜興縣漢陽羨令袁玘祠徽宗政和元年賜廟額果利光堯皇帝紹興九年九月加封惠侯二十六年二月加封嘉惠字人侯壽皇聖帝隆興二年六月加封明應嘉惠字人侯乾道六年二月加封明應嘉惠永濟字人侯

宋會要張太保祠

在臨安府昌化縣徽宗政和二年八月封靈佑侯

宋會要黄岡神祠

在武岡縣政和三年七月賜廟額嘉應宣和四年六月封普應侯

宋會要曹靖祠

在湖州徽宗宣和三年閏五月封昭應侯仍賜廟額靈佑

宋會要光口神鄧氏祠

光口舊傳神鄧氏祠在真陽縣徽宗政和四年六月賜廟額靈川七年二月封德濟侯

卷一千二百三十七

宋會要胥郎君祠

在衡州子城瀟湘門外徽宗政和五年三月賜廟額靈孚高宗紹興二十六年十二月封明孟惠濟侯

宋會要屈坦祠

在台州坦乃唐書屈晃子也坦爲城聖神徽宗政和中賜廟額鎮安光堯皇帝建炎二年三月封顯佑侯三年加通應二字紹興八年正月又加靈惠二字壽皇聖帝乾道四年三月加封顯祐通應靈惠昭貺侯

宋會要福田神祠

在贛州寧都縣高宗建安二年八月賜廟額孚惠紹興三十二年九月封靈應侯

宋會要李先鋒祠

在延平府城東高宗建炎三年正月賜廟額靈佑紹興四年八月封威勝侯三十二年加封顯應二字孝宗乾道三年六月加封威勝顯應英濟侯

宋會要洑口神祠

在福州永福縣（太祖開寶五年封靈通護境王世傳漢丞相陳平之後）高宗紹興元年二月賜廟額威靈十九年六月封靈貺侯

宋會要忠烈侯祠

在溫州樂清縣光堯皇帝建炎四年七月賜廟額

宋會要官莊神祠

在仙遊縣高宗紹興元年三月賜廟額顯佑孝宗乾道二年十二月封神惠侯

卷一千二百三十七

宋會要源陂神祠

在撫州府崇仁縣紹興二年五月加封嘉顯孚濟侯

宋會要梅川神祠

福州閩清縣梅川神祠封梅川侯紹興二年四月賜廟額德感從神聖者封梅川將軍紹興三十年十一月加封梅川昭顯侯

宋會要巨板神祠

在建寧府建陽縣紹興四年五月賜廟額敏應十一年八月封德感侯

宋會要顯助侯祠

在潭州衡山縣南嶽北門高宗紹興五年閏二月封顯助侯十七年十月封其妻曰昭順夫人

宋會要楊花二神祠

在泉州府同安縣九躍山楊氏花氏二神祠紹興六年十二月賜廟額威祐二十六年二月封楊氏曰昭惠侯妻曰翊惠夫人花氏曰威濟侯妻曰協濟夫人

宋會要靈濟顯祐侯祠

在眉州眉山縣漢光武廟內之側高宗紹興七年四月封靈濟侯孝宗乾道三年十二月加封靈濟顯祐侯

宋會要弋陽三神祠

在定城縣弋陽西隅三神祠正弋陽大王東曰冀公大神西曰土地正神光堯皇帝紹興九年四月賜廟額威衛二十五年八月並封侯中位神曰威惠東位神昭惠西位神曰靈應三十一年正月各加二字曰顯應順應孚應三十二年九月加封曰英格威惠顯應侯武格昭惠順應侯忠格孚惠靈應侯

卷一千二百三十七

宋會要御焙張氏祠

在建寧府建安縣北苑高宗紹興十年六月封昊應侯二十年八月加封効靈二字二十六年十月又加潤物二字孝宗乾道二年三月加封昊應効靈潤物廣祐侯妻范氏封協濟夫人

宋會要御焙蔣氏祠

在建寧府建安縣北苑高宗紹興十年六月封敷澤侯
仍賜廟額靈滋二十年十月加封昭順二字二十六年
十月又加顯濟二字孝宗乾道二年三月加封敷澤昭
順顯濟應靈侯妻周氏封佑德夫人

卷一千二百三十七

全唐文

宋會要錢清鎮神祠

在紹興府蕭山縣光堯皇帝紹興十四年賜廟額宗護
三十一年封顯佑侯

宋會要北嶺神祠

在紹興府蕭山縣光堯皇帝紹興十四年六月封顯應
侯三十年十月加封靈助顯應侯

宋會要任使君祠

在雅州嚴道縣長瀆江口高宗紹興十五年閏十一月
賜廟額順應孝宗乾道三年十二月封靈應侯

宋會要福頂神祠

卷一千二百三十八

在福州侯官縣高宗紹興十九年二月封普濟侯賜廟
額昭惠三十一年正月加威顯二字孝宗乾道二年十
二月加封靈應威顯普濟侯

宋會要何穆祠

在莆田縣高宗紹興二十七年八月賜額孝宗乾道五
年正月封善應侯

宋會要上堂山胥公祠

在寧國府黟縣光堯皇帝紹興二十七年十二月賜廟
額靈惠壽皇聖帝乾道二年正月封善應侯

宋會要陳堯道祠

在光澤縣西館紹興三十年十二月賜廟額惠應孝宗

乾道三年九月陸堯道封靈濟侯，妻封贊福夫人。

一　宋會要古神祠

巴州同慶難江縣紹興三十一年十一月賜廟額威德。乾道四年正月封靈威侯。

宋會要柳太保祠

紹興府長寧軍（舊淯井監）崇應侯，紹興三十一年五月加封崇應威顯侯，仍賜廟額忠佑。

宋會要石柱神祠

在福州長樂縣。紹興三十年六月賜廟額顯應。孝宗隆興二年十一月封淵肅侯。

宋會要西宮神祠

卷一千二百三十八

在泉州府德化縣（為閩封黃邑侯）。紹興七年四月賜廟額威惠。十九年五月封靈助侯。三十二年十月加封嘉顯助侯。

宋會要威濟侯祠

在崇慶府新津縣修覺山（舊蜀州）。孝宗隆興元年二月賜廟額惠侯。

宋會要忠烈侯祠

在臨安府新城縣塔山。壽皇聖帝乾道三年十一月賜廟額靈惠。

宋會要高聖三郎祠

在隆興府奉新縣。孝宗隆興二年十月賜廟額蓀光。乾道八年十二月高聖三郎封忠惠侯，四郎封英惠侯，五郎封壯惠侯，七郎封烈惠侯。

宋會要二使者祠

建康府茅山元符萬寧宮二使者祠。徽宗大觀元年三月封靈佑、靈護侯。

宋會要三石神祠

江山縣江郎山三石神祠。徽宗大觀四年三月賜廟額靈石。政和七年五月封一曰靈濟侯，二曰靈潤侯，三曰靈液侯。光堯皇帝建炎二年五月封靈澤侯曰廣澤公，靈潤侯曰豐潤公，靈液公曰惠液公。壽皇聖帝乾道四年五月加封惠澤公曰博濟廣澤公，豐潤公加封豐潤周施公，惠液公加封惠液普洽公。

宋會要石峯神祠

卷一千二百三十七

在嘉慶府拖州清江縣連珠山。徽宗政和三年二月賜廟額九月，封嘉惠侯。

宋會要五郎侯祠

在建寧縣五郎田靖共、田靖獻、田靖國、田靖方、田靖邦祠。徽宗宣和六年七月賜額世傳戰國田單之後。高宗紹興十一年三月並封侯：田靖共曰武平侯，田靖獻曰武泰侯，田靖國曰武順侯，田靖方曰武信侯，田靖邦曰武威侯。二十三年五月各加封二字，曰威顯靈顯英顯勇顯惠顯。三十年四月又各加二字，曰廣利廣濟廣休廣應廣祐。孝宗乾道四年四月武平威顯廣利侯加封武平威顯康利昭德侯武泰靈顯廣濟侯加封武泰靈顯廣濟昭烈侯武順廣顯廣休侯加封武順英顯廣休昭義侯武信勇顯英應侯加封武信勇顯廣應昭貺侯武威惠顯廣祐侯加封武威惠顯廣祐昭積侯

宋會要康穆二神祠

在常山縣水北光堯皇帝紹興三十年十一月賜廟額靈濟壽皇聖帝隆興二年七月康將軍封昭佑侯穆三郎封嘉惠侯乾道五年三月昭佑侯加封昭佑廣利侯嘉惠侯加封恩惠普澤侯

宋會要三侯祠

在韓廟之側乾道三年曹侯汪以郡治之左有溪湍流

卷一千二百三十八

東西相距綿亘五里往來病涉假舟爲濟一遇風濤多遭覆溺始於中流甃石爲洲東西緜梁曰浮橋行者便焉始立祠於登瀛門之旁淳熙十七年丁侯允元又自溪之西岸立石洲五易舟爲梁而屋其上邦人德之及侯新作韓廟乃相與即廟而立生祠焉嘉泰改元判官曹愈始還曹祠于今地與丁祠並其後孫侯叔謹爲政有德於此邦人相率立祠于二侯之側今皆廢

宋會要五顯靈觀祠

在寧國府婺源縣五通祠祠徽宗大觀三年三月賜廟額靈順宣和五年正月封一曰通貺侯二曰通佑侯三曰通澤侯四曰通惠侯五曰通濟侯光堯皇帝紹興二

年五月各於侯爵上加二字曰善應善助善利善及善順十五年八月各加二字曰昭德曰昭信曰昭義曰昭成曰昭慶（是歲信州別廟封令一體稱呼）壽皇聖帝乾道三年九月通貺善應昭德侯加封通貺善應昭德永福侯通佑善助昭信侯加封通佑善助昭信永休侯通澤善利昭義侯加封通澤善利昭義永康侯通惠善及昭成侯加封通惠善及昭成永寧侯通濟善順昭慶侯加封通濟善順昭慶永嘉侯淳熙元年五月通貺善應昭德永福侯封顯應公通佑善助昭信永休侯封顯洛公通澤善利昭義永康侯封顯佑公通惠善及昭成永寧侯封顯靈公通濟善順昭慶永嘉侯封顯寧公十一年二月顯應公

卷一千二百三十八

加封顯應昭慶公顯濟公封顯濟昭貺公顯佑公封顯佑昭利公顯靈公封顯靈昭濟公顯寧公封顯寧昭德公

宋會要張將祠

在閬州興元高宗紹興元年十二月封顯顯王（是歲以樞密宣撫處置使司張浚言邊入侵犯境上陰佑中興忠烈助順英靈如在其神舊封安國公乞加王爵）一在建寧府政和縣舊隸縣徽宗崇寧三年六月賜廟額英節大觀三年二月封昭烈侯孝宗隆興二年二月加封昭烈惠應侯

宋會要楊大將軍祠

在階州福津縣唐驃騎大將軍楊德舉祠徽宗大觀三

年五月賜廟額寧遠
宋會要馮將軍祠
在榮州流江縣太祖開寶三年封應靈侯神宗熙寧九
年封應靈公徽宗崇寧二年賜廟額濟遠三月九月封
惠順王高宗紹興十五年七月王父封惠安侯二十二
年四月王弟降虜校尉允封協恭侯王子孝廉郎中驚
封濟美侯三十年八月封惠應王母曰衍慶夫人王妻
曰顯佑夫人王弟協恭侯妻曰順佑夫人王子濟美侯
妻曰淑慎夫人隆興元年九月改封曰淑靜夫人以本州言所封淑字下一字犯孝宗嫌名乞
改封故也孝宗乾道八年十一月惠應王加封惠應昭澤王
一在贛州瑞金縣紹興十七年八月賜廟額英顯
卷一千二百三十八
宋會要陳將軍祠
在新興縣唐封崇靈公真宗大中祥符二年五月詔修
葺所須官給神宗熙寧十年改封昭惠公
宋會要通澤將軍祠
通澤將軍錢氏祠在紹興府上虞縣釣臺山神宗熙寧
八年六月封廣利侯廟
宋會要客神將軍祠
在永康導水縣崇德廟左徽宗建中靖國元年二月賜
廟額勤濟以轉運司言嘗佐李冰治水之功大觀元年
二月封寧惠侯高宗紹興七年閏十月封其妻曰靜蔭
夫人十七年五月加陰濟二字二十七年九月又加翊

翊二字孝宗隆興二年九月加封翊順寧惠陰濟威武
侯
宋會要焦將軍祠
在襄垣縣徽宗崇寧二年二月賜廟額靈濟大觀四年
正月封甘澤侯
宋會要馬將軍祠
在黎州漢陽縣大渡河政和元年五月賜廟額武威十
一月封英惠侯高宗紹興二十八年七月加封忠勇二
字孝宗隆興元年九月加封忠勇英惠昭濟侯應侯
宋會要小將軍祠
在茂州徽宗政和五年九月封揚靈侯宣和七年五月
封嘉應公高宗紹興六年二月加封普惠二字九年十
月又加永寧二字二十九年四月加封令號嶽劉廟
卷一千二百三十八
宋會要劉將軍祠
在臨江府清江鎮高宗紹興二年閏四月封顯應侯并
賜廟額威惠
宋會要王將軍祠
在隆興府新建縣樵舍鎮高宗紹興二年閏四月賜廟
額應應三十一年十二月封靈濟
宋會要闕越二將軍祠
在汀州舊福州南臺二神高宗紹興五年閏二月賜廟
額普應

宋會要保寧將軍祠

在湖州府德清縣新市鎮土地光堯皇帝紹興五年七月賜廟額承靈九年五月封顯佑侯

宋會要鄭將軍祠

在泉州府南安縣紹興六年十一月賜廟額威鎮十三年十二月封忠應侯

宋會要周將軍祠

在常州府宜興縣舊號平西將軍處光堯皇帝紹興七年正月賜廟額英烈九年封忠勇侯二十六年二月加封忠勇仁惠侯神之父吳鄱陽太守魴紹興九年封基德侯二十六年二月封基德克昌侯神之妻威字封芥懿夫人

卷一千二百三十八

神之諸子紹興九年並封侯長曰靖封濟美侯次曰紀封光業侯次曰禮封昭義侯次曰碩封承慶侯二十六年二月各加二字長曰濟美廣應侯次曰廣業靈佑侯次曰昭義爽載侯次曰承慶永康侯忠惠仁勇侯壽皇聖帝隆興二年六月加封忠惠仁勇兼利侯乾道六年正月加封忠惠仁勇兼利義濟侯

宋會要韓將軍祠

在信州永豐縣古城山光堯皇帝紹興八年六月賜廟額威信十五年八月封靈威侯壽皇聖帝乾道四年正月加封靈惠顯應侯

宋會要蘇將軍祠

在臨安府鹽官縣光堯皇帝紹興十一年正月賜廟額崇佑

宋會要鄧將軍祠

在延平府沙縣高宗建炎中賜廟額靈衛紹興二十三年十月封顯應侯

宋會要三將軍祠

在衡州耒陽縣紹興二十六年正月賜廟額靈顯孝宗隆興二年二月第一位封明應侯第二位封定應侯第三位封靖應侯

宋會要五將軍祠

在龍平縣高宗紹興三十年六月賜廟額靈濟

卷一千二百三十八

宋會要威南將軍祠

在桂林府陽朔縣紹興三十一年六月賜廟額忠惠

宋會要景福將軍祠

在邛州大邑縣高山乾道二年七月賜廟額惠應

宋會要護塊將軍祠

在處縣壽皇聖帝乾道二年十月賜廟額靈應

宋會要靈應將軍祠

在延平劍浦縣長沙里乾道二年四月賜廟額顯佑

宋會要戴將軍祠

在安慶路桐城縣石潭里壽皇聖帝隆興元年十月賜廟額順應

宋會要張府君祠

縣令張府君祠在桐城縣光堯皇帝紹興二十三年六月賜廟額照烈

宋會要西原府君祠

在柳州唐西原府君蘇士評祠高宗紹興十七年十二月賜廟額遺烈孝宗乾道元年九月封昭應侯

宋會要田府君祠

層山神田府君祠在澧州石門縣崇寧元年十二月賜廟額靈貺

宋會要盧府君祠

在共城縣（在百門神顯聖靈源公廟中丈者傳爲百門神塔）徽宗政和四年四月封宣澤侯廟

卷一千二百三十八

宋會要陳明府君祠

在紹興府嵊縣光堯皇帝紹興八年十月賜廟額顯應壽皇聖帝乾道八年十一月封靈祐侯

宋會要白府君祠

城隍白府君祠在建康府溧水縣光堯皇帝紹興十年正月賜廟額顯正十七年六月詔封廣惠侯

宋會要鄧明君祠

在華陰縣徽宗崇寧三年封普潤侯廟

宋會要長官祠

在容縣徽宗政和三年十二月賜廟額德孚

宋會要顏長官祠

在泉州府德化縣乾道六年正月賜廟額忠應

宋會要薛長官祠

在紹興府嵊縣尖山下壽皇聖帝乾道八年十一月賜廟額靈輝

宋會要徐郎祠

在光澤縣鸞鄉紹興二十九年五月賜廟額昭應

宋會要馮大郎祠

在浙江臨安府光堯皇帝紹興三十年七月賜廟額順濟俗傳其神主浙江潮水舟檝事鄉人欽事之時以顯仁皇后梓宮渡江祈禱感應故賜額

宋會要范二郎祠

卷一千二百三十八

在臨安府新城縣徽宗宣和三年閏五月賜廟額靈佑

宋會要四郎神祠

在簡州陽安縣（僞蜀封忠信王）重和元年十二月賜廟額忠信

宋會要張七郎祠

在新安府新城縣徽宗宣和三年閏五月賜廟額靈休

宋會要蕭七郎祠

在衢州西安縣州城南蕭七郎祠光堯皇帝紹興二十七年十月賜廟額廣祐

宋會要二聖祠

在柳州融江寨崇寧二年賜廟額善應

宋會要三聖祠

在懷寧縣徽宗大觀元年九月賜廟額應感　一在鄂州江夏縣徽宗政和七年五月賜廟額普應宣和三年十二月封一曰會澤侯二曰顯潤侯三曰威潤侯高宗紹興九年九月各加二字曰慈濟曰廣利曰昭惠孝宗乾道二年八月會澤慈濟侯加封會澤慈濟孚應侯顯潤廣利侯加封廣利廣利靈應侯威潤昭惠侯加封威潤昭惠寶格侯一和尚原二聖祠光堯皇帝紹興元年十月威烈王封昭烈靈應王威顯王封忠顯昭應王威惠王封忠惠順應王知樞密院事宣撫處置使張浚言是歲捍禦金賊祈禱山神土地黑龍王潭祠默立三聖神祠四戰皆捷移寨據嶺本境小雨虜寨大風雨雹折木震屋賊懼遂遁去乞加封爵焉

〔卷一千二百二十八〕

宋會要劉馬二神祠

劉氏馬氏二神祠在柳州融江寨徽宗崇寧二年六月賜廟額安應

宋會要曹村埽神祠

在濮陽縣神宗元豐元年賜廟額靈澤先是河決曹村埽官吏迎置盤中視之蛇也而埽塞詔名埽曰靈平因賜廟額

宋會要沙墊神祠

在盱眙縣神宗元豐八年賜廟額崇惠

宋會要虎鄉神祠

在岳陽縣西山徽宗崇寧二年賜廟額顯仁

宋會要杉岡神祠

在康州府連山縣舊號封孚國號徽宗崇寧四年四月賜廟額仁惠

宋會要城東門神祠

在龍興縣徽宗崇寧五年十月建仍賜廟額靈祥京畿轉運使言北輔東門甕城徽裂有赤蛇見于土中禱之城以無壞乞建廟崇之

宋會要嚴顏神祠

在隆州舊隆州仙井監翳斯山徽宗大觀二年賜廟額孚貺孝宗乾道三年十二月加封英惠忠應侯

〔卷一千二百三十八〕

宋會要開劍神祠

在隆慶府劍門縣大觀三年三月賜廟額靖遠

宋會要蘇明神祠

在紹興府嵊縣徽宗宣和四年正月賜廟額惠應

宋會要靈澤神祠

在衢州江山縣徽宗政和七年九月賜廟額嘉澤

宋會要輔教神祠

舊在學政堂之東游居士循馬紹興間寓公楊汝南有記見清漳集後遷文會堂之東淳祐戊申教授洗煇重建

宋會要大司空神祠

在隆興府豐城縣紹興二年閏四月賜廟額威顯。

宋會要述陂神祠

在撫州府臨川縣移賢鄉高宗紹興三年五月賜廟額昭應。

宋會要古跡聚四臺神祠

在嘉定府犍爲縣玉津鎮紹興十三年十二月賜廟額顯佑。

宋會要錢清鎮[illegible]祠

在紹興府山陰縣錢清鎮江南岸助戰神祠光堯皇帝紹興十四年六月賜廟額靈助。

宋會要劉城神祠

〔卷千二百六十八〕

在隆興府南昌縣孝宗隆興二年十一月賜廟額仁濟。

宋會要靈感神祠

西館靈感神祠乾道二年九月賜廟額惠應。

宋會要醫靈神祠

在泉州府同安縣乾道二年十月賜廟額慈濟。

宋會要赤崖神祠

在潼川府中江縣乾道三年十二月賜廟額靈感。沅州盧陽縣花山繡崖下赤崖神祠孝宗乾道七年正月賜廟額英顯。

宋會要南宮神祠

在隆興府武寧縣中四市乾道四年十月賜廟額發靈。

宋會要東門神祠

在興化軍莆田縣乾道五年十二月賜廟額敏應。

宋會要沈槎神祠

在隆興府豐城縣紹興二年閏四月賜廟額靈槎。孝宗皇帝乾道三年閏七月封顯應侯，左位神封善應侯，右位神封嘉應侯。

宋會要楊班祠

神宗元豐八年賜廟額威應。徽宗崇寧二年七月封靈應侯，政和四年十月封廣應侯。

宋會要郭威祠

徽宗崇寧元年賜廟額仁勇。

〔卷千二百六十八〕

宋會要折御卿祠

在宜芳縣徽宗崇寧二年五月賜廟額顯忠。

宋會要漢符嘉祠

在雲安軍雲安監徽宗崇寧三年賜廟額豐利。（符嘉隱湯溪嘗論其地當出鹽井役罪得鹹源是爲雲安數民資其利立廟云）

宋會要古靈鼇祠

在城都府金水縣（舊號側峽廟）徽宗崇寧三年正月賜廟額開福。

宋會要昭顯后祠

在滑州白馬縣弔堤徽宗政和二年十二月廟額靈既。

宋會要造父祠

在趙城縣徽宗政和三年十二月賜廟額慶祚

宋會要巴子祠

在嘉定府武寧縣徽宗政和五年十一月十日賜廟額承順

宋會要史崇祠

在建康府溧陽縣俗傳爲史祖徽宗大[illegible]元年正月賜廟額顯惠

宋會要陳亨祖祠

在淮寧府光堯皇帝紹興三十二年六月贈容州觀察使立廟賜額閔忠亨祖陷僞日久於紹興三十一年冬奮發忠義收復淮寧府歸正朝廷授官令府事虜據守孤城亨祖與金人接戰因登城中箭身歿城破全家被害詔贈官推於鄰近州軍立廟俟收復淮寧府了日於本府建廟

卷一千二百三十八

宋會要范旺祠

在延平府順昌縣巡檢寨高宗紹興六年立廟二十八年八月賜廟額愍節紹興初建州狂賊范汝爲竊發本縣弓手結諜應賊旺不從厲聲曰請受衣糧妻兒皆得飽煖今日不能爲國家殺賊更欲作賊豈不懃見天地耶逆黨怒其言遂殺旺于市其男不從又殺之劫其妻馬氏亦不從賊剖其五臟解其肢體賊平之後旺尸迹在地隱隱不沒郡人驚異共置像於城隍廟內本州保

奏故贈官立祠至是祈禱感應又賜愍節廟額焉

宋會要陳勝祠

在蘄縣秦末陳王勝古墓祠光堯皇帝紹興十年五月賜廟額英惠以本路諸司言兵興以來陰護神助鄰境殘破獨本縣賊不入境故也

宋會要應氏祠

在莆田縣乾道三年十二月賜廟額昭義

宋會要周德威祠

在池州南一十里殷柳村

卷一千二百三十八

全唐文

宋會要白馬祠

在隆德寨徽宗政和二年四月賜廟額英貺衢州常山縣浮河鄉雙石塔山白馬三郎祠光堯皇帝紹興八年四月賜廟額昭應

卷一千二百三十九

全唐文　宋會要

太祖乾德六年四月七日詔問禮官五鎮見祭罷祭之由太常禮院言按隋書開皇十四年立冀鎮霍山祠唐天寶十載封沂山為東安公會稽山為永興公吳山為成德公霍山為應聖公醫無閭山為廣寧公又郊祀錄四鎮每歲一祭各以五郊迎氣日開元禮惟祭四鎮山自天寶後始益霍山為五鎮後唐清泰初封吳山為靈應王其祠饗同五嶽自顯德四年後止祭東鎮沂山其諸鎮不行祭饗編檢禮書亦無往祭月日詔自今祭准開元禮時以會稽山在吳越國禮院牒本國祭饗醫無閭山在營州未行祭饗自後五鎮之祭復闕淳化二年二月十二日秘書監李至言按五郊迎氣之日皆祭逐方嶽鎮海瀆自唐亂離之後有不在封域者遂闕其祭國家克復四方間雖奉詔特祭未著常祀望遵舊禮就迎氣日各祭於所隸之州長吏以次為獻官從之其後立春日祀東嶽岱山天齊王於兗州東鎮沂山東安公於沂州東海廣德王於萊州淮瀆長源公於唐州立夏日祀南嶽衡山司天王於衡州南鎮會稽山永興公於越州南海廣利王於廣州江瀆廣源公於成都府立夏日祀西嶽華山金天王於華州西鎮吳山成德公於隴州西海廣潤王河瀆靈源公並於河中府西海就河瀆廟望祭立冬日祀北嶽常山安天王北鎮醫巫閭山廣寧公並於定州北鎮就北嶽廟望祭北海廣澤王濟瀆清源公並於孟州北海就濟瀆廟望祭土王日祀中嶽嵩山中天王於河南府中鎮霍山應聖公於晉州　康定元年十月四望於四郊岱山沂山東海大淮於東郊衡山會稽山南海大江嵩山霍山於南郊華山吳山西海大河於西郊常山醫巫閭山北海大濟於北郊每方嶽鎮則共為一壇海瀆則為一坎以立時迎氣日祭之皆用血祭瘞埋有事則請禱之又以四方山川各附于本方嶽鎮海瀆之下別為一壇一坎山共一壇川共一坎水旱則禱之其北北郊從郊及諸州縣就祭自如故事詔每方嶽鎮海瀆共為一壇望祭餘從之　六年二月二十八日禮部言嶽鎮海瀆宜准西師馬祖每位皆以一牢於禮文大小相稱從之八年四月五日陝府西路轉運司言吳山禱雨而應乞加爵號詔封成德公為成德王五鎮祠東鎮沂山沂州沂水縣舊封東安公政和三年封王南鎮會稽山越州會稽縣舊封永興公政和三年八月封永濟王西鎮吳山隴州吳山縣舊封成德公元豐八年四月封王大觀元年三月封其妃為順祐夫人四子為仁惠靈祐義濟靈澤侯北鎮醫巫閭山中

（卷一萬五千四百八十八）　一

山府曲陽縣舊封寧公政和三年八月封王中鎮霍山晉州洪洞縣舊封應靈公政和三年八月封應靈王　政和三年八月三十日太常寺言大中祥符中封五嶽為帝四海四瀆為王獨五鎮封爵尚仍唐舊元封八年方封西鎮吳山為成□王而未封四鎮詔並王政和三年議禮局上五禮新儀五方嶽鎮海瀆壇各高五尺周四十步四出陛兩壝每壝二十五步壇飾依方色祭嶽鎮海瀆設位南向以西為上山川從祀西向以北為上諸嶽鎮海瀆並別一祭以祭五岳日祭東嶽泰山於兗州界東鎮沂山於沂州界東海於萊州界東瀆大淮於唐州界南嶽衡山於潭州界南鎮會稽山於越州界南海於廣州界南瀆大江於益州界中嶽嵩山於河南府界中鎮霍山於晉州界西嶽華山於華州界西鎮吳山於隴州界西海西瀆大河於河中府界北嶽常山北鎮醫巫閭山於定州界北海北濟瀆大濟於孟州界　紹興七年五月十一日太常博士黃積厚言百神之祀曠歲為修如中祀未舉者嶽鎮海瀆中嶽中鎮是也望舉而行之從之每歲以四立日季夏土王日設祭其禮料物依奏告例從之擬為制用羊豕各一口籩十菱芡栗鹿脯榛實乾桃乾藤乾棗形鹽魚鱐簠二稻粱簋二黍稷鉶為三鉶羹登二大羹俎盤一毛血豆十芹筍葵菁韭魚醢兔醢胃醢一鹿臡醓醢俎八羊腥七體羊熟十一羊腥腸胃肺羊熟腸胃肺豕腥七體豕熟十一豕腥膚豕熟膚尊罍二十四實酒並同皇地祇

（卷一萬五千四百八十八）

全唐文

靖明寄案大典卷一萬七千三百二祢肅明

宋會要　以下岳瀆諸廟

宋真宗大中祥符元年泰山封天齊王加號仁聖進封河瀆為顯聖靈源公加號東嶽天齊仁聖帝南嶽司天昭聖帝西嶽金天順聖帝北嶽安天元聖帝中嶽中天崇聖帝四年五月十九日又加號東嶽淑明后西嶽肅明后南嶽景明后北嶽靖明后中嶽正明后三水府神者偽唐保大中封馬當上水府為廣祐寧江王采石中水府為濟遠定江王金山下水府為靈肅鎮江王宋大中祥符二年八月詔改封上水府為福善安江王中水府為順聖平江王下水府為昭信泰江王

九字寄據大典一萬七千三百二補

卷二千九百四十五

杭州吳山廟即濤神也大中祥符五年封神為英烈王大中祥符六年詔封梓州白崖山神為公號偽蜀封洪濟王大中祥符七年上以京江多覆溺以潤州焦山在江中近海門禱祈有應詔封山神以公爵

仁宗康定元年加封東海為淵聖南海為洪聖西海為通聖北海為沖聖江瀆為廣源王河瀆為顯聖靈源王淮瀆為長源王濟瀆為清源王

六年太常博士王古請自今諸神祠加封無爵號者賜廟額已賜廟額者加封爵初封侯再封公次封王先有爵位者從其本號婦人之神封夫人再封妃其封號者初二字再加四字神仙封號初真人次真君如此則錫命馭神恩禮有序從之

神宗元豐三年詔加封江州廬山

一

太平興國觀九天採訪使者為應元保運真君蜀州青城山丈人觀九天丈人為儲福定命真君

徽宗建中靖國元年封皮場土地廟神為靈貺侯其後累封明靈昭惠王四年封英靈順濟龍王為靈順昭應安濟王令禮部太常寺修祀典已賜爵者及曾封爵者為一等功德顯著無封額者為一等若民俗所建祠無功德者為一等各條上尚書省參詳可否若兩處廟號不同取一高爵為定從之八月詔天下五龍神皆封王爵青龍神封廣仁王赤龍神封嘉澤王黃龍神封孚應王白龍神封義濟王黑龍神封靈澤王

大觀四年加東海以助順之號

高宗紹興三十一年加封江瀆為昭靈孚應威烈廣源王

卷二千九百四十五

欽宗靖康元年詔佑聖真武靈應真君加號佑聖助順真武靈應真君三聖廟靈威公進封威成王靈祐公追封威烈王靈顯公追封威忠王

高宗建炎元年十一月丙寅郊赦歷代聖帝明王忠臣烈士有功于民載在祀典者命所在有司祭之

紹興元年言者請春秋仲月祠禹於越州告成觀饗越王勾踐于其廟以范蠡配從之

紹興二年駕部員外郎李愿奏程嬰公孫杵臼于趙最為有功神宗皇帝初年皇嗣未建封嬰為成信侯杵臼為忠智侯命絳州立廟歲奉祀其後皇嗣衆多無祐萬世今來廟宇隔絕祭亦弗舉欲令禮官討論于行在春秋設位望祭從之

二

十一年中書舍人米翌奏程嬰杵臼雖存趙孤然不絕趙祀而卒立武者韓厥也請以韓厥載祀典與杵臼同宇下禮官討論太常寺檢點國朝會要絳州祚德廟太平縣晉程嬰公孫杵臼韓厥祠在墓側元豐四年封侯賜額崇寧三年封韓厥義成侯今討論欲從所乞於行在卜地權創祠宇契勘旌忠廟係泰州狀羌城之神昨來朝廷已降指揮于臨安府建廟今來祚德廟欲乞比附旌忠廟例令臨安府踏逐地步修建施行候祠宇畢日就本廟春秋二仲依小祠禮致祭十六年加嬰忠節成信侯杵臼通勇忠智侯厥忠定義成侯二十二年又改封嬰疆濟公杵臼英略公厥啟佑公命兩浙漕臣建廟宇升為中祀廟在淨戒院故址太一宮之南孝宗乾道四年加封楚州顯濟廟靈感王乃吳王孫皓祠江大獻等使虜還言其靈感故加封仍命使人往來皆前期祭之

卷二千九百四十五　三

祭西嶽

全唐文

宋會要

哲宗元祐元年十二月十四日華州奏鄭縣界小敷谷山頹傷居民詔太常博士顏復詣西嶽致祭

卷四千一百六十一

山川祠　八神祠

[illegible]漢書八神一曰天主祠天齊淵今青州臨淄縣有天齊池二曰地主祠泰山梁甫今兗州乾封縣東南八十里有梁甫城三曰兵主祠蚩尤今鄆州中都縣西南四十五里有蚩尤冢四曰陰主祠三山今萊州掖縣北五十里臨海山陽有祠五曰陽主祠梁山今登登州牟平縣西北六十里六曰月主祠萊山今登州黃縣南二十里有萊山七曰日主祠成山今登州文登縣東北百六十里有成山祠八曰四時主祠琅邪今密州諸城縣東南八十里有琅邪臺其八神及緣山望並依祭名山大川禮例遣官致祭

全唐文

宋會要　孚佑王廟

汶川縣東界西嶽廟靈濟嘉應普惠永寧公，淳熙十六年封孚佑王。

卷六千七百七十三

此紙與前複

宋會要　西嶽別廟

廟在汶川縣廟内小將軍靈濟嘉應普惠永寧公，淳熙十六年二月加封孚佑王。

卷一萬六千一百四十

宋會要　海神廟

仁宗康定二年十一月，詔封東海爲淵聖廣德王，南海洪聖廣利王，西海通聖廣潤王，北海沖聖廣澤王。

卷一萬一千四百十八

全唐文

宋會要　淮瀆廟

太祖改唐州上源桐栢廟爲淮瀆長源公，加守護者。仁宗康定元年詔封淮瀆長源王。

卷二千四百八十八

全唐文　宋會要　廣惠靈濟侯廟

九龍縣大隨山白龍潭漢光武廟内龍祠廣惠侯紹興四年六月加封廣惠靈濟侯

卷九千二百四十九

宋會要　英烈王廟

弋陽縣威濟善利孚應王慶元二年六月加封威濟善利孚應英烈王

卷二百六十七

宋會要　惠民侯廟

廟在渭州神宗熙寧八年七月宰臣韓絳言頃奉使陝西到渭州祈雨于亂石湫神行廟雨雷即降功利及民望褒崇詔封侯

利民侯廟

廟在定州神宗熙寧九年二月詔曲陽縣黄山八會寺華嚴集聖池祈封侯

卷一萬七千一百二十七

宋會要　順惠侯廟

廟在江陵府徽宗宣和五年八月封孚澤公初封順惠侯年月未見

卷一萬七千一百二十七

宋會要　利澤侯廟

廟在衢州府開化縣東南，神宗熙寧九年二月詔大茂山總真洞龍池特封侯。

永樂大典卷一萬七千一百一十七

宋會要　昭靈侯廟

廟在蔡州潁上縣，神宗熙寧十年四月詔潁上縣張公龍池特封侯。

永樂大典卷一萬七千一百二十六

宋會要 顯祐顯應真人廟

廟在豐都縣平都山景德觀前漢王真人遠嘉定七年十年封顯佑真人後漢陰真人長生封顯應真人

宋會要 五臺神龍廟

廟在大同府徽宗宣和六年五月封五龍母顯慈順應神妃爲昭懿顯慈順應神妃東臺龍神仁濟靈澤王爲元應仁濟靈澤王西臺龍神義濟顯濟王爲利應義濟顯澤王南臺龍神昭濟惠澤王爲孚應昭濟惠澤王北臺龍神濟豐澤王中臺龍神崇濟順澤王爲通應崇濟順澤王

通妙真人廟

卷萬七千百六十

廟在成都府成都縣通真觀張柏子真人嘉定五年八月封

宋會要 靈貺順應侯廟

廟在建陽縣靈貺侯淳熙十六年五月加封靈貺順應侯

昭靈侯廟

廟在蔡州新息縣神宗熙寧十年四月詔新息縣孫叔敖祠

宋會要 洪聖廣利昭順威顯王廟

廟在廣南東路廣州南海龍王祠。其配明順夫人，徽宗宣和六年十一月
封。顯仁妃長子封輔靈侯，次子封贊寧侯，女封惠佑夫人。以上洪聖廣利昭
順王自初封至加封年月並未見。高宗紹興七年九月加封洪聖廣利昭
順威顯王。

威德王廟

廟在廣南西路雷州海康縣雷神祠。神宗熙寧九年九月封

卷一萬七千一百二

宋會要 助順孚聖廣德威濟王廟

廟在兩浙路明州定海縣神助順廣德王祠。神宗元豐二年八月加號淵
聖。徽宗大觀四年六月加今號。元豐元年十一月奉使高麗國信使安燾
言：東海之神已號廣德王，而風時發，舉禮稍殊，乞立祠海瀕。從之。三年
五月詔知制誥[illegible]撰記。崇寧二年國信使劉逵奏乞賜廟額，度道士
一人奉香火。大觀四年六月國信使王襄言海中遭黑風，祈禱獲應，願增
王號以報，宣德詔加助順淵聖廣德王，仍令轉運司營葺廟宇，及建風雨
神祠。宣和五年八月風神封寧順侯，雨師封寧濟侯。光堯皇帝建炎四年
二月加順助祐聖淵德顯靈王。以車駕巡幸，特加封。壽皇聖帝乾道五年
十月加封助順孚聖廣德威濟王。以太常少卿林栗等言李寶赴海州立
功，神靈助順，請加封號，故有是命。其元封號內二字犯欽宗皇帝號，乃改
淵爲孚。

徽美顯靈王廟

廟在陝西路延安府膚施縣嘉嶺山神祠。仁宗康定元年，劉平與石元孫
皆戰沒，而延慶將陷，泥羅禱嘉嶺山神，其夜天大雪，人城上若見神兵甲
之狀，賊遂驚而遁。經略以其事聞。三月詔曰：嵒被靈峯，實惟守祀，遺衛之
內海興雨雪而外凌閩冥之寇，驚務有覩狂寇驚潰，堅壘以安，擇民成功
家福斯序而名節來著，守具不豈非所以望依人尊受賜也。宜加封號威
顯公。神宗治平四年十二月封王。徽宗大觀二年加封英烈徽美王。政和
八年九月改封徽美顯靈王。慶元威二年正月知史高萬谷因祈雨有應
立廟。趙元昊入犯，劉平戰沒，圍城將陷，泥羅禱于神，夜大雪，城上有巨人
被甲之狀，虜驚引去。元豐五年王師西討[illegible]然風大雪米脂之戰，軍
大克捷。

卷一萬七千一百二

善利孚應王廟

威濟善利孚應王廟在江南東路信州弋陽縣東嶽行宮內，依神康谷人
威濟公祠。光堯皇帝建炎二年九月封威濟王，四年十二月加封善利二
字，以王師收捕魔賊，陰助顯靈，從部統率企宗請也。紹興二十六年正月
加封今號。

靈安明應王廟

廟在福建路福州閩縣爲石山神，王審知封宣威感應王。神宗熙寧八年
六月改今封

宋會要 寶德善應王廟

廟在廣南東路南恩州陽江縣龍鼉山神祠僞漢封光聖廣德王神宗元豐年閏正月改今封

顯應王廟

廟在福建路泉州真宗天禧二年五月泉州言當州有飛陽神廟按圖經廟在南安縣西一里初置在晉江之南太歷五年夜有雷電起于廟遲明視之其廟已移于江北之陽故謂之飛陽廟梁朝追封昭德王廟乞賜封崇詔特封顯應王

福應王廟

廟在秦鳳路鳳翔府郿縣太白山神魏崔浩祠真宗大中祥符五年九月詔遣使重修太白山神魏崔浩廟仁宗至和二年七月知府事李昭遘言山下有湫禱雨輒應詔封濟民侯嘉祐七年七月封明應公神宗熙寧八年六月加封王

神應王廟

廟在兩浙路臨安府扁鵲祠光堯皇帝紹興十七年別建太醫局於臨安府依在京舊制修建殿宇十八年畢工奉神像于殿并奉嘉濟公而此沿也於東廡元在東京崇化坊

卷一萬七千一百二

普應王廟

廟在河東路澤州端氏縣中蒐山五龍祠徽宗大觀三年封

宋會要 靈懿廟

平樂縣誕山靈懿廟淑靜夫人淳熙十六年正月加封淑靜善應夫人 一在臨桂縣昭惠夫人紹熙四年八月加封昭惠靈應夫人 嘉應妃嘉定元年九月加封嘉應善利妃

宋會要 晉祐廟

廟在處州淵應昭惠侯開禧三年八月加封淵應昭惠靈顯侯左位白塔鋪主賜顯佑廟額

宋會要 廣祐廟

廟在懷安縣三神汪孟卿淳熙十年十一月封昭惠侯汪仲卿封昭佑侯汪季卿封昭貺侯

卷一萬七千一百五十七

宋會要 順正廟

廟在陝州平陸縣三門清淵渦北岸祀汾陰幸其廟大河南北岸有物如鐵石狀河南者有物下徼俗謂鐵牛唐末因有王封徽宗政和三年十月賜額

宋會要 遺愛廟

廟在固始縣遺愛侯慶元五年三月加封遺愛安惠侯

宋會要皮場大王廟

徽宗建中靖國元年封皮場土地廟神爲靈貺侯，其後累封明靈昭惠王

宋會要靈順昭應安濟惠澤王廟

廟在江南東路信州弋陽縣。彭蠡順濟龍王別祠。光堯皇帝建炎四年十二月詔依洪州神惠本廟王爵一體稱呼令號

宋會要昭忠靈助王廟

廟在夔州路忠州靈安縣西滙口大王祠，舊封惠感公。徽宗崇寧四年七月封

宋會要靈順感應安濟王廟

廟在江南西路隆興府新建縣吳城山龍祠。真宗大中祥符六年封順濟侯，俗呼小龍。神宗熙寧九年七月詔封順濟王。是年王師征交阯，舟行多見其現者。詔遣知太常禮院林希祭謝，希還言祭夕有蛇墮廟祝肩，入石香合中，行禮之際，微露其首，祭畢因就案上徐入帳中，形色屢變，觀者悚異。徽宗崇寧五年十月封英靈順濟王。四年十一月詔加靈順昭應安濟王。宣和二年三月封爲靈順昭應安濟惠澤王

宋會要天王廟

卷一萬七千一百一

天王廟在東京天漢橋北光化坊，載于祀典

宋會要峻靈王廟

廟在廣南西路昌化軍昌化縣靈山神祠，舊號鎮海廣德王。神宗元豐五年七月封

宋會要昭明太子廟

昭明廟即蕭梁昭明太子也，諱統。爵封王，諡英濟昭烈廣利忠顯。治平中邑民于池州請晉大建祠于此，事載宣城文孝廟

宋會要忠烈王廟

廟在廣南西路境州伏波將軍邳離侯路博德祠。徽宗宣和中封忠烈王，紹興五年九月加今封

宋會要峻靈王廟

廟在廣南西路昌化軍昌化縣靈山神祠，舊號鎮海廣德王。神宗元豐五年七月封

英雲順濟王廟

廟在淮南東路海州朐山縣東南石澶澗神祠。徽宗崇寧三年十二月封

忠烈明威廣祐王廟

廟在廣南西路廉州伏波將軍邳離侯路博德祠。徽宗宣和中封忠烈王，紹興五年九月加今封

卷一萬七千一百二

宋會要護國顯應公廟

廟在東京城北即崔府君祠也相傳唐滏陽令歿爲神主幽冥事廟在磁州　太宗淳化初民有於此置廟至道二年晋國公主石氏祈禱有應以其事聞　詔遣内侍修廟賜名并送衣物供具　真宗景德元年重修春秋二祀磁州廟咸平元年重修五年賜額曰崔府君廟朝廷常遣官主廟事　仁宗景祐二年七月封護國顯應公仍令開封府磁州遣官祭告具上公禮服　一在西京慶州神宗熙寧八年十二月詔府君廟特加封號

宋會要明應英濟公廟

廟在鎮江府壽皇聖帝乾道元年六月加封明應英濟公以父老等言其漲沙扞虜及風迅暴作而脫民於危從守臣之請也

宋會要孝國廟

吳山城隍永固保順通惠顯佑侯慶元四年四月封廣祐靈驗公嘉泰元元年正月加封廣祐靈驗福順公是年三月加封廣祐靈毅福順恭寧開禧元年七月進封顯正王嘉定十七年四月加封顯正康濟王

宋會要成信廟

廟在永豐縣古城山韓將軍靈惠顯應侯淳熙十年八月加封靈忠顯應嘉貺侯

宋會要旬山怭懷廟

廟在閩清縣英惠靈顯侯淳熙十三年五月加封英惠靈善助侯嘉定二年正月加封英惠靈善助嘉貺侯

宋會要[illegible]美廟

廟在松溪縣神嘉定元年封威勝侯妻詹氏封贊惠夫人七年三月封威勝忠利侯妻加贊惠協正夫人十四年十一月加封威勝忠利廣福侯妻加封贊惠協正柔嘉夫人

宋會要威鎮廟

忠應侯慶元三年六月加封忠應孚惠侯

卷一萬七千一百六十三

宋會要顯震廟

慶元三年六月加封協應孚濟侯

宋會要昭格廟

顯應孚惠靈澤英濟王父垂休協濟侯慶元四年正月加封垂休協濟衍澤侯母贊福夫人加封贊福慈濟夫人妻恭懿夫人加封恭懿翊惠夫人長子靈佑侯加封靈祐濟美侯次子靈惠孚慶侯第三子封紹威侯第四子封紹德侯

宋會要

二股河龍女廟

廟在東昌府高唐州恩縣，神宗熙寧五年五月詔賜額。

漢慕山太陰廟

廟在文州。徽宗政和七年八月賜額。廟在水銀坑冶。以利州轉運司言，父老相傳太陰常出見其下，採之遂得寶貨，故有是命。

后土廟

廟在成都府。仁宗慶歷五年七月詔：訪聞益州城北門外舊有后土廟，載于祀典，修建年深，彼方之民崇奉精至，近聞本州毀折充木添修州學，宜令以官財依舊修蓋。

卷一萬七千一百三十九

宋會要

威惠廟

廟在漳州府漳浦縣，一在難江縣。靈威侯，慶元三年六月加封靈威昭應侯。

梁山永惠廟

廟在常德府武陵縣梁山。威貺公，淳熙十年九月封威貺顯佑公，十四年六月加封威貺顯佑昭濟公。

德濟廟

廟在無爲軍巢縣焦湖。孚顯靈助順妃，淳熙十一年三月加封孚顯靈應助順昭惠妃。

仁濟廟

卷一萬七千一百四十九

廟在安吉縣。輔世靈祐忠烈王，嘉定四年八月加封輔世靈佑忠烈廣惠王，妻封協惠夫人，子封紹威侯，孝子封紹休侯。一在德陽縣。敷澤侯，慶元元年三月加封敷澤廣靈侯。一在南昌縣。神慶元二年十月第一位封昭應侯，第二位封靈侯。

義濟廟

廟在合江縣。神慶元三年六月封靈貺侯。

清濟廟

廟在綿谷縣朝天程龍程。神嘉定二年四月封忠濟侯。

福濟廟

嘉定十四年七月加封孚佑昭應王。一在安岳縣鐵

山隋將姚景徽祠安惠顯佑王淳熙十六年五月加封安惠顯佑順助

善濟廟

廟在温州府海神順應靈佑王嘉泰二年五月加封順應靈佑廣惠王

威濟廟

廟在漳浦縣廟神陳大忠淳熙十一年正月封靈佑侯陳大節封顯佑侯陳文智封善佑侯陳大男封昭佑侯

靈濟廟

洞庭西山龍王淳熙十年九月賜額十四年十二月封孚應侯一在臨海縣蒼山龍潭淳熙八年十一月賜額

一在江夏縣八公山飛錫泉龍神淳熙十四年八月封嘉澤侯一在光化縣龍眼灘五龍神壽皇聖帝乾道二年八月賜額一在建安縣登仙里神顯應侯嘉定七年十月加封顯應孚祐侯一在龍巖縣龍門潭神嘉定元年七月賜額一在岳池縣昭應孚惠利澤侯開禧二年三月加封忠靖昭應孚惠利澤侯一在成紀縣古龍潭神興澤侯淳熙十年閏十一月加封興澤通利侯一在夔州府奉節縣瞿唐關白帝神嘉定三年十月賜額一在中江縣靈顯王嘉定十三年六月加封顯靈孚祐王一在彭山縣石筒堰龍女祠嘉定元年八月賜額一在瀏陽縣道吾山龍神開禧二年九月封敷澤侯嘉定元年十二月加封敷澤昭應侯十年十月加封敷澤昭應靈顯侯

慈濟廟

廟在同安縣忠顯侯嘉定元年五月加封忠顯英惠侯一在火井縣惠澤夫人嘉定十三年五月加封惠澤靈應夫人

孚濟廟

廟在同安縣護駿神嘉定三年閏二月賜額

協濟廟

廟在嚴州府城內大帝濟衆井祠淳熙十二年二月賜額一在麗水縣護堰龍神徽宗政和四年八月賜額

顯濟廟

嘉興府海鹽縣廣惠淵靈威佑侯嘉定二年七月加封廣惠淵靈威祐孚澤侯母慶善薦福夫人加封慶善薦福慈惠夫人妻封順懿夫人第一子封嗣靈侯第二子封慈惠侯第三子封嗣澤侯第四子封嗣烈侯　廟在新建縣神慶元三年六月封孚忠侯一在長樂縣廣威通濟王廟開禧二年五月賜額一在江油縣牛心山忠澤公嘉定元年七月加封忠澤善應公妻淑靖夫人加封淑靖柔惠夫人長子英信封襲休侯次子英該封襲慶侯第三子英謂封襲德封侯至嘉定十三年七月累封忠澤善應廣惠孚佑公妻累封淑靖柔惠助順協應

夫人長子加封襲休忠顯侯次子加封襲慶昭顯侯第三子加封襲德通顯侯佐神加封顯佑普濟侯

崇濟廟

廟在弋陽縣神嘉惠武濟昭應侯淳熙十三年五月加封嘉封加嘉惠武濟昭應褒濟侯

平濟侯廟

廟在浙江龍神慶元四年四月封助順侯六年十二月加封助順靈貺侯嘉泰元年二月加封助順靈貺昭佑侯在錢塘縣界

寧濟廟

廟在建陽縣靖正昭應靈潤侯開禧二年十二月加封靖正昭應靈潤善利侯嘉定十四年十二月進封昭應公父封廣利侯母封慈惠封人妻封助順夫人嘉惠侯加封嘉惠顯應侯嘉澤侯加封嘉澤昭佑侯嘉貺侯加封嘉貺普惠侯一在惠安縣昭佑靈貺安通貺侯嘉四年定十四年二月加封昭佑靈安通貺福應侯妻敷福休德夫人加封敷福休德順利夫人

康濟廟

廟在綿州彰明縣惠澤侯慶元三年十二月加封惠澤昭應侯嘉定十四年五月加封惠澤昭應孚佑侯

順濟廟

靈佑公第二子馮松年封助寧侯舊係鹽官縣廣福廟

一萬七千一百五十　四

賜今額浙江善利侯紹熙四年二月加封善利忠一在興化府莆田縣白湖靈惠昭應崇福善利夫人紹興四年十二月封靈惠妃　寧海鎮神女靈惠昭應崇福夫人淳熙十二年二月加封靈惠昭應崇福善利夫人靈惠助順妃嘉定元年八月加封靈惠助順顯衛妃一在雞江縣西遊龍神淳熙十年閏十一月賜額

一萬七千一百五十　五

宋會要 黎山澤氏廟
澤氏廟建安縣靈祐王慶元六年六月加封靈佑善應
至開禧三年九月累封靈佑善應廣濟昭惠王

顯應廟

宋會要嘉應廟
廟在莆田縣昭順承利侯嘉定二年十一月加封昭順永利顯靈侯妻順
助夫人加封順助協惠夫人 一在黄陂縣褒順護國將軍嘉定三年四
月封佑順侯
冲應廟 顯應
廟在仙遊縣邵蘇氏廟淳熙十四年五月賜今額
廟在臨安縣牢山巖白龍神祠淳熙十六年五月賜額 一在建昌軍新
城縣黎侯射祠淳熙十六年五月賜額 一在黄梅縣昭德惠蔭侯嘉定
二年七月加封昭德惠蔭善濟侯 一在興化軍英濟公嘉定二年五月
加封英濟廣利公妻靈祐孚惠順正善利夫人進封靖明妃 一在莆田
縣興福社神勳順威惠昭德侯妻靈佑數惠夫人淳熙十四年七月加封
勳順威惠昭德孚應侯妻加封靈佑數惠順正夫人 一在灌陽縣黄龍
廟開禧元年七月改賜今額 一在福州長樂縣石柱神淵惠侯淳熙十
一年三月加封淵惠孚濟侯嘉定十七年四月加封淵肅孚濟廣祐侯
一在漳州府龍溪縣黄林保神趙堂嘉定三年六月賜額十年九月封英
濟侯

卷一萬千一百五十五 一

敢應廟
廟在錢塘縣大雄山白龍神嘉定八年五月賜額仍封顯靈孚濟侯十年
二月加封顯靈孚濟惠澤侯是月將進封顯靈惠濟公十五年加封顯靈
惠濟廣應公 順應廟
廟在奉新縣大史都尉孝宗乾道二年十月封靈惠侯淳熙二年十一月
加封昭應靈惠侯 一在丹棱縣東館鎮神忠應顯靈昭佑公嘉定八年
九月加封忠應顯靈昭佑廣濟公妻協濟夫人郭氏加封協濟淑德夫人
協惠夫人石氏加封協惠嘉德夫人十三年十二月進封忠祐王妻郭氏
加封協濟淑德嘉懿夫人石氏加封協惠嘉德靖應夫人 一在四川叙
州府慶符縣南廣鎮馬將軍祠淳熙十六年五月賜額嘉定八年三月加
封英濟廣惠侯
孚應廟
惠濟靈助侯開禧三年六月加封昭應惠濟靈助侯妻協順夫人加封昭
助協順夫人 一在泰寧縣靈佑廣惠英顯王嘉定元年七月加封靈祐
廣惠英顯助順王妃嘉靜夫人加封嘉靜協應夫人靈應廣順威顯王加
封靈應廣順威顯助信王妃衍慶夫人加封衍慶協濟夫人 一在眉州

青縣長泉鎮神慶元元年三月封嘉惠侯累封嘉惠靈應昭烈顯佑侯嘉定七年九月進封崇福公十三年六月加封崇福顯濟公　一在青神縣長永鎮洪毅將軍祠淳熙十六年三月賜額

南嶠孚廟應廟

孚應廟在餘姚縣南雷應瑞王廟嘉定十五年十二月賜額

昭應廟

廟在於潛縣天目山龍池神靈濟昭應王淳熙十二年正月加封靈濟昭應孚惠王嘉泰元年五月加封靈濟昭應孚惠廣祐王　一在麗水縣梁相公祠淳熙十一年四月賜額　一在新建縣神嘉定二年十一月封靈助侯　一在光澤縣淳熙十一年二月封義寧侯　一在吉田縣何夫人祠嘉定二年十月賜額　一在同安縣龍窟祠淳熙十年十二月第一位封善澤侯第二位封善濟侯第三位封善利侯第四位封善貺侯第五位封善惠侯第六位封善佑侯　一在臨川縣神淳熙十五年十一月封孚惠侯

靈應廟

廟在紹興府攢宮土地慶元元年二月封昭佑侯生嘉定元年閏四月累

〔𣲖〕卷一萬七千二百五十五

二十

封昭佑嘉應福順英顯侯　永祐陵攢宮土地神祠淳熙十五年四月賜額　一在處州松嘉威鎮惠濟廟靈王父嘉定四年八月封協應侯母封協惠夫人妻封靖顯夫人繼室封昭順夫人子封順助侯　一在歸安縣東林山地昭惠侯嘉定四年七月加封昭惠仁濟侯昭順侯加封昭順仁濟侯昭利侯加封昭利仁澤侯　一在興化軍廟神開禧三年三月封顯惠侯　一在將樂縣莊惠靖應永濟廟淳侯嘉定四年正月進封靈佑公十四年八月加封靈佑顯應公　一在建陽縣靈安惠澤侯開禧二年三月加封靈安惠澤助順侯　一在莆田縣祐民顯濟孚澤侯淳熙十六年五月加封祐民顯濟孚澤廣惠侯妻協助夫人加封協惠柔應夫人　一在保寧府巴州　一在化成縣龍神淳熙十年閏十一月封敷澤侯　一在峨眉縣聖婆山大天池龍神嘉定二年十一月封嘉澤侯　一在蒲江縣善應侯開禧二年四月加封昭貺善應侯累封靈顯公嘉定十三年八月加封孚祐靈顯公妻封慈順夫人

劍州梓潼縣七曲山發惡子祠英顯武烈忠佑廣濟王子嗣慶永寧侯淳熙元年六月加封靈顯嗣慶永寧侯次子英載順應侯加封靈貺英載順應侯佐神義勇昭應侯加封翊順義勇昭應侯二年十二月英顯武烈

忠佑廣濟王父義濟善惠侯加封顯佑義濟善惠侯英顯武烈忠佑廣濟王妻英惠夫人加封助順英惠夫人十年九月廣濟王父加封顯佑義濟善惠順應侯母柔應贊佑夫人加封柔應贊佑助順夫人子加封靈顯嗣慶永寧昭貺侯次子加封靈顯英載順應孚應侯佐神加封翊順義勇昭應佑濟侯英顯武烈忠佑廣濟王父顯祐義濟善惠順應侯十五年正月加封昭慶公母柔應贊佑助順夫人封柔應贊佑助順靜正夫人妻助順英惠夫人封助順英惠柔正夫人子靈顯嗣慶永寧昭貺侯封濟美公妻將封善助夫人次子靈貺英載順應孚惠侯封敷祐公妻封順助夫人又英顯武烈忠佑廣濟王父昭慶孚惠順濟公嘉定元年四月加封昭慶孚惠順濟嘉應公子濟美廣澤公加封濟美廣澤翊順公次子承裕顯祐公加封承裕顯佑正應公佐神靈佑廟威烈英順公加封威烈英順孚應公子佐信孚惠昭貺侯加封佐信孚惠昭貺廣佑侯次子佑濟通感廣福侯加封佑濟通感廣福昭應侯六年八月英顯武烈忠佑廣濟王改封英顯武烈文昭忠濟王　一在梓潼縣鳳凰山神今封忠文仁武孝德聖烈王

忠應廟

〔𣲖〕卷一萬七千一百五十五

三十

廟在寧海縣白龍潭神祠淳熙十二年四月賜額十六年五月封孚澤侯　一在隆興縣永利昭順顯靈侯嘉定十四年四月加封永利昭順顯靈嘉貺侯妻順助協惠夫人加封順助協惠淑正夫人　一在連州連山縣須山靈惠侯嘉定四年五月加封靈惠敷濟侯　一在四川彭縣廟神慶元三年六月封普濟侯　一在新津縣新豐山威濟侯淳熙十二年正月加封威濟昭順侯　靜濟永應侯淳熙十年十一月加封靜濟永應昭德侯　一在邵武縣唐太守歐佑祠明應感信廣佑福善王父啟慶侯淳熙十五年九月加封啟慶衍澤侯母啟佑夫人封啟佑迪順夫人長子嗣慶侯封嗣慶崇濟侯妻嗣佑夫人封嗣佑隆順夫人次子紹應侯封紹應顯濟侯妻廣順夫人封廣順靈懿夫人

明應廟

廟在昌化縣永豐鄉龍井龍神嘉定九年九月賜額

通應廟

廟在興化府東南西巷正廟神淳熙十六年五月賜額

誠應廟

廟在臨安縣靈惠廣濟通澤侯嘉定十四年二月加封靈惠廣濟通澤永

禮二一之三七

應侯，妻昭順協應夫人加封昭順協應寧德夫人，幹神子審封威應將軍

威應廟

廟在永春縣桃源。感應大王紹興八年十月賜額，二十六年八月封威應侯。

護應廟

廟在慶元縣馬夫人廟，嘉定五年三月賜額。

會應廟

廟在東京城東春明坊五龍祠。太祖建隆三年自玄武門徙于此。國朝緣唐祭五龍之制，春秋常行其祀，用中祀禮。真宗大中祥符元年四月詔修飾神帳。哲宗元祐四年七月賜額。先是熙寧十年八月信州有五龍廟，禱雨有應，賜額曰會應，自是五龍廟皆以此名額。大觀二年十月詔天下五龍神皆封王爵：青龍神封廣仁王，赤龍神封嘉澤王，黃龍神封孚應王，白龍神封義濟王，黑龍神封靈澤王。

神應廟

廟在建安縣東，廟二處，紹興二年七月賜額。　一在莆田縣，神顯應侯，嘉定十二年閏三月加封顯應靈惠侯。

卷一萬七千一百五十五

善應廟

廟在淳浦縣天津廟，淳熙十一年三月賜額。　一在汶川縣滋茂池龍神，淳熙十三年五月封興澤侯，滋茂龍也□□侯，慶元六年十一月加封興澤孚濟侯，開禧二年七月加封興澤孚濟永利侯，嘉定四年十二月加封興澤孚濟永利顯祐侯。

潛應廟

廟在青田縣黃瀨源龍祠，淳熙十六年五月賜額。

嚴應廟

廟在永康縣威濟侯，嘉定十三年十二月加封威濟廣祐侯。

慈應廟

廟在林桂縣靜嘉顯佑昭德協濟夫人，嘉定十三年八月追封嘉應妃。

禮二一之三八

宋會要　壯武廟

廟在監利縣懷義鄉。

善利廟

廟在贛縣狗脚灘，順濟嘉應侯行宮廟，紹興二年閏四月賜額。

普利廟

廟在四川夔州府奉節縣龍洞神普應侯，淳熙十二年五月加封普應孚惠侯。

濟利廟

廟在建安縣北苑里昊應效靈潤物廣祐侯，慶元三年六月追封其妻協濟夫人，加封協濟昭惠夫人。至嘉定八年八月累封其子□□侯，公，妻累封協濟昭惠順應嬪德夫人。

廣利廟

廟在同安縣，神靜應威顯昭□侯，賀祐敷惠夫人，淳熙十一年二月加封靜應威顯昭燮永利侯，賀祐敷惠慈順夫人。嘉定四年十月追封靈□公，妻賀祐敷惠慈順夫人加封賀祐敷惠慈順協濟夫人。

昭利廟

廟在龍泉縣待源祠，淳熙十一年三月賜額。

卷一萬七千一百四十七

顯利廟

廟在臨邛縣龍神，慶元三年六月封敷澤侯。

惠澤廟

廟在興化縣神，慶元元年三月封順濟侯。　一在臨賀縣溥仁侯，嘉定四年八月加封溥仁□侯。　一在綿竹縣紫山龍神祠，淳熙十□年五月賜額。

顯澤廟

廟在合州石照縣伏山龍神靈潤侯，淳熙十六年五月加封靈潤孚濟侯。

靈澤廟

廟在臨安縣徑山能仁禪院龍井神顯應孚佑昭濟王，淳熙十五年六月加封顯應孚佑昭濟廣澤王。先是六月八日，上謂輔臣曰：「徑山龍祠禱雨感驗，可加封二字。」至是進呈徑山靈澤廟顯應孚佑昭濟王加封廣澤，上曰：「可謂廣澤。」　一在寧鄉縣龍神，開禧三年十月封昭應侯。　一在靈川縣海陽巖廟，淳熙元年八月賜額，十一年二月封惠澤侯，神母靈母廟

賜靈淵廟額　一在景陵縣廣澤神孚應顯濟廣惠公淳化熙九年八月加封善利孚應顯濟廣惠公十年九月封孚惠王

利澤廟

廟在福州懷安縣甌冶池龍祠乾道三年閏七月賜額　一在陽安縣玉女山希夷觀玉華池祠淳熙十一年三月封昭濟侯

孚澤廟

廟在巴川縣龍神祠淳熙十一年八月賜額

豐澤廟

蓬溪縣英濟昭顯王慶元四年八月加封英濟昭顯順應王妻靜惠夫人加封靜惠敷禧夫人父慶善侯加封慶善孚濟侯母福昌夫人加封福昌濟順夫人長子衍慶侯加封衍慶施普侯妻廣祐夫人加封廣祐贊福夫人次子承慶侯加封承慶信助侯妻廣順夫人加封廣順助惠夫人　龍潭神靈貺廣澤惠應永利公淳熙十年九月封英濟王

霈澤廟

廟在四川敘州府宜賓縣蘇波溪龍神靈應侯嘉定八年三月加封靈應普濟侯

卷一萬七千一百四十七

善澤廟

廟在璧山縣威濟顯佑侯紹熙四年二月加封威濟顯佑忠應侯父封英顯公開禧元年七月加封英顯利公嘉定元年四月加封英顯廣利協濟公妻封順惠夫人長子大郎君封翊順侯次子六郎君封靈助侯十三年三月英顯廣利協濟孚應公進封顯應王

忠惠廟

廟在松溪縣朱侍中祠嘉定三年五月賜額

昭惠廟

廟在射紅縣佑德助順靈濟昭烈王妻靈應柔惠夫人慶元元年三月加封靈應柔惠協濟夫人父孚佑順應侯加封孚佑順應顯靈積善王母顯懿協順夫人加封顯懿協順啟佑夫人長子忠惠嘉澤王加封忠惠嘉澤濟美王妻衍惠淑德夫人加封衍惠淑德順濟夫人次子忠應廣惠王加封忠應廣惠成德王妻協惠嘉靖夫人加封協惠嘉靖順利夫人第三子永利嘉佑侯加封永利嘉佑廣澤侯妻昭惠順正夫人加封昭惠順正柔利夫人佐神順贊昭應豐澤侯加封順贊昭應豐澤廣靈侯妻順惠顯助夫人加封順惠顯助嘉應夫人嘉定元年七月靈應柔惠協濟夫人加封靈應柔惠協濟翊正夫人母顯懿協順啟佑夫人加封顯懿協順啟佑嘉裕夫人長子加封忠勇嘉澤濟美繼德王妻加封衍惠淑德順濟嗣徽夫人次子加封忠應廣惠成德繼昌王妻加封協惠嘉靖順利嗣淑夫人第三子累封靈顯繼善公妻加封昭惠順正柔利嗣慶夫人佐神順贊昭應豐澤廣靈侯進封協忠公至嘉定十五年七月第三子加封靈顯繼善宣烈威濟公佐神加封協忠孚衛公妻加封順惠顯助嘉應衍福夫人

一在宜黃縣吳坊龍湏王廟嘉定六年正月賜額

昭惠廟

廟在宿松縣威濟福應侯淳熙十年九月加封威濟福應永寧侯妻顯佑夫人加封顯佑淑惠夫人男嗣應侯加封嗣應嘉貺侯女順佑夫人加封順佑協濟夫人　一在龍泉縣游超祠淳熙十一年三月賜額　一在侯官縣福湏神靈應威顯善濟侯淳熙十三年三月加封靈應威顯善濟永寧侯慶元三年正月封廣濟公　一在莆田縣順應夫人開禧三年四月加封靈順昭懿夫人嘉定十四年加封靈順昭應嘉福夫人、一在興化縣紹熙四年四月封順應夫人　一在縣西門外吳氏神祠淳熙元年三月賜額

卷一萬七千一百四十八

廣忠廟

廟在江夏縣順濟龍祠淳熙十五年九月賜額

靈惠廟

廟在新城縣玉山鄉龍神嘉定九年九月賜額　一在黃州府黃岡縣孚濟侯慶元三年五月加封孚濟昭應侯　一在荻蘆寨王公神祠淳熙十三年五月賜額　一在永福縣社廟神袁祐元年十二月賜額十三年二月封佑順侯　一在四川成都府簡縣五龍神祠紹熙四年四月賜額

一在化城縣龍潭神嘉定五年五月封順應夫人

仁忠廟

臨安府五大龍神嘉定四年十一月賜額

孚惠廟

廟在淳安縣何文祠淳熙十三年五月賜額　一在德清縣新塘上地神淳熙元年二月封昭應侯　一在貲溪縣威惠善濟廣佑忠烈王父慶元二年十一月封靈貺侯母封昭順夫人妻封靖懿翊惠順利夫人兄封協信侯子封忠信侯

英惠廟

廟在莆田縣善應侯慶元二年六月加封善應孚濟侯妻封協惠夫人

嘉澤廟

廟在渠州昭應霈澤公嘉定五年八月加封昭應霈澤永祐公

卷一萬七千一百四十八

嘉澤廟錢鏐碑

蓋聞四靈表瑞則龍神功濟於生民百穀熟成則水旱事關於陰騭而況浙陽重鎮是古吳都襟帶溪湖接連江海城興甚廣田畝至多須資灌溉之功用泰耕桑之業錢塘湖者西臨靈隱東枕府城澄千頃之波瀾承諸山之源派梁大同中胡于晉置唐咸通年刺史崔彥曾重修鑿石為門蒸沙起岸自予翊狀嗟運移遷葬旋舊日湖堤盡改為城宇澄渟有同於鏡水濟時每及於生靈一郭軍民盡承甘潤逐年開劃淼漢泓達長居一丈之深淫不竭元陽之失度其中菰蓮鬱茂水族孳繁蒸黎窮賴以畋漁河道常資於灌注壯金城之一面不異湯池潤綠野之萬家常如甘澤固有神龍居止水府司存降景祐於一靈興旱涸之風雨原其自編祀典積有歲年雖陳奠酹之規未施展敬之所況錢塘湖龍君與洞庭龍君青草龍君雁行之序各道天波風雲歲歲之去來陰騭長施於萬祀古之典籍皆靡記焉日月滋深元無祠廟蓋為古來藩侯牧守不能建立殿堂予統吳越山河總天下兵柄前後累申祈禱皆致感通既荷陰功合崇祠宇昨乃特於湖際選定基坰相與土木之功建立欒櫨之制至於殿庭廊廡門欄階墀悉覩起規模指揮擘劃俱臻壯麗以稱精嚴然後慎選良工塑裝神

卷一萬七千一百四十七

像威容赫奕冠劍森森陳將僚侍衛之儀列鐘鼓豆籩之位以至車輿儀馬帳幄盤筵祭器饌廚無不緝備馨香薦獻不闕四時況鏡水清流煙波浩渺其湖周百餘里源派數千餘川濟物於人功能及眾亦無龍君之廟貌予遂與錢塘龍君一時建立殿堂同表奏聞乞加懿號果蒙天澤並降徽章具所奏敕旨具錄如後敕錢塘重地會稽名邦燕古今不朽之基繫生聚無疆之福有茲舊蹟特刱親覘豈曰神謀實因心匠蓋水上受天之職庇民之功歲時因闕於牲牢祈禱必觀於肹蠁得一方之義化致兩境之安康錢鏐善扇仁風久施異政至誠所切遂致感通其錢塘湖龍王廟宜賜號廣潤龍王鏡湖龍王廟宜賜號贊閏龍王牒至準敕若夫人唯神貲神貲人依言宜陽共理之言乃無顯相須之義今者式嚴廟貌永交蒸嘗四時之殷薦不虧萬姓之禱祠無闕神其受大朗之寵號千古之光輝嘗鎮吳邦預銷災沴必使原田肥沃克昌廣潤之名穀稼豐登更表土龍之德今則嚴禋已立遂宇咸周聊記歲年刻於琬琰後來觀者其鑒之哉時正明二年歲丙子正月丙辰朔十五日庚午建天下兵馬都元帥淮南鎮海鎮東等軍節度使尚父守尚書令吳越王錢鏐

全唐文

宋會要義靈廟

嘉定十七年王守挺命母户惠孔時重修

宋會要永靈廟

廟在德清縣新市鎮，慶元二年八月加封顯佑通應侯，妻封協惠夫人。

宋會要顯靈廟

廟在靖州渠陽縣飛山威遠侯，淳熙十五年五月加封威遠英濟侯。一在蒲江縣鶴鳴山神威貺侯，嘉定四年十二月加封威貺善利侯。一在大邑縣顯靈廟神，淳熙十一年三月封威貺侯。

宋會要煥靈廟

廟在常熟縣白龍宣惠通濟侯，淳熙九年十月加封靈澤宣惠通濟侯。龍母慈懿夫人加封靈順慈懿夫人。十二年五月加封靈澤宣惠通濟孚應侯，神母加封靈順慈懿顯佑夫人。

宋會要昭靈廟

廟在莆田縣威濟侯，慶元元年三月加封廣應威濟侯，妻曹氏封佑應夫人。

宋會要剛顯廟　卷一萬七千一百五十三

廟在候官縣神惠節侯，嘉定十四年五月加封惠節孚應侯。

宋會要英顯廟

廟在甌寧縣新豐神，嘉定元年五月賜額，六年三月封靈惠侯，妻通氏封寧順夫人。一在莆田縣，嘉定三年三月封嘉惠侯。一在射洪縣佑德助順靈濟昭烈王，父孚佑王，淳熙十年十月加封孚佑順靈王。佑德助順靈濟昭烈王長子永寧廣佑忠順普惠公封忠惠王，次子永康贊惠忠顯普應公封忠應王，佐神贊順侯加封贊順昭應侯。父孚佑順應王，淳熙十五年八月加封孚佑順應顯靈王，母顯懿夫人加封顯懿協順夫人，長子忠惠王加封忠惠嘉澤王，妻衍惠夫人加封衍惠淑德夫人，次子忠應王加封忠應廣惠王，妻協惠夫人加封協惠嘉靖夫人，第三子永利侯加封永利嘉佑侯，妻昭惠夫人加封昭惠順正夫人，佐神順贊昭應侯加封順贊昭應豐澤侯，妻順惠夫人加封順惠顯助夫人。

宋會要忠顯廟

康祐廟神孚嘉應侯，淳熙十三年五月加封善應順昭侯。又依改縣由山神祠，淳熙十一年二月賜額，嘉定二年三月封廣利侯，至十三年八月累封廣利顯靈孚佑侯。

宋會要忠顯廟

廟在建陽縣洪山廟神，嘉定元年七月賜額，十三年四月封嘉應侯。一在峨眉縣廟即三將軍祠，嘉定二年九月賜額。一在黄州知州趙令宬，壽皇聖帝隆興元年七月立廟賜額，以令宬建炎中虜人攻城，被執，罵賊不受偽命，及不拜虜，以鐵鞭擊之，罵不絕，遂被害，至是父老有請故也。

宋會要威顯廟

廟在永福縣靈貺侯，淳熙十年十月加封靈貺英惠侯，嘉定二年八月加封靈貺英惠昭護侯。

宋會要靈顯廟

廟在麗水縣廣佑順澤王，開禧三年八月加封廣佑順澤昭應王。一在新建縣西上軍將軍，嘉定元年五月賜額。一在興化縣坝鯉龍祠，淳熙十六年十月賜額，又興化縣靈顯廟神，嘉定四年三月封利澤侯。一在永州零陵縣封應惠順威昭烈侯，淳熙十年九月加封應惠順威昭烈廣利侯，十四年正月加封孚佑公。

宋會要中顯廟　卷一萬七千一百五十三

廟在忠州臨江縣靈惠侯，淳熙十六年五月加封靈惠孚應侯。

宋會要旌德廟

廟在臨安府強濟公，慶元三年四月加封忠翼強濟公，英略公加封忠烈英略公，顯佑公加封忠烈顯佑公。六年四月加封忠翼強濟孚佑公，忠烈英略孚應公，忠烈顯佑翊順公。開禧元年九月加封忠翼強濟孚佑廣利公，忠烈英略孚應濟公，忠烈顯佑翊順昭利公。

宋會要昭濟廟

廟在閬州新井縣二龍里可明神孝宗乾道元年正月賜額

宋會要永濟廟

廟在議龍縣順助侯開禧二年八月加封順助靈濟侯至嘉定十年十一月累封順助靈濟嘉應威武侯

宋會要世濟廟

廟在什邡縣洛村鎮洛口山秦蜀郡守李冰長子淳熙二年七月加封昭應靈顯公昭應顯靈宣惠公十年九月加封昭應顯靈宣惠廣佑公十六年五月封昭顯王昭靈廣惠王嘉泰二年八月加封昭靈廣惠孚佑王

宋會要貞濟廟

廟在蒲江縣長秋山昭應侯淳熙十一年二月加封昭應永利侯

宋會要應福廟

廟在隆宣縣海口龍神嘉定十七年四月封靜應侯 一在青神縣靈惠侯淳熙十六年五月加封靈惠善應侯 又昭應公嘉定十四年十月加封昭應靈濟公

宋會要顯福廟

卷一萬七千一百五十一

廟在眉山縣西池院三山神祠嘉定十一年二月賜額

宋會要旌福廟

廟在建寧縣武平威顯廣利昭德侯開禧二年五月進封忠勇公妻封慈惠夫人武泰靈顯廣濟昭烈侯進封忠順公妻封慈濟夫人武順應顯廣休昭義侯進封忠顯公妻封慈應夫人武信勇顯廣應昭睨侯進封忠烈公妻封慈祐夫人武威忠顯廣佑昭濟侯進封忠祐公妻封慈睨夫人嘉定十四年九月忠勇公加封忠勇昭應公妻封慈惠忠協夫人子封永福侯姬封衍慶夫人忠順公加封忠順靈應公妻加封慈濟協祐夫人忠顯公加封忠顯孚應公妻加封慈應協惠夫人忠烈公加封忠烈通應公妻加封慈祐協睨夫人忠祐公加封忠祐嘉應公妻加封慈睨協濟夫人將樂縣莊惠侯淳熙十六年五月加封莊惠靖應侯

宋會要興福廟

廟在仙遊縣威應侯嘉定十四年正月加封威佑彰應侯

宋會要靈祐廟

廟在閩縣神開禧二年九月封昭惠侯 一在侯官縣高勝神祠淳熙十年十月賜額 一在莆田縣興福社神助順威惠侯孝宗乾道二年六月賜額九月加封助順威惠昭德侯妻靈佑夫人加封靈佑敷惠夫人 又順應侯淳熙十六年五月加封順應顯助侯神順應顯助昭濟侯嘉定七年十一月加封順應顯助昭濟廣惠侯

廟在分水縣鄉村居祠嘉定十四年三月賜額 一在盤亭縣顯應侯嘉定四年二月加封顯應昭惠嘉睨侯 一在南陽府鄧州高宗皇帝紹興元年二月賜額其神舜立砲鄧州戰時攻圍本州每發一砲動傷百人賊衆驚異退走故也 一在祥潼縣翊順義穷昭應佑濟侯淳熙十四年十二月賜額

宋會要威祐廟

廟在彭州七聖將軍慶元四年四月第一位封威肅侯第二位封顯應侯第三位封昭德侯第四位封嘉惠侯第五位封協濟侯第六位封武信侯第七位封靈佑侯嘉泰元年正月賜額開禧三年十一月加封威肅忠顯侯顯應忠佑侯昭德忠應侯嘉惠忠靖侯協濟忠感侯武信忠順侯靈佑忠濟侯嘉定六年四月加封威肅忠顯武定侯顯應忠佑安定侯昭德忠應感定侯嘉惠忠靖保定侯協濟忠感嘉定侯武信忠順永定侯靈佑忠濟協定侯十四年十一月加封英烈威肅忠顯武定侯英武顯應忠佑安定侯英顯昭德忠應感定侯英佑嘉惠忠靖保定侯英惠協濟忠感嘉定侯英濟武信忠順永定侯英順靈佑忠濟協定侯

卷一萬七千一百五十二

宋會要嘉祐廟

城隍濟豐王祠淳熙十一年十月賜額

宋會要康祐廟

廟在咸州高桐山神孚惠寧應昭睨侯淳熙十三年五月加封孚惠寧應昭睨永濟侯康祐廟孚惠寧應侯子孚宗興元年五月賜額乾道四年七月封善應侯

廟在平陽縣靜海威侯祠紹熙二年四月賜額封威濟侯開禧二年四月加封威濟善應侯 一在雞鳴山西溪神永利靈顯侯嘉定四年十二月加封永利靈顯善應侯 一在大邑縣西溪八將軍神祠淳熙十一年三月賜額

顯祐廟

宋會要孚祐廟

廟在甌寧縣黃翁廟靈通廟嘉定六年十月改賜今額

宋會要廣祐廟

廟在丹稜縣竹林三郎廟嘉定九年四月賜額 翊應普忠靈淳順侯

嘉定十四年四月進封顯惠公

宋會要昭祐廟

廟在福州府羅源縣廟神嘉定十四年十一月封靈惠侯　一在浦城縣
昭佑廟神淳熙十五年五月加孚封孚惠王

宋會要應祐廟

廟在邵武縣福靈古廟淳熙十三年二月賜額

宋會要靈威廟

廟在中江縣赤崖神祠淳熙十三年五月封善利侯

宋會要雄威廟

廟在閬中縣忠顯王嘉定五年十二月加封忠顯英烈王十七年五月加
封忠顯英烈靈惠王

宋會要德威廟

廟在閬清縣昭顯侯淳熙十三年五月加封昭顯永濟侯嘉定二年正月
加封昭顯永濟孚佑侯

宋會要昭烈廟

廟在桐城縣張府君淳熙元年七月封英烈侯

卷一萬七千一百五十二

三

宋會要勇烈廟

廟在彭州忠濟侯慶元三年二月加封忠濟威顯侯英節侯加封應節昭
應侯

宋會要褒烈廟

廟在宣城縣北門外資政殿學士上虞李公之祠公諱光字泰發建炎初
直龍圖閣知宣州潰卒叛亡公填撫之民得按堵戚方攻城公率衆防托
堅守閱二十有八日賊卒以全宣人德公再生之恩乾道九年士民王霖
等請于朝詔賜今額陳侍郎天麟撰廟記刻石嘉定七年總領胡槻捐金
命張侯忠恕鳩新殿宇塑像視昔增壯時瀾撰記

宋會要順靈王廟

廟在秦鳳路鎮戎軍鎮國軍節度使李繼和祠仁宗慶曆四年六月鎮戎
軍言鎮國軍節度使李繼和先知本軍政有威惠蕃夷畏服軍民同立廟
像西賊寇境戎人拜廟不敢纖掠乞賜封崇詔追封安國公仍以安國公
廟為額差官祭告徽宗崇寧四年二月封王

靈濟王廟

廟在京東東路密州諸城縣常山神祠神宗熙寧九年七月封潤民侯徽
宗建中靖國元年二月封公大觀四年十二月封王

靈應王廟

廟在兩浙路嚴州壽昌縣仁豐鄉白山洞神祠相傳為吳司徒祠徽宗崇
寧二年封

卷一萬七千一百五十二

一

宋會要 靈既廟

靈既廟臨平山漊洞神嘉泰元年五月封昭惠侯

宋會要 昭貺廟

浙江靈感安濟順應公慶元四年四月加封靈感安濟順應顯祐公六年十二月進封靈濟王嘉泰元年十二月加封靈濟顯祐王

宋會要 靈康廟

白鶴山靈順顯祐廣惠王慶元二年九月加封靈順顯佑廣惠善應王開禧二年七月改封靈順顯佑廣惠威烈王父忠澤侯加封顯慶忠澤侯母贊祐夫人加封贊祐順應夫人妻協順夫人加封昭助協順夫人

宋會要 顯寧廟

廟在紹興府城隍忠應昭順王慶元元年十二月加封忠應昭順靈濟王城隍神忠順昭佑孚濟顯惠公淳熙五年七月封忠應王十五年十月加封忠應昭順王

宋會要 惠寧廟

廟在安仁縣昭利休應孚祐侯嘉定四年三月加封昭利休應孚佑英濟侯妻封助順夫人 一在饒州徽宗宣和四年賜額七年正月封昭利侯

卷一萬七千一百五十六

壽皇聖帝隆興一年十二月加封昭利休應侯 一在嘉寧縣廟神義寧靈澤侯淳熙元年五月加封昭應義寧靈澤侯十一年二月加封昭應義寧靈澤善佑侯 義寧靈澤昭應善佑侯慶元三年六月進封英顯公嘉定元年閏四月加封英顯孚濟公

宋會要 靈感廟

廟在光州神慶元三年五月封靈惠侯

宋會要 慈感廟

古鉢嶺慈感廟神淳熙十六年七月封淑惠夫人

宋會要 孝感廟

廟在德陽縣靈濟孝應昭佑侯嘉定元年十二月加封靈濟孝應昭佑英烈侯父通顯昭利嘉應侯加封通顯昭利嘉應世惠侯母敷德靜惠順利夫人加封敷德靜惠順利啓祐夫人妻贊佑順助靈佑夫人加封贊佑順助靈佑永寧夫人子協濟侯加封協濟嗣慶侯十四年四月靈濟孝應昭佑英烈侯進封孝顯公父進封靈慶公子加封協濟嗣慶孚福侯

宋會要 □□廟

廟在什邡縣女神淑德夫人嘉定八年五月加封淑德昭惠夫人

宋會要 靈感廟

廟在福清縣昭應侯開禧二年五月加封濟惠昭應侯 一在淳化縣神威濟顯應侯嘉定五年十二月加封威濟顯應孚助侯十一年二月加封威濟顯應孚助宣靈侯 一在鹽亭縣湛峰龍潭廟嘉定三年九月賜額 一在中江縣善利敷濟侯慶元四年十月加封善利敷濟廣澤侯至嘉定七年十一月累封靈佑忠衛敷濟昭順公

宋會要 英節廟

廟在政和縣神昭烈惠應侯淳熙十七年七月加封昭烈惠應順助廣靈侯開禧元年十一月封英惠公嘉定三年閏二月加封英惠顯應公十年九月加封英惠顯應博濟公十四年四月加封英惠顯應博濟孚祐公

宋會要 忠節廟

廟在同州郃陽縣城南東北隅朝請大夫直秘閣知同州鄭驤光堯皇帝紹興九年九月建廟十一月賜額金人侵犯本州官屬皆遁唯驤曰天子差遣守同州所謂太守者死守而已城陷被害郡人感其忠義出財葬之至是權知同州郝拱以事聞刑部侍郎陝西宣諭周聿亦以為言故有是命

卷一萬七千一百五十六

宋會要 靈豐廟

廟在南城縣孚惠善應妙濟真人嘉定二年三月加封孚惠善應妙濟保禧真人顯祐夫人開禧元年六月加封顯祐靈懿夫人 麻源山善應真人淳熙元年九月加封孚惠善應真人

宋會要 靈孚廟

廟在閬州蒼溪縣蒼溪谷徽宗政和五年五月賜額

宋會要 靈濟廟

廟在建安縣北苑里敷澤昭順顯濟應靈侯慶元三年六月進封孚佑公妻佑德夫人加封佑德善利夫人至嘉定八年八月累封孚佑利濟顯應公妻累封佑德利協濟昭懿夫人

宋會要 靈沛廟

廟在石泉縣湫潭龍神廟慶元元年三月賜額

宋會要 廣潤廟

廟在平泉縣瀨湖龍神祠淳熙十三年五月賜額

宋會要 靈□廟

廟在山陰縣昳戰神淳熙十五年十月封昭應侯

宋會要靈源廟

廟在衛輝府真宗咸平元年春運使祈雨有應四月詔曰衛州百門廟神靈攸居貌像斯設凡所請禱必荅勤誠不有嘉名孰謂昭報宜賜廟額曰靈源廟在共城縣唐長安置即百門水所出一在城郝府仁壽縣靈真夫人廟開禧二年八月賜額

靈石廟

嘉定十七年七月加封廣澤博濟孚祐顯應公豐潤閎施廣祐昭應公忠淶普洽協祐順應公

卷萬七千一百四十

宋會要安濟普利夫人廟

仁宗嘉祐四年四月詔賜濱州龍女三夫人冠帔仍賜廟額封號

順濟夫人廟

廟在河北東路仁宗皇祐三年三月詔齊賢埽寧津龍女廟特加封號

靈孝昭順夫人廟

廟在會稽曹娥祠墳墓廟後神宗熙寧十年十月詔載祀典徽宗大觀四年封靈孝夫人政和五年十一月加封

卷萬七千一百三十七

宋會要 亞王廟

廟在廣南西路雷州安遠縣上宮神祠，神宗熙寧八年封。

襄王廟

大中祥符三年七月，詔近臣條上言：襄邑縣有宋襄王廟，棟宇隳頹，令中使檢討依舊完之。

卷萬二千九十九

宋會要 周公廟

廟在兗州。大中祥符元年十一月一日，詔周公旦追封文憲王，於兗州曲阜縣廟立碑，就委本州長吏致祭，仍令有司擇日備禮冊命。 宋會要 太公廟

太公廟在兗州。大中祥符元年十一月一日，詔太公望加謚昭烈武成王，仍於青州特建祠廟。

宋會要 翊德公廟

廟在京東東路淮陽軍下邳縣巨山漢騶侯祠，神宗元豐六年封。校為令有惠政。

宋會要 光武廟

漢光武皇帝廟在成都府彭州廟内七聖並號將軍淳熙十一年三月加封第一善應將軍第二惠應將軍第三順應將軍第四協應將軍第五助應將軍第六贊應將軍第七孚應將軍

卷一萬七千九十五

宋會要 忠烈王廟

廟在陝西永興軍路耀州唐咸寧郡王渾瑊祠神宗元豐二年封

宋會要 英世忠烈王廟

廟在河北路磁州昭德鎮唐李靖祠石晉封靈顯王徽宗大觀元年十一月改封

商王河亶甲廟

廟在相州城西北還處西有亶甲城哲宗元祐六年詔立廟

卷一萬七千九十六

宋會要　周處廟

真宗景德四年二月知宜興縣李若谷以修文宣王廟羨林葺廟縣南長橋東後邑人水旱疾疫禱之多應大中祥符六年六月帝聞其廟宇隘狹命本州以官錢修葺

卷一萬七千一百二十二

宋會要　靈顯王廟

廟在東京管城縣東僕射陂側是陂本後魏賜僕射李沖唐末建廟因陂為名俗傳李靖神也後唐天成三年冊贈靖太保晉加號靈顯王建隆元年太祖臨幸因遣内侍葺祠宇春秋二季祀太宗淳化元年七月遣中使再修至道三年五月遣内侍送銀香合真宗景德元年又遣供奉官錢昭厚增修二年又修後殿四年車駕朝陵命入内都知石知顒致祭祀汾陰畢親幸登東北亭觀陂水又閱碑碣所載不得詳備別命官作記仁宗天聖二年命鄭州馬至董役重修慶曆六年端明殿學士李淑知鄭州表請完治給以縣官絕户錢增葺刻石記事

卷一萬七千一百二

宋會要[illegible]

廟在益州府仁宗嘉祐六年五月詔[illegible]號衛將軍[illegible]

將疆寇盡力戰歿[illegible]封忠[illegible]

差官爵祭告

卷萬七千二百三十七

宋會要忠節廟

續通鑑長編[illegible]元年六月立廟賜額與舉人數峰都首領
淳熙詩故也　一宣州[illegible]來勇毅皇聖帝乾道四年三月立廟賜額
以宣撫使言勇力戰陷賊而死故也詳見雜錄　一在廬州府爲仲福
張環廟淳熙十五年十二月賜額以兵部言轉運司言廬州有統制官
爲仲福張環同守禦本州屢經與大金陸兵接戰[illegible]人頃請
紹興丁巳統制酈瓊謀叛殺戮其眾叛歸本朝仲福與其[illegible]甲扶刀諸將同詣
州治詰之以叛隊正色曰我輩本無叛心朝廷擢爲統制官何負我輩而忍
爲此叛賊詐語並狙伺鄧(?)逆賊環贊(?)將刀逐之環統制仲福
仲福乃與諸軍八(?)教環奮戰就安撫司擁即趨賊所屬諸軍從[illegible]仲福知
其有變唯貴度等如環語草賊但具兵衆白刃交下併害其家元賜廟號
永寄祀典揭示遠民以爲忠節之勸太常擬以爲忠節之祀有旨命　一
在梁州韓王孟彥卿趙氏彥劉(?)趙孝之祀慶元元年五月賜額

忠[illegible]廟

廟在南康軍成利[illegible]侯嘉定六年六月加封英利[illegible]靈祐侯　一在
[illegible]陽縣唐額[illegible]以殿丞程三[illegible]月賜額從[illegible]

忠義廟

廟在吳[illegible]山[illegible]忠惠侯之神四月初一日祭

忠勇廟

果州團練使[illegible]孝宗皇帝乾道四年三月立廟賜額以四川宣撫使
言[illegible]守城抗勇戰死故也

忠烈廟

廟在慶符縣[illegible]神祠孝宗淳熙二年十月封昭惠侯　紹興[illegible]昭
廟額爲侯慶元六年三月從封忠順公嘉定十四年九月累封孚佑忠順顯赫
靈公[illegible]武將軍封英烈將軍新郡[illegible]將軍封[illegible]將軍

忠濟廟

廟在溫州安鄉縣[illegible]孝宗淳熙十年十二月加封孚澤顯應公

忠佑廟

廟在常德府朝散知州[illegible]孝宗淳熙九年正月封威顯侯

忠應廟

乃令尹子文之廟在伊關縣之良隅舊廟在縣西十里地名於[illegible]村其後
邑人以祈禱非便遷[illegible]廟于此[illegible]朔皇祐四年仁宗嘗降御書遣守臣

辛君俞所告祝版猶在。元祐七年，本廟以歲旱禱雨有應，具奏，勅賜忠應廟額。自隋、郢、光、黃州皆來祈報，饗祀不絕。

忠清廟

吳山忠武英烈威顯靈佑王，嘉定十七年四月改封忠武英烈威德顯聖王。制詞：顯仁太后鴐輴將渡會稽，上聖孝出于天性，預恐風濤為虞，遥禱於宮中，默禱忠清廟及蕭御既戒，浪平如席。上命詞臣行制詞以封之，曰：追惟文母，將祔裕陵，閟殿告成，容車將發，深以大江之阻，具形群辟之憂。既竭予誠，亟孚神聽，眷王一節，甚偉千古，如存怡然，風濤既賴，幽明之相煥，予天寵用昭崇極之恩，尚綏予四方之民，以綿爾百世之祀，可特封忠壯英烈威顯王。蓋於舊號四字上加忠壯二字。

宋會要：褒忠廟，西津故右武大夫、果州團練使、閤門宣贊舍人魏勝。壽皇聖帝隆興二年十一月立廟，賜額。以勝為統制，與虜戰於楚州清河口，力戰死，先於此建廟，候事定更建廟於楚州。從本路招撫使劉寶請也。知州李誠之，嘉定十五年二月封正節侯；通判秦鉅封義烈侯，仍立廟，賜今額。以虜人攻城，全家死事故也。一在丹稜縣蟠鼇峽史府君，嘉定元年二月封忠祐侯。一在道州，贈廣州觀察使王政，孝宗乾道元年十月賜額。以政任衡道郴州桂陽軍都巡檢使日，與李金賊徒力戰遇害，本路帥臣有請故也。

宋會要：旌忠廟，護國三聖忠烈靈應王，慶元三年六月封忠烈靈應孚澤王；忠翊昭應王加封忠顯昭應孚濟王；忠惠順應王加封忠惠順應孚佑王。

宋會要：昭忠廟，廟在廣州府梁縣，和王楊存中祠，淳熙十三年五月賜額。

宋會要：閔忠廟，壽皇聖帝乾道三年二月立廟，賜額。以亭祖知州，日中箭死，至是令淮西帥司行下光州立廟，從其弟成祖請也。

宋會要：愍忠廟，廟在陝州。朝議大夫、通判陝州攝州事鍾紹庭，光堯皇帝紹興九年十一月賜額。以刑部侍郎、陝西宣諭周聿言，靖康元年金人攻圍本州，紹庭守城死節不屈故也。

宋會要：報忠廟，顯忠報忠廟，和義郡王楊存中祖宗閔、父震。壽皇聖帝乾道二年三月賜額。以存中言其死節，有請故也。仍立廟於湖州境。

複校銷

山川神號

複校銷

宋會要水府號

大中祥符二年九月十七日詔江州馬當上水府廣祐寧江王宜封福善安江王，太平州採石中水府濟遠定江王封順聖平江王，潤州金山下水府虛濟鎮江王封昭信泰江王。舊封江南係大中僞號，至是始易之。

嶽后號

大中祥符四年十一月二十九日詔加上東嶽淑明后、南嶽景明后、西嶽肅明后、北嶽靖明后、中嶽正明后之號。

靈應真君廟

靈應真君廟在夔州。神宗熙寧八年十二月詔大順城真武特加號。卷一萬三千八百九

卷一萬七千七百二

沖應二真君廟

神宗熙寧八年七月詔崇仁縣上仙觀王郭二真人特加封號。

文清顯靈廣佑真君廟

廟在羅江縣羅璝山顯靈廟廣佑眞君。嘉定十四年五月加封。

宋會要 宋封禪

太平興國九年四月八日，宰臣宋琪率文武百官、諸軍將校、蕃夷酋長、僧道耆壽詣東上閤門拜表，請東封，詔答不允。自是繼上三表。 十四日，內出御劄曰：朕聞在昔帝王，處膺命歷，罔不登封於岱嶽，禪於云亭，所以昭大業於寰區，告成功於穹昊。遠則軒皇、舜后，禋燔之迹可尋；近則漢武、玄宗，銘記之文斯在。國家承百王之大統，撫萬國之烝民，屬唐梁離亂之餘，接漢晉衰微之後，四方文軌尚未混同，萬里土疆猶多僭偽。肆予小子，嗣守丕基，九域之中，既妖於禹迹，八紘之內，悉奉於周正。帝業於是會昌，人寰以之再造。加以俗無疵癘，歲有豐穰，蓋上帝之垂休，匪沖人之所及。方思日慎一日，安夫難安，祖荅天休，敢言時邁，而宰衙庶尹、方嶽大臣、蕃夷酋長之徒、耆艾緇黄之輩，共排閶闔，三貢表章，謂為治定功成，可以繼三五之迹，外中肆覲，可以副億兆之心。其辭確然，無以遜避。且欲致孝以伸昭報，祈福以庇蒼生，勉徇羣情，良深愧畏。以今年十一月二十一日有事于泰山。咨爾執事之臣，暨乎司禮之士，各揚其職，同副予懷。永惟對越上玄，要在誠慤，侈靡之飾，何所用焉。況仗衛素嚴，文物昭備，宜遵典故，勿致煩勞。諸道藩鎮不得以修貢助祭為名，輒有斂率，庶從儉德，以洽寔心。

卷一萬六千八百四十九

先是，太宗嗣位以來，年穀豐稔，方內又安，而臣庶上疏獻頌請封禪者不可勝紀。十五日，命翰林學士承旨扈蒙、學士宋白、賈黄中、右散騎常侍徐鉉、兵部員外郎張洎、太常丞呂端、殿中丞韓埼同詳定封禪儀。 十八日，以南作坊副使李神祐、北作坊副使劉承珪、通事舍人鄭偉、供奉官張文槩自京抵泰山分成武、鄆州兩路相度道路。 二十日，以宰臣宋琪為封禪大禮使，翰林學士承旨扈蒙為禮儀使，學士宋白為鹵簿使，賈黄中為儀仗使兼判橋道頓遞使事。 二十一日，以駕部員外郎劉蟠、監察御史索湘為泰山路轉運使，儀鸞副使康仁寶、高品閻承翰、夏侯忠等六人部丁匠七千五百修宫壇，作石𥖝。 五月二十二日，命判四方館使田仁郎自京至泰山督治道之役。宋朝事實：是月，乾元、文明二殿災，上謂宰相曰：封禪之務已久，況今時和歲豐，行之固宜。數日前烈火遽作，延宵正殿，豈大事將舉，未符天意乎？況炎暑方熾，虐于勞人，徐圖亦未為晚。 六月十八日，詔封祀儀仗只告廟及泰山下陳設，沿路悉不用。 先是，宰臣言：在路合排儀仗遵駕。帝曰：此行蓋為告謝天地，與蒼生祈福，如廣陳儀衛，即成勞擾，乃是自求嚴飾，非朕意也。因有是詔。 二十三日，詔曰：昨者文武羣官洎乎耆耋，盈庭抗疏，連袂扣閽，謂為治平之時，請舉升中之禮。顧惟

一

涼德，豈所克堪，而陳請再三，固以俞允。載惟盛禮，終覺愧懷。況封禪之儀，廢之已久，百司祇奉，輯集尤難，萬姓供輸，勞擾斯甚。且令停罷，以俟後期。 十一月二十一日，有事於南郊。 雍熙二年十二月十五日，詔曰：朕彼泰嶽，奠于齋郊，中外告成，歷代之儀斯在。況金檢玉牒，往聖之迹猶存，將議封崇，宜若營繕。先有發掘前代石檢，隳壞古之壇墠，並令修完如故，州縣常謹視之。

宋會要

真宗大中祥符元年三月十二日，兗州父老僧道呂良等詣闕上表請東封，知州邵曄率屬官繼奉表陳請。帝引對良等於崇德殿，宣諭曰：封禪大禮，歷代罕行，不可輕議。賜曄等敕書，父老僧道敕牓，不允所請，仍賜緡帛而遣之。 先是，良等三十餘人詣州陳請，願奉表赴闕，本州以道路煩費，令知乾封縣吳仲儀部送千二百人至闕下。及引對，良等進而言曰：國家受命五十年，功成治定，以致太平，天降祥符，以顯盛德，固宜告成岱嶽，以報天地。帝復親諭之曰：此大事，不可輕議。良等又言：時歲豐稔，華夏安泰，願上答靈貺，俯徇衆欲。帝堅諭之，方退。因循王旦曰：登封盛禮，人情若此，朕何德以堪之。良等入辭，復面上表陳請曰：臣等殘年喜逢太平，願見大禮，望陛下必從衆欲。帝令陳堯叟宣諭曰：爾等遠來，雖四方無事，年穀屢豐，盛禮難行，當悉朕意。 十八日，諸道貢舉人進士李覺等詣登聞鼓院上表請封禪。 二十一日，文武百官宰臣王旦等拜表繼請，自是至二十七日，凡五上表固請，帝始允。批荅省表具之，曰：朕聿遵周制，思陳嚴配之儀，衒愆卿人，乃議升中之典。惟上玄之錫祉，繄列聖之在天，垂慶使我，顧予何力？置器之喻，守文匪難，方懷抑畏而曲全，安敢崇飾而務務御羣情。數受戩志，切韜輸，爰率衆多，五陳章表，過形善頌，懇上鴻名，惟登邁以盛稱，豈朕沖之克荷？虛美豈增於丕德，固拒亦沮於純誠。況思文之若為報曷，又念發祥于瑞命，匪專燿於厥躬，是知佩服天章，祇膺景貺，惟道所適，何用常滅？與其終執于素心，曷若曲從于人欲。喜乃稱君之善，奉茲建號之文，勉徇堅勤，良多愧惕，所請宜允。 四月四日，內出御劄曰：朕博考簡編，追觀往昔，若乃誕膺帝籙，撫有中區，華裔底寧，珍符沓至，曷嘗不陟降東岱，對越上穹，益厚增高，誕德而崇祀，昭姓考瑞，建號以飛聲。由無懷以來，略可概舉，逮開元之後，因而曠廢。我國家誕膺駿命，肇啟丕圖，太祖以神武濟三才，太宗以至仁綏六合，豐功美利，洽金重熙，蓋五十年於茲矣。肆朕涼薄，獲承基構，懼德弗類，因時而惕，勵精以求治，虛己以納善，累承

卷一萬六千八百四十九

二

以侵義潔粢以事神仰畏高明不遑中畏賴宗社之儲祉荷靈祇之顧懷鑒茲小心介以景福五兵戢戢百穀屢豐寓縣謐清王猷允穆而又真官預告秘檢下臨示卜世之休期表因天之眷命恭承景祐靡敢遑寧期以大饗明堂肄修郊禮備伸昭事以達至誠不謂魯國諸生東土黎老盤陳傒望之懇願舉升中之儀而宰衡官師嶽牧庶尹緇黃將校酋長耆年不謀而同奏疏來上叙天人之交感述方冊之前聞以為登岱勒封古之盛典奉符行事今也其時五表繼陳衆願惟確荐加敦諭難奪傾輸若以荷無疆之休當盛德之事登揮茂實丕顯成功益用愧懷非所宜稱止於報謝天地備物而告虔外配祖宗尊親而致孝式揚先烈以耀大猷是為素心何敢崇護朕以今年十月內式遵典禮有事於泰山咨爾百執之臣掌禮之士各揚乃職勿曠攸司朕之是行昭荅神貺匪求仙以邀福在報本而潔誠至乃珪幣所須牲牷攸給並資豐備以格神明其有司供帳之規乘輿服御之物悉從節減勿致煩勞式盡嚴恭務遵簡儉凡百費用並支官物一路止增館驛就建行宮經由州縣所用什物亦以官物置辦不得差擾郵借及有科率諸司須索非敕命州縣不得供給所在馳道勿差丁夫廣有修葺香臺畫䆗青繩欄干等亦不須設諸路長吏無得擅離本任

卷一萬六千八百四十九　三

來赴行在仍勿以修貢助祭為名輒有率斂起居章表附驛以聞時學士上御劄草上覽之謂宰臣王旦等曰朕覽御札草中所云不求神仙不為奢侈此事亦不欲斥言前代帝王宜云朕之此行昭荅玄貺匪求仙以邀福期報本以潔誠　是日以詔許封禪建宮告天地太廟社稷太一宮又遍告在京祠廟及嶽瀆　丙申王旦等奏封禪大禮合命大禮等五使比郊禋舊制以宰相為六使翰林學士以下為禮儀等使　五日以知樞密院事王欽若參知政事趙安仁為泰山封禪經度制置使並判兗州仍先往乾封縣　先是帝問宰臣東封置使政事王旦曰唐有檢校封禪使先朝亦置大禮禮儀儀仗鹵簿等使惟不置橋道頓遞使帝曰今當遣大臣司其事擇美名以授之故命欽若等仍令且留嶽下檢校捎辦集可別命官知兗州　又命權三司使事丁謂計度糧草引進使曹利用宣政使李神福相度行宮道路翰林學士晁迥李宗諤楊億龍圖閣直學士杜鎬待制陳彭年與太常禮院詳定儀注　六日以宰臣王旦為大禮使知樞密院事王欽若為禮儀使參知政事馮拯為儀仗使知樞密院事陳堯叟為鹵簿使參知政事趙安仁為橋道頓遞使　禮儀橋道頓遞使事令拯自堯叟分掌使遂使而日依舊宰臣言郊禋舊制以宰臣為大禮學士中丞

尚書丞郎知開封府分領禮儀等使帝曰升中天禮宜重其事五使之職當於中書樞密院以班次命之懿曰臣等叨居重位復忝使名慮未為允望仍舊貫帝曰大臣為之蓋重祀事也仍鑄封禪五使印及經度制置使印給之　是日詔曰朕將陟介丘祇荅鴻貺方遵先志已諭至懷而嶽鎮之宗神靈攸處尤宜安靜以表寅恭慮草木之有傷在斧斤之不入庶數吉蠲之恩式符茂育之仁應公私不得於泰山樵採違者重行朴斷又詔山下工作無得調發丁夫止籍兗鄆州兵級役山上齋宮山下行宮除殿宇外並張幕為屋覆以油帕工作之所務令清潔應雜戶婦人得留止山下仍增自京至泰山驛遞馬　七日詔東封行在金帛芻糧委三司規度收市或轉輸供用自餘所須之物悉自京輦致而不得輒有科率令三司取汴蔡御河舡入廣濟河運儀仗什物赴兗州發陝西上供衣由黃河浮筏至鄆州給置頓之費省輦送之役　八日命龍圖閣待制戚綸皇城使劉承珪崇儀副使謝德權計度封禪發運事丞吏部員外郎判三司句院盧琰兵部員外郎邵曄為京東轉運使祇奉祀事轉運副使張知白掌本司常務殿中丞當谷呂言提舉行宮頓遞太常博士文均著作郎直史館李迪通判兗州大理寺丞劉謹章得象簽書兗州兩使判官事遣使八人

卷一萬六千八百四十九　四

護鄆濮等州河堤巡護齊州升泰山路禁止行人　九月詔兗州月給公用錢二十萬　十一日詔應京東州軍刑獄務從寬恕無得非法決罰　十二日詔東封路並禁採捕其黏竿網彈鷹犬之類雖從百司無得齎隨修建行宮不得侵占民田扈駕步騎輒蹂踐苗稼委御史糾之兗州戶民供應東封外免今年繇役及支移稅賦　十六日王欽若等言皇親諸軍於東封程頓占據邸店頗為煩擾詔所在以行宮側官舍佛寺為宗室輔臣宿頓之所　十七日曹濟二州遣官部送僧老耆老詣闕請車駕由本州東過賜器幣緡錢慰勞以遣仍詔諸州復有來者諭止之　二十一日詔曰京至兗州欲有妄指民舍林木言營建行宮開修道路及託官司須索賦市假借人夫車乘乞取財物者所在錮送赴闕沿路諸州釀酒以備供頓應三班使臣奉祀事能幹集者俟畢復與差使　二十二日中舍夏侯晟上漢武帝封禪圖繪金玉匱石碱距之狀各有注釋帝覽之以所載與舊典小異詔詳定所參較施行　是後王曉上前代封禪雜錄劉炳上封禪儀集二十四日詳定所上言准典禮泰山上圓臺該首各用石碱三重重方五尺厚一尺第二重中間開方一尺七寸深八寸南北面安檢三道東西面安檢二道闕闊一尺深六寸為金繩道三各闊寸半深三分石

檢各長三尺濶一尺厚六寸開金繩道與石檢相應南面中間一道開方六寸深二寸者三上有石蓋距石每面三重各長一丈濶二尺五寸厚一尺斜枇其首令與碱隅相應又壇壝之制按唐會要正觀十五年太常卿韋挺等奏議山上圓臺高九尺廣五丈臺上又立方壇高五尺廣丈二尺著作郎韋安仁駁之曰圓臺高九尺方壇高五尺是爲纔丈四尺壇上又置方石再累廣五尺高三尺若然計方壇之上置方石訖每邊惟餘四尺而已按其儀皇帝立於方壇上北面跪封玉牒以授尚書令尚書令南面跪受豈有四尺之廣下臨丈四之危而乘輿得於其上相對授受古之所制必不如此又按唐高宗明皇封禪儀注並無圓壇之上更有方壇之說欲望依故事山上立封祀壇徑五丈高九尺四出陛壇上飾以青四面依方色一壝隨地之宜山上燎壇在圓臺之東南量地之宜壇高一丈二尺方一丈開上南出戶方六尺山下封祀壇三成十二陛如圓丘之制壇上飾以玄四面各依方色壇外爲三壝又準郊祀錄圓丘四成各高八尺一寸下成廣二十丈再成廣十五丈三成廣十丈四成廣五丈今參詳通禮云三成蓋取重累之義郊祀錄云四成蓋取一累爲一成而通禮不載每成丈尺今請依郊祀錄所載圓丘四成丈尺之制其上飾及四面方色即

卷一萬六千八百四十九　五一

依通禮所載燎壇同山上社首壇準通禮如方丘之制八角三成每等高四尺上濶十六步設八陛上等陛廣一尺中等廣一丈下等廣丈二尺爲三壝開四門又郊祀錄方丘壇再成下成方十丈上成方五丈八陛今請依通禮三成之制又爲瘞埳於壇之壬地外壝之內取足容物朝覲壇在行宮之南方九丈六尺高九尺四出陛南面兩陛餘三面各一陛一壝二分在南一分在北欲望依禮修築又按唐明皇封禪備法駕請準故事告饗太廟乘輿出京封泰山禪社首御朝覲壇並用法駕所過州縣不備儀仗又按六典宮架之樂宗廟殿庭三十六簴郊丘及社二十簴欲于泰山圜臺上設登歌鐘磬各一簴封祀壇設宮架二十簴四隅立建鼓并設二舞社首壇上設登歌如圜臺壇下設宮架二舞如封祀壇其朝覲壇上設宮架二十簴不用熊羆十二案又按六典天子之服冕一曰大裘冕無旒裘以黑羊皮爲之祀天神地祇則服二曰衮冕垂白珠十有二旒衣纁裳十二章饗廟告廟則服今參詳南郊合祭天地止服衮冕欲望封禪日依南郊例並從之　二十五日命王旦撰封祀壇頌王欽若撰社首壇頌陳堯叟撰朝覲壇頌　二十六日詔祖宗朝諸路所獻祥禽異獸皆在苑囿可上其數俟禪祭禮畢縱之　二十七日遣使齎詔撫問王欽若趙安

仁及官吏等賜役徒緡錢　自是至禮成再遣使撫問賜以茶藥仍賜將士時服泰山役徒兩月一賜緡錢月給麻屨又賜沿道輦送物色軍士緡錢及役卒還營給時服緡錢遣史後修圍封月給兵匠茶藥錢鞋及訖役復賜緡錢　二十八日詳定所言準開寶通禮巡狩有燔柴告至之禮皇帝親行事又封祀至泰山下柴告昊天上帝于圜壇如巡狩告至之禮有司攝事即不載攝事之儀將來車駕至泰山合行告至依皇帝出宮有司攝事告圜丘之禮太尉一員用酒脯幣帛於山下封祀壇告至車駕所過山川及先代帝王名臣烈士皆州縣致祭所經十里內神祠檢道並合致祭其數煩多慮有司供祭不逮請除名山大川先代帝王功德昭著者遣官外餘委本州祭告又光祿寺合用神廚山上圜臺東三間山下壇東南八間社首壇東南三間逐壇有井請令創造又陽燧取明火陰鑑取明水雖有舊文據唐書云以陰鑑取水未有得者又緣陰鑑制度久廢慮臨事誤闕所用明火明水望并依南郊例施行又開寶通禮登封日自山上五步立一人至山下壇遞呼萬歲爲節今參詳其日自山上圜臺立黃麾仗五步一人至山下壇傳呼爲節登封日侍中版奏請黃帝登山用牙版一丈曰請登山望令門下省製造又按通禮封祀設昊天上帝神座於山上

卷一萬六千八百四十九　六

以三脊茅爲神藉藉者以茅藉神座也又管子及漢書皆云江淮之間一茅三脊爲神藉春秋左氏傳云包茅不入王祭不供無以縮酒杜預注云束茅而灌之以酒爲縮酒參詳舊史禮文之意三脊茅既以藉神又以縮酒今請昊天上帝座藉以三脊茅上加席縟其縮酒亦用三脊茅並從之仍詔遣使馳往岳州精潔採茅三十束束重十六斤以九月下旬至闕於上清宮擇靜處掌之　是秋諸王府侍講孫奭議請封祀日白茅止用爲藉不以縮酒龍圖閣待制陳彭年上議謹按周易曰藉用白茅春秋左氏傳曰包茅不入王祭不供無以縮酒鄭玄注周禮云茅以供祭之苴亦以縮酒此則茅有爲藉縮酒二義也鄭興注周禮云束茅立之祭前沃酒其上酒滲下去如神飲之故謂之縮杜預注左氏傳云束茅而灌之以酒爲縮鄭玄注周禮云縮酒泲酒也又注禮記云泲之以茅縮去滓也此則又有灌酒二義也今者詳定儀注之初孫奭亦言此義但緣經典有此互文事苟涉於闕疑難從於臆斷是以儀注之內兩存爲藉縮酒之說今奭以爲宗廟之祭有灌用鬱鬯之禮故可束茅沃酒學者不達此指久息疏俗有澆酹之儀遂謂諸祠祭皆當束茅縮酒甚爲失所竊詳論語疏云宗廟之祭本設灌先酌鬱鬯酒灌地以求神此則稍言以鬱鬯灌地亦不指

言用茅也如依鄭玄之言則茅惟沛酒如依鄭興杜預之言則天地宗廟俱涤酒也又周禮祀大神祭大祇饗大鬼甸師之職云祭祀用蕭茅左傳又云包茅不入王祭不共以祭言之則通於天地宗廟明矣況鄭興杜預巳有束茅沃酒之言許愼說文又云酹醱祭也醱祭酹酒此則酹酒之義鄭興杜預許愼當漢晉之世巳言之矣安得謂之流俗哉然而封禪之禮前史不備開元之制最為詳悉按玄宗實錄唐會要並云其時撫州三脊茅生上封者言齊桓公將欲封禪管夷吾云江淮間三脊茅用以縮酒乃可封禪宰臣奏云臣等博訪貢茅沅江最勝巳絲岳州取訖今撫州有茅望令且進六束與沅江相比用之此時宰臣即張說源乾曜列撰官即說與徐堅韋縚康子元侯行果並該詳舊典號曰碩儒如封禪衆無縮酒之義當時豈無駁論既令取茅充用足驗於禮昭然伏以沃茅之文既經典故載酹酒之祭又聖朝久行如謂致爵方為成禮竊恐寅恭之志未及於宸心改作之譏蓋生於輿誦其孫奭所奏伏請不行從之二十九日詔東巡由鄆州臨鄆道北路赴泰山禮畢幸兗州取中都路還京　先是自京抵兗州有路二由曹單者為南路太宗朝嘗置頓於此由濮鄆者為北路時命王欽若曹利用由南路趙安仁李神福由北路同赴泰山計功用

卷一萬六千八百四十九

七

之繁簡且言南路雖近而用功多北路雖傳有素而用功省故從北路焉是日龍圖閣待制戚綸請令修圖經官先修東巡所過州縣圖經以備檢討從之　五月二日詳定所言車駕出京前親告太廟遣官祭告天地社稷孝惠孝章淑德皇后元德皇太后廟望遣官奏告從之　三月詳定所言按唐禮儀志明皇就望燎位火舉羣臣稱萬歲傳呼至山下聲動天地又自山上布兵至於山下壇傳呼辰刻及詔命來往斯須而達夜中然火相屬山下望之有如連星自地屬天今參詳巳令帥士自圜壇立黄麾仗五步一人傳呼萬歲再詳舊史蓋是布兵傳呼以為祀事節候今欲定為三次傳呼其土兵排列自山上大次圜壇壝外下至封祀壇壝外候皇帝將行禮各先令然火相屬後依次傳次萬歲以三呼為節一次皇帝出大次山下傳呼山下獻官各就版位行禮二次皇帝就望燎位山下傳呼山下亦舉燎禮畢祀官歸版位如山下祀畢山上傳呼未至獻官並先就望燎位以俟三次皇帝還大次侍中版奏請解嚴訖山上傳呼山下羣官並退歸幕次易公服至行宮奉迎車駕帝以出次行禮方在樓接神務於嚴靜未欲傳呼令別詳定遂請為漆牌朱字以公卿就位為文命內臣二人付押當黄麾仗軍校令傳至山下付太尉又舉黄幡為節候皇帝就望燎位將舉燎時及還大次請解嚴時及出大次還宮時並山下傳呼從之

六日詳定所言按開寶通禮封祀玉牒長尺二寸廣五寸厚三分又按唐正觀中顔師古奏請玉牒長尺三寸廣厚各五寸朱子奢議玉冊長尺三廣一寸五分厚五分每冊五簡俱編以金麟德初許恭宗與禮官等奏議用玉牒長尺二寸廣寸二分厚三分編以金繩用簡之數隨文多少藏以玉匱國朝太平興國九年詳定玉牒用兩副每牒五簡長尺二寸廣五寸厚三分刻玉為字填以金聯以金繩緘以玉匱竊詳制度歷代不同與國所定玉牒用五簡乃是朱子奢所云玉冊制度又歷代玉牒元無金繩聯編之制所用止是一副即無兩副之制今請為玉牒每牒各長尺二寸廣五寸厚一寸刻牒為字以金填之聯以金繩緘以玉匱又正座配坐合用玉冊六副依開寶通禮制度每簡長尺二寸廣寸二分厚三分填以金簡數量文多少冊文中書門下撰進付中書省鐫刻正座玉牒玉冊並盛以玉匱配座玉冊盛以金匱匱制並長尺三寸檢厚二寸闊五寸長一尺三寸纏以金繩玉冊封以金泥又為石䃭以藏玉匱用方石再累各方五尺厚一尺鑿中石廣深令容二玉匱䃭傍施檢處皆刻深七寸闊一尺南北各三東西各三去隅皆七寸纏繩處皆刻為三道廣寸五分深三分為

卷一萬六千八百四十九

八

石檢十枚以檢石䃭皆長三尺闊一尺厚七寸皆刻為三道廣寸五分深三分當封處大小取容寶其深二寸皆有小石蓋制與封刻處相應以檢擻封其檢立於䃭旁當刻處又為金繩三以纏石䃭各五周徑三分為石泥以封石䃭距石十二枚皆闊二尺厚一尺長一丈斜刻其首令與䃭隅相應分距䃭四隅皆再累為五色土圜封以封石䃭上徑丈二尺下徑三丈九尺又按唐開元中金玉匱並封訖皇帝以受命寶印之又正觀中議更造玉璽一枚方寸二分文同受命寶又按開元中納玉匱於石䃭中䃭際以天下同文印封之今參詳玉匱金匱請依舊制別造玉寶方寸二分文同受命寶其封石䃭用天下同文之印舊史元無制度今請用金鑄大小同御前之寶以天下同文之寶為文緣寶法物亦請依例製造二寶候封金玉匱石䃭畢並進內其玉寶分寸當用黍累尺慮雖琢刻望用今尺為準其用石泥按開寶通禮云石泥以石末和方色土為之又以五色土為圜封按禹貢云徐州厥貢惟土五色今緣徐州久虧此貢望下經度如徐州有此土即取用如無依方色染用又得中書省修製官王懷甫狀所造金泥别無古法止是創意以金粉乳香調和而成印以受命寶法寶方一寸二分今尺為准文曰皇帝恭膺天命之寶封匱當寶處刻深二分用

石礶藏之其礶用石再累各方五尺厚一尺鑿中廣深令容玉匱礶旁施
檢處皆刻深七寸闊一尺南北各三東西各三去隅皆七寸纏繩處皆刻
三道廣一寸五分深三分為石檢十以擫礶皆長三尺闊一尺厚七寸刻
三道廣深如纏繩其當封處刻深二寸取足容寶皆有小石蓋與封刻相
應其檢立礶旁當刻處又為金繩三以纏礶皆五周徑三分為石泥封礶
泥用石末和方色土為之用金鑄寶曰天下同文如御前寶以封礶際距
石十二分距西隅皆闊二尺厚一尺長一丈斜刻其首與礶隅相應皆再
累又為五色土圜封礶上徑一丈二尺下徑三丈九尺望委內侍張承用
與文思院監官詣驗而用之其玉牒玉冊並安於輿以金吾衛仗防衛還
內侍一負援護給事舍人一負押當先車駕二日進發每程次於行宮之
靜室嚴其守衛至泰山日於奉高宮設次迴日配座玉冊防援押當一如
進儀至京日先設次於太廟次日藏於廟室其封匱礶玉金二寶請與受
命寶同發次天書之後配座玉冊金匱藏於太廟培室令恭詳如鑿壁為
埳緣神道貴靜不欲施工望依尊謚寶冊置於神座側又言封禪行禮將
畢燔瘞之時合舉爟火相應用為節制少府監所設望燎樺燁蓋爟火之
遺制也欲望至時每壇各設樺燁三以為燔瘞之節又封石礶金繩如絙

卷一萬六千八百四十九　九

用金塗貼而難經望止用塗金銀繩並從之　是日詔封祀禪位圜臺社
首壇正座用黃配座用緋皇帝禪用紫并祭器並創造藏靜室以稱嚴奉
如聞沿路行宮多毀舊座重造宜令就加塗塈不須別創封祀以前不舉
樂經歷州縣毋令樂人迎候　七日命王旦撰昊天上帝玉牒文馮拯撰
皇地祇玉冊文趙安仁撰祀昊天上帝及泰山社首二壇配座太祖太宗
玉冊文仍各書之帝諭旦等曰其文宜首叙上天降降鑒符瑞沓委次述
為民祈福之意詳定所言故事封泰山玉牒書並秘唐明皇則不秘封祀
畢內二玉匱於石礶中臣等恭詳典禮只載封玉冊不載封玉牒明皇開
元録云內二玉匱於石礶中是玉牒玉冊各匱同封於石礶中玉牒今欲
更不讀先入玉匱中承以案置於昊天上帝神坐側俟皇帝封玉冊畢太
尉又跪奏取玉冊進皇帝封印如儀庶遵不秘之文亦協同封之義帝曰
朕之此行更無他事惟以昭答上玄為民祈福為意其玉牒亦請於昊天
上帝座前　初議造冊文思院玉工言如用真玉礶字難成請用階州玉
石可以速就帝曰玉冊用石于理未正況前代已有論議必須真玉王旦
曰前代詔敕具存然唐明皇玉冊亦止階玉遂命玉工於內府偏閱玉材
既而少中度者復以追琢功大慮不能就宰臣以祀期甚近望依玉工所

請帝不得已從之未幾階州進所採玉石帝聞之曰此礶砆之類其寶石
也日之曰玉以奉天於禮可乎翌日召馮拯等謂曰朕忽記即位初有以
內府文籍來上者見其間有玉牒玉冊之目因令中使編召玉工詢之果
有工人趙榮言太平興國中令至內府閱視美玉數十段與衆工治為牒
冊歲餘方就納于崇聖殿庫五命取之明瑩光潤與常玉不類此蓋先帝
聖謨已成垂裕沖眇仍出示拯等時王旦宿齋中書上曰適已令中使馳
諭王旦聞之必甚喜拯堯叟咸奏曰國家舉此大禮以期近玉材難得迫
有司之儀取階石為用陛下雖勉從之而嘗以未合典禮為念今果有所
獲此乃陛下至誠寅奉有開必先之應也上又曰朕自昨日得此冊牒猶
慮工人以良玉難刻因自書東嶽二字令中使召玉工鐫刻少頃中使馳
至朕必謂訴工之難刻也暨至則琢刻已畢工用甚至朕計其時刻一日
可琢數十字至中秋畢工議者以為穹昊幽贊聖神開先上至孝至誠克
纘神宗之志也遣知制誥朱巽內侍張承用就中書監視琢刻　八日詔
出京日具小駕儀仗太常寺三百二十五人兵部五百六十六人殿中省
九十一人太僕寺二百九十九人六軍諸衛四百六十八人左右金吾仗
各一百七十六人司天監三十七人初有司定告廟出京泰山社首山並

卷一萬六千八百四十九　十

用法駕帝以前詔惟祀事豐潔餘從簡約乃再命詳定而用此制　十一
日橋道頓遞使趙安仁言得太僕寺狀金玉輅合先赴泰山所經州縣門
橋衢道有隘狹處請令修拆詔令於州縣城外過有墳墓處避之　十四
日帝以東封路供頓芻糧數廣召權三司使丁謂以扈駕兵籍示之曰蓋
有司不知此數廣為營備爾曾不慮煩擾于下其少數未須轉送當俟秋
成和市謂因請留河北轉運使李士衡在澶州管勾東封事從之　十七
日命宮苑使勾當皇城司鄭永遷內侍左班副都知閻承翰西京左藏庫
副使趙守倫整肅隨駕禁衛仍鑄印給之　是日詳定所言封禪畢御朝
覲壇諸州所貢方物陳列如元正之儀望令尚書戶部告示十月以前並
集泰山下從之　二十一日內出封禪壇圖於龍圖閣名宰臣示之帝曰郊
禋昊天上帝　以正座蓋合祭皇地祇今封祀日宜當子位今於東
側太祖太宗位北郊禋日次西北側以申祖宗恭事之意　二十三日詳定
所言天書出內至泰山合用儀衛今恭詳自出京日創新衛置玉輅中備
儀仗導從七百五十人前後部鼓吹中使二員夾侍仍遣官充使命王旦為
天書儀衛使王欽若趙安仁為副使丁謂為扶侍使入內副都知藍繼宗
為扶侍都監內侍周懷政皇甫繼明為夾侍仍鑄儀衛扶侍使印　二十

四日，命馮拯書封禪玉寶、金寶。　二十六日，詔役卒遇盛暑大雨並令休憩。山上置門，非執事赴役者勿升。行宮無廣營造，自京送甯瓦重有勞擾，以板瓦給用。　六月三日，詳定所上儀注四卷，帝覽之曰：「此儀注久廢，非典禮具備，豈為盡美。」即手劄疑互凡十七事，令與五使參議釐正而行之。一告廟儀注不言天書出內及太廟設次之所，今既奉行行禮以答靈貺，當隨宜具之，則有司易為遵守。遂請安於玉輅設次外。二封禪近發服通天冠、絳紗袍升輅，注云今服鞾袍進輦。如鞾袍升輦為當，即合刪去舊文，兗彰今古禮有輕重；如必須絳紗袍升輅，亦當商議。朕無固必，務在折中。遂請改用新儀。三祀前一日以太牢祭泰山，禮注云以羊豕代。朝廷之意蓋慮用犢稍少，代以羊豕。今舉大禮，如羊豕為當，即合改云少牢；如以非常之祀，雖用太牢亦無嫌也。遂請以一牛、一羊、一豕為太牢。四光祿卿監取明水火，注云依南郊例，此有司掌事，不必具載。遂請削去。五方帝牲注云以羊豕代，朕記《春秋》「牲牷肥腯」，恐不止牛為牲，如須牛，亦當商議。遂言準禮牛、羊、豕將薦於神者皆謂之牲，今五帝常祀代以羊豕，如緣封禪，請用方色犢，如無方色，以純色代之。六山上設東方刺史、縣令之位，今既不許擅離任所，亦須別為商議。遂請至日令鄰近長吏、兗州縣令陪祀，位

在山下文官之東。七還宮乘輅，注云依南郊常服乘輦。且封山大禮，不須約南郊為比，如常服乘輦非便，亦當別議。遂請不用乘輅舊文。八服大裘冕，注云今服袞冕之制，如不可行，亦不須載。遂言大裘久不修製，亦請改去。又搢大圭、執鎮圭，大圭之制如何，於今可行，即議制之，兌成闕禮。遂言《周禮》大圭長二尺，禮雖有文，久不服用，望止以鎮圭書於儀注。九山下壇行祀，且至圜壇。二黃麾仗逦呼萬歲以為節候，近閣山路稍隘，且大次以上須設衛士，復閣黃麾仗，必太迫隘。儀注之內令呼萬歲，亦以非便。遂言黃麾仗請令衛士兼充，儀注但云傳呼以為節候，餘委國禮使處分。十進熟取匜盥沃水，反取盤承水，注云以金器代之。且古用何盤，如有制度，何必金器。遂言少府備有匜盥盤之類，今請止用禮器。十一所用樂以禧安、隆安，文行樂章，當用封禪之義易之，以明制作。遂請昊天樂曰封安，皇地祇曰禪安。十二出大次前二刻傳牌，山下獻官就位，隥道紆廣，轉送人多，必恐失時，當別舉應號以為節制。遂請量地勢高下遠近增設燎火，仍先四刻傳牌。十三還官服絳紗袍乘金輅，注云乘儀鞾袍乘輦，如是反彰今禮之輕。如山下不可行輅，即以鞾袍乘輦；如地平可乘輅，當別商議。遂言皇帝登山如服絳紗袍乘輅，即從臣當依袴褶，別須設次更衣，登山太晚。

唐明皇大備法駕至山下，御馬而登，明是常服登山，無異典故。今請改云鞾袍乘輦。十四社首山神州設燃燃，亦以羊豕代。遂請止用燃犢。十五朝覲肆赦，注云諸司因徒各枷杻繫之。遂請改云應枷杻者去枷杻。十六肆赦每一鼓撾一杖，注云舊儀擊千下而止，不言今擊之數。遂請改云立雞擊鼓，立訖即止，更不撾杖。十七朝賀上首之物，注云以戶部貢物充。且每歲十二月上貢至備正仗，如此云天下所貢物又皆金銀、駞馬之類。遂言上貢諸物悉令集泰山下。　四日，詳定所言：「封祀、社首壇石碱，準儀注祀前一日陳于壇上，必恐不及。欲望製造畢，先置壇上，石檢置于其側，匣石畢於壇上，至時封祀如儀。又舊制受命寶南郊日置于壇下黃道之南，今請封禪日隨車駕登山，置于壇下黃道之西。又封禪日太尉跪置玉匱于石碱中，發石碱舊下檢望，每壇選行宮司親從官四十人、將校一員，各服儀衣立于壇西階下，俟太尉置玉匱于石碱，即自西階升蓋碱下檢，畢歸西階下，俟太尉封碱禮畢，車駕還大次，再升壇安距八枚，退。」並從之。五日，詔泰山前代封禪基阯摧圯者修完之。　雍熙初，內臣於自嶽下得唐明皇東封皇地祇玉册啓儹，即送闕下，及罷封禪，因留內府。至是帝閱其事，遂令齋送，歛若于舊祀祭處，如法瘞埋。　六日，詳定所言：「皇帝告廟

準典禮出乘玉輅，歸乘金輅。今緣奉安天書于玉輅，請往來並乘金輅。」從之。　七日，詔曰：「八神久存祀典，實福生民，方屬登封，特行告饗。其與歷代封禪帝王及所禪山，並於封祀前七日致祭。」　詳定所言：「按《漢書》八神：一曰天主，祠天齊淵，今青州臨淄縣有天齊池。二曰地主，祠泰山梁甫，今兗州乾封縣東南八十里有梁甫城。三曰兵主，祠蚩尤，今鄆州中都縣西南四十五里有蚩尤冢。四曰陰主，祠三山，今萊州掖縣北五十里臨海山陽有祠。五曰陽主，祠罘山，今在登州牟平縣西北六十里。六曰月主，祠萊州，今登州黃縣南二十里有萊山。七曰日主，祠成山，今登州文登縣東北百六十里有成山祠。八曰四時主，祀瑯琊，今密州諸城縣東南百八十里有瑯琊臺。又無懷、處羲、神農、炎帝、高陽、帝嚳、堯、舜、禹、湯並禪云云，在兗州汜水縣北百里。黃帝禪亭亭，在兗州乾封縣西北五里。秦始皇禪梁甫，漢武禪肅然，在兗州萊蕪縣西北六十里。其八神及禪山望，並依祭名山大川禮例遣官致祭。其社首山今行禪祭，望別遣官以少牢致告。梁甫山近，就八神之次。會稽山祀命越州長吏。無懷至光武十五帝，又唐高宗、玄宗，並依祭先代帝王禮。」從之。　其後秘書丞、直史館姜嶼上言：「泰山東南有徂徠山，蜿蟺高大，亞于岱宗，固賴祠連齋，松茂石經又具載，可謂名山。其山神

既無名位關於封崇欲望封神為秩祭之所詔特遣官致祭如八神之禮九日太常寺言大樂局樂工使告廟畢先發往泰山留樂工四十六人在寺車駕離京後欲望大祠權停用樂從之　十五日詳定所言與司天監同定三壇正座從祀神位伏請繪圖山上圜壇設昊天上帝太祖太宗配座山下封祀壇設五方帝以下六百八十七位社首壇設皇地祇正座太祖太宗配座神州以下共七十二位從之　十七日學士院上奉天書入太廟升泰山圜臺社首山登歌瑞文曲樂章二首封祀社首壇樂章八首詔付有司宋朝事實二十一月降德音曰卜上吉奉玄冊以臨民中致致治順鴻禧而布澤式袤錄私顧欲躬嗣承丕構守位兢忘於自慎保邦期至於時雍乃者寶籙從彰輿情同請願罄勤誠之典肅陳昭報之宜踐彼岱宗首魁羣岳因高展宋將有事於實封永符啟文載備祥於秘牘當甘醴發源之地顧因穹眷命之仁既協應以薦臻見明靈之昭格欽懷躬齋於景貺寅感益勵於丹衷式是勇邦介於東夏爲錫符而告瑞思與物以同休宜推在宥之恩用洽自天之慶云云於戲不測之神荷靈祇之顧禔曲成之道俾樂土以昭蘇諒兩衆心體予行惠王者施行是日太常寺言舊制南郊警場人於大駕儀仗內分充鼓駕迎拜即於府縣追集樂工

卷一萬九千八百四十九

十三

將來在路警場欲望令法駕鼓吹軍士分番祇應詔遣天武神衛神勇虎翼軍士充仍令步軍都軍頭紱訓董之　二十三日詳定所言準詔旨取封禪之義易樂章之名令參詳望改酌獻禧安之樂昊天上帝為封安皇地祇為禪安皇帝飲福酒為祺安詔宜依舊封禪禪畢仍舊　二十六日判太常寺錢惟演言六引門封徼令車駕改題膀為兗州刺史乾封令從之　二十八日御筆批請別製升泰山天平輦帝慮其大重而勞人俾裁減之所司言登陟峻險恐不堅固帝曰山路稍狹朕當降輦步進又令別造寶匣蓋式差小其制　七月二日詳所言準開寶通禮封祀五帝日月中官內官已下及諸星位並奉玉幣又禪社首嶽鎮海瀆之帝各從方色今得太府寺牒南郊用幣帛七十八段天地配帝日月五方帝神州外餘六十六段用於內官則有餘用於中外官嶽瀆則不足況禮文既言內官外官嶽鎮海瀆幣各從方色即明皆有制幣今參詳封祀壇內官五十四座中官一百五十八座外官一百六座社首壇嶽鎮海瀆望並依方色用幣從之　四日以知制誥周起閤門祇候侍其旭編排東封路進奉　先是朝陵沿路士庶貢物俟有司給賜頗至稽滯及是命起等主之　六日詳定所言南郊正位配位每位用犢羊豕各一五方帝每位用羊豕各一

日月神州每位羊豕各二從祀七百三十七位皆不用牲並以上件羊豕分充今準詔五方帝日月神州並特用方色犢其舊用羊豕二十一望改充從祀牲從之　十一日以秘書丞直史館劉鍇攝將作監入內殿頭高品張承素領從封圜臺石𥓓仍令先至嶽下規度之　時請對便坐以𥓓式進御帝起更袍而視之蓋奉祀崇嚴之至也　十二日詳定所言圜臺玉牒玉冊望於車駕登山前一日先上泰山於大次左右嚴靜處別設次從之　二十三日詳定所言先準詔九宮貴神升為大祠今參詳如在本壇即為大祀如當郊祭元無此神況位座不全圭玉虛設其九宮貴神於封祀壇不合用玉望令三省官集議詔給舍以上參議以聞　八月三日詔東封路軍馬無得下道蹂踐禾稼違者罪其將校如聞開封府界發民治道可亟罷之仍令諸色人非執事不得升山升山路有大石難越者藉土平之或委曲而過木當道者用繒帛縈其枝幹咸勿傷動泰山外七里內禁樵採草莽許於山下一里外以時剪除其耕壟如舊　時王欽若言巖麓間多有靈跡慮傷殘草木故有是詔　四日詳定所言準太常寺牒景德二年南郊天皇大帝北極二位升在第一等與日月五方帝位同用十籩十豆封禪日各將何等禮料今參詳日月五方帝神州地祇準

卷一萬九千八百四十九

十四

禮用犢天皇大帝北極望令光祿寺於特牲內薦體其籩豆禮料依第一等從之　五日詔封祀日文宣王四十六世孫同學究出身聖祐令次京官陪位兗州經省試舉人令於朝覲壇陪位　十一日詔扈從羣臣諸班軍諸色人裝錢比巡幸加等給賜　十二日以車駕巡幸京東西陝西淮南路諸州地當衝要者權增屯兵仍第賜緡錢及酒令長吏犒設以內殿崇班劉文質為齊州駐泊都監兼都巡檢以泰山北面有路抵齊州故增警備也　十三日詔審刑院開封府自九月一日後勿奏大辟案止令中書擬定施行軍頭司引見罪人悉具犯由聞奏送開封府決遣兗州大辟因送隣州處斷俟東封回日依舊　十六日詳定所言準唐明皇故事封祀日備法駕帝獨與宰臣行禮官登山初以靈山清潔不欲人多上欲令初獻於山上壇行事親王亞獻終獻於山下壇行事召禮官賀知章等入講儀注知章等以三獻合為一處於是亞終獻悉於山上羣臣並留谷口從升者裁五十人今如依古制慮祇應不逮欲望除親王為亞獻終獻及文武官升山行事外餘並山下封祀壇立班入內內侍省除掌事帶甲宿衛外入內都知二人內臣十人內侍都知一人內臣五人帶御器械二人行宮使閤門使通事舍人尚藥奉御翰林書待詔各一人翰林御廚儀鸞

司監官各一人諸司職掌公人各具數中奏中書樞密院官各二人親
王輔臣直省官押衙各一人其從人親王兩府僕射已上不得過五人三
司使學士尚書丞郎已上節察留後上將軍不得過四人給諫知制誥大
卿監龍圖閣待制三司副使樞密都承旨防團刺史閤門使已上不得三
人餘不得過二人津置禮衣至山上訖五人者留二人餘留一人從之
是日詳定儀注官晁迥而下習泰山圜臺封祀儀於都亭驛　時禮官以
封禪大禮曠廢已久簡冊所載不備故先事肄習後二日再習於驛中
十七詔應天下並禁屠宰壹月以十月一日為始　己酉王欽若獻芝草
召輔臣同閱之　九月三日以兵部侍郎判西京留守翰林侍講
學士邢昺權判留司御史臺　五日禮儀使言準禮皇帝飲福酒以上
樽太尉而下以罍今參詳告廟及封禪日皇帝所飲福酒蓋上靈降祉以
交神明之福望令尚食奉御一員於上樽酌酒以進庶叶禮文從之　己
未詔告太廟日以芝草嘉禾瑞木列於天書輦前及陳於六室庭中皇城
使劉承珪請便殿上新制天書法物有鶴十四既舞於庭　六日以權三
司使事丁謂為行在三司使鹽鐵副使林特副之鹽鐵判官楊可度支判
官黃宗旦並為判官度支副司崔端戶部副使宋摶同勾當留司三司事

卷一萬六千八百四十九　十五

以待衛步軍都虞候鄭誠編排法駕鹵簿殿前副都指揮使劉謙馬軍都
虞候張旻總轄儀仗軍士謙仍兼行在馬軍司事詔令先部前軍赴泰
山　是日奉天書於朝元殿帝齋於殿之後閣初有司撰儀止致齋一日
特詔散齋二日　七日扶持使等奉天書升玉輅赴太廟神門內幄殿帝
酌獻訖薦告六室至太祖太宗室告以嚴配之意　是日有黃雲迎日若
橋梁狀五色雲如錦綫帷帳黃宗旦宋綬劉筠郎煥晏殊以靈瑞紛集咸
上贊頌以美盛德　十二日詔儀仗內導駕官從人親王輔臣宣徽三司
使四人學士尚書丞郎節度使三人給諫知制誥大卿監三司副使樞密
承旨客省閤門使副金吾大將軍押仗鳴珂內殿崇班已上二人仍令官
左右巡察之　十三日詳定所言舊制車駕巡幸皇帝座晚朝國忌及假
日不休務親王中書樞密三司使副學士節察防團使刺史並隨駕每日
行宮合班起居中路頓侍食文武百官先發至行宮前迎駕起居令參詳
行在晚朝視事群臣不赴起居龍圖閣待制依朝陵例中路侍食餘如舊
制從之　十四日詔祀事醲酒有司別擇器用精加醞釀至時進內朕躬
親題檢以付有司　十六日詔應文武官奉使至兗州當升嶽者並公服
諸司奉祠升山人官給衣服祀日沐浴服之令王欽若等察之　十七日

命諸司副使二員祀嶽下諸壇牲牢祭器有不恭其事者過赦不原　命
宮苑使趙承煦六宅使魏昭亮御前忠佐馬步軍頭周美點檢山下諸壇
牲牢祭饌承煦仍點檢山上圜臺牢饌內侍三班使臣御前忠佐二十二
員監視封禪諸壇牲器禮料又命入內高班鄭守恩覆視諸壇牢饌　是
日詔皇帝自告廟即進蔬食從官衛士至鄆州即禁葷茹公私羊豕不至
嶽下　帝謂王旦等曰朕以封禪非常祀自今日素膳旦等曰陛下方將
涉道重冒寒冱慮保衛聖體未得其宜況南郊亦祀天地無間預禁葷茹
於致齋或散齋後議進蔬膳帝曰嚴於齋潔所冀盡誠耳旦等三表懇請
終不許　宋朝事實上於封祀極其至誠是日詔封祀有期禁天下屠宰一
月其行事臣寮樂工等於致齋日並齋戒沐浴祭器委獻官躬視洗滌
隨駕官吏軍兵不得將採捕罝羅鷹鶻等隨行自告太廟畢上即蔬食清
齋王旦等奏曰昨日親奉德音自此便素食蓋陛下特於封祀備盡嚴恭
然日月尚遠將涉長途衝冒寒冱況南郊亦祀天地不聞預絕葷茹乞於
致齋或散齋後方進素饌上曰封禪大禮國非常祀先期齋潔冀表至誠
旦等復再拜懇言上曰朕志已定不煩重畫自告廟後不御前殿詔審刑
部開封府不奏大辟上謂王旦等曰朕以登岱勤封為民祈福慮緣今來

卷一萬六千八百四十九　十六

封禪事合斷罪人卿等有司並從寬恕不得過行刑責仍詔泰山社首九
宮貴神行事官并職事人如奉祀懈慢過愆不原上又謂陳堯叟曰朕虔
心祀事凡犯罪之人不欲躬親裁決又慮小民以朝廷方行大禮輕犯憲
令可降宣命應自今諸事諸色人或有違犯並送行營量輕重決遣更不
聞奏內有罪重者亦一面依法斷遣勿得奏來自此事不戮一人咸以謂
上廟謀先見得省刑愛人之旨　二十二日詔群臣有期服未除緦麻已
上服未卒哭者不得與祭先遣執事者並令改易敢有隱匿遇赦不原
緣是祀官吏部尚書張齊賢等數十人有服制者皆改命焉　二十四日
詔升山行事官及衛士釘鞋以山路險滑故也　是日趙安仁獻芝草
二十五日詔朕擇日於崇德殿習東封儀　初帝謂王旦等曰封禪重禮
故精擇儒臣詳定儀注有司雖已講肄而朕未嘗躬習旦曰凡祀事無帝
王習儀之文帝曰王者事天如子事父貴極于嚴恭爾晁迥等復入奏升
降之節在于有司不煩君上親習帝曰朕以達寅恭之意豈憚勞也　二
十七日帝躬習封禪儀于崇德殿以殿上擬封祀圜臺設昊天上帝天書
太祖太宗位仍設木製璣距金玉匱又設大次于殿庭攝事公卿就列有
司贊引帝出大次陟降恭肅盡其禮容是日帝既還宮復出召輔臣謂曰

適因習儀頗見典禮未便者如天書未已圜臺脁已先降又金匱先天書
降壇送神畢始奉玉冊寘碱中禮儀使奏禮畢在望燎前置玉匱於碱中
即召觀從卒升堂封固頗遲喧雜卿等可與禮官博士再議以聞於是詳
定所言按開寶禮則燔燎畢封冊開元故事則封碱後燔燎今如不對神
封冊則未稱寅恭或封碱後送神則併爲喧黷臣等參詳請俟終獻畢皇
帝升堂封冊牒跪置碱中泥印訖皇帝復位飲福樂止燎火舉天書降圜
臺金匱次降禮儀使奏舉俟封碱訖皇帝再登壇省視緣祀禮已畢更不
作樂省訖降壇從之　二十八日奉祀官從官習封社首壇儀于都亭驛
十有二日詳定所言準儀注泰山上圜臺一壝望於圜臺四面相去一
丈立笋柱一圍以青繩上下三道對子午卯酉四陛各開一門又封禪前
七日太尉誓百官於行在尚書省山下行事官職掌人請以山下臣寮官
高者一員攝太尉擇嚴靜公宇受封祀社首壇兩日誓戒又泰山行禮在
質明前欲別置東燭籠二命從升内臣東執並從之　又定朝覲壇在行
宮南方九丈六尺高九尺四陛南面兩陛餘三面各一陛一壝二分在南
一分在北　三日以御史中丞王嗣宗攝御史大夫為考制度使知制誥
周起攝中丞為副使所經州縣採訪官吏能否民間利病市物之價舉察

卷一萬六千八百四十九　十七

儀制車服權衡度量不如法則者有奇才異行隱淪不仕者與所在長吏
詢求論薦鰥寡惸獨不能自存者量加振卹官吏政迹尤異民受其惠及
不守廉隅昧於政理者孝子順孫義夫節婦爲鄉里所稱者並條析以聞
命給事中張秉知制誥王曾訪問所過耆老送閤門引見上州縣繫囚所
犯　四日有司宿設天書仗衛於乾元門晝漏未上三刻自宮奉天書升
玉輅黃麾仗前後部鼓吹道門威儀扶持使導從而行帝服通天冠絳紗
袍御大輦發京師留司百官京城父老奉辭於行宮門留司諸軍列辭於
泰門外賜留司諸軍緡錢父老錦袍茶帛自是所至皆然　五日奉天書
先路而行羣臣非常從者皆迎拜訖進發車駕繼發次日如之所過州縣
官吏並城外更衣幄次見辭賜巡警及屯兵郵傳治道卒時服錢屨所經
率以為例　是日詔山上亞獻終獻並特令登歌作樂　先是帝習儀日
令中書傳旨閤禮官亞獻終獻何不作樂詳定所言按開寶禮皇帝郊祀
壇上設登歌壇下設宮架其登歌惟皇帝升降奠獻飲福則作其宮架六
變降神迎俎退文舞引武舞壇下迎送皇帝則作亞獻終獻升降在退文
舞引武舞之内其餘大祀有司攝事止用登歌不設宮架二舞所以三獻
升降並用登歌今緣山上設登歌山下設宮架二舞其山上亞獻終獻畢

皇帝躬祠禮例無用登歌之文帝以對越天地嚴配祖宗不欲分等威故
有是命　七日判太常寺李宗諤上圜臺登歌亞獻終獻樂章二首　八
日詳定所言登封日山上下詔黃麾仗其天書仗更不上山詔天書法駕
黃麾仗相間序立　初詔黃麾仗自天門至山下每四步一人後又益以
親事卒兩步一人　十日王欽若等言請令從祀官乘馬京官至山門朝
官至迴馬嶺知制誥待制至黃峴亭中路翰林學士至黃峴亭親王輔臣
至御帳百步外諸司使副已下依此品從之　是日詔應乘輿儀仗如城
門不可入者由城外而過時大輦至澶州有司以城門庳下將撤之帝不
許因有是詔　十六日詔知鄆州馬元方知齊州陳既濟知忻州黃頗正
知濟州李道知單州李從政知淄州郝大中並赴泰山陪位河北京東轉
運使及使還京朝官未見者許門見陪位帝以前詔諸州長吏不得擅離
本任而儀注云東方刺史縣令悉陪位因再令詳定遂許隣近長吏及充
州部内官吏陪祀訖歸任　十七日詔扈從人宿頓之所無得壞民舍什
物林木犯者重寘其罪行事官職掌人盡恭奉祀有涉懈慢令監察御史
糾舉過赦不原　十八日詳定所言山上圜臺牲牢俟山下省畢方宰殺
齋送上山但委所司慮失嚴潔望遣内臣同其事詔入内高品鄧文雅主

卷一萬六千八百四十九　十八

之　十九日詔劉謙越守倫於山門閱視升嶽之人著籍者許上齋掌法
物人至嶽頂並還山下俟禮畢呼集令曹利用專領護之翰林儀鸞御廚
内弓箭法酒庫内酒坊三十七人升山十二人中路頓四十三人至山上
卻下始定百五十六人至是又差減之　二十日發翔鸞驛至中路頓備
法駕入乾封縣奉高宮攝太尉王旦告至于封祀壇場辛卯車駕發京師
至鄆州令從官及衛士皆蔬食車駕所至夜設警場以鼓吹三千人奏嚴
數六周十二時　二十一日帝齋于穆清殿詳定所言先定儀注皇帝乘
輦升山今觀行宮至山下道路平坦伏望登山并赴社首山日乘輅導駕
官服袴褶登山夜暫罷警場從之　二十二日知制誥朱巽捧玉牒玉冊
及圜臺行事官並先升山帝以迴馬嶺至天門路頗峻絕慮蹐陟者稍艱
令巡檢安守忠等為版三尺許兩首施絛帛人各二選親從卒挽引而上
二十三日未明五刻扶侍使奉天書升玉輅至山下改輿升山帝服通
天冠絳紗袍乘金輅備法駕至山門幄次改服靴袍乘步輦以登鹵簿仗
衛列于山下黃麾仗衛士親從卒自山趾盤道至太平頂凡兩步一人綿
亘相間樹木當道者勿伐止以繒帛縈之俟奉馬止于中路御帳亞獻寧
王元偓終獻舒王元偁鹵簿使陳堯叟從升

宋會要

神宗熙寧二年八月十七日龍圖閣直學士傅求言奉符縣泰山下真宗皇帝昔封禪日所立碑記舊有屋宇當時委本州常切修護今屋宇隳陋碑石損折甚非所以尊奉祖宗一代告成盛事乞下轉運司支岱嶽廟施利錢修葺從之

宋會要

政和三年十一月十一日河南府言節次據管內屬縣命官學生道釋耆老等六十六狀咸言國家累聖相承功成治定是宜請修封禪之儀以答天地之貺奉符行事誠不可稽欲詣闕進表恭請皇帝登封中嶽告成天地詔許十二月十八日詣宣德門拜表二十四日於崇政殿引見賜束帛緡錢有差所請不允　時本府以少尹一員部送請封人至闕凡四千六百餘人自是他州詣闕請封人皆以官部送　四年正月十七日兗州命官學生道釋耆老及至聖文宣王四十七代孫孔若谷等詣闕進表請皇帝行登封之禮詔許二月七日拜表八日引見並如河南府已得旨揮賜帛緡錢各有差內高年人成倩授承事郎賜緋衣銀魚張春授將仕郎並致仕所請不允　二月六日鄆濮二州命官學生道釋耆老等並詣闕進表請車駕登封泰山三月四日引見賜錢帛如兗州例所請不允二州合八千六百餘人自是開德與仁潁昌府鄭州廣濟軍等處並乞詣闕請封止令遞表以聞優詔不允　四月二十五日河南府命官學生耆老道釋等再詣闕拜表請中封二十六日引見賜束帛緡錢各有差內高年人張成特授將仕郎致仕詔不允　十月二十六日鄆兗二州命官學耆老道釋等並乞再詣闕恭請皇帝東封　政和四年三月五日永興軍言本州學生鈕昌言等諸州陳請欲具表詣闕請皇帝登封覲祠后土詔免赴闕只令進表　以上宋會要

宋會要　社稷

仁宗天聖十年七月三日判太常寺王隨言社稷二壇數經增補恐闊厚不如舊制請下太常禮院檢詳制度禮院言按唐郊祀錄太社壇廣五丈高五尺五色土為之稷壇在西如社壇之制社壇以石為主其形如鍾長五尺方二尺剡其上培其下半其社稷四面宮垣飾以五色面各一屋三門每門二十四戟四隅皆連飾罘罳如廟之制其中植槐其壇三分宮之一在南無屋詔依舊制脩築仍遣官祭告慶曆七年八月一日諸州軍祭社物令後並以省錢支給

神宗元豐七年六月十七日尚書禮部言先農正座帝神農氏祝文云以后稷配神作主配座后稷云作主侑神謹按春秋公羊傳曰郊則曷為必祭稷王者必以其祖配王者則曷為必以其祖配自內出者無匹不行自外至者無主不止何休曰天道闇昧故推人道以接之然則古者作主配神之意本施於祖宗其間有雖非祖宗而祝辭可以言作主配神者如五人帝之於五帝是推人道以接天神句龍之於社后稷之於稷是推人道以接土穀之祇其祝辭俱云作主可也若并為外祭而配座又皆人鬼則以正為主其配座但合食從祭而伏請於神農祝文云以后稷配於后稷云配食於神高禖以伏犧高辛配祝文並云作主配神神無二主伏犧既為主

其高辛祝文伏請改云配食於神並從之二十三日禮
部言社稷之祭乞下有司依禮制造兩圭有邸二以為
社稷之禮器從之
哲宗元祐七年三月十八日太常博士孫諤言祭太社
太稷壇亦設登歌樂仍除去小墻詔令侍從官及尚書
侍郎給舍臺諫禮官集議以聞翰林學士顧臨等言按
開元禮祭社稷設歌鍾磬今止於社壇設登歌誠為闕
典請如諤議從之　徽宗大觀三年十二月詔太社太
稷神門齋室各以弊陋墻垣庳下命提點後苑作所具
圖以聞　九日給事中張閣等言乞增崇社稷與宗廟
一體上曰宗社禮當嚴謹當即脩崇遂從其請四年四
（永樂大典卷二萬四百二十三）
月二十八日議禮局言國朝祀儀每歲春秋祭太社太
稷牲用太牢臘祭用羊豕按禮記天子社稷皆太牢諸
侯社稷皆少牢其多寡之數不同亦惟其稱而已今臘
祭太社太稷與春秋二仲之祭所尊事者一神而有太
牢少牢隆殺之異甚非禮經之意伏請自今臘祭太社
太稷準春秋二仲之禮牲用大牢從之十月提點後苑
作所言重脩太社太稷神門齋室畢功舊止有郊社令
一員及剩員三二人看管全不嚴肅未稱崇奉之意欲
令太廟官兼行管幹其合行事並依太廟已得指揮從
之政和二年八月二十四日太常寺言宗廟太社太稷
並係太社太稷登歌而不設舞獨為未備宜用宮架切

緣太社太稷迎神送神樂曲係兩壇齊奏今用宮架樂
舞則迎神送神諸曇洗歸復位捧俎退文迎武亞終獻
望燎樂曲並合用宮架樂設於北墉之北從之
十二年三月十八日詔令臨安府於城內擇地依禮制
建築社稷壇壝其行事官致齋所亦隨宜修蓋自建炎
至紹興初臣僚奏請有司但奉行祀典不用牲牢不設
粢盛止以尊罍籩豆以實酒脯鹿臡而已至是臣僚又
請設建壇式講明舊制尋下禮部太常寺討論從所請
欲以此詔以春秋二仲臘前一日祭之其禮料比擬舊
制用羊豕各一口籩十二菱芡栗鹿脯榛實乾䕩乾棗
形鹽魚鱐糗餌粉餈二大羹鉶脂𦙶三鉶盤一毛血盤
（永樂大典卷二萬四百二十二）
二粢稷簠二稻粱豆十二芹菹筍菹葵菁韭菹酏食魚醢兔醢
豚柏鹿臡醓醢糝食兔俎八羊腥七體羊熟十一羊腥
胃肺羊熟腸胃肺豕腥七體豕熟十一豕腥膚豕熟膚
尊罍二十四實以酒並同皇地祇

权作權

紹興元年《中興禮書》　社稷

二月五日，禮部、太常寺言：討論裁定每歲春秋二仲并臘前一日祭太社、太稷，乞於天慶觀設位望祭，每位尊爵籩豆各一，實以酒脯鹿臡，權不用玉幣依方色以獻，一官一員行禮。詔依。詳見祀上帝門。二年二月六日，太常少卿程瑀等言：已降指揮，令臨安府於城內踏逐祭太社、太稷去處，令本府踏逐到城內天寧觀屋五間，可以充望祭等行事。詔權於天寧觀望祭。八年三月十六日，禮部、太常寺言：春秋社稷乞就惠照院致齋設位行禮。詔依。十一月八日，禮部、太常寺言：准敕，臣僚上言：王制天子祭社稷皆太牢，周禮以祭祭社稷，雖在喪制，猶越紼而行事，蓋其禮與天地等也。艱難以來，禮文曠闕，有司討論省繁就簡，於祀社稷不用牲牢，不設粢盛，止陳尊爵籩豆，實以酒脯鹿臡，雖云綿蕞，亦太草創。今天地宗廟之祀，因時制宜，其文稍稱，惟是社稷尚稽血食，恐非所以重國體。況州縣之祭各以羊豕，在天子之社，詎可簡乎？伏望下禮部、太常寺參酌舊文，重行裁定。詔依。禮部、太常寺今參酌裁定下項：一、依儀用牛犢二、羊豕各四，今欲乞依見今祀祭天地禮例排設。一、依儀係差三獻，吏部尚書掌誓，刑部尚書涖誓，押樂太常卿，戶部、兵部、工部郎中，監察御史，光祿卿丞，奉禮協律郎，太祝，太社太官令。緣今樂舞未備，及牲牢止用羊豕，欲除

押樂太常卿、協律郎、捧牛俎、戶部郎中吏不差官外，其行事官：初獻差禮部尚書、侍郎，太常少卿如闕，欲乞差禮祠部郎官充；亞獻差太常卿、少卿，禮祠部郎官如闕，欲乞差太常丞、博士充；終獻差太常博士，如闕，欲乞報祕書省差丞以下官充；掌誓差吏部尚書，如闕，欲乞差侍郎，又闕，差郎中；涖誓差刑部尚書，如闕，欲乞差侍郎，又闕，差郎官。監察御史、光祿卿丞、奉禮郎、太祝、太社太官令并合排辦事件，乞從太常寺報所屬差官，一依儀禮。不屋而壇，緣今未曾修築壇壝，權於望祭齋宮殿前設位行禮。令既添用牲牢祭器，其齋宮殿前地步窄隘，乞令臨安府委官移齋宮內櫺星門近南，及擗截修葺除治。詔依。《永樂大典》卷二萬四百二十三

十三年三月十八日，禮部言：臣僚劄子奏：臣竊以社稷之祠，王者所重。國家南渡以來，上戊之祭寓於佛祠，既非典禮，未有以副陛下祀神保民之意。伏望下禮官講明舊制，擇地為壇，式備春秋之祀。古者天子巡狩，既歸則格於藝祖廟，社之留京師，於此可見。若御軍以戰，則用命賞於祖，弗用命戮於社，是廟社之主與之偕行，師還則復仍其舊。二者謂一時巡狩戰伐之際，故有是禮。今陛下南幸十有七年，郊廟之制既備，獨社稷不可以無壇，宜襲東漢永平故事施行。詔令禮部討論，尋下太常寺勘會，依禮制，其社稷壇在城內。今欲依臣僚所請

令臨安府於城内踏逐可以修建社稷壇并行事官致
齋去處隨宜修築施行詔依十四年六月十七日臨安
府踏逐到觀橋東民戶地一段修建壇壝并行事官致
齋去處至十五年七月二十日修建畢工十五年七月
七日禮部太常寺言勘會修建社稷壇安立石主依禮
例合行祭告其幣帛祝文差官選日并應辦事乞依自
來禮例關報所屬施行詔依太史局申奉安石主宜用
八月十日癸未丙時吉
淳熙四年十月二十九日禮部言太社令韓梴劄子乞
降指揮太社令每月遍月諸壇壝齋宮等處檢視遇有
損漏去處申牒所屬修整梴躬親前詣太社太稷檢視

永樂大典卷二萬四百二十三

六

得望祭殿宇行事官齋位神厨等屋年深損闕望祭殿
低小乞下臨安府委官躬新修整後批送部看詳尋關
工部並下太常寺看詳欲依本官所言乞令臨安府躬
新修整又令太社令依舊每月遍詣社稷壝壇等處點
檢若太社宮人吏不即檢視頹毀修整去處從太社令
申寺斷罪　詔依祭社稷儀　時日　齋戒　陳設
省牲器　奠玉幣　進熟　望瘞　時日太常寺預於
隔季以春秋社祭太社太稷關太史局若臘日則預於
隔季以季冬日臘日太史局以其日報太常寺太常寺
參酌討具時日散告　齋戒前祭十日受誓戒於尚書
省其日五鼓贊者設位版於都堂下吏部尚書在左刑

部尚書在右並南向初獻亞終獻位於其南稍東北向
西上監察御史位於其西稍北東向光祿卿兵部工部
郎中光祿丞位於其南稍西北向東上光祿丞位稍却
奉禮郎太祝太社太官令位於其東西向北上贊明贊
者引行事執事官就位立定禮直官引吏部尚書由都
堂降階就位禮直官贊揖在位者對揖吏部尚書搢笏
讀誓文云某月某日社若臘祭即云臘前一日祭太社
太稷各揚其職不共其事國有常刑讀訖執笏禮直官
贊奉禮郎太祝太社太官令先退餘官對拜乃退若大
禮年遣官分祭則祭官與親祠行事執事陪祠官同受
誓戒於尚書省　散齋七日治事如故宿於正寢不弔喪

永樂大典卷二萬四百二十三

七

問疾作樂判書刑殺文書決罰罪人及與穢惡致齋三
日光祿卿丞太官令齋一日二日於本司無本司者於
太社宮齋舍質明至唯祭事得行其餘悉禁前祭一日
質明俱赴祠所齋宮官給酒饌祭官已齋而闕者通攝
行事　陳設前祭三日儀鸞司設饌幔於北神門外道
東西向前二日有司牽牲詣祠所前一日太社令帥其
屬掃除壇之上下太常設神位席太史設神位版於壇
上凡鋪設神位版皆太社令監視太常設祭器凡設祭
器皆籍以席籩豆又加巾蓋以俟告潔既畢權徹有司
陳牲於北神門外南向祝史各位於牲後太常設省牲
位於牲南三獻官在東西向上光祿卿兵部工部郎中

光祿丞奉禮郎太祝太社令太官令在西東向俱南上凡設光祿丞以下位皆稍卻監察御史位於光祿卿之南東向少絕太常陳禮饌於北神門外道東南向太常設省饌位版於禮饌之南三獻官在南北向東上監察御史在東西向光祿卿兵部工部郎中光祿丞奉禮郎太祝太社太官令在西東向南上太常設登歌之樂於社稷壇上稍北南向祭日丑前五刻禮直官贊者諸司職掌各服其服太常設神位席太史設神位版於壇上太社位南方北向社壇設大稷位准此席以藁秸后土勾龍氏位於其西東向稷壇設后稷位准此席以莞太常陳玉幣於神位之左玉以兩圭有邸盛以匣配位不

《永樂大典》卷二萬四百三十一

八

用玉幣以黑置諸篚將奉奠以玉加幣上祝各於神位之右置於坫次設祭器實之每位各左十有二籩為三行以右為上第一行形鹽在前魚鱐糗餌粉餈次之第二行榛實在前乾桃乾橑乾棗次之第三行菱在前芡栗鹿脯次之右十有二豆為三行以左為上第一行芹菹在前筍菹葵菹菁菹次之第二行韭菹在前酏食魚醢兔醢次之第三行豚拍在前鹿臡醓醢糝食次之俎二一在籩前實以羊腥七體兩髀兩肩兩脅并脊兩髀在兩端兩肩兩脅次之脊在中一在豆前實以豕腥七體其載如羊又俎四在豆右為二重以南為上第一重一實以羊腥腸胃肺離肺一在上端刌肺三次之腸三

胃三又次之一實以豕腥膚九橫載第二重一實以羊熟腸胃肺一實以豕熟膚其載如腥皆羊在左豕在右若配位即以西為上鉶三在籩豆前實以羹加芼滑槃一在鉶前實以毛血簠二簋二在籩豆外簠在右簠實以稻粱粱在稻前簋實以黍稷稷在黍前設著尊二一實明水一實醴齊初獻酌之壺尊二一實明水一實盎齊亞終獻酌之皆有罍加勺冪為酌尊太尊二一實泛齊一實醴齊山尊二一實盎齊一實醍齊犧尊二一實沈齊一實事酒象尊二一實昔酒一實清酒皆有罍加冪設而不酌並在壇上稍北南向東上每位各有爵坫太常設燭於神位前又設俎八於饌幔內洗二於每壇

《永樂大典》卷二萬四百三十一

九

酉階之西北向盥洗在西爵洗在東罍在洗東加勺篚在洗西北肆實以巾若爵洗之篚即又實以爵加坫執罍篚者位於其後又設揖位於北神門外如省牲之位唯不設光祿卿丞位開瘞坎二各於子階之北壬地方深取足容物南出陛設望瘞位於其南如省饌之位唯不設光祿卿丞太官令位設三獻官席位於社壇子階北壖下稍西南向西上兵部工部郎中席位於社壇子階北壖下稍西南向東上監察御史席位於南壝之間奉禮郎太祝太社太官令位於其後又設監察御史位於社壇上樂虡之南在東西向奉禮郎太祝太社令位在稷壇上樂虡之南在西東向南上太官令位於酌尊所

俱南向　省牲器前祭一日行事執事官集初獻齋所
肄儀太祝習讀祝文眡玉幣及神位版訖禮直官贊者
分引行事執事官詣北神門外省牲位凡初獻行事禮
直官引餘官皆贊者引立定禮直官贊揖次引監察御
史詣社壇外自西階凡行事執事官升降皆自西階眡
滌濯執事者舉冪曰潔次詣稷壇如上儀降復位禮直
官稍前曰告潔畢請省牲太祝出班巡牲一匝請初獻
前南向躬曰充退復位光祿丞出班巡牲一匝詣初獻
前南向躬曰腯退復位禮直官贊省牲畢請就省饌位
揖訖引行事執事官各就位立定禮直官贊揖所司省
饌具畢禮直官贊省饌畢揖訖俱還齋所光祿丞太祝

以次牽牲詣廚授太官令次引監察御史詣廚省鑊眡
祭器滌漑乃還齋所未後一刻太官令帥宰人以鸞刀
割牲祝史以槃取毛血置於饌所遂烹牲晡後太社令
帥其屬掃除壇之上下訖還齋所　奠玉幣祭日丑前
五刻行事春冬用丑時七刻秋用丑時一刻太社令先
入視設神位版訖退次太官令光祿丞帥其屬實饌具
畢光祿丞還齋所次引光祿卿入詣子階之北席位南
向立贊者曰再拜光祿卿再拜升壇點視禮饌畢退次
引監察御史升壇點閱陳設糾察不如儀者凡點視已
點閱皆先詣正位樂正帥登歌工人升西階各就位光
祿卿還齋所餘官各服祭服次引行事執事官各就北

北神門外揖位立定禮直官贊揖次引監察御史奉禮
郎太祝太社太官令就子階北席位南向立次引三獻
官兵部工部郎中入就壇下席位南向立禮直官稍前
贊有司謹具請行事登歌作寧安之樂八成止太常藏
血贊者曰再拜在位者皆再拜次引監察御史奉禮郎
太祝太社太官令升壇各就位立定太官令就社壇正
位酌尊所次引初獻詣社壇盥洗位正安之樂作凡初
獻升降行止皆作正安之樂至洗位南向立搢笏盥手
帨手執壇樂止又登歌樂作詣太社神位前南向立樂
止嘉安之樂作搢笏跪次引奉禮郎搢笏東向跪執事
者以玉幣授奉禮郎奉禮郎奉玉幣授初獻執笏與先

詣后土句龍氏神位前南向立初獻受玉幣奠訖執笏
俛伏興再拜樂止次詣后土句龍氏神位前西向立酌
獻詣配位准此奠幣如上儀奉禮郎先詣太稷神位前
東向立初獻將降壇樂作降階樂止又登歌樂作復位
樂止次詣社稷洗位又升壇奉幣並如社壇之儀奉禮
郎復位初獻將降壇樂作降階樂止又登歌樂作復位
樂止　進熟祭日有司帥進饌者詣廚以匕升羊載於
一俎肩臂臑在上端肫胳在下端正脊一直脊一横脊
一長脅一短脅一代脅一皆二骨以並在中次升豕如
羊各載於一俎正配位羊豕各一俎設於饌幔內俟初
獻既升奠玉幣訖入陳於西階下東向北上次引兵部

工部郎中詣社壝酉階下搢笏奉俎兵部奉羊工部奉豕升壝豐安之樂作詣太社神位前南向跪奠先薦羊次薦豕各執笏俛伏興有司設於豆右腸胃膚之前羊在左豕在右次詣后土句龍氏位西向奉俎如上儀樂止俱降復位次詣太稷壇奉俎並如社壇之儀降復位初奠俎訖引太祝取蕭揉於醢祭於豆間三又取黍稷肺祭如初俱藉以茅退復位次引太祝詣太社神位前西向立次引初獻再詣盥洗位登歌樂作至洗位南向立搢笏盥手帨手執笏詣爵洗位南向立搢笏洗爵拭爵以爵授執事者執笏升壇樂止又登歌樂作詣太社酌尊所東向立樂止嘉安之樂作執事者以爵授初獻

永樂大典卷二萬四百二十三

十三

初獻搢笏跪執爵執尊者舉冪太官令酌著尊之醴齊訖先詣后土句龍氏酌尊所南向立初獻以爵授執事者執笏興詣太社神位前南向立搢笏跪執事者以爵授初獻初獻執爵祭酒三祭於茅苴奠爵執笏俛伏興少立樂止次引太祝搢笏跪讀祝文讀訖執笏興先詣后土句龍氏神位前北向立初獻再拜次詣后土句龍氏酌獻並如上儀太官令復詣稷壇正位酌尊所太祝詣稷壇正位前立初獻將降壇樂作降階樂止又登歌樂作復位樂止次詣稷洗位及升壇酌獻並如社壇之儀太官令太祝復位初獻將降壇樂作降階樂止又登歌樂作復位樂止次引亞獻詣盥洗位南向立搢笏盥

手帨手執笏詣爵洗位南向立搢笏洗爵拭爵以授執事者執笏升壇詣太社酌尊所東向立登歌文安之樂作執事者以爵受亞獻亞獻搢笏跪執爵執尊者舉冪太官令酌壺尊之盎齊訖先詣后土句龍氏酌尊所南向立亞獻以爵授執事者執笏興詣太社神位前南向立搢笏跪執事者以爵授亞獻亞獻執爵祭酒三祭於茅苴奠爵執笏俛伏興再拜次詣后土句龍氏神位前行禮並如上儀樂止降復位次詣太稷壇行禮並如社壇之儀降復位次引終獻詣洗及升壇行禮並如亞獻之儀降復位次引太祝徹籩豆籩豆各一少移於故處娛安之樂作卒徹樂止次引大社令東茅訖俱復位禮直官曰賜胙贊者承傳曰賜胙再拜在位者皆再拜送神寧安之樂作一成止

永樂大典卷二萬四百二十三

十三

望瘞初寧安之樂畢引三獻官兵部工部郎中詣社壇望瘞位樂作至位樂止有司各詣神位取幣祝版饌物及牲之左髀束茅置於瘞坎次引監察御史奉禮郎太祝太社令詣望瘞位立定禮直官曰可瘞寘土半坎次詣稷壇望瘞位並如上儀次引初獻以下詣北神門外揖位立禮直官贊禮畢揖訖退太官令帥其屬徹禮饌監察御史詣壇監視收徹訖還齋所光祿卿以胙奉進監察御史就位展視光祿卿望闕再拜乃退

光宗紹熙三年八月十九日，監察御史曾三復言：「竊見社稷壇壝草萊蕪沒，執事者不可陞降，雖專設官，久失司存，不復振舉，甚非所以示尊奉之誠也。乞下禮院討論制度，委守官幫築壇壝，填壘級道，護以磚石，壇下地面悉以甓砌，以便行禮。仍專責太社令每月躬親巡視。」從之。同日，又言：「州縣間社稷之位，士大夫不知先務，而昵于非祀，反以為迂緩不切，僅存故事而已。乞行下應州縣社稷壇場並加修葺，務在精嚴。春秋祠祭，須長官躬親行事，必即壇壝之所，不許於他處就便行禮。仍於壇側搭蓋屋宇，以備雨潦望祭。守令到官之初，謁諸廟祀，首詣社稷之所，凡有水旱，必先致禱，使知崇本，無愧有邦。」從之。十年七月八日，詔遇有水旱，令州縣先祈社稷。從臣僚請也。

卷一萬四百二十四

仁宗皇祐二年二月十八日帝謂輔臣曰孝莫大於嚴父嚴父莫大於配天今冬至日當親祀圜丘欲以季秋有事于明堂行饗帝饗親之禮以極孝恭之意卿等討尋典故詳議其事文彥博等對曰此禮久隳歷代未行非聖慮深遠不能及此容臣等退而講求其當自聖朝行之後二日彥博因對奏曰臣等檢討舊典昊天上帝一歲四祭皆於南郊以公卿攝事惟冬至日圜丘率三歲一親祀開寶中藝祖幸西京以四月庚子有事南郊行大雩之禮淳化四年至道二年太宗皆以正月上辛躬行祈穀之祝悉如圜丘之禮惟季秋大饗闕而未舉真宗祥符初以元符昭錫議行此禮用伸恭謝屬東人徯來即有事於岱宗既而祀汾脽曲里聯講巨議(儀)故亦未遑於合宮之事將上帝祖宗之意遺以俟陛下乎向者臣等始聞德音卒遽不能上對及閱見舊典禮經乃知上聖有作博究古今非諸臣之淺所能仰望清光不勝大慶帝曰今舉希闊之禮與卿等審議始終先定其當然後出命可也因曰明堂制度自前代諸儒議論皆異將安適從彥博等對曰於孝經則云宗祀文王于明堂以配上帝於禮記則有明堂位在周官考工則有世室重屋之制然文畧不備餘皆漢後諸儒雜引緯書各為論議故駁而不同帝曰明堂者布政之宮朝諸侯之位

然則天子之路寢乃今之大慶殿是矣况明道初祀天地於此今之親祀不當因循尚於郊壇寓祭其以大慶殿為明堂分五室於內朕於祀事務罄嚴恭餘以簡而中禮為貴亦須下禮官議之

三月一日內出御劄曰事天事地治國之善經饗帝饗親聖王之盛節所以懋昭孝本惇訓民先致理之原率(繇)由茲舉朕欽膺端命撫有中區紹億載之基圖席三后之譔烈兢兢業業因或怠遑賴高厚况臨神祇協贊方隅底屬歲物順蕃躋此汔康莫匪靈貺緬稽先憲祇見昊穹而祈穀于春祭雩以夏追升禋於景至嘗親展於國容惟明堂布政之方尊嚴父配天之禮雖崇精饗未即躬行言念及茲心焉載惕今將消季秋之令旦舉宗祀之上儀恭接神明奉將牲幣庶成繼孝豈敢憚勤宜配(示)先期式伸誕告朕取今年九月內擇日有事於明堂其今年冬至親祠南郊即宜輟罷合行恩賞並特就祀明堂禮畢一依南郊例施行至日朕親御宣德門宣制仍令所司詳定儀注以聞務遵典禮勿俾煩勞

十一日詔將來明堂大饗禮畢臣僚不得請上尊號

十二日詔明堂大饗神祇奉天地宗廟率遵典禮自餘乘輿服御諸物令三司裁度損約功費務從簡儉所不須雅飾物毋得妄有申請紅致勞費

同日直龍圖閣王洙言國家因隋唐制每歲季秋大享止於南郊壇寓祭不合典禮古者明堂宗廟

路寢同制今大慶殿即路寢也九月皇帝親祀當於大慶殿行禮詔付禮官　十五日太常禮院言季秋有事于明堂國朝初行此禮事無舊比恐諸司疑誤未明詔旨須更俟申嚴始預行辦集欲一準南郊例合行事件許諸司申請施行從之　十六日詔明堂祀昊天上帝五天帝以真宗配座並皇帝親行獻禮　十七日判太常寺兼禮儀事宋祁楊安國張揆等對于垂拱殿言伏子詔書今年九月有事于明堂檢詳典禮謹具條請凡十一事一明堂者古天子布政朝諸侯之所而前代諸儒以為在國之陽國朝以來未遑修建每季秋大饗即有司攝事沿隋唐舊制寓祭南郊壇今皇帝既親祀不

卷七千一百九十九

容寓禮宜即大慶殿以為明堂其體一也做古便今於儀為允況明道初已曾就此殿恭謝天地二據明堂制有五室當大饗之時即設昊天上帝座於太室中央南向配帝位於上帝東南西向青帝室在東西向赤帝室在南北向黃帝在太室內少西南北向白帝室在西東向黑帝室在北南向今大慶殿初無五室欲權為幔室以準古制每室為四戶八牖或不為幔室即止依方設版位於禮亦不至妨闕其五神位即設於庭中東南三通禮昊天配帝用蒼牲二五方帝五人帝各依方色用牲十緣國朝每南郊雖神位至多亦止用犢四羊豕各十六今明堂欲用犢七以薦上帝配帝五方帝羊豕各

五薦五人帝四燎壇設於殿庭東南隅如通禮之制五禮郊用辛取王者齋戒自新之義通禮大饗明堂用辛今欲擇用辛日六明堂古制南面三階三面各二階今大慶殿唯南向一面有兩階其三面之制即難備設欲於南面權設午階以備乘輿登降七大次於大慶殿門外少東南向小次設於大慶殿下少東西向悉如舊制八皇帝致齋請就文德殿如南郊大慶殿齋宿之儀百官致齋兩省以上官宿於朝堂文官設次左昇龍門外武官設次右昇龍門外京官仍舊不宿齋大饗前一日令就百官幕次止宿至日陪位九明堂大饗惟真宗崇配據禮合止告一室伏緣乘輿入廟仰對列聖若專饗

卷七千一百九十九

一室禮未厭情今欲罷有司今年孟秋時饗請皇帝親行朝饗之禮即七室皆徧可盡恭虔於禮為便其真宗室祝冊兼告崇配之意自餘齋宿如南郊之儀禮畢服通天冠絳紗袍乘玉輅還文德殿齋次如乘輿不親行即遣官告真宗一室如常禮其景靈宮舊禮不著若依南郊即乘輿親行酌獻十通禮明堂大饗用大駕本緣明堂在外行禮今乘輿前一日親饗七室不緣前禮當改用法駕況太宗端拱二年將饗太廟有司曾請用法駕有詔從之十一南郊禮畢自大次輦還帷宮鈞容鼓吹導引自帷宮還內諸營兵夾路鼓吹奉迎今明堂禮畢還文德殿以須旦明登樓肆赦緣宮禁近地難用鈞

容鼓吹其鈎容合在宣德門外排列營兵鼓吹合在馳道左右排列欲候禮成乘輿離大次還文德殿時自內傳呼出外許鈎容及諸營鼓吹一時振作俟乘輿至文德殿御幄即傳呼令罷所參詳舊禮有或未便合行修正伏緣祖宗著定大典有司不得輙更伏俟裁可詔明堂權為幔室五室方位再令檢詳典禮繪圖以進太廟七室親行薦饗之禮所有將來孟冬饗太廟宜權罷其景靈宮亦親行酌獻之禮明堂禮畢鈎容班樂自大次前振作由右昇龍門導還文德殿餘悉恭依　二十五日判太常寺兼禮儀事宋祁言伏見詔書有事明堂國家三聖未行此事禮既希闊尤須講求直龍圖閣王洙

卷七千一百九十九

久在史局請究制度望令與禮官共力詳討庶無闕失詔洙同判太常寺兼禮儀事　二十六日詔用九月二十七日辛亥大饗明堂以宰臣文彥博為大禮使宋庠為禮儀使樞密使王貽永為儀仗使樞密副使龐籍為鹵簿使參知政事高若訥為橋道頓遞使先是禮官議王者郊用辛蓋取齋戒自新之義又過禮記明堂亦用辛遂下司天擇日而得辛亥吉蓋九月二十七日也　二十九日判太常寺宋祁上明堂通議二篇序略曰上稽三代旁捜漢唐禮之過者折之說之謬者正之以合開寶一王之典聊佐乙夜觀書之勤其書自內出尋復有詔進入是後閤門祗候劉舜臣上明堂議并圖一卷資政殿學士范仲淹上建昌軍草澤李遘明堂圖議授試太學助

教福州草澤鄭豹上宗祀書三卷同日太常禮院言卜用九月辛亥行大饗之禮當奏告天地廟社諸陵及告內外神祠得司天監狀用四月八日吉從之以樞密副使梁適攝太尉望告天地於南郊壇樞臣奏告非舊制亦重其事也時政府六員五員充使故以適奏告同告謝復增賜齎如五使焉　四月四日太常禮院上言將來明堂請如典禮前大饗三日皇帝於文德殿致齋前二日先詣景靈宮行薦饗之禮畢赴太廟朝饗禮畢還文德殿宿齋次日行明堂之禮詔曰恭依又言準三司牒明堂行禮合排程頓當預示處所為之辦治當院詳慶歷七年郊例宣德門太廟南郊壇各為一頓今緣止赴太廟行饗禮畢即還文德殿致齋次日詣明堂

卷七千一百九十九

行禮其頓置合自致齋并太廟回日宣德門共二頓太廟一頓欲準此移報從之　五日太常寺言大樂局止有常祀明堂樂章今皇帝親行大饗其樂章當別撰定鼓吹局合排法駕儀仗前後部所用歌辭合宮等曲望早賜宣下準以習肄詔學士院以時撰進禮院言將來法駕車輅仗衛禮樂器服等有濫惡敝闕請委內臣二員計會所由司各以件言速加修飾仍下三司副其須索從之　六日詔差諸州府官就祀方嶽海瀆宮廟告以大饗之期仍遣使齎香祝以往　七日太常禮院言季秋饗昊天上帝及五方帝於明堂當用四圭有邸青圭赤璋白琥黳璜黃琮各一并薦饗景靈宮用四圭有

邸一凡七玉當院檢會慶歷七年郊制昊天上帝玉用蒼璧及詳開寶通禮明堂祀昊天上帝玉用四圭有邸今請如通禮望下三司令所屬會少府擇嘉玉預行修製　詔禮官詳定禮神玉及燔玉制度以聞　八日太常禮院言明堂大饗於大慶殿行禮殿宇階廡及丹采之所並當增修雅飾望下修內司施行從之　九日內出手詔曰明堂之禮前代並用鄭康成王肅兩家義說兼祭昊天上帝已為變禮國朝自祖宗已來三歲一親郊即徧祭天地而百神靡不從祀故太祖皇帝雩祀太宗皇帝真宗皇帝祈穀二禮本無地祇位當時皆合祭天地以祖宗並配而百神從祀今祀明堂正當三歲親郊

卷七千一百九十九

之期而禮官所定止祭昊天五帝不及地祇又配座不及祖宗未合三朝之制況比年以來水旱地震稼穡不登今移郊為大饗蓋亦為民祈福若祭天而不祭地又祖宗不得徧配於禮未安其將來新祠明堂宜合祭皇地祇奉太祖太宗真宗並配而五帝神州地祇亦親獻之日月河海諸神悉如圜丘從祀之數以稱朕恭事天地祖宗神靈之意時帝謂輔臣曰禮非天降地出緣人情爾今禮官習拘儒之舊傳捨三朝之成法非朕所以昭孝息民也宰臣文彥博曰惟上聖至明為能達禮之情適禮之變非臣等愚昧所及　十日宰臣文彥博等奏曰以詔書所定親獻之禮若周於五天帝神州地祇比

圜丘之位恐陟降為勞也請命官分獻之帝曰朕於大祀豈憚勞也又禮官議從祀諸神位未決帝復諭彥博等曰郊壇第一龕者在堂第二龕第三龕者設於左右夾廡及龍墀之上在壝內外者列於堂之東西廂及堂之後廡以象壇壝之制仍先繪圖以聞　十一日詔明堂行禮所設褥位祭器祭食應行事臣僚及諸司人毋得輙有踐躐及橫絕越過違犯者具以罪論諸寺監應奉人等令大禮使嚴行戒諭須至時預先沐浴服新潔衣升殿行事職掌差內臣管勾宿齋及支沐浴錢務在嚴肅不得慢易　十二日禮儀使言準敕應祭祀行事官吏有不遵典禮因事肅恭令有司糾察聞奏若已受誓戒

卷七千一百九十九

有廢闕者不在赦原將來逐處行禮日其文武百官使臣軍校及諸司祇奉職掌等慮不知有此條制或至違犯望下閤門御史臺宣徽院申明告示從之　二十一日太常禮院言奉詔旨明堂祭玉令速具尺寸制度以聞當院檢詳今來明堂行禮唯蒼璧不用外定用四圭有邸黃琮圭璧各二青圭赤璋白琥黝璜兩圭有邸各一凡十一玉並各擇嘉玉準三禮圖參按周禮義疏制造其慶歷七年禮官所定祭玉制度尺寸謹詳錄以聞若用景表尺即與黍尺差近恐真玉難得大者則請以本院先定依聶崇義所說指尺為製制造從之仍令勾當御樂內侍盧昭序領焉　二十四日太常禮院言乘

輿法駕詣景靈宫太廟還赴明堂行禮所經從道路欲自宣德門直南至開封府北轉仗東向至景靈宫行禮畢赴太廟宿齋薦饗禮畢由舊路行赴文德殿致齋準郊例前三日禁止都城内外喪葬哭泣之聲禮畢次日復初望下橋道頓遞使都大提舉應奉司開封府施行宫廟習儀幷行禮日諸司寺監祇應職掌樂工等合給酒食欲依慶曆七年郊例食皆量直給錢酒支本物大饗禮畢當賜福酒望下三司準舊例支給並從之　二十五日詔差明堂都大提舉官管勾一行應奉公事二人行宫使六人權新舊城裏都巡檢使各二人都大管勾大内公事三人華路黄道分面編排引駕臣僚六人

卷七千一百九十九

提點設食價錢公事提點支散薦席各二人管内黄道點檢諸班内素食各一人以閤門使副祇候通事舍人正任遥郡諸司使副帶御器械樞密承旨内侍省都知押班充　二十八日太常寺言得大樂局狀常歳季秋大饗明堂五天帝位並屬分獻即不用樂今大饗明堂五天帝皆皇帝親獻禮當並用樂參詳典禮五郊迎氣之時各奏本音之樂青帝以角赤帝以徵黄帝以宫白帝以商黑帝以羽至上辛祀感生赤帝樂即隨月用律所有今來五天帝酌獻之樂所用音律未敢專定本寺伏詳今來明堂祀昊天上帝合隨月用律以無射為宫其五天帝既是報成合各用迎氣所奏五音青帝以姑

禮二四之九

洗為角赤帝以林鍾為徵黄帝以黄鍾為宫白帝以太蔟為商黑帝以南宫為羽詔禮官議定以聞既而上言詳據舊典參以國朝制度其天地配位皇帝升降奉俎亞獻三獻文武二舞皆當隨月用律九月以無射為均五天帝各用本音之樂請如太常所定宣下詔可　二十九日太常禮院言準詔檢詳五室方位今據典禮明堂五帝位並為幔室緣奉事上帝不容華侈欲用青絹朱裏以為旁帷上幕其四户八牖準大戴禮赤綴户白綴牖宜以朱白絹飾户牖又按周禮夏后氏世室鄭氏云堂上為五室象五行木室於東北火室於東南金室於西南水室於西北土室在中央崔靈恩説亦如之欲

卷七千一百九十九

依周禮鄭崔義説設五室於大慶殿中央及四隅於行禮陛降陳設為便詔可　五月一日太常禮院言準詔詳定明堂禮神玉及燔玉制度今禮官參議當依典禮用二玉一以禮神置於神位祀畢藏之少府于後每祀供之一以為燔玉加牲體之上幷燎燔之並用美玉詔可仍度以景表尺如玉美而小即用指尺令内侍盧昭序領作先是帝謂輔臣曰前代禮神有祭玉燔玉二品今獨燔玉無乃闕禮文彦博等奏曰唐太和中太常卿王起以當時祀事止有燔玉而無禮神祭玉請依禮下有司精求良玉創造禮神蒼璧黄琮等九器祭訖藏之燔玉依常制用珉唐末以來祀典廢闕禮神之玉不復備

禮二四之一〇

用以至于今帝曰朕奉事天地祖宗盡物盡志豈於寶玉有所惜耶其令有司議如典禮凡祀用玉者爲祭幡各一教內府尋閱美玉至是適回紇貢玉璞數十剖之擇良美命匠者制爲琮璧九品各二內黝璜尤溫粹祭玉之備始復於此也　三日太常禮院言明堂太廟陪位者欲令鴻臚寺四方館準郊例施行景靈宮殿庭地近度不能盡容班叙望依例止令諸蕃進奉使副及致仕前資京朝官陪位仍不過慶曆七年人數從之　七日太常禮院言昨赴太慶殿詳度陳列天地以下神位今參比郊壇壝兆上下位叙如左殿上五室內太室中北昊天上帝位皇地祇在左皆南面太祖太宗真宗位

卷七千一百九十九

在東西面黃帝在太室中西南面人帝在左少退青帝赤帝白帝黑帝各從本室凡帝在左少退神州地祇日月北極天皇太帝並設於五室之間其位少退（五帝神州日月北極天皇大帝郊壇爲第一龕位）五官勾芒以下設於明堂廷中少東南別爲露幄五緯十二次紫微垣內官五方嶽鎮海瀆歲星真楞鉤星以下七十二位於東西夾廡下版設（於郊壇爲第二龕位）二十八舍黃道內天官角宿攝提五方山林川澤以下一百七十九位於丹墀龍墀道東西版設（於郊壇爲第三龕位）黃道外天官及衆星五方墳衍原隰以下四百九十六位並東西廡周環殿後版設以北爲上（於郊壇之內壝外爲內位）倣古明堂之制又稍與壇壝位叙相類及令修內司弁

少府司天監量廣深丈尺約陳列祭器不至併隘如得允當望下司天監繪圖以進又廢大慶殿御榻屏風正當行禮及設神位欲權奉置於殿後閤覆以帟幕禮畢仍舊殿東西廡下有戶牖處恐非精潔欲用青純朱裏幕並緋綠額遮衛望下三司製造又準乙丑詔敕明堂合祭皇地祇奉三聖並配朕躬行禮五帝神州亦特親獻自餘日月河海諸神從祀悉如圜丘之數禮官前上奏議既定牲數今增奉禋配之位則牲亦隨廣請於七犢外更增四犢所有羊豕亦依郊例各用十六以薦日月以下從祀神位並詔可　八日太常禮院言準橋道頓遞使移問明堂行禮聖駕乘輿不乘大輦由左右昇

卷七千一百九十九

龍門往復及更自何門闌出入以須度視高廣能容過與否亟以舉報本院參詳將來皇帝自文德殿齋次出殿門由朝堂入右昇龍門昇輅出宣德門赴景靈宮薦饗太廟宿齋朝饗禮畢還入宣德門降輅歸文德殿宿齋至大饗日出文德殿門由朝堂門入右昇龍門赴大次以俟入明堂行禮畢還大次歸文德殿以次升樓其明堂往回宮禁地近乞止乘常御小輦所有景靈宮太廟升降輿輅所乘一準郊例皇帝致齋自二十二日訖二十五日百官宿朝堂太廟晨晡並給肉食及將赴景靈早饌請賜蔬素太廟明堂行禮畢早饌亦賜羹肉將來乘輿自太廟回赴大慶殿行禮即諸軍素隊合於馳

道左右排列俟至日禮畢離大次即傳呼令軍樂振作其在致齋之內即依慶歷七年郊例聖駕赴宮廟時並禁作樂望下殿前馬步軍司告諭並從之　十二日禮儀使言明堂行禮奉祖宗徧配天地及五方上帝神州地祇並皇帝親行奠獻準郊制皇帝先詣天地位奠獻訖次詣配帝位行禮今請皇帝初詣昊天上帝位奠玉幣訖次詣皇地祇青帝赤帝黃帝白帝黑帝神州地祇位奠玉幣次詣太祖太宗真宗位奠幣其酌獻之叙亦如之欲載於儀注詔恭依　十四日太常禮院言準詔定五人帝神位版今欲增博至一尺厚二寸其長如初從之舊博七寸厚五分長尺三寸以其菲陋不稱嚴奉之禮故增之　二十二日宰臣文

卷七千一百九十九

彥博等上表明堂大饗天地祖宗五位酌獻樂章乞御撰詔答不允　二十三日內出御撰明堂樂曲及二舞名降神曰誠安之曲皇帝升降行止曰儀安之曲昊天上帝皇地祇神州地祇位奠玉幣曰鎮安之曲酌獻曰慶安之曲太祖太宗真宗位奠幣曰信安之曲酌獻曰孝安之曲司徒奉俎曰饎安之曲五天帝位奠玉幣亦曰鎮安之曲酌獻曰精安之曲皇帝飲福曰胙安之曲退文舞迎武舞曰穆安之曲亞獻三獻皆曰穆安之曲徹豆曰歆安之曲送神曰誠安之曲歸大次曰憩安之曲文舞曰右文化俗之舞武舞曰威功睿德之舞　二十四日詔御撰樂曲名與常祀同者並更之中書樞密院

禮二四之一三

臣僚分撰明堂樂章文彥博撰降神誠安送神誠安青帝精安宋庠撰皇帝升降儀安司徒奉俎饎安赤帝精安龐籍撰皇帝飲福胙安亞獻三獻穆安黃帝精安高若訥撰武舞穆安白帝精安徹豆歆安梁適撰皇帝還大次憩安黑帝精安　二十五日詔奕葉所用圜丘寓祭明堂誠安之曲曰宗安　祀感生帝慶安之曲曰光安奉慈廟信安之曲曰慈安　二十八日太常禮院言明堂合用竹册昊天上帝皇地祇青帝赤帝黃帝白帝黑帝神州地祇太祖太宗真宗一十一副景靈宮一副太廟七副請下中書省製造詔可　六月四日內出御撰明堂樂八曲以君臣民事物配屬五音正到旋復周始

卷七千一百九十九

凡二十聲為小曲用宮變徵變者天地人四時為七音凡三十聲為一曲以子母相生凡二十八聲為一曲皆黃鍾為均又明堂月律五十七聲為二曲皆無射為均又以二十聲二十八聲三十聲為三曲亦無射為均皆自黃鍾宮入無射如合用四十八或五十七聲即依前請次第成曲其徵聲自同本律其御撰鼓吹警嚴曲合宮歌一闋並下太常肄習之　五月太常禮院言明堂行禮差官分祀九宮貴神用兩圭有邸凡九玉制以珉望下三司會少府施行其玉隨幣色依九宮一白二黑三綠四碧五黃六白七赤八白九紫以為之色　七日少府監言明堂行禮皇帝親獻神位前每座用塗金銀爐香合乙漆案朱羅案衣奠酒塗金銀洗

禮二四之一四

鑼各一本監舊藏止五副緣今親獻神位十一所闕者六副并鍮石燭臺十八望下三司製作從之　八日翰林學士承旨王堯臣等言奉詔與太常寺參議阮逸所上編鍾四清聲譜法請用之於明堂者竊以律呂旋宮之法既定以管又制十二鍾準爲十二正聲以律計自倍半說者云半者準正聲之半以爲十二子聲之鍾故有正聲子聲各十二子聲即清聲也其正管長者爲均自用正聲正管短者爲均則通用子聲而成五音然求聲之法本之於鍾故國語所謂度律均鍾者也其編懸之法則歷代不同或以十九爲一簴者蓋取十二鍾當一月之辰又加七律焉或以二十一爲一簴者以一均聲更加濁倍或以十六爲一簴者以均清正爲十四宮商各置一副是謂懸八用七也或以二十四爲一簴則清正之聲備故唐制以十六數爲小架二十四爲大架天地宗廟朝會等各有所施今太常鍾懸十六者舊傳正聲之外有黄鍾至夾鍾四清聲雖於圖典未明所出然考之實有義趣蓋自夷則至應鍾四律爲均之時若盡用正聲則宮輕而商重緣宮聲以下不容更有濁聲一均之中宮弱商強是謂陵僭故須用子聲乃得長短相叙自角而下亦循茲法故夷則爲宮則黄鍾爲角南呂爲宮則大呂爲角無射爲宮則黄鍾爲商太簇爲角應鍾爲宮則大呂爲商夾鍾爲角蓋黄鍾大呂太簇夾

卷七千二百九十九

鍾正律俱長並當用清聲如此則音律相諧而無所抗此四清鍾可用之驗也至他律爲宮其長短尊卑自序者不當更以清聲間之自唐末多故樂文墜缺考擊之法久以不傳今若使匏土絲竹四器盡求清聲即未見其法又據大樂諸工所陳自磬簫琴籥巢笙五器本自清聲塤篪竽筑瑟五器本無清聲五絃阮九絃琴則有太宗皇帝聖製譜法至歌工引音極唱止及黄鍾清聲臣等參議其清正二聲既有典據理當施行自今大樂奏夷則以下四均正律爲宮之時商角依次並用清聲自餘八均盡如常法至於絲竹等諸器舊有清聲者今隨鍾石教習本無清聲者未可創意求法且當如舊惟歌者本用中聲作歌應合諸器亦自是一音別無差戾其阮逸所上聲譜以清濁應先後互擊取音靡曼似近鄭聲不可用從之　十一日詔新製明堂樂九曲譜令兩制與判太常寺官同加詳議注入合用清聲以聞　十二日内出御製黄鍾五音五曲皆五十七聲付太常寺按習行用　十四日鹵簿使言明堂大饗用法駕鹵簿準禮令法駕之數減大駕三分之一得兵部狀大駕用萬有八千二百五十六人法駕減其一用萬有二千一百七十人檢大中祥符元年封禪法駕人數即用萬有一千六百六十一人育此不同本部今無法駕字圖故本復又文牘散逸雖淵有其數較之禮令未能裁決

卷七千二百九十九

望令禮院官一員與兵部官同共詳定圖本又禮院言準郊例大駕有象六在六引之先今明堂行禮若三分減一即用四亦在三引前檢詳令文但有象在大駕鹵簿前一中道餘分左右即不言總數又國朝會要象六中道分左右恐舊文參差未知所從詔並令太常禮院與判兵部官同共詳定圖本以聞後禮官等定法駕鹵簿九萬有一千八百八十八人從之（素隊凡殿前馬步軍司兵士及樂兵共二百五十指揮總五萬二百九十六人）十六日太常禮院言明堂行禮自昊天上帝至神州地祇及配帝共十一位皆皇帝親行奠獻其罇罍籩豆簠簋之數悉用大祠天皇大帝北極大明夜明數用中祠五人帝既從祀殿室禮當差敘欲

卷七千一百九十九

準天皇大帝進用中祠五官據通禮陳設象罇各二數與五人帝同而位在階下欲用小祠之數其餘諸神一準郊例陳設詔可（宋史禮志令輔臣禮官視設神位昊天上帝堂下山罍各四皇地祇泰尊著尊犧尊山罍各二在堂上室外神坐左象尊二壺尊二山罍四在堂下中陛東三配帝五方帝山罍各二於室外神坐左神州泰尊著尊山罍各二在堂上神坐左牲各用一犢毛不能如其方以純色代籩豆數用七祠日月天皇大帝北極泰尊各二在殿上神坐左籩豆數用中祠五官數用小祠內官象尊各二每方岳鎮海瀆山尊各二在堂左右中官壺尊各二在丹墀龍墀上外官每方丘陵墳衍原隰概尊各二衆星散尊各二在東西廂神坐左右配帝席蒲越五人帝莞北極以上藁秸加褥五官五星以下莞不加褥餘如南郊）二十三日禮儀使言準郊例車駕出京城日十里內神祠及經從橋道並遣官祭告今聖駕止詣太廟朝饗回行明堂之禮不出京城無經由橋梁欲止於車駕出內前一

日祭告京城內八廟（至聖文宣王昭烈武成王五龍二相公天齊城隍浚廟佐）詔除軷祭并諸橋外一準郊例差官祭告　二十四日詔以寧江軍節度使同中書門下平章事知大宗正事汝南郡王某攝左衛上將軍爲明堂亞獻武康軍節度使同知大宗正事北海郡王允弼攝右衛上將軍爲三獻

二十九日翰林學士承旨王堯臣等言奉詔令兩制與太常寺官將近降御製樂曲譜注入合用清聲以聞準六月戊辰詔音令自大樂夷則已下四均正律爲宮之時商角依次並用清聲自餘八均悉如常法令將近降御製大樂曲譜法共十九曲合用清聲處悉就律名下依詳注入其舊譜曲調合用清聲處亦旋令注入閱習

卷七千一百九十九

詔付太常寺與鄧保信等依此教肄　仁宗皇祐二年六月三日太常禮院言三班執毬杖使臣各服花襆折上巾紫繡衣當於祀前一日宿右昇龍門外幕次以俟禮畢自大次前奉引乘輿還文德殿準郊例用百人今法駕省約三分之一請用七十人其宣德門肆赦亦奉引排立詔止俟肆赦令於樓前排立先日不須入宿六日入內內侍省言準郊例禮畢諸班直及軍校皆賜花令明堂禮畢未審賜花與否詔準舊例三分省一造作以賜又太常禮院言明堂行禮前一日望令鈞容樂宿右長慶門內俟禮畢即導迎乘輿還文德殿及升樓肆赦禮畢乘輿離大次鈞容樂振作即傳呼令馳導左右

諸軍素隊樂并鼓吹亦振作東與至文德殿乃權止俟升樓肆赦鈞容樂奏引復傳呼振作仍望差内侍一員管勾從之　七日内出御製樂曲五音七均相生不隨次第用均律止以順曲為譜成無射宮三曲皆五十七字五音一曲明堂奉俎用之變七律一曲明堂飲福用之七律相生一曲明堂退文舞迎武舞亞獻徹豆通用之並景靈宮太廟明堂等行禮宮縣登歌奏樂之序詔太常按習施行景靈宮降聖送真並以太安之曲降聖作發祥流慶之舞升降行止以乾安之曲奉香以靈安之曲飲福以報安之曲退文舞迎武舞以正安之曲降真觀德之舞亞獻以沖安之曲太廟迎神送神並以興安之曲迎神作文德之舞升降行止以乾安之曲遍室奠瓚以瑞文之曲奉俎徹豆並以豐安之曲酌獻僖祖室以大善之曲順祖室以大寧之曲翼祖室以大順之曲宣祖室以大慶之曲太祖室以大定之曲太宗室以大盛之曲真宗室以大明之曲並作文德之舞飲福酒以僖安之曲退文舞迎武舞亞獻並以正安之曲作武功之舞明堂降神送神並以誠安之曲降神作文化俗之舞升降行止以儀安之曲六天二祇奠玉幣以鎮安之曲三聖奠幣以信安之曲奉俎以饎安之曲昊天地祇酌獻以慶安之曲五天帝酌獻以精安之曲三聖酌獻以孝安之曲飲福以胙安之曲退文舞迎武舞亞

獻三獻並以穆安之曲作威功睿德之舞徹豆以歆安之曲還大次以憩安之曲　十七日太常禮院言五人帝日月北極天皇大帝凡從祀止用太府寺所供香今既設位於堂室之間欲各用内降香仍令三司會太府寺改造香爐合乞令少加闊大其制度與祀物宜稱從之　二十二日上封者言明堂酌獻五帝精安之曲並用黄鍾一均聲此乃國朝常祀五時迎氣所用舊法若於親行大饗即所未安且明堂五室之位木室在寅火色在巳金室在申水室在亥蓋木火金水之始也土室在西南蓋土王之次也既皆用五行本始所王之次則獻神之樂亦當用五行本始之月律各從其音以為曲其精安五曲宜以無射之均太簇為角以獻青帝仲吕為徵以獻赤帝林鍾為宮以獻黄帝夷則為商以獻白帝應鍾為羽以獻黑帝詔兩制與太常寺詳定以聞翰林學士承旨王堯臣言謹按開寶通禮盡用周堂舊制凡祭天以夾鍾降神則奏黄鍾歌大吕宗廟以黄鍾饗神則無射歌夾鍾其祈穀明堂盡用祀天之樂自先帝東封西祀以前並皆遵用其後有司稍稍失傳又據孫奭所撰崇祀録五方帝降神之樂與昊天同酌獻則各奏本方之音皆隨月用律為均又云聖朝定禮隨月用律如十一月則升降奠獻皆以黄鍾為均今有司引用祀五帝各用五音青帝則姑洗角赤帝則林鍾徵之

之類以為登歌亦是傍緣舊典又大禮日迫慮諸工難為調習欲且仍舊施行詔候過大禮別加詳定　二十二（同）日詔仗衛執儀軍士各令按職行列不得交雜往來賣奉法物者亦須整肅其行事官并引從人夜中不得出離次舍至行禮時仍各留人謹護火燭合殿前侍衛司行宮使提舉應奉司嚴加告諭　二十三日光祿寺言欲於左昇龍門外就三館廚以為神廚仍加壁飾施陳鼎鑊饌具祭品允得嚴潔從之　二十五日御史臺言準勑文官齋宿於左昇龍門外令審度與神廚迫近又餘地非廣計不能容東班次舍望令文武百官並於右昇龍門外設次於中書門西從之　二十八日禮儀

〔卷七千一百九十九〕

使司言將來九月自辛丑至甲辰預祀陪位官以次赴景靈宮太廟明堂宿宣德門習儀候至日皇帝前後殿不坐詔可　八月二日詔中書樞密院臣僚明堂行事假羣牧上閑馬馴習者各一匹圉人自隨之　三日太常寺言準詔議定明堂文德殿致齋日警場於禮可否伏以警場古之鼓鼙切　㪍所謂夜戒守鼓也近世以來王者師行皆有此制今崇奉大祀乘輿宿齋於外當設警嚴蓋羽儀仗衛本緣祀事而陳則警場亦緣警戒儀衛之衆而設非取壯觀聽之盛理不可輟若以奏鼓之音切近神祀即欲於宣德門外常所設處近南百步排列之依舊制俟行禮時罷奏一嚴如此則去明堂

稍遠且不察備物亦足以稱虔恭祀事之意詔祀前一夕通於接神宜罷奏警餘從之先是帝謂輔臣曰明堂直端門而致齋於內奏嚴於外恐失靜恭之意宜悉罷之宰臣曰須禮官議定至是議上帝復謂輔臣曰既不可廢則祀前一夕宜罷之　四日都大提舉應奉司言明堂五室及丹墀龍墀等周廡陳設神位處非行事官輒入廷中或至升堂有瀆嚴祀望準部例差內侍六員於丹墀龍墀兩夾廡明堂前後門分守按視有犯者隨違糾舉　七日禮儀使言先大禮七日未明應行事公卿并從祀陪位文武百官受誓戒於尚書省將質明亞獻三獻及陪位宗室受誓戒於中書門下省太尉讀誓

〔卷七千一百九十九〕

文望下太常禮院遍諭諸司仍至日權放百官朝從之　九日禮儀使言九月戊戌明堂五使赴開寶寺按試奏嚴警場己亥按閱數隊習法駕儀仗自宣德門陳列至太廟惟中道儀仗奉引至景靈宮赴太廟朝饗禮畢轉仗還宮其左右道仗衛按部植列各識常處不得擅動俟明堂行禮前一日移仗南陳自宣德門至朱雀門內填街宿設是日五使點閱畢放罷俟戊申旦如次陳到至夕裁留衛士宿仗所己酉庚戌夕悉留守仗請如舊制從之　十三日教習音律所言奉詔依樂書製造洞簫成望送中書詳視可否詔令與底簫並用其按習清聲須大禮前一月具精熟以聞又太常樂工習肄御製

禮二四之二三

明堂新曲及景靈宮太廟樂曲凡九十一傾已詳熟欲
自今依行禮節次日習一遍望令五使會按大樂比常
準加早半月詔以九月朔五使赴太常按樂 十四日
詔以明堂在近特罷秋宴俟禮畢於十月中旬擇日賜
飲福宴 十八日閤門言將來明堂乞於右掖門外西
至圖畫院東南至三司近北各置綽楔門兩省臺官大
卿監正任刺使以上於百官幕次東實幕壁門外上下
馬百官少卿監已下於右掖門裏武官幕次西下馬右
掖門外上馬詔依所奏并於右掖門裏審刑院門東絞
縛綽楔門逐處置上下馬牌自致齋日各於指定處上
下馬令御史臺曉諭 二十三日詔隨駕禁衛諸班直

卷七千二百九十九

及諸司職掌執儀兵士應奉人等所給酒食須豐絜真
薪炭須燥重如數無令主者有欺没都大提舉應奉司
嚴加督察違犯隨舉不以赦原 二十五日太常禮院
言黑帝及神州地祇皆當合祭於明堂請罷立冬之祭
帝以四時迎氣不可輟止罷祠神州地祇 二十六日
太常禮院言慶曆八年禮官議郊壇第一龕陛五帝大
明夜明神州地祇天皇北極位焉舊用司天保章正等
充獻行事保章秩卑褻於尊神非稱望改用少卿監正
郎每位一員充獻第二第三龕陛用員外郎至陛朝官
每龕一員神位多處稍增員數壝之内外衆星止命京
官或保章等分奠今明堂盛禮望準此例其五人帝及

禮二四之二四

日月天皇北極既升祀於堂室近接親獻之位方常郊
尤重望差清望官分獻詔可命觀文殿學士丁度獻軒
轅資政殿學士王舉正獻炎帝帝以軒轅聖祖之別號
炎帝者感生之常配故特於清望之中先選舊弼以充
獻焉 二十七日詔以内侍林宗普等十二人分察明
堂神位當薦獻贊拜奠爵時並令盡禮仍前祀七日赴
尚書受誓戒散齋致齋如儀先祀之夕沐浴絜衣於堂
室挾廡省展祀物及版位悉須整肅行禮時分立堂下
四面端笏恭莊用心察視毋輒離位觀矚或敢違慢當
論如律 二十八日詔明堂神位所陳牲具祭器酒醴
燭炬等比聞先日多至夜中即為人私徹委内侍梁起

卷七千二百九十九

等七人檢邏察視俟望燎畢除玉帛牲體祝册以時進
徹外餘須旦明有司乃得收斂 二十九日詔太常太
樂令音律工少府祠祭使並賜中單襴衫有差充行禮
時所服 九月二日太常禮院言明堂行禮諸司吏史服
職久勤詳習祀典雖有妨故難以曠輟如居父母服被
舉追在局者欲望並聽權從吉服應奉詔依慶曆七年
十一月禮官所定施行 禮儀使言宮廟明堂行禮有
司執事及樂工與升殿堂者景靈宮凡四十三人太常
禮院禮直官三人升降贊引禮生一人引亥祝徹饌官
書省史一人引册案太常寺太樂令丞樂正登歌樂工
共三十三人史一人引奉饌太府寺史一人供幣光祿

寺史一人酌亞獻三獻酒并奉胙俎少府監史一人奉玉幣史一人奉亞獻三獻福酒太廟凡百三十七人太常禮院禮直官三人升降奉引禮生七人引太祝徹籩宗正寺史七人七室内守燈燭法物行事官及吏五十六人奉俎押當史二人引押應奉中書省行事官史十四人奉册案史七人主席褥史三人引册持燭太常寺大樂令丞樂正登歌樂工三十三人光禄寺史二人酌亞獻三獻酒并奉胙俎少府監史一人奉玉幣玉爵及飲福金斝史三人奉亞獻三獻飲福銀斝明堂凡百七十四人太常禮院禮直官四人升降贊引禮生十一人引太祝徹豆中書省史二十二人奉册案史十一人主

席褥史二人引册持燭太常寺大樂令丞樂正登歌樂工共三十三人行事官五十五人奉俎史一人引饌司天監史三人主設神位版將作監史九人供香火光禄寺史四人酌亞獻三獻金斝并奉胙俎太府寺史三人供香幣少府監史一人助進玉幣匏爵并歆福金斝史二人奉亞獻三獻木爵及飲福銀斝史三人奉九位分獻官木爵　三日帝服靴袍御崇政殿召近臣宗室館閣臺諫官閲雅樂自宮縣登歌舞佾之奉凡九十一曲徧作之如行禮之次因出太宗皇帝琴阮譜及御撰明堂樂曲音譜并按習大樂新録賜羣臣又出新製頌塤匏笙洞簫仍令登歌以八音諸器各奏一曲遂召鼓吹

局按警場賜太樂鼓吹令丞至樂工徒吏緡錢有差帝自景祐初詔所司博訪通古知音之士討論雅樂制度與歷代沿革考正音器作為新書成一朝之典至是謂輔臣曰作樂崇德薦之上帝以配祖考今將有祀於明堂然世鮮知音其令太常益加講求於是内出改制樂曲名及譜法樂章令肄習之　四日少府監言奉詔以明堂禮神玉符本監供設此為新制有司前所未行今將置於神座之前或在左右豎示與禮如何詔太常禮院詳定以聞禮官言書云植璧秉圭又神道尚右其禮神玉宜啓柙禓籍致神座前位版之右詔可　五日詔明堂法駕乘新玉輅其舊輅修飾完固亦令從行初慶

歷七年將郊祀改造新玉輅其制頗崇廣既進乘謁廟而不甚安平禮畢自廟適郊宮乘舊輅以往至是詔較試二輅新稍减其崇舊輅亦加整飾有司禀聞故有是詔及宿太廟復詔朝饗禮畢乘舊玉輅以還又命攝太僕翰林學士趙槩登輅展省審其安固以聞仍令褰挂圍額移禮帶稍外减去香囊毬毬　六日禮儀使言準郊例文武官有父母喪被起者不得入宗廟外郊壇所聽權吉服行職事但不得入壝門今此明堂門與壝門同請如例不入從之　學士院言奉詔撰明堂册修寫進書檢正辭録五方上帝以人帝配神州地祇以宣祖配景祐定制以太宗配今既合祭祀天地與五方上帝

神州地祇三聖配侑並皇帝親獻則與帝祀不同其天地八位祝册之末欲以三聖帝號配神一等書寫詔太常禮院詳定以聞禮官言明堂為五帝之府古者大饗必徧配五帝今合祭六天二地於明堂以三聖配座皇帝並行親獻之禮據禮經大德配衆小德配寡既以祖宗皆侑即合徧配八位其册文並宜具配帝位號一等修寫詔可　十一日禮儀使言四方館鴻臚寺致仕官蕃客進奉官各準郊例陪位今明堂行禮在宮禁中未審如例與否詔致仕官依舊其蕃客進奉官止令宣德門陪位舊例景靈宮蕃客進奉官各二十人致仕官五人太廟進奉官二十人致仕官五人郊壇宣德門蕃客

卷七千一百九十九

進奉官各五十人致仕官五人是日詔天子太保致仕杜衍太子少傅致仕任布特令赴闕陪位令學士院降詔仍命河南應天府以禮敦遣至闕下令於都亭驛錫慶院優備供帳几杖衍手疏以疾辭布將就道始以疾辭遣中使賷賜衣藥（先是資政殿學士知杭州范仲淹言祀明堂宜召元老舊德陪位于庭故有是命）十二日太常禮院言儀鸞司掌明堂供帳事今既飾成五室望令禮官恭行按視知其能如制度詔可　十四日閤門言準舊儀禮畢翊日文武百僚當早入參問聖體詔特放參問　皇城司上新造文德殿門香檀魚契請以左契留中右契付本司詔可　二十一日太常禮院言大慶殿即為明堂當於殿傍加黑繪金

書為明堂字殿門傍加朱繪黑書為明堂之門四字於禮為便帝曰朕皆親書二字金篆四字飛白書是日帝於禁中輯祀親書二牓自晝至夜而畢宣示宰臣牓于門大禮饗畢詔以御書二牓夫其周郭表飾為軸藏於宗正寺於是明堂五使請各以御名書於二軸之後許之既而奉表稱謝優詔嘉答又詔模刻二牓為副本頒于二府以及近侍被錫者咸謂不世之遇中外榮之　二十二日太常禮院言明堂行禮皇帝詣五室奠玉幣畢降服版位即令堂下諸位奠幣至亞獻升既酌獻即令堂下諸位奠酒恐臚傳聲諱涉於不肅欲以紗籠小炬自堂上照示墀廡諸位以為之節從之　二十四日未

卷七千一百九十九

漏上水一刻文武百官朝服結佩請皇帝齋于文德殿閤中書樞密及宗室夕于齋次先是積雨彌旬將近大禮滂注益甚帝頗憂之禁中齋禱極於虔恭前此一日辰巳時雨猶霖晦方午而霽至夜辰象炳然無纖雲之翳由此至於禮成天日清潤風和氣協中外歎異曰聖心虔禱天意昭報感應之速有若期會　二十五日先明二刻皷奏三嚴諸衛各勒部隊中書樞密院入謁于齋次帝服通天冠絳紗袍乘玉輅稱警蹕不鳴皷吹赴景靈宮即齋殿服衮執珪詣天興殿行薦饗之禮畢詣太廟宿齋是夕五皷初行朝饗之禮質明復還文德齋次乘輿仗衛如儀　二十七日未明三刻帝服鞾袍乘小輦

殿中織扇侍衛至大次服袞冕執圭入自明堂中門至版位樂舞作沃盥自大階升詣昊天上帝皇地祇五天帝神州地祇太祖太宗真宗座前奠玉幣降階以俟有司既進熟帝再升歷詣六天二祇三聖尊坫所酌汎齋進詣神座前奠爵官中書侍郎讀文帝再拜飲福受胙降階還位亞獻三獻以次升奠獻如儀帝每詣神座行禮畢即鞠躬郤行須盡禪位方改步移嚮示肅恭之至也贊道從升者皆約其數又令侍臣備諭獻官及進徹俎豆者悉安徐謹嚴無息遽失恭質明禮畢方他時行禮加數刻之緩所謂不樂犀蚤者也帝還大次解嚴改服乘輦御紫宸殿宰臣百寮稱賀曰陛下嚴饗合宮述

成先志天地並況人神懌和屢惟豐年永有萬國制答曰禮備五帝允成盛典茲惟丞弼及爾具僚咸罄一心無曠祀事與卿等中外同慶前一日傳詔中書禮院明堂禮畢欲於文德殿御榻前權設康座服鞾袍受賀此為是否中書言非便當就紫宸殿詔可帝常服御宣德門肆赦文武內外官遞進官有差宣制畢宰臣文武賀樓下帝降座放仗復命從臣升樓臨閱諸軍馬隊賜酒五行罷帝還宮降詔中書門下朕紹承駿烈祇服先猷蹈道以臨庶邦謹慮而持大柄馭之予奪正以賞刑悉任至公靡容系德比有憸幸肆興妄圖或違理覬恩或負罪希貸率求內出閤亦奉行蠹政污風莫斯為甚雖

屢傾於詔約曾未絕於私祈無慮臣庶之家貴近之列交通請託巧詐營為陰致貨賕密輸珍玩曾緣結納侵撓權綱方務澄清當嚴禁詰儻復逾犯斷在必行重念成湯以六事責躬女謁包苴之先戒管氏以四維正國禮儀廉恥之具張矧宗祀之甫成屬祥釐之均被嘉與中外縱此非宜勉于自新以隆至治今後因內降指揮特與恩澤及原減罪犯並仰中書樞密院并所承受官司具前後詔條執奏不得施行及臣庶家如有潛行賄賂結託貴近者並令御史諫官覺察論奏咨爾丞弼體朕意焉先是帝謂輔臣曰將來明堂大禮合肆赦恩卿等廣詢民間利病著為條目務從寬大以稱朕勤恤之

意又曰承前嘗有貴戚近習夤緣請託以圖僥倖雖頗抑絕未免時有侵撓因此大禮之後嚴切禁止便於赦文中載之宰臣等對曰陛下躬行大祀惟新庶政闢至公之路杜私謁之蹊實天下幸甚然聖意丁寧恐赦文之中不能備悉帝曰朕以為潔齋虔誠奉祀天地祖宗御端門殿大號因以澄清宿弊條於赦令之中所貴示信天下必謂赦文難以具載則別為詔書與赦同降宰臣等再拜而退及是降詔中外欣聳是日詔有司以大禮方畢百官侍祠甚勞特許休假三日賜百官福酒外有差中書樞密院文彥博等六人各進大饗明堂禮畢詩一首兩禁館閣及中外官以次上詩賦頌凡奏御者

三千有八人，皆優詔褒答。十月三日，詔以太禮慶成，開景靈宮、諸宮觀三日，仍張樂，許臣寮、命婦、士女燒香遊觀，賜百司官吏休假一日。十一日，賜內外致仕文武升朝官以上粟帛羊酒各有差。致仕丞郎、大卿監曾任兩省近侍之職，賜絹三十匹，米十五石，麵十五石，羊三口，酒六瓶；大卿監不經任兩省近職者，不賜絹，餘悉如數；少卿監至殿中丞、大將軍、將軍，賜米麵各十石，羊二口，酒四瓶；中允至洗馬、率府率、副率，賜米麵各五石，羊一口，酒二瓶。致仕太子大傅杜衍、太子少師任布服帶器幣酒餼米麵有差。杜衍寬衣一襲，笏頭金帶一，銀器二百兩，絹二百匹，酒五十瓶，米麵各二十石，羊三十口；任

布寬衣一襲，笏頭金帶一，銀器一百五十兩，絹一百五十匹，酒三十瓶，米麵各十五石，羊二十口。四京、諸路州府男女年九十以上人，賜米麵各一石，酒一瓶；男紫綾錦袍一領，女子紫綾一匹，綿五兩。官司以時即賜，無致呼擾。四日，十月 詔飲福宴令有司擇日以聞。有司即言：「准乾元節宴例，百官赴坐外，軍校有未當與者，給其餐錢，請以丙寅賜宴。」望申告中外，從之。五日，詔中書門下總領編次大饗明堂典禮，以為注記，仍命直龍圖閣兼天章閣侍講王洙為編修官。三年二月書成，二十卷，目一卷，紀要二卷，上之，御序冠篇。又詔明堂禮神玉，令少府監擇寬潔廨宇別置帳櫃，奉常遇藏祀用玉，依禮供設，以

明堂禮畢，遣官奏謝諸陵，就差諸州府官祀方嶽海瀆，告以明堂禮畢謝成之意，仍遣使賫香燭以往，如郊儀。七日，以大饗慶成，詔太平興國寺開先殿行酌獻之禮，回詣啓聖院永隆殿、慈孝寺彰德殿、萬壽觀亦如之，賜從官食於行在。翌日，詣會靈觀謝成，因賜從官飲食，教坊樂進優戲。次詣天清寺、祥源觀，午時還宮。十三日，宴百官於集英殿，特增酒一行，帝舉明堂福酒飲畢，遍賜百官飲福。內侍傳旨，各令舉釂，與卿等均受其福。殿上下皆再拜稱萬歲。兩軍廂進伎獻，教坊作樂觀優，酒至九行罷。宋史樂志皇祐親享明堂六首 降神誠安 維聖享帝，維孝嚴親。肇圖世室，躬展精禋。鏞鼓既設，豆籩既陳。至誠攸感，保格上神。奠玉幣鎮安 乾亨坤夷，育函生蹈。接明堂，致絜誠。玉帛非薈，期感格。

俾庶億載，保登平。酌獻慶安 廟寓路寢，相維明堂。二儀監止，三聖偕秀。窸朔訴合，祠節齋莊。至誠迹默，降福無疆。三聖配位奠幣信安 祖功宗德，啟隆熙。配交修，太室祠。奎祭薦誠，知饗享。本支錫羨，固邦基。酌獻孝安 藝祖造邦，二宗造德。庸雍孝享，登配圖柱。先訓有開，菲躬何力。歆登錫羨，保氏麗億。送神誠安 我將我享，辟公顯助。獻終豆徹，禮成樂具。飾駕上遊，升煙高驁。神保聿歸，介茲景祚。嘉祐七年七月三日，內出御劄曰：「朕蒙上神之休，膺列聖之緒，兢兢業業，罔敢怠遑。惟皇祐之再秋，薦五精於重宇，明有以教萬民之孝，幽有以通羣靈之歡。歷年于茲，又曠弗舉。今四時和豫，羣物茂豐，奉牲告盛，曷勤之憚。況夫容臺獻議，去並侑之煩；樂府考音，推至和之本。宜恢盛制，用戒先期。朕以今年季秋擇日有事于明堂，其行恩賚並如南郊故事。」六日，詔將來大饗明堂，羣臣無得上

以下已移在郊祀配侑

尊號。七日，太常禮院言：皇祐中親祠明堂，參用南郊禘祭百神之位，事出一時，不應祀法。傳曰嚴父以配天，宜如隋唐舊制，設昊天上帝、五方帝位，以真宗皇帝配，而五人帝、五官神從祀，從皆罷。詔恭依。　八月一日，内出御製明堂迎神、送神樂章，下太常肄習之。　七日，太常禮院言：皇祐二年九月二十七日祀明堂，前一日親饗于太廟，當時嘗停孟冬之薦。考詳典禮，宗廟四時之祭，未有因嚴配而輟者。今明堂去孟冬畫日尚遠，請復薦廟如舊儀。詔恭依。十五日，詔明堂五方帝位並行親獻之禮。宋史禮志：有司言開元、開寶二禮，五帝無親獻儀，舊禮先詣昊天、真獻五帝並行分獻，以冊臣與幣皇帝再拜，次詣真宗神座，於禮為允。而帝欲盡恭於祀事，五方帝位並親獻，為朝廟用犢一、羊七、豕七。昊天上帝、配帝犢各一，羊豕各二，五方五五人帝共犢五、羊五、豕五，五官從祀共羊豕一。初，禮院請命官分獻，帝欲盡恭於祀事，故親獻之。九月七日，大饗于明堂，以北海郡王允弼為亞獻，華原郡王允良為三獻。置使宿齋，薦享景靈宮，朝饗太廟，並用皇祐儀制。十月十三日，以明堂禮畢，大宴集英殿。宋史樂志：嘉祐親享明堂二首。降神誠安：爗爗方心，下照重屋。我嚴帝親，配之濆西。顯沉賜夕，景已爾雲，具來娱嘉，薦芳郁。送神誠安：明明合宮，奠有享帝。禮樂興成，精與神契。桂尊初闌，用觴將逝。道我意祥，於顯百世。　英宗治平元年正月二十五日，太常禮院言：請與兩制同議大行皇帝當配何祭。翰林學士王珪等奏：唐代宗即位，用禮儀使杜鴻漸等議，季秋大饗明堂，以考肅宗配昊天上帝；德宗即位，亦以代宗配。王涇郊祀錄注云：即孝經周公

卷七千二百九十九

嚴父之道。本朝祀儀，季秋大饗明堂，祀昊天上帝，以真宗配。今請以仁宗配，循用周公嚴父之道。知制誥錢公輔議：謹按三代之法，郊以祭天，而明堂以祭五帝。郊之祭，以始封之祖有聖人之德者配焉；明堂之祭，以創業繼體之君有聖人之德者配焉。故孝經曰：昔者郊祀后稷以配天，宗祀文王於明堂以配上帝。又曰：孝莫大於嚴父，嚴父莫大於配天，則周公其人也。以周公言之，則嚴父也；以成王言之，則嚴祖也。方是之時，政則周公，祭則成王，亦安在乎必嚴其父哉！我將之詩是也。後世失禮，不足考據，請一以周事言之。臣竊謂聖宋崛起，非有始封之祖也，則創業之君遂為太祖矣。太祖則周之后稷，配祭于郊者也。太宗則周之文王，配祭于明堂也。此二配者，至大至重，萬世不遷之法也。真宗則周之武王，宗乎廟而不祧者也。雖有配天之功，而無配天之祭，未聞成王以嚴父之故，廢文王配天之祭而移於武王也。仁宗則周之成王也，雖有配天之業，而亦無配天之祭，亦未聞康王以嚴父之故，廢文王配天之祭而移於成王也。以孔子之心推周公之志，嚴父也；以周公之心攝成王之祭，則嚴祖也。嚴祖嚴父，其義一也。下至於兩漢，去聖未甚遠，而明堂配祭，東漢為得。在西漢時，則孝武之世始營明堂，而以高帝配之，其後又以景帝配之。孝武之後，無聞焉。在東漢時，則孝明始建明堂，而以光武

卷七千二百九十九

配之其後孝章孝安又以光武配之孝安之後無聞焉當始配之代適符嚴父之說及時異事遷而章安二帝亦弗之變此最為近古而合禮者有唐始在神龍時則以高宗配之在明皇時則以睿宗配之在永泰時則以肅宗配之禮官杜鴻漸王涇輩不能推明經訓務合古初反雷同其論以惑時主延及于今牢不可破當仁宗嗣位之初儻有建是論者則配天之祭常在乎太宗矣當時無一言故使宗周之典禮不明於聖代而有唐之曲學流蔽乎後人願陛下深詔有司博謀羣賢使配天之祭不膠於嚴父而嚴父之道不專乎配天循宗周之典禮替有唐之曲學於是又詔臺諫及講讀官與兩制

卷七千五百九十九

禮院再詳定以聞觀文殿學士兼翰林侍讀學士孫抃等議謹按孝經出於聖述其設聖治之極則謂人之行莫大於孝舉孝之大則謂莫大於嚴父而配天仲尼美周公以居攝而能行天子之禮尊隆於父故曰周公其人不可謂之安在必嚴其父也又若止以太祖比后稷太宗比文王則宣祖真宗向者皆不當在配天之序推而上則謂明堂之祭真宗不當以太宗配先帝不當以真宗配今日不當以仁宗配必配以祖也臣等按易豫之說曰先王作樂崇德薦之上帝以配祖考蓋若祖若考並可配天者也茲又符於孝經之說亦不可謂安在乎必嚴其父也祖考皆可配帝郊與明堂不可同位亦

不可謂嚴祖嚴父其義一也雖周家不聞廢文配而移於武廢武配而移於成焉則易之配考孝經之嚴父歷代循守固不為無說魏明帝宗祀文帝於明堂以配上帝史官謂是時二漢郊祀之制具存魏所損益可知則亦不可謂東漢章安之後配祭無傳遂以為未嘗嚴父也自唐至本朝其間賢哲講求不為少所不敢以異者捨周孔之道無所本統也今以為我將之詩祀文王於明堂而歌者也亦安知非仲尼删詩存周之全盛之頌被於絃者獨取之也仁宗繼體保成置天下於太安者四十二年德之於人可謂極矣今祔廟之始遂抑而不得配上帝之饗甚非所以宣章陛下為後嚴父之大

卷七千五百九十九

孝臣等參稽舊典博考公論敢以前所定議為便知諫院司馬光呂誨議竊以孝子之心誰不欲尊其父者聖人制禮以為之極不敢踰也故祖己訓高宗典祀無豐于昵孔子與孟懿子論孝亦曰祭之以禮然則事親者不以祭為孝貴於得禮而已先儒謂禘郊宗祖皆祭祀以配食也禘謂祀昊天於圜丘也祭上帝於南郊曰郊祭五帝五神於明堂曰祖宗故詩曰思文后稷克配彼天又我將祀文王於明堂此其證也下此者不見於經矣前漢以高祖配天後漢以光武配明堂以是觀之古之帝王自非建邦啟土及造有區夏者皆無配天之祭故雖周之成康漢之文景明章其德業非不美也然而

子孫不敢推以配天者避祖宗也孝經曰嚴父莫大於配天則周公其人也孔子以周公有聖人之德成太平之業制禮作樂而文王適其父也故引之以證聖人之德莫大於孝答曾子之問而已非謂凡有天下皆當尊其父以配天然後為孝也近世祀明堂者皆以其父配五帝此乃誤識孝經之意而違先王之禮不可以為法也景祐二年仁宗詔禮官稽按典籍辯崇配之序定二祧之位仍以太祖為帝者之祖比周之后稷太宗真宗為帝者之宗比周之文武然則祀真宗於明堂以配五帝亦未失古禮今仁宗雖豐功美德洽於四海而不在二祧之位議者乃欲捨真宗而以仁宗配食明堂恐於

卷七千一百九十九

祭法不合又以人情言之是繼祖而進父也夏父弗忌躋僖公先兄而後弟孔子猶以為逆祀書於春秋況繼祖進父乎必若此行之不獨乖違典禮恐亦非仁宗之意也臣等竊謂宜遵舊禮以真宗配五帝於明堂為便詔從抃等議以仁宗配饗明堂　十月二十五日翰林學士王珪等言殿中侍御史趙鼎奏謹按本朝祀儀冬至祀昊天上帝夏至祭皇地祇並以太祖配正月上辛祈穀孟夏雩祀孟冬祭神州地祇並以太宗配正月上辛祀感生帝以宣祖配季秋大饗明堂舊以真宗配循用周公嚴父之道最為得禮陛下純孝之誠固已格於上下矣臣聞孝者善繼人之志善述人之事陛下祇紹

大統纂承洪業固當繼先帝之志而述先帝之事也仁宗臨御四十二年配饗真宗於上帝者四十一祭今一旦黜真宗之祀廟而不配非所以嚴崇祖宗尊事神明之義也臣謹按易之豫曰先王以作樂崇德薦之上帝以配祖考明此稱祖者乃近親之祖非專謂有功之始祖也考易象之文則真宗配天之祭亦不可闕也臣竊詳有唐武德初以元皇帝配饗明堂兼配感生帝至正觀中緣情革禮奉祀高祖配明堂遷世祖配感生帝此則唐太宗故事已有遞遷之典最為治古之道有足考驗臣伏請遞遷真宗配孟夏雩祀以太宗專配上辛祈穀孟冬神州地祇循用有唐故事如此則列聖參侑對

卷七千一百九十九

越於昊天厚澤流光垂裕於萬祀臣珪等按祀典天地大祭有七皆襲用歷代故事以始封受命創業之君配神作主至於明堂之祭用古嚴父之道配以近考故朝廷在真宗則以太宗配在仁宗則以真宗配今則以仁宗配方仁宗始以真宗配明堂罷太宗之配而太宗先以配祈穀雩祀神州地祇本非遞遷今明堂既用嚴父之道則真宗配天之祭於禮當罷難議更分雩祀之配天章閣侍制兼侍讀李受天章閣侍講傅卞言昨於學士院會議竊有愚見與衆不同不敢不以聞竊惟自唐末喪亂及五代陵遲中夏分裂皇綱大壞我太祖太宗以神武英睿一統海内功業之大上格皇天真宗以盛

德大明纂承洪緒恭儉御物仁恕撫民勤勞萬機哀矜
庶獄綏懷二鄙遂偃甲兵因宇内之泰寧興曠代之典
禮登封汾祀烜赫聲明臨御永年仁恩普洽則是二聖
定天下而真宗成之也故先帝景祐詔書令禮官議定
以真宗與太祖太宗並為萬世不遷之廟然則侑配之
道是宜與國無窮矣豈可甫及陛下而遂闕其禮乎且
禮不由天降不由地出合于人情而已矣今若以人情
揆之則仁宗臨御四十二年配饗真宗於上帝者四十
一祭又定為萬世不遷之廟者孝道之大可謂著明矣
今仁宗神靈在天乃以配饗代真宗之舊如虛真宗之
配則仁宗以子而代父使父不得與於配侑豈神靈之

孝心可得安乎議者乃謂遵用嚴父配天之道臣等謂
竊以為所謂嚴父云者非專謂考也故孝經曰嚴父莫
大於配天則周公其人也下乃曰郊祀后稷以配天宗
祀文王於明堂以配上帝夫所謂天者謂郊祀配天也
夫所謂帝者謂五帝之神也故上云嚴父配天下乃云
郊祀后稷以配天則父者專謂后稷也且先儒謂祖為
王父亦曰大父則知父者不專謂乎考也議者又引唐
制代宗用禮儀使杜鴻漸等議季秋大饗明堂以考肅
宗皇帝配昊天上帝德宗亦以考代宗皇帝配又稱王
涇郊祀錄注云即孝經周公嚴父之道夫杜鴻漸王涇
一時之言豈可便為萬世不移之議哉臣等竊謂趙鼎

之議亦為得禮若以太宗配雩祀既久不欲一旦遷侑
乞以仁宗與真宗並配明堂亦為合禮謹按孝經郊祀
后稷以配天宗祀文王於明堂以配上帝又按禮記祭
法周人禘嚳而郊稷祖文王而宗武王文武俱言宗者
則知明堂之侑下及乎武王矣是文武並配於明堂也
故鄭氏曰祭五帝五神於明堂曰祖宗祖宗通言耳國
家祭祀既遵用鄭氏之義固亦當稽鄭氏祖宗之說也
又易曰先王以作樂崇德薦之上帝以配祖考是亦以
祖考並配上帝也上帝之祭正謂明堂宗祀耳昔梁國
子博士崔靈恩該通之士達於禮者也總三禮諸儒之
說而評之為議宗論議洪博後世蓋鮮能及其申明鄭

義亦謂九月大饗帝之時以文武二王泛配謂之祖宗
祖者始也宗者尊也所以名祭為尊始者明一祭之中
有此二義稽乎孝經祭法周易義宗之言則父子並侑
可謂明著矣或者謂父子並座有乖禮制臣等竊謂不
然昔唐朝故事已有並侑之禮況向來本朝祀典太宗
親祀昊天奉太祖配真宗親祀奉太祖太宗同侑歷五
六十載之間本朝通儒不以為非則於此獨何疑哉如
是則太宗既不失雩祀之配真宗又不遷明堂之舊得
周家祖宗之義合鄭氏九祭之說神明安之祖考饗之
而孝道盡矣臣等學術淺薄不足以議祖宗之事謹據
前典條茲一義詔從珪等議通考或問朱子曰我將之詩乃祀文王於明堂之

樂章詩傳以爲物成形於帝人成形於父故季秋祀帝於明堂而以父配之取其成物之時也此乃周公以義起之非古制也不知周公以後將以文王配耶以時王之父配耶曰諸儒正持此二議後至今不決看來只得以文王配且周公所置之禮不知在武王之時在成王之時若在成王時則文王乃其祖也亦自可見又問繼周者如何曰只得以有功之祖配之問周公郊祀后稷以配天宗祀文王於明堂以配上帝此說如何曰此是周公創立一箇法如此將文王配明堂永爲定例以后稷配郊推之自可見後來妄將嚴父之說亂了

卷七千一百九十九

已鈔右郊祀配侑

明堂議論

宋會要

神宗治平四年七月四日時神宗已即位翰林學士承旨張方平等言准詔以大行皇帝神主祔朝畢所有時饗并南郊配座下兩制與禮院官同定臣等謹按孝經曰昔者周公郊祀后稷以配天宗祀文王於明堂以配上帝又曰孝莫大於嚴父嚴父莫大於配天國朝典禮循唐之舊真宗仁宗皆祀於明堂以配上帝今季秋大饗於明堂伏請以英宗皇帝配神作主以合嚴父之議詔恭依

熙寧五年四月三日中書門下言伏請奉僖祖神主爲太廟始祖每歲孟春祀感生帝以僖祖配乙詔太常禮院詳定儀注詔恭依先是治平四年太常禮院議遷

卷七千二百

僖祖神主藏於西夾室至是因議定廟祧之序當爲太廟始祖遂推侑感生之祀而罷宣祖配位具熙寧四年六月四日出御劄曰朕荷二儀之休履四海之富經庶政之至治秩將禮之彌文欽惟五聖之謨常躬三載之祀自纘隆於大業已肆類於圜丘典言總章未諧嘉饗維仁祖之武宜謹於遵修惟文考之尊宜嚴於陟配況萬寶時楙三光仰澄宫師協恭萬寓底定是用稽仍路寢之制消選肅霜之辰上以哀對天明展昭事之重下以勑厲民志示追養之勤持戒先期以孚大號朕取今年季秋擇日有事于明堂其今年冬至更不行南郊之禮恩賞並就明堂禮畢准郊例施行　二十八日太常

禮院言將來親祀明堂合以英宗皇帝配座所有神位欲依禮例設昊天上帝位次設五方位次設五人帝五官神從祀詔恭依　七月三日太常禮院言今明堂祀昊天上帝英宗皇帝配座及五方帝欲望依禮例並皇帝親獻五人帝五官神位即差官分獻欲修儀注詔恭依　九月十日大饗于明堂以皇弟岐王顥為亞獻嘉王頵為三獻禮儀使司言至道二年南郊皇太子為亞獻越王為終獻更不設上將軍近歲獻官雖品秩已高猶攝上將軍今來明堂亞獻終獻已差皇弟顥等不當更設官詔可餘置使宿齋行禮並用皇祐儀制　十月三日以明堂禮畢大宴集英殿宋朝事實九月十日大饗明堂畢詔門下王者尊

親之禮莫隆於昭配之嚴聖人享帝之誠莫善於靈承之實朕惟膺五聖之丕緒荷二儀之眷休永念守成之艱敢忘小毖之義罔嘗不體一元而端本飭五事而承天內屏游田之娛外親保惠之政選任賢哲付以輔相之宜登顯俊良責以事功之效既黜陟以三考又平成其九功五年于茲百度咸若尚且慮一夫之弗獲虞庶事之未康每形引谷之言深軫過失之懼天監明德民懷至仁陰陽和平夷夏清晏底此休功之盛率予昭考之行興言孝思未舉宗祀爰擇季秋之吉以代至日之禮之勑四海之職以相其儀致九州之味以備其薦遠述周公之志近循仁祖之規按合宮之古圖仍路寢之時制衷對上帝將以示民之有尊賓延五精不忘報祖之由出況乃詔欵清廟奉祠薦宮咸稱秩於無文率先期而致告禮儀明備上有以懷柔百神天人叶和下得以緝熙純嘏非予一人之能饗惟兩萬方之綏成宜均福釐廣逮臣庶可大赦天下云云於戲覲嚴之享由懵恒於朕心在宥之恩推愛慈於天下庶示更新之令期臻恥格之風尚賴左右宗工中外多士同濟泰寧之治永享無疆之休宋史樂志熙寧享明堂一首於皇聖考克配上帝永言孝思昭薦嘉觴酌獻德安英犀遹古德施在民久秩宗祀賓延上神　元豐元年十一月五日詳定郊廟

奉祀禮文所言明堂儀注前祀三日尚舍奉御設黃道褥位謹按開元禮開寶通禮大享明堂尚舍奉御設御座即不設黃道褥本局前奏親祠南郊景靈宮太廟已奉詔旨不設黃道褥今明堂儀注合依開元禮開寶通禮修定從之　三年四月二十三日御劄取今年季秋擇日有事于明堂　六月二十一日太常禮院言伏準御劄今年九月二十二日有事于明堂皇帝為慈聖光獻皇后服以日易月雖已禫除緣尚在三年之內檢詳熙寧元年四月詔依景德二年南郊故事除郊廟景靈宮合用樂外所有鹵簿鼓吹及樓前宮架諸軍音樂皆備而不作其逐處警場止鳴金鉦鼓角而已詔依熙寧

元年南郊例施行　七月十四日詔殿前副都指揮使寧遠軍節度使楊遂都大提點明堂儀仗內捧日奉宸隊并法駕鹵簿　八月四日詳定郊廟奉祀禮文所言臣等看詳明堂儀注設御洗於中階東南謹按儀禮設洗南北以堂深東西當東榮燕禮設洗篚于阼階東南當東霤說者曰當東霤人君為殿屋也亦南北以堂深禮記洗當東營其水在洗東祖天地之左海也開元禮開寶通禮大饗明堂設御洗於東階東南頗與禮合而皇祐大饗明堂儀注則設於中階東南是南北不以堂深東西不當東霤神位在北而南嚮盥又奉盤匜授巾者皆北面殊不應理臣等以古制言之鄉飲酒鄉射禮

主人南面則賓北面盥以對主人然禮公在堂上則主人北面盥以對公特牲少牢禮神席在奥則尸入門左北面盥以對神位其奉槃者則東面于庭南奉匜水者則西面于盤東執巾者亦西面于匜北所以大饗明堂伏請設御洗於阼階東南當東霤皇帝立於洗南北向盥從之先是詳定郊廟奉祀禮文所言看詳儀注景靈宮太廟設皇帝版位於東階之東又設御罍洗於版位之西按禮記曰洗當東榮又曰其水在洗東祖天地之左海也釋者以為設洗於庭當東榮榮屋翼也殿屋則云東霤伏請設洗于阼階下當殿之東霤詔從之—至是其制始備　七日詔朕惟先王制行以起禮孝莫大於嚴父嚴父莫大於配天配天一也而屬有尊親之殊禮有隆殺之别故遠而尊者祖則祀於郊之圜丘而配天邇而親者禰則祀於國之明堂而配上帝天足以及上帝而上帝未足以盡天故圜丘祀天則對越諸神明堂則上帝而已故其所配如此然後足以適尊親遠近之義昔者周公之所親行而孔子以為盛者也事載典冊其理甚明而歷代以來合宮所配既紊於經乃至雜以先儒六天之說此皆固陋昧古以失情文之宜朕甚不取其將來祀英宗皇帝於明堂以配上帝餘從祀羣神悉罷　十三日太常禮院言奉詔將來祀英宗皇帝於明堂惟以配上帝餘從祀羣神悉罷其祀事儀注令

太常禮院詳定郊廟奉祀禮文所詳定謹按周禮有稱昊天上帝有稱上帝以義推之稱昊天上帝者一帝而已如祀昊天上帝則服大裘而冕祀五帝亦如之之類是也稱上帝者昊天上帝及五帝如類造上帝封于火神之類是也稱五帝者昊天上帝不與如祀五帝則張大次小次之類也繇是而言則經所謂宗祀文王於明堂以配上帝者與周禮所稱上帝同矣其將來祀英宗皇帝於明堂合配昊天上帝及五帝欲以此修入儀注并據知太常禮院趙君錫陽傑王仲修檢討楊宇何洵直狀謹按周禮掌次職曰王大旅上帝則張氈案祀五帝則設大次小次又司服職曰祀昊天上帝則服大裘而冕祀五帝亦如之明上帝與五帝異矣則孝經所謂宗祀文王於明堂以配上帝者非可兼五帝也考之易詩書所稱上帝非一易曰先王作樂崇德薦之上帝以配祖考詩曰昭事上帝聿懷多福又曰上帝是祇書曰以昭受上帝天其申命用休又曰惟皇上帝降衷于下民如此類者豈可皆以五帝而言之自鄭氏之學興乃有六天之說而事非經見至晉泰始初論者始以為非遂於明堂惟設昊天上帝一座而已唐顯慶禮亦止祀昊天上帝於明堂今大饗在近議者猶以謂上帝可以及五帝請如聖詔祀英宗皇帝於明堂惟以配上帝至誠精禋以稱皇帝嚴父之意詔如趙君錫等所議　通考

氏曰愚按孝經曰昔者周公郊祀后稷以配天宗祀文王於明堂以配上帝而注疏家言明堂者皆曰祀五帝然則上帝之與五帝同乎異乎山陰黃度曰昊天上帝者天之大名也五帝分王於四時者也周人祀昊天於圜丘祀上帝於明堂皆報本也祀五帝於四郊所以致其生物之功也太宗伯言禮祀昊天上帝而不言祀五帝義可知矣由此觀之則明堂祀上帝者祀天也非祀五帝也而注疏家言明堂者皆曰祀五帝其說何從始乎遭秦滅學尊用秦禮漢興襲秦四畤增之為五畤自是以後郊祀用新垣平之言則祠五帝明堂用公玉帶之言則祠五帝皆以五畤為主不知有上帝五帝之分也成帝即位用康衡之說改郊祀明年衡坐事免官衆庶多言不當變動祭祠者遂復甘泉泰畤及雍五畤如故夫明堂祀五帝自武帝首行之光武中興以後始建明堂明帝章帝安帝遵行不變之大抵以武帝汶上明堂為法不知周人祀上帝於明堂之意矣是故漢儒之註釋明堂者皆云祀五帝善其見聞習熟然也其後晉泰始中有言明堂南郊宜除五帝坐只設昊天上帝一位未幾韓楊建言以漢魏故事勳祀五帝無祀一天者竟復明堂五帝位是又習熟漢魏故事而然也抑又有甚焉者唐開元中王仲丘奏謂禋享上帝有合經義而五帝並祀行之已久請二禮並行以成大享之義本朝皇祐中宋祈奏以上帝五帝二禮並存以明聖人尊天奉神之義不敢有所裁抑夫祀上帝於明堂周禮也祀五帝於明堂漢禮也合周漢而並用之既並祀五帝其義何居是說也創於王仲丘襲於宋祈後之言禮者習熟見聞又將循此以為不易之典甚矣知天之學不明諸儒感於古今同異而莫知所決行之既久而莫覺其誤也肆我神祖聖學高明洞見周人明堂以文王配上帝之深意屏黜鄭說斷然行之不以為疑非聰明睿智不惑之至其能與於此哉宋史禮志　詳定禮文所言祀帝於南郊以天道事之享帝於明堂以人道事之以天道事之則雖配帝用犢禮所謂帝牛不吉以為稷牛是也以人道事之則雖天帝用太牢詩所謂我將我享維羊維牛是也梁儀曹郎朱异請明堂用特牛故隋唐因之皆用特牲非所謂以人道享上帝之意也皇祐大享明堂用犢牛以薦上帝配五方帝用豕各五以薦五人帝熙寧中禮院議昊天上帝配帝用犢與羊豕各一五帝五人帝用犢與羊豕各五皆未應禮今明堂親祠上帝配帝五方帝五人帝請用牛羊豕各一

謹按晉摯虞議郊丘之祀掃地而祭牲用繭栗器用陶匏事反其始故配以遠祖明堂之祭備物以薦三牲並陳籩

豆成列禮同人理故配以近考蹤此言之郊以遠人而尊則當以天道事之明堂以近人而親則當以人道事之故宋書志曰禮記郊以特牲詩稱明堂牛羊吉蠲雖同質文殊典且郊有燔柴堂無煙燎則鼎俎彝簠一用廟禮隋書志亦曰明堂之禮既方郊為文則不容陶匏開元禮開寶通禮及見行儀注明堂之饗席用稾鞂器用陶匏並與郊祀無別殊非所謂禮同人理配以近考之意伏請以莞席代稾鞂蒲越以玉爵代匏爵其豆登簠俎尊罍並用宗廟之器但不裸不當有彝瓚從之是日又言明堂儀注設權火於望燎位之東南皇帝就望燎位舉權火謹按歷代祀明堂送神樂止悉無舉權火之文唯皇祐大饗明堂則有之況景靈宮薦享已削此儀伏請將來明堂行禮不設權火從之是日又言明堂儀注上帝以席稾秸配帝以蒲越上皆設褥開元禮大享明堂上帝席以稾秸配帝以莞夫以菌褥施於神位其為非禮明甚伏請明堂神席上不設褥從之宋史禮志　監察御史裏行王祖道言前詔以六天之說為非古今復欲兼祀五帝是亦六天也禮官欲去四圭而廢祀神之玉殊失事天之禮望復舉前詔以正萬世之失仍并詔詳定合用圭璧詳定所言宋朝祀天禮以蒼璧則燎玉亦用蒼璧禮神以四圭有邸從燎義無所主開元開寶禮祀昊天上帝及五帝於明堂禮神燔燎皆用四圭今詔惟祀上帝則四圭有邸不當設宜如南郊禮神燔燎皆用蒼璧

閏九月一日太常禮院言明堂禮畢合行恭謝禮詔依熙寧元年故事熙寧元年郊禮畢詔更不恭謝命執政近臣分詣燒香十月

十一日，詳定郊廟奉祀禮文所言：「國朝郊廟、明堂禮，以郊社令設玉幣，太祝取玉幣以授侍中，進皇帝；門下侍郎取爵，進皇帝奠爵，皆未合禮。伏請郊廟、明堂命吏部尚書一員奉玉幣，吏部侍郎一員奉爵，以次從皇帝至神座前，左僕射闕即右僕射以玉幣進，皇帝奠於地；及酌獻，尚書左丞闕即右丞以爵授僕射，僕射進爵，皇帝酌獻訖，侍郎受幣受爵，以贊飲福及焚燎。外宗廟仍以尚書設玉几。」從之。宋朝事實：元豐三年九月二十日明堂禮畢，詔：門下：朕承五聖積累之基，接千載神靈之統，順迪古訓，惠綏黎元，玩心於幾微，儲思乎昭曠，夙興夜寐，永惟二帝之盛時，日就月思，繼三王之絕業。然而禮殊於商周之後，樂失於韶濩之餘，究觀本原，寖棄彝制，祀事習行而怙於舛誤，祠官姦舉而闕不講修。廼者刺六經之文，采諸儒之議，被飾隅典，發揮禮容，祇奉乎天地神祇之尊，答揚乎祖宗功德之懿。于時五蹕來敘，

卷七千二百

主農屢豐，星氣彌消，民氣休靜，乃涓路寢之室，乃度崇堂之筵，諏季秋之靈辰，備庶物之美報，念神莫帝之大，舉新興饗之儀，念人莫親之隆，載陳嚴配之禮，於是萬齋輅之絜，建鸞旗之華，被袞冕以款琳宮，執鎮圭以祼清廟，還登陽館之陛，大奏我將之詩，文物燦庭而煙燎壁五，爐席而華絢，昭事上帝，竟禮克祀，而精意通燕，及皇天如幾，如式而美祥下懷，然京露之感，肅然蘂光之臨，登朕眇沖，啟私既祀，蚕恩隕祉，既膺有昊之降康，禹始滌瑕，嘉與含生之均慶，可大放天下，於歆德陰報，薦無馨氣，以動於神明，孚庳施豐，有育澤以洽于黎庶，保文中外，輯寧邦家，尚頼三事協恭，羣公翰力，如股肱之衛予，禮如符契之合予心，豈獨一時天人助信順之至，又將百世君臣同福祿之多。臣

五年十一月二日，詳定郊廟奉祀禮文所言：「周禮小宗伯禱祠肄儀為位，後漢肄司徒府，皆不於祠所，所以遠慢戒瀆也。本朝親祠南郊，習儀於壇所；明堂於大慶殿，皆近於瀆。伏請南郊習儀於青城，明堂習儀於尚書省，以遠神為恭。」從之。宋續通鑑長編五年秋，太常寺言丙申

詔書季秋祀英宗於明堂，但以配上帝，其餘從祀羣神悉罷。臣等以類推之，猶有未盡者。謹案周頌噫嘻春秋祈穀于上帝，而本朝啟蟄而雩，有司尚緣近制，皆以羣臣從祀，從與令詔意不同。臣等伏乞將來孟夏大雩，惟祀上帝，以太宗配，餘從祀羣神悉罷，以明事天不二。又言：據禮，雩壇在圜南，今尚圜丘，非是，乞改築。從之。

七年十月二十六日，尚書禮部言：「親祠儀注，享太廟、祀圜丘日，帝自齋殿赴大次，服通天冠、絳紗袍，然後改服祭服者。詳明堂大享，帝宿齋於文德殿，祭日之旦，自齋殿赴大次，亦合服通天冠、絳紗袍，至大次改服祭服行事。」從之。宋朝事實 先是八月戊申，內降御制曰：朕恭上神之休，膺列聖之緒，兢兢業業，罔敢怠荒。惟皇祐之再秋，薦五神于重屋，明有以教萬民之孝，縱有以通聲靈之歆思，年于慈父謨弗樂令四時和裕尊物共豐，奉雅告盛昌勤之惲，況夫容臺獻議，夫並侑之煩樂府，考音推至和之本，宜懷盛則用成光期，朕以今年季秋擇日有事于明堂，其恩賞並如南郊故事，諸道州府不得以進奉為名，輒行科率，致有煩勞。禮舉肆試。門下：朕

卷七千二百

承三聖之基，履四海之責，深為持國之日久，恭念為君之道，艱有臨聽之屢，庶以圖天下之俠無秦恭之虔原，以資天下之豐執勉薰務之維徽勉飭可事之所戒倚，以左右輔卿之所延予敢有弗欽事乎上下神祇之是，明予敢有弗蘭屬九毅登冨三辰昭華象東桂海之祥，慶紀王闕之譬有排之應於朕豈功於命為天之于者，必修報本之徑為人之子者必懷追養之惠重懷菲德，屢纘曠文頃按明堂之國古如路凝之制紘經新底戴，須斯延直大火之騂其衆季秋之肅象物無上常之稿，非躬祠不足詔乎度聖帷文考之，孝於時備法物之駕服六冕之尊，德於太宇還祇宗祀之樂共飭純尊非觀配不是盡乎，燭于薦乇之乡嘉氣休宴筱于欽格蜜娛於尊庭歆清，成敢蓄祉之勇霽宜采延燠以報誠之將乃神九於離，戚承神之祚既均揮程之儀溫綏崇之時室於事之纘，蓋禮具則澤之博季至則尚以遐天心可大敷天下於，之榮優同寅於王室恢大為于和之戢復者風違之帝，圖共荷無疆之休，亦曆無窮之閑尚穎惠文之矣經武

元祐元年二月二十六日，吏部尚書呂大防等言：「謹按國朝之制，奉僖祖皇帝、太祖皇帝、太宗皇帝以配郊丘，季秋大饗明堂，唐及本

朝皆嚴父之義伏請宗祀神宗皇帝於明堂以配上帝 詔恭依朱光庭進議曰臣謹按周頌我將祀文王於明堂也我將我享維羊維牛維天其右之孝經曰孝莫大於嚴父嚴父莫大於配天則周公其人也昔者周公郊祀后稷以配天宗祀文王於明堂以配上帝臣詳二經之文皆爲明堂而言也在我將之頌言天而不言上帝孝經稱嚴父莫大於配天又曰配上帝又按郊特牲曰萬物本乎天人本乎祖此所以配上帝也郊之祭也大報本反始也由是言之則天之與上帝一也推本始而祭之則冬至萬物之始也故於是日祀天尊祖而配之推成功而祭之則季秋萬物之成也故於是月祀上帝嚴父以配之祖配本始之祭而父配成功之祭其理然也自漢以來論明堂者衆矣臣切究周頌孝經郊特牲之文天之與上帝既一則從祀之神不當有異緣郊與明堂皆三年一大祭也但内外配祖考爲異爾又大司樂曰樂六變則天神皆降則從祀之神固無疑矣臣伏請將來九月宗祀神宗皇帝于明堂以配上帝天神宜悉從祀不惟正大饗之禮蓋以隆配父之道也伏望朝廷因此大祀特下有司考正以爲萬世法

三月十六日御劄取今年季秋擇日有事於明堂

卷六千二百

五月六日詔將來明堂前二日朝獻景靈宮天興宮以太常寺言準御劄祀明堂前二日朝獻景靈宮前一日親享太廟當用三年不祭之禮悉遵大臣攝事看詳景靈宮天興殿用天神之禮即不係廟享於典禮別無妨礙故有是詔

六月十五日太常寺言蘇轍奏請明堂用皇祐典禮今詳皇祐明堂雖嘗編纂然嘉祐末已經仁宗釐正至元豐三年宗祀英宗於明堂以配上帝專用孝經嚴配之文最爲得禮之正蓋宗祀大典更累聖乃定將來明堂宜遵元豐三年定制從之

二十三日詔將來明堂除依禮例禮神用樂外其鹵簿鼓吹及樓前宮架諸軍音樂皆備而不作警場止鳴金鉦鼓角以在

神宗皇帝禫祭中故也

八月十四日禮部言自來大禮皇帝詣景靈宮太廟皆乘玉輅今來明堂止詣景靈宮一處行禮檢會嘉祐四年仁宗親行祫享及七年明堂詣景靈宮太廟往回皆乘大輦欲依上件故事修入令次儀注從之

是日又奏自來明堂前三日皇帝自内乘輦赴文德殿御幄改服通天冠絳紗袍升御榻百官奏請致齋訖降坐歸御幄今來皇帝就垂拱殿致齋緣本殿地步隘窄陳設御幄外難以安置御榻欲請皇帝自垂拱殿改服乘輦赴文德殿並如常儀俟百寮奏請畢卻歸垂拱殿宿齋自餘幕次悉依令式陳設從之 四年行明堂禮亦如之

二十二日詔今年明堂諸軍音隊樂而不振作更不支賜

卷六千二百

九月六日大享于明堂以皇叔楊王顥爲亞獻荊王頵爲終獻

二十五日宰臣親王執政近臣等分詣觀寺恭謝以明堂禮畢皇帝在諒闇不親行恭謝之禮也通考九月辛酉帝大饗于明堂詔明堂禮畢御紫宸殿群臣起居不奏祥瑞御樓雖行肆赦儀稱賀並罷以太常寺言司馬光薨故也 宋朝事實 哲宗元祐元年九月六日明堂禮畢詔門下聖人之德無以加孝帝王之興莫大承天朕以眇躬之身煢煢在疚永惟神器之重惕若臨淵之深承明総成思有以廸先王之烈紹志述事來足以慰天下之心仰緊毋慈總攬既禮緝然百度和懋四方頼帝況臨決寓寧大三重之兵摩警萬邦之年屢靈厥幾大同光嗣成美深惟六聖之制必躬三成之祠州蘇摩裡屬予訪落食有以權而從變祭無以畢而廢尊次言總章古重宗祀以教諸俟之孝以得萬國之心我黎維天下武式文王之與大孝嚴父孔子謂周公其人追惟先獻嘗講兹禮包舉儒術咨誠措紳刺六經放遠之文斤衆言報亂之蔽嘉與四海靈承一天革顯慶之兼尊隆永徽之專配成于獨斷畢予冲人降道紹於前

著成法于後涓選吉日袞輯上儀奉璧琳宮乘玉路覆神之帝矣然及皇矣誰其配之既右烈考於時風齋輅之駕被袞冕之章備虔物之微追三推之養靈於而風馬下孝奏而日月光惕然履霜詎勝懷愴之意僾然出戶如聞冀居之音秩祐賚我思成侍臣助予僴楚既迄成于熙事敢尊嚮於閑休宜布況思以暨諸夏可大款天下云云於獻漢庭祀帝著於即作之踰年唐室施仁國以御門之吉日蓋禮盛者文縟澤大者流長尚頓文武之英屏翰之雋叶恭政路以輔邦圖四年三月七日，御劄：取今年季秋擇日有事于明堂。五月四日，詔今年明堂大禮太廟更不排頓。六月十四日，禮部言：太常寺申，故事明堂享太廟，雖遣官攝事，除供行事官罍洗之類並依常享外，其逐室所設祭器特用親祠器。將來明堂大禮太廟差官攝事，其逐室所陳祭器及祠官罍洗之類，請依此。從之。八月十日，詔徐王顥為亞獻，嗣濮王宗暉為終獻。九月二十四日，帝以明堂禮畢，詣景靈宮行恭謝禮，次詣萬壽觀。二十五日，詣凝祥池、中太一宮、集禧觀、醴泉觀，畢，宣從臣賜酒五行。次詣大相國寺。宋史禮志：先時三省言：按天聖五年南郊故事，禮畢，行勞酒之禮，如元會之儀。今明堂禮畢，請太皇太后御會慶殿，皇帝於簾內行恭謝之禮，百僚稱賀訖，宣聲官計殿賜酒。太皇太后不許。詔曰：皇帝臨御海內，宴安五經，季秋再講宗祀，以享天心，顧吾何功，獲被斯福。今有司國天靈之故事，修會慶之盛禮，將俾文武稱慶于庭，吾自臨決萬機，祇長豈以菲薄之德，自比章獻之明邪？復皇帝致賀於禁中，羣臣奉表于閣左，禮文既具，夫又何求？前朝舊儀需不敢受。將來明堂禮畢，更不受賀，百官並內東門拜表。家朝事賓　元祐四年九月十四日，明堂禮畢，詔門下：治人冀急于重祭，嚴父孰大于配天，黃若周公宗祀照堂而致澤鴻，惟仁祖親撫路寢，以尊親參合古今之宜，茲謂情文之蓋，肆我昭考稱秩奠祠，周爰舉策之長，舉崇一帝之駢，聖作明述，事益功俗，搢品今之文則，享以秋季，案曾經之載，則日用書新，九協靈心，孝為常懋，秩纂圖哀極，承訓慈閫，事舉于中，禮循其蕃，竊請親祠之制

卷七千二百

禮二四之五三

一遵先聖之謨對越上神禽受純嘏五禮來備二儉于茲漏方隔之底尊棗河流之順復物無兆應民用平康荷亨見之降休致涵生之祉禘會一郊之成前詢七數之謀而乾象垂文農覲房心之次朝循取法是夕政教之宮通及其時茲用展采陳于秉萬特之儀衛極心海九州之貢看皆欲有以致具嚴猶權無以稱具德前期戒衆各揚職以蓋恭甲端誠中集歷而思道始欽祭於真館旅備物於大庭作主循神帝與親而其登典懿及獲薦暨禝以交行一純醫而高明欲四氣和而諸福應有司已事祝嚴既當以孝慈與物惟新風還爰布於號令式均忠澤溥被教天可大敵天下於獻合內朝之神事既因錫義以推仁得萬國之歡以文將使民而致孝蓋布德行惠著非賢周又任大守重考惟后乎觀尚輔文武蓋臣股肱碩輔共底緝熙之法庶成忠厚之風茲爾羣倫其禮朕意六年二月二十一日，太常博士趙獻言：本朝親享之禮，自明道以來，即大慶殿以為明堂，蓋得聖人之意。至於有司攝事之所，乃尚寓于圜丘，竊見南郊齋宮有望祭殿，其間屋地頗寬，乞將來季秋大享明堂，有司攝事，只就南郊齋宮行禮。從之。紹聖二年四月二十五日，御劄：取今年季秋擇日有事于明堂。五月二十六日，三省言：禮部、太常寺狀，將來明堂皇帝飲福受胙，乞依元豐三年郊廟禮制施行。從之。二十七日，詔依元豐三年例，明堂前三日致齋於文德殿。以元祐元年四月嘗致齋於垂拱殿，故有是詔。六月二十日，禮部言：將來明堂，乞依元豐三年明堂車駕詣景靈宮、太廟往回並乘玉輅。從之。二十五日，太常寺言：今來明堂景靈宮、太廟行禮，皇帝版位自合設於阼階之上，所有殿下小次，欲依元豐詳定郊廟奉祀禮文所議不設。詔太廟設小次，餘從之。九月一日，詔皇叔祖濟陰郡

卷七千二百

禮二四之五四

王宗景爲亞獻皇伯保信軍節度觀察留後仲還爲終獻　十九日宰臣章惇等言伏見皇帝自廟門降輅步至齋宮秋日尚炎卻繖弗御薦獻至神宗廟室涕泗沾服禮畢復自齋宮卻繖步陞玉輅宣付史官從之　十月二日以明堂禮畢詣景靈宮行恭謝禮三日詣凝祥池中太一宮集禧觀上清儲祥宮大相國寺雖第一日自景靈宮詣崇因閣餘如元祐四年故事

宋朝事實紹聖二年九月十九日明堂禮畢詔門下順考禮經莫先於祭典遠遵成業益重於孝思朕以眇躬獲承休德訪予落止奉長信於簾帷始初清明紹先朝之矩矱不懈于事惟既乃以延登雋良修飾治具每懷兢慎懼忱益成方海寓之宴寧亦雨暘之順序以存儷伯誠在鄂農十有一年光釐康務豈朕寡德欽此休嘉共惟稱宮靈慈佑助益斷從先之志適丁親祀之期配帝饗親用周公之故事明堂路寢協神祖之宏規日用季秋日維新吉備來萬騎之儀衞先有事于琳宮極四海九州之貢發用親祼於太室駿奔揚職肹蠁薦誠一純馨而高明歆四氣和而福禧應有司已事慶熙洽之告成與物推新布惠和而肆眚式揚太號爰及敷天可大赦天下於戲悉祀總章所以教諸侯之孝推恩綿宇所以致天下之和更賴三事協恭百官修職共仲爾翼永底丕平　壓史　紹聖乙亥季秋大享明堂余時貳軍器從百官服朝服前一日皇帝致齋御史臺吏具行禮次第人印給一本全是日則曰綪其佩仍注云屆而結之在庭之臣亦有莫能音其綪者或讀曰音曰菁余獨告曰當爲爭有相顧而笑者按儀禮作綪字音義與此同

元符元年十二月五日尚書左丞蔡卞言昨季秋大享于明堂克初獻就南郊望祭行禮竊見其殿制度隘窄階級平夷未足以仰稱嚴事之意蓋聞明堂者天子布政之宮於以朝諸侯而先王宗祀配帝乃就此者所以致親親之義也國家皇祐初講求墜典始即大慶殿奉祠至今循之蓋得古者宗祀之遺意

獨嘗歲寓祭位處有所未安恭惟對越上神配以烈考大事也雖邇宮攝事亦當如禮伏見新作南郊齋宮端誠殿實天子絜齋奉祠及禮畢見羣臣之所在國之陽高明邃深可以享神即此行禮於古義爲有合自今大禮自依舊制外其常歲季秋大享宜改就端誠殿從之

宋史樂志　元符親享明堂樂章十一首　皇帝升降儀安　嚴父配天聿予明堂與與升階降晉以將天步有節帝容克莊辟公憲之禮無不威　上帝位奠玉幣頌安　聖能享帝孝先事親於皇宗祀盛節此陳何以薦虔二精有燁何以致祥上天監止　神宗奠幣信安　合宮禮備時維哲玉堂英四數明德馨香聖考來格降禧褒禋承承燉倦萬祀其昌　捧俎禧安　奕奕明堂天子即事黃我聖考配于上帝凡百有職疇敢不祇組絜牲肥其薦有儀　上帝位酌獻慶安　惟禮不濟所以嚴親惟孝不匱所以敎民陛配文考享于大神重禧累福祚齋無垠　配位酌獻德安　隆功駿德酌有烈光陟配宗祀思我無疆　送文舞迎武舞穆安　舞以象功樂維崇德文經萬邦武靖四國一張一弛其儀不忒神鑒孔昭孝思維則　亞獻穆安　於昭成禮嚴父配天盡物盡誠莫匪吉蠲重觴既薦九奏播宣神介景福億萬斯年　飲福祚安　莫尊乎天莫親乎父既享既侑誠神禮樂龜擊堂上八音始其天子德歆飲神之祚　徹豆歆安　穆穆在堂肅肅在庭於顯辟公來相恩成神既歆止有閟無聲錫我休嘉燕及樂生　歸大次憩安　有奕明堂萬方時會宗予聖考作帝之配樂酌廣興禮從周志登事既成於皇來暨

大觀元年三月二十三日御劄取今年季秋擇日宗祀于明堂　四月十三日詔季秋宗祀于明堂禮成宣制恩賞並依南郊例施行　五月六日詔皇城司今後宗祀大禮太廟行禮回宿文德殿次日自文德門至右昇龍門外并左昇龍門裏更衣殿至內藏西庫大次前並鋪疊黃道所有應干合增物件本司應辦及應於他司差借者並比類舊條施行　九月

二十八日宗祀明堂以皇弟魏王俁為亞獻鄧王偲為終獻禮畢御樓肆赦上遣中使以御製宗祀禮成詩賜宰輔以下近臣畢和　十月七日宰臣蔡京等言伏見宗祀之月久雨不止齋宿之夕雨尚滂注翌日祼獻宮廟日光照耀祇事總章天無纖雲肆赦之日天氣晏溫望宣付史官從之　十月十六日至十八日以明堂禮畢詣景靈宮西宮上清宮行恭謝之禮

先是崇寧四年詔營建明堂已度地鳩工俟過來歲取吉興役明年以彗出西方遂詔罷之　宋史備要大觀元年九月辛亥大饗明堂以神宗皇帝配大赦天下應元祐黨籍上書邪等人見令羈管編管安置者並與量移近地已量移者放還本鄉應元祐係籍人子孫兄弟元非本犯深原罪不及嗣之意　宋朝事實大觀元年九月二十八日明堂禮畢詔門下帝為大神非精禋無以獲其格親則皇考非尊饗無以極其嚴鴻惟本朝上稽周室宗祀明堂而致孝

卷七千二百

規圖廣殿以陳儀涓選季秋之良卜用維辛之吉協靈心而昭肅崇侑食以來寧日予菲躬紹乃大統發揮吉訓率循舊章禮縟熙豐之討論樂用崇觀之制作雖度筵循因乎路寢而均律已得乎中聲朔政事之維醇抑嘉祥之滋至鉅河瀆澈成若豐登生德洽而猝行清壬人迓而鬯表服顧惟寡昧底茲乂安寶頒讀則之燕詔與夫昊穹之眷佑念無待而施報在薦誠而必躬是用朝獻殊庭裸將太室登還陽館之陛大奏合宮之歟駿奔之多士秉文顯相之羣公成一故得明靈昭格況莅衍蕃祝嘏並告乎孝慈風馬胥來而貽璧既多受祉誕曆帝命之休用錫庶民欽數時歛之福揚于端闕齊爾多方於戲信順之助丕應乎天人祭祀之澤均覃於海宇茂爾臣民之眘慶篤予邦國之榮懷尚賴德惠流行垢瑕掩滌小大盡翰於忠義過遐威奮於事功永祗丕隆直綏萬祿　宋史樂志大觀宗祀明堂五首　奠玉幣鎮安　交于神明內心為肯外致其父亦致精意　嘉玉既陳將以量幣肅肅雝雝惟帝之對　有邦事神享帝為尊內心致德外示彌文嘉玉故珍薦以量幣恭歆伊何惟以宗祀　配位奠幣信安　宗祀明堂告成大報順顧祇祗肇見昭考淯選休辰將明朝夕於惟皇王孝思罔極　酌獻孝安　若昔大猷孝思維則永言孝思丕承其德於昭明威儀于上帝賴我思成永綏福

祉　配位酌獻大明　於昭皇考大明禮神惑章文忠宜民宜人嚴父之道陟配于天昉行孝告有孚于允　宋朝事實　大觀四年十一月初三日冬祀禮畢詔門下朕紹曆牧命祇年熙課永惟崔器之饗常軫臨淵之應躬攬萬務茲越十年荷上帝之降康辰帝生之成遂禮制樂作仁洽道豐撫五緯以宣精命九河而順紀于戈常戢囹圄屢空同雲應尺澤之行世露協中臺之瑞三登凱格六府允脩照受閣休散志大報是用來備鼎典稱報上儀衷景至之熙長備屋陳之法篤保獻清朔初躅饎以揭度禍鼓崇壇逐欽柴而辰采推本烈祖對越昊穹表祭統犧薦誠叢茲于時協氣充塞高靈宴娛肅然精意之適紛若美祥之下悖崇元祀屬熙事之滑戊申肯青災宜湛思之誕布可大數式下於戲一八有慶既敦錫於蕃壁底啟惟和具永綏於極治尚賴緘鄉鳳相官師交修增隆不振之基益固無疆之祚

政和六年閏正月十二日大晟府言神宗皇帝嘗命儒臣肇造玉磬藏之樂府久不施用乞令鑒加磨礱俾與律合并造金鍾專用於明堂以薦在天之神從之　七年四月十八日禮制局言謹按

卷七千二百

詩稱郊祀天地而繼以宗祀文王經稱郊祀后稷而繼以宗祀文王周禮祀大神示而繼以享先王然則祀大神者圜丘也祀大示者方澤也享先王則明堂在其中三者備矣而後事神示祖考之禮成然非一日而能徧蓋圜丘必俟冬至方澤必俟夏至明堂必俟季秋千數百載斯禮弗備今圜壇方澤繼展上儀而明堂肇新宗祀之期理不可緩伏請夏祭大禮後季秋親祀明堂以稱陛下昭事神示祖考之意又言謹按禮記祀大神於冬至祀大示於夏至乃有常日無所事卜季秋大享帝以先王配則有常月而未有常日所謂卜日者卜其辛爾萬物萌於甲新於辛故社用甲郊用辛以見成功必

歸諸天也禮不卜常祀而卜其日蓋月有上辛次辛謀及卜筮所以極嚴恭之義也伏請明堂大享以吉辛為正又言昨夏祭前一日宿方澤內殿致齋太廟景靈宮冬祀既已親祀將來宗祀明堂伏請依夏祭內殿致齋前一日齋宿大慶殿又言周禮祀昊天上帝則大裘而冕祀五帝亦如之享先王則衮冕祀昊天上帝則郊祀是也享先王則宗祀在其中蓋于大裘舉正位以見配位於衮冕舉配位以見正位以天道事之則舉卑明尊大裘象道衮冕象德明堂以人道享上帝與郊祀異伏請明堂服衮冕又言謹按禮記莞簟之安而蒲越稾鞂之設釋者謂下莞上簟祭天則蒲越稾鞂漢舊儀祭天

用六綵綺席六重高帝配天用紺席成帝初丞相衡等言其非是遂用稾鞂東漢用莞簟晉江左用蒯隋祭天用稾鞂配帝用蒲越唐麟德詔改用裀褥開元禮開寶通禮上帝用稾鞂配帝用莞簟景德中孫奭請席皆加褥慶歷祀儀上帝以黃配帝以緋元豐中從有司之議始不設褥於明堂神席之上又以莞代蒲越稾鞂今郊祀正位設蒲越明堂正配位並莞蓋取禮記所謂莞簟之安明堂以人道享上帝故也然莞簟自是兩物故曰下莞上簟周禮祀先王亦無單用莞簟之文今既取禮記莞簟之安乃止用莞而不設簟未盡禮意況郊用特而明堂用牛羊郊用匏爵而明堂用玉爵其餘豆登簠

俎尊罍並用宗廟之器但不設鼻不裸則藉神席亦合盡用人情所安兼東漢猶用莞簟晉宋以後始單用莞蓋循襲之誤伏請明堂正配位並依禮經用莞簟又言周禮以蒼璧禮天又曰四圭有邸以祀天旅上帝蓋蒼璧以象體四圭有邸以象用然於蒼璧言禮於四圭有邸言祀說者謂禮神在求神之初祀神在禮神之後蓋一祭而並用也伏覩夏祭方澤兩圭有邸與黃琮並用將來明堂大享蒼璧及四圭有邸亦合並用又言謹按周禮王搢大圭執鎮圭蓋鎮圭顯諸仁大圭藏諸用開元禮開寶通禮明堂親祠皆搢鎮圭非古也元豐以來謂覲禮奠圭於繅上諸侯朝見天子奠圭則天子祇事

事上帝亦當奠圭於繅上遂奠鎮圭而執大圭今圜丘方澤執元圭則搢大圭執大圭則奠元圭禮經祀大神示享先王如一伏請明堂親祠如上儀又言明堂親享正配二位每位合用籩二十六豆二十六簠八簋八登三鉶三及柶槃一神位席一幣篚一祝篚一玉爵一及坫瑤爵一及坫牛鼎一羊鼎一豕鼎一幷局七畢羃俎六太尊二山尊二著尊二犧尊二象尊二壺尊六皆設而弗酌尊加羃犧尊五象尊五壺尊五犧罍五象罍五壺罍五加勺羃御槃匜一幷篚勺巾飲福受胙豆一玉飾飲福受胙俎一亞獻終獻盥洗罍一副幷篚勺巾亞終獻爵洗罍一副幷篚勺巾神廚鸞刀一又言伏見

宗廟用九鼎，其三為牲，其六為庶羞。謹按《周頌·我將》祀文王於明堂曰「我將我享，維羊維牛」，此以人道享帝也。以此考之，則堂堂所用牲而已，其庶羞之鼎不當設焉。何則？宗廟專享祖考，而明堂以配上帝，故宗祀之禮方於郊爲文，方於廟則爲質。爲其文也，故三牲備陳；爲其質也，故庶羞不設。然則庶羞之不設，以尊上帝故也。謹按元豐郊廟奉祀禮文，明堂牲牢正配各用牛一、羊一、豕一。伏請宗祀止用三鼎，而不設庶羞之鼎，其俎亦止合用六焉。又言：看詳宗廟祭祀五齊三酒，有設而弗酌者，有設而酌者。設而弗酌，若酒正所謂「以法共五齊三酒，以實八尊」是也。設而酌，若司尊彝所謂「醴齊縮酌，盎齊涗酌，凡酒修酌」是也。《明堂位》曰：「泰，有虞氏之尊；罍，夏后氏之尊；著，商尊；犧象，周尊。」蓋尊以世之遠近爲序，故致齊以次實之也。《聘禮》曰：「壺設於東序，北上，以盛南陳，醙、黍、清皆兩壺。」蓋醙、黍、清，三酒也。《詩》亦曰「清酒在壺」，此三酒實之壺尊也。《禮器》曰：「廟堂之上，罍尊在阼，犧尊在西。」此實酌齊之尊也。又曰：「君西酌犧象，夫人東酌罍尊。」此初獻酌酒之位也。酒正曰：「大祭三貳，中祭再貳，小祭一貳。」此酌尊皆有貳也。然以五尊實五齊，則壺尊實三酒可知矣；以酌齊之尊在阼階之上，則酌酒之尊在阼階之下可知矣。蓋古者宗廟行九獻之禮，君與后各四，而諸臣一獻以終之，故謂之九獻，終獻之酌酒是也。

卷六千二百

王安石謂五齊以神事之，三酒以人養之，若止酌齊而不及酒，非所以全事養之義。三獻之禮雖略於古，而齊酒之酌不可偏廢，則初獻酌醴，亞獻酌盎，終獻酌酒，而九獻之義備焉。然而夏之尊曰罍，周之尊曰犧象，記言罍尊在東，犧尊在西，此周禮也。周本先代之器，故初獻酌犧；後異代之器，故亞獻酌罍。今太廟明堂之用皆異代器也，當以近者爲貴，酌尊用犧象可也。若夫設而不酌之尊，宜以世之先後爲次而實之。伏請明堂以太尊實泛齊，山尊實醴齊，著尊實盎齊，犧尊實緹齊，象尊實沉齊，壺尊三酒皆爲不酌之尊。人以犧尊實醴齊爲初獻，象尊實盎齊爲亞獻，並陳於阼階之上，犧在西而象在東。壺尊實清酒爲亞獻，陳於阼階之下，皆爲酌尊。三其二以備之，少此大祭之禮也。然三酒必酌清酒者，先儒以清酒爲祭祀之酒，其説然矣。又言：《周官》大司樂分樂而序之，以祭以享以祀。冬日至，於地上之圜丘奏之，若樂六變，則天神皆降；夏日至，於澤中之方丘奏之，若樂八變，則地示皆出；於宗廟之中奏之，若樂九變，則人鬼可得而禮。蓋天神、地示、宗廟以聲類求之，其用樂各異焉。又按《孝經》稱「郊祀后稷以配天，宗祀文王於明堂以配上帝」，蓋尊祖配天者郊祀也，嚴父配帝者明堂也。郊祀以遠人爲尊，故尊祖以配天；明堂以近人而親，故嚴父以配帝。雖尊祖以天道事之，嚴父以人道事之，然

卷七千二百

禮二四之六三

配天與配上帝所以求天神而禮之其義一也則明堂宜同郊祀用禮天神六變之樂以天帝為尊焉故易之豫以作樂崇德必曰薦之上帝以配祖考也若宗祀配上帝而用宗廟九變之樂所以禮神者非其義矣且明堂之祀以經考之我將之詩曰維羊維牛則以人道享上帝而用三牲也惟用三牲故豆登簠俎尊罍玉爵並用宗廟之器然明堂以配上帝稽周官禮祀之禮與宗廟異若禮以蒼璧祀以四圭有邸幣放器色燔燎升煙大神不裸所以享上帝者皆因象類則宗祀大享用天神六變之樂薦之上帝以配烈考於禮為宜矣今明堂大樂欲乞宮架赤素用雷鼓雷鼗又言圜丘方澤各有

卷七千二百

大樂宮架自來宗祀明堂就用大慶殿大朝會宮架今明堂肇建合行創置又言謹按皇祐已來以大慶殿為明堂奏請致齋於文德殿禮成受賀於紫宸殿今明堂肇建合於大慶殿奏請致齋禮成於文德殿受賀又言謹按皇祐已來明堂當一郊故詣太廟景靈宮行禮陳法駕鹵簿回宿文德殿即轉仗自宣德門陳列南至天漢橋今明堂郊享後次年行禮故不詣太廟景靈宮即車駕不出皇城惟列仗於宣德門外所有鹵簿儀仗更不排設又言周禮夜三鼜以號戒今奏嚴是也乘輿宿齋其儀衛本緣祀事其奏嚴本緣警備國朝之制警嚴並列於逐頓宮門外仁宗詔明堂直端明而奏嚴於外

禮二四之六四

恐失靜恭之意於是齋夕權罷今明堂肇建於寢之東南不與端門直將來宗祀大慶殿齋宿皇城外不設鹵簿儀仗其警場伏請列於宣德門內大慶殿門外又言自來明堂親祀則寓於大慶殿有司行事則寓於端誠殿竊惟王者祀上帝以天道事之則於郊冬至而配以祖以人道事之則於明堂於季秋而配以禰因其象類義蓋不可勝窮今既於季秋而配以禰緣有司行事乃寓之於郊誠恐未盡禮意伏請非親祠歲有司行事亦於明堂庶以極人道事之之義並從之　五月十八日御劄曰燕及皇天禮是嚴於大享率時昭考孝莫重於宗祈比稽治古之隆肆考合宮之壯相方視祉于國之

卷七千二百

陽面勢飾材循周之舊寢對四時之序甄陶二氣之和達鄉重檐胎合六經之墜緒方輿圜蓋是興萬世之閎摹永觀厥成不愆于素顧豈人謀之可致茲惟帝命之不違爰念紫壇暨於泰折屢格燎煙之瑩既修瘞祀之尊永為繼志述事之圖敢後嚴父配天之舉況明靈之宇祐方符瑞之旁臻其圖太室之儀用卜杪秋之吉侑登禰廟對越上穹實延五府之神祇薦九州之味具申報本斯昭萬寶之成誕示寧親以教諸侯之孝寅孚有衆咸告前期朕以今年季秋宗祀于明堂咨爾有司各揚乃職相予肆祀罔或不恭　七月二十八日詔季秋大享明堂登歌並用道士　八月十二日內出御製宗

祀明堂及親祠五室眞幣酌獻樂曲九章其餘飲福等三章令學士院撰進　十七日詔以二十四日於明堂習儀餘按嚴更警場雅樂閲素隊並罷　十八日手詔宗祀明堂以配上帝後世循沿末習配於六天而又徧以羣神從祀違經失禮瀆神爲甚昔我烈考下詔改革是正禮經今肇禋明堂並依先帝詔旨從祀悉罷明堂五室不可虛設考之周書有大裘而冕與設大次小次之文則義當親祠而不廢有司議來上嘉從其説已降指揮親祠五室革末世瀆神之陋上承先帝已行之旨而協周人享帝之恭先是八月八日禮部尚書許光疑等奏奉詔議明堂五室祀五帝按禮記月令季秋大享

卷七千二百

帝説者謂大饗者徧祭五帝也曲禮大享不問卜説者謂祭五帝於明堂莫適卜也周官太宰祀五帝則掌百官之誓戒與其具修説者謂祀五帝於四郊及明堂而王安石以謂五帝者五精之君昊天之佐也惟其爲五精之君故分位於五室惟其爲昊天之佐故與享於明堂自周以還遭秦絶學士之所見無復全經神宗皇帝發德音下明詔惟以英宗配上帝而悉去從祀羣神陛下指古有作取成於心肇新宋規得其時制爰即季秋肆躬大享位五帝於其室既無以偏槩配之嫌止祀五帝又無羣神從祀之黷永爲善繼是謂達孝然則神考黜六天於前陛下正五室於後其揆一也故有是詔

禮二四之六五

二十五日詔將來宗祀大禮更不設略　二十六日詔明堂行禮並依五禮新儀外其禮制局議定所降指揮并禮例有合添入新儀者令太常寺修定太常寺言儀注內束輿出稱警蹕繖扇侍衛如常儀今貼去稱警蹕字奠玉幣右文化俗之舞今改作寧親昭事之舞進熟感功肅德之舞今改作日靖四方之舞戶部兵部工部尚書捧俎今改作工部兵部戶部尚書捧俎先薦牛次薦羊又薦豕今改作先薦豕次薦羊又薦牛並從之　九月六日宗祀明堂以皇弟燕王俣爲亞獻越王偲爲終獻　十二月十八日詔每歲季秋大享親祠明堂其罷有司攝事　八年四月二十七日詔朕肇建合宮

卷七千二百

秩元祀既右烈考以配上帝載修國典參質時令季秋大享歲所常行朕將躬執籩豆承神致孝自今以始著爲定制惟先王之世大禮必簡觀天下之物無以稱其德則以內心爲貴帝親之奉其敢弗欽而明堂近在宮城秋享實薦時事行之久遠宜極簡嚴其每歲秋季親祠如孟月朝獻禮更不差五使儀仗等其合行事件令所屬條具申請　六月八日太常寺上季秋親祠大享明堂儀皇帝散齋七日於別殿致齋三日於內殿有司設大次於齋明殿設小次於明堂東階下祀日行事執事陪祠官立班殿下東西相向皇帝服袞冕太常卿東上閤門官太常博士前導禮部侍郎奏中嚴外辦太常

禮二四之六六

卿奏請皇帝行禮太常卿奏禮畢禮部郎中奏解嚴其禮器牲牢酒饌奠獻玉幣升煙燔首祭酒讀冊飲福受胙并樂舞等並如宗祀明堂儀其行事執事陪祠官並前十日受誓戒於朝堂行事執事官致齋三日前一日並服朝服立班肖饌祀日並祭服陪位官致齋一日祀前二日仍奏告神宗皇帝配侑從之　十三日太常寺言明堂大享以吉辛日為正太史局選到九月二日其日係宣仁聖烈皇后忌前一日已係祀畢無別無吉辛望依太史局所定從之　八月十九日詔每歲季秋親祠明堂比附宗祀大禮參酌差官行事官並選近上職位人充餘應吏部差者盡從朝廷差人　二十日詔季

卷七千二百

秋大享明堂以太師蔡京為禮儀使以太宰鄭居中視滌濯以嘉王楷告潔楷以提舉皇城司職事當宿衛辭遂命鄭居中告潔視滌濯　九月二日大享明堂以皇弟燕王俣為亞獻越王偲為終獻　宣和元年九月八日大享明堂二年九月十三日三年九月十日四年九月五日五年九月十一日六年九月八日七年九月十三日三年九月十一日太宰王黼等言陛下肇建合宮歲嚴宗享今歲天宇清霽祇肅寅恭肅御小次奠玉之初有羣鶴翔集空際從以羽物乞拜表稱賀宣付祕書省從之宋朝事實享明堂畢詔門下祇承于帝膺駿命者必昭大服之誠對越在天竭孝思者必謹肇禋之舉乃眷度筵之制久廢考室之文若昔大猷稱秩元祀規天矩地通追三代之隆負陰抱陽奠對一堂之

上八牖以達八方之氣四阿以旋四序之和丕應旁臻珍祺紛垂臺臺底歷星占出柳之符農扈儲祥毫協維秝之薦帝首山則隆揀來于靈翌嶽修育小文石擬予鑫書方程屬植之功已放司空之辟是彝神萊匯直人謀爰熙大室之崇大饗肅禴之吉右尊禰廟嚴配昊穹四海會同用繼皇祐肇基之志五位時序益增元豐圭裕之光工祝吉親製之辭備樂奏躬修之律駿奔在庭昔皆知東絕祇秉于位者無有達心恭茨谷芬齊誠永格洞洞屬屬神保是臨方祲典之消成既繁禧之纘被其敷惠術誕霈恩綸內均四守之徽外決萬邦之眾可大敫天下衫戩上天孚佑獲永帝親並享之休下圖驗濾敢後福祿攸同之錫嘻咨遐邇共對禁懷明堂

制度徽宗政和五年上將建明堂七月十日手詔曰孝莫大於嚴父嚴父莫大於配天遠而尊故配祖於郊近而親故嚴父於堂今三歲一郊佑我烈祖而宗祀明堂以配上帝寓於殿寢禮蓋云闕朕嗣承元烈君臨萬邦罔極之懷欲報無所夙興夜寢靡遑寧處崇寧之初嘗

卷七千二百

詔建立去古既遠歷代之模無足循襲朕萬幾餘間熙諸儒聽說刺經稽古度以九筵分其五室通以八風上圜下方參合先王之制心庶幾焉相方視此于寢之南僝工鳩材自我作古以稱朕昭事上帝率見昭考之心咨爾中外其體至懷　八月六日詔修建明堂布告大廷奏告天地宗廟社稷宮觀諸陵及五嶽四瀆　十二日詔移祕書省於他所以其地為明堂以杭州觀察使陳彥言明堂基宜正臨丙方稍東以據福德之地故有是詔　十五日手詔明堂之制自三代以還有為之君雖欲稽法先王終不能如古蓋違經循俗惑於衆說失其旨意朕永惟嚴父饗帝之禮尚闕未備取考戶所記

載考其互見之文，得其制作之本，命工伻圖，莫不備具，無不合。夏后氏曰世室，堂脩二七，廣四脩一，五室三四步四三尺，九階，四旁兩夾窻。考夏后氏之制，名曰世室，又曰堂者，則世室非廟，堂脩二七，廣四脩一，則度以六尺之步，其堂脩十四步，廣十七步之半。又曰五室三四步四三尺者，四步益四尺，中央土室也；三步益三尺，木火金水四室也。每室四户，户兩夾窻，此夏后氏之制也。商人重屋，堂脩七尋，崇三尺，四阿重屋。商人名曰重屋，而又曰堂者，非寢也，度以八尺之尋，其堂脩七尋。又曰四阿重屋者，阿，屋之曲也；重者，屋之複也。則商人有四隅之阿，四柱複屋，則知下方也。周人明堂度以九尺之筵，三代之制不相襲，夏曰世室，商曰重屋，周曰明堂，則知皆堂也。東西九筵，南北七筵，堂崇一筵，五室，凡室二筵者，九筵則東西長，七筵則南北陝，所以象天，則知上圜也。夏商周之名雖不相襲，其制則一，惟步尋筵廣狹不同而已。考工記所言三代之制，亦各互見。朕萬機之暇，取夏氏益世室之度，兼商人四阿重屋之制，從周人度以九尺之筵，上圜象天，下方法地，四户以合四序，八窻以應八節，五室以聚五行，十二堂以聽十二朔，九階四阿，每室四户，夾以八窻，兼三代之制，黜諸儒之臆說。饗帝嚴父，聽朔布政，於一堂之上，於古皆合，其制大備。宜令明堂使司遵圖建立，以稱朕意。布告中外，咸使聞知。於是內出明堂小樣於崇政殿，集百官宣示，命太師魯國公蔡京為明堂使，宣和殿學士蔡攸討論指畫制度，顯謨閣待制蔡儵、蔡脩，殿中監宋昇參詳。明堂使蔡京言：三代之制，脩廣不相襲，夏度以六尺之步，商度以八尺之尋，而周以九尺之筵，世每近，制每廣。今若以二筵為太室，方一丈八尺，則室之中設扆版位禮器已不可容，理當增廣。今從周之制，以九尺之筵為度。太室脩四筵（三丈六尺），廣五筵（四丈五尺），共為九筵。木火金水四室各脩三筵益四五（三丈一尺五寸），廣四筵（三丈六尺），共七筵益四尺五寸。十二堂古無脩廣之數，今亦度以九尺之筵。明堂、元堂各脩四筵（三丈六尺），廣五筵（四丈五尺），左右个各脩廣四筵（三丈六尺）。青陽、總章各脩廣四筵（三丈六尺），左右个各脩廣四筵（三丈六尺）。廣三筵益四五（三丈一尺五寸），四阿各四筵（三丈六尺），堂柱、外其各一筵九尺，堂總脩一十九筵（一十七丈一尺），廣二十一筵（一十八丈九尺）。詔悉從之。先是崇寧四年七月二十七日，宰臣蔡京等進呈庫部員外郎姚舜仁請自國丙巳之地建明堂續圖以獻（九朝長編紀事本末：崇寧四年八月丁亥，虞部員外郎姚舜仁言：伏聞神宗皇帝嘗詔侍臣欽考古三廱之制，聞明堂辟廱以發政施仁，其初志盍將以迄繼黃帝三代之治。元祐紛振之豫，紀綱法度靡復存者。陛下天縱之聖，獨見於昭曠之先，而執政大臣相與發明神考之遺訓，肇建外學，規創辟廱，而弦誦之音徧於天下，茲盛德之舉也。又曰：今陛下恢復先烈，苑讀上儀禮慶庠之制，立近卿之學，即丁來之有申辟雝之教，與夫區區之漢唐嘗煥新年之館，大營避署之宮，萬萬相遼矣。臣伏願陛下上煩黃帝三代之遠制，下采藏禮經，博舉儒之碩論，即國之東丙巳之地，正明堂之人，禮革皇祐權宜之設，定崇寧不刊之規，與大篤之鹵簿備五輅之禮容俾夫旗物紛布於國門設次於引於馳道萬國諸侯咸觀於繹禮四方賓客咸觀於盛儀則列祖在天罔不來格上帝時歆罔不顧諟陛下雖未又登封泰華之願抑地汾陰之比而撰陛四學閟禮三雍昭璧水以肇章英之網御明堂而受四海之贊饗不盛哉又曰臣漢參考古禮繪成圖式以獻其制中為一堂上設重屋大室居中四阿重屋四門四堂各為一室共八空以通八方以擬八卦外闢四門以示明四目意四聰之義四面各為五門以應五行皆法禮記明堂位之文堂脩十四步其廣十四步二分步之一應周官世室之制其崇九尺以應周官一筵之數門堂取則於止堂三之二堞修九步三分步之一其廣十一步三分步之二凡門堂各為一室取則於門堂三之一其脩三步十分步之一其廣三步六十八步之五十三室居中其脩四步其廣四步三分步之二四阿重屋各為一室其脩三步其廣三步二分步之一每室為四戶以法四時四芬為八窗以象八節皆法三代之制總而計之以九室以象九州三十六戶以法三十六旬七十二牖以應七十二氣九階以用天之道九上圓下方以體天地之形四隅無壁以法皇道之四達戶設而不閉以示不藏室覆以茅貴其質也東序西序合二百一十有六乾之策也驗之於古則有稽參之於禮則不侈奢不登靡儉

卷七千二百

不至隨號為崇寧明堂定制之圖若漢歷唐施禮始廢舉而行之意在於日千載一時也施違古臣愚妄議典禮兆有餘地　上曰先帝嘗欲為之有圖見在禁中然考究未甚詳京曰明堂之制見於禮記周官之書皆三代之制參錯不同學者惑之舜仁留心二十餘年始知周官考工記所載三代之制為文各互相備故得其法今有二圖其齋宮一悉南向一隨四時方所向上曰可隨四時方所向仍令將作監李誡同舜仁上殿　八月十六日李誡姚舜仁進明堂圖上謂誡等曰聖人郊祀后稷以配天配以祖宗祀文王於明堂配以考兩者當並行明堂之禮廢已久漢唐卑陋不足法宜盡用三代之制必取巨材務要堅完以為萬世之法遂依舜仁等所奏明

堂圖議營建雖不得科率勞民仍令學士院降詔曰朕若昔先王饗帝之義嚴父之禮布政之居爰有世室商有重屋周有明堂對越在天以孝以享朕承祖宗積累之緒永惟先帝盛德休烈懼無以稱而宗祀之報尚或闕焉中夜以興怵惕靡究比詔有司審論定具圖來上於禮有稽遵三代之隆典黜諸儒之異說作而成之庶幾乎古朕將扶禮祇載昭事上帝佑我烈考歆時五福用敷錫于庶民有姚舜仁所奏明堂圖可依所定營建九朝長編紀事本末仍詔明堂如浩大須寬立期限營建供過求年而成妨礙外取旨與功仍令胡師文梁子美各於本部出材木處擇合用造成熟材搬輦上京其見役人可權罷胡師文淮南發運梁子美河北都運當錄但云詔修建明堂候過來歲興役不綱十月回由今用詔旨刪修八月二十四日初下詔修建

卷七千二百

二日蔡京等進呈修營明堂申請上曰朕事天地有南北郊之禮備矣惟嚴父配天未有其所前此以大慶殿權設幄次為明堂且大慶殿乃大朝會受賀之所豈可為嚴配之地京曰古人云明堂路寢其制一也謂其制之同非謂路寢即明堂也孟子載齊王曰人皆謂我毀明堂毀諸已乎孟子對曰王欲行王政則勿毀之矣齊去三代之制未遠既別名曰明堂又曰可毀即非因路寢為明堂可知矣脩建明堂討論指畫制度蔡攸言明堂五門并諸廊結瓦等三代別無制度漢唐或蓋以茅或蓋以瓦或以木為瓦以夾紵漆之其制不同令酌古之制適今之宜蓋以素瓦而五門用琉璃緣裏及頂蓋

鴟尾綴飾之物並以琉璃展文質得中詔從之仍用銅火珠又言宮殿四角垂鈴古未嘗有唯漢武故事神宇椽首皆作龍首銜鈴無所經據後世雅道釋祠宇往往用之今明堂稽古制作咸有法式角鈴不當復用至於鴟尾亦起漢武時以海中有魚虬尾似鴟作象於尾以厭火祥至唐永徽乃施於明堂合用鴟尾然屋大脊高鴟尾崇必踰丈若更施拒鵲或恐太高風雨易損欲乞明堂鴟尾不施拒鵲其門廊即隨宜施用又言明堂之制上圓象天下方法地易曰天玄地黄古者取象各以其類故周官以蒼璧禮天黄琮禮地今明堂用瓦上圓純青下方純黄取象其色而合三代用蒼璧黄琮之意

卷七千二百

五門即用琉璃緣裏又言明堂下方法地副皆用黄琉璃結瓦蓋天玄地黄即無間色脊與鴟尾當純用黄詔悉從之惟疊脊鴟尾上皆以青下純用黄砌地用五色石各隨其方之色又言明堂欄楯柱端所飾之物於歷代無所稽考恐合隨宜倣古文鹿或辟邪之象以銅為之展可持久而明堂設色制度考之於古惟夏后氏世室白盛以蜃灰堊牆而已然不言畫繢之制也周官繢事雜五色東方曰青南方曰赤西方曰白北方曰黑天謂之玄地謂之黄雜四時五色之位以章之謂之巧故漢唐以來明堂四向各隨其方之色伏乞如周繢事之制明堂設飾雜以五色而各以其方所尚之色為主五

室皆如之太室以黄而各以相生之色回之如東方青而仍以黑上圓象天以玄色為主而以青次之八窗八柱上施以緑蓋青黄間色為緑以應天地之氣交也國朝以火德王所尚者赤也當以赤為本今堂室柱門欄楯並飾以朱則遠以合三代之制近以協所尚之色又言修造法式殿基用石螭首此於歷代無聞惟唐有起居郎舍人秉筆隨宰相入分立殿下直第二螭首和墨濡筆皆即坳處時號螭頭舍人殿設螭頭蓋見於近世其制非古不可施用詔悉從之　又詔討論明堂基作三級及改制火珠制度攸言謹按堯舜堂高三尺土階三等考工記周明堂崇一筵呂氏春秋周明堂茅茨蒿

卷七千二百

柱土階三等既一筵而階三等則知堂三級每級三尺故後世有龍墀沙墀丹墀三墀之稱欲乞堂為三級每級崇三尺共為一筵如周之制其廣狹隨宜火珠之制不見於三代自唐證聖重建明堂凡高二百九十四尺為三層上施寶鳳俄以火珠代之此不足法今明堂之制上圓象天易曰乾天也乾為龍又曰雲從龍欲乞改火珠為雲龍之象詔悉從之　又詔明堂南門之內所餘地一十五丈有餘宗祀樂舞已占一十五丈而行事陪祠文武班列及其他仗衛之類無地可容今明堂近增兩墀三級其一層增基依舊一筵外餘四面第二第三層並以四筵之數基址稍移向北與東西北三面墀

前所餘丈尺廣狹相若，應門內空地比明堂東西北面積多，可更移南門近外五間，東西二門移與青陽、總章依舊相對。又詔討論五門立戟之制。攸言：謹按周禮王者會同之舍有棘門，先儒以棘為戟。按說文，戟讀若棘。左傳「子都拔棘逐穎考叔」，注云「棘，戟也」。則古者棘與戟通用。周禮戟門非正名為明堂，然先王之時朝覲會同之門乃有戟。漢文帝入未央宮，有持戟衛端門者。武帝居前殿，則植戟。晉崇福門有鷄鳴戟。周禮戟門之制也。隋唐宮門列戟二十四，國朝因之。元豐中，詔天興殿本以欽奉天神，更不立戟。窃詳戟所以自衛，今明堂饗帝嚴配，三代無立戟之制。詔明堂、青陽、總章、平朔及應門並不立戟。於是五室、十二堂、八窻、三十六柱皆有成

卷七千二百

式矣。獨改元堂為平朔，門亦如之。仍以敷佑門曰左敷佑，左承天門曰右敷佑，右承天門曰平秩，更衣大次曰齋明殿。其明堂、青陽、總章、元堂、金木水火太室及五門並御書大字牓之，宣示百官。又詔討論堦庭所植之木。攸言：大司徒以天下土地之圖周知九州之地域，制其畿疆而溝封之，設其社稷之壝而植之，各以其野之所宜木，因以名其社。殆與夏后氏以松、商人以柏、周人以栗同意。然而外朝所植有九棘焉，有三槐焉。蓋以棘之為木，其華白，義行之發也；其實赤，事功之實也。棘在外以待事，故左九棘，孤卿大夫位焉；右九棘，公侯伯子

男位焉。槐之為木也，其華黃，中德之暢也；其實玄，至道之復也。文在中，含章之義也，故三公位焉。則其所植，謂無所寓之義可乎？臣嘗即詩推之：「植之榛栗，椅桐梓漆，爰伐琴瑟」，以見宮中所植者皆可備禮樂之用也。在彼杞棘，則況剛實之令德；其桐其椅，則況柔良之令義；以至有栲有杻，則況強忍之材；有杞有李，則況養人之材。凡此者，亦莫不有所寓之義焉，矧明堂所植之木乎？且明堂者，政教之堂也。於斯宗祀以配上帝，以教天下之孝；政之使正，教之使傚，孰有大於斯者？則所植之木尤不可無所寓之義也。臣謹按書以梓材名篇，考工記以梓人名官，凡以梓為木之王。商武以松柏九盡松栢

卷七千二百

者，圖實之材，為衆木之長，猶公為百官之長也。而檜栢葉松身，其葉與身皆曲而會之。莊子曰：「受命於天，唯松栢獨正。」檜兼松栢之美，而又土地所宜。臣以謂明堂當植梓及松栢之木，蓋梓為木之王，松栢為木之長，以況王公論道之義；而檜兼松栢之美，而又土之宜，廢幾合古之義。從之。（九朝長編紀事本末：五年正月丙午，詔：近以肇建明堂，下諸路和買材植物料，已買到者速償其價，撕大附綱送京師；未買者並罷。其拋造工作，如已造盛，顧輸官者依實直給償；未造者罷之。官司如敢督宋，並科違制之罪。仍詔：明堂國之大政，即與前後營造事體不同，應有司官屬自審增力奉上以成大功，本是修製所柚人匠、取饗材料材植，如敢占吝隱諱，不即發遣應副者，監官不以官高低，並行除名勒停，送廣南遠惡州軍編管。）

七年四月十九日，上梁御製文。

二十三日，手詔：將來明堂尊以配帝，嚴父以伸昭事孝思之心

於是文武百寮太師魯國公蔡京等五上表恭請皇帝御明堂頒常視朔負扆聽朝，皆批答不允。六月六日，詔明堂告成，脩建所保明官屬等第推恩。既而分三等：第一等、第二等各轉一官，仍減一年磨勘；第三等各轉一官；討論參詳制度官皆推恩有差。九朝長編紀事本末六月丁未太師魯國公蔡京進封陳魯國公己未童貫加檢校少傅威武軍節度使梁師成為檢校少保興德軍節度使宣和殿學士蔡攸為宣和殿大學士太中大夫開封尹王革遷三官宣和殿學士太中大夫盛章遷兩官顯謨閣待制蔡儵蔡脩並為龍圖閣直學士皆以四安少推賞也明堂推賞童貫及梁師成降制蔡攸以下引陞御筆賞錄又書賞及師成容踈略也令增入之自餘轉遷任橫行者尚多姑從實錄更不一一書之　來門可設崇亭初姚舜仁獻明堂議以祕書少監修建明堂專掌制度姚議狀至閏某獲與竟詔也竟不成政和初悉斷天成遂建合宮之制不用莽可見姚論之迂親祠北郊自祖宗以來不得定議議者多曰天子祭天地大裘向策儕云大裘黑羔裘也夏至極暑至尊御羔裘不便逆中穟政和初始定夏祭之禮聖人之於天道宜自得之

卷七千二百

明堂頒朔布政

徽宗政和七年四月二十三日，手詔：朕嗣承先志，考協禮經，肇建明堂，得其時制，蓋以欽若昊天，率見昭考，兢兢業業，懼不克歆，而眾予沖人負扆南面以聽天下，其敢違處？將來明堂專以配帝嚴父，餘悉移於大慶、文德殿，以伸昭事孝思之心。於是文武百僚太師魯國公蔡京等五上表，恭請皇帝御明堂頒常視朔負扆聽朝。乃下詔曰：朕嗣有令緒，適追先猷，永言孝思，欲報之德。右我烈考，克配上帝，而宗祀明堂，久失時制。夙興夜寐，罔敢遑寧，取成於心，稽古有作，僝工度地，不日而成。事帝饗親，於是獲考，非特予一人之慶，亦惟爾萬邦之休。若稽先王，考古成憲，孔子不去告朔之餼，孟軻勿毀行政之堂，中夜以思，誠不可廢。視朔布政，可依所請。若負扆以朝諸侯，南面而聽天下，厥有路寢，豈必明堂？夫成而不居，朕之所志，百辟卿士毋復有言。

卷七千二百

七月二十九日，禮制局奏：議明堂視朝聽朔奏告。臣謹按古者朔必告廟，故論語稱告朔，告廟然後視朝。禮記考廟、祖考廟皆祭，國語有月祀，則告廟政也。亦頒于天子者，不自專，乃繼述之意。孔子不欲去告朔餼羊，吉月朝服而朝，其重朝禮也如此。今太廟朔祭，正合古義。如遇明堂聽朔，合於太廟每室祀文奏告聽朔之意。議四時朝覲皆南鄉。臣謹按禮記朝諸侯于明堂之位，天子負斧扆南鄉而立，三公北面。蓋聽朔則各隨其方，朝覲皆負斧扆而南鄉，故經不稱青陽、總章之位，而獨稱明堂位，夫是謂坐四星之中，向明而治。伏請每朝並御明堂而南鄉，朝退隨月御明堂布政，閏月則居門。議視朝并逐月御堂儀仗。臣謹按黃麾大仗五千二十五人，自來大慶殿大朝會用之。今來明堂大朝會，五方各設半仗，環繞周徧，以極文物之盛。靜肅黃麾仗旗幟并仗衛人袍衫抹額，其質有五方色。今來環繞周徧十二堂，雖無用五方色，令各隨其方本色為當。如得允當，請下有司豫辦施行。謂如東方半仗六分青色用用一分餘色各一分之類仍乞下有司審度量地之宜排設。如地有餘，即中央用黃麾大仗

車輅設於南門之外月朔視朝並用角仗 議修定時令臣謹按玉藻天子聽朔於南門之外周官太師頒告朔於邦國蓋聽朔則每月聽朔政于明堂頒朔則以十二月朔政頒于諸侯又按周禮月令天子居青陽明堂總章元堂每月異禮然月令之文自顓帝改歷術帝堯正人時大戴有夏小正周書有時訓呂氏春秋有十二紀禮記月令雖本於呂氏然其所載皆因帝王舊典非呂氏所能自作也唐開元中刪定月令國朝亦載于開寶通禮及以祠祭附為祠令今肇建明堂稽月令十二堂之制其時令宜參酌修定使百官有司奉而行之以順天時和陰陽誠王政之所先也 議每歲十月朔御

一、卷七千二百

明堂受來歲新歷頒之郡縣臣看詳太史局每年以十月朔就崇政殿進呈來歲歷日謹按月令以季秋之月為來歲受朔日考之夏以建寅為正商以建丑為正周以建子為正今以十月為來歲何也蓋古者重穀敦本三歲務農大畢而歲功成所以名一歲也又以詩考之曰為改歲入此室處十月閉塞而成冬故謂之改歲也月令以季秋受來歲朔日正以十月為來歲今擬以每歲十月朔明堂設仗受來歲新歷退而頒之郡縣其有隨身布政依此 議大朝會立班臣謹按周官朝士司士大僕掌外朝治朝燕朝之法而正其位則三朝之位也又按禮記朝諸侯於明堂之位天子負斧扆南鄉三

公諸侯伯子男九夷八蠻六戎五狄九采四塞之國各以內外尊卑為位則明堂朝諸侯之位也蓋周制三朝皆有定位其諸侯四夷之朝會則於明堂焉今若元正冬至仲夏朔及應大朝會欲乞並御明堂除遼使依實禮蕃國各隨其方立於四門之外 議布政宣示御批手詔臣謹按孟子謂齊宣王曰明堂王者之堂也王欲行王政則勿毀之矣是以古者皆謂明堂為布政之宮黃帝有合宮之議舜有總章之訪黃帝內經亦載坐明堂問臣下之事今頒布政宮者御批手詔令宣示下者並乞於明堂宣示然後出膀朝堂頒布天下 議宣讀赦書德音臣看詳赦書德音舊係文德殿宣讀按易曰

卷七千二百

雷雨作解君子以赦過宥罪蓋王者行慶施惠與物惟新若雷雨之動無不被其澤者自非上當天心幽契神理民或未孚明堂者上帝皇考之所臨需澤之所施即此而宣布質諸鬼神而無疑者也今乞除合御樓肆赦外其餘赦書德音並就明堂宣讀 議朝會遇節假等日不廢臣切惟朝會之禮欲有典常然或有時而罷者為大祠日也為忌前一日也為節假也為有故綴朝也臣請論其不可廢者伏見舊制朝會適在大祠日即改御崇政殿然春朝夏宗秋覲冬遇時會衆同定制也雖在大祠日曷可廢哉但具日樂備而不作可也臣謂大祠日朝會之不可廢者以此祭義曰忌日不用非不祥

也言夫日忘有所至而不敢盡其私也據此正謂忌日不用耳視朝禮之大者也以細妨大非所宜臣謂忌前一日與節假不當罷朝會者以此謹按慶曆五年曾公亮奏朝廷行輟朝禮其日後殿須坐則禮有輕重自可略輕而為重又不行輟朝之禮諫院奏曾公亮所陳於輟朝之間適宜順變然慮君臣恩禮之情有所未盡欲乞除人使見辭春秋二宴合行舉樂即次日輟朝餘依曾公亮所奏詔可今明堂朝會國之大經式遇有故當輟即依故事移就次日臣謂朝會之不可廢者如此

議差官屬臣謹按古者掌明堂之事載於經史可攷者若周官大史掌正歲年以叙事頒之于官府都鄙頒告

卷七千二百

朔于邦國閏月詔王居門終月蓋明堂聽朔頒朔之事也自三代以後典禮廢缺漢志明堂月令四人各主一時之事明言所職以和陰陽宋及齊梁置明堂令丞掌祀五帝之事隋唐始以郊社令丞兼掌明堂之位掃除内外及設燎壇雖專置令丞殊非古制今肇建明堂統和天人凡宗祀聽朔布政朝會遠法成周之制欲乞置明堂頒政一員為長頒事二員為二頒朔每方二員各掌遠方之事以備太平盛典焉其提舉管勾官亦令隨事置員從之　政和七年九月一日詔頒朔布政自十月為始十月一日皇帝御明堂平朔左箇以是月天運政治及八年戊戌歲運歷數布于天下自是每月朔御

明堂布是月之政每歲十月以來歲運數布于天下宣和二年始用正月朔布是歲之運數後以為常其文不能盡録九日文武百僚太師魯國公蔡京等上表恭請皇帝御明堂負扆朝百辟南面聽天下批答不允京等再上表陳請始詔從之　二十一日詔應頒朔布政詔書入急脚遞依赦降法諸路監司州縣依此應頒朔布政詔書付吏部差人吏工匠紙劄限一日以事分下六曹限一日下諸路監司違者杖一百應承受頒朔布政詔書監司隨事檢舉下諸州州下諸縣牓諭訖具已施行申州州申所屬監司以聞其不得過十日違者杖一百若檢舉不以時施行不如令加二等不以赦降原減

卷七千二百

十一月一日皇帝御明堂南面以朝百辟退坐于平朔頒政　十二月二十一日詔今後頒月令頒政官當殿依降麻儀搢笏宣讀舍人二員對展　二十五日提舉京西北路常平等事時君陳奏共惟皇帝陛下肇建合宮誕布仁政每月穀旦行月令以順陰陽德至渥也内以詔書降付省部外則委之監司郡守推而行之孰敢不虔然竊考成周之時凡治教政刑之法莫不垂於象魏使萬民可觀浹日以歛之而又設官分職月吉則屬民而讀邦法臣愚欲乞今後以頒朔布政詔書並昭示於魏闕之下使民拭目而觀咸知陛下德意諸路州縣集民宣讀悉意奉行印給黃牓遍行曉諭詔都下於

河南北市諸州軍於頒詔所牓示

卷七千二百

明堂頒朔

全唐文

宋會要　此條與禮志明堂大禮相連，蓋是明堂頒朔

政和三年三月八日，詔頒月之朔，使民知寒暑燥濕之化，而萬里之遠，雖驛置日行五百里，已不及時。千里外可前期十日先進呈取旨，頒布諸州長吏，封掌候月朔宣讀。　重和元年十二月二十三日，詔應千里外並前二十日頒降。　六月二十九日，起居郎李彌遜奏：契勘太史局天文院、崇天臺渾儀所隸祕書省，今來頒朔布政既建府設官，則太史局等處應合撥隸明堂頒朔布政府庶幾體統相承，治以類舉。從之。　宣和二年七月二十九日，詔頒政事、頒朔人主之事，不可以爲官稱，可減

卷七千二百一

罷頒政一員，不置頒事二員，改置司常一員，掌受頒朔布政等事；頒朔四員，改置司令二員，掌請月令等事以上並隸明堂頒朔布政府。八月十四日，詔明堂頒朔布政府詳定官並罷。　四年二月十四日，太宰王黼言：今編類到明堂頒朔布政司政和七年十月止宣和三年十月頒朔布政詔書及建府以來條例，并氣令應驗目錄一冊，編類三冊，歲令四冊，朔令五十一冊，應驗四冊，總六十三冊，總六十五冊，謹隨表上進以聞。　欽宗靖康元年二月十日，罷明堂頒朔布政。　紹興元年二月十一日，禮部尚書秦檜等言：明堂之禮，尚或可舉，然而事大體重，更乞博採群議，審擇其中。秦檜沿革討

明堂頒朔　以此以下爲明堂大禮

論與禮真有司之職也宜詔令禮部御史臺太常寺條
具明堂合行事件十六日詔令有司參酌討論聞奏
七月十二日禮部言準詔參酌皇祐詔書將來請合祭
昊天上帝皇地祇于明堂奉太祖太宗以配合用神位
四位元係御筆明金青出字雕木縷金五綵裝蓮花戲
龍座黃紗明金罩子黃羅夾軟罩子黃羅襯褥朱紅漆
腰棹奩匣黃羅夾帕事件全昨緣揚州渡江遺失乞下
所屬疾速製造從之　十八日上合十七日上致齋于
內殿文武百官各致齋于所司　十八日上合祭天地
于明堂奉太祖太宗配禮畢不受賀文武百官詣表稱
賀如儀　二十五日詔明堂大禮越州天慶觀差同知

卷七千二百一

樞密院事宜直秉溫州景靈宮差本州守臣行恭謝之
禮太史局選用九月三十日從之二年閏四月二十七日太常少卿王
居正等言九月二日季秋祀昊天上帝前二日奏告神
宗皇帝配侑居正等竊惟去歲明堂大禮是時禮官仰
稽神宗聖訓及取司馬光呂誨王安石等說皆以謂向
者明堂配以近考失孝經本旨遂請以太祖太宗配而
朝廷參用侍從臺諫之議行之矣其九月四日祀昊天
上帝實每歲季秋大饗明堂之禮今既不敢因舊配以
神宗而去歲明堂緣奉詔書參酌皇祐故事有合祭並
配之禮與今來每歲季秋祀上帝禮復不同乞令禮官
合議取旨施行從之已而權禮部侍郎趙子

晝等言謹按孝經郊祀后稷以配天宗祀文王於明堂以配
上帝前漢以高祖配天後漢以光武配明堂說者謂古
之帝王自非建邦啟土肇造區夏者皆無配天之祀聖
宋崛起非有始封之祖則創業之君太祖是矣太祖則
周之后稷配祭于郊者太宗則周之文王配祭於明堂
者御惟祖功宗德萬世不遷配帝配天禮無易此頃當
三歲之親祠爰奉祖宗而並配雖為舊典其實權宜自
今每歲季秋攝事臣等伏請專祀昊天上帝以太宗皇
帝配侑詔依　紹興四年四月六日禮部太常寺言禮
部侍郎兼侍講兼權直學士院陳與義奏竊惟明堂之
禮有西漢武帝汶上之制紹興元年實已行之若再舉

卷七千二百一

而行適宜於今無戾於古太常丞詹公薦太常博士劉
登奏竊考古之巡幸自非封禪告成未有行郊祀者如
漢武帝一時巡狩不過祀明堂而已今歲若且祀明堂
實得權時之義又照黃稱紹興元年止設四位即不曾
從皇祐詔書兼祀百神詔將來行明堂大禮令有司條
具合行禮儀聞奏今具下項一昨紹興元年以明堂大
禮為稱今來大禮欲依紹興元年體例施行一神位係
設昊天上帝皇地祇配以太祖太宗皇帝共四位并天
皇大帝神州地祇已下從祀共七百六十七位總計七
百七十一位並合用神位版乞下工部指揮文思院計會
大使局指說依數製造施行一祭器共計七百七十一位合用陶器豆六十隻并蓋四十二隻準備

簠十二隻（并蓋內四隻準備）簋十二隻（并蓋內四隻準備）尊五十隻（內十隻準備）罍五十隻（內十隻準備）樿杓一百隻登四百三十二隻（并蓋內二十隻準備）銅器銅鼎二隻（并蓋）牛鼎四隻羊鼎四隻豕鼎四隻（句畢呈五全）榑黍豆一隻（并蓋）竹木器籩一千八百隻（四十隻準備）豆千七百五十隻（內十隻準備）簠七百七十三隻（并蓋四一隻準備）簋七百七十三隻（并蓋內二隻準備）爵一百四十三隻（并杓內二十隻準備）毛血盤二十五隻（內三隻準備）幣篚四十五隻（內六隻準備）盌爵并坫各十五副（內三副準備）盤匜一副罍洗共十二副（內爵洗二副準備）爵盞并坫各七百七十五隻（內八隻準備）飲福俎一面鐵燭臺八百一十六隻（大八隻中十六隻小七百九十二隻）俎九百一十面（內二十面準備）非紹興元年明堂大禮紹興府燒變制造到殿上正配四位祭器并文思院鑄造到牛羊豕鼎等昨紹興府沿火燒毀不存今來闕坐到祭器名件並合創造乞令太常寺圖畫樣製下兩浙轉運司令所屬州軍均攤製造所有陶器乞下紹興府餘姚縣燒變並乞于大禮前十六日起發赴太常寺送納內係鑄造銅器仍乞工部下文思院鑄造施行一大樂堂上登歌樂編鍾一架編磬一架柷敔二籥四塤二篪二笛四巢笙四和笙四簫二搏拊鼓二瑟二麾幡一二三五七九絃琴各二已上樂器見在太常寺七星九曜閏餘琴各一見闕乞下工部創造其見在樂器內有損動顏色故暗乞令工部下所屬添修雅飾施行一朝服祭服等昨

應奉紹興元年明堂大禮見有朝服一十三副祭服六十二副贊者衫幘二十三副供奉官衫幘一十二副外合令創造下項並乞下工部計料製造施行分獻官五十八員奉禮郎五員以上合創造祭服六十三副贊者五十九人合創造緋羅寬衫分幘勒帛八十八副宮架樂工合用二百九十四人樂正二人合創造絳公服二副引舞樂二十二人合創造武弁冠緋繡抹額緋繡鸞衫銅革帶履鞋二十二副引舞色長二人合創造紫繡袍幞頭紫繡抹額執杖子二副文郎武郎共一百三十二人合創造紫絁冕皂繡袍革帶履鞋一百三十二副執色樂工一百三十五人合創造緋絹寬衫幘子勒帛一百三十五副掌器事三人合創造緋絹寬衫幘子勒帛三副一昨來明堂大禮依儀合用盥洗盤匜并皇帝位版二面係黑漆金字亞獻終獻位版二面係黑漆朱字公卿位版八十片黑漆腰攔一副黑漆盝版黃羅二幅夾帕一條並係工部行下文思院製造所有樁擎位版兵士八人係紹興府差禁軍充於大禮前一日赴太常寺教習祗應今契勘上件盥匜位版并腰攔黃帕昨經紹興府遺火焚燒所有今來明堂大禮合行創造欲並依上件數目令工部指揮文思院計會製造內兵士乞令臨安府依例差撥施行詔陶器令紹興府餘姚縣燒變餘令文思院製造餘從之同日臣寮上言伏望詔三

卷七千二百一

省俾有司參酌損益務崇簡儉勿為無益徒有耗費庶幾稱陛下欽祀天地以實而不文乃為盡善上謂宰臣朱勝非曰當此多事同非制禮作樂之時然祭天之禮不可有闕若禮數不備不如不祭於是詔令禮部太常寺條具　五月七日禮部太常寺言昨揚州郊祀大禮并紹興元年明堂大禮其實不曾設置所有今來明堂大禮合依上件禮例即便不須設置從之　六月十四日上曰祖宗以來每遇大禮凡所觀見去處例皆雅飾今多事之時惟事天禮當嚴恭盡誠其餘宜從簡省所有雅飾可令並罷　七月十三日禮部言將來明堂大禮行禮合用黃羅拜褥昨來係改用緋詔依例用緋

卷七千二百一

二十四日詔明堂禮畢依紹興元年權宜之制於常御殿宣赦　二十六日詔明堂大禮使差朱勝非儀禮使差孟庾禮御使差趙鼎禮器使兼禮頓使差胡松年餘使依紹興元年例施行　八月二十五日後殿進呈戶部侍郎兼權臨安府梁汝嘉劄子以明堂行禮殿成乞提領官以次推賞上曰朕愛惜名器以待戰士豈因土木之功遽使轉官但可等第支賜爾　九月十二日致齋行事執事官朝服百僚常服詣後殿起居請上致齋上宿齋於內殿文武百官宿齋於本司十三日十四日上宿齋于內殿十五日上合祭天地于明堂以太祖太宗配（嗣濮王仲湜亞獻知大宗正事士㒟終獻）禮畢車駕還內不受賀文武百官

拜表稱賀如儀　二十三日詔軍頭引見司今月十五日明堂大禮迴應隨駕諸班直文武親從親事官親兵五軍將校并諸色祗應人等失儀拽斷團子排立交牙損壞儀注軍器衣甲器械等並特與放罪仍免估剗陪償　紹興七年四月二十一日禮部太常寺言準三月二十七日詔條具將來行明堂大禮合行禮儀一依自來大禮前一日皇帝詣太廟親行朝饗之禮昨紹興元年并四年大禮緣太廟迎奉往溫州奉安其逐次大禮前一日係朝廷差官詣溫州奉安所分詣行禮今來太廟已迎奉赴行在奉安所有今來明堂大禮合依禮例皇帝前一日詣太廟行朝饗之禮一昨紹興四年明堂

卷七千二百一

大禮所設神位係設昊天上帝皇地祇配以太祖太宗皇帝共四位并天皇大帝神州地祇已下從祀共四百四十三位所有今來明堂大禮正配四位所設神位欲依紹興四年禮例施行一將來明堂大禮正配四位合用竹冊四副并前二日朝獻景靈宮合用竹冊一副前一日朝饗太廟合用竹冊一十一副欲乞並令工部依法式修製詔依　二十七日詔將來明堂大禮前二日朝獻景靈宮設位並於常御殿時車駕巡幸建康府太常少卿吳表臣言紹興元年明堂大禮係於常御殿設位紹興四年係於射殿設位行禮乞下有司相度至是太常寺相度合常御殿比之臨安府　行　禮殿

閣狹雖不同可以隨宜趲那鋪設祭器大樂行禮故有是命　五月二十六日詔大饗明堂九月二十二日以太史局言其日辛巳係屬九月節用辛日也六月十八日詔明堂大禮以射殿作齋室　二十三日臣僚言竊見紹興四年明堂大禮前一日朝饗太廟是時太廟景靈宮寓溫州故委提點奉迎所差官行事今來駕幸建康見修太廟陛下竟此大故躬行三年之喪則前期朝饗之禮更當考據經愚以謂將來明堂大禮前一日皇帝宜依列聖故事躬詣宗廟行朝饗之禮其奏樂受胙特乞寢罷庶合禮制詔將來明堂大禮依已降旨前一日朝饗太廟其奏樂受胙令禮部太常寺同共討論既而禮部太常寺檢詳景

卷千二百一

德熙豐南郊故事皆在諒闇之中當時親郊行禮除郊廟景靈宮合用樂外所有鹵簿鼓吹及樓前宮架諸軍音樂皆備而不作其逐處警場止鳴金鉦鼓角而已看詳逐件故事即無去奏樂受胙之文兼祖宗故事所載大饗明堂蓋亦為民祈福今討論奏樂受胙合且依祖宗累朝已行故事施行從之　七月十七日太常博士孫邦言得旨明堂大禮前二日朝饗景靈宮前一日朝饗太廟今明堂行禮日并朝獻景靈宮係在常御殿設位可以依儀用丑時一刻所有朝饗太廟緣在行宮外修蓋兼係車駕巡幸竊慮難以依在內時刻行禮謹按漢武帝郊泰畤平旦出宮又晉禮樂志江左多虞不復

晨賀夜漏未盡十刻開宣陽門至平旦始開殿門晝漏上五刻皇帝乃出晉方多虞之時雖朝會猶在平旦之後今相度欲依晉漢故事是日行宮比常日早二刻開門以俟車駕出詣太廟行禮從之　九月十八日上致齋于內殿　是日詔趙鼎特趨赴景靈宮太廟明堂大禮陪祠立班　十九日奏請上赴齋宮二十日景靈宮行禮二十一日上詣太廟行禮是日詔淮南西路安撫使張浚已到行在特令趨赴明堂大禮陪祠立班二十二日明堂行禮如儀以中弼亞獻士㒟終獻　三十日太常博士孫邦言恭覩九月二十二日皇帝大饗明堂致齋之日並進素膳及宿齋室傳敕左右祠殿在近禁衛毋

卷七千二百一

譁前朝獻景靈宮朝饗太廟並遣內侍宣諭讀冊官至御名必請毋得迴避初詣太廟依儀乘輦施繖扇至大次是夜車駕至廟南櫺星門外即命卻繖扇入櫺星門乃降輦步入大次及行祼瓚畢還版位樂作復遣內侍傳敕協律郎樂備九奏徐其音毋得少有減從三日祠事酌獻既畢有司奏請還御小次不聽此皆帝王盛德之事史冊之所罕載欲望付之史館從之　紹興九年八月十五日詔將來行明堂大禮其祭服禮器令禮部太常寺更加討論先是進呈禮部太常寺申審郊祀明堂皆祀天來年係大禮合預申明秦檜等欲集議上曰且依近例行明堂禮可也上因宣諭往年行禮禮服

禮器皆放弊不如法如尊俎罍爵形制皆不合古欲有是命　十年五月十三日禮部太常寺言準御劄今年九月有事于明堂太史局選用九月十日辛亥吉從之　七月二十五日太常少卿陳禱言自今大禮依儀戶部兵部工部尚書奉俎入門舉鼎從入至西階下太官令以匕於鼎升熟體載於俎令來明堂大禮御藥院承指揮令文思院選舉鼎官祭服三十二副令欲乞從本寺申吏部依上件已製祭服并自來大禮例差明堂舉鼎官三十二員依議舉鼎至殿西陛下出熟行事禮部太常寺看詳依自來大禮儀合差舉鼎官舉鼎行事從之　八月七日詔九月十日明堂大禮應行事執事官

卷七千二百一

等務在嚴肅如有懈怠不恭合閤門取旨送御史　九月五日臣僚言皇祐詔書明堂行禮禁衛之中務要嚴整常令人前後譏察辯視非預祀事者無得輒近禁衛如有違慢必行朝典又宣仗衛執儀軍士各令按識行列不得交雜往來又大禮使言準郊例非預祀事人闌入壇壝當議處斬今應行事臣僚引接從人敢有輒至大次預須約束蓋為至尊親行盛禮出宮禁動步武升降於壇殿之間凡百侍衛之臣尤宜儆戒周謹夙夜嚴备所以祖宗之朝特有前項處分今來明堂宗廟大禮在近望戒飭皇城內外官司嚴行覺察不得少有疏畧懈怠詔依今檢坐條法申嚴施行仍出榜曉諭　七日

文武百僚詣常御殿奏請皇帝赴齋室八日皇帝詣景靈宮行禮九日車駕詣太廟行禮十日皇帝詣行禮殿行明堂禮以同知大宗正事士㝹亞獻嚴州觀察使安時終獻　十九日御史中丞何鑄言仰惟陛下寅畏上天嚴恭祀事聖德至孝感格昭然乃者宗祀明堂宸衷翼翼周旋中禮罔不祗肅至於久立殿陛祭侯樂成而不即小次薦饗廟室孝思追感而淚墮綢繆比當謂世人稱揄聞難行而陛下發於至誠安而行之是以神祗祖考來饗來臨昭格之跡先後創見爰自季秋改朔以來陰雨不已及至七日羣臣奏請皇帝致齋應時晴霽八日詣行禮殿九日出太廟天宇晏溫風日爾典至十

卷七千二百一

日丑時陛下自齋宮詣明堂行禮酌獻之次陰景晦冥密雲不雨直至禮畢乘輿還宮甫入宮門雨點欲零洎儀衛百執各歸其所然後雨作中外歡呼稱歎感異臣備數陪祠躬覩殊應願陛下承天之休愈思警戒飭躬修政仰答上穹用迎景貺庶幾整軍經武繕甲勵兵待時而動無不如志大禮告成有茲慶事乞以臣章宣付史館從之　三十年十月二十一日禮部太常寺言當郊之歲季秋擇日皇帝親行大饗徽宗皇帝於明堂以配上帝依儀皇帝散齋七日于別殿致齋三日（一日于文德殿　一日于太廟　一日再赴文德殿）欲乞將射殿權作明堂殿設位行禮後殿權作文德殿宿齋應合行事務依紹興十年明堂紹

興二十八年南郊大禮令有司檢照體例排辦從之　三十一年二月二十七日禮部太常寺言將來明堂大禮并前二日朝獻景靈宮前一日朝饗太廟酌獻吹諸軍音樂警場并禮畢御紫宸殿羣臣稱賀次御門賜赦宮架欲並依元豐三年熙寧元年典故備而不作詔免稱賀餘並依（以斷仁皇后服制尚在三年之內故也）　四月一日太常寺言將來明堂大禮合行禮日辰太史局選定九月二日辛未吉從之　五月一日上謂輔臣曰昨見臨安府所進明堂大禮排辦冊子可更令有司逐一看詳內有不必創置及可免添修換造者即不得枉費財用　七月二十四日太常寺言奉詔明堂大禮朝饗景靈宮太廟

卷七千二百一

遣大臣攝事行禮皇帝親行大饗之禮其合用冊文令學士院修撰骨寫進書訖降付禮部內景靈宮冊文一首（述以明堂大禮前二日朝獻景靈宮遣官攝事之意）太廟冊文一十一首（並述以明堂大禮前一日朝饗太廟遣官攝事之意）明堂大禮冊文二首（並述以明堂大禮親饗之意）從之　八月四日太常寺言將來明堂大禮行事日皇帝自齋殿服通天冠絳紗袍乘輿出齋殿入新置便門裏明堂門外稍西降輿步入大次服袞冕前導官前導皇帝出大次入自正門由宮架東升自東陛至版位從之　同日太常寺言將來明堂大禮前期朝獻景靈宮朝饗太廟遣大臣攝事主上惟親行大饗之禮鑾駕既不出宮所有車路儀仗供帳宿頓之屬更不排辦庶

辦並依乾興事故樂舞以淵聖皇帝升遐備而不作從之　九月二日皇帝詣行禮殿行明堂禮以皇子寧國軍節度使開府儀同三司建王某亞獻臨化軍節度使嗣濮王士輵終獻　淳熙六年三月九日詔今歲明堂大禮令禮太常寺詳議　十七日宰執進呈禮部太常寺奏上曰明堂合祭天地並侑祖宗從祀百神並依南郊禮例可依詳議事禮施行　十八日詔明堂大禮除事神儀物諸軍賞給依舊制外其乘輿服御及中外支費並從省約（九年十五年如之）　四月十三日禮部太常寺言將來明堂大禮依儀皇帝散齋致齋（散齋七日于別殿致齋三日一日于文德殿一日于太廟一日再赴文德殿）殿上設正配位親祠行禮從祠神位

卷七千二百一

差官分獻行事乞令太史局前期以神位次序具圖奉申取指揮降下排辦其御劄降祭告五嶽四瀆及朝獻景宮（前二日）朝饗太廟別廟（前日）一應合行事務乞令有司依淳熙三年郊祀大禮例檢舉排辦從之　十八日禮部太常寺言已降指揮令次明堂大禮並排設大輦五輅祀前一日皇帝朝饗太宗畢乘玉輅入麗正門降輅乘輿（用平輦）歸文德殿宿齋排設大輦及四輅止令儀從詣除大輦免行排設餘依已降指揮　五月六日詔以權兩浙轉運判官韓彥質為提點一行事務仍依已降指揮務從省約更不差置屬官（同日成）　七月五日詔明堂大禮廟獻朝饗亞獻差皇太子終獻差永陽郡王居廣

別廟初獻差嗣濮王士鹶，亞獻差恩平郡王璩，終獻差保康軍節度使士歆。　二十三日，詔：「明堂大禮，應行事執事等官，務在嚴肅，有懈怠不恭者，令閤門取旨送御史臺。」　九月十三日，文武百僚詣文德殿奏請皇帝詣齋殿，十四日皇帝詣景靈宮行禮，十五日皇帝詣太廟行禮，十六日皇帝詣行禮殿行明堂禮。同日，明堂禮成，宰臣趙雄等奏：「肇禋總章，積雨驟霽，熙事慶成，神天顧歆，景貺饗答，輿情胥悦。陛下拜跪虔恭，不御小次，聖躬良勞。」上曰：「敬事天地祖宗，初不覺勞。久雨即霽，星月燦然，殊可喜。」　淳熙九年六月八日，太常少卿余端禮等言：「太史局繳到明堂神位圖數内將説得之，今寺檢照春秋正義天策傅説星、史記天官書之文，莊子云傅説得之以騎箕尾，傅説相商高宗，死而託神於此星，故名爲傅説。及政和五禮新儀，太史設神位版，傅説在寅階内壝之内，即不是傅説。此太史局循習錯誤，乞改正。」從之。　七月六日，詔明堂大禮以皇太子惇充亞獻，嗣濮王士歆充終獻；前一日饗別廟，初獻差少傅、静江軍節度使、充醴泉觀使、恩平郡王璩，亞獻差昭慶軍節度使、濮王位檢察尊長士峴，終獻差和州防禦使、知大宗正事不息。　九月十三日，車駕詣明堂行禮訖，文武百僚赴紫宸殿稱賀賀明，皇帝登門肆赦畢，上帥文武百僚詣德壽宮上壽飲福稱賀，恭承太上皇帝聖旨，爲泥濘

卷七千二百一

免到宮。（自紹興元年至此並詳見後中興禮書）　十五年四月二十四日，太常寺言：「今年九月有事于明堂，檢照紹興三十一年六月十六日禮官議：按禮經，喪三年不祭，惟祭天地社稷爲越紼而行事。元祐之初，大饗明堂，而哲宗居神祖之喪，禮官謂景靈宮、太廟當用三年不祭之禮，遣大臣攝事。或謂聖祖爲天神，非廟饗也，當特躬從其説。然黄帝實我宋之所自出，豈得不同於宗廟。今秋有事于明堂，以孝慈淵聖皇帝升遐，主上持斬衰之服，考之禮經及元祐已行故事，并當時禮官所議，竊謂前期朝獻景靈宮、朝饗太廟，皆當遣大臣攝事，主上惟親行大饗之禮。其玉帛牲牢、禮料器服、樂舞凡奉神之物依典禮外，鑾駕既不出宮，所有車輅、儀仗、供張、宿頓之屬，令有司更不排辦。禮畢，於殿庭宣赦，及朝饗景靈宮、朝饗太廟，緣皇帝在高宗聖神文武憲孝皇帝諒陰之内，乞依上件典故。」從之。　五月十一日，權禮部侍郎尤袤等言：「歷次明堂大禮所設神位沿革不紹興四年、七年、十年，設昊天上帝、皇地祇、太祖皇帝、太宗皇帝并天皇大帝已下從祀四百四十三位。紹興三十一年，設昊天上帝、徽宗皇帝并五方地、五人帝、五官神從祀共一十七位。淳熙六年、九年，設昊天上帝、皇地祇、太祖皇帝、太宗皇帝并天皇大帝以下從祀共七百七十一位。今來緣高宗皇帝几筵未除，考於典禮，未合升配。」從之。　二十五日，宰

卷七千二百二

執筵呈禮官申請明堂畫一上曰配位如何周必大奏禮官昨已申請高宗几筵未除用徽宗故事未應配坐且當以太祖太宗並配他日高宗几筵既除自當別議大抵前代儒者多因孝經嚴父之說便謂宗祀專以考配殊不知周公雖攝政而主祭則成王自周公言之故曰嚴父耳晉紀瞻答秀才策曰周制明堂宗其祖以配上帝故漢武帝汶上明堂捨文景而遠取高祖為配此其證也留正奏嚴父莫大於配天則周公其人也是嚴父專指周公而言若成王則其祖也上曰有紹興間典故在自可參照可以無疑　二十七日太常寺言明堂大禮緣在高宗聖神武文憲孝皇帝諒陰之內將來行

卷七千二百一

事合服吉服今皇帝見服布素乞自受誓戒以後依與禮權易吉服至禮畢仍舊一文武百僚應行事執事應奉官并禁衛執擎從物等自受誓戒以後並合權易吉服候宣赦畢並依舊一九月一日八日緣係在受誓戒散齋致齋行事之內免詣德壽宮高宗皇帝几筵前燒香一昨淳熙九年明堂大禮大慶殿作明堂殿行禮後殿作文德殿致齋依儀禮容院以下詣垂拱殿起居一皇帝散齋七日於別殿致齋三日於文德殿一明堂大禮畢紫宸殿受賀欲依紹興三十一年免稱賀一本季內朝獻等並依典禮權罷一恭謝景靈宮等處依禮例分詣行事一明堂大禮合于行禮殿習儀外其朝獻景

靈宮朝饗太廟係遣官攝事更不習儀從之　七月四日明堂大禮以皇太子惇為亞獻嗣濮王士歆為終獻朝饗太廟以皇太子惇為初獻少傅榮陽郡王伯圭為亞獻士歆為終獻八月六日禮部太常寺言起居舍人鄭僑言大饗之禮陛下身親行之歌樂之作似不可廢其他奏官分獻與夫先期奏告之所有合用樂者若設而不作不亦可乎今明堂典禮與其他祀事不同若因而載定亦足為將來之法奉旨令禮部太常寺詳議以聞檢照景德二年十一月有事于南郊時群臣上表請舉樂詔郊廟用樂如禮事畢復寢熙寧元年依景德二年故事并除郊壇太廟景靈宮禮神用樂外有鹵簿鼓

卷七千二百一

吹樓前宮架諸軍音樂皆備而不作元豐三年詔依熙寧元年南郊例施行今詳議將來明堂大禮遣官朝饗景靈宮朝饗太廟行禮所設登歌宮架樂舞緣祖宗已行典禮欲除降神奠玉幣捧俎酌獻換舞徹豆送神依典禮作樂外所有皇帝升三獻官盥洗登降行步導樂備而不作從之先是內降御札曰朕荷神天之顧相宗祐之靈嗣纘丕圖久歷多方之人親承元祀率循三歲之常禮蓋重於合祛誼并崇於所配念方在諒陰之疚懼莫修肆類之恭祗朝前朝具存明憲雖云宅恤無敢廢尊遡緣越紼之文爰飭燔柴之敬惟郊丘之夙講宜路寢之間祠位度九筵務齋精而展事正成萬寶

資備物以將儀，虔申報本之誠，益茂函生之祉。肆浮大號，用戒先期。朕以今年九月有事于明堂，咨爾攸司，各揚其職，相予祀事，罔或不恭。朝野禮記：明堂者，仁宗皇祐中始行之。其禮，今祭天地並配祖宗，又設從祀諸神，如郊丘之數。政和七年始建明堂於大內，自是歲以九月行之，然猶祀上帝而配以神宗，惟五帝從祀。紹興元年，上在會稽，將行明堂禮，命從臣議之。王闕中居正為禮部郎官，首建合祭之請，宰相范覺民主之，乃以常御殿為明堂，但設天地祖宗四位，閣已。四年始設從祀諸神。七年復祀明堂，而徽宗崩問已至，中書舍人傅崧卿請增設道君太上皇帝配位于太宗之次。禮部條郎御公蜩言道君方在凡達，奏可配帝，乃不行。三十一年始宗祀徽宗于明堂以配上帝，而祀五天帝、五人帝于明堂上，五官神于東廡，罷於祀請神位，用熙寧禮也。乾道以後，說者以德壽宮為燕止，行郊禮。淳熙六年，用奉仁父周子允議，復行明堂之祭。冥簡為逮十四年，高宗廟，明年秋季乃用嚴父之典。令郊祀從始興明堂從皇祐住戴時常祀，則以太祖配；冬至圜丘太宗配，祈穀、大雩高宗配，明堂宗祀蓋光堯之為禮官時所請云。紹興、淳熙分命館職定撰十七首。

卷七千二百一

降神景安　圜鍾為宮　上直秀心時維明堂配天事親宗祀有常咸德在金日吉辰良皇我克誠來格來東　黃鍾為角　金宮直德金商今時備成然事息揚人儀駿奔在庭精惠肅祇來事嘉薦竹盛燕旋　太饑為微　休德孔昭靈承上帝孝極尊規嚴配予位嘉薦芬芳禮無不備神具格思享熱誠至　然汎為川　竊露既降孝思奉先版降上帝禮馳九蓮有醫系禮有肥牲牲神來燕嫔想像肅然　盥洗工安　禮徑之里祭典為宗上公肅孝進退鏞恭底品豐潔今儀彝難百祥薦止惟吉之從　升穀正安　皇心配帝歲祀明堂黽服陵降王佩瑲瑲疾徐有節進此允莊維時右享日靖四方　上帝佳貴王帶嘉安　大享季秋百執揚厲明明太宗躬祖上帝杭應忱誠式嚴珪帶祚我明德錫茲東裔　太宗在熏帶宗安　攷稽皇祖丕昭聖功寧律身慶樂衛禮除啟薦量帶祀于令寶玉帛萬國駿心戴同　搽饋豐安　備物昭陳工和告具雕羊維平孔碩孔歷有嘉維簪加食宜歆啟將二稿水勝豐寐　上帝位昭獻嘉安　樺彼旁心明明有馳維聖享帝禮行合宮祀事將止家咸禦豐昭究申命萬俯攸同　太宗位酌歆德安　定命濟將動高百王寔于太定聖治平康有儀陟配宗祀明定神保是格中竭無禮　文昭畏武辟丕丕安　溫厚嚴凝於皇上帝文德武功列聖並配

崇戠受成肅雖進退秉崔政致總十於臨　位於將太字　怡字靈承維固之常陛樂宜卷降升　莊時　靈志薦絲累鵬於格在上中錫無饑　徽黑齋　　兩室上帝斷然來臨答薦芳撫以達高明息社肅容　然究誠以介景福惟德之警　洪神景安　帝即事享於領盛禮奏楔惟蓄神心則喜禮藩鼎成產煥在合容變崩年以既多祉　高宗位真常宗安　精精歸止億壽有光變祓萬祀程見百王有量斯儕獨深是高廟中有曰維時降原　明獻德安　矣運中與答　將左帝立受豫三紀豐莊精祀上帝陟帆成堂錫及生戴寧凡執示　孝宗親享明堂樂由並同惟天地拉莊社薦世承太祖始獻皇帝入小次大次亞獻送神奇奠幣幽獻及又以太祖奠幣由改名廣安酌獻改名恭薦名有刪闕安太宗奠幣改名化安動亦改名安紹熙五年六月

二十四日，詔今歲郊祀大禮改作明堂大禮，令有司除是神儀物、諸軍賞給依舊制外，其乘輿服御及中外支貫並從省約，仍疾速從實條具聞奏。　二十五日，內降御札曰：「國家恢列聖之鴻緒，秩百王之彌文。天施地生，

卷七千二百一

尤重合祛之報；祖功宗德，載嚴並侑之升。肆循三歲之常，間舉九筵之饗。朕自罹咨釁，方處棘艱，顧思道帶言之時，豈遑他務。惟越紼行事之誼，莫廢親祠，迺易圜丘之儀，近從路寢之禮。適農畝之屢稔，暨邊方之底寧，萬寶孫咸，庶備盛多之薦；前彝具在，一遵寅畏之謨。上以衍壽於重闈，下以祈安於兆姓。用頒丕號，俾戒先期。朕以今年九月有事於明堂，咨爾攸司，各揚其職，相予肆祀，罔或不恭。」　八月九日，禮部、太常寺言：「今年九月有事於明堂，朝獻景靈宮，朝饗太廟，緣皇帝大行至尊壽皇聖帝喪制之內，乞並依紹興三十一年六月十六日、淳熙十五年四月二十四日典故施行。」從之。　慶元六

年大行壽仁太上皇后喪制同。十三日，禮部太常寺言明堂大禮緣在大行至尊壽皇聖帝喪制之内將來行事合服吉服令皇帝見服衰服乞自受誓戒以後依典禮權易吉服至禮畢仍舊一文武百僚應行事執事應奉官并禁衛執打從物等自受誓戒以後並合權易吉服俟宣赦畢依舊一受誓戒散齋致齋行事之内免詣大行至尊壽皇聖帝梓宫前燒香一昨來淳熙十五年明堂大禮大慶殿作明堂殿行禮後殿作文德殿致齋一皇帝散齋七日於别殿致齋三日於文德殿一明堂大禮畢依典禮免稱賀拜表一恭謝景靈宫等處依禮例依諸行事一明堂大禮合於行禮殿習儀外其朝

卷七千二百一

獻景靈宫朝饗太廟係遣官攝事更不習儀從之六年大行聖安壽仁太上皇帝喪制同　二十三日詔明堂大禮以大師安德軍節度使嗣秀王伯圭為亞獻寧遠軍承宣使師淳為終獻師淳以疾改命工部尚書彥逾

九月二日詔明堂大禮朝獻景靈宫以右丞相趙汝愚為初獻知樞密院事兼參知政事陳騤為亞獻參知政事余端禮為終獻朝饗太廟以檢校少保興寧軍節度使師夔為初獻右監門衛大將軍眉州防禦使不儔為亞獻右監門衛大將軍蘄州防禦使不舍為終獻同日殿前司言明堂大禮依典禮鑾駕不出宫欲依淳熙十五年例有臨安府諸城門一十六座欲差素隊官兵

守把每座二十八計三百二十人事畢依舊從之　五日主管侍衛馬軍行司公事張師顔言明堂大禮依例差撥官兵三千人趂赴排立祗應自車駕宿齋日于麗正門外一帶東西兩壁守宿乞照淳熙十五年體例排立從之　九日詔明堂大禮朝獻景靈宫宰執行事合宿齋去處令就後殿門外其合經由門户比常早二刻開　十三日詔馬軍行司官兵連日排立依淳熙十五年明堂大禮例使臣各特支三貫文効用軍兵各支二貫文令户部支給慶元六年亦如之　慶元六年六月十三日詔令歲郊祀大禮令禮部太常寺條具奏聞　八月二十五日詔明堂大禮以太師安德崇信軍節度使充萬壽觀

卷七千二百一

使嗣秀王伯圭為亞獻昭慶軍節度使開府儀同三司吴興郡王抦為終獻同日詔明堂大禮朝獻景靈宫以右丞相謝深甫為初獻知樞密院事兼參知政事何澹為亞獻簽樞密院事陳自强為終獻　九月三日臣僚言伏見國家今歲多事而明堂之禮不敢少緩誠以祀天饗親國之大事此天子所以示萬方之孝述三靈之釐者也是以三歲而後一舉先事十日行禮之官受誓戒于都省重其事也俎豆之實必貴乎潔所以為馨俯伏拜跪必貴乎恭所以盡誠也散齋致齋各有所以欲其無敢褻也凡百奔走執事有恪欲其無敢慢也　考諸禮經稽諸令甲從古迄今際尚斯

由斯道近年以來禮料之物取具臨時牲牢取諸近甸果燭之屬索之都城官司既不償錢則所供安得嘉旨此不肅者一也兩序分獻八十餘員主獻十位或八位每位六拜獻官或憚煩則併數位而拜之此不肅者二也所差倉場庫務等官既不預宿齋宮亦合各宿本局今聞年來間有居家致齋此不肅者三也奔走執事多是臨期差百司吏貼樂工多是市井寄居衣服藍縷容止踈慢此不肅者四也夫元祀之重而循習之弊至此可不為之革乎乞申飭有司繼自今應禮料等物官中並先給錢依價收買所供牲牷務要肥美所供果燭等務要精潔分獻之官毋得仍前怠惰拜跪須尊儀式所

卷七千二百一

差監當等官致齋之夕並就本局不得私家止宿所有百司吏貼須前期差定雖樂設不作而樂工亦須預行戒諭使滌濯衣服閱習儀矩務要嚴整如有違戾御史臺彈治如此則無小無大各盡寅恭祇服祀事庶幾上帝顧歆祖考來格降祥隤祉流慶無窮從之先是內降御札曰朕祗若大猷率循成憲接千歲之統夙殫天明地察之誠交三靈之歡適嚴祖功宗德之侑肇啟總章之宗祀嗣新泰時之親祠神其宴娭帝均嘉嚮是屬當郊之次載修肆類之恭倏端慈壼之憂方韡須臺之典念政明制度具存損益之宜而敬事鬼神務尊畀之義近肅九筵之薦式隆三舉之儀練良日於用辛

飭季秋於先甲急於禮而重於祭敢忘越紼之行應以實而不以文益謹奉威之告務專求於誠感肅回愧于靈承欽戒先期亶孚群聽朕以今年九月有事于明堂咨爾攸司各揚厥職相予肆祀罔或不恭寧宗慶元六年大饗明堂以諒闇用紹熙禮紹熙五年明堂孝宗未卒哭時趙汝愚朝獻景靈宮嗣秀王伯圭朝享太廟而上獨祀明堂是年光宗之喪甫踰月而當行大禮乃命右丞相謝深甫獻天興之祠嗣濮王不儔攝宗廟之祭益用紹熙禮云

開禧二年四月七日詔今歲明堂大禮令有司除事神儀物諸軍賞給依舊制外其乘輿服御及中外支賞並從省約仍疾速從實條具聞奏嘉定二年八年十一年十四年皆有是詔

七月十九日詔明堂大禮支賜除師臣宰執侍從辭免依所乞外餘並依已降指揮裁半支給更不許辭免

卷七千二百一

八月四日詔明堂大禮并前二日朝獻景靈宮前一日朝饗太廟并饗別廟所差行事等官內職事稍重之人往往推故乞改差未稱嚴恭之意令禮部太常寺日下檢坐條法指揮申嚴應被差行事等官如敢依前避免乞改差之人委臺諫覺察具名彈奏取旨施行先是內降御札曰朕丕承眷命祗奉燕謀慶衍重闈賴上下神祇之祐尊臨廣宇席祖宗功德之休深惟菲質之奚堪益念鴻私之當報茲以陰陽順序人物遂宜國勢日以安強朝綱日以清肅不循三歲之祀曷表一純之衷是用稽紹興之成規輯合宮之闊禮時秋如報矧萬寶之方成國典固存宜九筵之閟舉誕孚群聽明戒先期朕

以令年九月有事于明堂咨爾攸司各揚乃職相予肆祀罔或不恭　嘉定二年正月二十八日臣僚言臣聞古之王者父事天母事地一歲之間冬夏日至大雩大享以及四時迎氣之類無非躬行郊見之禮後世彌大日增乘輿出郊儀衛之供百物之須賞賚之數無名之費不一而足雖欲行禮如先王不可得已夫禮從宜苟不失乎先王之意而有得於事天之實何害其為禮也恭惟藝祖在位十有七年親郊者四太宗在位二十二年親郊者五真宗以後三歲一郊遂為定制逮仁宗皇祐間始有事於明堂蓋稽之古典斷自聖意而以義起也陛下即位以來圜丘重屋其禮迭舉及茲三歲又當

卷七千二百一

親郊之期有司文移督辦錢物固已旁午于道州縣之間以應奉為名抑配於民不知其幾軍旅之厚旱蝗相仍公私之積旦暮不繼民生既艱國力大屈重以近日使命往來其費逾倍空匱之狀可為寒心臣願陛下相時之宜權停郊祀之禮仍以季秋大享明堂既無失於事天之誠而可以省不急之費古之行禮視年之上下正此意爾昔咸平中鹽鐵使王嗣宗奏郊祀費用繁重望行謁廟之禮當是之時帑藏充溢天下富饒嗣宗猶以為請況今日國計比之咸平萬萬不侔哉檢照國朝故事仁宗嘉祐元年恭謝天地于大慶殿四年祫祭七年明堂蓋不行郊禋者九年哲宗元祐繼舉明堂者再

高宗紹興繼舉明堂者八若陛下申講宗祀之儀則於祖宗舊章不為無據欲望下臣此章令禮部詳議施行臣又聞真宗因王嗣宗之請詔三司非煙祀所須並行減省是歲減應奉雜物十萬六千計其數之可考若此則必有條目而非漫然者矣今若舉行明堂其費較之郊丘雖已不等然明堂祭祀儀物之外賜予浮費豈無合從節約者望併昭有司取其凡目參酌考覈當減者減之當去者去之一切條畫無為具文方國用窘之民力殫竭之餘減千則吾之千也若曰細微不足經意則真宗全盛之時視十萬六千何足道哉惟陛下果斷而行之從之　九月二日臣僚言臣聞棫樸髦士奉璋峩

卷七千二百一

峩思齊群臣在廟肅肅禋祀之責乎敬尚矣於穆昭代肅將宗祀萬乘親祠群工駿相上帝臨於斯祖考格於斯穹壤百神降於斯凡而奔走執役于斯地者盡其愨焉盡其信而信焉盡其敬而敬焉猶恐其或失也詎可有一容貌之惰一舉動之慢哉故禘自既灌誠意少差夫子以為不足觀有司臨祭或至跛倚于路以為大不敬况明堂大享非他祀比所以駿奔乎左右鱗集乎後先者至不可忽也竊聞往歲行禮之際冕旒欽謁誠敬盡矣而環尹衛卒或不免有褻慢之容搢紳助祭威儀肅矣而禮生樂工或不免有怠惰之失登降方嚴而群嘔于旁者有之薦獻未畢而攫取其物者有之

夫陽館上儀與郊間舉天地鬼神昭布森理而小人之無忌憚者一至於此甚非所以嚴大祀敬明神也令臺事在即縛典惟新凡行事執事之官講習禮儀亦既詳且悉矣然下而執役等人間有不盡其敬者尤不可不預戒而嚴飭之也乞下御史臺閤門及太常寺申明戒飭務在嚴肅有一不恭必真重憲庶幾祀事有嚴神明可交矣從之先是内降御札曰朕祗奉詒謀協臨大寶荷天地施生之德燕及多方守祖宗積累之基期于千載居懷兢業獲濟艱難屬邊鄙之輯寧與黎元而休息田萊寢闢麰麦以登方迎滋至之祥敢後一純之報遠稽元祐近質淳熙咸即合宫載申宗祀肆率遵於舊典

卷七千二百一

用丕闡於彌文寅畏嚴恭尚庶幾於對越肅雖顯相實允賴於交修爰飭先期曾孚衆聽朕以今年九月有事于明堂咨爾攸司各揚乃職相予肆祀毋或不恭　嘉定八年九月十五日先是内降御札曰朕纘承祖烈袞對神休惕思積累之難無疆惟䘏祇畏監觀之赫不顯亦臨保邦常謹於萬微更化已踰于八載猥蒙丕佑獲底小康雖瞻仰昊天方切側身之念然敬事上帝敢稽報本之儀率循舊章間秩宗祀爰卜季商之吉乃涓路寢之居惟予一人將舉親祠之典凡爾百辟各帥顯相之識庶昭荅於靈心且茂迎於和氣誕敷大號明戒先期朕以今年九月有事於明堂咨爾攸司各揚乃職相予肆祀毋或不恭　十一年九月十二日先是内降御札曰朕纘緒守成既踰二紀勵精更化亦越十年若涉淵水靡遑夙夜天地神示之森列丕顯丕承祖宗功德之兼隆是彝是訓言念菲凉之質每荷保佑之恩比者水旱不時間臻中熟邊隅多故旋底小康屬當舉于親祠敢敬伸于昭報載考累朝之典游修路寢之儀迺卜季商聿嚴熙事以靈承於盼蠁以迓續于休詳祗告先期誕孚羣聽朕以今年九月有事于明堂咨爾攸司各揚乃職相予肆祀毋或不恭　十四年九月十日先是内降御札曰朕纂履鴻基恪膺駿命令祭天地肆嚴三歲之彝丞循祖宗尤重九筵之禮肇精禋于昱祐垂鉅典

卷七千二百一

於後昆雖圜丘路寢制名稍殊而紫壇清廟報本則一載惟凉菲端荷貺臨百穀屢豐庶諡叶叙齊尊肖陶于王化輿地來歸荊淮盡埽于胡塵隻輪弗返人心底定國勢漸尊顧列聖精累之所臻豈一己圖回之能致乃卜季商之吉聿臻大饗之儀以殫昭荅之誠以廣敷錫之慶用孚羣聽肅戒先期朕以今年九月有事于明堂咨爾攸司各揚乃職相予肆祀毋或不恭